国家社科基金
后期资助项目

福建历代刻书家考略

A Study of the Book-engravers
in the History of Fujian

上 册

方彦寿 著

中华书局
ZHONGHUA BOOK COMPANY

图书在版编目(CIP)数据

福建历代刻书家考略/方彦寿著. —北京:中华书局,2020.5
(国家社科基金后期资助项目)
ISBN 978-7-101-14379-9

Ⅰ.福… Ⅱ.方… Ⅲ.刻书-文化工作者-生平事迹-福建-宋代-清代 Ⅳ.K825.42

中国版本图书馆 CIP 数据核字(2020)第 023071 号

书　　名	福建历代刻书家考略(全二册)	
著　　者	方彦寿	
丛 书 名	国家社科基金后期资助项目	
责任编辑	王贵彬	
出版发行	中华书局	
	(北京市丰台区太平桥西里 38 号　100073)	
	http://www.zhbc.com.cn	
	E-mail:zhbc@zhbc.com.cn	
印　　刷	北京瑞古冠中印刷厂	
版　　次	2020 年 5 月北京第 1 版	
	2020 年 5 月北京第 1 次印刷	
规　　格	开本/710×1000 毫米　1/16	
	印张 49　插页 4　字数 800 千字	
国际书号	ISBN 978-7-101-14379-9	
定　　价	178.00 元	

国家社科基金后期资助项目
出版说明

　　后期资助项目是国家社科基金设立的一类重要项目，旨在鼓励广大社科研究者潜心治学，支持基础研究多出优秀成果。它是经过严格评审，从接近完成的科研成果中遴选立项的。为扩大后期资助项目的影响，更好地推动学术发展，促进成果转化，全国哲学社会科学工作办公室按照"统一设计、统一标识、统一版式、形成系列"的总体要求，组织出版国家社科基金后期资助项目成果。

全国哲学社会科学工作办公室

目　录

序　言 …………………………………………………… 李致忠 1

前　言 ……………………………………………………………… 1

凡　例 ……………………………………………………………… 1

卷一　福州（府）刻书家 ………………………………………… 1

一、宋代 ……………………………………………………………… 4

黄　裳(4)　　　　刘　峤(5)　　　　邹柄・邹栩(6)

史　浩(10)　　　汪应辰(10)　　　詹体仁(11)

郑性之(13)　　　徐经孙(15)　　　吴　燧(16)

史季温(16)　　　徐居谊(18)　　　杨　复(19)

杨　栋(21)　　　杨士瀛(22)

二、元代 ……………………………………………………………… 23

王都中(23)　　　贡师泰(24)　　　吴　海(25)

魏天祐(25)　　　吴　绎(26)　　　赵宗吉(28)

三、明代 ……………………………………………………………… 29

王偁・郑浚(29)　　游　明(31)　　　蒋云汉(32)

林　泮(32)　　　洪　钟(33)　　　胡　琏(34)

吴　昂(34)　　　叶　溥(35)　　　林庭㭎(36)

金贲亨(37)　　　聂　豹(38)　　　汪文盛(39)

胡有恒・胡瑞(40)　蔡　经(41)　　　李元阳(42)

江以达・黄以贤(43)　潘　潢(44)　　　汪宗元(46)

林应亮・林慎(47)　陈宗夔(48)　　　吉　澄(48)

胡宗宪(49)　　　王国桢(50)　　　徐中行(51)

胡　帛(52)　　　庞尚鹏(52)　　　劳　堪(53)

刘良弼(54)　　　胡维新・戚继光(54)　许孚远(55)

屠本畯(56)　　　　　张汝济(57)　　　　　陈禹谟(57)

何继高(58)　　　　　林材·林弘衍(59)　　　邓　錬(60)

翁正春(61)　　　　　陈邦瞻·马敹(61)　　　董应举·朱一龙(62)

叶向高(63)　　　　　徐　㷿(64)　　　　　谢肇淛(65)

徐　燉(65)　　　　　曹学佺(67)　　　　　杨德周(68)

陈衍·陈涓(69)　　　韩　锡(70)　　　　　南居益(71)

沈犹龙(72)　　　　　冯　让(72)　　　　　金学曾(73)

任　勉(74)　　　　　汪延艮(75)　　　　　吴　雨(76)

徐　鉴(77)　　　　　叶邦荣(79)　　　　　余镁·顾霱(80)

喻　政(81)　　　　　袁表·马荧(82)　　　　张　隆(83)

张聘夫(85)　　　　　郑奎光(85)　　　　　周文仪(86)

四、清代 ·· 87

萨希亮(87)　　　　　傅而保(88)　　　　　张伯行(88)

赵国麟(90)　　　　　余文仪(91)　　　　　纪　昀(93)

郑廷浍(93)　　　　　郑　杰(94)　　　　　萨龙光(95)

王遐春(96)　　　　　孙尔准(97)　　　　　陈寿祺(99)

林春溥(100)　　　　　刘鸿翱(101)　　　　　叶申芗(102)

苏廷玉(102)　　　　　刘家镇(104)　　　　　何则贤(105)

刘存仁(106)　　　　　林树梅(107)　　　　　曾元澄(108)

张瑞贞(109)　　　　　左宗棠(110)　　　　　刘家谋(111)

郭柏苍(112)　　　　　谢章铤(117)　　　　　王凯泰(118)

徐树铭·郭柏荫(119)　　傅以礼(120)　　　　　杨　浚(122)

龚易图(123)　　　　　叶大庄(124)　　　　　陈宝琛·陈宝璐(125)

林　纾(126)　　　　　丁　芸(127)　　　　　陈卍元(127)

陈应魁·王元麟(128)　　冯　缙(129)　　　　　方亨衢(130)

孔寄吾·李云诰(131)　　　　　　　　　　　林迪光·陈题桥(132)

林涵春(134)　　　　　林文仪(135)　　　　　刘与可(136)

魏　宪(137)　　　　　吴玉田(138)　　　　　薛　熔(139)

余珍玉·余尊玉(139)　　郑际唐(140)

五、在外地刻书的福州(府)人 ····································· 140

陈孔硕(140)　　　　　黄　榦(141)　　　　　曾　噩(143)

陈德一(144)　　　　　林　畊(145)　　　　　陈　辉(148)

陈岐·林宇冲(148)　　　黄　唐(149)　　　　　林　栗(150)

孙德舆(151)　　　　　吴元美(152)　　　　　赵师恕(152)

赵崇思(154)　　　　　郑嘉正·郑元清(154)　　郑肇之(156)

朱端章(157)　　　　　邵　铜(158)　　　　　黄　镐(160)

谢士元(161)　　　　　邓　珙(161)　　　　　陈炜·陈墀(162)

李廷美(163)　　　　　王　俊(164)　　　　　游　璇(164)

郑善夫(166)　　　　　陈则清(167)　　　　　陈仕贤(168)

郑锡麒(168)　　　　　陈　省(169)　　　　　郑云鋈(170)

施观民(170)　　　　　林　烃(171)　　　　　谢　杰(171)

林如楚(172)　　　　　林国相(173)　　　　　陈　璧(174)

邓原岳(174)　　　　　邵捷春(176)　　　　　陈一元(177)

孙昌裔(178)　　　　　林古度(178)　　　　　陈　亨(180)

邓庆寀·邓尔缵(180)　　何　璧(182)　　　　　王　鋈(183)

余文龙(183)　　　　　赵有光(184)　　　　　叶矫然(185)

林云铭(186)　　　　　郑开极(187)　　　　　陈梦雷(188)

林　佶(188)　　　　　吴玉麟(191)　　　　　陈若霖(191)

陈乔枞(192)　　　　　高均儒(193)　　　　　曹岱华(193)

卷二　建宁府刻书家 ……………………………………… 195

一、宋代 ………………………………………………… 198

晁谦之(198)　　　　　王日休(199)　　　　　傅自得(200)

余允文(201)　　　　　韩元吉(202)　　　　　郑伯熊(203)

朱　熹(205)　　　　　刘仲吉(208)　　　　　熊　克(210)

蔡元定(212)　　　　　李　訦(213)　　　　　刘　炳(214)

吴　炎(214)　　　　　蔡幼学·蔡篯(216)　　　蔡　渊(217)

王　埜·王遂(218)　　　陈　韡(220)　　　　　祝　穆(221)

刘震孙(222)　　　　　汤　汉(223)　　　　　吴　坚(226)

毕万裔(魏齐贤)(227)　　黄　訒(228)　　　　　黄壮猷(230)

黄　镛(231)　　　　　李大异(232)　　　　　苏　峤(233)

吴　革(235)　　　　　徐　几(236)　　　　　许　开(237)

项寅孙(238)　　　叶　时(239)　　　赵师耕(239)

赵与迥(240)　　　郑如冈(241)

二、元代 ······························· 243

刘应李(243)　　　熊禾·刘泾(244)　　　詹光祖(246)

刘君佐·刘钧(250)　释慧空(251)　　　杜　本(252)

詹天祥(253)　　　刘　焱(254)　　　熊　坑(256)

黄君复(256)　　　蒋　易(257)　　　刘叔简(259)

刘　张(260)　　　母逢辰(261)　　　叶日增(263)

余觉华·余志安(263)张光祖(265)　　　张仲仪(266)

朱　炘(267)

三、明代 ······························· 268

熊宗立(268)　　　刘稳·刘梗(270)　　　朱　洵(271)

张　瑄(272)　　　阮宾·区玉(273)　　　汪佃·朱幸(274)

邵　幽(276)　　　　　　　　　　　张文麟(277)

虞守愚·张俭·沈璧·陈珪(278)　　　曾　佩(279)

程秀民(281)　　　　　　　　　　　朱釜·朱明吾(281)

许应元(282)　　　　　　　　　　　熊大木·熊龙峰(283)

李东光(284)　　　包大中(285)　　　樊献科(285)

宗　臣(286)　　　曹当勉(288)　　　邵廉·凌瑄(289)

杨一鹗(291)　　　漆　彬(293)　　　郑世魁(294)

杨德政(295)　　　郑世容(296)　　　沈儆炌(297)

刘玉田(299)　　　何必麟(299)　　　魏时应(300)

余成章(301)　　　余象斗(301)　　　刘龙田(303)

朱世泽(305)　　　　　　　　　　　朱　莹(306)

乔承诏·许达道·龚承荐(307)　　　蔡有鹍(308)

刘孔年(309)　　　　　　　　　　　萧少衢·萧腾鸿(309)

张燮·曹荃(311)　　杨鹗·丁辛(312)　　冯梦龙(313)

萧鸣盛(313)　　　熊玉屏(314)　　　叶有声(315)

熊安本(316)　　　刘舜臣(317)　　　刘孔敦(317)

刘肇庆(319)　　　程伯祥·罗春(319)　　冯继科(320)

龚道立(321)　　　顾名儒(321)　　　何景春(322)

洪泽·徐子玉(323)　　　　　　　　黄师表·黄师正(324)

黄正甫(325)　　　刘光启(325)　　　刘弘毅(326)

刘　端(327)　　　刘　文(328)　　　刘文寿(329)

刘　剡(329)　　　刘有光(330)　　　刘　泽(331)

李　培(332)　　　李有秋(332)　　　李有则(333)

芮志文(334)　　　熊　斌(335)　　　熊秉宸·熊成建(336)

熊秉宏(336)　　　熊秉懋(337)　　　熊成冶(338)

熊　飞(339)　　　熊　辅(340)　　　熊九岳·熊九敕(340)

熊体忠(341)　　　熊之璋(343)　　　徐秋鹗(343)

杨　鑨(344)　　　杨　襄(345)　　　杨应诏(345)

杨允宽(346)　　　杨　肇(347)　　　叶　杲(348)

叶景逵(348)　　　余廷甫(350)　　　余应虬·余应科(351)

余彰德(353)　　　张大轮·胡岳(354)　　　张光启(356)

郑伯刚(357)　　　郑大郁(358)　　　郑世豪(360)

郑以祺·郑以祯(361)　　　　　　　周士显(361)

四、清代 ……………………………………………………… 362

熊志学(362)　　　姚文然·姚文燮(364)　　　庞　垲(365)

潘　耒(367)　　　　　　　　　　　朱　玉(367)

游文远·游端柏·游上衢(369)　　　刘雅夫(370)

蔡　重(370)　　　陆廷灿(371)　　　祖之望(372)

朱秉鉴(373)　　　梁章钜(374)　　　祝凤嗜(376)

程　仕(377)　　　蓝陈略(378)　　　李　绣(379)

孟殿荣(380)　　　潘政明(380)　　　孙振豪(381)

王　梓(382)　　　熊启灿·熊世庆(383)　　　游廷馨(386)

游钟琳(386)　　　真祖荫(386)　　　朱秉铭(387)

朱振铎(388)　　　祝昌泰(389)　　　周凤雏(391)

五、在外地刻书的建宁府人 …………………………………… 392

章　窠(392)　　　徐　蒇(394)　　　刘　珙(394)

袁　枢(396)　　　袁说友(396)　　　刘　爚(397)

朱　在(398)　　　宋　慈(399)　　　朱　鉴(400)

蔡　杭(401)　　　胡大壮(402)　　　章　冲(403)

詹天麟(404)　　　　窦桂芳(404)　　　　江　沂(405)

熊仰台(406)　　　　真宪时(407)

卷三　泉州(府)刻书家 …………………………………………… 409

一、宋代 …………………………………………………………… 412

谢克家(412)　　　王十朋·蒋雍(413)　　姚　宪(414)

杨　楫(416)　　　　陈　宓(417)　　　　真德秀(418)

王　迈(420)　　　　程佑之(420)　　　　韩仲通(422)

胡大正(422)　　　　李大有(423)　　　　彭椿年·陈应行(425)

司马伋(428)　　　　颜若愚(429)　　　　赵彦寓(430)

周　肆(431)

二、元代 …………………………………………………………… 431

丘　葵(431)

三、明代 …………………………………………………………… 432

张　逊(432)　　　　林希元(433)　　　　易时中(434)

陈敦履·陈敦豫(434)　俞大猷(436)　　　　邱　浙(436)

叶春及(437)　　　　何乔迁(438)　　　　李光缙(439)

程朝京(440)　　　　沈有容(441)　　　　何乔远(442)

蔡善继·张启睿(443)　邓　镳(445)　　　　丁一中(445)

郭秉詹(446)　　　　李春开(447)　　　　李缉·张心(447)

许自表·郑之铉(449)　张守为(450)　　　　庄概·吴晟(451)

庄毓庆(452)　　　　诸葛羲(452)

四、清代 …………………………………………………………… 453

李光地(453)　　　　施世骥(454)　　　　蒋　垣(455)

李清植(456)　　　　白　瀛(457)　　　　谢金銮(458)

蔡廷魁(459)　　　　陈元锡(460)　　　　黄　涛(460)

李鼎征(461)　　　　李光墺·李光型(461)　李钟份(463)

鲁鼎梅(463)　　　　颜尧揆(464)　　　　张星徽(465)

五、在外地刻书的泉州(府)人 ………………………………… 466

庄　夏(466)　　　　留元刚(467)　　　　林　洪(467)

诸葛珏(468)　　　　洪　富(469)　　　　郑　普(470)

丘养浩(471)　　　　汪　旦(471)　　　　陈　蕙(472)

何　炯(473)　　　　黄　铸(473)　　　　蔡克廉(474)

洪朝选(475)　　　　史朝富(475)　　　　陈荣选(476)

蔡贵易(477)　　　　郭惟贤(477)　　　　黄克缵·吴尧弼(479)

黄居中(480)　　　　张维枢(480)　　　　吕图南(482)

蔡宗润(482)　　　　李　墀(483)　　　　苏宇庶(484)

王明聱(484)　　　　翁尧英(485)　　　　杨瞿崃(486)

叶明元(487)　　　　黄虞稷(487)　　　　傅为霖(488)

黄志璋(488)　　　　李宗文(489)　　　　许　琰(489)

张源义(490)

卷四　兴化军(府)刻书家 ………………………………… 493

一、宋代 ………………………………………………………… 496

蔡　襄(496)　　　　方　壬(497)　　　　林　瑑(497)

刘克庄·刘克永(498)　林希逸(500)　　　　林元复(501)

刘山甫(502)　　　　宋　遇(503)　　　　王　庚(503)

徐直谅(504)　　　　俞　来(505)　　　　赵师侠(506)

张　友(507)

二、明代 ………………………………………………………… 508

黄仲昭(508)　　　　宋端仪(510)　　　　林茂达(511)

黄希英(511)　　　　郑　岳(512)　　　　林　达(513)

郑　绸(513)　　　　黄献可(515)　　　　曾樱·曹惟才(516)

余　飏(517)　　　　郭良翰(518)　　　　郭如闇(519)

黄崇翰(520)　　　　黄鸣乔·黄鸣俊(521)　黄起有(522)

黄希白(522)　　　　林近龙(523)　　　　余　藻(524)

张　琦(524)

三、清代 ………………………………………………………… 525

林　桢(525)　　　　涂庆澜(525)　　　　刘尚文(526)

林麟焜(527)　　　　林人中(528)　　　　王捷南(528)

郑文炳(529)

四、在外地刻书的兴化军(府)人 ····································· 530

方崧卿(530)　　　　郑　寅(531)　　　　蔡　洸(532)
方之泰(532)　　　　黄汝嘉(533)　　　　黄　沃(535)
许兴裔(536)　　　　谢升贤(536)　　　　赵时棣(537)
黄　誉(538)　　　　翁世资(539)　　　　彭　昭(539)
周　瑛(540)　　　　林长繁(541)　　　　林有年(542)
林　富(543)　　　　黄　巩(543)　　　　林文俊(544)
丘其仁(545)　　　　邹守愚(546)　　　　黄文炳(546)
黄廷用(547)　　　　姚　虞(548)　　　　方攸跻·方沆(548)
郭应聘(549)　　　　林及祖·林大黼(550)　　方攸绩(551)
彭文质(551)　　　　林　润(552)　　　　林兆珂(553)
宋　珏(554)　　　　陈腾凤(555)　　　　程拱宸(555)
方良节(556)　　　　洪　珠(557)　　　　黄起龙(557)
黄希雍(558)　　　　黄　漳(559)　　　　李廷梧(560)
林希范·林炳章(560)　　　　　　　　　吴献台(561)
张秉铎(562)　　　　郑光琬(562)　　　　郑应龄(563)
卓　迈(564)

卷五　南剑州(延平府)刻书家 ····································· 565

一、宋代 ··· 567

石　憝(567)　　　　黄　埻(568)　　　　黄去疾(568)
黄岩孙(569)　　　　刘允济(569)　　　　杨安止(570)
叶　筠(571)　　　　张敦颐·王伯大(572)

二、元代 ··· 575

李辰拱(575)　　　　吴文谊(576)

三、明代 ··· 576

罗　明(576)　　　　刘　璋(577)　　　　张　泰(578)
苏　章(579)　　　　李　熙(580)　　　　郑庆云(581)
管大勋(582)　　　　林熙春(582)　　　　方　溥(583)
何　海(584)　　　　胡　滨(584)　　　　胡庭椿(585)
姜文魁(585)　　　　李文充(586)　　　　李　习(586)

罗　珊(587)　　　　彭继美(588)　　　　熊尚文·林钿(588)

杨　枢(589)　　　　张真·林元伦(590)

四、清代 …………………………………………………………………… 591

李孔文(591)　　　　丁汝恭(592)　　　　张其曜(593)

高　镛(594)　　　　毛念恃(594)　　　　杨毓健(595)

张国正(596)　　　　周元文(597)

五、在外地刻书的南剑州(延平府)人 …………………………………… 598

陈正同(598)　　　　廖德明(599)　　　　廖　挺(600)

胡　琼(602)　　　　黄　焯(603)　　　　游居敬(603)

田　琯(604)

卷六　邵武军(府)刻书家 …………………………………………… 607

一、宋代 …………………………………………………………………… 609

廖迟·廖邦杰(609)　　赵以夫(610)　　　　陈彭寿·黄登(611)

陈　炤(612)　　　　姜　注(613)　　　　林经德(614)

严　粲(615)　　　　俞闻中(615)

二、元代 …………………………………………………………………… 617

陈士元(617)　　　　谢子祥(617)

三、明代 …………………………………………………………………… 618

冯　孜(618)　　　　潘旦·邓杞(619)　　李春熙(620)

何望海(621)　　　　胡文静·萧泮(621)　黄　钧(622)

李嗣元·左光先(623)　李之用(624)　　　　廖用贤(625)

万尚烈(626)　　　　姚伯和(627)

四、清代 …………………………………………………………………… 628

周亮工(628)　　　　徐时作(629)　　　　朱仕玠(631)

鲁仕骥(632)　　　　高澍然(633)　　　　周揆源(634)

张际亮(635)　　　　何长聚(637)　　　　徐兆丰(637)

何　梅(638)　　　　黄利通(639)　　　　邹一枚(639)

朱　霞(640)

五、在外地刻书的邵武军(府)人 …………………………………………… 641

叶武子(641)　　　　廖莹中(642)　　　　高　诚(643)

谢　颖(644)　　　　徐　榦(645)　　　　丁之贤(645)

施　鸿(646)　　　　魏德畹(647)

卷七　汀州(府)刻书家 ……………………………………… 649

一、宋代 ……………………………………………………… 652

晁子健(652)　　　　鲍瀚之(652)　　　　陈　晔(654)

方　导(655)　　　　王观国(655)　　　　韦能定(657)

詹　尚(657)

二、元代 ……………………………………………………… 659

黄　梓(659)

三、明代 ……………………………………………………… 660

梁　佐(660)　　　　黄槐开(660)　　　　李仲僎(661)

桑大协(662)

四、清代 ……………………………………………………… 663

黎士弘·黎致远(663)　　邹孟纯(664)　　　　王廷抡(665)

马权亨·马定邦·马定略(666)　　　　马权文·马天衢(667)

童能灵(668)　　　　邹抚南·邹圣脉·邹廷猷·邹景扬(670)

雷　铉(672)　　　　童祖创(673)　　　　邹廷忠(674)

莫树椿(675)　　　　刘喜海(676)　　　　刘国光(677)

童积斌(678)　　　　周维庆(679)

五、在外地刻书的汀州(府)人 …………………………… 680

李　楫(680)　　　　梁　乔(681)　　　　上官周(682)

邹谟(683)　　　　伊秉绶(684)

卷八　漳州(府)刻书家 ……………………………………… 687

一、宋代 ……………………………………………………… 689

薛季良(689)　　　　田　澹(690)

二、元代 ……………………………………………………… 691

黄元渊(691)　　　　赵敬叔(692)

三、明代 ……………………………………………………… 693

陈洪谟(693)　　　　林　魁(693)　　　　黄　直(694)

朱天球(696)　　　　李畿嗣(697)　　　　卢维祯(697)

颜继祖·丁启濬(698)　　施邦曜·王立准(699)

黄道周(700)　　　　陈见龙(701)　　　　王起宗(702)

魏呈润(703)　　　　周　南(703)

四、清代 ……………………………………………………… 704

洪　思(704)　　　　陈汝咸(705)　　　　魏荔彤(706)

徐宗干(707)　　　　郑　玫(707)

五、在外地刻书的漳州(府)人 …………………………… 708

颜颐仲(708)　　　　林　瑜(709)　　　　林　同(710)

林　绍(711)　　　　吴　琯(712)　　　　林日瑞(713)

戴　熺(714)　　　　胡廷宴(715)　　　　苏孔机(716)

蓝鼎元(716)　　　　魏茂林(717)

卷九　福宁州(府)刻书家 ………………………………… 719

一、明代 ……………………………………………………… 721

项　乔(721)　　　　钟一元(721)　　　　游　朴(722)

钱士鳌(723)　　　　胡尔愷(723)　　　　韩士元(724)

洪启哲(725)　　　　闵文振·程世鹏(726)　缪邦珏(728)

史起钦(728)　　　　许士经(729)　　　　薛孔洵(729)

张蔚然·郭鸣琳(730)

二、清代 ……………………………………………………… 731

郭名远(731)

三、在外地刻书的福宁州(府)人 ………………………… 732

陈褒·左序(732)

主要参考文献 ……………………………………………… 733

后　记 ……………………………………………………… 754

序　言

李致忠

　　结识彦寿同志，乃在二十世纪八十年代中期。其时，彦寿刚以上山下乡知青身份入职建阳物资局不久，却能写出几篇闽建刻书考的文字，无疑是有志青年。其后他又由物资局调到朱熹研究所，工作环境陡变，视野洞开，磨砺有加，撰著迭出，成绩斐然。然，初嗜不改，他非但续有闽建刻书考文不断发表，且有《建阳刻书史》《福建古书之最》专著行世，福建刻书史家之名遂立。今又有鸿篇巨帙《福建历代刻书家考略》付梓，不但使八闽出版史研究可因此而大大深入，也为中国出版史研究奠定了一方坚实的柱石。

　　福建的刻书出版业，自两宋以降，直至元、明、清，经久不衰。且在出版形式、营销方式、版权意识诸方面，敢为天下先。刘叔刚一经堂所刻十行本《十三经注疏》，影响宋、元、明、清近千年。黄善夫家塾所刻《史记》，开《史记》三家注合刻之先河。真德秀在泉南开雕朱子《资治通鉴纲目》，表岁以首年，因年以著统；大书以提要，而小注以备言，使卷帙浩繁的《通鉴》始得纲举目张，便于寻览。北宋初年，举国家之力在蜀中雕印《开宝藏》，开官刻释家大藏之先河；而元丰三年至崇宁二年（1080—1103），福州东禅等觉院雕印《崇宁万寿大藏》，则开寺院募刻释家大藏之先河。唐代编有《开元道藏》，北宋真宗时编有《天宫宝藏》，皆手写流传，从未付梓。政和四年（1114）黄裳奏建《飞天法藏》，收录天下道书，总为五百四十函，赐名《政和万寿道藏》。裳知福州，主持刊版于三山，又开道教大藏雕印之先河。如此众多开山之作的背后，必有一批敢为天下先的福建出版人，没有这些人的敢想敢为，大胆创新，就不会有两宋八闽刻书出版业的辉煌。彦寿同志以敏锐的眼光，透视出版业兴衰的本质，遂不惮辛劳，积沙成塔，得八百多位在闽建刻书人的行实事迹，依八闽首府首县进行编次，名之曰《福建历代刻书家考略》，该书实在是福建出版史研究不可多得的力作。

　　此书未以《福建历代出版家考略》命名，彦寿盖有更深层次的考虑。出版家者,当指以出版为终生职业,有学识、有胆略、有见解、敢创新、善经营,并取得巨大成功之人。以这样的尺度来衡量彦寿所搜集的八百多人,有的可以称为出版家,有的则仅是在八闽或外地出资或主持梓行过一种或几种书籍,不足以冠出版家之名,而冠以刻书家更为确当。中国古代的刻书家指的是出版者,不是刻字工人。所谓出版者,指为某书出版投资助刻或主持某书出版的关键之人,有些类乎现在的出版社。而刻印工人,无论是出版者招雇,还是集体承揽出版者所要刻印的书籍,都要按出版者意志和要求有效地完成版印工作,有些类乎现在的印刷厂。明确了这种关系,就会理解彦寿以《福建历代刻书家考略》命名本书的用意。当然,历史上的福建并不是没有出版家,但若以出版家名之,则很多在福建出资或主持刻过某些书的人,将会被排斥在外而无缘入录此书。

本书所录福建刻书家,不仅包括在八闽从事刻书活动的本籍人,也包括在外地从事刻书活动的闽建人,还包括在福建从事刻书活动的外地人,构想已相当全面。但具体到刻书家的甄录上,重点当放在对八闽本籍刻书家的挖掘及外地人在闽建的刻书活动上,因为这两方面才是福建刻书业繁荣昌盛的根基。我深信彦寿同志一定会有续作继缵同道。

2018 年 11 月 22 日于北京,时年八十挂零

前　言

　　福建古代刻书源远流长。从北宋中后期开始,以福州寺院刻书和以建阳坊刻为主体的福建刻书业极其繁荣,并持续发展于元代,鼎盛于明代,绵延于清代。北宋时,福建刻书业进入繁荣时期,印本书籍已"几遍天下",福建从而跻身至与杭州、四川、京师齐名的"天下印书"四大基地之列[①];南宋以后,则是我国著名的三大刻书中心(蜀、浙、闽)之一,被誉为"图书之府""书林"。其刻书历时之久,刻本数量之巨,知名刻书家之众,以及古籍善本存世之多,均居全国首位。

　　在刻书中心建阳坊刻的辐射和带动下,八闽其他各州、府、县刻书,主要是官府、私家刻书也是争奇斗艳,此起彼伏;在刻本内容形式、图书销售发行等方面,与建阳坊刻共同构成了官刻、私刻、坊刻互补和共同繁荣的局面。入清以后,建阳坊刻逐渐衰微,继之而起的则有连城四堡、福州南后街和泉州等地的书坊,刊刻出版了大量的图书。

　　本书主要以人物(刻书家)为中心,广泛搜集整理由宋至清建宁府(今建瓯)、福州、泉州、兴化(今莆田)、南剑州(今南平)、邵武、漳州、汀州(今龙岩长汀)、福宁(今宁德)九地共 812 位官、私、坊刻书家的刻书事迹。

　　所谓"以人物为中心",指的是以图书刊刻者为基本线索,对其刊印之书和生平事迹,尽力加以辨析和考述。以往的研究,或以时代为发展线索,或以历史事件、图书版本为依据,而罕有以刻书家为中心的。其原因,盖因刻书业在历史上往往被视为一种商业行为,从事这一行业者社会地位不高,往往被蔑称为"书贾",从而使从业者史料严重缺乏而难以成书。晚清著名版本目录学家叶德辉在撰写其学术名著《书林清话》时,曾满怀期待地说:"自宋至明六百年间,建阳书林擅天下之富,使有史家好事,当援《货殖

---

　　① 叶梦得《石林燕语》卷八载:"今天下印书,以杭州为上,蜀本次之,福建最下。京师比岁印版,殆不减杭州,但纸不佳。蜀与福建多以柔木刻之,取其易成而速售,故不能工。福建本几遍天下,正以其易成故也。"载中华书局 1984 年版,第 116 页。

传》之例增'书林传'矣。"①笔者早年读到这段话时,曾怦然心动,希望能成为这一"好事"者,为福建书林人物逐一列传。而今,历经数十年艰苦不懈的努力,笔者广泛搜集资料,终于使梦想成真,"书林传"就是这部《福建历代刻书家考略》。

所谓"历代",实指宋以后各代。因在福建历史上有名氏可考的刻书家,最早只能追溯到北宋;而宋以前的刻书家,有名氏可考的,到目前为止尚未发现一例。所以,宋以后的刻书家,就是福建历代刻书家,二者其实并不矛盾。

本书收录的刻书家共812位,其中,福州(府)211位,建宁府226位,泉州(府)98位,兴化军(府)90位,南剑州(延平府)48位,邵武军(府)47位,汀州(府)39位,漳州(府)35位,福宁州(府)18位。在这些地方中,刻书家最多、排名前三的建宁府、福州(府)和泉州(府),是福建历史上刻书业最发达的地区。而建宁府又因刻书中心建阳为其属邑之故,以226位刻书家位居全闽之首。

如果将建宁府226位刻书家的"来历"作一番分析的话,很容易就会发现,这226位中,其实有相当一部分系来自外地的人士。如官员有宋代的晁谦之、郑伯熊、许开、赵师耕和汤汉,明代的张瑄、院宾、杨鑨、胡岳、虞守愚、张俭、沈璧、陈珪、曾佩、宗臣和杨德政;学者有吴炎、倪士毅、郑大郁、潘耒、梁章钜;宗教界人士有王日休、释慧空等。他们之所以来到建宁,主要就是受刻书中心建阳的吸引,要借助书坊的刻书技艺来出版他们撰写或编辑的著作。

书名中的所谓"考略",指书的内容主要侧重于刻书家的生平事迹,及对其所刊行的具体刻本的考证、辨析这两个方面。由于刻书家生平史料欠缺,或搜寻不易,使古籍刻本的鉴定容易产生一些错误,这在以往的古籍鉴定中可谓屡见不鲜。在行文中,笔者努力把古籍刻本刊刻地点、刊刻年代的判别与刻书家的生平结合起来,力图以此纠正以往的一些误判。

一、本书的学术价值

若作一番归纳的话,此书最主要的学术价值体现在以下四个方面:

---

① 〔清〕叶德辉:《书林清话》卷五《明人私刻坊刻书》,中华书局1957年版,第142页。

1. 为古籍文献的传播链找回一个失落的环节

在传统的古籍整理中，当涉及"人物"，人们关注的重点往往是"整理者、编纂家和藏书家等"①，而罕有所谓"刻书家"。于是，在历史文献的传播链，即作者、编辑、刊行和收藏—中，往往缺失了刊行这一环节。而这一环节的主要人物，就是刻书家。以这一观点对此前的相关成果进行审视就会发现，研究和介绍整理者、编纂家和藏书家的相关成果相当丰富，甚至可以说是汗牛充栋，与之相比，以刻书家为主题的成果，数量则十分有限，仅有几篇论文而无专著。因此，本书的学术价值之一，可以说是为古籍文献的传播链找回一个失落的环节。

2. 纠正学界此前对某些古籍刻本刊印地点的误判

古籍刻本鉴定容易产生误判，其中一个重要原因是刻书家生平史料缺失，笔者因此高度重视对这些史料的发掘，特别是对那些对古籍鉴定有重要参考价值的时间节点、刊刻地点的考证。为此：

（1）对人物史料中重要的时间节点详加考证，以此为刻本刊刻的具体年代提供时间坐标。

如苏峤，宋淳熙间官建宁知府，刻印其曾祖苏轼《东坡别集》四十六卷。而苏峤事迹，《建宁府志》缺载，《职官志》中仅列其名。笔者据现有史料，推断出苏峤知建宁是在淳熙四年到五年（1177—1178），此亦为《东坡别集》之刻印时间。

又如连江陈德一，史载其曾刊刻"《易传发微》《横舟文集》诸书板数千片"，但刊刻时间、地点均不甚明确。通过对其宦迹的考证，笔者得出书板刊刻地点应在建德，刊刻时间则为"嘉定八年至十一年"。

余干李缉，明嘉靖初任泉州府同知，曾刻印元丘葵撰《周礼补亡》，几乎所有的版本目录、提要题跋等均将此本著录为"明李缉刻本"，但对其刊刻地点、刊刻时间未能做更具体的揭示。笔者通过研读此书作者、编者、重刊者、校正者的小传，推断此书的刊刻地点应在泉州，刊刻时间则应在嘉靖五年至六年。

程伯祥、罗春刊刻北齐颜之推《颜氏家训》，前人将其定为明成化本，笔者则据他们的宦绩，推断其为嘉靖建宁刊本。

①胡道静主编：《简明古籍辞典·序》，齐鲁书社1989年版，第5页。

　　闽县叶邦荣,曾于嘉靖十五年(1536)刻印三国吴韦昭注《国语》,同年刻印宋洪迈撰《夷坚志》,又于嘉靖三十八年(1559)刻印宋朱熹撰《楚辞集注》,此三书,《福建省志·出版志》均作闽刻本。笔者据叶氏生平,判断其刊刻《国语》《夷坚志》的地点应在浙江安吉;而《楚辞集注》的刊行地点,则是在闽中。

　　(2)不能以刻书者的籍贯作为判断刻本的依据,而应以具体的刊行地点作为评判标准,并以此纠正学界此前曾经出现的不少失误。

　　其中,比较典型的是对南宋著名刻书家"三山黄唐"所刻书刊刻地点的判定。从1979年福建师范大学方品光所编《福建版本资料汇编》,到1997年谢水顺等所编《福建古代刻书》,直至时下一些著述中,均将其刻本错归为福州(历史上别称"三山")刻本①。又如庆元年间在江西豫章郡学刊印江西诗派丛刻本的黄汝嘉,因其籍贯是莆田,于是不少相关著作将其作为福建的刻书家加以介绍②;《福建省志·出版志》甚至将其所刻明显是南宋江西官刻本的江西诗派丛刻本列为福建的"私刻"③。

　　问题在于,这种刻书地点、刻本性质的错乱并非个案,而是一种很普遍但基本没有引起学界重视,也无人去认真纠正的一种现象。在本书中,笔者搜录了包括莆田方崧卿、黄沃、黄汝嘉、郑寅、许兴裔,福州黄唐、曾噩、郑肇,建宁刘珙、袁枢、袁说友等,由宋至清约190多位在外地刻书的闽籍人士的生平事迹,这些人士所刻之书,其中有相当一部分被误认为是闽版古籍。

　　不仅如此,不少著作也出现了把在闽游学或宦游人士所刻之书,误为其原籍刻本的情况。如祝太傅(穆)宅于嘉熙三年(1239)在建阳麻沙刻印《方舆胜览》;歙县倪士毅于至正三年(1343),在建阳委托书商刘氏日新堂刻印《四书辑释大成》,二书都被安徽学者误认为是古徽州刻本④。张大轮于嘉靖六年(1527)在建宁知府任上刻印宋姚铉编《唐文粹》,海盐顾霈于嘉

①方品光:《福建版本资料汇编》,福建师范大学1979年铅印本,第26页;谢水顺等:《福建古代刻书》,福建人民出版社1997年版,第63页。
②方品光:《福建版本资料汇编》,福建师范大学1979年铅印本,第4页;谢水顺等:《福建古代刻书》,福建人民出版社1997年版,第158页。
③福建省地方志编纂委员会编:《福建省志·出版志》,福建人民出版社2008年版,第42页。
④徐学林:《源远流长的安徽古代出版业》,《出版科研论文选粹——首届全国出版科学研究优秀论文奖获奖论文集》,浙江教育出版社1992年版,第1187、1190页。

靖十九年(1540)在闽县刻印明胡世宁《少保胡端敏公奏议》，它们都被误为浙江刻本①。吉澄在闽的官刻，被误为"私家刻书"，他被称为是"明代中原地区并不多见的刻书家"②。

江西高安陈邦瞻于万历间官福建按察使时刻印《皇王大纪》，福建提学副使丰城游明在闽刻《史记集解》等书；弋阳汪佃在福建做官，嘉靖间在建阳刻印《班马异同》，新昌黄国琦崇祯间任建阳知县时刻印《册府元龟》，所刻书分别被认为是江西高安、丰城、弋阳和新昌刻本③。钱塘金学曾在浦城所刻宋真德秀《重刊西山先生真文忠公文集》，被误为是在金学曾的故乡钱塘刻印④。

这种混乱，造成了中国出版史上不知不觉之间出现的一笔又一笔糊涂账！此种现象，若不加以纠正，既妨碍对福建刻书业的正确评价，也对我国其他地区刻书的认知造成困扰。

为此，笔者在本书中，特地将福建历代刻书家分为在本地刻书和在外地刻书两种类型，意在借此纠正前人的失误，同时为后人树立一道警示牌，避免再犯同类错误。在对具体某一刻书家刻书地点的辨析中，典型者有对莆田许兴裔刊刻《复斋易说》地点的考辨；对清"邵武徐氏丛书"的刊刻地点不在邵武而在浙江上虞和嵊县的考辨等。

通过梳理可见，由宋至清，有不少仕宦在外的福建人士曾在江西、湖南、浙江、广东、江苏和广西等地刻书，从而将福建刻书从版本、内容、形式到版刻技艺等诸方面带到当地，产生与各地刻书交流与融合的可能，从而促进了各地刻书业的共同发展。此举既有别于此前学界普遍将闽人在外地刻书与在福建本地刻书混为一谈之弊端，也在探讨福建刻书与外地乃至全国刻书相互影响上做了一些初步的探索。

3. 提出评判"刻书中心"的重要标准

由宋至明，接受官私方、各地作家学者委托刻书，是福建建阳书坊不少

---

① 浙江省出版志编纂委员会：《浙江省出版志》，浙江人民出版社 2007 年版，第 77—78 页；王东、钟甦：《浙江印刷史》，杭州出版社 2013 年版，第 270 页；陈心蓉、丁辉著：《嘉兴历代进士藏书与刻书》，黄山书社 2014 年版，第 308 页。

② 王国强主编：《中原文化大典·著述典·中原出版》，中州古籍出版社 2008 年版，第 259 页。

③ 熊向东等：《江西省出版志》，江西人民出版社 1998 年版，第 23、25、26、30 页。

④ 王东、钟甦所著《浙江印刷史》将此本列入浙版。参王东、钟甦：《浙江出版史》，杭州出版社 2013 年版，第 277 页。

刻书家的共性,也是建阳能够连续历经宋、元、明三朝,都是全国刻书中心的原因。笔者将此观点落实到对刻书家的功能辨析上,并以此评判福建各地一些后起的书坊,如福州南后街、四堡、泉州等,认为能否吸引和接受官私方,尤其是外地人士前来刻印图书,是评判地域刻书能否称为"刻书中心"的最重要标准。此举的目的,是为了纠正在地域文化研究中经常出现的滥称"中心"的现象。而且,这种现象不仅仅是福建一地所独有,其他省份也普遍存在。以故,这一标准对全国的出版史研究来说,也具有普遍的引领意义。

4.挖掘沉埋的史料,对福建出版史、刻书史做了大量的补充

以往的福建出版史、刻书史研究,由于在史料的挖掘深度和广度上有所欠缺,遗漏了不少有价值的从事刻书工作的人士,本书对此做了不少补充。所涉及的人物,有宋代刘峤、邹柄、邹栩、汪应辰、谢克家、徐经孙、程佑之、姚宪、司马伋、王日休、郑伯熊、傅自得、詹体仁、余允文、蔡元定、蔡渊、许开、蔡籥、李訧、杨复、陈鞾、郑如冈、陈宓、赵彦寓、徐几、项寅孙、王迈、杨栋、吴燧、杨士瀛、陈炤;元代张仲仪、余觉华、张绍先、母逢辰、王都中、王偁、吴绎、刘焱、释慧空;明代吴海、张隆、蒋云汉、洪泽、徐子玉、刘剡、洪钟、胡琏、周文仪、聂豹、黄以贤、杨允宽、朱洵、刘泽、虞守愚、张俭、沈璧、陈珪、胡宗宪、汪延良、王国桢、张聘夫、刘良弼、许孚远、徐鉴、陈禹谟、张汝济、吴雨、南居益、叶杲、包大中、许应元、杨应诏、邵廉、李培、漆彬、何必麟、杨德政、朱世泽、熊秉宏、叶有声、乔承诏、许达道、龚承荐、郑大郁;清代李绣、姚文然、姚文燮、熊启灿、熊世庆、蓝陈略、庞垲、程仕、王梓、真祖荫、陆廷灿、朱玉、蔡重、孙振豪、祖之望、周凤雏、孟殿荣、林迪光、陈题桥、余文仪、方亨衢、陈应魁、王元麟、苏廷玉、张瑞贞、徐树铭和傅以礼等,约一百多位刻书家。

二、本书的研究方法

以人物为中心的刻书家考略,如果只是停留在对哪些人物刊刻了哪些图书等史料的裒辑上,就会使本书充其量只是一部古籍刻本的目录汇编而已,这与笔者为书林人士列传的初衷不符。因此,笔者坚持这样的研究方法:

1.以小见大,从个体的特性中寻找群体的共性

　　本书以历史上一个个具体的刻书家作为研究对象。这样的写作方法，长处是可以把每一位刻书家的事迹描述得比较细致，且对前人出现的失误一一加以纠正；短处则很容易产生只见树木，不见森林，使刻书家相互之间缺少关联。有鉴于此，为了更好地扬长避短，笔者在高度关注发掘个体特性的同时，也注意寻找刻书家群体之间的内在关联及其共性。诸如由宋及明，接受各地作家、学者，接受官私方的委托刻书，是福建书坊许多刻书家的共性，这是建阳能够连续历经宋、元、明三朝，都是全国刻书中心的原因。这在以往的研究中，恰恰被人们所忽视。

　　有鉴于此，在研究相关刻书家时，笔者尽可能地挖掘：如果是书坊刻书，是否有接受官私方委托的刻书行为；如果是官刻或私刻，是否系委托书坊刊刻，以此揭示其各自不同的表现。

　　如明浦江洪泽任建安县主簿，将同乡郑大和编辑的《麟溪集》带到建安，与时任建宁知府的东阳徐子玉共同捐俸，委托建阳书坊刊行。此刻本系明前期建阳书坊接受来自外地学者委托刻书的典型事例，而其时在建宁府、建安县（其时府县同城）任职的两位浙江同乡，则是促成此事的媒介。

　　又如建阳崇化书林刘剡，与徽州新安、鄱阳一带的学者关系密切，这一带的学者往往通过他，将著作付建阳书坊刊刻。以故，刘剡的名字常在他们的著述中出现，《休宁县志》《新安文献志》也因此均将其误为徽州休宁人而列其小传。从刘剡与外地学者的交流来看，可以说在历代建阳书坊中，他是推动并接受外地学者在闽刻书最具代表性的建阳刻书家。

　　2.将史料的辨析与版本的辨误，尽可能地贯穿到全书之中

　　由于刻书家生平史料稀缺，使古籍刻本的鉴定易生讹误，这在以往可谓屡见不鲜。有鉴于此，笔者高度关注这一问题，在研究中，自觉地将古籍刻本的刊刻地点、刊刻年代与刻书家的生平结合起来进行深入研究，从而纠正了以往的不少错误。

　　如南宋绍兴初，谢克家在泉州知州任上，曾将司马光《通鉴举要历》上于朝。陈振孙《直斋书录解题》著录：“《通鉴举要历》八十卷，司马光撰。《通鉴》既成，尚患本书浩大难领略，而目录无首尾，晚著是书，以绝二累。其稿在晁说之以道家。绍兴初，谢克家任伯得而上之。”①所谓“得而上

---

①〔宋〕陈振孙撰，徐小蛮、顾美华点校：《直斋书录解题》卷四，上海古籍出版社1987年版，第113页。

之",是说谢克家在得到晁说之藏本后,将此书献给朝廷。在此,陈振孙有一个环节未能说清。即谢氏所上之书,究竟是稿本还是刻本?如果是刻本,是何人何时何地所刻?本书通过对史料的考证,较好地解决了这个问题。

又如,在"汪应辰"条中,对邹道乡、邹德久父子字号两个错字的辨析;对刻书家中四位吴革、两位刘震孙、两位张星徽、两位冯孜、两位李春熙、两位朱霞、两位林同、两位陈禹谟的辨析;对两位号"磊老"的学者吴雨、傅汝舟的辨析与纠正;对汤汉刻本《陶靖节先生诗注》刊刻年代的质疑;对刻印《读史管见》的孙德舆,是否是胡大壮之子的辨析,以及对明初姚伯和刻印危德华《北溪观海集》的辨析。通过分别从刊刻时间、地点,乃至刻本的归属等若干方面的考证,或对史籍,或对当代研究成果中所出现的失误,均一一予以纠正。

又如,元福州路刊刻《礼》《乐》二书,对这一史实的记载,以往的著作中错误颇多。一是将山西赵宗吉、赵承禧误为两人;二是将其误为"福建人";三是误一为二,将同一刻本误以为是元福州路儒学刻本与"元闽赵宗吉刻本"两个不同的版本。本书纠正类似错误多达上百处。

3.通过刻本史料的辨析,追溯版权的归属

由于历史现象的复杂性,表象往往会掩盖真相,从而造成对古籍刻本版权的误判。本书有不少这方面的事例。通过刻本史料的辨析,可追溯版权的归属。

一般来说,刻书牌记往往是鉴别古籍刻本的重要依据,但其并非唯一的依据。

建阳书坊有不少接受官私方委托刻印之书,在这些刻本中,往往也会出现书坊的刻书牌记。如明正德间建阳书坊刘洪慎独斋刻本《文献通考》《群书考索》等,目录后有"皇明正德戊寅慎独书斋刊行"等牌记,故在许多古籍目录中,往往将此本著录为"明正德中慎独书斋刻本"①。从这些书福建按察司、建宁府、建阳县等出资方来说,刘氏慎独斋只是接受委托刻书而已,故在万历《建阳县志》卷七《艺文志·梓书》中列有"县治书版"共八种,

————————

①〔清〕邵懿辰撰,邵章续录:《增订四库简明目录标注》卷一四,上海古籍出版社 1979 年版,第 567 页。

其中《文献通考》和《群书考索》均列其中。而从明万历上溯至正德年间的七八十年间，绝无另外还有知县刊刻此二书的记载，由此可知，这两部均由官府委托刘氏慎独斋刊行的大部头古书，其版权属官府，当时就是作为官刻来处理的，其书版就储存在建阳崇化书林官方收藏官版的"同文书院"中。

胡帛于嘉靖末任福州知府，曾刊刻明唐顺之所编《文编》六十四卷，下书口所题刻工名氏与嘉靖《建阳县志》《邵武府志》有不少同名。由此推断，此书之刻印，刻工多来自建阳书坊，该书或系其委托建阳书坊刊刻。

明潭阳王氏三槐堂刻印《经国雄略》，书中有"潭阳王介爵锡九较梓""潭阳书林三槐堂较梓"牌记，但笔者认为，此书在版权的归属上，应属郑大郁的观社所有。该书由郑大郁出资，委托王介爵在建阳刊印。这是因为此书每页下方均有"观社"二字，此为郑大郁表明版权之意。

这一现象，还往往下延至清代福州的许多书坊。如清道光间，榕城王友士为刘家谋刊刻《芑川先生合集》，在《东洋小草》目录后，有"榕城王友士镌字"小字刊记一行；福州名肆宋钟鸣为孙尔准刊刻《泰云堂集》，总目后左下角有"闽省宋钟鸣领刻"六字。光绪间，吴玉田为谢章铤赌棋山庄刻印《赌棋山庄所著书》，为林纾刊印《福州支社诗拾》《巴黎茶花女遗事》；同治间，又为王凯泰、俞樾刻印《归田唱和集》等，书中均有"三山吴玉田镌字"刊记。

对刻本的判定，以往大多是根据刻书者的身份（如官员）作为评判标准，而不是以刻书资金的来源作为基本依据。这在史料不足的情况下，实属不得已之举。实际上，官员所刻之书，并不等于就是官刻本。在本书中，对此也有一些细致的考辨。如赵汝愚之孙赵必愿，淳祐五年（1245）出任福州知州兼福建安抚使，他有心将祖父的《国朝诸臣奏议》在福州官学刻印，但"久而未就"，原因在于所需资金筹集困难。五年之后，此书方由福建提刑史季温刊行。史氏也如赵必愿一样，没有滥用权力动用官帑，而是在自己的俸禄中"捐金"，由此可知两位官员都是清廉之士。笔者研究此刻本的资金来源，意在说明，清人将史季温的刻本《山谷外集》著录为"宋淳祐闽宪刊本"，如果仅表明是刊刻地点，这没有问题；但如果认为其是"闽宪官版"则不够准确，因为史季温这两个刻本充其量只能说是"官员刻本"而不是"官刻本"，其原因即在刻书资金的来源上。

为保证史料辨析与版本辨误的正确性，就必须在史料运用方面下功夫。为拓展学术视野，笔者尽可能地扩大对史料的搜集范围。在史料运用方面，除大量地阅读宋明以来的正史、方志、笔记和文集，关注学者通常习用的文献之外，还有意识地将目光投向刻书家的族谱、家乘、碑铭等材料，乃至在出版史研究领域中通常不为人们所使用的摩崖石刻等。通过发现新的史料，以及对这些史料文本的细心研读和甄别，为纠正以往成说中（如书中提到的司马伋、赵师恕、赵师耕、廖邦杰、刘震孙、黄登、余镆、顾霶、樊献科、张国正和徐兆丰等）的错失，提供更多的文献佐证。

如余镆、顾霶刻本《少保胡端敏公奏议》，因余、顾二人均浙江人氏，故此本又被误为浙江刻本。巧的是，二人又先后都担任过闽县县令。按说，这两位任职时间前后相距十几年的闽县县令，不应在刊刻于嘉靖十九年的刻本上发生交集。此处一定有某一个环节，将二人联接在一起，但在乾隆《福建通志》《浙江通志》有关余镆、顾霶的事迹中，对此均无记载。笔者凭借福州鼓山灵源洞西向陈卿等题名的摩崖石刻，解决了这一问题。

与此相类似的还有，南宋赵师耕，在福州鼓山、泉州九日山均留下石刻题名；明樊献科，则分别在福州乌石山天北、武夷山水帘洞崖壁有两条石刻，这些石刻对判定赵氏刊刻《河南程氏遗书》和樊氏刊刻《性理大全书》的具体年代均提供了有益的佐证。

建宁知府庞垲，康熙三十八年（1699）在建阳刻印其友人李澄中所撰《白云村集》、其祖父庞招俊所撰《尚书正旨》、曾祖庞泮（川甫）所撰《尚书讲义》等。其生平，《清史稿》《清史列传》《国朝先正事略》等均有记载，但在这些史籍中，均无庞垲任建宁知府的具体时间。建宁府最后一次修志，是在清康熙三十二年，而庞垲任建宁知府则在此之后。显然，在《建宁府志》中不可能有他的事迹。他任职、离任的时间，也不可能通过这一渠道得知。而康熙四十年其在武夷四曲北岸题刻的"庞公吃茶处"石刻，则为此提供了一个准确的时间坐标。

最后，对本书的不足之处做一个反思，提供给对与本书同类或相近课题有兴趣的研究者参考。

由于部分刻书家的生平事迹史志罕见记载，更有一些在刻书史上声名卓著的刻书家，如以刻印《九经》知名的余仁仲，以刻印《史记集解索引》《杜工部草堂诗笺》知名的蔡梦弼,以刻印《史记》"三家注"和《王状元集百家注分类东坡先生诗》知名的黄善夫,以刻印"两汉书"知名的建安蔡琪,以刻印《附释音礼记注疏》《附释音毛诗注疏》《附释音春秋左传注疏》等儒学典籍知名的刘叔刚,以刻印《五百家注音辨昌黎先生文集》《五百家注音辨柳先生文集》知名的魏仲举,以刻印"元至治刊平话五种"知名的建安虞氏等,其事迹,除了在他们自刊并存留后世的若干种刻本中,偶有一些有关其字号、堂号等方面的零星信息之外,其他生平事迹,均已无从查考;而有关他们的刻书活动及刻本概况,在笔者所撰《建阳刻书史》以及学界同道的研究著作中,多有述及,考虑到已不能再提供更多新的史料,故在本书中只能忍痛割爱,不再将这些人物列入。

此外,还有一些刻书家,或因部分刊印之书久已散逸不存,或部分刻书家的生平事迹在史志中罕见记载,这对笔者搜集相关史料、辨析刻本内容和考证刻书家生平,均造成很大困难。这也是本书的某些篇章略显单薄的原因。

以笔者的初衷,是想将历史上所有的福建刻书家尽数揽入。然而,随着时间的推移,我强烈地感受到,仅凭一己之力,这几乎是一件很难完成的工作。适可而止,留待后人补正,或许才是一种更好的选择。

凡　例

1. 本书收入从北宋到清末福建福州（府）、建宁府、泉州（府）、兴化军（府）、南剑州（延平府）、邵武军（府）、汀州（府）、漳州（府）和福宁州（府）九地，共812位官、私、坊刻书家的刻书事迹，每地一卷，共九卷。

2. 这九地的刻书家，既包括在福建刻书的闽籍人士，也包括在福建刻书的非闽籍人士，主要为外省宦闽人士。

以往刻书史研究中，往往将刻书家的籍贯作为判定刻本的依据，忽视对刻书地点的考证，从而产生闽籍人士在外地刻书和外省人士在闽刻书版本归属不清的现象，为纠正此类问题，本书特地对此加以严格区分：每卷主体部分为在闽刻书的刻书家，将在外地刻书的闽籍人士附置于各卷之后。

3. 各地刻书家的排列，以其生年先后排序；生年相同者，以卒年先后排序。生年不详但有卒年者，依卒年先后排序。生卒年均未详者，则以其姓氏汉语拼音音序排列于最后。

4. 对跨越不同朝代的刻书家，如宋末元初的熊禾、明末清初的熊志学等，以其刻本的刊刻时间为依据归属其朝代。

5. 本书所引用书目，有时会出现同一种书出现两种不同版本的情况，盖因古籍或影印古籍，或因脱页，或因字迹模糊辨认不清，而不得已改用其他版本所致。

6. 本书页下注有两种方式：有连续性页码的现代出版物，注为"第×页"；无连续性页码的古籍和影印古籍，取其版心所标示（通常均为每卷另起计数），注为"叶×A"或"叶×B"。

7. 古籍中的小字注，以圆括号进行括注，并加"原注："注明。

8. 为使语意完整、便于阅读和理解，古籍引文中以圆括号括注公元纪年、引文省略的人名等内容。

卷一　福州（府）刻书家

　　福州,古有闽中、侯官、晋安、泉州等称。唐开元十三年(725),改泉州为福州都督府。此为福州之名出现之始。宋初,为福州,领县先后增置为闽县、侯官、怀安、连江、闽清、古田、长乐、福清、永福、长溪、福安、宁德和罗源13县。元初改为福州路。至元二十三年(1286)升长溪县为福宁州,下辖福安、宁德二县;元贞二年(1296)又升福清为州。此二州仍隶属于福州路,故其时福州领县九、州二。明洪武元年(1368),改为福州府。成化九年(1473),复升福宁为州,隶以福安、宁德,从福州分出,直属于福建行中书省。万历八年(1580),撤怀安县,福州领县九。

　　作为福建首府,福州人文荟萃,诞生理学名家如陈襄、周希孟、陈烈、郑穆、林之奇、黄榦、吴海,文学名家如张元干、曹学佺、谢肇淛、徐𤊹。清代以来,出现孟超然、陈寿祺、林则徐、梁章钜、沈葆桢、严复等,更是群星璀璨,名家辈出。福州经济繁荣,刻书业相应也较为发达,北宋中后期以寺院刻书为主,南宋、元明时期均以官府刻书和私家刻书为主,坊刻则罕见著录。

　　由于各级官府不是专业的刻书机构,故官刻一般是委托给书坊或通过临时招募刻工进行。私宅家刻大体与此相同。这些书籍虽然由书坊所刻,但不应视为坊刻本,其性质取决于出资者:由官方出资的为官刻,由私家出资的为私刻。这与现代出版社委托印刷厂印刷书籍,其版权仍归出版社而不归印刷厂,道理是一样的①。

　　由于宋、元、明时期的书坊主要集中在刻书中心建阳,所以,长期以来,福州有许多官私刻本实际上是在建阳书坊刻印,或是聘请建阳书坊刻工刊行的。如宋淳祐间,福建常平提举赵师耕在麻沙刊刻《河南程氏遗书》②;《大元圣政国朝典章》是由元代福建地方官抄录汇集,而后委托建阳书坊刊行;至正元年(1341),闽宪斡克庄委托朱熹五世孙朱炘,将虞集《道园学古

①卢美松主编:《八闽文化综览》,福建人民出版社2013年版,第364页。
②〔清〕邵懿辰撰,邵章续录:《增订四库简明目录标注》卷九,上海古籍出版社1979年版,第388页。

录》刻印于建阳。明天顺间（1457—1464），福建提学游明将《宋史全文续资治通鉴》《附宋季朝事实》重加校正，刊行于建阳书坊；成化十年（1474），福建右副都御史张瑄在建阳书坊刊刻《周礼集说》《纲领》《复古编》等书；成化十六年（1480），福建按察司佥事余谅将《文公家礼仪节》"付建阳书肆，俾其翻刻以广其传云"[1]；成化十八年（1482），福建巡抚张世用将《古文苑》"发诸建阳书肆寿梓"[2]；正德六年（1511），福建巡按御史贺泰命建阳知县将其所编《唐文鉴》校正刊行。明隆庆刻本《文苑英华》，通常认为刻印于福州，然而据学者考证，该书"是由福建巡按胡维新、闽浙总督戚继光等人派员刊行于建阳书坊的官版书籍"[3]。

入清以后，由于建阳刻书业逐渐衰败，福州坊刻于清中叶迅速崛起。南后街、三坊七巷一带书坊，承担起了原由建阳书坊所承担的接受官私刻书的大部分重任。

本卷搜集整理了由宋至清 211 位福州刻书家的事迹。其中，在福州刻书的有 150 位（宋代 15 位，元代 6 位，明代 74 位，清代 55 位），在外地刻书的福州（府）籍刻书家有 61 位。

---

①傅增湘：《藏园群书经眼录》卷一，中华书局 1983 年版，第 63 页。
②潘承弼、顾廷龙编：《明代版本图录初编》卷二，上海开明书店 1941 年版，第 34 页。
③刘理保：《明隆庆版〈文苑英华〉刊行地在建阳书坊考略》，《朱子文化》2009 年第 3 期。

一、宋代

黄　裳

黄裳(1043—1129),字冕仲,一字道夫,号演山居士、紫玄翁。南剑州剑浦县(今南平市延平区)人。北宋元丰五年(1082)进士第一。历官越州签判、秘书省校书郎、闽县令、福州知府、端明殿学士兼礼部尚书等职,卒赠少傅。

政和四年(1114),黄裳任福州知州,遵宋徽宗之旨,在闽县万寿观雕版印刷《政和万寿道藏》,黄裳总其事。此为我国历史上最早的由官方出资雕版印刷的道藏。全书5481卷,分为540函。竣工后,刻版进于东京(今河南开封)①。其中所印之书,道经之外,也收入一些诸子百家之作,内容包括文史、医学、化学、天文、地理等。因此后不久的"靖康之难",中原典籍遭到金人的掠夺焚毁,此书亡逸无存,但它为元明以后所修《道藏》打下了基础,成为此后各藏的蓝本。梁克家《淳熙三山志》载:"《政和万寿道藏》,政和四年,黄尚书裳奏请建'飞天法藏',藏天下道书,总五百四十函,赐今名,以镂板进于京。淳熙二年,令以所藏经文送于行在所。"②

黄裳,《宋史》无传。生平事迹的最早记载,是程瑀于绍兴十六年(1146)所撰《宋端明殿学士正议大夫赠少傅黄公神道碑》。谓其:"公讳裳,字冕仲。其先金陵人,五代时迁延平。曾祖曰护,祖曰添,考曰文庆,皆隐德不仕。……公元丰五年登进士第,历越州签判、太学博士、秘书省校书郎。……政和四年,以龙图阁直学士起知福州,历二任。"③文中还对黄裳的家世、籍贯、迁徙、仕履、政绩、子女和生卒等均有详细介绍,事迹远较其后的弘治《八闽通志》、道光《福建通志》、民国《南平县志》等所载为详。

在后人的笔记、诗话之类的著作中,有黄裳较多的逸闻逸事。如宋吴曾《能改斋漫录》有"罢舍法卒如黄裳言"一条,云:"黄冕仲尚书,当徽宗之

①卿希泰主编:《中国道教》第二卷,知识出版社1994年版,第16—17页。
②〔宋〕梁克家纂:《淳熙三山志》卷三八《寺观》,《宋元方志丛刊》第8册,中华书局1990年版,第8239页。
③〔宋〕程瑀:《宋端明殿学士正议大夫赠少傅黄公神道碑》,《演山先生文集》附录,《宋集珍本丛刊》第25册,线装书局2004年版,第190页。

初，蔡元长议欲推行太学舍法于天下，裳谓'宜近不宜远，宜少不宜老，宜富不宜贫；不若遵祖宗旧章，以科举取士'。其后公私繁费，人不以为便，罢之。卒如公言。"①清陆心源《宋史翼》载其中举逸事云："黄裳……未第时，尝作《游仙记》传于京师，神宗览而爱之。元丰五年，礼部奏进士有裳名，及进读廷试策，凡在前列者皆不称旨，令求裳卷，至第五甲始见。神宗曰：'此乃状元也。'擢为第一。考官以高下失实，皆罚铜。"②

黄裳的著作有《演山先生文集》六十卷，今存《四库全书》本、《宋集珍本丛刊》本等。

刘　峤

刘峤（1077—1138），字仲高，吴兴（今浙江湖州）人。政和五年（1115）进士，绍兴二年（1132）任福建提刑，在福州刻印宋司马光撰《温国文正司马公文集》八十卷，今国家图书馆存原刊本。卷一至四、七七至八〇配明弘治十八年卢雍抄本，行款为半叶十二行，行二十字，白口，左右双边。《四部丛刊初编》本即据此本影印③。晁公武《郡斋读书志》著录云："集乃公自编次。公薨，子康又没，晁以道得而藏之，中更禁锢，迨至渡江，幸不失坠，后以授谢克家。刘峤得而刻板上之。"④

刘峤序云："文集凡八十卷，为二十八门，其间诗赋、章奏、制诏、表启、杂文、书传，无所不备。得于参知政事汝南谢公。谢公语峤曰：'艰虞以来，文籍散亡。子曾大父杂端公，熙宁二年坐诋时政，及再缴诏，敕还中书，谪守九江，一斥不复。司马公时营救甚力，章疏具载国史，天下所共知之。'且趣峤叙其首，镂行于世。峤虽浅陋未学，然服膺此书旧矣，矧复世笃忠义之契顾，何敢以不敏辞？绍兴二年岁在壬子九月旦，左朝请郎直徽猷阁权发遣福建路提点刑狱公事吴兴刘峤谨序。"⑤此书刻成之后，次年十月表进。

---

①〔宋〕吴曾：《能改斋漫录》卷一三，上海古籍出版社1979年版，第382页。

②〔清〕陆心源：《宋史翼》卷二六，中华书局1991年版，第278页。

③此刻本的刊刻年代，《四部丛刊初编》1922年首印之时，曾将此绍兴本误为绍熙刻本，见《温国文正司马公文集》卷首书牌："上海涵芬楼借常熟瞿氏铁琴铜剑楼藏宋绍熙刊本景印。"参该书书名页后。1936年，上海商务印书馆刊缩印本时，对此作了修正，卷首书牌改为"上海商务印书馆缩印常熟瞿氏藏宋绍兴本"。参该书书名页后。

④〔宋〕晁公武：《郡斋读书志》卷四，《中国历代书目丛刊》第1辑，现代出版社1987年版，第1007页。

⑤〔宋〕司马光：《温国文正司马公文集》卷首，《四部丛刊初编》集部第180册，商务印书馆1936年版，第2页。

卷首有刘峤《进司马温公文集表》称:"臣峤言:准尚书省札子,备奉十月二十九日圣旨,因秘书省有请,以臣近刊司马光文集,许令投进者。断编参订,深虞三豕之传疑;睿旨聿颁,忽睹六丁之下取。前贤增重,晚学与荣。"①据此表后所署,刘峤其时还兼任福建提举常平。

宋汪藻《浮溪集》有《左朝散大夫直徽猷阁刘君墓志铭》:"君讳峤,字仲高,吴兴刘氏。吴兴之刘,其传盖远。熙宁间,有讳述知御史杂事者,正色立朝,与宰相争是非。宰相盛怒,至欲逮治之,不为屈,卒夺御史。司马温公称其'道胜名立',东坡苏公为之赋《吴兴丈人》之诗,一时名士慕而宗之,所谓刘孝叔是也,于是吴兴之刘闻天下。卒官尚书吏部郎中,累赠金紫光禄大夫,中兴又特授秘阁修撰。……君少以文名,端方厚重,不妄交游。范忠宣之子正平,凛然有二父风,君从之数年,尽得其学。由是操修益进,贤于人益远,为乡里所尊,闻其行于朝。擢政和五年上舍高第,除陈州州学教授。丁内艰,免丧,调监尉氏税,非其好也。会徽猷阁待制赵公鼎臣镇邓,闻君名,辟司仪曹事。一府高其文,部使者交荐之。居无何,争进者比而谗君,君推其能于人,一不之校。人皆服君长者,而谗者反愧谢君。迁宣教郎,睦亲广亲南北宅大教授,历开封府仪曹少监、少府少监、尚书比部员外郎。君为郎六年,阅辈流登台省者,无虑数百人,未尝以荣滞关怀,当国者贤之,擢大理少卿,枢密院检详诸房文字。出提点福建路刑狱。君内为廷尉,外为绣衣直指,于决谳重轻,必平反曲折,得其情而后已,不以爱书逮吏,故中外翕然称之。使闽时,尉诬民为盗,帅幸尉迁,力主之。君知其冤,引囚物色非是,释囚而黜尉。帅贵人也,不悦。会贵人还朝,君知其憾不释,力丐奉祠,得提点洪州玉隆观。居数年,以疾请老。卒年六十二,积官至左朝散大夫,直徽猷阁,时绍兴八年(1138)三月某甲子也。"②

梁克家《三山志》载其福建提刑任年:"刘峤,左朝请大夫直徽猷阁。绍兴二年六月二十七日到任,至四年九月初五日罢。"③

邹柄·邹栩

邹柄(1084—?),字德久;邹栩(1094—?),字德广,号存诚,二人为兄弟

---

①〔宋〕司马光:《温国文正司马公文集》卷首,《四部丛刊初编》集部第 180 册,第 2 页。

②〔宋〕汪藻:《浮溪集》卷二五《左朝散大夫直徽猷阁刘君墓志铭》,《丛书集成初编》第 1960 册,商务印书馆 1935—1937 年版,第 298—299 页。

③〔宋〕梁克家纂,陈叔侗校注:《三山志》卷二五《秩官》,方志出版社 2003 年版,第 392 页。

俩。晋陵（今江苏常州）人，著名学者、理学家邹浩之子。绍兴三年（1133），兄弟俩辑录其父邹浩奏议一编，由杨时作序，刊行于福州。赵希弁《郡斋读书附志》卷五著录《道乡邹忠公奏议》十卷，盖即此本。略云："《道乡邹忠公奏议》十卷。右邹忠公浩之文也，龟山先生为之序。公字至全，常州晋陵人。举进士，累迁右正言，上疏谏立刘皇后，除名新州羁管。然世所传疏，其辞诋讦，盖当时小人伪为之以激怒者也。公之子柄，后因赐对，首辨此事，且缴元疏副本上之，诏付史馆。赠公宝文阁直学士，谥曰忠。"①

邹浩（1060—1111），字志完，元丰五年（1082）进士。官终直龙图阁，赠宝文阁学士，谥曰忠。事迹载《宋史》本传。邹浩于元符二年（1099），因上疏谏立刘后而编管新州，奏稿当时已焚毁。徽宗初，蔡京欲重治浩罪，求其疏不得，于是伪造邹浩奏疏宣示之。邹浩竟因此获罪，贬谪昭州五年之久。

邹浩卒后二十二年，其子邹柄、邹栩搜集、整理其遗文为两编。其一即《道乡邹忠公奏议》十卷，其二为《道乡集》四十卷。陈振孙《直斋书录解题》著录："《道乡集》四十卷，吏部侍郎晋陵邹浩志完撰。浩既谏立刘后坐贬，徽宗初，召还对，上首及之，奖叹再三，问：'谏草安在？'曰：'焚之矣。'分告陈瓘，瓘曰：'祸其始此乎？异时奸臣妄出一缄，则不可辨矣。'蔡京素忌之，使其党作伪疏，言刘后杀卓氏而夺其子，遂得罪。其在昭州，作青词告上帝，有'追省当时奏御之三章，初无杀母取子之一字'云。"②

以上所录，无论是赵希弁，还是陈振孙，都没有提到此二书的刊行地点，何以断定是在福州刊行？这可以从杨时的文章中得此结论。这两部邹浩遗文，邹氏兄弟当时分别请了邹浩的两位好友分别作序。《道乡邹忠公奏议》请的是大儒杨时。序文如下：

> 道乡邹公，自少以道学行义知名于时。其为人也和顺积中，而英华发外，望之晬然见于颜面，不问知其为仁人君子也。其遇事接物犹虚舟，然而坚挺之姿如精金良玉，不可磨磷。元符中，用侍臣之荐，擢居谏垣，从人望也。是时，哲宗皇帝厉精求治，用贤如不及，一见即以公辅期之。嘉言入告，无不从者。适中宫虚位之久，大臣欲自结于嬖

①〔宋〕赵希弁：《郡斋读书附志》卷五，《中国历代书目丛刊》第1辑，现代出版社1987年版，第1055页。文中言"公字至全"，误，"全"应为"完"。
②〔宋〕陈振孙撰，徐小蛮、顾美华点校：《直斋书录解题》卷一七，上海古籍出版社1987年版，第513页。

暧之私,为保位之谋,迎意媚合不以正。公力言之,以为公议不允,忤上旨,奸谀之徒恶其害己,相与协力挤之,于陷阱之中又下石焉,皆是也。公之章留中不下,乃伪为之,加以诋诬不实之语,如"他人之子而杀其母"之类,流布中外,欲天下闻之真若有罪者。其为谋深矣! 虽有端人正士,无敢为公辩明者。

公既殁,迨今二十余年,昔之奸朋洞丧略尽,而正论行焉,真伪是非始有在矣。绍兴三年,其子柄、栩集公之奏议一编,属予为叙。余于公非一朝燕游之好也,知公为尤详,其事之本末皆余所亲闻见者,故详著之,以昭示来世,庶乎使小人知君子之为善终,不可诬也。

公之将亡,余适还自京师。闻公疾革,未及弛担,即驰往省之。见其茶然仅存余息,然语不及私,犹以国事为问,盖其平生以天下之重为己任,至垂绝而不忘也。每追念及之,怆然不能释。呜呼! 世道凋丧久矣,不复有斯人也。[1]

《道乡集》四十卷,请李纲作序:

道乡邹公,自其少时,处闾里,游庠序,登仕途,其节操风流,已为有识者之所推许。至元符间,职在谏省,适有椒房之事,抗章陈列,危言鲠论,耸动四方,远谪万里。及建中靖国间,召还待从,又以直道不容于朝,再谪岭表,而气不为之少挫。遇赦得归,作知恩堂以居,奉其母,友其诸弟,教训其子侄,欣然不知老之将至。所养如此,故其文章高明闳远,温厚深醇,追古作者,有黼黻之文,有金石之声,有菽粟布帛之用,信乎有德者之必有言也。

其子柄、相集公平生所为文,得赋若干,古律诗若干,杂文若干,合为若干卷;而谏省章疏又别为一集,将镂版以传于世,求序于某。义不得辞。……

绍兴五年岁次己卯三月二十一日序。[2]

---

① 〔宋〕杨时:《龟山集》卷二五《邹公侍郎奏议序》,《景印文渊阁四库全书》第 1125 册,台湾商务印书馆 1986 年版,第 349—350 页。
② 〔宋〕李纲:《李纲全集》卷一三八《道乡邹公文集序》,岳麓书社 2004 年版,第 1321—1322 页。文中言"其子柄、相",误,"相"应为"栩"。

以上二序，一作于绍兴三年（1133），一作于绍兴五年（1135）。《奏议》的编者是邹柄，《文集》的编者是柄、栩兄弟俩。刊行的大致时间，应分别为绍兴三年和五年。序中均未点明刊刻的地点，但在杨时写给邹柄的书信中，却透露了这一消息：

> 先公奏议序纳去，鄙拙不足以发扬盛德，负愧多矣。闻令弟欲令福唐镂板传之久远，甚善。然其间有弹击权要，今子孙恐有当路者见之，遂为世仇，不可不虑也。如欧公有从谏，正谓此耳。若镂板可节去弹击之章，未须传也。公更思之。①

文中所说"闻令弟欲令福唐镂板传之久远"，指的就是其弟邹栩将把此奏议在福唐（福州）镂板。邹氏兄弟为何要把此二书放在福唐刊印？这可能与当时官福州知州的张守有关。

张守（1084—1145），字全真，一字子固，与邹浩是常州晋陵同乡。崇宁元年进士。绍兴二年九月，以资政殿学士、左中大夫知福州郡守，五年八月召赴行在②。张守官福州知州的时间，正与邹氏兄弟在"福唐镂板"的时间完全吻合。更为重要的是，张守对这位"清德著于家，余泽钟其后""谠言劲节，冠映搢绅"的同乡前辈怀有深深的敬意，因此，将邹浩遗著刊行于世，这位时任"福唐郡守"的同乡应是出了不少力。

在张守《毗陵集》中，还有一篇题为《跋邹舍人诗》的跋文，当时有可能刊于"福唐本"卷末。其中有云："古语有云，孔子家儿不知骂，曾子家儿不知踞，生而见教也。舍人邹公于其子筮仕之初，诲饬如此。都官奉以周旋，仕虽不达，而清德著于家，余泽钟其后。至道乡先生以谠言劲节，冠映搢绅，而子若孙，皆有万石君之家法，盖生而见之，世守其训，莫敢坠失，遂跻登兹。念艰难以来，风俗颓替，父兄之教不先，子弟之率不谨，倘使家有此诗，人识此义，中兴其庶几乎？"③

元谢应芳《思贤录》载："公子柄，字德久。庄重笃学，幼负俊声，侍忠公如二水。黄山谷见之，深加叹异，呼为小友。未弱冠，弃科举学，从龟山先生游。先生期以大器，每称之曰'是真有志于学'，乃尽传其业。龟山门人

---

①〔宋〕杨时：《龟山集》卷二一《与邹德久》，《景印文渊阁四库全书》第1125册，第315页。

②〔宋〕梁克家纂，陈叔侗校注：《三山志》卷二二《秩官》，方志出版社2003年版，第357—358页。

③〔宋〕张守：《毗陵集》卷一一《跋邹舍人诗》，《丛书集成初编》第1974册，第167页。

以柄为称首,陈忠肃公亦称其才高识远,可以大受。"①

邹栩,历官宣教郎、江南西路安抚制置司干办公事、处州知州,系邵武黄伯思女婿。

史　浩

史浩(1106—1194),字直翁,号真隐居士,明州鄞县(今浙江宁波)人。《宋史》本传作绍兴十四年(1144)进士,《宝庆四明志》则作绍兴十五年进士,应以十五年为是。历任福清知县、福州知州、崇信军节度使、右相兼枢密使等官职。事迹载《宋史》卷三九六、《宝庆四明志》卷九、《浙江通志》卷一五九。著作有《鄮峰真隐漫录》五十卷、《尚书讲义》二十卷。

淳熙元年(1174),史浩任福清知县时,曾重刊郑侠《西塘先生文集》。郑元清《西塘先生文集跋》述刊行情况道:"先大父隆兴甲申(二年,1164)守盱江,以所藏高大父教授朝奉西塘遗文叙辑成编。蒙大资黄公为之序,遂刊置公府,今四十七年矣。……淳熙改元(1174),太师、左丞相史公出帅乡邦,复取斯集,亲为题跋而刊之,皆以大资黄公所为序冠之篇首。"②

史浩刻本,为郑侠《西塘先生文集》第三次刊刻。前两次分别为隆兴二年(1164)郑嘉正建昌军刻本,郑元清嘉定三年(1210)金陵重刻本。二郑均为郑侠后裔。其详情,可参阅本书"郑嘉正·郑元清"条。

汪应辰

汪应辰(1118—1176),字圣锡,信州玉山县(今属江西)人。史载其"幼凝重异常童,五岁知读书,属对应声语惊人,多识奇字。……从人借书,一经目不忘。十岁能诗。"③绍兴五年(1135),年十八中状元,任秘书省正字。以言事忤秦桧,出为建州通判。绍兴三十二年(1162)十月至隆兴二年(1164)五月,任福州知州④。

汪应辰在闽刻书,最早见载于《朱子语类》廖德明录,刊行地点在"三

①〔元〕谢应芳:《思贤录》卷一,《四库全书存目丛书》史部第82册,齐鲁书社1997年版,第367—368页。
②〔宋〕郑元清:《西塘先生文集跋》,《西塘先生文集》卷首,明万历三十七年(1609)叶向高刊本,叶2B—3A。文中"太师、左丞相史公"即指史浩。
③〔元〕脱脱:《宋史》卷三八七《汪应辰传》,中华书局1977年版,第34册,第11876页。
④〔宋〕梁克家纂,陈叔侗校注:《三山志》卷二二《秩官》,方志出版社2003年,第359—360页。

山"（福州别称），所刊刻之书为杨时的《龟山集》。原文为：

> 邹道卿《奏议》不见于世。德父尝刊行《家集》，龟山以公所弹击之
> 人犹在要路，故今集中无《奏议》。后来汪圣锡在三山刊《龟山集》，求
> 《奏议》于其家，安止移书令勿刊，可惜！不知龟山犹以出处一事为疑，
> 故《奏议》不可不行于世。安止判院闻之，刊于延平。①

以上这段引文有两个错字，必须纠正。一是"卿"应为"乡（乡）"，因字
形相近之误。"邹道乡"，即邹浩，字志完，号道乡。生平见上文所揭。之所
以判定此字之误，根据之一是同样系中华书局版的《宋元学案》记载此事，
有如下一段话，其中称邹浩为"道乡"：

> 汪圣锡在三山刊《文靖集》，安止令姑弗入奏议于其中，盖以当时
> 尚多嫌讳，亦文靖所定《道乡先生集》中之例也。②

二是"德父"应为"德久"，亦形近之误。邹浩的长子邹柄，字德久，曾刻
印其父文集，即朱子所言"刊行《家集》"。因邹浩晚年曾"游于杨文靖公
（时）、胡文定公（安国）之间，得伊川之传"③，故德久当时曾向杨时求序，今
本《龟山集》卷二五有《邹公侍郎奏议序》。

除在三山刊《文靖集》外，汪应辰在成都也有刻书。宋赵希弁《郡斋读
书附志》著录："《东坡先生帖》三十卷，右玉山汪应辰圣锡所刻也。"《嘉泰会
稽志》载："汪圣锡尚书在成都，集故家所藏《东坡帖》刻为十卷，大抵竹纸居
十七八。"④此书刊刻地点应在成都，卷数则应以三十卷为是。

汪应辰事迹，《宋史》卷三八七、雍正《江西通志》卷八五、同治《广信府
志》卷九等均有详载。万历《福州府志》卷一五《官政志》载其在福州，"宽厚
爱民，奏蠲一切苛征"⑤。

詹体仁

詹体仁（1143—1206），字元善，建宁府浦城（今福建浦城县）人。早从

---

①〔宋〕黎靖德编：《朱子语类》卷一三〇，中华书局 1986 年版，第 3125 页。
②〔清〕黄宗羲：《宋元学案》卷二五《龟山学案》，中华书局 1986 年版，第 961 页。
③〔清〕黄宗羲：《宋元学案》卷三五《陈邹诸儒学案》，中华书局 1986 年版，第 1217 页。
④〔宋〕沈作宾、施宿等：《嘉泰会稽志》卷一七《纸》，《宋元方志丛刊》第 7 册，中华书局 1990 年版，
　第 7045 页。
⑤〔明〕潘颐龙、林熿等：（万历）《福州府志》卷一五《官政志》，书目文献出版社 1990 年版，第 121 页。

舅姓张,后复原姓。隆兴元年(1163)进士,任饶州浮梁(今属江西)尉,经梁克家荐于朝,累官太常侍丞,历浙西常平提举、湖广总领、司农少卿、福州知府等。《宋史》卷三九三《詹体仁传》载其"颖迈特立,博极群书。少从朱熹学,以存诚慎独为主"①。述其生平较详者,有宋杜范《清献集》卷一九《詹体仁传》,称其:"幼学于建安朱熹,沉潜经训,遍考群书百家,朝夕诵说,本末条畅。其居官以尽职利民为心。在浙西,开渠浚湖,以备水旱,散盐本钱数万,以业亭民。"②

据詹氏及门弟子真德秀《跋朱文公帖》,詹体仁曾经于庆元初(1195)在福州知州任上重刻朱熹在漳州刊定的四经,即《易经》《书经》《诗经》和《春秋》。真氏跋云:

> 绍熙间,文公先生刊定四经于临漳,其后龙图詹公又刻之三山。《易》本古经,《书》《诗》出小序,置卷末,《春秋》不附传。先生既幸教学者,俾识经文之旧,至音训亦必反复订正而后已。呜呼!此吾夫子作经之心也。当是时,群邪峥嵘,设为党禁网天下士,凡先生片文只字,所在毁掷删弃惟恐后,而詹公于此乃始刊先生所定经文,于学不少顾避,其尊闻行知不为祸福所移夺如此,岂易得哉!③

詹氏知福州时还曾刻印其学友童伯羽《四书集成》三十卷。詹氏有《童伯羽四书集成序》云:"予友童蜚卿纂《四书集成》三十卷,子朱子称其'阐发奥义,不遗余力'。往岁过敬义乡,借缮本读之,逐章逐节,逐句逐字,其旨趣一一发明,如布帛菽粟之无可厌教者。忆予壮时,键户穷经,自忘固陋,亦尝著《孟子说》,质之子朱子,以为用心多误。退而思之,信然。夫予与蜚卿年相若,居相近,长而负笈从师,在武夷精舍中,请业精益亦无不同,而予之学业不加进,一精一粗之判然异者何哉?盖蜚卿能居敬者也。敬则主一,主一则静,静则多悟,故于圣贤立言之宗旨,皆能覃心而研究之,此《四书集成》所由择之精而语之详也。乾道乙酉六月,偕同志放舟九曲,遇凉风乍至,规论'尊德性道问学'章……书既成,未付诸梓,故人已弃人间事矣。予奉天子命来守长乐,本有采访遗逸之责,矧是书为同人

---

① 〔元〕脱脱:《宋史》卷三九三《詹体仁传》,中华书局1977年版,第34册,第12021页。
② 〔宋〕杜范:《清献集》卷一九《詹体仁传》,《景印文渊阁四库全书》第1175册,第765页。
③ 〔宋〕真德秀:《西山文集》卷三六《跋朱文公帖》,《景印文渊阁四库全书》第1174册,第572页。

所悬切者耶？爰付剞劂氏，登诸枣梨，俾海内便于传布焉，曰藉此以黜异说也云尔。"①

詹氏知福州时还曾刻印宋罗从彦撰《尊尧录》七卷《别录》一卷。其自撰《罗从彦先生尊尧录序》，云："南剑罗豫章先生纂《尊尧录》一书，分七卷，添《别录》一卷，合四万余言。欲进之黼座，不果，家藏缮本，至今未蒙采择。体仁来守闽部，恐其久而散佚也，重加雠校，付诸梓。"②

另据朱熹《晦庵先生朱文公文集》卷八一《跋郭长阳医书》，詹体仁受朱熹委托，于庆元元年（1195）在福州刻印此书。这是朱熹及其门人中所刻的极为罕见的医学书籍。《晦庵先生朱文公文集》卷三四《答吕伯恭》书又云："敬夫遗文不曾誊得，俟旦夕略为整次写出，却并寄元本求是正也。詹体仁寄得新刻钦夫《论语》来，比旧本甚不干事。若天假之年，又应不止于此，令人益伤悼也。"③由此可知，詹氏还曾刻印张栻《论语解》（十卷）一书。

据宋梁克家《三山志》，詹体仁官福州郡守，时在绍熙五年（1194）闰十月至庆元元年（1195）八月④。

郑性之

郑性之（1172—1254），字信之，又字行之。初名自诚，后改名性之，号毅斋，侯官（今福州）人，从学于朱熹。嘉定元年（1208）状元，历任平江军教授、秘书省正字，出知袁州、赣州、隆兴和福州，累官知枢密院事兼参知政事。逝世后，刘克庄为之撰《神道碑》⑤，传载《宋史》卷四一九，事迹又见载于《朱子实纪》《考亭渊源录》等。

嘉定元年（1208），郑性之曾刻印朱熹撰《韩文考异》十卷。赵希弁《郡斋读书附志》卷五著录曰："《韩文考异》十卷。右朱文公所定也。以南安

①〔宋〕詹体仁：《童伯羽四书集成序》，《全宋文》卷六三五三，上海辞书出版社 2006 年版，第 255—256 页。

②〔清〕詹成等撰修：《浦城詹氏族谱》卷一五，清嘉庆三年（1798）木活字印本，福建省图书馆存本，叶 1A。又见曾枣庄主编《宋代序跋全编》第 2 册，齐鲁书社 2015 年版，第 1132 页。

③〔宋〕朱熹撰，朱杰人等主编：《朱子全书》第 21 册，上海古籍出版社、安徽教育出版社 2010 年版，第 1515 页。

④〔宋〕梁克家纂，陈叔侗校注：《三山志》卷二三《秩官》，方志出版社 2003 年版，第 362 页。

⑤〔宋〕刘克庄：《后村先生大全集》卷一四七《毅斋郑观文神道碑》，《宋集珍本丛刊》第 82 册，第 476 页。

《举正》及祥符杭本、嘉祐蜀本、李谢所据馆阁本考其同异，一以文势义理及它书之可证验者决之云。嘉定戊辰（1208）三山郑自诚刻而叙其后。"①此刻本久逸，仅见此书著录。

绍定二年（1229），郑氏又刻印陈均编著《皇朝编年纲目备要》三十卷，书前有陈均自序和绍定二年真德秀、郑性之、漳州知州林岊所写三序。陈均（1174—1244），南宋兴化军莆田人，字平甫，号云岩，自号纯斋。高宗、孝宗朝官至尚书右仆射的陈俊卿系其从祖。嘉定七年（1214），陈均随从父陈宓至临安，入太学为太学生。此书原名《皇朝编年举要备要》，端平二年（1235）上进时，改"举要"为"纲目"。书仿朱熹《资治通鉴纲目》体例，起建隆，迄靖康，记载了北宋一代九朝的历史。真德秀序中述此书编纂原委云："均之幼也，侍从祖丞相正献公，获观国朝史录诸书，及眉山李氏《续通鉴长编》，意酷嗜之。独患篇帙之繁，未易识其本末，则欲删烦撮要为一书，以便省阅。时方从事举子业，未之能也。晚滞场屋，决意退藏林壑间，又以出入当世名流之门，得尽见先儒所纂次若司马文正公之《稽古录》，侍郎徐公度之《国纪》，以及《九朝通略》等书，亡虑十数家，博考而互订之，于是辑成此编。大纲本李氏，而其异同详略之际，则或参以他书。昔尝读朱文公《通鉴纲目》，叹其义例之精密，盖所谓纲者，春秋书事之法也；而所谓目者，左氏备言之体也。自司马公《目录》《举要》之作，至是始集大成，观者亡复余憾。均窃不自揆，辄放而依之。"②

郑性之序称："平甫与余游从廿年矣，足不出书室，口不及世事，利害得丧不足以动其心，师友渊源盖得所渐，孜孜为学，未见其止也。……积年而书幸成，余与二三同志先得观之，传示浸广。人各欲得其书而力不能录，遂相与锓木，愿友朋共之，非平甫志也。"③此书原刊本今日本静嘉堂存全帙，原为陆心源皕宋楼旧藏，版式为八行十六字，小字双行二十三字，黑口，四周单边。国家图书馆现存宋刻元修本残帙十二卷，题《九朝编年纲目备要》。

①〔宋〕赵希弁：《郡斋读书附志》卷五，《中国历代书目丛刊》第1辑，现代出版社1987年版，第843—844页。

②〔宋〕真德秀：《西山文集》卷二七《皇朝编年举要备要序》，《景印文渊阁四库全书》第1174册，第412—413页。

③〔清〕陆心源：《皕宋楼藏书志》卷二一，《清人书目题跋丛刊》（1），中华书局1990年版，第236页。

徐经孙

徐经孙（1192—1273），字仲立，初名子柔，江西丰城人。登宝庆二年（1226）王会龙榜进士，历官潭州浏阳主簿、郴州永兴令、国子博士、监察御史、福建提刑、福建安抚知福州等职。

在福州，徐经孙曾刻印宋任渊注黄庭坚《黄山谷内集诗注》二十卷。徐氏有《黄山谷内集诗跋》云："太史黄公诗有内、外集。夫任氏所注者内集，板木虽多，而其乌鸟传写之误亦自不少。暇日，稍加较正，刻之闽宪，始与芗城所刊《芗室外集注》并传之。"①此徐氏刻本久逸，仅见于此跋文著录。

徐经孙生平，见载于《宋史》卷四一○、《明一统志》卷四九、雍正《江西通志》卷六七等；宋熊朋来有《宋翰林学士赠金紫光禄大夫谥文惠徐公墓表》②，载其生平仕履甚详。但以上这些史料，均不署徐经孙官福州的具体年月。惟明王应山《闽大记·名宦传》载其仕闽事迹云："徐经孙，丰城人。宝庆间（1225—1227）官福建提点刑狱，号称明允。岁余转安抚使，知福州。经孙先宰临武，为潭州帅闽人陈韡所知。既任闽，适韡家居，经孙秉公守正。韡亲属有挠法者，不得逞。相与摇撼经孙，韡深怒之。韡寻起家帅本郡，怀私忿劾奏通判，语侵经孙。朝命斥通判，经孙造朝具白政府，明通判无罪。事闻，帝欲罢韡，经孙于是再诣政府，言某韡门生也，前日之白，公事也，苟韡以是得罪，人谓我何？力请不置，遂自乞闲。识者韪之。"③

按，徐既为宝庆二年进士，而宝庆前后仅有三年（1225—1227），故上引《闽大记》所言宝庆间其已然官福建提点刑狱，显然有误。且徐跋"与芗城所刊《芗室外集注》并传之"中的《芗室外集注》，指的应是淳祐十年（1250）史季温在福建路提刑司刻印其祖父史容作注、北宋诗人黄庭坚所撰《山谷外集》，则徐氏刻本，显然应在淳祐十年以后。检索《南宋馆阁续录》，方知其官福州的准确时间，应为景定元年（1260）。载云："徐经孙，字仲立，贯隆兴府。习赋。丙戌进士，（景定）元年六月以直宝谟阁知福州福建路安抚，除秘书少监，兼太子左谕德。"④以此推知徐氏刻印宋黄庭坚《黄山谷内集

①〔宋〕徐经孙：《矩山存稿》卷三，《景印文渊阁四库全书》第1181册，第32页。
②〔宋〕徐经孙：《矩山存稿》附录，《景印文渊阁四库全书》第1181册，第54页。
③〔宋〕徐经孙：《矩山存稿》附录，《景印文渊阁四库全书》第1181册，第57页。
④〔宋〕陈骙：《馆阁续录》卷七，《景印文渊阁四库全书》第595册，第506页。

诗注》,应在景定初。

吴　燧

吴燧(1200—1264),字茂新,号警斋。泉州人,先世自晋江迁同安。绍定二年(1229)进士。授从事郎,历任威武军节度推官、惠州推官。因李刘之荐,任福州府教授。此后,先后历任监察御史兼崇政殿说书、广东提刑、秘书少监兼国史院编修官、殿中侍御史兼侍讲,终礼部侍郎。

据刘克庄所撰《警斋吴侍郎神道碑》,吴燧在福州府学教授任上,"储学廪之赢,葺庙学,刊《通鉴纲目》"①。按,朱熹《资治通鉴纲目》五十九卷,南宋时在福建的刻本,有嘉定十二年(1219)真德秀泉州郡斋刻本、宋末武夷詹光祖刻本,而福州刊本,一向未见著录,刘克庄此文,为吴燧刻本保存了一条重要线索。吴燧的生平,仅清郝玉麟等编纂的《福建通志》卷四五有其传记,文中对其任福州府学教授一职缺载。在民国《福建通志·职官志》卷五中,吴燧任职福州教职则被定在景定初,并不准确。据刘克庄《神道碑》,吴氏任此职是在绍定二年(1229)擢乙科历威武军推官,丁内艰服阕,又任惠州推官秩满之后,如此,则前后应有十年的时间,故吴燧任福州教授约在嘉熙末(1240)、淳祐初(1241),这便是其刊刻《资治通鉴纲目》的大致时间。

史季温

史季温(生卒年未详),字子威,成都路眉州(今四川眉山)人,绍定五年(1232)进士。嘉熙四年(1240),授太府丞,除秘书郎。淳祐十年(1250),以朝请大夫官福建路提刑司,刻印其祖父史容作注、北宋诗人黄庭坚撰《山谷外集》十七卷。清莫友芝《宋元旧本书经眼录》卷一著录:"史芝室注《山谷外集》十七卷,宋淳祐闽宪刊本,半叶九行,行大小字均十九。"②此书今上海图书馆存明覆刻宋淳祐刊本。史容,字公仪,号芝室居士,官至太中大夫。史容、史季温祖孙二人均为黄庭坚诗的崇拜者。史季温本人则有《山谷别集诗注》二卷,今存明弘治九年(1496)陈沛刊《内集》《外集》合刻本、

①〔宋〕刘克庄:《后村先生大全集》卷一四七,《宋集珍本丛刊》第82册,第474页。
②〔清〕莫友芝:《宋元旧本书经眼录》卷一,《续修四库全书》史部第926册,第488页。

《四库全书》本等。史季温刻本之前,《山谷外集》有蜀刻本。史季温刊跋称
"先大父艿室先生所注《山谷外集》诗,脱稿之日,永嘉白石钱先生文季为之
序引,锓木于眉,盖嘉定戊辰岁也。……蜀板已毁,遗稿幸存,今刻之闽宪
治,庶与学者共之"①云云。史季温刻本,还有与此书同时同地刊刻的宋赵
汝愚辑《国朝诸臣奏议》一百五十卷,行款为半叶十一行,行二十三字,白
口,左右双边,双鱼尾。今北京大学图书馆和国家图书馆等存宋刻元修本。
卷前有赵希瀞序称:

> 闻孙必愿,緜常伯接踵是邦,祗承先志,思永其传,属泮官以绣诸
> 梓,久而未就。绣衣使者史季温,念其先世同纂辑之勤,克相其事。郡
> 文学朱貔孙,遂鸠攻木之工而墨之,使前贤忧爱之盛心炳炳如丹,抑亦
> 学为忠定者也。希瀞来此,锓板始毕,得遂披阅,窃有志焉。

后有史氏跋云:

> 先正丞相忠定福王赵公,襄尝编类《国朝名臣奏议》,开端于闽郡,
> 奏书于锦城,亦已上彻乙览。淳熙至今,逾六十年矣,蜀旧锓木已毁于
> 軷。公之孙尚书阁学必愿绳武出填,尝命工刊刻而未就。适季温以臬
> 事摄郡,捐金命郡文学掾朱君貔孙继成之。念昔先大父艿室容受忠定
> 之知,尝同蜀之名流预讨论之列,今既遂尚书之志,亦可发扬先祖旧
> 事。自兹家藏此书,举以告君,推以治国,以复我宋纯懿之治,犹有望
> 焉。《诗》云"子子孙孙,勿替引之",尚二家臣子拳拳继世之忠云。
>
> 淳祐庚戌立秋日,朝请大夫权福建路提点刑狱公事兼本路劝农提
> 举河渠公事提举弓手寨兵借紫眉山史季温百拜谨跋。②

赵序和史跋中都提到的"必愿",即赵必愿,为赵汝愚之孙。淳祐五年,
以华文阁直学士出任福州知州兼福建安抚使。他有心将此书在福州官学
刻版,但"久而未就"。五年之后,史季温官福建提刑,方由其刊行。按理
说,赵必愿官做得比史季温大,然而他却无力将此书刊行,原因当然是出在
缺少刻书所需的资金上。史季温能将此书刊行,也正如赵必愿一样,他没
有滥用权力动用官帑,而是在俸禄中"捐金",由此可知,两位官员都是清廉

---

① 〔宋〕史季温:《闽宪刊山谷外集诗注跋》,黄庭坚著,任渊等注:《山谷诗集注》(下册),上海古籍出
　版社2003年版,第1360页。

② 〔宋〕赵汝愚编:《宋朝诸臣奏议》附录,上海古籍出版社1999年版,第1725—1726页。

之士。史季温的家境可能要优于赵必愿。之所以要分析此刻本的资金来源，是要说明，莫友芝《宋元旧本书经眼录》著录《山谷外集》为"宋淳祐闽宪刊本"，如果说的是刊刻地点，这没有问题；如果认为该书是"闽宪官版"，则可能不太准确。因为，史季温这两个刻本，充其量只能说是"官员刻本"而不是"官刻本"，其立足点就在于刻书资金的来源上。据考证，此刻本入元后曾经过三次刊补。入明后，此书版从福州移至南京国子监。故此书存世的版本，有宋刻本、宋刻元修、宋刻元明递修之别①。

今福州乌石山霹雳岩下有史季温等题名云："淳祐十年秋先重阳十目（日），眉山史季温，与建张毅然、莆赵时愿会于道山亭，杯茶清话，不减登高之乐。"②另据鼓山龙头泉史季温诗刻，史氏于淳祐十一年（1251）由福建提刑"移漕建水"，即升任设司于建安的福建转运司提举。文曰："淳祐辛亥立春后一日，移漕建水，挈家游鼓山。……留诗石间以记岁月，眉山史季温子威父书。"③

徐居谊

徐居谊（生卒年未详），永嘉（今属浙江温州）人。宝祐四至五年（1256—1257）官永福（今福州永泰）县令时，将其父徐自明撰《宋宰辅编年录》二十卷刊行。约十年后，此刻本部分板片已漫漶朽坏，福州知州吴革将其中朽坏严重的三百多板片重新刻版印行。此书原刊本今已不存，现存最早的版本是据徐居谊刻、吴革补刻本所抄录的《永乐大典》本，全书见载于《永乐大典》卷一二九七〇、一二九七一。中华书局 1986 年据永乐大典影印出版。

在有关宋宰辅的十来种书中，独有此书流传至今，由此可见徐居谊刊印此书，居功甚伟。然而，在史志中，有关徐居谊的事迹所载甚少，仅见以下零星记载。一是他曾任镇江北厅通判。《至顺镇江志》载："徐居谊承议郎，宝祐六年十二月到任。"④从时间上看，正好应是上接永福县令之后担任此职。二是在徐居谊本《宋宰辅编年录》中，有陆德舆、陈昉、章铸等几位

---

①孔繁敏：《赵汝愚〈国朝诸臣奏议〉初探》（下），《文献》1989 年第 2 期。
②黄荣春：《福州摩崖石刻》，福建美术出版社 1999 年版，第 14 页。
③黄荣春：《福州摩崖石刻》，福建美术出版社 1999 年版，第 228 页。
④〔元〕俞希鲁：《至顺镇江志》卷一五，江苏古籍出版社 1999 年版，第 608 页。

时贤所撰之序。对徐居谊，序中分别有如下评价：陆德舆序称"君之子居谊
宰永阳，有廉称，辍奉锓梓于学，可谓能成先志者"；陈昉序称"会公之子居
谊来宰永福，政成，能以俸金刻之县学，为一代之盛典，可敬也"；章铸序则
说"子居谊宰永阳，以廉名。鸣琴之暇，取家藏之秘，锓于邑序，使垂世懿范
不至无传，厥功不在《编年》下"①。

在今人所编《浙南谱牒文献汇编·诗词篇》中，录有徐居谊《挽宋侍左
郎官前浙西提刑朝请王公》一诗。据此书所说，此诗原载永嘉千石《王氏宗
谱》中，可能是徐居谊存世的唯一一首诗。移录于下：

> 孝友如公宁几人？生平道义谨持身。
>
> 历年每急除民蠹，易部尤多及物仁。
>
> 郎省无心坚晚节，书堂有地淑儒绅。
>
> 堪嗟丹旒西风里，高洁谁能继后尘！②

徐居谊留给后人的文章，大概只有见载于《宋宰辅编年录》一书之后的
跋文：

> 班史《公卿百官表》，颜监惜其姓名不具，迁免不载，记事之不可不
> 博也如此。皇朝宰辅拜罢，又录，又有年表，具矣。然其间得君之繇，
> 去位之因，康济之大略，举行之坦制，杂出于他书，未易该括。先君常
> 博粹而录之，为二十卷，志亦勤矣。敬辍俸刊置永阳学官，以寿其传。是
> 编成于嘉定乙亥，续而书之，以俟来哲。宝祐丙辰仲秋朔日，男奉议郎知
> 福州永福县主管劝农公事兼弓手寨兵军正赐绯鱼袋居谊百拜谨书。③

杨 复

杨复（生卒年未详），字志仁，一字茂才，号秦溪，福安县人。从朱熹学，
长于考索，学者称为信斋先生。真德秀知福州，于郡学辟贵德堂，聘其任教
其中。

杨复曾编刻《仪礼图》十七卷《仪礼旁通图》一卷，刊行于绍定元年

---

①〔宋〕徐居谊撰，王瑞来校补：《宋宰辅编年录校补》，中华书局1986年版，第1829、1831—
　1832页。

②郑笑笑、潘猛补主编：《浙南谱牒文献汇编·诗词篇》，香港出版社2007年版，第27页。

③〔宋〕徐居谊：《宋宰辅编年跋》，《永乐大典》卷一二九七一，中华书局1986年版，第5541页。

(1228)。其书"取《仪礼》十七篇悉为之图,制度名物粲然毕备,以图考书如指诸掌。西山真德秀称为千古不刊之典焉"①。"序称,严陵赵彦肃作《特牲》《少牢》二礼图,质于朱子。朱子以为更得冠、昏图及堂室制度并考之乃佳。复因原本师意,录十七篇经文,节取旧说,疏通其意,各详其仪节、陈设之方位,系之以图,凡二百有五。又分宫庙门、冕弁门、牲鼎礼器门,为图二十有五,名《仪礼旁通图》附于其后。"②

杨复原序云:

> 复曩从先师朱文公读《仪礼》,求其辞而不可得,则拟为图以象之,图成而义显。凡位之先后秩序,物之轻重权衡,礼之恭逊文明,仁之忠厚恳至,义之时措从宜,智之文理密察,精粗本末,昭然可见。夫周公制作之仅存者,文物彬彬,如此之盛。而其最大者,如宗庙、会遇、大享、大旅、享帝之类,皆亡逸而无传,重可叹也。严陵赵彦肃尝作《特牲》《少牢》二礼图,质诸先师。先师喜曰:"更得冠、昏图及堂室制度并考之,乃为佳尔。"盖《仪礼》原未有图,故先师欲与学者考订以成之也。复今所图者,则高堂生十七篇之书也。厘为《家乡》《邦国》《王朝》《丧》《祭礼》,则因先师《经传通解》之义例也。附《仪礼旁通图》于其后,则制度名物之总要也。区区用心,虽未敢谓无遗误,庶几其或有以得先师之心焉。绍定戊子(1228)正月望日,秦溪杨复序。③

杨复所刊图书,还有其自撰《仪礼经传通解续纂祭礼》十四卷。宋赵希弁《郡斋读书附志》著录云:"右朱文公编集,而《丧》《祭》二礼未就,属之勉斋先生。勉斋既成《丧礼》,而《祭礼》未就,又属之杨信斋。信斋据二先生稿本参以旧闻,定为十四卷,为门八十一。郑逢辰为江西仓,进其本于朝。"④所谓"仓",乃转运司(俗称仓司)之意,据陆心源《皕宋楼藏书志》卷七载,落款为"绍定辛卯(1231)七月望日三山杨复谨序",此即该书的刊刻时间。

另据日本学者吾妻重二考证,杨复还于本年刊印朱子《文公家礼》附注

---

① 〔清〕朱彝尊:《经义考》卷一三二,《景印文渊阁四库全书》第678册,第663页。
② 〔清〕永瑢等:《四库全书总目》卷二〇,中华书局1965年版,第160页。
③ 〔清〕陈梦雷编纂:《古今图书集成》第58册,中华书局、巴蜀书社1985年版,第70120—70121页。
④ 〔宋〕赵希弁:《郡斋读书附志》卷五,《中国历代书目丛刊》第1辑,现代出版社1987年版,第822页。

本，其书名，应即万历《福安县志》卷七《人物志》和乾隆《福建通志》卷六八《艺文志》所载"《家礼杂说附注》二卷"①。此附注本的序文见载于《文献通考》卷一八八。

杨复这几部著作的刊刻地点，据万历《福安县志》卷七《人物志》所载，是在福州府学。此本之外，他另编刻了《大学中庸口义》《论语问答》《诗经杂说》诸书。《福安县志》载："（杨复）受业朱子之门，与黄榦、刘子渊、陈日湖友善。真德秀帅闽，常创贵德堂于郡学，延其讲学。著《祭礼》十四卷《仪礼图》十四帙、《家礼杂说附注》二卷、《大学中庸口义》《论语问答》《诗经杂说》，板存福州府学。门人礼部侍郎李骏、江西提刑郑逢辰上其书。宁宗曰：'尚有远谋，毋嫌仕进，敕正奏状元。'"②

杨　栋

杨栋（生卒年未详），字元极，眉州青城（今属四川）人。绍定二年（1229）进士。历官荆南制置司幕官、福建兴化知军和福建提刑。

赵师耕撰宋麻沙本《程氏遗书外书后序》，其文曰："河南《二程先生文集》，宪使杨公已锓板三山学官，《遗书》《外书》则庾司旧有之，乙未之火，与他书俱毁不存。诸书虽未能复，是书胡可缓？师耕承乏此来，亟将故本易以大字，与《文集》为一体，刻之后圃明教堂。赖吾同志相与校订，视旧加密，二先生书于是乎全。时淳祐丙午古汴赵师耕书。"③序中提到将《二程先生文集》"锓板三山学官"的"宪使杨公"，指的就是淳祐间官福建提刑司的"宪使"杨栋。

李清馥《闽中理学渊源考》卷四载，宋理宗淳祐六年（1246），提刑杨栋请谥罗从彦、李侗两先生，次年获准。《豫章文集》卷一五载"淳祐六年三月十七日都省批下朝奉郎直秘阁福建提刑杨栋"《请谥罗李二先生状》④全文，由此可知杨栋官福建提刑的时间。因赵师耕序撰于淳祐六年，序中所言"《河南二程先生文集》，宪使杨公已锓板三山学官"，一个"已"字，表明杨

---

① 〔日〕吾妻重二：《朱熹〈家礼〉的刊刻与版本》，《新史学》第10辑，大象出版社2013年版，第284页。
② 〔明〕陆以载等：（万历）《福安县志》卷七《人物志》，《日本藏中国罕见地方志丛刊》，书目文献出版社1990年版，第168页。引文中，"常"当作"尝"。
③ 〔宋〕程颢、程颐：《二程集》，中华书局1981年版，第686页。
④ 〔宋〕杨栋：《请谥罗李二先生状》，《豫章文集》卷一五，《景印文渊阁四库全书》第1135册，第765页。

栋在福建宪司刻印《河南二程先生文集》，应在淳祐六年之前。

据《宋史》卷四二一《杨栋传》载，杨栋知兴化军时，"孔子之裔有居涵头镇者，栋为建庙辟田，训其子弟"。杨栋后迁福建提点刑狱，寻加直秘阁兼权知福州，兼本路安抚使，迁都官郎官。他在京任宗正少卿进对时，宋理宗问："止是正心修身之说乎？"栋对曰："臣所学三十年，止此一说。用之事亲取友，用之治凋郡、察冤狱，至为简易。"故《宋史》对其有"栋之学本诸周、程氏，负海内重望"①的评价，正因其"学本诸周、程"，由他将《二程文集》刊刻于福建提刑司，才有可能。

杨士瀛

杨士瀛（生卒年未详），字登父，号仁斋。怀安（今福州晋安区）人，宋末元初名医。宋景定五年（1264）编纂并刊刻《仁斋直指方》二十六卷附《伤寒类书活人总括》七卷。有其自序，末署"景定甲子良月朔，三山杨士瀛登父序"②。因杨士瀛原刊本久逸，《四库全书》收入此书时据以著录之底本，为明嘉靖徽州朱崇正补遗本，故其所编著医籍是否为其自刊，一向不为人所知。嘉靖庚戌（1550）余锓序称，"景定时，杨仁斋以济人利物之诚，得心通意晓之学，著书《总括》，爰修《直指》，列为二十八卷，析之七十九条，刻以遗世"③。文中所说"刻以遗世"，表明此书最早刊本，系杨士瀛自刻本，而朱崇正补遗本所据的底本，应即杨氏原刊本。

日本涩江全善、森立之《经籍访古志·补遗》著录有《胎产救急方》一卷，引元延祐二年延平李辰拱序称："壮岁游三山，获从仁斋杨先生游。先生所刊《活人总括》《直指方论》《医学真经》《婴儿指要》家传人诵，独于胎产一科阙焉……"④由此可知，杨士瀛所编的《活人总括》《直指方论》《医学真经》《婴儿指要》等几种医籍，均由其自刊。

杨氏生平，据南宋周守忠《历代名医蒙求》所述，最早见载于《古今医统》。其文曰："杨士瀛，字登父，号仁斋。世业医学，至父尤精。每以活人

①〔元〕脱脱：《宋史》卷四二一《杨栋传》，中华书局 1977 年版，第 36 册，第 12586—12587 页。
②〔日〕丹波元胤：《中国医籍考》卷四九，人民卫生出版社 1983 年版，第 644 页。
③〔明〕余锓：《仁斋直指序》，杨士瀛撰：《仁斋直指》卷首，《景印文渊阁四库全书》第 744 册，第 3 页。
④〔日〕涩江全善、森立之：《经籍访古志·补遗》，贾荣贵辑：《日本藏汉籍善本书志书目集成》第 1
　册，北京图书馆出版社 2003 年版，第 607 页。

为心，集有《直指方论》二十八卷行世。"①事迹又载于万历《福州府志》："杨士瀛，字登交，怀安人。精医学，著《活人总括》《医学真经》。"②《闽书》卷一三五所载与此略同。

二、元代

王都中

王都中（1279—1341），字邦翰，一字元俞，号本斋。福宁长溪（今福建霞浦县）人。父积翁仕宋为福建制置使，入元授中奉大夫、江西参知政事，奉使日本遇害，武宗时追封为闽国公。王都中以父功授平江路总管，历任两浙盐运使、福建宣慰使和江南行省参知政事，卒赠太师，谥清献。史称"都中历仕四十余年，所至政誉辄暴著，而治郡之绩，虽古循吏无以尚之。当世南人以政事之名闻天下，而位登省宪者，惟都中而已。又其清白之操，得于家传，所赐田宅之外，不增一瞳，不易一椽，廪禄悉以给族姻之贫者。"③王都中曾从赵复、俞琰学，撰《本斋集》一卷，今存《元诗选》三集已集中。《宋元学案》卷四九《晦翁学案》将其列为朱熹三传弟子。其生平，《元史》之外，另见载于乾隆《福宁府志》卷二一《人物志》。

元武宗至大二年（1309），王都中曾刻印其师俞琰所撰《周易集说》十三卷附《易图纂要》《易外别传》，见载于《宋元学案》卷四九《晦翁学案》"隐君俞石涧先生琰"条："武宗至大二年，门人王都中为之刊行。"④清朱彝尊《经义考》卷四〇转载其序云：

> 王都中序曰："石涧先生《周易集说》，大概以晦庵为主，而参以程氏，又集诸家之善为之说，凡三十余卷。都中至元乙丑尝从先生指授，未几奔走宦途，弗能卒业。兹守鄱阳泉监，与先生偕行，公余听讲，又得闻所未闻。是书作于甲申，迨今二十有七年，未尝一日去手，凡三脱

①〔宋〕周守忠：《历代名医蒙求》，齐鲁书社 2013 年版，第 71 页。
②〔明〕潘颐龙、林爆等：（万历）《福州府志》卷三一《人文志》，书目文献出版社 1990 年版，第 294 页。引文中，"登交"当为"登父"。
③〔明〕宋濂等：《元史》卷一八四《王都中传》，中华书局 1976 年版，第 14 册，第 4232 页。
④〔清〕黄宗羲：《宋元学案》卷四九《晦翁学案》，中华书局 1986 年版，第 1601 页。

稿矣。书成，不可不传，敬请锓诸梓，以与同志者共之，至大庚戌
冬至。"①

贡师泰

贡师泰（1298—1362），字泰甫，元宁国宣城（今安徽宣城市）人。泰定
四年（1327）进士，官至监察御史。曾在至正十五年（1355），将元黄溍撰《金
华黄先生文集》四十三卷序而授福州三山学官刊行。《续修四库全书》本即
据影钞元刻本影印。卷首有"至正十五年十月既望，朝散大夫福建闽海道
肃政廉访使宣城贡师泰"所作《黄学士文集序》，云："翰林侍讲学士金华黄
先生文集，总四十三卷。其初稿三卷，则未第时作，监察御史临川危素所编
次；续稿四十卷，则皆登第后作，门人王生、宋生所编次也。先生之文章刮
劖澡雪，如明珠白璧，藉以缲绮；读之者但见其光莹而含蓄，华缛而粹温，令
人爱玩叹息之不已，而不知其致力之勤、用心之苦也。……先生领延祐甲
寅乡荐，先文靖公实为考官，于师泰有契家之好。其后同居史馆，又同侍经
筵，文谊为尤笃，比廉问闽南，过金华，得先生之集于王生，故叙而授之三山
学官，俾刻梓以惠来学。"②

瞿镛《铁琴铜剑楼藏书目录》著录元刊残本二十三卷云："原书四十三
卷，潜研钱氏跋，据宋文宪撰行状谓，初稿三卷、续稿三十卷。今存卷一至
十三、卷二十二至三十一，较元刻二十三卷本篇帙较多，即钱氏所见士礼居
藏本也。前有至正十五年贡师泰序，其时文献尚在，贡氏得其本于王忠文，
刻之三山学官者。"③按，瞿镛藏本今存国家图书馆，存二十三卷，与瞿目所
录卷帙全同。版式为半叶十二行，行二十四字，黑口，左右双边。

贡师泰生平载《元史》卷一八七《列传》七四。弘治《八闽通志》载其仕
闽宦绩云："至正十五年为福建廉访使。未几，除礼部尚书。二十年又除户
部尚书。俾分部闽中，以闽盐易粮，由海道转运给京师，凡为粮数十万石，
朝廷赖焉。"④何乔远《闽书》卷四四《文莅志》则载："早岁游京师，入曹监，

---

① 〔清〕朱彝尊：《经义考》卷四〇，《景印文渊阁四库全书》第 677 册，第 435 页。
② 〔元〕贡师泰：《黄学士文集序》，《金华黄先生文集》卷首，《续修四库全书》第 1323 册，第 91 页。
③ 〔清〕瞿镛：《铁琴铜剑楼藏书目录》卷二二，《清人书目题跋丛刊》（3），中华书局 1990 年版，第
　343 页。
④ 〔明〕黄仲昭：（弘治）《八闽通志》卷三六《秩官》，书目文献出版社 1988 年版，第 507 页。

吴草庐、赵松雪及虞、揭诸公皆与游。……师泰文学知名，优于政事。尝为监察御史，元人斥南人不得居台省，居台省自师泰始。"①

吴　海

吴海（1322—1387），字朝宗，号鲁客，人称闻过夫子，闽县（今福州）人。元代理学家，为人尚行检，重节气。元亡后，隐居不仕，为文但书甲子而不用明代年号。友人永福（今福州永泰县）王翰为元朝殉节而死，吴海抚教其子王偁成人。

明洪武初，福建地方官向朝廷举荐，任命他为史馆编修，吴海坚辞不就，逝世后祀乡贤祠。著有《闻过斋集》八卷，收入《四库全书》。《四库全书总目》评价其为人云："至正末遭逢兵乱，绝意仕进。明洪武初，守臣欲荐诸朝，力辞得免。既而征诸史局，亦力辞不赴。……是集为其门人王偁所编。初，海与永福王翰善。元亡之后，海以翰尝仕元，劝以死节，而自抚其遗孤，教之成立，即偁是也。史称其文严整典雅，一归诸理。"②

吴海曾刊刻朱熹《家礼》，有《刊子朱子家礼成，读之有感，书斋壁自儆》一文可证。其文曰："吾读《冠礼》而思身之未修，读《昏礼》而思家之未齐，读《丧礼》而思爱亲之未纯，读《祭礼》而思事亲之未至。吾不孝大矣，吾罪多矣。呜呼！皇天矜予乎？祖宗保予乎？往者不可及已，惟兢兢以自厉，庶来者其免夫！"③

吴海生平，见载于《明史》卷二九八《隐逸传》、明朱衡《道南源委》卷五、清沈佳《明儒言行录》卷一和清李清馥《闽中理学渊源考》卷四二等。

魏天祐

魏天祐（生卒年未详），字吉甫，益都（今属山东）人。至元间，官福建路总管兼知邵武军，以平定境内抗元军事力量而升为福建行省参政。至元二十六年（1289）四月，"天祐见时方求才，欲以荐枋得为功"④，将抗元英雄谢

①〔明〕何乔远：《闽书》卷四四《文莅志》，福建人民出版社1994年版，第2册，第1113—1114页。文中"虞"指虞集，"揭"指揭傒斯。

②〔清〕永瑢等：《四库全书总目》卷一六八，中华书局1965年版，第1454页。

③〔元〕吴海：《闻过斋集》卷八，《景印文渊阁四库全书》第1217册，第241页。

④〔清〕毕沅：《续资治通鉴》卷一八九，中华书局1979年版，第5153页。

枋得强行押解至大都。同年,在福州刻印宋司马光撰《资治通鉴》二百九十四卷《目录》三十卷,至元二十八年成书。半叶十一行,行十九字,白口,左右双边,今国家图书馆有存本。

至元二十九年(1292)八月,魏天祐因贪赃而被罢官。其起因,居然和魏氏派人劝降谢枋得之时,谢枋得怒斥他的一样:"天祐仕闽,无毫发推广德意,反起银冶病民,顾以我辈饰好邪?"①具有讽刺意味的是,这位传播《资治通鉴》的有功之士,其贪赃的劣迹,却被记载在《续资治通鉴》中:

> (至元二十九年八月)戊午,福建行省参政魏天祐献计,发民一万,凿山炼银,岁得万五千两。天祐赋民钞市银输官,而私其一百七十锭。台臣请追其赃而罢炼银事,从之。②

吴　绎

吴绎(生卒年未详),字思可,号可堂,冀州信都(今河北冀县)人。皇庆元年(1312)官汀州路总管。此后,历福州、杭州、吉安三路,调任两淮盐运使,升甘肃参政,仕至浙江平章,封冀国公。至治二至三年(1322—1323),在福州路总管任上,刊印宋郑樵撰《通志》二百卷。撰《通志疏》和《通志序》各一篇,述其始末。其《疏》作于至治元年五月,略云:

> 《通志》书,宋先儒夹漈郑先生樵所述也。天启文运,皇元肇兴。爰命臣工勒诸三山郡学,虽经呈进,而北方学者概不多见。予叨承宣命,来守是邦。谨捐己俸,暨诸同寅,征工印造此书,关发中原诸郡库,庶远近学者见闻均一。凡我同志,幸相与成之。右伏以圣世开太平,合四海同文同轨……虽南闽久已刊行,而北方尚未多见。欲全编之遍及,岂独力之能为?洞贯古今,叭束诸子百家十高阁;式彰声教,庶俪四书六籍于清朝。谨疏。至治元年五月□日疏。福州路总管可堂吴绎题。③

其《序》则作于至治二年五月,略云:

> 是集绣梓于三山郡库,亦既献之天府,藏之秘阁。然北方学者,犹

①〔元〕脱脱:《宋史》卷四二五《谢枋得传》,中华书局1977年版,第36册,第12689页。
②〔清〕毕沅:《续资治通鉴》卷一九〇,中华书局1979年版,第5195页。
③李修生主编:《全元文》卷一一五八,凤凰出版社2004年版,第37册,第17页。

未之见。予叨守福唐，洪惟文轨会同，斯文岂宜专美一方。乃募僚属，仍捐己俸，裒之省府，摹梓五十部，散之江北诸郡，嘉惠后学，熟而复之。若伐薪于林，探丸于穴，信手而得，用以辅佐清朝，参赞化育，岂云小补！倘博雅君子，同予志者，益广其传，是所愿望。至治二祀壬戌夏五，郡守可堂吴绎书于三山郡斋。①

清四库馆臣于此书别具慧眼，认为"《序》称是集梓于三山郡庠，北方学者犹未之见，乃募僚属捐己俸，摹印五十部散之江北诸郡云云。《疏》后别行载'至治三年九月印造'，则知此本亦非吴绎所刊，当属元初开雕于闽中者也"②。馆臣所言，意思是此书是元初闽中刊刻，而吴绎只是据旧版重印而已。这个说法是正确的。元初学者刘埙有《夹漈通志》一文，提到元大德间福州的《通志》刻本。略云："余自少闻闽中有大书一部，名曰《通志》，知其为名儒郑先生所著也。先生讳樵，字渔仲，兴化人，自号夹漈。予思见其书而无繇。近大德岁间，东宫有令下福州刊《通志》，于是益思见，终无繇也。游宦剑津，始获见《通志》二十略，乃兴化旧刊本，近三十册。……今福州所刊《通志》凡万几十板，装背成凡百十册，视兴化之三十册，则福为全志明矣。"③

此书行格为半叶九行，行二十一字，白口，左右双边。最初是由"闽中"官学即三山郡庠刊刻于元大德间（1297—1307）。《中国古籍善本书目》著录为"元大德三山郡庠刻本"或"元大德三山郡庠刻元明递修本"等④，即此本也。今国内有数十家图书馆有存本。吴绎对此书的贡献，是在大德旧版的基础上，做了补刊、重印和有目标的推广，即疏、序中所说"散之江北诸郡"，在"中原诸郡庠"增发。

吴绎生平事迹，见载于雍正《江西通志》卷六一，《明一统志》卷五六。《明一统志》载："吴绎，守吉安，不数月去。刘岳申为撰《去思碑》，称其为政有贤于人者三：外敏而内宽，读书知治体，好谋而善断。"⑤《江西通志》所载与此大体相同而略有小异。略云："吴绎，字思可，信都人。泰定间自杭移守吉州。政有三善：外敏而内宽，一也；读书知治体，二也；好谋而善

①李修生主编：《全元文》卷一一五八，凤凰出版社 2004 年版，第 37 册，第 18 页。
②〔清〕于敏中等：《天禄琳琅书目》卷五，《清人书目题跋丛刊》(10)，中华书局 1995 年版，第 104 页。
③〔元〕刘埙：《隐居通议》卷三一，《景印文渊阁四库全书》第 866 册，第 263—264 页。
④中国古籍善本书目编委会：《中国古籍善本书目》史部卷五，上海古籍出版社 1993 年版，第 22 页。
⑤〔明〕李贤等：《明一统志》卷五六，《景印文渊阁四库全书》第 473 册，第 144 页。

断，三也。"①

赵宗吉

赵宗吉（生卒年未详），名承禧，字宗吉，山西平阳人。元至顺元年（1330）进士，由翰林院编修被帝王召见而授予御史台掾之职。元至正间，官福建宪府佥宪，于至正七年（1347）在福州路儒学刊刻宋陈祥道《礼书》一百五十卷、宋陈旸《乐书》二百卷，见载于清杨绍和《楹书隅录初编》卷一，《中国古籍善本书目》经部卷二亦著录。

李致忠《昌平集》载：

> 卷后又有林光大后序，称："吾闽宪府佥宪、前进士赵公宗吉先生，购求善本，首命锓梓于学；宾幕经历、前进士可行达君，知事、前国学贡士允中张君董成其事……至正丁亥秋七月辛丑福州路儒学教授郡人林光大序。"进一步证明重倡刻梓陈氏二书者，是赵宗吉；实际董其事者则是达君可行和张君允中；而负责组织校勘者，是林天质。故此书版本定为"元至正七年福州路儒学刻本"，十分确当。②

对元福州路刊刻《礼》《乐》二书，在以往的著作中错误颇多，须特别予以纠正。

一是将赵宗吉、赵承禧误为两人，又将其误为"福建人"。瞿冕良编著的《中国古籍版刻辞典》"赵宗吉"条："赵宗吉，元至正间福建人。刻印过宋陈祥道《礼书》150卷（半叶十三行，行二十一字）。"同页"赵承禧"条："赵承禧，元后至元间晋宁人，字宗吉，进士。至正元年（1341）任福建佥事，刻印过宋陈祥道《礼书》150卷（半叶十三行，行二十一字）。"③

二是将元福州路儒学刻本与"元闽赵宗吉刻本"误为两个版本。《福建古代刻书》载：

> 《礼书》，宋陈祥道撰。……是书历代均有刊刻，至正七年福州儒学刻本传世的约有10部，分藏北京图书馆、上海图书馆、南京图书馆、

---

① 〔清〕高其倬、谢旻等：（雍正）《江西通志》卷六一《名宦》，《景印文渊阁四库全书》第515册，第147页。

② 李致忠：《昌平集》，上海古籍出版社2012年版，第366页。

③ 瞿冕良：《中国古籍版刻辞典》，齐鲁书社1999年版，第422页。

北京大学、复旦大学和天一阁等。是书还有元闽赵宗吉刻本，是赵宗吉从宋本翻雕。《天一阁藏书总目》载有元郡人林光大序云："吾闽宪府前进士赵公宗吉先生购求善本，首命锓梓于学宾幕，经历前进士可行君知事前国学贡士允中张君董成之。"据此，是书也可列入元闽官刻本。①

以上两点错误的产生，可能与清瞿镛《铁琴铜剑楼藏书目录》的著录有关。瞿目载：

> 礼书一百五十卷（元刊本）
>
> 　题："宣义郎太常博士臣陈祥道上进。"前有《进书表》及自序，次列建中靖国元年尚书礼部牒。案：是书有元祐刻本，今已佚。此本每半叶十三行，行廿一字。板心有字数。闽赵宗吉从宋板翻雕者。惜每卷间有阙叶，旧有林光大序，亦脱去。②

瞿目所言"闽赵宗吉"，应是瞿冕良《中国古籍版刻辞典》所说"赵宗吉，元至正间福建人"，以及《福建古代刻书》所言"元闽赵宗吉刻本"的来源。

元宋褧《燕石集》有《赵宗吉真赞》："名承禧，至顺元年进士，由翰林院编修辟御史台掾。平阳人。"③元福建惠安诗人卢琦（1306—1362）有《送金判赵宗吉》五律一首，从诗题看，正是赵宗吉官福建金宪之时：

> 大夫持宪檄，来憩古松阴。
>
> 有马行阡陌，无鸦集泮林。
>
> 丰功登石碣，归道载瑶琴。
>
> 惟有前溪水，分明照此心。④

三、明代

王偁·郑浚

王偁（1370—1415），字孟扬，永福（今福建永泰）人。洪武二十三年

---

①谢水顺、李珽：《福建古代刻书》，福建人民出版社1997年版，第215页。

②〔清〕瞿镛：《铁琴铜剑楼藏书目录》卷四，《清人书目题跋丛刊》（3），中华书局1990年版，第61页。

③〔元〕宋褧：《燕石集》卷一三，《景印文渊阁四库全书》第1212册，第487页。

④〔元〕卢琦：《圭峰集》卷上，《景印文渊阁四库全书》第1259册，第710页。

(1390)举人,闽中十才子之一。永乐初,荐授翰林院检讨,进讲经筵,任《永乐大典》副总裁。永乐八年(1410),因解缙被诬案,受株连下狱死。

洪武戊寅(1398),王偁曾编刻其师、元代闽县理学家吴海所撰《闻过斋集》八卷。杨士奇《吴鲁客文》曰:"闽人吴鲁客名海,近时闽中之文以鲁客为巨擘。其徒王孟扬编刻以传,此册孟扬为翰林检讨时见赠者也。"①此原刻本今已无存。后来刻本中有王偁后跋,应为其刊竣之时所撰。其中有云:

> 右《闻过斋集》一编,乃先师鲁客吴先生之所著也。偁惧其久而湮没不传,遂与同志谋锓之梓。呜呼,惟先生以刚明仁勇之资,充圣贤诚正修齐之学,不幸生非其时,视当世有不可为者,于是卓然长往,终身不污一命。……偁得受学于先生之门,今去先生十有五年,而先生不可作矣。顾以偁之不肖,不能继承先志而先生之道之闻也。再览遗文,涕泗交作。岁次辛巳仲秋初吉,门人灵武王偁谨识。②

按,王偁此刻本,刻印于建宁府,乃其委付建宁知府芮志文刻印于建阳书坊。此本即《天一阁书目》所录之本,非洪武间有二刻。芮氏事迹,见本书"芮志文"条。

弘治《八闽通志》卷六二载:"王偁,字孟扬。永福人,翰之子也。翰死于义,时偁生甫九岁,翰之友吴海抚而教之。洪武中领乡荐,为国子生。……永乐初,以荐授翰林院检讨,进讲经筵,修《永乐大典》为总裁官。"③清钱谦益《列朝诗集小传》载,王偁任《永乐大典》副总裁时,与解缙交好,"坐缙党,下狱死"。解缙曾为王偁的《虚舟集》作序云:"永乐初,内外儒臣及四方韦布士,以纂修集阙下数千人,求其博洽幽明、洞彻古今、学博而思深如孟扬者,不一二见。然孟扬之为人,眼空四海,目如曙光,辩若悬河,视余子琐琐,不啻卧之地下。以是名虽日彰,谤亦随之。余每拟荐自代不果。"钱谦益感叹道:"孟扬才力器蕴,与大绅略相类,两人者最相得,交相推许,亦竟同祸。孟扬在狱中,为自述诔,而极之以呼天之辞,至今读之者,

---

①〔明〕杨士奇:《东里续集》卷一八,《景印文渊阁四库全书》第 1238 册,第 609 页。

②〔明〕王偁:《闻过斋集跋》,《闻过斋集》卷末,《景印文渊阁四库全书》第 1217 册,第 251 页。

③〔明〕黄仲昭:(弘治)《八闽通志》卷六二《人物》,书目文献出版社 1988 年版,第 878 页。

犹为陨涕，悲夫！"①

　　其生平，又见载于明万历《永福县志》卷三《献纪》。

　　郑浚（1469—?），字克明，闽县人，弘治十五年（1502）进士，于嘉靖间重刻吴海撰《闻过斋集》八卷。原刻本今存福建省图书馆。民国《福建通志·循吏传》卷四载："郑浚，字克明，弘治壬戌进士。知常熟县，摧强植善，民号神君。累擢高州知府，亦有善政。去官时，民争留之。"②明徐𤊹《红雨楼序跋》卷一著录云："吾乡先辈吴先生朝宗……生平为文集八卷，整严古健，一归于理。洪武中，孟扬曾编刻行世，尝以是赠庐陵杨文贞公。……孟扬所梓者，岁久弗传，此板乃藤山郑公浚重梓者。"③

游　明

　　游明（1413—1472），字大升，江西丰城人。景泰二年（1451）进士。天顺间（1457—1464）官至福建按察司佥事，成化五年（1469）擢任副使。在福建刻书多种，计有汉司马迁撰、刘宋裴骃集解、唐司马贞索隐《史记集解索隐》一百三十卷，《宋史全文续资治通鉴》三十六卷及《宋季朝事实》二卷，被叶德辉列为"明人刻书之精品"④。又刻印宋魏天应编、林子长注《批点分格类意句解论学绳尺》十卷《诸先辈论行文法》一卷，今北京大学图书馆存；又刻印明胡广等纂《中庸章句大全》一卷《或问》一卷，今浙江图书馆存。《论学绳尺》，乃宋代科举应试之文的汇编本。"每题先标出处，次举立说大意，而缀以评语。又略以典故分注本文之下。盖建阳书肆所刊。岁久颇残阙失次。明福建提学佥事游明访得旧本，重为校补。又以原注多所讹误，并为考核增损，付书坊刊行。"⑤

　　康熙《福建通志》卷三〇《名宦》载："游明，字大升，丰城人。天顺中为按察司佥事，提督学校。以公廉著称，满九载，进副使，仍提督学校。卒，八闽郡诸生皆为位而哭之。"⑥清雍正《江西通志》卷六八《人物》对其事迹记

①〔清〕钱谦益：《列朝诗集小传》乙集《王检讨偁》，上海古籍出版社 1983 年版，第 179 页。
②沈瑜庆、陈衍等：（民国）《福建通志·循吏传》卷四，1938 年刊本，叶 4A。
③〔明〕徐𤊹：《红雨楼序跋》卷一，福建人民出版社 1993 年版，第 43 页。
④〔清〕叶德辉：《书林清话》卷五《明人刻书之精品》，中华书局 1957 年版，第 121 页。
⑤〔清〕永瑢等：《四库全书总目》卷一八七，中华书局 1965 年版，第 1702 页。
⑥〔清〕金鋐、郑开极等：（康熙）《福建通志》卷三〇《名宦》，《北京图书馆古籍珍本丛刊》第 35 册，书目文献出版社 1998 年版，第 1874 页。

载尤详,云:"天顺末,迁福建提学佥事。修葺杨龟山、罗豫章、李延平诸先生祠及书院,访其子孙向学者补诸生,八郡翕然宗仰。满九载,都御史滕昭奏留,加按察副使,仍督学政。卒,诸生绘像祀于常衮祠。"①其事迹,又载乾隆《泉州府志》卷三〇《名宦》。

因游明是丰城人氏,其在闽所刻书,往往被误为江西刻本②。

蒋云汉

蒋云汉(1434—1506),字天章,四川巴县人。天顺元年(1457)进士,授户部主事,成化五年(1469)升兴化府知府。擢贵州、广东左参政,迁福建右布政使,寻转左布政使。著有《蒋云汉文稿》。弘治五年(1492),蒋氏在福建布政使任上,曾刻印明丘濬撰《琼台吟稿》十卷,十行十八字,黑口,四周双边。今国家图书馆、上海图书馆均有存本。

蒋云汉事迹,详见明过庭训编《分省人物考》卷一〇八;明杨廷和撰《福建左布政使蒋公云汉墓志铭》,载明焦竑编《焦太史编辑国朝献征录》卷九〇。雍正《四川通志》卷八《人物》载:"蒋云汉,巴县人。天顺中进士,扬历中外,德望兼著。累官至布政使。一室萧然,清苦莫逾。"③明何乔远《闽书》卷四六载:"云汉在兴化,政尚宽简,独驭吏如束薪。其总闽藩,妻病革,移外寝。盗盗其金,及捕获,皆广东舆隶之资,名识具存,人以此信其廉。……莆田陈郎中某谓:'蒋公清节,宜加宠异,以示劝惩。'言虽未行,识者鄙之。"④

林　泮

林泮(1438—1518),字用养,号成斋,闽县人。成化八年(1472)进士,授南京大理评事,迁知广州府,在职长达九年之久。擢江西参政,由左右布政使入为顺天府尹、户部侍郎总储务,为权奸刘瑾所嫉。正德三年(1508),拜南京户部尚书。未及赴任,而被刘瑾矫诏令致仕。生平见载于万历《福

①〔清〕高其倬、谢旻等:(雍正)《江西通志》卷六八《人物》,《景印文渊阁四库全书》第 515 册,第373—374 页。
②熊向东主编:《江西省出版志》,江西人民出版社 1998 年版,第 25 页。
③〔清〕黄廷桂、张晋生等:(雍正)《四川通志》卷八《人物》,《景印文渊阁四库全书》第 559 册,第 353 页。
④〔明〕何乔远:《闽书》卷四六《文莅志》,福建人民出版社 1994 年版,第 2 册,第 1154 页。

州府志》卷二三《人文志》、乾隆《福建通志》卷四三、民国《福建通志·列传》卷二一、《闽中理学渊源考》卷四四，以及明舒芬撰《南京户部尚书成斋林公泮墓志铭》①。乾隆《广东通志》载："林泮，字用养，闽县人。弘治元年进士，历知广州府。为政温惠，不扰于民。俸入，惟给公应，囊无长物。历官南户部尚书，自奉无异寒素，颇有公孙布被之讥。没之日，无以为殓，人始服其清。"②

弘治十六年（1503），林泮曾刻印《福城乡进士题名记》一卷，今国家图书馆存林泮弘治十六年刻嘉靖增刻本一册，有近人罗振常跋。因此刻本罕见，作跋者罗振常往往被今人误为本书作者③。

洪　钟

洪钟（1443—1523），字宣之，号两峰居士，钱塘（今浙江杭州）人。成化十一年（1475）进士。历任刑部主事、郎中，奉命安抚江西、福建流民。

弘治初，再迁四川按察使。历江西、福建左、右布政使。弘治十一年（1498）在福建左布政使任上，刻印其岳祖父明魏骥撰《南斋先生魏文靖公摘稿》十卷。行格为十行二十一字，双边，大黑口，黑鱼尾。卷前有洪钟《南斋先生魏文靖公摘稿叙》，卷端书名之后题"宁国县知县前纂修国史鸿胪寺序班男完编次，通奉大夫福建布政使司左布政使孙婿洪钟校摘"。今国家图书馆有原刊本收藏，《四库全书存目丛书》集部第30册即以此为底本著录。《四库全书总目》曰："是编为其孙婿福建布政使钱塘洪钟所编。前集四卷，两京居官时所作；后集六卷，自景泰辛未归田至成化辛卯所作。盖骥年九十八始卒，故身历七朝，各有著述也。前有钟序云：'公为文，一本诸性情所发，初不事雕刻务奇巧。其稿具存，皆公亲书。但其简帙浩繁，未易遍刻。再阅原稿，凡题上有点注者，皆公墨迹。玩其词意，皆有益于事者也，因摘取以付诸梓。名曰"摘稿"。黄虞稷《千顷堂书目》别载有骥前后集二十卷，盖其未摘之全稿，今未见传本，其存佚不可考矣。'"④

---

① 〔明〕焦竑编：《焦太史编辑国朝献征录》卷三一，《续修四库全书》史部第526册，第544—545页。
② 〔清〕郝玉麟等：（乾隆）《广东通志》卷四〇《名宦》，《景印文渊阁四库全书》第563册，第748页。
③ 林山主编：《闽都文化概论》，福建人民出版社2011年版，第79页；卢美松主编：《八闽文化综览》，福建人民出版社2013年版，第262页。二书均作"罗振常《福城乡进士题名记》"，将近代藏书家罗振常误为明代人。
④ 〔清〕永瑢等：《四库全书总目》卷一七五，中华书局1965年版，第1553—1554页。

洪钟生平,载《明史》卷一八七、《闽书》卷四六《文莅志》。卒后,王阳明为之撰《谥襄惠两峰洪公墓志铭》①。

胡 琏

胡琏(1469—1541),字重器,淮安府沭阳县(今属江苏)人。弘治十八年(1505)进士,官至福建宪司金事。于正德十二年(1517)在闽刻印宋严羽撰《沧浪先生吟卷》三卷。题"樵川陈士元旸谷编次,进士黄清老子肃校正"。行款半叶九行,行二十字,黑口,四周双边。今北京大学图书馆、国家图书馆均有存本。明林俊序云:"吾闽邵阳严丹沧浪力祖盛唐……宋季避地江楚,诗散逸为多。吾闽宪伯淮阳胡君重器购存稿,仅百三十有余篇,与《诗辩》等作并锓之梓。……宪伯隽特有英概,寓怀寄兴,清丽悲惋,与沧浪意气相感发二百五七十年之下上。是集行世,为沧浪贺,亦为得沧浪贺也。"②

《明史》载:"郎中胡琏,字重器。新喻人。正德六年进士,官刑部。尝谏武宗南巡,受杖。"③按,此新喻胡琏字重美,而非字重器,他与淮安胡琏名同而字不同。二人事迹,分别载于《弘治十八年进士登科录》和《正德六年进士登科录》④。《明史》的记载有误。

《闽书》卷四九载胡琏宦闽事迹云:"以南刑部郎中出为闽广二藩兵宪,职剿贼,以不杀为功。岛寇佛郎机牙肆海上,琏选锋猝入,夺其火器,俘之。其器猛烈,盖夷所常恃者,得之,遂为中国利,因号'佛郎机'。迁藩臬长,晋中丞巡抚,遍历两京、户部右侍郎致仕。遇征安南,荐起督饷,卒。"⑤

吴 昂

吴昂(1470 ?),字德翼,号南溪,海盐(今浙江嘉兴海盐县)人。弘治十八年(1505)进士,正德末任福建金事。嘉靖元年(1522),在闽刻印明程

---

① 〔明〕王守仁撰,吴光、钱明、董平等编校:《王阳明全集》卷二五,上海古籍出版社 1992 年版,第 937—939 页。
② 〔明〕林俊:《见素集》卷六《严沧浪诗集序》,《四库明人文集丛刊》,上海古籍出版社 1991 年版,第 53—54 页。
③ 〔清〕张廷玉等:《明史》卷一九二《张濬传》附,中华书局 1974 年版,第 5103 页。
④ 分别见龚延明主编:《天一阁藏明代科举选刊·登科录》(中),宁波出版社 2016 年版,第 158、219 页。
⑤ 〔明〕何乔远:《闽书》卷四九《文莅志》,福建人民出版社 1994 年版,第 2 册,第 1243—1244 页。

本立（字原道，号巽隐，浙江崇德人，仕至金都御史）《巽隐程先生文集》四卷。明李贽《续藏书》载："程本立，系出伊川，徙崇德。与海盐沈寿康友善。……建文二年，《实录》成，改江西按察副使。未至江西，闻靖难兵入，自缢死。后百三十年，福建布政使吴昂，刻其《巽隐集》于闽。"①傅增湘《藏园群书题记》卷一七《明嘉靖本巽隐程先生文集跋》云："明桐乡程本立撰，集凡四卷，第一、二为诗集，第三、四为文集，巽隐其别号也。曾孙山编定，弘治乙丑桐乡令李廷梧为之序，嘉靖初南溪吴德翼金宪于闽，乃付诸梓，即此本也。半叶十行，行二十字，白口，单栏，书名标于板心上方。前有嘉靖元年云南布政使司左参政古闽杜庭楩序。"②

　　嘉靖七年（1528），吴昂在福建右布政使任上，又刻印明湛若水（1466—1560）撰《圣学格物通》一百卷。卷前有南京吏部右侍郎湛若水《谢恩进书疏》《圣学格物通大序》《圣学格物通纂要录》，序末及每卷末均有"福建布政司右布政使吴昂校刊"一行，卷前《要录》后有"资政堂重刻"一行。行款为九行十八字，黑口，上下鱼尾，上记"格物通卷之几"和页次，下记"资政堂藏版"黑底白字或刻工之名。今台北故宫博物院和日本东京大学东洋文化研究所有存本。

　　吴昂事迹，详见焦竑《焦太史编辑国朝献征录》卷九〇戚元佐撰《吴方伯昂传》。清郝玉麟等纂《福建通志》卷二九载其仕闽事迹云："吴昂，字德翼，海盐人。弘治进士，正德中，历福建金事。有讼妻杀夫者，词证不符，辄坐妻死。昂疑之，祷于神，梦一小儿据人腹。续侦，得乡邻有杜福子者，与其夫行买，其夫死，福子家骤饶裕。昂曰：'小儿据人腹非杜福子耶？'遣卒缚至，一讯而服，人呼为吴青天。后擢福建参政，进右布政。闽民踊跃曰：'吴青天复来矣。'"③吴昂的生平，还见载于《闽书》卷四六《文莅志》、《大清一统志》卷二二一、《江西通志》卷五九、《浙江通志》卷一六七等。

叶　溥

　　叶溥（1471—？），字时用，浙江龙泉县人。弘治十八年（1505）进士。正

---

① 张建业主编：《李贽全集注》第 9 册《续藏书注》（1），社会科学文献出版社 2010 年版，第 283 页。
② 傅增湘：《藏园群书题记》卷一七，上海古籍出版社 1989 年版，第 843 页。文中"杜庭楩"应为"林庭楩"。
③〔清〕郝玉麟等：（乾隆）《福建通志》卷二九《名宦》，《景印文渊阁四库全书》第 528 册，第 455 页。

德十一年(1516)以南京御史出知福州,于同年刻印其祖父叶子奇(字世杰,号静斋)撰《草木子》四卷,今上海图书馆、南京图书馆、重庆图书馆存原刊本。卷四后有正德丙子黄衷《草木子集序后》云:"旧篇二十有二,今约为八,凡四卷。先生别号草木子,编因名焉。裔孙溥,以南司谏出牧福州。既卓树其风声,将昭厥先美。宪于有永,乃付梓工,而委予序其端。……正德丙子夏四月既望,铁桥道人南海黄衷序。"①此书正德原本应还有郑善夫序,然不知何故,现存本均未见,其后之本亦刊脱。郑序云:"草木子叶子奇氏,括人。博物洽闻,达于古今。生元季诡时,匿德于龙泉之槎溪。立言以昭厥志,人亡识者。……其七代宗子溥杀青而行之,并曰《草木子》。古语云:'传先之美,仁也。'刻成,晋安郑善夫为序。正德丙子夏日。"②

万历《福州府志》载:"叶溥,字时用,龙泉人。正德间知福州。溥少从师于闽,人情土俗备知之矣。及其为郡也,每听讼,片言决之,无敢欺者。溥又能以儒术饰吏治。政暇,搜举祀典,崇奖节义,以兴教化。入觐京师,无以为费,过家,父赐之,乃能治行。"③其事迹,又载清郝玉麟修《福建通志》卷二九《名宦传》、民国《福建通志·名宦传》卷一五。

林庭㭿

林庭㭿(1472—1541),字利瞻,号小泉,卒谥康懿,闽县人。林瀚次子。弘治十二年(1499)进士,历官兵部主事、武库郎中、苏州知府、云南左参政等。正德九年(1514)以父老乞归。嘉靖初,起为江西参政。后官至右副都御史,加太子少保。嘉靖间,官江西布政司参政时,曾主持编纂《江西通志》三十七卷。清人对林氏首创《江西通志》专门有一评价:"陈洪谟《江西通志序》云:'江西旧无通志,嘉靖癸未秋,御史中丞东吴盛公属大参林君庭㭿、宪副周君广为之书,凡二十册。又称其博古能文,发凡立例,得诸专经,世学为多,则江西之有通志自庭㭿始,功不可没。而安志并去庭㭿名,特表出之。'"④

林氏的著作有《小泉林公奏稿》一卷《续录》一卷。传附《明史》卷一六

---

① 〔明〕黄衷:《草木子集序后》,明正德十一年叶溥刊本,叶 2—3A。
② 〔明〕郑善夫:《少谷集》卷九《草木子序》,《景印文渊阁四库全书》第 1269 册,第 143—144 页。
③ 〔明〕潘颐龙、林燫等:(万历)《福州府志》卷一五《官政志》,书目文献出版社 1990 年版,第 124 页。
④ 〔清〕高其倬、谢旻等:(雍正)《江西通志》卷五八《名宦》,《景印文渊阁四库全书》第 515 册,第 50—51 页。

三《林瀚传》后，又载万历《福州府志》卷二三、雍正《江西通志》卷五八、民国《福建通志·列传》卷二二、李清馥《闽中理学渊源考》卷四四等。记述其生平最详者，为明龚用卿撰《荣禄大夫太子太保工部尚书赠少保谥康懿林公庭㭿墓志铭》，载明焦竑编《焦太史编辑国朝献征录》卷五〇。

据邵氏《增订四库简明目录标注》卷一三著录，林庭㭿曾刊刻宋赵善璙编《自警编》九卷，无具体刻书年代，题"明林庭㭿刊本"①。另据《奉天图书馆馆刊》第 1 期，此刻本为嘉靖十九年（1540）三山林庭㭿闽中刊本②。此书刻成第二年，林氏与世长辞。

金贲亨

金贲亨（1483—1564），又作高贲亨，字汝白，人称一所先生。明台州临海（今属浙江）人。明正德九年（1514）进士，初任扬州教授。后历官南京刑部主事、员外郎、郎中，江西按察司佥事，贵州、福建学政等。嘉靖八年（1529），在闽刻印宋朱熹撰《伊洛渊源录》十四卷、明黄岩谢铎撰《伊洛渊源续录》六卷③。今国家图书馆、中国科学院图书馆等有存本。

金贲亨之名，凡在版本目录书中均作"高贲亨"，殆其刻书之时姓高，后复姓金。如清丁丙《善本书室藏书志》卷九、周中孚《郑堂读书记》卷二三著录此刻本，均称"后有嘉靖己丑临海高贲亨闽中重刊跋"；今版本目录如《北京图书馆古籍善本书目》《中国古籍善本书目》史部著录此书均作"明嘉靖八年高贲亨刻本"。而在地方志书的传记中则均作"金贲亨"，如《闽书》卷四八、民国《福建通志·名宦传》卷一四本传所载均同。其生平，详见洪朝选撰《江西提学副使金公贲亨墓志铭》，载于明焦竑编《焦太史编辑国朝献征录》卷八六。《闽书》据此著录云："贲亨，字汝白，临海人。少即知学，长潜心伊洛。正德九年进士，历佐闽臬，督闽学。闽道南书院崇祀延平、豫章、龟山、明道及晦庵五先生，复记其说于书院之碑，刻五先生行述语录载《道南录》中。复疏于朝，请豫章、延平罗、李二先生从祀。……又择志向尤

---

① 〔清〕邵懿辰撰，邵章续录：《增订四库简明目录标注》卷一三，上海古籍出版社 1979 年版，第 546 页。
② 康尔平：《馆藏宋刻〈自警编〉著录考》，《图书馆学刊》1982 年第 3 期。
③ 浙江省出版志编纂委员会编《浙江省出版志》将此两个刻本均列为台州临海刻本，是将刻书者籍贯误作刊刻地点。载浙江人民出版社 2007 年版，第 59 页。

异之士,聚之养正书院,相与推明洛闽微旨,人士多所向风。"①金贲亨的著作有《台学源流》二卷、《台学源流集》七卷、《学易记》五卷、《道南录》五卷、《象山白沙要语》一卷、《主一辨》一卷、《一所文集》十二卷。其生平,又载乾隆《浙江通志》卷一七六《人物志》、民国《台州府志》卷一○一《人物传》。

聂 豹

聂豹(1486—1563),字文蔚,号双江,永丰(今江西永丰县)人,师从王阳明。正德十二年(1517)进士。正德十六年(1521)任华亭知县。嘉靖四年(1525),擢福建监察御史。嘉靖七年(1528)巡按福建。"奏罢镇守太监赵诚及中官之司市舶者,追论延平守赃滥,黜之。擒寇郑新。建养正书院,刻《传习录》《二业合一论》以示学者。人谓真御史,而权贵则以此嫉公。"②

聂豹在闽所刻王阳明《传习录》六卷,原刊本今已不存。聂豹《重刻传习录序》曰:"《传习录》者,门人录阳明先生之所传者而习之,盖取孔门'传不习乎'之义也。匪师弗传,匪传弗觉。先生之所以觉天下者,其于孔门何以异哉!……是录也,答述异时,杂记于门人之手,故亦有屡见而复出者。间尝与陈友惟浚重加校正,删复纂要,总为六卷,刻之八闽,以广先生之觉焉。"③

聂豹在闽所刻《二业合一论》,作者是湛若水。所谓二业,说的如何认识和处理德业与举业二者的关系。聂豹序称:"天下无二业也,蕴之为德行,措之为事业,合内外之道也,一也,而奚以二哉?……甘泉先生,以古学号于天下者数十年,比守国子,乃复著为此论,其亦不得已救时弊,诱人之学之几微矣。……予故重刻之,以诏闽之业举子者。"④

除了刻印《传习录》《二业合一论》之外,另据宋仪望《双江聂公行状》,聂豹还有《道一编》《大学古本》二书。《行状》云:"是春,复以书往阳明论学,亹亹数千言,复书俱悉所云。既又建养正书院射圃亭于会城,群八闽秀

① 〔明〕何乔远:《闽书》卷四八《文莅志》,福建人民出版社 1994 年版,第 2 册,第 1223 页。

② 〔明〕徐阶:《经世堂集》卷一八《明故太子太保兵部尚书赠少保谥贞襄聂公墓志铭》,《四库全书存目丛书》集部第 79 册,第 758 页。

③ 〔明〕聂豹:《双江聂先生文集》卷三《重刻传习录序》,《四库全书存目丛书》集部第 72 册,第 276—277 页。

④ 〔明〕聂豹:《双江聂先生文集》卷三《重刻二业合一论序》,《四库全书存目丛书》集部第 72 册,第 277 页。

士教之，重刻《传习录》《道一编》《二业合一论》《大学古本》训迪诸生。"①

《道一编》六卷，明程敏政著，聂豹于嘉靖七年序刊。其序称"篁墩先生当天下群咻聚讼之时，乃独能参考二家之学，曲为折衷，著有此编，非惟有功于象山，其有功于考亭不浅矣。是编也，寂焉弗传，刻板亦不知其何在。予巡八闽，暇用校正重刻之，俟君子考焉。……嘉靖戊子孟冬朔日，后学永丰聂豹谨书。"②此聂氏刊本今已不存，北京大学藏明嘉靖三十一年重刻本。

《大学古本》一卷，王阳明编。聂豹《重刻大学古本序》曰："《大学古本》之传久矣，而世之学士乃复致疑于格物之说，辨焉而不释，何也？予始受学于阳明先生，骇而疑之，犹夫人也。已而反求诸身心日用之间，参诸程、朱合一之训，涣然若有所觉，而纷纷之疑亡矣。……呜呼！阳明逝矣，其有功于圣学，古本之复，其一也。予故重刻于闽，以存告朔之羊云。"③

聂豹所刻，还有正德十六年（1521）在任华亭知县时，其主持刊刻的《华亭县志》十六卷④；嘉靖十年（1531）编辑和刊刻的南宋张栻《南轩文集节要》八卷，今北京师范大学图书馆存六卷，被列入第四批国家珍贵古籍；嘉靖二十八年（1549）刻印的明罗伦《一峰先生文集》十四卷⑤。以上三书，因刊刻地点均不在福建，此不详述。

聂豹生平事迹，另见载于《明史》卷二〇二、乾隆《福建通志》卷二九、黄宗羲《明儒学案》卷一七《江右王门学案》、徐阶《世经堂集》卷一八《明故太子太保兵部尚书赠少保谥贞襄聂公墓志铭》等。

汪文盛

汪文盛（1487—1543），字希周，崇阳县（今属湖北孝感市）人。正德六年（1511）进士，除饶州推官，入为武选主事。因谏武宗南巡，遭廷杖。嘉靖三年（1524）知福州。历副使、按察使，拜金都御史，巡抚云南，进大理卿。嘉靖年间，在福州知府任上，曾刻印汉班固撰、唐颜师古注《汉书》一百卷、

①〔明〕宋仪望：《明荣禄大夫太子太保兵部尚书赠少保谥贞襄双江聂公行状》，《聂豹集》附录，凤凰出版社 2007 年版，第 642 页。

②〔明〕聂豹：《道一编》卷首《重刻道一编序》，《四库全书存目丛书》子部第 6 册，第 612 页。

③〔明〕聂豹：《双江聂先生文集》卷三《重刻大学古本序》，《四库全书存目丛书》集部第 72 册，第 278 页。

④瞿冕良：《中国古籍版刻辞典》，齐鲁书社 1999 年版，第 462 页。

⑤杜信孚：《明代版刻综录》卷七，江苏广陵古籍刻印社 1983 年版，第 7 册，叶 17。

刘宋范晔等撰《后汉书》一百二十卷,行款为半叶十二行,行二十二字,白口,左右双边,今国家图书馆等有存本。又刻印宋欧阳修撰《五代史记》七十四卷,版式与上本相同,今国内十几家图书馆有存本。编校并刊行汉郑玄注、唐贾公彦疏《仪礼注疏》十七卷。丁丙《善本书室藏书志》著录:“每半叶十行,行二十字,注文双行,疏字外加一圈,不作黑质白文。版心无鱼尾。惟仪礼卷几,大似宋刊十行本之式。汪文盛……嘉靖初出守福州,有惠政,郡人为立节爱祠。傅汝舟编次其诗集。此书当在福州所刊也。”①又于嘉靖四年(1525)刊明郑善夫撰《郑文》十五卷《郑诗》十三卷,王重民先生在《中国善本书提要》中著录,今福建省图书馆存。行格为半叶九行,行二十一字,白口,左右双边。汪文盛还于福州郡斋刻印明福州廖世昭撰《大明一统志略》十六卷。明徐𤊹《红雨楼序跋》著录廖世昭《越坡稿》云:“廖先生字师贤,世居越山之下,自号越坡。……以《易》举正德丙子乡试第三名,丁丑成进士,授海宁守,以病乞教职,改国子博士,间岁竟卒于官,年三十五,无子,所作有《一统志略》,汪郡守文盛刻置郡斋,盛行于世,而诗文则散逸无传矣。”②

　　汪文盛生平事迹,见载《明史》卷一九八、万历《福州府志》卷一五、民国《福建通志·名宦传》卷一五和《正德六年进士登科录》等。明廖道南有《汪文盛传》,其中记其在福州的政绩云:“出守福州府,首建三山书院,以树标准;寻梓两汉诸史,以崇体要;而又构罗一峰祠,以昭特行;表郑少谷墓,以彰幽履;浚上王港,以资灌溉。罢闽越不经之祀,省灵济无益之费,筑罗源诸邑之城,处琉球诸国之贡。闽人德之。”③今福州鼓山大罗汉台高岩上有汪氏手书“高山仰止”摩崖石刻④。

胡有恒·胡瑞

　　胡有恒(1490—?),字贞甫,号筠亭,又号慎斋,淮安府山阳(今属江苏)人。嘉靖二年(1523)进士,官至南京户部郎。胡瑞,生卒、字号未详。明嘉靖十六年(1537),胡有恒官福州知府时,与时任同知的胡瑞同刊明李元阳

①〔清〕丁丙:《善本书室藏书志》卷二,《续修四库全书》史部第 927 册,第 181—182 页。
②〔明〕徐𤊹:《红雨楼序跋》卷一,福建人民出版社 1993 年版,第 45—46 页。
③〔明〕焦竑编:《焦太史编辑国朝献征录》卷六八,《续修四库全书》史部第 528 册,第 705 页。
④黄荣春:《福州摩崖石刻》,福建美术出版社 1999 年版,第 128 页。

辑订《史记题评》一百三十卷。行款为半叶九行，行二十字，白口，左右双边。今国家图书馆有刻本收藏，末卷有牌记一行，文曰："嘉靖十六年丁酉福州知府胡有恒、同知胡瑞敦雕。"故通常的版本目录，如傅增湘《藏园群书经眼录》《北京图书馆古籍善本书目》等均著录为"明嘉靖十六年胡有恒、胡瑞敦刻本"①。按，此"敦雕"犹言"督刊"，"敦"在此乃动词，而非刊者之名。此需特别指出，以免以讹传讹。在刊刻此书前后，胡有恒还曾刻印《诗韵要释》一书行世。明徐㶿《红雨楼序跋》著录云："先君少即能诗，虽为诸生，不废吟咏。时吾郡守胡公有恒方刻《诗韵要释》于一峰书院，先君遂置此本，自青衿以至挂冠，必携以随，未尝更阅他本也。"②

明王廷相有《送胡贞甫出守福州序》③。万历《福州府志》卷四三《名宦传》则分别有二胡的小传，载云："胡有恒，字贞甫，山阳人。嘉靖间知福州，为政勤敏练达。先时，郡驿传例役富民，求取无节，往往破产。有恒议更雇役，令民出银输之官，而费始有经。御史下其法于七郡，至今行焉。有恒精礼教，时引诸生与之讲经义，得指授者甚众。官终广西布政使。""胡瑞，新喻人。嘉靖间同知福州。瑞短于才而持身廉。疾恶过严，常不见其喜容，世目之为'胡闷'。后官终长史。"④

蔡　经

蔡经（1492—?），字廷彝，号半洲，初姓蔡氏，后复姓张。侯官（今属福州市）人。正德十二年（1517）进士。历官嘉兴令、金都御史、山东巡抚。嘉靖三十三年（1554）任兵部尚书。朝命讨倭寇，大破倭兵于嘉兴王江泾。赵文华、严嵩诬陷其"畏巽失机，玩寇殃民"⑤，蒙冤下狱。事迹载《明史》卷一八八《张经传》、万历《福州府志》卷二六《人文志》。

嘉靖十七年（1538），蔡经曾刻印明薛己撰《立斋外科心法》五卷，今国家图书馆存原刊本。另据清周中孚《郑堂读书记》载，蔡经又于嘉靖二十三

①傅增湘：《藏园群书经眼录》卷三，中华书局 1983 年版，第 177 页。《北京图书馆古籍善本书目》史部，书目文献出版社 1987 年版，第 213 页。

②〔明〕徐㶿：《红雨楼序跋》卷一，福建人民出版社 1993 年版，第 6 页。

③〔明〕王廷相：《王廷相集》卷二三，中华书局 1989 年版，第 427 页。

④〔明〕喻政、林烃等：（万历）《福州府志》卷四三《名宦传》，明万历四十一年（1613）刊本，叶 14—15A。

⑤〔清〕钱谦益：《列朝诗集小传》丁集《蔡总督经》，上海古籍出版社 1983 年版，第 383 页。

年(1544)官两广总督时,刻印其幕僚庐陵彭用光撰《体仁汇编》六卷。著录云:"当嘉靖中,蔡半洲经总制两广,用光以医从事幕下,半洲为刻是编。前二卷为《太素运气脉诀》……其曰《体仁汇编》,亦半洲所题,盖取《周易》'体仁足以长人语'云。书刊于嘉靖甲辰,半洲暨傅德辉俱为之序。"①

蔡经著作有《半洲稿》四卷。《四库全书总目》著录云:"明张经撰。卷首题曰蔡经,盖其未复姓时所刊也。"②今国家图书馆存嘉靖十六年(1537)济阳太守司马泰刻本,《四库全书存目丛书》集部第75册即据此影印。

李元阳

李元阳(1497—1580),字仁甫,号中溪先生,云南太和县人。明嘉靖五年(1526)进士,官福建巡按监察御史,在闽中刻书甚多。现存有:嘉靖十四年(1535)刊明杨慎撰《古音丛目》五卷《古音猎要》五卷《古音略例》一卷《古音余》五卷《附录》一卷,行款为九行二十字,白口,左右双边,今国家图书馆存;嘉靖十六年(1537)刊宋倪思撰、刘辰翁评《班马异同》三十五卷,九行十九字,白口,左右双边,今国家图书馆存;嘉靖间刊唐杜佑撰《杜氏通典》二百卷,十行十八字,小字双行同,白口,四周单边,今国家图书馆、北京大学图书馆等十几家图书馆有刻本收藏;嘉靖刊《十三经注疏》,共十三种三百三十五卷,子目详见《中国丛书综录》③。《中国丛书综录补正》著录云:"半叶九行,行二十一字,白口,四周单边,有刻工名。其版后归南京国子监,即南监本。"④《宋元旧本书经眼录》附录一著录李氏刊杜佑《通典》云:"此明李仁甫巡按福建时刻本。仁甫名元阳,云南太和人,滇之淹通所首推者,学者称中溪先生。著述最富,升庵戍滇之畏友也。在闽所刻尚有《十三经注疏》,在明南北监本之先,今称闽本,校监本尤可贵,不仅杜氏书也。"⑤明王鏊《震泽长语》曰:"宋儒性理之学行,汉儒之说尽废。然其间有不可得而废者,今犹见于《十三经注疏》。幸闽中尚有其板,好古者不可不考也。使闽板或亡,则汉儒之学几乎熄矣。"⑥

---

①〔清〕周中孚:《郑堂读书记》卷四三,《清人书目题跋丛刊》(8),中华书局1993年版,第198页。
②〔清〕永瑢等:《四库全书总目》卷一七六,中华书局1965年版,第1577页。
③上海图书馆编:《中国丛书综录》第1册,上海古籍出版社1982年版,第593页。
④阳海清、蒋孝达:《中国丛书综录补正》,江苏广陵古籍刻印社1984年版,第149页。
⑤〔清〕莫友芝:《宋元旧本书经眼录》卷一,《续修四库全书》史部第926册,第521页。
⑥〔明〕王鏊:《震泽长语》卷上,《丛书集成初编》第222册,第1页。

　　明谢肇淛撰《滇略》卷六载其生平曰："李元阳，字仁甫，太和人。少梦神人授锦三丈，令吞之，既寤，词藻奇进。举进士，选庶常吉士，以议礼不合，谪分宜令。有异政，拜监察御史。侃侃敢言，独立不阿，当事者衔之。会扈驾至荆州，荆州守缺，即推元阳，无何竟罢之。元阳俶傥有奇节，文章德行，皆为中外崇重。家居孳孳，为善惟恐不及。两修郡乘，卓然成一家言。年八十余卒。元阳为御史时按闽，墨吏望风解印绶去，遇文人墨士，虽布衣与抗礼。后大理高岪至，风裁尤峻，捕境内豪强一空，闽至今称两御史云。"①

　　其事迹，又详载《焦太史编辑国朝献征录》卷八九明李选撰《荆州府知府中溪李先生元阳行状》，又载《闽书》卷四五、民国《福建通志·名宦传》卷一三。

　　据载，福州鼓山龙头泉有嘉靖十七年（1538）李元阳书石刻："嘉靖戊戌春三月，致仕少保尚书小泉林庭㭿，子郎中榕江炫，招予同登鼓山绝顶，坐水云亭，按闽御史大理李元阳书。"②

江以达·黄以贤

　　江以达（1502—1550），字于顺，号午坡，广信府贵溪（今江西贵溪县）人，嘉靖五年（1526）进士。嘉靖十六（1537）在福建提学佥事任上，刻印宋胡寅《崇正辩》三卷。自序云："是书尝梓，而搢绅间希有之。予督学而闽也，家兄谕德从南海伦司成得一帙，转以授予，曰：'弟反经事也。'已而闽人苦，崇信佛事，而炽于邵、建之间。先生建人也，为是书将以教天下后世，而其乡人且不及闻知。予窃悲先生之志，亟授闽生黄以贤者校而刊之，以广其传。……嘉靖丁酉十月朔，福建提学佥事贵溪江以达序。"③

　　《四库全书总目》云："以达字于顺，号午坡，贵溪人。嘉靖丙戌进士，官至湖南提学副使。（原注：案，《千顷堂书目》作福建提学，误。福建去湖广颇远，不至忤楚藩也。）以忤楚藩系狱，后放归，病卒。"④四库馆臣认为江以达未任福建提学，乃想当然。江氏《午坡文集》卷二有《福建提学署碑记》，

①〔明〕谢肇淛：《滇略》卷六，《景印文渊阁四库全书》第494册，第168页。
②黄荣春：《福州摩崖石刻》，福建美术出版社1999年版，第235页。
③〔明〕江以达：《刻崇正辩序》，〔宋〕胡寅：《斐然集》附录，《崇正辩、斐然集》合印本，中华书局1993年版，第703—704页。
④〔清〕永瑢等：《四库全书总目》卷一七七，中华书局1965年版，第1583页。

内记"提学署者,提学金事江以达因废而改玉者也。……嘉靖十四年冬,予奉玺书来"①云云;上文序末其自署年月与职衔,可证馆臣之谬。

江以达生平,在《明史》王慎中传后有简要记载。《福建通志》卷二九记其在福建宦迹云:"江以达,字于顺,贵溪人。嘉靖初,以刑部郎典试福建,寻转金事督闽学,一时人士造就甚众。"②

清陈寿祺认为:"今海内言校经者,以宋椠为据;言宋椠者,以建本为最,闽本次之。建本者,岳珂《经传沿革例》所称附释音注疏有《周易》《尚书》《毛诗》《周礼》《礼记》《春秋三传》《论语》《孟子》十经,世谓之十行本是也。闽本者,嘉靖时闽中御史李元阳、金事江以达所校刊是也。又有廖莹中世彩堂本《尔雅》,惠栋校宋建安本《礼记正义》,藏曲阜孔家,尤人间希遘之宝。"③陈寿祺在此所言,将宋福建刻本称为"建本",将明嘉靖李元阳刻本称为"闽本",未必准确;但他在说李元阳时,带出了江以达,其意为"闽本"李元阳《十三经注疏》的刊刻,江以达有"校刊"之劳。据《武夷山志》记载,嘉靖十七年(1538),李元阳、汪佃、江以达、张时彻等人曾同游武夷,于大王峰勒石为记④。此即李元阳"闽本"刊刻的大致时间。

江以达序中提到的"闽生黄以贤",系闽县县学诸生,嘉靖十九年进士,"字君向。蔚有文名,官终松江府同知"⑤。嘉靖十九年,余锓刻印明胡世宁《少保胡端敏公奏议》十卷,亦黄以贤校。

潘　潢

潘潢(？—1555),字荐叔,号朴溪,徽州婺源(今江西婺源县)人,邵武知府潘旦侄。正德十六年(1521)进士,历官乐清知县,礼、吏二部。嘉靖十一年(1532)任福建提学,"严规条,赈贫斥竞,搜焚市肆中坏教书。招下县童子聚学,立辅仁、纪业二籍,请徐阶、章衮为诸上师,一时士争矜励。"⑥"品藻精当,世称得人。建书院,进诸生讲学课业。先定士品而后文学,一

---

①〔明〕江以达:《午坡文集》卷二,《四库全书存目丛书》集部第 89 册,第 100 页。

②〔清〕郝玉麟等:(乾隆)《福建通志》卷二九《名宦》,《景印文渊阁四库全书》第 528 册,第 455 页。

③〔清〕陈寿祺:《左海文集》卷八《留香室记》,《续修四库全书》第 1496 册,第 319 页。

④〔清〕董天工:《武夷山志》卷一六《名贤·官守》,清道光己丑(1829)极峰罗良嵩尺木轩刊本,叶 23A。

⑤〔明〕喻政、林烃等:(万历)《福州府志》卷四九《选举志》,万历四十一年刊本,叶 14A。

⑥〔明〕何乔远:《闽书》卷四八《文莅志》,福建人民出版社 1994 年版,第 2 册,第 1224 页。

时士风丕变。"①其生平事迹，见载明焦竑《焦太史编辑国朝献征录》卷四二、光绪《重修安徽通志》卷一八四，乾隆《江南通志》卷一四七，乾隆《福建通志》卷二九、光绪《婺源县志》卷一九，其中所载宦闽事迹与此略同。

据周子美《天一阁藏书经见录》著录，潘潢于嘉靖十三年（1534）在闽中刻印宋真德秀撰《西山真文正公读书记》二卷。著录云："嘉靖精刻大字本，白口，八行十六字，注同。前有读书丁记重雕叙，嘉靖十三年婺源潘潢书于闽之崇正学堂。书口下方有刻工姓名。"②崇正学堂即崇正书院，地点在福州。民国《福建通志·学校志》卷一载："崇正书院，在神光寺东。明嘉靖间督学副使姜宝建，后废。"③

嘉靖十一年（1532），由张大轮、胡岳等主持，福建按察司刊刻宋朱熹撰《晦庵先生朱文公文集》，潘潢也是推动该书出版的重要参与者之一。该书目录后有"嘉靖壬辰秋七月甲戌后学婺源潘潢"后序。序中认为，通过编校朱熹《文集》，"始得公所为融会折衷、深造大成者，审在沉潜反复、积累有年之后，而师友渊源、经纶本末始终，条理灿然详明，尤足以发挥《本义》。《集注》《语录》，曲折上探圣贤之蕴"，从而充分肯定了此书在朱子理学中的地位和作用。他回溯南宋庆元党禁期间，"学禁方厉，片词只字所在毁弃。每读《请詹帅罢锓梓书》，未尝不掩卷太息，恶小人之罔极"④。他认为，南宋淳祐以来，朱子的文集虽经前人的掇拾整理，但已非朱熹季子朱在最初类次本之貌。此外，诸如朱熹表侄祝穆、元代学者虞集等人的家藏朱熹遗文，以及一些朱子手书遗墨如《与陆王帖》《梅花赋》等，逸而弗录。通过校读，文集中还有一些记载有"抵牾可疑"之处，他希望能通过编校，使该书达到更好的效果。

嘉靖十二年（1533），潘潢曾赴建阳，在崇化书坊建八坊。嘉靖《建宁府志》卷一〇《坊巷》载："书坊街，隶崇化里。内有崇孝坊、崇弟坊、崇忠坊、崇信坊、崇礼坊、崇义坊、崇廉坊、崇耻坊八坊。俱嘉靖十二年提学副使潘潢建。"⑤上文所录《闽书》云"搜焚市肆中坏教书"，指的应即是潘氏此时在崇

---

① 〔清〕郝玉麟等：（乾隆）《福建通志》卷二九《名宦》，《景印文渊阁四库全书》第 528 册，第 456 页。

② 周子美编：《天一阁藏书经见录》卷中，华东师范大学出版社 1986 年版，第 144 页。

③ 沈瑜庆、陈衍等：（民国）《福建通志·学校志》卷一，1938 年刊本，叶 6A。

④ 〔明〕潘潢：《晦庵先生朱文公文集后序》，《朱子大全》目录后，《四部备要》第 57 册，中华书局 1920 年版，叶 59A。

⑤ 〔明〕夏玉麟、汪佃：（嘉靖）《建宁府志》卷一〇《坊巷》，《天一阁藏明代方志选刊》第 27 册，上海书店 1964 年版，叶 11B。

化书市之所为。

汪宗元

汪宗元(1503—1570),字子允,号春谷。湖广崇阳(今湖北崇阳县)人,汪文盛从子。嘉靖八年(1529)进士,仕至右副都御史,著作有《南京太常寺志》《春谷集》《明文选》等。嘉靖三十一年(1552),在福建参政任上刻印明程敏政辑《道一编》五卷。今北京大学图书馆存,半叶九行,行二十字,白口,四周双边。版心有余员、江四、叶文修、蔡六、余甫等刻工名。《四库全书存目丛书》子部第 6 册,即据此为底本影印。

卷前有嘉靖三十一年沈宠《道一编序》,嘉靖七年聂豹《重刻道一编序》,弘治二年程敏政序。沈宠,字思畏,号古林,宣城人。嘉靖间任监察御史。沈宠序中述此刻本之缘起云:"篁墩程氏以二先生之学始异终同,于是即二家之言衷集成帙,以嘉惠来学,其亦良工之苦心矣。但举世好竽,瑟则徒工。双江聂氏删刻于养正书院,而板复湮晦。所谓恶其籍而去之也,非欤?中丞汪春谷氏掇拾遗篇,谋以复梓。是盖悯迷于利禄之习,借朱子以自文,弃其性命之学,诬象山以自便者。诵读是编,果能反观内省,默识二先生用心之实,则朱陆之学不辩自明。而吾之所为朱耶陆耶,亦可以自审矣。……嘉靖壬子仲秋月朔旦,宛陵沈宠序。"[1]文中"中丞汪春谷氏"即汪宗元。

卷末嘉靖三十一年汪宗元《道一编后序》云:"少司马双江聂公昔巡八闽,刻是编以淑多士,兹已散失无存。昔尝受其学者以重刻请,侍御古林沈公乃手自校订,属宗元锓梓,以广其传。古林公私淑阳明先生而传其学者,按闽之暇,昭示良知之旨,以开俗学之迷,一时诸生感奋兴起,又以是编嘉惠,其期待后学之心至矣。诸生志圣贤之学,得之言意之表,求之性命之源,见诸践履之实,则存之为实德,措之为事业,于圣明之治化必有所补,岂但敦行善俗,为八闽之光哉!宗元不敏,庸申末简,为诸生告。嘉靖三十一年仲秋月朔旦,崇阳汪宗元谨序。"[2]由此则可知,此本乃汪宗元遵沈宠之命刊刻于福建。

---

① 〔明〕沈宠:《道一编序》,《道一编》卷首,《四库全书存目丛书》子部第 6 册,第 610—611 页。
② 〔明〕汪宗元:《道一编后序》,《道一编》卷末,《四库全书存目丛书》子部第 6 册,第 660—661 页。

　　乾隆《福建通志》卷二九载："汪宗元，崇阳人。嘉靖己丑进士，以忤严嵩，由副都御史谪福建参政，迁右布政。外御倭寇，内察民瘼。复三运八运法，岁省民金万余，厘其赋为正办、杂办，橄汀、建诸盐商，使画疆而鬻。又橄南台、洪塘，去其互税盐利，以兴商。"①其事迹，又载《明一统志》卷五九、《湖广通志》卷四七。

林应亮·林慎

　　林应亮（1506—1593），字熙载，号少峰，侯官人。林春泽（1480—1583）之子。嘉靖十一年（1532）进士，官至户部右侍郎。曾于嘉靖二十六年（1547）与泰和曾才汉合刊明李默、邹守愚编《全唐诗选》十八卷，见范氏《天一阁藏书总目》著录。方品光《福建版本资料汇编》、骆兆平《新编天一阁书目》均误录为"应亮泰、曾才汉刻本"或"闽书林应亮泰和曾才汉校刻本"②，显系断句之误。林应亮又于嘉靖间刻印明吴希孟撰《钓台集》四卷，今存复旦大学图书馆。

　　林应亮生平，见载于《嘉靖十一年进士同年序齿录》③、民国《福建通志·列传》卷二四。清钱谦益《列朝诗集小传》载云："应亮，字熙载。嘉靖壬辰进士，历官户部右侍郎。程蕃之子（按，程蕃，指其父林春泽，历知程蕃府），郑善夫之婿也。故其为诗，颇有师授。子如楚，官至工部尚书。"④

　　林应亮的著作有《少峰草堂集》二卷⑤，今存于明崇祯九年（1636）其子林昌裔编、孙林慎刊《旗阳林氏三先生诗集》（五卷）合刻本。半叶八行，行十七字，白口，四周单边。今国家图书馆有存本。"三先生"者，林应亮与其父林春泽（《人瑞翁集》二卷）、子林如楚（《碧麓堂集》一卷）之合称也。刻书者林慎（1611—？），是林如楚之孙，字师邈。崇祯十三年（1640）进士，历官太仆寺少卿、松江推官。其父名林昌禧，与此书编者林昌裔乃兄弟行。明王世贞《三代进士相见》一文云："国朝以进士为荣，海内世家三代中进士者

①〔清〕郝玉麟等：(乾隆)《福建通志》卷二九《名宦》，《景印文渊阁四库全书》第528册，第457页。
②方品光：《福建版本资料汇编》，福建师范大学1979年铅印本，第107页；骆兆平：《新编天一阁书目》，中华书局1996年版，第137页。
③龚延明主编：《天一阁藏明代科举录选刊·登科录》(中)，宁波出版社2016年版，第566页。
④〔清〕钱谦益：《列朝诗集小传》丙集《林侍郎应亮》，上海古籍出版社1983年版，第333—334页。
⑤此书《四库全书总目》卷一七七著录为《少峰草堂诗集》一卷。载〔清〕永瑢等《四库全书总目》卷一七七，中华书局1965年版，第1588页。

固多，只祖孙、父子相见者绝少。惟福建侯官县林春泽，正德甲戌进士，为建昌太守；子应亮，嘉靖壬辰进士，为户部侍郎；孙如楚，嘉靖乙丑进士，为广东提学副使。"①

按，今闽侯县南屿镇南旗村水西林有林春泽故居，林应亮、林如楚故居，是当地著名的人文景观。

陈宗夔

陈宗夔（1507—1566），字惟一，号少岳，通山县（今湖北咸宁市通山县）人。嘉靖十七年（1538）进士，曾任浙江副使、给事中、广东巡按御史。嘉靖二十九年（1550）任福建巡抚，刻印宋郑樵撰《通志二十略》五十二卷，行格为十行二十字，白口，四周单边，为《通志二十略》单行本中流传最广的版本。今国家图书馆、上海图书馆、中国科学院图书馆、香港大学图书馆等十几家图书馆及台北故宫博物院有存本。此本在清人的书目中，仅见于周中孚《郑堂读书记》卷一八在著录清金匮山房重刊本时提到，但误为明正德刊本，盖卷前有正德三山龚用卿序也。考陈宗夔任福建巡抚在曾佩之前，而曾佩刊《杨文敏公年谱》是在嘉靖三十一年（1552），时间正好在陈氏刻印此书之后。

《大清一统志》卷二六〇载陈宗夔小传，云："陈宗夔，字惟一。通山人，嘉靖进士，累官浙江兵备副使，有破倭寇功。"②

吉 澄

吉澄（1507—？），字静甫，开州（今河南濮阳）人。嘉靖二十三年（1544）进士。嘉靖三十六年（1557）任福建巡抚，在闽刻书甚多。嘉靖三十六年，刻印宋金履祥撰《资治通鉴纲目前编》十八卷《举要》三卷、明陈泾撰《外纪》一卷，今重庆市北碚区图书馆存；又刻明商辂等撰《续编资治宋元纲目大全》二十七卷，今首都图书馆和江西省图书馆存。嘉靖三十八年（1559），刻印宋江贽编《新刊宪台考正少微通鉴全编》二十卷《外纪》二卷、《新刊宪台考正宋元通鉴全编》二十一卷，今北京大学图书馆、上海图书馆、浙江省图

---

①〔明〕王世贞：《列朝盛事》，《指海丛书》第三集，道光二十二年（1842）刊本，叶4A。
②〔清〕和珅等：《大清一统志》卷二六〇，《景印文渊阁四库全书》第480册，第58页。

书馆等存；同年与樊献科合作刻印明丘濬撰《大学衍义补》一百六十卷首一卷，今首都图书馆、上海图书馆等十几家图书馆有存本。

吉澄在闽所刊，著录为"明嘉靖吉澄刻本"的还有：宋真德秀撰《大学衍义》四十三卷，今上海图书馆、辽宁省图书馆、四川省图书馆、福建省图书馆等存；宋朱熹撰《资治通鉴纲目》五十九卷，此刻本有后人的各种注解，如宋尹起莘的《发明》、元刘友益的《书法》、汪克宽的《考异》、徐昭文的《考证》、王幼学的《集览》、明陈济的《正误》、冯质舒的《质实》等，今故宫博物院图书馆存；宋程颐、朱熹撰《周易程朱传义》二十四卷；宋朱熹撰《诗经集解》八卷；宋蔡沈撰《书经集传》六卷，今均国家图书馆有存。此外，还有元陈澔撰《礼记集说》三十卷，《春秋四传》三十八卷《纲领》一卷《提要》一卷《东坡地理图说》一卷《春秋二十国年表》一卷《诸国兴废说》一卷，今存国家图书馆。又刊《四书合刻》三十六卷《大学中庸或问》二卷，见载于近人缪荃孙《艺风藏书续记》卷一。

吉澄刻本，版式多为半叶九行，行十七字，白口，左右双边。现存于国家图书馆的几种刻本，均统一为这种版式。现存于国家图书馆的《春秋四传》和现存于天一阁的《礼记集说》，均为明嘉靖吉澄刻、建宁知府杨一鹗重修本。由此可知，吉澄刻书的地点是在建阳，书印成后，书版仍在原地，由当地官府保管，故后来的地方官可以重修重印。

在此必须特别指出，吉澄刻本大多有"巡按福建监察御史开州吉澄校刊"等刊记，表明吉澄刻本刊刻地点在福建，其刻本的性质乃是官刻，并不是什么"私家刻书"；他也不是"明代中原地区并不多见的刻书家"①。

吉澄《明史》无传。清光绪《开州志》载其生平曰："吉澄，字静甫，嘉靖甲辰进士。授雒南知县，轻徭薄赋，恤民困苦，以治行擢御史。弹压辇毂，人比两鲍。时权相当国，独持风裁，不少阿是，以八年不调以素为世宗所知，亦不能中也。累迁都御史巡按辽东，修濠台，筑墙堡，选将运筹，大有斩获功。后以疾卒于家。"②小传中，居然少了吉澄官福建巡抚的事迹。

胡宗宪

胡宗宪（1512—1565），字汝贞，号梅林，绩溪（今属安徽）人。嘉靖十七年(1538)进士,三十三年(1554)官金都御史,提督军务,兼巡抚闽浙,累官至太子少保、兵部尚书兼都察院右都御史。

胡宗宪的刻本较多,知见的刻本十几种,因其于嘉靖间总督浙、直、闽诸省军务,领导抗倭,来往于闽浙等地,不能一一辨明系何地所刊。其中可以肯定在闽刊刻的有明季本撰《诗说解颐》四十卷,嘉靖三十六年(1557)刻本,清丁丙《善本书室藏书志》卷二著录;明唐顺之撰《荆川五编》,分为左、右、文、武和稗编,据《增订四库简明目录标注》著录,其中"左编刊于浙,右编刊于闽。胡宗宪刊"[①]。

胡宗宪生平,见载于《明史》卷二〇五、光绪《重修安徽通志》卷一八四。明焦竑编《焦太史编辑国朝献征录》卷五七有茅坤撰《胡公宗宪剿徐海始末》、沈明臣撰《少保胡公诔》,记胡宗宪事迹甚详。胡宗宪在闽宦绩,则见载于《闽书》卷四五《文莅志》、民国《福建通志·名宦传》卷一三。

王国桢

王国桢(1513—?),字以宁,号鸢山,山阴(今浙江绍兴)人。嘉靖十七年(1538)进士。明嘉靖四十年(1561)官福建布政使时,在福建藩署刻印同乡前贤明董玘(1483—1546)撰《董中峰先生文选》十一卷《廷试策》一卷,今国家图书馆、杭州市图书馆存原刊本[②],台北故宫博物院存嘉靖辛酉(四十年)刊隆庆间修补本。

此书由董玘弟子唐顺之(1507—1560)选编而成,题"武进唐顺之选,山阴王国桢校刻"。前有唐顺之《董中峰先生文选序》,后学沈东《中峰先生文集序》。《董中峰先生文选后序》(序末署"嘉靖辛酉春三月既望后学山阴王国桢谨书于闽藩忠爱堂")称"予入闽之明年,予友守寻甸董君约山贻书曰:'先大夫集,旧刻舛漶已甚,闽善梓者,谨谋君改图之,传诸家塾,幸甚!'"[③]版式为每半叶九行,行十九字。四周双栏,板心黑口,单鱼尾,中缝上记"董中峰先生文选",中记卷之几及叶次,下记刻工。王国桢在闽官布政使大概政绩不显,故在清郝玉麟等纂《福建通志》卷二一《职官》中仅列其

①〔清〕邵懿辰撰,邵章续录:《增订四库简明目录标注》卷一四,上海古籍出版社1979年版,第572页。
②中国古籍善本书目编委会:《中国古籍善本书目》集部卷二六,上海古籍出版社1998年版,第625页。
③〔明〕王国桢:《董中峰先生文选后序》,《董中峰先生文选》卷末,明嘉靖刊隆庆间修补本,叶25A。

名而已①。

萧彦《掖垣人鉴》卷一五载："王国桢，字以宁，号鸢山，浙江山阴县人。嘉靖十七年进士，二十一年由行人选南京工科给事中；二十五年五月起复除兵科；二十六年升兵科右；二十七年升工科左。以忧归，三十年复除户科左；三十一年升兵科都；三十三年升广东右参政。仕至福建左布政使。"②

徐中行

徐中行（1517—1578），字子与，号天目山人，长兴（今属浙江）人。明"后七子"之一。嘉靖二十九年（1550）进士。历官刑部主事、汀州知府。万历初升任福建兵备副使，寻转布政司督粮参政。于万历二年（1574）重刊李攀龙《沧溟先生集》三十一卷附录一卷补遗一卷。十行二十二字，四周单边，版心白口，单鱼尾，上方记书名。万历三年（1575），在福建布政司督粮道刻印晋王叔和撰、宋林亿等校定的《新刊王氏脉经》十卷。今北京大学图书馆、宁波天一阁、上海图书馆等有存本。潘承弼、顾廷龙所编《明代版本图录初编》著录云："此长兴徐中行官福建承宣布政使司右参政时，得马氏藏元刊本重雕者，属其及门袁表为之校字。"③

万历四年（1576），徐中行捐俸嘱建阳知县李增刊刻袁表、马荧选辑的《闽中十才子诗》三十卷。李增《刻闽中十才子诗集跋》云："翁宦于闽，累转藩臬，暇乃博访先哲遗文。高生以陈持乃祖督学西江木轩公家藏十子诗以进，翁阅，善之，谓雅有唐调，不可无传。属袁子景从、马子用昭选辑，捐俸属增镂梓，与同志者观焉。……嗟夫！是刻也，不宁可以睹闽中人文之盛，而我翁嘉惠后学之心亦殷矣哉！敬题末简，以志岁月如左。万历丙子孟夏既望之吉，知建阳县事抚东李增顿首跋。"④

徐中行在福建，还于万历间刻印明福清郭万程撰《子长集》四卷。乾隆《福清县志》卷一三《人物志》载，郭万程字子长，郭造卿之父。嘉靖十四年（1535）进士，官刑部郎。郭万程为文雄宏简奥，年三十二而病逝。"督学徐

---

①〔清〕郝玉麟等：（乾隆）《福建通志》卷二一《职官》，《景印文渊阁四库全书》第528册，第100页。

②〔明〕萧彦：《掖垣人鉴》后集卷一五，《四库全书存目丛书》史部第259册，第296页。

③潘承弼、顾廷龙编：《明代版本图录初编》卷二，上海开明书店1941年版，第44页。

④〔明〕袁表、马荧选辑，苗健青点校：《闽中十子诗》，福建人民出版社2005年版，第477页。

中行为梓《子长集》,而祀之学宫。"①

徐氏生平,详见王世懋撰《徐方伯子与传》,载《明文海》卷三九六;王世贞《江西布政使司左布政使徐公中行墓碑》,载《焦太史编辑国朝献征录》卷八六。康熙《福建通志》卷三〇《名宦》载其在闽宦绩云:"万历初,为兵备副使,寻转参政,督理粮饷。逾年,进按察使,谳决称平。城西湖滨隙地没于豪右,水利湮塞,下命复之。捐俸创阁筑堤,闽人为祀于西湖之旁。"②事迹又别见于民国《福建通志·名宦传》卷一四。其著作有《天目集》《青萝集》等。校者袁表事迹,参见本书"袁表·马荧"条。

胡 帛

胡帛(1518—1583),字子行,号忠庵,四川垫江县(今重庆垫江)人。明嘉靖三十五年(1556)进士,授南京户部福建司主事,升山西司郎中。嘉靖四十二年(1563),倭寇侵扰福州沿海州县,胡帛奉命赴任福州知府。因平倭有功,隆庆元年(1567)升任江西按察副使。

胡帛在福州知府任上,曾刊刻明唐顺之编《文编》六十四卷。王重民《中国善本书提要》著录该书③,每半叶十行,行字二十,白口,四周单边,书口下有刻工名氏。卷前有题"嘉靖丙辰夏五月既望武进唐顺之应德甫"所撰序,首页题"荆川武进唐顺之应德甫选批,门人丹阳姜宝廷善编次,知福州府垫江胡帛子行校刊"。下书口所题刻工名氏,与嘉靖《建阳县志》《邵武府志》所载陈一、叶八、詹弟、友贵、刘五、陈友、北斗、再生等同名④。由此可以推断,此书之刻印,刻工多来自建阳书坊,或系委托建阳书坊刊刻。

光绪《垫江县志》卷八有胡帛生平传记,主要事迹,已如前所述。明喻政等编万历《福州府志》卷四一《官政志》载,胡帛为嘉靖间最后一任福州知府,故其所刻《文编》,应为嘉靖末刻本。

庞尚鹏

庞尚鹏(1524—1580),字少南,号惺庵,广东南海人。嘉靖三十二年

①〔清〕饶安鼎等:(乾隆)《福清县志》卷一三《人物志》,上海书店出版社2000年版,第333页。
②〔清〕金铉、郑开极等:(康熙)《福建通志》卷三〇《名宦》,《北京图书馆古籍珍本丛刊》第35册,书目文献出版社1998年版,第1881页。
③王重民:《中国善本书提要》集部总集类,上海古籍出版社1983年版,第444页。
④参方彦寿:《建阳刻书史》,中国社会出版社2003年版,第379—388页。

(1553)进士。万历初任福建巡抚，万历五年(1577)五月刻印自著《军政事宜》一卷，今国家图书馆存；又刊自撰《守城事宜》一卷，今宁波天一阁存；《福建省城防御火患事宜》一卷，今台北故宫博物院有存。庞尚鹏的著作还有《百可亭摘稿》，今存明万历庞英山刻本。

庞氏生平，见载于《明史》卷二二七《列传》。民国《福建通志·名宦传》载，其官福建，"甫下车，求民利便而张弛之，吏民、军帅、士卒皆得自达。复请于朝，蠲八郡五十邑逋征五十余万，计舟航之费、商贾之任、冶铸之利、寺观之科，悉衰以予民，岁亦不下万计。其所行一条鞭法，赋额易知，虽下户里民皆晓然输纳之数。初，在浙有搏击声，及抚闽，墨吏望风解印绶去。逾年，擢左副都御史。去之日，深山穷谷扶老携幼遮道哭送。其卒也，闽人为之罢市。与殷从俭并祀西湖上，岁时伏腊，尚呼为'庞公福'云。"①

劳 堪

劳堪(1529—?)，字任之，号道亭，又号庐岳。江西德化（今属江西九江）人。嘉靖三十五年(1556)进士。《闽书》卷四五《文莅志》载其"希附权臣，由本省布政使升巡抚都御史。泉州洪朝选以户部侍郎忤柄臣意，坐废家居。柄臣尚未释憾，堪罗织朝选罪，诒致于狱，挤而杀之。柄臣死，朝选子竞讼冤，堪坐谪戍。"②同治《德化县志》载："劳堪……嘉靖丙辰进士，涖历内外官，累迁至左副都御史。有干济才，为民兴利除弊，所在多惠政。居乡如请筑封郭洲长堤，以御水患，迄今赖焉。念江州地瘠民贫，北粮交卸多重，累言于朝，特免之。其居官泽加于民，大率类此。性敏慧，博学能文，所著甚富。"③

万历六年(1578)，劳堪在福建布政司刊刻自编《宪章类编》四十二卷。此为一部政书，分24类，子目639条，汇集了明初至嘉靖年间的朝章国政，分类编辑。书卷端题"赐进士出身中奉大夫福建布政使司右布政使臣劳堪编"，半叶九行，行二十二字，白口，四周双边，单鱼尾。今国家图书馆和上海图书馆等存。在此之前，约于嘉靖、隆庆间曾刊行明李心学辑《明诗十二家》十二卷，刊刻地点不在福建，今北京大学图书馆和南京图书馆有存本。

---

①沈瑜庆、陈衍等：(民国)《福建通志·名宦传》卷一三，1938年刊本，叶3B。

②〔明〕何乔远：《闽书》卷四五《文莅志》，福建人民出版社1994年版，第2册，第1128页。

③〔清〕陈亷等：(同治)《德化县志》卷三二《人物志》，台北成文出版社1970年版，第426—427页。

刘良弼

刘良弼(1531—1583),字赉卿,号肖岩,南昌人。嘉靖四十四年(1565)进士,授金坛知县。隆庆三年(1569)选云南道御史,六年(1572)官福建巡按。万历二年(1574),在福建刻印明王宗沐撰《敬所王先生文集》三十卷。半叶九行,行十八字,白口单边,单鱼尾。上方记书名,下记刻工名。卷前有万历元年(1573)张位、刘良弼和万历二年贺一桂的序。他们均是王宗沐的门人。每卷均题"门人翰林编修张位选集,翰林检讨习孔教编次,福建巡按刘良弼校刊"。《四库全书存目丛书》第111册中《敬所王先生文集》即据此影印。其著作,今存《刻中丞肖岩刘公遗稿》十卷,今台北傅斯年图书馆存明万历十二年(1584)刊本。

《江西通志》载刘氏生平云:"嘉靖进士,授金坛知县,擢御史。正色敢言,不少阿附。时巨珰冯保弄政,首疏参劾,谓其罪浮于刘瑾,未几而保败。巡按八闽、畿辅,凡所建白,不屑细琐。上防边六渐略数十万言,皆长算。用忤相,淹卿寺久之,乃迁巡抚西粤,寻卒。"[①]其生平,详见于其子刘云龙撰《先考中宪大夫巡抚广西都察院右检都御史刘公肖岩府君行状》、晋江门生苏浚撰《中丞刘老先生神道碑》等。其生卒年,即据苏浚所撰《神道碑》所载。

胡维新·戚继光

胡维新(1534—?),字文化,浙江余姚人。嘉靖三十八年(1559)进士。历官福建巡按、陕西右参议、肃州兵备道副使、广西右参政和监察御史等。明嘉靖末任福建巡按,在闽发起刻印宋"四大部书"之一的《文苑英华》一千卷,得到时任福建巡抚涂泽民、福建总兵戚继光的响应和支持。该书是一部诗文总集,由北宋李昉等编纂于太平兴国年间。全书选录上起齐梁、下至五代2200多人的诗文近两万篇。全书按文体编排,分为三十八类,收入大批诏诰、书判、表疏、碑志和诗歌等,对编校北宋以前的文学作品,具有重要价值。

---

① 〔清〕高其倬、谢旻等:(雍正)《江西通志》卷六九《人物》,《景印文渊阁四库全书》第515册,第393页。

　　由于卷帙浩大，此书从宋嘉泰间（1201—1204）刻印之后，一直没有重刊。胡维新所刊明隆庆福建刻本，序后列有福建地方官员人名41行，乃福州、泉州二府知府、通判、儒学官员等。当时戚继光任闽浙总督领导抗倭，也是刻印此书的主持人之一，故《中国古籍善本书目》著录此书即作"胡维新、戚继光刻本"。

　　该书于嘉靖四十五年（1566）六月胡维新入闽时始议，到隆庆元年（1567）正月即告完工，仅用半年多的时间。其速度之快，在雕版印刷史上也是极为罕见的。近代著名版本目录学家傅增湘先生说："其缮校之勤奋，课工之严急，非恒人所能奏效。盖督抚大吏主持于上，郡邑学校分功于下，而南塘少保更以军法督厉而经画之，挟万钧之力以完此冠世之书，故成功如是其伟且捷也。"①该书的版式为半叶十一行，行二十二字，白口，四周单边。今国家图书馆存本，有傅增湘跋。通常认为，此书应在福州刊行；然而刘理保据此书所记刻工之名，认为该书"是由福建巡按胡维新、闽浙总督戚继光等人派员刊行于建阳书坊的官版书籍"②。

　　除了此书之外，胡维新所刊图书还有汉董仲舒撰《春秋繁露》、汉陆贾撰《新语》、汉桓宽撰《盐铁论》、汉刘向撰《新序》，以及胡氏自编《皇明制书》《两京遗编》等多种。据邵氏《增订四库简明目录标注》和《明代版刻综录》著录，这些书均刻印于明万历间，刊刻地点则不能一一辨明。

　　戚继光（1528—1587），字元敬，号南塘，山东文登人。他是明代著名的军事家和抗倭英雄，传载《明史》卷二一二，生平事迹为人所熟知，兹不赘述。戚继光的著作有《纪效新书》十四卷，是一部军事著作，有明万历二十一年（1593）福建布政司刻本，今存中央党校图书馆。

许孚远

　　许孚远（1535—1604），字孟中，一作孟仲，号敬庵，德清（今浙江湖州）人。嘉靖四十一年（1562）进士，官至兵部左侍郎，事迹见《明儒学案》卷四一《甘泉学案》。据《四库全书总目》卷一七八著录，许孚远于万历二十二年

---

①傅增湘：《藏园群书题记》卷一八《校本文苑英华跋》，上海古籍出版社1989年版，第895页。
②刘理保：《明隆庆版〈文苑英华〉刊行地在建阳书坊考略》，《朱子文化》2009年第3期。

(1594)官福建巡抚时,曾刻印自著《敬和堂集》八卷。著录云:"孚远之学,虽出于唐枢,然史称其笃信良知,而恶夫援良知以入佛者。故与罗汝芳、杨起元、周汝登断断相争,在姚江末派之中最为笃实。冯从吾、刘宗周、丁元荐传其所学,皆能有所树立。是集前有叶向高序,盖万历甲午孚远为福建巡抚时所刊。每卷之首尚空其次第,未镌以版心号数。计之,凡序一卷,记一卷,杂著一卷,书一卷,疏二卷,公移二卷云。"①此书行格为半叶九行,行二十字,单鱼尾,白口,版心下方记刻工之名。《四库全书存目丛书》第136册即以此刻本为底本影印。

许孚远在福州,还曾在共学书院刻印《白沙绪言》《困辨录》《乐舞谱》《讲堂歌选》《共学记》《圣学图说》《餐微集》《观生草堂》《共学书院志》等九种图书②。叶向高为其撰《嘉议大夫兵部左侍郎赠南京工部尚书许敬庵先生墓志铭》,记其在闽宦绩云:"先生在闽,抚政之暇,多延见士大夫及诸生,讲明理学。闽人故株守紫阳绪说,不敢为高论,而先生尺尺寸寸,一禀于伦常。其词旨贯穿淹洽,听者忘倦,以是多所感发兴起。先生又创共学书院,置膳田,捐赀助文公祠,风教大行矣。"③

许氏生平,又载乾隆《浙江通志》卷一七五。

屠本畯

屠本畯(1542—1622),字田叔,号幽曳,浙江鄞县(今宁波)人。万历间,官福建盐运司同知。万历二十五年(1597),在闽刻印徐㶿编、屠本畯考订的《闽中荔枝通谱》八卷。徐氏云:"㶿以万历丁酉取忠惠《荔枝谱》而续之,时屠田叔为闽转运,通其谱而授诸梓。"④此本另见于清沈德寿《抱经楼藏书志》卷四一著录。今山东省图书馆、华南农学院图书馆存不全本一至五卷。屠本畯在闽所著有《闽中海错疏》三卷,成书于万历二十四年,是部不可多得的古代区域性水产志,现存福建省图书馆。据《闽书》卷四九本传载,屠本畯前后在闽凡三年,此书乃其刻印于闽,但今人往往因其为鄞县

①〔清〕永瑢等:《四库全书总目》卷一七八,中华书局1965年版,第1602页。
②〔明〕岳和声等:《共学书院志》卷上《典籍·刻板》,《中国历代书院志》第10册,江苏教育出版社1995年版,第183页。
③〔明〕叶向高:《苍霞草》卷一六,《四库禁毁书丛刊》集部第124册,北京出版社1997年版,第413页。
④〔明〕徐㶿:《红雨楼序跋》卷一,福建人民出版社1993年版,第12页。

人氏,将此本误为浙版①。

清郝玉麟等《福建通志》载:"屠本畯,字田叔,鄞县人。万历间转运同知。商馈例金,一切谢绝。公暇,则与名士结社,风雅为一时所重。后擢辰州太守。"②屠本畯在闽之时,商船出海,需官府发给官引,但官引往往被豪强垄断,转卖给商人而从中牟利。后屠氏改此法为将官引直接发给商人,从而杜绝了此漏洞。"政暇创祠乌石山,祀先贤词人之有声者;立社水口关,教弟子之习诗礼者,咸捐俸入为之。"③

张汝济

张汝济(1548—?),字泽民,别号傅野,山东汶上县人。他因过继给湖北荆州右卫籍之司镗(月泉)为后,故跟从养父姓,名汝霖。后回复本姓,改名汝济。21岁时,举隆庆二年戊辰(1568)科进士,于万历辛卯(1591)六月任都察院右副御史,巡抚福建。万历二十一年(1593),在闽刻印其师徐学谟(1521—1593)撰《归有园稿诗编》七卷《文编》二十二卷。书前有万历癸巳仲春月门人张汝济撰《刻归有园稿序》,万历壬辰秋日竺林居士徐学谟撰《归有园稿序》。九行十九字,左右双边,版心白口,单鱼尾,上方记书名,下方记刻工名。《四库全书存目丛书》集部第125、126册,即据天津图书馆藏万历二十一年张汝济刻、四十年徐元皞(徐学谟孙)重修本影印。

张汝济生平事迹,以明袁宗道撰《巡抚福建右副都御史傅野司公墓志铭》所载为详④。主要事迹已如前所述。

陈禹谟

陈禹谟(1548—?),字孟文,号心抑,仁和(今杭州)人。明万历五年(1577)进士。万历十六年(1588),在福建道监察御史任上,刻印明穆文熙编《七雄策纂》八卷。卷前有万历十六年河南道监察御史东明刘怀恕、万历十四年穆文熙、万历戊子(1588)福建道监察御史武林陈禹谟三序。每卷题

①王东、钟甦:《浙江印刷史》,杭州出版社2013年版,第277页。

②〔清〕郝玉麟等:(乾隆)《福建通志》卷二九《名宦》,《景印文渊阁四库全书》第528册,第463页。

③〔明〕何乔远:《闽书》卷四九《文莅志》,福建人民出版社1994年版,第2册,第1258页。

④〔明〕袁宗道:《白苏斋类集》卷一一《巡抚福建右副都御史傅野司公墓志铭》,上海古籍出版社2007年版,第143页。

"吏部考功司员外东明穆文熙纂辑,河南道监察御史刘怀恕重校,福建道监察御史陈禹谟重梓"三行。今南京图书馆有存,《四库全书存目丛书》史部第 44 册即以此为底本影印。

此书作者穆文熙,字敬止,东明(今属山东荷泽)人,嘉靖壬戌(1562)进士,官吏部员外郎。"是编取《战国策》之文,加以评语,并集诸家议论附于上栏。大抵剿袭陈因,无所考证。"①

乾隆《浙江通志》载陈禹谟事迹云:"万历丁丑进士。授中书,擢监察御史,巡盐两淮,巡按江西,所至以简肃称。还京,给事中孟养浩以争国本杖阙下,禹谟疏力谏,将并杖,阁臣具揭救,得免。请养,里居十年。起,补巡漕,升太仆卿,巡抚郧阳,转刑部侍郎,卒于官,赠刑部尚书。"②

按,万历间,另有一位陈禹谟(1548—1618),字锡玄,江苏常熟人,为万历十九年(1591)举人,历仕南京国子监学正、四川按察司佥事、贵州布政使等。《江南通志》载其生平曰:"陈禹谟,字锡元,常熟人。刑部侍郎瓒子。万历辛卯举人。历官贵州参议,黔师有事于匀哈,禹谟奉命监军。先诱斩其谋主,遂分兵拔贼寨,凡二十有一。其一曰马蹄,有洞阻险贼所窟穴,用火攻,歼焉,镵石纪功而还。"③

由于两位陈禹谟生活年代相近,往往被误为同一人。如《常熟国家历史文化名城词典》"陈禹谟藏书"条,将陈禹谟字孟文所刻穆文熙《七雄策纂》误为陈禹谟字锡玄所刻④。《中国古籍版刻辞典》"陈禹谟"条,也出现了同一失误⑤。

何继高

何继高(1549—?),字汝登,号泰宁,浙江山阴人。万历十一年(1583)进士。万历二十年(1592)官福州知府,曾重修明嘉靖二十九年(1550)福州府刻本《玉髓真经》三十卷《后集》二十一卷,题"宋张洞玄撰、刘允中注释、

①〔清〕永瑢等:《四库全书总目》卷五二,中华书局 1965 年版,第 468 页。

②〔清〕嵇曾筠、沈翼机等:(乾隆)《浙江通志》卷一五八《人物》,《景印文渊阁四库全书》第 523 册,第 266 页。

③〔清〕赵弘恩、黄之隽等:(乾隆)《江南通志》卷一五一《人物志》,《景印文渊阁四库全书》第 511 册,第 389 页。

④戈炳根主编:《常熟国家历史文化名城词典》,上海辞书出版社 2003 年版,第 420 页。

⑤瞿冕良:《中国古籍版刻辞典》,齐鲁书社 1999 年版,第 334 页。

蔡元定发挥"，著录为"何继高重修本"。版式为十三行二十五字，白口，四周单边，今国家图书馆存。同年又刻明周述学撰《云渊先生文选》六卷，今亦存国家图书馆。

清康熙《福建通志》卷三〇载何继高宦绩云："时倭蹂潮赣，闽海震动。高练兵措饷，筑城侦谍，规画井然。甲午（1594）夏，米价骤涌，市民乘机聚掠，高亟发卫卒守军器局，分兵屯诸巷口，挺身抚谕，乱乃定。……连岁饥而不害，寻迁长芦转运使。行日，军民遮留不置。"①民国《福建通志·名宦传》卷一五所载略同。《浙江通志》卷一六九则载："何继高，《山阴县志》：号泰宁，万历癸未进士。居西曹，狱多平反。时人谣曰'执法不阿海与何'，'海'谓都御史瑞也。出知卫辉，调临江。岁大饥。载粟平粜，设粥以赈。复议免樟树、永平二镇榷税。调知福州，倭入朝鲜，闽省大震，与抚军计，移筑福州城。闽人至今赖焉。"②

何继高的刻本，还有万历二十七年（1599）刊刻的明王畿撰、明李贽评《龙溪王先生文录钞》九卷，今北京大学图书馆和中央党校图书馆等存。同年，何继高还刊刻明释谿渠撰《南洵录》一卷，今北京大学图书馆和中国科学院图书馆有存本。据雍正《畿辅通志》载，何继高于万历二十五年官长芦盐运使时，在沧州创建天门书院③，从时间来看，此二书的刊刻地点应不在福州。

林材·林弘衍

林材（1550—?），字谨任，号楚石，又号九龙山人，闽县人。万历十一年（1583）进士，与父林堪、子弘衍俱有文名。"起家舒城令，以最入谏垣。历吏科都给事中。与客谈朝事，常有叹惋忧时之意，为一时士大夫所重。以建言谪揭阳典史。家居二十余年。天启初，起田间，积官南通政使。"④传载《明史》卷二四二。据黄虞稷《千顷堂书目》卷七，林材曾编纂《福州府志》七十六卷；据卷三〇著录，著有《天垣疏草》四卷。

万历四十一年（1613），林材以马森家藏抄本为底本，经谢肇淛、徐 等人

---

①〔清〕金铉、郑开极等：（康熙）《福建通志》卷三〇《名宦》，《北京图书馆古籍珍本丛刊》第35册，书目文献出版社1998年版，第1883页。

②〔清〕嵇曾筠、沈翼机等：（乾隆）《浙江通志》卷一六九《人物》，《景印文渊阁四库全书》第523册，第468—469页。

③〔清〕李卫等：（雍正）《畿辅通志》卷二九《书院》，《景印文渊阁四库全书》第504册，第677页。

④〔明〕何乔远：《闽书》卷七四《英旧志》，福建人民出版社1994年版，第3册，第2201页。

的校订,刻印宋梁克家纂《三山志》四十二卷。徐㶿跋云:"宋《三山志》四十二卷,林都谏先生捐赀授梓,阅岁告成。数百年不绝如线,一旦翻摹,传之来祀,甚盛心也。又恐秘之家塾,传弗能广,乃徙置法海禅寺,令主僧守之,以便好事者印行。昔白乐天以生平所著,散布东林、香山、善圣、南禅诸寺,与僧为约,不出寺门,不借外客,以丛林中善保守也。今都谏既置板于寺,且能公诸人,其视白公,广狭又何如哉!万历癸丑腊月,徐㶿题。"①

按,此万历刊本今已无存,今华东师范大学图书馆存崇祯十一年(1638)林弘衍越山草堂刻本,乃林材之子所刊。卷端题"宋资政殿大学士知福州清源梁克家撰辑,明吏科都给事中林材订正,户部山西司员外郎林弘衍重梓"。林弘衍(生卒年未详),号得山居士,以父荫官户部主事。刊本行格为九行十九字,注文小字双行同,左右双边,白口,单鱼尾,上方记书名,下记刻工。对此刻本,陈叔侗先生有言,崇祯十一年距万历刊《三山志》时,仅差二十三年(按,应为二十五年),其是否即弘衍家藏之万历本,或崇祯时又重刊②?对此,笔者也有同感;但若需对此做一查考,前提是要有万历本,两相比较,方可做出结论。

邓 鍊

邓鍊(1552—1599),字文纯,号纯吾,南城(今属江西抚州)人,万历五年(1577)进士,历官吴、闽、越各地。万历十七年(1589),在官福建监察御史时,刊刻明林燫撰《林学士诗集》六卷、《林学士文集》十六卷,今日本内阁文库存原刊本。《四库全书存目丛书》集部第115册影印南京图书馆藏清抄本,即据邓氏刻本所抄录。邓鍊《学士林对山先生集序》云:"先生研精著作,扬搉政事,记述功德,润色皇猷,间与荐绅学士赠遗赓咏,人推大雅。……余未识荆于先生,而夙受知于先生介弟仲山公。既按闽,获缔观其集,而因想见其人,故不辞镆而序之如此。……赐进士出身文林郎巡按福建监察御史盱人邓鍊撰。"林燫门人太原王穉登所撰《林学士先生集序》谓:"使者邓公按闽,为仲山先生弟子,图为其师锲集……邓公捐俸入赎锲之,为诗六卷,为文十六卷,名曰《林学士集》。"③

---

①〔明〕徐㶿:《红雨楼序跋》卷一,福建人民出版社1993年版,第9页。

②〔宋〕梁克家纂,陈叔侗校注:《三山志》附录,方志出版社2003年版,第837页。

③〔明〕林燫:《林学士集》卷首,《四库全书存目丛书》集部第115册,第412—414页。

何乔远《闽书》卷四五《文莅志》载："邓鍊，南城人。宽仁明简，吏民安之。"①邓氏生平，又载雍正《江西通志》卷八四。

翁正春

翁正春（1553—1626），字兆震，号青阳，侯官人。万历二十年（1592）状元，授修撰，迁礼部侍郎，天启初起礼部尚书。于天启间刻印自撰《南宫奏草》四卷，今苏州市图书馆有存本②。此书山东省图书馆亦存，福建省图书馆则有清抄本③。

翁正春事迹，详载《明史》卷二一六、清陈鼎《东林列传》卷一七、乾隆《福建通志》卷四三等。《闽中理学渊源考》略云："翁正春，字兆震，侯官人。父兴贤，以贡士起家建阳教谕，历两浙运判，粹于《易》学。正春久不得志于会场，已谒授龙溪教谕矣。大比之年，郡太守梦明岁状元出龙溪，劝驾焉。万历壬辰廷对第一，明代状元及第，典史则曹公鼐，广文则正春，无两也。授翰林修撰分校会闱，主试京省，得士最多。历官礼部尚书。会都御史杨涟疏论厂珰魏忠贤，正春率詹事府僚弹治之，辞甚激烈。珰矫旨切责，正春随乞终养归。天启末，起原官，寻卒。崇祯初，谥文简。"④

陈邦瞻·马燉

陈邦瞻（1557—1623），字德远，号匡左，瑞州高安（今江西宜春高安市）人，明末史学家。万历二十六年（1598）进士。万历三十九年（1611）官福建按察使时，在闽中刻印宋胡宏撰《皇王大纪》八十卷。丁丙《善本书室藏书志》卷七著录："万历辛亥高安陈邦瞻序称，宋代止漕治一刻，近传益少。余入闽始得之，诸生马燉为之重刻者也。"⑤今北京大学图书馆和上海图书馆有存本。万历四十年（1612），陈邦瞻又刻印宋陆游撰《渭南文集》五十二

---

①〔明〕何乔远：《闽书》卷四五《文莅志》，福建人民出版社 1994 年版，第 2 册，第 1146 页。

②苏州市地方志编纂委员会：《苏州市志》（第 3 册），江苏人民出版社 1995 年版，第 905 页。《苏州市志》著录为："《南宫奏草》四卷，明翁正春撰，明天启自刻本。市图。"

③中国古籍总目编纂委员会编：《中国古籍总目》史部诏令奏议类，中华书局、上海古籍出版社 2009 年版，第 3592 页。

④〔清〕李清馥：《闽中理学渊源考》卷八三，《景印文渊阁四库全书》第 460 册，第 526—527 页。

⑤〔清〕丁丙：《善本书室藏书志》卷七，《续修四库全书》史部第 927 册，第 243 页。

卷,见清丁丙《善本书室藏书志》卷三〇著录①。

陈邦瞻生平,见载《明史》卷二四二、雍正《江西通志》卷七一。清钱谦益《列朝诗集小传》载:"邦瞻,字德远,高安人。……历浙江、福建、河南参政,按、布两使,以右副都御史巡抚广西,以兵部右侍郎总督两广,入为工部、兵部侍郎,改吏部左侍郎。德远留心问学,于经史之学殊有原本,撰宋、元史纪事本末,为史家所称。搜访高、杨、张、徐之集,刻而传之,使淫哇靡曼之后,复闻正始之音,其风尚可思也。"②陈邦瞻的著作还有《荷华山房摘稿》七卷、《荷华山房诗稿》二十六卷。

诸生马歘(生卒年未详),字季声,怀安县(今属闽侯)人。万历间贡生,后历官武昌府、兴国州判官。其父马森,字孔养,嘉靖十四年(1535)进士,官户部尚书。父子二人事迹,俱见载于民国《福建通志·列传》卷二四《马森传》。

董应举·朱一龙

董应举(1557—1639),字崇相,闽县人。万历二十六年(1598)进士,历官广州府教授、南京国子博士、吏部主事、南大理寺丞、太仆卿兼河南道御史,终工部右侍郎兼户部侍郎。万历三十八年(1610),刻印元吴澄撰《三礼考注》十卷《序录》一卷《纲领》一卷,今上海图书馆、南京图书馆和北京大学图书馆等十几家图书馆有存。十行二十字,白口,左右双边。

万历初,与惠安朱一龙在福州合刻元惠安卢琦撰《圭峰集》二卷。《四库全书总目》著录云:"此本为元陈诚中所编,明万历初邑人朱一龙、福州董应举序而刻之。"③董氏著有《崇相集》,崇祯间分别有十六卷本、十八卷本两个刻本,均为董应举所自刻。钟惺序称:"闽有董崇相先生者,其人朴心而慧识,古貌而深情。所为诗似其为人,非惟不使人知,而若不敢以作诗自处者。庚戌,予始读而选之,见其力之至,巧之中。盖独胜者过于同能,而兼长者逊其专诣。公亦知予不妄,而诗始有集。丙辰,始征予序,而犹不欲使有闻于世。"④

董氏生平事迹,见载于《明史》卷二四二。民国《福建通志·列传》卷二

---

①〔清〕丁丙:《善本书室藏书志》卷三〇,《续修四库全书》史部第927册,第518页。

②〔清〕钱谦益:《列朝诗集小传》丁集《陈侍郎邦瞻》,上海古籍出版社1983年版,第644页。

③〔清〕永瑢等:《四库全书总目》卷一六七,中华书局1965年版,第1448页。

④〔明〕钟惺:《隐秀轩集》卷一七,上海古籍出版社1992年版,第264页。

八载，其天启年间落职闲居期间，"居武夷八曲之涵翠洞，与生徒讲学，老而不倦，卒年八十三"。对其为人，又有"好学善文。在官慷慨敢任事……又疏水利，修学校，置社仓义田。……皆有德于乡"①的评价。董应举的著作有《韩柳合评》十卷，今福建师范大学图书馆存崇祯福州刻本。

与董应举合刻《圭峰集》的朱一龙(1515—1590)，原姓郑，字于田，惠安东山人。从学于张岳，嘉靖二十九年(1550)进士，历官广东左参政，迁江西参政。其著作有《一统舆图广略》和《游海梦谈》四卷。传载乾隆《泉州府志》卷四三《明列传》；清李清馥《闽中理学渊源考》卷六四有《藩伯朱于田先生一龙》。

叶向高

叶向高(1559—1627)，字进卿，福清人。万历十一年(1583)进士，选庶吉士，授编修。万历三十五年(1607)，以礼部尚书召入东阁，任大学士。不久任首辅，在朝为"独相"七年。万历四十二年(1614)致仕归，光宗即位复召之。天启间，与权臣魏忠贤不合，上疏求去，卒谥文忠。传载《明史》卷二四〇。国史之外，事迹在地方志书中记载甚详，兹不赘述。其著作有《苍霞草全集》《说类》等。

叶氏乃明后期的大学士，著述甚富，刻书亦多，在福州本地和外地都有刻书。

在外地刻书是在其宦游金陵之时。计有：

万历三十四年(1606)，在金陵刻印唐欧阳詹撰《唐欧阳先生文集》八卷《附录》一卷。为闽县徐燉编次，前有南京户部四川清吏司侯官曹学佺和福建等州都团练观察处置使李贻孙二人的序。原刻本今南京图书馆存，为清末丁氏八千卷楼旧藏，九行，十八字，白口，左右双边。

同年，与曹学佺共同刻印唐黄滔撰《唐黄先生文集》八卷《附录》一卷。版式与上一刻本同，今国家图书馆、上海图书馆、湖南图书馆等有原刊本收藏。《四部丛刊》本即据此本影印。

万历三十七年(1609)，刻印宋福清郑侠撰《西塘先生文集》十卷，九行十八字，白口，四周单边，今国内20多家大中型图书馆有原刊本收藏。此

①沈瑜庆、陈衍等：(民国)《福建通志·列传》卷二八，1938年刊本，叶6B。

本底本,据叶向高序,系叶氏从秘阁中"索而观之","乃宋隆兴间公之孙嘉正知建昌军时所刻,其书尚完善,诗若文共若干卷","因令人抄录,寄之南都,授同郡董崇相、陈元凯、曹能始三君校之,而崇相稍为删其繁复,仅存若干卷,以质于余。余复加汰焉,乃始授梓"①。清王士禛《居易录》卷一二载:"万历中,其乡人叶文忠公向高得秘阁本刻于金陵;隆兴甲申,公之孙嘉正守建昌军刊也。……盖先生集南渡后凡三刻,今本乃第四刻也。"②叶向高金陵刻本,往往被今人误为闽刻本③。

叶氏在闽刻书,则是在其致仕之后。据《四库全书总目》,叶氏致仕回到福清后,于万历四十四年(1616)整理其父叶朝荣撰《诗经存固》八卷并刊行。见于《四库全书总目》卷一七著录。又刻叶朝荣的文集《芝堂遗草》七卷,凡诗一卷,文六卷。见于《四库全书总目》卷一七九《别集类存目》④。万历至天启间(1573—1627),叶氏刻印自著《苍霞草全集》一百一十八卷。

徐 熥

徐熥(1561—1599),字惟和,闽县人。父㭿,字子瞻,自号相坡居士。弟𤊰。明万历间,徐熥曾刻印明邓原岳撰、徐𤊰校《闽中正声》七卷。该书选录明代福州属县 51 位诗人的 268 首诗作,"大率取明诗之声调圆稳,格律整齐者,几以嗣响唐音"⑤。今福建省图书馆有存本。

万历《福州府志》载:"熥少即以诗自命,万历戊子举于乡。为文千言立就,独于诗刻意极思。婉而不靡,丽而不浮,余音逸响,铿如也。初,熥父㭿苦学力行,免永宁令归,家故贫。至熥益嗜书好客,客有急来归,即倾赀赈之,用是家益落。卒年三十九。"⑥《福建通志》称其"与弟布衣𤊰俱擅才

①〔明〕叶向高:《西塘先生集序》,《西塘先生文集》卷首,明万历三十七年(1609)叶向高刊本,叶1B—3B。
②〔清〕王士禛:《居易录》卷一二,《景印文渊阁四库全书》第 869 册,第 452 页。
③李瑞良编著的《中国出版编年史》(增订版上册,福建人民出版社 2006 年版,第 510 页)、福建省地方志编纂委员会所编《福建省志·出版志》(福建人民出版社 2008 年版,第 107、第 475 页)均将以上这几种刻本列为叶向高"致仕后"在闽所刊。林山主编《闽都文化概论》亦云:"叶向高为明万历间名相,致仕回福清,与侯官洪塘按察使曹学佺,刊刻八闽名人文集《唐欧阳先生文稿》《唐黄先生文集》。……对保存古代文化很有意义。"载福建人民出版社 2011 年版,第 298 页。
④〔清〕永瑢等:《四库全书总目》卷一七九,中华书局 1965 年版,第 140、1609 页。
⑤〔清〕钱谦益:《列朝诗集小传》丁集《邓副使原岳》,上海古籍出版社 1983 年版,第 649 页。
⑥〔明〕喻政、林烃等:(万历)《福州府志》卷六二《人文志》,明万历四十一年(1613)刊本,叶 18B—19A。

名。……著有《幔亭集》二十卷，又选《晋安风雅》十二卷。"①按，《幔亭集》应为十五卷，今存其弟徐𤊨万历刊本。《晋安风雅》今存万历刻本，收入《四库全书存目丛书》集部第 345 册。

徐𤊨生平，详载于明陈价夫撰《徐惟和行状》、明陈鸣鹤撰《徐𤊨传》②，以及今人陈庆元编《徐𤊨年谱》等。

谢肇淛

谢肇淛(1567—1624)，字在杭，号小草斋主人，长乐县人。万历二十年(1592)进士。历任湖州推官，移东昌，迁南京刑、兵二部，转工部郎中。出为云南参政，官至广西右布政使。谢肇淛是明万历间闽中著名的藏书家、抄书家和文学家。其藏书甚丰，与徐𤊨、曹学佺齐名，号称"鼎足三家"。

谢肇淛的刻本，有万历二十四年(1596)刊明郑善夫撰《郑诗》，卷数不详，版式九行十八字，白口，左右双边，今国家图书馆存不全本一至八卷。万历四十二年(1614)，谢肇淛刻印自著《北河纪》八卷《纪余》四卷，叶向高序，今国家图书馆、上海图书馆和福建师范大学图书馆等有存。此书为谢氏历官工部时所撰，具载河流源委及历代治河利病。"搜采颇备，条画亦颇详明。至山川古迹及古今题咏之属，则别为四卷附后，名曰《纪余》。"③谢肇淛性喜抄书，通过大量的抄录来增加其藏书。他抄书所用的纸版心有"小草斋抄本"五字，故被称为谢氏小草斋抄本。其抄本，被后人列入"明以来钞本书最为藏书家秘宝者"之一④，今珍藏在各大中图书馆的还有二十多种，三百多卷。

谢肇淛的著作有《小草斋文集》《小草斋诗集》《五杂俎》《文海披沙》《滇略》《鼓山志》《太姥山志》等十几种。其生平，见载于《明史》卷二八六、清钱谦益《列朝诗集小传》丁集，民国《福建通志·列传》卷二七。

徐　𤊨

徐𤊨(1570—1645)，字惟起，一字兴公，闽县人。明末著名藏书家、书

---

①〔清〕郝玉麟等：(乾隆)《福建通志》卷五一《文苑》，《景印文渊阁四库全书》第 529 册，第 721 页。
②陈庆元著：《徐𤊨年谱》附录二，广陵书社 2014 年版，第 496—499 页。
③〔清〕永瑢等：《四库全书总目》卷六九，中华书局 1965 年版，第 613 页。
④〔清〕叶德辉：《书林清话》卷一〇《明以来之钞本》，中华书局 1957 年版，第 275 页。

法家和诗人。万历间，曾编刻《蔡端明别纪》十二卷，今上海图书馆、福建省图书馆等六家图书馆有存本①；万历二十九年（1601）又刊其兄徐熥撰、陈荐夫选、王若编《幔亭集》十五卷，今北京大学图书馆、台北故宫博物院、日本内阁文库等有存。该书前有张献翼、屠隆、屠本畯、谢吉卿序，以及邓原岳、顾木典跋。九行十八字，白口，四周单边。

万历间，又刻印友人、古田诗人林春秀（子实）撰《枕曲集》，见徐氏《红雨楼序跋》卷一《题子实遗稿》一文著录②。万历三十四年（1606），刻印自撰《榕荫新检》十六卷，十行二十字，白口，四周单边，卷前有万历丙午吴腾蛟序。今南京图书馆存有此书，《续修四库全书》本即据此本影印。天启六年（1626），刻印明翁绍扬撰《狎鸥草堂》二卷，今上海图书馆有存。

徐𤊷还曾在白门（今苏州）编刻唐欧阳詹撰《唐欧阳先生集》八卷，今北京大学图书馆有存。徐氏《笔精》卷五自述说：“余在白门时，编刻《欧阳詹集》，自谓无遗矣。偶阅《全蜀艺文志》，詹有《新都行》云：‘缥缈空中丝，蒙笼道傍树……’原本所遗，尚俟补续。”③

据清李家瑞《停云阁诗话》卷一四，徐氏刻本还有唐处士《周朴诗集》，云：“明徐兴公搜刻之，仅三十七篇。”④

徐𤊷生平事迹，见载于《明史》卷二八六《文苑传》。民国《福建通志·文苑传》卷六载曰：“𤊷字惟起，一字兴公。博雅多闻，善草、隶书。所居鳌峰之麓，藏书七万余卷。曹学佺为构宛羽楼庋之。又构数椽于山园，环视三山之胜，名曰绿玉斋。平生游交广，足迹所至，遍揽四方豪俊，简札往来无虚岁。……当是时，福建首郡人才极盛，叶向高、翁正春、曹学佺、陈价夫、荐夫、谢肇淛之伦，莫不宏奖风流，飞染文藻，而皆与𤊷亲厚。价夫其姻，肇淛其甥也。其于同时诸子著作，无问存殁，靡弗惓惓赞其传布。”⑤

徐𤊷的抄本，则有天启四年（1624）抄其文友怀安马歘撰《下雉篆》一卷，今福建省图书馆存；崇祯六年（1633）抄明郑赐《闻一斋诗稿》不分卷，末叶有“崇祯癸酉仲冬鳌峰六十四叟徐兴公抄藏”一行，收入《明别集丛刊》第

①中国古籍善本书目编委会：《中国古籍善本书目》史部卷八，上海古籍出版社1993年版，第469页。
②〔明〕徐𤊷：《红雨楼序跋》卷一，福建人民出版社1993年版，第45页。
③〔明〕徐𤊷：《笔精》卷五，福建人民出版社1997年版，第172页。
④林家钟著，福建省文史研究馆整理：《林家钟文史选集》，海风出版社2013年版，第400页。
⑤沈瑜庆、陈衍等：（民国）《福建通志·文苑传》卷六，1938年刊本，叶33A—34A。

1 辑第 21 册。

曹学佺

曹学佺（1575—1647）①，字能始，号雁泽，又号尊生、石仓，侯官人。万历二十三年（1595）进士，官四川参政、按察使。天启六年（1626），因撰《野史纪略》，直言梃击案始末，得罪魏忠贤一党而被削职；遂家居二十年，著书石仓园中。唐王朱聿键时，官封尚书加太子少保。清军入闽，自缢身亡。传载《明史》卷二八九《忠义传》。

曹学佺是明末闽中著名的藏书家、文献学家、刻书家和诗人。其见于记载的最早刻书，为明林光宇《林子真诗》一卷。钱谦益《列朝诗集小传》引明徐兴公语曰："林光宇，字子真。作'鸿门宴'乐府，每自诧不减谢皋羽、杨廉夫也。负才跅弛，病狂易而死。曹能始刻其诗一卷，吾乡一时之隽，未见其止，知之者鲜矣。"②《石仓文稿》卷一有《林子真诗序》和《子真诗跋》，其序开篇即言"子真死将有半年，友人学佺始得其遗稿选辑而刻之"；末署"乙巳"③，为万历三十三年（1605）。

万历三十四年，曹学佺又刻印唐黄滔撰《唐黄先生文集》八卷附录一卷，见清邵氏《增订四库简明目录标注》卷一五著录。版式为九行十八字，白口，左右双边。原刊本今藏国家图书馆、上海图书馆和湖南图书馆，著录为叶向高、曹学佺等刻本。

其后有崇祯三年（1630）刊自撰《大明一统名胜志》二百零八卷，版式十行十九字，白口，左右双边，今国家图书馆和上海图书馆等存。同年刻印邑人闽县郭廑撰《镜湖清唱》四卷，徐𤊻《红雨楼序跋》著录云："国初吾郡诗人辈出，十子而外，复有二十余家。……郭廑字敬夫，湮没二百余年，无有知者。……予既录其遗编，并为考其地里，付曹君能始授之梓，敬夫之名从此弗至湮没，不亦厚幸矣乎！"④崇祯四年（1631），曹氏刻印自编巨帙《石仓十二代诗选》，该书被郑振铎先生称为"明代诗选中最宏伟之著作，其明诗一

---

①据陈庆元《曹学佺年表》，曹学佺生于万历二年闰十二月，公元纪年已入 1575 年。载《福州大学学报》2012 年第 5 期。

②〔清〕钱谦益：《列朝诗集小传》丁集《林光宇》，上海古籍出版社 1983 年版，第 661 页。

③〔明〕曹学佺：《石仓文稿》卷一《林子真诗序》，《续修四库全书》第 1367 册，第 846—848 页。

④〔明〕徐𤊻：《红雨楼序跋》卷一，福建人民出版社 1993 年版，第 45 页。

部分尤关重要"①。此书凡一千二百五十四卷,今首都图书馆存完帙,子目见《中国丛书综录》②。

崇祯十一年(1638),他又刻印自撰《金陵集》三卷附《游太湖诗》一卷,今国家图书馆有存本。

曹学佺的著作还有《易经通论》《书传会衷》《春秋阐义》《蜀中广记》等十几种。作为明末文献学大家,明亡后以身殉国的忠烈之士,其生平在正史、方志中载之甚详,兹不赘述。

杨德周

杨德周(1579—1648),字南仲,一字齐庄,号次庄,宁波鄞县人。万历四十年(1612)举人。崇祯四年(1631)官古田知县。六年,在古田编撰并刊刻地方志书《玉田识略》八卷,今南京图书馆有存本。杨氏所刻,还有崇祯间明杨守阯撰《碧川文选》八卷《诗选》八卷《别录》一卷《补遗》一卷,今中国科学院图书馆和宁波天一阁有存本,刊刻地点待考。

同年,他又刊刻了朱熹的《南岳酬唱集》。杨德周在《镌南岳酬唱集序》中说:"夫今日之不泯文献者,即后日文献之必不可泯者也。"③附录搜集了朱熹与林用中书信及遗事。他在《刻晦翁与林东屏先生书及遗事序》云:"今取诸先生帙,诵诗读书,尚友论世,三复之余,知不必岐为两截矣"。④

乾隆《古田县志》卷五《名宦》载其:"崇祯间,任古田令。甫下车,即榜县门曰:'所不与民伸冤,抑而任意低昂者,誓不生还!'自是,剔蠹必清其源,锄奸先湔其蔀。编审清核,追呼不扰。时旱荒相仍,征敛无艺,汲深绠短,抚字心劳。凡百设施,皆准今酌古,剂量而行之。……辑纂志略,典核精详。富吟咏,为能以风雅饬吏治云。"⑤著作有《澹圃芋纪》一卷、《舆识随笔》一卷、《杜律解》八卷等,均见《四库全书总目》著录。

杨德周在闽,还刻印明徐𤊹编《闽南唐雅》十二卷。《四库全书总目》卷一九三著录:"明徐𤊹编,费道用、杨德周等补之,德周序言之甚明。而卷首

①郑振铎:《西谛书话》,生活·读书·新知三联书店 1983 年版,第 335 页。
②上海图书馆编:《中国丛书综录》第 1 册,上海古籍出版社 1982 年版,第 819—820 页。
③钱茂伟:《杨德周〈玉田识略〉研究》,《中国地方志》2012 年第 2 期。
④钱茂伟:《杨德周〈玉田识略〉研究》,《中国地方志》2012 年第 2 期。
⑤〔清〕辛竟可等:(乾隆)《古田县志》卷五《名宦》,台北成文出版社 1967 年版,第 163 页。

题名乃称道用辑、德周订，而㷉校之，殆㷉为闽人，而道用、德周皆闽令，故让善于二人也。所录皆闽中有唐一代之诗，自薛令之以下得四十人。是时胡震亨《唐音统签》已出，钞合较易，故所载颇详。然秦系、周朴、韩偓，其人既一时流寓，其诗又不关于闽地，一概录之，未免借材之诮也。㷉有《榕阴新检》，德周有《澹圃芋纪》，皆已著录。道用字暗如，石阡人。官福清县知县。"①

陈衎·陈涓

陈衎（1586—1647），字磐生，闽县人，明万历国学生。曾读书京口金山，因所葺草堂面临大江，故以"大江"名其集。明崇祯十二年（1639）刻印其自著《大江集》二十一卷。九行十六字，白口，四周单边，卷端题"闽中陈衎著"。《大江集》有崇祯戊寅（1638）杨德周序，同年徐㷉序，崇祯己卯（1639）陈衎自序，同年徐睿后序。陈衎所著还有《玄冰集》十一卷，今南京图书馆存陈衎明崇祯自刊本，1995年收入《福建丛书》，由江苏广陵古籍刻印社出版。今福建省图书馆存此书抄本。

民国《福建通志·文苑传》载："陈衎，字磐生，万历末为国学生。自其父以上五世，皆有集传闽中。衎少受学于董应举。长，与徐㷰、徐㷉相切劘。为人慷慨自负，天文谶纬、黄庭内景之书，靡不研究，又好谈边事利害及将相大略，穷老气不少衰，尝自撰墓志。"②民国《闽侯县志》卷七一《文苑》所载与此相同。《静志居诗话》卷一九称其"与徐兴公同入曹能始阆风楼诗社，而赋才懦钝，光焰郁而不舒。其自序比于春草蔓生，秋虫孤响。良亦自得之言。"③

陈衎另撰有《大江草堂二集》十八卷，于明弘光元年（即清顺治二年，1645）由其子陈涓刻印。版式与《大江集》同，前有崇祯甲申曹学佺序，同年陈衎自序。序后有弘光元年陈涓识语："甲申终岁，天运一更，故与诸弟浚、纶、润等谋寿之梓，用广其传云。弘光元年人日，男涓顿首百拜谨识。"④卷端题："闽中陈衎磐生著，徐钟震器之较"。今南京图书馆存。台北故宫博

①〔清〕永瑢等：《四库全书总目》卷一九三，中华书局1965年版，第1760页。
②沈瑜庆、陈衍等：（民国）《福建通志·文苑传》卷六，1938年刊本，叶39A。
③〔清〕朱彝尊撰，郭绍虞主编：《静志居诗话》卷一九，人民文学出版社1998年版，第568页。
④〔明〕陈衎：《大江草堂二集》卷首，江苏广陵古籍刻印社1996年版，第12页。

物院也有存本,原为国立北平图书馆所收藏。此书于1996年收入《福建丛书》。民国《福建通志·文苑传》卷六载:"陈涓,字泾伯。……学源于六经子史。殚心注疏,下至禅宗道旨,无不深究。周亮工谓其诗文极深厚之致。"①

　　闽县陈衍所著《玄冰集》,曾被误为许昌陈衍所著②。考此书行款为九行十七字,白口,左右双边。卷端题"颍川陈衍磬生著"。颍川,今河南许昌。然而,颍川系陈氏郡望,并非陈衍籍贯或居住地。这大概是将陈衍错为许昌人氏的原因。此书有其崇祯二年自序,从卷端所题,以及内容多有与闽中邓庆寀、曹学佺等人唱和之作来看,应系闽县陈衍所著。

韩　锡

　　韩锡(约1592—1636),一名廷锡,字晋之,侯官人,以书法名世。万历、崇祯间,刻印自撰《韩子》二十七卷,为韩氏手书上版。全书分为二十集,均以甲子编年为集名,从甲寅(万历四十二年,1614)至癸酉(崇祯六年,1633)每集一、二卷不等。此书虽为明末所刊,但国内今仅北京大学图书馆存完本。福建省图书馆藏本缺壬申、癸酉二集。1997年,福建省文史馆以福建省图书馆藏本为底本,补以北大藏本影印,取名为《榕庵集》,列入《福建丛书》第1辑出版。

　　郑丽生,清福州藏书名家注韩居主人郑杰(昌英)后人。他在《榕庵集》一文中说:"锡,字晋之,侯官人。受业于董见龙(应举)之门,所作多拗涩。……余友林君汾贻存有其集,为吾家昌英先生旧物,卷末题云:'嘉庆戊午缉闽诗,费半串购于后街刘旧肆。注韩。'序后并有批云:'文与字俱欠筋节,虽欲岸然自晜,亦坐井观天之见而已。'又《韩子二言叙》后批云:'如山僻人说趣语,终鲜超脱口吻。'亦皆先生手笔也。"③

　　韩锡生平史料甚多,见载有清郭柏苍《乌石山志》卷七《韩锡传》,民国《福建通志·文苑传》卷六《韩廷锡传》,而以余甸《韩晋之传》为详。略云:

　　　　韩廷锡,字晋之,侯官人,幼聪慧,九岁背诵六经,略无舛误。与乡

---

①沈瑜庆、陈衍等:(民国)《福建通志·文苑传》卷六,1938年刊本,叶44A。
②吕友仁主编:《中州文献总录》(上册),中州古籍出版社2002年版,第864页。
③郑丽生:《榕庵集》,《郑丽生文史丛稿》(上),海风出版社2009年版,第62—63页。

里群儿处,不妄言笑。未弱冠,举止如老成人。家素贫,菽水不给,而略财无苟得。膏火不具,而开卷必衣巾。当万历季年,补博士弟子员。……又尝以字学坏于钟、王,故悉力于大小篆,终身不作行草;即真书,亦不得已于应试时为之。……先生特立独行,终身蓬荜,学不徇世,世亦罕稀之。余为略书其大概之可传者如此。犹恨不使乡先贤蔡九峰、黄逸斋诸公见此后贤也。①

南居益

南居益(? —1644),字思受,号二太,陕西渭南人。万历戊戌(1598)进士,由刑部主事累升至按察使,左、右布政使。天启三年(1623),以太仆卿擢右副都御史巡抚福建。天启五年(1625),在闽刻印明徐𤊶撰《鳌峰集》二十八卷。九行十八字,左右双边,版心白口,单鱼尾,上方记书名,下方记刻工名。卷端题"闽郡徐𤊶兴公著",卷前有南居益、朱谋𡐤、曹学佺、张燮诸序。南居益《鳌峰集序》曰:"君《鳌峰集》凡若干卷,未及梓行,余为授之副墨氏。……天启乙丑仲秋关中南居益撰。"②此"副墨氏",指的是受委托刊印的书坊,应即朱谋𡐤《序》版心所署"邹希美梦瀑斋"(原注:"邹希美在梦瀑斋雕")③。此刻本今中国科学院图书馆、北京大学图书馆、中山大学图书馆等图书馆有存本。

清郭柏苍《竹间十日话》有云:"《鳌峰集》,为南中丞居益所刻。"④此书刻成,徐氏曾寄赠一帙给温州友人何白,何有《答徐兴公,时兴公刻鳌峰集成见寄,并简曹能始方伯》一诗,中有句云:

> 鳌峰屼岉挟九仙,一柱秀出东南天。
> 知君竹屋在其下,十亩绿贮潇湘烟。
> 轩窗玲珑月满地,翠浪激激风涓涓。
> 图书万轴尽秘本,插架——丹铅编。
> ⋯⋯⋯⋯⋯

---

① 〔清〕郑杰等:《全闽诗录》卷四三,福建人民出版社 2011 年版,第 1590 页。文中"黄逸斋"当为"黄勉斋"之误。
② 〔明〕南居益:《鳌峰集序》,《鳌峰集》卷首,《续修四库全书》集部第 1381 册,第 2—3 页。
③ 崔建英辑,贾卫民、李晓亚整理:《明别集版本志》,中华书局 2005 年版,第 351 页。
④ 〔清〕郭柏苍:《竹间十日话》卷五,海风出版社 2001 年版,第 84 页。

温南中丞好奇者，清夜下榻谈蝉聊。

割俸授工贞采枣，自附桓谭知《太玄》。

剞劂未竟忽相寄，扇板更写嘤鸣篇。

老眼连朝洗昏翳，对食忘七宵无眠。

…………①

诗中"温南中丞""割俸授工"，描写的就是南居益捐赠俸禄刻印此书的情节。

乾隆《福建通志》卷二九《名宦》载其在闽事迹云："南居益，渭南人。万历进士，天启间巡抚都御史。清正不染，兼饶才略。适红夷飘舶海上，挟市为抢掠，后遂据澎湖筑城，势甚猖獗。居益相度机宜，择骁将王梦熊等率兵三路齐进，大破之。献俘奏捷，闽地以安。"②据黄虞稷《千顷堂书目》，南居益著作有《抚闽疏》四卷、《青箱堂集》六卷。其事迹，详见《明史》卷二六四。

沈犹龙

沈犹龙（？—1645），字云升。明松江府华亭县（今上海松江）人。万历四十四年（1616）进士。崇祯间官福建巡抚，崇祯十三年（1640）刻印明何乔远撰《名山藏》一百零九卷，为史部纪传类著作。全书分为35类，记明代史实。今北京大学图书馆、福建师范大学图书馆等20多家图书馆有收藏。十行二十字，注文小字双行同，四周单边，白口，单鱼尾，上方记书名，下记刻工。书前有崇祯十三年钱谦益、太原门生王邵沐二序，目录后有"较刻名山藏姓氏"，"仝梓"者列巡抚沈犹龙、巡按路振飞、右布政使申绍芳、分巡兴泉道曾樱等八位福建官员名氏。分别收入《续修四库全书》史部第425—427册、《四库禁毁书丛刊》史部第46、47册。

沈犹龙宦绩，见载于《明史》卷二七七、康熙《福建通志》卷三〇《名宦》、民国《福建通志·名宦传》卷一三等，所载生平事迹详尽且原书易得，兹不赘述。

冯　让

冯让（生卒年未详），字宗和，浙江丽水人。天顺二年（1458），以都知监

①〔明〕何白：《何白集》卷二，《温州文献丛书》，上海社会科学院出版社2006年版，第546页。
②〔清〕郝玉麟等：(乾隆)《福建通志》卷二九《名宦》，《景印文渊阁四库全书》第528册，第464页。

少监镇守福建。天顺五年，在福州府学据北宋后期福唐郡庠刻版，修补并重印汉班固撰、唐颜师古注《汉书》一百二十卷。清丁丙《善本书室藏书志》卷六著录明修宋福唐刊本云："每叶二十行，行十九字，注二十五字至二十八字不等。宋讳有缺笔，版心注'大德、至大、延祐、元统补刊'，盖宋刊元修之本。《爱日精庐藏书志》有是帙。……此刻惟将次行颜注衔名改题'镇守福建都知监少监括苍冯让宗和重修'。卷末有天顺五年孟冬，让《修补福唐郡庠书版跋》，云：'予奉命来镇福建。福庠书集版刻年深，询知，模糊、残缺过半，不便观览，心独恻然，鸠工市版补刻'云云。始知宋刻于福唐者兼收并蓄之益，固如是耶？"①此本今存南京图书馆。

按，太监镇守制度，始于明正统年间，嘉靖初始废。万历间，魏忠贤专权之时，又有矿税太监之遣，革除于万历四十二年(1614)。据弘治《八闽通志》卷三〇《秩官》，冯让于天顺二年以都知监右少监镇守福建，八年还朝②。

金学曾

金学曾(生卒年未详)，字子鲁，号省吾，钱塘(今浙江杭州)人。隆庆二年(1568)进士，授工部主事，历郎中，改礼部主事，出为湖南督学。万历十年(1582)，起用为佥事，任右佥都御史、福建巡抚。在闽期间，大力推广种植番薯以度饥荒。万历二十六年(1598)，刻印宋真德秀撰《重刊西山先生真文忠公文集》五十五卷，十行二十字，白口，四周双栏。卷首有落款为"万历二十六年五月朔日吉旦钦差提督军备兼巡抚福建地方都察院右佥都御史钱塘金学曾"叙。略云："公著述甚富，世亦多有，而全集顾罕见。余叨抚闽之二年，属盐幕林君走境内，稍葺前贤祠墓，爰访公家，仅存一编，为捐帑金梓布之。因识其耿耿之私如此，而窃叹夫用贤者必尽贤者之用，而后可以责贤者之不效也。林君名培，粤人，以御史抗言谪。是集翻校皆其力，盖其平生雅不愧公云。"③卷五五末有"万历丁酉岁季冬月重梓于景贤堂"刊记，张钧衡《适园藏书志》卷一二著录。《四库全书总目》著录云："此本为明

---

①〔清〕丁丙：《善本书室藏书志》卷六，《续修四库全书》第927册，第229—230页。
②〔明〕黄仲昭：(弘治)《八闽通志》卷三〇《秩官》，书目文献出版社1988年版，第393页。
③〔明〕金学曾：《真文忠公全集叙》，《重刊西山先生真文忠公文集》卷首，明万历二十六年(1598)刊本，叶5A—B。按，诸家书目著录此书多作万历二十五年刊本，笔者据此书金学曾之叙，认为此书应刊竣于万历二十六年。

万历中福建巡抚金学曾所刊,国朝浦城县知县王允元又补葺之。"①由此可知,此书应刊于真氏故乡浦城县,而非金学曾的故乡钱塘②。

万历二十八年(1600),金学曾又刻明大田田一儁撰《钟台先生文集》十二卷,收入《四库全书存目丛书》集部第 150 册。半叶九行,行十八字,白口,四周单边。田一儁,大田人,字德万,隆庆中会试第一,授编修。此书《中国古籍善本书目》著录为明万历二十八年福建田元振家刻本。台北"国家"图书馆则认为其是万历二十八年福建巡抚金学曾刊本。之所以对此同一刻本会有两种不同的认识,是因为此书卷首有"钦差提督军务兼巡抚福建地方都察院右佥都御史同年金学曾阅发校梓"③;卷末又有田元振《刻钟台田先生遗集》识语,其中说:"用是辑其如线者,寿之于梓,俾耳而目之,亦以为片羽一脔云耳。"④语意之间,似乎又有其自刻之意。以拙见,此书属金学曾动用官帑刊刻的可能性更大一些。

另据民国《长乐县志》载,万历间,金学曾又曾刊行明长乐陈经纶编《金薯传习录》二卷。著录云:"世元字捷先,国学生。……世元之先,诸生,名经纶者,明万历间贾于吕宋,携番薯归。献其种与法于巡抚金学曾,金为刊行其法。至世元贾于山东,复运种以教青、豫之人。"⑤

金学曾生平事迹,见载于清嵇曾筠等修纂《浙江通志》卷一五八《名臣》,清厉鹗撰《东城杂记》卷上《金中丞别业》等。民国《福建通志·名宦传》卷一三载其仕闽事迹云:"时倭寇出没不常,学曾策其途径多在彭湖,乃建闸置戍以遏其冲。倭至,急击,不使聚舯乘风窥犯,屡有树下、乌坵、浯屿、铜山、澎湖、南澳、甘山之捷。顾失巡按意,以滥饷劾,寻白。"⑥

任 勉

任勉(生卒年未详),一名勉之,字近思。华亭(今上海松江)人。洪武甲戌(1394)进士。永乐三年(1405),在福建参政任上,刊刻其祖父任士林(1253—1309,字叔实,号松乡)撰《元松乡先生文集》十卷。今国家图书馆

①〔清〕永瑢等:《四库全书总目》卷一六二,中华书局 1965 年版,第 1391—1392 页。
②王东、钟甦《浙江印刷史》将此本列入浙版。载杭州出版社 2013 年版,第 277 页。
③〔明〕田一儁:《钟台先生文集》卷首,《四库全书存目丛书》集部第 150 册,第 67 页。
④〔明〕田一儁:《钟台先生文集》卷末,《四库全书存目丛书》集部第 150 册,第 265—266 页。
⑤李驹等:(民国)《长乐县志》卷一九《艺文志》,福建人民出版社 1994 年版,第 655 页。
⑥沈瑜庆、陈衍等:(民国)《福建通志·名宦传》卷一三,1938 年刊本,叶 4B。

和美国哈佛大学图书馆有存本①。

其事迹，详见明焦竑《焦太史编辑国朝献征录》卷九〇钱溥撰《参政任勉墓志铭》。《明一统志》卷九载："任勉，华亭人。洪武中举进士，知鄱阳县，甚得民心，后升福建参政。宽猛得宜，吏民畏服。"②乾隆《江南通志》卷一四一载："任勉之，字近思，华亭人。洪武甲戌进士，知鄱阳县令。有不便者或为匿名书诋之，下令曰：'告我以过，是忠于我也。'累官福建参政。宣、正间，政事、文章以勉之为称首。"③

明解缙有《赠参政任勉之闽中》七律一首：

> 饶州棠树绿初浓，又佐闽藩镇国东。
> 海甸帆樯千里外，蓬莱宫阙五云中。
> 风回画省榕阴合，雨过青林荔子红。
> 莫谓内廷官位重，古来方岳拜三公。④

汪延艮

汪延艮（生卒年未详），字连山，明浙江山阴人。嘉靖三十八年（1559）任侯官县丞，刻印其父汪应轸《青湖先生文集》十四卷附录十卷。半叶十行，行二十字，四周单边，白口，无鱼尾，下有刻工之名。题"明赐进士江西提学佥事前翰林院庶吉士户科给事中山阴汪应轸著，不肖男延艮编，明赐进士翰林院修撰后学诸大绶校，门人长乐县知县南昌杨汝辅辑"。前有嘉靖丙辰翁溥序、嘉靖三十八年叶邦荣序⑤。

《四库全书总目》著录："《青湖文集》十四卷。浙江巡抚采进本。明汪应轸撰。应轸字子宿，浙江山阴人。正德丁丑（1517）进士，官至江西提学佥事，事迹具《明史》本传。是集为其子延良所编，前七卷为文，后七卷为诗。应轸有吏才，兼以气节著。史称其'在户科岁余，所上凡三十余疏，皆切时弊'。今观集

①李致忠：《美国哈佛大学燕京大学图书馆访书志》，《文献》第16辑，书目文献出版社1983年版，第264页。

②〔明〕李贤等：《明一统志》卷九，《景印文渊阁四库全书》第472册，第242页。

③〔清〕赵弘恩、黄之隽等：（乾隆）《江南通志》卷一四一《人物志》，《景印文渊阁四库全书》第511册，第123页。

④〔明〕解缙：《文毅集》卷五，《景印文渊阁四库全书》第1236册，第658页。

⑤沈津：《书城挹翠录》，上海社会科学院出版社1996年版，第268页。

中诸奏牍,多侃直之言,颇见风采。诗文则率皆朴实,犹守成、宏之旧格。"①

在《四库全书总目》中,此书虽入"别集类存目三",但在近年出版的《四库全书存目丛书》中所收并非嘉靖本,而是清同治间广州刊本,盖因嘉靖闽侯刊本在大陆已无存之故。据沈津《书城挹翠录》和《香港中文大学图书馆古籍善本书录》,此嘉靖本今存香港中文大学图书馆②。

刻书者汪延艮,史志所载甚罕,惟嘉靖三十八年叶邦荣《青湖先生文集序》有载:"先生仲子连山君延艮,丞侯官,以儒术而饰吏治,孝思不忘,刻集以传,信夫,能世其家者也。……嘉靖三十八岁己未一阳月朔日,逸史氏闽中朴斋山人叶邦荣仁甫敬书。"③汪兆镛《山阴汪氏谱录》载:"□□府君讳延艮,青湖公次子。事迹阙。兆镛按:旧谱于远代惟载本支,故世系表未列延艮公。考《青湖公文集·休斋公行状》,延艮,国子生。叶邦荣《序》:'公仲子连山君延艮,丞侯官,以儒术缘饰吏治,孝思不忘,刻集以传。信乎,能世其家。'云云。兹补入谱录,以免湮没。"④此处在引用叶邦荣序时,对文字略有改动。

吴　雨

吴雨(生卒年未详),字元化,号磊老,闽县人。万历间诸生,著有《毛诗鸟兽草木虫鱼考》二十卷,并于万历三十四年(1606)以"磊老山房"名号刊刻出版。前有万历丙午(1606)人日侯官曹学佺序,题"闽中吴雨元化辑,徐𤊹兴公编"。半叶八行,行十八字,白口,单鱼尾,四周单边。

瞿冕良《中国古籍版刻辞典》"磊老山房"条称:"明万历间侯官人傅汝舟的室名。汝舟字虚木,号丁戊山人,一号磊老,有《傅山人集》。刻印过吴雨《毛诗鸟兽草木考》20卷。"⑤杜信孚《明代版刻综录》所载与此略同⑥。

---

①〔清〕永瑢等:《四库全书总目》卷一七六,中华书局1965年版,第1576页。汪应轸之子名延艮,文中称其为"延良",有误。

②香港中文大学图书馆编:《香港中文大学图书馆古籍善本书录》,香港中文大学出版社1999年版,第242页。

③〔明〕叶邦荣:《青湖先生文集序》,《青湖先生文集》卷首,《四库全书存目丛书》集部第73册,第333页。

④汪兆镛著,邓骏捷、刘心明编校:《汪兆镛文集》,广东人民出版社2015年版,第161页。

⑤瞿冕良编著:《中国古籍版刻辞典(增订本)》,苏州大学出版社2009年版,第935页。

⑥杜信孚《明代版刻综录》卷六:"磊老山房,傅汝舟,字虚木,号丁戊山人,一号磊老,侯官县人。有《傅山人集》。"载江苏广陵古籍刻印社1983年版,第6册,叶27A。

按,傅汝舟(1476—1557)①,初名舟,字木虚,号磊老,侯官人。其乃弘治间布衣诗人。万历三十四年时,他逝世已近五十年,故此刻本不可能系其所刊。

此书实际上系作者吴雨本人自刊。徐𤊟有《题吴元化磊老山房》诗云:"山房结构不知年,长日幽栖傍九仙。磊老碧岩当屋后,荔奴青叶荫窗前。字工科斗师程邈,诗考虫鱼疏郑玄。邻我卜居应切近,宁辞百万买邻钱。"②《于山志》载:"磊老山房,在鳌峰坊北。为明吴雨宅,与徐𤊟隔屋。吴雨,字元化,号磊老,闽县人。万历间诸生,著有《毛诗鸟兽草木虫鱼考》。郑邦祥《题吴元化磊老山房》诗云:'磊老何年住此峰,茅房遥傍翠芙蓉。丹泉穿竹寒供茗,药灶支藤巧对松。篆按鸟文临石鼓,灯燃鱼碗听秋钟。闭门疏就毛诗考,不管阶前藓迹封。'"③

由此可知,此磊老山房系吴雨的书房之名,地点在福州城内于山鳌峰坊北,与傅汝舟的"磊老"之号偶同而已。

通常,诸家书目包括《中国古籍善本书目》经部、《中国古籍总目》经部④著录此书,都仅著录为"明万历磊老山房刻本"或"明万历三十四至四十七年磊老山房刻本",而不作"明万历吴雨磊老山房刻本"。这是因为就刻本本身而言,并未提供相应的信息来对作者进行辨析的缘故。《四库全书存目丛书》经部第67册,即据北京大学图书馆藏明万历磊老山房刻本影印。

徐 鉴

徐鉴(生卒年未详),字观甫,南昌府丰城县(今江西丰城县)人。万历二十九年(1601)进士。万历四十二年(1614),官福建巡按御史时,编、刻其先祖宋徐鹿卿撰《宋宗伯徐清正公存稿》六卷附录一卷。清丁丙《善本书室藏书志》卷三一著录:"裔孙鉴校梓。宋徐鹿卿撰。鹿卿字德夫,丰城人。博通经史,以文学名。嘉定十六年进士。调南安军教授,改福建安抚司干

①此生卒年据福州市地方志编纂委员会编《福州人名志》,海潮摄影艺术出版社2007年版,第452页。

②〔明〕徐𤊟著,陈庆元、陈炜编著:《鳌峰集》卷一八,广陵书社2012年版,第535页。

③谢其铨主编:《于山志》,大众文艺出版社2009年版,第86页。

④中国古籍善本书目编委会:《中国古籍善本书目》经部卷二,上海古籍出版社1989年版,第157页。中国古籍总目编纂委员会编:《中国古籍总目》经部易类,中华书局、上海古籍出版社2012年版,第345页。

办公事。……授宝章阁待制知宁国府提举鸿禧观致仕。……明万历甲寅，进士巡按福建御史十二世孙鉴观甫从家乘中搜其余稿，汇次六卷授梓。进士提督福建学校副使十三世孙即登又序之。末附年谱、诰诏、史志一卷。"①有"皇明万历甲寅春王正月十二世孙鉴拜手谨撰""十三世孙即登拜手谨撰"二序，卷前题"裔孙鉴校梓"一行。

徐鉴曾编纂和刊刻了两部类书，一是《诸书考录》四卷。《四库全书总目》卷一三八著录云："明徐鉴撰。鉴字观父，丰城人。万历辛丑进士，官监察御史，提督应天学政。是编采诸书新艳字句，分三十六门，而地理一类又自分都邑、山水、杂录三门，实三十八门。掯拾寒窘，殊罕创睹，又多不注出典，其注出典者，亦多删改原文。勘验本书，率不相应，盖皆剽窃于类书之中，非根柢之学也。"②

此书现存万历四十三年（1615）刻本，今天津图书馆、上海图书馆存。前有署"万历乙卯一阳月丰城徐鉴撰"自序，每卷前题"丰城徐鉴编辑"。半叶九行，行大小字不等，白口、单鱼尾。版心上方题书名，中记卷数和门类，下方记刻工之名。除字迹模糊辨认不清者外，有以下刻工之名：高尚武、谢科、刘大、杨海、贺表、石梁终、王可成、芮可成、业儒、陈瑜、胡守志、陶仁、干龙、王容、朱山、梁华、陶绍、刘仕任、陶见、商祐、葛明、陶仲智、孙本、刘金、刘汝思、王贵、叶元、刘汝忠、杜乔、甘文、王明、李青、张文、周祥、田文、陶仲礼、毛士远、王荣、王锦、朱荣、石全等。刻工所刻字数偶有所记，如石梁终刻四百七十，王贵刻四、四十八等。

另一部则是《诸经纪数》十四卷。亦见于《四库全书总目》卷一三八著录："明徐鉴撰。是书于十三经成语中摘取其数，以类相比，自一数至万数。其有一句兼诸数者，则别称为叠数，而无数目字者不录。各标本语，略引上下文及注疏附于其下，盖欲仿《小学绀珠》之例，然杂事不妨类隶，岂容割裂圣经以供挦扯也？"③

此本现存明万历四十四年（1616）刻本，今国家图书馆存。卷前有题署"万历丙辰春正月丰城徐鉴书"序，每卷前题"丰城徐鉴编辑"。半叶十行，行大小字不等。白口、单鱼尾。版心上方题书名，中记卷数和门类，下方记

---

①〔清〕丁丙：《善本书室藏书志》卷三一，《续修四库全书》史部第 927 册，第 527 页。

②〔清〕永瑢等：《四库全书总目》卷一三八，中华书局 1965 年版，第 1172 页。

③〔清〕永瑢等：《四库全书总目》卷一三八，中华书局 1965 年版，第 1172 页。

刻工之名。除上一部书出现的刻工如商祐、张文、周祥、朱荣、陶绍、甘文、杨海、刘大、田文、刘仕任、梁华、毛士远、刘汝忠、刘汝思、王贵、高尚武、王荣、业儒、石全、胡守志、杜乔、李青、王锦、陶见等之外，还有薛洪、陈祯、萧奉、邓召林、邓文谈、丁文、陈贞、邓召景、张文言、张一凤、高儒、高梁、杜加贵、周德、王荣、邓召珮等。与上书略有不同的是，在书口下方，除刻工外，还出现了几个书工之名，如"陶仲信写""陈忠写""章弼写""祁文写""王都写"等。

《建阳刻书史》曾详录嘉靖时期的建阳刻工，但未及万历时期的建阳刻工，此二书或可补此之阙。巧的是，后世对这两部书的评价均不高，而且它们都是在建阳出版的类书，又均被收入《四库全书存目丛书》子部第201 册。

叶邦荣

叶邦荣（生卒年未详），字仁甫，号朴斋山人，闽中逸史，闽县人。嘉靖元年（1522）举人，历官英山（今属湖北）知县、安吉（今属浙江湖州）知州。曾于嘉靖十五年（1536）刻印三国吴韦昭注《国语》二十一卷，《天一阁书目》卷二之一著录，今华东师范大学图书馆有存本。同年刻印宋洪迈撰《夷坚志》八十卷。又于嘉靖三十八年（1559）刻印宋朱熹撰《楚辞集注》八卷，今国家图书馆有存。其自序云：

> 予刺安吉，时丙申，校《楚辞》成，明年既逢忧以归。盖尝抱《离骚》之洁，相羊于清明之时，而无所于辞也，方且叙之，以俟知者。嘉靖三十八年己未孟冬望日，闽中朴斋山人叶邦荣仁甫撰。[1]

由此序可知，叶邦荣知安吉是在嘉靖十五年丙申（1536），故其刊刻《国语》《夷坚志》的地点应在安吉而非福州[2]；而《楚辞集注》的校勘虽然也完成于安吉，但此书的刊行，则是在二十三年后的嘉靖三十八年（1559），其刊行地点，显然是在闽中[3]。此本版式为半叶十行，行二十字，小字双行同，白口，

---

[1]〔明〕叶邦荣：《楚辞集注序》，《楚辞集注》附录，朱杰人等主编：《朱子全书》第 19 册，第 322 页。
[2]福建省地方志编纂委员会编《福建省志·出版志》作"明嘉靖十五年（1536）福州叶邦荣刻本"，载福建人民出版社 2008 年版，第 182 页。
[3]本年，叶邦荣为汪延艮侯官刻本《青湖先生文集》作序；嘉靖三十七年，为汤相修纂《龙岩县志》作序，由此推知，此时叶邦氏应已致仕回闽。

四周双边。今上海图书馆和国家图书馆等存。叶邦荣著有《朴斋先生集》十二卷，今存万历二十年(1592)闽中叶氏刊本，或为其后人所刊①。

黄虞稷《千顷堂书目》卷二三载："叶邦荣《朴斋集》十二卷。字仁甫，闽县人，安吉知州。"②

余锓·顾霶

余锓(生卒年未详)，字文甫，遂安(今浙江淳安)人。明正德十六年(1521)进士。初授浦城知县，以清廉精干而调任闽县。嘉靖十九年(1540)，在闽县刻印明胡世宁《少保胡端敏公奏议》十卷，半叶十行，行二十二字，白口，四周双边。今国家图书馆、宁波天一阁、福建省图书馆有存本③。

按，此刻本在有的书中又被称为是顾霶刻本，缘于此本卷端有"闽令顾霶，学生黄以贤校"一行；因顾霶系海盐人，故此本又被误为浙江刻本④。实际上，余锓刻本、顾霶刻本为同一刻本，刊刻地点在闽县。

有意思的是，余锓与顾霶二人，一为遂安人，一为海盐人，均浙江人氏；二人又先后都担任过闽县县令。此书刊印之时，是在顾霶任闽县令之际，卷端"闽令顾霶，学生黄以贤校"，意为闽县县令顾霶、闽县县学学生黄以贤校正此书。

顾霶(1505—?)，字少雨，号横山，海盐人。嘉靖十四年(1535)进士。初知禹城，调闽县。传载《海盐县志》卷一五⑤。据《闽侯县志》卷五八《职

---

① 杜信孚《明代版刻综录》卷五著录此书为"明万历二十年叶邦荣刊"，因其中举为嘉靖元年(1522)，下距万历二十年(1592)长达 70 年，故此书之刻，应非其本人。载江苏广陵古籍刻印社 1983 年版，第 6 册，叶 35A。

② 〔清〕黄虞稷撰，瞿凤起、潘景郑整理：《千顷堂书目》卷二三，上海古籍出版社 2001 年版，第 565 页。

③ 中国古籍总目编纂委员会编：《中国古籍总目》史部诏令奏议类，中华书局、上海古籍出版社 2009 年版，第 3578 页。郑智明主编《册府掇英》，福建人民出版社 2011 年版，第 26 页。福建存本收入第二批《国家珍贵古籍名录》，编号 01519。

④ 如浙江人民出版社 2008 年版《浙江省出版志》第 77—78 页云："《少保胡端敏公奏议》(一作《胡端敏奏议》)十二卷，明胡世宁撰，嘉靖万历间海盐顾霶刊本。"王东、钟甦《浙江印刷史》第 270 页云："嘉靖至万历年间，海盐顾霶刊《少保胡端敏公奏议》。"陈心蓉、丁辉著《嘉兴历代进士藏书与刻书》也有同样说法。载黄山书社 2014 年版，第 308 页。

⑤ 〔清〕王彬、徐用仪等：(光绪)《海盐县志》卷一五《人物传》，台北成文出版社 1975 年版，第 1482 页。

官》载，明嘉靖间有 15 位县令，余锓与顾霶分别为第三和第七任①。《新修浦城县志》载余锓事迹："余锓，遂昌人。嘉靖元年，由进士宰吾邑。慈惠爱民，修葺学宫，讲明经术，以荐调侯官县。民歌之曰：'公来浦，民得所；去不复，民何怙。'父老传为循良第一，后官至布政使。"②余锓首任浦城县令是在嘉靖元年，次任闽县县令则应在嘉靖四年至五年间，这与顾霶官第七任闽县县令是在嘉靖十九年，在时间上吻合。但此处缺少一个环节，即嘉靖十九年刊刻此书的既然是余锓，那么，余锓此时就应还在闽任职，但这在乾隆《福建通志》《浙江通志》有关余锓的事迹中③，均无记载。幸好，今福州鼓山灵源洞西向有陈卿等题名的摩崖石刻，正好补上了这一缺失的环节。此石刻高 125 厘米，宽 66 厘米，楷书，纵 5 行，字径 7 厘米。文曰：

> 嘉靖己亥五月廿一日，左布政使宜宾陈卿、按察使荣昌喻茂坚、右参政思南田秋、副使遂安余锓、慈溪沈一定、德清沈师贤、都指挥辽阳王国贤同中书舍人余姚谢豆来。④

嘉靖己亥是嘉靖十八年（1539），本年余锓已官至参政副使，则次年以此资历，才有可能在闽县刊刻《少保胡端敏公奏议》，闽县县令顾霶、闽县县学学生黄以贤才有可能为之校勘此书。

喻　政

喻政（生卒年未详），字章澜，号正方、鼓山主人等。江西南昌人，铜仁（今属贵州）籍。万历二十三年（1595）进士。万历间，官福州知府。

万历三十九年（1611），喻政在福州刻印其自编《茶集》二卷。《西谛书跋》著录云："明万历三十九年辛亥闽刊本。首附《烹茶图集》，末附《茶事咏》，均不分卷。明南昌喻政选辑，上卷为文类，下卷为诗词类。《烹茶图》传为唐寅笔，喻政得而宝之，因集诸名士题咏，并图刻为《烹茶图集》。此殆

---

① 欧阳英、陈衍：(民国)《闽侯县志》卷五八《职官》，台北成文出版社 1966 年版，第 178 页。

② 〔清〕黄恬：(嘉庆)《新修浦城县志》卷一八《宦绩》，方志出版社 2005 年版，第 339 页。文中"遂昌人"应为"遂安人"；"以荐调侯官县"中，"侯官县"应为"闽县"。

③ 乾隆《福建通志》和《浙江通志》二志对余锓于嘉靖十八、嘉靖十九年曾任福建参政副使一事均缺载。参〔清〕郝玉麟等：(乾隆)《福建通志》卷三一《名宦》，《景印文渊阁四库全书》第 528 册，第 530 页；〔清〕嵇曾筠、沈翼机等：(乾隆)《浙江通志》卷一七〇《人物》，《景印文渊阁四库全书》第 523 册，第 492 页。

④ 黄荣春编著：《福州市郊区文物志》，福建人民出版社 2009 年版，第 249 页。

为刻《茶集》一书的缘起。喻序作于万历三十九年,刻于福州。"①此刻本现存国家图书馆。

万历四十一年(1613),喻政在福州又刻印其所编《茶书》三十三卷。前有万历壬子(1612)西陵周之夫序、晋安谢肇淛序,癸丑(1613)鼓山主人喻政自序。序者周之夫,湖北麻城人,万历三十五年(1607)进士,万历壬子历官福州府推官,天启间升任温州知府。此书版式九行十八字,白口,四周单边。版心下记刻工"刘俊、魏泗、江忠、张四"等。该书取古人说茶论著二十多种,均为如《茶经》《茶录》《茶话》《茶考》等流传已久的名篇。此书流传甚少,今仅国家图书馆、日本公文书馆有存本;收入国家图书馆出版社2013年版《中华再造善本》。

据清郭柏苍《竹间十日话》所录,喻政又曾刻印明邑人王应山撰《闽都记》三十卷图一卷。郭氏录谢肇淛序云:"《闽都记》,王广文懋宣所为,记闽都也。……懋宣书既成,太守江士振先生见而赏之,藏帐中者又二十五年。其子粹夫稍复润饰,以上太守喻正方先生,乃获就梓。呜呼,奇矣!自有宇宙,便有吾闽,其中经几高贤流揽叹咏,至千八百年而始有记,而其记者,与其见而赏者,木皆已拱,至二十五年而始行于世也。盖山川、郡国与文章之显晦,皆有遇不遇焉。抑吾闻之也,始乎都者,常卒乎鄙。今闽之都,非故矣,民失其业,官征其私,行旅断于昼攫,井邑墟于兵燹,缁宫琳宇半委荆榛,洞府君山尽成荒冢。每览昔人杖履行吟之所,俯仰之间,强半为陈迹矣。周之东也,诗人伤之。其言曰:'彼都人士,台笠缁撮;彼君子女,绸直如发。'都会之盛衰,世与俱升降者也。夫欲移风易俗,则在良有司哉!则在贤士大夫哉!嗟夫!此懋宣记闽都意也,而亦喻政之梓记闽都意也。"②此书万历原刊本已无存,今存福州求放心斋刻本。著者王应山,字懋宣,侯官人。其读书博览,以《春秋》教授福州、建宁府等地,从者甚众。传载民国《福建通志·文苑传》卷六。

袁表·马荧

袁表(生卒年未详),字景从,闽县人。嘉靖三十七年(1558)举人,万历

①郑振铎撰,吴晓铃整理:《西谛书跋》卷四,文物出版社1998年版,第294页。
②〔明〕谢肇淛:《闽都记序》,《闽都记》卷首,方志出版社2002年版,第8—9页。

初授中书舍人，转户部郎，终黎平知府。"与诸名士结社嵩山乌石间，精研格律，为闽人所推。"①据《四库全书总目》卷一九一著录，袁表曾于嘉靖十八年(1539)刻印明沈周等撰《江南春词》一卷。文曰："明沈周等追和元倪瓒作也。时吴中有得瓒手稿者，因共属和成帙。首有作者姓氏，自周以下共五十人。嘉靖十八年，袁表序而刻之。后有袁裹跋，二人亦皆有和作。又有张凤翼、汤科、陈瀚三人之作。卷首不载姓氏，疑刻成后所续入也。"②

马荧(生卒年未详)，字用昭，侯官人，马歘之兄。以父马森恩荫补官。万历三年(1575)，马荧与袁表二人合作编选《闽中十子诗》三十卷刊行。十子均为明初福州诗人。其中所选：福清林鸿五卷、长乐陈亮四卷、长乐高棅五卷、闽县王恭五卷、闽县唐泰五卷、闽县郑定一卷、永福王偁一卷、闽县王褒二卷、闽县周玄一卷、侯官黄玄一卷。《四库全书总目》卷一八九著录此本时不言何人所刊。徐𤊳《红雨楼序跋》著录高棅《啸台集》云："昔袁舍人、马参军汇刻《闽中十子诗》，收廷礼所作，亦甚寥寥。"③由此可知，此编乃袁、马二人自刊本。其中闽县王恭五卷题目为《闽王典籍诗集》，行格为九行十九字，四周单边，白口，双鱼尾。

乾隆《福建通志》卷五一载："袁表字景从，闽县人。嘉靖中举人，授中书舍人，转户部郎，出为黎平太守，病免。表少即以诗名，宗开元、大历作者，精严有法，著《遁客集》八卷。与张刑部炜、马参军荧相赓和。子敬烈，字无竞，有诗名。"④

《闽书》卷七四《英旧志》则载："表，字景从。……善声诗，与里人赵世显、王湛、吴万全、林世吉结社嵩山乌石间，有《遁客集》八卷。"卷七六《英旧志》载："马荧，字用昭，以父荫为南京都督府都事，雅善文辞。"⑤

张 隆

张隆(生卒年未详)，原名斑，字仲载，古田县人。张以宁之孙。历官平阳(今浙江平阳县)教谕、南雄保昌(今广东保昌市)儒学训导。宣德元年

①〔清〕钱谦益：《列朝诗集小传》丁集《袁知府表》，上海古籍出版社1983年版，第410页。

②〔清〕永瑢等：《四库全书总目》卷一九一，中华书局1965年版，第1741页。

③〔明〕徐𤊳：《红雨楼序跋》卷一，福建人民出版社1993年版，第42页。

④〔清〕郝玉麟等：(乾隆)《福建通志》卷五一《文苑》，《景印文渊阁四库全书》第529册，第720页。

⑤〔明〕何乔远：《闽书》卷七四《英旧志》、卷七六《英旧志》，福建人民出版社1994年版，第3册，第2192—2193、2272—2273页。

（1426），刻印其祖父张以宁撰《春秋春王正月考》一卷《辨疑》一卷。清周中孚《郑堂读书记》卷一一著录纳兰性德《通志堂经解》本云："《四库全书》著录，总作《春王正月考》二卷，朱氏《经义考》同。《明史·艺文志》作《春秋春王正月考》一卷、《辨疑》一卷，与今本同。……前有洪武庚戌自序，后有宣德丙午其嗣孙隆初刊跋。纳喇容若取以刊入《经解》，复为之序。"①张隆在跋中说：

> 先祖讳以宁，字志道。居于闽古田翠屏山之下，因以翠屏为号焉。自少力学不倦，往宁德，受学于韩古遗先生之门。年二十七，以春秋经登泰定丁卯李黼榜进士第。复往淮南，读书十余年，后历官太学及翰苑。数十年间所作诗文，号《翠屏集》。洪武二年己酉夏，使安南，著述是书。明年庚戌春，书成，逾月疾革，作自挽诗……而逝，时年盖七十矣。……噫！先祖晚年劳心积虑而成此书，采摭群经，搜罗众说，欲以明圣经而定周之正朔也。隆愚昧不知，痛念手泽尚存，深恐泯而无传，一依旧本誊写，刊而藏之家塾，以俟诸君子而讲究焉。②

宣德三年（1428），张隆又刊张以宁撰《翠屏集》四卷。《四库全书总目》卷一六九著录云："是集为宣德三年所刊。陈琏为之序。称以宁文集为其子孟晦所编，宋濂序之。诗集为其门人石光霁所编，刘三吾、陈南宾序之。其孙南雄教官隆，复以安南稿续版行世。"③此本今仅南京图书馆有存（有抄配），有清丁丙跋。

张隆事迹，见载于乾隆《古田县志》卷六《选举》，记其为永乐十二年（1414）举人，志中所载仅"张隆，字仲载。以宁孙，平阳教谕"寥寥数字。据明杨荣应张隆之请而撰《故翰林侍读学士朝列大夫张公墓碑》载，张隆为以宁四子煜之子④，撰此碑之时，他正历官南雄保昌儒学训导。以此证以上所引《四库全书总目》所言，似乎以上两种刻本，有可能均刊刻于南雄保昌。

① 〔清〕周中孚：《郑堂读书记》卷一一，《清人书目题跋丛刊》（8），中华书局 1993 年版，第 55 页。按，纳兰性德（1655—1685），字容若。
② 〔明〕张以宁：《春秋春王正月考辨疑》，邢云路辑：《古今律历考》第 13 册，商务印书馆 1936 年版，第 20 页。
③ 〔清〕永瑢等：《四库全书总目》卷一六九，中华书局 1965 年版，第 1466 页。
④ 明杨荣《故翰林侍读学士朝列大夫张公墓碑》："斑任南雄保昌儒学训导，更名隆，煜之子也。"载《杨文敏公集》卷一九，《明别集丛刊》第 1 辑第 29 册，黄山书社 2013 年版，第 533 页。

然而，据乾隆《保昌县志》所载，张隆官保昌训导，为永乐而非宣德年间①。由此可知，《翠屏集》应是张隆卸任返乡之后刻印。以故，跋中所说"刊而藏之家塾"的地点应在古田。

张聘夫

张聘夫（生卒年未详），字仕可，一字时珍，婺源人。嘉靖四十三年（1564）举人。隆庆初，任连江知县。"其政先教化，后刑罚。民有小过，每谕以义理，令其自新。陷大辟者，求其生而不得，则曲为矜恤之。邑当倭后，赋役烦苛，独聘夫至，以正派科办，不苛细也。尤加意学校，捐俸刻《读书录》《礼训》，颁示诸生。其守官清苦，不异寒士。慈仁恺悌，出于天性。常对父老询民瘼，若家人然，久之忘其为县官也，至今谈者泪下。"②

《福建通志》卷二九《名宦》记张聘夫在连江"捐俸刻《读书录》《礼训》"③。《连江县志》卷三《大事记》作"知县张聘夫刻薛文清《读书录》及《礼训》，颁示诸生"④。薛文清即著名学者薛瑄，著有《读书录》十一卷《续录》十二卷，传世刻本有明嘉靖刻本、明万历刻本、清乾隆刻本，惟此隆庆刻本罕见著录。《礼训》一书，详情缺考。

《江南通志》载张聘夫在连江知县任后，"以方正不阿，调郧阳教授，寻擢国子助教。所著有《三史解颐》《两汉禁脔》《唐书管豹》诸书"⑤。

郑奎光

郑奎光（生卒年未详），字章甫，侯官人，万历三十四年（1606）举人。万历四十七年（1619）任青田教谕。此后，又先后任龙泉县令、处州知府。有惠政，著《南明山志》四卷。明亡不仕。著作有《駏粟暇笔》四卷，《史甓》四卷、《南明山志》四卷和《大易解》等。

崇祯六年（1633），刻印自纂《駏粟暇笔》四卷。前有崇祯六年癸酉莆田

①〔清〕陈志仪等：(乾隆)《保昌县志》卷八《职官志》，《故宫珍本丛刊》，海南出版社 2001 年版，第 90 页。

②〔明〕喻政、林烃等：(万历)《福州府志》卷四三《官政志》，明万历四十一年(1613)刊本，叶 37A—B。

③〔清〕郝玉麟等：(乾隆)《福建通志》卷二九《名宦》，《景印文渊阁四库全书》第 528 册，第 460 页。

④ 曹刚等：(民国)《连江县志》卷三《大事记》，台北成文出版社 1967 年版，第 22 页。

⑤〔清〕赵宏恩、黄之隽等：(乾隆)《江南通志》卷一六七《人物志》，《景印文渊阁四库全书》第 511 册，第 808 页。

陈臣忠、侯官邵捷春、林古度三序。陈臣忠序称"是集也,仕优而学,铅椠自娱,经世名言,罗为奚囊之秘"①。由此可知,此为郑氏"铅椠自娱"的自刊本。半叶八行,行十九字,白口,无直格,四周单边,单鱼尾。书分元、亨、利、贞四部,每部一卷。收入《四库未收书辑刊》第六辑第 20 册。

崇祯九年(1636),郑奎光又刻印明郑善夫撰《郑少谷先生全集》二十卷、明邵捷春撰《附录》二卷。半叶九行,行十八字,白口,左右双边,今中国科学院图书馆和国家图书馆有存本。

崇祯十五年(1642),郑奎光刻印其自著《史罋》四卷。题"闽中郑奎光章甫辑",半叶八行,行十九字,白口,四周双边,单鱼尾。今辽宁省图书馆存。清郝玉麟等《福建通志》载:"郑奎光,历南户部员外,著有《駪粟日抄》行世。出守处州,有惠政。以老乞归,复著《大易解》存于家。"②

由于郑奎光宦迹基本都在处州境内,故其在处州留下的几处摩崖石刻,有助于了解其生平。一是天启三年九月在青田县太鹤山混元峰所刻"长松介石",落款"三山郑奎光书"。二是同年在太鹤山刻杨枝观音像。像高 600 厘米,所刻人物身着衣袍,右手执杨枝,左手端净碗,赤足男相,具有唐代画像风格。落款题"闽弟子郑奎光书"③。

周文仪

周文仪(生卒年未详),名鹓,字文仪,号适斋,华亭(今上海松江)人。正德九年(1514)进士。正德十三年(1518),在福建巡按御史任上,刻印明张弼撰《张东海先生诗集》四卷《文集》五卷。今北京大学图书馆存原刊本。《四库全书存目丛书》收入集部第 39 册者,即以北大存本为底本影印。行款为十二行二十二字,白口,左右双边。卷前有正德乙亥(1515)李东阳《张东海先生集序》、正德戊寅(1518)震泽土鏊《书张东海文集后》、正德丙子(1516)孙承恩《张东海先生诗集叙》、正德丁丑(1517)王廷相《题张东海先生集后》,卷后有弘治癸丑(1493)孟冬既望冰玉居士罗璟识语、同年李东阳识语、同年晋陵陆简识语、弘治戊午(1498)程敏政后识、正德戊寅崇仁吴钺《书东海先生集后》,而以正德十三年戊寅冬三山八十五翁林

---

① 〔明〕陈臣忠:《駪粟暇笔序》,《四库未收书辑刊》第六辑第 20 册,第 438—439 页。
② 〔清〕郝玉麟等:(乾隆)《福建通志》卷三八《选举》,《景印文渊阁四库全书》第 529 册,第 246 页。
③ 徐文平:《处州摩崖石刻研究》,浙江人民出版社 2010 年版,第 255—256 页。

瀚撰《东海翁集后序》殿后。林瀚序云："闽侍御周公文仪雅负才名于时，景行乡先哲弥真，特为锓梓以传，俾海滨后学得奇观焉，嘉惠之意其至矣。"①

《王阳明全集》卷三二《补录》中有王阳明《与周文仪手札》，文中有周文仪的生平事迹。移录于后：

> 宁贼不轨之谋，积之十有余年，举事之日，众号一十八万，而旬月之内，竟就俘擒，非天意何以及此！迂疏偶值其会，敢叨以为功乎？远承教言，曲中机宜，多谢多谢。所调兵快，即蒙督发；忠义激烈，乃能若此；四邻之援，至今尚未有一人应者，人之相去，岂不远哉！使回，极冗中草此不尽。友生守仁顿首。

王阳明手札正文之后，还有清代书画收藏家沈梧的题跋，文中也有周文仪的生本介绍

> 右王文成与华亭周侍御手札也。侍御讳鹓，字文仪，号适斋。正德甲戌进士，拜御史，巡按福建。镇守中官罗篯，骄蹇不法，疏奏戍远方。宸濠之变，文仪筹军饷，设防御，不以兵事诿守土吏。擢知潮州府知府，旋告归。性峭直，为诗文有风致，著有《适斋集》，见《松江贤达传》。武宗南巡，尝疏力陈，文成称其"忠义激烈"，确哉！此札盖在己卯夏秋间侍御巡按福建时也。丙寅十二月廿又五日，沈梧敬识于娄江官廨。②

周文仪事迹，又见载于崇祯《松江府志》卷三九《贤达四》。

四、清代

萨希亮

萨希亮（1616—1689），字景明，号葛斋。元代著名诗人萨都拉有侄名

①〔明〕林俊：《东海翁集后序》，《张东海先生集》卷末，《四库全书存目丛书》集部第39册，齐鲁书社1997年版，第501页。

②王守仁撰，吴光、钱明、董平等编校：《王阳明全集》卷三二《补录》，上海古籍出版社1992年版，第1204页。

萨仲礼,官福建行中书省检校,系萨氏入闽始祖,萨希亮为其八世孙。康熙十九年(1680),萨希亮在闽刻印萨都拉《雁门集》六卷。半叶九行,行十九字,白口,左右双边。版心上镌书名,中镌卷次。今复旦大学图书馆、日本静嘉堂文库、美国普林斯顿大学东亚图书馆等有存本。

《雁门萨氏家谱》卷三载:"希亮,子华公次子,字景明,号葛斋。行六,配马孺人。生万历丙辰(1616)十二月三十日寅时,卒康熙己巳(1689)六月初六日辰时,享寿七十四。马孺人生崇祯戊辰四月十六日子时,卒康熙壬子十一月十六日子时,享年四十五,合葬大梦山。生容、宏、掞、暇、搢、宣、寓。"①

傅而保

傅而保(1633—?),字公定,号箕庵,河南登封人。清顺治辛卯(1651)拔贡,康熙二十六年(1687)任福清知县,"甫下车,即询民间疾苦而苏息之。……为政期年,人民安业,乃兴教化,谆谆劝训,唯以笃彝伦为本。爰出其师嵩阳耿先生所辑《孝经易知》原本,重梓颁行,俾融社学童蒙咸得传而习之。其留意于风俗人心如此,非以儒术济吏者欤?嗣调永丰县,邑士民如失慈父母。去之日,咸遮辕泣下不忍别云。"②傅而保在福清所刻《孝经易知》一卷,原刊本未见,今所存者多为同治、光绪重刻本。耿先生即耿介(1622—1693),字介石,亦河南登封人,傅而保之师。顺治十三年(1656)任福建巡海道。他师从孙奇逢,兴复嵩阳书院。耿介所著有《理学要旨》《中州道学编》《敬恕堂存稿》等。

康熙三十八年(1699),傅而保又曾刻印明夏尚朴撰《夏东岩先生文集》十四卷首一卷,据清雍正《江西通志》卷一八、卷二〇,傅氏时为广丰知县,则此书的刊刻地点应不在福清。

张伯行

张伯行(1651—1725),字孝先,号恕斋,晚号敬庵,卒谥清恪,河南仪封

---

①萨镇冰等:《雁门萨氏家谱》卷三,北京图书馆编:《北京图书馆藏家谱丛刊·闽粤(侨乡)卷》,北京图书馆出版社 2003 年版,第 209—210 页。
②〔清〕饶安鼎等:(乾隆)《福清县志》卷八《职官志》,上海书店出版社 2000 年版,第 177 页。"融",玉融,福清别称。

（今兰考）人。清朝大臣，著名理学家。康熙二十四年（1685）进士，四十六年（1707）任福建巡抚。"甫下车即以表彰道学，玉成人才为先务。购求宋儒遗书，手为评释、授梓。"①此"评释、授梓"之书，即著名的《正谊堂全书》。其中所收，系从宋代周敦颐、二程、张载、朱熹、杨时、罗从彦、李侗、黄榦、真德秀、熊禾，至清代汤斌、陆陇其、张伯行等数十人的文集或专著，是汇辑宋以后濂洛关闽诸学派的理学名著，为内容比较完备的一部大型丛书。在历代福建书院刻本中，这是篇幅最大的一部。

张伯行为学，力主程朱而斥陆王。康熙四十六年一到任，他即倡建鳌峰书院，十月建成；名其堂为"正谊堂"，并以此作为所刻书的书名。全书分为立德部文集、立功部文集、立言部文集、立气节部文集、名儒粹语和名儒文集六个部分。

据其子师栻、师载所编《张清恪公年谱》，此书始刻于康熙四十六年（1707）十月，所刊第一部典籍为张伯行编纂的《学规类编》二十七卷。其时，因鳌峰书院初开，"公以为学之道首重规程，规程不立，恐后学不知用力之方，于是首列朱子《白鹿洞学规》，而博采先儒论学格言，凡为学之目，与夫从入之途、用功之要，无不毕举，名曰《学规类编》，首刻之以惠学者"②。紧随其后刊刻的是《养正类编》十三卷。上述两书体现了张伯行"理固切近，旨则精微。愿学者童而服习，为身心立性命之正，为国家豫德艺之选"③的教育思想。

清游光绎《鳌峰书院志》卷一六载："清恪公与诸子修宋儒书，取《朱子语类》《学的》《文集》《文略》《遗书》《二刻遗书》《朱刘问答》诸书，及闽前哲杨龟山、罗豫章、李延平、黄勉斋、陈北山、高东溪、真西山诸文集，尽刊布之，凡五十五种。又购备经史子集四百六十部。"④由于张伯行清康熙刻本《正谊堂全书》完帙罕存，故原刊本为 55 种的说法为后人所接受。清末杨浚《正谊堂全书跋》亦称，此书原编为 55 种。

据杨浚跋，清同治间左宗棠邀请其重刊《正谊堂全书》时，仅访得其中 49 种，后又增补 19 种，共 68 种，此刻本为清同治五年（1866）福州正谊书院

①〔清〕郝玉麟等：（乾隆）《福建通志》卷二九《名宦》，《景印文渊阁四库全书》第 528 册，第 470 页。
②〔清〕张师栻、张师载：《张清恪公年谱》二卷，《续修四库全书》第 554 册，第 406—407 页。
③〔清〕张伯行编：《养正类编序》，《正谊堂全书》第 174 册，清同治刊本，叶 2A。
④赵所生等主编：《中国历代书院志》，江苏教育出版社 1995 年版，第 10 册，第 446 页。

重刊本。重刊本所收底本,大部分为康熙年间由张伯行分别刊刻于福州和姑苏两地者。在福州刊刻者,张伯行序末大多署"仪封后学张伯行题于榕城之正谊堂"或"三山正谊堂",刊于姑苏则署"仪封后学张伯行题于姑苏之正谊堂";时间则以康熙四十九年(1710),张伯行赴江苏巡抚任为界。增补的19种刻本,其底本大多为江苏刻本。杨浚在跋中将此称为"公抚吴时所刻也"①。以现存同治本推断,康熙刻本除宋石介《石徂来集》、明魏校《魏庄渠集》、明张元忭《张阳和集》、清汤斌《汤潜庵集》,以及张伯行《续近思录集解》《小学集解》《近思录集解》等少数几种刊于姑苏正谊堂之外,其余近50种均刊于福州榕城正谊堂。

另据《鳌峰书院志》卷一六《杂述》载:"清恪公观风各郡,择其尤者得二百余篇,属长洲汪武曹太史评定付梓,名曰《九闽课艺》,非鳌峰学者之文也。"②意思是说,张伯行在巡视福建各府县时,择各地书院诸生的优秀试卷二百多篇,请人加以点评而付刊,名为《九闽课艺》。这是一部刻印在鳌峰书院,而内容则不限于鳌峰书院的书院课考文选。

张伯行传记史料甚多,除江苏、河南、福建各地地方志书外,还有《清史稿》卷二六五中《张伯行传》、张廷玉撰《太子太保礼部尚书张清恪公墓志铭》,以及其子师栻、师载所编《张清恪公年谱》二卷③。《福建通志》卷二九《名宦》载其在闽仕绩云:"创鳌峰书院,建藏书楼,先后积数万卷。征八郡佳士读书其中。每月具饮馔,集诸生考课,口讲指画不少倦。拔其文尤雅者,裒而刻之。而于一切吏事,复剖决若神。……伯行性峭介,自奉菲约,官吏化之,率以清节著。民爱之,语曰'为民如慈母,训士若良师'。寻调江苏巡抚,入为户部右侍郎。……所著有《濂洛关闽书》《道南源委》《学规类编》《正谊堂文集》《养正编》等书共数十种。"④

赵国麟

赵国麟(1673—1751),字仁圃,山东泰安人,康熙四十八年(1709)进士。清雍正八年至十二年(1730—1734)历官福建巡抚,在此期间曾刊刻清

---

①〔清〕杨浚:《正谊堂全书跋》,《正谊堂全书》第1册,清同治刊本,叶62A。

②赵所生等主编:《中国历代书院志》,江苏教育出版社1995年,第10册,第450页。

③〔清〕张师栻、张师载编:《张清恪公年谱》卷二,《续修四库全书》第554册,第387—450页。

④〔清〕郝玉麟等:(乾隆)《福建通志》卷二九《名宦》,《景印文渊阁四库全书》第528册,第470页。

吴映撰《周易会辑》。清乾隆《泉州府志》卷五五载："吴映字沐日，晋江人。为诸生补饩，淹贯六籍，授徒自给，郡士多从焉。……尤精研于易，探微抉奥，能发先儒所未发。手著《周易会辑》一书。雍正年间闽抚赵国麟尝购采至省，将刻而传之。卒年七十六。"①

《四库全书总目》卷一〇著录云："《周易会辑》无卷数，山东巡抚采进本。国朝吴映撰。映字沐日，晋江人。其书大旨皆宗朱子《本义》，而折衷于《蒙引》《存疑》诸书，持论亦颇平实，然取材太寡，用意太拘，尚未能深研精奥也。"②

赵国麟事迹，载《清史稿》卷二八九。略云："国麟，字仁圃，山东泰安人。祖瑗，手书《春秋》内外传，《史》《汉》蒙文授之。笃志于学，以程、朱为宗。康熙四十五年进士。五十八年，授直隶长垣知县。当官清峻，以礼导民，民戴如父母。世宗闻其贤，雍正二年，擢永平知府。三迁福建布政使，调河南。擢福建巡抚，调安徽。"③

余文仪

余文仪（1687—1782），字叔子，号宝岗，浙江诸暨人。乾隆二年（1737）进士，授刑部主事。历任福宁知府，乾隆二十五年（1760），由漳州知府调任台湾知府，二十九年升台湾道，数月后，复擢福建按察使。三十一年，以查办淡水县民为生番所杀事来台，在台湾道设署办公。三十六年（1771），授福建巡抚。以老病乞休，加太子少傅。所著有《嘉树堂集》；宦台时，主持《续修台湾府志》二十六卷。

余文仪于乾隆三十六年至三十七年在福建巡抚任上，刻印宋龙大渊所编《古玉图谱》三十二卷。按，此书全帙为一百卷，余氏刊本为节本。版式为半叶十行，行二十字，白口，单鱼尾，四周双边，有图 384 幅。卷端题"银青光禄大夫上柱国翰林学士承旨检校礼部尚书开府仪同三司永兴郡开国公食邑二千户实封七百户提举嵩山崇福宫使赐紫金鱼袋臣龙大渊等奉敕编纂"。前有余文仪序，宋内府原序，至大元年柯九思跋。余序称，是书"公

①〔清〕黄任等：(乾隆)《泉州府志》卷五五《向学》，上海书店出版社 2000 年版，第 3 册，第 147—148 页。

②〔清〕永瑢等：《四库全书总目》卷一〇，中华书局 1965 年版，第 80 页。

③赵尔巽等：《清史稿》卷二八九《列传》七六，中华书局 1977 年版，第 10257—10258 页。

暇命善手摹勒付开雕,民自辛卯嘉平,迄壬辰季秋蒇事。颠末序次,悉仍其旧。"①今中国科学院图书馆和香港中文大学图书馆有存本。

此书《四库全书总目》列其十二条疑点,得出结论是:"此必后人假托宋时官本,又伪造衔名以证之,而不加考据,妄为捃摭,遂致舛错乖互,不能自掩其迹。其亦不善作伪者矣。"②

刘明倩先生认为:"在所有中国玉器书籍中,最奇特的一本是《古玉图谱》。它是一本大堆头的假书,共一百卷。它声称是宋孝宗的玉器庋藏,由龙大渊领导着一群饱学之士和画家共同编制,于1176年完成。……《四库全书》的编辑,在1789年就宣布《古玉图谱》是伪作,并指出书中大量的错误和矛盾。比如该书声称1176年完成,但龙大渊在1168年去世。但《四库全书》纂修馆的宣布,完全不影响民众对《古玉图谱》的喜爱。……今日的学者不会相信《古玉图谱》是本宋代图录。但这书在清代中晚期大受欢迎,反映了大多数的读者甚至藏家,对玉器均是一知半解。倘若清代读者相信书中刊载的玉器真是宋孝宗的藏品,可以推断的是,当时有大量的玉器赝品被误认为真品。"③

余文仪还于乾隆四十年(1775),刻印其文友黄任撰诗话《消夏录》二卷。卷首有余氏序云:"忆予出守长溪时,即访先生于香草斋中,衿契若平生交。迨宦闽既久,益复密迩。每自公休暇,必郑重式庐,第见夫彝鼎斑斓,与三洞精英错列几案。而湘青竹素,更狼籍床榻间。盖先生好学读书,至老不衰。举凡旧闻轶事,以及稗官秘简,无不征诸睹记,笔以成书。今所存《消夏录》上下编,特窥豹之一斑耳。予与先生交廿年,而先生下世又六载,于兹每从榕阴荔雨中言思知己,辄怆然无以为怀。值其从子惠于西江作令归,乞予为先生立传。而所著《秋江集》《香草笺》如干卷,已先后剞劂行世,独是书未授梓人;始知先生尝珍秘为枕中鸿宝,予向亦未之见也。近儿子延良从其通家子林心香擎天许得钞本,予因以公余披阅。匪独挖扬韵语,殚列奥,而识大识小,亦可漱芳润而倾沥液。闻先生凤掌录于九夏之月,故颜曰'消夏'。回环讽咏,尘虑顿消,恍若置身于冰玉壶中也。爰是亟

①〔清〕沈德寿:《抱经楼藏书志》卷四〇,《清人书目题跋丛刊》(5),中华书局1990年版,第439页。
②〔清〕永瑢等:《四库总目提要》卷一一六,中华书局1965年版,第997页。
③〔英〕刘明倩:《英国国立维多利亚阿伯特博物院中国古玉藏珍》,广西美术出版社2006年版,第36页。

谋锓板，以永其传。不惟欲推广先生嘉惠来学之意，亦以见予于先生金石交期，尤终始拳拳不置云。时乾隆旃蒙协洽岁清和月上浣，古越余文仪撰。"①今南京图书馆有存。

纪　昀

纪昀（1724—1805），字晓岚，又字春帆，号观弈道人、孤石老人等。清乾隆年间著名学者，直隶献县（今属河北）人。乾隆丁卯（1747）科解元，登甲戌（1754）进士。官至礼部尚书、协办大学士，曾任《四库全书》总纂修官，卒谥文达。传载《清史稿》卷三二〇《列传》一〇七。

清郭柏苍《竹间十日话》卷四"提督福建学政"条下，载纪昀于乾隆二十七年以编修任此职。"福州试院题曰'镜烟堂'，刻有《镜烟堂丛书》十种。"②镜烟堂为纪昀督学福建期间的书斋之名，设在福州试院之内。纪昀担任此职，前后为时两年多（乾隆二十七至二十九年，1762—1764）。在此期间，他先后撰写并刊刻"镜烟堂丛书"十种，内容以唐宋以来名家诗赋评点、音韵训诂等为主。分别为：《沈氏四声考》一卷、《唐人试律说》一卷、《删正二冯评阅才调集》二卷、《删正方虚谷瀛奎律髓》四卷、《李义山诗集》三卷、《后山集钞》三卷、《张为主客图》一卷、《风雅遗音》二卷、《庚辰集》五卷、《馆课存稿》四卷。福州试院系提督福建学院署的别称，地址在福州南街道山路口对面，今延安中学内。

郑廷滰

郑廷滰（1727—?），字慕林，侯官人。以经商为业，贾而好儒，尤喜读韩愈诗词。一生藏书三万卷，名其藏书处曰"注韩书屋""书带草堂"。受其影响，子郑杰（字昌英）亦喜藏书，名其所居为"注韩居"。

清郭柏苍《竹间十日话》载："国朝《闽诗录》正、续集，因卷帙易校，先行录本。适昌英故，其父为之刊成。其所辑《全闽明诗》约百卷，未楮，其书尚存杨观察浚家。所刻《注韩居七种》，内有《红雨楼题跋》二卷，皆从兴公藏本钞出。"③

①〔清〕黄任等撰，陈名实、黄曦点校：《黄任集》外四种，方志出版社 2011 年版，第 238 页。
②〔清〕郭柏苍：《竹间十日话》卷四，海风出版社 2001 年版，第 76 页。
③〔清〕郭柏苍：《竹间十日话》卷四，海风出版社 2001 年版，第 74 页。

　　郑廷灢刻本,还有其自著《书带草堂诗钞》上下两卷,乾隆六十年(1795)郑氏家刻本。此本由其子郑杰、郑人基校正,委托榕城书坊翁茂辉镌刻。纸墨精良,写刻精雅。因此书是书法家谢曦手书上版,故往往又被著录为乾隆六十年闽县谢氏刻本[①],实即郑氏家刻本,并非有二刻。卷首有郑廷灢半身像,署愚侄郑光策诗序。其中有云"读书谭道韬不仕,于俗嗜好百无喜。……含精储思富寿祉,天昌其诗知未已。初集校成先付梓,续刻再刻从此始。"[②]其后有乾隆六十年谢瑾、谢曦、林乔荫、黄节发、陈鹏南、刘永树序,以及郑廷灢自序。卷上末有林芳、谢震、林霆、陈龙标、谢金銮、陈焕、李振陛诸跋。各卷卷首均题"侯官郑廷灢慕林氏著、闽县谢曦发川氏书"。卷末有"男杰、人基校字,榕城翁茂辉镌"两行。全书除正文为谢曦草书外,序跋亦为各家手书上版,楷、隶、篆、草诸体俱备,刻印精美。收入《清代诗文集汇编》第378册。

　　为郑廷灢《书带草堂诗钞》手书上版者为谢曦。谢曦(生卒年未详),字育万,号发川,闽县人。书法家。民国《福建通志·艺文志》著录云:"侯官郑廷灢著。《石遗室书录》云:'廷灢字慕林,藏书甚富。长子昌英有名于时,尝刻《注韩居七种》书行世,足订诸家之误。是集为闽县谢发川氏写刻本,大略五言学王孟。'"[③]民国《福建通志·文苑传》卷八载谢曦事迹:"父仕骧,字宏卿。性萧疏,诗如其人。善草书,波折清遒。好蓄端溪砚材,又择寿山美石随意琢镂,动合古制。不乐仕进,构逸斋居之。曦诗、字皆承家学,籍府学以笔墨游诸幕府。口不谈公事,取予一介不苟。嘉庆元年(1796)举孝廉方正,年八十九卒。"[④]

郑　杰

　　郑杰(1750? —1800?),字昌英,号注韩居士,侯官人。清中叶闽中著名藏书家、文献学家和刻书家。所刊最早刻本是宋郑樵撰《尔雅注》三卷,刊于乾隆四十四年(1779),见清邵氏《增订四库简明目录标注》卷四著录。

①柯愈春著:《清人诗文集总目提要》(上册),北京古籍出版社2001年版,第739页。
②〔清〕郑光策:《书带草堂诗钞序》,《书带草堂诗钞》卷首,《清代诗文集汇编》第378册,上海古籍出版社2010年版,第617页。
③沈瑜庆、陈衍等:(民国)《福建通志·艺文志》卷六五,1938年刊本,叶17A。
④沈瑜庆、陈衍等:(民国)《福建通志·文苑传》卷八,1938年刊本,叶19B—20A。

次年（1780），刻印清林乔荫撰《石塔碑刻记》一卷、清龚景翰撰《附考》一卷，今上海图书馆、福建省图书馆等有存本。

郑杰所刊丛书，有乾隆年间《郑氏注韩居七种》十一卷。半叶八行，字数不等，小字双行，白口，四周双边，今国家图书馆存。七种分别为宋郑樵《尔雅注》三卷；宋朱熹《孝经集注》、宋童伯羽《孝经衍义》一卷；元周伯琦编注《说文字原》一卷；明吴元满编《隶书正讹》二卷；清郑杰订注《晋文春秋》一卷《附晋文春秋异同附载》；清林乔荫撰《石塔碑刻记》一卷、清龚景瀚撰《附考》；唐黄璞撰《唐陈观察墓志》一卷、清郑杰辑《附陈观察遗事》一卷。其中《尔雅注》《石塔碑刻记》等单本已见上文著录，由此可知，这部丛书应是陆续刊成。据施廷镛著录，此侯官郑氏刊本，从清乾隆四十四年（1779）始刻，到乾隆六十年（1795）全部刻毕，历时十六年①。

嘉庆三年（1798），郑杰又刻印明徐𤊹撰《红雨楼题跋》二卷，九行十八字，白口，四周双边。今国家图书馆存，有孙毓修跋。嘉庆五年（1800），刻印自编本《国朝全闽诗录初集》二十一卷续集十一卷，未刻印完而逝世，由其父和友人续成之，见民国《福建通志·艺文志》卷七一著录。

郑杰也是清代著名的抄书家，现存题为"郑氏注韩居抄本"的书有：明谢肇淛撰《百粤风土记》不分卷，今国家图书馆存；明杨慎撰《均藻》四卷，重庆市图书馆存；宋李上交撰《近事会元》五卷，亦存重庆图书馆。明王世懋撰《闽部疏》不分卷，曾经林则徐珍藏，有"林少穆珍藏记""侯官郑氏藏书"等藏印。

郑杰的生平，见载于民国《福建通志·文苑传》卷八。其中有云："杰自弱冠为诸生即潜心稽古，不汲汲以科名为务。好读韩诗，欲合闽人方崧卿、魏仲举、廖莹中诸家，广为辑注，因注《昌黎文集》四十卷、《外集》十卷、《遗文》《附录》二卷。凡易五寒燠，尚未脱稿。题其室为'注韩居'，自号'注韩居士'。喜博览肆搜，于闽中文献尤宝贵匆失。每获一碑版卷轴，有标题可识者，曰此吾乡先辈物也，呜呼几亡之矣！……由是什袭珍藏，唯恐废坠。"②

萨龙光

萨龙光（1752—1818），元著名诗人萨都拉的远代子孙，萨氏入闽第十

---

①施廷镛：《丛书子目书名索引》，文海出版社有限公司1970年版，第1326页。
②沈瑜庆、陈衍等：（民国）《福建通志·文苑传》卷八，1938年刊本，叶18A。

三代。清嘉庆十二年(1807)编刻萨都拉《雁门集》十四卷附《诗余》一卷《倡和录》一卷《别录》一卷,收辑完备。卷前有萨都拉"直斋公遗像"一幅;元至正干文传原序,明成化二十一年(1485)刘子钟序;乾隆五十年(1785)朱珪、翁方纲二序;嘉庆十二年萨龙光《编注雁门集缘起》刻书识语,叙《雁门集》历代刻本源流以及与此刻本的关系。题"代郡天锡萨都拉著,诸孙龙光编注"。半叶九行,行二十二字,小字双行同,白口,四周双边。此本乃委付福州施志宝书坊刊行,故萨龙光识语后有"榕城侯官县口,施志宝坊督刻"小字两行。《续修四库全书》集部第 1324 册所收书,即以此刻本为底本影印出版。1982 年,上海古籍出版社出版殷孟伦、朱广祁整理点校的《雁门集》,亦以萨龙光辑本为底本,是迄今最为完善的版本。

《雁门萨氏家谱》载其生平:"龙光,濠梁次子。字肇藻,号露萧。福州府学廪生,乾隆丁酉(1777)拔贡,乾隆庚子(1780)科,以《易经》中式第五名举人。辛丑(1781)科联捷八十五名进士,殿式第三甲第十七名,钦点翰林院庶吉士,改户部山东司主事兼江西司主事、工部营缮司员外郎,诰授朝议大夫例晋赠中宪大夫……公生乾隆壬申年(1752)七月初二日辰时,卒嘉庆戊寅年(1818)五月初一日丑时,享寿六十有七。……《福建通志》《福州府志》《闽侯县志》俱列入《孝义传》。"[1]记其生平最详者,有陈寿祺《萨龙光墓志铭》,见载于《国朝耆献类征初编》卷一四七[2]。

王遐春

王遐春(1760—1829),字文周,一字东岚,福鼎县人,贡生。清嘉庆间,以福鼎王氏麟后山房名号刻书甚多。见于著录的有嘉庆十五年(1810)辑录并刊刻《王氏汇刻唐人集》七种,分别为欧阳詹《唐欧阳四门集》八卷《附录》一卷、韩偓《香奁集》三卷《附录》一卷、韩偓《翰林集》四卷《附录》一卷、王棨《麟角集》一卷《附录》一卷、黄滔《唐黄御史集》八卷《附录》一卷、徐寅《徐正字集》四卷《附录》一卷、林蕴《林邵州遗集》一卷《附录》一卷。十行二十字,上下鱼尾,版心下方有"麟后山房"四字,书名与作者名后第三行有"大清贡生福鼎王遐春刊"一行。

---

① 萨镇冰等:《雁门萨氏家谱》卷三,北京图书馆编:《北京图书馆藏家谱丛刊·闽粤(侨乡)卷》,北京图书馆出版社 2003 年版,第 224—227 页。
② 〔清〕李桓:《国朝耆献类征初编》卷一四七,台北明文书局 1985 年版,第 26 册,第 77—82 页。

王遐春刻书之缘起，据其自述，乃接受其子王学贞的建议，以刻书作为五十华诞的寿礼。其文曰："吾行年五十，儿子学贞辈思所以为吾寿者，以刊刻遗籍为请。吾骇之，既复重自思，曰：'得之矣。仁术之端也！吾必广之，以成吾志。'吾思：天下有至宝可以饰躬，台榭可以庇体，田亩可以为子孙，奴仆可以供使令。然玩物丧志，饰其躬者，适以坏其躬也；怀安败名，庇其体者，适以愚其体也。田亩即为子孙，弗肯播者，其矧肯获？奴仆可供使令，近子孙者，远亦则怨。是皆计一身之用，而不筹其用之不广，又何能功德尽于幽微，声势周乎士类哉？吾今自计，家世故多积善，田园庐舍亦足为子孙勤力之资。"[①]

此书的刻工系闽县吴氏兄弟，书于嘉庆十五年开雕，历经四年，到十八年(1813)才竣工。故此书的刊印地点，应在福州而不是福鼎。其中，王棨《麟角集》卷首"唐王郎中遗像"背面左下角镌有"闽县吴大㨨刻"六字。王遐春又于嘉庆十八年(1813)刻印元韩信同撰《三礼图说》二卷，清邵氏《增订四库简明目录标注》卷二、孙殿起《贩书偶记》卷二均有著录。清陈寿祺《韩伯循三礼图序》云："此书卷帙虽简，然多补聂崇义旧图所未备。采撷古义，自三礼注疏外传、注训诂雅记诸子，条理秩秩，犹多宗汉儒遗说。……有元一代，发明礼学之书典核若此者盖寡，是可贵也，故为乡先辈高固斋兆所藏。嘉庆己巳，归安张侍郎抚闽，尝录本以进广内，而里党犹鲜有知其书者。赵茂才文叔乃属寿祺审定，请于福鼎王君锓之板。"[②]

民国《福建通志·孝义传》载："王遐春，字文周。贡生。……嘉庆间，海上寇扰，遐春设计堵御，民赖以安。十六年大饥，招来米艇赈粜，活人无算。又尝校刊唐以来闽中乡贤遗书十种传世。又修路开岭，独力捐赏，始终不懈。"[③]《太姥山全志》云："王遐春，字东岚，秦屿人，贡生。尝校刊唐以来闽中乡贤遗书十种传世，事见《通志》。刑部尚书福州陈若霖铭其墓。"[④]

孙尔准

孙尔准(1770—1832)，字平叔，江苏金匮人，广西巡抚孙永清之子。嘉

---

①〔清〕王遐春：《刻书缘起》，林蕴：《林邵州遗集》卷首，清嘉庆十五年刻《王氏汇刻唐人集》，叶1—2。

②〔清〕陈寿祺：《左海文集》卷六《韩伯循三礼图序》，《续修四库全书》第1496册，第244页。

③沈瑜庆、陈衍等：(民国)《福建通志·孝义传》卷二二，1938年刊本，叶4B—5A。

④卓剑舟：《太姥山全志》卷七，《太姥山全志》外四种，福建人民出版社2008年版，第96页。

庆十年(1805)进士,选庶吉士,授翰林院编修。嘉庆十九年(1814),出为福建汀州知府;二十一年,升任福建盐法道;二十四年,授江西按察使,乃调福建,迁布政使。道光元年(1821),调广东布政使,擢安徽巡抚。道光三年,调福建巡抚;五年,擢闽浙总督。在闽台两地,政绩颇显。卒赠太子太师,谥文靖,祀福建名宦及乡贤祠。传载《清史稿》卷三八〇《列传》一六七。著作有《泰云堂集》二十五卷,其中文集二卷、骈体文集二卷、诗集十八卷、词集三卷,收入《清代诗文集汇编》第 497 册。

福建名儒陈寿祺为其撰《赠太子太师谥文靖太子少保兵部尚书闽浙总督金匮孙公尔准墓志铭》,对他在闽台兴书院、重文教的事迹有颇多褒扬,并强调了他在刊刻出版《黄道周全集》中的作用:

> 公亟振文教:捐助凤池书院餐钱;请编台湾粤籍生员额中一名,增广台、凤、嘉、彰四县文童额各二名,澎湖厅文童每试额进二名;购书籍分贮海外学宫、书院;请以明儒黄石斋先生从祀两庑,又鸠资锓其全集;重建贡院,号舍改五为四、巷道改三为二,增号舍千有余间,厚其墙垣,道皆砌石,縻十余万缗;复以余赀重纂《省志》,亲裁定之。①

明王应山《闽都记》三十三卷,也在孙尔准督刊下,于道光十一年(1831)问世。《竹间十日话》载:"《闽都记》,刊本寥寥,道光辛卯(1831),金匮孙文靖公尔准督闽时,得陈御史寿祺藏本。交衙官卜鋈刚刊刻,御史为之序。"②陈寿祺序略云:"道光九载,宫保、尚书孙公莅政之暇,以闽志间缺,与抚部韩公议设局三山,延聘文学之士任编纂。……久之,督府衙官卜君鸠赀付剞劂,尚书乃嘱寿祺序之。"③书名页作"道光辛卯年重镌,闽都记,求放心斋藏板",知此书乃委托福州书坊求放心斋刊刻。

孙尔准在福建,还曾刻印宋仇远(1247—1326,字仁近,号山村)词集《无弦琴谱》。谢章铤《赌棋山庄词话》卷一云:"金匮孙平叔尔准制军在闽时,曾刻《无弦琴谱》,乃宋钱塘仇远山村著。山村在宋为名家,张翥、张雨、莫维贤皆在门下,其词则绝少流传。合较周公谨《绝妙好词》、朱竹垞《词

①〔清〕陈寿祺:《赠太子太师谥文靖太子少保兵部尚书闽浙总督金匮孙公尔准墓志铭》,《碑传选集》四,《台湾文献丛刊》第 220 种,台湾大通书局 1984 年版,第 601 页。
②〔清〕郭柏苍:《竹间十日话》卷四,海风出版社 2001 年版,第 73 页。
③〔明〕王应山著:《闽都记》卷首,台北成文出版社 1967 年影印清道光刊本,第 2 页。

综》等书，不过三四首。平叔为太史时，得于《永乐大典》，凡一百一十九调。"①

孙氏自撰《无弦琴谱叙》称："曩在史馆，翻《永乐大典》，见有《无弦琴谱》……知为仇仁近词。仁近名远，一字仁父。……今年长夏冯云伯太史闻而索观，因与陆莱臧司马校正觯补，喜识真有人而赏心之，不孤也。遂付诸剞劂氏，以广其传。"②

孙尔准逝世后，其所著《泰云堂集》于次年（1833）由其子慧惇、慧翼编辑，门生英和作序，付福州刻书名家宋钟鸣刊刻，故此道光刊本总目后左下角有"闽省宋钟鸣领刻"六字。据李国庆《清版刻工知见录》等著录，《泰云堂集》之外，宋钟鸣于道光间还刻有《敦艮吉斋遗书》《绿野斋前后合集》《瀛环志略》等③。

陈寿祺

陈寿祺（1771—1834），字介祥，又字恭甫、苇仁，号梅修、左海，晚号隐屏山人，闽县人。年十五师从孟超然（1731—1797）。嘉庆四年（1799）进士，历翰林院编修，寻告归，被浙江巡抚阮元延请主讲于杭州敷文书院。嘉庆十年（1805），历任文渊阁校理。曾充任广东、河南乡试副考官、会试同考官等。嘉庆十五年（1810），因丁忧不复为官，主泉州清源书院讲席十年。嘉庆二十年（1815），参与校刊其师孟超然《亦园亭全集》十二种二十八卷，题"福州孟超然撰，受业陈寿祺、冯缙校刊"。有关冯缙的情况，参本书"冯缙"条。

道光二年（1822），应闽抚叶世倬之请，陈寿祺复主福州鳌峰书院，前后达十一年。其间，他曾具文上呈，请求以明儒黄道周从祀孔庙；又以十年之功，广泛搜集黄道周的著作，编成《黄漳浦集》五十卷，《年谱》二卷，始刻于道光八年（1828），刊成于道光十年。行格为十二行二十四字，黑口，左右双边，双鱼尾。今山东大学图书馆等有存。因黄道周谥忠端，故此书又名《明

---

①〔清〕谢章铤撰，陈庆元等点校：《谢章铤集》，吉林文史出版社 2009 年版，第 528 页。

②〔清〕孙尔准：《泰云堂文集》卷一《无弦琴谱叙》，《清代诗文集汇编》第 497 册，第 7—8 页。

③李国庆：《清版刻工知见录》，上海图书馆历史文献研究所编：《历史文献》第 4 辑，上海科学技术文献出版社 2001 年版，第 97 页。李灵年、杨忠主编：《清人别集总目》上卷，安徽教育出版社 2000 年版，第 548 页。

漳浦黄忠端公集》。其卷帙,《福建通志》作"《忠端全书》为六十六卷,订以《年谱》,集赀刊行"[1]云云,所言与现存《黄漳浦集》卷数不符。

陈寿祺本人的著作十分丰富,除了曾主纂《福建通志》外,还有《左海全集》,共收其自著书十种三十六卷,系陈氏在世时,于嘉庆、道光间陆续刊行,称"三山陈氏家刻";《左海续集》(又名《小琅环馆丛书》),收陈寿祺与其子陈乔枞合著书九种八十卷。这些著作,则多为其子和门人所刊。

陈寿祺的生平,见阮元撰《隐屏山人陈编修传》,载《左海文集》卷首;陈寿祺自撰《隐屏山人传》,载《左海文集》卷九。此外,其事迹还见载于《清史稿》卷四八二《列传》二六九、《续碑传集》卷五一、民国《福建通志·儒林传》卷五等。

林春溥

林春溥(1775—1861),字立源,号鉴塘,又号讷溪,闽县人。嘉庆七年(1802)进士,改庶吉士。被派习当时立为"国书"的满文,散馆考试,钦取翻译第一名,授翰林院编修。由此名动京师,林则徐、郭尚先等皆从其学习满文。嘉庆十三年(1808)丁母忧归闽,主讲于玉屏书院八年。二十二年还朝,先后任国史馆修纂、文渊阁校理。道光二年(1822)因父病乞归,此后先后在浦城南浦书院、福州鳌峰书院任主讲。

据民国《闽侯县志》载,家居讲学其间,林春溥"在家购得房屋数椽",名为"竹柏山房","莳花种竹";"与舅氏陈登龙及游光绎、陈寿祺、赵在田诸君子讲论问学,阐述经史,遂著《孔孟年表》《论世约编》及《宜略识字》三书刊而行之"[2]。林春溥最著名的刻本是《竹柏山房》十五种附刻四种,共十九种著作九十二卷,均为其自著[3]。刊刻年代从嘉庆二十一年至咸丰四年(1816—1854),前后历时三十八年。今国内数十家图书馆有原本收藏。

谢章铤《竹柏山房丛书序》云:"吾师鉴唐先生掌教鳌峰二十余年,晨搜暝写,成书十数种,大抵史之支流也。上自开辟,下逮战国,日月纠纷,事迹乖午,莫不条分缕析,朗若列眉,其他诂经、散记亦皆旁撷群言,不持己见。……鳌峰书院多名师,予始及陈侍御之门,继从先生游。侍御精训诂,

---

①沈瑜庆、陈衍等:(民国)《福建通志·儒林传》卷五,1938年刊本,叶28A。

②欧阳英、陈衍:(民国)《闽侯县志》卷七一《文苑》,台北成文出版社1966年版,第290页。

③子目详见上海图书馆编:《中国丛书综录》第1册,上海古籍出版社1982年版,第522页。

长于经；先生熟记载，长于史。自予官于中外，侍御时已久殁，先生高年清望，闭户编摩，巍然若鲁灵光。今先生又不慭遗，而予亦年逾五十，回忆少时虽谢陋，颇复有志于作者，乃人事相迫，英华渐尽，求所谓勒为一经，藏之名山者，果能无愧于师门否耶？"①

林春溥生平事迹，又载民国《福建通志·文苑传》卷八。

刘鸿翱

刘鸿翱（1778—1849），字裴英，号次白，晚号黄叶老人。潍县（今属山东潍坊）人。嘉庆十四年（1809）进士。历任太湖同知、徐州知府、台湾道兼提督台澎学政、陕西按察使、云南布政使、署理闽浙总督、福建巡抚等职。在闽台两地，政绩颇显。晚年自撰《黄叶老人自序》称："生平希慕白香山，取号次白。读书不务考据，求古人义理所在，尤恶后儒驳程朱。"②其《重步黄叶楼原韵》有句云："海表风云通故里，潍阳树木隔层楼。"小字自注云："闽海与潍通。"③刘鸿翱事迹，详载民国《潍县志稿》卷二八《人物志》和王志民主编的《山东重要历史人物》第四卷④。

刘鸿翱的著作《绿野斋前后合集》，初刻于道光六年（1826）其官太湖之时，名《绿野斋文集》，仅四卷。道光二十四年（1844），他在福州刻印全集，题《绿野斋前后合集》，共六卷，另有《绿野斋制艺》一卷、《绿野斋太湖诗草》一卷。书名页题"绿野斋前后合集，道光甲辰秋刊"，前有陶澍、梁章钜、姚文田、周凯等序。《目次》前题"潍阳刘鸿翱次白氏著，男曦校字，孙长庆、笃庆编次"，其后有刘鸿翱题识云："道光丙戌，余丞太湖，及门李璧珊为余镌《绿野斋文集》；暨癸卯，余抚闽数年，之所积又复成帙，将合为全集。阅前所镌，论辨中间有不成体者，乃约见其义，删为短幅，入史评杂著序记，亦汰去十之二三。厦门道宗弟庄年好古，详为参酌，共二百八十九首，要其是非，究未知所定也。癸卯秋七月次白氏书于福建抚署犉勤堂。"⑤《目次》后有"闽省宋钟鸣刻"刊记六字，宋钟鸣是接受委托刊行此书的书坊主。

---

①〔清〕谢章铤撰，陈庆元等点校：《谢章铤集》，吉林文史出版社 2009 年版，第 56 页。

②〔清〕刘鸿翱：《绿野斋前后合集》卷四《黄叶老人自序》，《清代诗文集汇编》第 528 册，第 557 页。

③〔清〕刘鸿翱：《绿野斋前后合集》卷五《绿野斋太湖诗草》，《清代诗文集汇编》第 528 册，第 792 页。

④王志民主编：《山东重要历史人物》第 4 卷，山东人民出版社 2009 年版，第 15—16 页。

⑤〔清〕刘鸿翱：《绿野斋前后合集》卷首《题识》，《清代诗文集汇编》第 528 册，第 391 页。

此书的编刻地点署为"福建抚署犒勤堂",卷五有刘氏撰《福建抚署犒勤堂记》述其来历云:"抚署西偏,皖江汪稼门治室于台上,曰'犒勤堂'。白香山诗'勿轻一日醉,用犒九日勤。微彼九日勤,何以治吾民?微此一日醉,何以乐吾身?'稼门既取以额堂,因跋云……"①汪稼门,名志伊,清嘉庆间曾任福建巡抚。

叶申芗

叶申芗(1780—1842),字维郁,一字其园,号小庚、词颠,闽县人。清代闽中词人,名士叶观国季子。嘉庆十四年(1809)进士,历官府县,官至洛阳守,治绩颇丰。道光二十二年(1842),因劳卒于洛阳。民国《福建通志》载其所至"皆以廉明强干称。所到祛宿弊、疏滞狱、核荒政、制乱萌,大府倚若左右手。以卓荐,擢守洛阳,兼护河陕汝道,未满秩而吏畏民怀。辛丑(1841),开封河决,流民至境者无虚日。申芗劳来安集,全活无算,遂以劳终于位。"②梁章钜为其撰《墓志铭》。今人阮娟有《叶申芗年谱》,载氏著《三山叶氏家族及其文学研究:以叶观国、叶申芗为核心》,上海古籍出版社2011年出版。

叶氏的书室名"天籁轩",他曾以此名号刻书多种,均为词学著作。计有道光九年(1829)刊《天籁轩词谱》五卷;道光十一年(1831)刊《天籁轩词韵》一卷;道光十二年(1832)刻印自撰《本事词》二卷,今国家图书馆存;道光十四年刻印自编《闽词钞》四卷;同年又刊自撰《小庚词存》二卷,半叶八行,行二十一字,白口,左右双边,今亦存国家图书馆;道光十九年(1839)刊自编《天籁轩词选》六卷。以上数种刻本,又被合称为"天籁轩五种",《中国丛书综录》著录③。版式除《小庚词存》外,均为十行二十一字,白口,四周双边。今国家图书馆、福建省图书馆、福建师范大学图书馆均有存本。

苏廷玉

苏廷玉(1783—1852),字韫山,号鳌石、清湄,晚号退叟,泉州同安人。嘉庆十九年(1814)进士,任刑部主事。道光七年(1827)升郎中。后历任江

---

①〔清〕刘鸿翱:《绿野斋前后合集》卷五《福建抚署犒勤堂记》,《清代诗文集汇编》第528册,第605页。
②沈瑜庆、陈衍等:(民国)《福建通志·列传》卷三七,1938年刊本,叶10A。
③上海图书馆编:《中国丛书综录》第1册,上海古籍出版社1982年版,第921页。

苏松江、江宁、苏州等地知府，以及江苏粮道、山东按察使等职。道光十三年（1833）调四川按察使，十六年升布政使。道光十八年署四川总督加兵部郎中衔，后降为按察使。二十年任大理寺少卿，并于本年致仕归里。道光二十二年（1842）到福州，居文儒坊①。以故，此后他所刊刻的图书，大多在福州刊行。

苏廷玉书斋名"亦佳室"，著有《亦佳室诗文钞》《从政杂录》。《亦佳室诗文钞》四卷，现有清道光二十三年（1843）苏廷玉亦佳室刻本，今北京师范大学图书馆有存；《从政杂录》一卷，有咸丰三年（1853）亦佳室刊本②。其事迹，详见苏廷玉自编《鳌石府君自记年谱》一卷③。

道光十年（1830），苏廷玉从杭州文澜阁《四库全书》中抄出其先祖苏颂（1020—1101）《苏魏公集》七十二卷；十二年后，于道光壬寅（1842）在福州刊刻行世。前有陈寿祺序，后有苏廷玉跋云："先魏公文集七十二卷，宋椠本久已无存。道光庚寅，廷玉守苏州，陈恭甫太史来书，命就武林文澜阁重钞校镂，以公同好。廷玉亟令人录出副本，乞序于太史……今岁归里，乃得陈念庭学博复校之，考证完善，即付诸梓，以毕十年心事，时则道光壬寅七月也。……登庆历二年进士，公年二十三。绍圣二年乞致仕疏所云'臣今年七十六岁，仕宦五十四年'是也。绍兴九年己未，文集始编成书，汪浮溪序曰'公殁四十年，公之子㮊始克集公遗文'是也。绍兴己未至今壬寅，凡七百又四年，廷玉始重刊。本书之显晦于世，固亦有待乎时如是耶夫。"④此本乃苏颂全集之唯一传世刻本，今国家图书馆有存。

苏廷玉刻本还有，道光二十三年（1843）刊清孙经世撰《惕斋遗书》，收入孙经世遗著三种：《惕斋经说》四卷、《读经校语》二卷、《经传释词续编》一卷。孙经世字济侯，号惕斋，福建惠安人。"道光辛卯优贡，其为学以宋儒义理之说，体之于身，而超然心契其微。"⑤

同年（1843），苏廷玉刻印唐苏瓌、苏颋《苏许公文集》十二卷，今苏州市图

①曾意丹：《苏廷玉与〈新仪象法要〉》，《福州晚报》2007年9月10日。
②孙殿起：《贩书偶记续编》卷八，上海古籍出版社1980年版，第86页。
③此谱全名为《皇清诰授荣禄大夫大理寺少卿前四川总督兼管巡抚事显考鳌石府君自记年谱》，清咸丰二年其子苏士荣家刻本，天津人民图书馆存。载郑宝谦主编《福建省旧方志综录》，福建人民出版社2010年版，第638页。
④〔清〕苏廷玉：《重刊先魏公文集后跋》，苏颂：《苏魏公集》（下册），中华书局1988年版，第1107页。
⑤王欣夫：《蛾术轩箧存善本书录·辛壬稿》卷一，上海古籍出版社2002年版，第417—418页。

书馆有存本。苏瓌(639—710),字昌谷,此刻本系苏瓌、苏颋父子诗文合集。其中苏瓌一卷、苏颋十一卷(诗二卷、文九卷);前有道光二十三年七月苏廷玉撰《校刻苏许公文集序》,中云"先许公文集,廷玉从全唐诗文内录出"①。

道光二十五年(1845),他又刻印清安溪官献瑶撰《石溪读周官》六卷,系苏廷玉同安家刻本。书名页题"道光乙巳季春新刊,翻刻必究,石溪读周官,本衙藏板",卷首有署"道光二十五年三月同安馆后学苏廷玉拜撰"《新刻读周官序》,及乾隆四十三年(1778)官献瑶序。每卷前均题"安溪官献瑶述,同安后学苏廷玉刻,姻后学晋江郭□□、孙寿相仝校"。今中国科学院图书馆有存,《续修四库全书》第79册中收录的《石溪读周官》即据此版影印。

苏廷玉在外地刊刻的图书,有道光十年(1830)刻印的宋苏象先辑《丞相魏公谭训》十卷。其时,苏廷玉正官苏州知府,他得黄氏士礼居精抄校之宋本后重梓,书刻有陶澍、梁章钜、夏修和三序,苏廷玉作《重刊本跋》。苏象先为魏公苏颋长孙,此书为其所录祖父遗训。此书苏廷玉于道光二十二年又在福州重刊。

刘家镇

刘家镇(1789—1844),字奂为,闽县人。嘉庆二十三年(1818)举人,藏书家、音韵学家,曾刊刻自著书多种,又曾以活字印行《小西湖志略》一卷,今福建省图书馆有存。

民国《福建通志·文苑传》载其"稍长,笃嗜训诂音韵之学,日与业师季宗诚辨析南北音同异。嘉庆戊寅(1818)举于乡,选南安县学训导,称病不赴,家居料理生计。暇即考订韵书,赏鉴法书名画。修小西湖宛在堂,祀福州诗人十四先生,制小舟以备春秋佳日出游。以聚珍版印《小西湖志略》。尤眷眷于浚湖与水利也。时藩司吴荣光欲增广凤池书院学舍,添补膏火,家镇捐银二万两。……平生有两愿,一营义产,一萃韵书。……萃韵书,则所得旧家藏书,京师、吴门秘本及杭州文澜阁所钞录者百七十余种,尝自题'掰均'图记。所纂书目有五,曰《五朝切韵萃编》、曰《皇朝华韵合声谱》、曰《切韵指南阐说》、曰《五音字韵汇编》、曰《掰均尻小学书经眼录》,手稿盈

---

①赵荣蔚:《唐五代别集叙录》,中国言实出版社2009年版,第70页。

尺，皆梓行。"①其事迹，以林则徐撰《皇清敕授文林郎南安县学训导刘君墓志铭》为详②。

何则贤

何则贤（1801—1852），字道甫，号三山樵叟、蓝水后人等，闽县人。道光十五年（1835）举人，历官建阳县学训导、景阳书院山长。师从陈寿祺、陈庚焕、高澍然，与余潜士、梁月山、丁朴夫等交往密切。何则贤是清中叶福州知名的藏书家，藏书达五万多卷，书室名"静学书屋""蓝水书塾"。"游踪所及，见有秘籍善本，手自钞校不倦。"③

据民国《福建通志》载，何则贤曾"搜族祖名御者《白湖诗草》校刊之。……所师如陈庚焕、陈寿祺、高澍然诸先生，讲明性理，参考经传，旁及古文词。庚焕先逝，偕同志校刊遗集。署私印曰'惕园弟子'，惕园，庚焕号也。"④此谓"偕同志校刊遗集"，起始于道光三十年（1850），成于咸丰元年（1851），书名《陈惕园先生全集》。余潜士《陈惕园先生全集序》云："道光庚戌冬，同门友闽邑何广文道甫与先生文孙，复谋刊刻。先生族子楠斋并补辑其书札、笔记、杂著及诗集，而以事实附焉。适遇同邑冯君寿臣，喜其事之足以嘉惠后学也，踊跃赞成，则先生虽没，犹不没矣。"⑤此本实即清咸丰元年（1851）福州有有斋刻本《惕园全集》二十九卷，计有《初稿》十六卷《外稿》一卷《诗稿》二卷《遗稿》十卷。此书系陈庚焕门生何则贤、余潜士，及陈氏后人，在林文仪道光元年（1821）木活字印本《惕园初稿》《外稿》基础上，重新补辑其书札、笔记、杂著及诗集，附以遗像和序跋等，在邑人冯寿臣赞助下开雕，咸丰元年完成。今福建省图书馆有存本。

据余潜士所记，何氏于道光二十八年（1848）官建阳县学训导时，"官绅延主景阳书院讲席，辞不获已，则集诸生，示以修身励行之要，穷经揅史之功。又苦膏火不足，捐修金助之"⑥。其著作有《读经札记》《球使礼服答

①沈瑜庆、陈衍等：（民国）《福建通志·文苑传》卷八，1938年刊本，叶31B—32A。
②官桂铨：《林则徐撰写的〈刘家镇墓志铭〉》，福建社会科学院历史研究所编《林则徐与鸦片战争研究论文集》，福建人民出版社1985年版，第227页。
③欧阳英、陈衍：（民国）《闽侯县志》卷七一《文苑》，台北成文出版社1966年版，第292页。
④沈瑜庆、陈衍等：（民国）《福建通志·文苑传》卷九，1938年刊本，叶4A。
⑤〔清〕余潜士：《余潜士全集·姑留稿》卷一，厦门大学出版社2011年版，第92页。
⑥沈瑜庆、陈衍等：（民国）《福建通志·文苑传》卷九，1938年刊本，叶4B。

问》《涉史漫笔》《晋书举要》《史通》《何氏偶笺》《增补儒林宗派》等。

余潜士《何道甫静学书屋铭》云:"三山何子道甫,英敏笃学,余久耳熟之。道光癸未冬,晤于鳌峰。叩其学,博而正,庄庄乎其士,介然以自好善也。"①

刘存仁

刘存仁(1802—1877),字炯甫,又字念莪,晚号蓬园,闽县人。道光二十九年(1849)举人。林则徐督师广东,延其为幕僚。历官甘肃渭源、永昌、平罗等县知县,泰州、直隶等知府。晚年掌教福州道南书院,刻印延平黄俊苑《止斋遗稿》十六卷;咸丰三年(1853)刻印《屺云楼集》十二卷附《隐春园词集》一卷,有"咸丰三年腊月刊于福州"长方牌记,收入《清代诗文集汇编》第 619 册。同治十年(1871),刘存仁又在福州刻印其师光泽高澍然撰《李习之文读》十卷,见孙殿起《贩书偶记》卷一三著录②。"王凯泰序云:'刘炯甫刺史取舍人是编,付之手民。'同治十年福州刊本,板藏光泽抑快轩。"③《屺云楼文钞》卷八有刘存仁自撰《李习之先生文读跋》。

民国《南平县志》卷二〇《儒林志》载:"黄俊苑,字清美,又号止斋,居邑城西角。……闽刘存仁山长,掌教道南书院,与先生有旧,访于先生高弟陈国屿、叶新榆二孝廉,得先生手记《遗书》十六卷而刊之。"④据《屺云楼文钞》卷八刘存仁自撰《黄止斋遗书跋》,知此本刊印于光绪元年(1875)。民国《福建通志·文苑传》卷九载:"存仁少孤,受业编修陈寿祺门下,与张际亮、林昌彝、叶修昌、林寿图十数人称莫逆。又与光泽内阁中书高澍然同居累年,以虚心得师友之益。……以道光丙午(1846)优贡生举己酉(1849)乡试。时军兴,事日棘,存仁作《战说》《守说》《团说》《钱荒论》《赈论》《破除情面说》各篇,林总督则徐见而韪之,督师粤西,招入幕府。已而则徐薨于军,乃归。咸丰元年(1851),举孝廉方正,入都谒选,得甘肃县令,年已五十矣。……以病请告归,适宝应王凯泰来抚闽,延为延平道南、印山两书院山长。刻前贡士黄俊苑集为《止斋遗书》;又以少问学于高澍然,为刻其《李习之文读》。卒年七十有六。所著书已刻者《屺云楼文集》十二卷、《诗集》二

---

①〔清〕余潜士:《余潜士全集·姑留稿》卷六,厦门大学出版社 2011 年版,第 213 页。

②孙殿起:《贩书偶记》卷一三,上海古籍出版社 1982 年版,第 320 页。

③沈瑜庆、陈衍等:(民国)《福建通志·艺文志》卷六六,1938 年刊本,叶 7A。

④吴栻、蔡建贤:(民国)《南平县志》卷二〇《儒林志》,上海书店出版社 2000 年版,第 705—706 页。

十四卷、《诗余》一卷、《劝学刍言》四卷、《诗经口义》一卷、《笃旧集》十八卷、《闽邑忠义孝弟传》六卷。未刻者《易学钩元》二卷、《诗经条贯口义》六卷、《课儿晬语》八卷、《屺云楼诗话》八卷、《诗文肯綮》二卷、《归田课孙录》四卷、《家谱》二卷、《宦海风涛集》二卷、《年谱》四卷。"①

按，刘存仁《屺云楼诗话》咸丰间已刻印，见现存清咸丰、同治福州刻本《屺云楼集》中，《中国丛书综录》载此甚详②，所存子目与民国《福建通志·文苑传》所载略有不同。《笃旧集》十八卷，有咸丰九年（1859）兰州刊巾箱本，孙殿起《贩书偶记》著录③。

刘存仁事迹，以谢章铤撰《孝廉方正刘徵君别传》为详，传载《赌棋山庄文续集》卷一和清光绪刻本《屺云楼文钞》卷首。

刘存仁在外地也有刻书，所知者有同治元年（1862）在渭源（今甘肃渭源县）刻印其自著《屺云楼二集》四卷、《屺云楼三集》八卷，书名均由曲阜孔宪彝题署，有"同治元季五月刊于渭源"隶书长方牌记。二书亦收入《清代诗文集汇编》第 619 册。

林树梅

林树梅（1808—1851），本姓陈，字瘦云，号啸云山人，福建金门人。养父林廷福系闽安镇副将。林树梅虽出身将门，却酷爱习文。"每从廷福巡洋所至港汉夷险，辄随笔记录。既长，学为诗古文词。从巡道周凯及玉屏掌教高澍然游，得其指授，故为文具有矩矱。"④

道光十一年（1831），他从某同乡处得到卢若腾（1600—1664）《岛居随录》残稿两册，次年（道光十二年），又从卢若腾侄卢逢时处得到此稿的另一部分，遂于是年将此书校订刊印⑤，并于本年九月成书。此书即连横《台湾通史·艺文志》中著录的《岛居随录》二卷本。今中国科学院图书馆存⑥。

---

①沈瑜庆、陈衍等：（民国）《福建通志·文苑传》卷九，1938 年刊本，叶 8A—9A。

②上海图书馆编：《中国丛书综录》第 1 册，上海古籍出版社 1982 年版，第 545 页。

③孙殿起：《贩书偶记》卷一九，上海古籍出版社 1982 年版，第 521 页。

④左树夔、刘敬等：（民国）《金门县志》卷二〇《列传》，《台湾文献汇刊》第 5 辑第 2 册，九州出版社、厦门大学出版社 2004 年版，第 94 页。

⑤谢水顺：《福建古代刻书》，福建人民出版社 1997 年版，第 433 页。

⑥中国科学院图书馆编：《中国科学院图书馆藏中文古籍善本书目》，科学出版社 1994 年版，第 305 页。

何以断定此书刊刻于大陆而不是金门？这与林树梅所刊印的卢若腾的另一部著作即《岛噫诗》有关。此书林氏印本全称为《留庵岛噫诗集》，共一卷，为铜活字印本，今东北师范大学图书馆有存。书中有清末福州著名藏书家丁芸的一则题识："此集仅一卷，道光十二年，林瘦云先生从林君文仪借活字铜板排印，仅刷五十部，传本渐少。余从旧书肆觅得之……"①文中提到的林文仪，字祖瑜，闽县人②，是清道光年间以铜活字印书的知名刻书家。林树梅向他借铜板印书，铜板当然只能在福州本地使用，而不太可能借到金门；由此可以推定与《留庵岛噫诗集》同时刊行于道光十二年的《岛居随录》，其刊行地点应就在书坊云集的福州南后街。

林树梅性喜吟咏，工篆刻书画，著作有《啸云文钞》十二卷、《诗钞》八卷、《说剑轩余事》二卷；又校刻书籍多种，有《啸云山人诗文钞》《经验药方》等。《说剑轩余事》为其未刊稿，今存传抄本，题"金门林树梅偶笔，侯官郭柏苍兼秋校录"，现藏福建省图书馆。书中有《刻书》《印书》《晒书》《藏书》等与图书有关的珍贵史料。

林树梅传载《金门县志》卷二〇《列传》，以及《重修台湾省通志》卷九《人物志》③。

曾元澄

曾元澄（1808—1874），字亦庐，闽县人。清道光十一年（1831）举人，曾于咸丰九年至十年间（1859—1860）先后任浙江乐清、黄岩两县知县。性好作诗，其诗在闽浙间有一定影响。据郭柏苍《竹间十日话》著录，道光二十六年（1846），曾元澄曾刻印其先祖明曾灿垣《即庵诗存》四卷、《游草》一卷④。十行二十一字，黑口，四周双边。今国家图书馆、天津图书馆等有存。此书作者曾灿垣，字惟暗，号即庵。崇祯六年（1633）举人。"为人孝友，醇厚笃挚，勇于义，重然诺，不苟嚬笑。顺治丙戌，唐王聿键开藩七闽，灿垣与弟祖训同膺上荐。会仙霞师入，海宇荡平，朝廷鼎定之初，大吏知灿垣才学可用，将征之，灿

①刘奉文：《新发现的一部清代铜活字印本——〈留庵岛噫诗集〉》，《古籍整理研究学刊》1992年第6期。
②〔清〕郑祖庚纂：《闽县乡土志·耆旧录二》，台北成文出版社1974年版，第326—327页。
③刘宁颜总纂：《重修台湾省通志》卷九《人物志》，台湾省文献委员会1992年版，第581页。
④〔清〕郭柏苍：《竹间十日话》卷一，海风出版社2001年版，第8页。

垣遂绝意仕进，遍游江湖，著有《史纂事汇》《即庵诗存》《游草》诸书。"①

曾元澄于咸丰九年（1859）任乐清知县。《乐清县志》载："曾元澄，福建闽县人。有惠政。咸丰九年卸事。"②同一志书载，其前任杨炳焜系福建浦城人，咸丰八年九月卸任。由此可知曾元澄官乐清，前后仅仅一年。

咸丰十年（1860），曾元澄任黄岩知县，曾编纂《黄岩县志》，今存清同治七年（1868）续修本。在光绪《黄岩县志》卷首《纂修姓氏》"咸丰八年戊午至十一年辛酉元修姓氏"条下，"主修"之名即署"黄岩县知县闽县曾元澄亦庐"。主修以下有总纂、协纂、分纂等十几人③。在该志卷一〇《职官志》又载："咸丰十年，曾元澄，十二月署。号亦庐。闽县举人，有清名。"④

徐世昌《晚晴簃诗汇》录其诗三首，载其事迹云："曾元澄，号亦庐，闽县人。道光辛卯举人。浙江候补同知。有《养拙斋诗钞》。"⑤

综合以上史料记载，道光二十六年曾元澄刻印《即庵诗存》和《游草》之时，并未宦游在外，故其刻书，应在福州。

张瑞贞

张瑞贞（1809—1897），女，永福（今福州永泰县）人。名儒余潜士的儿媳。幼从余潜士习诗文，知书达礼，善诗文，能抚琴打谱，在乡间设塾讲学二十多年。余潜士逝世后，主持整理并刻印《耕邨全集》。

此书编刻之过程，张氏有文自述云："咸丰元年，余潜士先生病逝，临终嘱予主持家政，整理其遗著。其后凡三年，予持家课徒，哺乳幼儿，晨昏不缀，将先生累累遗作，拾遗补阙，振纲举目，编列次序。幸得先生诸友鼎力相助，《耕邨先生全集》得以付梓，既有利助于后学，又足以慰先生之英灵于九泉也。"⑥此书正名为《耕邨全集》，题清咸丰二年（1852）务本堂刊本。务本堂乃余潜士的书室之名，余氏编有《务本堂书目纪略》，是一部藏书目录。以此作为刻书之名，有其纪念意义。此咸丰务本堂刻本存本甚罕，今仅福

---

①〔清〕郭柏苍：《竹间十日话》卷一，海风出版社 2001 年版，第 8 页。

②〔清〕李登云、陈坤等：（光绪）《乐清县志》卷七《职官志》，台北成文出版社 1983 年版，第 1170 页。

③〔清〕陈钟英、王咏霓等：（光绪）《黄岩县志》卷首《纂修姓氏》，台北成文出版社 1975 年版，第 35 页。

④〔清〕陈钟英、王咏霓等：（光绪）《黄岩县志》卷一〇《职官志》，台北成文出版社 1975 年版，第 813 页。

⑤徐世昌：《晚晴簃诗汇》卷一三五，中华书局 1990 年版，第 5844 页。

⑥〔清〕张瑞贞：《自述》，《余潜士全集·附录》，厦门大学出版社 2011 年版，第 280 页。文中"晨昏不缀"当为"晨昏不辍"。

建省图书馆存完本。该本计收余氏所著书六种十五卷。其中,《教学编》一卷,乃丁汝恭编刊本;《困学迩言初编》一卷《续编》一卷《三编》一卷、《居官臆测》一卷,乃亲友门生资助刊刻;《自鸣集》二卷、《北游杂咏》一卷《北游续咏》一卷、《耕邨姑留稿》六卷,乃受业弟子魏其昌独力资助①。此即张氏上文所言"幸得先生诸友鼎力相助"之意。

张瑞贞生平,仍以其自述为详。略云:"予家素贫,家父租赁亩余瘦田耕种为生。无奈年衰力薄,食指繁多,难以为继。……余潜士先生宅心仁厚,视予为亲生女,胜如掌上珠。四岁开蒙,先生怀膝授予《三字经》《百家姓》。六岁随馆就学,与众蒙童诵读《四子书》。八岁开笔,习撰短文,并吟诵唐诗宋词,随即教以诗律词格。每有习作,先生不以幼稚,当堂吟哦讲评,嘱予抄成榜文,为同学范。……曰:'吾家有班昭矣,吾学承之有人乎。'十六岁予成婚,先生远赴省垣辅弼,乡馆一时乏师,先生不以予浅薄,荐以代之。若无先生教诲提携,瑞贞至今乃一村妇耳,遑论识字能文,岂能执教鞭而牧学童耶?"②林则徐夫人郑淑卿,是张瑞贞闺蜜,她曾评价说:"有瑞贞女史作塾师,永阳蒙童有福矣。"③

左宗棠

左宗棠(1812—1885),字季高,又字朴存,湖南湘阴人。道光十二年(1832)举人。曾主讲醴陵渌江书院及任陶澍家西席十年。咸丰二年(1852),入湖南张亮基、骆秉章幕。咸丰十年(1860),以四品京堂襄办曾国藩军务,次年任浙江巡抚。同治二年(1863),升闽浙总督。同治三年封一等恪靖伯。同治五年,创办福州船政局,成为洋务派代表人物之一。中法战争时,督办福建军务。1885年7月,因病卒于福州。事迹载《清史稿》卷四　二《列传》一九九、清吴汝伦《左文襄公神道碑》、清罗正钧《左文襄公年谱》等。

同治五年(1866),左宗棠在福州黄巷设正谊书局,刊行先贤遗著。他在《创设正谊堂书局告示》中说:"为晓谕事,照得敬教劝学卫国,于以中兴;察孝举廉,汉治所以近古。曩者仪封张清恪公孝先先生之抚闽也,与漳浦

---

① 〔清〕林宝辰:《耕邨全集序》,《余潜士全集》,厦门大学出版社2011年版,第1页。
② 〔清〕张瑞贞:《自述》,《余潜士全集·附录》,厦门大学出版社2011年版,第280页。
③ 〔清〕张瑞贞:《师说解》,《余潜士全集·附录》,厦门大学出版社2011年版,第282页。

蔡文勤公闻之先生讲明正学，闽学大兴。清恪汇刻儒先遗书五十五种，扫异学之氛霾，入宋儒之堂奥。……兹来清恪旧治，亟询是书，仅存四十四种，而鳌峰书院所藏版片，则蠹蚀无存矣。爰择省会文昌宫设正谊堂书局，饬司道筹款，就所存本先付手民开雕，余俟访寻续刻。书成，散之各府县书院，俾吾闽人士得以日对儒先商量旧学，以求清恪、文勤遗绪。近年科举频开，得举者多，谅不乏有志问学之士。其愿入局任分校之役者，各赴署报名。本月十六日取齐，定期十八日面试。榜示取入者，月致膏火银五两。本爵部堂判事之暇，亦将来局，与同志之士共相讨论。"①《左文襄公年谱》卷四载："同治五年丙寅，公五十五岁……又以闽中理学之邦，思有以延其绪。……设正谊堂书局开雕。书成，散之府县书院，俾吾闽人士得日对儒先商量旧学，以求清恪、文勤遗绪。"②

　　为保证这部丛书的刊刻质量，除向社会广泛招聘"有志问学之士""入局任分校之役"之外，他还特聘福建著名藏书家、刻书家杨浚，闽县举人林祚曾先后担任全书总校。担任全书校对的学者有闽县、侯官、长乐、闽清、连江诸县的学者130多人③。同治五年（1866）福州正谊书院重刊这部丛书，共68种，凡525卷。康熙刻本今罕存，现存本则多为清同治年间福州正谊书局重刊本。

刘家谋

　　刘家谋（1814—1853），字仲为，一字苣川，侯官县人。清道光十二年（1832）举人，道光二十六年（1846）以大挑任宁德教谕，道光二十九年由宁德教谕迁台湾府学训导。

　　刘家谋在宁德、台湾均有刻书。他在宁德刊刻其自著《外丁卯桥居士初稿》八卷，道光二十八年（1848）刊，书名页后有"道光戊申刊于东洋学署"隶书长方牌记一行；卷前有长乐谢章铤道光甲辰冬序，以及姚莹、张际亮、许赓皞等题辞。道光二十九年，又刻《东洋小草》四卷附《研剑词》一卷、《鹤

①〔清〕左宗棠：《左文襄公咨札·创设正谊堂书局告示》，《左宗棠全集》第16册，上海书店1986年影印光绪十八年刻本，第14583—14584页。

②〔清〕罗正钧纂：《左文襄公年谱》卷四，《左宗棠全集》第20册，上海书店1986年影印光绪十八年刻本，第17258页。

③据《正谊堂全书总目》"正谊堂全书校对姓氏"统计。参〔清〕张伯行辑，杨浚重辑：《正谊堂全书》第1册，清同治刻本，叶7A—10A。

场漫志》二卷。以上数种,合称《芑川先生合集》。因宁德古有"东洋"之称,故称东洋学署刊本。此刻本虽为清道光所刊,但可能因当年刊印之时印量极少,故今存本罕见,所知唯福建省图书馆有收藏。谢水顺等认为,"道光末年刘家谋任宁德教谕时所出版的几部著作也是在福州刊刻的"①。也就是说,此书虽署"东洋学署"刊本,刻印的地点却并不在"东洋"(宁德),而是在刘氏的故乡福州。可作为这一观点佐证的,是在《东洋小草》目录后,有"榕城王友士镌字"小字一行。《观海集》四卷,是刘家谋撰于台湾的诗集,咸丰八年戊午(1858),由其子刘淳刊于福州。据卷首谢章铤序,时刘家谋已逝世五年。

道光二十九年(1849),刘家谋在任台湾府学训导期间,先后在海东书院选录书院诸生课试之文编为《东瀛试牍》初集、二集、三集②。

刘家谋生平事迹,详见其挚友谢章铤撰《教谕刘君小传》、民国《福建通志·文苑传》卷九、民国《闽侯县志》卷七二、《重修台湾省通志》卷九。谢章铤《教谕刘君小传》略云:"君少颖异,十四能诗;十九举于乡,成诗已数卷。时陈恭甫侍御掌教鳌峰,君从之游。与同门张际亮、赖其瑛、郑天爵、许赓皜相切劘,学益进。其诗上骖杜陵,下揖白傅,称情而出,于温柔敦厚之旨有会焉。……既累上春官不第,以大挑得教谕。初任宁德,继任台湾,皆有声。……君留心文献,所至辄搜罗掌故。在宁著《鹤场漫志》,在台著《海音》,于地方利弊尤惓惓焉。任台之四年,海寇黄位倡乱,台匪应之。君时已病肺,力疾守陴,积三阅月,以劳卒。事闻,恤其子为国子监生,盖在咸丰三年,君年四十也。"③

郭柏苍

郭柏苍(1815—1890),字兼秋,又字青郎,号但痳轩老人,侯官人。清末著名藏书家、刻书家和学者。道光二十年(1840)举人,官至内阁中书及主事。其藏书处先后有天开图画楼、蕉山馆、葭柎草堂、玉尺山房和沁泉山馆等,藏书六万多卷。

①谢水顺、李珽:《福建古代刻书》,福建人民出版社1997年版,第426页。

②杨永智:《明清台南刻书研究》,台湾东海大学硕士论文,台湾东海大学图书馆馆藏2002年铅印本,第116页。

③〔清〕谢章铤:《赌棋山庄所著书》,《续修四库全书》第1545册,第270页。

　　郭柏苍最著名的刻本，是其自撰自刻的《郭氏丛刻》十三种，陆续刊行于光绪七年至十四年（1881—1888）。这十三种著作分别为《补蕉山馆诗》二卷、《鄂跗草堂诗》二卷、《三峰草堂诗》二卷、《沁泉山馆诗》二卷、《柳湄小榭诗》二卷、《葭柎草堂集》三卷、《竹间十日话》六卷、《海错百一录》五卷、《闽产录异》六卷、《七月漫录》二卷、《左传臆说十九条》一卷、《闽中郭氏支派大略》一卷、《我私录》一卷。参《中国丛书综录》著录①。

　　郭氏后人郭白阳《竹间续话》列有郭柏苍编刻简目，可补以上十三种未录者。略云："吾家代有著述……兼秋公有《补蕉山馆诗》二卷、《鄂跗草堂诗》一卷、《三峰草庐诗》二卷、《沁泉山馆诗》二卷、《柳湄小榭诗》一卷、《葭柎草堂集》三卷、《七月漫录》二卷附《左传臆说》，《闽中郭氏支派大略》一卷附《我私录》，以上总称《云闲堂全集》；《竹间十日话》六卷、《海错百一录》五卷、《闽产录异》六卷、《三元沟始末》二卷附《新港开塞编闽会水利故》一卷、《福州浚湖事略》一卷、《乌石山志》十卷，均已梓行。又《历代纪元宅都纪略》《杜律臆解》，藏于家。其所改订者，有《全闽明诗传》五十五卷；其所校刻者，有唐《周太朴诗》一卷、《制诏集》二十卷、明《蓝山集》六卷、《蓝涧集》六卷、《石门集》七卷、《傅木虚集》十五卷、《林涵斋诗文集》二卷、《黄陶庵诗》一卷、（洪永）《十子诗》三十卷。"②

　　《中国丛书综录》、郭白阳《竹间续话》所载，只是郭氏刻本的一个简目，而无具体的刊印年代。以下据郭柏苍本人的著述，对其刻书做一番考述。

　　郭柏苍刻书，今可考的最早刻本，刊于道光十三年（1833）。本年郭柏苍年方十九，所刊为明闽县戴成芬著《于峰小纪》九卷。戴氏为郭柏苍舅舅之婿。此书体例、内容，与谢肇淛《五杂俎》《文海披沙》相类。郭氏认为，此书"凡圣经贤传、诸子百家，可以淑身，可以治世，其余《禽经》《山海经》《博物志》诸书，祇足以广见闻"，故"急为之作序，并作札，付梓民吴大擀，促其剞劂。道光癸巳六月"③。

　　道光十八年（1838），郭柏苍刻印明黄淳耀撰《黄陶庵诗》一卷。其于道光戊戌所撰《刊黄陶庵诗选序》云："海内群诵黄陶庵先生文，不传其诗也。予既采辑唐《周太朴》、明《林涵斋集》，复得汪瞻侯选《陶庵诗》一帙手录本，

①上海图书馆编：《中国丛书综录》第 1 册，上海古籍出版社 1982 年版，第 554 页。

②郭白阳：《竹间续话》卷四，与《竹间十日话》合刊，海风出版社 2001 年版，第 88 页。

③〔清〕郭柏苍：《葭柎草堂集》卷上《于峰小纪序》，《清代诗文集汇编》第 662 册，第 120 页。

传而并刊之,庶使诵先生文者,读其诗,益以想见其为人。"①

　　道光十九年,刊刻明闽县林之蕃(字孔硕,号涵斋)撰《林涵斋集》二卷。郭氏有文记此刻本云:"道光己亥,采辑先生诗文并传画传,刊为全集。"②光绪七年(1881),郭氏又作《明御史林涵斋先生诗文后序》,略云:"明御史林先生之蕃,崇祯癸未进士。其梗概,已详道光己亥授梓时所撰事略。中越四十二年,始识林都阃寅于墟墓间,谂为御史玄孙,寻觅亲近数祖坟,卒于数年得之。其人之笃厚可知,乃以御史诗文集板归焉。御史曾祖堪,祖材居官居乡有风节。"③由此后序可知,林涵斋曾祖是林堪,祖林材,父林弘衍,均有明一代闽县名士。三人事迹,参见本书"林材·林弘衍"条。

　　道光二十二年(1842),刻印《乌石山志》九卷,题天开图画楼刊。该书系郭氏与刘永松合纂,今北京大学图书馆有存本。其自序云:"会城之内有九山。九山,乌石为最大,会城之地称'三山';三山,乌石为最奇,郡中人士与客子有惮其游观之远者,辄寄兴斯区。……斯山在会城人文荟集之地,其大且奇又如此。古无志者,是有数,未可骤也。越数年……采访既备,爰求考订,僮仆借书,奔走于路,凡屡易稿而就。……今成矣,勒山石,识岁月焉,更愿有好事者起予所欲为而未逮者。道光二十二年岁次壬寅七月朔日,邑人郭柏苍自叙于麓之古天开图画楼。"④目录与各卷后左下角均有"于麓古天开图画楼开镌匠吴大擖"刊记。目录、凡例后有《山前图》《山后图》两幅,图后有"道光壬寅于麓古天开图画楼开镌"长方牌记。郭柏苍有《乌石山志成》一诗:"半生淹古寺,越郡订遗文。荒僻穷搜讨,空疏少见闻。名山共名辈,题石胜题坟。一片岩头语,终焉在白云。"诗中有小字自注云:"篆书径尺余,题邻霄台前石上曰:'道光壬寅秋朔,山志成,邑人郭柏苍同刘永松、黄宗彝,弟柏芗会觞于此。永松书石。'"⑤此书于光绪九年(1883),距前所修将近五十年后,由郭柏苍本人作了续修。他在序中说道,"《乌石山志》成未五十年,而山之可供游屐者,又不及半",盖因"甲辰

①〔清〕郭柏苍:《葭柎草堂集》卷上《刊黄陶庵诗选序》,《清代诗文集汇编》第 662 册,第 123 页。
②〔清〕郭柏苍:《葭柎草堂集》卷上《明御史林涵斋先生事略》,《清代诗文集汇编》第 662 册,第126 页。
③〔清〕郭柏苍:《葭柎草堂集》卷下《明御史林涵斋先生诗文后序》,《清代诗文集汇编》第 662 册,第190 页。
④〔清〕郭柏苍:《乌石山志》卷首,海风出版社 2001 年版,第 1—2 页。
⑤〔清〕郭柏苍:《补蕉山馆诗》卷下《乌石山志成》,《清代诗文集汇编》第 662 册,第 14 页。

(1844)以后夷人入居,夷人去而地归官,祠宇占及山脊"等故。因此,此次续修的基本原则,因恐"日久山愈促,而山之事迹、艺文愈不可得,故又以广收为是"①。

道光二十四年(1844),郭柏苍刊印唐周朴撰《周太朴诗》一卷。书中有道光甲辰撰《重刊周太朴诗序》云:"周朴独以吴兴布衣避乱闽中,侨居乌石僧寺。不饮酒,不茹荤,块然独处。黄巢至,闻其名求得之,卒以不屈而死。……千载以下,闻公节义,其有不感发兴起者乎?……黄子肖岩因出徐兴公所辑公诗,俾予付梓……遂就原本校刊,并与友人设主,寄祀于麓天开图画楼。……公诗自明迄今凡三刻,此又闽人感公节义而重文章之一验云。"②

光绪七年(1881),郭氏编刊题郭氏沁泉山馆刻印的《明闽中高傅二山人集》二十二卷。其中明高瀫撰《石门集》七卷、明傅汝舟撰《傅木虚集》十五卷。《傅木虚集》,或作《丁戊山人集》。郭柏苍《选刻丁戊山人集》一诗下有自注云:"道光辛丑(1841),何孝廉则贤以高宗吕《石门集》嘱刻,今为合订焉。"③又撰《刊石门集序》,认为时从郑少谷学诗者,首推侯官高瀫(字宗吕,号石门子),"次则傅汝舟,世称高傅二山人……三百年来,梨枣弗及。……传之,以待论者"④。

光绪九年(1883),他又刻印唐福建观察使常衮《常观察制诏集》二十卷。郭氏序称:"光绪庚辰李子宗言出虞道园所藏《制诏集》,嘱为寿梓。自卷一至十八卷,舛讹殊甚。十九、二十两卷,乃文衡山抄录,字句尚少疏漏。因与儿子溶、孙女婿刘大受检集他书,增入二十余篇。……按各家书目,观察未有专集,今集成,闽人溯知学之源,皆欲传诵。惜李成公椅著作无存,不能为之合刻传世,为一恨事耳。"⑤

光绪十年(1884),刻印明蓝仁《蓝山集》六卷、蓝智《蓝涧集》六卷。郭柏苍《过蓝原》一诗题下有小字注云:"二蓝集首刻于洪武间,再刻于永乐。《大典》传本已鲜,光绪甲申柏苍又为校刻。"⑥实际上,早在光绪四年

①〔清〕郭柏苍:《葭拊草堂集》卷下《续修乌石山志序》,《清代诗文集汇编》第662册,第197页。

②〔清〕郭柏苍:《葭拊草堂集》卷上《重刊周太朴诗序》,《清代诗文集汇编》第662册,第136页。

③〔清〕郭柏苍:《沁泉山馆诗》卷下《选刻丁戊山人集》,《清代诗文集汇编》第662册,第96页。

④〔清〕郭柏苍:《葭拊草堂集》卷上《刊石门集序》,《清代诗文集汇编》第662册,第129页。

⑤〔清〕郭柏苍:《葭拊草堂集》卷下《常观察制诏集序》,《清代诗文集汇编》第662册,第196页。

⑥〔清〕郭柏苍:《补蕉山馆诗》卷下《过蓝原》,《清代诗文集汇编》第662册,第50页。

（1878），郭氏已撰《重刻蓝山集后序》。阅之，知因此二书"集外尚多遗佚，欲求善本既不可得"①，故迁延有年，六年后方付刻梓。这在作于光绪甲申的《重刻蓝涧集后序》中也可得到印证。"《蓝涧集》亦李员外作梅钞本，不得《永乐大典》为之校刊，字句之舛讹，甚于《蓝山集》。以意更正，终恐不能与古人吻合，是以作辍，逾数岁始成。"②

　　光绪十二年（1886），刻印其自著《竹间十日话》六卷。同年，又刻印其自著《海错百一录》五卷、《闽产录异》六卷③，内容均为闽中"故实物产"。本年，郭柏苍七十二岁。《竹间十日话自序》末署"光绪丙戌七十二叟郭柏苍序于闽山之柳湄小榭"④。

　　光绪十三年（1887），刻印其自著《七月漫录》二卷附《左传臆说》，内容为在其母亲的影响下，他阅读《诗经·豳风·七月》和《左传》时所撰的漫笔。

　　光绪十四年（1888），刻印明袁表、马荧辑《闽中十才子诗集》十种三十卷，为闽中林鸿、陈亮、高棅、王恭、唐恭、郑定、王偁、王褒、周玄和黄玄十位明代诗人的诗集⑤。其自序云："《闽中十子诗》三十卷，传本久鲜。道光间，见侯官郑茂才杰《全闽明诗录》，知其家藏尚有此书。历五十年卒得注韩居珍本。……其书当时徐公饬令建阳令李增校勘，数月即成，舛讹殊多。今姑就原本改正。"⑥同年刻印《闽中郭氏支派大略》一卷附《我私录》，记郭氏闽中支派大略。

　　光绪十五年（1889），刻印清郑杰辑、郭柏苍补编《全闽明诗传》五十五卷。陈衍认为，"嘉庆间，侯官郑昌英茂才辑有《全闽诗录》……至郭兼秋先生独取明一代之稿刊之。先生熟闽中掌故，于原稿多所订正"⑦。实际上，此书是由郭柏苍与杨浚（雪沧）历经光绪丁亥到庚寅（1887—1890）前后四年之功，对郑杰原编进行重编和修改而成。"有父子失次、县分舛误、科目歧异、同名异籍者，考诸书删定之。损益数十家，共存几百四十五人。分五

---

①〔清〕郭柏苍：《葭𣗪草堂集》卷下《重刻蓝山集后序》，《清代诗文集汇编》第 662 册，第 180 页。

②〔清〕郭柏苍：《葭𣗪草堂集》卷下《重刻蓝涧集后序》，《清代诗文集汇编》第 662 册，第 200 页。

③〔清〕郭柏苍：《葭𣗪草堂集》卷下《海错百一录序》《闽产录异序》，《清代诗文集汇编》第 662 册，第 205—206 页。

④〔清〕郭柏苍：《葭𣗪草堂集》卷下《竹间十日话自序》，《清代诗文集汇编》第 662 册，第 205 页。

⑤上海图书馆编：《中国丛书综录》第 1 册，上海古籍出版社 1982 年版，第 879 页。

⑥〔清〕郭柏苍：《葭𣗪草堂集》卷下《重刻闽中十子诗序》，《清代诗文集汇编》第 662 册，第 212 页。

⑦陈衍：《陈石遗集·石遗室文集》卷九《补订闽诗录叙》，福建人民出版社 2001 年版，第 511 页。

十五卷,附诗僧五人。"①

郭柏苍的生平,见载于民国《福建通志·文苑传》卷九。

谢章铤

谢章铤(1820—1903),字枚如,长乐人。光绪二年(1876)进士,曾先后主讲江西白鹿洞书院及福建漳州、龙岩、陕西同州等地的书院。从光绪十三年(1887)起,掌教福州致用书院十六年。

谢章铤系晚清福州著名学者、藏书家,长于诗词。其藏书处名赌棋山庄,藏书万卷,以抄本、稿本居多。传世的赌棋山庄抄本有明徐𤊹《榕阴新检》、明归有光《归震川先生论文章体则》、清高澍然《抑快轩文稿》等二十几种,稿本有《赌棋山庄遗稿》《赌棋山庄词稿》《赌棋山庄词学纂说》《谢枚如先生文稿》等十几种。

由赌棋山庄刻印传世的刊本,则有《赌棋山庄文集》等十五种,刊刻地点在福州、南昌两地,以福州为主。在南昌所刻,主持人为陈宝琛,所刻书详见本书"陈宝琛"条。

在福州刻印的书有下述几种:

光绪十四年(1888),刻印《赌棋山庄所著书·诗集》十四卷,凡古今体诗904首,卷首有"光绪戊子刊于福州,门人清江黄介校字"牌记,卷末镌"三山吴玉田镌字"。与陈宝琛南昌刻本《赌棋山庄所著书·文集》一同收入《续修四库全书》集部第1545册。

光绪十五年(1889),刻印《赌棋山庄集·酒边词》八卷,收词405首。卷前有"光绪己丑,刊于福州"长方牌记,卷末镌"三山吴玉田镌字"刊记。收入《续修四库全书》集部第1727册。

光绪十八年(1892),刻印《赌棋山庄文续》二卷,卷首题"光绪壬辰刊于福州,门人黄彦鸿书",后有光绪十八年受业门人陈宝璐跋。卷二末有"福州吴玉田镌字"一行。同年,刻印清长乐梁履将撰《木南山馆词》一卷,亦委托吴玉田"镌字",有"光绪壬辰刊行,赌棋山庄藏板"牌记。

光绪十九年(1893),又委托吴玉田刻印其曾祖清谢世南撰《东岚谢氏

---

① 〔清〕郭柏苍:《葭柎草堂集》卷下《全闽明诗传序》,《清代诗文集汇编》第662册,第220页。

明诗略》四卷。书前有"光绪癸巳秋刻，赌棋山庄藏板"长方牌记。其序称："府君之殁，于今七十有二年，章铤始克搜讨其遗书，付之剞劂，以蕲稍慰府君，表彰祖德之心于万一。然而于其讲义中所谓伦理、学问、事功诸大端，章铤顽钝不肖，有志而无一逮焉。嗟乎！又将何以慰我府君耶？诗曰：'昔我有先正，其言明且清。'又曰：'夙兴夜寐，毋忝尔所生。'自兹以往，庶几后之人感奋振作，不甘庸鄙，读其书，仰其人，数典不忘其祖，则所以为门户之光者，岂但博文采风流之誉而已哉！光绪癸巳仲春，曾孙章铤书于致用讲院之维半室。时年七十有四。"①

光绪二十四年(1898)，在福州刻印《赌棋山庄文又续》二卷；光绪二十四年至二十七年，在福州刻印《赌棋山庄笔记合刻》五种（分别为《围炉琐忆》《藤阴客赘》《稗贩杂录》《课余偶录》《课余续录》）。目录后题"光绪辛丑展重阳编于讲院维半室，门人侯官黄彦鸿题签"。

以上刻本，除部分收入《续修四库全书》《清代诗文集汇编》外，大部分又被收入沈云龙主编、台湾文海出版社 1975 年出版的《近代中国史料丛刊续辑》第 15 辑。

谢章铤生平，详见清陈宝璐《长乐谢先生墓志铭》，载《艺兰室文存》，有 1940 年闽县螺江陈氏刊本；民国《长乐县志》卷二二《儒林》和民国《福建通志·文苑传》。今人所著有陈昌强撰《谢章铤年谱》，附于陈庆元等点校的《谢章铤集》。

王凯泰

王凯泰(1823—1875)，字幼绚，一字幼轩，号补帆，江苏宝应县人。道光三十年(1850)进士，授编修。同治二年(1863)，入李鸿章幕。此后历任浙江按察使、广东布政使。同治七年(1868)升任福建巡抚。在职期间，"居官多善政"，课吏兴学，创建"清代福州四大书院"之一的致用书院。著《致用堂志略》一卷，今存光绪福州刻本。光绪元年(1875)移驻台湾，以抵御日本的入侵，后因病返闽，同年卒于福州。闽人在乌石山南麓致用书院左侧建"王文勤公祠"而祀之。

同治六年，王凯泰在福州，将族曾祖王懋竑《读书记疑》刻印于福建抚

署。该书封面题"白田草堂续集，读书记疑十六卷"，由俞樾手写隶书上版；扉页有"岁在壬申中春月，开雕于福建抚署"牌记。

同治十二年（1873），王凯泰又刻印自撰《三山同声集》四卷附录一卷，为王凯泰俭明简斋福州刻本，今苏州图书馆、镇江市图书馆藏四卷本。

同治十三年，王凯泰在福州还刊刻了王凯泰、俞樾撰《归田唱和集》、《湖上弦歌集》二卷、《岭南鸿雪集》一卷《后集》一卷，牌记题"俭明简斋雕版福州""余姚朱衍绪检""俭明简斋开雕，余姚朱衍绪检"。版心下署"俭明简斋"，卷末有"三山吴玉田镌字"一行。王凯泰《湖上弦歌集序》云："甲戌之秋，林颖叔同年院长过访署斋。余以脱粟饭饷客，摘后圃薯叶为羹。院长食而美之，因仿其法，遍饫致用堂同学，名曰'中丞菜'，命题征诗，汇成一帙。余感其意，梓为《湖上弦歌集》。适同人亦有题咏，列之卷前，并以同学咏柑诸篇附于后。王凯泰识于福州节署崇兰书室。"[1]

王凯泰生平，正史、方志、闽台史籍所载甚夥。其要者有《清史稿》卷四二六《列传》二一三，方浚颐《二知轩文续存》所载《墓志铭》，俞樾《春在堂杂文续》卷一所载《神道碑》等。

徐树铭·郭柏荫

徐树铭（1824—1900），字寿蘅，湖南长沙人。道光二十七年（1847）进士，咸丰八年（1858）以兵部左侍郎任福建提督学政。清咸丰十年（1860），资助建安朱氏紫霞洲祠堂刻印《朱子集》一百零四卷，事未竟而调任，委托郭柏荫续成之，此即今清华大学图书馆存清咸丰十年郭柏荫重辑本之来源。

徐树铭在闽事迹，民国《福建通志·职官志》卷二二仅载其名字、里籍、任年等，已如前所述。其生平，详见《清史稿》卷四四二《列传》二二九。郭柏荫《重刊朱子集记》云："徐少司马寿蘅先生督学来闽，倡议重刊。手定凡例，集诸生分任缮写校订之役，而躬综其成。刻工未蒇，先生受代还朝，属柏荫既其事。……是集之刻，适介绝续之交，斯固先觉之灵所与为呵护。而先生于扃试之外，日事丹铅，一字之疑，必加考订，俾多

---

①〔清〕王凯泰：《湖上弦歌集序》，转引自谢章铤撰，陈庆元等点校：《谢章铤集》，吉林文史出版社2009年版，第843页。

士有所观感,不惮手胝口沫,以共赞厥成。是子朱子为先圣之功臣,而先生又为子朱子之功臣也。柏荫不能文,于朱集尤不敢以文辞为赘也。事竣,记其大凡如右。"①

郭柏荫(1807—1884),字远堂、石泉,侯官(今福州市)人,郭柏苍之兄。道光十二年(1832)进士,授翰林庶吉士、编修。道光十七年(1837)任浙江道监察御史,转山西道,升刑部给事中。道光二十三年后回乡,历主清源、紫阳和鳌峰书院。同治元年(1862)往安庆,先后跟随曾国藩、李鸿章,不久升任江苏按察使、布政使。同治六年(1867),升广西巡抚,改调湖北,先后两任湖广总督、巡抚。光绪元年(1875)辞归福州,再主鳌峰书院。著作有《石泉山人吟稿》《天开图画楼文稿》等。传载《清史稿》卷四二六《列传》二一三。

对郭柏荫续成徐树铭刊印的《朱子集》,郭柏荫家人显然知晓,但在他们的著作中,一般不提,以显君子成人之美之意。如其弟郭柏苍《竹间十日话》载:"徐树铭,字寿蘅,长沙人。道光丁未进士。(咸丰)八年,以兵部左侍郎任。重刻《朱子集》,令生童书之,各载名姓于卷末。"②郭柏苍曾孙郭白阳《竹间续话》卷四载:"长沙徐寿蘅先生树铭,道光八年进士,以兵部左侍郎提督福建学政,甚得士望。先生工书法、善诗,有《澄园诗集》。人知其书之工,而鲜知其画之妙者。画山水别辟蹊径,不事临摹,而金石之气灿然,自署王山人。"③

除刻印《朱子集》外,另据阳海清、蒋孝达《中国丛书综录补正》著录,徐树铭曾于同治元年(1862),在福州刻印清黄元御撰《黄氏医书八种》④,子目详见《中国丛书综录》⑤。

傅以礼

傅以礼(1827—1898),字节子,一字戊臣,号小石。山阴(今绍兴)人。清末著名藏书家、文献学家。仕宦闽中二十余年,同治末年,曾任台湾海防

---

①〔清〕郭柏荫:《天开图画楼文稿》卷四,《侯官郭氏家集汇刊》,民国二十三年(1934)侯官郭氏刊本,叶 8A—B。

②〔清〕郭柏苍:《竹间十日话》卷四,海风出版社 2001 年版,第 79 页。

③郭白阳:《竹间续话》卷四,与《竹间十日话》合印本,海风出版社 2001 年版,第 76—77 页。文中言徐树铭为道光八年进士有误,其应为道光二十七年进士。

④阳海清、蒋孝达:《中国丛书综录补正》,江苏广陵古籍刻印社 1984 年版,第 204 页。

⑤上海图书馆编:《中国丛书综录》第 1 册,上海古籍出版社 1982 年版,第 722 页。

同知。光绪十八年至二十年(1892—1894)任福州知府,加盐运使。光绪十八年(1892),在福州编校并刊刻宋傅察撰《傅忠肃公文集》三卷首一卷附《校勘记》一卷,十一行二十一字,细黑口,左右双边。今国家图书馆有存,著录作傅以礼演慎斋刻本,有傅增湘校补并跋。傅跋不仅涉及傅以礼刊刻此本之始末,对傅以礼的生平和藏书事迹也多有提及。节略如次:

> 《傅忠肃公文集》三卷,刻于庆元乙卯(1195),元、明以来遂无复本。光绪壬辰(1892),大兴傅以礼节子始据旧钞本校刻于福州,附《校勘记》一卷,缮写工整,镌刻精雅,当世奉为善本。……昔节子宦游八闽,勤求古籍,号为淹博,又获交周季贶、陆刚甫诸人,互相通假,故刊是集时,得见者有丁松生之吴州来本,陆刚甫之吴兔牀本,杨雪沧之明钞残本,更益以何竹芗之传校本、蓝格旧钞本,凡合五本,精校付雕……①

傅跋的大意是,以傅以礼之渊博,参考版本之多,然书中仍不免有错,此为傅增湘作校记的重要原因。

傅以礼在闽刻书,最值得一提的,是由其任总纂刊行武英殿聚珍版丛书闽刻本。乾隆年间颁发的武英殿聚珍版一百二十三种,因年久版蚀,傅以礼以清末知名的文献学家被命为总纂,前后任修补之役四载,并在原书基础上又新增二十五种,遂为完本。据《福建通志·版本志》载:"光绪十七八年间,经闽浙总督卞宝第、谭钟麟先后督修,选知府傅以礼为总纂。知丰顺丁氏藏有当时原本,借之来闽,较福刻多十余种,遂据以勘补增刻。丁本之外,又稽各家书目,称为聚珍本,而尚有他刻可据者一律补镌,计较旧刻外新增二十五种。其各本中有篇章缺佚,由以礼寓书杭州丁氏、湖州陆氏,或录副以来,或刻成寄校。若诸种中访有宋椠元钞尚存者,亦辗转物色,据以更易旧刻,否则甄采裒集,自十余卷以至一二篇,附为拾遗,并互考其异同,别作校勘记附后。以礼又成例言十则,将新旧刻诸书分四部目录,共计一百四十八种。其本非聚珍版之书,前此修版误入者,则析出另列一目,所谓别行八种是也。其版旧藏藩库,后移庋鳌峰书院。"②

傅以礼著有《华延年室题跋》三卷、《有万憙斋石刻跋》一卷、《庄氏史案本

---

①傅增湘:《藏园群书题记》卷一四《校澹生堂钞本傅忠肃集跋》,上海古籍出版社1989年版,第713—714页。
②沈瑜庆、陈衍等:(民国)《福建通志·版本志》卷六,1938年刊本,叶4A。

末》二卷、重编阮元《四库未收书目提要》等,其事迹载金梁辑《近世人物志》①。

杨　浚

杨浚(1830—1890),字雪沧,一字健公,号观颇道人,又号冠悔道人。祖籍晋江,迁居侯官。清末著名藏书家、抄书家。咸丰二年(1852)举人,历官内阁中书,任国史、方略两馆校对。同治五年(1866),受聘于福州正谊书局,编校《正谊堂全书》。其刊刻的图书有,咸丰五年(1855)刻印朱昌寿撰、杨浚补《易义针度补》八卷《近科易显录》一卷,今福建省图书馆存;同治二年(1863)刻印自撰《金策飏言》一卷、《圣谕广训》三卷,今北京大学图书馆存;光绪四年(1878)刻印自撰《小演雅》一卷《续录》一卷《别录》一卷《附录》一卷,题侯官观颇道人撰,冠悔堂刊巾箱本;清光绪十四年(1888),刻印其自著《湄州屿志略》四卷首一卷附录二卷,今福建省图书馆存。无具体年号的刻本有清闽县林春溥辑《郑蔡年谱合表》一卷,乃汉郑玄、蔡邕年表合刊本。民国《福建通志·艺文志》云:“表分为三层。第一层表年月及国家大事,二层郑谱,三层蔡谱。蔡后郑六年生,先郑八年卒也。是书为杨浚校刊本。”②无具体年号的刻本还有《闽竹居丛书》,收书二十八种,每种一卷,《中国丛书综录》著录③。民国《福建通志·艺文志》载云:“浚字雪沧,以举人援例为内阁中书,又援例为候补道员。家开一旧书坊,因饶藏本。所有著述,颇熟于乡邦掌故,诗多至千数百首,不甚称于时。”④

杨浚也是一位抄书家,今所存其抄本多题作“杨氏冠悔堂抄本”,已知就有同治八年抄《直隶水田简要事宜》一卷,今中国科学院图书馆存;清陈荣仁撰《闽中金石略》十五卷,今国家图书馆存;杨浚辑《冠悔堂杂录》十四种十六卷,今北京大学图书馆存。

杨浚的生平,见载于民国《福建通志·文苑传》卷九。其中记其聚书与著述云:“历主漳州丹霞、紫阳、浯江书院,士之来谈艺者甚众。设书肆于会城,藉收善本,聚七万卷。筑楼三楹庋之。尝自诧曰:‘终老是闲足矣。’好金石文字。大兴傅以礼、山阴何澂、钱塘张景祁,同里陈荣仁、龚显曾,其至

①金梁:《近世人物志·傅以礼》,北京图书馆出版社 2007 年版,第 105 页。

②沈瑜庆、陈衍等:(民国)《福建通志·艺文志》卷二三,1938 年刊本,叶 9B。

③上海图书馆编:《中国丛书综录》第 1 册,上海古籍出版社 1982 年版,第 174 页。

④沈瑜庆、陈衍等:(民国)《福建通志·艺文志》卷六六,1938 年刊本,叶 22B—23A。

契也。勤于著述，有《冠悔堂文钞》《诗钞》《词钞》《骈体文》《金石题跋》《笔记楹语》《岛居随录》（续录、三录、四录）、《世德录》《示儿录》《易义针度补》《金策飏言》《小演雅》《闽南唐赋》《淡水厅志》。"①

郭白阳《竹间续话》卷四记其应左宗棠之聘重刻《正谊堂全书》事迹甚详，略云："杨雪沧先生浚，由晋江移籍侯官，寓会城虎节河沿，家多藏书。同治间，左文襄任闽浙总督，拟重刻《正谊堂全书》，遍访诸缙绅家，不得其本。后闻先生藏有完帙，托人商之，先生以传本罕为辞。左公好名，乃便服夜访，先生不敢见，于翌日赴谒。文襄礼待甚殷，为道刻书之意，且托董其事。先生遂允，悉召福州及泉州涂门名匠，雕刻全书六十八种，凡五百一十五卷。卷帙既繁，所费亦大。文襄即以举办厘金所入充其资，而先生得润亦丰矣。事竣，请先生助理文牍，旋保奏内阁中书，补用道员。先生于是设'群玉斋'书肆于总督后，广搜善本。同治辛酉，陈左海太史家书籍散鬻，多列朝集及未梓本。先生谋诸夫人，脱金钏以购之。见所著《示儿录》，乃就所居筑楼三楹，贮七万卷于其中，颜曰'冠悔堂'，今李宅是也。"②

龚易图

龚易图（1835—1893），字蔼仁，号含晶。闽县人，藏书家。咸丰九年（1859）进士，官至广东按察、济南知府。在济南、福州两地均有刻书。同治八年（1869），在济南重刊其高祖龚景瀚撰《澹静斋全集》七种二十七卷，分别为《澹静斋文钞》八卷（其中《外集》二卷）、《澹静斋诗钞》六卷、《积石山房四书文》三卷、《邶风说》二卷、《说裸》二卷、《祭仪考》四卷、《离骚笺》二卷。

光绪五年（1879）在福州，刻印其自撰《谷盈子十二篇》；又于次年刊印自著《乌石山房诗存》十二卷。龚易图《蔼仁府君自订年谱》载："是岁（光绪五年），校群书于乌石山房，撰《谷盈子》并诗稿十六集，付手民刊之。"又载："六年庚辰四十六岁，刊《乌石山房诗集》成，与江西杨卧云撰《乌石山房藏书目录》。"③同年，刻印其高叔祖龚景李、龚景淙同著《双骖亭遗稿合刊》二卷。民国《福建通志·艺文志》著录："景李字纪堂，景淙字石梁，所著分上

①沈瑜庆、陈衍等：(民国)《福建通志·文苑传》卷九，1938 年刊本，叶 12A。
②郭白阳：《竹间续话》卷四，与《竹间十日话》合印本，海风出版社 2001 年版，第 80 页。
③〔清〕龚易图：《蔼仁府君自订年谱》，《北京图书馆藏珍本年谱丛刊》第 173 册，北京图书馆出版社 1999 年版，第 74—75 页。

下卷。二人皆易图高叔祖。光绪六年易图为刊其诗。"①

　　民国《福建通志·列传》卷三九本传在载其宦绩之外，以其藏书事迹为主。有云："易图天资高旷，通禅理。喜言因果，自谓宋辛稼轩后身。习星卜书画，皆学苏，苍秀冠时。罢官后，日邀知好以诗酒相娱乐，筑双骖园于乌石山下，庋楼藏书十余万卷。祖居城北三山馆业鬻他民，购归立宗祠。舍旁之环碧池馆，水木清幽，遂移居焉。营武林园、吴蓉别岛于花园街，奇石嶙峋，冠会城。"②其事迹，详见谢章铤撰《布政使司布政使蔼仁龚公墓志铭》，该文载于《赌棋山庄》又续集和《碑传集补》卷一八；以及上文所揭龚易图《蔼仁府君自订年谱》。

叶大庄

　　叶大庄(1844—1898)，字临恭，号损轩，闽县人。父叶滋森，曾祖叶申蔼，高祖叶观国，均著名学者、藏书家。叶氏从先世到叶大庄都喜藏书，其藏书楼名"玉屏山庄"，藏书五万多卷，是晚清著名的藏书楼。藏书楼原址在福州仓山阳崎乡，至今保存完好，为福州市重点文物保护单位。

　　叶大庄"少与同县陈宝琛，侯官陈书、陈琇莹友善。能为诗，自谓赝宋。喜言考据，效高邮王氏之学"③。乃同治十二年(1873)举人，援例报捐内阁中书。光绪甲申(1884)，马江之役委办团练之事。光绪十五年(1889)，任江南乡试同考官、松江府海防同知。光绪二十四年(1898)，在邠州知州任内积劳成疾，又带病勘察灾情，发赈粟。"至猫儿窝渡河，雪霁风作，舟几覆，顾从者曰：'勤死民事，固吾所适。'得句云：'晓雨春流利似泷，献花不借女儿窗。招魂我在猫窝里，门对长河入大江。尔辈幸得生，当诵之，以明吾志。'"④本年二月，卒于任上。叶大庄的著作有《写经斋全集》，其子目为《大戴礼记审议》一卷、《礼记审议》二卷、《丧服经传补疏》二卷、《退学录》二卷、《写经斋诗初稿》四卷、《写经斋诗续稿》二卷、《写经斋文稿》二卷、《小玲珑阁词》一卷，八种著作均在光绪间陆续刊行。以藏书楼命名刻本，称为玉屏山庄刻本，刻本多有"玉屏山庄藏版"牌记。其中《写经斋初稿》四卷刊于

①沈瑜庆、陈衍等：(民国)《福建通志·艺文志》卷七一，1938年刊本，叶12A。
②沈瑜庆、陈衍等：(民国)《福建通志·列传》卷三九，1938年刊本，叶56A。
③沈瑜庆、陈衍等：(民国)《福建通志·列传》卷三七，1938年刊本，叶13B。
④沈瑜庆、陈衍等：(民国)《福建通志·列传》卷三七，1938年刊本，叶12B。

光绪二十一年(1895),为叶大庄自刻本,《续稿》为陈衍于叶大庄逝后三年
(1901)刊行于武昌。民国《福建通志·艺文志》著录云:"初稿损轩自刊,专
学樊榭,颇长于幽寻,喜用冷隽字、冷僻典,而间近饾饤。《续稿》才笔较流
利自如,系余代刊于武昌者。"[1]

陈宝琛·陈宝璐

陈宝琛(1848—1935),字伯潜,号弢庵、陶庵,闽县人,是清朝末代皇帝
溥仪的老师。同治七年戊辰(1868)科进士,选庶吉士,官内阁学士兼礼部
侍郎。曾祖陈若霖、祖陈景亮、父陈承裘。光绪八年(1882)主江西乡试,旋
即诏命为江西提督学政。其生平事迹,详见陈三立《清诰授光禄大夫赠太
师陈文忠公墓志铭》、陈懋复等《诰授光禄大夫晋赠太师特谥文忠太傅先府
君行述》、张允侨《闽县陈公宝琛年谱》、陈衍《陈宝琛传》等,均载于上海古
籍出版社2006年出版的《沧趣楼诗文集》附录一。

陈宝璐(1858—1913),字敬果,号叔毅,又号靭庵。陈宝琛三弟,师从
谢章铤。光绪十六年(1890)进士。选取庶吉士,改主事,任职于刑部。因
父年高,回乡侍亲,不复入都供职。其兄宝琛督学江西时,延请长乐谢章铤
主白鹿洞书院讲席,宝璐为谢氏助教,对谢的学问十分佩服。后谢氏为福
州致用书院山长,遇身体不适,陈宝璐每代其为主讲。

陈宝琛、陈宝璐兄弟二人,曾分别在南昌、福州两地刻书。已有的著录
中,曾出现过二人名氏相互混淆的情况。

现存谢章铤撰《赌棋山庄全集》中,由陈宝琛刊刻的有光绪十年(1884)
刊《赌棋山庄集词话》十二卷《续》五卷。卷首有"光绪甲申弢庵刊于南昌使
廨"长方牌记两行,以及其孙阶兰敬临谢章铤像。此书收入《续修四库全
书》集部第1735册。同年,陈宝琛刊《赌棋山庄所著书·文集》七卷,亦刊
于南昌,有"光绪十年弢庵刊于南昌使廨"长方牌记两行。这两种刻本,《中
国丛书综录》均著录作"光绪十年闽县陈宝璐南昌使廨刊"[2],有误。"弢
庵"系陈宝琛号而非陈宝璐号,由此可知,此二书应为陈宝琛南昌刻本。

陈宝璐所刻书,可考者则有光绪三十年(1904)在福州刻印其师谢章铤

①沈瑜庆、陈衍等:(民国)《福建通志·艺文志》卷六六,1938年刊本,叶24B。
②上海图书馆编:《中国丛书综录》第1册,上海古籍出版社1982年版,第551页。

撰《说文闽音通》一卷附录一卷。据卷末题"光绪甲辰孟秋门人闽县陈宝璐"刻书跋语，知此书刊行于谢章铤逝世后的第二年。《近代中国史料丛刊续辑》第15辑《说文闽音通》即据此本影印。陈宝璐的著作有《陈刑部杂文》《艺兰室文存》一卷。其生平，见载于《碑传集》三编卷四一、民国《福建通志·列传》卷三七等。

林　纾

林纾（1852—1924），原名群玉，字琴南，号畏庐，别号冷红生，闽县人。中国近代著名文学家，最早将西方文艺作品翻译成汉文的中国人。他不懂外文，依靠别人口译，用文言文翻译欧美等国小说180余部。译笔流畅，文笔婉约动人，且能保持原著的风貌。其生平事迹，载《清史稿》卷四八六《列传》二七三。

光绪十七年（1891），林纾刊印了《福州支社诗拾》不分卷。此书为光绪年间李宗言、李宗祎、林纾、陈衍、郑孝胥、高凤岐、周长庚、王又点等19位诗人所组成的著名诗社——福州支社成员的诗选集。由周长庚、林群玉（纾）选，周长庚、林纾作序。林纾的畏庐刊本，委托福州吴玉田镂板，为此书最早刻本。此书后有李宗言宣统元年（1909）安徽排印本、民国二十五年（1936）李宣龚重排本。

林纾翻译的《巴黎茶花女遗事》，有清光绪二十五年（1899）林纾畏庐家刊本，亦由福州吴玉田刻字铺刻印，巾箱本。半叶九行，行二十字，毛边纸，老宋体，封面白纸书签，扉页用浅绿色纸。此本为《巴黎茶花女遗事》的最早版本。封面有"巴黎茶花女遗事""冷红生自署"字样，扉页后有"己亥正月，板藏畏庐"两行字，均为林纾手书，书末有"福州吴玉田镂字"一行。

同年，该书素隐书屋线装本在昌言报馆印刷发行。关于此本，有两种说法。一说是本年六月，福州有人以"素隐书屋"名义，托昌言报馆用四号铅字排版翻印，线装，扉页书名旁印有"书经存案，翻印必究"字样，公开发行①。此说认为林纾畏庐家刻印行的数月之后，即有铅字排版问世。一说是在同年四五月间，素隐书屋以林纾家刻原板委托昌言报馆印刷；因此书里封印有"己亥夏素隐书局托昌言报馆代印"两行。1899年5月26日上海

①李瑞良编著：《中国出版编年史》（增订版）下册，福建人民出版社2006年版，第756页。

《中外日报》刊有《茶花女遗事告白》："此书闽中某君所译,本馆现行重印,并拟以巨资酬译者。承某君高义,将原板寄来,既不受酬资,又将本馆所偿板价捐入福州蚕桑公学。特此声明,并致谢忱。昌言报馆白。"[1]此说认为该本以"畏庐藏板"即林纾自费雕刻的书板续印。

丁　芸

丁芸(1859—1894),字耕邻,侯官人。光绪十四年(1888)举人。谢章铤高弟。曾祖丁桐是谢章铤外祖父。丁芸幼孤,由母抚之成长。光绪十八年(1892),曾以活字排印其曾祖丁桐著《晋史杂咏》。"生平手不释卷,有志于古作者。以先世文集散佚,穷力搜访,遂成其曾祖所著《晋史杂咏》一书,印之。"[2]此本即《中国印刷史》所言"侯官丁氏排印《晋史杂咏》,均为扁体"[3]之刻本。今国家图书馆有存。

其本人的著作则有《尔雅郭注溯源》《古文论语郑注辑本》《历代闽川闺秀诗话》《国朝闽川闺秀诗话》《闽中石刻考》《左传五十凡义证》《公羊何注引》《汉律考》《晋史杂咏注》《续编柏衙诗话》《柏衙人物传》等。

光绪二十年(1894),丁芸因喉疾而卒,仅 36 岁。谢章铤为撰《丁耕邻墓志铭》,赞其"予友教四方三十年,门士千计,求如耕邻之渊默慧照者,盖亦不可多得"[4]。

陈世元

陈世元(生卒年未详),字捷先,号觉斋,乾隆间监生,闽县人。于乾隆三十三年(1768)刻印其自撰《金薯传习录》二卷,是我国最早传播甘薯(番薯)种植技术的农书。前有署"乾隆戊子腊月赐进士出身翰林院庶吉士兼掌教鳌峰书院朱仕琇"的序,介绍此书的大致来历。

陈世元六世祖陈振龙在明万历间,从吕宋引种甘薯,时正值闽中饥荒,其子陈经纶将薯藤和种法呈献给福建巡抚金学曾,"金为刊行其

①阿英:《关于〈巴黎茶花女遗事〉》,薛绥之、张俊才:《林纾研究资料》,福建人民出版社 1983 年版,第 276 页。
②沈瑜庆、陈衍等:(民国)《福建通志·文苑传》卷九,1938 年刊本,叶 19B。
③张秀民著:《中国印刷史》(插图珍藏增订版),浙江古籍出版社 2006 年版,第 508 页。
④〔清〕谢章铤撰,陈庆元等点校:《谢章铤集》,吉林文史出版社 2009 年版,第 113 页。

法"①。通过推广种植甘薯，收到了救荒的效果，因而甘薯被呼为"金薯"。后来陈氏子孙又加以大力宣传，甘薯逐渐推广到浙江、山东、河南等省。本书就是有关宣传推广甘薯文献的汇编。有乾隆三十三年(1768)初刊本、四十一年重刊本。

全书分上下两卷，题"晋安陈世元捷先氏汇刊"，每叶八行二十一字，无直格，四周双边。今福建省图书馆存此书原刊本，为宇内孤本。1982年10月，农业出版社据此本与《种薯谱》合刊影印出版。此书又有嘉庆间重刊本，今南京图书馆存。

民国《福建通志·孝义传》载："陈世元，监生。因熟悉树艺之法，自愿赴河南教种番薯。年老急公远涉，患病身故。巡抚毕沅为奏，赏国子监学正职衔，地方官妥为照料。"②

陈应魁·王元麟

陈应魁(生卒年未详)，号戆窝，永福(今福州永泰县)人。道光二十六年(1846)举人。曾于嘉庆十九年(1814)编著并刊行《香草斋诗注》六卷，题"永阳戆窝藏板"，今中国科学院图书馆、南开大学图书馆、山西大学图书馆等有存。按，《香草斋诗钞》，清永福诗人黄任撰，陈应魁为之作注并刊行。陈应魁序云："此余先君子所以重其人、爱其诗而命余注之也。黄君于岐，劝令授梓。因于原集外，增入遗编。"③

陈应魁事迹，载民国《永泰县志》卷九《儒林传》："陈应魁，号戆窝，县治人。家贫甚，无力购书，恒借书而读。比长，博极群书。由恩贡应道光丙午乡试，恩赐举人。尝就馆赵谷士家，孑然一身。已而门者询云：'陈先生远来，携有书箧否？'魁以手鼓腹曰：'此中便便，即经笥也。'……生平所著有《三礼述存》《读左会心》《四书管见》《经济大略》《戆窝策存》《礼记质疑》《三传考异》等书。已梓者有《香草斋诗注》。"④

对黄任诗作注者，除《香草斋诗注》之外，后又有题《秋江集注》者，清长乐王元麟编著并刊行。王元麟(生卒年未详)，字芝田，一字必瑞。道光二

①李驹等：(民国)《长乐县志》卷一九《艺文志》，福建人民出版社1994年版，第655页。
②沈瑜庆、陈衍等：(民国)《福建通志·孝义传》卷一三，1938年刊本，叶6A。
③〔清〕黄任等撰，陈名实、黄曦点校：《黄任集》附录，方志出版社2011年版，第594页。
④董秉清等：(民国)《永泰县志》卷九《儒林传》，台北成文出版社1967年版，第223页。

十三年（1843），编纂并刊行黄任《秋江集注》六卷，题长乐王氏东山家塾藏板。半叶十行，行二十四字，白口，四周双边。自序云："因苦引用浩博，借书搜讨，详注简端。十有余年，寝食弗倦。欲以就正先生，而典型日已远矣。壮岁以后，砚田为业，非借书不入城市，日积月累，又廿余年，手自细书，分为六卷。"①

民国《长乐县志》卷一四《选举志》载："王元麟，寄居闽县后屿。丁酉（1777）拔贡。"②由此可知，其"非借书不入城市"的寓居之地是在闽县后屿，此应亦其"东山家塾"之所在。

民国《长乐县志》载其事迹云："王元麟，字伯瑞，一字芝田。乾隆丁酉（1777）拔贡。性嗜古，熟《左氏传》。……喜诵永福黄任诗，为之撰注，广证旁搜，屡易稿，数十年始成书，一生精力毕粹于此。今所行《秋江集注》是也。晚选松溪教谕。未几，致仕归。卒年九十。子亨桱，嘉庆戊寅（1818）举人。"③

冯 缙

冯缙（生卒年未详），字光敦，号笏轺，又号陶舫，侯官人。嘉庆三年（1798）举人。民国《福建通志·文苑传》卷八本传载："一赴礼闱，即不复出。日以书籍自娱，喜为诗，有《甀甄稀米集》。尝校刊乡人林侗《来斋金石考》及孟超然《亦园亭全集》，自撰《兰话堂后金石存》《唐昭陵陪葬名氏考》行世。又尝欲重刊《淳熙三山志》，梨枣已具，以力不逮而辍。"④

冯缙刊刻孟超然（1731—1797）撰《亦园亭全集》，又名《瓶庵先生遗书》，时在嘉庆二十年（1815），系孟超然逝世近二十年后。该书由陈寿祺、冯缙与孟氏族人合力编刻。陈、冯二人均为孟氏门人，此集共收孟氏所著书十二种二十八卷。其中《丧礼辑略》二卷、《诚是录》一卷、《求复录》四卷、《焚香录》一卷、《晚闻录》一卷、《广爱录》一卷、《家诫录》二卷、《瓜棚避暑录》一卷、《瓶庵先生诗钞》四卷、《瓶庵先生文钞》四卷、《使粤日记》二卷、《使蜀日记》五卷。今福建省图书馆、福建师范大学图书馆等有存本。

冯缙刊行的图书还有，嘉庆二十一年（1816）刻印清侯官林侗撰《唐昭

---

①〔清〕黄任等撰，陈名实、黄曦点校：《黄任集》附录，方志出版社 2011 年版，第 595 页。

②李驹等：(民国)《长乐县志》卷一四《选举志》，福建人民出版社 1994 年版，第 503 页。

③李驹等：(民国)《长乐县志》卷二五《列传》，福建人民出版社 1994 年版，第 958 页。

④沈瑜庆、陈衍等：(民国)《福建通志·文苑传》卷八，1938 年刊本，叶 20B。

陵石迹考略》五卷、林侗撰《来斋金石刻考略》三卷、清谢道承撰《汉魏碑刻纪存》一卷、冯缙自撰《唐昭陵陪葬名氏考》一卷,此四种书今湖南省图书馆均有存本。

冯缙本人的著作有《陶舫枣窗拾慧》十二卷。雷梦水《古书经眼录》著录云:"清晋安冯缙笏辑底稿,朱丝栏写本。首有道光癸未荔夏旬黍日自序,今录原目于下:(卷一)《拾经慧》;(卷二)《拾史慧》;(卷三)《拾旧闻》;(卷四)《拾生日慧》;(卷五至六)《拾贡举慧》;(卷七至八)《拾榕城景物慧》;(卷九至十)《拾海滨闻见慧》;(卷十一)《拾熙朝巨公轶事慧》;(卷十二)《拾东冶先辈事慧》。"①

方亨衢

方亨衢(生卒年未详),云间(今上海松江)人。清嘉庆末任闽清知县。道光元年(1821),在闽清刻印清永福黄虞世著《冻井山房诗钞》一卷。民国《福建通志·艺文志》卷六五著录云:"虞世字成运,号韵亭,任从子。闽清知县方亨衢为刊其集。"②方序称:"山人名虞世,字韶庭。少师事莘田,从居会城。家有凌沧楼,藏书颇富,日枕藉其中。后弃制举业,归永福之白云。所居有冻井,因借以颜其居,自号冻井山人。啸傲泉石间,以诗酒自娱。家故甚饶,后稍落,山人不知有人间富贵,虽屡空,宴如也。余既爱其为人,因受其集而读之,大抵秾郁艳丽,似莘田一家。而沉挚之情,流逸之气,毕见楮墨间,又自有真面目存,而非徒寄莘田篱下者,盖真能衍莘田宗派云。……余感其意,为之序,以附莘田之后。盖以志向慕莘田之意,而并及其支流余派使传莘田者,知有山人。既足彰莘田一门之盛,而山人亦可无憾矣夫。时道光元年春王正月二十五日,赐进士出身知闽清县事江右云庄方亨衢书丁梅溪官廨。"③莘田,即永福诗人黄仕。

在刊刻《冻井山房诗钞》之前,方亨衢又刻印黄惠《余事斋文稿》二卷。《清人诗文集总目提要》著录:"《余事斋稿》四卷,黄惠撰。惠字心庵,福建永福人。莘田从子。乾隆十九年进士,授江西高安知县,挂议去。此《余事斋文稿》二卷、《诗稿》二卷,道光二十六年二研斋刻,今福建省图书馆有存。

---

① 雷梦水:《古书经眼录》,齐鲁书社 1984 年版,第 111 页。
② 沈瑜庆、陈衍等:(民国)《福建通志·艺文志》卷六五,1938 年刊本,叶 14A。
③〔清〕黄虞世:《冻井山房诗钞序》,陈名实点校:《黄任集》外四种,方志出版社 2011 年版,第 456 页。

内《文稿》二卷，又嘉庆间方亨衢刻，《续修四库提要》著录。前卷多拟作谢表，后卷多碑记寿序及代作之文，多应酬之作。"[1]

民国《闽清县志》卷七《循吏志》载："方亨衢，云间人。文章经术，卓尔不群，为政宽猛互济，邑人称之。"[2]

道光十二年（1832），又刻印其自著《新建鼎峰书院志》不分卷，今上海图书馆存。鼎峰书院在闽清县钟南山，原为雍正七年所建正音书院，方亨衢任知县时，改建为鼎峰书院[3]。

孔寄吾·李云诰

清道光二十三年（1843）冬，建宁著名诗人张际亮不幸患病逝世。他先后托付给门人、亲友故旧的几份遗稿，历经坎坷曲折，直到咸丰、同治年间，才得以陆续出版。其中最先问世的，是孔寄吾校刊的《张亨甫全集》。

孔寄吾（生卒年未详），名庆衢，字寄吾，与张际亮系同乡。他原系福州南后街永泰漆行的老板，李云诰称其"为人爱才慷慨"，因念及乡贤的著作不能出版，故"不吝数百金力"刊印此书。因张际亮有一部诗稿由其子诵芬寄在"林太史镜飔处"（一说是林则徐之子林汝舟，字镜帆），于是孔寄吾到林家领稿，"随到随刊"。因孔氏只是一个粗通文墨的商人，对张际亮的生平、作品的总量、对作者已将此书定名《思伯子堂稿》以感怀伯兄幼年养育之恩等等情况均不了解，故此书在刊刻时，出现了两个问题。一是此书原先仅收诗2216首，只占张际亮全部诗作的约五分之一，不能说是全集，但孔寄吾却将此书称为"全集"。二是孔寄吾不了解张际亮诗稿始终保持以时序编年成卷的特点；且在孔氏所得之稿中，还有不少讹误和遗漏，导致所谓"无编年卷第，且多遗漏，颠倒讹错，不能成书"[4]。

此后，经李云诰多方查找，对该书细心校对，正讹补漏，诗作增至2650首。讹误之处，"今悉校正，改补共为三十四卷"[5]。李云诰请张际亮友人、晋江杨庆琛和著名刻书家杨浚分别作序。杨庆琛序云："吾友建

①柯愈春：《清人诗文集总目提要》（上册），北京古籍出版社2001年版，第697页。
②杨宗彩等：（民国）《闽清县志》卷七《循吏志》，台北成文出版社1967年版，第213页。
③杨宗彩等：（民国）《闽清县志》卷二《建筑志》，台北成文出版社等1967年版，第64页。
④〔清〕李云诰编：《张亨甫年谱》，《北京图书馆藏珍本年谱丛刊》第150册，第559页。
⑤〔清〕李云诰编：《张亨甫年谱》，《北京图书馆藏珍本年谱丛刊》第150册，第559页。

宁张亨甫诗文集刻成,其弟子李华峰广文持来请序,于时隔亨甫殁二十五年矣。"[1]

此书经李云诰重编、补阙、校正,共收诗二十七卷、文六卷,又在卷首增辑序、传、各家评语和李云诰编《张亨甫年谱》一卷。而后,交由榕城名肆吴大擀刻铺刊刻。而书名因原版版心上方每版均题为"张亨甫全集",不便修改,只好仍用孔庆衢旧题。李云诰校订全书完成后,撰《凡例》数则,列《年谱》之后。其中最后一则云:"集板刻成,原系孔寄吾之力,此时仍存福州后街永泰漆铺,应听寄吾自理刷行,购者向其取问,云诰不与焉。同治丁卯春,同里门人李云诰谨识。"[2]此即孔庆衢校刊李云诰补刊同治六年福州刻本《张亨甫全集》之始末。

李云诰(生卒年未详),字凤仪,号云峰。建宁人,恩贡生。师从张际亮,民国《建宁县志》卷一六《文苑》载其生平。称其少梦至华山石室,有老人谓曰:"子居此千余年矣,子前身此山主,终当返也。"醒,遂自号"太华山人"[3]。未冠,嗜吟咏,受业于同里张际亮,后肄业于福州鳌峰书院。得到高澍然、刘家谋诸前辈的赞赏,诗名遂继际亮而起。著有《太华山人诗剩稿》《张亨甫先生年谱》等[4]。民国《福建通志·文苑传》所载与此略同。

同治八年(1869),张际亮《思伯子堂诗集》三十二卷,则由姚莹之子姚濬昌在安福刊印出版。

林迪光·陈题桥

林迪光、陈题桥(生卒年均不详)。二人均福州鳌峰书院弟子,乾隆十七年(1752),在福州刻印其师潘思榘撰《鳌峰讲义》四卷。潘思榘《鳌峰讲义序》云:"余自戊辰来三山,不揣梼昧,敬宜天子育材德意,思踵先正遗轨。月试而季会,暇则至院,语诸生以为学立身砥行之方,经世之用,油然集听,咸有感发。……公退,寻绎乡所受于父师者,为之辨其疑似,标其旨归,以

---

①〔清〕杨庆琛:《张亨甫全集序》,张际亮:《思伯子堂诗文集》附录二,上海古籍出版社2007年版,第1449页。

②〔清〕李云诰编:《张亨甫年谱》,《北京图书馆藏珍本年谱丛刊》第150册,第563页。

③吴海清、张书简等:(民国)《建宁县志》卷一六《文苑》,上海书店出版社2000年版,第701页。

④吴海清、张书简等:(民国)《建宁县志》卷一六《文苑》,上海书店出版社2000年版,第701—702页。

示诸生，聊备训诂。林、陈二生，手自抄纂，岁月既久，遂积四卷，请付剞劂，用便览观，余勿能止也。"①

潘思榘（1695—1752），字补堂，江南阳湖（今属江苏常州）人。雍正二年（1724）进士，乾隆十三年（1748），调福建巡抚。为政精勤，《清史稿》载其"朔望入书院与诸生讲说经艺，如是者以为常。积劳疾作不少止"②。文中所说的书院，指的就是福州鳌峰书院。《榕城考古略》载："（乾隆）十五年，巡抚潘思榘修葺（鳌峰书院）讲堂，并颁书籍及黄道周《经解》刻板。"③

《四库全书总目》载："《鳌峰讲义》四卷，国朝潘思榘撰。思榘有《周易笺释》，已著录。鳌峰书院在福州，为巡抚所掌。此其官福建巡抚时，与诸生讲《大学》《中庸》之语，诸生编而刊之者也。"④文中隐去了林、陈二生之名，而仅以"诸生"一语带过。

沈大成《鳌峰讲义书后》曰："此故中丞补堂先生所说《学》《庸》义，而鳌峰都讲林、陈二君刻而宝藏之者也。先生自戊辰（1748）春莅闽，今春捐馆舍，盖五年于兹矣。先生由寒畯入仕，所至以诸生为气类，以书院为游息，以长育人材为先务。自粤、浙、皖以逮闽，育士甚多。而林、陈二君与孟君超然，则尤加赏识者也。……吾幼在里中，闻父兄长者言：当世之务育材者，吴则商邱宋公，越则高安朱公，闽则仪封张公、泰安赵公。及壮而出游，则安居王公及先生，皆前后抚闽，而于士有恩者也。"⑤

此书刊刻者林迪光，字师实。《鳌峰书院志》卷六《科目》载其为福州

①〔清〕游光绎：《鳌峰书院志》卷一一《绪论》，《中国历代书院志》第 10 册，江苏教育出版社 1995 年版，第 381—382 页。

②〔清〕赵尔巽等：《清史稿》卷三〇八《列传》九五，中华书局 1977 年版，第 10591 页。

③〔清〕林枫：《榕城考古略》卷中，海风出版社 2001 年版，第 48 页。此言"刻板"，语义不甚明了。《侯官县乡土志》所载对此可加以补正："鳌峰书院者，前抚张伯行所建。思榘时入讲堂督课，口讲指画，娓娓不倦。成《鳌峰讲义》若干卷，多先儒所未发，赎黄道周《经解》板庋院中。闽之文学界灿然日章，思榘盖有力焉。著《周易浅释》《天玉初笺》《青囊佩觿》《地学要旨》诸书，饬修《福州府志》，亲裁定，以劳卒于官。谥敏惠。入祀京师贤良祠，并闽、浙两省。"载《侯官县乡土志》，台北成文出版社 1974 年版，第 39—40 页。文中所言"赎黄道周《经解》板庋院中"，与上文所引"颁……黄道周《经解》刻板"，实为同一意，即将康熙三十二年（1693）郑开极官浙江提学之时所刊官板黄道周《经解》赎购，再颁发给鳌峰书院。以故，方有陈寿祺所言"《经解》九种，吾乡郑几亭宫谕视学浙江，以康熙癸酉授剞劂，今板存福州鳌峰书院"这一跨越时空的大挪移。参《左海文集》卷六《重编黄漳浦遗集序》，《续修四库全书》集部第 1496 册，第 250 页。

④〔清〕永瑢：《四库全书总目》卷三七，中华书局 1965 年版，第 319 页。

⑤〔清〕沈大成：《学福斋集》卷一三《鳌峰讲义书后》，《续修四库全书》集部第 1428 册，第 152 页。

人，壬申（乾隆十七年）科举人①。

另一刊刻者陈题桥，仙游人。《仙游县志》载："陈题桥，字子荣。癸酉优贡，丙子顺天副贡。任湖北竹山知县。"②陈题桥与纪晓岚友善。在纪氏《阅微草堂笔记》中，其名屡屡出现。如卷一二《槐西杂志》"张一科"条，有"前竹山令陈题桥曰：'一不以贫富易交，一不以死生负约，是虽小人，皆古道可风也。'"③《滦阳消夏录》卷四"乌鲁木齐虎峰书院"条有"次日，仙游陈题桥访之"④。所记均为发生在乌鲁木齐之事，知其应为与纪晓岚同时流放至该地的官员。

林涵春

林涵春（生卒年未详），原名曇春，字奕善，一字云林，福州侯官人。明天启贡生。著有《塔江楼文集》四卷续集二卷，现有康熙二十七年（1688）自刻本，今存福建省图书馆。又著《二十一史人物大观》三十八卷，其清康熙刻本，今山西大学图书馆存完本 14 册⑤。中国科学院图书馆则存林涵春著《古今人物大观》稿本残本十七卷⑥，疑此稿本系康熙刻本《二十一史人物大观》的底本。

郭柏苍《竹间十日话》载："林涵春，字奕善，侯官洪塘人。著有刻本《塔江楼文集》，又著《节义文章》十二卷，今存苍家。"⑦

有史料载，林氏曾受耿精忠之伪命，官工曹，并为其建生祠于西湖。耿精忠败后，林涵春乃逃亡，遁往建宁山中。若干年后事态平息，复出，改名曇春为涵春，刻《塔江楼文集》见于世。因林氏所著又有《节义文章》十四卷，康熙四十九年（1710）塔江楼刻本，故他被后人讥为："身污贼庭，幸逃国纲……乃敢妄谈节义，冀以弥缝其丑。非所谓掩耳盗钟，不知人间有羞耻

①〔清〕游光绎：《鳌峰书院志》卷六《科目》，《中国历代书院志》第 10 册，江苏教育出版社 1995 年版，第 316 页。

②〔清〕王椿、叶和侃等：（乾隆）《仙游县志》卷三〇《选举志》，台北成文出版社 1975 年版，第 665 页。

③〔清〕纪昀：《阅微草堂笔记》卷一二《槐西杂志》，大众文艺出版社 2003 年版，第 295 页。

④〔清〕纪昀：《阅微草堂笔记》卷四《滦阳消夏录》，大众文艺出版社 2003 年版，第 83 页。

⑤山西大学图书馆编：《山西大学图书馆线装书目录》史部，山西古籍出版社 2002 年版，第 52 页。

⑥中国古籍总目编纂委员会编：《中国古籍总目》史部传记类，中华书局、上海古籍出版社 2009 年版，第 526 页。

⑦〔清〕郭柏苍：《竹间十日话》卷五，海风出版社 2001 年版，第 88 页。

事者耶！"①

《闽江金山志》则将林涵春列入乡贤，并驳斥此说，云："林涵春，字奕善，一字云林……隐于云程，年登大寿。著有《塔江楼文集》《塔江楼文二集》《河桥舒啸编》《闽海奇迹编》《古今人物大观》，集《节义文章录》四卷。所著书目，见《闽侯县志》。蓉按，《竹间十日话》载见无名氏《甲申遗书》一书，谓其有依附耿王事。考系其族兄某所为，乃讹于涵春也。呜呼！以宿儒著书，乃身后遭谤，故特为辩明之。"②

林文仪

林文仪（生卒年未详），字祖瑜，福州闽县人。清中叶以活字印刷而知名。其生平，仅见载于《闽县乡土志》中其师郑应瀛传后。略云："郑应瀛（原注：林文仪附），字国登。有至性，读书以寸计。为文不务时趋，困厄终身，而自尚其志。其诲人以端趋向为先，视及门若子弟。其卒也，门人林文仪等葬之，且以时祭扫焉。其教泽之感人若此。撰著宏富，未梓而稿失，其存者《河洛书说》《医理易解》二种。文仪，字祖瑜，以任恤称，其子廷煌，孝子也。"③文中对林氏印书之事，只字未提。

林文仪曾于道光元年（1821）以木活字排印《惕园初稿》十六卷《外稿》一卷。对此书刊年，有道光元年、咸丰元年（1851）二说。咸丰说见于《福建朱子学》《建本发展轨迹考》④，此说实际上是把咸丰元年有有斋刻本《惕园全集》与道光元年《惕园初稿》活字印本混为一谈了。持道光说者，则有《福建古代刻书》。其说云："道光元年（1821）摆印的陈庚焕《惕园初稿》《惕园外稿》，即为林文仪所印。何则贤《刊长乐陈惕园师全集序》云：'右先师陈惕园夫子初稿十六卷、外稿一卷、诗稿二卷、遗稿八卷。师没仅经年，友人林祖瑜文仪以初稿、外稿用聚珍版排印百有余部。'陈庚焕次孙文翱《惕园全集跋》也说：'道光辛巳，侯官林君祖瑜上舍出己资假聚

①〔清〕郭柏苍：《竹间十日话》卷五，海风出版社 2001 年版，第 88 页。

②林其蓉：《闽江金山志》卷中《乡贤》，上海书店出版社 1992 年版，第 94—95 页。

③〔清〕郑祖庚纂：《闽县乡土志·耆旧录二》，台北成文出版社 1974 年版，第 326—327 页。

④高令印、陈其芳《福建朱子学》云："此为陈庚焕自订文稿。陈卒后，其门林祖瑜、余潜士于清文宗咸丰元年（1851）假聚珍板印数百部行世。"载福建人民出版社 1986 年版，第 535 页。林应麟《福建书业史·建本发展轨迹考》则云："长乐陈庚焕《惕园全集》28 卷，死后由其门人林祖瑜、余潜士辑校，咸丰元年假聚珍版刊于福州有有斋。"载鹭江出版社 2004 年版，第 515 页。

珍版先将初、外稿刷印以行世.'"①据《惕园岁纪》,陈庚焕生年为乾隆二十二年(1757),卒年为嘉庆二十五年(1820)②。"师没仅经年",应即道光元年(1821)。此说在余潜士《陈惕园先生全集序》中可以得到印证:"庚辰(1820)初冬而先生遽谢世矣,故人林祖瑜尝取其自订文稿,印诸聚珍版。前制府武陵赵文恪中丞、金匮孙文靖督学、嘉兴沈侍郎览其书,兼采舆论,会同题请入祀乡贤祠,迄今二十余年,有志之士思购求弗可得,感深惜之。"③

道光十六年(1836),林文仪还以铜活字排印了谢金銮《二勿斋文集》六卷,此书各卷卷末均有"同里后学林文仪校字"一行。胡玉缙《续四库提要三种》著录:"《二勿斋文集》六卷,侯官谢金銮撰。……是本为活字排印,讹字颇夥,有小像及自题并诸人像赞,与《崇祀乡贤事迹录》、墓志铭等为首卷,每卷末有'同里后学林文仪校'字,则固原本也。"④

刘与可

刘与可(生卒年未详),号苏友,广东新会县人,由举人于康熙四十六年(1707)任福清知县。在任期间,"屏绝苞苴,折节下士,纯本儒术,抒为治术。邑溺女恶习,贫富室皆然,与可作文劝戒,娓娓数千言,皆心坎中流出。……文学政事,庶乎兼之。尤工于声诗、书法。后以终养归。著有《宦游草》,手出镌刻行世"⑤。乾隆《福清县志》卷一二收其诗作七首,应即选自刘氏所刊行的《宦游草》一书。其中《玉融署中即事》描写的就是他在福清县衙的心境。末几句,体现了作者的民本思想:

> 列座千峰峙,连阶万户平。
> 地高松色老,榕静鹤声清。
> 披牍云侵案,放衙月到城。
> 独惭予薄德,未尽息民争。⑥

①谢水顺、李珽著:《福建古代刻书》,福建人民出版社1997年版,第505页。
②〔清〕陈宗英:《惕园岁纪》,《北京图书馆藏珍本年谱丛刊》第120册,第469、472页。
③〔清〕余潜士:《余潜士全集·姑留稿》卷一《陈惕园先生全集序》,《余潜士全集》,厦门大学出版社2011年版,第91—92页。
④胡玉缙撰:《许庼经籍题跋》卷四,《续四库提要三种》,上海书店出版社2002年版,第713—714页。
⑤〔清〕饶安鼎等:(乾隆)《福清县志》卷八《职官志》,上海书店出版社2000年版,第178页。
⑥〔清〕饶安鼎等:(乾隆)《福清县志》卷一二《艺文志》,上海书店出版社2000年版,第303页。

魏　宪

魏宪（生卒年未详），字惟度，号两峰居士，又号竹川钓叟。福清人，魏文焕孙。清顺治间诸生，诗人。"为人豪爽，刻苦问学，肆力于诗。"[①]性喜游名山，爱浦城山水之胜，寓居十年，其后又移居建瓯。又徙居姑苏、金陵之间，以诗遍交海内名士。其书室名枕江堂。著有《拟唐七言近体》一卷，今上海图书馆存清初刊本；诗文集《枕江堂诗》八卷《文》二卷，今中国科学院图书馆存清康熙十二年（1673）刻本。生平见载于光绪《续修浦城县志》卷二七《寓贤》、民国《福建通志·文苑传》卷七、民国《建瓯县志》卷三五《流寓传》。

康熙十年（1671），魏宪编刻《皇清百名家诗选》，凡九十一种八十九卷，子目见《中国丛书综录》[②]，今湖南省图书馆和天津图书馆存原刊本。此书又分别有康熙二十一年（1682）和二十四年（1685）印本，今上海图书馆和国家图书馆等分别有珍藏。《四库全书总目》卷一九四著录云："宪以曹学佺有《十二代诗选》，止于天启，因选是集以补之。自天启甲子以后，康熙壬子以前，由缙绅迄方外，共得百人，人各立一小引，并列字号籍贯于前。"[③]

康熙十年，魏宪又辑评并刊刻《诗持一集》四卷《二集》十卷《三集》十卷，半叶九行，行十八字，白口，四周单边，今国家图书馆有存本。与《皇清百名家诗选》一样，均著录为魏氏枕江堂刻本。卷首《凡例》云："是集刻于潭阳，自甲子（1624）至丙戌（1646），总二十三年之风雅，仅得两卷。丙午（1666），携入京师，纸贵一时，而板亦漫灭矣。兹悉照原本，广至辛亥阅稿四百余家，得诗三千余首，至精以严。旅次吴门，囊中羞涩，渐次告成，尚有遗珠，再容辑补。"[④]由此可知，魏宪于康熙初先在建阳刻印此集二卷，后将书版携至苏州、南京等地重印。此后，又在建阳所刻"原本"基础上，重新加以增编和刊刻。后续刻《诗持四集》一卷，则是在前三集刊印九年后，即康熙十九年（1680）刊印，今北京大学图书馆有存。卷首有署"康熙十有九年秋七月朔竹川钓叟魏宪惟度题"的《诗持四集自序》。序后有《例言六则》。

①〔清〕郭柏苍：《竹间十日话》卷一，海风出版社 2001 年版，第 17 页。
②上海图书馆编：《中国丛书综录》第 1 册，上海古籍出版社 1982 年版，第 857—858 页。
③〔清〕永瑢等：《四库全书总目》卷一九四，中华书局 1965 年版，第 1771 页。
④〔清〕魏宪：《诗持一集》卷首《凡例》，《四库禁毁书丛刊》集部第 38 册，第 4 页。

《诗持》一至四集,收入《四库禁毁书丛刊》集部第 38 册。

康熙十年,魏宪又辑刻《补石仓诗选》十四卷,此为续明曹学佺《石仓十二代诗选》之作。今中国社科院文学所和国家图书馆所存,著录作清康熙十年枕江堂刻本①。前有康熙辛亥夏日吴伟业梅邨序,魏宪订《凡例》八条。行款为九行十八字,白口,左右双边。

由于受当时诗坛的不良影响,魏宪所选百家之诗,往往多为达官显宦之作,且以己作置于卷末,而当时的诗坛名家朱彝尊的诗竟然未选。故其时朱彝尊有诗讽刺这种现象云:“近来论诗多序爵,不及归田七品官。直待书坊有陈起,江湖诸集庶齐刊。”②在诗中,朱彝尊希望在出版业中,能出现南宋临安陈起那样的刻书家,如其所刊《江湖诗集》那样,能够涤荡清初诗坛“论诗多序爵”的浊气。

吴玉田

吴玉田(生卒年未详),福建侯官(今福州)人,晚清著名刻书家。书坊开设于福州南后街宫巷口,从咸丰至光绪年间,刻书种类今可考者达五十多种③。对其刻本的研究,今人成果颇多,故在此不一一具列。

清代福州的坊刻主要集中在地处三坊七巷中心的南后街,刻书名家除吴玉田之外,还有陈文鸣、陈聚旺、林士灿、施志宝、王友士、陈金鸣等,而以吴玉田名气最大。吴玉田所刊刻图书数量多,影响大,上至官宦,下至庶民,都乐于委其刻版。他受官方委托刻印的著名刻本,有同治《正谊堂全书》、同治《福建通志》、光绪重刊乾隆《福宁府志》、光绪刻本《致用书院文集》;受私家委托刻印的著名刻本,有刘存仁《屺云楼文钞》、谢章铤《赌棋山庄诗集》《赌棋山庄文续》、侯官魏秀仁的通俗小说《花月痕》、林纾翻译的《巴黎茶花女遗事》等。这些刻本,封面或卷末往往刻有“三山吴玉田镌字”“福州吴玉田镌字”“吴玉田刻坊藏板”或“板藏福省南后街宫巷口吴玉田刻字铺”等题记。

吴玉田事迹,史志无载。其生平,只能从其所刻印并流传于后世的刊

①中国古籍善本书目编委会:《中国古籍善本书目》集部卷二八,上海古籍出版社 1998 年版,第 1590 页。

②〔清〕郭柏苍:《竹间十日话》卷一,海风出版社 2001 年版,第 18 页。

③谢水顺:《福州刻书家吴玉田及所刊书目》,《福建史志》1990 年第 4 期。

本牌记中觅得蛛丝马迹。大体内容，已如上文所述。

薛　熔

薛熔（生卒年未详），字子燮，福清人。明末侯官贡生，屡却征辟。入清，抱道守节。"授徒自给，雅志著述，尝游越中。梓《南窗草存》六卷。"[①]该书福建省图书馆现存清康熙间福清薛氏自刻本[②]。其著作以未梓者居多，还有《南窗草又存》十卷、《存存草》十卷、《草腴》二卷、《筼阳诗集》二卷、《篝书》十卷、《先儒语录钞》十卷、《礼经微解》十卷。

《清史列传》载其事迹云："薛熔，字子燮，福建福清人。明侯官诸生。崇祯末，屡却征辟。入国朝，抱道守节，喜综述忠孝节义旧闻。其为文清幽遒劲，长于叙事。尝作《道德经跋》，谓《道德经》为《大易》后一书，其道博大难名，取之无尽，百家众技，所为源流。又谓其书为百家用者十二三，为吾用者十八九。又谓儒者之书为中人设法，故云为多而神化少；老氏之书为贤智者加鞭，故云为少而神化多。"[③]

余珍玉·余尊玉

余珍玉，字席人；余尊玉，字其人。二人乃姐妹，生卒年均未详，清初古田人。乾隆《古田县志》卷七《列女》载："余珍玉，字席人。年十四《咏竹》诗云：'数竿菁翠远垂阴，清况偏宜小院深。风扫庭前鸣碧玉，月临树里伴瑶琴。径通南浦知根润，墙坏西邻见笋侵。我辈愧非嵇阮客，题诗犹忆旧时林。'女弟尊玉，字其人。十二岁即解吟咏。《咏菊》有一联云：'蕊含白种园中玉，英落黄铺径里钱。'二女刻有《绮窗迭韵》，三山徐钟震为之序。"[④]

胡文楷先生《历代妇女著作考》著录云："《绮窗迭韵》……清初刊本。原刻一卷，凡诗七十三首，附其姊余珍玉诗四十九首。……末有徐钟震序，黄永撰纪略。"[⑤]

---

①〔清〕饶安鼎等：(乾隆)《福清县志》卷一四《人物志》，上海书店出版社 2000 年版，第 370 页。

②中国古籍总目编纂委员会编：《中国古籍总目》集部别集类，中华书局、上海古籍出版社 2012 年版，第 1093 页。

③王锺翰点校：《清史列传》卷七〇，中华书局 1987 年版，第 5696 页。

④〔清〕辛竟可等：(乾隆)《古田县志》卷七《列女》，台北成文出版社 1967 年版，第 197 页。

⑤胡文楷：《历代妇女著作考》卷九，上海古籍出版社 1985 年版，第 296 页。

郑际唐

郑际唐（生卒年未详），字大章，号云门，侯官（今福州闽侯）人，书室名青霭山房。郑开极之子。乾隆三十四年（1769）进士，官至内阁学士兼礼部侍郎，参与编修《四库全书》。曾于乾隆间刊刻其兄郑际熙（1726—1761）撰《浩波遗集》三卷，《四库全书总目》卷一八五著录云："际熙字大纯，侯官人。乾隆丙子（1756）举人，年三十六而卒。是集为其弟际唐等所刊，凡诗二卷，文一卷。文中有《杜律篇法序》一篇，称能诗者，未尝先言法而自中法，且神而明之，变化以自成其法；未有案一定之科条而谱之，舍其性情才力，俯首以从法也。其论亦足破拘挛之说，其书则未之见也。"①此书已逸。

民国《福建通志·列传》卷三三载郑际唐事迹云："际唐好读书，善鉴别古书画，工行、楷书，兼精篆、隶，题跋为世所珍。"②其著作有《须庵诗集》十一卷，福建省图书馆今存稿本；《须庵遗集》四卷，今福建师范大学图书馆存抄本；《云门随录诗》一卷，今北京大学图书馆存稿本。

五、在外地刻书的福州（府）人

宋　代

陈孔硕

陈孔硕（1150—1228），字肤仲，号北山，侯官人。淳熙二年（1175）进士，历官邵武知县、赣州知州、提举淮东常平、广西运判、中大夫秘阁修撰等职。淳熙十四年（1187）前后，从学朱熹于武夷精舍。著作有《中庸大学解》《北山集略》，以及医书《伤寒泻痢要方》一卷③。事迹见载于《淳熙三山志》卷三〇、明朱衡《道南源委》卷三、康熙《福建通志》卷四四、道光《福建通志》卷一八六。

嘉定二年（1209），陈孔硕在广西，曾将晋王叔和《脉经》十卷刊行于漕

---

①〔清〕永瑢等：《四库全书总目》卷一八五，中华书局 1965 年版，第 1682 页。
②沈瑜庆、陈衍等：（民国）《福建通志·列传》卷三三，1938 年刊本，叶 36B。
③〔宋〕陈振孙撰，徐小蛮、顾美华点校：《直斋书录解题》卷一三，上海古籍出版社 1987 年版，第 395 页。

司。其自叙刊刻此书的缘由云："予少时，母多疾，课医率不效，因自誓学为方，求古今医书而穷其原。得所谓王叔和《脉诀》者，怪其词俚而指浅。更访老医，得《脉经》十卷，盖祖黄帝岐伯扁鹊经，以及于张氏《伤寒论》。条贯甚明，真王氏书也。验之乃建本，自是求之建阳书坊，绝无鬻者，板亦不存。嘉定己巳岁，京城疫，朝旨会孔硕董诸医，治方药，以拯民病。因从医学，求得《脉经》。复传阁本，校之与予前后所见者，同一建本也。乃知《脉诀》出而《脉经》隐，医者不读，鬻者不售，板遂亦不存。今之俗医，问以王氏书，则皆诵《脉诀》以对。蜀人史堪以儒生名能医，其所著方书脾胃条引《脉诀》中语，而议之曰：'此叔和知之而未尽也。'予每叹曰：'冤哉叔和！如史载之之工，尚引《诀》而罪《经》，余又何怪焉？因思今世俗医，知有朱氏《伤寒百问》，而不知有《伤寒论》，俗儒知诵时文，而不知诵经史，其过一律也。因取所录建本《脉经》，略改误文，写以大字，刊之广西漕司。庶几学者知有本原云。"[1]

黄　榦

黄榦（1152—1221），字直卿，号勉斋，闽县人。朱熹高弟，次女婿。曾历任新淦县令、汉阳知军、安庆知府等职，所至多有惠政。著作有《勉斋黄文肃公文集》。传载《宋史》卷四三〇。

嘉定二年（1209），黄榦在江西临川学宫曾刻印朱熹《元亨利贞说》一篇、《损益象说》一卷。跋云："损益之义大矣，圣人独有取于惩忿窒欲迁善改过，何哉？正心修身者，学问之大端，而齐家治国平天下之本也。古之学者无一念不在身心之中，后之学者无一念不在身心之外，此贤愚所由分，而圣人之所为深戒也。晦庵先生《二象》以授学徒江君孚先，所警于后学至矣。孚先以示其同学，黄榦三复敬玩，刻之临川县学以勉同志，庶亦知所以自警哉！嘉定己巳莫春望日敬书。"[2]

嘉定十年（1217）四月，在安庆知府任上，黄榦刻印宋陈规《守城录》四卷。《守城录》所记，乃宋右正议大夫陈规在德安抗金御寇事迹。内容详见《四库全书总目》卷九九的介绍。黄榦刊刻此书，据《年谱》所载："时先生既筑新城，又思民所以守城之策，乃以绍兴名臣陈公规守城之法锓木以示邦

---

[1]〔日〕丹波元胤：《中国医籍考》卷一七，人民卫生出版社 1983 年版，第 190 页。
[2]〔宋〕黄榦：《勉斋先生黄文肃公文集》卷二〇《书晦庵先生所书损益大象》，书目文献出版社 1991 年版，第 511 页。

人,使熟习之。自为之序。"①其目的,是为了借鉴陈规的经验,为即将到来的抵御和抗击金兵做准备。

在理学文献出版物中,黄榦刊刻的《四书集注》是一部很有特色的版本。朱熹逝世后,为便于后学正确理解这部经典,黄榦在福州除了取朱熹的《论语集注》《论语集义》《论语或问》三书所注,对未尽之处加以阐发,撰写《论语通释》之外,还把《四书集注》进行断句,即所谓"句读";为了把《集注》中的重点显示给读者,他还把文中的重点语句进行画线,这在古籍版本中,称为"点抹"或"标抹"。

元程端礼《读书分年日程》载:

> 师授本日正书,假令授读《大学》正文、《章句》《或问》共约六七百字,或一千字,须多授一二十行,以备次日或有故及生徒众不得即授书,可先自读,免致妨功。先计字数,画定大段,师记号起止于簿,预令其套端礼所参馆阁校勘法,黄勉斋、何北山、王鲁斋、张导江及诸先生所点抹《四书》例,及考王鲁斋《正始音》等书点定本,点定句读,圈发假借字音,令面读子细正过。于内分作细段,随文义可断处,多不过十句,少约五六句。大段约千字,分作十段,或十一二段,用朱点记于簿。②

明杨士奇《东里续集》卷一七有两则《四书集注》的跋文,其一说:

> 右《四书集注》,其句读、旁抹之法,兼取勉斋黄氏、北山何氏、鲁斋王氏、导江张氏诸本之长。宣城张师曾为之参校,加以音考,盖今最善本也。

其二说:

> 右《四书集注》三册,刻板在鄞。句读一用黄勉斋法,又有熊勿斋标题,便于学者,盖善本也。③

文中何北山即何基,王鲁斋即王柏,张导江是张颓。何北山为勉斋弟子,王

---

①〔宋〕郑元肃、陈义和编录:《勉斋先生黄文肃公文集》附录《勉斋先生黄文肃公年谱》,书目文献出版社1991年版,第839页。
②〔元〕程端礼:《读书分年日程》卷一,《景印文渊阁四库全书》第709册,第472页。
③〔明〕杨士奇:《东里续集》卷一七,《景印文渊阁四库全书》第1238册,第584页。

鲁斋为北山弟子，导江则出自鲁斋门下，四人为一脉相承的师承关系。

曾噩

曾噩（1167—1226），字子肃，闽县人。绍熙四年（1193）进士。宝庆元年（1225），任广南东路转运判官，重刻蜀人郭知达《新刊校定集注杜诗》三十六卷。

宋陈振孙《直斋书录解题》卷一九著录称："蜀人郭知达所集九家注，世有称东坡《杜诗故事》者，随事造文，一一牵合，而皆不言其所自出，且其辞气首末若出一口，盖妄人依托以欺乱流俗者。书坊辄剿入《集注》中，殊败人意，此本独削去之。福清曾噩子肃刻板五羊漕司，最为善本。"①黄丕烈《百宋一廛赋注》有所谓"九家杜注，宝庆漕锓。自有连城，蚀甚勿嫌"②，指的就是这个刻本。清四库馆赞为"字大宜老，最为善本"，"字画端劲而清楷，宋版中之绝佳者"③。

此刻本传世有残帙两部。一为陆心源皕宋楼旧藏六卷，清末流落日本，为静嘉堂所得；一为瞿氏铁琴铜剑楼故物，共三十一卷，缺卷一九、卷二五、卷二六、卷三五、卷三六，以抄本补全。据瞿氏著录，"每卷后有'宝庆乙酉广东漕司锓板'一行。……字体端劲，雕镂精善，尤宋板之最佳者"④。中华书局1982年8月曾影印出版此本，所据底本系张元济先生于20世纪30年代据瞿氏藏本所制铅皮版复制。

曾噩的籍贯，陈振孙《直斋书录解题》作福清人，凌迪知《万姓统谱》、陆心源《仪顾堂续跋》作闽县人。查历代《福清县志》，无曾噩的记载，而《三山志》卷三一《人物》、万历《福州府志》卷四六《选举志》"绍熙四年癸丑陈亮榜"条下均载其为闽县人。《三山志》称其为"闽县人，植之子。终大理寺正、广东漕"⑤。其父曾植，字符干，乾道二年进士。志中亦载为闽县人。其生平，以宋莆田人陈宓《复斋集》卷二二《大理正广东运判曾君墓志铭》为详。陆心源《宋史翼》据其所载节略如次：

①〔宋〕陈振孙撰，徐小蛮、顾美华点校：《直斋书录解题》卷一九，上海古籍出版社1987年版，第559页。

②〔清〕黄丕烈：《黄丕烈书目题跋》，《清人书目题跋丛刊》（6），中华书局1965年版，第402页。

③〔清〕永瑢等：《四库全书总目》卷一四九，中华书局1965年版，第1281页。

④〔清〕瞿镛：《铁琴铜剑楼藏书目录》卷一九，《清人书目题跋丛刊》（3），中华书局1990年版，第276页。

⑤〔宋〕梁克家纂，陈叔侗校注：《三山志》卷三一《人物》，方志出版社2003年版，第495页。

曾噩，字子肃，福州闽县人。癸丑登第，签尉瑞州。再转，监行在惠民局。时权臣用事，噩恬于下位。开禧丙寅(1206)，兵兴费倍，摄封椿库，感慨献箴，大书于壁。辞警而切，寓意讽谏，识者韪之。改宣教郎，知泉州晋江县。嘉定乙亥(1215)，改监左藏东库。……求外补，出刺潮州。葺学官，重建韩昌黎、赵忠定之祠，民听翕然。斥兴利之说，蠲坊场之逋，摧敛之亡艺者。如近城三十里之市征，海阳女户丁米之类，一切革去。听断精明，吏不容欺。人有以死罪诬诉，噩察其情，不为急迫，未几果获，人皆叹噩之明。潮俗，以人命同货赌，犯重辟者，惟赂乡保邑胥，十无一闻于郡，杀人不复死，视以为常。武断横行，冤气莫伸，噩力革之。自是人不滥死。……宝庆二年(1226)三月终，享年六十。噩七岁能属文，有"江吞天上月"之句。自少至老，未尝一日废卷。有《义溪集》十卷、《班史录》二十卷、《通鉴节要》十三卷、《诸子要语》《左氏辨疑》等书。①

陈德一

陈德一(? —1221)，字长明，号横舟书隐，福州连江县人。陈舜申之子。"幼聪敏，经传子史百家之书，靡不通贯。"绍熙四年(1193)登进士第。历任镇江教授、宜州知州。"卒之日，家无余财，惟余所著《易传发微》《横舟文集》诸书板数千片而已。"②按，陈德一事迹，又见载明李贤《明一统志》卷七四、明钱士升《南宋书》卷六三，均称其为"连江人，即仕连江太守。死之日，家无余财，惟《易传发微》书板。"③一般来说，中进士后，在原籍任太守的事例是十分罕见的，如陈德一任连江太守事属实，当地的志书一定会有记载，但查考历代《连江县志》《福州府志》均缺载，说明此事不可靠。因此事关系到陈德一所刊书板的地点，有必要参考更多的史籍，以正其误。

《福建通志》卷五一载："陈德一……以词赋豪一时。绍熙中，成进士，分教京口，以六经宗旨口授诸生，负笈者云集。寻宰建德，梓《易象发微》以教

①〔清〕陆心源：《宋史翼》卷二二，中华书局1991年版，第232页。
②〔明〕黄仲昭：(弘治)《八闽通志》卷六二《人物》，书目文献出版社1988年版，第877页。
③〔明〕钱士升：《二十五别史·南宋书》卷六三《儒林文苑传》，齐鲁书社2000年版，第940页。

人。嘉定间为清漳郡丞，历宜阳守，有《诸子总解》《横舟文集》行于世。"①由此可知，陈德一所刊书板，刊刻地点应在建德（今属浙江）。其时间，据《淳熙严州图经》卷二载，陈德一任建德知县为"嘉定八年八月二十一日，以宣教郎到任。十一年十月，转承议郎。十月二十五日任满。"②此亦陈德一刊印《易传发微》的时间。据《福建通志》卷六八《艺文志》，此书为三卷，《诸子总解》为一百卷。若以《八闽通志》所说"诸书板数千片"来考量，则其当时所刊，《诸子总解》应一并刊刻。据史料载，陈德一知宜州，时在嘉定十二年至十四年（1219—1221）③，卒于宜州任上④。

陈德一生平，又载于明朱衡《道南源委》卷二、清王梓材《宋元学案补遗》卷四九。

林 畊

林畊（？—1275），字耕叟，号尚斋，闽县人。宋淳祐元年（1241）登进士第。宝祐六年（1258），授职太常寺主簿。景定元年（1260），转任承奉郎，授秘书丞。景定二年，以太常丞出为惠阳太守。

其祖父林之奇的《尚书全解》，原本为五十八卷，初刻于建阳麻沙，内容不全，错误较多。林畊幼时，曾听其父林子冲讲过此书的刻本源流，知道最早有一个错误百出的麻沙初刊本。其父寄希望于林畊，期盼他能够将他祖父的遗著整理出一个完整的版本来。经多方查找，林畊从友人陈元凤处得到一部《书说拾遗》，内容为前贤解说书经的汇编本。在这本书中，恰恰有一部分内容即麻沙本《尚书全解》所"遗"。此后，林畊又先后得到建阳书坊余氏出版的《三山林少颖先生尚书全解》这一善本⑤，黄榦门人、福州叶真先世所存家藏写本。他将这些苦心搜集到的刻本、抄本经过"稽验新故，订正真赝，参合旧闻"⑥，在精心校勘之后，誊录出一个最佳的版本。

---

① 〔清〕郝玉麟等：（乾隆）《福建通志》卷五一《文苑》，《景印文渊阁四库全书》第529册，第717页。文中的"《易象发微》"，当为"《易传发微》"。
② 〔宋〕董弅：《淳熙严州图经》卷二，《宋元浙江方志集成》第12册，杭州出版社2009年版，第5660页。
③ 李之亮：《宋代郡守通考·宋两广大郡守臣易替考》，巴蜀书社2001年版，第367页。
④ 明王圻《续文献通考·经籍考》卷一七三："《易传发微》，陈德一著。德一，字长明，舜申子，知宜州而卒。"载明万历刻本，叶4A。
⑤ 〔清〕李清馥：《闽中理学渊源考》卷七，《景印文渊阁四库全书》第460册，第128页。
⑥ 〔宋〕林畊：《尚书全解序》，《尚书全解》卷首，《景印文渊阁四库全书》第55册，第6页。

　　淳祐七年(1247)，林畊出任衡州(今湖南衡阳市)教授，兼任石鼓书院山长。他于淳祐九年(1249)将此誊录本编为四十卷，开始于书院刻印，第二年五月成书。此即此书传之后世的四十卷本之由来。

　　以上所述，仅为概略。林畊《尚书全解序》述此甚详，其中曲折，可谓《尚书全解》与宋代麻沙本的一段有趣的书林掌故，故将全文抄录于后：

　　　　畊自儿时侍先君旰江官舍，郡斋修刊礼乐书，先君实董其事，与益国周公、诚斋杨先生书问往来，订正讹舛甚悉。暇日因与言曰：吾家先拙斋《书解》今传于世者，自《洛诰》以后皆讹。盖是书初成，门人东莱吕祖谦伯恭取其全本以归，诸生传录，十无二三，书坊急于锓梓，不复参订，讹以传讹，非一日矣。先君犹记乡曲故家，及尝从先拙斋游者，录得全文。及归，方寻访未获，不幸此志莫偿。

　　　　畊早孤，稍知读书，则日夕在念虑间。汩汩科举业，由乡选入太学，跋涉困苦，如是者三十余年。淳祐辛丑，侥幸末第，闲居需次，得理故书，日与抑斋今观文陈公、虚斋今文昌赵公参考讲求，抠趋请益。抑斋出示北山先生手迹，具言居官婺女日，从东莱先生学。东莱言：吾少侍亲官于闽，从林少颖先生学，且具知先拙斋授书之由。时抑斋方阅《六经疏义》，尤加意于林、吕之学，虚斋亦仿朱文公辩孔安国书著本旨。畊得互相诘难其间，凡诸家讲解，搜访无遗。

　　　　一日友人陈元凤仪叔携《书说拾遗》一集示余，蠹蚀其表，蝇头细书，云得之宇文故家。盖宇文之先曾从拙斋学，亲传之稿也。其集从《康诰》至《君陈》，此后又无之。遂以锓本参较，《康诰》《酒诰》《梓材》《召诰》皆同锓本，自《洛诰》至《君陈》与锓本异，其详倍之。至是益信书坊之本误矣，当令儿辈作大字本誊出，以元集归之。然犹未有他本可以参订也。

　　　　又一朋友云，建安书坊余氏数年前新刊一本，谓之《三山林少颖先生尚书全解》，此集盖得其真。刊成仅数月而书坊火，今板本不存矣。余亦未之信，因遍索诸鬻书者。乙巳仲春，一老丈鹑衣衔袖，跟跄入门，喜甚，揖余而言曰：吾为君求得青毡矣。开视，果新板以《尚书全解》标题，书坊果建安余氏，即倍其价以鬻之。以所誊本参较，自《洛诰》至《君陈》及《顾命》以后至卷终皆真本，向者麻沙之本自《洛诰》以后果伪矣。朋友转相借观，以为得所未见。

　　既而畊暂摄乡校学录，叶君真里之耆儒，尝从勉斋游，其先世亦从拙斋学，与东莱同时，又出家藏写本林李二先生《书解》及《诗说》相示，较之首尾并同，盖得此本而益有证验矣。

　　嗟夫！此书先拙斋初著之时，每日诵正经，自首至尾一遍，虽有他务不辍，贯穿诸家，旁搜远绍，会而粹之，该括详尽，不应于《洛诰》以后详略如出二手。今以诸本参较，真赝晓然，信而有证，可以传而无疑矣。《书解》自麻沙初刻，继而婺女及蜀中皆有本，然承袭舛讹，竟莫能辨。柯山夏氏解多引林氏说，自《洛诰》以后则略之，仅有一二语，亦从旧本，往往传讹。东莱解只于《禹贡》引林三山数段，他未之详。东莱非隐其师之说，盖拙斋已解者，东莱不复解而唯条畅其义。

　　嗟夫！《书》自安国而后，不知其几家，我先拙斋裒集该括，自壮及耄，用心如此之勤，用力如此之深，始克成书，而传袭谬误，后学无从考证。我先君家庭授受，中更散亡，极意搜访，竟无从得。畊恪遵先志，又三十余年，旁询博问，且疑且信。及得宇文私录，又得余氏新刊《全解》，又得叶学录家藏写本，稽验新故，订正真赝，参合旧闻，而后释然以无疑，确然而始定。然则著书传后，岂易云乎哉！

　　畊既喜先拙斋之书获全，又喜先君县丞之志始遂，顾小子何力之有，抑天不欲废坠斯文，故久郁而获伸与！不然，何壁藏、汲冢之复出也？

　　淳祐丁未之岁，石鼓冷厅，事力甚微，学廪粗给，当路诸公不赐鄙夷，捐金拨田，悉有所助。三年之间，补葺经创，石鼓两学轮奂鼎新，书版旧帙缺者复全。于是慨然而思曰：我先君未偿之志，孰有切于此者？吾先世未全之书，岂容缓于此者？实为子孙之责也。乃会书院新租岁入之积，因郡庠宪台拨锱之羡，搏学厅清俸公给之余，计日命工，以此全书亟锓诸梓。字稍加大，匠必用良，版以千计，字以五十万计，厘为四十卷。始于己酉之孟冬，迨明年夏五月而毕。是书之传也，亦难矣哉！亦岂苟然哉！旧本多讹，畊偕次儿骏伯重加点校，凡是正七千余字。今为善本，庶有补于后学。

　　淳祐庚戌夏五，嗣孝孙迪功郎衡州州学教授兼石鼓书院山长畊谨书。①

①〔宋〕林畊：《尚书全解后序》，《尚书全解》卷首，《景印文渊阁四库全书》第55册，第4—6页。

陈　辉

陈辉（生卒年未详），字晦叔，侯官人。陈襄曾孙。绍兴三十一年（1161）二月，因右正言王淮上疏言其治行，以直秘阁、右朝散大夫出知赣州①。本年在赣州郡斋，刻印其祖陈襄撰《古灵先生文集》二十五卷末一卷。王文进《文禄堂访书记》卷四著录云："宋陈襄撰，宋赣州刻本。半叶十行，行十八字，白口。……绍兴三十一年陈辉跋云：'徐世昌先刻于闽。重为校正，命仲子晔编次《年谱》，重刻于赣之郡斋。'"②按，此集有建炎二年（1128）陈公辅跋，绍兴五年（1135）李纲序。纲序称"嗣子绍夫，哀集公之文章，得古律诗、赋、杂文凡若干篇"共二十六卷欲刊行，故"徐世昌先刻于闽"，即本书的首刻应在绍兴五年。绍夫应为晦叔的长辈。此刻本今上海图书馆有存，中华再造善本《古灵先生文集》即据此影印。今国家图书馆和日本静嘉堂文库所存，则是宋末福州重刊赣州本③。

在赣州，陈辉还刻印了宋司马光撰《累代历年》二卷。陈振孙《直斋书录解题》卷四著录云："即所谓《历年图》也。治平初所进，自威烈王至显德，本为图五卷，历代皆有论。今本陈辉晦叔刻于章贡，为方策以便观览，而自汉高祖始。"④

陈辉后又曾历官永州知州，在州学建祭祀周敦颐濂溪祠。宋张栻《永州州学周先生祠堂记》云："零陵守福唐陈公辉下车之明年，令信民悦，乃思有以发扬前贤遗范，贻诏多士。……就郡学殿宇之东厢，辟先生祠。"⑤

陈岐·林宇冲

陈岐（生卒年未详），三山（今福州）人，历官建昌知军。庆元五年（1199），在建昌军刻印宋陈旸《乐书》，次年刻成。题为《三山陈先生乐书》二百卷目录二十卷，请杨万里作序，命其弟子、时任建昌南丰县主簿的林宇

---

①〔宋〕李心传：《建炎以来系年要录》卷一八八，中华书局 1956 年版，第 3147 页。
②王文进：《文禄堂访书记》卷四，江苏广陵古籍刻印社 1985 年版，叶 23A。
③时永乐：《陈襄〈古灵先生文集〉宋刻本考辨》，《中国典籍与文化》2013 年第 2 期。
④〔宋〕陈振孙撰，徐小蛮、顾美华点校：《直斋书录解题》卷四，上海古籍出版社 1987 年版，第 113 页。
⑤〔宋〕张栻：《南轩先生文集》卷一〇，《朱子全书外编》第 4 册，华东师范大学出版社 2010 年版，第 180 页。

冲校勘并刻印，自为跋，见陆心源《皕宋楼藏书志》卷一一著录。陈氏跋称，其来建昌，携陈祥道《礼书》读之，而恨未见其弟旸所著《乐书》，于是移书命林宇冲"访其家之遗"，果得副本。陈岐将此书刊行于世，为此书首刊，文末自署"庆元己未重阳日三山陈岐谨跋"①。按，此本现仅有台北故宫博物院存残帙三十一卷（存卷八二至卷一〇〇、卷一七〇至卷一八一），蝴蝶装；编号：平图006776－006777，庆元六年刊修补本。此本曾被误为元至正七年福州路儒学刊本②，系抗战时期北平图书馆寄存到美国国会图书馆的古籍善本之一。

任此书校勘之务的林宇冲，又作子冲③，字通卿，福建侯官人，名儒林之奇从子。"绍熙四年进士，以学行名乡里，士多宗之。官至将乐丞。"④李清馥《闽中理学渊源考》载："县丞林通卿先生子冲。林子冲，字通卿。学问德业有声乡里，从游者数百人。为南丰簿，邑民交颂。太守陈岐请修礼乐书，以子冲大儒之后，延以特榻，子冲随文释义，补阙订讹。书成，周必大、杨万里称其精密，调将乐丞，未上，留旴摄郡太学。丁外艰，以哀毁卒。子畊，字畊叟，衡州教授，能传家学。"⑤

庆元五年，陈岐在郡守任上，还编刻《旴江续志》十卷，见陈振孙《直斋书录解题》卷八著录。

黄 唐

黄唐（生卒年未详），字信厚，又字雍甫，闽清人。淳熙四年（1177）太学两优释褐第一人，授承务郎、太学录，兼修国史。先后历任校书郎、秘书郎、著作佐郎、著作郎。淳熙十六年（1189）出为南康知军。绍熙二年（1191），以朝请郎提举两浙东路茶盐常平公事。庆元初，为考功郎中兼实录院检讨官，时韩侂胄为父诚乞作谥，由黄唐复议，以不附权势而弃官归。其行实，见载于《南宋馆阁续录》卷八，传载弘治《八闽通志》卷六三、《闽书》卷七六、民国《闽清县志》卷六。

---

① 〔清〕陆心源：《皕宋楼藏书志》卷一一，《清人书目题跋丛刊》（1），中华书局1990年版，第134页。
② 台北"国立中央"图书馆编：《"国立中央"图书馆典藏国立北平图书馆善本书目》，"国立中央"图书馆1969年版，第10页。
③ 清曹元忠《笺经室所见宋元书题跋·宋本乐书》："此为庆元覆刻，故改题林宇冲校勘，又字冲子冲前后互异，刊刻不精，皆无足论。"载江苏省立苏州图书馆1940年版，第3页。
④ 〔清〕陆心源：《皕宋楼藏书志》卷一一，《清人书目题跋丛刊》（1），中华书局1990年版，第135页。
⑤ 〔清〕李清馥：《闽中理学渊源考》卷七，《景印文渊阁四库全书》第460册，第127页。

绍熙三年，黄唐在提举两浙东路任上，曾主持刊刻唐孔颖达撰《毛诗正义》和《礼记正义》二书。《毛诗正义》已久无存本。《礼记正义》七十卷，唐孔颖达撰，则刊印于绍熙三年(1192)，今上海图书馆、北京大学图书馆和国家图书馆存宋元递修本。《中华再造善本·唐宋编》之《礼记正义》即据此影印。此本卷末有黄唐跋文云："《六经疏义》自京监、蜀本皆省正文及注，又篇章散乱，览者病焉。本司旧刊《易》《书》《周礼》正经注疏，萃见一书，便于披绎，它经独阙。绍熙辛亥(二年，1191)仲冬，唐备员司庾，遂取《毛诗》《礼记》疏义，如前三经编汇，精加雠正，用锓诸木，庶广前人之所未备。乃若《春秋》一经，顾力未暇，姑以贻同志云。壬子(绍熙三年，1192)秋八月三山黄唐谨识。"①此书北京大学藏本有李盛铎跋，称"此刻为《礼记》注、疏合刻第一祖本，又为海内第一孤本"②。

林 栗

林栗(生卒年未详)，字黄中，一字宽夫，福清县人。绍兴十二年(1142)进士。孝宗即位，调崇仕县尉、南安军学教授，迁屯田员外郎、恭王府直讲。因指责权贵"指鹿为马"而出知江州。召为吏部员外郎兼庆王府直讲。历太常少卿，知湖、夔、潭州及兴化军、隆兴府等。召对，除兵部侍郎，与朱熹论学不合，攻击朱熹道学。叶适为朱熹辩诬，御史胡晋臣弹劾林栗，出知泉州，卒谥简肃。传载《宋史》卷三九四《列传》一五三。

乾道三年(1167)，林栗在九江郡斋刻印郑侠《西塘先生文集》二十卷。郑元清《西塘先生文集跋》述刊行情况道："先大父隆兴甲申(二年，1164)守盱江，以所藏高大父教授朝奉西塘遗文叙缉成编，蒙大资黄公为之序，遂刊置公府，今四十七年矣。乾道丁亥(1167)，简肃侍郎林公出镇九江，就集中删其代人作者，又录高大父之言行附于末，锓板郡斋。"③

---

① 〔宋〕黄唐：《礼记正义跋》，〔唐〕孔颖达：《礼记正义》卷七〇，《中华再造善本·唐宋编》，北京图书馆出版社 2003 年版，叶 29A。

② 李盛铎：《礼记正义题识》，〔唐〕孔颖达：《礼记正义》卷七〇，《中华再造善本·唐宋编》，北京图书馆出版社 2003 年版，叶 31B。

③ 〔宋〕郑元清：《西塘先生文集跋》，《西塘先生文集》卷首，明万历三十七年(1609)叶向高刊本，叶 2B。

孙德舆

孙德舆（生卒年未详），字行之，福清人。嘉定元年（1208）进士第二人。嘉定十一年（1218）官湖南衡州知州时，编纂并刻印《衡州图经》三卷。陈振孙《直斋书录解题》卷八著录："郡守三山孙德舆行之撰。嘉定戊寅刻。"[①]同年，刻印宋胡寅《读史管见》三十卷。赵希弁《郡斋读书附志》卷五载："《读史管见》三十卷，右致堂先生胡寅明仲所著也。意谓二百四十二年之后，至于五代司马文正所述《资治通鉴》，事虽备而立义少，遂用春秋经旨尚论详评，晦庵《纲目》中多取之，犹子大壮序其说，孙德舆刻于衡阳。"[②]

对《郡斋读书附志》所说最后一句，可以有两种解读。一种是"孙氏德舆刻于衡阳"；另一种则是"其孙（胡）德舆刻于衡阳"。张元济先生采用的是后一种解读。他说："是书成于绍兴乙亥，阅二十七年为淳熙壬寅，其子大正刊于温陵。是为最初刊本，凡八十卷。又阅三十六年为嘉定戊寅，其孙德舆并为三十卷，刊于衡阳，有犹子大壮序，与晁氏《读书志》合。"[③]《简明中国古籍辞典》据此判定："此书本八十卷，其侄大正官温陵，始刊于州治之中和堂。嘉定十一年（1218），其孙某为衡阳守，刊于郡斋，并作三十卷。"[④]《中国古籍版刻辞典》"胡大正"条亦认为"嘉定间大正子德舆改编为三十卷，刻印于衡阳"，并据此另设"胡德舆"条[⑤]。

然而，细读胡大壮序，发现其中有"书成于绍兴乙亥，逾一甲子，衡阳郡守孙侯德舆为政之初，即崇庠序之教，与郡之废堕次第修举，于是访士求书，得家藏《读史管见》脱稿善本，刻而传之。自春正月至冬十有一月告成"等语[⑥]，文中的"衡阳郡守孙侯德舆"，证实第一种解读才是正确的。也就是说，胡大正并无名"德舆"的儿子；或者说，嘉定衡阳郡斋本与大正之子无关。此刻本今国家图书馆存残帙八卷。

①〔宋〕陈振孙撰，徐小蛮、顾美华点校：《直斋书录解题》卷八，上海古籍出版社1987年版，第254页。

②〔宋〕赵希弁：《郡斋读书附志》卷五，《中国历代书目丛刊》第1辑，现代出版社1987年，第820页。

③张元济：《张元济全集》（第8卷），商务印书馆2009年版，第300页。

④吴枫主编：《简明中国古籍辞典》，吉林文史出版社1987年版，第754页。

⑤瞿冕良编著：《中国古籍版刻辞典》，苏州大学出版社2009年版，第601、609页。

⑥曾枣庄、刘琳主编：《全宋文》卷五八三八，上海辞书出版社2006年版，第337页。

《三山志》卷三一载："嘉定元年戊辰郑自诚榜,孙德舆,榜眼。字行之,福清人。父晞甫,弟礼舆,官至江西提刑。特旨一子恩泽。"①

吴元美

吴元美(生卒年未详),字仲实,永福(今福州永泰)人。宣和六年(1124)进士。绍兴中历湖州府学教授、诸王府大小学教授,除太常寺主簿,主管福建路安抚司机宜文字。大臣李光被贬,吴元美也受牵连,被其乡人郑玮告发,称其作《夏二子传》,文中所谓蚊、蝇,乃影射权奸秦桧。家有潜光亭、商隐堂,亭号潜光,是有心与李光结党,堂名商隐,则无意于事秦②。秦桧闻言大怒,系之于狱。编管容州,徙南雄州,绍兴二十六年(1156),方追复原官。

绍兴八年(1138),吴元美在湖州府学教授任上,刻印吴缜《新唐书纠谬》二十卷,又《五代史纂误》五卷《杂录》一卷。《藏园群书经眼录》著录一影抄宋刊本云:"十四行二十五字。前吴缜序,序后接目录。后有吴缜进书表,又绍兴湖州教授吴元美序。"③《四库全书总目》卷四六著录:"宋吴缜撰。缜字廷珍,成都人。尝以朝散郎知蜀州,后历典数郡,皆有惠政。其著此书,专以驳正《新唐书》之讹误,凡二十门,四百余事。初名《纠谬》,后改为《辩证》。而绍兴间长乐吴元美刊行于湖州,仍题曰《纠谬》,故至今尚沿其旧名。"④

吴元美事迹见梁克家《三山志》卷二八、宋罗大经《鹤林玉露》卷一六"高登"条、明谢肇淛《小草斋文集》卷一三、清陆心源《宋史翼》卷一二、万历《永福县志》卷三《献纪》、雍正《广西通志》卷八六《吴元美传》。《全宋文》卷四〇八六收其文。

赵师恕

赵师恕(生卒年未详),字季仁,号岩溪翁,怀安县(今属福州)人,宋太祖赵匡胤第九世孙。曾从学于朱熹,后复从黄榦学。嘉泰元年(1201)官广

---

①〔宋〕梁克家纂、陈叔侗校注:《三山志》卷三一《人物类六》,方志出版社2003年版,第514页。
②〔元〕脱脱等:《宋史》卷四七三《秦桧传》,中华书局1977年版,第39册,第13762页。
③傅增湘:《藏园群书经眼录》卷三,中华书局1983年版,第219页。
④〔清〕永瑢等:《四库全书总目》卷四六,中华书局1965年版,第410—411页。

东潮阳尉，刻印朱熹《大学章句》一卷，黄榦为之作序，题为《书晦庵先生正本大学》。文称《大学》一书"今惟建阳后山所刊为定本。潮倅廖君德明得之，以授潮阳尉赵君师恕，赵君镂板县庠，且虑传本之多，无以取信后来，因属榦记之"①。嘉定八年（1215），赵师恕官浙江余杭令。次年，刻印朱熹《家礼》五卷，黄榦又为之撰《书晦庵先生家礼》一文②。赵师恕任余杭令时，推行乡饮酒礼。据《勉斋年谱》，嘉定十三年（1220）五月，"门人赵师恕率乡党朋友习乡饮酒仪于补山，先生以上僎临之"。故黄榦又于是年六月为赵氏《习乡饮酒仪》一书作序，撰《赵季仁习乡饮酒仪序》一文。序末署"予犹恐观礼者习其数而不明其义也，故纪其大略，使刻之篇首。嘉定庚辰六月朔旦长乐黄榦序"③。

赵师恕刻本，还有《勉斋集》二十四卷。该书刊刻年不详，见载于傅增湘《藏园订补郘亭知见传本书目》，著录作"岩溪赵氏刊二十四卷本"④。

赵师恕事迹，见载于嘉庆《余杭县志》卷二一《名宦传》："赵师恕，嘉定八年为余杭令。爱民，勤于农事，劳徕不辍。因雨泽愆期，地多荒白，上书于朝，请劝民杂种麻、粟、豆、麦之属，以备岁俭。谓种稻则费少利多，杂种则劳多获少，所以民多惮其劳。然专种稻，一遇水旱则一年之望尽绝矣。杂种先后参差，此失则彼得，多少亦足以救目前之急。……朝命从之，人谓得救荒善策焉。"⑤明正德《袁州府志》卷六载其于绍定五年（1232）任袁州知州，在任上修分宜县学；卷一四有其所撰《分宜县学记》⑥。此为赵师恕流传后世仅见的文字。

端平初年（1234），赵师恕曾以朝请大夫直焕章阁知静江府。清汪森《粤西文载》卷六三载："赵师恕，字季仁，长乐人。端平初，知靖江，与桂帅

① 〔宋〕黄榦：《勉斋先生黄文肃公文集》卷二〇《书晦庵先生正本大学》，《北京图书馆古籍珍本丛刊》第 90 册，书目文献出版社 1991 年版，第 510—511 页。

② 〔宋〕黄榦：《勉斋先生黄文肃公文集》卷二〇《书晦庵先生正本大学》，《北京图书馆古籍珍本丛刊》第 90 册，书目文献出版社 1991 年版，第 513 页。

③ 〔宋〕黄榦：《勉斋先生黄文肃公文集》卷一九《赵季仁习乡饮酒仪序》，《北京图书馆古籍珍本丛刊》第 90 册，书目文献出版社 1991 年版，第 508 页。

④ 〔清〕莫友芝撰，傅增湘订补：《藏园订补郘亭知见传本书目》卷一三，中华书局 1993 年版，第 4 册，第 97 页。

⑤ 〔清〕张吉安等：(嘉庆)《余杭县志》卷二一《名宦传》，台北成文出版社 1970 年版，第 287 页。

⑥ 〔明〕徐璉等：(正德)《袁州府志》卷一四《艺文》，《天一阁藏明代方志选刊》第 37 册，上海古籍书店 1963 年版，叶 35B。

幕罗大经善。尝与大经游栖霞洞,赋诗,谓大经曰:'观山水如读书,随其见趣之高下。'又曰:'平生有三愿,一愿识尽世间好人,二愿读尽世间好书,三愿看尽世间好山水。'其兴致如此。"①

淳祐二年(1242)十一月丙辰,以平衡州酃县寇故,"诏湖南帅臣赵师恕进两秩"②。淳祐间任知南外宗正司事③。

今福州北郊森林公园岩溪龙潭边有赵师恕题名摩崖石刻。文曰:"岩溪翁赵师恕邀清溪郑性之、中山李遇、三溪林元晋同游,时淳祐丁未初秋上浣。"④1975年,福州北郊浮仓山出土的黄升墓,墓主为黄升,她即赵师恕的孙媳。

赵崇思

赵崇思(生卒年未详),字敬父,福清人,宋宗室。曾在江西萍乡刊刻朱熹《家礼》五卷。宋赵希弁《郡斋读书附志》著录云:"《家礼》五卷。右朱文公所定,而赵崇思刻之萍乡者。潘时举、李道传、黄榦、廖德明、陈光祖序跋附焉。"⑤按,此刻本为《朱子家礼》之萍乡本,非嘉定八年(1215)赵师恕所刻《朱子家礼》之余杭本⑥。

《三山志》卷三一《人物》载:"赵崇思,字敬父。"他为宋朝皇室一族,嘉定七年(1214)承祖荫,以"宗子正奏"入仕⑦。

郑嘉正·郑元清

郑嘉正(生卒年未详),字叔张,郑侠孙。南宋初福州福清县人,长期关注并搜罗其祖父郑侠的文集。隆兴二年(1164)刊刻《西塘先生文集》,请邑人黄祖舜作序。序中有云:"公之孙嘉正,毫联缕缉,仅得其十之三四。其孜孜孝诚,不忍遗坠之意,可尚也。学者倘能由斯文以究先生之学、之守,

①〔清〕汪森编:《粤西文载》卷六三《名宦》,《景印文渊阁四库全书》第1467册,第47页。
②〔元〕佚名:《宋史全文》卷三三,《景印文渊阁四库全书》第331册,第702页。
③〔清〕郝玉麟等:(乾隆)《福建通志》卷二一《职官》,《景印文渊阁四库全书》第528册,第96页。
④黄荣春:《福州摩崖石刻》,福建美术出版社1999年版,第316页。
⑤〔宋〕赵希弁:《郡斋读书附志》卷五,《中国历代书目丛刊》第1辑,现代出版社1987年版,第1034页。
⑥日本吾妻重二《朱子〈家礼〉的版本与刊刻》认为,"这份书目(指赵希弁《郡斋读书附志》)所记录的应该就是余杭本"。载陈恒、耿相新主编:《新史学》第10辑《古代科学与现代文明》,大象出版社2013年版,第290页。
⑦〔宋〕梁克家纂,陈叔侗校注:《三山志》卷三一《人物》,方志出版社2003年版,第525页。

诚可为末俗无特操者之戒云。"①隆兴二年，郑嘉正官建昌知军，在此刻印其祖郑侠《西塘先生文集》二十卷。

郑元清（生卒年未详），郑嘉正孙，郑侠曾孙，于南宋嘉定三年（1210）在金陵重刻郑侠《西塘先生文集》。郑元清有《跋》云：

> 先大父隆兴甲申守盱江，以行藏高大父教授朝奉《西塘》遗文，叙缉成编。蒙乡枢大资黄公为之序，遂刊置公府，今四十七年矣。乾道丁亥，简肃侍郎林公出镇九江，就集中删其代人作者，又录高大父之言行附于末，镂板郡斋。淳熙改元，太师、左丞相史公出帅乡邦，复取斯集，亲为题跋而刊之。皆以大资黄公所为序冠之篇首。
>
> 嘉定庚午，元清备数金陵酒掾，因思盱江所刊之本，欲见之而未能致。一日，会同官府判郑秘阁，忽谓于郡侯张寺簿有畴昔之好，特为贻书及之。未几，果得旧本。开卷敬诵，其他篇秩不紊颠末，但其序已不复存，得非岁久而遂亡之邪？元清敬取箧中所藏副本缮写，命工镂之，亟附便邮，还置盱江书库，以补集中之脱简云。
>
> 三月二十一日，元孙承议郎充提领建康府户部赡军酒库所主管文字赐绯鱼袋元清拜手谨书。②

由此可知，是集从隆兴至嘉定凡四十七年间曾四次刊印，郑元清重刊本，为第四次刊行，地点在金陵。其祖本，是久存于盱江书库的"旧本"，为其祖父郑嘉正隆兴二年所刊。

郑嘉正事迹，郑侠有《冠义序付嘉正》，其中有云："尔幼而岐嶷，自舞勺以前，能通诵五经，学为诗篇，浸浸勤学，与儿童不相类。不幸早失汝父，号慕良甚。三五年来，观汝志意，深有可赏叹者。"③宋洪迈《夷坚丙志》载，郑侠年七十八，次年秋季被疾。"语其孙嘉正曰：'人之一身，四大合成。四者若散，此身何有？'口占一诗曰：'似此平生只藉天，还如过鸟在云边。如今身畔浑无物，赢得虚堂一枕眠。'数日而卒。"④绍兴元年（1131），郑嘉正在

---

①〔宋〕黄祖舜：《西塘先生文集旧序》，《西塘先生文集》卷首，明万历三十七年（1609）叶向高刊本，叶 2A。

②〔宋〕郑元清：《西塘先生文集跋》，《西塘先生文集》卷首，明万历三十七年（1609）叶向高刊本，叶 2B—3B。

③〔宋〕郑侠：《西塘先生文集》卷二，明万历三十七年（1609）叶向高刊本，叶 6A—B。

④〔宋〕洪迈撰，何卓校点：《夷坚丙志》卷一三，中华书局 1981 年版，第 478 页。

山阴尉任上,请信州知军夏之文为郑侠撰写《墓志铭》。建炎二年(1128),郡人林遹为中书舍人,荐孙嘉正授房州文学,丞相吕颐浩上言,特赐迪功郎,为山阴尉。从房州文学到山阴尉再到建昌知军,此即郑嘉正仕履。

郑元清生平事迹,所知甚罕。除建康酒库主管之外,还曾历官临江通判,其妻林氏,系福清林诞(字仲成)长女①。

郑肇之

郑肇之(生卒年未详),字子仁,福唐(今福清县)人。淳熙二年(1175)进士。嘉定三年(1210),在湖南刻印宋胡寅《斐然集》三十卷,章颖为之序。其中有云:"皇宋作兴,文治灿然,百余年间,贤人君子所以推明乎是者,固已昭昭乎心目之间。遏人欲之横流,彰天理于既泯。士生斯时,抑何幸也!兵革纷纭,天下学者涣散而莫之统一。文定胡先生始以《春秋》鸣,而其子致堂继之,见于辞章,著于赋咏……此愚之所以中夜而起,抱书而叹也。三山郑君肇之持节湖湘,得是文于致堂之犹子大时,遂取而刊之木。……郑君之好尚,亦岂为文章之美哉?天理之明,人心之正,是书其标的也。嘉定三年八月望日南郡章颖序。"②

郑肇之此刻本,当为《斐然集》已知最早刻本。此书通常多以宋端平元年冯邦佐所刻蜀本为最早,盖受《四库全书总目》所误导。《总目》云:"《斐然集》三十卷(两江总督采进本),宋胡寅撰。寅有《读史管见》,已著录。是集端平元年冯邦佐刻于蜀,楼钥序之。嘉定三年郑肇之又刻于湘中,章颖序之。《宋史》本传作三十卷,与此本相合,盖犹从宋椠缮录也。"③端平元年(1234)在后,嘉定在前,且晚于嘉定三年(1210)二十四年,馆臣将此两个年号倒置,一个"又"字,极易使人误以为嘉定在后。以故,今人有胡寅此书"最早有冯邦佐刻本,其前有楼钥序。又有郑肇之嘉定三年刻本,有章颖序"之说④。

郑肇之事迹,见于史籍者仅有零星记载。淳熙八年(1181)官贵溪县

①〔宋〕刘克庄:《后村先生大全集》卷一四八《林沅州墓志铭》,《宋集珍本丛刊》第82册,第486—487页。
②〔宋〕章颖:《斐然集》卷首《斐然集序》,《景印文渊阁四库全书》第1137册,第260页。
③〔清〕永瑢等:《四库全书总目》卷一五八,中华书局1965年版,第1360页。
④中外名人研究中心、中国文化资源开发中心编:《中国名著大辞典》,黄山书社1994年版,第741页。

尉。期间，更新北宋元符间县尉曾敬之所建能赋堂，又于"治其东偏为小轩，置笔砚书帙其间，以朝夕坐卧而休焉"。韩元吉为之作《绝尘轩记》，誉其"通于学而邃于文，学业过人远甚"①。《三山志》载其"字子仁，祖德之孙"；其祖郑祖德"字彦循"，举大观三年（1109）进士，终朝散大夫，通判袁州②。

庆元二年（1196），郑肇之任仙游知县，立"蔡忠惠祠在儒学尊道堂之东"③。开禧三年（1207）任全州知州④。嘉定二年己巳（1209）任湖南运判。李之亮《宋代路分长官通考》载："《衡州府志》：郑肇之，朝请郎。嘉定元年八月到，十一月除湖南运判。"⑤章颖序称"三山郑君肇之持节湖湘"，取《斐然集》"而刊之木"，指的应即郑肇之历官湖南运判之时。

朱端章

朱端章（生卒、字号未详），福州长乐人。淳熙十年（1183）知南康军，次年于南康郡斋刻印自编本《卫生家宝产科备要》八卷。清钱曾《读书敏求记》卷三著录云："长乐朱端章以所藏诸家产科经验方，编成八卷。淳熙甲辰岁刻板南康郡斋，楮墨精好可爱。首列借地、禁草、禁水三法。古人于产妇入月慎重若此，今罕有行之者，亦罕有知之者矣。"⑥此书今国家图书馆有原刊本珍藏，收入《中华再造善本·唐宋编》。据《宋史·艺文志》著录，朱端章另有《卫生家宝小儿方》二卷、《卫生家宝方》六卷。据淳熙十一年南康金判徐安国《卫生家宝方序》称，朱氏认为"问民疾苦，州刺史事也"，故于暇日以方书数编示之云："此书传自先世，或经手录，无虑百方。世莫得睹，将广。……公喜而名之曰《卫生家宝》。共八百余方，凡四十三门，镂诸板。以遗天下与来世。"⑦由此可知，上述诸书实际上是同时刊行于南康，只是后二种已久逸不存。淳熙十二年，朱端章在南康，还编纂《南康志》八卷，陈振孙《直斋书录解题》卷八著录。

①〔宋〕韩元吉：《南涧甲乙稿》卷一六《绝尘轩记》，《景印文渊阁四库全书》第1165册，第240页。
②〔宋〕梁克家纂，陈叔侗校注：《三山志》卷二七《人物》，方志出版社2003年版，第426页。
③〔明〕黄仲昭：(弘治)《八闽通志》卷六〇《祠庙》，书目文献出版社1988年版，第851页。
④李之亮：《宋代郡守通考·宋两湖大郡守臣易替考》，巴蜀书社2001年版，第424页。
⑤李之亮：《宋代路分长官通考》(下册)，巴蜀书社2003年版，第2121页。
⑥〔清〕钱曾：《读书敏求记》卷三，书目文献出版社1984年版，第107页。
⑦〔日〕丹波元胤：《中国医籍考》卷三八，人民卫生出版社1983年版，第625—626页。

　　朱端章的生平,福建的史志所载甚少。雍正《江西通志》卷六四《名宦》载其"淳熙间知南康军,宽以爱民,廉以律己"①;清毛德琦《白鹿洞书院志》载:"朱端章,淳熙癸卯知南康军。置洞学田七百余亩,以赡四方之来学者。"②明李时珍《本草纲目》载:"朱端章《集验方》云:'余被檄任淮西幕府时,牙疼大作,一刀镊入,以草药一捻,汤泡少时,以手蘸汤挹痛处即定。因求其方用之治人多效,乃皱面地菘草也。俗人讹为地葱,沈存中《笔谈》专辨地菘,其子名鹤虱,正此物也。'"③此为朱端章南康知军之外宦迹的仅见记载。

　　晚清藏书名家陆心源对此书极为赞赏,曾据此书之方,解救冢妇(长媳)临盆之危,故将朱端章原刊本加以重刻,以广其传。他作序于卷首述刻书缘由云:"端章,福建长乐县人。淳熙中知江西南康军,宽以待民,廉以律己,拨设官田于白鹿洞学,以赡四方来学者。著有《卫生家宝方》六卷、《卫生小儿方》一卷、《卫生家宝汤方》二卷及此书,见《宋史·艺文志》、雍正《江西通志》。盖南宋良吏有心于济世救民者,非医士也。……予少多疾病,喜读方书,每当众论荆棘之时,略试其技,亦尝奏效。妇人小儿望问皆穷,尤难制剂。丙子之岁,细君临娩,胎死腹中,三日不下,诸医束手。甲申九月,冢妇将娩而疟作,疟发之际,心痛欲死,医亦无策。余细心诊问,博考方书,幸赖此书,转危为安。细君惢恩雕行,爰雕印,以广其传。……是编采择宏富,持择精详,所愿家置一编而深求之,于保产全婴之道,其庶几乎!"④

明　代

邵　铜

　　邵铜(1412—?),字振声,闽县人。明景泰五年(1454)进士,授监察御史。因与同官上疏弹劾权奸而被罢,谪知寿光县,改博罗县。所至有惠政,抚臣荐其贤,擢知温州知府。成化初,在温州刻印元吴海撰《闻过斋集》八

---

① 〔清〕高其倬、谢旻等:(雍正)《江西通志》卷六四《名宦》,《景印文渊阁四库全书》第515册,第232页。
② 〔清〕毛德琦:《白鹿书院志》卷四《先献》,《续修四库全书》史部第720册,第421页。
③ 〔明〕李时珍:《本草纲目》卷一五草部四,中国中医药出版社1998年版,第432页。
④ 〔清〕陆心源:《仪顾堂集》卷六《重雕宋本卫生家宝产科备要序》,《续修四库全书》集部1560册,第438页。

卷。清丁丙《善本书室藏书志》卷三四著录："洪武戊寅，偶编刻以行。成化初，温州太守邵铜重刻。"①邵铜《闻过斋集序》云："文章，天下之公器。虽时异世殊，家传人诵不忍释手，及其板行已久，犹欲新之，以垂永远。果何以得此哉？必其人德蕴诸己，道孚于人，发而为言，有关世教，有裨治道，有切于民生日用，若然虽欲不传，乌可已也？吾闽朝宗吴先生，气质刚明，学识醇正。平日践履笃实，一言一行莫非矩度，不幸生非其时，宁甘藜藿而修仁义，不苟叨位，慕禄闲居。于古今成败、治道升降、人物贤否、政事得失，莫不形之于文，皆严毅正大之辞，绝轻浮夸诞之态。所谓古君子，盖其人与？……先生之文，洪武间曾镂板，未几皆散失无存。铜自幼侍先君，谈及先生道德，为详诵先生之文颇习。今先君没又四十三年，近阅书藏，得先君所录旧本，手泽尚新，反复玩味，不胜悲感，遂命工重刊，以永其传。谨述先生行实之概，书于卷首，俾观者得有所考。先生名海，朝宗其字，号鲁客，斋扁曰'闻过'，学者皆称为'闻过夫子'云。"②此刻本今福建省图书馆和南京图书馆有原刊本收藏。

成化三年（1467），邵铜又刻明林鸿《鸣盛集》四卷。前有吴兴倪桓、庐陵刘嵩二序，正文卷端题"三山林鸿子羽著，郡人邵铜振声校编"，卷末有成化三年丁亥五月赐进士出身中宪大夫温州府知府邵铜《鸣盛集后序》。略云："其诗集所存者遗编断简，字多鲁鱼亥豕之失，为可恨耳。余自出守东瓯，每于听政之暇，览其旧稿，慨然兴思，因详加校勘，补其阙略，缮写成编，乃捐己俸，召工锓梓以传。……时成化三年丁亥五月蒲节，赐进士出身中宪大夫浙江温州府知府邵铜序。③"此本今中山大学图书馆存原刊本。

邵铜生平，见载于万历《福州府志》卷二三、乾隆《福建通志》卷四三、乾隆《广东通志》卷四〇。

清王士禛《古夫于亭杂录》卷三载："林子羽《鸣盛集》四卷，其同郡邵铜所编。铜作后序，称'中宪大夫温州府知府，成化三年丁亥岁也'。按：邵铜，天顺间以御史言事，忤权奸，与张鹏等十三人皆左迁知县。"④

①〔清〕丁丙：《善本书室藏书志》卷三四，《续修四库全书》第 927 册，第 576 页。

②〔明〕邵铜：《闻过斋集序》，（乾隆）《福建通志》卷七〇，《景印文渊阁四库全书》第 530 册，第 491 页。

③〔明〕邵铜：《鸣盛集后序》，《鸣盛集》卷末，《景印文渊阁四库全书》第 1231 册，第 82 页。

④〔清〕王士禛：《古夫于亭杂录》卷三《邵铜》，中华书局 1988 年版，第 68 页。

黄 镐

　　黄镐(1420—1488)，字叔高，号九仙山人，侯官人。正统十年(1445)进士，试事都察院，以明习法律授监察御史，拜南京户部尚书。成化十九年(1483)在南京刻印明闽县王恭撰《白云樵唱集》四卷《附录》一卷；同年，又刻印明高棅撰《高漫士啸台集》二十卷，行格为十行二十一字，四周双边，大黑口，双鱼尾。《高漫士啸台集》卷首有成化十九年赐进士第资政大夫、南京户部尚书三山后学黄镐序，卷后有同年南京太常寺少卿莆田陈音序；收入《明别集丛刊》第 1 辑第 22 册。

　　明周瑛《题王皆山白云樵唱后》曰："国初，闽中有十才子，皆以诗鸣。或云皆山即其派也。十才子诗去今未百年，皆散落无存。而皆山有《凤台清啸》《草泽狂歌》《白云樵唱》凡数种。《樵唱》近存吏部郎中黄君汝明所，间多讹舛。大司徒黄公(镐)见而叹曰：'贤哲凋谢，声光犹存。吾生里中，不为表章，何以酬故老？'因以元稿托汝明编次成集，付户部郎中陈君孟明校正之。公将梓行，以吾莆林殿元、长乐东选部尝序先生全集矣。乃自为序，而命瑛题其后。"①《四库全书总目》卷一六九著录云："其诗凡三集，一曰《凤台清啸》，乃官翰林以后作；此集及《草泽狂歌》，则皆未仕以前所作。恭没之后，湮晦不传。成化癸卯，南京户部尚书黄镐搜恭遗稿，始得此集于吏部郎中长乐黄汝明家。因属汝明编次，分为前后二集。"②《四库全书》本《白云樵唱集》卷末附录有黄镐跋云："右皆山樵者传、赞、辞、说，乃前辈解大绅、王孟扬、曾子棨、林慈、林仲贞诸先生为王皆山先生作也。皆山先生善鸣于诗，遗有《白云樵唱》诗稿，予已为之版行，又得福州举人吴锵以此文寄到南京，予重前辈之文章，而益信皆山先生之才之德，足为后学之模范也，遂录此附于《白云樵唱》之后。成化癸卯十有二月，后学九仙山人黄镐跋。"③

　　黄镐生平，详见《明史》卷一五七、明焦竑编《焦太史编辑国朝献征录》卷三一《南京户部尚书黄公镐传》、民国《福建通志·列传》卷一九。万历

---

① 〔明〕周瑛：《翠渠摘稿》卷四，《景印文渊阁四库全书》第 1254 册，第 789—790 页。文中"长乐东选部"应为"长乐陈选部"。
② 〔清〕永瑢等：《四库全书总目》卷一六九，中华书局 1965 年版，第 1473 页。
③ 〔明〕黄镐：《白云樵唱集跋》，《白云樵唱集》卷末，《景印文渊阁四库全书》第 1231 册，第 208 页。

《福州府志》卷二三《人文志》载："十三年（1477）奉命按贵州。……屡建战功，由是朝议以镐为可大用。历长藩臬，入为副都御史，又转贰铨。馆阁群公莫不雅敬。镐拜南京户部尚书。以疾乞骸，赐玺书驰传，归，卒于途。赠太子少保。"[1]

谢士元

谢士元（1425—1494），字仲仁，号约庵，长乐人。景泰五年（1454）进士。历官户部主事、建昌知府、右布政使、右副都御史等职，有治绩。万历《福州府志》卷二三《人文志》称其"长于治郡，有古循良风"[2]。民国《福建通志·列传》卷二〇载其在建昌府，"大兴教化，劝励风俗。新学宫，聚书万卷，储礼乐器，扩射圃。暇日则临视督课，按射礼习行之，作敦化、表忠、劝学图诗，梓布村市"[3]。生平事迹见于明林俊《见素集》卷二四《谢都宪约庵传》；明罗玘《都察院右副都御史谢公士元行状》，载焦竑《焦太史编辑国朝献征录》卷六〇；《明史》卷一七二，载《张瓒传》之后；明何乔远《闽书》卷七七；万历《福州府志》卷二三《人文志》和康熙《福建通志》卷四四《人物志》等。

明成化九年（1473），谢士元在建昌知府任上，曾刊刻元临川吴澄撰《三礼考注》六十四卷《序录》一卷《纲领》一卷，请状元罗伦为序，谢士元及仁和夏时正作跋。行格为十一行，行二十四字，四周双边，大黑口，上下鱼尾。今上海图书馆、南京图书馆、辽宁省图书馆及国家图书馆等有存本。

邓　珙

邓珙（1425—?），字弘中，闽县人。成化二年（1466）进士。成化九年，在南京户部郎中任上，曾编辑并刻印明高棅撰《木天清气集》十四卷。明徐𤊹《红雨楼序跋》著录云："高漫士《木天清气集》，先正邓大参公珙曾梓而行之。"[4]按，此刻本疑已不存，今收入《四库存目丛书》第32册者，为国家图书馆存清金氏文瑞楼抄本，每卷均题"南京户部郎中闽邑后学邓珙编集，南京

①〔明〕潘颐龙、林燫等：(万历)《福州府志》卷二三《人文志》，书目文献出版社1990年版，第233页。
②〔明〕潘颐龙、林燫等：(万历)《福州府志》卷二三《人文志》，书目文献出版社1990年版，第234页。
③沈瑜庆、陈衍等：(民国)《福建通志·列传》卷二〇，1938年刊本，叶4B。
④〔明〕徐𤊹：《红雨楼序跋》卷一，福建人民出版社1993年版，第42页。

户部郎中莆田后学朱文璙校正"，其应即据邓珙刻本所抄录。

明王鏊《姑苏志》卷四一《宦绩》载："邓珙，字弘中，闽县人。成化初，以进士知常熟。首诛奸恶，以刚果称。九年，升南京户部主事。"①《明代科举与文学编年》载："邓珙，贯福建福州府闽县，民籍，国子生，治《礼记》。字弘中，行六，年四十二，十一月初一日生。曾祖子宜。祖光。父晟。母林氏。永感下。兄瓒。弟琏。娶陈氏，继娶林氏。福建乡试第五名，会试第三百十七名。"②因得之其生年为明洪熙元年（1425），卒年缺考。其生平，又载于明何乔远《闽书》卷七四、清郝玉麟《福建通志》卷四三。

陈炜·陈墀

陈炜（1430—1484），字文耀，号耻庵，闽县人。天顺四年（1460）进士。"成化初，选监察御史，奉命按南畿，改督学北畿，迁江西副使。历按察使、右布政，转浙江左辖，未上，卒于官。"③成化九年（1473），在江西副使任上刻印宋黎靖德编《朱子语类》一百四十卷，今国家图书馆有存本。此书后有朝鲜翻刻陈炜的刊本。成化十三年（1477），在江西按察使任上，又刻印高棅《唐诗品汇》九十卷《拾遗》十卷，为此书今所见最早刻本。书末有跋云："此吾闽高廷礼先生所编者也……吾近得之，不敢私诸箧司，因命工锓样以传焉。"④

万历《福州府志》卷二三《人文志》载："炜为人，风格峻整而敏达于政，在台中号敢言。锦衣指挥使门达者，自先朝时恃宠干政，屡起大狱，莫敢谁何。炜疏其诸奸利状，诏投达岭表，中外快之。南京给事中王徽因论大学士刘吉外迁，炜又上疏论救，由是陈御史直声震朝。……弋阳、乐平二邑人争陂，久不决，炜为权其利，乐平民得决水溉田万余亩，而代弋阳输赋若干，二邑人咸便之。其知大体、周物情，多此类也。莆阳彭惠安尝称炜有'澄不清，挠不浊'之量云。"⑤黄仲昭《陈炜列传论》评论说："炜为御史，首劾执政而辞，气劲直如此，其亦子曾子所为'临大节而不可夺者'欤。"⑥陈炜生平，

①〔明〕王鏊：《姑苏志》卷四一《宦绩》，《景印文渊阁四库全书》第 493 册，第 761 页。
②陈文新主编：《明代科举与文学编年》（上），武汉大学出版社 2009 年版，第 848 页。
③〔明〕潘颐龙、林燫等：（万历）《福州府志》卷二三《人文志》，书目文献出版社 1990 年版，第 239 页。
④金生奎：《明代唐诗选本研究》，合肥工业大学出版社 2007 年版，第 89 页。
⑤〔明〕潘颐龙、林燫等：（万历）《福州府志》卷二三《人文志》，书目文献出版社 1990 年版，第 239 页。
⑥〔明〕黄仲昭：《未轩文集》补遗卷下，《景印文渊阁四库全书》第 1254 册，第 606 页。

另见明彭韶撰《耻庵陈公墓志铭》①、清李清馥《闽中理学渊源考》卷四三、民国《福建通志·列传》卷二〇。

陈炜著作有《耻庵集》十卷，"乃正德初，其从子墀为东莞知县时所刊，嘉靖中其孙全之复补辑之，而以赞、挽诸诗附于其末"②。清郝玉麟等所纂《福建通志》卷四三载："陈墀，字德阶，闽县人。弘治乙丑进士，授东莞令。之官，止一仆。廉以律己，慈以爱民。旧有引钱，令皆私之，墀悉郤不取。……铨部以治行征，启行日，指挥蒋世奇举其装曰：'明府行李萧然若是乎？'曰：'吾素性如此，家法如此。'墀世父炜，官方伯，有重名，海内故云。后官终贵州按察司副使。"③陈墀事迹，又载于乾隆《广东通志》卷四〇。

李廷美

李廷美（1437—?），宁德籍，徙居闽县。明英宗天顺四年（1460）进士。历官刑部员外郎、苏州知府。成化二十三年（1487）在苏州知府任上，刻印宋司马光《司马太师温国文正公传家集》八十卷。傅璇琮等主编的《中国诗学大辞典》称："八十卷本之《传家集》，除宋本外，后世刊刻颇多，著名者有明宪宗成化二十三年丁未（1487）苏守李廷美刻本。"④

明万历《福州府志》载："李廷美，以字行，刑部郎中。以忤汪直，外谪，官终苏州太守。笃于交谊，肯面折人过，与游者皆惮其严。"⑤

民国《闽侯县志》载："天顺四年王一夔榜：李廷美，宁德籍。刑部员外郎，受命会勘吉安知府许聪严刑及侵欺罪，不实。降衡州通判，终苏州知府。笃于交义，面折人过，人皆惮其方严。"⑥

明李东阳有《王古直传》，文中涉及李廷美官刑部之时所断的一个案例。文曰："王古直，名佐，字仁辅，后去车为甫，古直其所自号，以号行世。居台之黄岩，今分太平县地也。少为诗及行草，漫游京师。有乡人坐事者，古直候诸官。官并捕候者，询其孥甚急。古直甘侵辱，竟不言所在。入刑部狱，独暴立烈日，不与众囚伍。李主事廷美异之，检衣帽间得柯学士诸

①〔明〕焦竑编：《焦太史编辑国朝献征录》卷八四，《续修四库全书》史部第 529 册，第 477 页。

②〔清〕永瑢等：《四库全书总目》卷一七五，中华书局 1965 年版，第 1559 页。

③〔清〕郝玉麟等：(乾隆)《福建通志》卷四三《人物》，《景印文渊阁四库全书》第 529 册，第 463 页。

④傅璇琮、许逸民等主编：《中国诗学大辞典》，浙江教育出版社 1999 年版，第 871 页。

⑤〔明〕喻政、林烃等：(万历)《福州府志》卷四七《选举志》，万历四十一年刻本，叶 17A—B。

⑥欧阳英、陈衍：(民国)《闽侯县志》卷三八《选举》，台北成文出版社 1966 年版，第 114 页。

诗,问之曰:'尔能诗耶?'使赋日影诗成,纵之归,长揖而出。狱吏皆大笑,然古直亦自是得名。"①

王 俊

王俊(1443—?),字世英,闽县人。成化二年(1466)进士。万历《福州府志》卷二五《人文志》载其"改翰林庶吉士,授南京户部主事,以养归。复起,擢知袁州。俊为治持大体,吏民始畏惮,久而怀之。凡修学宫,浚水利,为袁人久远计。满九载,迁参政广东。抚化徭獞,广人亦德之。"②其事迹,又载于民国《福建通志·循吏传》卷四。

弘治六年(1493),王俊曾刻印明初永福王偁撰《虚舟集》五卷,《四库全书总目》卷一七〇著录云:"是编乃其诗集。前有王汝玉序,又有解缙序二篇。一题《虚舟集序》,一题《王孟扬文集序》。又有宏治六年桑悦序,则为袁州守王世英翻刻《虚舟集》而作。不言其别有文集,盖当时已失传矣。"③《虚舟集》卷首有弘治六年桑悦(民怿)《重刊虚舟集序》云:"闽之三山世英王先生,初为名进士。入翰林为庶吉士,授地官主事,擢副郎,出守袁州。以文章学行发为政事,其岂弟有循吏之风,威重得大臣之体。公暇,尤留心文事,慨其乡有王君孟扬,素以文名当世,欲翻刻其《虚舟集》,而乞予言以弁诸首。……弘治六年重阳前二日柳州府通判思玄居士东吴桑悦民怿书。"④由上文可知,王俊此本的刊刻地点应在袁州。

游 琏

游琏(1476—?),字世重,号少石,福州连江县人。正德五年(1510)举人,次年进士,历官江西新建县令、南京户部主事、登州知府、广东按察司副使和海南兵备副使,终江西参政。

嘉靖九年(1530),游琏知登州府时,曾刊刻其自编《蓬莱集》一卷。周子美《天一阁藏书经见录》著录云:"前有嘉靖庚寅知登州府事连江游琏重

---

①〔明〕李东阳撰,周寅宾、钱振民校点:《李东阳集》卷一六,岳麓书社 2008 年版,第 595—596 页。

②〔明〕潘颐龙、林燫等:(万历)《福州府志》卷二五《人文志》,书目文献出版社 1990 年版,第 265—266 页。

③〔清〕永瑢等:《四库全书总目》卷一七〇,中华书局 1965 年版,第 1482 页。

④〔明〕桑悦:《重刊虚舟集序》,《虚舟集》卷首,《景印文渊阁四库全书》第 1237 册,第 5—6 页。

刻蓬莱集序，即刻集者，卷中所记，即登州蓬莱阁诸文。"①

《闽书》卷七八载："游琏，字世重。任广东副使，征黎有功。长五言诗。"②万历《福州府志》卷一八《人文志》载："正德五年庚午黄廷宣榜，连江县学游琏，易，字世重，进士。"③其生平以《福建通志》所载较详。略云："游琏，字世重，连江人。正德辛未（1511）进士，授江西新建令。时宸濠暴横，强夺桃花乡民产，乡人树寨以死御之。琏极力调护，乃得释。属桃源华林盗起，有言濠阴嗾之者。琏乃率建昌兵剿之，仍诘知其状，白当道，密疏其事于朝。濠惧，为稍戢。升南户部主事，历员外郎中。厘宿弊，裕国储，井井有法。出守登州，招流亡，赈饥馑，疗疾疫。白主簿李若琪疑狱，黜知县王修贪酷。大新学宫，镕铜佛像作礼器，兴士育材，郡称大治。迁海南兵备副使，会有黎酋长佛佛者，聚众剽掠，久为民害。琏请于督府，提兵直捣其穴，擒酋首，余党悉平。民感其德，为立平黎生祠。海南多产珍异，琏独持冰蘗，一无所取。官终江南参政。所著有《东行》《南行》二稿，及《平黎集》。"④其中，"南行"，据《千顷堂书目》卷二二，为《效颦南行集》，又名《少石稿》，二卷⑤。

民国《连江县志》卷二二《艺文》载，游琏的著作还有《海道经》⑥，此书现存本，通常被认为作者无名氏。《四库全书总目》著录称："不著撰人名氏。惟书中'扬子江'一条，自称其名曰璃，其姓则不可考。"⑦周运中《〈海道经〉源流考》一文认为，《海道经》的作者及成书时间至今没有定论。他通过比较《江南经略》《崇祯太仓州志》这两部和《海道经》针路同源的文献，并比较了《广舆图》、两种版本《海道经》及《嘉靖靖江县志》《东西洋考》的同源占验歌诀后指出，"《海道指南图》、针路、歌诀是明代前期船民所作，明代中后期才经人补缀汇编而成为《海道经》"⑧。这位明代中后期的"佚名人氏"，很有可能就是《连江县志》所载的游琏。

①周子美编：《天一阁藏书经见录》卷上，华东师范大学出版社 1986 年版，第 119 页。

②〔明〕何乔远：《闽书》卷七八《英旧志》，福建人民出版社 1994 年版，第 3 册，第 2355 页。

③〔明〕潘颐龙、林燫等：（万历）《福州府志》卷一八《人文志》，书目文献出版社 1990 年版，第 190—191 页。

④〔清〕郝玉麟等：（乾隆）《福建通志》卷四三《人物》，《景印文渊阁四库全书》第 529 册，第 464 页。

⑤〔清〕黄虞稷撰，瞿凤起、潘景郑整理：《千顷堂书目》卷二二，上海古籍出版社 2001 年版，第 551 页。

⑥曹刚等：（民国）《连江县志》卷二二《艺文》，台北成文出版社 1967 年版，第 192 页。

⑦〔清〕永瑢等：《四库全书总目》卷七五，中华书局 1965 年版，第 650 页。

⑧周运中：《〈海道经〉源流考》，《海交史研究》2007 年第 1 期。

郑善夫

郑善夫(1485—1523),字继之,号少谷。闽县(今福州)人。弘治十八年(1505)进士,初任户部主事,以宦官刘瑾当道,不屑为官,归而筑少谷草堂,隐居读书六载。正德间,复起为礼部主事,因谏阻武宗南巡而遭廷杖,再次告归。嘉靖元年(1522),荐起为吏部郎中,道经武夷得病,归家而卒。传载《明史》卷二八六《文苑传》、《闽书》卷七四、清阮元《畴人传》卷二九。著作有《少谷山人集》《郑少谷全集》等。

正德十五年(1520),郑善夫曾刻印其友人孙一元(1484—1520,字太初,号太白山人)所撰《太白山人漫稿》五卷附录一卷。徐𤊻《红雨楼序跋》著录云:"太初诗,余家有分类一种。……此本乃先正郑少谷为太初授梓者,编汇年次,备于他本,年久板亦不存,人家鲜有藏者。林志尹偶得之,持以见贻;印章又为高石门家物,披诵之际,不啻拱璧,书以志喜。万历戊戌年(1598)秋日徐惟起识。"①

徐𤊻此文未言此本之刊刻年月及刊印地点。考郑善夫《太白山人漫稿序》有云:"余序太初《漫稿》成,太初曰'子真知我者'。又明年庚辰,而太初死,遗命以《漫稿》必付余。余归吊其庐,抚其孤,携其稿至杭,梓而行之。凡与太初游者,如杭人许台仲、陈遂初、高世美,湖人施邦直、沈仁伯,徽人程世大、孙道甫、戴仲良率来集事,于乎使太初复生,诸君当不愧其平生之言乎!是年秋七月望善夫志。"②由此序可知,此本乃正德十五年(1520)七月刻梓于杭州。

清叶德辉著录云:"《太白山人漫稿》五卷附录一卷,明正德十五年郑善夫刊本。……顷估人杨保生持书求售,中有是集,为黄麻纸精印。每半叶十行,每行十七字,白口,鱼尾下方有刻工姓名。全书五卷,前有正德戊寅晋安郑善夫序。……再后正德十五年方豪后序。盖《漫稿》第一刻本郑善夫编次付梓者,即万历丙申吴兴张氏据以增定之原本也,亟重价收之。……考麟志太初墓称:'太初疾革,持手稿若干卷,告众人曰:"晋安郑子继之,知吾言是在继之"云。继之,善夫字也,是《漫稿》固当以善夫编次者为定本矣。'……余后且数十百年,而得前于张本百十余年板刻之孙集最初定

①〔明〕徐𤊻:《红雨楼序跋》卷一,福建人民出版社1993年版,第44页。
②〔明〕郑善夫:《太白山人漫稿序》,《太白山人漫稿》卷首,《景印文渊阁四库全书》第1268册,第786页。

本,何翰墨因缘之深耶! 且在当时张本已称罕见,则郑本之稀更可知矣。"①

《湖南省志》卷二八《文物志》载此书为"明正德十三年(1518)郑善夫刻嘉靖二年(1523)增补刻本。板框高16.9厘米,宽12.6厘米,鱼尾下方有刻工姓名。前有明正德十三年(1518)郑善夫序。……此为《漫稿》第一刻本。郑善夫等编次付梓,世人罕见,藏书家视为珍宝。湖南图书馆藏。收入《中国古籍善本书目》"②。

陈则清

陈则清(1485—?),字君扬,福州闽县人。正德十二年(1517)进士。嘉靖间,官贵州提学副使时,曾刻印明徐问撰《读书札记》八卷,见于清彭元瑞《天禄琳琅书目后编》卷一六的著录。陈则清《读书札记后跋》云:"少司马延陵养斋徐翁先抚贵时,兴文振武,西南载戢。乡贡士王惟忠、段以金、周镶、叶履谦、庠生吴鸣皞、顾继先、黎宇、潘维岳辈凡若干人,以斯道之未有闻也,企翁门墙请廓,蒙塞翁不鄙,进之。未逾年,诸生恍然有得,竞录翁札记旧草,以永珍镂。惴惴然以弗获公传是思,乃厘为八卷,金议庀赀寿之梓。……既竣事,诸生属清志岁月,义不容辞。若翁德学勋业,自有国是在,岂孤谫所敢私邪? 嘉靖甲午(1534)四月甲辰,后学闽陈则清谨跋。"③

《读书札记》的撰者徐问,字用中,号养斋,武进人。弘治十五年(1502)进士,官南京户部尚书,《明史》有传。此书内容为徐问官巡抚贵州时与诸生问答之语,涉及天文、山川、性理、六经和四书诸说。

刻书者陈则清事迹,见万历《福州府志》卷二六《人文志》。书中载其初官泰州守,"改祈州,又调滁州,擢南刑部员外。坐诬,谪判台郡。未几,擢守程蕃,后以都御史巡抚云南,卒于官。……三为州守,俱有惠政。在滁赈荒,全活甚众,滁人尤德之。笃于交谊,人虽微贱,旧与游者,书札问遗不绝"④。清郝玉麟等《福建通志》卷四三所载与此略同。

---

①〔清〕叶德辉:《拾经楼䌷书录》卷下,《湖南近现代藏书家题跋选》第2册,岳麓书社2011年版,第137—138页。

②湖南省地方志编纂委员会编:《湖南省志》卷二八《文物志》,湖南出版社1995年版,第665页。

③〔明〕陈则清:《读书札记后跋》,《读书札记》卷末,《景印文渊阁四库全书》第714册,第450页。

④〔明〕潘颐龙、林爟等:(万历)《福州府志》卷二六《人文志》,书目文献出版社1990年版,第275页。

陈仕贤

陈仕贤(1499—?),字邦宪,福州福清县人。嘉靖十一年(1532)进士,授户部主事,转杭州知府,有"杭人以为国朝郡守治平第一"①的评价。清《浙江通志》卷一四九载:"陈仕贤,字邦宪,福清人。嘉靖进士,知杭州府。清操愈励,衣不重彩,食无兼味,务瘠己以肥百姓。水旱祈祷辄效,当官不务操切而事简政平,吏民乐其不烦。"②

嘉靖二十年(1541),陈仕贤在杭州知府任上,主持刊刻明于谦撰《少保于公奏议》十卷附录一卷,清丁丙《善本书室藏书志》卷八、邵懿辰《增订四库简明目录标注》卷六均著录。卷前有本年十月知杭州府事福清陈仕贤刊行序。今南京图书馆和宁波天一阁有存本。陈仕贤又于嘉靖三十七年(1558)刻印明杨慎编《皇明诗钞》十卷,今仅有中国社科院文学所存不全本前五卷。

陈氏本人所编,有医书《经验良方》十一卷,《四库全书总目》卷一〇五著录;所著有《四留堂存稿》六卷③。

郑锡麒

郑锡麒(1513—?),字维桢,一作献桢,福州长乐县人。嘉靖十四年(1535)进士,历官安庆、韶州推官和严州知府。

明嘉靖十七年(1538),郑锡麒刻印过元余阙《青阳先生文集》。叶德辉著录:"《青阳先生文集》六卷附录二卷,明嘉靖十七年郑锡麒刊本。辛酉秋九,余从厂肆见元余忠宣公阙《青阳先生文集》六卷,目录次行题'门人淮西郭奎子章辑',每半叶十一行,每行十九字,后有嘉靖戊戌长乐郑锡麒跋,知刻于嘉靖十七年。检书首目录知无残阙,且为白棉纸精印,估人云出永明周季嘤銮诒家。遍考各藏书家志目皆未载有此本,知其极为稀见,乃购藏之。……前有弘治三年云中徐杰续编青阳附录序,后有正德二年皖城柯忠重编青阳附录后序,嘉靖戊戌长乐郑锡麒跋,乃知向之得自永明周氏者。其书为忠宣门人郭奎所辑,皆忠宣之遗文,而以维阳程廷珪《送余廷心赴大

①〔清〕饶安鼎等:(乾隆)《福清县志》卷一三《人物志》,上海书店出版社2000年版,第315页。
②〔清〕嵇曾筠、沈翼机等:(乾隆)《浙江通志》卷一四九《名宦》,《景印文渊阁四库全书》第523册,第88页。
③〔清〕黄虞稷撰,瞿凤起、潘景郑整理:《千顷堂书目》卷二三,上海古籍出版社2001年版,第577页。

学》诗及新安程文《青阳山房记》附后为《附录》，郑锡麒据旧本梓行。"①此书现存南京图书馆和国家图书馆。据康熙《安庆府志》载，郑锡麒官安庆知府推官，始于嘉靖乙未②，终于嘉靖戊戌（1538）③，"戊戌"即嘉靖十七年，由此可以断定此书必在安庆刻印无疑。

郑锡麒事迹见于清徐景熹主修《福州府志》卷三九《选举志》、清郝玉麟等《广东通志》卷二七《职官》、民国李驹主纂《长乐县志》卷一四《选举志》、陈文新主编《明代科举与文学编年》等④。

陈 省

陈省（1529—1612），字孔震，初号约斋，后更号幼溪，福州长乐县人。嘉靖三十八年（1559）进士，授浙江金华府推官，有政绩。嘉靖四十一年（1562），升任山西道御史，后巡按山海关。嘉靖四十四年（1565），巡按湖广。隆庆元年（1567）在巡按湖广御史任上，刊刻《大明律例》三十卷附《律例类抄》一卷，今国家图书馆、台北故宫博物院均有原刊本存世。该书卷末有陈省《恭书律例附解后》一文，略云"省按湖南，检核案牍，失者常什八九，深病夫粗心浮见者之祸斯民甚矣，乃取内本律重校刻之"⑤。

万历十一年（1583），朝论陈省曾受知于张居正，他因此而罢官。回乡后，在武夷山接笋峰下筑室隐居近三十年，在武夷建亭台楼阁十几处。喜大字榜书，今武夷山景区遗存其手书摩崖石刻甚多。传载《福建通志》卷四三⑥。叶向高为之撰《通议大夫兵部右侍郎兼都察院右金都御史幼

---

①〔清〕叶德辉等撰，湖南图书馆编：《湖南近现代藏书家题跋选》第2册，岳麓书社2011年版，第127—128页。

②〔清〕张楷等：(康熙)《安庆府志》卷一〇《秩官志》，江苏古籍出版社1998年版，第228页。

③清张楷等所修康熙《安庆府志》卷一二《秩官志》载，郑锡麒的后任推官李廷松为"戊戌进士，授安庆推官"。"戊戌"乃嘉靖十七年，由此可知郑锡麒在本年仍有数月在安庆，离任应在李廷松上任之时。参〔清〕张楷等：(康熙)《安庆府志》卷一二《秩官志》，江苏古籍出版社1998年版，第306页。

④陈文新主编的《明代科举与文学编年》载："明世宗嘉靖十四年乙未：郑锡麒，贯福建福州府长乐县，民籍，县学附学生，治《诗经》。字献桢，行六，年二十三，正月二十五日生。曾祖肃。祖世杰。父勉。母刘氏。具庆下。弟锡熊、锡舱、锡鲸、锡聪。娶陈氏。福建乡试第八十三名，会试第二百四十九名。"载武汉大学出版社2009年版，第1862页。

⑤〔明〕陈省：《恭书律例附解后》，转引自张伯元编著：《律注文献丛考》，社会科学文献出版社2009年版，第253页。

⑥〔清〕郝玉麟等：(乾隆)《福建通志》卷四三《人物》，《景印文渊阁四库全书》第529册，第474页。

溪陈公墓志铭》,载《苍霞续草》卷一一。其著作有《幼溪集》六卷、《武夷集》四卷。

郑云鏊

郑云鏊(1530—?),字邦用,福州闽县人。嘉靖三十五年(1556)进士,历官户部主事、按察司副使、湖广参政、河南右布政使等职。万历三年(1575),历官浙江督学之时,刻印其师明吕本撰《期斋吕先生集》十四卷,卷首题"提督学校浙江按察司副使门人郑云鏊、绍兴府知府后学合肥彭富、同知后学晋江王同讚、余姚县知县后学蕲水李时成校梓"。今南京图书馆、重庆图书馆和山西大学图书馆有存本。收入《四库全书存目丛书》集部第 99 册。南京图书馆藏本,有清丁丙跋,被误著录为嘉靖刻本。

郑云鏊生平事迹,见载于清郝玉麟等《福建通志》卷四三。其中有云:"郑云鏊,字邦用,闽县人。嘉靖丙辰进士,授户部主事,出为浙江提学副使。持正靡阿,请托断绝。擢湖广参政。"[1]

施观民

施观民(1532—?),字于我,福州福清县人。嘉靖四十四年(1565)进士,历官户部主事、郎中。隆庆五年出知常州,擢广东副使。隆庆六年(1572),刻印明王慎中撰《遵岩王先生文粹》十六卷,十行二十二字,白口,左右双边,今上海图书馆、南京图书馆与国家图书馆有存;又于万历二年(1574)刻印宋林希逸撰《鬳斋三子口义》二十一卷,版式与上本同,今上海图书馆、浙江图书馆和国家图书馆均存原刻本。万历三年,刻印明王宗沐撰《南华经别编》二卷。国家出版社 2011 年出版的《子藏·道家·庄子卷》第 57 册中《南华经别编》,即据此本影印。据施观民仕履,以上刻本均应刊印于常州。

康熙《常州府志》载其仕绩云:"施观民,字于我,福清人。嘉靖乙丑进士。敏于听断,案无留牍。尝浚玉带河,建龙城书院,拔诸生之秀者课之。一经品题,悉成名士。高弟如孙继皋,最为赏识。"[2]事迹别见《闽书》卷

---

①〔清〕郝玉麟等:(乾隆)《福建通志》卷四三《人物》,《景印文渊阁四库全书》第 529 册,第 473 页。
②〔清〕于琨、陈玉璂:(康熙)《常州府志》卷二一《名宦》,江苏古籍出版社 1991 年版,第 409 页。

八〇、乾隆《江南通志》卷一一四、乾隆《福建通志》卷四三、乾隆《福清县志》卷一三。

其所编书有《古四家选》二十卷，分别为《左传》十卷、《列子》二卷、《庄子》四卷，《淮南子》四卷，今存万历二年华露校刻本[①]。今中山大学图书馆有存。

林　烃

林烃（1540—1616），字贞耀，号仲山，福州闽县林浦人。林瀚之孙，林庭机次子。嘉靖四十一年（1562）进士，授刑部主事，升员外郎。隆庆初年（1567）改南京兵部郎中。出知建昌府。万历七年（1579），在太平知府（今安徽当涂县）任上，刻印其父林庭机所撰《世翰堂稿》十卷。因太平府所在的当涂古名姑孰，故此本被称为"姑孰郡斋刊本"。行格为九行十八字，四周双边，白口单鱼尾。

林烃的著作有《覆瓿草》六卷，并主纂万历《福州府志》七十六卷。传附载于《明史》卷一六三《林瀚传》后。事迹详载于清李清馥《闽中理学渊源考》卷四四、清郝玉麟等《福建通志》卷四三等。叶向高为之撰《仲山林公墓志铭》，称其"家传清白""游宦所至，自常俸外，不受一钱"[②]。

谢　杰

谢杰（1541—1604），字汉甫，号白云漫史，福州长乐县人，谢士元从孙。万历二年（1574）进士，除行人司行人。曾出使琉球，谢绝其馈赠，琉球人为之立"却金亭"。擢光禄寺丞，历两京太常少卿，累迁顺天府尹，以右副都御史巡抚南赣，"清四弊，陈三策，以汰兵之冒者，军民安堵。属吏被荐者以贿，谢杰曰：'贿而后荐，干戈之盗；荐而后贿，衣冠之盗。'人以为名言"[③]。后官至户部尚书。其著作有《使琉球录》六卷、《天灵山人集》二十卷、《杜律詹言》二卷、《顺天府志》六卷。传见于《明史》卷二二七、明何乔远《闽书》卷

①屈万里：《普林斯顿大学葛思德图书馆东方图书馆中文善本书志》，《屈万里先生全集》（13），台湾联经出版事业公司1984年版，第307页。

②〔明〕叶向高：《苍霞续草》卷一三《明资善大夫南京工部尚书仲山林公偕配陈淑人合葬墓志铭》，《四库禁毁书丛刊》第125册，第158—159页。

③沈瑜庆、陈衍等：（民国）《福建通志·列传》卷二七，1938年刊本，叶1A。

七七。

　　万历二十三年(1595)，谢杰刻印自撰《虔台倭纂》二卷《图》一卷。刻本卷前有"虔填抚闽长乐谢杰汉甫氏著并叙，麾下柳邦奇、傅良桥、朱琦、张仕斌、陈信同辑"。按，虔为虔州，赣州古称，故知此本乃谢杰刊刻于右副都御史巡抚南赣之时。版式分上下两栏，上栏二十行十二字，下栏十行十七字。下卷末有"书吏尹士伟督梓"一行。图一卷有海图、战船和战械等数十幅，下图上文式。《虔台倭纂》记载明代中日关系，以及当时军民的抗倭斗争。今国家图书馆所存为海内孤本，《北京图书馆古籍珍本丛刊》史部第 10 册所收，即以此为底本影印出版。

林如楚

　　林如楚(1543—1623)，字道翘，号碧麓，侯官南屿人。林应亮(1506—1593)子，林春泽(1480—1583)孙。林如楚于明嘉靖四十四年(1565)举进士。隆庆元年(1567)，授承德郎，继为南京刑部主事、山西清吏司主事、广东提学、广东布政司右参政兼按察使、工部郎中等。晚年归隐居蚬北山，卒赠尚书，谥"恭简"。

　　明万历四十三年(1615)，林如楚刻印明何士晋纂辑《工部厂库须知》十二卷。今上海辞书出版社有存本，收入《续修四库全书》史部第 878 册；国家图书馆存本，收入《北京图书馆古籍珍本丛刊》第 47 册。行款为九行十八字，白口，四周单边，单鱼尾。该书被誉为是一部"极为珍贵、现存完好的反映明代工部营造官方建筑的重要书籍"[①]。

　　卷前有林如楚刻书引言："本部之有兹刻，原系科臣题请编辑，将复进呈。……不佞不敢不勉图之。因命梓人竣工，而颁之各司，存为掌故，使行有次第，他日踶进，以备乙夜之观，窃比于先行后从之义。诸大夫皆曰然，遂行之。万历四十三年季夏日署部事闽人林如楚识。"[②]所谓"部事"，是指其官工部郎中之时。由此可知，此书的刊印地点应在南京。

　　据载，林如楚还曾于万历初督学东粤时，将其舅父郑善夫《少谷先生

---

①〔明〕何士晋撰，江牧校注：《工部厂库须知·校勘序》，人民出版社 2013 年版，第 9 页。
②〔明〕林如楚：《工部厂库须知引言》，《工部厂库须知》卷首，《续修四库全书》史部第 878 册，第393—394 页。

集》重刻于潮阳①。此刻本今已不存。据考证，原刊本为二十九卷附录一卷，系明万历四年(1576)邱齐云刻本。邱齐云《少谷先生集序》称："去岁出守潮，谒督学使者碧麓林先生于岭南，手授郑先生诗文曰：'是编尔向所读者，盍梓以传？'不佞喜甚，归付之梓人，阅月毕工……得二十九卷，复以先生墓碑与挽诗及诸公序文为附录一卷。"②碧麓是林如楚的号，本年其正官广东提学。邱齐云与林如楚同年进士，时任潮州知府③。由此可知，此本虽非林如楚所刻，但与其有密切关系。

《闽中理学渊源考》载其事迹："弱冠登嘉靖乙丑进士，历刑部郎中。善决狱，岁减重辟十二人。由督学任至少司空。时陵寝、宫殿工役并兴，如楚殚力供事，以绩著。生平好学，有恬退之节，经书皆手录。著有《奏议》六卷，《碧麓堂诗文集》十二卷。"④乾隆《福建通志》卷四三所载与此略同。

林国相

林国相(1550—1603)，字廷赞，号爕轩，福州闽县人。万历十一年(1583)，与叶向高为同科进士。历任户部主事、惠州知府、河东盐运使和山西左、右参政。所历之处，均有治绩。民国《福建通志·艺文志》载："《问字录》，闽县林国相著。案，国相字廷赞，万历癸未进士，官河东盐运使。创义仓，置学田，以周贫士。刻《厚生纂训》《问字录》二书行世。"⑤清雍正《山西通志》卷八六亦载："林国相，闽县人，进士。万历间盐运使，苏商惠民，尤加意于作人。创义仓，置学田，以周贫士。刻《厚生纂训》《问字录》二书行世。"⑥万历二十三年，在惠州知府任上，林国相主持修纂并刊刻《惠州府志》二十一卷，今上海图书馆和国家图书馆有存本，收入国家图书馆出版社2001年出版的《上海图书馆藏稀见方志丛刊》。

叶向高为其撰《墓志铭》曰："所著诗文，矢口纵笔，皆有可观。如《游吴草》《燕粤吟》《河汾草》《山居清事诗》共若干卷，藏于家。其生为嘉靖庚戌

①傅璇琮、许逸民等主编：《中国诗学大辞典》，浙江教育出版社1999年版，第927页。

②〔明〕邱齐云：《少谷先生集序》，《少谷集》卷二四《附录》，《景印文渊阁四库全书》第1269册，第306页。

③史小军、王勇：《郑善夫文集版本考述》，《民办教育研究》2010年第4期。

④〔清〕李清馥：《闽中理学渊源考》卷四四，《景印文渊阁四库全书》第460册，第509页。

⑤沈瑜庆、陈衍等：(民国)《福建通志·艺文志》卷四九，1938年刊本，叶10A。

⑥〔清〕储大文等：(雍正)《山西通志》卷八六《名宦》，《景印文渊阁四库全书》第545册，第120页。

年十月十九日,卒万历癸卯年十月二十四日,得年五十四。"①

陈　璧

陈璧(1551—?),字道良,号荆山,福州福清县人。万历五年(1577)进士。历官归德推官、刑礼二科给事中,出知太平府,官至山东按察使。在任以廉洁、正直著称。传见乾隆《福清县志》卷一三《人物志》。《福建通志》卷四三载:"陈璧,字道良,福清人。万历丁丑进士,授归德推官。以风裁著,擢给事中。劾都御史李材伪学,为执政所忌,出知太平府,迁广东提学副使,转湖广参政、山东按察使,所至风纪凛然。"②萧彦《掖垣人鉴》记其宦迹为:"万历五年进士。十一年八月由河南归德府推官选刑科给事中。"③

明万历十九年(1591),陈璧知太平州,曾刊刻明王明嶅、黄金玺辑《宋四六丛珠汇选》十卷,今南开大学图书馆和国家图书馆有存本。卷前有署"当涂县儒学事晋江王明嶅懋艮甫"撰《宋四六丛珠汇选叙》:"世之谈四六者,归美于宋,有由然也。宋季叶氏采当代名家汇集成编,名曰《四六丛珠》。凡青琐之腾奏,赤牍之酬酢……郡守荆山陈公政清刑理之暇,出是编以示小子明嶅,命与繁昌谕黄君金玺同校选之……集成凡十卷。公阅而可之,命曰'汇选',而付之剞劂氏,亦或可为操觚含豪者之一助云耳。"④由此可知,此书乃据南宋建安叶蕡《圣宋名贤四六丛珠》一百卷删节选编而成。此书今天津图书馆、南开大学图书馆和国家图书馆有存本,收入《四库全书存目丛书》子部第172册。

邓原岳

邓原岳(1555—1604),字汝高,号翠屏,又号西楼居士,福州闽县人。万历二十年(1592)进士。历官户部主事、云南提学、湖广按察司副使等职。万历二十九年(1601),刻印梁萧统辑、唐李善注《文选》六十卷。今北京师范大学图书馆、天津师范大学图书馆和日本公文书馆有存本。《增订四库

①〔明〕叶向高:《苍霞草》卷一六《中大夫山西布政司左参政燮轩林公墓志铭》,《四库禁毁书丛刊》　　第124册,第428页。
②〔清〕郝玉麟等:(乾隆)《福建通志》卷四三《人物》,《景印文渊阁四库全书》第529册,第477页。
③〔明〕萧彦:《掖垣人鉴》后集卷一六,《四库全书存目丛书》史部第259册,第343页。
④〔明〕王明嶅:《宋四六丛珠汇选叙》,《宋四六丛珠汇选》卷首,《四库全书存目丛书》子部第172　　册,第618页。

简明目录标注》卷一九著录为"万历辛丑闽人邓原岳校刊本"①。按，民国《福建通志·邓原岳传》载其"擢云南按察佥事，领提学道，日以文学行谊课诸生。手注《文选》梓行，以教后进"②。《云南通志》亦云："邓原岳，字汝高，福建闽县人。万历间任提学佥事，敏练通达，所拔皆名士。尤善奖掖，手注《文选》梓行于滇，以教后进。"③据考，此刻本卷端有"明云南提督学校按察司佥事邓原岳校刊"一行；卷末则有万历三十年福清薛梦雷《重刻李善文选后语》，有云："学使邓先生校刻《文选》李注以惠滇人士，功垂成，迁参楚藩。又十浃辰，杀青始竟。"④由此可知，此刻本的确刊行于邓氏官云南提学之时。

万历三十二年（1604），邓原岳又刻印刘宋刘义庆撰、梁刘孝标注《世说新语》三卷，今西北大学图书馆等有存本。因邓汝高逝世于本年，且卒于宦游归闽十五日后，故此本的刊印地点，也不在闽地⑤，而是在其序中所说的"刊其谬误，刻之楚藩"⑥，即其任职的湖广按察司副使任上。

邓原岳在明万历间刊行宋严羽撰《沧浪集》二卷。徐𤊹《严沧浪集序》云："万历间予友邓学宪汝高又梓之。"⑦万历间，他还刊行其八世从祖邓定撰《耕隐集》二卷。清钱谦益《列朝诗集小传》载："定，字子静，闽县人。洪武中，征遗逸，不起，削迹东郊，结庐竹屿。与同时名士王泰、陈亮、邓诚、陈申相与赓和。万历中，八代从孙原岳刻其《耕隐集》二卷。"⑧《沧浪集》《耕隐集》邓原岳刻本，疑逸。《西楼集》卷一二虽有《耕隐集序》和《严氏诗话序》，但行文中，均未提到此二书的刊印时间、地点。

邓氏生平传记，《福建通志》之外，又附载于《明史》郑善夫传中，而以叶

①〔清〕邵懿辰撰，邵章续录：《增订四库简明目录标注》卷一九，上海古籍出版社 1979 年版，第 877 页。

②沈瑜庆、陈衍等：（民国）《福建通志·列传》卷二七，1938 年刊本，叶 47B。

③〔清〕鄂尔泰、靖道谟等：《云南通志》卷一九《名宦传》，《景印文渊阁四库全书》第 569 册，第 655 页。

④〔日〕斯波六郎，戴燕译：《对〈文选〉各种版本的研究》，俞绍初、许逸民主编：《中外学者文选学论集》（下），中华书局 1988 年版，第 879—880 页。

⑤明谢肇淛《邓汝高传》："汝高三十一举于乡，越七年而成进士。授计部郎，出视滇学，拜楚参藩，督饷渡淮，过家十五日卒。"载《西楼集》卷首，《四库全书存目丛书》集部第 173 册，第 739 页。

⑥〔明〕邓原岳：《西楼集》卷一一《刻世说新语序》，《四库全书存目丛书》集部第 174 册，第 53 页。

⑦〔明〕徐𤊹：《新辑红雨楼题记·徐氏家藏书目》第 4 辑，上海古籍出版社 2014 年版，第 135 页。

⑧〔清〕钱谦益：《列朝诗集小传》乙集《邓征士定》，上海古籍出版社 1983 年版，第 244 页。王承略、刘心明主编《二十五史艺文经籍志考补萃编》卷二三载："邓定（子静）《耕隐集》二卷。闽县人，洪武中，征不起。万历间，八代孙原岳刻其集。"载清华大学出版社 2014 年版，第 784 页。

向高撰《中顺大夫湖广按察司副使翠屏邓公墓志铭》(载《苍霞续草》卷一〇)、谢肇淛《邓汝高传》所载为详。清钱谦益《列朝诗集小传》也有其小传。略云:"原岳,字汝高,闽县人。……所在以文采著称。与谢在杭并称诗于闽。在杭推之,以为国初有十才子,弘正有郑善夫,而嘉隆之后则汝高为之冠。所著有《西楼全集》十卷。汝高尝选《闽诗正声》,以高廷礼《唐诗正声》为宗。大率取明诗之声调圆稳,格律整齐者。"①按,邓原岳《西楼集》应为十八卷,其中诗十卷文八卷,《四库全书总目》卷一七九著录。钱氏言十卷者,盖仅以诗言也。

邵捷春

邵捷春(?—1641),字肇复,侯官人。万历四十七年(1619)进士,官至四川副使。崇祯五年(1632),刻印明徐𤊹撰《徐氏笔精》八卷。行款为九行十八字,白口,左右双边。此刻本今国家图书馆、上海图书馆、南京图书馆、复旦大学图书馆、厦门大学图书馆等十几家图书馆有存本②。邵氏序云:"予友徐兴公所著《笔精》……丁卯岁,友人邓道协参军事于陪京,箧笥以行,为温陵黄明立先生所编定,俾之剞劂,才缮写而道协已溘朝露矣,遂不克竟云。予浪迹金陵,获从明立游,谈及其事,亟搜旧稿,得之梓人,恐其日久湮没也,捐金以成之。……兴公一布衣,名噪天下,予安足取重,倘附明立之后,庶几藉以不朽也夫。崇祯壬申岁冬月,前进士行人尚书文部郎参知西川行省两浙观察使友弟邵捷春撰。"③据此序所言,此本应刊刻于金陵。序中所言邓道协,即邓庆寀,闽县邓原岳之子。黄明立,即晋江黄居中。邵序之前另有黄居中崇祯四年序。卷前题"晋安徐𤊹兴公撰辑,同里邵捷春肇复校订,温陵黄居中明立编次"。今国家图书馆存本有《续笔精》二卷,配抄本,即题为邵、黄二人合刊。清郭柏苍《竹间十日话》载:"邵肇复为兴公刻《徐氏笔精》,其书板乾隆初鬻于他氏,其人署名,并将册后徐氏刓补其姓。"④

①〔清〕钱谦益:《列朝诗集小传》丁集《邓副使原岳》,上海古籍出版社1983年版,第649页。
②中国古籍善本书目编委会:《中国古籍善本书目》子部卷一八,上海古籍出版社1996年版,第619页。
③〔明〕邵捷春:《徐氏笔精序》,《笔精》卷首,福建人民出版社1997年版,第3页。
④〔清〕郭柏苍:《竹间十日话》卷五,海风出版社2001年版,第84页。

邵捷春初仕，累迁稽勋郎中。崇祯二年（1629），出为四川右参政分守川南，迁浙江按察使。坐察典罢，久而起为四川副使。崇祯十三年（1640），与张献忠部作战败，至京师下狱，次年八月服毒而亡。其生平，见载于《明史》卷二六○本传、乾隆《福建通志》卷四三。其著作有《剑津集》十卷，今存明崇祯刻本；《次韵落花诗》一卷，亦明崇祯刻本，今福建省图书馆有存。

陈一元

陈一元（1573—1642），字泰始，又字四游，福州侯官人。万历二十九年（1601）进士，历知四会、南海、嘉定三县，擢监察御史巡按江西等。史载其"知四会县，构'仕学轩'，以清、慎、勤自矢。善训士，文教一新。请学使广诸生额，建桥修堤，轻徭革耗。上官嘉其绩。调南海，遇水灾，巡行振恤，不遗余力"[①]。

万历四十三年（1615），陈一元刻印宋蔡襄撰《宋端明殿学士蔡忠惠公文集》四十卷。半叶九行，行十九字，白口，左右双边。今国家图书馆存本，有郑振铎跋。据《四库全书总目》卷一五二著录，此本乃陈氏巡按江西时所刻梓，系"万历中莆田卢廷选始得钞本于豫章俞氏，于是御史陈一元刻于南昌，析为四十卷"[②]。万历间他又刊行明陈荐夫撰《水明楼集》十四卷，卷前有万历四十三年乙卯夏月友人曹学佺序，卷端题"闽中陈荐夫幼孺著，年弟陈一元泰始选"。半叶九行，行十八字，白口，左右双边。《四库全书存目丛书》集部第 176 册据此影印。据邵懿辰《增订四库简明目录标注》卷一二著录，陈一元还曾刻印蔡襄《茶录》二卷。天启间，他刻印元陈高撰《不系舟渔集》十六卷。其本人的著作则有《漱石山房集》十六卷。

陈一元事迹，见载于《明史》卷二四八《列传》、清乾隆《福建通志》卷四三等。记其事迹颇具特色的，是清郭柏苍《柳湄诗传》，其内容为史志所不及。略云："一元，岁贡生志子，进士享祖。知四会县，擢御史，巡按江右，以忤时宰，移疾去。天启初，起应天府丞。御史余文缙劾叶向高及一元，遂落职归。崇祯初复官，不出。于福州郡治乌石山南营漱石山房习静，终其身。

①沈瑜庆、陈衍等：（民国）《福建通志·列传》卷二八，1938 年刊本，叶 6B。
②〔清〕永瑢等：《四库全书总目》卷一五二，中华书局 1965 年版，第 1312 页。

自一元曾祖谭以下，五世同居福州郡治衣锦坊，俗称陈大花宅（一元善昆曲，人呼陈大花），即其第也。"①据载，陈一元与叶向高乃姻亲，余文缙劾叶而及一元，殆缘于此。

孙昌裔

孙昌裔（1578—?），字子长，号凤林，侯官人。万历三十八年（1610）进士，天启元年（1621），在杭州知府任上，刻印明于谦撰《于忠肃公集》十二卷附录四卷，前有叶向高、苏茂相、李之藻、孙昌裔四家序。今上海图书馆、天津图书馆、大连市图书馆和中国科学院图书馆等存②。据考，此本系从于谦之子"应天府尹于冕编辑本出也。先是成化十二年（1476），府尹访求旧稿，仅存什一，属夏时正重加校订，序而刊之。又辑公行状、碑铭、祭文、挽诗为《旌功录》，程敏政为之序。天启间，杭州知府孙昌裔得公奏议诗文，合梓郡斋为全集十二卷，又重编《旌功录》列于后，为附录四卷，里人李之藻为序，此即四库馆著录十三卷本，盖合附录为一卷也"③。

乾隆《福建通志》载其事迹云："孙昌裔，字子长，侯官人。万历庚戌进士，掌教吴兴，擢户部郎中，出守武陵，拜水利使者。寻改提督本省学政，得人为盛。有求不获者从中中之，昌裔闻疏入，即治装归。"④今福州乌山冲天台后侧南向有"大明孙子长读书处"榜书，楷书，纵三行，直径 66 厘米。此地为其归隐后构石梁书屋读书处⑤。

林古度

林古度（1580—1666），字茂之，一字那子，福清人，寓居江宁（今南京）。万历四十二年（1614），在南京刻印友人钟惺撰《隐秀轩集》三十三卷。钟惺自序云："甲寅，友人林茂之为予刻之南都，无日不责予序，诺诺至今丙辰矣。视其刻中所存今欲自去者，抑又甚多，盖岌岌乎有不能自存之势矣。

①〔清〕郭柏苍：《全闽明诗传》卷三七，《全闽诗录》第 4 册，福建人民出版社 2011 年版，第 1378—1379 页。文中的"进士享祖"应为"进士亨祖"。参本书"陈亨"条。

②中国古籍善本书目编委会：《中国古籍善本书目》集部卷二六，上海古籍出版社 1998 年版，第574 页。

③傅璇琮总主编：《中国古代诗文名著提要·明清卷》，河北教育出版社 2009 年版，第 51 页。

④〔清〕郝玉麟等：（乾隆）《福建通志》卷四三《人物》，《景印文渊阁四库全书》第 529 册，第 481 页。

⑤黄荣春主编：《福州十邑摩崖石刻》，福建美术出版社 2008 年版，第 25 页。

于斯时而始为序，不已晚乎？"①因在清初被列为禁书，故此刻本今已无存。

万历四十六年（1618），林古度刻印明曹学佺撰《蜀中名胜记》三十卷。据《四库全书总目》卷七六，"学佺所著，本无此书之名。此本乃万历戊午福清林茂之摘其《蜀中广记》内'名胜'一门刻之南京，而钟惺为之序"②。钟惺序云："吾友曹能始，仕蜀颇久。所著有《蜀中广记》，问其目，为《通释》、为《风俗》、为《方物》、为《著作》、为《仙释》、为《诗话》、为《画苑》、为《宦游》、为《边防》、为《名胜》诸种，予独爱其《名胜记》体例之奇。其书借郡邑为规，而内山水其中；借山水为规，而内事与诗文其中。择其柔嘉，撷其深秀，成一家言。林茂之，贫士也。好其书，刻之白门，予序焉。"③崇祯十三年（1640），林古度还与新安汪骏声合刻宋郑思肖撰《心史》七卷《附录》一卷，九行十八字，白口，四周单边。今国内上海图书馆、福建省图书馆和国家图书馆等近十家图书馆有存本。同年，以万历四十六年（1618）莆阳宋珏（字比玉，1579—1632）刊本为底本重加订正，林古度在金陵重刊明陈昂撰《白云集》七卷附录一卷，卷首有序二篇。一题《白云集序》，署"崇祯岁庚辰端午里人叶益苏雁湖书于金陵水西署中"；一题《重刻陈白云诗序》，署"崇祯庚辰夏仲同里林古度撰"。其中有云："白云先生诗自万历末季为予识遇于委巷，时借之归读，未及还去而先生没。……庚戌携入燕，与钟伯敬谋梓之以传，伯敬醵诸同寅金刊于大行署中，板置署，反似官物，不得广行。而其同里宋比玉复得七言律十二首，复醵金刊于南都……因亦购宋氏本，谋欲重新之。"④版式为九行十九字，左右双栏，板心白口，单鱼尾；中缝上记"白云集"，中记卷之几及叶次。此书今台北故宫博物院有存本。

古度父林章，字初文。七岁能诗。万历元年（1573），以春秋举于乡，累上不第。曾为戚继光帐下幕僚。后全家侨居金陵，林古度因此得以与曹学佺、钟惺、谭元春、钱谦益等名流结交，诗名鹊起。钱谦益《列朝诗集小传》说："初文二子，君迁、古度，皆能诗。古度与余好，居金陵市中，家徒四壁，架上多谢皋羽、郑所南残书，摩娑抚玩，流涕渍湿，亦初文之遗忠也。"⑤林

①〔明〕钟惺：《隐秀轩集》卷一七《隐秀轩集自序》，上海古籍出版社1992年版，第260页。
②〔清〕永瑢等：《四库全书总目》卷七六，中华书局1965年版，第661页。
③〔明〕钟惺：《隐秀轩集》卷一六《蜀中名胜记序》，上海古籍出版社1992年版，第243页。
④王重民：《中国善本书提要》集部，上海古籍出版社1983年版，第654页。
⑤〔清〕钱谦益：《列朝诗集小传》丁集《林举人章》，上海古籍出版社1983年版，第530页。

古度著作有《林茂之文草》一卷《赋草》一卷,今存明崇祯刻本;《林茂之诗选》二卷,今存清康熙刻本。其生平又见于民国《福建通志·文苑传》卷七。

林古度的晚年甚为悲惨,他有《冬夜诗》描写其窘境说:"老来贫困实堪嗟,寒气偏归我一家。无被夜眠牵破絮,浑如孤鹤入芦花。"清王士禛《池北偶谈》卷一三载:"辛丑壬寅间,予在江南,常与林茂之(原注:古度)先生游……乙巳(1665),予见之金陵,时两目已失明,垂涕而别;亡何,遂卒。"①同书卷一七载:"林翁茂之(原注:古度)居金陵,年八十余,贫甚,冬夜眠败絮中。其诗有'恰如孤鹤入芦花'之句。方尔止(原注:文)寄翁诗云:'积雪初晴鸟晒毛,闲携幼女出林皋;家人莫怪儿衣薄,八十五翁犹缊袍。'及卒,周栎园侍郎(原注:亮工)葬之钟山。"②其生平,详载于《清史列传》卷七〇《文苑传》。

陈　亨

陈亨(1626—?),字莲石,侯官人。崇祯十三年(1640)进士。崇祯十五年(1642)官松江知府时,刻印其祖父明陈一元撰《漱石山房集》十六卷。行款为半叶九行,行十八字,白口,四周单边。今国家图书馆、福建师范大学图书馆有存。收入《四库禁毁书丛刊补编》第71册。

陈亨事迹,附载于民国《福建通志·列传》卷二八《陈一元传》后,略云:"孙亨,字莲石,崇祯庚辰进士。年二十,出为松江知府。福王时,与广西巡抚方震孺、给事中李维樾、金都御史李光泰先后措饷募兵入卫,升苏松常镇督粮副使。南京亡,退居福州西关外柳桥,矮屋一椽,栖止终身。"③据《崇祯十三年庚辰科进士三代履历》,陈亨乃十七岁少年登第④。

邓庆寀·邓尔缵

邓庆寀(生卒年未详),字道协,福州闽县人。邓原岳之子,天启间监生。邓尔缵(生卒年未详),邓庆寀之子,崇祯三年(1630)举人,历官琼州同知。万历三十九年(1611),邓庆寀刻印其父邓原岳撰《西楼存稿》十八卷,

---

①〔清〕王士禛:《池北偶谈》卷一三,中华书局1982年版,第295页。
②〔清〕王士禛:《池北偶谈》卷一七,中华书局1982年版,第401页。
③沈瑜庆、陈衍等:(民国)《福建通志·列传》卷二八,1938年刊本,叶7A。
④龚延明主编:《天一阁藏明代科举录选刊·登科录》(下),宁波出版社2016年版,第659页。

今上海图书馆有存本。九行十八字，左右双边，板心白口，单鱼尾。卷首有万历三十九年辛亥秋日翁正春撰《邓汝高先生西楼全集序》。此书又有崇祯元年(1628)邓庆宷重刊本，题为《西楼全集》十八卷《西楼诗选》二卷，今南京图书馆、上海图书馆和福建省图书馆有存本。据邓氏自跋，此本的刊刻地点不在福州，而是在江南，时邓氏为江南盐运司幕僚。王重民先生认为，此本前十八卷为万历旧版，诗选二卷才是新刊。他在《中国善本书提要》中说："余持此本与万历三十九年原刻原印本相校：断栏败刀，一一相同，可疑者一。尔缵重刻一行，与全书不一律，显系剜改，可疑者二。庆宷跋云：'江南刻工号胜他省，书成，视旧本为精缮。'然实不及旧本精缮，仅增模糊，可疑者三。余因是疑庆宷在江南，仅刻《诗选》二卷，而遣人就西楼依旧版改刻尔瓒一行，刷印若干部，诡称在江南重刻，意在制造一部新羔雁，以为个人与子孙交接官吏缙绅之阶。明季士风败丧之余，出此败门德之事，不仅一庆宷也。"[1]通常认为，有意作伪，书坊较多，私家刻书，而且是缙绅之家刻书也如此作伪，甚为罕见，故录之以备查考。此书已收入《四库全书存目丛书》集部第173、174册，其所依底本即福建省图书馆藏本。每卷正题之后均题"闽中邓原岳汝高著，门人韩日缵绪仲订，孙男尔缵、天士重刻"，故此本实应为邓尔缵、邓天士据邓庆宷刻本所重刊本。

邓庆宷在天启七年(1627)刻印明邓定撰《耕隐集》二卷，今上海图书馆有存。邓定，字子静，洪武间布衣，邓庆宷九世从祖[2]。同年，又刻印明邓迁撰《别驾集》一卷，今南京图书馆有存。邓迁，字世高，嘉靖七年(1528)举人，历官香山令、嘉兴府判，系邓庆宷的祖父。崇祯二年(1629)，邓庆宷还编纂并刻印了《荔枝通谱》十六卷，前有崇祯二年沈长卿、黄居中、蔡邦俊、林古度四序。今国家图书馆存原刊本。其中所收有宋蔡襄谱一卷，明徐熥谱七卷，邓庆宷自撰谱六卷，宋珏(比玉)、曹蕃(介人)谱各一卷。因作者均为闽人，故又称《闽中荔枝通谱》，《四库全书总目》卷一一六有著录。《续修四库全书》第1116册即据此为底本影印。王重民先生认为"邓宋曹三谱，题黄居中订，吴师古校。按居中自为南国监臣，寄居南京，遂为金陵人。邓

①王重民：《中国善本书提要》集部，上海古籍出版社1983年版，第660页。
②清钱谦益《列朝诗集小传》乙集《邓征士定》云："定，字子静，闽县人。……万历中，八代从孙原岳刻其《耕隐集》二卷。"载上海古籍出版社1983年版，第244页。

吴二君亦侨居白下，则是书为辑刻于南京者"①。

邓庆寀本人的著作，今存《尘韵》一卷、《还山草》一卷、《荷薪集》一卷，三集均为明崇祯刊本。今均存南京图书馆，疑亦为其自刻。

邓庆寀的生平，闽中史志均缺载，详情缺考。除上文所言其曾为江南盐运司幕僚之外，天启七年（1627），他还曾为里人、时在金陵任职的邵捷春帐下的"参军事"。详参本书"邵捷春"条。

何　璧

何璧（生卒年未详），字玉长，号渤海逋客，福清人。明万历间布衣。万历四十四年（1616）刻印《北西厢记》二卷，被称为"《明何璧校本北西厢记》"。正文首页题"渤海逋客校梓"，序末署"万历丙辰夏日渤海何璧撰"，后钤有"何璧之印""玉长"及"侠骨禅心"三印。原刻本中华人民共和国成立后被发现，现存上海图书馆，1961 年上海古籍书店曾据此本影印出版。

何璧事迹，见载于清乾隆《福建通志》卷五一，以清钱谦益《列朝诗集小传》丁集《何侠士璧》所载最详。赵景深先生当年为上海古籍书店影印《明何璧校本西厢记》撰跋，已全文引用如下：

> 璧字玉长，福清人。魁岸类河朔壮士，跅跎放迹，使酒纵博，聚里党轻侠少年阴为部署，植竿关壮缪祠下，有事一呼而集。上官闻而捕之，逾城夜走，亡匿清流王若家，尽读其藏书。依其乡人林古度、曹能始于金陵。携能始书游新安，无所遇。闻邑令张涛，楚人，好奇士，为诗四章投匦以撼之。涛大惊，延为上客，赠以千金。涛开府于辽，璧往从之。涛将疏荐以布衣拜大将，会涛罢钲而止。璧因此谙晓辽事，谈夷汉情形如指掌。"如有用我，黑山白水，可克日而定也。"璧求用甚急，酒间奋臂抵掌，人皆目笑之，殊不自得。涛死，入楚哭之，遂以病死。涛门人胡汝淳榷关荆州，买棺葬之沙市，为石表曰"闽侠士何璧墓"。或曰："玉长临终念佛坐化，藏塔在袁石公兰若之右。"秣陵艾容入荆，有诗吊之。②

此外，清郭柏苍《全闽明诗传》卷三七有何氏小传，内容大致不出钱氏

①赵斐云、王重民等编：《北京大学图书馆善本书录·明刻本》，北京大学 1948 年铅印本，第 42—43 页。
②赵景深：《戏曲笔谈》，上海古籍出版社 1962 年版，第 167 页。

所述。朱彝尊《静志居诗话》卷一八载："何璧，字玉长，福清人。玉长任侠，见知于黄陂张涛。张后开府辽东，将疏荐以布衣拜大将，会罢镇乃止。涛卒，入楚哭之，遂以病死，亦嶔崎之士也。寄友诗云：'士到出山谁不贱，术惟游世最难工。'足当阮生之泣矣。"[①]

何璧事迹，多载于诗话、诗传等类书中，可见其曾以诗名于世。乾隆《福清县志》卷一二《艺文志》载其撰有《逋客集》，当为其诗集之名。何璧另撰有《古今人物志略》十二卷，今有明嘉靖四十四年（1565）金陵蔡前溪刻本存世。

王鎣

王鎣（生卒年未详），字鼎文，侯官（今福州）人。正德十四年（1519）乡荐，历官沔阳学正、寿州知州、刑部郎中等职。曾于嘉靖九年（1530）刻印汉刘安撰《淮南子》二十八卷，今中国科学院图书馆和国家图书馆等有存本。此本的刊刻地点，应在王鎣曾官知州的寿州（州治所在今安徽寿县）。理由是，此书后又有万历十一年（1583）重修嘉靖九年王鎣刻本，重修者是晋江黄克缵，而重修这一年时，黄氏正官寿州知州。由此可推知王鎣嘉靖刻本板片原藏寿州，这样，后任知州如黄克缵方能据旧版重修。参本书"黄克缵"条。

王鎣生平，见载于明万历《福州府志》其叔父王介（字节父）传之后。略云："兄子鎣，字鼎文，正德己卯年乡荐，授沔阳学正，历官刑部郎中，卒。鎣通晓世务，尝守寿州，有惠政，都御史下其法列郡。家居孝友，鎣少孤，实抚而教之。"[②]乾隆《福建通志》卷四三所载与此略同。

余文龙

余文龙（生卒年未详），字起潜，一字云从，号中拙，古田县人。万历二十九年（1601）进士，历官衡阳、赣州知府，官至南京工部主事。万历四十七年（1619），刻印自编《史异编》十七卷，今国家图书馆存。每卷前均题"明晋安余文龙中拙编辑，男兆胤伯景校"，前有温陵黄克缵、余文龙、李维桢三序。余文龙自序末署"万历己未仲春之吉，晋安中拙余文龙书于金陵公署

①〔清〕朱彝尊：《静志居诗话》卷一八，人民文学出版社1990年版，第539页。
②〔明〕喻政、林烃等：（万历）《福州府志》卷五九《人文志》，明万历四十一年（1613）刊本，叶24B—25A。

之拙我斋"。此本收入《四库全书存目丛书》史部第151册。

同年,余文龙刻印自撰《大明天元玉历祥异图说》七卷,版式以上图下文为主,间或有文无图。今上海图书馆、南京图书馆和天津图书馆等均有存本。卷前有《御制天元玉历祥异图说序》,序末署"万历岁在己未仲春之吉,南京工部虞衡清吏司主事臣晋安余文龙薰沐校梓于金陵公署之拙我斋",故以上两种刻本均系在南京所刊。此本收入《四库禁毁书丛刊》子部第12册。

余文龙的著作还有《史裔》二十五卷,《四库全书总目》卷六五著录。万历四十六年,该书由其子余兆胤刻印于福建,今南京图书馆、北京师范大学图书馆、华东师范大学图书馆和中央民族大学图书馆等有存本。卷前有朱国祯、苏茂相、董应举及余文龙四序。末有余兆胤后跋,文称:"岁丁巳,值考校之役,淹留乡邦,不获侍綦履。越明年戊午,苍头自白下驰归,缄授《史裔》一帙,则家大人手抄也……兆胤唯唯获教,即付剞劂氏。"①此书收入《四库全书存目丛书》史部第146册。

民国《古田县志》卷二六《列传》载余文龙宦绩云:"令衡阳,擢守赣州,署兵备道。所至,为民兴利除弊不遗余力,以循声闻。及归,葺学宫,修城垣,皆为时所称。曹能始为立传,董崇相志其墓。著有《史裔》《史异》行世。祀乡贤。"②在赣州知府任上,余文龙还主修《赣州府志》二十卷。据《千顷堂书目》卷二六著录,余文龙的著作还有《拙我斋集》四卷。

赵有光

赵有光(生卒年未详),号剑南,童养学之师,闽县人。明贡生。崇祯间,曾任高州府茂名知县③。崇祯五年(1632),刊刻童养学撰《伤寒六书纂要辨疑》四卷。童养学,瓯宁县人。其事迹,见载于民国《建瓯县志》卷一二《艺文志》,书中著录其另有《伤寒指掌补注》三卷,称其为"万历间贡生,官邵武训导,终延平教授"④。

---

① 〔明〕余兆胤:《史裔》卷末《史裔后跋》,明万历四十六年刻本,《四库全书存目丛书》史部第146册,第816—817页。

② 黄澄渊等:(民国)《古田县志》卷二六《列传》,上海书店出版社2000年版,第622页。

③ 欧阳英、陈衍:(民国)《闽侯县志》卷四〇《选举》,台北成文出版社1966年版,第119页;(光绪)《茂名县志》卷四《职官表》,台北成文出版社1967年版,第165页。

④ 詹宣猷、蔡振坚等:(民国)《建瓯县志》卷一二《艺文志》,台北成文出版社1967年版,第215页。

此崇祯刻本今国内多家图书馆有存,中医古籍出版社 1984 年曾据中医研究院存本影印。卷前有童养学自序云:

> 此集真为得要,然犹仍六书之旧。战汗之条未载,痞结之证多舛,又为集之阙典。余从而纂之辨之,去其繁芜,补其阙略,剖其正讹,而《纂要辨疑》乃成。于是求其梓于赵师有光(号剑南,福州人)。师复云:"此一集也,真仁者寿世之术,苦心极矣。彼苍有知,谅不令苦心之人至于湮没。"知言哉,知言哉! 崇祯五年季冬月望日,邵武县儒学训导童养学题。①

序后有"先儒后裔"圆章、"童养学印"方章各一方。卷一书题左二、三行题"邵武县儒学训导童养学壮吾父纂辑""本庠余璟景玉父较阅"。

此本的刊印地点,通常作"明崇祯五年壬申金陵刻本"。然而,据以上所录,此书撰者在瓯宁,刊刻者在闽县(或在广东茂名仕宦),为何会在金陵刊刻此书? 其中必另有蹊跷。但以目前所掌握史料,尚不足以解开此中玄机。

清　代

叶矫然

叶矫然(1614—1711),字子肃,号思庵,闽县人。顺治九年(1652)进士,历官工部主事、乐亭知县、罢归。所居曰龙性堂,以读书、旅游、著述自娱。康熙二十一年(1682),曾自刻所著《龙性堂诗集》二卷,今福建师范大学图书馆有存,收入《清代诗文集汇编》第 50 册。该刻本卷上题"古闽三山叶矫然思庵著,同里同门吴彦芳香为、谢天枢星源参";卷下题"古闽三山叶矫然思庵著,同学渭北孙枝蔚豹人、夔州陶铸万参"。行款为九行十九字,双鱼尾,大黑口。卷前有孙枝蔚、吴彦芳序,林云铭跋,康熙壬戌(1682)叶矫然自序,末署"康熙壬戌上巳思庵氏书于虎丘精舍"。虎丘在苏州,《清人别集总目》据此将其著录为金阊(苏州)刻本②。

其生平,见载于民国《福建通志·文苑传》卷七。有云:"康熙五十年

①〔明〕童养学:《伤寒六书纂要辨疑序》,中医古籍出版社 1984 年影印明崇祯五年刻本,第 3—5 页。
②李灵年、杨忠主编:《清人别集总目》上卷,安徽教育出版社 2000 年版,第 316 页。

(1711)重宴鹿鸣,诏与王士禛等六人复还原职。年九十六卒。矫然刚毅廉洁,于书无所不读,尤长于诗。"[①]

林云铭

林云铭(1628—1697),字道昭,又字西仲,号损斋,闽县林浦人。顺治十五年(1658)进士。官徽州通判前后长达九年,政绩显著,尤以断狱著称。"他郡有疑狱不决,皆赖以剖。……在徽九载,去而复,复而去,凡如是者三。后遇裁缺,拂袖归里。"[②]光绪《重修安徽通志》卷一四二亦载其"任徽州府推官……理徽九载,多异政。"[③]曾归隐瓯宁,"避地富沙,门无屦迹,日为文自娱"[④]。耿精忠叛清,胁迫林云铭降,不从,被囚18个月。乱平,移家杭州,后卒于杭。

林云铭在闽浙两地均有刻书,而以在浙刻书为主。康熙十年(1671),刻印其自著《损斋焚余》十卷,今国家图书馆有存本。此本诗文为其隐居瓯宁,避地富沙时所作,刻于耿乱之前,当为闽建刻本。

康熙二十三年(1684),林云铭又刻印自著《吴山鷇音》四卷,为其寓居杭州时所作,刊行于杭州,见清周中孚《郑堂读书记》卷七〇著录。今中国科学院图书馆、南开大学图书馆、湖北省图书馆有存本。此书又有八卷本,为康熙间据四卷本所增刻。《四库全书总目》卷一八二著录云:"此其寓杭州时所作诗文,故署以吴山。其曰'鷇音',则取《庄子》语也。"[⑤]此八卷本今国家图书馆有存,收入《四库存目丛书补编》第3册。

康熙三十五年(1696),他在杭州编刻其自著《挹奎楼选稿》十二卷。挹奎楼为其寓杭时书舍之名,诗文均从《损斋焚余》《吴山鷇音》二书选入。卷前有仇兆鳌序、林云铭自序。《清代诗文集汇编》第106册《挹奎楼选稿》即据此刻本影印。

康熙年间,刻印《韩文起》十二卷,内容为编选、评介唐韩愈文章,以及林氏自撰的《韩文公年谱》一卷,今福建师范大学图书馆和厦门大学图书馆

①沈瑜庆、陈衍等:(民国)《福建通志·文苑传》卷七,1938年刊本,叶6A。
②沈瑜庆、陈衍等:(民国)《福建通志·文苑传》卷七,1938年刊本,叶7A。
③〔清〕沈葆桢、何绍基等:(光绪)《重修安徽通志》卷一四二《职官志》,清光绪四年刊本,叶15A—16B。
④詹宣猷、蔡振坚等:(民国)《建瓯县志》卷三五《流寓传》,上海书店出版社2000年版,第743页。
⑤〔清〕永瑢等:《四库全书总目》卷一八二,中华书局1965年版,第1648页。

有存本。林云铭著作还有《庄子因》《楚辞灯》等；所编则有《古文析义隽》二卷，今存日本释敬雄选日本明和八年（1771）星都书林刻本，今北京大学图书馆有存。

郑开极

郑开极（1638—1717），字肇修，号畿亭，侯官人。顺治十八年（1661）进士，选庶吉士。康熙八年（1669）典试云南。"康熙三十年（1691）以右春坊右谕德兼修撰"任浙江提学[1]，"教诸生先行谊而后文章。尝编定黄道周《九经解》锓行"[2]。事迹载于乾隆《福建通志》卷四三《人物传》。

按，郑开极辑刊的明黄道周撰《九经解》，又名《石斋先生经传九种》，共五十六卷，分别为《孝经集传》四卷、《易象正》十六卷、《三易洞玑》十六卷、《洪范明义》四卷、《表记集传》二卷《春秋表记问业》一卷、《坊记集传》二卷《春秋坊记问业》一卷、《月令明义》四卷、《缁衣集传》四卷、《儒行集传》二卷。该本刊行于康熙三十二年（1693）郑开极官浙江提学之时，即陈寿祺所言"《经解》九种，吾乡郑几亭宫谕视学浙江，以康熙癸酉授剞劂，今板存福州鳌峰书院"[3]者。此书今国内有国家图书馆、上海图书馆等十几家图书馆收藏。《中国丛书综录》著录此刊本为"清康熙三十二年（1693）晋安郑肇刊，道光二十八年（1848）长洲彭蕴章补刊印本"[4]，其中"郑肇"，应为"郑肇修"之误。由于郑开极学识渊博，他还被聘为《福建通志》的纂修总裁。今存清康熙《福建通志》，即郑开极主修。彭蕴章（1792—1862），字咏莪，谥文敬。长洲县（今江苏苏州）人。雍正五年状元彭启丰曾孙。道光十五年（1835）进士。道光二十六年（1846），提督福建学政。二十八年（1848），他将鳌峰书院藏板《石斋先生经传九种》加以补刊重印，此即《石斋先生经传九种》"道光二十八年长洲彭蕴章补刊印本"之由来。彭蕴章作为晚清咸丰年间重臣，生平事迹史志所载甚多，而以《清史稿》卷三八五所载尤详，兹不赘述。

---

① 〔清〕嵇曾筠、沈翼机等：（乾隆）《浙江通志》卷一二一《职官》，《景印文渊阁四库全书》第 522 册，第 235 页。

② 〔清〕陈寿祺：《东越儒林后传》卷一，《丛书人物传记资料类编》第 8 册，北京图书馆出版社 2006 年版，第 605 页。

③ 〔清〕陈寿祺：《左海文集》卷六《重编黄漳浦遗集序》，《续修四库全书》集部第 1496 册，第 250 页。

④ 上海图书馆编：《中国丛书综录》第 1 册，上海古籍出版社 1982 年版，第 598 页。

陈梦雷

陈梦雷(1650—1741),字省斋,一字则震,晚号松鹤老人,闽县人。康熙九年(1670)进士,官翰林院编修,曾为皇三子诚亲王胤祉之师。曾两度被诬谪戍,卒于戍所。康熙年间,陈梦雷曾刊刻清杨云鹤撰《乐律参解》四卷。清周中孚《郑堂读书记》卷七著录云:"云鹤,字砚涟,成都人。是书凡《论辨》一卷、《图说》二卷、《考证》一卷,分附《参解》于其下。大都考究经曲,博搜众论。……书之上栏,俱有评论。乃其门人陈帝文梦雷所加,并为序而梓之。又有其甥费卷隐密序。"①

陈梦雷还是清初著名类书《古今图书集成》的主编,其著作有《周易浅述》八卷、《闲止书堂集钞》二卷,今存清康熙三十二年(1693)其仆人杨昭福州刻本。康熙五十二年(1713),陈梦雷在北京诚亲王府中又以铜活字印行其所著《松鹤山房诗集》九卷《文集》二十卷。陈梦雷生平,见载于民国《福建通志·文苑传》卷七,以及陈寿祺《东越文苑后传》卷一。

林　佶

林佶(1660—?),字吉人,号鹿原,别号紫微内史、道山亭长、鹿原叟等,侯官人。康熙三十八年(1699)举人,五十一年(1712)赐进士,官内阁中书。清初著名藏书家和刻书家。性喜藏书,自称"平生爱书癖,垂老未能释"②。其藏书楼名朴学斋,曾得到徐𤊹的大部分藏书,著名学者徐乾学编刻丛书《通志堂经解》、朱彝尊编选《明诗综》时都曾到他家中借抄。林佶还是一位著名的书法家,篆、隶、楷皆工,由他手抄的汪琬《尧峰文钞》、王士禛《渔洋山人精华录》《古夫于亭稿》和陈廷敬《午亭文编》,就是当时闻名全国的侯官软体写刻"林氏四抄",极为书家所重。

《四库全书总目》著录有其所著《朴学斋诗集》十卷,其中有云:"佶工于楷法,文师汪琬,诗师陈廷敬、王士禛。琬之《尧峰文钞》、廷敬之《午亭文编》、士禛之《精华录》,皆其手书付雕。廷敬、士禛之集皆刻于名位烜耀之时,而琬集则缮写于身后,故世以是称之。"③

---

①〔清〕周中孚:《郑堂读书记》卷七,《清人书目题跋丛刊》(8),中华书局1993年版,第33页。

②〔清〕林佶:《朴学斋诗稿》卷一,《四库全书存目丛书》集部第262册,第19页。

③〔清〕永瑢等:《四库全书总目》卷一八四,中华书局1965年版,第1668页。王士禛原名王士禛,其名在引文中依原书,其他地方本书用其原名。

《尧峰文钞》五十卷，是林佶所刊最早的刻本。《四库全书总目》著录："国朝汪琬撰。琬字苕文，号钝翁，晚居尧峰，因以自号。长洲人。顺治乙未进士，由户部主事升刑部郎中，降补北城兵马司指挥，再升户部主事。康熙己未，召试博学鸿词，授翰林院编修。初，琬自哀其文为《钝翁类稿》六十二卷《续稿》五十六卷，晚年又手自删汰，定为此编。其门人侯官林佶为手写而刊之。"①文中未明确此书刊刻年月及地点。据此本卷末林佶后跋：

> 右《尧峰文钞》五十卷，先生所手定，以授佶编录者也。佶戊辰春自闽游吴，及先生之门，授前后类稿归。明年秋，先生有书来招。佶复至吴，相从丘南。四阅月弥，得闻著述大指。先生因叹曰："当吾世，谁定吾文者乎？吾将仿欧阳公《居士集》例，删订吾文，且授子编录矣。"佶遂巡拜诺。既告归。冬十月先生乃邮入闽，未几先生病遂殁。距书来时，未四十日也。……佶追悼遗言，晨夕誊写。起己巳季冬，讫壬申孟秋。中间溯建水，逾仙霞，渡钱塘，留禾州，以及奠主丘南，哭墓尧峰，皆挟笔墨自从，未辍校录，幸告成书，而先生已不及见矣。……康熙壬申秋七月既望门人侯官林佶谨跋。②

由跋文可知，此本始刻于康熙三十一年（1692），因卷前有宋荦、惠周惕二序，均撰于康熙三十二年，故此本应为次年刊成。其刊刻地点，则可从此本中寻得蛛丝马迹。此书目录后、卷四〇末均有"吴郡程际生刻"一行，故刊刻地点应在吴兴（长州、吴郡，今浙江湖州）。此本有一特点，每卷后均有林佶所书手抄年月与地点。如：卷一后有"康熙庚午冬十二月除日林佶敬录于朴学斋"一行；卷二后有"康熙辛未正月十三日林佶录于朴学斋"一行；卷三后有"康熙辛未正月廿一日林佶录于朴学斋"一行；卷四后有"康熙辛未三月廿五日林佶录于荔水庄"一行；卷五后有"康熙辛未四月九日舟泊建州城下录"一行；卷六后有"康熙辛未四月望日录于柘城，林佶识"一行；卷七后有"康熙辛未四月廿五日桐庐道中录并校，林佶识"一行；卷八后有"康熙辛未五月五日至长水寓楼写"一行；卷九后有"康熙辛未六月六日录于鸳湖之竹声柏影轩，佶识"一行等，以此可以印证林佶跋中所说"皆挟笔墨自从，未辍校录"，并非虚言。

①〔清〕永瑢等：《四库全书总目》卷一七三，中华书局1965年版，第1522页。
②〔清〕林佶：《尧峰文钞跋》，《四部丛刊初编》，商务印书馆1936年版，第316页。

　　清王士禛撰《渔洋山人精华录》十卷,为康熙庚辰(三十九年,1700)林佶写刊本。末有侯官林佶后序,版式半叶十一行,行二十一字,左右双栏,版心线黑口,单黑鱼尾。或以为,其刊刻地点在侯官①。此说恐有误。《王贻上与林吉人手札》第十一云:"闻有束装之期,果然否?拙集能在江南写完,竣工尤易,恐入闽后便成耽阁也。小刻客夏已呈教十一种,今版在敝门人昆山盛诚斋侍御家者,有数种未请正……"②"拙集"应即指《渔洋山人精华录》,所刊刻地点当在"江南"而非侯官。此手札后有林佶之子林亭跋云:"阮亭先生著述甚富,晚年合其前后集,择尤粹精者,定为四册,授先君书,剞劂以传。名曰《精华录》,天下争宝重焉。"③

　　《午亭文编》五十卷,陈廷敬撰。廷敬字子端,号说岩。泽州(今山西晋城)人,顺治戊戌(1658)进士,改庶吉士,授检讨。本名敬,以是科有两陈敬,因奉旨增一"廷"字。官至大学士,谥文贞。林佶从其学诗。此书由廷敬"晚年手定为此编,其门人林佶缮写付雕"④。此本刊刻于康熙戊子(1708),地点在阳城(今山西晋城阳城县)。卷首有"康熙戊子开雕,板存阳城县署"长方牌记及陈廷敬、林佶二序。

　　王士禛撰《古夫于亭稿》二卷,林佶写本,刊行于康熙四十六年(1707)。卷首有王士禛、钱塘后学吴陈琰、受业门人成文昭三序。卷末有"康熙丁亥夏五门人侯官林佶辑录,大名成文昭校刊于京师之慈仁寺"刊记。由此可知,此本应林佶同门学友成文昭出资所刊。

　　林佶生平,载于《清史稿》卷四八四《文苑传》,与其兄长林侗合传。云:"林侗,字同人,闽人也。县贡生。喜金石。卒,年八十八。弟佶,字吉人。康熙五十二年进士,官中书。工楷法。文师汪琬,诗师陈廷敬、王士禛。此三人集皆佶手缮付雕,精雅为世所重。家多藏书,徐乾学辑《经解》,朱彝尊选明诗,皆就传钞。有《朴学斋集》。"⑤其事迹,又载于清陈寿祺主纂《福建通志》卷二三九《文苑传》。

①台北《数字典藏与数字学习联合目录》:http://catalog.digitalarchives.tw/item/00/08/54/72.html
②〔清〕王士禛著,宫晓卫等点校整理:《渔洋精华录集注》附录(下),齐鲁书社2009年版,第1362页。
③〔清〕王士禛著,宫晓卫等点校整理:《渔洋精华录集注》附录(下),齐鲁书社2009年版,第1364页。
④〔清〕永瑢等:《四库全书总目》卷一七三,中华书局1965年版,第1522页。
⑤赵尔巽等:《清史稿》卷四八四《文苑传》,中华书局1977年版,第13356页。

吴玉麟

吴玉麟（1746—1818），字协书，号素村，闽县人。乾隆四十二年（1777）举人。"五上公车不得志。其间游幕从戎，踪迹半天下。中年就教职，历任龙溪、惠安、尤溪、福鼎、仙游、同安、凤山诸县学。所至教养兼施，以兴利除弊为己任。……谪居湖南桃源……十六年。执贽门下者，日踵接。……著述多种，十之八九沦没湘中，藏于家者尚十余种。光绪丙子（1876），榕城大水，所撰《五经诠解》《管窥汇编》《研几秘录》等书漂没殆尽。今其传者，仅《素村小草》十二卷、《千姓编》一卷、《重修湖南省志》若干卷，及未及梓行之《恒星歌》一卷而已。卒年七十三。"①

据民国《福建通志·艺文志》卷六五著录，吴氏《素村小草》十二卷，乃其自刻本，但未明刊刻之所。按，此书现存最早刻本，为嘉庆二十一年（1816）湖南刻本，系其贬谪湖南之时所刊。书名页题"闽中吴玉麟先生著，素村小草"，卷前有金溪李如莲序，称"素村先生流寓桃源，每过余坊中翻阅书籍，久遂交厚，著作甚富。偶览其诗草，寄意深远，知其精其此者有年，因请谋诸剞劂，以公同好。敬题四律谨附篇端……"其后有署"嘉庆丙子长至日素村居士自题于桃源寓斋"的自序。略云："自弱冠以来，家资累巨万，不数年尽散去。文场屡蹶，壮岁得一衿，遂登贤书，公车五上。中间长年作客，到处依人。踪迹半天下，西抵玉关，东临碣石，北极幽并，南穷吴越。浮江淮，登泰华，渡黄河者五，泛沧海者三，奔驰十有余年，仅以广文微官还乡。……因分体汇编，付兹剞劂，使后之览者，略知余梗概云。"②

此书另有宣统三年（1911）其曾孙吴弼昌补刊本，收入《台湾文献汇刊》第四辑第 7、8 册。

陈若霖

陈若霖（1759—1832），字宗觐，号望坡，闽县螺洲人。乾隆五十二年（1787）进士，任翰林院庶吉士，入文渊阁校书，官至工部、刑部尚书。精通法律，善于断狱，以民命为重，不畏权势。嘉庆二十二年（1817）冬官广东巡

---

①沈瑜庆、陈衍等：（民国）《福建通志·文苑传》卷八，1938 年刊本，叶 10A—B。

②〔清〕吴玉麟：《素村小草》卷首，陈支平等主编：《台湾文献汇刊》第 4 辑第 7 册，厦门大学出版社、九州出版社 2004 年版，第 92—95 页。

抚时,同乡举人何治运来访。何系嘉庆十二年举人,洽闻强识,笃志汉学,是一位学问渊博的知名学者,藏书甚富,著述颇丰。陈若霖对其颇为赏识,即向总督阮元推荐何治运,命其为《广东通志》总纂①。何"于志中独任其难,独总其成"。何氏著作有《公羊精义》《论语解诂》《孟子通义》《东越志》等十几种,但大多未刊印。嘉庆末(1820),何治运"游浙中,巡抚陈若霖为锓其经解及论辨文字四卷,名《何氏学》"②。《何氏学》四卷,刊于嘉庆二十四年(1819)。卷前有陈若霖叙、陈寿祺《恭甫先生来书》。书名页署"嘉庆己卯刊,何氏学瑞室藏版";全书末页左下角有"杭州爱日轩雕版"小字一行。《北京师范大学图书馆藏稀见清人别集丛刊》第 15 册《何氏学》即据此刻本影印。

陈若霖生平传记,见载于《清史稿》卷三八〇《列传》一六七,民国《福建通志·列传》卷三七。

陈乔枞

陈乔枞(1809—1869),字朴园,一字树滋,号礼堂。陈寿祺长子。道光五年(1825)举人,历官江西弋阳、德化、南城诸县,袁州、临江、抚州诸府。政事之余,将其父遗著,"绅绎旧闻,次第勒为定本",此即陈寿祺、陈乔枞合撰《左海续集》(又名《小琅环馆丛书》)清道光、同治间刊本的由来。此丛书共收陈著九种八十卷③,刊刻地点均在江西。民国《福建通志·艺文志》著录云:"书分前左海、后左海二集。前称'三山陈氏家刻左海全集'。为《左海文集》十卷、《绛跗堂诗集》六卷、《左海乙集》二卷、《五经异义疏证》三卷《经辨》二卷、《尚书大传定本》五卷、《洪范五行传辑本》三卷、《东越儒林后传》《文苑后传》各一卷、《东观存稿》一卷,皆寿祺著。后称《小琅环馆丛书》,为《鲁诗遗说考》六卷⋯⋯前十种恭甫先生在日已行世,后十种朴园先生官江西时所刊,后遭粤匪,板毁十二三。光绪八年林新图出资修补之。"④

民国《福建通志·儒林传》卷五本传载,陈乔枞于同治八年(1869)"卒于抚州官舍,身后萧然,惟书籍、刻版百有余箧而已"⑤。陈乔枞在江西编

①沈瑜庆、陈衍等:(民国)《福建通志·列传》卷三七,1938 年刊本,叶 54B。
②赵尔巽等:《清史稿》卷四八二《列传》二六九,中华书局 1977 年版,第 13249 页。
③子目详见上海图书馆编:《中国丛书综录》第 1 册,上海古籍出版社 1982 年版,第 464 页。
④沈瑜庆、陈衍等:(民国)《福建通志·艺文志》卷七六,1938 年刊本,叶 4B—5A。
⑤沈瑜庆、陈衍等:(民国)《福建通志·儒林传》卷五,1938 年刊本,叶 30B。

刻的图书，还有宋谢枋得的《谢叠山先生文集》。陈乔枞生平，又载于《续碑传集》卷七四、《清史稿》卷四八二《列传》二六九其父陈寿祺传后。

高均儒

高均儒(1812—1869)，字伯平，又字可亭，号郑斋。闽县人，高世焕之子。承母命寄籍浙江秀水，为廪贡生。精于训诂之学，与日照许瀚、桐城苏惇元、杭州邵懿辰等相与讲论。《三礼》主郑玄之说，故自号"郑斋"，而又笃守程朱之学。文章师从桐城派，尤"服膺山阳潘四农，订其《文集》《诗话》若干卷，又手写姚姬传《尺牍》刻之。漕督吴棠欲刊其诗文集，均儒辞谢。曾国藩督两江，问均儒于棠，棠告以寓淮郡，曾以不得一见为恨……"①生平见载于《清儒学案》卷一六〇《高先生均儒传》、民国《福建通志·文苑传》卷九。其刻本，有《跋奚年谱一卷》，清咸丰六年秀水高均儒手写刻本。

应俞樾之邀，高均儒曾担任浙江书局首任总校，校勘《群经平议》等。俞樾有信函致高氏云：

> 闻先生名久矣，怀愿见之诚亦久矣，未克一见，良用怅悯。……所著《群经平议》根柢浅薄，意义阔疏，诚无足观，诚无足观。芗泉方伯谋付剞劂，乃烦高明代为雠较。布鼓雷门，实所愧恧，伏求是正，无客抨击。②

杨以增、丁丙亦皆延主其家，助勘群籍。杨氏海源阁咸丰刊本《助字辨略》，即延聘高均儒重刊。他又为杨氏校刊《海源阁丛书》之《蔡中郎集》，订补增多，最为完善③。高氏后在杭州东城讲舍，以讲学而终，门人私谥为孝靖先生。其著作有《续东轩遗集》三卷，今存清光绪七年(1881)刻本。

曹岱华

曹岱华(生卒年未详)，字英卿，侯官人。清雍正十三年(1735)举人。乾隆十九年(1754)，刻印其曾祖曹学佺撰《石仓诗稿》三十三卷。卷前有叶向高《曹大理集序》、乾隆甲戌季冬同里后学奉天府丞提督学政旧史官陈治滋书《重刻曹石仓先生诗集序》和《明史·曹学佺传》。陈序称"考《明史·

---

① 沈瑜庆、陈衍等：(民国)《福建通志·文苑传》卷九，1938 年刊本，叶 10B。
② 〔清〕俞樾：《春在堂尺牍》卷一《与高伯平》，光绪刊本，叶 15A—B。
③ 张舜徽：《清人文集别录》卷一八，中华书局 1963 年版，第 489 页。

艺文志》载先生所著书共十六部,凡一千二百七十七卷。其书版之在石仓者,遭海寇焚掠,片简无存。今海内藏书家尚有传者,亦唯《天下名胜志》之一百九十八卷及《十二代诗选》之八百八十八卷耳。至诗文集一百卷,历今百余年,闽中旧家亦无有全集完好者。先生曾孙岱华痛祖泽之就湮,寻先绪于既坠,自卯角为诸生时,即以搜辑遗编为己任,殚心二十余年,得诗若干卷,文若干卷。诗则增以家中旧存抄本,按集编年,尚可符旧刻卷帙,唯文集尚少三分之一。今岱华以乙卯孝廉筮仕粤东小江场盐政厅,政简事闲,亟先校正所藏诗集,付之剞劂,以承先志。石仓先生于是有传人矣。嗟乎!光宗之时,逆奄用事,先生论著不避忌,群小指先生所撰为谤书,遂削职,诏毁其镂板,是书无传焉……"①此刻本行款为九行十八字,白口,左右双边,收入《四库禁毁书丛刊》集部第 143 册。

民国《福建通志·循吏传》载:"曹岱华,字英卿,侯官人。幼失父,事母以孝闻。雍正乙卯由闽县籍举于乡。……授电白知县,多惠政,卒于官。岱华天性淳厚,时露耿介。曾祖学佺著述多散失,岱华搜罗成帙,授之梓,而后复行于世。"②

----

①〔明〕陈治滋:《重刻曹石仓先生诗集序》,《石仓诗稿》卷首,《四库禁毁书丛刊》集部第 143 册,第 169—170 页。
②沈瑜庆、陈衍等:(民国)《福建通志·循吏传》卷一二,1938 年刊本,叶 13A。

卷二　建宁府刻书家

　　建宁,古称建安。东汉献帝建安初年(196),分侯官之北乡设南平、建安、吴兴三县。此建安县之名,乃罕见地以帝王年号命名的地名。其管辖区域,相当于北宋的建州、南宋以后的建宁府。建阳其时称桐乡,隶属于建安县。汉献帝建安十年(205),分建安县的桐乡置建平县(即后来的建阳县)。三国吴景帝永安三年(260),以会稽(今绍兴)南部置建安郡,领治十县,郡治在建安(今建瓯)。建平(建阳)县、建安县均在这十县之内,此一建置一直沿用至隋。唐高宗时建安郡改为建州,沿用至宋。南宋绍兴三十二年(1162),升建州为府,改称建宁府。府治在建安县(今建瓯)。元时称建宁路,明仍改为建宁府。下辖建安、瓯宁、浦城、建阳、崇安、松溪、政和七县。明景泰六年(1455),划政和及福安部分领地增设寿宁县,归建宁管辖,是为八县。建安和瓯宁均为建宁府的附廓之城。嘉靖《建宁府志》卷首有建安县和瓯宁县地理图,图中标注两县县治相距仅一里地,这两县就是后来合二而一的建瓯。

　　建宁府境内有武夷山,从唐代以来就是著名的旅游胜地。宋代,建阳刻书业兴起后,从各地前来建阳书坊刊印图书者,往往也顺道游览武夷山。武夷山也是朱子理学的大本营,山中书院林立,书声琅琅。"家有伊、洛之书,见闻远矣;俗同邹、鲁之国,文物蔼然"[1],祝穆曾如是描写南宋时期的建宁府。刘子翚、刘勉之、胡宪、朱熹、真德秀、熊禾,以及建阳蔡氏九儒等一大批名儒硕学之士在此讲学。建宁籍的一批著名学者,如袁枢、宋慈、叶廷珪、魏庆之、黄升等,都曾从事图书的编校,有力地促进了建宁刻书业的发展。

　　建宁府的刻书地点通常均不在建宁,而是在刻书中心建阳。这类书通常由官方出经费,而后交付书坊刊刻出版。建宁府之外,还有福建路驻守在建宁的派出机构如福建转运司、福建常平司等往往也在建阳刻书。至于

①〔宋〕祝穆编,祝洙补订:《宋本方舆胜览》卷一一,上海古籍出版社1991年版,第137页。

离建阳较远的福州、泉州、莆田、汀州等地的一些官方机构,也经常到建阳书坊募工刻书。具体事例,将在下文介绍相关刻书家、相关刻本时予以介绍。

建阳能够连续历经宋、元、明三朝,都是全国刻书中心的主要原因,是它能吸引、接受各地官私方的委托刻书,这是"中心"最主要的作用。不能发挥这样的作用,就不是中心。笔者认为,由宋至明福建坊刻"除建阳外,福州、莆田、泉州、汀州、邵武等地的书坊业也很发达"①的观点有误。历史事实是,这一时期福建其他地区的坊刻并不发达,主要是官府、私家刻书,是在建阳坊刻的辐射和带动下,与建阳坊刻形成互补和共同繁荣的局面。入清以后,建阳坊刻逐渐衰微,代之而起的才有连城四堡、福州南后街和泉州等地的书坊。

本卷搜集整理了由宋至清 226 位建宁府刻书家的事迹。其中,在建宁刻书的有 209 位(宋代 37 位,元代 22 位,明代 118 位,清代 32 位),在外地刻书的建宁府籍刻书家有 17 位。

①福建省地方志编纂委员会:《福建省志·出版志》,福建人民出版社 2008 年版,第 28 页。

一、宋代

晁谦之

晁谦之(? —1154),字恭祖,本澶州(今属河南濮阳市)人,南渡后居信州(今江西上饶)。绍兴七年(1137)官福建路转运判官,编辑并刻印其从兄晁补之所撰《济北晁先生鸡肋集》七十卷。刊刻地点在建阳。清丁丙《善本书室藏书志》著录明仿宋本云:"补之,字无咎,巨野人。元丰间举进士,礼部、别试皆第一。……元祐九年,尝以'食之无所得,弃之则可惜'之义,自名其集曰'鸡肋',缀以小跋。绍兴七年弟谦之题曰:'从兄无咎著述甚富。元祐末在馆阁时尝自制其序。宣和以前世莫敢传。自捐馆舍,逮今二十八年,始得编次为七十卷,刊于建阳。'盖其时谦之方权福建路转运判官也。"①按,此本原刊不存,今所存为明崇祯八年苏州顾凝远诗瘦阁翻刻本,《铁琴铜剑楼藏书目录》卷二○著录,《四部丛刊初编》本即据诗瘦阁刻本影印。另据宋李弥逊《筠溪集》中《晁谦之再任福建运判》一文②,可知晁氏曾两任福建运判。

晁谦之事迹,从《建炎以来系年要录》各卷中可索得若干条,得其宦绩如下:绍兴八年(1138)四月为尚书金部员外郎,主管机宜文字③;九年五月为吏部员外郎、枢密院检详诸房文字;同年七月,为尚书右司员外郎;八月,权户部侍郎④;十年闰六月,移工部侍郎;十一年(1141)六月,权尚书工部侍郎,充敷文阁待制,提举江州太平观;十五年四月,以敷文阁学士知建康府;十八年四月,罢。二十四年十一月,卒于信州⑤。

清雍正《江西通志》载:"晁谦之,字恭祖,澶州人。渡江亲族离散,极力收恤,因居信州。仕宋,官敷文阁直学士。卒葬铅山鹅湖,子孙因家焉。"⑥

---

①〔清〕丁丙:《善本书室藏书志》卷二八,《续修四库全书》史部第 927 册,第 487 页。

②〔宋〕李弥逊:《筠溪集》卷五,《景印文渊阁四库全书》第 1130 册,第 634—635 页。

③〔宋〕李心传:《建炎以来系年要录》卷一一九,中华书局 1956 年版,第 2214 页。

④参宋李心传《建炎以来系年要录》卷一二八,第 2074 页;卷一三○,第 2097 页;卷一三一,第 2109 页。

⑤参宋李心传《建炎以来系年要录》卷一三六,第 2189 页;卷一四○,第 2255 页;卷一五七,第 2554 页;卷一六七,第 2733 页。

⑥〔清〕高其倬、谢旻等:(雍正)《江西通志》卷九六《寓贤》,《景印文渊阁四库全书》第 516 册,第 209 页。

王日休

王日休(1105—1173),字虚中,号龙舒居士,龙舒(今安徽舒城县)人。早年为太学诸生,曾传注经、子数十万言,因不利于科举,转而好佛。曾著《金刚经解》四十二卷《净土文》十一卷,见载于《宋史》卷二〇五《艺文志》。因王日休籍贯龙舒,故将此书命名为《龙舒净土文》。王日休在序中说:"予遍览藏经及诸传记,取其意而为《净土文》,无一字无所本,幸勿以人微而忽其说。欲人人共晓,故其言直而不文。予,龙舒人也,世传《净土文》者不一,故以郡号别之。"①

宋费衮《梁溪漫志》卷一〇载:"(王日休)著《净土文》,直指西方净土,慧辩了然,观者起敬。或自立,或劝人裒金,走建安,刊《净土文》,板逾二十副,愿力洪深,修行尤精苦,讽诵礼拜,夜以继昼。馆于庐陵某通守家,一日谒通守,谓之曰:'某去矣,以后事累公。'通守愕然。虚中乃着白衫,诣佛堂,合掌念佛,顷之,立化于植木矣。倾城纵观,累日不能遏。通守亦明眼人,乃命具棺,指虚中谓人曰:'先生平时照了诸妄,坐卧自如,今请先生卧。'即举而入棺。予旧见建安陈应行季陆道此,后访南北山云游诸僧,欲问其岁月,并通守姓名,漫无知者。记其大略如此。"②文中所言"走建安,刊《净土文》,板逾二十副",是说王氏所著是在建阳书坊刊印的,为王日休此书初刊本。据卷末绍兴壬午闰四月唯心居士荆溪周葵《参政周大资跋》所云:"又将亲往建安,刊版于鬻书肆中,汲汲然若不可一日缓者。"③此书在建阳书肆初刊,应在绍兴三十二年(1162)。

费衮《梁溪漫志》所载系从建安学者陈应行(季陆)口中所得,故此事发生的时间,以及"通守姓名"他均无所知。实际上,此"通守"即周必大。《文忠集》卷九《王日休赞》载:"龙舒王日休,字虚中。儒释兼通,尝为《六经语孟训解》至数十万言,尤笃信净土之说。尝以特奏名入官,弃不就,飘然访予于庐陵。方为学者讲《易》,一夕厉声云'佛来,佛来'即之逝矣,享年六十有九。谢君承宗、赵君公言暨好事者持其像示予,乃为之赞。"④

①〔宋〕王日休:《龙舒净土文》卷一,上海佛学书局1933年版,第1页。
②〔宋〕费衮:《梁溪漫志》卷一〇,《景印文渊阁四库全书》第864册,第764—765页。
③〔宋〕王日休:《龙舒净土文》卷末,上海佛学书局1933年版,第117页。
④〔宋〕周必大:《文忠集》卷九《王日休赞》,《景印文渊阁四库全书》第1147册,第99页。

据朱熹《答蔡季通》:"《古易》纳上,坊中更有王日休所刊,求之未获,可访问考订,孰为得失也。"①由此可知,王日休又曾在建阳书坊刊行《易经》。朱熹对王日休的为人有所批评。《朱子语类》卷一二六载,弟子郑可学问:"近世王日休立化,如何?"朱熹答:"此人极不好,贪污异常。"弟子又问:"既如此,何故立脱?"答:"它平日坐必向西,心在于此,遂想而得。此乃佛氏最以为下者。"②

清人彭际清编《居士传》,传三三为《王虚中传》,见载于《大藏新纂卍续藏经》第 88 册史传部一四。

傅自得

傅自得(1115—1183),字安道。济源(今河南济源)人,父察遭靖康之难以忠义殉国,从母定居于泉州晋江。淳熙初,傅自得知建宁府,受朱熹之托,为其刻印《弟子职》一卷、《女诫》一卷、《温公杂仪》一卷。

朱熹有《与建宁傅守札子》,讨论此事颇详。略云:"前日所禀《弟子职》《温公杂仪》谨纳上,字已不少,似可便刊。《女诫》本传中有一序,恐可并刊。此印行纸内上数幅,字数疏密,须令作一样写乃佳。仍乞早赐台旨,当不日而就也。刻成之日,当以《弟子职》《女诫》各为一秩,而皆以《杂仪》附其后。"③《答吕伯恭》书云:"《弟子职》《女戒》二书以温公《家仪》系之,尤溪欲刻未及,而漕司取去。今已成书,纳去各一本。初欲遍寄朋旧,今本已尽,所存只此矣。如可付书肆摹刻,以广其传,亦深有补于世教。或更得数语题其后,尤幸也。"④所谓"漕司",即转运司,时福建转运司设司建宁,建宁知府往往职兼漕事,故有此称。此"漕司"指的就是傅自得。

据嘉靖《建宁府志》卷五《官师》,淳熙间知府,以傅自得居于首位,则此数书当刻印于淳熙初年(1174)无疑。《弟子职》,管仲撰。《女诫》,汉班昭撰,《后汉书》本传全载此文,有"女孝经"之称。今存《说郛》本。《温公杂

---

①〔宋〕朱熹:《晦庵先生朱文公文集》卷四四《答蔡季通》,朱杰人等主编:《朱子全书》第 22 册,第
　　1994 页。
②〔宋〕黎靖德编:《朱子语类》卷一二六,朱杰人等主编:《朱子全书》第 18 册,第 3960 页。
③〔宋〕朱熹:《晦庵先生朱文公文集》卷二五《与建宁傅守札子》,朱杰人等主编:《朱子全书》第 21
　　册,第 1121 页。
④〔宋〕朱熹:《晦庵先生朱文公文集》卷三三《答吕伯恭》,朱杰人等主编:《朱子全书》第 21 册,第
　　1450 页。

仪》又称《温公居家杂仪》,司马光撰。这三种书均为仪礼类图书。朱熹委托傅自得刻印这些书,因三书与其所撰《家礼》有密切关系。《直斋书录解题》有《弟子职》等五书一卷,为漳州教授张时举编①,以上三书也被收入此五书中。《直斋书录解题》又有《十书类编》三卷,题不知何人所编,亦收入上述三书。此所谓"五书""十书",当在朱熹编本的影响下产生。

朱熹《晦庵先生朱文公文集》卷九八有《傅公行状》,介绍傅自得生平事迹甚详。原文较长,清李元度《南岳志》据此《行状》节其梗概如下:"公讳自得,字安道,济源人,居泉州。少以父忠肃公察死事恩荫,补承务郎。三监潭州南岳庙,后通判漳州、泉州,被诬免。起,知兴化军,迁直秘阁福建路转运副使,提点浙西刑狱,乞祠归。曾几曾举以自代。"②傅氏宦游所至,颇有政绩。罢官过建宁,"父老捧熏炉以迎者夹道数里"。离兴化军十四年,再至,"阖郡之民垂髫戴白,争迎车下,欢呼之声满道"③。

傅自得二子伯寿、伯成均为朱熹门人。

余允文

余允文(1115—?),字隐之,建阳人。因司马光作《疑孟》,李觏作《常语》,郑厚作《艺圃折衷》,于孟子多有毁词,作《尊孟辨》七卷以辟之,见陈振孙《直斋书录解题》卷九著录。此本久逸,清四库馆臣从《永乐大典》本辑得三卷《续录》二卷《别录》一卷,是为今存《四库全书》本。宋赵希弁《郡斋读书附志》卷五称"公疑孟子之书有非轲之言者,故为《疑孟》十有一篇。建安余允文乃为《尊孟辨》,于温公之疑逐段为之解;晦庵先生又于允疑之后,逐段为之说云"④。现存的版本,正是这种"逐段为之解"的体例。此外,朱熹《晦庵先生朱文公文集》卷七三另有《读余隐之尊孟辨》一文。

朱熹《答廖子晦》书六说:"《论语集注》已移文两县,并作书嘱之矣。今人得书不读,只要卖钱,是何见识?苦恼杀人,奈何奈何!余隐之所刊,闻

---

① 〔宋〕陈振孙撰,徐小蛮、顾美华点校:《直斋书录解题》卷一〇,上海古籍出版社 1987 年版,第 312 页。

② 〔清〕李元度:《南岳志》卷一一,《海王邨古籍丛刊》,中国书店 1990 年版,第 223 页。

③ 〔宋〕朱熹:《晦庵先生朱文公文集》卷九八《傅公行状》,朱杰人等主编:《朱子全书》第 25 册,第 4545 页。

④ 〔宋〕赵希弁:《郡斋读书附志》卷五,《中国历代书目丛刊》第 1 辑,现代出版社 1987 年版,第 865—866 页。

之已久，亦未之见。此等文字不成器，将来亦自消灭，不能管得也。郑台州奇祸可骇，天意殊不可晓，令人忧惧。"①由此可知，余允文曾将朱熹《论语集注》，从《四书章句集注》中析出，单独刊印。

考朱熹《论语集注》成于淳熙四年（1177），又文中提到"郑台州奇祸"云云，当指郑鉴（自明）淳熙庚子（1180）卒于台州任上一事，则余允文刻印此书当在淳熙四年至六年（1177—1179）之间；卷数为十卷，其应为朱熹成书后最初刻本。

余允文是建阳书林余氏的二十一世祖（以南朝梁大通时余焕为一世祖）。建阳《潭西书林余氏族谱》载曰："允文公，适公之子。位丙一，字隐之。生于政和二年乙未（1115）。姚阮氏，合葬魁星桥头。生子一：禹公。"②又载："允文公，字隐之，以孟轲亚圣作《尊孟辨》三千余言，朱文公是其说，为之订定云。"③按，"乙未"为政和五年，此处的"二年"应为"五年"。

嘉靖《建宁府志》卷一八《人物》载："余允文，字隐之，建安人。以孟轲亚圣，而司马光作《疑孟》数篇，李觏、郑原作《常语》及《艺圃折衷》，皆肆诋毁，乃作《尊孟辨》三十余条辟之。朱熹是其说，又为之订定云。"④文中的"郑原"，应为郑厚。

韩元吉

韩元吉（1118—1187），字无咎，号南涧，原籍开封雍丘（今河南杞县），徙居信州（今江西上饶）。清雍正《江西通志》卷九六《寓贤》载："韩元吉，字无咎，开封人，维之子。仕至吏部尚书，龙图阁学士，封颍川公。尝师尹焞，得吕祖谦为婿。师友渊源为诸儒所推重。徙居上饶，所居之前有涧水，号南涧。"⑤其四世祖韩维，为北宋神宗、哲宗两朝名臣。韩元吉少从名儒尹焞学，以祖荫补官。宋淳熙间任建宁知府，二年（1175）于建安郡斋刻印汉

①〔宋〕朱熹：《晦庵先生朱文公文集》卷四五，朱杰人等主编：《朱子全书》第22册，第2087—2088页。

②〔清〕余观禄主修：《潭西书林余氏族谱》卷六《同祖公派下世系》，清同治辛未（1871）印本，叶4A。此谱原为建阳县书坊乡余世泰藏，凡七卷七册。题"同治辛未年重镌，梓人傅文明"。

③〔清〕余观禄主修：《潭西书林余氏族谱》卷一《历代履历事迹》，清同治辛未（1871）印本，叶1B。

④〔明〕夏玉麟、汪佃：(嘉靖)《建宁府志》卷一八《人物》，《天一阁藏明代方志选刊》第28册，上海书店1964年版，叶26B。

⑤〔清〕高其倬、谢旻等：(雍正)《江西通志》卷九六《寓贤》，《景印文渊阁四库全书》第516册，第209页。

戴德所撰《大戴礼记》十三卷,清丁丙《善本书室藏书志》卷二著录。淳熙六年(1179),又刻印《古文苑》九卷,白麻纸精印,今人雷梦水《古书经眼录》著录。韩氏自撰有记文,见载于《南涧甲乙稿》卷一五,末署"淳熙六年六月颍川韩元吉记"①。此刻本的具体刊刻地点,据《直斋书录解题》,是在婺州②。

此外,建宁最早的府志也出于韩元吉之手。嘉靖《建宁府志》"凡例"称:"旧志昉于宋守韩元吉。"③康熙《建宁府志》卷首"凡例"首条即言:"府志,自宋守韩公元吉始辑成书。"④以南宋建阳刻书业之繁荣,此志当时应有刻本。嘉靖《建宁府志》卷六《名宦》载:"韩元吉,字无咎,颍川人。绍兴间知建阳县,用广而赋啬,乃贸迁盐鹾,以佐其费。迁守建州,表率端庄,笃意学校。以军兴调发功转朝奉大夫。赴召去,民甚怀之。后官至吏部尚书。"⑤按,查历代《建阳县志》,均无韩元吉知建阳县事的记载,查万历《建宁府志》,乃知建阳县系建安县之误。

据《宋元学案》载,南宋名儒吕祖谦乃其女婿⑥。韩元吉与朱熹、辛弃疾、陆游友善。韩元吉称赞朱熹"气质端方,议论通亮,安贫守道,力学能文"⑦,曾举荐其以自代。朱熹武夷精舍落成,嘱韩元吉为记。辛弃疾于淳熙九年(1182)定居上饶,与韩氏过从甚密。《稼轩词》中有《寿韩南涧尚书》词多首。陆游《剑南诗稿》中则有《闻韩无咎下世》诗。宋建阳黄升编《中兴以来绝妙词选》,称韩元吉为"名家,文献、政事、文学为一代之冠冕"⑧。

郑伯熊

郑伯熊(约1127—1181),字景望,永嘉(今浙江永嘉县)人。宋绍兴十

①〔宋〕韩元吉:《南涧甲乙稿》卷一五《古文苑记》,《景印文渊阁四库全书》第1165册,第226页。

②〔宋〕陈振孙撰,徐小蛮、顾美华点校:《直斋书录解题》卷一五,上海古籍出版社1987年版,第438页。

③〔明〕夏玉麟、汪佃:(嘉靖)《建宁府志》卷首,《天一阁藏明代方志选刊》第27册,上海书店1964年版,叶1A。

④〔清〕张琦等:(康熙)《建宁府志》卷首,上海书店出版社2000年版,第8页。

⑤〔明〕夏玉麟、汪佃:(嘉靖)《建宁府志》卷六《名宦》,《天一阁藏明代方志选刊》第27册,上海书店1964年版,叶3B。文中的"建州"即建宁府,为绍兴三十二年未升为府之前旧制。

⑥〔清〕黄宗羲:《宋元学案》卷二七《和靖学案》,中华书局1986年版,第1017页。

⑦〔宋〕韩元吉:《南涧甲乙稿》卷九《举朱熹自代状》,《景印文渊阁四库全书》第1165册,第126页。

⑧〔宋〕黄升编:《花庵词选·中兴以来绝妙词选》卷三,中华书局1958年版,第216页。

五年(1145)进士,曾两度在建宁为官。

一是乾道五年(1169)除福建路常平司提举,时常平司设司建宁①。他于任上整理《二程遗书》《二程文集》《经说》诸书,作小字本刻印于建宁府。朱熹《答蔡季通》书所说"仓司程书已了,有一本在此,俟来日观之也"②,即指常平司郑伯熊刻印《程氏遗书》已竣工。周必大《与张敬夫左司》书一云:"郑景望学问醇正,见于践履。前日奉祠过此,仅得一面。其在闽中,尝类《程氏遗书》《文集》《经说》,刊成小本,独《易传》在外耳。"③陈振孙《直斋书录解题》著录:"《河南程氏文集》十二卷,二程共为一集,建宁所刻本。"④这些所指的,都是郑伯熊建宁常平司刊本。

二是淳熙七年(1180),郑伯熊以直龙图阁任建宁知府。据朱熹答郑景望书,受朱熹所托,郑氏又为之刻印《古今家祭礼》十六卷。书云:"《家祭礼》三策并上,不知可补入见版本卷中否?若可添入,即孟诜、徐润两家当在贾顼《家荐仪》之后。……写校须令精审无误,然后刻版,免致将来更改费力为佳。或未刻间,且并写定上版真本寄示,容与诸生详勘,纳上尤便也。"⑤按,朱熹编纂《古今家祭礼》一书,是在淳熙元年(1174),而刊行则在若干年后郑伯熊官建宁知府之时。

据《宋元学案》,郑伯熊为永嘉名儒周行己的私淑弟子,他与其弟郑伯英齐名。"时人称为大郑公、小郑公。先生少慕吕申公、范淳夫舅甥之为人,行己一以为法,而论事则慕贾长沙、陆宣公。……绍兴十五年进士,历黄岩尉、婺州司户。隆兴初,召试正字,除太常博士。出为福建提举。……改江西提刑,奉祠。起知婺州,入为吏部郎官兼太子侍读,历国子司业、宗正少卿。方向用矣,每小不合,辄乞去。以直龙图阁知宁国府,移知建宁,卒,后谥文肃。……绍兴末,伊洛之学几息,九先生之绪言且将衰歇,吴湛然、沈元简,其晨星也。先生兄弟并起,推性命微眇,酌今古要会,师友警

---

① 宋梁克家《淳熙三山志》卷二五:"元丰元年置提举常平司,崇宁大观间以转运司兼领奉行茶事。政和三年专置提举茶事官,置司建州。二年判权移福州。绍兴五年并,以提举常平司为名,置司泉州……十二年归建州。"载《宋元方志丛刊》第 8 册,中华书局 1990 年版,第 8005 页。

② 〔宋〕朱熹:《晦庵先生朱文公续集》卷二《答蔡季通》,朱杰人等主编:《朱子全书》第 25 册,第 4675 页。

③ 〔宋〕周必大:《文忠集》卷一八六《与张敬夫左司》,《景印文渊阁四库全书》第 1149 册,第 85 页。

④ 〔宋〕陈振孙撰,徐小蛮、顾美华点校:《直斋书录解题》卷一七,上海古籍出版社 1987 年版,第 504 页。

⑤ 〔宋〕朱熹:《晦庵先生朱文公文集》卷三七《答郑景望》,朱杰人等主编:《朱子全书》第 21 册,第 1630 页。

策,惟以统纪不接为惧,首雕程氏书于闽中。"①

郑伯熊与永嘉学派的创始人陈傅良乃讲友,淳熙七年(1180),郑伯熊以直龙图阁任建宁知府,陈傅良撰《送郑丈赴建宁》诗五首,见载于陈氏《止斋集》。其三云:

> 清庙图书宝,熙朝雅颂音。
> 频繁三节召,荏苒二毛侵。
> 衣饭家才足,丘园意亦深。
> 卧听床下士,时作武侯吟。②

据陈振孙《直斋书录解题》卷一八《归愚翁集》条下载,郑伯熊卒于建宁府任上③。

朱　熹

朱熹(1130—1200),字元晦、仲晦,号晦庵、紫阳等。祖籍徽州婺源(今属江西),生于福建尤溪,成家于崇安(今武夷山市)五夫,晚年定居建阳考亭。生平事迹,正史、方志、年谱、家谱等载之甚详,兹不赘述。

在南宋出版史上,朱熹是一位极为特殊的出版家、刻书家。其特殊性表现在三个方面。

其一,刻书种类众多,却几乎没有实物保存下来。关于朱熹刻书种类,笔者曾据《晦庵先生朱文公文集》中的序、跋、书信所记,参以诸家书目列出三十多种。主要刻本,有《论孟精义》三十卷、《近思录》十四卷、《周子通书遗文遗事》一卷、《韦斋集》十二卷附《玉澜集》一卷、《南轩集》四十四卷、《武夷精舍小学之书》六卷、《四书章句集注》十九卷、《古易》十二卷《音训》二卷、《稽古录》二十卷,以及《程氏遗书》《程氏外书》《上蔡语录》《游氏妙旨》《庭闻稿录》等。其详情,我在《朱熹刻书事迹考》《朱熹学派与闽台书院刻书的传承和发展》④等论著中已有详述,在此不作展开。

---

① 〔清〕黄宗羲:《宋元学案》卷三二《周许诸儒学案》,中华书局1986年版,第1152—1153页。
② 此诗又别见于叶适:《叶适集·水心文集》卷七,中华书局1961年版,第90页。
③ 〔宋〕陈振孙撰,徐小蛮、顾美华点校:《直斋书录解题》卷一八,上海古籍出版社1987年,第543页。
④ 方彦寿:《朱熹刻书事迹考》,《福建学刊》1995年第1期;又载方彦寿:《朱熹学派与闽台书院刻书的传承和发展》,福建教育出版社2015年版。

　　从刻书地点来看,闽、浙、赣、湘,宦迹所至,朱熹均有刻书。因此,他实际上是一位相当有成就的出版家、刻书家。但在流传于世的宋刻本中,几乎没有一种可以肯定是朱熹本人所刻印的古籍,这不能不说是一个遗憾。

　　其二,朱熹还是开理学家刻书,引发版权、著作权之争的第一人。朱熹在武夷山、建阳讲学著书期间,他的书稿往往被建阳书坊盗印。见于《晦庵先生朱文公文集》记载的,就有《论语集注》《孟子集注》《周易本义》《伊洛渊源录》等一批当时在建阳编纂,但尚未完稿的半成品被书坊"不告而刊"①,"为建阳众人不相关白而辄刊行"②,从而在建阳刻书史上,出现了一幕又一幕朱熹追稿的故事。

　　由于盗版事件屡屡发生,因此,到了嘉熙二年(1238),朱熹弟子祝穆在建阳麻沙编成《方舆胜览》《四六宝苑》二书,遭到书坊竞相翻刻后,他接受了其师朱熹当年只是被动地追稿的教训,主动出击,借助于当时政府的力量,颁布了具有法律效力的文告,四处张贴,从而促成世界上第一份具有法律效力的版权文告诞生③。

　　其三,他同时也是以著名学者身份出入家刻和坊刻,乃至引起其友人非议的第一人。南宋乾道年间,朱熹由于奉祠家居,仅领半俸,生活陷于"艰窘不可言""百事节省,尚无以给"④的困境之中。为摆脱窘境,使其学术研究能够顺利进行,他在当时全国最大的刻书中心建阳崇化这一刻书林立之处也开设了一间"书肆",从事图书印卖的商业活动,试图以此维持生计,弥补其俸禄之不足。

　　对朱子刻书,其友人张栻曾来信劝告阻,认为此举不妥。书云:

　　　　比闻刊小书版以自助,得来谕乃敢信。想是用度大段逼迫,某初闻之,觉亦不妨,已而思之,则恐有未安者,来问之及,不敢以隐。今日此道孤立,信向者鲜,若刊此等文字,取其赢以自助,切恐见闻者别作思惟,愈无灵验矣。虽是自家心安,不恤它说,要是于事理终有未顺

----

① 宋黎靖德编《朱子语类》卷一九载:"《论语集注》盖某十年前本,为朋友间传去,乡人遂不告而刊,及知觉,则已分裂四出而不可收矣,其间多所未稳,煞误看读。"载中华书局1986年版,第438—439页。

②〔宋〕朱熹:《晦庵先生朱文公文集》卷五五《答苏晋叟》,朱杰人等主编:《朱子全书》第23册,第2633页。

③ 方彦寿:《朱熹学派刻书与版权观念的形成》,《文献》2000年第1期。

④〔宋〕朱熹:《晦庵先生朱文公别集》卷六《答林择之》,朱杰人等主编:《朱子全书》第25册,第4945页。

耳。为贫之故，宁别作小生事不妨。此事某心殊未稳，不识如何。见子飞，说宅上应接费用亦多，更深加撙节为佳耳，又未知然否？①

子飞，即宋翔，号梅谷居士，崇安（一作建阳）人，是朱熹、张栻的友人。此为张栻通过子飞来了解朱熹为何要在建阳从事刻书。实际上，南宋时期士大夫从事刻书的，王十朋、周必大、汪应辰、郑伯熊、史浩、陆游、韩元吉等，比比皆是。即便是张栻本人，也曾在桂林学宫刊刻《中庸集解》，在严陵学宫刻印《通书》，在长沙刻印《二程遗书》等②。但他们与朱熹刻书的最大区别在于，或为官刻，或为家刻，而绝无朱熹那样，直接在书肆林立的建阳书坊设肆刻书。

朱熹设书坊刻书，是由于他长期生活在武夷山和建阳，受建阳刻书业的影响至深而产生的举动。但他的这一举动，对建阳刻书业而言，尤其是在刻本内容的选择上，产生了深远的影响。宋明时期，建阳刊刻出版的有关考亭学派学者的著作，朱子理学、传统儒学方面的书籍数量众多，与此大有关系。

通过了解朱熹的刻书之举，我们可以见到朱熹在世时一介寒儒的真面目，以及他在建阳为改善自身经济状况而奋斗的一段经历。

除了建阳之外，朱熹刻书种类最多之地应该是在漳州。或者说，在漳州历史上，以个人之力刻书最多的是朱熹。他在南宋绍熙元年（1190）四月至次年（1191）四月，前后不过一年的时间里，就刊刻出版了《易》《诗》《书》《春秋》四经，《大学》《中庸》《论语》《孟子》四书；此外，还有《近思录》《家仪》《乡仪》《楚辞协韵》等书十几种。他在《答刘伯修》书信中说："尝患今世学者不见古经，而《诗》《书》'小序'之害为尤甚。顷在临漳刊定经、子，粗有补于学者。"③由此可知，朱熹在漳州刻印的儒家经典，是删除对学者理解这些经典有"害"而无助的、前人强加的"小序"之类，而欲恢复其原貌的"古经"，成为其"临漳刊定经、子"的白文无注本。这些书，与《近思录》《家仪》《乡仪》等，基本上都是朱子为其创建的书院，或为整顿当地官学而印行的

---

① 〔宋〕张栻：《南轩先生文集》卷二一，《朱子全书外编》第4册，华东师范大学出版社2010年版，第336页。

② 〔宋〕张栻：《南轩先生文集》卷三三《跋中庸集解》《通书后跋》《跋遗书》，《朱子全书外编》第4册，华东师范大学出版社2010年版，第496—498页。

③ 〔宋〕朱熹：《晦庵先生朱文公别集》卷五，朱杰人等主编《朱子全书》第25册，第4929页。

教材。他曾将漳州所出版的图书比较完整地送了一套给他的弟子——曾在武夷精舍从学的成都双流县人氏宋泽之。他在《答宋泽之》书信中说：

> 人还，无以为意，临漳所刻诸书十余种，谩见远怀。书后各有题跋，见所为刻之意。《近思录》比旧本增多数条，如"买椟还珠"之论，尤可以警今日学者用心之谬。《家仪》《乡仪》亦有补于风教，幸勿以为空言而轻读之也。[①]

从书信内容来看，不仅有其漳州刻书的大致数量、部分刻本的书名，还有出版这些书的目的，如"有补风教"等等。联系《晦庵先生朱文公文集》卷八二中《书临漳所刊四经后》《书临漳所刊四子后》《书楚辞协韵后》诸序跋，朱子在漳州刻书的基本情况已约略可知。陈振孙《直斋书录解题》卷二著录吕大临《芸阁礼记解》十六卷时说："此晦庵朱氏所传本，刻之临漳射垛，书坊称芸阁吕氏解者，即其书也。"[②]

朱熹为何如此重视刻书？这是因为在中国古代，传播思想的主要途径仅有两条。一是口头传播，即开课讲学。其局限是受到时空的限制，一堂课了不起数十百人听，且不能久远，影响有限。二即图书传播。图书白纸黑字，印刷装订成册，不受时间空间的限制，读者随时随地可以阅读，是当时最先进的传播媒介，故朱熹以当世大儒出任地方长官，就必然重视刻书出版，推行他的以道德性命学说为主体的理学思想。而在客观上，此举对这些地方的出版业无疑产生积极的推动和深远的影响。这种推动和影响，逐渐体现在此后漳州等地的刻书事业发展中。

刘仲吉

刘仲吉（1131—1202），名大成，以字行。朱熹门人刘崇之的父亲，福建建阳麻沙人氏。宋绍兴三十年庚辰（1160），刻宋欧阳修等纂《新唐书》二百二十五卷；乾道间（1165—1173），刻印宋黄庭坚撰《类编增广黄先生大全文集》五十卷。后者，今北京大学图书馆有存，收入《中华再造善本·唐宋编》。半叶十五行，行二十六字，细黑口，四周单边，有"麻沙镇水南刘仲吉宅，近求到《类编增广黄先生大全文集》，计五十卷。比之先印行者，增三分

①〔宋〕朱熹：《晦庵先生朱文公文集》卷五八，朱杰人等主编：《朱子全书》第23册，第2777—2778页。
②〔宋〕陈振孙撰，徐小蛮、顾美华点校：《直斋书录解题》卷二，上海古籍出版社1987年版，第47页。

之一。不欲私藏，庸镵木以广其传。幸学士详鉴焉，乾道端午识"牌记五行。杨绍和《楹书隅录》著录清中叶著名学者、藏书家沈廷芳题识云："《黄山谷大全集》系南宋刻本。吾家世藏宋本，仅留此种，是可宝也，子孙其善守之。"又说："是书乃查氏所藏而后归沈氏者，世无二本，洵可为至宝矣。"①

刘仲吉的生平史料，在建阳刘氏刻书家中，因其子刘崇之之故，所存最多。《刘氏忠贤传》②中有其小传。朱熹为之书写像赞云："天姿英迈，词赋警迺。有子昌成，夫何所求。性嗜书史，应答如流。恩封九被，荣寿猗休。"③也有朱熹学生熊节为其赋词一首，曰：

> 麒麟早贵挂朝冠，自合侍金銮，收拾经纶事业，从容游戏人间。只今侍彩，符分楚甸，名在蓬山。直待疏封大国，秋光长映朱颜。④

其中史料价值最高的，莫过于周必大应刘崇之、刘立之兄弟之请为其撰写的《刘君大成墓志铭》。这些史料，虽不脱当时应酬文字的范畴，但无论是对研究建阳刻书，还是对研究闽学与建刻发展的关系，均不失为重要参考。经与《四库全书》本《文忠集》⑤互校后，发现《墓志铭》一文对《文忠集》亦可有所补正，兹附录于后。

附录：

朝请郎致仕刘君大成墓志铭

嘉泰二年(1202)四月二十五日，朝请郎致仕刘君卒，二子朝议大夫主管华州云台观崇之、将仕郎立之，以奉议郎新通判归州事江泰状来请铭。

君讳大成，字仲吉。其先京兆万年人。九世祖翱唐末为建阳尉，值中原乱，占籍建阳县之麻沙镇，子孙登儒科者相望。曾祖植，姚葛氏；祖佑，姚江氏、吴氏；父南夫，姚虞氏，力学积善，储祉后人，甫预宾贡而后没。君天资爽迈，入小学，赋诗辄有警句，已而不利场屋，闭门教子。淳熙乙未

---

①〔清〕杨绍和：《楹书隅录》初编卷五，《清人书目题跋丛刊》(3)，中华书局1990年版，第547页。

②〔清〕刘秉钧等：《建州刘氏三族忠贤传》，清光绪六年(1880)建阳刘氏活字印本。书名页题"建州刘氏三族忠贤传，乾隆丙戌原编，道光乙未重增，光绪庚辰忠哲后人续"。记刘氏麻沙、马伏、崇安五夫三族中列祖事迹甚详。今南平市建阳区图书馆存。麻沙刘氏后人又存有民国活字印本。

③刘士元等修：《麻沙元利二房刘氏族谱·列祖容像》，民国三年(1914)活字印本，叶12B。

④〔清〕刘秉钧等：《建州刘氏三族忠贤传》卷四，清光绪六年(1880)建阳刘氏活字印本，叶31B。

⑤〔宋〕周必大：《文忠集》卷七五《朝请郎致仕刘君大成墓志铭》，《景印文渊阁四库全书》第1147册，第787—788页。

(1175)崇之登第,君方强仕。喜曰:"有子成吾志,复何求?"就养长乐,久留吴京,晚历潇湘,日赏湖山之胜。间归乡间,稍筑园圃,与客觞酌咏吟,休休如也。父母既亡,一兄复早世,教育孤侄不析爨者三十年。周恤亲旧,凡叩门求济者,靡不缓急赴之。接物谦敬,尤奖借后进,有过亦规劝之。性嗜书,手不释卷。前辈文集,昼夜编纂。或质疑义,应答如响。襟度旷达,轻财重义,里中推为长者。九被恩封,自承事郎阶,极于员外郎。享年七十有二。初娶剑浦宰吕希说之女,赠安人,再娶同郡彭氏,封宜人,先六年卒。二子一女,剑浦之孙昭祖,其婿也。孙男二人:纶、纯。孙女三人,侄女用寅、用吾。君平生喜著述,诗文夷雅,似其为人,积至数十卷。明年十一月二十日葬陈家岗,与彭宜人同域治命也。敕建石坊,门上书"宋太中大夫刘公墓道"。

时壬寅岁(1182),梁文靖再相,首荐崇之召对,人物倜傥,议论慷慨,孝宗器之。自敕令所删定官连三任,遂佐著廷。会德寿宫上仙,北虏来致奠,使副外,别选朝士为读祭文官。未几,元颜雍殂,朝廷一视其礼,特诏崇之改右史往读祭文,缙绅宜之。杨子曰:"无是父,无是子,何待识君,可以知其美矣。"

铭曰:维德之宫,维吉之逢,八秩既开,九命褒封。

有子方昌,追爵其重,尚碑螭龟,增赉楸松。

宋少傅观文殿大学士致仕益国公食邑一万四千六百户,食实封五千四百户周必大撰。

宋朝请大夫新权发遣邵武军兼管内劝农事田澹书。[1]

熊　克

熊克(1132—1204),字子复,建阳人,绍兴二十　年(1151)进士。历任主簿、府学教授、知县、秘书郎、起居郎兼直学士等职。

熊克刊刻图书,最早是在建宁府学教授任上,刻本为《老子注》二卷。他在自刊本《老子注》后跋中说:"往岁摄建宁学官,尝以刊行。既又得晁以道先生所题本,不分道、德,而上下之,亦无篇目。克喜其近古,缮写藏之。

乾道庚寅(1170)分教京口,复镂板以传。若其字之谬讹,前人已不能证,克焉敢辄易,姑俟夫知者。三月二十四日,左从事郎充镇江府府学教授熊克谨记。"①由此可知,熊克曾分别在建宁和京口(今镇江)先后两次刊刻《老子注》。

据周密《齐东野语》载:"熊克字子复,博学有文。王季海守富沙日,漕使开宴,命子复撰乐语,季海读之称善,询司谒者曰:'谁为之?'答曰:'新任某州熊教授也。'"②王季海即王淮,富沙乃建宁府(今建瓯)别称。据清郝玉麟《福建通志》卷二一、卷二五,王淮"守富沙",即任建宁知府和福建转运副使,均在乾道年间。由此可以推定,熊克"摄建宁学官"所刊的《老子注》,比乾道六年(1170)在京口(镇江)学宫刊刻的《老子注》二卷,应略早几年,是在乾道初。

乾道八年(1172),熊克在镇江府学教授任上,还曾刻印唐成伯瑜撰《毛诗指说》一卷。熊克跋称:"唐成伯瑜有《毛诗指说》一卷《断章》二卷,载于本志。《崇文总目》谓《指说》略叙作诗大旨及师承次第,《断章》大抵取《春秋》赋诗断章之义,撷《诗》语汇而出之。克先世藏书,偶存《指说》,会分教京口,一日同官毗陵沈必豫子顺见之,欲更访《断章》,合为一帙,盖久而未获,乃先刊《指说》于泮林,庶与四方好古之士共焉。乾道壬辰三月十九日建安熊克记。"《四库全书总目》著录云:"其刻此书时,方分教于京口,故跋称刻之泮林云。"③

熊克在京口学宫还刊刻了《孝经注》二卷,陈振孙《直斋书录解题》卷三著录:"世少有其本。乾道中,熊克子复从袁枢仲机得之,刻于京口学宫,而孔传不可复见。"④又据《直斋书录解题》卷一五,由熊克编辑的《京口诗集》十卷《续》二卷,集唐开元、天宝以来镇江诗人的作品,也刊刻于其镇江教授任上⑤。

淳熙九年(1182),熊克还刻印了其父熊蕃所撰《宣和北苑贡茶录》一卷。清陆心源《皕宋楼藏书志》著录熊克刊本后跋云:"今闽中漕台所刊《茶

①〔魏〕王弼注:《老子道德经》卷末,《景印文渊阁四库全书》第1055册,第185页。
②〔宋〕周密:《齐东野语》卷八《熊子复》,中华书局1983年版,第148页。
③〔清〕永瑢等:《四库全书总目》卷一五,中华书局1965年版,第121页。
④〔宋〕陈振孙撰,徐小蛮、顾美华点校:《直斋书录解题》卷三,上海古籍出版社1987年版,第69—70页。
⑤〔宋〕陈振孙撰,徐小蛮、顾美华点校:《直斋书录解题》卷一五,上海古籍出版社1987年版,第454页。

录》未备,此书庶几补其缺云。淳熙九年冬十二月四日,朝散郎行秘书郎兼国史编修官权直学士院熊克谨记。"①

熊克生平,载于《宋史》卷四四五《文苑传》。其著作有《九朝通略》、《四六类稿》三十卷、《官制新典》十卷、《圣朝职略》二十卷等。现存的有《中兴小历》四十一卷,清光绪十七年广雅书局廖廷相校刻本,福建人民出版社1983年出版有顾吉辰、郭群一点校本。

蔡元定

蔡元定(1135—1198),字季通,号西山,建阳人。少从学于其父蔡发,乾道二年(1166)就学于朱熹。朱熹问其所学后,大惊曰:"此吾老友也,不当在弟子列。"②庆元二年(1196)"伪学"禁起,谪放湖南道州,客死异乡。嘉定三年(1210)赠迪功郎,谥文节。著有《律吕新书》《易学启蒙》《洪范解》等。传载《宋史》卷四三四。

朱熹在建阳刊印图书,蔡氏父子是其得力助手。朱熹在写给蔡季通的书信中,多次提到委托他刊行《中庸章句》《诗集传》二书。诸如:

《中庸》首章更欲改数处,第二版恐须换却,第三版却只刊补亦可。然想亦只是此处如此,后来未必皆然也。

《中庸章句》比略修定,不知可旋开否? 如欲之,烦二哥带写白人来。

《诗传》中欲改数行,乃马庄父来说,当时看得不子细,只见一字不同,便为此说。今详看,乃知误也。幸付匠者正之,便中印一纸来。《中庸》必已了矣。③

《中庸章句》乃《四书集注》之一,绍熙元年(1190)合刻于漳州,通常称为"首刊"。从上文看,疑《中庸章句》在漳州"四经四子"合刻本之前,另有一蔡元定单刻本,与《诗集传》约略同时在建阳刻印。

蔡元定所刻《诗集传》,即版本学上所谓"后山本",因刊印于蔡氏居住

①〔清〕陆心源:《皕宋楼藏书志》卷五三,《清人书目题跋丛刊》(1),中华书局1987年版,第595页。
②〔元〕脱脱:《宋史》卷四三四《蔡元定传》,中华书局1977年版,第37册,第12875页。
③〔宋〕朱熹:《晦庵先生朱文公续集》卷二《答蔡季通》,朱杰人等主编:《朱子全书》第25册,第4697、4701—4702页。

地建阳崇泰里后山而得名。此名最早可考者,见于黄榦《书晦庵先生正本大学》一文,其中提到,"今惟建阳后山蔡氏所刊为定本"。还见于朱鉴《诗传遗说序》中所说:"先文公《诗集传》,豫章、长沙、后山皆有本,而后山本雠校为最精。第初脱稿时,音训间有未备,刻版已竟不容增益,欲著补脱,终弗克就,未免仍用旧版,葺为全书。"①

李 訧

李訧(1144—1220),字诚之,号臞庵。李邴之孙,晋江人。宋嘉定六年(1213)知建宁府,八年(1215),在建宁主持刻印宋徐天麟所撰《西汉会要》七十卷,即《中国版刻图录》著录的嘉定间建宁郡斋刻本。十一行二十字,白口,左右双边,板心上记字数,下有刻工姓名。今国家图书馆存此书元明递修本。前有嘉定四年(1211)永嘉戴溪序,乙亥(1215)李訧序。

李訧与朱熹相友善。《晦庵先生朱文公文集》卷六〇中有《答李诚之訧》书二通。书二乃李訧刻印其父文集时请朱熹为之序,朱熹回书作答之文。书一则是李訧新刻朱熹撰《二先生祠记》一文时特寄一函与朱熹,朱熹致书答谢之作,云:"特承寄示新刻《二先生祠记》,并枉长书一通。记文鄙浅而书意勤厚,非区区所敢当也。"②

李訧的传记,见载于真德秀《西山文集》卷四二《通议大夫宝文阁待制李公墓志铭》、乾隆《福建通志》卷四五、清陆心源《宋史翼》卷二一、清李清馥《闽中理学渊源考》卷三一等。以清李元度《南岳志》所载较为简略:"訧字诚之,晋江人。资政殿学士,谥文肃,邴之孙也。以祖荫补承务郎监潭州南岳庙,累官宝谟阁待制。请外,遂以敷文阁待制知建宁府,奉祠归。"③嘉靖《建宁府志》卷六《名宦》载其"嘉定六年由朝议大夫敷文阁待制守建州。建抵延平,水行中流触石,人舟俱靡;陆行则沿岗险峻,步履艰难。訧乃出羡储,捐己俸,倡民伐石为途。……建四桥。于是道路如砥,民免涉水之虞"④。

①〔宋〕朱鉴:《诗传遗说序》,《诗传遗说》卷首,《景印文渊阁四库全书》第 75 册,第 500 页。
②〔宋〕朱熹:《晦庵先生朱文公文集》卷六〇,朱杰人等主编:《朱子全书》第 23 册,第 2898 页。
③〔清〕李元度:《南岳志》卷一一,《海王邨古籍丛刊》,中国书店 1990 年版,第 243 页。
④〔明〕夏玉麟、汪佃:(嘉靖)《建宁府志》卷六《名宦》,《天一阁藏明代方志选刊》第 27 册,上海书店 1964 年版,叶 3A—4A。

为《西汉会要》作序者戴溪,字肖望。淳熙五年(1178)省试第一,历任石鼓书院山长、江淮安抚制置使、资政殿学士,《宋史》有传。

刘　炳

刘炳(1146—?),字韬仲,号悠然翁,建阳县人。刘爚弟。与其兄于乾道间同在建阳寒泉精舍受业于朱熹。淳熙五年(1178)进士,历官湖北应城令、剑浦(今南平延平区)令,官至兵部郎中、朝议大夫。著有《睦堂类稿》《四书问目》等。李清馥《闽中理学渊源考》卷六载:"刘炳,字韬仲,与兄爚从文公游。文公编集《程氏遗书》,炳兄弟研究诵读,晨夜不息。举淳熙五年进士,授迪功郎,知应城县。好贤礼士,修饰儒学。访求前令谢良佐遗迹,创上蔡先生祠于讲堂东隅,朱文公为记。再调剑浦丞,专以仁义教化,平易近民。民有讼,委曲训戒之;后有斗者,诉于官曰:'何面目复见公耶?'累官兵部郎中,朝散大夫,乞祠闲居。诵读不辍,自号悠然翁。所著有《睦堂类稿》若干卷,《四书问目》《纲目要略》《堂铭故事》传于世。子填,孙应李、铨。"[①]

受朱熹委托,刘炳曾为之刻印《龟山别录》《山记》二书。朱熹《晦庵先生朱文公续集》卷四《答刘韬仲》书三云:"《山记》乃烦重刻,愧甚。不知所费几何? 今却胜前本矣。《龟山别录》刊行甚善,跋语今往,幸附之。"[②]《山记》未详何书,《文集》中有《百丈山记》《云谷记》等游记多篇,疑为此类文章之单刻本。委托刘炳"重刻",盖原本质量欠佳。《龟山别录》一书,《直斋书录解题》作二卷,题"不知何人所录"[③]。龟山,理学家杨时别号,朱熹乃其续传弟子(杨时—罗从彦—李侗—朱熹)。今存宋福建漕治本《龟山先生语录》四卷《后录》二卷;所谓"别录",当指有别于此录而言。

吴　炎

吴炎(1152—1221),字济之,号若峰,邵武人。宋绍熙四年(1193),曾在建阳书坊刻印《东莱标注三苏文集》。三苏文集分别为苏洵《老泉集》、苏

---

① 〔清〕李清馥:《闽中理学渊源考》卷六,《景印文渊阁四库全书》第460册,第101页。
② 〔宋〕朱熹:《晦庵先生朱文公续集》卷四《答刘韬仲》,朱杰人等主编:《朱子全书》第25册,第4730页。
③ 〔宋〕陈振孙撰,徐小蛮、顾美华点校:《直斋书录解题》卷九,上海古籍出版社1987年版,第279页。

轼《东坡集》、苏辙《颍滨集》。其中,《东莱标注老泉先生文集》十二卷,今国家图书馆有存,有"刊工精整,纸墨精良,建本之佳者"①的赞誉。《中国版刻图录》云:"目录题东莱吕祖谦伯恭编注,若峰吴炎济之校勘,目后有绍熙四年吴炎刻书咨文。宋讳缺笔至慎字,吴炎校勘后,建阳书肆为之梓行。此书与东坡、颍滨二集同刻。《天禄琳琅书目》有东莱先生标注三苏文集,可证。"②

按,《宋史》卷四三四《吕祖谦传》,及《东莱集》均不载吕氏标注三苏文集之事,今人"或疑'吕东莱分诗门类'出自坊贾依托"③,恐未必。傅增湘《藏园群书经眼录》著录曰:"宋绍熙四年吴炎刊本,半叶十四行,每行二十五字,注双行同,细黑口,左右双阑。……目后有吴炎咨十行,录后:'先生父子文体不同,世多混乱无别,书肆久亡善本。前后编节刊行,非繁简失宜,则取舍不当,鱼鲁亥豕无所是正,观者病焉。顷在上庠,得吕东莱手抄凡五百余篇,皆可诵习为矜式者,因与同舍校勘讹谬,析为三集,逐篇指摘关键,标题以发明主意,其有事迹隐晦又从而注释之,诚使一见本末不遗,义理昭晰,岂曰小补之哉!鼎新作大字锓木,与天下共之,收书贤士伏幸垂鉴。绍熙癸丑八月既望,从事郎桂阳军军学教授吴炎济之咨。'"④

据吴炎刻书咨文,《东莱标注三苏文集》乃由其首刊无疑。此后,到庆元间(1195—1200)才有黄善夫《王状元集百家注分类东坡先生诗》刻本的问世,其中所列东莱"分诗门类"实滥觞于吴炎刻本。

刘克庄《太学博士吴公墓志铭》,记吴炎生平事迹甚详。本文所列吴炎生卒年即据此铭所载。原文较长,节其要者如次:"公讳炎,其先避五季乱,自苏迁樵,居于城东八十里之固住。……少以文鸣乡校,入太学益知名,尤长于策,士争诵习。绍熙初元(1190),郑公侨典举,得公卷击节,擢第十。廷试中乙科,授从事郎,教授桂阳军学。……嘉泰二年(1202),除户部架阁,为侍郎王公违所知。四年,除武学谕。开禧改元,迁太学博士,改宣教郎。时权臣擅朝,公不乐官京师,因悼亡请外,添差通判建宁府。……(嘉定)七年,除知温州……改兴化军。先教化,崇礼逊。宾兴,命乐工按古《鹿

---

①傅增湘:《藏园群书经眼录》卷一三,中华书局 1983 年版,第 1155 页。

②北京图书馆编:《中国版刻图录》,文物出版社 1960 年版,图版 173、174,第 37 页。

③刘尚荣:《百家注分类东坡诗集考》,《苏轼著作版本论丛》,巴蜀书社 1988 年版,第 61 页。

④傅增湘:《藏园群书经眼录》卷一三,中华书局 1983 年版,第 1154—1155 页。

鸣》音谱以燕之。创郡学曝书会。士之隶上庠者,公视如同舍。修芦浦斗门。终更,乞主管建康府崇禧观,祠满,改绍兴府千秋鸿禧观。……六月朔谒郡,得疾舆归,夕终于寝,年六十九。(嘉定)十四年也。官至朝散郎。娶同郡澹轩李先生吕之女。"①

　　吴炎宦游之处,所在皆有政绩。知兴化军,刘克庄称其"专以理胜势、诚胜谲、仁化暴而已。郡人爱之,有百年之思焉"②。清乾隆《福建通志》称其为"儒吏",咸丰《邵武县志》卷一四《人物志》、民国《建瓯县志》卷二九《循吏传》中也载有吴炎小传,内容不出上文所录,此略。

蔡幼学·蔡篇

　　蔡幼学(1154—1217),字行之,温州瑞安人。宋嘉定间(1208—1224)知建宁府,曾在此刻印自著《育德堂奏议》六卷、《育德堂外制》五卷。九行十八字,白口,左右双边。版心上记字数,下记刻工姓名。《奏议》六卷原刊本现存国家图书馆,收入《中华再造善本·唐宋编》。《中国版刻图录》云:"此书刻工刘生、余士,又刻建安书院本《周易玩辞》。据康熙《建宁府志》,蔡幼学嘉定间任知府,因推知此书当是嘉定间建宁府刻本。"③《外制》五卷,傅增湘《藏园群书经眼录》卷一四著录一宋刊本,实与《奏议》同时刻印于建宁,现存台北"国家"图书馆。民国十八年(1929),永嘉黄氏《敬乡楼丛书》本(第二辑)所收《外制》,即据此宋建本排印。

　　蔡幼学于嘉定间调任福州知州,在福州刻印了其师陈傅良所撰《止斋集》五十卷,即《直斋书录解题》卷一八所称"三山本"④;荆溪吴氏《林下偶谈》称"蔡行之亦锓其集于三山"⑤,所指就是福州刻本《止斋集》。在福州,蔡氏又刻印其岳父郑伯英(景元)的《归愚集》。荆溪吴氏《林下偶谈》载:"景元自号归愚翁,有《归愚集》。其婿蔡行之帅闽,为之锓版三山。"⑥《归

①〔宋〕刘克庄:《后村先生大全集》卷一五四《太学博士吴公墓志铭》,《宋集珍本丛刊》第82册,第549—550页。
②〔宋〕刘克庄:《后村先生大全集》卷一五四《太学博士吴公墓志铭》,《宋集珍本丛刊》第82册,第549页。
③北京图书馆编:《中国版刻图录》,文物出版社1961年版,图版197,第40页。
④〔宋〕陈振孙撰,徐小蛮、顾美华等点校:《直斋书录解题》卷一八,上海古籍出版社1987年版,第547页。
⑤〔宋〕荆溪吴氏:《林下偶谈》卷四《陈止斋》,《丛书集成初编》第324册,第42页。
⑥〔宋〕荆溪吴氏:《林下偶谈》卷四《木尚书诉郑景元》,《丛书集成初编》第324册,第40—41页。

愚集》,《直斋书录解题》作《归愚翁集》二十六卷①,当以陈氏所录为是。

蔡幼学的生平,见载于《宋史》卷四三四《儒林传》、弘治《八闽通志》卷三六《秩官》、嘉靖《温州府志》卷三《人物》、万历《福州府志》卷四二《官政志》,以及康熙《福建通志》、民国《福建通志》等有关史志中。综合诸书所载,蔡幼学少从陈傅良学,是乾道八年(1172)进士。宋光宗绍熙间(1190—1194)为校书郎。宋宁宗时,因韩侂胄专权排除异己,出为提举福建常平。其时,提举司设司建宁,蔡幼学因得以与寓居建阳的朱熹密切交往。后又被御史刘德秀劾罢而入"庆元党人"名录,为此奉祠八年。嘉定间,复出。历知建宁、泉州、福州,以及福建路安抚使等职。后入为兵部尚书兼修玉牒官,兼太子詹事。

蔡篇(生卒年未详),蔡幼学之子。淳祐初(1241)任福建路常平提举,刻印其父所撰《国朝编年政要》四十卷。宋赵希弁《郡斋读书附志》卷五著录云:"右兵部尚书太子詹事蔡文懿公幼学所编也。自太祖建隆之元,迄于钦宗靖康之末。祖春秋之法,而参以司马公《举要历》《吕氏大事记》之例,《宰辅拜罢表》诸年首。其子朝请大夫直秘阁提举福建路常平义仓茶事篇叙而刻之。"②据《闽书》卷四三《文莅志》、民国《福建通志·职官志》,淳祐间提举常平,以蔡篇居首位,时常平司设司建安,故淳祐元年(1241)重修建宁府学时,蔡篇也是"捐金以相其役"③者之一。

蔡　渊

蔡渊(1156—1236),字伯静,号节斋,蔡元定长子。内学于父,外师事朱熹。与弟蔡沈,躬耕不仕。著有《周易经传训解》二卷、《易象意言》一卷,今均存《四库全书》本。生平事迹,见载于《宋元学案》《考亭渊源录》,及历代《建宁府志》《建阳县志》。

蔡渊曾刻印朱熹《大学章句》。黄榦有《书晦庵先生正本大学》一文,文中称其师朱熹在世时,"《大学》修改无虚日,诸生传录几数十本。《诚意》一章,犹未终前三日所更定。既以语门人曰:'《大学》一书,至是始无遗憾

①〔宋〕陈振孙撰,徐小蛮、顾美华点校:《直斋书录解题》卷一八,上海古籍出版社 1987 年版,第 543 页。
②〔宋〕赵希弁:《郡斋读书附志》卷五,《中国历代书目丛刊》第 1 辑,现代出版社 1987 年版,第 818 页。
③〔宋〕王遂:《重修府学记》,(康熙)《建宁府志》卷四二《艺文》,南平地区方志委 1994 年铅印本,第 848 页。

矣。'今惟建阳后山蔡氏所刊为定本"①。考黄榦此文写于嘉泰元年（1201）十一月，即朱熹逝世的第二年，而据文意判断，此建阳后山蔡氏定本《大学》必刊于朱熹逝世之后，则黄榦写此文的嘉泰元年也就应是此《大学》定本的刊刻之年。其时，刊刻《诗集传》的蔡元定也已逝世三年，则刻书之人当为元定长子，曾刊刻《易学启蒙》的蔡渊。

　　蔡渊刊刻《易学启蒙》一卷，可从朱熹书信中识其端倪。朱熹《答蔡伯静》书一云："《启蒙》已为看毕，错误数处已正之。又欲添两句，想亦不难。但注中尊丈两句不甚分明，不免且印出，俟其归却商量，今不能久俟也。……或于《启蒙》上卷之末添数句云：'卷内蔡氏说为奇者三，为偶者二。'"②朱熹《答陈才卿》书曰："《启蒙》所载为有发于《易》，他则别成一家之学。季通近编出梗概，欲刊行，旦夕必见之。"③书中所说的《启蒙》，即《易学启蒙》。

　　蔡渊受朱熹委托，又为之刊行《周易参同契考异》一卷。朱熹《答蔡伯静》书四："《参同》定本纳去，可便写白，并元本寄来，更看一过，然后刻本乃佳。"书五："《参同契考异》方写得了，亦未暇再看过。今附寿朋纳去，并此中写本一册、袁本一册、济本二册，烦逐一对过，有合改处，并贴出，子细批注寄来，容再看修定，方可写白刊行。"④《答蔡季通》云："《参同契》一哥已下手刻版矣。"⑤又书云："'魏书'一哥已刻就，前日寄来，此必寄去矣。校得颇精，字义音韵皆颇有据依，远胜世俗传本。"⑥从上下文对照看，一哥应即蔡渊，因其在元定诸子中排行第一，故有此称。所谓"魏书"，指魏氏所著之书，即魏伯阳《周易参同契》的简称，这里指的是朱熹的《周易参同契考异》。

王埜·王遂

　　王埜（？—1260），字子文，号潜斋，婺州金华（今浙江金华）人。真德秀

①〔宋〕黄榦：《勉斋先生黄文肃公文集》卷二〇，《北京图书馆古籍珍本丛刊》第90册，书目文献出版社1991年版，第510页。
②〔宋〕朱熹：《晦庵先生朱文公续集》卷三，朱杰人等主编：《朱子全书》第25册，第4712页。
③〔宋〕朱熹：《晦庵先生朱文公文集》卷五九，朱杰人等主编：《朱子全书》第23册，第2850页。
④〔宋〕朱熹：《晦庵先生朱文公续集》卷三，朱杰人等主编：《朱子全书》第25册，第4713页。
⑤〔宋〕朱熹：《晦庵先生朱文公续集》卷三，朱杰人等主编：《朱子全书》第25册，第4711页。
⑥〔宋〕朱熹：《晦庵先生朱文公续集》卷三，朱杰人等主编：《朱子全书》第25册，第4710页。

门人。父王介,从朱熹、吕祖谦学。王埜系嘉定十二年(1219)进士,绍定间曾任邵武知军,嘉熙间任建宁知府。嘉熙二年(1238),创建安书院以祀朱熹。淳祐间任两浙转运判官。《宋史》卷四二〇、乾隆《浙江通志》卷一七四、《金华府志》卷一六均有传。

嘉熙三年(1239),王埜在建宁府刻印唐李频《梨岳诗集》一卷《附录》一卷。《四库全书总目》著录:"真德秀得本于三馆,欲刻未果。嘉熙三年,金华王埜始求得旧本镂版。"①王埜序云:"梨山诗百九十五篇,唐都官员外郎建州刺史李王之所作也。……命工镂梓,以报王之德。"②李频,字德新,建德人。他是姚合的女婿,唐咸通间任建州刺史。

又据《郡斋读书附志》卷五著录,同年(1239),王埜又刻宋朱熹撰《晦庵先生文集》。著录云:"《晦庵先生文集》一百卷《续集》一十卷。右朱文公之文,嘉熙己亥王埜刻于建安,黄壮猷嗣成之识于后。《续集》则王遂刊而序之。"③

王遂(1182—1248),字颖叔,真德秀为其改字去非④,号实斋,金坛(今属江苏)人。嘉泰二年(1202)进士,绍定间先于赵以夫、王埜任邵武知军,淳祐三年(1243)任建宁知府。传载于《宋史》卷四一五。《宋元学案》列其为建阳默斋游九言门人,乃张栻湖湘学派传人。

现存《晦庵先生朱文公续集》卷首有淳祐五年(1245)王遂序,表明王遂刻印《续集》,是在淳祐五年。张秀民先生《中国印刷史》有"淳祐五年本称《晦庵先生文集》,大字漶漫一百册"⑤之说,则王遂刻印续集,又将正集重印。盖嘉熙己亥(1239)距淳祐五年(1245)前后不过六年时间,王埜刻本,旧版犹存,尚可利用重印,否则,仅续集十卷,其篇幅难以达到一百册。

宋咸淳元年(1265),建安书院山长黄铺序朱熹《别集》云:"文公先生之文,正集、续集、潜斋、实斋二公已镂板书院,盖家有而人诵之矣。"⑥表明王埜、王遂淳祐本均刻印于建安书院。

按,《宋史》《建宁府志》均有王埜、王遂传略,但都不提二人之号。董天

①〔清〕永瑢等:《四库全书总目》卷一五一,中华书局1965年版,第1299页。
②〔宋〕王埜:《梨岳诗集序》,《梨岳诗集》卷首,《四部丛刊三编》,叶11A—B。
③〔宋〕赵希弁:《郡斋读书附志》卷五,《中国历代书目丛刊》第1辑,现代出版社1987年版,第853页。
④〔宋〕真德秀:《西山文集》卷三三《王去非字说》,《景印文渊阁四库全书》第1174册,第522页。
⑤张秀民:《中国印刷史》,上海人民出版社1989年版,第131页。
⑥〔宋〕黄铺:《闽刊本文公别集序》,朱杰人等主编:《朱子全书》第25册,第5063页。

工《武夷山志》有王埜事迹,《宋元学案》卷七一《岳麓诸儒学案》载王遂事迹,则分别有之,移录于后。

《武夷山志》载:"王埜,字子文,号潜斋,金华人。受业真西山。嘉熙十二年进士,出守建宁。陛辞,上命之曰:'游、胡、朱、真,风流未泯,表厥宅里,以率其民,则予汝怿。'至郡,兴起书院,文教大兴。"①

《宋元学案》载:"王遂,字去非,号实斋,金坛人。嘉泰初进士,为监察御史,疏奏极论进君子退小人,迁右正言,后以华文阁直学士知隆兴府。召还,特权工部尚书。……为文雄健,无世俗浮靡之气。"②

陈 韡

陈韡(1179—1261),字子华,福州侯官人。生平事迹,载于《宋史》卷四一九《列传》一七八、刘克庄《后村先生大全集》卷一四六《忠肃陈观文神道碑》。其父陈孔硕,为朱熹、吕祖谦门人。陈韡则从叶适学。开禧元年(1205)举进士,历官将作监丞、太府寺丞。绍定三年(1230),以宝章阁直学士知南剑州兼福建路招捕使,官至礼部尚书兼侍读。卒赠少师,谥忠肃。

绍定年间,陈韡曾以右文殿修撰、福建提刑、福建招捕使兼知建宁府。在此期间,他刻印朱熹《论语详说》八卷、《孟子要略》若干卷。真德秀《论语详说后序》云:"建安太守三山陈侯某既以武功戡寇难,又思以文教淑人心。曰'《论语》一书,子朱子所用力而终其身者也,其始有《要义》焉,其次有《集义》焉,又其次则有《详说》,而以《集注》终焉。今《集注》之书,家传人诵,若《详说》则有问其名而弗知者……'既以镂诸梓而俾某述其所以然,是用笔之篇末。"③《孟子要略序》则云:"太守陈侯既刊文公朱先生《论语详说》于郡斋,又得《孟子要略》以示学者。曰:'……予之刻此书也,岂苟然哉!'"④由此可知,此二书均为陈韡建宁郡斋刻本。据《宋史》载,陈韡以右文殿修撰提点刑狱招捕使兼任建宁知府,是在绍定四年至五年(1231—1232)⑤,此即为陈韡刻印此二书的时间。

①〔清〕董天工:《武夷山志》卷一六《名贤·官守》,清道光己丑(1829)极峰罗良嵩尺木轩刻本,叶19B。

②〔清〕黄宗羲:《宋元学案》卷七一《岳麓诸儒学案》,中华书局1986年版,第2400页。

③〔宋〕真德秀:《西山文集》卷二九《论语详说后序》,《景印文渊阁四库全书》第1174册,第450页。

④〔宋〕真德秀:《西山文集》卷二九《孟子要略序》,《景印文渊阁四库全书》第1174册,第450—451页。

⑤〔元〕脱脱:《宋史》卷四一九《陈韡传》,中华书局1977年版,第36册,第12562页。

以上两种刻本原本今已不存,《孟子要略》则有清刘传莹从元代金履祥《孟子集注考证》一书中辑出的五卷,今存曾国藩道光二十九年刊本。

祝 穆

祝穆(约 1190—1256),初名丙,字伯和,又字和父,号樟隐。祖籍徽州歙县。吕午(伯可)《跋祝公遗事后》云:"祝氏世居江陵,自承俊迁于歙。曰仁质,号半州,其子也。孙象器,改名用之,登儒科,为太学博士。六世有名筠,预乡荐,学富而文赡。弟真,为郡学宾。至和甫,七世矣,名穆,即丙也。其诸父皆依朱文公,遂为建人。"①按,祝穆乃朱熹表侄。其父祝康国依朱熹居崇安(今福建武夷山市),祝穆即出生于崇安。少与弟癸均在建阳考亭从学于朱熹,晚年定居建阳麻沙水南。事迹载于嘉靖《建宁府志》卷一八、程敏政《新安文献志·先贤事略》。宋端仪《考亭渊源录》卷二二、朱衡《道南源委》卷四、李清馥《闽中理学渊源考》卷二〇,均列其为朱熹门人。

祝穆于宋嘉熙间编成《新编四六必用方舆胜览》四十三卷《后集》七卷《续集》二十卷《拾遗》一卷,自刻于嘉熙三年(1239),现存于日本宫内厅书陵部。上海图书馆所存咸淳三年(1267)刻本,乃其子祝洙重订本,不分集,统编为七十卷。后又编《古今事文类聚》前集六十卷、后集五十卷、续集二十八卷、别集三十二卷,最早亦为自刻本,现存最早刻本为元建阳刘氏云庄书院刻本。

傅增湘《藏园群书经眼录》著录日本藏《新编四六必用方舆胜览》祝氏刻本,言祝氏自序后有嘉熙二年《两浙转运司榜文》和《福建转运司牒文》,是我国出版史上最早出现的由政府发布,具有法律效力的禁止翻版、保护版权的文告②。据此《榜文》所述,祝氏还编刻了《四六宝苑》一书,今逸。

祝穆还是一位藏书家。其藏书事迹,为《中国藏书家考略》等书所载缺。祝穆晚年,在麻沙水南建"樟隐楼",自号樟隐老人,辟藏书阁于楼中。祝穆自撰《南溪樟隐记》曰:"虽余无资,聚书不能多,视邺侯插架,特泰山之毫芒。然余性健忘,不可无书,旧所读不获尽记,必藉检阅。……盖兹楼

①〔宋〕吕午:《跋祝公遗事后》,《古今事文类聚后集》卷一〇,《景印文渊阁四库全书》第 926 册,第 143 页。
②傅增湘:《藏园群书经眼录》卷五,中华书局 1983 年版,第 382—383 页。

也,检书则登,整书则登,曝书则登。"①《建阳县志》称其"凡经、史、子、集,稗官野史,金石刻,列郡志,有可采撷,辄抄录,寝食为废"②。

刘震孙

刘震孙(1197—1268),字长卿,号朔斋,祖籍山东东平,寓居于蜀。据元袁桷撰《清容居士集》卷三三,刘震孙系刘挚六世孙,魏了翁之婿。

宋咸淳三年(1267),刘震孙官建宁知府时,与前任知府吴坚合刊宋祝穆撰《方舆胜览》七十卷,详见本书"吴坚"条。

宋宝祐二年(1254),刘震孙历官宛陵(今安徽宣城)令,在宛陵郡斋刻印宋胡寅《致堂读史管见》三十卷。书前有胡大壮序,后有刘震孙跋。《续修四库全书》所收即据此刻本影印。宋周密《齐东野语》载:"刘震孙长卿号朔斋。知宛陵日,吴毅夫潜丞相方闲居,刘日陪午桥之游,奉之亦甚至。尝携具开宴,自撰乐语一联云:'入则孔明,出则元亮,副平生自许之心;兄为东坡,弟为栾城,无晚岁相违之恨。'毅夫大为击节。刘后以召还,吴饯之郊外,刘赋《摸鱼儿》一词为别,末云'怕绿野堂边,刘郎去后,谁伴老裴度?'毅夫为之挥泪。"③

咸淳九年(1273),又有刘震孙,字东叟,号梅石,在武安军(按,此武安军非地方行政机构,而是设置在湖南潭州的军队建置)节度判官任上,编撰《新编诸儒批点古今文章正印前集》十八卷《后集》十八卷《别集》二十卷,今台北故宫博物院存原刊本。《天禄琳琅书目后编》著录:"前有咸淳九年震孙自序,后有廖起山序。起山字伯高,号习庵,结衔迪功郎饶州州学教授,与震孙同辑是书者也。"④此刘震孙,与字长卿,号朔斋者,疑为同名同姓而字号均不同的另一人。《宋人总集叙录》称:"据阿部隆一介绍,此本为建刻本,现仍装为十六册,后补锦绣缎封面。……是书以程朱理学观点,将古今之文类编为十六门,并附以宋儒批点评语。"⑤据此,则此本乃刊印于建阳。

①〔宋〕祝穆:《南溪樟隐记》,《全芳备祖后集》卷一九,《景印文渊阁四库全书》第 935 册,第 447 页。
②〔清〕李再灏、梁舆等:(道光)《建阳县志》卷一三《人物志》,《福建师范大学图书馆藏稀见方志丛刊》第 17 册,北京图书馆出版社 2008 年版,第 722 页。
③〔宋〕周密:《齐东野语》卷二〇《刘长卿词》,中华书局 1983 年版,第 369 页。
④〔清〕彭元瑞:《天禄琳琅书目后编》卷七,《清人书目题跋丛刊》(10),中华书局 1995 年版,第 328—329 页。
⑤祝尚书:《宋人总集叙录》,中华书局 2004 年版,第 430 页。

今福州鼓山蹴鳌桥前有"刘震孙行部过此,与客徐汝孔、钟文珍、林起予、郭玕来游。住山法琪,咸淳二年二月八日"①摩崖石刻一条。刘震孙《使闽过延平》一诗云:

> 川媚山辉宝气钟,尊尧而后几儒宗。
> 往来但指龙津说,不道人中自有龙。②

汤 汉

汤汉(约1202—1272),字伯纪,饶州安仁(今属江西)人。淳祐间官史馆校书,官至端明殿学士,传载《宋史》卷四三八。汤汉有感于陶渊明诗文高奥难解,学者未易窥测,乃反复钻研,"清言微旨,抉出无遗。马端临《文献通考》以为渊明异代之知己"③。此书撰成,名之以《陶靖节先生诗注》四卷,外加《补注》一卷,于咸淳元年(1265)前后,在建宁府刊刻,此即版本学上著名的"宋刻汤注陶诗"本。今国家图书馆存。

《中国版刻图录》著录云:"匡高一八·九厘米,广一三厘米。七行,行十五字。注文双行,行字同。白口,左右双边。《四库全书》未收。刻工蔡庆、邓生、吴清等,咸淳元年又刻《周易本义》,因推知此书当刻于建宁府。首淳祐元年汤汉自序。自淳祐元年初版,迄咸淳元年,中历二十五年。此本疑是咸淳元年前后重刻本。是时汤汉正官福州知府,在福建安抚使任,故有可能延建宁名工刻书。"④

1987年,北京图书馆古籍特藏部陈杏珍又在《宋刻陶渊明集两种》⑤一文中,详细地论证了此汤注陶诗本"应是咸淳前后建宁府所刻"的两点理由。一是从刻工来推断刻书的时间和地点看。其论据与上引《中国版刻图录》大致相同,且增加了"宋咸淳元年建宁府知府吴革刻本《周易本义》,书中也有蔡庆、邓生、吴清、吴文等刻工名,宋咸淳年间建宁府另一任知府吴坚刻于福建漕治的《张子语录》,也有吴文、邓生等刻工名。据此推断,

①黄荣春:《福州摩崖石刻》,福建美术出版社1999年版,第112—113页。
②〔宋〕刘震孙:《四明尊尧集跋》,《宋忠肃陈了斋四明尊尧集》卷末,《续修四库全书》第448册,第403页。
③〔清〕阮元:《揅经室外集》卷五,中华书局1993年版,第1286页。
④北京图书馆编:《中国版刻图录》,文物出版社1961年版,第40页。
⑤陈杏珍:《宋刻陶渊明集两种》,《文献》1987年第4辑。

汤刻陶诗的版刻年代和地点,应与《周易本义》和《张子语录》大致相近"等内容。二是从汤汉的籍贯与早期经历来看。"淳祐十二年(1252)以前,汤汉不太可能延请建宁名工来刻自注陶集",而"在度宗即位,即咸淳元年的前后,汤汉最有条件延请建宁名工来刻此书,这与《周易本义》《张子语录》的版刻时间、地点正好一致"。她在文中介绍说,此书"卷前有淳祐初元九月九日汤汉自序,旧时因而定为'宋淳祐元年汤汉刻本',北京图书馆对这个鉴定作了更正"。但不知为什么,在 1987 年版的《北京图书馆古籍善本书目》①中并未对此做出更正,而是仍将其著录为"宋淳祐元年汤汉刻本"。

实际上,根据汤汉的经历看,此刻本的刊刻年代还可以在"咸淳元年"的基础上往前推。早在嘉定十五年(1222),汤汉作为名儒真德秀的学生,就曾与刘克庄、徐华老等从真氏在建宁府浦城县"相与讲习讨论"②,虽然汤氏此诗注此时或许尚未成书,但建宁府书坊刻书之盛况,其时汤汉就应已耳闻目睹,给他留下了深刻的印象。

淳祐十二年(1252)以后,汤汉的宦迹,据《宋史》本传的记载是"提举福建常平,劾福州守史嵩之、泉州守谢埴。寻以直华文阁、福建运判,改知宁国府"③。也就是说,早在咸淳元年汤汉"官福州知府,在福建安抚使任"前,汤汉就已在福建任职;而福建常平提举和转运判官这两个职务的任职地点均不在福州,而是在建宁府。据何乔远《闽书》卷四三《文莅志》:"提举常平茶司……政和三年(1113),专置提举茶事官,置司建州。二年,建兵叛,权移福州。绍兴五年(1135),并以提举常平司为名,置司泉州。……十二年归建州。"④又载:"福建转运司,初置于建宁府,建炎二年(1128),以建寇故移司。绍兴二年(1132)复还。三年又移福州,寻复旧。"⑤据此记载,则在汤汉官福建常平提举和转运判官的宝祐年间(1253 1258,此任职时间据弘治《八闽通志》及康熙《福建通志》所载),他均应在建宁任职。民国《南平县志》有一篇题汤汉撰的《演仙剑潭碑记》,乃其祷雨之文,开

①北京图书馆编:《北京图书馆古籍善本书目》集部,文物出版社 1987 年版,第 1998 页。
②〔清〕真采:《西山真文忠公年谱》,《北京图书馆藏珍本年谱丛刊》第 33 册,第 318 页。
③〔元〕脱脱:《宋史》卷四三八《汤汉传》,中华书局 1977 年版,第 37 册,第 12977 页。
④〔明〕何乔远:《闽书》卷四三《文莅志》,福建人民出版社 1994 年版,第 2 册,第 1075 页。
⑤〔明〕何乔远:《闽书》卷四三《文莅志》,福建人民出版社 1994 年版,第 2 册,第 1052 页。

篇即云："维宝祐四年岁次丙辰九月戊子朔越二日己丑,朝奉郎权知南剑州军州,兼管内劝农事,节制本州屯戍军马汤汉,敢告于演山剑潭之神……"①由此文可知,汤汉在宝祐四年(1256),曾一度权知南剑州,而南剑州与建宁府乃邻郡,两地相隔仅百里地,这时,汤汉"最有条件延请建宁名工"来刻印《陶靖节先生诗注》一书。也就是说,"宋刻汤注陶诗"本在宝祐年间(1253—1258)刊印。这个时间比通常认为的咸淳元年,早了十年左右。

除此之外,还有一种可能性,即此书在淳祐年间即已在建宁刻印,而刊刻此书的主持者乃汤汉的兄长汤中。其时,汤中在建宁任知府。据嘉靖《建宁府志》卷五《官师》,在淳祐年间的十位建宁知府中,汤中位居第八。其时,应在淳祐八年至十年(1248—1250)之间。

另据《四库全书总目》卷九二,汤汉在福建还主持刊刻了真德秀《西山读书记》乙集下二十二卷。引其序云:"《读书记》惟甲、乙、丁为成书。甲、丁二记先刊行。乙记上即《大学衍义》,久进于朝。其下未及缮写而德秀没,汉从其子仁夫钞得,厘为二十二卷,而刊之福州。"②然而,据《西山读书记原序》,原文为"西山先生《读书记》,惟甲、乙、丁为成书。甲、丁二记,近年三山学官已刊行,乙记上则《大学衍义》是也。其下卷未及缮写而先生没,稿藏于家,学者罕见之。汉来建安,请于先生之嗣子仁夫右司,传钞以来,手自校定,厘为二十二卷。将欲刊之仓台,适福之郡文学吴尘编蠹简,久蛰屋壁,乃今出而流布。使夫有志于尊主庇民者读是书,蚤正而素讲,一日当大任,据千载而施四事,真儒之效,庶几复见于天下,是则先生佐王之学与天地相终始,岂非其平日至大至公之心也哉!"③汤汉撰此序,时在开庆元年(1259)十月,序中所言"汉来建安",指的显然是其在建安任福建常平提举和转运判官。由此可以判断,此《西山读书记》乙集的刊行地应在建安,而非四库馆臣所说的福州。此本版式为半叶九行十六字,小字双行二十四字,白口,左右双边,今国家图书馆、上海图书馆和山东省图书馆等有存本,刊刻地多录为福州。

---

① 吴栻、蔡建贤:(民国)《南平县志》卷一四《艺文志》,上海书店出版社 2000 年版,第 559 页。又载(民国)《福建通志·金石志》卷一二,1938 年刊本,叶 26A—B。
② 〔清〕永瑢等:《四库全书总目》卷九二,中华书局 1965 年版,第 785 页。
③ 〔宋〕汤汉:《西山读书记原序》,《西山读书记》卷首,《景印文渊阁四库全书》第 705 册,第 7 页。

吴　坚

吴坚（约1213—1276），字彦恺，号实堂，浙江天台人。淳祐四年（1244）进士。咸淳元年（1265）继吴革之后任建宁知府，同年刻印《朱子语类·别录》二十卷。又于咸淳三年刻印宋祝穆撰《方舆胜览》七十卷，半叶七行字不等，小字双行二十一字，细黑口，左右双边。今国家图书馆、上海图书馆各存一部，题"宋咸淳三年吴坚、刘震孙刻本"。据嘉靖《建宁府志》卷五《官师》，刘震孙在吴坚之后继任建宁知府，此书乃其二人合刊。

吴坚另有五种今皆著录作"吴坚福建漕治"的刻本。一为北宋杨时撰《龟山先生语录》四卷《后录》二卷，今存于国家图书馆；二为北宋张载撰《张子语录》三卷《后录》二卷，亦存国家图书馆；三为南宋崇安胡宏撰《知言》六卷《附录》一卷，见于《天禄琳琅书目》卷六所载，今已不存；四为北宋邵雍撰《邵子观物内篇》二卷《外篇》二卷《后录》二卷，收入《常熟翁氏世藏古籍善本丛书》；五为邵雍撰《渔樵问对》一卷，与《观物篇》同时收入《常熟翁氏世藏古籍善本丛书》。此五种刻本，版式均为十行十八字，白口，左右双边。卷后均有"后学天台吴坚，刊于福建漕治"两行题记。

以上五种刻本诸家书目所录均作宋刻本，而未录具体年号。实际上，这五种刻本刊刻时间也在咸淳间，刻印地点也在建宁府。所谓"漕治"，乃漕司治所之简称。漕司，即掌财赋及谷物转运等事务的转运司。宋代福建的转运司，其治所就在建宁。吴坚在咸淳元年（1265）任转运使兼知建宁府事，而刘震孙则是建宁知府兼转运使事，此即咸淳刻本《方舆胜览》祝洙在跋中所谓"益部二星聚临，闽分文昌，实堂先生吴公漕兼府事乃遣工新之，中书朔斋先生刘公府兼漕事又委官董之，厥书克成，两先生赐也"①的缘由。由此可以推断出，以上数书均为吴坚咸淳中在同时同地所刻。

吴坚的生平事迹，史志所载不多。以下据其所刊《朱子语别录后序》、毕沅《续资治通鉴》的零星记载，综合叙之。吴坚乃淳祐四年（1244）进士，宝祐五年（1257）以太学博士除秘书郎。其父吴梅卿，字清叔，嘉定十七年（1224）进士。因果斋李方子之荐而登朱子之门。真德秀帅长沙时，吴坚之父亦官长沙。吴坚得从朱子门人舒谊学，从而成为岳麓书院的学生，因此

---

①〔宋〕祝穆编，祝洙补订：《宋本方舆胜览》卷末，上海古籍出版社1991年版，第599—600页。

可以较为广泛地搜集朱熹的语录。咸淳间知建宁府,采李道传《池录》、李性传《饶录》、蔡杭《饶后录》三录所余者二十九家,又增入未刊者四家,厘为二十卷刊于世,曰"建别录"。正因其乃理学家,故其在建宁所刻数种书均为两宋理学名家之作。

明王鏊《姑苏志》有其小传,略云:"吴坚字彦恺,天台人。淳祐中为昆山主簿,以厚风俗、正人伦、明义利、辟奸邪为先务。德祐末拜相。"①

德祐元年(1275),元军进逼临安,众多大臣相继潜逃,吴坚不为所动,遂于十二月任同签书枢密院事。次年吴坚为左丞相兼枢密使,奉命与文天祥、谢堂等赴元军议和,随即又与谢堂、家铉翁充祈请使,诣元大都呈降表,后被羁留大都,当年病故。

毕万裔(魏齐贤)

毕万裔(生卒年未详),其刻书处名曰富学堂,刻有宋李焘撰《李侍郎经进六朝通鉴博议》十卷。宋建阳刻本,现存国家图书馆。

魏齐贤(生卒年未详),字仲贤,其刻书处亦名富学堂,刻有宋叶棻、魏齐贤编《圣宋名贤五百家播芳大全文粹》一百一十卷。宋建阳刻本,现亦存于国家图书馆。以上二书均收入《中华再造善本·唐宋编》。

这两个同地且刻书处名同为"富学堂"的书坊主,即毕万裔和魏齐贤实为同一人。理由如下:

建阳书坊村《巨鹿魏氏宗谱》卷一宋绍熙四年(1193)魏甫序称:"吾祖乃周文王第十五子高允公,武王末受命始封爵于毕,后子孙以毕为姓。春秘(秋)时其裔仕晋,曰毕万,为晋献公右师,伐霍有功封之于魏,于是有公侯。……唐末天祐元年黄巢作乱,有君公与兄弟十余房来闽建、剑、漳、泉……"②证以《史记》卷四四《魏世家》记载的"魏之先,毕公高之后也"③可知,毕万裔姓魏。

再从时间上看。毕万裔所刻《李侍郎经进六朝通鉴博议》一书,前有秀国陈之贤序,写于宋绍熙三年(1192),比宗谱魏甫序早一年。又,富学堂魏齐贤(字仲贤)校正刊行的《圣宋名贤五百家播芳大全文粹》一书,前有南徐

---

①〔明〕王鏊:《姑苏志》卷四一《宦绩》,《景印文渊阁四库全书》第493册,第750页。

②〔清〕魏传喜等修:《巨鹿魏氏宗谱》卷一,清光绪二十六年(1900)敦伦堂印本,叶7A—8B。

③〔汉〕司马迁:《史记》卷四四《魏世家》,中华书局1959年版,第1835页。

许开序,写于绍熙元年(1190),比毕万裔的刻本序早两年。由此可知,毕万裔和魏齐贤生活于同一时期。

从以上史料推断,两个富学堂主即魏氏毕万裔和魏齐贤应为同一人。《巨鹿魏氏宗谱》宗谱卷二《书坊下历潘公派下世系》载:

> 第四世　潘公,成公之子,行流二。(从麻沙)迁居(崇化)书坊下历。娶杨氏,继娶陈氏。生子一:齐贤。
>
> 第五世　齐贤,潘公之子,行远二,娶虞氏……①

宗谱所记内容虽甚为简略,但仅凭此记载可知,魏齐贤的富学堂就在崇化书坊。与魏齐贤刻有《圣宋名贤五百家播芳大全文粹》相同,被谱系刊脱的魏仲举则刻印了《五百家注音辨昌黎先生文集》《五百家注音辨柳先生文集》等。这以"五百家"为书名来招揽读者的作法,似乎成了魏氏刻书的"专利"。也好在凭此专利,我们可以知道,建阳书坊另一刻名家魏仲举,以及刻有《新唐书》的魏仲立等,与此"巨鹿魏氏"可能是同一家族,且有可能与魏齐贤字仲贤者是族兄弟。

黄　訒

黄訒(生卒年、字号均未详),邵武人,黄伯思之子。曾历任福州怀安县(今闽侯)尉、福建路转运司主管文字、福建路安抚司准备差遣等。

黄伯思(1079—1118),字长睿,号霄宾,又号云林子。元符间(1098—1100)进士,官至秘书郎。他是北宋著名藏书家、校勘学家,《宋史》有传。所撰《东观余论》十卷,绍兴十七年(1147)由其子黄訒刻印于建安漕司。宋代,福建转运司设司建安②,故又称建安漕司。

此刻本,清叶德辉《书林清话》著录作绍兴二十三年癸酉(1153)刻,不分卷③,误。查叶氏乃据傅增湘藏书著录。傅氏《藏园群书经眼录》中确有宋刊本《东观余论》不分卷的著录。据其跋云:"此宋刊本,合《法帖刊误》上下卷通为一百四十六叶,不分卷。……卷末有劳权手跋,录如左:'黄长睿

①〔清〕魏传喜等修:《巨鹿魏氏宗谱》卷二,清光绪二十六年(1900)敦伦堂印本,叶1A—B。
②〔明〕何乔远《闽书》卷四三《文莅志》:"福建转运司,初置于建宁府,建炎二年,以建寇故移司。绍兴二年(1132)复还。三年又移福州,寻复旧。"载福建人民出版社1994年版,第2册,第1052页。
③〔清〕叶德辉:《书林清话》卷三《宋司库州军郡府县书院刻书》,中华书局1957年版,第62页。

父《东观余论》，绍兴丁卯其子䚟刊于建安漕司，嘉定间攻媿楼氏复以川本参校，即今所传本也。'"①由上所录可知，黄䚟建安漕司本是绍兴丁卯（十七年）而非癸酉（二十三年）所刻，且傅氏所著录本系嘉定刻本，而非绍兴刻本，则不分卷乃嘉定本，而非黄䚟刻本。《四库全书总目》著录曰："绍兴丁卯其子䚟与其所著论辩题跋合而刊之，总其名曰《东观余论》。然䚟跋称其共十卷，今本仅二卷，或后来传写所合并。"②此说甚是。

　　另据王绍曾、杜泽逊编《渔洋读书记》录黄䚟语云："绍兴初寓居福唐，以先人秘阁学士校定《杜子美集》二十二卷，椠本流传。"③其出处为黄䚟《东观余论跋》："䚟绍兴初寓居福唐，以先人秘阁学士校定《杜子美集》二十三卷，椠本流传。暨任帅司属官已后，开刻校定《楚辞》十卷，《翼骚》《九咏》《小楷黄庭内景经》《摹勒索靖急就章》各一卷。今任复以先人所著《法帖刊误》《秘阁古器说》论辩题跋共十卷，总目之曰《东观余论》，及校定《汲冢师春》，刻版于建安漕司，先世遗书遂行于右文之旦，为时而出，岂特为家世之幸。绍兴丁卯春正月初三日，右宣教郎充福建路转运司主管文字黄䚟书。"④

　　据此可知，黄䚟又曾刻印黄伯思校《杜子美集》《楚辞》等，刊刻地点在福唐（今福清）。《东观余论》《汲冢师春》，刻版于建安漕司。《杜子美集》，据陈振孙《直斋书录解题》的著录，应为《校定杜工部集》二十二卷。陈氏云："秘书郎黄伯思长睿所校，既正其差误，参岁考月，出处异同，古、律相间，凡一千四百十七首，杂作二十九首，别作二卷，李丞相伯纪为序之。"⑤此刻本今已不存。

　　黄䚟生平，见载于光绪《重纂邵武府志》中黄伯思传后，略云："右从事郎，怀安县尉，裒伯思平日议论题跋为《东观余论》三卷。"⑥"三卷"，显系十卷之误，上文已明之。

①傅增湘：《藏园群书经眼录》卷九，中华书局1983年版，第735页。

②〔清〕永瑢等：《四库全书总目》卷一一八，中华书局1965年版，第1017页。

③王绍曾、杜泽逊编：《渔洋读书记》，青岛出版社1991年版，第134页。

④〔宋〕黄䚟：《东观余论跋》，《东观余论》附录，明毛氏汲古阁刊本，叶12B—13A。文中《杜子美集》二十三卷"，据同书所载李纲《序校定杜工部集》，为"二十二卷"。

⑤〔宋〕陈振孙撰，徐小蛮、顾美华点校：《直斋书录解题》卷一六，上海古籍出版社1987年版，第470页。

⑥〔清〕王琛、徐兆丰等：(光绪)《重纂邵武府志》卷二一《人物》，上海书店出版社2000年版，第454页。

黄壮猷

黄壮猷(生卒年未详),字成之,闽人,具体属地不详。曾宦游闽浙两地,并在两地均有刻书。其最著名的刻本,是其在宋端平二年(1235)任绍兴知府时,刊补、重印宋人所编《诸儒鸣道集》七十二卷。清潘祖荫《滂喜斋藏书记》卷二著录云:"所采诸儒语录,自濂溪、涑水以下凡十三家。《濂溪通书》一卷、《涑水迂书》一卷、《横渠正蒙》八卷、《经学理窟》五卷、《语录》三卷、《二程语录》二十七卷、《上蔡语录》三卷、《元城语录》三卷、《刘先生谭录》一卷、《道护录》一卷、《江氏表心性说》一卷、《龟山语录》四卷、《安正忘筌集》十卷、《崇安经传论》二卷、《横浦日新》二卷。后有楷书题记云:'越有《诸儒鸣道集》最佳,年久板腐字漫,观者病之。乃命刊工剜蠹填梓,随订旧本,锓足其文,令整楷焉。时端平二祀八月吉日郡守闽川黄壮猷书。'每半叶十二行,行廿一字。"①此刻本今上海图书馆有存。

如仅有此修补刊本,则黄壮猷本应列入闽人在外地刻书者的行列,但事实上,他在闽也有刻书活动。王埜在嘉熙三年(1239)刻印宋朱熹撰《晦庵先生文集》一百卷,尚未成书之时离任,黄壮猷继任建宁知府,他将王埜未完之书继续刻印完成。此即赵希弁《郡斋读书附志》卷五所说的"嘉熙己亥王埜刻于建安,黄壮猷成之识于后"②之意。考康熙《建宁府志》卷一八《职官》,黄壮猷任建宁知府正在王埜之后,与赵氏著录相合。可能正是由于黄壮猷担任过建宁知府的缘故,《福建省志·出版志》因此误将黄壮猷浙江绍兴刻本《诸儒鸣道》著录为"宋端平间建宁知府黄壮猷刻本"③。

黄壮猷事迹,所知甚少。《会稽续志》卷二"提举司安抚题名"条下载:"黄壮猷,端平元年十一月以朝请大夫金部郎官除直秘阁知,十二月十二日到任,三年十一月十五日除尚右郎官。"④《宝庆四明志》卷一:"黄壮猷,淳祐三年正月以中奉大夫守太府卿,除秘阁修撰知庆元府,兼沿海制置副使。当年二月初十日到任,四年六月日奉旨除右文殿修撰,转一官,依所乞,致

①〔清〕潘祖荫:《滂喜斋藏书记》卷二,《清人书目题跋丛刊》(3),中华书局1990年版,第694页。
②〔宋〕赵希弁:《郡斋读书附志》卷五,《中国历代书目丛刊》第1辑,现代出版社1987年版,第853页。
③福建省地方志编纂委员会编:《福建省志·出版志》,福建人民出版社2008年版,第190页。
④〔宋〕张淏:《会稽续志》卷二,《景印文渊阁四库全书》第486册,第454页。

仕。"①《永乐大典》有宋王遂撰《重修府学记》，其中提到其名，称"黄公壮猷守郡，任大成殿之费"②。这是说淳祐元年(1241)重修建宁府学时，其中大成殿的费用系黄氏所捐。由此可见，黄氏是一位重视教育且崇尚理学的官员。

宋洪咨夔《平斋集》卷一七有《黄壮猷何处信课最各转一官制》，卷二〇有《黄壮猷除金部郎官制》③。徐元杰《进讲日记》中对黄壮猷有如下评价："上问黄壮猷。奏云'臣顷待罪越幕，黄壮猷为帅。见其宽和简靖，得帅守之体。所至皆与民宜，且不求赫赫之声，良吏也。'"④

黄　镛

黄镛(生卒年未详)，字器之，兴化府莆田县(今福建莆田市)人。景定三年(1262)进士。次年任建宁府建安书院山长，在任上将朱熹《朱文公文集》一书刻印于书院，完工于咸淳元年(1265)六月。此书正集一百卷、续集十一卷、别集十卷、目录二卷。在黄镛之前，建宁府通判余师鲁搜访朱子遗文，编成别集十卷，在仅付梓刊成两卷后离任，他遂将其余诸卷嘱黄镛续成之。黄镛于是将王埜刻印的正集一百卷、王遂刻印的续集十卷、徐几补刻的续集一卷，与此别集十卷合而重刊。此书刻本今国内有十几家图书馆有存本，多为宋元明递修本。

《南宋馆阁录续录》载："黄镛，字器之，贯兴化军。壬戌进士，习诗赋。(咸淳)二年三月以国子录召试馆职，四月除正字。六月十二日，兼庄文府教授。十一月十八日，兼权枢密院编修官。"⑤

明何乔远《闽书》载："黄镛，宝祐间为太学生，与陈宜中等攻丁大全，坐放，时称六士。大全败，丞相吴潜奏还，廷试擢第，除监察御史，迁给事中同金枢密院事兼权参知政事。"⑥据清毕沅《续资治通鉴·宋纪》卷一八二载，

①〔宋〕胡榘、罗濬：《宝庆四明志》卷一，《景印文渊阁四库全书》第487册，第22页。
②〔明〕解缙等：《永乐大典》卷二一九八三，中华书局1986年版，第7831页。
③〔宋〕洪咨夔：《平斋集》卷一七，《洪咨夔集》中册，浙江古籍出版社2015年版，第409、454页。
④〔宋〕徐元杰：《楳埜集》卷一《进讲日记》，《景印文渊阁四库全书》第1181册，第611页。
⑤佚名：《南宋馆阁录续录》卷九《官联三》，《景印文渊阁四库全书》第595册，第533页。
⑥〔明〕何乔远：《闽书》卷一〇六《英旧志》，福建人民出版社1995年版，第4册，第3198页。宋周密《癸辛杂识续集·开庆六士》载："陈宜中、曾唯、黄镛、刘黻、陈宗、林则祖，皆以甲辰岁史嵩之起复，上书倡为期之论。……时人号为'六君子'。既贬旋还，时相好名，牢笼宜中为抡魁，余悉擢巍科，三数年间，皆致通显。然夷考其人平日践履，殊未有可议者，然同声合党，孰敢撄其锋？郭方泉闻在台日，尝疏黄镛之罪，因论虚名之弊。时宜中在政府，黻在从班，竞起攻之。闻为之出台。"参〔宋〕周密撰，王根林校点：《癸辛杂识》，上海古籍出版社2012年版，第74页。

黄镛兼权参知政事是在德祐元年(1275),与吴坚任同签书枢密院事同时。

刘克庄有《答黄镛》一诗,录之于后:

> 少年妄意假韶鸣,忧患欺人两鬓星。
>
> 此去真当盟社友,向来不合诳山灵。
>
> 百年如夜何由旦,万古惟天只廖青。
>
> 若到桐城逢旧友,为言多醉少曾醒。①

李大异

李大异(生卒年未详),字伯珍,隆兴府(今南昌)新建县人,乾道八年(1172)进士。杨万里《淳熙荐士录》中有其名,对其有“尝冠别头,仕优进学,作文下语,准柳仪曹”②的评价。李大异于嘉定间以宝谟阁直学士知建宁府,于嘉定三年(1210)刻印宋人所编《皇朝大诏令》二百四十卷。此书《直斋书录解题》题作《本朝大诏令》,著录曰:“宝谟阁直学士豫章李大异伯珍刻于建宁。云绍兴间宋宣献家子孙所编纂也,而不著其名。始自国初,迄于宣政。分门别类,凡目至为详也。”③赵希弁《郡斋读书附志》著录作《皇朝大诏令》,卷数相同,云:“右宋宣献公家所编纂也。皆中兴以前之典故。嘉定三年李大异刻于建宁。”④

据《直斋书录解题》卷一六著录,李大异还刻印了唐白居易所撰《白氏长庆集》七十一卷《年谱》一卷,但刻书地点不在建宁而在建康(今南京),时在建康知府任上。

李大异在建宁知府任上,曾创建紫芝书院。楼钥在《建宁府紫芝书院记》中说:“今郡侯宝谟阁直学士谏议李公镇临以来,治行称最,百废俱举,功利及物不可以数计周知,而尤笃意于教养。顾瞻府庠,悉加葺治,犹以为未能甚称乐育之意。谓晋范宁之守豫章,大设庠序,资给众费一出私禄,心实慕之,乃捐俸钱三千余缗,度地于学之东西两隅,广为四斋。鸠工于嘉定三年(1210)仲冬朔旦,讫役于明年二月之望。”并称李大异创此“书院财不

---

①〔宋〕刘克庄:《后村先生大全集》卷九,《宋集珍本丛刊》第 80 册,第 774 页。

②〔宋〕杨万里:《诚斋集》卷一一三《淳熙荐士录》,《四部丛刊初编》集部第 256 册,第 984 页。

③〔宋〕陈振孙撰,徐小蛮、顾美华点校《直斋书录解题》卷五,上海古籍出版社 1987 年版,第 134 页。

④〔宋〕赵希弁:《郡斋读书附志》卷五,《中国历代书目丛刊》第 1 辑,现代出版社 1987 年版,第 834—835 页。

费于官,敛不及于民,增弟子员,又广田畴以丰其储",并赞其"学有家传,伯仲竞爽,且素号博洽,富有文词"①。

明王祎《南昌李氏谱序》载:"南昌李氏系出唐宗室,其先世家肇庆之四会县。……士廉生积中,宋元丰三年进士,历官殿中侍御史,元祐间以直言入党籍,谪居南昌,因家焉。积中生良弼,卫尉丞;良弼生安国,尚书户部侍郎。安国生七子:大性,端明殿学士、吏部尚书,谥清惠;大异,乾道二年(1166)进士,宝谟阁学士……"②此与《宋史》卷三九五《李大性传》"李氏自积中三世官于朝,父子兄弟相师友,而大性与弟大异、大东并跻从列,为名臣云"③的记载相吻合。清厉鹗《宋诗纪事》卷五四有李大异生平简介,并录有李大异所写题为《曾兄惠然见临笃叙世契示以先哲遗墨稽首敬观因题其后》诗一首,诗写于嘉泰二年(1202)。录之于后:

> 家传文献六经香,袖有骊珠日月光。
> 乔木阴阴人已远,只应故笏在甘棠。④

据叶适《风雩堂记》记载,李大异致仕后,在豫章筑堂,取曾皙"浴乎沂,风乎舞雩"(《论语·先进》)之意,取名曰"风雩堂","以点之乐者自乐也"⑤。

李大异事迹,见载于《南宋馆阁续录》卷七:"李大异,字伯珍。隆兴府新建人。乾道八年黄定榜进士及第,治《书》。三年六月除,四年正月为中书舍人。"⑥又见载于《姑苏志》卷四〇、《吴郡志》卷一一。

苏 峤

苏峤(生卒年未详),字季真,苏轼曾孙。宋淳熙间官建宁知府,刻印《东坡别集》四十六卷。《直斋书录解题》云:"坡之曾孙给事峤季真刊家集于建安,大略与杭本同。"⑦《朱子语类》卷一三〇记朱熹答门人沈僩问云:

①〔宋〕楼钥:《攻媿集》卷五四《建宁府紫芝书院记》,《四部丛刊初编》集部第 243 册,第 511 页。
②〔明〕王祎:《王忠文集》卷六《南昌李氏谱序》,《四库明人文集丛刊》,上海古籍出版社 1991 年版,第 131—132 页。此处言其为乾道二年进士,误,应为乾道八年。
③〔元〕脱脱:《宋史》卷三九五《李大性传》,中华书局 1977 年版,第 34 册,第 12050 页。
④〔清〕厉鹗:《宋诗纪事》卷五四,上海古籍出版社 1983 年版,第 1368 页。
⑤〔宋〕叶适:《叶适集·水心文集》卷一一,中华书局 1961 年版,第 177 页。
⑥〔宋〕陈骙:《南宋馆阁续录》卷七,《景印文渊阁四库全书》第 595 册,第 503 页。
⑦〔宋〕陈振孙撰,徐小蛮、顾美华点校:《直斋书录解题》卷一七,上海古籍出版社 1987 年版,第 502 页。

"顷年苏季真刻《东坡文集》,尝见问'食'字之义。答之云:'如食邑之食,犹言享也。'"①由此可知,当年苏峤刻此别集时,曾就书中的个别疑难问题向朱熹求教。

按,苏峤的建安刻本,在宋代即被删略。宋赵希弁《郡斋读书附志》著录淳祐甲辰(1244)庐陵刊本《东坡别集》三十二卷《续别集》八卷,即言:"乃苏公峤刊置建安而删略者。"②此后,《宋史·艺文志》、明叶盛《菉竹堂书目》、焦竑《国史经籍志》等书目均著录此《别集》,到了清代,此集已亡逸不存。余嘉锡先生认为:"(此书)是取前后集及《内制》《外制》《奏议》《和陶》诸集中诗文编次为一,以别于六集之各自为书也。……然不收六集之外之诗文及《志林》《杂说》之类,故与《大全集》不同。"③刘尚荣据此认为,此苏峤在建安刻印的家集本是苏集分类合编本④。

苏峤事迹,《建宁府志》缺载,《职官志》中仅列其名。在淳熙年间先后任职的建宁知府中,苏峤位于赵善俊之后,洪迈之前。考赵善俊曾两知建宁,首次在淳熙三年(1176),淳熙四年复知庐州⑤;而洪迈知建宁,据《宋史》本传,约在淳熙六年到七年(1179—1180),则苏峤知建宁必在淳熙四年到五年(1177—1178),此亦为《东坡别集》之刻印时间。

韩元吉有《举苏峤自代状》,云:"臣伏睹右朝奉郎、尚书吏部员外郎苏峤议论坚明,操履纯正,名臣之裔,绰有典刑,臣实不如,举以自代。谨录奏闻,伏候敕旨。"⑥由此可知,苏峤之任建宁,可能与韩氏的举荐有关。

苏峤乃苏轼三子苏过之孙,苏籥之子。曾任江东从事、湖北宪司属官,右朝奉郎、尚书吏部员外郎,历谏省给事黄门,待制显谟阁等职。其弟苏岘,淳熙间曾官福建转运使,也曾在建宁任职⑦。

①〔宋〕黎靖德编:《朱子语类》卷一三〇,朱杰人等主编:《朱子全书》第18册,第4057页。

②〔宋〕赵希弁:《郡斋读书附志》卷五,《中国历代书目丛刊》第1辑,现代出版社1987年版,第1058页。

③余嘉锡:《四库提要辨证》卷二二,中华书局1980年版,第1360—1361页。

④刘尚荣:《宋刊苏轼全集考》,《苏轼著作版本论丛》,巴蜀书社1988年版,第4页。

⑤宋周必大《文忠集》卷六三《中大夫秘阁修撰赐赐紫金鱼袋赵君善俊神道碑》中云:"以亲老请闲,徙知婺州,未上。求守瓯宁,去家仅二百里。三年,奉双亲开府,闽人以为荣。"载《景印文渊阁四库全书》第1147册,第670页。又见《宋史》卷二四七《赵善俊传》:"累迁龙图阁直学士,移知建州。建俗生子往往不举,善浚痛绳之,给金谷,捐己俸,以助其费。"载中华书局1977年版,第25册,第8761页。

⑥〔宋〕韩元吉:《南涧甲乙稿》卷九《举朱熹自代状》,《景印文渊阁四库全书》第1165册,第126页。

⑦〔宋〕韩元吉:《南涧甲乙稿》卷二《送苏季真赴湖北宪司属官》、《南涧甲乙稿》卷二〇《故中散大夫致仕苏公(岘)墓志铭》,《景印文渊阁四库全书》第1165册,第28页、第323页。

吴　革

　　吴革（生卒年未详），字时夫，号恕斋，德安（今江西德安县）人，因德安为九江所辖，故有"九江吴公"之称。宋咸淳元年（1265）于建宁知府任上刻印朱熹《周易本义》十二卷《易图》一卷《五赞》一卷《筮仪》一卷。版式为半叶六行，行十五字。字大行疏，是宋代官刻本中的名刊，现存国家图书馆。卷首有吴革序，称"昨刊《程传》于章贡郡斋，今敬刊《本义》于朱子故里"①，则吴革又曾在豫章刻印《周易程传》一书。

　　考宋代有四位吴革。一字义夫，华州华阳人，宋初名臣吴廷祚七世孙，建炎元年（1127）三月被范琼所杀，《宋史》卷四五二有传；一字孚道（1035—1088），夏津人，陆心源《宋史翼》卷一九有传。以上二吴革为北宋人。第三位吴革生活在南宋初，据李心传《建炎以来系年要录》，此吴革于绍兴元年（1131）七月，以朝议大夫新知澧州，又被命为潼川府路转运副使；绍兴五年为两浙副使；六年以直徽猷阁知衢州；九年，升直龙图阁充京畿都转运使兼开封少尹②。

　　以上三位吴革都不是此《周易本义》的刊刻者。而刻印此书的吴革，其事迹史志罕为记载。历代《建宁府志》在《职官志》中均仅列其名，其原因与吴革任府事一职时间甚短有关。弘治《八闽通志》载其小传云："咸淳二年（1266）知福州，为政雅重风化，尝创道立堂祠濂溪以下诸贤，又附以贤牧。又创经史阁，官至户部尚书。"③由此可知吴革知建宁府不过一年时间，次年即移知福州。嘉靖《九江府志》则载："吴革，字时夫，元之子也。三领举于漕，肄业南康白鹿书院。理宗朝，筮任抚州之崇仁尉，三历库官，宰钱塘，倅杭。历至文华阁学士、刑部尚书、沿江制置使、江东安抚、行宫留守、知建康府兼淮西总领。赠光禄大夫，谥清惠。公每以崇正学，基化本，宣德达情为己任。"④对以上志书记载有所补正的，还有万历《南安府志》、咸淳《临安

①〔宋〕吴革：《周易本义序》，《周易本义》卷首，《中华再造善本·唐宋编》，北京图书馆出版社 2003
　　年版，叶 1B—2A。
②〔宋〕李心传：《建炎以来系年要录》卷四六，中华书局 1956 年版，第 822 页；卷八七，第 1445 页；卷
　　一〇五，第 1711 页；卷一二六，第 2050 页。
③〔明〕黄仲昭：(弘治)《八闽通志》卷三六《秩官》，书目文献出版社 1988 年版，第 512 页。
④〔明〕何棐、李泛等：(嘉靖)《九江府志》卷一三《人物志》，《天一阁藏明代方志选刊》第 36 册，上海
　　古籍书店 1962 年版，叶 8A—B。

志》、康熙《福建通志》诸志所载。吴革于淳祐中(1241—1252)为钱塘令,寻通判临安府。宝祐间(1253—1258)知南安军。景定四年(1263)以权发遣户部判官兼知临安府事,六月转朝奉大夫,十一月兼敕令所删修官。五年七月罢。咸淳元年知建宁,二年移知福州。

在福州知府任上,吴革又将宝祐间永福(今永泰)县学刻本、宋徐自明所撰《宋宰辅编年录》二十卷书版修版重刊。此书原由徐自明之子、永福知县徐居谊刻印于宝祐四年至五年(1256—1257),约十年后,部分版片已漫漶朽坏。《永乐大典》引吴革跋云:"《宰辅编年》记载极详,真足以诏来世。余自建移闽,首阅是书,板朽字讹者半。俾幕属赵必岊校正,择其最漫漶三百余板,重锓之,余则修补。咸淳丙寅夏五月,朝散大夫直徽猷阁知福州主管福建安抚使司公事吴革谨识。"①

今福州乌石山霹雳岩下有其题名云:"咸淳天子亲郊之岁,九江吴公实帅闽,江东西之仕于闽者赵若遂、范宜损、赵必岊、缪君琡、章魁、孙邵斗、陈松以正月癸卯会拜于道山堂,序列以齿。"②

吴革的著作有《恕斋诗存稿》《读易录》《平心录》等,均逸。《全宋文》第353册收其文27篇,内容以判词为主。

按,因吴革是九江人氏,故其建宁所刻《周易本义》被今人误为江西刻本③。

徐 几

徐几(生卒年未详),字子与,号进斋,崇安(今福建武夷山市)人。真德秀门人。景定四年(1263)任建宁府学教授兼建安书院山长。淳祐五年(1245),王遂于书院刻印朱熹《晦庵先生朱文公续集》十卷,淳祐十年(1250),徐几则于书院补刻《续集》一卷,附丁工遂本之后,是为今存十一卷本。徐几识云:"右得之刘侯之孙观光,今为浦城尉。尉始来,过书院祠谒甚敬,言乃祖参议公尝受知文公先生,出所藏帖数十,皆集所不载。几敬读之,其间格言至论真有补世道,遂刻以附于集。……淳祐庚戌二月甲子后

①〔宋〕吴革:《宋宰辅编年跋》,《永乐大典》卷一二九七一,中华书局1986年版,第5541页。
②黄荣春主编:《福州十邑摩崖石刻》,福建美术出版社2008年版,第12页。
③熊向东主编:《江西省出版志》,江西人民出版社1998年版,第20页。

学徐几谨识。"①《宋史》卷四五《理宗五》："（景定四年五月）婺州布衣何基，建宁府布衣徐几，皆得理学之传。诏各补迪功郎，何基婺州教授兼丽泽书院山长，徐几建宁府教授兼建安书院山长。"②

《宋元学案》卷八一《西山真氏学案》称其"通经，尤精于易。自朱、真后，理学之传，先生称得其妙。……有《经义》行世。"③嘉靖《建宁府志》、清李清馥《闽中理学渊源考》所载与此略同。

徐几的著作久逸，仅有单篇文字散见于《事文类聚翰墨大全》《武夷山志》等书中。《全宋文》收其文仅三篇。其易学著作已无完本存世，仅有其论易片段，散见于《易学启蒙》《周易述义》《读易述》《周易折中》《大学衍义补》等书中。

许　开

许开（生卒年未详），字仲启，南徐（今江苏丹徒）人。乾道二年（1166）进士。周辉《清波杂志》卷四载："淳熙间，亲党许仲启官麻沙，得《北苑修贡录》，序以刊行。"④按，关于许开"官麻沙"的记载，仅此一见，地方志书上不见记载。许开既刻印描写建安北苑贡茶的著作《北苑修贡录》，疑其曾任职于当时设署于建安的福建茶盐常平提举司；而文中的麻沙，乃"富沙"（建安别称，得名于五代王审知之子王延政任建州节度使时被封为富沙王）之误。

宋绍熙元年（1190），建阳书坊魏齐贤和叶菜合作，编辑、刻印《圣宋名贤五百家播芳大全文粹》一书，曾邀许开作序。序中有"余往者守官□阳，于书市经从为款，二君走书言其大概，属余叙之，予不得辞"⑤诸语。文中"阳"字前脱一字，必为"建"字无疑。

许开著有《志隐类稿》二十卷，曾刻印法帖《清江二王帖》，并曾以中奉大夫提举武夷山冲佑观⑥，时约在淳熙间（1174—1189）。另据万历《南安

①〔宋〕朱熹：《晦庵先生朱文公续集》卷一一，朱杰人等主编：《朱子全书》第 25 册，第 4830 页。

②〔元〕脱脱：《宋史》卷四五《理宗五》，中华书局 1977 年版，第 3 册，第 884 页。

③〔清〕黄宗羲：《宋元学案》卷八一《西山真氏学案》，中华书局 1986 年版，第 2714 页。

④〔宋〕周辉撰，刘永翔校注：《清波杂志校注》卷四，中华书局 1994 年版，第 154 页。

⑤〔宋〕许开：《圣宋名贤五百家播芳大全文粹序》，魏齐贤、叶菜辑：《圣宋名贤五百家播芳大全文粹》卷首，《景印文渊阁四库全书》第 1352 册，第 3 页。

⑥〔宋〕赵希弁：《郡斋读书附志》卷五，《中国历代书目丛刊》第 1 辑，现代出版社 1987 年版，第 856 页。

府志》记载,淳熙十六年(1189)许开任南安军学教授,曾助知军方崧卿编纂《南安军志》二十卷。

项寅孙

项寅孙(生卒年未详),松阳(今浙江丽水市松阳县)人,名儒项安世之子。"以父荫补郡守监司"①,淳祐中任福建转运判官。其时,因福建转运司设司建宁府(治所在建安,建安书院亦在此地),故项寅孙将其父所撰《周易玩辞》十六卷刻印于建安书院。宋赵希弁《郡斋读书附志》著录:"《周易玩辞》十六卷。右平庵项安世平父所述也。……其子寅孙刊于建安书院,乐章识于后。"②台北故宫博物院今存原刊本,著录作"宋宁宗时江阴项氏建安书院刊本"。此著录年代有误,殆据卷首"皇宋庆元四年岁次戊午秋九月己未江陵项安世述"《周易玩辞序》③,以序断年得出的结论。据项寅孙任职福建转运判官的时间推断,其所刊《周易玩辞》的时间应为宋理宗淳祐初(约1241),而非"宋宁宗时"(1195—1224)。此本行格十行二十字,左右双边,白口,双鱼尾,中缝上记字数,中记卷次,下记叶次和刻工名。

项寅孙事迹,因地方志书中无传而难知其详。《闽书》卷四三《文莅志》仅有其于淳祐中任福建转运判官的记载。淳祐元年(1241)重修建宁府学时,项寅孙也是"捐金以相其役"者之一④。另据王遂所撰《建安书院记》一文,王埜于嘉熙二年(1238)创建安书院以祀朱熹,并请蔡模任山长主学事。不久,王埜调任,蔡亦以丁忧而去。"后两年,项公寅孙摄府事,因其不能致者而致之。"一是请回蔡模再任山长,二是"请拨田于朝,以为之食",三是欲"别筑孔子礼殿于西,而跌坐以为之祀,而力未及也"⑤。据宋高定子所撰制文,项寅孙后又以湖南运判,授潭州主管湖南安抚司⑥。

---

① 〔清〕支恒春等:(光绪)《松阳县志》卷八《选举志》,台北成文出版社1975年版,第647页。
② 〔宋〕赵希弁:《郡斋读书附志》卷五,《中国历代书目丛刊》第1辑,现代出版社1987年版,第810页。
③ 〔宋〕项安世:《周易玩辞》卷首,《四库易学丛刊》,上海古籍出版社1990年版,第6页。
④ 〔宋〕王遂:《重修府学记》,《永乐大典》卷二一九八三,中华书局1986年版,第7831页。
⑤ 〔宋〕王遂:《建安书院记》,(康熙)《建宁府志》卷四二《艺文》,南平地区方志委1994年铅印本,第857页。
⑥ 〔宋〕高定子:《直秘阁湖南运判项寅孙特授直宝谟阁权利发遣潭州主管湖南安抚司公事制》,《全宋文》卷七三〇四,第318册,第7322页。

叶　时

叶时(生卒年未详),字秀发,自号竹野愚叟,括苍(一作仁和)人。宋宝庆间任建宁知府。宝庆二年(1226),于建宁郡斋刻印宋曾慥撰《类说》六十卷。《四库全书总目》著录云:"书初出时,麻沙书坊尝有刊本,后其版亡佚。宝庆丙戌,叶时为建安守,为重锓置于郡斋,今亦不可复见。"①同年,又刻印宋徐天麟所撰《东汉会要》四十卷,十一行二十字,细黑口,左右双边。版心上记字数,下有刻工姓名。今国家图书馆存原刊本二十八卷,著录作宋宝庆二年建宁郡斋刻本,卷首有叶时序。

真德秀有《建宁府重修府学记》,记叶时在建宁政绩云:"宝庆纪元之初年,天官尚书叶公以显谟阁学士出牧建安。清心刓躬,以治以教。……顾瞻泮宫,实惟本原风化之地,由庆元后旷弗克修,垂三十祀……乃命属役于僚吏之能者,而以郡博士董之。先葺大成殿,次及十六斋,又次及于三贤堂,然后增辟小学。起孟秋甲辰,迄九月甲寅。……公名时,字秀发,括苍人。"②

康熙《福建通志》卷二〇《宦绩》"知建宁府事"条下有叶时小传。云:"叶时字秀发,括苍人。宝庆间以显谟阁学士知建宁府。清心饰躬,以治以教,修广学宫,培养士类。"③而据清厉鹗《宋诗纪事》载,叶时乃仁和(今杭州)人,晚居嘉兴,有《竹野诗集》,官至龙图阁学士。《浙江通志》搜集了几种志书的不同记载:"叶时,《咸淳临安志》:'淳熙十一年甲科。'嘉靖《浙江通志》:'仁和人,操履端凝,累官至龙图阁学士,卒谥文康。著有《礼经会元》《竹野集》。'《两浙名贤录》:'字秀发,学善属文,尤邃于《周礼》。为学者所宗,晚居嘉兴。'"④

叶时著作有《礼经会元》四卷,今存《四库全书》本。

赵师耕

赵师耕(生卒年未详),耕一作畊,字渊道,汴梁(今河南开封)人,徙居

---

①〔清〕永瑢等:《四库全书总目》卷一二三,中华书局 1965 年版,第 1061 页。

②〔宋〕真德秀:《西山文集》卷二六《建宁府重修府学记》,《景印文渊阁四库全书》第 1174 册,第 394—395 页。

③〔清〕张琦等:(康熙)《建宁府志》卷二〇《宦迹》,南平地区方志委 1994 年铅印本,第 441 页。

④〔清〕嵇曾筠、沈翼机等:(乾隆)《浙江通志》卷一七五《人物》,《景印文渊阁四库全书》第 523 册,第 578 页。

黄岩(今属浙江),燕懿王德昭裔孙。嘉定七年(1214)进士。淳祐六年(1246)提举福建常平司,于其时刻印朱熹编《河南程氏遗书》二十五卷《附录》一卷《外书》十三卷《文集》十二卷。《二程文集》附录卷下有赵师耕《麻沙本后序》,文曰:"《河南二程先生文集》,宪使杨公已锓板三山学官,《遗书》《外书》则庚司旧有之,乙未之火,与他书俱毁不存。诸书虽未能复,是书胡可缓?师耕承乏此来,亟将故本易以大字,与《文集》为一体,刻之后圃明教堂。赖吾同志相与校订,视旧加密,二先生书于是乎全。时淳祐丙午(六年,1246)古汴赵师耕书。"①

　　文中的"庚"乃谷仓之意,庚司即仓司。文中所谓"将故本易以大字",是针对郑伯熊原本为"小字本"而言。而"师耕承乏来此",则是指赵氏赴福建常平司提举之任,而非市舶司提举之任,故赵师耕本《遗书》《外书》的刊刻地点与郑伯熊相同,也是在建宁仓司。

　　赵师耕生平,福建、浙江两地的志书均缺载。据《文渊阁四库全书》本《福建通志》卷二一《职官》,乾隆《泉州府志》卷二六《文职官》,赵氏于淳祐六年任福建提举常平,次年改任泉州知州兼知西外宗正司事。万历《黄岩县志》卷五中则有其系嘉定七年进士的记载。民国《福建通志·金石志》卷一二记赵师耕鼓山题名云:"赵师耕畔□淳祐丁未冬十有七日来游。叶记云:'在石门。赵师耕,燕王德昭七世孙。嘉定七年进士,任西外宗正司。又提举常平茶盐公事。'"②今人黄荣春《福州摩崖石刻》更正为:"汴人赵师耕□□淳祐丁未冬十有七日来游,□□孙舆派□。"③今泉州九日山西峰也有石刻云:"淳祐丁未仲冬二十有一日,古汴赵师耕以郡兼舶祈风遂游。"④这表明在淳祐丁未(1247)年底,赵师耕已从福建常平移官泉州知州,并兼领泉州市舶司。

赵与迥

　　赵与迥(生卒年未详),字景皋,淳祐间任建阳知县。淳祐十二年

①〔宋〕赵师耕:《二程文集麻沙本后序》,《二程文集》附录卷下,《景印文渊阁四库全书》第1345册,第756页。

②沈瑜庆、陈衍等:(民国)《福建通志·金石志》卷一二,1938年刊本,叶14B—15A。

③黄荣春:《福州摩崖石刻》,福建美术出版社1999年版,第109页。

④吴幼雄等主编:《泉州史迹研究》,厦门大学出版社1998年版,第135页。

（1252），在建阳县斋刻印朱鉴所编《晦庵先生朱文公易说》二十三卷，瞿氏《铁琴铜剑楼藏书目录》卷一著录；叶德辉称其为"县斋本"①。又刻印建阳刘叔通所撰《嘉禾县图经》，是建阳最早的县志，请前任知县刘克庄为之序。

赵氏生平，历代《建阳县志》均缺载，《职官志》中仅列其名而已。刘克庄《建阳县厅续题名记》提到此君事迹，云："赵侯与迥至而叹曰：'有易治之实而蒙不治之名，是厚□□县也。'乃穷病源，徐施砭剂，期年而治，二年而大治。岸有艖舟，水无粗瘢，凋瘵复更，复坠毕举。……侯字景皋，其学出于师友云。"②道光《福建通志》、民国《福建通志·名宦传》有其小传，但均将其名误作"赵汝迥"。民国《建阳县志》据此增入，于是淳祐间就有了赵与迥、赵汝迥二知县，大误。道光《福建通志》载："赵汝迥，字景皋，燕懿王德昭裔孙。淳祐间知县事，扩大学舍于四贤祠，增祀刘爚于朱子祠，东序增祀游九言，西序增祀蔡元定。与诸生讲明《师说》而兴于学。其治，究利病，徐施剂砭，抑豪右，扶孤寡。期年坠举瘵苏，二年而大治。"③从行文看，此传也参考了刘克庄之文。

郑如冈

郑如冈（生卒年未详），字山甫，处州青田（今浙江青田县）人。绍定五年（1232）官福建转运判官、转运使，及常平司提举，将其父郑汝谐（1126—1205）所著《东谷易翼传》二卷、《论语意原》二卷刻印于建安漕司之澄清堂，即邵氏《增订四库简明目录标注》著录所云"郑如网（冈）刊于闽峤漕司"④者。《四库全书总目》著录："汝谐字舜举，号东谷，处州人。……是书前有自序及其子如冈、曾孙陶孙题语。如冈称求得真德秀序，此本不载，盖传写佚之矣。"⑤朱彝尊《经义考》分别载郑汝谐、真德秀、郑如冈和其曾孙郑陶孙的序跋，从中可见此书刊刻源流。

①〔清〕叶德辉：《书林清话》卷三《宋司库州军郡府县书院刻书》，中华书局1957年版，第73页。
②〔宋〕刘克庄：《后村先生大全集》卷八九《建阳县厅续题名记》，《宋集珍本丛刊》第81册，第727—728页。据嘉靖《建阳县志》卷六所载刘克庄同一文章，引文中"是厚□□县也"，为"是厚诬吾县也"；"复坠毕举"，为"废坠毕举"。
③〔清〕陈寿祺等：(道光)《福建通志》卷一二四《宦绩》，台北华文书局1968年版，第2260页。文中"赵汝迥"当为"赵与迥"
④〔清〕邵懿辰撰，邵章续录：《增订四库简明目录标注》卷一，上海古籍出版社1979年版，第18页。
⑤〔清〕永瑢等：《四库全书总目》卷三，中华书局1965年版，第18页。

其中,《经义考》著录《东谷易翼传》所载郑如冈跋云:

> 河南先生序《易传》曰:"予所传者辞也,由辞以得意,则在乎人焉。"此《易翼传》之所以作也。先君玩大《易》之理,诵《易传》之辞,研精覃思,凡数十年而后就。如冈以广其传为请,先君以为程子续道统于千载之后,成书既久,莫得传授,自谓精力未衰,尚冀少进。其后寝疾,始以授尹焞、张绎。先觉犹不敢自足,矧后学耶?

> 岁在壬辰,如冈持节闽峤,以槀本求是正于西山真公贰卿,且论叙于篇首。公雄文大册,焜耀斯世;不靳渊源之论,为之发挥所得,不既多乎。已而谓如冈曰:"先君子没已久矣,精力已毕见于此书矣,讵可不使流布,以示学者?"如冈拜手而谢曰:"谨受教。"是岁仲夏刻于漕司之澄清堂。[①]

又载郑陶孙跋:

> 后六十年,陶孙劝学七闽,访澄清堂板,已罹兵毁。又十有六年,陶孙由词垣劝学江左……会庐陵学官来征遗书,谨取家藏本授之,能刻梓,以与程、杨两先生参,亦斯文之一幸也。[②]

从绍定五年,再历经 76 年,已是元大德十一年(1307),郑陶孙刊本即刻印于其时。此本为此书现存最早刻本,刊刻地点在庐陵学官。《中华再造善本》即据此本影印。

《经义考》著录郑汝谐《论语意原》所载郑如冈跋曰:

> 《意原》之作,盖将发明先圣之奥旨,而为学问有成者之助也。先君留心于此,殆将终身。昔者尝锓于章贡、豫章,晚岁繇禁橐守池阳,取二本而较之,删润殆居其半。践履益至,议论益深,乃知学问固未始有止也。如冈来闽岁余,思所以淑诸人,谨取池阳本锓木,以广其传,且求印可于先觉君子,庶无负先君之素志。[③]

从以上跋文可知,《东谷易翼传》《论语意原》这两部著作,均由郑如冈刊刻于福建漕司之澄清堂,惜乎原本今均不存。

―――――――――

①〔清〕朱彝尊:《经义考》卷三四,《景印文渊阁四库全书》第 677 册,第 372 页。
②〔清〕朱彝尊:《经义考》卷三四,《景印文渊阁四库全书》第 677 册,第 372 页。
③〔清〕朱彝尊:《经义考》卷二一九,《景印文渊阁四库全书》第 679 册,第 815―816 页。

何乔远《闽书》载郑如冈事迹云:"如冈字山甫,以荫历任,所至简静为理。官吏部侍郎。"①《青田县志》载:"郑如冈,字山甫,汝谐子。少侍父使燕,过故都。忠愤发为诗歌,自相唱和,名《专对集》。以荫历新淦、金华令,守衢、婺二州、江东提刑、福建转运使。一以简静为治。入为吏部侍郎。"②

二、元代

刘应李

刘应李(1245—1311),字希泌,号省轩,初名棨,朱熹门人刘炳曾孙。宋末元初建阳人。宋咸淳十年(1274)进士,授建阳县主簿。刘氏私淑真德秀,入元后隐居不仕,与理学家熊禾、胡庭芳等在武夷山洪源书堂讲学,前后达十二年之久,故《宋元学案》将其列入朱熹《沧洲诸儒学案》。元至元末,刘应李回到建阳崇泰里故居,表示"士大夫幸有薄田畴,与其私吾子孙,曷若举而为义塾聚英材?"③于是建化龙书院。书院于至元二十八年(1291)建成,四方学者毕至。刘氏著有《易经精义》《传道精语》,编有类书《新编事文类聚翰墨全书》行世。前二书今已散逸。《翰墨全书》一百二十五卷,是元代流行的一部大型日用类书,成书于元大德十一年(1307),熊禾为之序,今存版本甚多。清丁丙《善本书室藏书志》著录影写明正统刘稳刊本曰:"背有木记云:'先祖文简公同弟炳幼从朱子之门。在宋为名臣,平生著述甚富。门人果斋李方子将草稿诗序编次成集,曾孙省轩刘棨应李隐于武夷洪源山中,编集《翰墨》诸书及将《文集》点校锓枣。立化龙书院以为讲道之所,收藏书版。后因元季厄于兵燹无存,续后子孙钞誊残缺多讹,幸先君潭所藏古本,叔辉恐磨没,命予刊行,遂出己财敬绣诸梓,以广其传。十世孙刘稳拜手敬识于义宁精舍。"④上文虽是一则"木记",实已是一篇《云庄集》的短序,说明了该集的编刻源流,表明刘应李刻本是《云庄集》的第一

①〔明〕何乔远:《闽书》卷四三《文莅志》,福建人民出版社1994年版,第2册,第1056页。
②〔清〕雷铣、王棻等:(光绪)《青田县志》卷一〇《人物》,台北成文出版社1975年版,第538页。
③〔元〕熊禾:《化龙书院记》,(万历)《建阳县志》卷二《建置志》,《日本藏中国罕见地方志丛刊》,书目文献出版社1991年版,第313页。
④〔清〕丁丙:《善本书室藏书志》卷三〇,《续修四库全书》史部第927册,第515页。

刻本。

　　建阳《刘氏忠贤传》卷一有《省轩公应李传》，内容比《建阳县志》《福建通志》《闽中理学渊源考》等所载更为详尽。曰："公讳应李，字希泌，号省轩，初名荣。……幼庄重聪敏，禀学家庭，即知向往圣贤。长，从真西山游，尽得程朱之传。其于天文、地理、历律、阴阳、礼乐制度罔弗精究。一日，谒胡方平论《易》，叹曰：'所谓学者，克己功夫是也。'登咸淳甲戌（1274）进士，授本县主簿职兼学士。日与诸生讲格致诚正、修齐治平之旨。入元不仕，隐于武夷洪源山中，日与勿轩熊禾、双湖胡庭芳讲道吟咏。晚年自鳌峰归，建化龙书院于莒潭。奉宣圣四配，旁绘宋儒诸君子于其厢，后四方学者归焉。元杨帷中、张文谦以公行闻于朝，先生力辞不赴。所著有《翰墨全书》《易经精义》《传道精语》行世。学者称为省轩先生。"[1]

　　笔者曾于建阳马伏读到一西族南派的《云庄刘氏族谱》残册，其中有《省轩刘先生传》，所载与上谱又略有不同，且有刘应李的生卒年。移录于下："按公讳应李，字希泌，一字信甫，号省轩。生于淳祐五年乙巳（1245）五月廿一子时。甫八岁颖悟过人，即知读书。十岁，五经、子、史皆能成诵，通晓义理。咸淳九年癸酉（1273）与乡贡，十年甲戌登王龙泽榜进士，授文林郎，建阳县主簿。入元不仕，而以（与）勿轩先生熊禾、双湖先生胡一桂相友讲道。隐武夷洪源山中创长林书院。编次《翰墨大全》，书成，勿轩尝为之序。后自鳌峰游莒潭，爱其山水幽僻，遂建家塾，以著论讲道为己任。至大己酉（1309），勿轩为书'化龙书院'额以赠之。公平生所为文章累经兵火，仅存《翰墨》诗序而已。……殁于至大四年辛亥（1311）十二月十五日，寿六十七……"[2]

　　据此谱所记刘应李的生卒年，刘氏出生时，真德秀（1178—1235）已逝世十年，故刘应李不可能如上述《省轩公应李传》所言"从真西山游"。

熊禾·刘泾

　　熊禾（1247—1312），字去非，号勿轩，又号退斋，建阳人。从学于朱熹高弟辅广的弟子刘敬堂。宋咸淳十年（1274）进士，历官汀州司户参军。入

①〔清〕刘秉钧等：《建州刘氏三族忠贤传》卷一，清光绪六年（1880）建阳刘氏活字印本，叶17A。
②〔清〕刘捷元主修：《云庄刘氏族谱》卷二《忠贤传·西族南派》，光绪二十二年（1896）印本，叶21B—22A。此谱记建州刘氏西族南派谱系。

元不仕，与同科进士、母族至亲刘应李隐居武夷山中，建洪源书堂授徒讲学达十二年之久。此后，又在建阳修复祖上遗留的鳌峰书院。熊禾在从事理学研究和教学实践中，也从事刻书。可考的刻本有，至元二十九年（1292），在武夷洪源书堂刻成宋胡方平所撰《易学启蒙通释》二卷①。此刻本今国家图书馆存元刊明修本，有图一卷，收入《中华再造善本·金元编》。大德年间（1297—1307），其又在建阳鳌峰书塾刻印宋董鼎所撰《孝经大义》一卷。熊禾序称："余友人新安胡庭芳，挈其高弟鄱阳董真卿，访予云谷（一作武夷）山中，手携父书，有《孝经大义》者，取而阅之，则其家君深山先生董君季亨父所辑也。其书为初学设，故其词皆明白易晓。熟玩之，则其间义趣精深，又有非浅见谀闻所能窥者。辄为刊之鳌峰书塾，以广其传。"②后他又将朱熹撰，而由"考亭诸名儒参校，订定墨本"的《仪礼经传通解》一书，刊行于建阳书坊。这在熊禾自撰《刊仪礼经传通解疏》文中提到③。

元史药房《送熊退斋归武夷序》较为详细地记述了熊禾在武夷山讲学、著述与刊刻图书的事迹，节略如次："君家近武夷，自其幼时，往来文公精舍，已慨然有求道之志。……物换星移，无所售其初意，乃束书入山中，筑洪源书堂于五曲晚对峰之左，与朋友讲习旧业。其徒数十人，粝食涧饮于寂寞之滨，大肆其力于六经，日以周公、孔子之说相磨砻。于文公诸书是信是行，如《易》《诗》《书》《春秋》皆为之集疏，复为《四书》《小学》集疏以羽翼之，释回增美之功极矣。又念《仪礼》一书，文公、勉斋先后论著，号为全书，三代礼乐尽在是矣。兵火之余遂束高阁，非所以扶天常、奠民志也。复与锓梓，以广其传于海内，役巨费繁，以身任之。盖欲培植世道、缉熙人文，以俟后之君子，岂有所为而为者哉！"④

熊禾事迹，详载清朱轼所编《史传三编》卷七《名儒传》，清李清馥《闽中理学渊源考》卷三七，以及明以后历代《建阳县志》《建宁府志》《福建通志》；《潭阳熊氏宗谱》中亦有载。

---

①中华再造善本工程编委会：《中华再造善本总目提要·金元编》，国家图书馆出版社2013年版，第819—820页。

②〔元〕熊禾：《熊勿轩先生文集》卷一《孝经大义序》，《丛书集成初编》第2407册，第2页。

③〔元〕熊禾：《熊勿轩先生文集》卷四《刊仪礼经传通解疏》，《丛书集成初编》第2407册，第56—57页。

④〔清〕董天工：《武夷山志》卷一一《五曲·诗文》，清道光己丑（1829）极峰罗良嵩尺木轩刻本，叶34A—B。

按，清厉鹗《宋诗纪事》、清顾嗣立《元诗选》等均将熊禾误为"熊�字位辛"，《中国人名大辞典》则云"字去非，后改名�，字位辛"[1]，今人多沿袭其误。《潭阳熊氏宗谱》卷首《勿轩先生传》开篇即言："先生姓熊氏，讳禾，字位辛，一字去非，勿轩，其号也。"[2]据此，改名之说，恐有误。又据该谱《勿轩公传》所言"位辛一，讳禾，字去非，号退斋，又号勿轩"[3]，则"字位辛"之说，恐亦有误；"字位辛"，疑系对其在家族中排行"位辛一"的误读。

刘泾（生卒年未详），字楫之，号随斋。元建阳人。宋建阳云庄先生刘爚（晦伯）曾孙。

据清纳兰性德《周易启蒙通释序》称，刘泾曾刻印宋胡方平所撰《周易启蒙通释》二卷。纳兰氏曰："是书新安旧有椠本，今已不可得。此本为元建阳刘泾所梓，有泾及熊禾去非序。泾字楫之，云庄刘文简公爚后人。"[4]他将此本断为刘泾刻梓的依据，乃出自刘泾的跋文。据《四库全书总目》卷三引刘泾跋曰："一日约退斋熊君访云谷遗迹，适新安胡君庭芳来访，出《易学启蒙通释》一编，谓其父玉斋，平生精力，尽在此书，辄为刻置书室云云"[5]，此即纳兰氏将此本断为"元建阳刘泾所梓"的依据。由此可知，刘泾刻本，实际上即熊禾刻本。二人因理学而结缘，经常往来讲学于建阳云谷和武夷山。此亦二人的跋文，一说在云谷，一说在武夷，地点小异的原因。

麻沙《刘氏元利宗谱》记刘泾生平曰："泾，鐕公继子，字楫之，号随斋。仕元，授武略将军、信州路总管治中，迁奉训大夫饶州路余干州知州。"[6]可见刘泾与熊禾入元隐居不仕的情况不同，从事的是宦迹生涯，像熊禾那样结庐山林的可能性不大。

据宗谱载，泾父名钦，因钦弟鐕无子，故将刘泾过继给鐕，是为"鐕公继子"。

詹光祖

詹光祖（1248—1299），字良嗣，号月崖，崇安县人。于元至元二十四年（1287）刻印宋朱熹所撰《资治通鉴纲目》五十九卷，版式为半叶十行，行十

①臧励和：《中国人名大辞典》，中州古籍出版社 1993 年版，第 1360 页。
②〔清〕熊日新等：《潭阳熊氏宗谱》卷首，清光绪元年（1875）印本，第 1 册，叶 17A。
③〔清〕熊日新等：《潭阳熊氏宗谱》卷首，清光绪元年（1875）印本，第 1 册，叶 9B。
④〔清〕纳兰性德：《通志堂集》卷一〇《周易启蒙通释序》，上海古籍出版社 1979 年版，第 379—380 页。
⑤〔清〕永瑢：《四库全书总目》卷三，中华书局 1965 年版，第 20 页。
⑥〔清〕刘维新等修：《刘氏元利宗谱》癸卷，光绪庚辰（1880）印本，叶 10B。

六字,小字双行二十二字,细黑口,左右双边。今国家图书馆、上海图书馆和台北故宫博物院均有存本。同年,又刻印宋黄希、黄鹤注《黄氏补千家注杜工部诗史》三十六卷,现存国家图书馆、山东省博物馆[①]。以上二书,均收入《中华再造善本·唐宋编》。瞿氏《铁琴铜剑楼藏书目录》和邵氏《增订四库简明目录标注》著录前一刻本为宋淳祐刻本,误。

今南平市建阳区图书馆存有六卷武夷《建峰詹氏族谱》,卷一《列传》中有詹氏小传。曰:"光祖公,字良嗣,抱道不仕,荐举为武夷书院教授。后皇元以子贵,赠河涧郡王翰林院学士,虞集为之表神道焉。"[②]卷二《源流总系图》载:"(廿六世)光祖公,塘公长子,字良嗣,号月崖,位贵一。官通议大夫工部尚书上经车都尉,封河间郡侯。生宝祐五年戊申[③]九月十四寅时,殁大德己亥(1299)十二月廿七申时,葬瓯宁县丰乐里青州之源……共六子:天祥(原注:仕)、天瑞、天麒(原注:仕)、天华(原注:仕)、天禧、天增。"[④]董天工《武夷山志》也有詹光祖小传,云:"詹光祖,字良嗣,号月崖,崇安人。宋景定二年(1261)设武夷山长,以教邑之士子。至元初,改为教授,光祖预其选。子天祥、天麟。"[⑤]

《铁琴铜剑楼藏书目录》卷九著录詹光祖刻本《资治通鉴纲目》五十九卷云:"目录后有'武夷詹光祖重刊于月崖书堂'一行,卷一与卷五九后俱有'建安宋慈惠父校勘'一行。张月霄氏谓惠父即编《提刑洗冤集录》者,为淳祐间人,遂定为淳祐刊本。"[⑥]詹光祖生年为宋淳祐八年(1248),卒年为元大德己亥(1299),系宋末元初人。而宋慈生活在1186—1249年,宋慈逝世的这一年,詹光祖才两岁,"淳祐刊本"之说,显然有误。"建安宋慈惠父校勘"刊记,疑为詹本之前的建阳其他刻本所原有,詹氏重刊时照式翻刻,故据此来断定詹本的刊刻年代,并不可靠。《北京图书馆古籍善本书目》将詹本宽定为宋刻本,对"淳祐刊本"之说,似已持怀疑态度;其后出版的《中国古籍善本书目》重新定其为元至元二十四年(1287)刊本,系据上海图书馆

①李致忠:《历代刻书考述·元代刻书述略》,巴蜀书社1990年版,第197页。

②〔清〕詹宸等续修:《建峰詹氏宗谱》卷一《列传》,清嘉庆印本,叶13B。文中"河涧"应作"河间"。

③宝祐无戊申,此乃淳祐戊申(1248)之误。

④〔清〕詹宸等续修:《建峰詹氏宗谱》卷二"源流总系图",清嘉庆印本,叶140B—141B。

⑤〔清〕董天工:《武夷山志》卷一六《名贤·官守》,清道光己丑(1829)极峰罗良嵩尺木轩刻本,叶20A。

⑥〔清〕瞿镛:《铁琴铜剑楼藏书目录》卷九,《清人书目题跋丛刊》(3),中华书局1990年版,第140页。

藏本所做出的更正①。

附录：

皇元追赠河间郡詹公神道碑

　　按：本文原载《建峰詹氏宗谱》卷一。元虞集撰。查《道园学古录》《道园类稿》《道园遗稿》等均未载此文，似可定其为虞集的一篇逸文。本文详细介绍了武夷詹氏的源流，以及詹体仁、詹光祖、詹天麟等人的事迹，对詹氏刻书也有涉及。其中虽不乏应酬之语，但对进行建刻和闽学研究，及探讨二者的关系均有一定参考价值，故附载于此，以资学人参考。

　　惟建宁崇安詹氏，其先西安人。东晋大兴时，从蜀南渡，寄居婺源，数迁而有仕于闽者，留居建安，又迁建峰，又迁将村，族众蕃衍。自入闽以后，历隋唐五代，散居江淮闽浙间，而闽之居武夷者称最盛焉。盖闽粤之地，夏后氏已有封禅，迄秦汉而列为郡县久矣。其为地峻山峭岭，磅礴无涯，流泉沃野，风气完固。此天开地辟，不知其几何年矣。

　　至建炎宋渡江，伊洛之道，宿学巨儒，名公英杰起而引坠绪之微茫，天理系焉，民彝叙焉。莹域其里者，望文物衣冠之盛，知非功名富贵之流也。何其至是，而更显显如此者？自朱子之在于斯也。登高而望远，立观善斋，建寒栖馆，时天下之望武夷者，咸谓即龟蒙凫绎之区，未有若詹氏之多贤也。其时从游者十数，唯体仁羽翼斯道，其功尤著。及庆元党籍之祸，体仁以府卿与焉，虽禁锢极酷而卓然。圣贤之徒垂名后代，此詹氏之所以无愧于武夷也。故国学从事郎必张公，近绍休闻，著述不倦，当时师友问答往来之语，遗墨之藏其家者，韫椟如新，公已经二世荣封，盖百有十余年矣。

　　公讳光祖，字良嗣。公之太父讳穄，父讳墉。公生于淳祐戊申之岁九月十四日。少奇隽有用世之志。既长，就试于乡，弗售。后恩补登仕郎，历仕递迁工部尚书。公见国势抢攘，人才不振，每慨然有忧国之危。公叹曰："时不可为也。议不足以谋国，识不足以救民，与其勉强于所不可为，孰若归求其所可为乎？"敛裳故乡，仅治生于田里，使流散有归，守望相助。如是

────────────

①李致忠《昌平集》卷七："此书上海图书馆亦曾有过收藏，其版本则著录为'元至元二十四年詹光祖月崖书堂刻本'。……可证明詹光祖刻此书时已届至元二十四年。"载上海古籍出版社 2012 年版，第 416 页。

者数年，而大宋亡矣。

至元二十一年，将帅定地东南，得承制署郡县吏，以宣布德意抚绥人民，将奉公为大□宰，公固辞其命，然朝廷既立，官府定制度，各道设按察司，明黜陟、正纪纲，则崇儒重道亦首务也。故二十六年，翰林学士王公恽以按察司使持节七闽，宣扬天子德意。谓道学之盛，多于闽，俗吏不足以振兴之，王公乃以学校之责自任。盖是时，许文正公推明朱氏之学以定国，天子信用之。是以王公于学校之政尤谨也，因以武夷书院请于朝，设教授以处公。公曰："朱子有言：'乡无善俗，则人才不兴，道学不显。'如我里闲，世学之所出也，故明经之士，布衣韦带涧饮疏食，终老山林间者往往而在。"乃增修学舍，丰廪饩以给师弟，出己财以充公用而不吝。是时，学校之设，群推公为首倡。至于六经传注，诸儒之说以及子史，与诸公子参考校订以付刊刻，而建之书遂遍天下。天下得不误之书而读之，其功岂浅鲜哉！厥后，书院止置山长，而州郡设教授。行中书省于闽者，参知政事魏公，初闻公名，除桂阳教授，公不就。时宰方荐公于朝，而公于大德三年己亥卒，得年五十二。

公之诸子，惟天麟最贵。起乡郡学官，秩满，奏名天官大傅府，辟椽御史台，奏为浙东宪司照磨，省。除修仁县尹，未任。迁广西宪知府事，以六品恩赠公为承直郎江浙行中书省左右司直外郎。明年召还，除奉议大夫寿庆提点所大使，以五品恩赠公奉议大夫枢密院判官，骁骑都尉，追崇安县令。又除纳绵总管府经历，时上始转置太禧宗禋院，以领原庙祭祀，拜为院经历御史，召奏迁广东肃政廉访司。以四品恩赠公中顺大夫礼部侍郎骁骑都尉，追封河间郡伯。枢密院旧置，拔都总管府，拔都者，勇士之名也，奏为亚中大夫，以领之。天子方重守合之选，中书省奏为通议大夫抚州路总管兼劝农事，以三品恩封二代：行赠祖父墉亚中大夫，金太常礼仪院事轻车都尉，追封河间郡侯；祖妣王氏追封河间郡夫人。加赠公通议大夫、工部尚书轻车都尉，追封河间郡王。妣李氏、继应氏，与天麟生母江氏并追封河间郡夫人。自公殁时，以至治元年辛酉葬黄柏原，后二十三年为至正三年癸卯，改葬瓯宁丰乐里清洲之原。又二年，天麟守抚州，而敕命甫下，以集尝同朝经历宗禋，而又老于所守郡也，故使来征铭，以刻诸神道云。

公生六子，长天祥，扬州路屯田提举；次天瑞，继嗣应氏，汀州县主簿；三天麟；四天华，福宁州教授，升福州府同知；五天禧；六天增。孙男二十三人;孙女二十二人;曾孙男十七人;女丁四人。

于戏! 吾闻崇安人材之盛,皆在于宋南渡后而肇兴也。至于国朝承平日久,而詹氏以三世显封,集得以修史之暇,珥笔寥寥,阔远之余,庶俾来者有所征焉。其铭曰:

> 闽粤多山,武夷最神。发闷自天,笃生哲人。吾道南来,不绝如缕。邑兹崇安,爰宅爰处。朱子聿兴,大集厥成。同乡詹氏,师友弟兄。于穆从事,实犹实似。遗香满籯,以待来嗣。尚书既生,炎祚湮微。怀书远避,不献而归。嗟昔丧乱,君子在斯。恃以持国,庶俾勿坏。顾兹颓木,一绳难系。皇皇叩阍,孰为之继。蔽芾枌榆,爰息其景。感怀山川,蹙蹙奚骋。念有旧民,作之以所。教化风行,司宪来甸。庠序为师,同里共井。山吾高山,水吾流水。伟然衣冠,出谷迁乔。诵其诗书,则效匪遥。戈盾盈城,弦歌在室。道以人宏,鸣凤朝日。迨及圣明,兴贤育才。弓旌下贲,富贵云浮。忠贞乖教,燕翼孙子。恩荣洋洋,圭爵金紫。九曲清波,濯缨可歌。于焉瞻仰,吾言不磨。

前奎章阁待制翰林院侍讲学士通奉大夫制诰同修国史虞集撰。①

刘君佐·刘钧

刘君佐(约 1250—1328),字世英,号翠岩。唐刘翱十四世孙,宋咸淳六年(1270)进士,"任南恩(广西阳江)道判。采订谱牒,著《传忠录》。葬永忠新溪桥头挂璧金钗形。迁居书林,为书林始祖。"②刘氏本世居麻沙,宋末刘君佐迁居崇化书林,成为刘氏居书林之始祖。其后辈子孙中从事刻书者颇多,其本人也刻印了不少书籍。其书堂名"翠岩精舍",是元代建阳刘氏刻书中,最著名的书坊之一。其刻书活动有近二百年的历史,故清叶德辉称其为"阅两朝而犹存者",其刻书"始元延祐至明成化"③。

延祐元年(1314),刘君佐刻印程颐、朱熹所撰《程朱二先生周易传义》二十四卷,《易图》后有"延祐甲寅孟冬翠岩精舍新刊"牌记两行。泰定四年

---

① 〔清〕詹宸等续修:《建峰詹氏宗谱》卷一《皇元追赠河间郡詹公神道碑》,清嘉庆印本,叶 1A—4A。
② 刘云珪等:《贞房刘氏宗谱》卷三,民国九年(1920)忠贤堂活字印本,叶 26A—B。建阳书坊乡刘氏后人家藏,存五卷五册。
③ 〔清〕叶德辉:《书林清话》卷四《元私宅家塾刻书》,中华书局 1957 年版,第 102 页。

(1327)，刻元胡一桂《朱子诗集传附录纂疏》二十卷、宋王应麟《韩鲁齐三家诗考》六卷，半叶十一行，行二十二字，小字双行同，黑口，四周双边。刘君佐翠岩精舍元代刻本，有年代可考并传至今者，还有十几种①。至正十四年(1354)刻印唐陆贽撰、宋郎晔注《注陆宣公奏议》十五卷，为郎晔注本现存最早刊本。今国家图书馆所存，为原清杨氏海源阁旧藏，收入《中华再造善本·唐宋编》。

另一具有代表性的刻本，是刊于至正十六年(1356)的《广韵》。该书刻印精美，版式新颖，版面对称严谨，字体大小、布局十分讲究。在正文页版中，采用了反白字以活跃版面，为建宁书坊印刷品中的代表②。

刘君佐之子刘钧(生卒年未详)，字衡甫，元末明初人氏。《贞房刘氏宗谱》称其"元末世乱，能保全乡。大明兵入郡，率众归附"③。他继承了翠岩精舍的刻书事业，也刊刻了不少图书。如天历元年(1328)，刻印金刘完素所撰《新刊河间刘守真伤寒直格》三卷，今北京大学图书馆有存。天历二年，刻印类书《古赋题》十卷，次年又刻《后集》五卷，《四库全书》收入存目。至正九年(1349)，刻印元林桢辑《联新事备诗学大成》三十卷，今存于南京图书馆、日本公文书馆等。该本卷前"诗学大成纲目"后有"至正乙未孟春翠岩精舍新刊"一行；继之有至正九年朱文霆序，称："三山林君以正，锐于诗也。乃欲编集，以正其传。而择取古今名公佳句，以比附于后。比之旧编，于事类则去其泛而益其切者，于诗语则去其未善而增入其善者，目之曰《诗学大成》。……书市刘君衡甫锓诸梓，且希余为之序。余嘉其意，而且为后学有益，于是乎书。至正己丑首夏，奉训大夫建宁路瓯宁县尹兼劝农事朱文霆序。"④朱文霆，字原道，莆田人，元至治(1321—1323)进士。至正间，官瓯宁县尹。《八闽通志》称其"历官有政绩而尤长于文"⑤。

释慧空

释慧空(1255—?)，《古田县志》载："慧空，奖山寺僧。古田人，姓苏。

①方彦寿：《建阳刘氏刻书考(上)》，《文献》1988年第2期。
②曲德森主编：《中国印刷发展史图鉴》(上)，山西教育出版社2013年版，第291页。
③刘云珪等：《贞房刘氏宗谱》卷三，民国九年(1920)忠贤堂活字印本，叶27A。
④〔元〕林桢辑：《联新事备诗学大成》卷首，元至正刘衡甫翠岩精舍刻本，叶2B—3B。
⑤〔明〕黄仲昭：(弘治)《八闽通志》卷七二《人物》，书目文献出版社1988年版，第1013页。

母林氏,祷于真济显佑刘神君祠,夜梦神愿为子,十年后归宗。母惊寤,有孕。以宋宝祐乙卯(1255)生,因名'神乞'。能言即喜诵佛,父母丧,寓瓯宁为刘氏养子。时正符十年后归宗之梦。闻人诵《金刚经》,有悟。年十五归浦城,明年受皈戒于即心堂。年十九,闻建阳后山堂有海珠和尚,往参之。后至万寿寺,礼普勤和尚。尝于建阳募刻《法华经》。或谓不宜事此,曰:'汝焉知终日吃饭,不曾咬着一粒米乎?'大德庚子(1300),至政和之东平。里中有池觉应,性亦好佛,与言奖山之胜。且曰:'此真济显佑刘神君示现处也。'因悟夙因,曰:'吾当返本还元于此山也。'觉应为立庵。"①

建阳书坊历代刊刻图书甚多,然而有关刊刻佛经的记载却并不多,此为佛僧在建阳募刻《法华经》的罕见记载。

杜　本

杜本(1276—1350),字伯原,江西清江人,元代著名学者、文学家。元致和间(1328),在武夷山刻印被称为"元代四大家"之一的杨载所撰《杨仲弘诗集》八卷。据民国《福建通志》载:"杨载字仲弘,浦城人。……及卒,子幼,诗稿零落,杜本出所藏本,梓而行之。范椁为之序。"②

考众家书目,著录《杨仲弘诗集》元刊本的,有钱曾《读书敏求记》、傅增湘《藏园群书经眼录》、王文进《文禄堂访书记》等,但均只著录致和元年(1328)临江范椁序,而未录刊者之名。殆杜本以私家刻书,刻本无刊记之故。考杨载生于咸淳七年(1271),卒于至治三年(1323),而范序作于杨载逝世后五年(1328),与《福建通志》所说杨载卒后,"杜本出所藏本,梓而行之"③,在时间上相合。

杜本还于武夷九曲平川怀友轩刊刻其自编本《谷音》一卷。据张榘《谷音跋》称:"右诗　卷,凡二十三人,无名者四人,共一百首,乃宋亡元初节士悲愤、幽人清咏之辞。京兆先生早游江湖,得于见闻,悉能成诵,因录为一编,题曰《谷音》,若曰山谷之音野史之类也,刊于平川怀友轩,以传于世。今历兵燹,板已不存。予幸藏此本,风晨月夕寂寥之中,每一歌之,则想象

---

①〔清〕辛竟可等:(乾隆)《古田县志》卷七《释老》,台北成文出版社 1967 年版,第 199 页。
②沈瑜庆、陈衍等:(民国)《福建通志·文苑传》卷五,1938 年刊本,叶 1B—2A。
③沈瑜庆、陈衍等:(民国)《福建通志·文苑传》卷五,1938 年刊本,叶 2A。

其人,而愧不能仿佛其万一也,未尝不慨然久之。"①

《元史》有杜本传,所载杜氏隐居武夷的事迹不如董天工《武夷山志》详细。董志载:"杜本字伯原,其先京兆人。父谦随高宗南渡,迁清江。在文丞相幕下,毁家佐军以死。本博极群书,尤精皇极之旨。与虞集、范椁友善。吴澄、刘会孟见而器之。皇庆初,江浙行省丞相忽剌木荐其才,召入,不果用。抵江右,偕乐安董仲达至武夷,寓詹天麟家,卜隐于九曲之平川。结思学斋、怀友轩,人号聘君宅。……所著有《四经表义》《六书通编》《清江碧嶂集》。又尝集宋末遗民二十九人诗百篇,题曰《谷音》。学者称为清碧先生。葬于崇邑城外西南界,现桃林园下洲新塔路傍,有'元聘君翰林待制清碧先生杜公墓道碑'。"②

董天工《武夷山志》还有杜本《怀友轩记》③。据此文所记,其隐居武夷始于延祐间(1314—1320),则杜本刻印《杨仲弘集》的地点也在武夷山无疑。

詹天祥

詹天祥(1279—1312),字君履,一字君应,詹光祖长子。元大德六年(1302),刻印宋叶士龙所编《晦庵先生语录类要》十八卷,见杨氏海源阁《楹书隅录初编》卷三著录。《增订四库简明目录标注》卷九著录为"明初复刻元大德武夷詹天祥本"④。王重民《中国善本书提要》著录为"成化六年,婺源知县韩偓重刻詹本"⑤,此本与《增订四库简明目录标注》著录者应为同一刻本。

检读明成化六年(1470)婺源知县韩偓重刻詹本,后有詹天祥跋云:"右文公《语录类要》十八卷,故考亭书院堂长澹轩叶氏手编之书也。堂长讳士龙,字云叟,弱冠由括苍来考亭从勉斋游,因家焉。学成,行尊台郡迎致讲说,为诸生领袖。勉斋殁,堂长实状其行,皆亲切必传。其所著书,有《论语详说》二十篇行于世,又《文集》若干卷藏于塾。是编取《文公语录》撮要分类,以幸学者,初题曰《语录格言》凡十有九卷,见者如获重宝,且刊行矣。

---

①〔元〕杜本:《谷音》卷下,《四部丛刊初编》集部第 421 册,商务印书馆 1936 年版,第 13 页。

②〔清〕董天工:《武夷山志》卷一七《名贤·寻胜》,清道光己丑(1829)极峰罗良嵩尺木轩刻本,叶38A—B。

③〔清〕董天工:《武夷山志》卷一四《九曲·诗文》,清道光己丑(1829)极峰罗良嵩尺木轩刻本,叶14A—16A。

④〔清〕邵懿辰撰,邵章续录:《增订四库简明目录标注》卷九,上海古籍出版社 1979 年版,第 392 页。

⑤王重民:《中国善本书提要》子部,上海古籍出版社 1983 年版,第 224 页。

殿讲进斋徐公几绝爱其简切,且门类尤便寻绎,更为题曰《语录类要》,内独省去第十九卷,盖不欲使学者骤言兵也。近年书市本兵毁不复存,天祥家藏殿讲手校本,蠹坏将不可考,乃重校刻之。呜呼,文公平日格言大训具在成书,至于门人一时问答之语,前后记者五十余家,其浅深疏密或不同,勉斋在当时已不能不以为病。堂长此编岂易易能哉!非明不足以有别,非精不足以有索也。昔尚书后村刘公克庄尝言,'初,勉斋名重一世,门人高弟甚众,既殁,笃守师说不畔者,惟陈漳州、赵荆门,士人中惟云叟一二人',视此编犹信。大德壬寅二月朔后学武夷詹天祥君履书。"①后有"建詹天祥"方印,"君履"圆鼎式印②。

《建峰詹氏宗谱》卷一《列传》中有詹天祥的小传,云:"天祥公,字君应。由秀洋复居建峰。公有治世才,善于综理策划。事有烦剧丛脞者,一经区处,无不因时制宜,悉得其当。公尝重建崇福寺。后官至扬州、通州、泰州等处屯田提举。"③卷二世系中载:(廿七世)天祥公,光祖公长子,字君应。官扬州屯田提举。生至元十六年己卯(1279)八月十四未时,殁壬子(1312)十二月初二。"④可见,詹天祥曾涉迹宦途,其刻书,与其父光祖一样,也是偶尔为之。

董天工《武夷山志》介绍武夷精舍的历史时,语涉詹光祖父子,或可补上文之未言。语云:

> 元初,改山长为教授。邑士詹光祖预其选,修建一新。至元二十七年,建宁郡判母逢辰又增修之。厥后,教授游鉴、江应、詹天祥,学录詹天麟皆相继修理……⑤

由此可知,詹天祥也曾任过武夷书院的教授。

刘 焱

刘焱(1292—1353),字文传,元建阳马伏人。建阳《云庄刘氏族谱》卷

---

① 〔元〕詹天祥:《晦庵先生语录类要跋》,《晦庵先生语录类要》卷末,明成化六年婺源知县韩俨重刻本,叶1A—3B。
② 〔元〕詹天祥:《晦庵先生语录类要跋》,《晦庵先生语录类要》卷末,明成化六年婺源知县韩俨重刻本,叶3B。
③ 〔清〕詹宸等续修:《建峰詹氏宗谱》卷一《列传》,清嘉庆印本,叶13B。
④ 〔清〕詹宸等续修:《建峰詹氏宗谱》卷二"源流总系图",清嘉庆印本,叶140B—141A。
⑤ 〔清〕董天工:《武夷山志》卷一〇《五曲·诗文》,清道光己丑(1829)极峰罗良嵩尺木轩刊本,叶5A—B。

二载:"公讳焱,字文传。生于至元二十九年(1292)壬辰八月八日未时。少以文行知名。延祐七年庚申(1320)贡,入国学。未几□□□□怙于势力,徜徉林泉,以父省轩晚年于本里莒潭建立家塾,号化龙书院,与友人熊勿轩讲道其中,遗下《标题》《四书稿》,至正辛卯(1351)夏五月□□□□捐赀绣梓以广其传。娶崇安暨氏。生子三:坤、庄、玺。公殁于至正□□□□十二月二十五日,寿六十二。葬本里枫林。"①麻沙《刘氏元利宗谱》则载:"焱,应李公次子,字文传。大德癸卯(1303)贡士。尝梓省轩公书籍。生子三:坤、庄、玺。"②此处"大德癸卯贡士"与上文"延祐七年庚申"矛盾,应以延祐七年为是。

按,焱父应李,字希泌,号省轩,刘炳(韬仲)曾孙。宋咸淳甲戌(1274)进士,任建阳县主簿。入元不仕,与熊禾、胡庭芳讲学于武夷洪源书堂十二年,后归隐建阳莒口,建化龙书院。著有《翰墨全书》《易经精义》《传道精义》《传道精语》等。各家书目载刘应李所撰《翰墨全书》元刊本甚多,如杨守敬《日本访书志》著录《事文类聚翰墨全书》为元刊巾箱本③;罗振常《善本书所见录》著录其为元刊元印本④,今国家图书馆存元刻本残帙,但各家均未著录刻书者之名,颇疑各书刊刻与刘焱有关。

刘焱传中出现的《标题》,全称为《四书标题》,作者实为熊禾,而非其父刘应李。胡玉缙《四库未收书提要续编》著录有熊禾《四书标题》十九卷,云:"传本绝少,胡炳文《四书通》曾及其说。此瞿氏所藏元刊本。"⑤刘思生著录云:"《四书标题》十九卷,元刻本。宋熊禾撰。禾别有《勿轩集》,已著录。《四库》入别集类。事迹并已详前。此则《四书标题》也,首题朱子章句集注,建安后学熊禾标题。凡《大学》一卷,《中庸》缺,存《或问》一卷,《论语》十卷,《孟子》七卷。全书刻朱注。《学》《庸》后有《或问》。其中字句与今通行本有异者,悉同宋本《四书》。所谓标题者,皆列上方。《学》《庸》则分节以释之。《论》《孟》则每章标出学与身心、家国、天下诸目,诸目中更分细目。又分事与义以释之。事则略举典故,义则以己意发明书旨。"⑥

①〔清〕刘捷元主修:《云庄刘氏族谱》卷二《忠贤传·西族南派》,光绪二十二年(1896)印本,叶23B。
②〔清〕刘维新等修:《刘氏元利宗谱》癸卷,光绪庚辰(1880)印本,叶11B。
③〔清〕杨守敬:《日本访书志》卷一一,辽宁教育出版社2003年版,第191页。
④罗振常著,周子美编:《善本书所见录》卷三,商务印书馆1958年版,第120页。
⑤胡玉缙:《四库未收书提要续编》卷一,《续四库提要三种》,上海书店出版社2002年版,第29页。
⑥中国科学院图书馆整理:《续修四库全书总目提要》经部,中华书局1993年版,第937页。

由此可知,此书元刊本通常不提刊刻者之名,或因刘焱刻书未镌牌记之故。

熊 坑

熊坑(1328—1365),字孟城,元建阳人。宋末元初理学家熊禾的曾孙,至正间任将乐县尹。

元至正十三年(1353),熊坑在建阳鳌峰书院刻印熊禾《勿轩易学启蒙图传通义》七卷,此本通常被称为元建阳鳌峰书院刻本,今国家图书馆有存。清丁丙《善本书室藏书志》著录此刻本的旧抄本时,将熊坑之名误为"熊玩"。丁氏录至正癸巳(1353)熊玩序云:"朱子宗邵子之传,合程氏之说,作《本义》《启蒙》,而《易》道复明。迨朱子既没未百年,而当时学者浸失其真。曾祖勿轩忧之,复著《通义》四篇以承其统。末又附以古人占法,以见随时变易之义。……信夫先祖著述如五经四书训释,固多传于世者,惟此篇未及。玩叨登第任将乐令,恐久而湮没,遂寿梓于鳌峰书院。"①

据《潭阳熊氏宗谱》,熊坑本非熊禾曾孙,因其父熊燧过继给熊禾长子熊龙,故熊坑尊熊禾为曾祖。《宗谱》曰:

> (十九世)燧公 栋公之子,行文二,字汝明。出继中军房禾公长子龙公后。元大德乙巳年六月初七日卒于将乐县。奉母往避兵乱。……生子三:坑、均、圭。

> (二十世)坑公 燧公长子。行行一,字孟城。生于天历元年戊辰十一月初一日未时,卒于将乐县,年三十八岁。葬塘埠熊门后山。②

黄君复

黄君复(生卒、字号、里籍均未详),元至正九年(1349)任建安书院山长,至正十一年(1351)刻印元赵居信所撰《蜀汉本末》三卷。瞿氏《铁琴铜剑楼藏书目录》卷九著录:"题赵居信集录。居信号东溪,信都人。此书作于至元戊子。……论后又有自跋。至正己丑嗣子某守建宁,出其书,示建

---

① 〔清〕丁丙:《善本书室藏书志》卷一,《续修四库全书》史部第 927 册,第 164 页。
② 〔清〕熊日新:《潭阳熊氏宗谱》"熊氏西族上房长官祖居樟埠厅忠孝堂遗派",清光绪元年(1875)印本,第 2 册,叶 4B—5A。

安书院山长黄君复刻之。君复有跋。卷末有'建安詹璟刊'一行,元刻致佳本也。"①此本今存国家图书馆,即瞿氏铁琴铜剑楼所捐。该本收入《中华再造善本·唐宋编》。行款为半叶十行,行十九字,黑口,左右双边。卷末黄君复跋说明此书刊刻始末,云:"紫阳朱夫子《通鉴纲目》之作而大义始正,东溪赵先生《蜀汉本末》之编而公论愈明,是则《本末》当与《纲目》并行于世。岁己丑,先生之嗣子总管赵公来守建郡,出是书以示学者,可谓善继志矣。君复伏读敬叹,因请寿诸梓,以广其传,使后之览者知正统之有在,其于世道,岂小补哉! 时至正辛卯(1351)二月,建宁路建安书院山长晚学黄君复载拜谨书。"②

林弼《林登州集》有《双柏轩歌为黄君复院长赋》长诗一首。从诗题来看,此院长,应为建安书院山长的别称。该集卷七又有《师夔令尹作树石图以寄其友黄君复,纪别时之景也,阅而有赋二绝》。其一云:"杨柳江头送客归,暮潮初落见渔矶。画图无限怀人意,云树依依又夕晖。"③

蒋　易

蒋易(生卒年未详),字师文,号桔山真逸,元建阳人。著有《鹤田集》十四卷,现仅存序文二卷,今国家图书馆存传抄本。

元至元五年(1339),蒋氏曾刻印唐诗选集《极玄集》上下二卷行世,为明崇祯毛氏汲古阁《唐人选唐诗八种》之底本。傅增湘《藏园群书题记》卷一九著录何义门评校本时提到此书。何氏原跋曰:"元板建阳蒋氏师文所开雕《极玄集》。其首列序、诗人氏名,次武功自题,次姜白石题识,最则师文自题。此书虽不为大佳,然毛氏多藏书,犹云不见白石点本,则世人稀睹可知。……其字画颇精致,元板之善者也。"④

又据《藏园群书题记》,蒋氏还曾编刻《皇元风雅》三十卷,今存本为元建阳张氏梅溪书院刻本,收入《中华再造善本·金元编》。《四库全书》有《元风雅》,乃元傅习、孙存吾所编。阮元评价此二书,认为蒋编"计刘因以

①〔清〕瞿镛:《铁琴铜剑楼藏书目录》卷九,《清人书目题跋丛刊》(3),中华书局1990年版,第146页。
②〔元〕赵居信:《蜀汉本末》卷下,《中华再造善本·金元编》,北京图书馆出版社2004年版,叶47A—B。
③〔元〕林弼:《林登州集》卷七,《四库明人文集丛刊》,上海古籍出版社1991年版,第66页。
④傅增湘:《藏园群书题记》卷一九,上海古籍出版社1989年版,第939页。

下至二十七卷止，凡八十五家。人不逮傅、孙两家之半，而甄录之诗几倍之。故傅、孙于诸大家所录寥寥，此则选择古体，较为详审。……至于每人篇尾，各著事实，此则较傅、孙两家为胜。存之足以资考证之助。"①元虞集《国朝风雅序》对蒋易所编评价甚高。序中说："建阳蒋易师文著《国朝文雅》三十卷，而以保定刘静修先生为之首，许文正公继之，终之以《杂编》三卷，庶乎其有意焉。嗟夫！若刘先生之高识卓行，诚为中州诸君子之冠，而许公佐世祖成治道，儒者之功其可诬哉？若师文者，其可以与言诗也。夫十卷以上，诸贤皆已去世，而全集尚有可考载。如临川吴先生之经学，具有成书，其见于诗者，太山一毫芒也。穷乡晚进尚繇是而推求之乎。十一卷以下诸君子，布在中外。夫君子之为学，苟不肯自止，则进德何可量哉？窃以为未可遽止于斯也。至于仆也，蚤持不足之资，以应世用，老而归休，退而求其在己者，尚慊然其未能也。片言只辞，何足以厕于诸贤之间哉？亟除而去之，则区区之幸也。"②

道光《建阳县志》卷一三《人物志》载："蒋易，字师交。从杜本游。遍交天下知名士。博极群书，手自编录为文，绰有古致。左丞阮德柔分省建州，极敬礼之。与崇安蓝智兄弟多所唱和。有《鹤田集》《元朝风雅》行世。杜集、蓝集俱为之序。"③董天工《武夷山志》称："（蒋易）居武夷者数年，性聪敏，博极群书，尤工吟咏。"④蓝仁《蓝山集》卷五有《挽蒋鹤田》七律二首，诗中有"门人蓝涧修文早，不及哀歌共挽车"⑤之句，由此可知，二蓝曾师从于蒋易。蓝智《蓝涧集》卷五有《鹤田先生寿日客中有诗寄贺》，从诗句看，蒋易至少活到70多岁。诗云："绿发朱颜七十身，飘飘海鹤出风尘。苍崖松柏冰霜晚，深谷幽兰雨露春。北斗文章韩愈老，西京儒术仲舒醇。晨星正为斯文寿，蚤晚非熊载渭滨。"⑥

①〔清〕阮元：《四库未收书目提要》卷四，扫叶山房1923年石印本，第4页。

②〔元〕虞集：《道园学古录》卷三二，《四部备要》集部，中华书局1936年版，叶2B—3A。文中"《国朝文雅》"应为"《国朝风雅》"。

③〔清〕李再灏、梁舆等：(道光)《建阳县志》卷一三《人物志》，《福建师范大学图书馆藏稀见方志丛刊》第17册，北京图书馆出版社2008年版，第755—756页。文中"字师交"，"交"应为"文"。

④〔清〕董天工：《武夷山志》卷一七《名贤·寻胜》，清道光己丑（1829）极峰罗良嵩尺木轩刻本，叶12A。

⑤〔明〕蓝仁：《蓝山集》卷五，《四库明人文集丛刊》，上海古籍出版社1991年版，第823页。

⑥〔明〕蓝智：《蓝涧集》卷五，《四库明人文集丛刊》，上海古籍出版社1991年版，第874页。

刘叔简

刘叔简（生卒年未详），名锦文，字叔简，以字行。元后期建阳崇化书林著名刻书家。从泰定元年（1324）到至正二十三年（1363）近四十年间，刻书甚多。主要刻本有《新编事文类要启札青钱》五十一卷、《伯生诗续编》三卷、《四书辑释》三十六卷、《诗经疑问》七卷、《春秋胡氏传纂疏》三十卷、《诗传通释》二十卷、《书集传音释》六卷等。在现存的麻沙、崇化两地的《刘氏宗谱》中均未见其名，故其生平，以及与其他刘氏书坊的关系不详。明嘉靖《建阳县志》称其"博学能文，教人不倦，多所著述。凡书板磨灭，校正补刊。尤善于诗，有《答策秘诀》行世"①。刘氏日新堂入明后还刻印不少图书，一直延续到明嘉靖四十三年（1564），前后延续二百多年。

刘叔简刻书最突出之处，是他接受许多外地学者的委托，刊刻了不少传世的理学名著。如至正二年（1342），刻印倪士毅《四书辑释》三十六卷。王重民《中国善本书提要》曰："士毅新安人，始纂是书于其师陈栎既卒之后，时为元统二年，成于至元三年（1337），建阳坊贾刘叔简得其书而刻之。后士毅虑其有未底于尽善者，爰即旧本，重加是正，视前本益加精密，汪克宽序而传之。浙江采进本有至正六年汪克宽序，当为重订重刻本；此本无之，殆以出于初纂本故也。《凡例》后有：'至正壬午夏五日新书堂刊行'牌记，壬午为至正二年，前于汪序本五年。按叶德辉《书林清话》卷四：刘叔简名锦文，所设坊曰日新堂，刻书甚夥。"②所谓"汪序本"，是指由倪士毅重加修订，由汪克宽作序的《重订四书辑释》二十卷本，仍由刘叔简刊刻于至正六年（1346）。《四库全书总目》卷三七著录云："《重订四书辑释》二十卷。元倪士毅撰。……士毅受业于陈氏，因成此书。至正辛巳刻于建阳。越二年，又加刊削，而克宽为之序。卷首有士毅《与书贾刘叔简书》，述改刻之意甚详，此'重订'所由名也。"③

另据倪士毅《建安刘叔简书坊刻本资治通鉴纲目凡例序》曰："至元后戊寅冬，友人朱平仲晏归自泗滨，明年春，出其所录之本……乃随所可知，

<hr/>

① 〔明〕冯继科、朱凌：(嘉靖)《建阳县志》卷一二《列传》，《天一阁藏明代方志选刊》第31册，上海古籍书店1962年版，叶18A—19A。
② 王重民：《中国善本书提要》经部，上海古籍出版社1983年版，第42页。
③ 〔清〕永瑢等：《四库全书总目》卷三七，中华书局1965年版，第308—309页。

正其错简三条……以寄建安刘叔简锦文,刊之坊中,与四方学者共之。……至正二年壬午夏五月辛未朔新安倪士毅谨书。"①由此可知,刘叔简还曾接受倪士毅委托,刊刻经其校录的宋朱熹撰《资治通鉴纲目凡例》。

至正三年(1343),刘叔简刻印元赵汸《春秋金锁匙》一卷,卷末有"至正癸未日新堂"牌记。

至正八年(1348),刘叔简又接受汪克宽的委托,为其刻印《春秋胡氏传纂疏》三十卷。

汪克宽、倪士毅、赵汸三人均为元末理学家,时称"新安三有道"②。他们的著作都交给刘锦文刊行,表明在元末建阳刻书业中,刘氏的刻书质量是非常好的,得到作者的信任。

在汪克宽《环谷集》中,附有刘叔简所撰《刊春秋胡传纂疏启》一文,应是刘氏传世的唯一文字。该文内容为元代书坊向当世大儒约稿的函,甚为罕见,弥足珍贵,移录于后:"弱水蓬莱,凝睇一方之隔;泰山北斗,驰心千里之瞻。辄凭尺素之恭,敷布寸丹之涘。恭惟尊先生学通经传,道贯古今,明圣人笔削之书,述而不作;剖贤者异同之说,展也大成。推为人之盛心,立垂世之大训。无附会纠缠之失,重文采于奎章;极根究取舍之严,副衮褒于华族。快四方之先睹,续千载之不传。得俊棘闱,久报飞铃之捷;欲传梓本,幸毋韫玉之藏。倘沐允从,无任感激。俾麟史昭然义见,功必有归。将鸠工,倏尔书成,信焉可失!谨此申复,尚冀丙融。"③

刘　张

刘张(生卒年未详),字子长,元崇安五夫人。南宋名儒刘子翚(字彦冲,号屏山。朱熹曾从之学《易》,传见《宋史·儒林传》)六世孙。

元至正间,刘张重修了五夫屏山书院。至正二十年(1360),又在此书院刻印宋陈傅良《止斋先生文集》五十二卷。《铁琴铜剑楼藏书目录》卷二一著录云:"门人曹叔远编为五十一卷,刻于嘉定戊辰,前后皆有叔远序。

---

①〔元〕倪士毅:《建安刘叔简书坊刻本资治通鉴纲目凡例序》,朱杰人等主编:《朱子全书》第11册,第3506页。
②〔清〕黄宗羲:《宋元学案》卷七〇《沧洲诸儒学案》,中华书局1986年版,第2359页。
③〔元〕刘叔简:《刊春秋胡传纂疏启》,《环谷集》卷末附,《明别集丛刊》第1辑第4册,黄山书社2013年版,第192—193页。

是本为元至正间重刻。多附录一卷,为神道碑、行状、墓志及杂文八篇,合五十二卷。末有白文二行:'至正庚子仲冬屏山书院重刊。'"①同年,刻印其高祖宋刘学箕撰《方是闲居士小稿》二卷。序后也有"至正庚子仲冬屏山书院重刊"竖排隶书牌记,今上海图书馆有存本。此本收入《中华再造善本·唐宋编》。半叶八行,行十八字,黑口,四周双边,双鱼尾。《四库全书总目》著录此本云:"末有学箕自记,及其门人游彬等跋。初已锓版,因兵乱散失。元至正辛丑(1361),其裔孙名张者,复从刊之。"②

建阳麻沙《刘氏元利宗谱》附有崇安五夫《东族世系》,其中载:"(十一世)学箕,坪公三子,字习之……(十五世)张,屋公之子,字子长。尝纂修《五夫族谱》,重修屏山书院,刊刻《传忠录》。生子五:佑、礼、禧、祯、祉。子孙俱盛。"③《五夫子里志》载:"刘张,字子长。举明经贡士,屏山先生七世孙也。祖伯裡,事亲孝。父屋,有隐士风。张为人尊祖敬宗,不忘先泽。里中有屏山书院,肇建于宋,祀屏山先生,配以刘忠肃、朱文公。年久院废,张于屏麓为址重建。"④元张矩《重建屏山祠堂记》云:"及有元之初载,罹兵燹,悉致散处,惟忠显公八世孙子长卓然追念先世,诛茅除荒,访陈迹于故址之基,重建屏山祠堂。复揭朱子所书旧扁于门前,作燕居以祀宣圣。后作祠宇,以奉文靖、晦庵、忠肃三贤遗像。左斋曰'不远复',右斋曰'毋不敬'。以所藏《屏山文集》《传忠录》及《方是闲文集》重锓诸梓,广传于世。"⑤

按,刘张所刊《屏山集》和《刘氏传忠录》,今已不存。《刘氏传忠录》则有福建师范大学图书馆存光绪三十一年(1905)刘氏重刊本四卷二册。

母逢辰

母逢辰(生卒年未详),或作毋逢辰,字希说,号梅庵,剑南(今属四川)人。元大德十年(1306)任建宁路通判,曾在建阳考亭书院刻印宋王安石撰、李壁笺注、刘辰翁评点之《王荆文公诗》五十卷首三卷。董康《书舶庸谭》卷三载:"《王荆文公诗》五十卷目录三卷。元椠本,题'雁湖李壁笺注,

①〔清〕瞿镛:《铁琴铜剑楼藏书目录》卷二一,《清人书目题跋丛刊》(3),中华书局1990年版,第325页。
②〔清〕永瑢等:《四库全书总目》卷一六二,中华书局1965年版,第1394页。
③〔清〕刘维新等修:《刘氏元利宗谱》癸卷《东族世系》,光绪庚辰(1880)印本,叶4A—5B。
④詹继良:《五夫子里志》卷一一《人物志》,上海书店出版社1992年版,第233页。
⑤〔元〕张矩:《重建屏山祠堂记》,詹继良:《五夫子里志》卷一三《艺文志》,上海书店出版社1992年版,第275页。

须溪刘辰翁评点',分两行。每半叶十一行,每行廿一字,鱼尾下标'王文公诗几',上下黑口,有圈点,附评语(原注:或作阴文),有补注(原注:阴文),或标欠注(原注:阴文)。前有毋逢辰序,备录于后。此本乾隆间海盐张氏尝翻雕之。近年张菊生又有石印本,所据皆此本也。"①张菊生即张元济先生,1922年他曾据毋(母)逢辰元刻本影刊此书。因所据底本卷前刘将孙、毋(母)逢辰两序残缺,张乃据朝鲜活字本拼配补齐②。

　　毋逢辰序云:"诗学盛于唐,理学盛于宋,先儒之至论也。……方今诗道大昌,而建安两书坊竟缺是集。予偶由临川得善本,锓梓于考亭,辄摭所闻者,以系其集端云。大德丙午中秋龙门毋逢辰序。"③此刻本今国内已无存,仅日本宫内厅书陵部存有一部。日本公文书馆则存此书之抄本,为日本大儒林罗山之旧藏。元至元二十五年至大德间(1288—1307),毋逢辰官建宁路判,曾将朱熹武夷书院、建阳考亭书院修复一新,将书院原有学田90余亩增至500多亩,并在考亭书院刊刻此书。元代名儒熊禾有《重修武夷书院疏》《代母梅庵题考亭书院祀田疏》二文,前一篇赞扬其"府判梅庵先生以蜀西之珍,负道南之望,昭布明时之德化,厚培昌运之人才"④;后一篇则专为毋逢辰拨学田给考亭书院之举而赋⑤。

　　清董天工《武夷山志》载:"毋逢辰,字希说,号梅庵,剑南人。元至元间,任建宁府判,尝倡修紫阳书院。熊勿轩撰疏,甚称许之,所谓'以蜀西之珍,负道南之望'者也"⑥。今武夷山六曲响声岩,仍存摩崖石刻:"至元庚寅重三节,蜀人母逢辰督修武夷书院毕,偕赵必社、安天民、赵若、罗元豫、詹光祖、彭文甫、刘应徐来观,文公题刻。"⑦四曲有"至元庚寅之春,剑南母逢辰修创。董役者赵必社、安天民、熊禾、詹光祖。彭文甫书"石刻⑧。

---

①贾贵荣辑:《日本藏汉籍善本书志书目集成》第二册,北京图书馆出版社2003年版,第164—165页。文中"李璧",应为"李壁"。

②张元济:《景印元大德本王荆文公诗跋》,《张元济全集》(第10卷),商务印书馆2010年版,第30页。

③〔宋〕王安石:《王荆文公诗》卷首,日本公文书馆存抄本,叶5A。

④〔元〕熊禾:《熊勿轩先生文集》卷四《重修武夷书院疏》,《丛书集成初编》第2407册,第55—56、60页。

⑤〔元〕熊禾:《熊勿轩先生文集》卷四《代母梅庵题考亭书院祀田疏》,《丛书集成初编》第2407册,第60页。

⑥〔清〕董天工:《武夷山志》卷一六《名贤·官守》,清道光己丑(1829)极峰罗良嵩尺木轩刻本,叶20A—B。

⑦武夷山市地方志编纂委员会编著:《武夷山摩崖石刻》,大众文艺出版社2007年版,第19页。

⑧武夷山市地方志编纂委员会编著:《武夷山摩崖石刻》,大众文艺出版社2007年版,第37页。

按，以上所引典籍，《熊勿轩先生文集》《武夷山志》《武夷山摩崖石刻》母逢辰之姓均作"母"；董康《书舶庸谭》、张元济《景印元大德本王荆文公诗跋》则作"毋"。细读武夷山摩崖石刻原文，发现"母"字中的上下两点，因书写之故，均被连笔写作一竖，由此而产生误读。日本公文书馆所存抄本《王荆文公诗序》，将其明确写作"母"，由此推断其姓名应为"母逢辰"。

叶日增

叶日增（生卒年未详），字荣轩。建阳著名书肆叶氏广勤堂之主，崛起于元后期。见于著录和现存的刻本中，最早刻有刻书家姓名的，是元天历庚午（1330）《新刊王氏脉经》十卷，序后有行书写刻的"天历庚午仲夏建安叶日增志于广勤堂"牌记。今国家图书馆存原刊本。《四部丛刊》本即据此刻本影印，人民卫生出版社1956年3月也曾据此本影印出版该书。近年该书又收入《中华再造善本·金元卷》。刻书家叶日增之名，所有刻本中仅此一见。

叶氏广勤堂的刻书地点在崇化书林。其他主要刻本还有：

泰定元年（1324），刻印宋孙觌撰，其门人李祖尧注之《李学士新注孙尚书内简尺牍》十六卷；无具体年号，刻印唐许浑撰、元祝德子注《增广音注唐郢州刺史丁卯诗集》二卷，金元好问编《翰苑英华中州集》十卷《乐府》一卷；至正二十二年（1362），印行《集千家注分类杜工部诗》二十五卷《文集》二卷《年谱》一卷，系据建阳余氏勤有堂旧版重印。

明杨荣《三峰书舍赋》前小序称："建阳书林叶添德景達氏，自其大父荣轩、父彦龄，世以诗书为业。尝作室以贮古今书版，日积月增，栋宇充牣，凡四方有所购求者，皆乐然应之。由是缙绅大夫莫不称誉其贤。"[1]由此文可推知，叶日增，字荣轩，是明初书林叶景達（逵）的祖父。得此结论的原因，可参阅本书"叶景逵"条。

余觉华·余志安

余氏勤有堂是元代建阳著名的书坊。这家书坊有两位刻书家：余觉华

---

[1]〔明〕杨荣：《杨文敏公集》卷八《三峰书舍赋》，《明别集丛刊》第1辑第29册，黄山书社2013年版，第394页。

和余志安。

余觉华(生卒年未详),字荣甫。建安(今属福建)人。道教学者,隐居修道,著《修真捷径》九卷。《四库全书总目》认为:"其书成于至元(1264—1294)中,辑道家服气、炼神歌诀,所论皆笃实。大旨阐发谷神不死之说者也。"①

余觉华刻本有宋葛长庚《新刊琼琯白先生玉隆集》六卷,傅增湘著录云:"元刊本,十一行二十字,注双行同,黑口,四周双阑。版匡高六寸……卷一记,卷二歌,卷三旌阳许君传,卷四许真君后传,卷五逍遥山群仙传,卷六传。本书题'白先生玉隆集卷一',后题'建安余觉华刊于勤有堂'。"②

余觉华勤有堂刻本还有葛长庚撰《琼琯白玉蟾武夷集》八卷。版式为半叶十一行,行二十字,黑口,四周双边,卷八后有"建安余觉华刊于勤有堂"牌记二行。

余氏还刻印了葛长庚撰《琼琯白玉蟾上清集》八卷,今上海图书馆有存。傅氏《藏园订补郘亭知见传本书目》著录其为元代余氏静庵刻本,云:"十一行二十字,黑口,四周双阑。标题大字占双行。目录次行题'建安余氏刊于静庵'一行。"③此刻本被收入近年出版的《中华再造善本》,北京图书馆出版社2005年据上海图书馆藏元代余氏静庵刻本影印。

余志安(1275—1348),现存的《书林余氏族谱》中名安定,字栎庄。约从大德八年(1304)到至正五年(1345)四十年间,以"勤有堂"名号刻书三十多种。其中较著名的有《分类补注李太白诗》二十五卷、《集千家注分类杜工部诗》二十五卷《文集》二卷、《宋提刑洗冤集录》五卷、《唐律疏议》三十卷、《国朝名臣事略》十五卷等④。

余觉华与余志安,同为建安余氏勤有堂的堂主,二者是什么关系,由于《书林余氏族谱》中余觉华的史料缺载而难以确认。从现有刻本的资料推断,余觉华应为余志安的父(叔)辈,故其刻本在至元年间(1280—1294),而余志安刻本则在大德八年(1304)以后,前后相距约二十年。从内容来看,

①〔清〕永瑢等:《四库全书总目》卷一四七,中华书局1965年版,第1261页。

②傅增湘:《藏园群书经眼录》卷一四,中华书局1983年版,第1261页。

③〔清〕莫友芝撰,傅增湘订补:《藏园订补郘亭知见传本书目》卷一三,中华书局1993年版,第4册,第114页。

④余志安勤有堂刻书目录,详见肖东发:《建阳余氏刻书考略》(上),《文献》第21辑,书目文献出版社1985年版,第264页。

余觉华刻本主要集中在道教修真类著作,特别是对道教南宗五祖之一的白玉蟾(葛长庚)的著作情有独钟,其《玉隆》《武夷》《上清》三集尽数刊行。由此推断,勤有堂余氏“静庵”一号,实应为余觉华的“道号”,而非余志安的别号。

建安余氏所刻印《古列女传》,为现存较早的有精美版画插图的刻本,曾被误为宋版,被誉为“绣像书籍,以宋椠《列女传》为最精”①。此书卷中有“静庵余氏模刻”“靖庵余氏模刻”“建安余氏模刻”“余氏勤有堂刊”等刊记,可知其应亦余觉华所刊。

张光祖

张光祖(生卒年未详),字绍先。襄国(今河北邢台)人。元大德中(1297—1307)为泉州推官、福建提学。据陆心源《仪顾堂续跋》,张氏曾补刻洪迈《夷坚志》八十卷,著录为宋刊元印本。陆跋云:“此八十卷,则刊于建宁学者,至元而蜀浙之版已亡,惟建版尚存,缺四十三版。张绍先为福建提学,命天祐寻访旧本,因从周宏羽借得浙本补刊完全。”②

道光《建阳县志》载:“张绍先,古襄人。尝佐郡温陵,卜居崇化里。建同文书院逾百楹,延四方贤士大夫以事之、友之,不少懈。”③

张光祖卜居建阳崇化书林,长达十几年。其居室曰闲乐堂,他于其中校书、刻书。元建阳学者熊禾为之撰《闲乐堂记》,载其事迹甚详。略云:“古襄张侯绍先,雅爱东阳山水,卜居崇川者十有余载。岁在辛丑,佐郡温陵。越一年,得告归里,有游倦之心。遂于居之东偏,度地一匝,构堂数椽,日与宾客问学自娱。富贵利达,泊如也。……一日谓余曰:‘余遭世盛明,起家寒素。五膺朝命,从宦南方,将三十星霜矣。……吾将扁以闲乐,子其为我记之。’侯又于居之西偏,辟室逾百楹,命曰同文书院。……又以《六经》、《四子》与夫《十七史》诸书,幸赖伊洛、考亭诸大儒,参互讨论,统纪已一。当吾世不亟刊定,何以质往圣不谬,百世以俟来哲不惑。……侯之志,

---

① 〔清〕徐康:《前尘梦影录》卷下,《丛书集成初编》第 1562 册,第 39 页。
② 〔清〕陆心源:《仪顾堂续跋》卷一一,《续修四库全书》第 930 册,第 318 页。
③ 〔清〕李再灝、梁與等:(道光)《建阳县志》卷一三《人物志》,《福建师范大学图书馆藏稀见方志丛刊》第 18 册,北京图书馆出版社 2008 年版,第 14 页。

岂可以浅近窥之哉？"①

据熊禾此记，则张光祖在建阳书林所刻之书，似又不止上述一种。元代福建著名理学家陈普在建阳同文书院所撰《言行龟鉴序》中说："襄国张君光祖，字绍先，幼抱济物之怀。辛丑，为泉州推官，休暇俯仰，慨然以天下为虑。取朱文公《言行录》及前人采拾所谓《典型录》《厚德录》《自警编》《善善录》所载近世言行，凡在于善类，庶几于道上足以裨明时下，足以利民物者，门分为八，类列为八十有二，枚举为九百五十有五，总名之曰《言行龟鉴》，梓之与天下共。……睹张君历仕为政，与其为此书，实拳拳然，信其为仁人君子也。故为之序，大德癸卯闰五月三山陈普书于同文书院。"②由序文可知，张光祖所编《言行龟鉴》八卷，最早刻本，即其于大德七年（1303）自刊于建阳同文书院。此书现存《四库全书》本。

张仲仪

张仲仪（生卒年未详），字伯威，山西绛州（今山西运城绛县）人③。至元间任建宁路总管，刻印《农桑辑要》七卷。元熊禾撰《农桑辑要序》云："古《农桑辑要》一编，乃大司农司颁行之书也。前建安郡丞张侯某，刻而传之。将以广朝廷务农重本之意于天下，诚使家置一本，奉行惟谨，则人人衣食以足，而风俗可厚，教化可兴矣。"④

《农桑辑要》一书，乃元世祖时司农司所颁，此本为其在元至元十年（1273）颁发之后所翻刻。熊禾在此称建安郡，乃沿用古建安郡名，实为建宁路。"郡丞张侯某"，在民国《建瓯县志》卷八《职官志》中得其名，曰仲仪，至元间任职。

按，张仲仪在建宁卸任之后，复任兴化路总管。《闽书》有其小传云："张仲仪，燕人也。延祐二年（1315）为总管。识达治休，操廉布诚。初，总

①〔元〕熊禾：《熊勿轩先生文集》卷三《闲乐堂记》，《丛书集成初编》第2407册，第36—38页。
②〔元〕陈普：《言行龟鉴序》，《言行龟鉴》卷首，《景印文渊阁四库全书》第875册，第465页。
③元熊禾《熊勿轩先生文集》卷三《考亭书院记》称其为"提调官总管燕山张仲仪"，受此影响，下文所引《闽书》称其为"燕人"。载《丛书集成初编》第2407册，第32页；《山西通志》卷一三四《人物》载："张仲仪，字伯威，绛州人。以大官荐，由绛学正累迁杭州路总管府判官。"载《景印文渊阁四库全书》第546册，第591页；同一志书卷六〇《古迹》载："元抚州路总管《张仲仪墓碣铭》，北五里。至顺间宋濂撰文。"载《景印文渊阁四库全书》第544册，第128页。
④〔元〕熊禾：《熊勿轩先生文集》卷一《农桑辑要序》，《丛书集成初编》第2407册，第4页。

管郭朵儿创万金斗门,迁秩而功未遂,仲仪益开山浚河,引绕郡城以北,重造通济桥于木兰陂,砌芦浦、陈坝二斗门以杀水怒。莆人谓朵儿善创,仲仪善终。"①据《五礼通考》,延祐三年,张仲仪又任福州路总管②,累官至杭州路总管府判官。

朱　炘

朱炘(生卒年未详),字光明,一字明仲,朱熹五世孙,于元至正元年(1341)刻印元虞集所撰《道园学古录》五十卷,为虞集文集最早刻本。卷末有李本跋云:"至正元年十有一月,闽宪斡公使文公之五世孙炘来求记屏山书院,并征先生文稿以刻诸梓。本与先生之幼子翁归及同门之友编辑之,得《在朝稿》二十卷、《应制录》六卷、《归田稿》一十八卷、《方外稿》六卷。盖先生在朝时,属文多不存稿,固已十遗六七,《归田》之稿间亦放轶,今特就其所有者而录之,所谓泰山一毫芒也。"③闽宪斡公指的是斡克庄,时任福建廉访副使,与李本同为虞集弟子。除跋中所说虞集曾作《屏山书院记》之外,虞集还作有《考亭书院重建朱文公祠堂记》,以及《送朱明仲归建安并简贰宪斡克庄》,文载《道园类稿》卷七。

该书傅增湘《藏园群书经眼录》据以著录的底本,是明景泰七年(1456)郑达翻刻元建本。云:"后有至正元年门人李本跋,言是集为闽宪斡公使文公五世孙炘所刻梓,其编辑则先生幼子翁归及同门之友所为。"④按,由于朱氏原刻本久已不存,故史上亦罕见著录,唯清丁日昌《持静斋书目》卷四、张钧衡《适园藏书志》卷一三著录有此刊本;邵氏《增订四库简明目录标注》有"余在京师曾得元刊本,后归冯鲁川处。十三行,行二十三字,至元元年刊于建宁"⑤,所指均为朱炘刻本。《四库全书总目》曰:"自元暨明,屡经刊

<hr>

① 〔明〕何乔远:《闽书》卷六一《文莅志》,福建人民出版社 1994 年版,第 2 册,第 1739 页。

② 清秦蕙田《五礼通考》卷一二三《古礼·元》:"福州总管张仲仪建钱圣妃庙。钱氏捐十万缗创木兰坡以护田救民,坡垂成而败,钱氏投水死,故祀之。"载《景印文渊阁四库全书》第 137 册,第 987 页。

③ 〔元〕李本:《道园学古录跋》,《道园学古录》卷五○末,《四部备要》集部,中华书局 1936 年版,叶 1A。

④ 傅增湘:《藏园群书经眼录》卷一五,中华书局 1983 年版,第 1325 页。

⑤ 〔清〕邵懿辰撰,邵章续录:《增订四库简明目录标注》卷一七,上海古籍出版社 1979 年版,第 788 页。文中的"至元元年",应为"至正元年"。

雕,然皆从建本翻刻,亦间有参错不合,盖多出后人窜改,要当以元本为正矣。"①

朱炘是朱熹五世孙。建阳《紫阳堂朱氏宗谱》载其生平,仅寥寥数字,曰:"炘,字光明。任承务郎,福建省都事。子坻。"②虞集《屏山书院记》一文,叙述书院修建之事,三次提到朱炘之名,并称"炘,文公之五世孙也"③。

元建阳学者蒋易有《送朱明仲入京序》,文中说:"有宋徽国文公之五世孙,予识二人焉:曰煓,字光启;炘,字明仲;皆笃志好学,修身慎行,称其家者也。光启以明经举于乡,又与明仲俱以学行荐于部使者,搢绅咸誉之。二惠竞爽,吾犹有望,又弱一人,惟明仲在矣。"④

元末明初郑真《宋故光禄大夫建安郡开国朱公神道碑铭》,系郑氏应朱炘之请而为其高祖朱在(朱熹三子)而撰,开篇即言"宋故太师文公晦庵先生五世孙炘,谪居颍上,训导县学,以书致其高大父光禄公之状",由此可知,朱炘又曾历官安徽颍上县学训导。文中,与朱炘生平有关的文字如下:

> 炘字明仲,读书有气节,尝两为学官,升福建、江西省掾。慨念先世,欲一振起之。在元至顺间,朝廷将改封文公,命礼官集议,以为文之一字理不可易。第徽,以本乡宜封大国,以致崇德报功之意,定为齐国而未下。至正辛卯(1351),炘适在京,始覆议付奏曹。又十年,炘复至京,中书遂奏遣使奉制,并上樽内酏礼物祭告家庙。越二年,而献靖越国之封至矣。炘之光绍前烈如此,真窃惟道之大原,出于天而系于人。⑤

三、明代

熊宗立

熊宗立(1409—1481),字道宗,号道轩,又号勿听子、鳌峰、鳌峰后人

①〔清〕永瑢等:《四库全书总目》卷一六七,中华书局1965年版,第1440页。
②〔清〕朱桓元等修:《紫阳堂朱氏宗谱·文公末房光禄大夫公派》,光绪二十一年(1895)重修本,叶1A。
③〔元〕虞集:《屏山书院记》,《道园学古录》卷三六,《四部备要》集部,中华书局1936年版,叶9A。
④李修生主编:《全元文》卷一四六五,凤凰出版社2004年版,第48册,第53页。
⑤〔元〕郑真:《荥阳外史集》卷四五,《景印文渊阁四库全书》第1234册,第280—281页。

等。建阳崇化书林人。著名刻书家和医学家,以医学普及的成就载誉书林。其曾祖熊天儒、祖父熊彦明均为元代建阳名医。熊彦明编有医方类书《类编南北经验医方大成》十卷。熊宗立承其祖业,少年时向刻书名家刘剡学习书籍校刊,从明正统二年(1437)至成化十年(1474)的三十多年间,以鳌峰熊宗立、熊氏种德堂、熊氏中和堂等名号刻印医籍三十多种。主要刻本有《新编名方类证医书大全》二十四卷、《勿听子俗解八十一难经》六卷、《类编活人书括指掌方》十卷、《王叔和脉诀图要俗解》六卷、《原医药性赋》八卷等。熊氏所刻书,多自编自刻,将编辑、刻印、发行集于一体。所编医籍,多以类编、俗解、注释、补遗等形式刊行,较注重通俗性和形式多样化。在书籍中广泛运用图要、图括、指掌图等插图示意,图文并茂。熊宗立编刻的《新编名方类证医书大全》,由日本人阿佐井野宗瑞于大永八年(明嘉靖七年,1528)翻刻,成为日本翻刻的第一部中国古代医学典籍。《勿听子俗解八十一难经》也被日人翻刻,中医古籍出版社1983年曾据日翻刻熊氏刻本将该书影印出版。

熊宗立生平见载于《潭阳熊氏宗谱》,《宗谱》载其为熊氏入闽始祖、唐代熊秘十九世孙。谱载:

> 宗立,礼公三子,行华十三,字道宗,号道轩,又号勿听。生于永乐七年己丑(1409)七月初七日,终于成化十八年辛丑(1481)八月廿一日,享寿七十三岁,葬钱塘焦湖山。坐巽向乾。……公生而嗜学,善于孝友,受业于刘剡仁斋先生之门。尝读《易》,悟阴阳之奥秘,遂精克择。袭祖父之医术,皆不计酬,一以活人为心。著有《小学集解》《通书大全》《脉诀》《难经》《活人指掌》《妇人良□》《医方大全》《居家必用》等书行于世,载在《建阳县志》……①

《宗谱》中所载熊宗立的卒年为“成化十八年辛丑(1481)八月廿一日,享寿七十三岁”。按,实应为“十七年辛丑”,因十八年乃壬寅而非辛丑。“辛丑”与“八字”相比,出错的可能性更大的是“八字”,因古人计年,以虚岁为准,而谱中载其“享寿七十三岁”,以虚岁算,成化十七年,熊宗立正好73

---

①〔清〕熊日新等:《潭阳熊氏宗谱》“让房礼公派下瑗公世系”,清光绪元年(1875)印本,第6册,叶4B—5A。

岁。《明代刻书家熊宗立述考》一文于此有误①。

刘稳·刘梗

刘稳（1412—1463），字宗安，一作宗轩，号道斋。建阳人，宋名儒刘熵十世孙。于明正统九年（1444）刻印《云庄刘文简公文集》十二卷。对此，今人著录疏漏颇多。如瞿冕良《版刻质疑》曰："《邵目标注》著录宋刘熵《云庄集》下《续录》称'明天顺中十世孙桓刊本'。按缪荃孙《艺风藏书记》著录为'天顺庚辰十世孙刘梗刊本'。夫'梗'与'桓'一字之差，想系字形相近致误。然傅增湘《藏园群书经眼录》于此书称'十世孙道斋刘稳重刊'，前有正统九年十世孙稳序。同为十世孙，何一名'稳'，一名'梗'（桓），字形相差八、九画；一作正统九年（1444），一作天顺庚辰（1460），时间相差十六年？吾知其必有一误也。"②

按《刘氏元利宗谱》中有刘稳的小传，知傅增湘先生著录不误。谱载："稳，潭公长子，字宗轩，号道斋。正统朝刊刻《云庄文集》，自撰有序。生子二：熺、端。"③

又，瞿冕良先生称二者"必有一误"，实际上，除《邵目标注》误"梗"为"桓"外，缪荃孙《艺风藏书记》著录亦不误。《刘氏族谱》乃刘氏西族北派（在麻沙）所修，其中附有《西族南派世居马伏世系节略》，因为是节略，故次要人物删去不少，刘梗也在被删之列，故无从由此证明。但查《刘氏忠贤传》卷四，其中有福建布政使司左参政吴高于明天顺丁丑（1457）所撰《云庄精舍记》。记中有"刘氏十世孙曰梗曰宗，居其间。梗由从事赞幕归善，政声灿然"④等语。卷一〇《历代科第职官庠校题名》又有"西族南派"第二十一世"梗，忠子，广东归善典史"的记载。由此可知，刘熵既有十世孙名稳者，亦有十世孙名梗者。稳父名潭，梗父名忠，二人乃堂兄弟。

在残存的《云庄刘氏族谱》卷二中有《道斋先生传》，记刘稳事迹云："公讳稳，字宗轩，号道斋。生于永乐十年壬辰（1412）七月二十八日己时。平

---

①方彦寿：《明代刻书家熊宗立述考》，《文献》1987年第1期。

②瞿冕良：《版刻质疑》，齐鲁书社1987年版，第94页。

③〔清〕刘维新等修：《刘氏元利宗谱》癸卷《西族世系·南派》，光绪庚辰（1880）印本，叶13B。

④〔明〕吴高：《云庄精舍记》，《建州刘氏三贤忠贤传》卷四，清光绪六年（1880）建阳刘氏活字印本，叶25A。

生忠信明恕，宽肃诚笃，言约而理到，气温而色厉，喜怒不形，见利不苟。通晓音律，精算数，善推步，阴阳医卜靡不通□□□于道，故自号曰道斋，承父故业，韬光于鳌峰之下，逍遥徜徉，惟□□□□，犹□子以义方之训，无一言及家事。卒年五十有二，实天顺□□□□五月十三日也。……生二男：长熺，次煓。"①同谱所附刊的《刘氏忠贤传》则载："第十一世，梗，宗子，官至归善典史。"②

至于《云庄集》何以在相隔十六年即两次镌板的原因，若能找到完整的建阳马伏《刘氏族谱》，或可找到解答的线索。

朱　洵

朱洵（1412—1468），字宗信，建阳人。朱熹八世孙。明正统十三年（1448）刻印《朱文公年谱》。

建阳《紫阳堂朱氏宗谱·明宗次房》载："（第八世）洵，七品散官，有传。字宗信，行九。生永乐十年壬辰（1412）十一月十三日辰时，卒成化戊子（1468）六月二十九日，寿五十七岁。葬玉尺山下大路边龟山之阳。娶熊氏……葬书院后。"③

道光《建阳县志》载其事迹较《宗谱》为详。曰："朱洵，字宗信。文公八世孙。性醇介，慷慨乐施。正统庚申（1440）大饥，洵赈粟数百石，有司义而旌之。戊辰（1448），重建武夷精舍，置唐石墓田，刊《文公年谱》。天顺壬午（1462），葺考亭书院，悉出己资。尝舟行樟滩，有遭溺者，亟救之，复给以赀，不问姓名而去，后知为于忠肃公谦也。及谦贵，会朝议圣贤后置博士，遂以洵闻。檄下建阳，洵曰：'吾族在建安者为长，不敢越次以滥荫。'谦由是益高其谊。子格，字伯正，袭父遗赀，捐创文公祭田二百余亩，时称象贤云。"④文中所谓"唐石墓田"，即建阳黄坑朱熹墓。黄坑，古称唐石里。朱氏居住建安者为朱熹长子后裔，居住建阳者为次子后裔，故朱洵有"不敢越次以滥荫"之说。钦授翰林院五经博士予朱子建安后裔，始于明景泰六年

①〔清〕刘捷元主修：《云庄刘氏族谱》卷二《忠贤传·西族南派》，光绪二十二年〔1896〕印本，叶24A。

②〔清〕刘秉钧等：《建州刘氏三族忠贤传》卷一〇，清光绪六年（1880）建阳刘氏活字印本，叶21A。

③〔清〕朱桓元等修：《紫阳堂朱氏宗谱·明宗次房》，清光绪二十一年（1895）刊本，叶17A。

④〔清〕李再灏、梁舆等：(道光)《建阳县志》卷一二《人物志》，《福建师范大学图书馆藏稀见方志丛刊》第17册，北京图书馆出版社2008年版，第706—707页。

(1455),延至清末。

张　瑄

　　张瑄(1417—?),字廷玺,号古愚,晚号安拙翁,再号观庵。世家句容(今江苏镇江句容市),徙居江浦(今属江苏南京)。明正统七年(1442)进士,授刑部主事,成化八年(1472)以右副都御史巡抚福建。成化十年(1474)在建阳刻印元陈友仁所编《周礼集说》十一卷《纲领》一卷,另附宋俞廷椿撰《复古编》一卷。据瞿氏《铁琴铜剑楼藏书目录》卷四,此书乃"闽抚张瑄刻于建阳书院"①。按,建阳历史上向无以"建阳"命名的书院,此书院疑为"书坊"之误。编者陈友仁乃宋末遗民,得宋人旧本编辑而成此书,非其自著书。张瑄刻本,为此书现存的最早刻本。今北京大学图书馆、上海图书馆和南京图书馆各存一部。南京图书馆所存为清丁丙八千卷楼旧藏,有抄配。行格十一行二十二字,四周单边,版心白口,双鱼尾,下记叶次和刻工。

　　除刻书之外,张瑄在建阳还重修了宋儒刘爚的云庄书院。弘治间莆田郑京《重修云庄书院记》云:"成化甲午,都宪金陵张公瑄命副使广昌何公乔新访究先贤子孙,悉复其家。出公帑命知县永嘉项侯旻重建讲道堂,翼以门庑,奂然重新。"②

　　张瑄事迹,详载于《明史》卷一六〇《列传》。明童轩有《资政大夫南京刑部尚书观庵张公瑄墓志铭》,见载明焦竑编《焦太史编辑国朝献征录》卷四八。其著作有《五经研朱集》二十二卷、《奏议》八卷、《观庵集》十五卷、《关洛纪巡录》十七卷、《南征录》一卷。明何乔远《闽书》载其在福建的政绩云:"成化壬辰,以右副都御史巡抚下郡县,建仓廪,劝富户出粟备荒。沿海官军先因事减支俸粮三十余年,遂以为例,瑄仍旧支给。闽安镇出海有二港,胜国时用铁索横绝港口以御寇,岁久废没,请复之。……镇守太监卢胜暴横,瑄以闻,胜坐革去。南京刑部尚书终官。"③

---

①〔清〕瞿镛:《铁琴铜剑楼藏书目录》卷四,《清人书目题跋丛刊》(3),中华书局1990年版,第55页。
②〔明〕冯继科、朱凌:(嘉靖)《建阳县志》卷六《艺文志》,《天一阁藏明代方志选刊》第31册,上海古籍书店1962年版,叶44B。
③〔明〕何乔远:《闽书》卷四五《文莅志》,福建人民出版社1994年版,第2册,第1120页。

院宾·区玉

院宾(1465—?),字君聘,山西代州振武卫(今山西代县)人。明弘治六年(1493)进士。正德初,历官福建按察司佥事。正德三年(1508),巡历建阳时,将宋人章如愚编纂的类书《群书考索》交建阳知县区玉。在建宁府、建阳和罗源一府两县的诸多官员的捐助下,这部前集六十六卷、后集六十五卷、续集五十六卷、别集二十五卷的大部头著作,在建阳书林著名书肆刘洪慎独斋的具体操作下,前后历时十年,到正德十三年(1518)全部竣工。正德十六年(1521)该书又重修。

故此书今存有原刊与重修两种版本。前集有正德戊辰(三年,1508)莆田郑京序,叙述此书刊刻情况甚详:

> 乃者吾闽佥宪院公宾,巡历抵建阳,手出是书以示邑宰区公玉曰:"是书大而天文地理之幽赜,君道臣道之宏远,经史礼乐之渊懿,以至兵刑制置财用……靡不深探本源,具载无遗。兹欲绣梓以广其传,然功用浩大,亥豕谬讹,非得涉猎古今,且裕于资本者,莫堪是任。子于书林可得若人,以供是役否?"区退而商诸义士刘君洪曰:"非子莫克胜是任者。"刘曰唯唯。区遂以刘应命。贰守胡公瑛、通府程公宽、推府马公敬,闻而韪之,佥以白诸新守费公愚,乃蒙叹赏。各捐俸金以资顾直,且因区宰初意,复刘徭役一年以偿其劳。刘自领命以来,与诸儒硕校雠维谨,鸠工督责,两越春秋,始克成书。一日,刘携一帙,属余于蔡氏之西塾,谓是书关系甚重,且诸公用心之勤,非有序述,曷彰其美?……是书囊括宇宙,包罗万象,真天下之至宝也。湮晦既久,乃得院公以公天下为心。费胡诸公,又从而赞襄之,且得贤执事者,殚厥心力,卒成不朽之传,使天下后世,得睹斯文大成,良非偶然也。[①]

除了郑京序中提到建宁知府费愚、建宁府同知胡瑛、通判程宽、推官马敬之外,与此书有关的官员还有建阳县丞管韶、罗源知县徐珪等,他们均参加了本书的校勘工作。此书卷首有作者章如愚"山堂先生真像",前图后传,

---

①〔明〕郑京:《山堂先生群书考索序》,《群书考索》前集卷首,明正德院宾、区玉刻本,叶2A—4A。

已开明后期建本全页巨幅人物版画之先声。此书行款半叶十四行,行二十八字,黑口,四周双边。前集目录后有"皇明正德戊寅慎独书斋刊行"牌记。

笔者所撰《建阳刘氏刻书考》[①]曾将此书作为刘氏慎独斋刻本来处理,系因笔者早年对古代刻书的版权认识有所欠缺所致。从此书的出资方来说,刘氏慎独斋只是接受委托刻书而已,此书应为官刻本。或可以其他事例说明这一点。在万历《建阳县志》卷七《艺文志》中,列有此前的"县治书版"共八种,《文献通考》和《山堂考索》均列其中。而从明万历上溯至正德年间的七八十年间,绝无另外还有知县刊刻此二书的记载,由此可知,这两部均由官府委托刘氏慎独斋刊行的大部头古书,其版权当时就是作为官版来处理的,板存建阳崇化书林官方收藏官板的"同文书院"[②]。

院宾的生平,见载于《弘治六年进士登科录》。清郝玉麟等《福建通志》卷二一《职官表》中,在按察司佥事条下仅录其名而已。福建佥事之后,他还曾任江西按察司佥事,见载于清雍正《江西通志》卷四七。

区玉(1465—?),字廷璋,广州府番禺县人。弘治十五年(1502),以进士任建阳知县。邑人袁铦弘治十七年(1504)撰《续建阳县志序》,称其"雅重斯文,垂情典籍,书林古典缺板,悉令重刊,嘉惠四方学者。"[③]

汪佃·朱幸

汪佃(1474—1540),字有之,一作友之,自号东麓主人,学者称东麓先生,江西弋阳人。正德十二年(1517)进士,翰林院编修。朱幸,直隶长州(今江苏苏州)人,嘉靖十五年(1536)由监生任瓯宁县训导。嘉靖十七年(1538),二人在建宁府刻印唐建州刺史李频所撰《李建州诗》一卷《附录》一卷,九行十九字,细黑口,四周双边,今国家图书馆有存。嘉靖《建宁府志》卷五《官师》"钦差整饬兵备分巡建宁道按察司佥事"条下载:"汪佃字有之,

---

①方彦寿:《建阳刘氏刻书考》,《文献》1988 年第 2、3 期。

②明冯继科、朱凌嘉靖《建阳县志》卷五《学校志》载:"同文书院,在崇化里。……正统三年提学佥事高超修葺之,典史廖荣又建前堂。东厅今藏《洪武正韵》《劝善》及诸官书板。"又参叶17A—B。

③〔明〕袁铦:《续建阳县志序》,〔明〕冯继科、朱凌:(嘉靖)《建阳县志》卷末,《天一阁藏明代方志选刊》第 31 册,上海古籍书店 1962 年版,叶 1A。

弋阳人。由进士翰林侍读左迁。嘉靖十五年(1536)任。"①从任期看,汪氏刻印《李建州诗》应在建宁府任上无疑。

汪佃又于嘉靖十六年(1537)刻印宋倪思撰、刘辰翁评点之《班马异同》三十五卷。邵懿辰《增订四库简明目录标注》曰:"嘉靖十六年汪佃校刊本。据杨士奇跋内所称,此书本名《史汉异同》,不题撰人姓名。李元阳付梓时,据《文献通考》作倪思,并改此名。"②则所谓汪佃刻本,即李元阳刻本。今国家图书馆存本,即著录作"明嘉靖十六年李元阳刻本",乃李元阳按闽时委付汪佃刻梓于建阳书坊者。嘉靖《建阳县志》卷五"书坊书目"中列有此书名,其应即据此刻本著录。此本书目,卷首书题均作"班马异同",但正文版心则作"史汉异同"。在版心下方,有刻工名"余员、余本立"等,而诸刻工之名亦见于嘉靖《建阳县志》,此为该书刊于建阳之确证。末卷有永乐杨士奇跋和嘉靖十六年冬汪佃《序刻班马异同后》。

嘉靖《建宁府志》乃夏玉麟、汪佃等纂修,前有范嵩、汪佃《重修建宁府志序》同题序文两篇。汪序中有"予不文,旧尝奉命校书是邦"③之语,指的是汪氏曾在嘉靖五年奉旨往建阳书坊校正儒学典籍。《礼部志稿》载:"嘉靖五年,时福建建阳县书坊刊刻浸盛,字多讹谬,为学者病。于是,巡按御史杨瑞、提调学较副使邵铣疏请专设官第,于翰林院春坊中遣一人往,寻遣侍读汪佃行,诏较毕还京,勿复差官更代。"④但据汪佃此序,"予不文,旧尝奉命校书是邦"之后又有"虽中尤弗果行而寤寐神游,未始或忘;乃今一纪起废,窃禄于兹,又获附名末简,以偿夙愿"⑤诸语,则汪佃嘉靖五年"校书是邦"之命,实际上是议而未决,并未成行。十二年后,方"一纪起废",被命为福建按察司金事。

据《四库全书总目》卷一七六著录,汪佃的著作有《东麓稿》十卷。其生

①〔明〕夏玉麟、汪佃:(嘉靖)《建宁府志》卷五《官师》,《天一阁藏明代方志选刊》第27册,上海书店1964年版,叶33B。

②〔清〕邵懿辰撰,邵章续录:《增订四库简明目录标注》卷五,上海古籍出版社1979年版,第193—194页。

③〔明〕汪佃:《重修建宁府志序》,(嘉靖)《建宁府志》卷首,《天一阁藏明代方志选刊》第27册,叶4B。

④〔明〕俞汝楫等:《礼部志稿》卷九四《遣官校勘书坊经籍》,《景印文渊阁四库全书》第598册,第708页。

⑤〔明〕汪佃:《重修建宁府志序》,(嘉靖)《建宁府志》卷首,《天一阁藏明代方志选刊》第27册,叶4B—5A。

平,以《焦太史编辑国朝献征录》卷七〇《南京太常寺少卿汪公佃行状》所述较详。其中,述其在建宁的事迹云:"丙申春北上,道改南京礼部请客司郎中,寻出为建宁道按察金事。在闽三年,政不苛而事集。部使者数荐之。……尝建皇华楼,闳敞雄峻,为一方巨观,功成而民不知费,公自为记云。又修《建宁府志》《武夷山志》《人物志》,刻《史汉异同》《李建州集》,皆行于时。"①

邵 豳

邵豳(1481—1539),字宗周,号紫溪,浙江东阳人。正德九年(1514)进士。正德十一年(1516)历任建阳知县。在任六年(一说九年),政绩颇显,"兴学校,增学田,奖进生徒"②。万历《金华府志》则称其"授建阳知县九载,严正有能声,民咸德之。擢监察御史,出按广东"③。邵豳在建阳,曾刻印《史记集解索隐》一百三十卷。行款为半叶十行,行二十字,小字双行同,白口,四周双边。今北京大学图书馆、湖南省图书馆等有存本。又曾校正元马端临《文献通考》三百四十八卷,亦交付书林刘洪慎独斋刊行。此书卷端即题"鄱阳马端临贵舆著述,东阳邵豳宗周校刊"。所谓"校刊",乃校正和刊行之意。这表明此书系由建阳县衙出资,委付书坊刊行。

乾隆《福建通志》载其在建阳的政绩云:"邑粮多被豪家飞诡,豳立法清丈,沿垆履亩,纤毫必析,夙弊一清。增置学田,尽毁淫祠。擢,入为御史。"④邵豳事迹另载《广东通志》卷四〇。

明长汀李坚(字贞夫)有《别建阳尹邵宗周》一诗:"建溪十日程,竭来亦周遭。县侯能好客,病夫敢言劳。平生湖海情,所在多同袍。离居二三载,悄然空谷逃。今晨值邵子,一见如饮醪。古来道义合,倾盖输心交。怜君知己情,义气青云高。眷言雉坛盟,各保岁寒操。"⑤

---

①〔明〕焦竑编:《焦太史编辑国朝献征录》卷七〇《南京太常寺少卿汪公佃行状》,《续修四库全书》史部第 528 册,第 798 页。

②〔明〕冯继科、朱凌:(嘉靖)《建阳县志》卷一三《列传》,《天一阁藏明代方志选刊》第 31 册,上海古籍书店 1962 年版,叶 10B。

③〔明〕王懋德等:(万历)《金华府志》卷一七《人物》,台湾学生书局 1986 年版,第 1242 页。

④〔清〕郝玉麟等:(乾隆)《福建通志》卷三一《名宦》,《景印文渊阁四库全书》第 528 册,第 529 页。

⑤〔明〕曹学佺:《石仓历代诗选》卷四六二,《景印文渊阁四库全书》第 1393 册,第 305 页。

张文麟

张文麟（1482—1548），字公瑞，号端岩，江苏常熟人。弘治十八年（1505）进士。授刑部广东司主事，明正德间任建宁知府。正德十五年至嘉靖元年（1520—1522）与莆田黄巩校刻宋真德秀所撰《西山先生真文忠公文集》五十五卷《目录》二卷，十行十八字，黑口，四周双边。今国家图书馆、南京图书馆、湖北省图书馆和台北故宫博物院等有存本。正德十六年（1521），刻印明何孟春注《孔子家语》八卷，九行二十字，小字双行同，白口，四周双边。据《中国古籍善本书目》子部所著录，今中国历史博物馆、国家图书馆等六家图书馆有存本。同年，用活字印刷《史记大全》一百三十卷，委托建阳书户刘洪经管付印。卷末木记称"正德十六年十一月内，蒙建宁府知府张、邵武府同知邹同校正过《史记大全》，计改差讹二百四十五字。书户刘洪改刊"①。邹指邹武，字靖之，正德间任邵武府同知，与张文麟是常熟同乡。

清周中孚《郑堂读书记补逸》卷一〇著录其九世孙张海鹏所刊《张端岩年谱》一卷，乃张文麟自撰。文称："端岩立朝侃直，颇著风节。其出守致仕归，年才四十二，又二十五年而没。是编始自成化壬寅端岩生，至正德壬申官四川司郎中，奉差广东，便道省亲而止，时年三十一。仅详其生平之半，未有全书。然记其官刑部时，正当安化王造反，宁夏被执，及刘瑾伏诛，时事亦略及一、二。此本乃其九世孙海鹏所梓。"②按，此年谱原名为《端岩公年谱》，卷端首页下题"明中宪大夫建宁郡守张文麟自叙，国朝九世孙海鹏校刊"，仅一卷。该书收入《北京图书馆藏年谱珍本丛刊》第44册。由此《年谱》可知，张文麟乃清嘉庆年间著名藏书家张海鹏九世祖。今常熟市碑刻博物馆藏明王忬撰、文徵明书《明中宪大夫知建宁府端岩张公墓志铭》③，所述张文麟生平尤详。

嘉靖、万历《建宁府志》仅《职官志》中有张氏任期的记载。道光《福建通志》卷一三三《明宦绩》有其小传如下："张文麟，字公瑞。常熟人。弘治乙丑进士。正德末任建宁，饶郡也。文麟持廉洁风之，约束吏猾，不假毛发，抑

---

① 王重民：《中国善本书提要》史部，上海古籍出版社1983年版，第71页。
②〔清〕周中孚：《郑堂读书记补逸》卷一〇，《清人书目题跋丛刊》(8)，中华书局1993年版，第428页。
③ 周公太：《文徵明书〈张文麟墓志铭〉研究》，《文物》2011年第2期。

兼并豪右而衣食鳏寡。尝梓乡先儒《真文忠集》。吏部数言,建宁守最当迁,而文麟不能折节,上下官有所牴牾,遂遭萋菲,投劾归。"①从行文看,此段文字基本上是从王恃所撰《端岩张公墓志铭》所节取,仅略改几字而已。

虞守愚·张俭·沈璧·陈珪

虞守愚(1483—1569),字惟明,一作维民,号东崖。浙江义乌人。嘉靖二年(1523)进士,历官嘉鱼、万安知县,江西道监察御史,福建巡按监察御史等职。传载雍正《江西通志》卷五八、万历《金华府志》卷一七等。

张俭(生卒年未详),字存礼,号圭山,浙江仙居人,正德九年(1514)进士。历官工部主事,改南刑部员外。世宗议大礼,俭抗疏争,且面斥桂萼,连续两次被廷杖。出为江西佥事。丰城遭受水灾,筑堰以御患,民呼"张公堰"。据康熙《建宁府志》卷一七《职官》载,张俭于嘉靖八年(1529)调任福建建宁道统辖。传载乾隆《浙江通志》卷一六九、民国《台州府志》卷一○一等,著作有《圭山近稿》。现存的建阳考亭书院石牌坊,即明嘉靖十年(1531)由张俭与巡按福建监察御史蒋诏所立。

嘉靖十年(1531),虞守愚官福建巡按监察御史之时,张俭正官福建参政,二人合作将元黄溍撰、危素编《黄文献集》二十三卷本删订编校,并委付沈璧、陈珪两位地方官在建安刊刻出版。《四库全书总目》卷一六七载元黄溍撰《黄文献集》十卷本云:"前有嘉靖辛卯(1531)张俭序,称旧本颇阙失,且兼载其一时泛应异端之求者,恐非公意也。索世家得善本,及公所为笔记一编,稍加删定,付建瓯尹沈璧、陈珪重梓以传云云。则俭已有所刊削,非濂所序之本。卷首题'虞守愚、张俭同校'一行……"②此书今重庆图书馆等有存本,著录为《重刊黄文献公文集》十卷,明嘉靖十年虞守愚刻本。行款为半叶十行,行二十一字,四周单边,白口,单鱼尾。卷端下方题"门人宋濂辑,后学虞守愚校刊,后学张俭编次"三行。

考嘉靖《建宁府志》卷五《官师》,沈璧(1498—1564),字惟拱,自号如川。嘉定(今属上海)人,正德二年(1507)举人,嘉靖七年(1528)官建安知县。民国《建瓯县志》载:"沈璧,字推拱,嘉定举人。嘉靖间知建安事。初

---

① 〔清〕陈寿祺等:(道光)《福建通志》卷一三三《明宦绩》,台北华文书局1968年版,第2374页。
② 〔清〕永瑢等:《四库全书总目》卷一六七,中华书局1965年版,第1443页。

任鄱阳南丰教谕,所事大吏以为儒官,多假借之。及为县,见趋走庭谒、上下伺候颜色,自以为不能,欲谢去。上官知其为人,强留之。杨文敏之族,藉显贵挠吏治,莫敢谁何,璧一绳以法,豪右皆帖帖。"①文中称沈璧字"推拱",据归有光撰《建安县尹沈君璧墓志铭》,应为"惟拱"②。

陈珪(1503—1571),字禹成,号罗江。嘉靖四年(1525)举人,嘉靖八年(1529)进士。考康熙《建宁府志》卷一八《职官》,陈珪系化州(今属广东)人,嘉靖初官瓯宁知县。乾隆《广东通志》卷四六载其生平:"陈珪,字禹成,化州人。父禧,正德中举人,仕至通判。珪少年登嘉靖己丑进士,历知瓯宁、元城、德化三县,擢刑部主事。刚方明敏,时严嵩当国,珪绝不私谒。嵩嫉之,谪青州推官,及嵩败,起南户部郎。扬历楚、闽、江、浙,官至左布政。所在有声,后以忤少保胡宗宪归,御史扁其门曰'藩臬清风'。著有《罗江集》。"③

曾 佩

曾佩(1504—?),字德甫,号元山。临川(今江西抚州)人。嘉靖二十年(1541)进士。嘉靖三十一年(1552)官福建巡抚时,在建阳刻印明李默、朱河重订《紫阳文公年谱》五卷。朱熹十一世孙朱凌序云:"嘉靖壬子(1552)仲春大巡,侍御元山翁曾老先生按闽之暇,凌以年末胥见于建溪行台。比询家世,间出《年谱》求正。公披览一尽,叹字迹多漫灭,亟欲修订,且慨旧本之未尽善也,遂敦请于大冢宰古冲翁李老先生,重加参订校阅,纂辑之勤,历三时焉,备载翁所序集矣。录既成,侍御乃命付诸木,嘉惠四方学者。……嘉靖壬子仲冬既望,十一世孙凌顿首谨撰。"④又李默序云:"比侍御元山曾君佩按闽至建阳,得其书读之,颇疑冗脱,将重加刊正,而以其事谋于默。……而于今谱所述,又素乏讨论,辄以元山君之意咨于先生裔孙河,河指摘谱中舛误者数事,与予意合,因属之考订,一准《行状》《文集》《语录》所载。"⑤

---

①詹宣猷、蔡振坚等:(民国)《建瓯县志》卷二九《循吏传》,台北成文出版社1967年版,第335页。
②〔明〕焦竑:《焦太史编辑国朝献征录》卷九一,《续修四库全书》史部第530册,第183页。
③〔清〕郝玉麟等:(乾隆)《广东通志》卷四六《人物》,《景印文渊阁四库全书》第564册,第216页。
④〔清〕王懋竑撰,何忠礼点校:《朱熹年谱》卷首《朱子年谱原序》,中华书局1998年版,第6—7页。
⑤〔清〕王懋竑撰,何忠礼点校:《朱熹年谱》卷首《朱子年谱原序》,中华书局1998年版,第5—6页。

　　此本卷一、卷二为《年谱》，行款为半叶七行，行十八字，白口，四周单边；卷三至卷五为附录《行状》《本传》《历代褒典》，九行十九字，白口，四周单边。今国家图书馆、浙江图书馆、成都市图书馆和山东省图书馆等有存。

　　另据周子美《天一阁藏书经见录》卷上著录，曾佩又于同年(1552)刻印明苏镒撰、杨肇校补《太师杨文敏公年谱》四卷。著录云："前有嘉靖壬子龚用卿序，次像及赞若干首，末有嘉靖壬子六世孙肇刻书序，次同年七世孙棐书后，题端不著撰人，肇序称：大巡台文山曾公檄郡县，采列太师文敏府君遗迹，郡县以故验封员外苏公镒所撰《年谱》上，巡台下令锓梓云云。"①文中"文山曾公"应作"元山曾公"。黄虞稷《千顷堂书目》著录此本为"《杨文敏公年谱》四卷，六世孙临江府同知肇纂集，一作苏鉴"②。此系将校补者误作纂者，又将苏镒误作苏鉴。民国《建瓯县志》卷一二《艺文志》据黄氏此目著录，亦沿袭了这一错误。

　　嘉靖三十一年，曾佩还刻印明王廷相撰《宪纲事类》一卷、《申明宪纲》一卷，元张养浩撰《风宪忠告》一卷，明薛瑄集解《御史箴》一卷，今上海图书馆、南京等图书馆等有存③。

　　此外，曾氏还在闽编刻《名笔私抄》六卷。《四库全书总目》著录为："明曾佩编，佩字元山，临川人。嘉靖辛丑(1541)进士，官至监察御史。是编乃其按闽时，搜罗各郡县艺文，自宋迄明，凡关于风土者，胥见采录。然编次无伦，如所载《罗江风物赋》与《乌石山赋》自为一类，乃一编于朱子《书廖德明仁寿条约》之前，一编于刘铖《新建道学渊源祠记》之后；李侗《初见罗从彦书》与杨时《见程明道书》亦自为一类，乃一编于《龙头岩记》之前，一编于《新建四贤堂记》之后。盖佩为是书，第从各志乘中，错杂抄撮，于体例未暇详考耳。"④

　　雍正《江西通志》卷八二载："曾佩字德甫，临川人。嘉靖进士，擢御史，巡视居庸关，疏九边粮饷，论马市、边政诸疏，皆中肯綮。以建储事抗疏，杖戍当州，与湛甘泉、何古林讲明理学，不以斥逐介意。穆宗登极，敕还台省，

────────────

①周子美编：《天一阁藏书经见录》卷上，华东师范大学出版社1986年版，第126页。
②〔清〕黄虞稷撰，瞿凤起、潘景郑整理：《千顷堂书目》卷七，上海古籍出版社2001年版，第270—271页。
③中国古籍善本书目编委会：《中国古籍善本书目》史部卷一二，上海古籍出版社1993年版，第1100页。
④〔清〕永瑢等：《四库全书总目》卷一九二，中华书局1965年版，第1749页。

荐章十数上,竟不起,有《元山文集》。子如海,侄如春,侄孙国祯、应瑞、应星俱进士。"①

程秀民

程秀民(1505—?),字天毓,西安县(今浙江衢州)人。嘉靖十一年(1532)进士,历官江西金溪知县,嘉靖二十二年(1543)官泉州知府。嘉靖三十五年(1556)任建宁知府。当年,即在建宁刻印明胡广等撰《性理大全书》七十卷,现存浙江省图书馆。同年,又刻印《春秋四传》三十八卷《提要》一卷《春秋二十国年表》一卷《诸国兴废说》一卷,刊刻地点仍在建宁②。

道光《福建通志》卷一三三《明宦绩》载:"程秀民,字天毓,西安州人。嘉靖壬辰进士。任知府。倭寇肆毒,秀民有捍城功。仕终云南参政。"③《江西通志》载其官金溪县令事迹:"程秀民,西安人。嘉靖进士,授金溪令。温厚酝藉,所作条教,吏民咸便。建象山书院,置学田,以给廪饩。邑邻安东盗贼盘踞,得盗牛者,覆以其皮暴之日中,邑人震慄。父老言治金溪者莫之能及。"④

朱釜·朱明吾

朱釜(1505—1592),字以受,号桃源,朱熹十二世孙。万历间,与朱明吾二人以"紫阳馆"名号合作刊刻明王纳谏撰《刻迎晖堂汇附人物事文概四书翼注讲意》六卷,今存国家图书馆。《西谛书目》题其为明万历间闽书林建邑朱氏刊本。

建阳《紫阳堂朱氏宗谱·明宗次房》载:"(十二世)釜,庠生,有传。字以受,号桃源,行八。由生员署本县阴阳训术。生宏治乙丑(1505),卒万历壬辰(1592)十二月初四,寿八十八。"⑤

①〔清〕高其倬、谢旻等:(雍正)《江西通志》卷八二《人物》,《景印文渊阁四库全书》第 515 册,第 793 页。
②此刻本《浙江省出版志》著录为"明嘉靖三十五年西安(今衢州)程秀民刊本"。载浙江人民出版社 2008 年版,第 66 页。王东、钟甦《浙江印刷史》则称"西安程秀民刊《春秋四传》《性理大全书》"。载杭州出版社 2013 年版,第 268 页。二书均将刊刻者籍贯与刻书地点混为一谈。
③〔清〕陈寿祺等:(道光)《福建通志》卷一三三《明宦绩》,台北华文书局 1968 年版,第 2374 页。
④〔清〕高其倬、谢旻等:(雍正)《江西通志》卷六二《名宦》,《景印文渊阁四库全书》第 515 册,第 175 页。
⑤〔清〕朱桓元等修:《紫阳堂朱氏宗谱·明宗次房》,光绪二十一年(1895)刊本,叶 31A。

　　按，《宗谱》中找不到朱明吾之名，但其所刻书既冠名紫阳馆，郑振铎先生又著录作"建邑朱氏"，则其必为朱熹后人；且《宗谱》中朱桃源的子侄中有名明荣、明标、明哲，或字中吾、仁吾者，则明吾必为此辈中人无疑。

　　朱桃源后迁居南京，与金陵书林晏少溪合作刊刻明唐汝谔撰《镌汇附云间三太史约文畅解四书增补微言》十七卷，题"寓金陵书林晏氏少溪、朱氏桃源仝梓"，现存美国哈佛大学①。

许应元

　　许应元(1506—1565)，字子春，号茗山，仁和(今浙江杭州)人。与其弟应亨，号称"杭州二许"②。嘉靖十一年(1532)进士。除山东泰安知州，"至则辟泰山书院，简士濯磨教之，文风大振。……廉白自持，减节民力"③。擢工部都水司员外郎，出为夔州(治所今四川奉节)知州，迁四川按察副使，累官广西右布政使。事迹见万历《钱塘县志·纪献》④、侯一元《明中奉大夫广西右布政使许公应元墓志铭》⑤。

　　明嘉靖三十九年(1560)，许应元在建阳刻印其弟许应亨撰《石屋存稿》六卷附录一卷，今台北故宫博物院有存，此本原为北平图书馆所藏⑥。半叶八行，行十八字，四周单边，板心白口，单鱼尾。下记刻工有"麻沙刘熺、仕昂、蔡仕昂"之名。卷首有嘉靖庚申季秋月谷旦赐进士第中宪大夫山东按察司副使安成刘佃所撰《石屋许先生存稿叙》。卷末有嘉靖丙辰仲春朔日辽东盖州卫儒学教授古彭城王锐《跋石屋存稿后》和嘉靖庚申菊月望日建阳令南海邹可张《石屋存稿后跋》。许应亨，字子嘉，应元弟，嘉靖二十三年(1544)进士，刑部主事。

　　嘉靖四十年(1561)，许应元又在建阳刻印其自著《陭堂摘稿》十六卷。卷前有嘉靖四十年辛酉冬十月福建布政司右布政使新安游震得(汝潜，婺

①沈津：《美国哈佛大学哈佛燕京图书馆中文善本书志》，上海辞书出版社1999年版，第65页。

②〔清〕姚礼：《郭西小志》，浙江工商大学出版社2013年版，第135页。

③〔明〕侯一元：《明中奉大夫广西右布政使许公应元墓志铭》，〔明〕侯一元撰，陈瑞赞编校：《侯一元集》(中)，黄山书社2011年版，第1215年。

④〔明〕聂心汤等：(万历)《钱塘县志·纪献》，台北成文出版社1975年版，第496页。

⑤〔明〕焦竑编：《焦太史编辑国朝献征录》卷一〇一，《续修四库全书》史部第530册，第721—722页。

⑥台北"国立中央"图书馆编：《"国立中央"图书馆典藏国立北平图书馆善本书目》，"国立中央"图书馆1969年版，第229页。

源人)序,卷末有“理问所理问李金,闽庠生员黄中,高子车校刻”竖排三行。行格为九行十八字,白口,四周单边。版心上方书“陭堂摘稿卷之几”,中镌页次,下方书刻工之名。刻工有李三、王良、周一、周四、李乌、陆文得、陆一、陈林、叶六、罗六、陈友、陈三、北斗、刘五、叶八等。其中,在嘉靖《建阳县志》刻工中曾经出现过的有刘五、叶八、叶六、罗六和北斗等①。此书记刻工,还有一个显著的特点,即与嘉靖《建宁府志》相同,其刻工姓名每出现一次,均刻上所刊的具体数量,如“王良二百七十五”“北斗三百十五”“罗六二百八十六”“叶八三百”等等。由此可以断定,此书必刊刻于建阳。此本现存国家图书馆,《续修四库全书》本即据此影印。台北故宫博物院也有原刊本收藏。

据上揭《明中奉大夫广西右布政使许公应元墓志铭》所载,嘉靖三十八年(1559),许应元曾历官福建左布政使,此即许氏之所以会在闽刊印以上二书的原因。

许应元另有《许水部稿》三卷,“乃应元官夔州知府时所自刊。以皆官郎署时所作,故仍以水部名集,凡诗一卷,文二卷”②。

熊大木·熊龙峰

熊大木(约1506—1579),《潭阳熊氏族谱》载其名福镇,号钟谷。又名鳌峰、鳌峰后人等,建阳崇化里书林人③。著名刻书家、医学家熊宗立曾孙。熊大木承其祖上刻书之业,以“忠正堂”名号刻印了不少书籍。现存的刻本有,嘉靖二十一年(1542)刻虞韶所撰《新刊大字分类校正日记大全》十卷,上图下文,半叶十四行,行十八字;郑振铎先生收入《中国古代版画丛刊》第二辑。又刻宋胡继宗撰、明陈玩直解《新刊明解音释校正书言故事大全》五卷,题熊大木重校刊本,日本二松学舍大学有存本。

刻书之外,熊氏还编写过不少通俗小说,是我国小说史上继施耐庵、罗贯中之后较早编撰历史演义和英雄传奇小说的作家。熊氏编撰并交付建

---

①参方彦寿:《建阳刻书史》,中国社会出版社2003年版,第380—381页。

②〔清〕永瑢等:《四库全书总目》卷一七七,中华书局1965年版,第1588页。

③清熊日新《潭阳熊氏宗谱》“让房礼公派下瑗公世系”载:“(二十二世)福镇,天育公四子(按,据谱所载,实应为五子),位福四,行甲三,号钟谷。葬蔡埠半月山,立有碑。妣罗氏带来一子德贵为嗣。”这位号为钟谷的熊福镇与号钟谷的熊大木,应即同一人。载清光绪元年(1875)印本,第6册,叶25A—B。

阳、南京等地书坊刊行的通俗小说,现存的有《全汉志传》十二卷、《唐书志传通俗演义》八卷、《南宋志传》十卷、《北宋志传》十卷、《大宋中兴通俗演义》八卷。其中《北宋志传》和《大宋中兴通俗演义》分别是最早描写杨家将抗辽和岳飞抗金故事的长篇小说,在推进我国长篇小说的发展上产生了重要作用①。

　　沿着以编刻小说为主的进路,其后人熊龙峰也以"忠正堂"名号刊刻了不少小说、戏曲。熊龙峰,名珊,龙峰当为其号。熊龙峰在万历二十年(1592)刻印《重刻元本题评音释西厢记》二卷,后又刻印明吴还初《新刊出像天妃济世出身传》二卷,以及题"进贤振凡黄克兴著、南昌还初吴迁阅、建阳龙峰熊珊梓"的《杨状元汇选艺林伐山故事》四卷。他所刻印的《冯伯玉风月相思小说》一卷、《孔淑芳双鱼扇坠传》一卷、《苏长公章台柳传》一卷、《张生彩鸾灯传》一卷,合称"小说四种",国内今已无存,后在日本内阁文库被发现,遂引起国内外学术界和文学界的注意。古典文学出版社 1958 年曾据此本将此书排印出版。

李东光

　　李东光(1506—?),字晋卿,号近江。江西南昌人。嘉靖十四年(1535)进士,十六年(1537)任建阳知县。嘉靖十七年,在建阳刻印明瓯宁李默所撰《建宁人物传》四卷,记建宁府(建州)从唐建中年间至明景泰共 417 人事迹。罗振常《善本书所见录》卷二据天一阁藏本著录此书:"明郡人李默辑,嘉靖戊戌(1538)汪佃序。书题下有'建阳县知县李东光校刊'一行。嘉靖刊本,天一阁藏书。"②此书今北京大学图书馆和辽宁省图书馆有存本。半叶九行二十二字,白口,四周双边,单黑鱼尾。《四库全书存目丛书》史部第90 册所收,即据北京大学图书馆存本影印。

　　嘉靖《建阳县志》载:"今职李君名东光,字晋卿,号近江。登乙未进士。清操善政,籍籍有声。"③清道光《建阳县志》卷九《职官志》有其小传,内容

---

①关于熊大木生平与刻书事迹,笔者在《福建史志》1988 年第 2 期《明代小说家熊大木及其〈北宋志传〉》,以及《古籍整理与研究》1991 年第 6 辑《建阳熊氏刻书述略》二文中均有所介绍,可参阅。
②罗振常著,周子美编:《善本书所见录》卷二,商务印书馆 1958 年版,第 53 页。
③〔明〕冯继科、朱凌:(嘉靖)《建阳县志》卷六《项公去思碑文》,《天一阁藏明代方志选刊》第 31 册,上海古籍书店 1962 年版,叶 8B。

与此略同。

包大中

包大中(1514—1568),字庸之,号三川,浙江鄞县人。能诗,善书画,有《薄游集》《武夷集》《归来集》《台雁集》各一卷,后人编为《包参军集》六卷。《四库全书总目》著录云:"《包参军集》六卷,明包大中撰。……官建阳县县丞,以尝预征倭之役,故称曰'参军'。是集随事立名,曰《薄游集》,曰《武夷集》,曰《归来集》,曰《台雁集》,各一卷;曰《东征漫稿》二卷。然《薄游集》题卷之一,则当有佚卷矣。"①

嘉靖三十六年(1557),包大中在建阳县丞任上,刻印自著《东征漫稿》二卷,今台北故宫博物院有存本。行款为八行,行十八字,四周双边,板心小黑口,单鱼尾,中缝记"东征漫稿上"或"东征漫稿下"以及叶数,下记刻工。卷首有《东征漫稿序》,末署"嘉靖丙辰冬一阳月谷旦赐进士出身奉训大夫秀水侍山钟一元书于长溪郡之冰壶秋月堂"。卷末有《东征漫稿后序》,署"嘉靖丁巳春季海上龙山人顾名儒撰";后序署"嘉靖丁巳夏四月望日新安石峰汪尚庸序";最后为《东征漫稿跋》,署"嘉靖丁巳仲春望四明包大中跋于建阳官舍"②。按,顾名儒,上海县人,时正官建阳知县,包大中为其副职。

道光《建阳县志》卷九《职官志》载:"(明县丞)包大中,鄞县人,知印。嘉靖丙辰(1556)任。"③所谓"知印",是掌管县衙印章之意。

樊献科

樊献科(1517—1578),字文叔,号斗山。明缙云(今属浙江)人。嘉靖二十六年(1547)进士,继吉澄之后任福建巡抚、监察御使。赴任之时,吉澄刻本《春秋四传》尚未竣工,樊氏也参加了此书的订正,故在此书卷首之末有牌记云:"巡按福建监察御史开州吉澄校刊,缙云樊献科重订。"同年,又

①〔清〕永瑢等:《四库全书总目》卷一七八,中华书局1965年版,第1607页。

②台北"国立中央"图书馆编:《"国立中央"图书馆典藏国立北平图书馆善本书目》,"国立中央"图书馆1969年版,第239页。

③〔清〕李再灝、梁奭等:(道光)《建阳县志》卷九《职官志》,《福建师范大学图书馆藏稀见方志丛刊》第17册,北京图书馆出版社2008年版,第262页。

与吉澄合作刊刻丘浚《大学衍义补》一百六十卷首一卷。参本书"吉澄"条。

　　樊献科所刻本，有嘉靖三十八年(1559)明胡广等撰《性理大全书》七十卷，半叶十行，行二十字，白口，四周单边或左右双边。卷七〇末有"巡按福建监察御史樊献科重订"牌记。此刻本今首都图书馆、安徽省图书馆、浙江图书馆等有收藏。据樊献科所撰《纪载》所述，此刻本是在嘉靖三十五年建宁知府程秀民刻本基础上重刻，故其刊刻地点应在建宁。得出这一结论的主要依据是，此书序后除了列有分别承担"校正、质实、考误"等责的巡按福建监察御史、福建布政司、提刑司、提学佥事等六名官员之名外，末三位为"建宁府知府安福刘佃复校、同知乐安董燧、通判余姚吴文俊督刊"①。

　　樊献科的生平，见载于《闽书》卷四五、乾隆《福建通志》卷二九、乾隆《浙江通志》卷一七四等。诸志均载其巡闽，拒受有司接送，轻车简从，为政专抑豪强、扶植清流的事迹。今福州乌石山石天北有摩崖石刻，记"大明嘉靖三十七年戊午季冬十二月十又五日，监察御史缙云樊献科邀吏科左给事中永丰郭汝霖来饮。越三十九年庚申孟春正月初五日，汝霖又邀献科来饮……献科按闽历四载，冬将别去，山川不改，光景如梭，献科因舒啸记之"②。有意思的是，清董天工《武夷山志》也有樊献科传，文中记载了樊氏两入武夷山为文，题刻勒石之事。今武夷山水帘洞崖壁存嘉靖三十九年四月二十五日樊氏题刻，内容与乌石山题刻相映成趣："缙云樊献科按闽将归去，乘风日清暇，约大参曾君于拱……游水帘。"③在时间上，乌石山摩崖石刻所记时间，正好在其刊刻《性理大全书》之后。

　　在按闽之前，樊氏曾于嘉靖三十五年巡按直隶监察御史，在直隶真定刻印明刘基《太师诚意伯刘文成公集》十八卷。

宗　臣

　　宗臣(1525—1560)，字子相，自号方城山人，江苏兴化人。文学家，明"后七子"之一。嘉靖二十九年(1550)进士。历官福建参议、提学副使，有

①〔明〕胡广：《性理大全书》卷首，明嘉靖三十八年(1559)樊献科刊本，叶3A。
②黄荣春：《福州摩崖石刻》，福建美术出版社1999年版，第32—33页。
③〔清〕董天工：《武夷山志》卷一五《山北·诗文》，清道光己丑(1829)极峰罗良嵩尺木轩刊本，叶20A—B。

政绩。卒于官,闽人在乌石山立祠祀之①。事迹见王世贞撰《福建按察司提学副使宗君臣墓志铭》,载于《焦太史编辑国朝献征录》卷九〇,以及《明史》卷二八七《李攀龙传》附。

　　宗臣曾于嘉靖三十九年(1560),即其逝世这一年刻印明沈霝《沈山人诗》六卷。王重民先生说:"是集前六卷为宗臣之父属臣刻于闽者,故下书口有'麻沙'二字。"②据沈津《上海图书馆藏集部善本书录》一文③,此书今上海图书馆有存本,为万历四十一年(1613)王百祥修补印本,附增刻《续集》六卷。

　　刘冬《施耐庵生平探考》一文称:"宗臣任福建提学副使,训练壮丁,抗御倭寇,有罗贯中后代罗某,请以家藏小说付梓,俾军民暇时看看,以壮士气。得宗臣许可,由坊间刊刻出版,从此《水浒传》才得以通行于世。"④后有人据此演绎为,罗贯中于洪武三年(1370)携《水浒传》书稿到建阳,而建阳没有一家书坊敢承刻,罗贯中只好在建阳住下等待时机,但其不久即病逝。一百五十年后,由罗氏后人以"乡谊"去见宗臣,得其许可,方由书坊刊行。"可惜的是,这个最早的《水浒传》版本,几经改朝换代,人世沧桑,现在只剩下一个五回残本,明万历十年,有个化名'天都外臣'的人,根据民间抄本,自己写了个序,重新刻印问世,这就是我们今天看到的古本《水浒传》。"⑤按,宗臣在福建,确曾领导过抗倭。康熙《福建通志》卷三〇《名宦》载其抗倭事迹云:"值倭寇至,臣守西门,乡氓褓负求入者几万人,臣戒门者内之,贼候至,臣命善火具者百人置要害,贼轻城无人,火且发,死者无算,遂溃去。"⑥

　　但这个说法,与以下两点史实难以吻合,因此并不可靠。首先,得宗臣许可,由建阳书坊刻印《水浒传》的说法,向无记载。即使是在"天都外臣"的序言中,也只提到嘉靖间郭勋刻本而不提此建阳书坊刻本。据明沈德符

①沈瑜庆、陈衍等:(民国)《福建通志·名宦传》卷一四,1938 年刊本,叶 11A—B。

②王重民:《中国善本书提要》集部,上海古籍出版社 1983 年版,第 619 页。

③沈津:《上海图书馆藏集部善本书录》,《文献》1991 年第 4 期。

④刘冬:《施耐庵生平探考》,《中华文史论丛》1980 年第 4 辑。

⑤曹洪珠:《施耐庵与水浒》,(香港)《镜报》1982 年第 6 期。原文未见,摘自《读者文摘》1983 年第 2 期张晓峰文。

⑥〔清〕金铉、郑开极等:(康熙)《福建通志》卷三〇《名宦》,《北京图书馆古籍珍本丛刊》第 35 册,书目文献出版社 1998 年版,第 1879 页。

《万历野获编》记载,"天都外臣"乃汪太函即汪道昆的托名①。巧的是,汪
道昆后宗臣五任,也担任过福建提学副使,时在嘉靖四十年(1561),两年后
他升任按察使,嘉靖四十五年罢归。如宗臣确曾让书坊刻印《水浒传》,汪
氏何以在序中于此只字不提? 宗臣刻《沈山人集》,在嘉靖三十九年,而次
年汪氏即赴闽职,如宗臣确曾刻印《水浒传》,此事汪氏焉能不知? 再说,明
周弘祖也曾于明隆庆间任福建提学副使,他的《古今书刻》上编,著录了明
嘉靖间全国各地的刻书情况,一一列出了这时期的福建刻本书目 477 种,
其中有建阳书坊刻本 367 种,内容四部俱备;甚至《水浒传》写作蓝本之一
的《宣和遗事》也名列其中,但其中唯独没有《水浒传》之名。相反,都察院
刻印的《水浒传》一书,却在书中记载得一清二楚。

其次,这个"五回残本"实际上就是曾被郑振铎先生收藏的《忠义水浒
传》,存卷一一第五十一回至五十五回,现存国家图书馆。1960 年,国家图
书馆又发现此刻本的卷一〇第四十七回至四十九回,与郑氏原藏本合为八
回。学术界多认为,此残本乃郭勋武定版而非建本。而且,所谓"天都外
臣"序本,即 1954 年 3 月人民文学出版社据以印行的底本。对这个版本的
源流,明沈德符《万历野获编》中说得很清楚:"武定侯郭勋,在世宗朝。号
好文多艺能计数。今新安所刻《水浒传》善本,即其家所传,前有汪太函序,
托名天都外臣者。"②这说明所谓"我们今天看到的古本《水浒传》",实源于
郭勋武定版,而非与宗臣有关的建阳书坊本。

曹当勉

曹当勉(1528—?),字可贤,号衡松,江夏(今属湖北)人,嘉靖四十一年
(1562)进士,由行人选刑科给事中③,仕至江西右参政。隆庆二年(1568),
任建宁知府。在建宁刻印明潘潢撰《朴溪先生奏议》十卷。今北京大学图
书馆所存,为晚清李盛铎(木斋)藏本,著录作"明建宁府曹当勉刻本"④。
《藏园订补郘亭知见传本书目》著录:"明曹当勉刊本,十行二十二字,李木

---

①〔明〕沈德符:《万历野获编》卷五《武定侯进公》,中华书局 1959 年版,第 139 页。
②〔明〕沈德符:《万历野获编》卷五《武定侯进公》,中华书局 1959 年版,第 139 页。
③〔明〕张四维:《条麓堂集》卷五《诰敕刑科给事中曹当勉二道》,《续修四库全书》第 1351 册,第
　　305—306 页。
④北京大学图书馆编:《北京大学图书馆藏李氏书目》史部,1956 年印本,第 111 页。

斋先生藏。"①

《明代科举与文学编年》"明世宗嘉靖四十一年壬戌"条载："曹当勉,贯湖广武昌府江夏县,民籍,府学生,治《诗经》。字可贤,行一,年三十五,六月二十一日生。曾祖铉,通判。祖昂。父迁。母余氏。永感下。弟当省。娶王氏。湖广乡试第六十六名,会试第一百九十六名。"②明萧彦《掖垣人鉴》卷一四载："曹当勉,字可贤,号衡松,湖广江夏县人。嘉靖四十一年进士,四十四年十有一月由行人选刑科给事中,隆庆元年升兵科右、兵科左。二年升福建建宁府知府,仕至江西右参政,卒。"③

邵廉·凌珀

邵廉(1532—?),字虚直,一字茂齐,一字虚道,号圭斋,江西南丰人。"嘉靖四十四年(1565)进士。隆庆三年(1569)闰六月由工部主事改兵科给事中。四年升福建建宁府知府,历四川成都府知府。万历十一年免官。"④在建宁知府任上,刊刻图书多种。已知有:

隆庆五年(1571),刻印唐陈子昂撰、明杨春辑《陈伯玉文集》十卷《附录》一卷,今四川省图书馆、湖南省图书馆等存明隆庆五年邵廉刻万历二年(1574)杨沂补刻本⑤。据《陈拾遗集》,此书卷前应有邵氏序。其中有云："士隐约暗修,卒与世违无以明志多矣,然亦安知后无子云哉! 故今刻《伯玉集》而序之如此。"末署"隆庆五年岁辛未秋八月望日,南丰邵廉书于建宁郡之莳蔬处"⑥。

同年(1571),刻印宋曾巩《南丰先生元丰类稿》五十卷续附一卷,每卷标题次行题"南丰后学邵廉校刊"八字,今国内清华大学图书馆、中国社会科学院文学所图书馆等十几家图书馆有收藏⑦。

---

①〔清〕莫友芝撰,傅增湘订补:《藏园订补邵亭知见传本书目》卷五,中华书局 1993 年版,第 1 册,第 302 页。

②陈文新主编:《明代科举与文学编年》(下),武汉大学出版社 2009 年版,第 2398 页。

③〔明〕萧彦:《掖垣人鉴》后集卷一四,《四库全书存目丛书》史部 259 册,第 319 页。

④〔明〕萧彦:《掖垣人鉴》后集卷一五,《四库全书存目丛书》史部 259 册,第 323 页。

⑤中国古籍善本书目编委会:《中国古籍善本书目》集部卷二三,上海古籍出版社 1998 年版,第 44 页。

⑥〔唐〕陈子昂:《陈拾遗集》卷首,《景印文渊阁四库全书》第 1065 册,第 530 页。

⑦中国古籍善本书目编委会:《中国古籍善本书目》集部卷二四,上海古籍出版社 1998 年版,第 215—216 页。

　　同年，又刻印宋欧阳修撰《欧阳文忠公集》一百五十三卷、宋胡柯撰《年谱》一卷《附录》五卷，今国家图书馆存。傅增湘先生著录云："隆庆五年辛未邵廉刊于建郡，有序，十行二十字，刻印俱精。邵氏曾刊《南丰先生元丰类稿》五十卷，与此行款同。"①

　　同年，又刻印明王慎中撰《遵岩先生文集》四十一卷，今北京大学图书馆、上海图书馆和四川省图书馆等有存本②。《北京图书馆古籍珍本丛刊》第105册《遵岩先生文集》即以此为底本影印，著录作"隆庆五年南丰邵氏刊本"，不准确。考此本前有同郡芳洲洪朝选撰《王遵岩文集序》，洪序之后，是邵廉《王遵岩文集序》，其中有云："今王子已逝，而侍御蒋公手是集言其意，授余曰：'闽中文献，欧曾心法在此，邵守识之。'宋苏公轼未面文正，序其集；余守王子邻邦，既不及面，然即面执业，何能知王子也？以蒋侍御公之意，论叙刻焉。隆庆伍年岁辛未秋八月之吉南丰邵廉书。"③所谓"王子"，即此书作者王慎中。此序交代了刊刻此书的来由，是受"侍御蒋公"之托，由隆庆五年"守王子邻邦"，即历官王慎中所在泉州"邻邦"的建宁太守邵氏"叙"而"刻"之。此"侍御蒋公"，指的是隆庆间官福建巡抚监察御史的蒋玑，故此本的正确著录，应是"隆庆五年南丰邵廉建宁刊本"。

　　隆庆六年（1572），邵廉在建宁又刻印了宋谢翱撰《晞发集》六卷。行格为半叶八行，行十八字，白口，四周单边。今国家图书馆、北京大学图书馆和闽北浦城县图书馆等有收藏④。著录作明隆庆六年（1572）邵廉、凌琯刻本。

　　凌琯（1523—？），字惟和，歙县人。嘉靖壬戌（1562）进士，据清郝玉麟等《福建通志》卷二一《职官》，隆庆六年，凌琯正官福建按察使司按察使。由此可知，此书乃邵氏奉凌琯之命，与其一起将此书共同刊行于建阳书坊。凌氏生平，见载于乾隆《江南通志》卷一四七《人物志》。

　　隆庆六年（1572），邵廉在建宁又刻印了明邹守益撰《东廓邹先生文集》十二卷，前有福州学者马森撰序。今辽宁省图书馆和南京图书馆有存本⑤。

①傅增湘：《藏园群书经眼录》卷一三，中华书局1983年版，第1151页。
②中国古籍善本书目编委会：《中国古籍善本书目》集部卷二六，上海古籍出版社1998年版，第666页。
③〔明〕邵廉：《王遵岩文集序》，《遵岩先生文集》卷首，《北京图书馆古籍珍本丛刊》第105册，书目文献出版社1991年版，第586页。
④中国古籍善本书目编委会：《中国古籍善本书目》集部卷二四，上海古籍出版社1998年版，第405页。
⑤中国古籍善本书目编委会：《中国古籍善本书目》集部卷二六，上海古籍出版社1998年版，第640页。

同年,在福建督学宋仪望的授意下,邵氏又在建宁刻印明王守仁撰《阳明先生文录》五卷《外集》九卷《别录》十卷。今日本早稻田大学图书馆存原刊本。行款为半叶十行,行二十字,白口,四周单边。卷端标题作"河东重刻阳明先生文录",或"河东重刻阳明先生别录"卷之几。由此可知,此本乃据明嘉靖三十二年(1553)宋仪望刻本《河东重刻阳明先生文录》所重刊。卷首有黄绾、邵廉、邹守益、宋仪望四序。邵廉《刻阳明先生全集序》中提到此书刊刻原委说:"余不敢谓知先生之学,今论宗旨,昭昭乎若揭日月行矣。顾念诸君子尊先生如孔孟氏,而略行事著述,或有异于孔氏自叙与其徒之阐述也。此则督学宋公授刻先生全书意也,谨序。隆庆六年岁在壬申季春望日南丰后学邵廉书。"①

宋仪望在嘉靖三十二年癸丑(1553)旧序之后增写了一段文字说:"是集予往按河东刻之。今复承乏视学闽中,适司谏南丰邵君守建宁,予过建,辱君过从署中,相与剧谈阳明先生之学。司谏君曰:'今所刻《阳明全集》,直与孟氏七篇相表里,盖佛家所谓正法眼藏也。愿请前集翻刻之,以惠八闽士子,如何?'予谢曰:'是不谷之志也,然必辱高序,庶几来哲知吾二人所用心云。'……时隆庆六载岁在壬申仲春廿有八日宋仪望题。"②

宋仪望(1514—1578),字望之,吉安永丰人。嘉靖二十六年进士。少师聂豹,私淑王守仁,又从邹守益、欧阳德、罗洪等名儒游。传载《明史》列传第一百一十五。王世贞有《大理卿宋公仪望传》,载明焦竑编《焦太史编辑国朝献征录》卷六八。

邵廉刻本还有无具体年号,署明刊本的明单复撰《读杜诗愚得》十八卷,今辽宁省图书馆存,缺第九卷;此外,还有明罗玘撰《翰林罗圭峰先生文集》十八卷《续集》十五卷;明赵钱撰《古今原始》十四卷。这些刻本的刊刻地点,有待于进一步的考察。

杨一鹗

杨一鹗(1534—1591),原姓王,字子荐,以杨姓参加科举,广平府曲周县(今河北曲周县)人。嘉靖三十二年(1553)二十岁时中进士,嘉靖三十九

---

① 〔明〕邵廉:《刻阳明先生全集序》,《阳明先生文录》卷首,隆庆六年(1572)邵廉刻本,叶 6A—B。
② 〔明〕宋仪望:《重刻阳明先生文集题识》,《阳明先生文录》卷首,隆庆六年(1572)邵廉刻本,叶 14B—15A。

年(1560)任建宁知府。于本年受巡按福建监察御史吉澄之托,在建阳刻印《春秋四传》三十八卷、《纲领》一卷、《提要》一卷、《东坡地理图说》一卷、《春秋二十国年表》一卷、《诸国兴废说》一卷。今国家图书馆有存本。吉澄,嘉靖末与樊献科相继为福建巡按,于闽中刊刻图书多种,此本乃其中之一。《诸国兴废说》末有牌记:"巡按福建监察御史开州吉澄校刊,缙云樊献科重订。"卷末又有"福建建宁府知府曲梁杨一鹗重刊"一行①。考樊献科离福建巡按任是在嘉靖三十九年(1560)四月左右,今武夷山水帘洞崖壁有本年四月樊氏所记摩崖石刻:"缙云樊献科按闽将归去……"则此书当即刻印于嘉靖三十九年(1560)。另据《增订四库简明目录标注》卷二著录,杨氏在建宁知府任上,又刻印宋蔡沈所撰《书集传》六卷,著录为"明建宁太守杨一鹗刊本"②。

　　嘉靖四十年,杨一鹗刻印明王维桢撰《王氏存笥稿》二十卷。朱家溍《故宫藏禁毁书录》载:"半叶十行,行二十字,白口,四周单边,前有嘉靖戊午孙升序、嘉靖丁巳郑本立序、辛酉杨一鹗撰刻存笥跋。卷端有'左辅王维桢著',版心有刻工名氏'江济刊、陈添福、蔡太刊……'等。《四库总目》'别集存目四'著录。王维桢,华洲人,字元宁,嘉靖十四年进士,累官南京国子监祭酒。"③按,陈添福是建阳刻工,后又参加明隆庆胡维新本《文苑英华》的刊刻。

　　嘉靖四十二年(1563),受巡按福建监察御史李邦珍的委托,杨一鹗又在建阳大儒书院刻印明朱衡撰《道南源委录》十二卷,卷首有杨一鹗《道南源委录后序》。其中有云:"嘉靖壬戌秋,巡台李公持绣斧按闽。政尚德教,务倡正学,以风人心。首迁建阳黉序,以故址为大儒书院,一时青衿士岳然前奋,偲偲然向于道矣。既逾年,按建州,出一笈示鹗曰:'此《道南源委录》,今诠部右丞朱镇山公督闽学时所纂次者也……'鹗不敏,敬承巡台公之命,以是录梓附大儒书院,而附申修文威远之意,以告多士,多士懋哉懋哉。曲梁后学杨一鹗顿首书于建宁仕学堂。"④此书今福建省图书馆存原刊本,已收入《续修四库全书》之中。文中的"右丞朱镇山",即此书作者

①因有"曲梁"二字,《河北省志·出版志》将此书列为"嘉靖三十三年曲周杨一鹗雕印"。载河北省地方志编纂委员会编:《河北省志·出版志》,河北人民出版社1996年版,第257页。
②〔清〕邵懿辰撰,邵章续录:《增订四库简明目录标注》卷二,上海古籍出版社1979年版,第44页。
③朱家溍:《故宫藏禁毁书录》,支运亭主编:《清前历史文化:清前期国际学术研讨会文集》,辽宁大学出版社1998年版,第13页。
④〔明〕朱衡:《道南源委录》卷首,《续修四库全书》史部第515册,第268—269页。

朱衡。

康熙《建宁府志》卷二二《宦绩》载:"王一鹗,字子荐,曲周人,进士。嘉靖庚申任建宁知府。才谞颖敏,两造立断,笃于造士。辛酉一元二魁,皆平日所识拔者。时海寇起,调发广兵,又复。所至劫掠,鹗断桥清野,一郡解严。累官兵部尚书。"①乾隆《福建通志》卷三一《名宦传》所载与此略同。《明代科举与文学编年》"明世宗嘉靖三十二年癸丑"条载:"杨一鹗,贯直隶广平府曲周县,民籍,县学生,治《诗经》。字子荐,行一,年二十,七月十九日生。曾祖廉,县主簿。祖泽,州吏目。父世爵,理问。母阎氏,继母阎氏。重庆下。弟一鹏、一鹤、一凤。聘黄氏。顺天府乡试第一百三十五名,会试第一百二十四名。"②其卒年,见载于《明实录》卷二四〇③。

漆　彬

漆彬(1536—?),字中父,明江西南昌人,嘉靖四十三年(1564)举人,隆庆五年(1571)进士。万历四年(1576)官福建巡抚,在建阳刻印明舒芬撰、舒琛编辑之《舒梓溪先生全集》二十卷。其时,官建阳知县的是李增,故其奉命为此书"订梓"并作后跋。行格为半叶十行,行二十字,四周双边,白口,双鱼尾。卷端题"明翰林院修撰进贤舒芬著,孙舒琛辑录,后学豫章漆彬校刊,西瓯赵秉忠同校"。卷首有万历四年漆彬序、嘉靖三十年(1551)黄佐序、嘉靖三十年张鳌序、嘉靖三十二年福建按察司副使万虞恺序,以及门人南昌熊杰所撰《舒梓溪先生传》。末卷后有李增跋。

漆彬序云:"乡先正曰舒国裳氏,正德丁丑为廷试进士首。余后之,不并世。然时于荐绅先生所习闻,其言论风节,则既私心向往焉。其后,与厥孙琛同举于乡,颇为余道先大夫志行,则益思读其文,以尚论其为人。甲戌春,余之任闽桌,琛始出其遗文若干卷,畀余校而序之。余惟闽,先生故谪官地也。当其时,布德谈学,多士翕然师宗之,则是刻讵不宜于闽哉!"④

---

①〔清〕张琦等:(康熙)《建宁府志》卷二二《宦迹》,上海书店出版社 2000 年版,第 300 页。
②陈文新主编:《明代科举与文学编年》(中),武汉大学出版社 2009 年版,第 2225 页。
③《明神宗实录》卷二四〇:"(万历十九年九月丁丑)原任太子少保、兵部尚书王一鹗病故。一鹗,广平府曲周县人。"载台北"中研院"历史语言研究所 1966 年版,第 4465 页。
④〔明〕漆彬:《新刻舒梓溪先生全集序》,舒芬撰,舒琛辑:《舒梓溪先生全集》卷首,漆彬明万历四年(1576)建阳刻本,叶 1A。

李增跋云:"昔乡先正梓溪舒先生,大魁内翰,以文章气节为时名臣。诸先达历著论,与一峰罗先生并称云。遗文久未刻布,会本道观察漆公,得之厥孙春元琛,又以闽为先生过化之地,属下吏增订梓,以广其传。噫,读是集者,不惟可以想见先生之风,而于观察公嘉惠盛心并得之矣。刻成,因识岁月如左。万历丙子季春既望,知建阳县事后学抚郡李增顿首跋。"①

今扬州市图书馆、日本内阁文库和美国哈佛大学哈佛燕京图书馆有存本。

《明代科举与文学编年》"明穆宗隆庆五年辛未"条载:"漆彬,贯江西南昌府南昌县,军籍,府学生,治《易经》,字中甫,行八,年三十,十一月二十八日生。曾祖瑾。祖铼。父清,巡检。母辜氏。具庆下。兄模。弟森。娶叶氏。江西乡试第六十五名,会试第二百九十名。"②

郑世魁

郑世魁(1545—1602),字维元,号云斋,明万历间建阳崇化人,刻书家郑世容之兄。曾于万历十八年(1590)刻印宋林骃、黄履翁《新笺决科古今源流至论》前、后、续、别四集各十卷,今中山大学图书馆有存本。万历二十年(1592),刻印明廖文炳注《唐诗鼓吹注解大全》八卷,傅增湘《藏园群书经眼录》卷一八著录,今日本内阁文库有存本。卷前有万历七年己卯(1579)海瑞序,九行二十字,小字双行同,白口,四周双边,卷八后有"万历壬辰年孟夏月书林郑氏云斋绣梓"牌记。万历二十五年(1597),刻印明徐三友校《新锲全补天下四民利用便览五车拔锦》三十三卷,今存日本东京大学东洋文化研究所仁井文库;次年(1598),刻印明李乔岳《新镌中书科删订字义辨疑正韵海篇》十八卷另附首二卷末一卷,今华东师范大学图书馆存有一部,两书均题作"书林郑云斋"刻印。此外,尚有题"明书林郑世魁"刻印的《新镌京板图像音释金璧故事大全》四卷,今国家图书馆有存。

建阳县博物馆有郑世魁的墓志铭③,题为《皇明郑氏合葬墓志铭》,又

①〔明〕舒芬撰,舒琛辑:《舒梓溪先生全集》卷二〇,漆彬明万历四年(1576)建阳刻本,叶49A。
②陈文新主编:《明代科举与文学编年》(下),武汉大学出版社2009年版,第2561页。
③碑石高53厘米,广51.5厘米,厚3厘米,题"承德郎总理广西通省盐法梧州盐运司提举进阶,蜀府审理正前广东广州后卫经历司经历侄以学篆额,迪功郎直隶宁国府太平县丞前国学生侄孙应璧书丹"。参方彦寿:《建阳刻书史》,中国社会出版社2003年版,第334页。

称《明处士云斋郑公暨配詹孺人合葬墓志铭》，由其侄、贡生郑以初字体复者撰文。铭载：

> 公讳世魁，字维元，自号云斋居士。其先浙之浦江人，至宋有讳清之者相理宗，著宦绩，具墨兵语中。其子怡任江西按察使，避宋乱入闽书林，七传而生伯震，伯震生仲俏，是为公父，号忠勇公，即吾祖也。……公盖恂恂有父风……趣人之急，甚己之私，修行砥名，千里诵之，待举火者，盖数十家。……公生嘉靖乙巳（1545）五月初五日，以万历壬寅（1602）八月十六日卒。配詹氏，后公生，为嘉靖戊申（1548）五月初五日；亦后公卒，则万历辛亥（1611）四月十七日也。二子以祥、以禧皆殇。

铭中提到的始祖郑清之（1176—1251），字德源，嘉定进士，理宗时为参知政事兼同知枢密院事，《宋史》有传。

建阳书坊《郑氏宗谱》对郑世魁的记载与《墓志铭》的记载有较大差异，略云："仲俏长子，世魁，字文林，生于嘉靖二十年（1541）三月十八日，殁于隆庆元年（1567）三月二十日，葬环溪。娶伍氏，生于嘉靖廿一年五月十二日，生子三：以云、以祥、以禧，继一子：以祺。"①对照史实和《墓志铭》来看，宗谱所记载的生卒年明显是错误的。如前所述，郑世魁的主要刻本都在明万历间，其万历二十六年（1598）还有刻本问世，显然他不可能"殁于隆庆元年"。

杨德政

杨德政（1547—？），字公亮，一字叔向，浙江鄞县人。万历五年（1577）进士。万历十六年（1588），在闽刻印其五世祖杨守陈撰《杨文懿公文集》二十六卷，今台北"国家"图书馆存。行格为半叶九行，行二十字，版心花口，版心下偏右侧记刻工名。其中刻工杨才，又作"建阳书林杨才刊"。杨德政撰《重刻文懿公文集跋》，署"万历戊子岁秋日五世孙德政书于建南公署之梦鹿轩"②，由此可知，此书应刊于建阳。

曹溶《明人小传》载其事迹云："德政字公亮，鄞县人。万历丁丑进士，

---

①〔清〕郑立昌、郑志仁等：《郑氏宗谱》，清光绪二十四年（1898）三星堂活字印本，叶 9A。
②李国庆编：《明代刊工姓名全录》（下），上海古籍出版社 2014 年版，第 891 页。

改庶吉士,除编修。出为福建参议,迁副使,调广西、陕西提学,历山东参政、福建按察使。有《梦鹿轩稿》。"①由此小传可知,杨德政曾两次宦闽,刊刻此书,应系其首次入闽官建南守道之时。

何以知之? 清郭柏苍《乌石山志》卷六《石刻》载:"大明万历己亥(1599)清和既望,闽三司公宴于乌石山清虚亭,蟾魄当空,万里乙色,渔灯数点,隐约在望,前此胤此,多不得月,则兹宵信胜游也。时在馆滇国朱运昌、宪长诸暨陈信学、大参丰城徐即登、宪副皖城汪道亨、南海金节、武林高从礼、都阃章贡陈大器,而勒石纪岁月者,则学使吴兴沈儆炘也。越六月,建南守道四明杨德政、巡道严陵邓美政,入会城再宴于此。"②《乌石山志》所载"建南守道"与上文杨跋自署"建南公署之梦鹿轩",一署官职,一署官署,由此可知,杨氏宦闽时间长达十几年。

两年之后,即万历二十九年(1601),《建阳县志》成书,卷前有落款为"万历辛丑上春东海杨德政"所撰的《重修建阳县志叙》。卷首修志姓氏主修中首列"福建等处承宣布政使司左参政杨德政"③。此"左参政",即曹溶《明人小传》中所说的"迁副使"也。

郑世容

郑世容(1548—1642),字公度,号云林,世魁弟。万历三十六年(1608),刻印明叶向高注释《京板新增注释古文大全》前集十卷后集十卷,题"内阁台山叶向高注释,书林云林郑世容梓行"。目录前有万历戊申孟夏翰林吴曙谷序。行款为正文十行二十字,注文小字双行同,上有眉栏批注,每卷前有全页大图一幅。今日本公文书馆有存本。

万历三十九年(1611),郑世容刻印《新锲京本校正通俗演义按鉴三国志传》二十卷,题"东原贯中罗本编次,书林云林郑世容梓行",上图下文,十五行二十七字,卷二〇木有"万历辛亥岁孟秋月闽建书林郑世容梓"莲荷龛式牌记。此本今存于日本京都大学文学部附属图书馆。孙楷第先生《中国

①〔清〕曹溶辑:《明人小传》,董光和、张国乔编:《孤本明代人物小传》,全国图书馆文献缩微中心2003年版,第2册,第349页。
②〔清〕郭柏苍:《乌石山志》卷六《石刻》,台北成文出版社1975年版,第521页。
③〔明〕魏时应:(万历)《建阳县志》卷首,《日本藏中国罕见地方志丛刊》,书目文献出版社1991年版,第221—222、225页。

通俗小说书目》曾著录该本,但误作万历三十年(1602)刻本①。《中国通俗小说总目提要》亦沿袭此误②。

　　郑世容的生平史料,见载于三处。一是《皇明郑氏合葬墓志铭》(参本书"郑世魁"条),其中记郑世容有子六:以初、以祺、以祯、以祚、以祐、以祉,因兄世魁二子以祥、以禧皆殁,故他将以祺过继乃兄为子。二是建阳书坊现存的《郑氏宗谱》。其中载:"世容,字公度,号云林。生于嘉靖廿七年戊申(1548)五月二十三日,殁于崇正十五年壬午(1642)十一月廿六日,寿九十五。两聘大宾。葬塘头湖。元妣黄氏,继妣刘氏……生三子:以初、以祚、以祐;继娶苏氏,生三子祺、祯、祉。"③文中的"崇正十五年"应为"崇祯十五年"。三是附记于清道光《建阳县志》卷一二《人物志》其父郑仲俏传中。传曰:"郑仲俏,字翠峰,崇化里人。嘉靖四十二年叛卒袁三、黄凤自信州斩关入闽,焚掠居民。县令邹可张知俏慷慨仗义,举为冠带义官,招募乡兵防御,杀贼甚众。已而贼求假道,俏佯许诺,欲诱而歼之。于是愿其二子与妻黄氏,率乡兵先伏于复船山下。贼果大至,俏力战遂遇害,妻亦被执,过蔡富桥,投水死,贼怒断其尸而去。县令躬临吊奠,请于当事旌其间,曰'忠勇节烈'。复举其子世容为义官。世容年至九十二,县令沈鼎科匾其堂曰'齿德山崇'。"④

　　《建阳县志》与《墓志铭》均称郑仲俏有二子,即世魁、世容,则万历间郑氏宗文堂另一刻书名家郑世豪号云竹者,与世魁、世容则应系堂兄弟。

沈㴉炌

　　沈㴉炌(1554—1631),字叔永,号泰垣,归安(今属浙江湖州)人。万历十七年(1589)进士。先后历官祠祭司主事、福建提学副使、河南左布政使,以右副都御史巡抚云南,南京兵部右侍郎,仕至南京工部尚书,卒谥襄敏。传载《明史》卷二四九、《大清一统志》卷二二三、乾隆《浙江通志》卷一五九,

---

①孙楷第《中国通俗小说书目》卷二,将万历辛亥误为三十年(1602),实应为三十九年(1611)。载人民文学出版社 1982 年版,第 39 页。

②江苏省社科院明清小说研究中心编:《中国通俗小说总目提要》,中国文联出版公司 1990 年版,第 37 页。

③〔清〕郑立昌、郑志仁等:《郑氏宗谱》,清光绪二十四年(1898)三星堂活字印本,叶 9A。

④〔清〕李再灏、梁舆等:(道光)《建阳县志》卷一二《人物志》,《福建师范大学图书馆藏稀见方志丛刊》第 17 册,北京图书馆出版社 2008 年版,第 675—676 页。

但各传对其在闽宦绩均只字未提。

　　沈儆炌在福建刻印的第一部著作是其自著之《八闽学政》。据董兴艳考证，该书第一页有"钦差提督学校福建按察司副使沈□"字样，最后一页有"万历贰拾柒年（1599）叁月□日刊行"的牌记。作者进而通过参考乾隆《福州府志》的记载，得出如下结论："沈儆炌任福建提学是在万历中期，基本符合第一部分显示的作者情况，所以很有可能是《八闽学政》第一部分的作者。"①实际上，沈儆炌官福建提学副使的时间史有明载。一是在万历二十四年，沈儆炌已被任命为福建提学副使。《礼部志稿》载："沈儆炌叔永，浙江归安人。万历己丑进士，二十四年繇祠祭司主事升任，升精膳司郎中，福建提学副使。"②二是在万历二十七年，沈儆炌仍官福建提学副使。清郭柏苍《乌石山志》卷六《石刻》载："大明万历己亥（1599）清和既望，闽三司公宴于乌石山清虚亭……勒石纪岁月者，则学使吴兴沈儆炌也。"③三是民国《福建通志》载其于万历三十三年（1605）官福建提学副使："考校咸颂得人，不徇权贵，保全士类。"④明确沈氏官福建提学的具体时间，这对沈氏何时在福建刻书的判定有很重要的意义。

　　沈儆炌在福建刻印的第二部图书，是明万历三十年（1602）以元大德本为底本刻印的沈括《梦溪笔谈全编》二十六卷，著录为沈儆炌延津刻本，今上海图书馆、南京图书馆有存。"延津"乃延平古称，因"剑合延津"的典故而得名。考虑到河南有延津县（今河南新乡市延津县），而沈氏又曾官河南布政使司左布政使，故此刻本的地点就有另外一种可能性，即此书在河南刻印。但据《四库全书》本《河南通志》卷三一《职官志》，万历间任布政使司左布政使者有23位，沈儆炌排名第21位，故沈氏官河南之时应在万历末，而不太可能是在此书刊刻的万历三十年，故此书在福建刻印的可能性非常大。

　　万历三十六年（1608），沈儆炌调任建宁道统辖⑤，同年刻印题宋尤袤编之《全唐诗话》六卷。次年，又于建宁刻印明谢肇淛撰《文海披沙》八卷，

①董兴艳：《孤本文献〈八闽学政〉简介及作者考证》，《教育史研究》2007年第2期。
②〔明〕俞汝楫等：《礼部志稿》卷四二，《景印文渊阁四库全书》第597册，第781页。
③〔清〕郭柏苍：《乌石山志》卷六《石刻》，台北成文出版社1975年版，第521页。
④沈瑜庆、陈衍等：(民国)《福建通志·名宦传》卷一四，1938年刊本，叶20A。
⑤〔清〕张琦等：(康熙)《建宁府志》卷一七《职官》，南平地区方志委1994年铅印本，第304页。按，上海书店出版社2000年版(康熙)《建宁府志》此页内容脱漏。

半叶九行,行十八字,白口,左右双边。此书今国家图书馆、南京图书馆和福建师范大学图书馆有存本,收入《四库全书存目丛刊》第 108 册。

康熙《福建通志》卷三〇《名宦》载其官建宁的治绩云:"才兼文武,纲纪肃然,属吏惮之。先是督八闽学政,咸颂得人。"[①]

刘玉田

刘玉田(1557—1639),名大金,以字行。据建阳书坊《贞房刘氏宗谱》载,刘玉田乃万历间建阳刻书名家乔山堂刘龙田之兄。万历二十九年(1601),他以"乔山书堂刘玉田"之名刻印明王崇德纂《新刊地理纲目荣亲入眼福地先知》四卷,这是一部相宅相墓的堪舆书,现存宁波天一阁。无具体年号,刻印明郭子章辑《新镌郭青螺注释鳞鸿翰札云露佳章》前集四卷、后集四卷,今日本国会图书馆有存。

刘氏乔山堂之名源于其父刘福荣,字乔山。《贞房刘氏宗谱》载:"(廿二世)福荣,福三,公字乔山。嘉靖壬午年(1522)二月十一日生,万历申巳年(1581)七月廿三日卒,葬书林溪尾半月沉江形。"文中"申巳年"应为"辛巳年"之误。宗谱中又记刘玉田云:"(廿三世)大金,寿二,公字玉田,嘉靖丁巳年(1557)九月初九日生,崇祯己卯年(1639)八月廿六日卒。姚余氏六月十四日生,八月廿四日终,合葬崇化麟凤山,坐戌向辰。崇祯庚辰立碑。"[②]

何必麟

何必麟(1559—?),字瑞卿,太湖(今属安徽)人。万历十一年(1583)进士,同年官建阳知县。万历十三年(1585),在建阳刻印明陈士元(字心叔,号养吾,湖北应城人)撰、陈文烛增补《史书论纂》四十卷。今台北"国家"图书馆存。行格为十二行二十六字,注文小字双行同,四周双边,白口,双鱼尾,上方记书名,下方记刻工。卷前有万历甲申秋日沔阳陈文烛撰《刻史书论纂序》、万历癸未春日应城陈士元撰《史书论纂序》、万历十三年春三月谷旦赐进士第文林郎知建阳县事太湖何必麟《史书论纂序》。

民国《建阳县志》卷五《职官志》载:"何必麟,太湖人。进士,万历癸未

①〔清〕金铉、郑开极等:(康熙)《福建通志》卷三〇《名宦》,《北京图书馆古籍珍本丛刊》第 35 册,书目文献出版社 1998 年版,第 1882 页。
②刘云珪等:《贞房刘氏宗谱》卷三,民国九年(1920)忠贤堂活字印本,叶 42A—42B。

(1583)任。被劾谪戍,士论惜之。"①所谓"被劾",是指万历十四年巡按福建御史杨四知上奏朝廷所言:"环闽五十七县,甲科居其一,举贡居其四。……其在甲科,屈指四顾,皆弗若于己也。监司郡守又待以异数,虽甚不肖,亦博上考。"其中特别弹劾建阳知县何必麟等,"公堂聚敛,算及锱铢,用库千金,如取私囊……"②其后,何必麟谪戍广东,死于雷州。据明蔡梦说所述:"第广东之烟瘴,而雷州尤甚,诸如贪酷谪戍,何必麟、方复乾、龙宗武等,挈家而往,各有资身之赀,而水土不相习,久亦侵病。何必麟则死于戍所,非南海知县段克充为之棺殓,尸骸且暴露矣。……然何必麟等,犹以居官贪酷,自干国法,虽死无足惜也。"③

魏时应

魏时应(1560—1627),字澹明,一字去违,万历二十三年(1595)进士。万历二十八年(1600)在建阳任知县期间,刻印自撰《春秋质疑》十二卷,卷端题"豫章魏时应去违甫编,温陵田居中公雨甫订,潭阳朱洧熊绍祖仝校",收入《四库未收书辑刊》第1辑第6册。

魏时应在建阳还纂修并刊刻了《建阳县志》八卷,万历原刊本现仅存于日本国会图书馆,收入《日本藏稀见中国方志丛刊》,书目文献出版社1991年据此刻本将此书影印出版。魏时应所撰《新刻邹鲁故事》五卷,于万历四十六年(1618)由建阳书林张道辅刊行,原本在国内已不存,现存者为日本宽文九年(1669)山村传右卫门据建阳刻本重刊本。

道光《建阳县志》载其宦绩云:"魏时应,字澹明,南昌人。进士,万历间知建阳县。宽严并济,周悉民隐。建学校,造津梁,设义仓,置义冢。凡有利民者,无不力为之。又集诸生课文,亲加评定,以示鼓舞。擢吏部主事。"④生平又载于清高其倬、谢旻等修纂雍正《江西通志》卷七〇、清郝玉麟等修纂乾隆《福建通志》卷三一。

---

① 赵模等:(民国)《建阳县志》卷五《职官志》,民国十八年(1929)刊本,叶10B。
② 〔明〕实录馆纂修:《明神宗实录》卷一七二,台湾"中央研究院"历史语言研究所1962年影印本,第3157页。
③ 〔明〕董其昌:《万历十六年十月二十七日,广东巡按蔡梦说一本,极苦边军,悲惨万状,乞赐宽宥,以溥皇仁事》,严文儒、尹军主编:《董其昌全集》,上海书画出版社2013年版,第872—874页。
④ 〔清〕李再灏、梁舆等:(道光)《建阳县志》卷九《职官志》,《福建师范大学图书馆藏稀见方志丛刊》第17册,北京图书馆出版社2008年版,第345页。

余成章

余成章(1560—1631),字仙源,号聘君,明建阳崇化书林人。

余氏于万历间以"闽建潭城书林余成章""建宁书林仙源余成章""闽书林余仙源""永庆堂余仙源"等名号刻书甚多,今可考者尚有不少。如万历十八年(1590),刻印明朱儒撰《新刻太医纂集医教立命元龟》七卷;万历二十一年(1593),刊明张位、赵志皋辑《新刻熙朝内阁评选六子纂要》十二卷。万历二十一年,他又刻印明张位、赵志皋评《新刻二太史汇选注释老庄评林》六卷,次年刻印明陈建撰《镌品骘皇明资治纪钞》十卷。万历二十三年(1595)刊明张汝霖等辑《新锲南雍会选古今名儒四书说苑》十四卷,万历二十四年(1596)刊《鼎锲青螺郭先生注释小试论彀评林》六卷,万历四十年(1612)刻明陈建撰《新锓钞评校正标题皇明资治通纪》十二卷。万历间,他刻唐骆宾王撰,明陆弘祚、虞九章等注释《新刊唐骆先生文集注释评林》六卷,又刻明叶向高辑《新镌编类古今史鉴故事大全》十卷、明朱名世撰《新刻全像牛郎织女传》四卷。其中,《新刻全像牛郎织女传》是现存最早的关于牛郎织女故事的刻本,今国内仅国家图书馆有收藏。

余成章之父名福海;其叔余彰德,也是一位知名的刻书家。《潭西书林余氏族谱》载:"(三十五世)成章公,福海公长子,位庚一。生于嘉靖庚申年(1560)二月十七日寅时,卒于崇祯辛未年(1631)七月初八日酉时,享年七十二岁。葬东门湖尾平地掌中坮。姚刘氏……"[1]族谱卷一有余成章像图,上有《赞》曰:"培成家业,名冠书林。不恃权势,不作骄淫。孤怜寡恤,德重才钦。聘君之号,百世佳音。进士李卜经赞。"[2]由此可知,成章号聘君,仙源应为其字。

余象斗

余象斗(1560?—1637?),名文台,字象斗,以字行,号仰止子、三台山人、三台馆主人等。建阳崇化里人,著名刻书家及通俗小说作家。其父余孟和,号双峰,故余象斗以"余象斗双峰堂"堂号刊刻图书数量最多;此外,

---

[1]〔清〕余观禄主修:《潭西书林余氏族谱》卷六"上庠房完公派下系图",清同治辛未(1871)印本,叶13A—14B。

[2]〔清〕余观禄主修:《潭西书林余氏族谱》卷一"历代像图",清同治辛未(1871)印本,叶28A。

还有"三台馆""文台堂""双峰堂余文台""余世腾""余君召""余元素""余象乌"等名号。自明代万历十六年(1588)至崇祯十年(1637)五十年间,余象斗刻书五十多种。其中,著名的有《新刻按鉴全像批评三国志传》二十卷、《京本增补校正全像忠义水浒志传评林》二十五卷、《新刊京本春秋五霸七雄全像列国志传》八卷、《新刊按鉴演义全像大宋中兴岳王传》八卷、《新刊京本编集二十四帝通俗演义全汉志传》二十卷等。余氏所刻书籍多为上图下文,图文并茂,雅俗共赏。他还致力于通俗小说创作与刊印,先后自编自刻《五显灵官大帝华光天王传》(又名《南游记》)、《北方真武玄天上帝出身志传》(又名《北游记》)、《新刻皇明诸司公案传》等。万历二十七年(1599),他刻印其自撰《新刻天下四民便览三台万用正宗》四十三卷。这是余氏自编的一部日用类书,今日本东京大学东洋文化研究所有存。万历二十八年(1600),他又刻印《仰止子详考古今名家润色诗林正宗》十二卷、《韵林正宗》六卷,这也是余象斗自编的类书,国内有存本。万历三十五年(1607),余氏刻印明龙阳子辑《鼎锲崇文阁汇选士民万用正宗不求人全编》三十五卷,今日本内阁文库、东京大学东洋文化研究所等有存。

余象斗刻书,有几个显著的特点:一是注重名人效应;二是注重自身的宣传,多次将自己的画像印入书中;三是刻本多图文并茂,雅俗共赏。

余象斗于崇祯八年(1635)刊印的《刻仰止子参定正传地理统一全书》,是一部由余氏自编的堪舆学著作。今日本公文书馆有存本,书中所载的内容,可补现存《书林余氏族谱》所记余象斗生平事迹之不足。书前序文,以及卷一二的几篇墓地图式,记载了余象斗的世系发展,对考察其身世等情况,有重要的意义。一是余泗泉乃余象斗兄,而非族谱所载的侄,二人幼时读书于书林清修寺。余象斗后师从堪舆术士何伯龙。二是余象斗并非如现存《潭西书林余氏族谱》所记载仅有一子、一孙[①],而是有余应甲、余思雅、余应科三子,一孙余俊,及二重孙余彝、余士昌。余象斗五世同堂,晚年被官府赐以"儒官章服"[②]。

[①] 清余观禄主修《潭西书林余氏族谱》卷六"上庠房完公派下系图"载:"象斗公,孟和公长子,位己一,娰□氏,生子一:应甲。应甲公,象斗公之子……俊公,应甲公之子。"载清同治辛未(1871)印本,叶19A。

[②] 陈国军:《余象斗生平事迹考补——以〈刻仰止子参定正传地理统一全书〉为中心》,《明清小说研究》2015年第2期。

刘龙田

刘龙田(1560—1625),名大易,字爌文,号龙田。建阳崇化书林人,著名刻书家。从万历二十六年(1598)到天启五年(1625)的二十多年间,先后以刘龙田乔山堂、乔山书舍、乔木山房、龙田刘氏忠贤堂、潭阳书林刘大易、乔山堂刘少岗等名号刻书 40 多种。刻本内容以子部书为主,其中医书、类书、术数、堪舆诸书占了很大比例,而传统的经、史类图书甚少刊行。《中国版刻图录》称:"刘氏乔山堂为明万历间建阳名肆,面向大众,多刻通俗实用书。"①

刘龙田乔山堂主要刻本有,万历二十六年(1598),刻印明杜文燮撰《新刻药鉴》二卷;万历二十九年(1601),刻印元朱震亨撰、明卢和注《新锲丹溪先生医书纂要心法》六卷和明刘启化撰《精刻芸窗天霞绚锦百家巧联》四卷。万历间,刘龙田刻印无名氏撰《锲便蒙二十四孝日记故事》四卷、《新锲类解官样日记故事大全》七卷。《新锲类解官样日记故事大全》今有日本宽文九年(1669)、宝永八年(1711)重刻明刘龙田刊本。刘氏刻书的万历刻本,还有明罗贯中撰《新锲全像大字通俗演义三国志传》二十卷,以及其所刻戏曲刻本——元王德信、关汉卿撰,明余泸东校正《重刻元本题评音释西厢记》二卷,后附《蒲东崔张珠玉诗集》一卷《钱塘梦》一卷。刘龙田其余众多刻本的详情,可参阅《建阳刘氏刻书考》②。

刘龙田生平,见于建阳《刘氏忠贤传・龙田公大易传》,清康熙、道光《建阳县志》所载《刘大易传》。刘龙田的长子刘孔敬(1581—1637),字淇菉,一字若临,于天启五年(1625)即刘龙田逝世这一年登余煌榜进士,历官山西布政使司参政。刘龙田因此"以子孔敬贵"③,逝世后追赠户部广东清吏司主事。崇祯间,祀乡贤祠。康熙以后的《建阳县志》因此才有刘龙田的小传。2007 年,在建阳书坊乡新发现了刘龙田的墓志铭④。这是继发现著名刻书家郑世魁墓志铭之后的又一重要发现。铭文中涉及的建阳刻书家,

①北京图书馆编:《中国版刻图录》,文物出版社 1960 年版,图版 442、443,第 75 页。

②方彦寿:《建阳刘氏刻书考(下)》,《文献》1988 年第 3 期。

③〔清〕李再灝、梁舆等:(道光)《建阳县志》卷一二《人物志》,《福建师范大学图书馆藏稀见方志丛刊》第 17 册,北京图书馆出版社 2008 年版,第 689 页。

④此铭现存建阳书坊乡刘理保家。全碑黑色,石质细腻。碑长 63 厘米,宽 54 厘米,碑额篆体"明覃恩封太翁龙田刘先生墓志铭",碑文楷体,约 1600 字。

有刘孔敦、刘舜臣、余昌祚、余元煮等。

全文移录如下：

明覃恩封太翁龙田刘先生墓志铭

赐进士出身中宪大夫江西按察司副使前提督广东通省学政佥事通家□生杨瞿崃撰文，赐进士出身承直郎户部陕西□主事年家晚生黄日昌书丹，赐进士出身翰林院庶吉士年家晚生张维机篆额。

天启改元以来，覃恩旷荡。进士刘淇菉君，以五年乙丑举南宫廷试二甲铨次，当授郎粉署，为京职。观政通政司验封，给照身，封其父母，如后日所授官。未几时，君假归，至武林，闻其父龙田太翁讣。翁虽未有实封，然已受恩照，则俨然称封主事公，与他称待封者不同日语矣。是人子所不能多得之于亲，而为人亲者亦不能多得之于君，盖不世遇也。今君襄事，得兆葬有期矣。铭墓之□庆，不能远求当世名公，而近以委。瞿崃名位轻微，赋受庸谫，何敢辱命？虽然时日已逼，又弗敢辞，谨按君表状次之。

太翁讳大易，字燠文，龙田其别号，唐开国忠显刘公二十三世孙也。历代相传，五忠著节，名儒从祀，为潭城名族。至乔山公，是为太翁父。乔山二子，太翁其仲也。

少颖敏沉凝，言笑不苟，有大志。治举子业，未遇。乔山公命之弃业挟赀游四方，然非其好。一日，历洞庭，上瞿塘，诵马少游之言："人生但取衣食稍足，骑款段马，守坟墓，使乡里称善人，足矣。"遂以其赀归奉乔山公与母孺人，为菽水欢。而治生不敢逸，以卒成父命。乔山公老有痰□，旦夕亲汤，药不离侧，夜不解带。母孺人春秋高乔山公，又二十余年，太翁艾矣，而孺慕不衰。其事伯兄玉田公至恭，存殁一日也。伯氏仲子之子，生弥月而孤，抚之至成人，分己产以给之如其子。伯氏季子殇，两男一女茕茕无所庇，又抚之卒成。其季妇柏舟节有三，丈夫子课读严。当翁之世，亲见观政君贵，仲季与孙驰声黉序，而督责不少假，至为德。于里邻有急难，厚济以拯之。邻人之子伤于蝎，已危，迎医给药以生之。年四十余，即断酒荤，奉禅教。《金刚》《弥陀》《观音》三经，岁施舍千部。又刻《戒杀文》以布施。乐与人善，口不谈人过，翁殆假禅劝世者。去家十五里，有将溪路，左右皆田圳，春夏崩决，行旅患之。太翁素盟志移路山下，未敢发。观政君举南榜，即以请之邑令。公身捐赀为里人倡而督其后，若不能久待。其佛性喜舍乐善,苦行类如此。身平行谊,闻于郡邑,年六十余为宾于乡。国家盛典,太翁身观之;国家特恩,太翁生承之。素少疾病,观政登第后数月,偶遘疾即有治命。谓仲与季曰:"余每闭目,异光烨烨在前,迥异凡境。古人云:'生寄死归',予不贪生,焉怖死?予归矣,心快然矣!"噫!是其孝友行仁义,苦修菩萨教,以有此翁质行。通神明生,自志之矣。老,喜诵邵子诗:"每日清晨一炷香,从容四拜礼苍穹。国有贤臣扶社稷,家无逆子恼爷娘。"又尝手书以示诸子。弥留之际,遗命观政君:"矢心为国家效忠宣力,作一大建树。"斯岂顷刻愧邵子者。太翁虽奉禅,劝世乎真儒不过是。生前蒙恩,身后显崇,子孙千亿,世未有艾。而平居故素茹淡守,恬不以贵显态,生死不稍乱其心。太翁之天,盖又至九原自定之矣。

太翁生于嘉靖庚申年(1560)十一月十九日子时,卒于天启乙丑年(1625)六月十七日卯时,享年六十有六。先娶余太安人,恩命待赠。观政伯仲季,皆太安人出。继娶杨太安人,无所出。子男三,长即观政君孔敬,娶叶氏,为叶安民女,恩命待封安人。仲孔教,邑庠生,娶吴氏,为吴禄女。季孔敦,学有声名,娶黄氏,为黄德隆女。女一,适陈德信,早殇。孙男二:肇庆,邑庠生,娶范氏,为庠生范辅明女,孔敬出;文璇,聘余氏,为余应时女,孔敦出。抚侄孙一人:舜臣,翁为娶妇,为黄金良女。是侄孙而子,叔祖而父,可以垂世得并入圹志者也。女孙一,字太学余昌祚男元煮。观政君将以天启六年九月廿五日,奉太翁安厝于本里茶布桥竹子窠之原,佳兆坐酉揖卯。瞿峡卜筑武夷,辱君盟深交,既按状为志,而复系之以铭。铭曰:

茶布原麓,以筑冥宫。谁奠此者?粉署太翁。至性孝友,质行翼冯。口诵贤训,而迹冶弓。禅经布施,面儒是崇。神明昭格,信顺考终。嗣徽者德,垂世者风。峨峨恩锡,百代不刌。

不孝孤男孔敬、孔教、孔敦同泣血刻石。佳兆庚酉辛行龙辛脉入首扦作酉山卯向兼天干分金,择丙寅年乙亥月甲午日丁卯时吉期安厝。堪舆师江西丰城县王大孚号海字。

撰者杨瞿峡事迹,参本书泉州刻书家"杨瞿峡"条。

朱世泽

朱世泽(1563—?),字仲德,号斌孔,朱子十三世孙。曾编纂《考亭志》,担任万历《建阳县志》分纂和《蔡氏全书》编辑。万历乙酉(1585),他搜集考亭、建安和婺源三宗的世系,编成宗谱,名曰《太师徽国文公朱子世家文献》。此书后由其伯父朱钟文续编为《考亭朱氏文献全谱》,于万历四十八年(1620)刊印。此谱现存日本东京大学东洋文化研究所。

《考亭志》十卷,明朱世泽编,此书虽于明万历十六年至十七年(1588—1589)在建阳书坊开印,但下延至万历二十年仍不时有内容以新书版补入。刻本今在国内罕见,据《中国古籍善本书目》史部所著录,目前所知仅南京图书馆有收藏;在国外,也仅有日本内阁文库等处有收藏。此外,此书另有日本宽政七年(1795)据万历刊本所写传抄本,现存日本东京内阁文库。

建阳《紫阳堂朱氏宗谱》有朱世泽小传:"世泽,小名玄泽,行二十一,字仲德,号斌孔。生嘉靖癸亥(1563)四月廿二卯时。万历己丑(1589),蒙提学道耿公定力建刊《考亭志》,嘉其留心先人,送学作养。万历乙未(1595),提学道徐公即登序诸书要序,刻传海内。先,乙酉(1585)禀命三宗统修族谱,工费不烦族众,殚力直破家资,后用其式刊于世……"①

徐即登(1554—1626),字献和,一字德俊,号匡岳,江西丰城人。明万历十一年(1583)进士,累官礼部郎中。历福建提学副使、福建参政等,师从名儒李材。在任福建提学副使之时,因福建是徽国朱文公教化之地,他"崇圣学,正文体,与诸生穷性命指归,士风丕变"②。上引《紫阳堂朱氏宗谱》中所说的"提学",指的正是徐氏官福建提学副使之时。文中所谓"序诸书要序,刻传海内"一语,说的应该是徐即登为诸书作序之后,由朱氏付诸刊刻并传海内,这很容易被误解为"由督学徐即登刊刻行于世"③。实际上,此书的刊刻者是朱世泽,这在其《叙锲考亭志颠末》一文最后几句说得很明白:"然后乃敢捐己赀以寿诸梓,嘉与海内知重文祖者共之"④。所谓"捐己资以寿诸梓",是说用自家的钱交付书坊雕印,这说明此书的刻印,在资金上与徐即登没什么关系,故此书的刊刻者毫无疑问应该是朱世泽。

朱　莹

朱莹(1563—?),字惟玉,号昆原,又号紫霞居士,朱熹十五世孙,建安

---

①〔清〕朱桓元等修:《紫阳堂朱氏宗谱·明宗次房》,光绪二十一年(1895)重修本,叶88A—B。
②〔清〕高其倬、谢旻等:(雍正)《江西通志》卷六九《人物》,《景印文渊阁四库全书》第515册,第418页。
③闽北朱子后裔联谊会、武夷山朱熹研究中心合编:《考亭紫阳朱氏总谱》,2000年铅印本,第415页。
④〔明〕朱世泽:《考亭志》卷末,海峡书局2015年影印万历刊本,第4册,叶3A。

(今建瓯)人。万历四十八年(1620),刻印《紫阳朱氏建安谱》不分卷。1982年,此谱在朱熹出生地福建省尤溪县朱子后裔家中被发现,同年 6 月 17 日的《人民日报》对此作了专门的报道。"这家谱系明刻本,除世系外,着重汇编了有关朱熹的资料,对研究朱熹的历史有重要参考价值。它是朱熹的直系后裔世代珍藏留传下来的",该谱被列为当年的"考古文物新发现"①。

朱熹长子朱塾居建安,次子朱埜居建阳,故有建安、建阳支派之分。此谱即录朱熹后裔建安一派。全谱不分卷,分为"会元、尚像、世系、褒典、实录、象贤、丘陇、祠院、渊源、留题"十门。谱中录有蔡沈所编《文公年谱》和朱熹《童蒙须知》。其中,《朱子门人》录朱熹门人共 321 人。此外,家谱中还有许多文人序、记、跋等,是研究朱子的重要参考资料。"尚像"有列祖像赞 26 幅,正文半叶十一行,行二十五字,前序后跋手书上版。

谱中记载朱莹小传曰:"十五世,莹,字惟玉,号昆原。万历壬子(1612)由廪生除翰林院五经博士。生嘉靖癸亥(1563)六月十五日午时,娶别驾黄宸桂女……女一,棋娘,适冢宰李公默曾孙李鸿儒。"②

乔承诏·许达道·龚承荐

乔承诏(1564—1630),字扬明,号献莃,山西介休人。万历三十八年(1610)进士,任南宫(今属河北邢台)知县。明天启四年(1624),任巡按福建监察御史时,在建阳刻印其自著《新镌献莃乔先生纲鉴汇编》九十一卷首一卷,行款为八行十七字,四周单边,白口,版心下方有刻工之名。卷端题"巡按福建监察御史介休乔承诏编著,福建布政使司右参政东阳许达道较正""龚承荐校梓"等。卷前有"纲鉴汇编分校各家姓氏",所列"校梓"名氏有龚承荐等。王重民《中国善本书提要》称"卷端有分校官题衔叶,知为建阳刻本"③。

许达道(生卒年未详),字和卿,浙江东阳人,万历三十五年(1607)进士。"授江阴知县,讼无案积,又捐俸于城东兴建校士馆,以利诸生赴试。署靖江县……士民崇敬。升兵部主事,历员外郎,以刚直著称。出任福建参政兼摄军事,整肃军政纲纪。倭寇来犯,达道亲率水师,兼程迎击,斩获甚众。"④

---

①中国史学会编:《中国历史学年鉴(1983)》,人民出版社 1983 年版,第 362 页。

②〔明〕朱莹:《紫阳朱氏建安谱》,明万历刻本,第 12B—13A。

③王重民:《中国善本书提要》史部,上海古籍出版社 1986 年版,第 103 页。

④王庸华等:《东阳市志》卷七《人物志》,汉语大词典出版社 1993 年版,第 195 页。

　　龚承荐(生卒年未详),字彦升,浙江衢州龙游人,万历四十一年(1613)进士。"初授兵部职方司主事,转武选司郎中,量才授任,号称得人。除福建延平府,转建宁知府,举治行第一。"①

　　乔承诏《明史》中无传,1989 年在山西介休出土了他的墓志铭,题为《皇明晋阶中议大夫太仆寺少卿献苌乔先生墓志铭》。本文所列其生卒年,即据此铭。其中载其按闽事迹云:"其巡事风采,方谔谔诸激扬,震厉闽海。肃清会红夷寇,公督兵剿杀之,相机指授,伏险道,生擒渠魁喧叽挤□十二人献俘阙下。然公不自功也,则曰:'天子之灵,诸多士之力。'而公去,而按闽者,为会稽姚公,疏称:'精忠贯日,壮略擎天。前按臣不自言,而臣实心下之。'"②光绪《山西通志》卷一三一载:"乔承诏,字扬明,介休人。万历庚戌进士,知南宫县。擢监案御史,按闽,平海寇,地方宁谧。以荐举,与当事不合,归,杜门著书。崇祯中,召起为太仆寺少卿。催饷陕西,悯其民贫惫,疏奏宽减。忧劳得疾,卒于行署。从祀乡贤。"③

蔡有鹓

　　蔡有鹓(1566—1607),南宋建阳著名学者西山先生蔡元定十五世孙。于明万历三十三年(1605)汇辑、刊刻了《蔡氏全书》十二卷首一卷,现存北京大学图书馆。此书为清雍正十一年(1733)建阳蔡氏庐峰书院所刻《蔡氏九儒书》所依之本。《四库全书总目》著录此书,名为《蔡氏九贤全书》九卷,将辑者蔡有鹓误作蔡鹓④,所据底本与蔡有鹓万历刻本的书名、卷数均有小异,当为蔡有鹓本之后的另一翻刻本。清雍正蔡氏庐峰书院刊本现存辽宁省图书馆和南京大学图书馆,建阳县博物馆现存部分原刻本书版。

　　建阳《庐峰蔡氏族谱》载:"(二十四世)文剡公长子,有鹓,字冲扬,号翼轩,行丁二。生明嘉靖四十五年丙寅(1566)九月初八日巳时,卒于万历三十五年丁未(1607)二月初二日未时,享年四十有二。"⑤下有詹玉铉所撰

①余绍宋纂修:(民国)《龙游县志》卷一八《人物传》,台北成文出版社 1970 年版,第 287 页。

②渠全增、曹黎光:《介休出土明代乔承诏墓志》,山西省考古学会编:《山西省考古学会论文集》(三),山西古籍出版社 2000 年版,第 481 页。

③〔清〕曾国荃等:(光绪)《山西通志》卷一三一《乡贤录》,《续修四库全书》第 644 册,第 707 页。

④〔清〕永瑢等:《四库全书总目》卷一九三,中华书局 1965 年版,第 1760 页。

⑤蔡占祥等:《庐峰蔡氏续修族谱》卷一〇《麻沙梓里文钦公支下房世传》,民国五年(1916)印本,叶10A。

《冲扬公墓志铭》，记蔡有鹍编刻《蔡氏全书》之事甚详。铭曰：

> 君讳有鹍，字冲扬，号翼轩。文刿公之长子，西山先生十五世孙
> 也。……一日启箧检先祖遗文，芬若乱丝，散若辰星，痛悼者久之。爰
> 不惜重资延请文人学士搜罗散帙，集腋成裘，颜其名曰《蔡氏全书》，刊
> 刻流布。俾后之人得睹九儒遗文，读《九儒全书》者，君之力也。后以
> 例入京，方授汉川县尉，俄以疾卒于京……姒吴氏生子四，女一适书林
> 郑名臣。炫与君姻娅之谊，因拜君墓，遂走笔记之。万历四十八年庚
> 申秋季月，通家生詹玉铉题。[1]

刘孔年

刘孔年（1567？—1636），字若丰，刘玉田长子。明万历三十二年
（1604），刻印明徐会瀛所辑《鼎雕燕台校正天下通行书柬活套》五卷。这是
一部日用类书，今南京图书馆有存，著录作"闽建书林刘孔年乔山堂刻本"。
建阳书坊《贞房刘氏宗谱》载："（廿四世）孔年，久一，字若丰。隆庆丁卯年
（1567）四月十一生，崇祯丙子年（1636）八月十九终，寿七十。葬麟凤书林
门边，坐巳向亥。乾隆十八年立碑。姒陆氏，万历戊寅年（1578）三月初三
生，天启壬戌年（1622）十月初九终，寿四十五。继姒余氏，万历甲申年
（1584）十月十五生，崇祯癸巳年（1641）三月初十终，寿六十，合葬麟凤山，
坐戌向辰，乾隆三十年立石碑。"[2]

按，谱中"崇祯癸巳（1641）"应为"崇祯癸未（1643）"。此外，以此谱所
记，刘玉田（1557—1639）十岁时，其子刘孔年（1567？—1636）已出生，则此
父子二人之生年，其中必有一误。

萧少衢·萧腾鸿

萧少衢（1570—1621）、萧腾鸿（1586—？），二人系同胞兄弟，刻书堂号
均为师俭堂。其父萧一阳（1537—1600），字大俊，号东湖，从建阳城内迁居

---

① 〔明〕詹玉铉：《冲扬公墓志铭》，载《庐峰蔡氏续修族谱》卷一〇《麻沙梓里文钦公支下房世传》，民
　国五年（1916）印本，叶 10A。文中"芬若乱丝"当为"纛若乱丝"；"炫与君姻娅之谊"当为"铉与君
　姻娅之谊"。
② 刘云珪等：《贞房刘氏宗谱》卷三，民国九年（1920）忠贤堂活字印本，叶 77B—78B。

崇化书坊。萧一阳生子六,萧少衢、萧腾鸿在家中分别排行第三和第六,在族中排行第四和第八。萧少衢谱名佛友,萧腾鸿谱名为佛福。谱载:

　　　　一阳公三子,佛友公,号少衢,行四。生于隆庆庚午年(1570)十二月十二日,卒于天启元年(1621)五月初一日。娶刘氏……①
　　　　一阳公六子,佛福公,号庆云,行八。生于万历丙戌年(1586)十一月初一日,卒葬未详。娶傅氏……②

　　萧氏师俭堂刻本甚多。著录作"书林萧少衢师俭堂刻本"的,有万历后期所刊《新刻汤海若先生汇集古今律条公案》七卷首一卷,为公案小说集,也是萧氏师俭堂唯一的一部小说刻本,收短篇小说 46 则,今日本内阁文库有存。又刻印明吴从先辑《新编历代悬鉴古事隽》七卷,这是一部类书。约在这同一时期刊行的日用类书,还有题明博览子辑之《鼎镌十二方家参订万事不求人博考全编》六卷、《刻海若汤先生合并注释五侯鲭对类》二十卷。

　　萧少衢师俭堂还刊刻了一部由明熊鸣岐辑录的明代法律汇编,题为《鼎镌钦颁辨疑律例昭代王章》,共五卷。两节板,上栏为半叶十五行,行十二字,下栏十行十六字,白口,四周单边,今国家图书馆有存。

　　泰昌元年(1620),刻印明袁宏道辑《鼎镌诸方家汇编皇明名公文隽》八卷。行款为半叶九行,行二十字,小字双行同,白口,四周单边。卷末有"师俭堂萧少衢依京板刻"牌记。

　　萧少衢还有几种以"隽"命名的图书刻本,内容涉及诗抄、道家、诗文选等。如诗抄类有明张鼐辑《镌侗初张先生评选史记隽》六卷、《新刻侗初张先生评选国语隽》四卷、《镌侗初张先生评选战国策隽》四卷。道家类有明陈继儒辑评《镌眉公陈先生评选庄子南华经隽》四卷。诗文选则有明陈继儒辑《陈眉公评选秦汉文隽》四卷、明吴从先辑《新刻李于麟先生批评注释草堂诗余隽》四卷。"隽"本意指鸟肉味美,此处喻指所选辑的文章内涵丰富,意味深长。

　　萧腾鸿师俭堂刻本,则以戏曲为多。仅《西厢记》,他就刻印了《鼎镌西厢记》《鼎镌陈眉公先生批评西厢记》《汤海若先生批评西厢记》三种刻本,每一种均为二卷。他刻印的元王德信、关汉卿撰《西厢记》,元施惠撰《幽闺

---

①〔清〕萧炳文:《萧氏族谱》"政诚公派潭阳城内启股公系",清光绪元年(1875)活字印本,叶 71B。
②〔清〕萧炳文:《萧氏族谱》"政诚公派潭阳城内启股公系",清光绪元年(1875)活字印本,叶 73B。

记》，元高明撰《琵琶记》，明张凤翼撰《红拂记》，明高濂撰《玉簪记》，明薛近兖撰《绣襦记》六种戏曲，每种二卷，书名前均冠以"鼎镌"二字。六种刻本，均题"陈眉公先生批评"，版式亦相同，均为半叶十行，行二十六字，小字双行同，白口，四周单边。这六种刻本，甚为有名，流传到清乾隆年间，刻版犹存。后人将六种戏曲合为一套丛书重新印行，并冠以"六合同春"的总名。

张燮·曹荃

张燮(1573—1640)[1]，字绍和，号汰沃、石庐主人、海滨逸史等。龙溪(今属福建漳州)人。万历二十二年(1594)举人。无意于仕途而专心著述、整理和出版古籍。著作有《东西洋考》《群玉楼集》《霏云集》《漳州府志》等十几种。康熙《福建通志》卷四九《人物》载："张燮，龙溪举人。崇祯十年应征辟。博极群书，结社芝山之麓，与蒋孟育、高克正、林茂桂、王志远、郑怀魁、陈翼飞，时称七才子。尝校书万石山，刻有《七十二家文集》。"[2]清李清馥《闽中理学渊源考》称其"与黄道周尤称交好。道周尝云：'文章不如张燮。'一时远近巨公，咸造庐式访"[3]。张燮事迹，又载于乾隆《龙溪县志》卷一六《文苑传》。

张燮于明天启、崇祯间刻印的《七十二家集》三百四十六卷附录七十二卷，收录战国时期至隋朝宋玉、薛道衡等72人的诗文集，实际刻印地点是在建阳书坊，笔者所著《建阳刻书史》对此已作了详细考证[4]，此不赘述。崇祯十一年(1638)，张燮刻印自著《群玉楼集》八十四卷。行格为九行十八字，左右双边，版心白口，单黑鱼尾。崇祯十三年(1640)，张燮还与曹荃合作，整理、编辑并刻印了《初唐四子集》四十八卷。考曹荃，字元宰，号履坦。无锡人，崇祯七年(1634)官漳州知府，传见载于光绪《漳州府志》卷一〇《秩官志》，民国《福建通志·职官志》卷一五亦有载。张燮与其有交集，应始于刻《初唐四子集》之时。由此可知，此书虽编纂于漳州，而刊刻地点，极有可能仍在建阳。

---

①生年据陈庆元：《张燮年表》，《南京师范大学文学院学报》2013年第1期。
②〔清〕金鋐、郑开极等：(康熙)《福建通志》卷四九《人物》，《北京图书馆古籍珍本丛刊》第35册，书目文献出版社1998年版，第2432页。
③〔清〕李清馥：《闽中理学渊源考》卷八三，《景印文渊阁四库全书》第460册，第788页。
④方彦寿：《建阳刻书史》，中国社会出版社2003年版，第236—238页。

杨鹗·丁辛

杨鹗（？—1645），字子玉，号无山。武陵（今湖南常德）人，杨鸿（字子渐，号水心）弟。明崇祯四年（1631）进士，官浦城知县，"历任御史，升顺天巡抚。为官清正，处事秉公。弹劾不避权贵。明亡，南归佐福王，任兵部右侍郎，总督川、湖军务。清顺治二年（1645），随兄赴麻阳募兵，同为乌罗土司杀害"①。

明崇祯八年（1635），杨鹗在浦城刻印宋真德秀撰《大学衍义》四十三卷。范邦瑾《美国国会图书馆藏中文善本书续录》著录："半叶十行二十一字。四周双边（间有单边），白口。白单鱼尾（间有黑鱼尾）。匡高 21.1 厘米、宽 14.2 厘米。书名叶中间题'大学衍义'，左下题'浦城本祠藏版'，匡上眉题'西山真夫子'。正文卷端题'大学衍义卷之一'，下署'赐进士第知浦城县事武陵杨鹗重刊，赐进士第知浦城县兰陵丁辛重较，儒学署教谕事举人朱朝熙、训导林懋材、邑后学举人张乔松、裔孙庠生文望督梓'。正文前有宋真德秀《大学衍义表并札子》，崇祯戊寅（1638）丁辛《大学衍义序》，崇祯乙亥（1635）魏呈润《重刻大学衍义序》。"②据此著录，此本实应为明崇祯十一年（1638）续任知县丁辛重印崇祯八年（1635）杨鹗刊本。

丁辛（生卒年未详），字又三，江苏武进人。崇祯丁丑（1637）进士。次年任浦城知县，于任上除重印真德秀《大学衍义》外，又将万历中福建巡抚金学曾刊《西山先生真文忠公文集》五十五卷加以重修印行，今福建师范大学图书馆有存本。

康熙《福建通志》卷三一《名宦》载丁辛事迹云："甫下车，周视城垣曰：'浦当七闽上游，控带江浙，城可勿计乎？'浚池甃石，增高三尺，民至今赖之。又立义仓，正阡阳。设由单法，以均民税。刊真德秀《衍义》以授后学。"③康熙《建宁府志》则称其："冰心铁面，不畏强御。发奸摘伏如神，或讼有疑案，微服采访，必求得情。条议保民四事，官民两便。"④

①湖南历代人名词典编委会：《湖南历代人名词典》，湖南出版社 1993 年版，第 133 页。
②范邦瑾：《美国国会图书馆藏中文善本书续录》，上海古籍出版社 2011 年版，第 155 页。
③〔清〕金铉、郑开极等：(康熙)《福建通志》卷三一《名宦》，《北京图书馆古籍珍本丛刊》第 35 册，书目文献出版社 1998 年版，第 1897 页。
④〔清〕张琦等：(康熙)《建宁府志》卷二二《宦迹》，南平地区方志委 1994 年铅印本，第 475 页。

冯梦龙

冯梦龙(1574—1646),字犹龙,号顾曲散人、墨憨子等。吴县人。明末文学家、戏曲家。崇祯三年(1630)补贡生,七年任寿宁知县,于任上问俗采风、搜访史料,撰成《寿宁待志》三卷,于崇祯十年(1637)刊行。此书国内无原本收存,仅中国科学院图书馆存刊本胶卷,1983年福建人民出版社有陈煜奎点校本出版。

冯梦龙作为一个著名的通俗文学作家,研究其人其事者甚多。其生平,为人所熟知,在此仅将康熙《寿宁县志》卷四《官守志》所载移录于下:"冯梦龙,江南吴县人。由岁贡崇祯七年知县事。政简刑清,首尚文学。遇民以恩,待士有礼。所著有《四书指月》《春秋指月》《智囊补》等书,为世脍炙。"[①]

萧鸣盛

萧鸣盛(1575—1644),字戒甫,号儆韦,建阳人。万历三十一年(1603)举人,历任广东灵山、浙江仙居、陕西三原三县知县。明万历间,曾刻印陈继儒辑评《五子隽》五种七卷(其中《老子隽》一卷、《庄子南华真经内篇》一卷、《管子隽》二卷、《韩子隽》二卷、《屈子离骚经隽》一卷)。此书或又著录为《新刻眉公陈先生评注老子隽》一卷《镌眉公陈先生评选老庄合隽》五卷,题"书林潭阳萧鸣盛绣梓",现存美国国会图书馆[②]。

此外,与萧鸣盛有关的刻本尚有六种,均为戏曲。一为明薛近衮撰、明师俭堂刻本《鼎镌陈眉公先生批评绣襦记》二卷,题"潭阳儆韦萧鸣盛校,一斋敬止余文熙阅,书林庆云萧腾鸿梓",中缝有"师俭堂板"四字。此本原为郑振铎先生收藏。二为明师俭堂刻本《异梦记》二卷,题"云间眉公陈继儒批评,古闽徐萧颖敷庄删润,潭阳萧儆韦鸣盛校阅"三行,版心下刻"师俭堂板"四字,今存国家图书馆。三为明袁于令撰,明万历间刻本《西楼记》二卷,题"陈继儒评,徐萧颖删,萧鸣盛校"。四为萧腾鸿《鼎镌陈眉公先生批评西厢记》二卷,题"陈继儒评,萧鸣盛校,余文熙阅"。今国家图书馆、上海

①〔清〕赵廷机等:(康熙)《寿宁县志》卷四《官守志》,台北成文出版社1974年版,第175页。
②范邦瑾:《美国国会图书馆藏中文善本书续录》,上海古籍出版社2011年版,第267页。

图书馆均有存本。五为明徐肃颖删润《丹桂记》二卷。六为明刻本《精镌海若汤先生校订音释五侯鲭字海》二十卷,目录前有"潭阳萧鸣盛校"字样。

萧鸣盛事迹,见载于《福建通志》卷四七《人物》:"萧鸣盛,建阳人。万历癸卯举人,初令灵山,补仙居。所至有善政,后任三原。有贼将犯境,夜二鼓,家人熟睡,鸣盛密取印悬肘上,率壮卒数十人出城奋击,贼遁去。黎明还县,无知者。众诘其故,答曰:'古人国尔忘家,若家人知必多纠扰,事去矣。'"①道光《建阳县志》所载与此略同。

据《萧氏族谱》载,萧鸣盛是萧少衢、萧腾鸿的族叔。《萧氏族谱》载其事迹云:"九章公之子,鸣盛公,字戒甫,号徽韦。行四,生于万历三年(1575)丙子二月初三日巳时,卒于崇祯十七年(1644)甲申二月初五日寅时。葬三桂里莲台庵后。"②

崇祯四年(1631),萧鸣盛在仙居知县任上,曾修纂《仙居县志》;著作则有《杜律选注》二卷,分别见黄虞稷《千顷堂书目》卷七、卷三二之著录。

熊玉屏

熊玉屏(1576—?),名秉宇,以字行,建阳人。熊宗立六世孙。刻本有宋苏轼撰、明徐长孺编《新刊东坡禅喜集》九卷,现存南京图书馆和吉林省图书馆,著录为"明书林熊玉屏刻本"③。据《四库全书总目》卷一七四著录,此书乃明徐长孺取苏轼谈禅之文汇集成编;此后,又有凌濛初增编本十四卷。熊氏刻本乃初编本。

熊玉屏刻本还有《新镌京板全补源流引蒙发明附凤对类》二十四卷,今日本东京大学联合图书馆有藏本,著录为"明万历间熊玉屏种德堂刊本书林余鹤鸣后印本"④。

《潭阳熊氏宗谱》载:"(廿五世)秉宇,文和公之子,行宁一,字玉屏。妣余氏,生于万历四年丙子(1576),八月十五日卒。公葬新溪安埂,坐壬向丙,有碑。其安葬,买山结砌皆安本任之,妣余氏安葬蔡布。嘉庆四年立

①〔清〕郝玉麟等:(乾隆)《福建通志》卷四七《人物》,《景印文渊阁四库全书》第529册,第619页。
②〔清〕萧炳文《萧氏族谱》"政诚公派潭阳城内启股公系",清光绪元年(1875)活字印本,叶63B。今福建省图书馆存。
③中国古籍善本书目编委会编:《中国古籍善本书目》集部卷二四,上海古籍出版社1998年版,第258页。
④严绍璗编著:《日藏汉籍善本书录》子部,中华书局2007年版,第1054页。

碑。生子五：安本、安好、安乐、安居、安慧。"①

叶有声

叶有声(1583—1661)，字君实，号震隐，南直隶松江(今属上海)人。明万历四十四年(1616)进士，以侯官县令擢礼科给事中。明崇祯间，在闽刻印董其昌撰《容台文集》十卷《诗集》四卷《别集》六卷，有陈继儒、黄道周、叶有声序和沈鼎科后序。行格为八行十八字，四周单边，板心白口，单鱼尾。此书现存台北故宫博物院，原为国立北平图书馆旧藏，著录作"明末叶有声闽南刊本"，"闽南"二字恐有误。

此书初刻于崇祯三年(1630)，计有文集九卷、诗集四卷、别集四卷，卷首有崇祯庚午七月陈继儒序。《四库全书总目》即据此刻本著录②。刻印者董庭，乃董其昌孙。今清华大学图书馆、北京大学图书馆均有存本。《四库全书存目丛书》《四库禁毁书丛刊》均即据此刻本影印。

崇祯八年(1635)，此书又被重新翻刻，篇幅有所增加，计有文集十卷、诗集四卷、别集六卷；又增加了黄道周、叶有声、沈鼎科的序。其中黄序已将此本的刊刻地点说得很清楚了："曩在京师，见《容台集》犹未甚备，近董长公来自闽中，以建宁固称书窟，先生之辙存焉，因再镌之，是为建本。"③此"建宁"，指的是建宁府，刻书中心建阳为其属县。之所以有"明末叶有声闽南刊本"之误，乃叶序中有"量移闽南，而闽又公之过化地也……闽之人思公而欲见之也，从余索《容台集》重梓之以行"④之语。断定此书刻印于建阳，还有一个重要原因：为此书撰写《容台集后序》的沈鼎科，此时正官建阳县知县。沈序中说："鼎科溯师友渊源，犹得奉辟咡之教。兹集重梓成，幸与较雠役，因附名末简。门下后学沈鼎科谨识。"⑤据道光《建阳县志》，沈鼎科任县令，时在崇祯间；其后任黄国琦于崇祯十五年(1642)上任，于是年刻印《册府元龟》，则沈氏任职时间当在1642年

①〔清〕熊日新等：《潭阳熊氏宗谱》"让房礼公派下秉宇公世系"，清光绪元年(1875)印本，第6册，叶51A—B。
②〔清〕永瑢等：《四库全书总目》卷一七九，中华书局1965年版，第1617页。
③〔明〕黄道周：《重镌董宗伯容台集序》，严文儒、尹军主编：《董其昌全集》附录一，上海书画出版社2013年版，第850页。
④〔明〕叶有声：《容台集序》，《容台文集》卷首，崇祯八年叶有声刻本，叶7B—9A。
⑤〔明〕沈鼎科：《容台集后序》，《容台文集》卷首，崇祯八年叶有声刻本，叶5A—B。

之前。

沈鼎科(？—1645)，字铉臣，江阴人。崇祯辛未(1631)进士。建阳知县之后，任兵部主事。在1645年清军攻陷江阴之时，自缢而亡①。

叶有声生平，见载于《松江府志》卷五五："叶有声，字君实，上海人，居石笋里。万历四十三年，举应天乡试第一，明年成进士。除侯官令，邑当省会，有声均役省徭，不事箠楚，政毕举。天启五年，擢礼科给事中。首言四事：'一勤政，二治体，三言路，四仕途。'……崇祯嗣位，召见，奏去国始末，奉有'劲直可嘉'之旨，外转浙江副使。六年，分守武昌道。时湘阴寇东下，直逼省城。有声登陴捍御，寇引去。七年，迁福建参政，寻转河南按察使。……著《绿天馆文集》《疏议》四卷。"②乾隆《福建通志》卷二九则载："叶有声，字震隐。华亭人。万历进士，知侯官。恺悌爱人，催征得法，时称循吏。"③其事迹，又载乾隆《江南通志》卷一四一。

此崇祯八年叶有声刊本，今上海图书馆、浙江图书馆、甘肃省图书馆等有存④。

熊安本

熊安本(1594？—1670)，字道生，号咸初，熊玉屏长子。万历间，刊印明何烓撰、明李廷机考正《新刻翰林考正京本李诗评选》四卷《杜诗评选》四卷，今日本国会图书馆存，著录为"万历十九年(1591)书林熊咸初刊"。对照其生年，熊安本刊刻此书之时，竟然年方三岁，故知其生年或刻书之年二者之中必有一误。

万历间，熊咸初还重刻了宋杨士瀛撰、明朱崇正补遗《新刊仁斋直指附遗方论》二十六卷《小儿附遗方论》五卷《伤寒类书活人总括》七卷《医脉真经》一卷，今国家图书馆、北京大学图书馆等度存。据著录，内封题"万病回春，仁斋直指"，右肩题"杨士瀛先生著"，左下题"书林熊咸初重较"。疑因书前有明嘉靖庚戌(1550)夏日余镗序，而被误为明嘉靖刻本⑤。万历间，

①〔清〕徐鼒：《小腆纪年》卷一一，《台湾文献丛刊》第134种；〔清〕徐秉义：《明末忠烈纪实》卷一六，浙江古籍出版社1987年版，第326页。

②〔清〕宋如林：(嘉庆)《松江府志》卷五五，《续修四库全书》第688册，第627—628页。

③〔清〕郝玉麟等：(乾隆)《福建通志》卷二九《名宦》，《景印文渊阁四库全书》第528册，第463页。

④中国古籍善本书目编委会：《中国古籍善本书目》集部卷二六，上海古籍出版社1998年版，第772页。

⑤严绍璗编著：《日藏汉籍善本书录》子部，中华书局2007年版，第948页。

他又刻有明谢荣登编《新刻释义群书六言联珠杂字》二卷。内封中竖排"新刻五经难字群珠六言音义",正中一行小字题"熊咸初梓"四字。目录前有"庚辰中秋日东海艾千子"所作《题联珠释义六言杂字叙》。正文卷前题"旴丰谢荣登君起父集释,闽建书林熊安本咸初父刊行"[1]。正文为两节版,上栏约占版面三分之一,内容为"四书音义",下栏约占版面三分之二,为杂字释义。今日本内阁文库有存本。

《潭阳熊氏宗谱》载:"(廿六世)安本,秉宇公长子,行齐一,字道生,号咸初。生于万历甲午廿二年(1594),卒于康熙九年(1670)八月十一日。葬书林门官厝岭。"[2]

刘舜臣

刘舜臣(1597—1653),字弼虞,建阳书坊人。刘玉田孙,刘孔业之子,由叔祖刘龙田抚育成人。约在明末,他刻印明陈际泰注释《新刻注释孔子家语宪》四卷,今上海图书馆、南京图书馆和中国科学院图书馆等有存本。《四库未收书辑刊》收录此书,即据此刻本影印。卷前有图 14 幅,题"羊城陈际泰大士父释,潭阳刘舜臣弼虞父梓"。又刊刻明刘若宰撰《会状二太史纂辑四书集大成》,今日本加贺市立图书馆藏有明末刘舜臣刊本[3]。

建阳书坊《贞房刘氏宗谱》载:"(廿四世)孔业,久二公,字远猷。万历己卯年二月十二生,万历庚子年七月二十六终。葬书林麟凤山,坐戌向辰,有碑。妣余氏银娘。(廿五世)舜臣,徵一。公字弼虞,万历丁酉年(1597)十月十五日生,顺治癸巳年(1653)九月初八日卒,寿五十七。"[4]谱载其先后娶妻四:黄氏,无子;游氏,生子昌祖;陈氏,生子宪祖;林氏,生子蜚英。

刘孔敦

刘孔敦(1604—?),字若朴,号指月山人、石室道人。建阳著名刻书家刘龙田第三子,于明末崇祯间刻书数种。崇祯元年(1628),刻印明陈嘉谟

---

① 〔明〕谢荣登编:《新刻释义群书六言联珠杂字》卷上,明万历熊咸初刻本,叶 1A。

② 〔清〕熊日新等:《潭阳熊氏宗谱》"让房礼公派下秉宇公世系",清光绪元年(1875)印本,第 6 册,叶 51A。

③ 刘毓庆、张小敏编著:《日本藏先秦两汉文献研究汉籍书目》,三晋出版社 2012 年版,第 269 页。

④ 刘云珪等:《贞房刘氏宗谱》卷三,民国九年(1920)忠贤堂活字印本,叶 82B。

撰、刘孔敦增补《图像本草蒙筌》十二卷《总论》二卷《历代名医考》一卷,今中国科学院图书馆、国家图书馆有存本;崇祯二年,刻印明黄一凤撰、明龚居中补《重订相宅造福全书》二卷,今台北"国家"图书馆存。崇祯三年,刻印明龚居中撰《五福全书》五卷《食物宜忌》二卷,今日本公文书馆有存。明末刻印明李攀龙辑、钟惺评注、刘孔敦批点《钟伯敬评注唐诗选》七卷《附录》一卷,今安徽省博物院有收藏。此外,今天津图书馆、苏州大学图书馆、安徽大学图书馆等又有刘孔敦辑、崇祯梦松轩刻《梦松轩订正纲鉴玉衡》七十二卷。

刘孔敦事迹,在建阳书坊《贞房刘氏宗谱》中,仅以下寥寥数字:"(廿四世)孔敦,久八,字若朴,监生。妣黄氏、张氏。"①

在明末建阳书坊的刻书家中,刘孔敦博学多才,能文工诗,甚为罕见。

一是精通医学。《中医人物词典》载:"刘孔敦,清初医家,号指月山人。潭阳(今湖南芷江)人。因多病弃儒习医。访采验方效药,用以治己治人,每试辄效。后遇名医龚居中,常相互研讨。顺治二年(1645)得龚氏所著《女科书》一册,次年龚氏卒,乃重加编类,芟芜存要,补入古今名论及治验心得,纂成《女科百效全书》四卷(1667),论症列方,颇为明晰。"②此书今存清康熙间原刊本。

二是精通棋艺。刘孔敦曾编刊《棋谱秘录》三卷,题"石室道人刘孔敦著。全谱分乾、坤、和三集计207局,其中乾集72局、坤集68局,皆为胜局,和集67局,本谱全部选录。"此书原刊本已不存,现存为乾隆、嘉庆以后宝翰楼刊本③。刘氏本人序称:"今得绣谷佐廷傅君秘授棋经三卷,有正有奇,有守有变,皆博取古势而参订之,去繁就简,去难就易,不废法而能不胶法,而又能示人以法,其思最精,其机最灵,恍惚青龙三卷。余今饱瞰是篇,日从事于桔中之乐,不减商山矣。潭阳指月道人刘孔敦颢于小桃源石室。"④

三是能诗。刘孔敦撰有诗集《詹詹集》一卷,刊行于崇祯五年(1632),

①刘云珪等:《贞房刘氏宗谱》卷三,民国九年(1920)忠贤堂活字印本,叶91B。
②李经纬主编:《中医人物词典》,上海辞书出版社1988年版,第159—160页。原文在潭阳之后有"(今湖南芷江)",这是将潭阳(今福建建阳)误为今湖南芷江。故其事迹,又被《湖南古今人物辞典》所收。参王晓天、王国宇主编:《湖南古今人物辞典》,湖南人民出版社2013年版,第312页。
③胡知愚:《泛舟采荷象棋谱:中国象棋古谱排局集成之一》,上海文艺出版社1992年版,第782页。
④杨官璘等:《中国象棋谱》第1集,人民体育出版社1957年版,第213页。

现存日本尊经阁文库,为传世孤本①。另有题李攀龙辑、钟惺评注、刘孔敦批点的《唐诗选》七卷附录一卷,明末刻本②。刘孔敦所作《白云深处》七绝,历来被视为是描写武夷风光的名诗之一。诗云:"再入烟霞第几重,白云隐隐罩山峰。低徊忘却归来路,惟听樵歌伴晚钟。"③

刘肇庆

刘肇庆(1608—1674),字开侯,号刚堂,建阳书林人。据《刘龙田墓志铭》,刘肇庆是刘龙田孙,刘孔敬子。曾于明末刻印明胡广等撰《新刊京本性理大全》七十卷。王重民先生《中国善本书提要》著录此书:"卷一题'潭阳后学刘肇庆校'。姓氏后亦有师古斋题记,则此本为建阳书坊据吴勉学印本翻者。书名页题'发祥堂藏板'。"④刘肇庆入清后应还有刻书,今存清道光十二年刻本《万寿仙书》,卷二之首有"古潭刘肇庆刚堂氏参订",表明在道光刊本之前,应有一刘肇庆刊本,而道光本则可能是"重刊改编""刘肇庆(刚堂)本"⑤。

建阳书坊《贞房刘氏宗谱》载:"(廿六世)肇庆,徵四。公字开侯,号刚堂。例贡。万历戊申年(1608)七月廿四生,康熙甲寅年(1674)六月廿九卒。姝范氏,万历丁未年九月二十日生,康熙甲子年四月初九终。"⑥

程伯祥·罗春

程伯祥(生卒年未详),字吉甫,直隶绩溪(今安徽绩溪县)人;嘉靖十二年(1533),任建宁府同知。罗春,永丰(今江西永丰县)人;嘉靖十一年(1532),任建宁府通判。二人于嘉靖十三年前后合作刊刻北齐颜之推所撰《颜氏家训》二卷。行款为十行二十字,白口,四周单边。今南京图书馆和

---

① 黄仁生:《日本现藏稀见元明文集考证与提要》,岳麓书社 2004 年版,第 440—441 页。

② 章培恒、王靖宇主编:《中国文学评点研究论集》,上海古籍出版社 2002 年版,第 261 页。

③ 〔清〕董天工:《武夷山志》卷一五《山北·诗文》,清道光己丑(1829)极峰罗良嵩尺木轩刊本,叶 4A。

④ 王重民:《中国善本书提要》子部,上海古籍出版社 1986 年版,第 228 页。

⑤ 程英、张志斌《〈万育仙书〉与〈万寿仙书〉考》认为,道光十二年刻本《万寿仙书》"可能是刘肇庆(刚堂)重刊改编本"。载《中医文献杂志》2009 年第 3 期。而笔者据刘肇庆生活年代,认为其应该是道光刊本"重刊改编""刘肇庆(刚堂)本"。

⑥ 刘云珪等:《贞房刘氏宗谱》卷三,民国九年(1920)忠贤堂活字印本,叶 89A—B。

国家图书馆有存本。

罗振玉《雪堂类稿》著录:"《颜氏家训》二卷(明闽中官本)。《颜氏家训》以七卷附沈揆《考正》本为最善,然甚不易观。此明刻二卷本,上卷有'建宁府同知、绩溪程伯祥刊',下卷有'建宁府通判、庐陵罗春刊'款,盖闽中官本也。雕刻精雅,有元椠风,视宋本虽不足,校他本为善矣。丁未冬,得之鄞县李氏。此本无序跋,不知刻于明代何时,然《善本书室藏书志》有万历三年颜嗣慎重雕程伯祥本,则此本在万历以前可知。"①傅增湘《藏园群书经眼录》所著录即明万历三年颜嗣慎刊本,"十行十九字。上卷题'建宁府同知绩溪程伯祥刊',下卷题'建宁府通判庐陵罗春刊'。盖万历三年复圣嗣孙嗣慎依成化本重刊,故校人一仍其旧也"②。邵章续录之《增订四库简明目录标注》中亦作"明万历三年重刊成化程伯祥本"③。

按,傅增湘、邵章在此将程伯祥、罗春刊本定为成化本,恐有误,实应为嘉靖本。根据是,嘉靖《建宁府志》卷五《官师》载:"(同知)程伯祥,直隶绩溪人,由监生嘉靖十三年任。""(通判)罗春,吉安永丰县人。由举人嘉靖十一年任。考满擢同知。"④既然程伯祥与罗春官建宁的时间是在嘉靖十一二年之间,显然不可能在距此数十年前的明成化间(1465—1487)在建宁刊印此书。

冯继科

冯继科(生卒年未详),字肖登,号斗山,广东番禺人。嘉靖二十八年(1549)以举人任建阳知县,曾主修并刊印嘉靖《建阳县志》十六卷。嘉靖三十二年(1553),又刻印明季本撰《说理会编》十六卷。今北京大学图书馆、清华大学图书馆有存本,收入《四库全书存目丛书》子部第9册。卷端题"越季本撰次、吴袁洪愈订正",十行,行二十一字,白口,左右双边。

康熙《建阳县志》载:"冯继科,番禺人,举人。工辞赋,勤吏事。在任九年,以循良著声。纂修邑乘,民至今诵其德云。"⑤乾隆《福建通志》卷三一

①罗振玉:《雪堂类稿戊·长物簿录》,辽宁教育出版社2003年版,第1199页。
②傅增湘:《藏园群书经眼录》卷八,中华书局1983年版,第667—668页。
③〔清〕邵懿辰撰,邵章续录:《增订四库简明目录标注》卷一三,上海古籍出版社1979年版,第510页。
④〔明〕夏玉麟、汪佃:(嘉靖)《建宁府志》卷五《官师》,《天一阁藏明代方志选刊》第27册,上海书店1964年版,叶38A、39A。
⑤〔清〕柳正芳:(康熙)《建阳县志》卷四《官师志》,《福建师范大学图书馆藏稀见方志丛刊》第15册,北京图书馆出版社2008年版,第15页。

所载与此略同。据嘉靖《建阳县志》卷二《职官表》,冯继科始任建阳知县在嘉靖二十八年。

龚道立

龚道立(生卒年未详),字应身,江苏武进人。万历十四年(1586)进士。据杜信孚《明代版刻综录》卷八著录,龚氏于万历二十四年(1596)在建宁知县任上,曾刻印唐建州刺史李频所撰《梨岳诗集》一卷。按,此"建宁知县"实乃"建宁知府"之误。其任建宁知府,见载于康熙《建宁府志》卷一八《职官》,作"武进人,进士。万历二十年任"①。此本今国家图书馆存,版式为半叶九行,行十六字,白口,四周单边。

光绪《武进阳湖县志》卷二三《人物》载:"龚道立,字应身。万历十四年(1586)进士,授户部主事。……出知建宁府,日与士子讲学……补河南按察副使,历江西布政司参议。与邹元标根究性命,剖析疑义,吏治悉本经术。晋湖广按察使。归十五年,杜门著书。弟道高以贡授浙江仁和训导,不就。与兄聚讲不倦。"②《江西通志》则称其:"每以经术饰吏治。在吉安葺白鹭洲书院,与王塘南、邹南皋讲学其中。寻升湖广按察使致仕。年七十三卒。建宁思旧德,立祠水西街祀之。本籍亦崇祀乡贤。著有《仕学堂四书说约》《白鹭洲书院问答》《陶白斋诗文稿》《考盘录》等书。"③

龚道立事迹,又见载于万历《南安府志》卷一六《宦绩传》、乾隆《江南通志》卷一四二、乾隆《福建通志》卷三一、民国《福建通志·名宦传》卷二〇、《白鹭洲书院志》卷一等。

顾名儒

顾名儒(生卒年未详),字遂夫,一作道夫,自号海上龙山人,上海县人,嘉靖七年(1528)举人。嘉靖三十五年(1556)任建阳知县。次年在建阳刻印宋孙觌撰、李祖尧注《孙尚书内简尺牍编注》十卷,傅增湘《藏园群书经眼录》卷一四著录。同年,为田汝成《行边纪闻》作序并刊刻行世。《四库全书总目》著录:"前有嘉靖丁巳(1557)顾名儒序,以书中所载考之,即汝成《炎

①〔清〕张琦等:(康熙)《建宁府志》卷一八《职官》,上海书店出版社2000年版,第230页。
②〔清〕王其淦等:(光绪)《武进阳湖县志》卷二三《人物》,江苏古籍出版社1991年版,第583页。
③〔清〕高其倬、谢旻等:(雍正)《江西通志》卷五八《名宦》,《景印文渊阁四库全书》第515册,第60页。

徽纪闻》也,但阙后论数条。又彼分四卷,此为一卷耳。名儒序称,'私宝前帙十载,乃出而梓之',盖所得乃其初稿。后汝成编次成帙,改易书名。名儒未及见之,故与《炎徼纪闻》至今两行于世也。"①

顾名儒事迹,历代《建阳县志》职官志中仅列其名。同治《上海县志》卷一五载其曾历官邓州知州②,查《四库全书》本《河南通志》卷三四《职官》,知其官邓州在嘉靖丙寅(1566);《上海县志》卷二八又载:"露香池石,在城北。明道州守顾名儒筑万竹山居于此。弟名世辟其东旷地穿池得一石,有赵文敏手篆'露香池'三字。因以名园。"③由此可知,建阳知县、邓州知州之后,顾氏又历官道州知州。据传,与苏绣、湘绣齐名的顾绣,即源于顾名儒家族④。

何景春

何景春(生卒、字号均未详)。明正统间(1436—1449)任建阳知县。宣德间(1426—1435)与张光启同刻《剪灯余话》之外,据傅增湘《藏园群书经眼录》著录,何氏还于弘治间捐俸刊行元刘履所编诗选集《风雅翼》十五卷。著录曰:"明弘治刊本,八行二十字,黑口,四周双栏。总目第三行题'新安金德玹仁本校正',四行题'建阳县知县何景春捐俸刊'。……罗少眉送阅,云是元刊。朱幼平言是弘治本,细审之信然。"⑤此书现存上海图书馆、苏州文管会、华东师范大学和山东大学。查嘉靖《建阳县志》卷二《职官表》,何景春于宣德三年(1428)任建阳县丞,正统间升任知县,故此刻本,应为正统间何景春建阳刻本。

何景春在建阳,还刊刻了曾先之编次《立斋先生标题解注音释十八史略》七卷,卷端题"前进士庐陵曾先之编次,后学临川陈殷音释,番易松坞王逢点校,建阳县丞南康何景春捐俸刊"。此书的祖本系何景春于正统间在建阳所刻本。此书现有日本室町末期翻刻本、宽保三年(1743)据何景春本翻刻本,以及日本天保十年(1839)刻本。

①〔清〕永瑢等:《四库全书总目》卷五三,中华书局1965年版,第481—482页。
②〔清〕俞樾、方宗诚:(同治)《上海县志》卷一五《选举表》,清同治刊本,叶16A。
③〔清〕俞樾、方宗诚:(同治)《上海县志》卷二八《名绩》,清同治刊本,叶6B—7A。
④薛理勇:《上海名园露香园及顾绣》,《老上海城厢掌故》,上海书店出版社2015年版,第175页。
⑤傅增湘:《藏园群书经眼录》卷一七,中华书局1983年版,第1476—1477页。

另据建阳刻书家刘剡《文公先生小学集注大成书后》一文，何景春于宣德九年(1434)，还"捐俸绣梓"熊宗立编纂的《小学集注》。文曰："友生熊道轩潜心是书，芟繁就简，辑而一之，名曰《小学集注》，而请予校之。敬用质于东阳贰尹南康何公景春，谓纂图粲备，详解详明，有俾幼学，辄捐俸绣梓以广其传，其用心仁矣哉！……宣德九年岁在甲寅春正月丁未松坞门人京兆刘剡敬识。"①

嘉靖《建阳县志》有何氏宦绩，曰："何景春，南康人。任本邑丞，有谋有为。豪强被其制伏，小民赖以安生。作兴学校，增广生徒，重建大成殿及妆塑先圣四配十哲像。又以山川坛隘，于民居而低下，遂移于县治西南黄花山之阳。城隍庙宇易而新之。寻升本邑令，去后见思。卒，蒙当道允，祭于本宦祠。"②

明杨荣有《送建阳何贰尹景春复任》七言古诗一首，节录于后：

建溪佳致著南土，文物衣冠近邹鲁。
考亭夫子接洙源，道德辉煌照千古。
哲人一去三百年，流风余韵今依然。
桑麻蔽野蔼春昼，弦歌比屋声相连。
贤丞自是俊髦士，佐政琴堂勤抚字。
令克同心足有为，女织农耕日无事。
揭来考绩上帝京，铨曹书最扬芳声。
晓辞双阙瞻龙衮，晚唱骊驹伤别情。
…………③

洪泽·徐子玉

洪泽(生卒年未详)，浦江(今浙江浦江县)人。宋洪遵(洪皓二子)后裔。明永乐间任建安县主簿，将同乡郑大和编辑之《麟溪集》二十二卷、郑柏撰《金华贤达传》十三卷带到建安，与时任建宁知府的东阳人氏徐子玉共

①〔明〕刘剡：《文公先生小学集注大成书后》，朱杰人等主编：《朱子全书》第13册，第488页。
②〔明〕冯继科、朱凌：(嘉靖)《建阳县志》卷一三《列传》，《天一阁藏明代方志选刊》第31册，上海古籍书店1962年版，叶6B。
③〔明〕杨荣：《杨文敏公集》卷四《送建阳何贰尹景春复任》，《明别集丛刊》第1辑第29册，黄山书社2013年版，第362页。

同捐俸,委托建阳书坊刊行。明嘉靖《浦江志略》载:"建安主簿洪泽,字宗润,宋忠宣皓子遵之裔孙。以能吏历事京师,尝以计活人。久之,授丹阳主簿,迁建安簿。咸著善政,奏减建安民税,邑庶怀之。……清逸郑氏曰:'柏与泽以世姻之契,辱过麟溪。见柏所编文纂,以谓当今盛典,宜刊印以广其传。遂持至建安,请于太守徐子玉,同为捐俸刊行而成。'"①徐子玉,永乐二年(1404)进士,据康熙《建宁府志》卷一八《职官》、《金华府志》卷一八《科第志》载,徐子玉于永乐间以进士官建宁知府。

此二书刻成之后,书板由洪氏携归,交由郑氏保存。嘉靖《浦江志略》载:"《麟溪集》,郑义门之书也,凡二十二卷。郑大和编辑,板刻存于郑氏。……《金华贤达传》,邑人郑柏所撰也,凡十三卷,板刻不存。"②

这两部刻本系明前期建阳书坊接受来自外地学者委托刻书的典型事例,而当时在建宁府、建安县(其时府县同城)任职的两位浙江同乡,则是促成此事的媒介。

黄师表·黄师正

黄师表和黄师正(生卒年均未详),二人乃同胞兄弟。据《敕建潭溪书院黄氏宗谱》,二人乃宋儒黄榦的十六世孙。他们与黄正甫虽同族,但支派不同,属"禾平里永兴桥真子公派凯公分房世传"。禾平里,即今建阳麻沙长坪村。二人于崇祯三年(1630),刻印明谢肇淛撰《史觿》十七卷,题"陈留谢肇淛著,建安黄师表、黄师正较",卷末有"建安黄氏景晋斋藏板"③刊记。此"建安"乃沿用古建安郡名,实指建阳。本书收入《四库存目丛书》史部第144册。

据《明代版刻综录》卷五著录:"黄师表,建安人,万历举人,龙阳县令。"④《宗谱》仅载:"(三十世)应麟公三子:师表,邑庠生,生殁葬娶未详。师正,邑庠生,生殁葬娶未详。师贤,邑庠生……"⑤对他们的记载,寥寥若

---

①〔明〕毛凤韶:《浦江志略》卷七《人物志》,《天一阁藏明代方志选刊》第19册,上海古籍书店1963年版,叶23A。

②〔明〕毛凤韶:《浦江志略》卷六《学校志》,《天一阁藏明代方志选刊》第19册,上海古籍书店1963年版,叶10A。

③潘承弼、顾廷龙:《明代版本图录初编》卷六,上海开明书店1941年版,第152页;王重民:《中国善本书提要》史部,上海古籍出版社1986年版,第146页。

④杜信孚:《明代版刻综录》卷五,江苏广陵古籍刻印社1983年版,第5册,叶14B。

⑤〔清〕黄兴信等:《敕建潭溪书院黄氏宗谱》卷四,清光绪元年(1875)印本,叶5B。

干字。查万历以下的《建阳县志》,在《选举志》中均未找到黄师表的名字。考《千顷堂书目》卷七,有"黄师表《龙阳县志》,万历乙酉修,令"①,知此为《明代版刻综录》著录之所本。然此当过龙阳县令的黄师表,与刻印《史籯》且只是"邑庠生"的建安黄师表,恐非一人,疑只是姓名偶同而已。

黄正甫

黄正甫(生卒年未详),名一鹗,以字行,建阳人。万历三十九年(1611),刊刻明詹应竹校《新镌徽郡原板校正绘像注释便览兴贤日记故事》四卷《锲便蒙二十四孝日记故事》一卷,今日本公文书馆有存。明万历间,刻印《精选古今诗词筵席争奇》三卷;天启三年刻印《新刻考订按鉴通俗演义全像三国志传》二十卷。这几种书的行款为上图下文,十五行三十四字,白口,四周单边。现存国家图书馆,卷末有"闽芝城潭邑艺林黄正甫刊行"牌记。

黄正甫是南宋理学家黄榦的十五世孙。据《敕建潭溪书院黄氏宗谱》载,宋绍熙、庆元间黄榦师事朱熹于考亭,建环峰书院于县治西,"命长子辂、三子辅以居"②。黄榦五世孙名尚问(1299—1383),字道夫,号金溪清隐。因入赘建阳崇化里,黄氏自此遂有一支世居书林,称为"潭溪东族崇化里庆子公支书林八角亭尚问公世传"。黄正甫即黄尚问的十世孙。谱载:"(廿九世)世茂公之子,讳一鹗,字正甫。妣江氏成女,生卒俱失考,同葬延寿庵后。生子三:国荣、国堂、国丙。"③谱中记载虽太简单,但至少可以证实黄正甫的刻书地点在崇化书林,而不在麻沙。谱中虽无黄正甫的生卒年,但记载了其侄黄国聘的生年为万历十三年(1585),卒年为康熙十九年(1680),则黄正甫的生活年代当在万历前后,与其在万历、天启间刻《兴贤日记故事》《精选古今诗词筵席争奇》《全像三国志传》等书的时间相符。

刘光启

刘光启(生卒年未详),建阳麻沙刘氏利房二十三世孙。据《刘氏三族

---

① 〔清〕黄虞稷撰,瞿凤起、潘景郑整理:《千顷堂书目》卷七,上海古籍出版社 2001 年版,第 195 页。
② 〔宋〕陈义和:《环峰书院记》,《敕建潭溪书院黄氏宗谱》卷首,清光绪元年(1875)印本,叶 5B—6A。
③ 〔清〕黄兴信等:《敕建潭溪书院黄氏宗谱》卷八,清光绪元年(1875)印本,叶 3B—4A。

忠贤传·例言》,刘光启于崇祯辛未(1631)刻印《忠烈公源流传》四卷,为今存《刘氏忠贤传》所本。忠烈者,即宋刻书家刘仲吉之孙、刘崇之之子刘纯也。按《刘氏忠贤传》,原名《刘氏传忠录》,最早为刘氏东族崇安刘学裘所编,后宋末建阳刻书名家刘君佐加以补录重刊。元代,崇安刘张又加重刻。明万历间,麻沙刘有光重编再刊时,易名为《刘氏忠贤传》。清光绪间刘氏重刊族谱,又增入此《刘忠烈公源流传》,是为今存《刘氏忠贤传》。今存《刘氏忠贤传》卷四载"崇祯四年辛未秋月闽芝潭诗伯张国风撰"《刘忠烈公源流传跋》,记其受刘光启之托编辑此书之事甚详,可视为《刘忠烈公源流传》一书之提要。节略如次:"余因课业之余,获睹麻阳刘氏世牒,自唐忠简公以下一祖四宗,暨右史瑞樟先生忠烈侯等各有记载。翻阅简数次,悉其巅末。东君讳光启因属余为其太中房忠烈公编为《源流传》,以成一家之书。必自忠烈而仰溯其源,全族洞如观火;自忠烈而驯按其流,世中炳若列眉。则几矣,予受命焉。即为之推其世系,披文献、考遗帙、稽志乘。……故前二卷溯自忠简以迄瑞樟,明其源也。间及东族与西族之南派者,非慕其节烈之盛,则景其道德之隆,又或一时同受学于朱子,而屏山则朱子学脉之自出也。勋犹相继,理学相传,其揆一也。况均为忠简公之后乎!三卷忠烈之正考也。四卷自忠烈子朝列大夫而起,弥衍弥长,明其流也。"①

刘弘毅

刘弘毅(生卒年未详),亦作宏毅,名洪,号木石山人。建阳崇化书林人。刘氏贞房二十一世孙,刻书家刘宽曾孙。建阳书坊《贞房刘氏宗谱》作"道洪",卷二有《宏毅先生道洪公像》。赞云:"秀毓书林,八斗才深。璞中美玉,空谷足音。藏修游息,前古后今。惟质惟实,纲目传心。——均亭黄大鹏赞。"卷三世系载:"道洪,字宏毅,著《纲目质实》。"②道洪之名,疑谱刊误,因其兄名深,堂弟名澋,族兄中还有瀚、渊、演等,故其名应以洪为是③。

从明弘治十一年(1498)至嘉靖十三年(1534)的三十六年间,他以"慎独斋""书户刘洪""木石山人"等名号刻书甚多,今可考者尚有三十几种。

①〔明〕张国风:《刘忠烈公源流跋》,《建州刘氏三族忠贤传》卷四,清光绪六年(1880)建阳刘氏活字印本,叶25A—B。
②刘云珪等:《贞房刘氏宗谱》卷三,民国九年(1920)忠贤堂活字印本,叶37B—38A。
③方彦寿:《建阳刘氏刻书考》,《文献》1988年第2、3期。

所刻书多密行小字,别具风格;内容以史部为主,次为集部,其中颇多卷帙浩繁的巨著。如刻于弘治十八年(1505)的《大明一统志》九十卷;刻于正德十一年(1516)的《十七史详节》二百七十三卷;刻于正德三年至十三年(1508—1518)的《群书考索》二百一十二卷;刻于正德十一年至十四年(1516—1519)的《文献通考》三百四十八卷。此外,尚刻有《宋文鉴》一百五十卷,《历代通鉴纂要》九十卷,《史记》一百三十卷,《资治通鉴纲目》五十九卷等。

各书今存刻本多为国内大中图书馆所珍藏。刘弘毅刻本在质量上也每为后人所称道。清叶德辉说:"慎独斋本《文献通考》细字本,远胜元人旧刻。"[①]慎独斋所刻之书,多密行细字,校勘精严,代表了建阳书坊刻书的一时风尚。此外,在明中叶的建阳书坊中,刘氏慎独斋也是接受官私方委托刻印图书最多的书坊[②]。

刘　端

刘端(生卒年未详),字文祥,建阳崇泰里马伏人。刘稳次子,宋儒刘爚十一世孙。据杜信孚《明代版刻综录》,刘端于明弘治间(1488—1505)刻印《云庄刘文简公文集》十二卷《年谱》一卷。然《刘氏忠贤传》卷四有成化二十一年(1485)赵文《重刻云庄文集后序》,乃其应刘端之请而作,可知此刻应为成化刻本。序云:"有宋文简公功业文章被于当时,法于后世,一以道为主,本无容喙矣。迩者十一世孙端谨将公之文属予序其后,予以晚生小子不敢当,辞请益力……"[③]

今台北"国家"图书馆有刘端刊嘉靖间增补本,行格为十行二十字,四周双边,版心黑口,双鱼尾。卷端题"门人果斋李公晦方子编次,曾孙省轩刘应李希泌点校,十世孙道斋刘稳宗安重刊",由此可知,刘端此刻本应系据其父刘稳旧版重刊。

建阳《刘氏元利宗谱》记刘端云:"(廿二世)端,稳公之子,字文祥。校

①〔清〕叶德辉:《书林清话》卷七《元刻书多用赵松雪体字》,中华书局1957年版,第173页。
②参方彦寿:《建阳书坊接受官私方委托刊印之书》,《文献》2002年第3期。
③〔明〕赵文:《重刻云庄文集后序》,《建州刘氏三族忠贤传》卷四,清光绪六年(1880)建阳刘氏活字印本,叶21B。

刊《云庄集》。生子四：均、格、平、埜。"①

刘 文

刘文（生卒年未详），字尚敏，建阳崇泰里马伏人，宋刘炳九世孙。明永乐二十年（1422）刻印刘炳撰《四书问目》。麻沙《刘氏元利宗谱》载："文，琚公之子，字尚敏。授迪功郎丰城县尉。永乐朝重刊睦堂《四书问目》行世，自撰有序。"②《四库全书总目》著录曰："案朱彝尊《经义考》，刘爚有《四书集成》，刘炳有《四书问目》，并注'已佚'，则《问目》独出于炳，不应兼题爚名。"以此证以族谱所载，甚确。《四库全书总目》接着又说："又《丰城县志》载明一代典史六十三人，亦无所谓建阳刘文。"③此与谱载相左，未知孰是。

《刘氏忠贤传》卷四载刘文《睦堂四书问目序》一篇，记刘文刊刻此书之事甚详，移录于后：

> 先祖睦堂先生《四书问目》，世所传者，《四书大全》《朱子文集》内载数条而已。近于表亲教授程蕃家求得《论语》二十篇，然散缺者多，文未尝不以为恨。及任江西丰城尉，适吴侍御家，得《大学》《中庸》数十条，而《孟子》则同修国史崇邑邱公永锡家藏焉。于是散者复合，而缺者庶几全矣，夫岂偶然之故哉！
>
> 斯文之显晦，圣道所关也。今观是书，乃先祖受学于考亭朱夫子之时，于圣贤一言一行，靡不穷究，以致其知而各极其至，纤毫不尽，弗敢自欺，一一录问，务求其精微之旨而后已。既得心传之懿，默识心会，不啻刍豢之悦。我□暇，则叙次《问答要语》，将以为家训，意不忘师友渊源之万一耳。由宋而元，以迄于今，历世既久，残编断简犹有存者，得非阴有神明为之助乎？抑朱子之学如日中天，而能湮没乎！文幸得以采辑，捐俸绣梓，以广其传，俾后之子孙，知先祖传道务学之功，不特勤于当时，而朱夫子之泽，又将被于斯世而垂于无穷者矣。永乐壬寅年三月九世孙迪功郎任丰城尉文撰。④

---

① 〔清〕刘维新等修：《刘氏元利宗谱》癸卷《西族世系·南派》，光绪庚辰（1880）印本，叶13B。
② 〔清〕刘维新等修：《刘氏元利宗谱》癸卷《西族世系·南派》，光绪庚辰（1880）印本，第11页。
③ 〔清〕永瑢等：《四库全书总目》卷三七，中华书局1965年版，第308页。
④ 〔明〕刘文：《睦堂四书问目序》，《建州刘氏三族忠贤传》卷四上，清光绪六年（1880）建阳刘氏活字印本，叶22A—B。

刘文寿

刘文寿(生卒年未详),字应康,建阳崇化书林人。据建阳书坊《贞房刘氏宗谱》,应康乃元代建阳刻书名家翠岩精舍刘君佐五世孙。明宣德、正统间,以"翠岩后人京兆刘文寿""刘氏翠岩精舍""书林刘应康"等名号刻书甚多。王重民《中国善本书提要》引《增修附注资治通鉴节要续编》张光启序云:"'余昔家食,切有此志,今幸作宰东阳①,公隙即与书林君子刘剡取四代史所载君臣行事功绩,岁月日时,先后精详,敛博合一,核略致详。……书成,士庶刘文寿请寿诸梓。'据此,则是书当有宣德间刻本。"②此宣德间(1426—1435)所刻《增修附注资治通鉴节要续编》三十卷,即刘文寿所刊,朝鲜铜活字本即据此翻刻。刘文寿其余刻本,还有《事林广记》《小四书》《史铖》《五伦书》等。

《贞房刘氏宗谱》卷三载:"(十九世)文寿,华二。公字应康。明正统甲子年(1444)自捐己资刊谱散族。妣吴氏。"③

刘　剡

刘剡(生卒年未详),建阳崇化书林人。唐刘翱十七世孙,元刻书家刘君佐玄孙。"荣五,字用章,号仁斋。家贫力学,不干石进。博究经籍,纂修《少微通鉴》,释《宋元续编》。"④此为《贞房刘氏宗谱》所载,其中的"不干石进"当为"不干仕进"。刘剡系明宣德、正统年间(1436—1449)建阳书坊的刻书家。曾师从江西乐平学者松坞王逢学,故自号"松坞门人"。为人聪敏俊彦,博物洽闻,虽家贫而力学不止。生平耽于教书、编书、校书和刻书。《建阳县志》载:"刘剡,字祖章,自号仁斋,崇化人。世居书坊,博学不仕。凡书坊刊行书籍,多剡校正。尝编辑《宋元资治通鉴节要》等书行于世。"⑤明正统、成化间以刊刻医籍知名的刻书名家熊宗立,曾从刘剡学习校刊

①东阳,建阳的别称。宋代建阳书坊有"东阳崇川余四十三郎"。参方彦寿:《宋代建本地名考释·东阳》,《福建史志》1987年第6期。

②王重民:《中国善本书提要》史部,上海古籍出版社1986年版,第102—103页。

③刘云珪等:《贞房刘氏宗谱》卷三,民国九年(1920)忠贤堂活字印本,叶40A。

④刘云珪等:《贞房刘氏宗谱》卷三,民国九年(1920)忠贤堂活字印本,叶26B。

⑤〔明〕冯继科、朱凌:(嘉靖)《建阳县志》卷一一《列传》,《天一阁藏明代方志选刊》第31册,上海古籍书店1962年版,叶4A。文中的"字祖章",当为"字用章"。

书籍。

刘剡编、刻的图书有《宋元通鉴全编》二十一卷、《增修附注资治通鉴节要续编》三十四卷、《四书通义》二十卷。正统庚申(1440),他曾刻印元朱公迁撰《诗经疏义会通》二十卷。其中《增修附注资治通鉴节要续编》一书,是明代建本最畅销的普及本之一,仅在建阳就先后被十几家书坊翻刻、重刊。

由鄱阳朱公迁撰、王逢辑录、何英增释的《诗经疏义会通》二十卷,刘剡正统庚申(1440)刊本为此书初刻。其师王逢撰《资治通鉴外纪增义》也于此时由他刊刻于建阳。

由于刘剡与徽州新安、鄱阳一带的学者关系密切,而他的名字又常在他们的著述中出现,故往往被误为是这一带的人。如《四库全书总目》卷三七在著录刘剡撰《四书通义》二十卷时,因此书乃继胡炳文《四书通》、陈栎《重订四书通》、倪士毅《四书辑释》之后而作,而上列诸人均徽州人氏,故馆臣将他误为"休宁人",《休宁县志》也因此有了刘剡所撰此书之名。《新安文献志》卷五五也将其误为休宁人,列其小传。当代学者所编《徽州人物志》亦列其名①。黄开国《经学辞典》载其:"字用章,安徽休宁人,明代经学家。生平事迹不详。著有《四书通义》二十卷。"②故刘剡可以说是在历代建阳书坊中,接受外地学者刻书最具代表性的建阳刻书家。

明休宁学者苏景元有《寄书坊刘剡》诗,云:

> 女娲补后见神功,千里相思寄便鸿。
> 断简残编无日了,清尊明月几时同。
> 坐间有客常谈项,天上何人复荐雄。
> 一度登楼一惆怅,小山秋冷桂丛丛。③

刘有光

刘有光(生卒年未详),字德辉,号耀吾,建阳麻沙刘氏元房二十三世孙。王重民先生《中国善本书提要》著录有明万历间潭阳源泰堂《新刻皇明

①万正中:《徽州人物志》,黄山书社2008年版,第303页。
②黄开国主编:《经学辞典》,四川人民出版社1993年版,第208页。
③〔明〕程敏政:《新安文献志》卷五五,明弘治十年(1497)刊本,叶10A。

经世要略》一卷,其中列有校人"耀吾刘有光"①,即此人也。

据《刘氏忠贤传》卷首例言,其中有"前明万历丙午(1606)族叔祖讳有光始辑《忠贤传》"②等语;卷四有天启元年(1621)豫章魏时应(万历间任建阳令,曾主修万历《建阳县志》)撰《刘氏忠贤传序》,其中又有"辛酉,余复补闽藩,而刘生新举孝廉,持其族叔讳有光于万历丙午所刻《忠贤传》,属余为序"③等语。据上述可知,《刘氏忠贤传》(书名页题为《建州刘氏三族忠贤传》,但在每页版心上方题"刘氏忠贤传",故简称为《刘氏忠贤传》)原为明万历间刘有光所编所刻,为今存《刘氏忠贤传》所本。

今存光绪庚辰(1880)刊《刘氏忠贤传》卷一有《通判公有光传》,记其事迹颇详,移录如次:"公讳有光,字德辉,号耀吾。开国公廿三世孙,添熙公次子。性嗜诗书,仗豪侠,里党称为义士。由廪生出贡,任江南海州通判。官居日久,每厌案牍之劳。及改组归里,奋然有振作族党之志。素好谈堪舆书,见我里文社规狭,前少文峰,即捐地重建社学,造南北塔以振文风。万历九年,与东族文献等合修三族谱牒。丁酉,又充水北基址,以创元、利宗祠。至三十二年甲辰,恢复延庆寺山墓,皆公之力居多,捐田数十箩,聊充助祭夫马之费。其平生行略,邑乘纪之秩然。"④

刘　泽

刘泽(生卒年未详),字用夫,瓯宁(今福建建瓯市)人。宋刘子翚十二世孙。明正德七年(1512)刻印宋刘子翚所撰《屏山集》二十卷,今国家图书馆、中山大学图书馆等存。半叶十行,行十九字,黑口,四周双边或左右双边。

嘉靖《建宁府志》卷一六《选举》载:"刘泽,字用夫,瓯宁人。屏山先生裔孙。建昌通判。尝请立屏山书院。"⑤明滕祐所撰《五忠祠记》,提到刘泽建屏山书院之事,云:"翰十三世泽,以弘治己酉(1489)十月构堂于屏山祠右,设木主而奠焉。榜其额曰'五忠',盖崇先德,启后思,而阐世泽于无穷

①王重民:《中国善本书提要》史部,上海古籍出版社 1986 年版,第 165 页。

②〔清〕刘秉钧等:《建州刘氏三族忠贤传》卷首,清光绪六年(1880)建阳刘氏活字印本,叶 1A。

③〔明〕魏时应:《刘氏忠贤传序》卷四,清光绪六年(1880)建阳刘氏活字印本,叶 24A。

④〔清〕刘秉钧等:《建州刘氏三族忠贤传》卷一《通判公有光传》,清光绪六年(1880)建阳刘氏活字印本,叶 9A—B。

⑤〔明〕夏玉麟、汪佃:(嘉靖)《建宁府志》卷一六《选举》,《天一阁藏明代方志选刊》第 27 册,上海书店 1964 年版,叶 5A。

也。祠下祭田凡若干，颇为富室侵占。近年有司为复其旧，俾供祀之外，以余资延师，教族之子弟秀而贫者。"①

按，刘韐乃刘子翚之父，《宋史》有传，由此可知刘泽乃刘子翚十二世孙。又屏山书院有二，一在崇安五夫里屏山之麓；一在府城瓯宁县南紫芝上坊。刘泽所建书院在瓯宁，乃宋刘子翚从子刘珙故宅。

李　培

李培（生卒年未详），字汝耘。建安人，李默之子。隆庆间恩贡。万历元年（1573），刻印其父所撰《群玉楼稿》七卷《困亨别稿》一卷。《四库全书总目》卷一七六著录云："是集凡文五卷，诗三卷，乃其子太学生培所编。康太和序称其镕意铸词，不涉蹊径，然少伤于朴直。原集刊于万历元年。"②据《中国古籍善本书目》集部著录，此书原刊本为《群玉楼稿》七卷《困亨别稿》一卷附录一卷，今中国社科院历史所、上海图书馆、浙江图书馆等存完本，《四库全书存目丛书》集部第77册即据浙江图书馆存本影印。卷前有福建按察使徐中行序，半叶九行，行十八字，细黑口，四周双边。《四库全书总目》著录本为清雍正李默裔孙刊本，今福建省图书馆存。傅增湘《藏园群书经眼录》著录此书为"明隆庆刊本"，后又称"有万历元年康太和序"③，则其所著录应亦万历元年（1573）刻本，而不太可能是隆庆（1567—1572）刊本。

《闽书》卷一二八载："李培，字汝耘。李肃愍默子。隆庆间恩贡，事继母尽欢，抚孤侄若己出。博学多文，虚襟雅度，郡里推重。"④李默有《两儿字训》一文，知其有二子，长曰均，次曰培。从学于建阳余氏。李均字汝耕，李培字汝耘，均系余师为他们取字⑤。

李有秋

李有秋（生卒年未详），字子遂，一字遂卿，建阳人。师从阳明门人季

---

① 〔明〕滕祐：《五忠祠记》，（嘉靖）《建宁府志》卷一一《祀典》，《天一阁藏明代方志选刊》第27册，叶6A。

② 〔清〕永瑢等：《四库全书总目》卷一七六，中华书局1965年版，第1578页。

③ 傅增湘：《藏园群书经眼录》卷一六，中华书局1983年版，第1413页。

④ 〔明〕何乔远：《闽书》卷一二八《英旧志》，福建人民出版社1995年版，第5册，第3810页。

⑤ 〔明〕李默：《困亨别稿》卷一，《四库全书存目丛书》集部第77册，第803页。

本。嘉靖三十五年(1556)，曾为胡宗宪刻印《胡大参集》十卷。徐渭《文长逸稿》有《胡大参集序》，略云："建阳李生曰有秋者，一旦抱君所为古文若诗篇凡十卷来，以序请，曰'将以付诸梓'。予读之，则见其文犹故所品汉西京物也，而诗又不落近代，往往为魏晋间语。"[①]

李有秋的生平，县志缺载。唯《徐渭集》中有诗十几首、文数篇，多次提到其名。诗如《写竹送李子遂》《李子遂携己所绘图归陶翰撰索咏》《送李君子遂归建阳》，文如《与李子遂》《送李子遂序》等。从中约略可知李有秋与徐渭均曾为胡宗宪幕客，能文善绘，与徐渭是从学于季本的同门师友和知交。

季本有《送李子遂归建阳序》，云："及为建宁推官，有事三山，见少谷郑继之论阳明之学，甚推重之说，是阳明亦南入于闽矣。时余见尚犹未真，而建宁之士习于晦庵之旧说，亦未有能信阳明之说者矣。及嘉靖乙卯(1555)之岁，余携书入闽，再过建阳，而李子子遂与其兄子盛、子恒，以余为阳明之徒，皆问学焉。与之语，颇不逆也。至余，其二兄偕计上京师，子遂送之，特至于越，寓于门下者凡四月。书，得阳明之书，而读之充然有得。其必有以协晦翁之所不协者矣。余非议晦庵者也，欲求其合一者也。子遂南矣，余道不及，二程无以及逮。然程伯子之道，固洙泗之真派，建阳之士，盖所素闻也。"[②]季本序中说他在任建宁推官时，与福州郑善夫和建宁士人讨论阳明学说，以及建阳士人李子遂三兄弟远走浙江，从学于季氏门下，得阳明之书而读之，长达四月之久。能使闽中名士郑善夫推重阳明之说，能将"习于晦庵之旧说"的"建宁之士"诱至门下，季氏对此颇有成就感。此文为阳明学早期入闽之时的真实写照。

又据李有秋名、字以及生活年代看，他与刻印明季本《律吕别书》的李有则字子彝者(参本书"李有则"条)，当为兄弟行。

李有则

李有则(生卒年未详)，字子彝，号左溪，建阳人。嘉靖二十八年(1549)举人。嘉靖间，刻印季本撰《律吕别书》一卷，今存南京图书馆，《中国古籍

①〔明〕徐渭：《徐渭集·文长逸稿》卷一四《胡大参集序》，中华书局1983年版，第907页。
②〔明〕季本：《季彭山先生文集》卷一《送李子遂归建阳序》，《北京图书馆古籍珍本丛刊》第106册，书目文献出版社1991年版，第857页。

善本书目》经部卷二著录。

　　乾隆《福建通志》卷五一《文苑》载："李有则，字子彝，建阳人。嘉靖举人，知顺德县。文藻优瞻，刻烛千言立就，所著有《东阳闻纪》《壁文考正》等书。"①清康熙《建宁府志》卷三四《人物》、道光《建阳县志》卷一二《人物志》所载与此略同。清周亮工《闽小纪》载："建阳李有年，举嘉靖庚子(1540)乡试第十九名；其弟有则，举己酉(1549)亦第十九名；有年子闻韶，举万历甲午(1594)，亦第十九名。父子兄弟，榜次相同，亦一奇也。"②

芮志文

　　芮志文（生卒年未详），名麟，字志文。明洪武三十一年(1398)任建宁知府期间，刻印元吴海所撰《闻过斋集》八卷。

　　瞿冕良《版刻质疑》曰："芮麟字志文。明初台州人。洪武末年(1398)刻印过吴海《闻过斋集》，徐宗起序称'芮君志文率好义之士为锓诸梓'是也。《福建版本资料汇编》著录为'芮君志刻本'，盖将'芮君志文'漏掉'文'字，误以'君志'作人名也。"③

　　芮氏任建宁知府期间，颇有政绩；为政清廉，省民瘼。嘉靖《建宁府志》载曰："芮麟字志文，宣城人。由监生洪武三十一年任建宁府知府。宽厚有文，尤工字学。岁饥，劝富家出谷赈济，民赖全活。作兴学校，奖援士类，登科第者踵相接。府学灾，卜地重建，经制宏伟。满考，卒于京，行橐萧然，几不能归柩。建人仕于京者敛财赙，始得还葬。"④

　　上文所录，芮志文的籍贯有二。瞿冕良先生称为台州人，《建宁府志》作宣城人，其中必有一误。考杨荣《送太守芮公复任建宁序》⑤，知芮氏为宣城人氏，任职建宁之前曾官台州知府，此为其"台州人"之误的由来。由于芮氏知建宁，政绩颇显，故又复任。

　　《建宁府知府芮麟传》载："福建建宁府知府芮麟，字志文，宣城人。洪

①〔清〕郝玉麟等：(乾隆)《福建通志》卷五一《文苑》，《景印文渊阁四库全书》第529册，第745页。
②〔清〕周亮工：《闽小纪》卷三，福建人民出版社1985年版，第49页。
③瞿冕良：《版刻质疑》，齐鲁书社1987年版，第117—118页。
④〔明〕夏玉麟、汪佃：(嘉靖)《建宁府志》卷六《名宦》，《天一阁藏明代方志选刊》第27册，上海书店1964年，叶19A。
⑤〔明〕杨荣：《杨文敏公集》卷一四《送太守芮公复任建宁序》，《明别集丛刊》第1辑第29册，黄山书社2013年版，第469页。

武间以太学生授台州知府。明于治体，吏民畏服。……后以荐授建宁知府。岁饥民困，发公廪赈恤，又劝富民分粟贷之，民赖以济。……作新庙学及朱文公祠、考亭书院。暇则亲诣与诸生论说经史。政化行焉。"①

熊　斌

熊斌（生卒年未详），字文质，建阳人。熊坑曾孙。明成化间任广东博罗主簿，明嘉靖《惠州府志》卷三《秩官表》中仅列其名。成化三年（1467），熊斌刻印熊禾《熊勿轩先生文集》八卷，五年（1469）刻印明黄溥《诗学权舆》二十二卷，后者今存南京大学图书馆。

《善本书室藏书志》著录影写熊斌成化本《熊勿轩先生文集》云："目录后有成化二年六世孙博罗主簿熊斌识云：'先祖勿轩先生遗稿，先君收辑类次，惜赍志而没，今幸族人孟东掇拾先祖序、纪、诗、赋，并先君所藏编而未就者厘为八卷。天顺间斌因进秩归扫松梓，遂同兄椽弟桢命工绣梓。'"又著录一旧钞本并引成化三年（1467）福建布政司右参政惠阳吴高尚志序称，勿轩先生"平生著述厄于兵火，鳌峰裔孙熊澍家藏遗稿存十一于千百，族孙孟秉类次成帙，厘为八卷。六世孙斌判惠之博罗，考订绣梓"②。因吴序中此言，故此书的刊行地点往往误作广东博罗，然而据熊斌刻书识语"进秩归扫松梓，遂同兄椽弟桢命工绣梓"，是说熊斌回到故里扫墓，与两位兄弟将此书刊板，则此书的刊印应在建阳。

熊澍，即熊斌父。熊孟秉，名圭，熊坑弟，洪武二十一年（1388）以明经任建阳县学训导，嘉靖《建阳县志》有传。

《潭阳熊氏宗谱》载曰："（廿三世）斌公，澍公七子，行福廿一。字文质，姒詹氏。"③

杜信孚《明代版刻综录》载熊斌于洪武间（1368—1398）刊《熊勿轩先生文集》八卷、《诗学权舆》二十二卷④，将二书的刊刻时间提前了近百年，恐有误。

---

①〔明〕焦竑编：《焦太史编辑国朝献征录》卷九一，《续修四库全书》史部第 530 册，第 169 页。
②〔清〕丁丙：《善本书室藏书志》卷三二，《续修四库全书》史部第 927 册，第 540 页。
③〔清〕熊日新等：《潭阳熊氏宗谱》"熊氏西族上房长官祖居樟埠厅忠孝堂遗派"，清光绪元年（1875）印本，第 2 册，叶 5B。
④杜信孚：《明代版刻综录》卷六，江苏广陵古籍刻印社 1983 年版，第 6 册，叶 13B。

熊秉宸·熊成建

熊秉宸（生卒年未详），字建山，建阳崇化书林人氏。熊宗立的六世孙，熊成建的堂侄。熊成建（生卒年未详），成冶（冲宇）兄。张秀民先生《中国印刷史》"明建宁府书坊"一节中"建邑书林熊宗立熊氏种德堂"条下小字注曰："熊秉宸、熊成建、熊建山均称种德堂。"①熊秉宸、熊建山其实就是同一人。

明崇祯四年（1631），熊秉宸刻印宋朱熹集注、明张㻌校正、丘兆麟圈点《新镌音释圈点提章提节大魁四书正文》六卷，今北京大学图书馆存。又于崇祯间刻印类书《新刻古今名公启札云章》六卷，两节板，上下两层各六卷。卷一题"新刻含辉山房辑注启札云章一卷，云间陈眉公先生鉴，信州郑梦虹霓龙选，潭水熊秉宸建山梓"②，收入《明代通俗日用类书集刊》。其刻本还有熊宗立辑、熊秉懋重订《新镌皇明司台历法立福通书大全》十四卷，题明万历潭邑书林种德堂熊秉宸刊，今日本国会图书馆存；明徐世颜撰《新著地理独启玄关罗经秘旨》四卷，万历年间刻印，今上海图书馆存；《新锲徽郡原板梦学全书》三卷首一卷，题"书林熊建山梓行"，收入《续修四库全书》第1064册；杨克勤《鼎刻杨先生注释孔圣家语》五卷首一卷，天启六年刻印。

熊成建种德堂则于万历二十九年（1601）刊行过《精摘古史粹语举业前茅》五卷《附古文类集》不分卷。

《潭阳熊氏宗谱》载："（二十四世）成建，寿爵公三子，位康三，行丙五，葬熊厝窠。姒杨氏，葬钱塘。生子二：学琛、学瑜③；（二十五世）秉宸，文汉公次子，行宁二，字建山，葬水北。姒刘氏，葬油源。生子二：应鹏、应秀。"④

熊秉宏

熊秉宏（生卒年未详），号午山，明万历间建阳崇化书林刻书家。约在

①张秀民：《中国印刷史》，上海人民出版社1989年版，第380页。
②〔日〕酒井忠夫：《明代的日用类书与庶民教育》，〔日〕林友春编：《近世中国教育史研究》，1958年国土社刊，第118页。
③〔清〕熊日新等：《潭阳熊氏宗谱》"让房礼公派下瑷公世系"，清光绪元年（1875）印本，第6册，叶23A。
④〔清〕熊日新等：《潭阳熊氏宗谱》"让房礼公派下瑷公世系"，清光绪元年（1875）印本，第6册，叶49B。

明万历之后,建阳书坊出现了一批题为孔子、朱子"家礼宗"的刻本。其中,以熊秉宏刻本最多:

一是明万历间书林午山熊氏刻本,题丘濬撰《重刻丘阁老校正朱文公家礼宗》四卷。每卷首页第一、二行题"阁老琼山丘氏校正,书林午山熊氏梓行"。行款为半叶十行,每行大字二十二字,小字双行同。每卷有与内容密切相关的众多示意图,如卷一有《祠堂三栋图》《祠堂时祭陈设之图》《家众叙立之图》《神主分式》《深衣前式》《深衣后式》;卷二有《新妇入门》《礼妇图》;卷三有《本宗五服制之图》《方相图》《香案图》;卷四有《立春祭先祖图》《墓祭陈馔图》等数十幅示意图。除此之外,卷首则有专门介绍朱熹生平事迹的版画十一幅。图的版式为每半叶一图,图上方有一小横格楷书四字,为图题;右上方一小竖格,为纪年。此书现存日本东京大学东洋文化研究所。

二是明张鼎注释、李光缙校阅《新锲侗初张先生注释孔子家语宗》五卷首一卷,明书林熊秉宏读书坊刊本,今日本蓬左文库有存。

三是题明张鼎撰《新锲侗初张先生注释孔子家语宗》五卷,明午山熊秉宏刊本,今日本神户大学综合部国际文化学图书馆有存。

其中,第二、三两种刻本也有可能是同一刻本,因著录角度不同而产生差异。因原书未见,录此存疑。

查考《潭阳熊氏宗谱》,得午山熊氏名为熊秉宏。谱载:"秉宏,文汉公四子。行宁四,号午山。十二月廿八日生,六月十八日卒,五十二岁。葬将水口,姚萧氏,生女适余家,往广。继姚陈氏,六月二十日生,正月十二日卒。葬广东四马岗。"[①]

熊秉宏为著名刻书家熊宗立六世孙,其世系为宗立→瑗→天育→福泰→寿正→文汉→秉宏。

熊秉懋

熊秉懋(生卒年未详),号月畴,明万历间建阳崇化刻书家。曾刻印明熊宗立撰、熊秉懋重订《新编历法总览合节鳌头通书大全》四卷,今安徽省博物馆存有原刻本,著录作"明万历建邑书林刻本"[②]。

①〔清〕熊日新等:《潭阳熊氏宗谱》"让房礼公派下瑗公世系",清光绪元年(1875)印本,第 6 册,叶 50A—B。
②中国古籍善本书目编委会:《中国古籍善本书目》子部卷一七,上海古籍出版社 1996 年版,第 376 页。

经熊秉懋编订，在建阳书坊刊行的同类著作，有《新镌台监历法增补应福通书全备通书》三十七卷首三卷，明万历年间（1573—1620）熊冲宇刊本，今日本内阁文库有存本；其祖熊宗立撰、熊秉懋编订《新刻皇明司台历法立福通书大全》十四卷，万历年间潭邑书林种德堂熊秉宸刊本，今日本国会图书馆有存本。

《潭阳熊氏宗谱》载："（廿五世）秉懋，文奎公之子。行宁一，号月畴。精克择，纂修《鳌头》《斗首》《立福》等通书行世。寿七十八岁。妣杨氏，俱葬蔡布。生子二：伍德、应璋。"[1]

按，熊秉懋长子伍德，号濂泉。《宗谱》记其"善医小儿科及绘画人物"[2]。此善"绘画人物"的熊濂泉疑即熊莲泉，万历间曾替萧鸣盛戏曲刻本《西楼记》及萧腾鸿师俭堂刻本《西厢记》绘图。书内插图，为合页连式[3]。

熊成冶

熊成冶（生卒年不详），号冲宇，熊宗立的五世孙。万历间继承熊氏种德堂之业，所刻书现存和见于著录的达 40 多种。种德堂是明代建阳熊姓刻书最多的书坊，所刻书以通俗应用书和童蒙读物为主，其刻本内容，在继续保持明前期种德堂以刊刻医书为主的特色之外，还逐渐扩展到四部。

熊成冶的代表性刻本有，万历元年（1573）刻印《新刻金陵原板易经开心正解》六卷。半叶十一行，行大小字不等，四周双边，卷首有插图。郑振铎先生在《西谛书话》中记云："首卷为《易经》各色考实，凡十一页，皆是插图。每页分三栏，亦尚存古意。余则以其图而取之……于论述近古童蒙教育者，或不为无用也。"[4]

其所刻史部书有，万历二十四年（1596）刻印明顾充等撰《新锲评林注释列朝捷录》四卷，现存湖北省图书馆。

子部医书是其着重刊行的图书品种。万历元年（1573），熊成冶刻印其五世祖熊宗立所撰的《新刊太医院校正图注指南八十一难经》四卷。此书

---

①〔清〕熊日新等：《潭阳熊氏宗谱》"让房礼公派下世系"，清光绪元年（1875）印本，第 6 册，叶 58B。文中的《整头》，应为《鳌头》"。
②〔清〕熊日新等：《潭阳熊氏宗谱》"让房礼公派下世系"，清光绪元年（1875）印本，第 6 册，叶 58B。
③傅惜华编：《中国古典文学版画选集》，上海人民美术出版社 1981 年版，第 498、504 页。
④郑振铎：《西谛书话》，生活·读书·新知三联书店 1983 年版，第 411—412 页。

现存国家图书馆,行款为半叶十一行,行二十八字,白口,四周双边。同年,又刻印元朱震亨撰《新刊明医考订丹溪心法大全》八卷,今杭州市图书馆有存。明万历熊氏种德堂刻印明吴文炳编《新刊吴氏家传神医秘诀遵经奥旨针灸大成》,今日本内阁文库有存本。

万历三十五年(1607)刊行的明武纬子撰《新刊翰苑广记补订四民捷用学海群玉》二十三卷,是一部日用百科类书,配有精美的版画插图,已无完帙存世。今国内仅国家图书馆存残帙卷一至卷八,在国外,日本东京大学存卷一五至卷二○。

所刻通俗小说刻本有明罗贯中撰《新锲京本校正按鉴演义三国志传》二十卷。版式上图下文,半叶十五行,行三十四字,白口,四周单边,仅有残帙两卷存世;集部书有万历三十九年(1611)所刻唐杜甫撰、明范濂选注的《杜律选注》六卷,半叶十行,行二十字,白口,四周单边。此书现甚为罕见。

《潭阳熊氏宗谱》载其生平曰:"(廿四世)成冶,寿金公继子,系寿爵公四子入继,位康一,行丙七,号冲宇。享年四十四岁,葬熊厝窠顶倒骑龙穴。……妣杨氏,八月初八日生。殁葬失考。生子三:飞、璱、超。"[1]其长子熊飞,明崇祯间刊行《英雄谱》。

熊　飞

熊飞(生卒年未详),字希孟,号在渭,又号赤玉,建阳崇化书林人。刻书家熊成冶(冲宇)长子。明崇祯间(1628—1644),以"熊飞雄飞馆"名号刻印《英雄谱》四十卷;其中罗贯中《三国志》二十卷、施耐庵《水浒传》二十卷,故又名《精镌合刻三国水浒全传》。书分二层,上层为《水浒》,下层为《三国》,卷首冠图,单面方式。今国内仅国家图书馆存残帙三卷,日本内阁文库存有完帙。

《潭阳熊氏宗谱》载其事迹云:"(廿五世)飞公,成冶公长子。行宁一,字希孟,号在渭。文庠生,享寿七十六岁。妣王氏,继妣郑氏葬熊厝窠,公葬平地掌。生子四:仪、伟、俊、自西。"[2]

按,《英雄谱》一书插图凡一卷,有图百页。前图后赞,刻印精美。刻工

---

①〔清〕熊日新等:《潭阳熊氏宗谱》"让房礼公派下瑷公世系",清光绪元年(1875)印本,第6册,叶25B。

②〔清〕熊日新等:《潭阳熊氏宗谱》"让房礼公派下飞公世系",清光绪元年(1875)印本,第6册,叶54B—55A。

刘玉明,是明末建阳著名版画家刘素明之弟,建阳书坊《贞房刘氏族谱》卷三载:"(二十六世)国谅,(行)悠一。字玉明,妣龚氏。"①

熊　辅

熊辅(生卒年未详),字苍岩,号龙峰山人,又号东轩。建阳人。明嘉靖间刻印明喻冕辑《新刊一行禅师演禽命书》六卷,现存国家图书馆、济南市图书馆和山东省博物馆。另有一卷本,现存上海图书馆、吉林省图书馆。嘉靖二十六年(1547),以"书林熊氏东轩"名号刻印无名氏编《通鉴纲目纂要便览》二十六卷。今江西省图书馆存此书不全本二十二卷。

《潭阳熊氏宗谱》载:"(二十五世)辅公,继清公长子,行寿二,字苍岩。葬姜岭后。妣□氏。生子二:奏郎、埙郎。"②按,建阳书林熊氏分恭、俭、让三房。明代熊氏刻书家多为让房熊宗立的后人,而熊辅则属恭房。万历间刻书家熊体信、熊体忠、熊体道三兄弟均为其裔孙。

熊九岳·熊九敕

熊九岳,字寅牧;熊九敕,字寅几。二人生卒年均未详。建阳书林人氏,熊体忠堂侄。明崇祯丙子(1636),兄弟二人合刻《论孟注疏》二十卷,邵氏《增订四库简明目标注》著录此书时,将"九岳"误为"九香"③。此书实为两部书的合称,原名为《论语注疏解经》二十卷,著录为"魏何晏集解,宋邢昺疏,明熊九岳等校刊本";《孟子注疏解经》十四卷,著录为"汉赵岐注,宋孙奭疏,明熊九岳等校刊本"④。二书现均存台北。

按《潭阳熊氏宗谱》载:"(廿八世)九岳,天熹公次子,行聪二,字寅牧,邑庠生。妣□氏。生子二:启盛、师武。九敕,天熹公三子,行聪三,字寅几。廪膳生。系俟考。"⑤

---

① 刘云珪等:《贞房刘氏宗谱》卷三,民国九年(1920)忠贤堂活字印本,叶72B。

② 清熊日新等:《潭阳熊氏宗谱》"恭房伯杞公派辅公世系",清光绪元年(1875)印本,第3册,叶17A。

③ 清邵懿辰撰,邵章续录《增订四库简明目录标注》卷四著录为:"明崇祯丙子熊九香、熊九敕刊《论孟注疏》本。载上海古籍出版社1979年版,第139页。

④ 台北"国立中央"图书馆:《"国立中央"图书馆古籍善本书目》甲编卷一,中华丛书委员会1958年版,第38—39页。

⑤ 清熊日新等:《潭阳熊氏宗谱》"恭房伯杞公派辅公世系",清光绪元年(1875)印本,第3册,叶18B—19A。

又,熊之璋隆武刻本《重刊熊勿轩先生集》卷首有"熊勿轩公文集较阅同宗名公",列熊明遇以下共16位同宗名士。最后两位即"熊寅牧先生讳九岳(书林)、熊寅几先生讳九敕(书林)"①。由此可证二人均建阳书林人氏,乃兄弟行。

熊寅几刻本还有其自编本《增补较正熊寅几先生捷用尺牍双鱼》九卷,明崇祯刊本,今日本东洋文库存。

熊体忠

熊体忠(生卒年未详),字尔报,号云滨,建阳人。明万历间刻印明张鸣凤辑《地理参赞玄机仙婆集》十三卷,今清华大学图书馆和中国人民大学图书馆等有存本,著录作书林熊体忠刻本。此外,明末建阳书林的"雨钱世家",有可能也是熊体忠的书坊之名。

雨钱世家,或作雨钱家、雨钱馆,乃明末建阳熊姓书坊之一。《北京图书馆古籍善本书目》②、《中国古籍善本书目》③均误作"两钱世家",王重民《中国善本书提要》误为"两钱家"④,笔者于20世纪80年代曾就此问题向北京图书馆古籍善本特藏部求证,经该部函复,确为"雨钱"之误。典出于建阳熊氏二世祖熊衮。熊衮字补之,又字葺山,"其先南昌人。昭宗时,为兵部尚书兼御史大夫。性至孝。时当乱后,例无俸给,惟立功时有赏赉,衮悉散之部下。父丧不能葬,昼夜号泣,天忽雨钱三日,始毕葬事。所剩钱尽举入官。其邻里仆隶所得者,悉化为土。后人称'忠孝雨钱公'"⑤。据《潭阳熊氏宗谱》,熊衮为熊秘长子,熊氏入闽的二世祖。谱中所载"雨钱葬父"的传说与《闽书》相同⑥。

雨钱世家刻本,今存明万历二十五年(1597)刻明李京撰《鼎镌李先生易经火传新讲》七卷、明朱常迁辑《新镌益府藏板从姑修禊一线天会奕通玄

---

①〔元〕熊禾:《重刊熊勿轩先生集》卷首,《宋集珍本丛刊》第91册,第197页。

②此指1959年版《北京图书馆古籍善本书目》。1987年版已更正为"雨钱世家",书目文献出版社1987年版,第1365页。

③中国古籍善本书目编委会:《中国古籍善本书目》子部卷一七,上海古籍出版社1996年版,第452页。

④王重民:《中国善本书提要》史部,上海古籍出版社1986年版,第99页。

⑤〔明〕何乔远:《闽书》卷九五《英旧志》,福建人民出版社1995年版,第4册,第2852页。

⑥〔清〕熊日新等:《潭阳熊氏宗谱》"西族上房总系世图"。其中载熊衮事迹云:"时方艰,遗例无俸给,父之薨也,无以具葬。孝格纯天,雨钱三日夜以毕,世因称'雨钱翁'。"清光绪元年(1875)印本,叶1A。

谱》四卷、明末明孙镶撰《历朝纲鉴辑要》二十卷。此外,另有题"雨钱馆"崇祯间刻印的明曾楚卿校正之《莆曾太史汇纂鳌头琢玉杂字》三卷,这是一部类书,现存日本。

此雨钱世家,虽可考出其主人姓熊,然未能知其大名。《中国古籍总目》经部著录有《鼎锲李先生易经火传新讲》七卷,系万历二十五年(1597)刻本,有"雨钱世家"和"书林熊体忠刻本"两个刻本①。则雨钱世家,有可能也是熊体忠的刻书堂名。

熊体忠生平,在《潭阳熊氏宗谱》中有如下记载:

　　(廿六世)奏郎,辅公长子,行康三,字文溪。……生子三:体忠、体信、体道。

　　(廿七世)体忠,奏郎公长子,行宁三,字尔报。邑庠生,殁失考……②

大清岁科儒林籍:

　　体忠字尔报,号云滨。清初年间,书林未习儒业,兄弟笃志嗜学,庠序冠首,载《同文志书》。日从同游者,一时名宦,若明经则有郑以初、熊志学,两榜刘孔敬,庠生余用晦、杨鞭垓,监生余应虬等。或德行,或著述,或职司藩臬,或掌训导教谕,莫不济济著美也。辑有《四书大传》《书经久传》《书经鲸音》《玉堂纲鉴》《二经精解》《南华副墨》《遵生八笺》等集。兵部侍郎陈省号幼溪者,来游武夷,踵第相谒,促膝旦夕,重创同文书院,经营缔造,立石存焉。

四部尚书宗明遇③赞曰:

　　艺林师表,德性汪洋。才优望重,山斗文章。心传道脉,桃李芬芳。宜乎振振,奕世腾骧。④

----

① 中国古籍总目编纂委员会编:《中国古籍总目》经部易类,中华书局、上海古籍出版社2012年版,第108页。

② 〔清〕熊日新等:《潭阳熊氏宗谱》"恭房伯杞公派辅公世系",清光绪元年(1875)印本,第3册,叶17A。

③ 建阳熊氏的祖籍为江西南昌,与熊明遇本为同宗。唐末熊氏始祖熊秘入闽,定居建阳崇泰里熊屯。熊明遇,字坛石,万历进士,历官吏、户、礼、兵部尚书,明末避地入闽,寓建阳崇泰里熊屯,五载回籍,尽节死。其事迹,载《明史》卷二五七《熊明遇传》。

④ 〔清〕熊日新等:《潭阳熊氏宗谱》卷首《潭阳西族贤宦籍》,清光绪元年(1875)印本,第1册,叶10B—11A。

　　宗谱对熊体忠的生平记载并不十分全面。一是因生卒年失考，只知清初的熊体忠而不知他实为明末清初人；二是遗漏了他曾从事刻书业；三是误把熊体忠所刻《玉堂鉴纲》《二经精解》等书称为"辑"。尽管这样，宗谱所录已足以证明熊体忠系明末建阳书林刻书家。

熊之璋

　　熊之璋（生卒年未详），字玉孺，号顽石，晚号钝静山人。崇安（今福建武夷山市）人，宋末元初建阳学者熊禾后裔。明隆武二年（1646），熊之璋刻印熊禾撰《重刊熊勿轩先生集》四卷附一卷。《中国版刻图录》著录曰："时唐王朱聿键立于福州，称监国。隆武刻书，传世甚罕，此为仅见之本。"[①]卷一前题"宋武夷熊禾著，宗后学豫章熊明遇较，明后学钱塘葛寅亮阅，后裔温岭熊之璋辑"；卷二将"宗后学豫章熊明遇较"换成"后学吉水郭之祥评"；卷三与卷一同，卷四换成"后学武陵张尧政评"。所谓"评"，是指在书中偶有一些简要的评语。如在《仪礼经传序》一文末，有评曰"以紫阳直接孔孟，历千载有余而道始续，语语阐扬道统，羽翼圣经"[②]；在《重建建阳书坊同文书院疏》一文中，有葛屺瞻评语"大雅文章，高视晋魏之上"，熊之璋评语"吟咏不关风月，讲学必溯本原，承先启后之功，洵哉不小"[③]。此"承先启后"，被认为是成语"承前启后"的滥觞[④]。

　　查《潭阳熊氏宗谱》未得熊之璋之名。在清董天工《武夷山志》、民国《崇安县新志》中得其小传，可补《宗谱》之载阙。《崇安县新志》曰："熊之璋，字玉孺，四隅里人。宋儒勿轩先生后。十岁丧母，哀毁如成人。事父至孝。直指李嗣京旌其闾曰'曾闵遗徽'。……勿轩书院倾圮，以谷林家塾改祠奉祀。……晚自号钝静山人。所著有《顽石集》。"[⑤]

徐秋鹗

　　徐秋鹗（生卒年未详），字光祖，马平（今属广西柳州）人。隆庆二年

①北京图书馆编：《中国版刻图录》，文物出版社1961年版，图版872、873，第80页。
②〔元〕熊禾：《重刊熊勿轩先生集》卷一，《宋集珍本丛刊》第91册，第214页。
③〔元〕熊禾：《重刊熊勿轩先生集》卷三，《宋集珍本丛刊》第91册，第284页。
④中华书局编辑部编：《中华成语词典》，中华书局2004年版，第86页；《成语大词典》（单色插图本），商务印书馆国际有限公司2013年版，第187页。
⑤刘超然、郑丰稔等：（民国）《崇安县新志》卷二五《列传》，台北成文出版社1975年版，第626页。

(1568)进士,选庶吉士。据《礼部志稿》卷四三,隆庆四年其由庶吉士任升礼部司员外郎,万历五年升主客司郎中①。万历十年(1582),在建宁知府任上,刻印明劳堪撰《武夷山志》四卷。行格为半叶九行,行十八字,白口,四周单边。今国家图书馆、上海图书馆、南京图书馆和宁波天一阁有存本。

民国《建瓯县志》卷八《职官志》载:"(明知府)徐秋鹗,马平。隆庆戊辰进士,万历九年任。升本省副使。"②按,"本省副使"之说恐有误,应为万历二十年升任广东按察司副使③。

杨　鑨

杨鑨(生卒年未详),江苏武进人。明嘉靖元年(1522)刻印明陆简撰《龙皋文稿》十九卷。今南京图书馆和台北故宫博物院图书馆均有存本,著录为"明嘉靖元年武进杨鑨闽中刊本"。其根据,是卷首顾清序中所说:"龙皋先生陆公殁二十有七年,嗣孙中书舍人弘道以先生遗稿授清,属为之序引,将刻梓以传,未几清奉旨南归,因以中辍。其明年,公外孙杨鑨官闽中,力任梓事。"④

此所谓"闽中",实应为建安(今建瓯市)。其根据,不在此刊本之中,而是据康熙《建宁府志》卷一八《职官志》的记载:明嘉靖初,武进人氏杨鑨以监生任建安县主簿。而建安,正是刻书中心建阳之邻邑。

收入《四库全书存目丛书》集部第39册的《龙皋文稿》十九卷,其底本是南京图书馆藏本。行格为十行,行十九字。四周双边,白口,单鱼尾。卷首即嘉靖元年门生通议大夫礼部右侍郎致仕华亭顾清《龙皋文稿序》,卷末还有嘉靖元年福建提刑按察司副使当涂祝銮《龙皋先生文稿后序》。

此书作者陆简(1442—1495),字廉伯,号治斋,别号龙皋。江苏武进人,明成化二年(1466)进士。

嘉靖十年(1531),杨鑨还刊刻了唐徐坚撰《初学记》三十卷。此书题"晋陵杨氏重刊",刻印地点应不在福建。

---

①〔明〕俞汝楫等:《礼部志稿》卷四三,《景印文渊阁四库全书》第597册,第799页。

②詹宣猷、蔡振坚等:(民国)《建瓯县志》卷八《职官志》,上海书店出版社2000年版,第468页。

③〔清〕郝玉麟等:(乾隆)《广东通志》卷二七《职官》,《景印文渊阁四库全书》第563册,第104页。

④〔明〕顾清:《龙皋文稿序》,《龙皋文稿》卷首,《四库全书存目丛书》集部第39册,齐鲁书社1997年版,第212页。

杨　襄

杨襄(生卒年未详),建安县人,杨荣五世孙。明嘉靖三十九年(1560),曾刻印其父杨旦撰《偲庵诗集》十卷《文集》十卷《附录》一卷,今浙江图书馆和国家图书馆均有存本。

赵万里先生著录云:"偲庵诗集十卷文集十卷(明嘉靖刻本)。明杨旦撰。自序(嘉靖四年),男襄跋(嘉靖庚申[三十九年])。半叶九行,行十六字。卷后有'季子襄校刻'一行。行状、传记入附录。"①

撰者杨旦,字晋叔,弘治进士,授吏部主事,历考功郎中。杨荣曾孙。明徐火勃《红雨楼序跋》记《野客丛书》的来源云:"建安杨文敏公曾孙名旦,官南京吏部尚书致仕,家多藏书。斯本(按,指《野客丛书》)购之建安,末有少宗伯印,又有杨氏家藏之书印,乃吏部公为少宗伯时所钞者也。公操履方正,不事华靡,居家坦然自适,不知其位至通显,观其积书之富,已觇其所尚矣。"②《闽书》、民国《建瓯县志》均有传。刻者杨襄,杨旦季子。嘉靖《建宁府志》卷一六《选举》载云:"杨襄,以父旦荫入监,建安人。"③

杨应诏

杨应诏(生卒年未详),字邦彦,号天游山人。建安县人,嘉靖十年(1531)举人。嘉靖四十三年(1564),刻印自撰《闽南道学源流》十六卷,今存杨氏华阳书院自刻本。王重民先生《中国善本书提要补编》著录云:"原题'建安后学杨应诏纂集'。……卷末有牌记云:'皇明嘉靖四十三年甲子春刊于杨氏华阳书院道宗堂'。"又录杨氏自序云:"诏闽产也,不揣生长晦庵之里,从游关中泾野吕先生之门。……岁乙未,自从吕师南都。归乃闭门,潜心苦力,积久稍见儒者路头血脉。因搜集平生所宗晦庵及上自龟山、豫章、延平,下及西山私淑诸门人言行,博摭群书,凡精诣卓履,圣谟懿榘,可以作戒作劝者,类次为一书,凡十六卷,名之曰

---

①冀淑英等主编:《赵万里文集》第3卷,上海科学技术文献出版社、国家图书馆出版社2012年版,第562页。

②〔明〕徐火勃:《红雨楼序跋》卷一,福建人民出版社1993年版,第24页。

③〔明〕夏玉麟、汪佃:(嘉靖)《建宁府志》卷一六《选举》,《天一阁藏明代方志选刊》第27册,上海书店1964年版,叶52B。

《闽南道学源流》。"①此书《四库全书总目》卷六一著录作《闽学源流》十六卷,并称"是书历载杨时以后诸儒,终于蔡清。各志其行,详其传授,凡百九十五人"②。

据《明儒学案》卷八、《闽书》卷一二八、民国《建瓯县志》卷三二《儒林传》,杨应诏曾读书武夷山天游峰,因号天游山人。后遍游赵、齐、鲁之间,师事吕泾野(柟)。归而在宗祠华阳山祠祀孔、颜、曾、思、孟及周、张、二程和朱熹诸贤,将其师吕泾野所授书写壁间,日与参对。四方学者如蔡元伟、魏校、章衮等均来建安相聚,进行学术交流。"其学以寡欲正心为本,以不愧于天为归的,而于古今壮猷、奇烈、忠义、慷慨之事,一往激发,寤寐矢之,作《卫道录》以辟禅,作《日史》以自记。又著有《五经辩疑》《四书要义》《闽学源流录》《困学录》等书。"③

今福州于山鳌峰顶,有其手书大字摩崖石刻"状元峰,天游山人书"。

杨允宽

杨允宽(生卒年未详),名恭,字允宽,号符卿。建安县(今福建建瓯市)人。明工部尚书杨荣之子。明正统十三年(1448),在建阳书坊刻印其父杨荣文集《两京类稿》二十卷、《玉堂遗稿》五卷。行格为十行二十字,四周双边,黑口,双鱼尾。前有正统五年胡俨序、正统十一年王直序、正统丁卯夏四月钱习礼序,末卷后有正统十三年周叙后序。吏部尚书王直序云:"公之卒也,直既为传载其行事之大者,以备他日太史之采择。至是,子恭类次遗文若干篇,将镂梓以传,又属直为之序。"④"奉训大夫前兼经筵官吉水周叙"的序称,"公没之后,其子尚宝司丞恭集公平生所作,以类分之,托叙校正,且属序其后"⑤云云。今国家图书馆存明正德十年(1515)题《杨文敏公集》二十五卷《附录》一卷者,乃翻刻自杨允宽本。正德十年王瓒序称:"公集曰《两京类稿》、曰《玉堂遗稿》者,公冢子允宽符卿梓行已久,板藏书坊,

①王重民:《中国善本书提要补编》,书目文献出版社1991年版,第16—17页。
②〔清〕永瑢等:《四库全书总目》卷六一,中华书局1965年版,第554页。
③詹宣猷、蔡振坚等:(民国)《建瓯县志》卷三二《儒林传》,台北成文出版社1967年版,第376页。
④〔明〕王直:《杨文敏公两京类稿序》,《杨文敏公集》卷首,《明别集丛刊》第1辑第29册,黄山书社2013年版,第307—308页。
⑤〔明〕周叙:《杨文敏公两京类稿序》,《杨文敏公集》卷首,《明别集丛刊》第1辑第29册,黄山书社2013年版,第308页。

毁于回禄。今两君偕诸昆季，图翻刻以传，总名曰《杨文敏公集》，共二十五卷。属瓒为序。"①

《明一统志》卷七六载："杨恭，荣子。自幼慷慨博学，以荣当国，引嫌不仕。荣没，荫补尚宝寺丞，升少卿，卒。处家积而能施。邻盗尝逼境，相戒勿犯杨氏，且为扃钥而去。子士伟，第进士。"②嘉靖《建宁府志》卷一六《选举》所载与此略同。

明徐有贞有《和少傅东里杨先生送杨允宽还建安十绝句次其韵》③。马庆洲则有《奉和少傅东里杨先生送杨允宽觐省后还闽中十绝韵》，其三云："文彩翩翩一俊英，日勤坟典效先珉。客边几度来宁省，足慰严亲爱国情。"④

杨　肇

杨肇（生卒年未详），字彦初。建安人，杨荣六世孙。嘉靖十九年（1540）举人。据周子美《天一阁藏书经见录》著录，杨肇于嘉靖三十一年（1552）编纂并刊刻《太师杨文敏公年谱》四卷。"前有嘉靖壬子龚用卿序，次像及赞若干首，末有嘉靖壬子六世孙肇刻书序，次同年七世孙棐书后，题端不著撰人。肇序称：大巡台文山曾公檄郡县，采列先太师文敏府君遗迹，郡县以故验封员外苏公镒所撰年谱上，巡台下令锓梓云云，四册。"⑤按，此书实应为曾佩刻印，见本书"曾佩"条。

万历七年（1579），杨肇曾刻印其师耿定向所撰《硕辅宝鉴要览》四卷。著录云："万历精刻本，白皮纸初印……后有万历己卯门生建安杨肇重刻序：'大中丞天台宗师耿公，镇守南闽，公出前督学留京时所编《硕辅宝鉴》，既梓于宣城，再梓于建州。'"⑥由此可知，此书凡有二刻，杨肇刻本，为"再梓于建州"的重刊本。据《中国古籍善本书目》史部，此本现仅存清华大学

---

①〔明〕王瓒：《重刻杨文敏公集序》，《杨文敏公集》卷首，《明别集丛刊》第 1 辑第 29 册，黄山书社 2013 年版，第 306 页。

②〔明〕李贤等：《明一统志》卷七六，《景印文渊阁四库全书》第 473 册，第 606 页。

③〔明〕徐有贞撰，孙宝点校：《徐有贞集·武功集》卷五，浙江人民美术出版社 2015 年版，第 431 页。

④马庆洲：《澹轩文集校注》卷二，山东人民出版社 2015 年版，第 96 页。

⑤周子美编：《天一阁藏书经见录》卷上，华东师范大学出版社 1986 年版，第 126 页。

⑥周子美编：《天一阁藏书经见录》卷上，华东师范大学出版社 1986 年版，第 127 页。

图书馆①。

《闽书》卷九三载："肇，字彦初。博学工文。初为吏部司务，上弭灾四疏，会有厄之者，出补教职。既任浙运判，寻判潮阳，擢临江同知。所著有《云松谷稿纂集》《文敏公年谱》。"②民国《建瓯县志》卷一〇《选举志》载："杨肇，荣六世孙。除司务，历官同知。博学工文。著有《云松谷稿》，纂集《杨文敏公年谱》《六子嘉言》等书。"③

叶　杲

叶杲（生卒、字号未详），建宁府松溪县人。明嘉靖间诸生。嘉靖二十八年，在松溪刻印蔡宗尧著《龟陵集》四卷《续集》二十一卷《诗集》十四卷。蔡宗尧，字中父，号龟陵、东郭子，临海（今属浙江台州）人。嘉靖十六年（1537）举人，嘉靖二十六年（1547）任松溪教谕④。刊刻者叶杲，是蔡氏在松溪的弟子。此刻本有明蔡宗尧、詹曰贞、叶逢阳序，明周世雄、叶杲跋。半叶十行，行二十字，四周单边，白口，单白鱼尾，下记刻工名。卷端题"临海龟陵蔡宗尧著、松岩符验定正、南明俞明欵选录、松溪门人叶杲校刊"⑤。今台北"国家"图书馆有存本。

清钱谦益《列朝诗集小传》载："蔡广文宗尧。宗尧，字□□，临海人。自号东郭子。嘉靖丁酉举于乡，谒选司，教松溪，松溪诸生刻其文曰《龟陵集》。多识古文奇字，诘曲取裁，殆亦圭峰之流亚，出于嘉靖中年，故知其蔑视李、王矣。"⑥其事迹，又载清陈梦雷《古今图书集成》、张寅《临海县志》卷二二《文苑传》等⑦。

叶景逵

叶景逵（生卒年未详），名添德，以字行。明宣德四年（1429）编刻《选编省

---

①中国古籍善本书目编委会：《中国古籍善本书目》史部卷八，上海古籍出版社1993年版，第408页。

②〔明〕何乔远：《闽书》卷九三《英旧志》，福建人民出版社1994年版，第3册，第2808页。按，本句断句疑有误，当为"所著有《云松谷稿》，纂集《文敏公年谱》"。

③詹宣猷、蔡振坚等：（民国）《建瓯县志》卷一〇《选举志》，上海书店出版社2000年版，第536页。

④〔清〕潘拱辰：（康熙）《松溪县志》卷七《职官志》，台北成文出版社1975年版，第403页。

⑤李国庆编：《明代刊工姓名全录》（上），上海古籍出版社2014年版，第304页。

⑥〔清〕钱谦益：《列朝诗集小传》丁集《蔡广文宗尧》，上海古籍出版社1983年版，第521页。

⑦〔清〕陈梦雷编纂：《古今图书集成》第63册，中华书局、巴蜀社1985年版，第76897页；张寅等：《临海县志》卷二二《文苑传》，台北成文出版社1975年版，第1806页。

监新奇万宝诗山》三十八卷。叶景逵之名,见于莆阳余性初《万宝诗山叙》中所云:"书林三峰叶景達氏,掇拾类聚,绣梓以传于世,目之曰《万宝诗山》。"①文中"叶景達氏",应为"叶景逵氏"。此书为巾箱本,刻印精美,故旧传其为宋刻本,叶德辉据日人岛田翰所见佰宋楼藏本,考定其为宣德四年所刻,其说比较准确、可信②。此书原刻本现存北京大学图书馆,即李盛铎氏旧藏本。

明正统十二年(1447),叶景逵广勤堂又刻印了《针灸资生经》七卷《目录》二卷。目录后有"正统十二年孟夏三峰叶景逵谨咨"木记,卷末有"三峰广勤叶景逵重刊"一行。此刻本今国家图书馆有收藏。《浙江图书馆善本书目题识》认为,"元天历中广勤堂尝刊是书,惟天历本刊者系叶日增,此本则日增之子景達所刊耳"③。认为叶景達(逵)是叶日增之子,实际上并无根据。

杨荣《三峰书舍赋》载:"建阳书林叶添德景達氏,自其大父荣轩、父彦龄,世以诗书为业。尝作室以贮古今书版,日积月增,栋宇充牣,凡四方有所购求者,皆乐然应之。由是缙绅大夫莫不称誉其贤。其室之外有三峰,秀出霄汉。望之巉然,挺拔千仞;岚光翠黛,浮动乎几席之间,甚可爱也,因名其室曰'三峰书舍'。盖景達之意,其于群书不惟锓梓以广其传,而将欲俾其子孙耳濡目染,无非道德之懿,口诵心惟,莫匪仁义之说。然则书舍亦岂泛然而作也哉!闲来微言于予,予于景達素相知,不可以辞,乃为赋其事,以彰厥美云。"④

由此可知叶景逵名添德,景逵(達)当为其字。"尝作室以贮古今书版",并"日积月增"的"大父荣轩",应即叶氏广勤堂的第一代主人叶日增。叶日增在元天历庚午(1330)刻印《王氏脉经》,距叶景逵明宣德四年(1429)刻印《万宝诗山》前后正好一百年,在时间上看二人至少也应是祖孙三代人,而不会是父子两代。

叶景逵的三峰书舍,因杨荣为其作赋而名噪一时。嘉靖《建阳县志》卷首有一幅《建阳县书坊图》。图中所标示的多为书院、寺庵、桥梁等,以书坊之名入图的,仅有两家:一为万卷书堂,另一家就是三峰书舍。由此可知,

①〔明〕莫友芝:《宋元旧本书经眼录》卷二,《续修四库全书》史部第 926 册,第 490 页。
②〔清〕叶德辉:《书林清话》卷四《广勤堂刻万宝诗山》,中华书局 1957 年版,第 113—114 页。
③王瑞祥主编:《中国古医籍书目提要》上卷,中医古籍出版社 2009 年版,第 353 页。
④〔明〕杨荣:《杨文敏公集》卷八《三峰书舍赋》,《明别集丛刊》第 1 辑第 29 册,黄山书社 2013 年版,第 394 页。

在明前期建阳众多书坊中,叶氏三峰书舍的名气,远在其他书坊之上。此外,从此图标示的位置看,三峰书舍位于"书林十景"之一的"云衢夜月"旁。杨荣《三峰书舍赋》中有"渥洼之骏,高奋云衢之躅",其中,"云衢"①即从三峰书舍的地理位置而言。

刻书家叶景逵,在《三峰书舍赋》中作"景達",有的版本目录书如罗振常《善本书所见录》、莫友芝《宋元旧本书经眼录》也作"景達",当系"逵""達"二字笔形相近所致之误②。窃以为,当以明正统叶景逵广勤堂自刻本《针灸资生经》中的两处刊记均将其写作"景逵"为准。

余廷甫

余廷甫(生卒年未详),名(或号)云轩,建阳崇化书林人。查《潭西书林余氏族谱》,于世系中未得其名。惟该谱卷六"陈坊房安公派下系图"载三十二世余珪小传中提及其人,知廷甫为书林诸余之一无疑。谱载:

> 珪公,祖诚公四子,位丁四。字廷正,号时勉斋。生于正统甲子年(1444)二月十九日……公自幼嗜学,从游京兆仁斋刘先生。疏通书史,岁设馆塾,教育子侄。后至坊间,名门子弟云集相从。公别号林泉樵隐、书林逸叟。有《西园风月诗词》和《千家诗选》《书林十景诗绘录》《图像古文》等书行于世。……公于宏治癸亥(1503)同族弟廷甫公重修斯谱,至正德乙亥(1515)刊刻成书。公时年七十二,尚精神矍铄,笔力如少。③

从谱载可知,珪字廷正,则其族弟廷甫当亦为字。据《天一阁书目》卷三著录,余廷甫所刊明范越凤、谷一清编《地理大全》十三卷;唐卜则巍著,明谢于期、范越凤、谷一清等编《地理雪心赋》四卷《附诸贤歌诀》四卷,均题"云轩余廷甫重刊"④,则云轩当为其名或号。又余廷正生年为正统甲子(1444),卒年在正德乙亥(1515)之后,则廷甫当也是这个时期的人。了解

①云衢,位于今建阳书坊乡巨村,离书坊村仅数百米。南宋《诗人玉屑》的编者魏庆之即此地人,参方彦寿:《魏庆之里籍小考》,《文史》1992年第35辑。

②参方彦寿:《叶氏广勤堂与〈三峰书舍赋〉》,《福建图书馆理论与实践》2008年第3期。

③〔清〕余观禄主修:《潭西书林余氏族谱》卷六,清同治辛未(1871)印本,叶16B—18A。文中"宏治癸亥",应为"弘治癸亥"。

④〔清〕范懋柱、范邦甸:《天一阁书目》卷三,清嘉庆十三年(1808)扬州阮氏元文选楼刻本,叶26A。

这一点,便可对余廷甫刊刻以上二书的年代,作出大致的推断。清范懋柱《天一阁书目》著录以上二书;张秀民《明代印书最多的建宁书坊》、肖东发《建阳余氏刻书考略》著录余廷甫刻本《名家地理大全》,均仅题为明刊,而未能指出具体年代,盖资料不足也。窃以为,余廷甫刻印二书的年代均在成化年间。一因范氏《天一阁书目》著录此二书的编者均有范越凤、谷一清二人,所刻《地理雪心赋》四卷《附诸贤歌诀》四卷又有成化壬寅(1482)新安程敏政序。二是明嘉靖间周弘祖所撰《古今书刻》,明嘉靖三十二年(1553)修成付梓的《建阳县志》中的《书坊书目》,均录有建阳书坊刻《地理大全》一书,所据以著录的底本无疑为明嘉靖以前的刻本;而二书撰成晚于成化间约七十年左右,故疑即据余廷甫刻本著录,则此或可为又一旁证也。

余应虬·余应科

余应虬(生卒年未详),字犹龙,号陟瞻。著名刻书家余彰德次子,明末建阳书林刻书家。《潭西书林余氏族谱》载其世系:"(三十五世)应虬公,彰德公次子,位庚二,字犹龙,文庠生。生卒娶葬后支俱无考。"[①]从明万历后期至明末,他刻书颇多。现存的有:

万历三十七年(1609),刻印明薛应旂辑、郑以伟注评《新镌评林旁训薛郑二先生家藏酉阳掺古人物奇编》十八卷首一卷。据王重民先生《中国善本书提要》考证,此书"即薛应旂《四书人物考》原文,盖就朱卓《注释》而损益之,疑即出于施凤来或余应虬手"[②]。此刻本今辽宁省图书馆和山东大学图书馆有存。

万历四十四年(1616),刻印明陆位撰《新编分类当代名公文武星案》六卷,今南京图书馆和杭州市图书馆存。

万历四十七年(1619),刻印明汤宾尹撰、徐奋鹏增补《鼎镌徐笔洞增补睡庵四书脉讲意》六卷,今浙江图书馆存。

崇祯间(1628—1644),刻印明钟惺撰《隐秀轩集》三十三卷。封面题"《钟伯敬先生全集》,隐秀轩元本,书林近圣居重较定二刻新板。"

明末刻印自撰《近圣居四书翼经图解》十九卷,其中《大学》一卷、《中

---

①〔清〕余观禄主修:《潭西书林余氏族谱》卷六"上庠房完公派下系图",清同治辛未(1871)印本,叶18B。

②王重民:《中国善本书提要》经部,上海古籍出版社1986年版,第44页。

庸》一卷、《论语》十卷、《孟子》七卷,今华东师范大学图书馆存。又刻自编类书《新编古今品汇故事启牍》二十卷,现存首都图书馆。

明刻《新锓翰林校正鳌头合并古今名家诗学会海大成》三十卷首一卷。这也是一部类书,不题著者之名,应是余氏自编本。现存北京大学图书馆,著录作"明近圣居刻本"。

余应虬刻书,可考者有:

万历四十六年(1618),刻印明李攀龙辑《新刻李袁二先生精选唐诗训解》七卷首一卷,仅见于杜信孚《明代版刻综录》卷二著录。

明末刻印明邓志谟撰《古事苑》十二卷。此刻本久逸,清乾隆间,四库馆臣所见已是清康熙丙寅(1686)戴璁兰雪堂翻刻的明余氏本,馆臣误以为康熙刻本为原刊本,故将编者邓志谟误为"国朝"人氏①。王重民先生曾作跋指出此误,并称"《幼学故事琼林》则又规摹是书者,然自《琼林》出而是书微矣"②。

崇祯元年(1628),余应虬又与其族弟余应科同刻明余象斗辑《刻仰止子参定正传地理统一全书》十二卷首一卷。卷首除参阅、校订者之外,还有"西一余象斗仰止父著述,书林侄应虬犹龙父、樵川男应科君翰父绣梓"等若干行,今上海图书馆存。

余应科(生卒年未详),字夷庚,一字谦吉,号君翰,余象斗季子,余应虬堂弟,邵武府学诸生。崇祯元年(1628),受戏曲家祁彪佳的委托,余应科曾刊印其所著《全节记》一书,此为戏曲作品,内容为苏武出使匈奴,全节而归。祁彪佳《莆阳尺牍》记载了此事。《莆阳尺牍·与朱公藩》云:"刻书之余生如此在,乞介绍一晤之。"认识余应科后,祁彪佳作《莆阳尺牍·与余文学》书柬,对刊印《全节记》在字体、版式、刻工、校订等方面,作了细致全面的要求:"所言敝友之曲,不佞已为校正改拨,殊费苦心,今尽觉可观,要不下于《玉玦》《红拂》也。刻手、写手万祈留神,必于精工刻法。另具二书式并附来,期于四五日内先刻数篇见教。内不佞有校未精处,烦门下再细阅之。此后不妨陆续寄至,校订必无一字之差,后可发行也。"③

祁彪佳(1602—1645),字幼文、宏吉,号世培。明代戏曲理论家。浙江

---

①〔清〕永瑢等:《四库全书总目》卷一三九,中华书局1965年版,第1179页。
②王重民:《中国善本书提要》附录《跋古事苑》,上海古籍出版社1986年版,第8页。
③赵素文:《祁彪佳与他的〈全节记〉传奇》,《戏曲艺术》2009年第3期。

山阴人。熹宗天启进士。天启四年到崇祯二年(1624—1629),前后六年任兴化府推官①,因刊印其所著书而与建阳余氏刻书家结缘。余应科还于崇祯六年(1633)刻印其自己辑纂的《镌钱曹两先生四书千百年眼》十九卷首一卷,今日本内阁文库有存。卷前有钱继登、曹勋、张能恭三序,序后有署"日近馆主人疏"的《辟坊刻纂修之误》《叙贯通名家真本》《叙本集辑著始末》《叙本集体裁》凡例四则。凡例后列"日近馆姓氏"共92人。其中,裁定并著4人,参阅52人,较订社友22人,纂著1人,同在辑稿13人。纂著者,作"余夷庚,讳应科,一字谦吉",正是余应科本人。正文题"原温陵李光缙宗谦裁定,近武水钱继登龙门、槜李曹勋允大新裁;山阴祁彪佳世培删润,古吴张溥天如参订,古樵张能恭礼言校正、余应科谦吉强辑稿"②。"钱曹两先生",即钱继登、曹勋两位。书中或作"闽樵余应科谦吉纂著",或作"古樵余应科谦吉辑稿",表明此书的编者实为余应科本人。

余彰德

明代建阳余氏家族中与余象斗齐名的书堂,是余彰德经营的萃庆堂。余彰德(生卒年未详),字泗泉,号以诚,余象斗的堂兄,幼时与余象斗一同就读于余氏家塾书林清修寺③。他从事刻书的时间比余象斗还早几年,刻本种类与余象斗不相上下,也多达五十多种。今可考年代最早的刻本,是万历十三年(1585)刊刻的明邓志谟辑《锲旁训古事镜》十二卷。这是一部比较罕见的类书,国内仅河南大学图书馆和安徽省博物馆有存。

此书编者邓志谟,饶安(今属河北)人。孙楷第先生称其"为建阳余氏塾师,故所著书多为余氏刊行"④。由邓志谟编撰、余氏萃庆堂刊行的小说有,万历三十一年(1603)刻印的《新镌晋代许旌阳得道擒蛟铁树记》二卷、《锲唐代吕纯阳得道飞剑记》二卷、《锲五代萨真人得道咒枣记》二卷。行款均为

①〔清〕汪大经、廖必琦等修乾隆《兴化府莆田县志》卷八载:"祁彪佳,字幼文,山阴人。天启末,为郡节推。少年精吏治,雅爱作兴士类,待胥吏以严。……在郡六载如一日。擢南京监察御史。"载民国十五年(1926)重印光绪五年潘文凤补刊本,叶24A。

②〔明〕钱继登等:《镌钱曹两先生四书千百年眼》首卷,明崇祯六年(1633)刻本,叶1A。

③明朱朝槭《叙余仰止先生地理全书》载:"予方总角,曾忆先金宪言于不忘,暨奉督学檄,较书清修寺,时则余仰止偕乃兄泗泉过访,而仰止嗜于谭行家言,最为道契。"载明崇祯刻本《地理统一全书》卷首,叶11B。由此可知,二人同学,就读于清修寺。余泗泉为兄而非弟,更非《书林余氏族谱》所载的余彰德与余泗泉分别是两人,余泗泉是余彰德的侄儿。

④孙楷第:《中国通俗小说书目》卷五,人民文学出版社1982年版,第195页。

半叶十一行,行二十四字,插图为图嵌文中式。由邓志谟编撰、余氏萃庆堂刊行的类书则有,万历二十七年(1599)刊行的《刻注释艺林聚锦故事白眉》十卷、万历三十五年(1607)刻印的《锲音注艺林晋故事白眉》十二卷和《锲音注艺林唐故事白眉》十二卷,万历间(1573—1619)刻本《精选故事黄眉》十卷、《锲旁注事类捷录》十五卷等。除刊行邓志谟撰的小说、类书外,余氏萃庆堂的刻本还有二十多种,内容涉及经、史、子、集四部。但传统的经典著作刻本不多,绝大部分刻本均为同时代人所撰,或书坊自编,内容比较通俗浅近。

余氏萃庆堂于万历三十三年(1605)刻印的龚廷贤编《重刊增补万病回春》八卷,分为孝、弟(悌)、忠、信、礼、义、廉、耻八集,每集一卷。卷末有"万历乙巳夏月余氏泗泉梓行"莲叶荷花龛式牌记。每卷前在书名之后六行均为"太医院医官金溪云林龚廷贤子才编辑,门人医官同邑胡廷训,慈溪罗国望同校,弟医官廷器、侄懋官,书林后学余一贯增补,书林萃庆堂余泗泉梓行"。此书第八集正文之后的附录颇具特色,最精彩的是附于全书之末的《云林暇笔》。其中,《医家十要》《病家十要》,以及《龚氏家训》等,对于如何正确处理医患关系,了解明清时期理学对医学、对家族文化的影响,均有重要的参考价值。

万历间,余氏萃庆堂刊刻宋陈自明撰、明薛己注《太医院校注妇人良方大全》二十四卷,今日本早稻田大学有宽永十三年(1636)大和田意闲翻刻本。每卷前均有"建邑书林泗泉余彰德梓"一行。今日本内阁文库存《锲温陵郑孩如观静窝四书知新日录》六卷,题"潭城泗泉以诚甫余彰德梓"。陈旭东有《明代建阳刻书家余彰德、余泗泉即同一人考》[①],文中论证的主要根据是,今福建师范大学图书馆所藏明刊本《新刻世史类编》一书卷首有"泗泉余彰德梓行"一行。而《妇人良方大全》和《四书知新日录》刻本卷前所题,则可为此再添新的证据。

张大轮·胡岳

张大轮(生卒年未详),字用载,号夏山,浙江东阳人。父名张辅,字公佐,号荆溪。父子事迹,参见章懋《荆溪处士张公墓表》[②]。《金华府志》卷

---

①陈旭东:《明代建阳刻书家余彰德、余泗泉即同一人考》,《明清小说研究》2007年第3期。

②〔明〕章懋:《枫山章先生文集》卷六,《丛书集成初编》第2144册,第198页。

一七有张大轮小传,称其"少师事枫山章先生"①。张大轮于正德九年
(1514)登进士第,历官工部营缮司主事。嘉靖六年(1527)在建宁知府任
上,曾刻印宋姚铉编《唐文粹》一百卷。这是一部诗文集。建阳书坊旧有
刊本,但错误较多。张大轮以明苏州刻本为底本,参校建阳旧坊本和其
他书籍,并请建宁府学诸生魏耕、杨应诏、谢阜等协助校理此书,后仍刊
刻于建阳书坊。邓邦述《群碧楼善本书录》卷四著录云:"后有木记云:
'《唐文粹》闽坊旧本舛不可句,苏州近本视昔加善,第中间缺误尚多,盖
校雠之渐,其势有如此者。政暇参伍他书,偶有所得,因合郡庠生魏耕、
杨应诏、谢阜录付坊间梓行。仍习之讹,犹有未得者,不能不致望于海内
文献之士也。嘉靖六年冬十月甲子,后学东阳张大轮识。'"②《建宁府志》
卷五载:"张大伦,字用载,浙江东阳人。由进士,嘉靖六年任。寻以才调常
州府。"③《常州府志》载:"张大轮,东阳人。举进士。先守建宁,嘉靖六年
以治行调守常州。……宿患顿除。"④嘉靖九年(1530),他在常州刻印其师
明章懋《枫山章先生文集》九卷,十行二十字,白口,左右双边。《中国古籍
总目》著录为:"明嘉靖九年张大纶常州刻本"⑤。

之后,张大轮又从常州调回福建,任福建提刑按察司副使,嘉靖十一年
(1532)与按察使胡岳等在福州刻印宋朱熹撰《晦庵先生朱文公文集》一百
卷《目录》二卷《续集》十一卷《别集》十卷。版式为十二行二十二字,白口,
四周单边。此刻本今国家图书馆、上海图书馆、南京图书馆、北京大学图书
馆、复旦大学图书馆等有收藏。《四部丛刊》本即据此影印。按,以上这几
种刻本,《浙江省出版志》均列为浙江金华东阳刊本⑥,这是将张大轮的籍
贯误为刻书地点,应予纠正。

胡岳(1474—1539),字仲申,华亭(今上海松江)人。《闽书》卷四七

---

① 〔明〕王懋德等:(万历)《金华府志》卷一七《人物》,台湾学生书局1986年版,第1240页。
② 邓邦述撰,金晓东整理:《群碧楼善本书录》卷四,《中国历代书目题跋丛书》第4辑,上海古籍出
　　版社2014年版,第150页。
③ 〔明〕夏玉麟、汪佃:(嘉靖)《建宁府志》卷五《官师》,《天一阁藏明代方志选刊》第27册,上海书店
　　1964年版,叶37A。文中"张大伦",应为"张大轮"。
④ 〔清〕于琨、陈玉璂:(康熙)《常州府志》卷二一《名宦》,江苏古籍出版社1991年版,第408页。
⑤ 中国古籍总目编纂委员会编:《中国古籍总目》集部别集类,中华书局、上海古籍出版社2012年
　　版,第606页。文中"张大纶",当为"张大轮"。
⑥ 浙江省出版志编纂委员会编:《浙江省出版志》,浙江人民出版社2007年版,第56页。

《文莅志》载其事迹云:"岳字仲申,华亭人。正德九年进士。起家刑部主事,历官楚蜀闽三省,遂总闽宪。数据法直民死罪,按赃吏,不以御史意假贷,或时正议御史前,御史为面赤流汗。阅故牍得未报事,晨夕檄下诸郡县,日以八九至,吏传写不能给,而岳听谳绰如。暇手校四书五经及《朱晦庵集》以传。"①事迹又载崇祯《松江府志》卷三九,以明徐阶所撰《通议大夫大理寺卿巡抚前江西都察院右副都御史浦南胡公岳墓志铭》为详。其中提到其刻书事迹亦云"有暇,手校四书五经及《晦庵先生集》翻梓以传"②。

张光启

张光启(生卒年未详),建昌(今江西南城县)人。明宣德间(1426—1435)任建阳知县,与建阳刻书家刘剡、刘文寿等到往来密切,曾与刘剡一起辑校《资治通鉴节要续编》一书。

据明刘敬《剪灯余话序》云:"宣德癸丑(1433)夏,知建宁府建阳县事盱江张公光启,锐意欲广其传。书来,谓予所录得真,请寿诸梓,遂序其始末,以此本并《元白遗音》附之,以同其刊云,是岁七月朔旦也。赐永乐甲申进士,前翰林庶吉士承直郎秋官主事文江刘敬子钦书。"③又据建阳杨氏清江书堂明正德六年(1511)刻本小说《剪灯新话》,卷末题"建阳知县张光启校正";《剪灯余话》题"上杭县知县盱江张光启校刊,建阳县县丞何景春同校绣行"④,则正德六年杨氏清江书堂刻本是根据七十年前,即明宣德间张光启、何景春刻本重刊的。据嘉靖《建阳县志》,何景春于宣德三年(1428)任县丞,正统间(1436—1449)升任知县,可知张、何刻本刊行于宣德间;《余话》的刻印则在张光启去任调往上杭县之时。张光启、何景春刻本是现今可考的《新话》《余话》的最早刻本。原刊本今仅上海图书馆存残帙,《新话》则存卷二半卷,《余话》二卷为全帙。著录为明瞿佑撰《新刊京传足本剪灯新话》二卷,明李昌祺撰《新刊校正足本剪灯余话》二卷。

①〔明〕何乔远:《闽书》卷四七《文莅志》,福建人民出版社1994年版,第2册,第1204页。
②〔明〕焦竑编:《焦太史编辑国朝献征录》卷六一,《续修四库全书》史部第528册,第359页。
③〔明〕刘敬:《剪灯余话序》,《剪灯余话》卷首,明成化二十三年(1487)双桂堂刻本,叶6B。
④傅增湘:《藏园群书经眼录》卷一九,中华书局1983年版,第1591页。

嘉靖《建阳县志》卷一三载：“张光启，建昌人。莅政往往锄强去暴，笃爱斯文，民心悦服。衙门学校一皆焕新。”①民国《福建通志·名宦传》卷二二载其“有《县斋》诗云：‘十年俸廪支难尽，一井廉泉饮不干。强项枯荷扑雨立，贞姿古柏入云蟠。’读其诗可想其居官之概。”②

杨荣有《送张大尹之建阳》七律一首，从诗的内容来看，是杨荣送张光启出京赴建阳任之时所作。诗云：

> 东馆编摩近一年，清时多士羡才贤。
>
> 书成已荷恩光重，命下还闻邑政专。
>
> 匹马萧萧辞北阙，双凫杳杳向南天。
>
> 建阳此去谁云远，士庶欢迎锦水边。③

郑伯刚

郑伯刚（生卒、字号未详）。建阳书林人。刻书大族郑氏第十三世祖。明嘉靖元年（1522），刻印元吴澄撰《重刊仪礼考注》十七卷。著录为明嘉靖元年书林郑伯刚宗文书堂刻本，半叶十一行，行二十一字，黑口，左右双边。今国家图书馆、辽宁省图书馆有存本。李致忠先生描述此书：“字体略带赵松雪韵味。整个风格颇有元刊遗韵，这在明嘉靖时的书刻中，是仅见的特例。故被书贾相中，百般造伪，企图冒充元刊。辽宁省图书馆也藏有此书，其行款字数、版式字体，乃至于断板残字，与北京图书馆此本完全一致，可证两书纯系相同版本。但辽宁一部序后有‘嘉靖元年孟冬月吉旦乡进士莆田林升序’落款；目录后有‘宗文书堂谨依京本绣梓刊行’牌记；卷末又有‘嘉靖元年孟秋宗文堂刊行’条记。而北京图书馆所藏的一部，则于序后落款中挖去了‘嘉靖’二字，目录后的刻书牌记、卷末的刻书条记则全部被挖补。”④

按，闽建书林郑氏，刻书历史悠久。元代有郑天泽宗文堂、建安郑明德

---

① 〔明〕冯继科、朱凌：(嘉靖)《建阳县志》卷一三《列传》，《天一阁藏明代方志选刊》第31册，上海古籍书店1962年版，叶6A。

② 沈瑜庆、陈衍等：(民国)《福建通志·名宦传》卷二二，1938年刊本，叶7B。

③ 〔明〕杨荣：《杨文敏公集》卷六《送张大尹之建阳》，《明别集丛刊》第1辑第29册，黄山书社2013年版，第373页。

④ 李致忠：《古书版本鉴定》，文物出版社1997年版，第149页。

宅、郑氏积诚堂，明代尚有郑伯刚、郑望云、郑希善、郑世豪等刻书名家。诸郑之间为何种关系，向来失考。笔者 20 世纪末常行走于崇化书坊之间寻访《郑氏宗谱》。先是在建阳县博物馆偶阅到郑世魁的墓志铭[1]，后又于 2004 年与中国社科院刘世德，福建师大齐裕焜、涂秀虹等教授同往书坊，查阅了光绪《郑氏宗谱》。该谱对刻书家的生平史料所载甚为简略，目前只能对郑伯刚之后的郑氏世系作一简单梳理。

书坊《郑氏宗谱》记郑伯刚生平仅寥寥数字："丑长子：伯刚，妣□氏，生子三：仲贤、仲良、仲孙。"[2]据其世系，将郑伯刚之后几位郑氏刻书家排系于后：

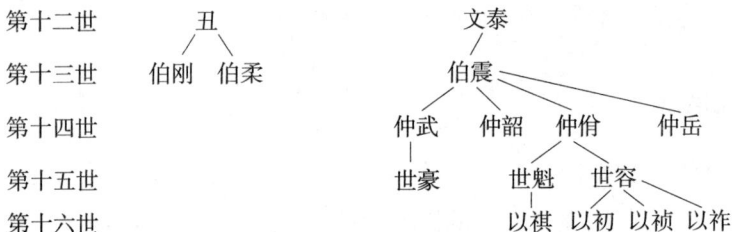

第十二世	丑			文泰		
第十三世	伯刚 伯柔			伯震		
第十四世			仲武	仲韶 仲伾		仲岳
第十五世			世豪	世魁 世容		
第十六世				以祺 以初 以祯 以祚		

郑大郁

郑大郁（生卒年未详），字孟周，号观社主人，温陵（今泉州）人。南明弘光元年（1645）编刻《经国雄略》四十八卷，委托建阳书坊王介爵三槐堂刊印。此书卷首有南安伯石江郑芝龙序，附魏去非答书、乙酉春王三月温陵郑大郁孟周自序、题"观社主人郑大郁识"所作《纪例》十四则；此外，还有题"乙酉中夏既望日，书林友弟张运泰来倩序"，此"书林"，指的是建阳书林。

《经国雄略》全书首卷《天经考》卷一首页末行有"潭阳王介爵锡九较梓"一行；《畿甸考》卷一、卷三分别有"潭阳王登丹量百参阅"一行；《河防考》卷四有"潭阳丁钟祥吉有参阅"一行；《海防考》卷三、《边塞考》卷二和卷六分别有"潭阳王介蕃康扶参阅"一行；《江防考》卷三有"潭阳丁钟宸玉墀

---

[1]碑石高 53 厘米，广 51.5 厘米，厚 3 厘米。题"承德郎总理广西通省盐法梧州盐运司提举进阶，蜀府审理正前广东广州后卫经历司经历俌以学篆额，迪功郎直隶宁国府太平县丞前国学生俌孙应璧书丹"。

[2]〔清〕郑立昌、郑志仁等：《郑氏宗谱》，清光绪二十四年（1898）三星堂活字印本，叶 5B。

参阅";《赋税考》卷一前有"潭阳黄希石小良参阅";《武备考》卷六有"潭阳詹其日贞明、清溪詹鑛开丽同较"。如此之多的"潭阳"人氏作为校读出现在书中,可以证明此书即刊行于"潭阳书林"。而在《省藩考》卷首,又有"郑孟周编订《省藩考》三槐堂较梓"牌记,此三槐堂,即潭阳王介爵的堂号。

书中有《琉球东界合图》《琉球南界合图》《琉球北界图》三幅海图。其中,《琉球南界合图》明确地画着"钓鱼屿"的位置,是现存最早标示钓鱼岛的海图,有力地证明钓鱼岛是我国不可分割的领土。此书之所以会收录有关钓鱼岛的几幅图,并非偶然,这与编者郑大郁的爱国思想和学术认知有关。他在自序中说:"昔人有云,宋初南渡时,士大夫相见,咸痛哭流涕,誓不与虏俱生,然后江浙粗安,而韩、岳著绩。"因此,他编纂此书的目的,就是希望其时能有"披忠仗义之人,委身锋镝,为朝廷扫除腥秽,以佐我圣主中兴,必光复帝室而后已"[1]。在此书《纪例》中,他提出了"图得考始明,考因图益著,二者废一不可"的观点,并将此观点贯穿到全书的编纂中。因此,此书四十八卷,共分为《天经考》三卷,有图 20 幅;《畿甸考》五卷,有图 8 幅;《省藩考》四卷,有图 29 幅;《河防考》四卷,有图 8 幅;《海防考》三卷,有图 9 幅;《江防考》三卷,有图 23 幅;《赋徭考》二卷,《赋税考》二卷,《屯政考》二卷,此三种无图;《边塞考》六卷,有图 27 幅;《四夷考》二卷,有图 28 幅;《奇门考》三卷,有图 32 幅;《武备考》九卷,有图 61 幅。正如郑大郁所言:"是编博搜异授,以至皇舆典志,经文纬武之书,咸为绘图考订,分门别部,逐干寻枝,标本不紊。"[2]

此书国内现国家图书馆、上海图书馆和福建省图书馆等几家图书馆有存本,但多为残帙。美国哈佛大学哈佛燕京图书馆和日本公文书馆所藏为全本。

须强调指出,此书虽为潭阳王氏三槐堂所刊,但在版权的归属上,应属郑大郁观社所有。因此书由郑大郁出资,委托王介爵在建阳刊印。在此书每页下方均有"观社"二字,此为郑大郁表明版权之意。此书之外,郑大郁还有《篆林肆考》十五卷,由建阳书坊刘肇麟刻印[3]。此外,他还曾为建阳刘荣吾藜光堂刻本《鼎镌全像水浒忠义志传》作序。

---

[1]〔明〕郑大郁:《经国雄略·自序》,《经国雄略》卷首,明弘光建阳刻本,叶 3B—4A。
[2]〔明〕郑大郁:《经国雄略·纪例》,《经国雄略》卷首,明弘光建阳刻本,叶 1A—B。
[3]沈津:《美国哈佛大学哈佛燕京图书馆中文善本书志》,上海辞书出版社 1999 年,第 83 页。

郑世豪

郑世豪(生卒年未详),号云竹。明代建阳书坊郑氏宗文堂中刻书最多的刻书名家。从万历十六年至三十一年(1588—1603),以"闽建书林郑世豪""郑世豪宗文书堂""郑云竹宗文书舍"刻书二十多种。

万历十六年(1588),郑世豪刻印唐杜甫撰、元虞集注《翰林考正杜律七言虞注大成》二卷,题书林郑云竹刊;同年刻印元赵汸注《翰林考正杜律五言赵注句解》三卷,此书在万历三十年(1602)郑云竹还有重刊本。

万历十七年,刻印明张崇仁辑《新锲鳌头历朝实录音释引蒙鉴钞》八卷,题书林郑云竹刊。

万历十九年,刻印宋胡继宗辑、明陈玩直注《京本音释注解书言故事大全》十二卷。万历二十八年(1600),郑世豪又将此书加以重刻。

万历二十一年(1593),郑世豪刊刻了两部供童蒙阅读的类书,两书均由明吴宗礼校增、彭滨评注。一为《鼎锲校增评注五伦日记故事大全》四卷,二为《鼎梓校增评释五伦金璧故事大全》四卷,今国家图书馆有存。

万历二十二年,刻印明李廷机考正的《锲翰林考正国朝七子诗集注解》七卷,这是一部诗歌总集,题郑云竹宗文书舍刻本。

万历二十三年,刻印题明李廷机批评、翁正春校正《新刻注释草堂诗余评林》六卷。版心下刻"宗文书堂"字样。末卷后有"万历乙未孟春吉旦郑云竹梓"牌记。同年,刻印明池上客辑《锲历朝列女诗选名媛玑囊》四卷、《女论语》一卷。《锲历朝列女诗选名媛玑囊》是一部比较罕见的古代女诗人诗歌选集。这一年,郑世豪还刻印了明蔡烆辑《重校全补海篇直音》十二卷首三卷、《新集背篇列部之字》一卷,两书国内存本较多。

万历二十四年,刻印明屠隆辑《书言群玉要删》二十卷,这是一部类书。

万历二十六年,郑世豪刻印了三部图书。一是明濮阳涞撰《元声韵学大成》四卷;二是明安梦松辑《刻孔圣全书》十四卷首一卷;三是明彭滨校补的《锲校释唐四杰文集》四卷。

万历二十七年(1599),又刻印明安梦松辑《刻孔圣全书》八卷,题书林郑云竹刊。同年刊行的,还有明宗臣撰《新锲宗先生子相文集》十一卷。

万历三十一年(1603),刻印无名氏编《锲海内名家手柬鳞鸿新札》八卷。同年,还刊行魏曹植撰《曹子建集》十卷、宋朱熹撰《新刻紫阳五言诗选》二卷《附七言诗十四首》刻本两种。

郑世豪刊行于万历间的刻本还有明茅坤评释的《古文正宗》八卷。

郑世豪与郑世魁、郑世容是堂兄弟。建阳书坊《郑氏宗谱》载："仲武子,世豪,妣余氏,生二子:以顺、以训。"①

郑以祺·郑以祯

郑以祺(生卒年未详),字体晋;郑以祯(生卒年未详),号瑞我,均为郑世容子。据《皇明郑氏合葬墓志铭》载,世容共有六子,因世容兄世魁二子早殁,是将以祺过继给他,故以祺为世魁嗣子。"以祺娶王佛赐女,生孙鼎元"②,有女三。以祯则为世容次子。

明崇祯间,郑以祺曾刻印题为明夏允彝注释《孔子家语》二卷,王重民《中国善本书提要》著录③。又刻印黄道周《新刻辨疑正韵同文玉海》二十卷,题富沙郑以祺刊,今北京大学图书馆存。

明万历末,郑以祯刻印《新镌校正京本大字音释圈点三国志演义》十二卷,题"闽瑞我郑以桢绣梓",孙楷第先生《中国通俗小说书目》卷二、赵万里《明清刻本钞本经眼录》均著录④。郑以祯又于万历丙辰(1616)刻印《战国策玉壶冰》八卷,《中国善本书提要》著录作"万历丙辰年孟春月书林郑氏瑞我绣梓"⑤。

郑以祺、郑以祯生平,《郑氏宗谱》中只是在世系中列其名,《墓志铭》中也只是顺带提到,所载无多,主要内容已如前所述。

周士显

周士显(生卒年未详),字思皇,湖北京山人,万历二十九年(1601)辛丑科进士。万历三十一年(1603)任建阳知县。三十四年(1606),以方日升撰《古今韵会小补》三十卷,委付崇化书坊余彰德、余象斗同刻。据王重民先生《中国善本书提要》著录,此书今美国国会图书馆存有一部。今北京大学

①〔清〕郑立昌、郑志仁等:《郑氏宗谱》,清光绪二十四年(1898)三星堂活字印本,叶15A。
②建阳博物馆存《皇明郑氏合葬墓志铭》,详情参本书"郑世魁"条。
③王重民:《中国善本书提要》子部,上海古籍出版社1986年版,第219页。
④孙楷第:《中国通俗小说书目》卷二,人民文学出版社1982年版,第37页。冀淑英等主编:《赵万里文集》第3卷,上海科学技术文献出版社、国家图书馆出版社2012年版,第530页。
⑤王重民:《中国善本书提要》史部,上海古籍出版社1986年版,第115页。

图书馆、北京师范大学图书馆藏本，题作"明万历三十四年周士显建阳刻重修本"。《四库全书存目丛书》经部第212—213册所收《古今韵会小补》，即以北大藏本为底本。行款为半叶八行，大字单行十二字，注文小字双行，行约二十四字，大字一约为小字四，单边白口，单鱼尾。卷首有东莞袁昌祚撰《韵会小补后叙》、永嘉王光蕴撰《韵会小补题辞》，以及落款为"万历丙午上元日，云杜周士显书于建阳之日涉园"之《韵会小补引》，其次为李维祯撰《韵会小补叙》《韵会小补再叙》。

李维祯《韵会小补再叙》中有云："适思皇拜建阳令，建阳故书肆，妇人女子咸工剞劂，思皇沾沾自喜，是书之行，信有时乎？抑天欲践吾言也？"①说明此书的顺利出版，得益于周士显在建阳为官。该书卷三〇末有"书林余彰德、余象斗同刻"小字两行，表明此书由周士显委付书坊余象斗、余彰德承刻。

《四库全书总目》著录云："《韵会小补》三十卷，明方日升撰。日升字子谦，永嘉人。万历间馆于京山李维桢家，成此书。维桢门人周士显令建阳时刻之。《韵会》原收一万二千六百五十二字，是书一从其旧，无所增减。惟每字考其某音为本音，某义为本义。其余音义，次第附后。"②

周士显的事迹，史志所载甚少，万历以后的《建阳县志》均仅列其名。乾隆《浙江通志》卷一四一中，有一崇祯三年庚午科举人亦名周士显，系临海人，官南昌同知③。此人与京山周士显，显系两人。

四、清代

熊志学

熊志学（1605—1675），字鲁子，一字时敏，号郭詹。建阳书林人，刻书家熊宗立六世孙。清顺治五年（1648），以书林友于堂名号刻印明熊明遇撰《格致草》、熊人霖撰《地纬》，合称《函宇通》。今国家图书馆、美国国会图书

---

①〔明〕李维祯：《韵会小补再叙》，《四库全书存目丛书》经部第212册，第351页。
②〔清〕永瑢等：《四库全书总目》卷四四，中华书局1965年，第386页。
③〔清〕嵇曾筠、沈翼机等：(乾隆)《浙江通志》卷一四一《选举》，《景印文渊阁四库全书》第522册，第653页。

馆有存本。任继愈主编的《中国科学技术典籍通汇》天文卷(河南教育出版社 1993 年版)所收书,即据此本影印。

《潭阳熊氏宗谱》有熊志学小传。云:"(廿五世)志学,文世公次子,行宁二,字鲁子,号郭詹。生于万历三十三年(1605)五月十八日,卒于康熙乙卯年(1675)七月廿三日。选邵武光泽县儒学司训。明隆武丙戌年(1646),行在延平,疏奏进太高祖皇帝,御制文集召对。称旨,赏御前银拾两正。购求遗书,奏旨纂修国史,翰林院待诏,未赴。书生面帝,于载奇遘,遭国不造,遂南北棘阻。授徒百人,著述《四书心印》《易经衷旨》,广行于世。"①

清道光《建阳县志》也有熊志学的小传,删掉了向南明隆武朝廷进呈奏疏这些内容。传曰:"熊志学,字鲁子,崇化里人。超颖博学,以明经任光泽县学训导。持身端谨,多士敬服。著有《易经衷旨》《册府元龟序论》诸书。"②今日本内阁文库存题明汪士魁选、熊志学校订《新刻易经衷旨》,熊志学编《新刻名公书札双南金》二种刻本。

明隆武熊之璋刻本《重刊熊勿轩先生集》卷首有"熊勿轩公文集较阅同宗名公",其中有"熊时敏先生讳志学(原注:书林)"③,由此可知熊志学又字时敏。

清方中通(方以智之子)有《与熊鲁子书》,云:"向从熊坛石司马《格致草》中读先生大论,心中向往。及见与老父台札,评问当年诸书,老父以五地菩萨提妙叶之宗,此时为调御丈夫,不过随分自尽而已。……《周易时论》其板已刻。天界老和尚评,庄老父为收古今之药,今为萧孟昉所刻,二板皆将携来。《通雅》五十卷,五年前为揭子宣所抄。而何观我、李石台、徐仲光、王愿五诸先生合力倡之,将来亦向潭阳作舟筏者也。至于《物理小识》为破天荒之书,天地人物,无所不包;古今疑惑,无所不决。又李时珍《本草纲目》,纂为四卷,音韵字学,以字汇编之。正其讹谬,引《通雅》以断之,博而有纲,约而不漏。此亦几案间所必不可少之书。约为五车行李,总过杉关,就正晁陈,岂非南面百城之一快耶?"④书中提到的方以智的几部

①〔清〕熊日新等:《潭阳熊氏宗谱》"让房礼公派下瑞公世系",清光绪元年(1875)印本,第 6 册,叶40A—B。文中"于载奇遘",当为"千载奇遘"。
②〔清〕李再灏、梁舆等:(道光)《建阳县志》卷一三《人物志》,《福建师范大学图书馆藏稀见方志丛刊》第 17 册,北京图书馆出版社 2008 年版,第 763 页。
③〔元〕熊禾:《重刊熊勿轩先生集》卷首,《宋集珍本丛刊》第 91 册,第 197 页。
④〔清〕方中通:《陪集·陪古》卷一,《清代诗文集汇编》第 133 册,第 23 页。

书,如《周易时论》《通雅》《物理小识》等,后来均在建阳书坊刊刻,应与熊志学在熊氏诸刻书家如熊淑明、熊长吉与方以智之间所起的中介作用有关。熊淑明、熊长吉事迹,参本书"熊启灿·熊世庆"条。

姚文然·姚文燮

姚文然(1620—1678),字弱侯,一作若侯,号龙怀,谥端恪。明崇祯十六年(1643)进士,改庶吉士。清顺治三年(1646),授国史院编修,五年,改礼科给事中,官至刑部尚书。传载《清史稿》卷二六三《列传》五〇、《清一统志》卷七七、乾隆《江南通志》卷一四六等。

姚文燮(1623—1692),字经三,号羹湖,晚号听翁,又号黄柏山樵,安徽桐城人。清顺治十六年(1659)进士。康熙五年(1666),在建宁府推官任上,与其兄文然合作刊刻清方鲲撰《易滃》二卷,今上海师范大学图书馆、中国科学院图书馆存。《四库全书存目丛书》经部第 35 册据此刻本影印。姚文燮《易滃序》云:"吾乡方羽南先生闭户讲易者三十年,而《易滃》书成,予兄若侯属余梓以行世。"[1]

康熙五年(1666),姚文燮在建宁还刊刻明方以智撰《通雅》五十二卷首三卷。版式半叶十行,行二十四字,四周单边,白口,单鱼尾,版心下镌"浮山此藏轩"。卷端题"桐山方以智密之辑著,同里姚文燮经三校订"。首有康熙丙午(五年,1666)姚文燮序、钱澄序。封面题"方密之先生手辑,姚经三先生校定,浮山此藏轩藏版"。姚序略云:"吾乡方密之先生天资绝世,读书十行俱下,又好学覃思,自童迄白首,手不释卷。……先生生平著作等身,今一旦尽弃之而讲出世之学,岂欲复以故纸问世乎?然此三十年之心力,所以嘉惠后学无穷,虽先生之土苴,实后学之津梁也。爰镯资付梓,用公海内。读是书者,倘能探赜以观其通,矫俗以归诸雅,即文章风气古道复兴,则先生之功当不在禹下矣。时康熙丙午夏日龙眠姚文燮题于芝山之春草堂。"[2]此芝山,即建宁城郊之芝山,故建宁城自古有芝城之称。此书今北京大学图书馆、中国科学院图书馆、上海图书馆、南京图书馆等十几家图书馆有存本,见《中国古

---

①〔清〕姚文燮:《无异堂文集》卷一,《四库未收书辑刊》第 8 辑,第 23 册,第 63 页。
②〔清〕姚文燮:《通雅序》,《通雅》卷首,中国书店 1990 年影印清康熙姚文燮浮山此藏轩刻本,第 11—13 页。

籍总目》等著录①。中国书店 1990 年曾据此本将该书影印出版。

同年,姚文燮在建阳同文书院刻印其所著《昌谷集注》四卷,今复旦大学图书馆有存。

姚文燮事迹,详载《清史稿》卷四七六《列传》二六三、《清史列传》卷七四、《国朝耆献类征》卷二五〇、道光《续修桐城县志》卷一二《人物志》等。王士禛《居易录》记其晚年境况:"年六十余,忽病不识字,即其姓名亦不自知。医不知为何症也,竟以是终。"②一代名宿,竟以老年痴呆症离世,何其不幸耶!

姚文燮在建宁,还曾与知府程应熊合纂康熙《建宁府志》五十卷,收入《日本藏中国罕见地方志丛刊续编》。他的著作有《无异堂文集》十二卷,收入《四库未收书辑刊》第 8 辑第 23 册。

庞 垲

庞垲(1640—1708),字霁公,号雪崖,直隶任丘(今属河北)人。康熙十四年(1675)举人,十八年登博学宏词科,授检讨。历任内阁中书舍人、工部都水司主事、户部广西司郎中,康熙三十七年(1698)出知建宁府。次年,在建阳刻印其友人李澄中撰《白云村集》八卷。永瑢《四库家藏集部典籍概览》著录云:"澄中与庞垲交最契。文格、诗格二人往往互似。是集即垲官建宁府知府时为刻于福建者。垲序称'王新城阮亭、田德州纶霞坛坫久成,于时望重龙门。渔村人都,与鼎足而立,士林称山左三大家'。然澄中诗文修洁有余,至魄力雄厚,终非王、田比也。"③

庞垲在建阳刊刻的图书,还有其祖父庞招俊所撰《尚书正旨》六卷、曾祖庞泮(川甫)所撰《尚书讲义》六卷等。清潘耒《尚书讲义序》云:

> 雪崖庞子世习《尚书》,以其经举于乡。比应荐,试《璿玑玉衡赋》,以习《书》故,尤精切称旨,遂擢官禁林。迨出守建宁,先刻其大父修子

①中国古籍总目编纂委员会编:《中国古籍总目》子部杂家类,中华书局、上海古籍出版社 2010 年版,第 1809 页。辽宁省图书馆、吉林省图书馆、黑龙江省图书馆主编:《东北地区古籍线装书联合目录》,辽海出版社 2003 年版,第 2106 页。

②〔清〕王士禛:《居易录》卷二五,《景印文渊阁四库全书》第 869 册,第 617 页。

③〔清〕永瑢等:《四库家藏集部典籍概览》(二),山东画报出版社 2004 年版,第 892 页。此书今南京图书馆所存,名为《白云村文集》四卷《卧象山房诗正集》七卷,收入《四库全书存目丛书》集部第 250 册。前有康熙四十四年庞垲序,与此康熙三十八年建阳刻本,应属两个不同的版本。

公所撰《尚书正旨》，兹复刻其曾大父川甫公所撰《尚书讲义》，以序嘱余。余受而卒读焉。其大义，一遵蔡传而于经文隐奥及诘屈聱牙之处，皆曲为畅通。……雪崖官京师，贫不能付梓，会守建宁，麻沙乃刻工之所萃，始获板行之。去作书时，盖七八十年矣。①

　　大意是说，此书大体遵照南宋朱熹弟子建阳蔡沈的《书集传》，而对其中深奥难懂之处，作了更为通俗化的解读。庞氏在做京官之时，无力将此书刊印出版，而任建宁知府时，因辖地有麻沙刻书作坊，这部搁置了七八十年的著作终于在此问世！

　　庞垲的著作有《丛碧山房集》五十七卷，其中《文集》八卷、《杂著》三卷；诗五集，分别为《翰苑稿》十四卷、《舍人稿》六卷、《工部稿》十一卷、《户部稿》十卷、《建州稿》五卷。其中，《建州稿》就是他在建宁知府任上所撰。《建州稿》卷首有侯官后学张远的序，曰"任丘庞公莅建之明年，政和讼简，民遂其生。公余之暇为诗歌，并途中所撰著者名《建州稿》"②云云。所撰《丛碧山房文集》卷首则有康熙三十八年上巳日安丘张贞序，由此可以推断，此书应刻印于庞垲任建宁知府的第二年，即康熙三十八年（1699），刊印地点亦在建阳。刊刻所需资金，据其门人程履谦《户部稿后序》，来源于其同僚的资助③。

　　庞垲生平，见载于《清史稿》卷四八四、《清史列传》卷七〇、李元度《国朝先正事略》卷三九、徐世昌《大清畿辅先哲传》卷一九等。《武夷山志》载："庞垲，号雪崖，任丘人。康熙己未举博学宏词，授翰林检讨，出守建宁。事竣游武夷，题诗纪胜，勒字岩石。"④此所谓"勒字岩石"，是指康熙四十年（1701）庞垲在离建宁知府任，即文中所说"事竣"之前，游武夷时所留下的"引人入胜""应接不暇""庞公吃茶处"等几幅题刻。其中"庞公吃茶处"题刻在武夷四曲北岸。原文："庞公吃茶处。庞公讳垲，任丘人，官建宁太守。

---

① 〔清〕潘耒：《遂初堂文集》卷六《尚书讲义序》，《续修四库全书》集部第1417册，第468—469页。
② 〔清〕庞垲：《丛碧山房诗》第五集，《清代诗文集汇编》第155册，第332页。
③ 清程履谦《户部稿后序》云："愧材力虚薄，步趋之而瞠乎后焉。几欲公之海内，谦独力复不能任。得工部贾青南、宗藩鼎望两先生暨同学诸子剧金付梓，梓成。校雠者，则何子百钧、顾子玠也。"载《清代诗文集汇编》第155册，第331页。
④ 〔清〕董天工：《武夷山志》卷一六《名贤·官守》，清道光己丑（1829）极峰罗良嵩尺木轩刊本，叶31B。

康熙辛巳新宁林翰题。"①建宁府最后一次修志,是在清康熙三十二年,而庞垲任建宁知府则在此之后,故在府志中找不到此公的史料。他在建宁任职的起始时间比较明确,离任时间则难以确知,武夷山的摩崖石刻则为此提供了一个准确的时间坐标。

潘 耒

潘耒(1646—1708),字次耕,号稼堂。江苏吴江人。康熙十八年(1679)以布衣举博学鸿词科,授翰林检讨,任《明史》纂修官。康熙三十四年(1695),在建阳刻印其师顾炎武撰《日知录》三十二卷,今中国科学院图书馆、中国人民大学图书馆和国家图书馆等十几家图书馆均有存本,著录作"康熙三十四年潘耒遂初堂刻本"②。

潘耒自序刻书原委云:"耒少从先生游,尝手授是书。先生没,复从其家求得手稿,校勘再三,缮写成帙,与先生之甥、刑部尚书徐公健庵,大学士徐公立斋谋刻之而未果。二公继没,耒念是书不可以无传,携至闽中,年友汪悔斋赠以买山之资,举畀建阳丞葛受箕,鸠工刻之以行世。"③此书刻成后,潘耒曾赠给友人王士禛一函,见《居易录》卷二九记载④。潘氏遂初堂于康熙间另曾刻印图书多种,但不能断定是否都在闽刻印,在此不述。

潘耒于康熙间曾游武夷山,赋诗留题。董天工《武夷山志》卷一七《名贤·寻胜》列其小传,志中录其诗作多首。诗当于康熙三十四年潘耒刻印《日知录》时,顺道游览武夷时所作。潘耒生平,《清史稿》四八四《列传》二七一载之甚详,此不赘。

朱 玉

朱玉(约1654—1730),字石中,建安县(今福建建瓯市)人。事迹未详,仅知他为朱熹建安嫡长派十六代孙。雍正六年(1728),在建安紫阳书堂刻印宋朱松撰《韦斋集》十二卷首一卷,附朱槔《玉澜集》一卷。此书今国

①武夷山市地方志编纂委员会编著:《武夷山摩崖石刻》,大众文艺出版社2007年版,第33页。
②中国古籍善本书目编委会:《中国古籍善本书目》子部卷一六,上海古籍出版社1996年版,第620—621页。
③彭铎编著:《群书序跋举要》,山东教育出版社1985年版,第45页。
④〔清〕王士禛:《居易录》卷二九,《景印文渊阁四库全书》第869册,第679页。

家图书馆、山东大学图书馆有存本。次年(1729)此本又经重刊,今福建省图书馆、福建师范大学图书馆存。

朱玉痛感其先祖文公之文集,"自宋元而后,家失原版,子孙无从而购祖书,岂非吾家之憾事耶?"①于是,他殚精竭力三十年,日积月累,搜集、整理、编纂朱熹著作,至康熙六十一年(1722),在他将近 70 高龄时,终于编纂成 16 巨册。但苦于资金不足,直至雍正二年(1724)该书方刻成前五册。此后,因先后得到福建布政使赵国麟、福建学政黄之隽的资助,又历经六年,全书终于完工。此即雍正八年(1730)朱玉编刻本《朱子文集大全类编》一百一十卷,题"紫阳书堂"刻本,今华东师范大学图书馆存。此书将朱熹文集正、续、别三集合而为一,将诸体以类编排,以编年为先后,依次分为年谱、诗词、奏对、政绩、书札、问答、杂著、记序,卷三《及门姓氏》专列朱熹门人。

乾隆十五年(1750),此本又经重印,题"考亭书院"印本。这部原刻于府城建安紫阳书堂的刻本,何以在建阳考亭书院重印?朱熹考亭裔孙朱殿玉在此本中有《文集书板复藏考亭书院叙》一文,可释此疑。叙曰:"《文公文集大全》板久就湮,郡城族兄玉搜罗考订,殚力数十年,汇就是编,拮据谋梓。荷抚军泰安赵公、学宪华亭黄公拨项助刻,始克成书。未几,玉故,而板随售建阳书坊陈氏。丁卯春,邑侯许公初下车,访求文公家藏遗书,告及板之流失,歔欷久之。越数月,展谒文公墓道,见贤垄荒落,享堂倾圮,爰白大宪,集邑绅士谋倡捐,命殿玉董其事。甫越浃旬,而墓前阙者增、享前颓者建。构碑亭、置墓田外,尚得百余金。亟召受质书板者,谕以公物何得私赁,姑酌给前价,而陈氏亦欣然凛诺。自是《文集大全》板复藏考亭书院。俾考亭微裔世守勿失,皆我邑侯之力也,因叙兹废兴失得,布告海内,见邑侯之功,实与编辑助刻诸公并传不朽云。许公讳齐卓,雍正乙卯拔贡,江南合肥人。乾隆十五年三月望日建阳考亭文公十六代孙殿玉谨识。"②

此本重印后九十年,即道光二十年(1840),考亭书院重刻《朱子文集大全类编》一百一十卷,今浙江图书馆、江西省图书馆均有存本。

---

①〔清〕朱玉:《朱子文集大全类编引言》,朱杰人等主编:《朱子全书》第 27 册,第 848 页。
②〔清〕朱殿玉:《文集书板复藏考亭书院叙》,朱杰人等主编:《朱子全书》第 27 册,第 852 页。

游文远·游端柏·游上衢

游文远(1669—1750)，宋儒游酢十九世孙；游端柏(1720—1791)，游文远之子；游上衢(1742—1798)，游端柏之子。游文远与游端柏父子二人，于乾隆十一年(1746)刻印《游廌山先生前集》一卷《后集》五卷《外集》一卷首一卷。游端柏跋云："廌山文肃公，柏十九世祖也。溯自唐代始祖名匹公，入闽卜居长平廌山之麓，传九世而文肃生。……公著有《语孟杂解》《中庸易说》《诗二南义》并《文集》垂于世。适皖桐左公来治吾邑，□□理学，亟征遗书。柏于是敬承父文远公命，将家藏旧本重镌行世。乾隆丙寅(1746)孟冬二十代裔孙端柏百拜谨识。"①"左公"名宰，时任建阳县知县。游上衢则于乾隆三十七年(1772)重刻此书，今中国人民大学图书馆存。其后，此书又有道光二十一年裔孙游钟琳重修本，同治三年二十四代孙游步青、游绍濂、游绍伊重修补刊本，封面题"书院藏版"，目录下题"裔孙文远偕男端柏孙上衢刊镌"。半叶九行十八字，白口，上鱼尾，四周单边。

《塝垅游氏宗谱》载：

> (二十七世)文远公，之进公次子，位文三，顶带乡宾。字乃龄。生于康熙己酉年(1669)十二月初五亥时，终于乾隆庚午年(1750)十二月廿八酉时，享年八十二。……姚刘氏，生一子：廷荣。继姚□氏，生二子：廷侯、端柏。②

> (二十八世)端柏公，文远公三子，例贡生，字新甫。又名廷章，行章三。生于康熙庚子年(1720)八月十四午时，终于乾隆五十六年(1791)八月廿四午时，享年七十二。……乾隆壬辰三十七年(1772)，增补重刊《文肃公文集》，及文清、庄简诸公遗稿行世。姚廖氏……生四子：上衢、上畿、上官、上林。③

> (二十九世)上衢公，端柏公长子，邑庠生，字庄九，又字元良，行理七。生于乾隆壬戌年(1742)十月十四日亥时，终于嘉庆三年(1798)十二月十二戌时。④

---

① 〔清〕游端柏：《廌山公文集跋》，游酢：《游廌山先生集》卷首，清同治三年(1864)印本，叶 8B。
② 〔清〕游绍伊等：《塝垅游氏宗谱》卷五"先二公派下世系"，清同治七年(1868)印本，叶 45A—46A。
③ 〔清〕游绍伊：《塝垅游氏宗谱》卷五"先二公派下世系"，清同治七年(1868)印本，叶 56A—B。
④ 〔清〕游绍伊等：《塝垅游氏宗谱》卷五"先二公派下世系"，清同治七年(1868)印本，页 56A—B。

按,游端柏传中"文清、庄简"乃宋儒游九言、游九功兄弟二人谥号,均为游酢侄孙。游九言曾从张栻学,乃湖湘学派传人,著有《默斋遗稿》二卷,今存《四库全书》本和民国六年李之鼎辑《宋人集》本;游九功著有《受斋文稿》,今逸。

刘雅夫

刘雅夫(1670—1760),名元颂。清康熙间,刻印明翁正春撰《重镌徽郡官板翁太史补选文公家礼》八卷,现存安徽省图书馆,被误录为明刻本[①]。

建阳书坊《贞房刘氏宗谱》载:"(廿六世)元颂,远四。公字雅夫,康熙庚戌年(1670)正月初十日生,乾隆庚辰年(1760)正月初六卒,寿九十一。妣陈氏,康熙癸亥年十一月九日生,乾隆壬戌年八月初一日卒,寿六十,俱葬崇化里。山名小水寨,立碑。"[②]宗谱所载刘氏生平极简,然而却由此可知,刘雅夫是清康熙、乾隆年间人士,其所刻书,应为清刻本而非明刻本。

蔡　重

蔡重(1675—约1750),字跻九,建阳人。雍正十一年(1733)刻印《蔡氏九儒书》九卷首一卷。今辽宁省图书馆存道光乙酉(1825)其玄孙蔡本源重修本。《四库全书存目丛书》第346册所收书即据此刻本影印。

此书卷首的蔡世远、张炜、周学健三序均提到"十七世孙明经蔡重",而以乾隆十一年(1746)宁化雷铉所撰《重建庐峰书院记》《重建西山精舍记》更有助于缀辑蔡重的生平。前记云:"庐峰在云谷山,宋理宗御书'庐峰'二大字,赐文肃公杭,勒之岩石。盖九峰先生受文公之命作《书集传》处也。……明末兵燹,日就荒芜。我圣祖仁皇帝颁赐御匾表章正学,藻耀山林,而栋宇倾颓,不称巨观。近二十年来,十七代裔孙明经重经营拮据,撤朽更新。年近七十,孜孜不倦,犹以未建牧堂公祠望诸后人,而属铉为之记。"[③]后记云:"今十七世裔孙,明经重字跻九,独力拮据,既重构庐峰书院,复经营精舍。……乾隆癸亥仲秋月,后学宁化雷铉敬撰。"[④]由上文可知,蔡重系蔡沈十七世孙,字跻九,贡生(明经),享年当在七十以上。由此

---

①中国古籍善本书目编委会:《中国古籍善本书目》经部卷二,上海古籍出版社1989年版,第221页。
②刘云珪等:《贞房刘氏宗谱》卷三,民国九年(1920)忠贤堂活字印本,叶68A—B。
③〔清〕雷铉:《重建庐峰书院记》,《蔡氏九儒书》卷首,《四库全书存目丛书》第346册,第594页。
④〔清〕雷铉:《重建西山精舍记》,《蔡氏九儒书》卷首,《四库全书存目丛书》第346册,第596页。

并结合下文推出其大致的生卒年。

乾隆九年(1744),雷铉还为本年过七十大寿的蔡重撰写了《恭祝大诰封跻翁蔡老先生七秩荣寿》一文,其中写道:"庐峰书院、西山精舍暨《九儒遗书》罔不次第观成。而《九儒》一书,翁尤不惜重赀广刷,流布远近,俾天下文人学士咸晓然于圣学渊源,其所以崇正学、扶道统者,大矣。"①

除了刻印《蔡氏九儒书》,重修蔡氏两所书院之外,蔡重还于乾隆十一年主修建阳蔡氏"三集族谱"②。

陆廷灿

陆廷灿(1678?—1743),字扶照,《四库全书总目》作秩昭③,疑字形相近之误。清嘉定(今上海嘉定区)人,岁贡,从学于王士禛。初任宿松教谕,康熙五十六年(1717)任崇安知县。因境内武夷山有幔亭峰,又以岩茶知名于世,故自号幔亭、茶仙。

康熙五十七年(1718),陆廷灿在武夷山刻印王复礼撰《武夷九曲志》十六卷首一卷。首有山水图九幅,一曲一图。十行二十一字,细黑口,左右双边;题"浙江钱塘王复礼草堂编辑,江南嘉定陆廷灿扶照参订"。今宁波天一阁、浙江图书馆等有存,收入《四库全书存目丛书》史部第241册。此志书撰者王复礼,号草堂,钱塘(今杭州)人。其系明王阳明后裔,寓居武夷,结庐于大王峰下,名武夷山庄。曾请当路移文成公(阳明)祠于武夷冲佑观头门之内。此志由陆廷灿序而刻之④。《四库全书总目》卷七六著录。《郑堂读书记补逸》卷一六云:"草堂尝流寓天柱之麓,遍访宋明旧志,亦获其七种,多大同小异,因根据之,重为增辑。自一曲至九曲,各分为一卷;山北为一卷;履历、艺文二考各二卷;古迹、物产二考各一卷。冠以山图及各曲图说,其于每曲山川屋宇诗文,即附载于其下,山北亦然。若诗文赋记为全山作者,则入之艺文,间加辨驳,以正诸志承讹袭舛。备载路径,以便游客问山寻水,颇为序次分明。草堂撰是编,与同时倪怿仲撰《武夷山志》,盖彼此

①〔清〕雷铉:《恭祝大诰封跻翁蔡老先生七秩荣寿》,《庐峰蔡氏续修族谱》卷四,民国五年(1916)印本,叶8A。

②〔清〕蔡重:《重修三集族谱跋》,《庐峰蔡氏续修族谱》卷四,民国五年(1916)印本,叶12A。

③〔清〕永瑢等:《四库全书总目》卷一一五,中华书局1965年版,第989页。

④方彦寿:《武夷山冲佑观》,鹭江出版社1996年版,第266页。

未见而作者也。前有康熙戊戌自序、凡例，及陆扶照廷灿序，后又有自跋。"①

同年陆廷灿刻印其自著《艺菊志》八卷。半叶十行，行二十字，左右双边，题"嘉定陆廷灿扶照氏辑"。前有"康熙五十七年菊月谷旦福建崇安县知县臣陆廷灿薰沐敬录"《今上御制菊赋》一篇，王复礼序一篇，凡例七则。《四库全书存目丛书》据中国科学院图书馆存本影印此书，收入子部第81册。

清董天工《武夷山志》载："陆廷灿，字扶照，嘉定人。以明经为崇安令，洁己爱民，旌别淑慝。尝同王草堂较订《武夷山志》，表章往哲，刊播各集。每于公事入山，遇景留题。文章、经济兼而有之。"②其事迹，又载于清张承先著《南翔镇志》卷六。

陆廷灿的刻本，还有明王彝《王征士集》四卷附录一卷，刊于康熙三十九年，刊行地在嘉定。又刻《续茶经》八卷附录一卷，雍正十三年陆廷灿寿椿堂刊。此书草创于崇安任上，编定并刊刻于离官之后，刊印地也应在嘉定而非武夷。《四库全书总目》著录："自唐以来茶品推武夷。武夷山在崇安境，故廷灿官是县时，习知其说，创为草稿，归田后订辑成编。冠以陆羽《茶经》原本而从其原目，采摭诸书以续之。"③

祖之望

祖之望（1754—1814），字载璜，晚字子久，号舫斋，浦城人。乾隆四十三年（1778）进士。初任刑部主事。后擢通政司参议、太常寺少卿。此后先后担任过一任按察使，两任布政使，三任刑部侍郎，四任巡抚，官终刑部尚书。传载《清史稿》卷三五二《列传》一三九，清陈寿祺《左海文集》卷九有《皇清诰授光禄大夫刑部尚书祖公墓志铭》。

祖之望在任山西按察使时，"摘律例民间易犯罪名条列之，曰《三尺须知录》，刊布于众，俾民无误罹法。"④此为在外地刻书。

---

① 〔清〕周中孚：《郑堂读书记补逸》卷一六，中华书局 1993 年版，第 468—469 页。
② 〔清〕董天工：《武夷山志》卷一六《名贤·官守》，清道光己丑（1829）极峰罗良嵩尺木轩刊本，叶32A。
③ 〔清〕永瑢等：《四库全书总目》卷一一五，中华书局 1965 年版，第 989 页。
④ 赵尔巽等：《清史稿》卷三五二《列传》一三九，中华书局 1977 年版，第 11274 页。

嘉庆八年(1803)，祖之望因母老，请归养。在此数年间，"居家营祠堂，增祀田。辑《祖氏遗编》，自始迁祖以下三十世，各为诗歌系小传纪之。刊祖无择《龙学文集》，以补谱牒；订乡贤杨文公等遗书，以存文献"①。此为在本地刻书。北宋祖无择(1011—1084)的《龙学文集》存世以传抄本居多，刊本罕见②，祖之望刻本则更是罕为人知，详情缺考。

祖之望的著作，有《节制纪闻》《迩言录》《舫斋小录》《青凤子》《皆山草堂文钞》《诗钞》等。

朱秉鉴

朱秉鉴(1758—1822)，字清如，号鹿坪，浦城人。乾隆五十二年(1787)进士，不喜从政，归乡任南浦书院主讲。长期以来，潜心纂辑浦城地方史志，嘉庆十四年(1809)任《浦城县志》总纂。编纂志书之余，又汇辑浦城先贤之遗文、遗诗，曰《柘浦文钞》《柘浦诗钞》《丹碧菁华》，刊刻印行。今福建省图书馆存清道光间朱氏刻印的《柘浦诗钞》四卷。

光绪《续修浦城县志》卷二三《人物》载曰："朱秉鉴，字清如，号鹿坪。幼颖异，好读书，敦行谊。植品励学，博闻强识，年十四即补弟子员。丙午登贤书，丁未连捷成进士，时年三十。以母老不乐仕进，归主讲席，益充所学。自六经、《史》《汉》，唐宋元明及本朝诸大家，无不涉其藩篱，穷其阃奥。故所著古文词，精深宏博，简质巨丽，卓然成一大家。浦邑志岁久未修，秉鉴分门纂辑，凡十余年，嗣与祖尚书之望、梁中丞章钜商榷付梓。订讹补缺，厥功为多，邑乘遂成善本。复广搜邑中前辈诗文之散佚者，各汇为一编，曰《柘浦文钞》《柘浦诗钞》，及邑名宿制艺可传者，编曰《丹碧菁华》，均经刊行。其表章先贤，嘉惠来学者如此。尤工制义，里居教授三十余年，故乾嘉之际浦城科名鼎盛，为七邑冠。溯厥渊源，出其门下者十之七八。既终养应选知县，请改教职，选福宁府教授，到任未半载，即引疾归。年六十五，卒于家。所著有《茹古堂文集》《诗集》《四书文》，已梓行。《周易释疑》《周礼详解》《荟萃录》《柘浦摭闻》《吴梅村诗注》藏于家。弟秉锌、秉铭，侄

---

①〔清〕陈寿祺：《皇清诰授光禄大夫刑部尚书祖公墓志铭》，《左海文集》卷九，《续修四库全书》集部　第 1496 册，第 370 页。

②四川大学古籍整理研究所编《现存宋人别集版本目录》所录《龙学文集》，抄本有十几种，刊本仅　一种。参巴蜀书社 1990 年版，第 31—32 页。

霖皆领乡荐,子赟、筹、箕均有声庠序。科名接武,家学渊源,为一邑称首焉。"①

按,上文载朱氏丁未成进士时 30 岁,此"丁未"当为乾隆丁未(1787),因其与祖之望、梁章钜同纂县志是嘉庆十四年(1809),且现存十六年(1811)刻本。上列朱氏生卒年,即据此推算得出。

梁章钜

梁章钜(1775—1849),字闳中,一字茝林,晚号退庵,福州长乐人。清代著名文学家、金石书画家。年十四就学于福州鳌峰书院,师从孟超然、郑光策。嘉庆七年(1802)进士。历任军机章京、礼部员外郎、内廷方略馆纂修等职。后出任为湖北荆州知府、山东按察使、江苏布政使等。主张严禁鸦片,曾支持林则徐禁烟运动。鸦片战争爆发时,任广西巡抚,率兵驻防梧州。道光二十年(1840)调任江苏巡抚兼署两江总督,率兵赴上海县,部署防务。道光二十二年(1842)正月因病辞官。生平博涉典坟,精于鉴别金石书画,善作笔记小说,尤留意闽中地方史的研究。著述宏富,且多为自刻本。

清嘉庆十三年至十九年(1808—1814),梁章钜应其师祖之望之邀,曾主浦城南浦书院讲席七年,教授出一批有才华的弟子。授课之余,梁章钜在此编纂《东南峤外诗文钞》《夏小正通释》《南浦诗话》《校补仓颉篇》《闽文典制钞》诸书。其中《南浦诗话》八卷,在嘉庆十二年(1807)刻印于其讲学南浦书院之时。今福建省图书馆存原刻本。

梁氏刻书最多的时候,是在其辞官归田后居住在浦城的道光二十三年至二十八年(1843—1848)期间。其时,梁氏在浦城花园衕购地,起造新宅。他建楼房五楹,藏书万卷于其中,名曰"北东园",以别于他在道光十二年(1832)建造于福州黄巷的旧宅东园。花园衕在浦城县城东隅仙楼山下,原系宋代浦城籍状元章衡的花园。梁章钜在《退庵自订年谱》中记曰:"癸卯,六十九岁,购花园衕荒地一片,起造新宅。左有方池半亩,遂环池略缀屋宇,榜曰北东园,以别于福州之东园也。"②其自撰《北东园日记诗》云:"一

① 〔清〕翁天祐、吕渭英、翁昭泰等:(光绪)《续修浦城县志》卷二三《人物》,台北成文出版社 1967 年版,第 442 页。
② 〔清〕梁章钜撰,于亦时点校:《归田琐记》附录《退庵自订年谱》,中华书局 1997 年版,第 192 页。

邱一壑旧花园,陌巷重开驷马门。那有满籖余万卷,护持昕夕祝长恩。"末加小字注云:"新宅本荒区,余筑大楼五楹,贮书万卷其上。"①

道光二十五年(1845),梁氏在北东园刻印了自著《师友集》十卷、《归田琐记》八卷,今北京大学图书馆有存本;道光二十七年至二十八年,刻印《浪迹丛谈》十一卷《续谈》八卷;二十九年,刻印《闽川闺秀诗话》四卷。以上刻本,通常均作"北东园刻本",而不载其地点,殆不知北东园在浦城之故。在道光期间,梁氏在浦城还刻印了自著《古格言》十二卷、《退庵金石书画跋》十二卷、《退庵诗续存》八卷。以上诸刻,国内存本较多,不一一列出馆藏。梁氏自记此事云:"余好刻书,而东岩亦同。近复辑刊善书十种,时恭儿方刻《劝戒近录》《续录》《三录》,余亦有杂著待刻。梨枣之烦,只此两家,浦人咸咄咄以为怪事也。"②东岩为浦城祝昌泰的号。他是清代著名的刻书家,其刻书之处名留香室。梁氏为此有诗云:"长年梨枣似云屯,善与人同即福门。群笑两家真好事,留香室与北东园。"③

浦城之外,梁章钜在外地也刊刻了不少图书。如道光十二年(1832)刻印其自著《退庵诗存》二十五卷,刊刻地点在桂林。孙殿起《贩书偶记》著录此书;二十一年(1841)刻印《三管诗话》三卷,时梁氏在广西巡抚,带兵驻防梧州。其著作还有《文选旁注》四十六卷,今存道光十八年刊本。

梁氏生平事迹,见载于民国《福建通志·列传》卷三八,亦存于其自撰《年谱》中;林则徐《诰授资政大夫兵部侍郎都察院右副都御史江苏巡抚梁公墓志铭》中亦有记载④,主要事迹已如前所述。

在《归田琐记》卷六中,有《已刻未刻书目》一篇,详细记述了梁氏70岁以前或撰或著的42种书目,分为已刻、未刻两类。其中,已刻的有以下22种:

《古格言》十二卷、《南省公余录》八卷、《枢垣纪略》十六卷、《文选旁证》四十六卷、《楹联丛话》十二卷、《楹联续话》四卷、《巧对录》四卷、《南浦诗话》四卷、《三管诗钞》五十八卷、《三管诗话》四卷、《江田梁氏诗存》九卷、《退庵诗存》二十四卷、《退庵诗续存》八卷、《退庵随笔》二十四卷、《闽文典

---

①〔清〕梁章钜撰,于亦时点校:《归田琐记》卷八《北东园日记诗》,中华书局1997年版,第158页。

②〔清〕梁章钜撰,于亦时点校:《归田琐记》卷八《北东园日记诗》,中华书局1997年版,第163页。

③〔清〕梁章钜撰,于亦时点校:《归田琐记》卷八《北东园日记诗》,中华书局1997年版,第163页。

④闵尔昌:《碑传集补》卷一四,台北明文书局1985年版,第843—855页。

制钞》四卷、《沧浪亭志》四卷、《沧浪题咏》二卷、《梁祠辑略》二卷、《江汉赠言》二卷、《东南棠荫图咏》三卷、《吴中唱和集》八卷、《北行酬唱集》四卷①。

祝凤喈

祝凤喈(? —1864),字桐君,号子久,浦城人。古琴演奏家、收藏家。在古琴理论上也造诣颇深,开创闽派古琴,系我国清代四大琴派之一。祝氏于清咸丰五年(1855)刻印自撰《与古斋琴谱》四卷《补义》一卷,收入《续修四库全书》第1095册。同年,刻印清李光地撰《孝经注》一卷,见于邵懿辰《增订四库简明目录标注》卷三著录。咸丰六年(1856),刻印宋蔡沈撰《书集传》六卷,《增订四库简明目录标注》卷二著录作"咸丰丙辰祝桐君刊本,依正统本精校"②。同年刻印宋朱熹撰《周易本义》八卷《易学启蒙》一卷,见叶德辉《郋园读书志》卷一著录。叶氏对此书有一段中肯的评价:

> 世行浦城祝氏所刻《周易传义音训》后附朱子《易学启蒙》者,号为善本。然以《传》《义》合并,蹈历来刻二书者之故辙,使当日《传》《义》分刻,岂不于二书为有功? 惜乎其见不及此也。世有好事者再刻此二书,《本义》当以吴革本,而以仁和宋咸熙校集之《音训》附之;《程传》当以元积德书堂本,仍以《系辞精义》附之。庶几二者合美,而不至于两伤。然则祝氏此刻,固其萌芽也已。光绪三十有二年岁丙午秋七月处暑,郋园记。③

光绪《续修浦城县志》著录祝氏生平,与其兄凤鸣合传。曰:"祝凤鸣,字秋斋,廪贡生;凤喈,字桐君,以例官浙江东防同知。同怀兄弟也。并精音律,尤善鼓琴。古调独弹,不作靡靡尘俗韵。家有园林之胜,藏古琴数十张,择其尤者筑十二琴楼以贮之。伯倡仲和,怡怡如也。凤鸣性恬淡,工吟咏;屏绝尘务,日以琴樽诗画自娱。凤喈宦游江浙,以琴自随,所至名噪一时,著有《与古斋琴谱》四卷行世。律度精审,指法详明。自云得兄指授为多。以琴受业者,恒不远千里而来。诸弟子中,建安许海樵独得秘传,能衍

---

①〔清〕梁章钜撰,于亦时点校:《归田琐记》卷六,中华书局1997年版,第121—122页。其中"《南浦诗话》四卷",现存版本多为八卷。

②〔清〕邵懿辰撰,邵章续录:《增订四库简明目录标注》卷二,上海古籍出版社1979年版,第45页。

③〔清〕叶德辉等撰,湖南图书馆编:《湖南近现代藏书家题跋选》第1册,岳麓书社2011年版,第32页。

其派,尤负重名。凤喈并精星命之学,著《造命挈要》四卷,梓行于时。"①
按,传中所说《造命挈要》,今上海图书馆存清道光二十七年(1847)与古斋
祝氏刻本,八卷,作者署名为清祝畴②。据清余潜士《造命挈要序》:"浦城
友人祝桐君,博览多材艺,既解组归田,乃搜罗五行家,以参校堪舆家之言,
删其芜蔓,采其精纯,纂集为《造命挈要》八卷。造命云者,取唐人杨筠松千
金造命之义也。"③由此可知,此书仍为祝氏自编自刻本。此书收入台湾林
庆彰主编的《晚清四部丛刊》第二编第 72 种。

祝凤喈与永福余潜士相交甚笃,曾送一古琴给余氏。余氏儿媳张瑞贞
有文记曰:"一日,瑞贞请夫子为之理曲,问先师此玉玲珑琴之来历。先师
言此琴乃浦城祝桐君所赠。祝君讳凤喈,字桐君,自幼攻读诗书,精擅古
琴,家学渊源精且厚。早岁得其父所遗旧琴一张,因向胞兄祝凤鸣(原注:
字秋斋)学琴,又自精研三十余年,所学皆通。居宅有园林之胜,遂广为搜
求,藏古琴数十张,择其优者,筑十二琴楼贮之。兄倡弟和,怡然自得。喜
接纳天下之琴人、词家、诗客、名士。林君则徐、梁君章钜等进京宦游,途经
浦城时,亦多至祝家十二琴楼相聚,每有诗酒之会。祝凤喈曾任浙江东防
同知,宦游江浙,以琴自娱,所至名噪一时。此玉玲珑,乃十二琴楼中物也。
桐君与吾谊在师友之间,素有诗文酬唱。"④

从行文看,张瑞贞此文与上引《浦城县志》有不少相近之处,应是《县
志》参考引用了张文,而未注明出处。

程 仕

程仕(生卒年未详),字松皋,号梅斋,安徽桐城人。清康熙四十二年
(1703)任建宁知府,于任上刻印宋儒黄榦《勉斋先生黄文肃公文集》,今存
清初抄程氏刊本三十七卷。另有一蒋氏西圃抄本,亦从程仕刊本传写,乃
四十卷,均见于傅增湘《藏园群书经眼录》卷一四著录。考此书元刻本即四

---

① 〔清〕翁天祐、吕渭英、翁昭泰等:(光绪)《续修浦城县志》卷二七《人物》,台北成文出版社 1967 年版,第 545 页。
② 中国古籍总目编纂委员会编:《中国古籍总目》子部术数类,中华书局、上海古籍出版社 2010 年版,第 1227 页。
③ 〔清〕余潜士:《余潜士全集·姑留稿》卷一,厦门大学出版社 2011 年版,第 102—103 页。
④ 〔清〕张瑞贞:《丝桐一曲答客难》,《余潜士全集·附录》,厦门大学出版社 2011 年版,第 282—283 页。

十卷,则程仕原刊本或为四十卷。

程仕事迹,乾隆《福建通志》仅《职官》列其名,曰:"(清知府)程仕,桐城人,监生,康熙四十二年任。"①清侯官著名书法家、内阁中书林佶有《赠建宁程松皋太守》一诗,云:"诗名散落在人间,雅望清流玉笋班。领郡故应资大府,著书端合傍名山。……"②

程仕另有康熙刻本《宋元诗会》一百卷,清陈焯辑。今中国科学院图书馆存③。据《中国古籍善本书目》著录,此本乃康熙二十二年刻本④。从时间上看,此书不太可能是建宁刻本。

蓝陈略

蓝陈略(生卒年未详),字勋卿,一字闽之。福建漳浦(一作南靖)人。康熙八年己酉(1669)举人。康熙二十八年(1689)历官建阳教谕,在此期间编纂《武夷纪略》三卷,刊行于康熙三十四年(1695),今上海图书馆有存本,著录为"清蓝闽之撰"。蓝陈略在自叙中说,因其在建阳担任教职,而建阳"离兹山仅百里,数买舟而往。策筇攀跻,纵览诸胜。间取旧志阅之,简帙浩繁,携游颇属未便。爰与侄孙楷选石谋绘为指掌图,复为之说以明之,并择其要者辑录之。百里名胜具见于斯,虽不足以尽武夷山水之奇,然亦足以略观其大意矣"⑤。

道光《建阳县志》卷九《职官志》载:"(清教谕)蓝陈略,字勋卿,南靖人。康熙己酉(1669)经魁。己巳(1689)任。"⑥董天工《武夷山志》载:"蓝陈略,字勋卿,漳浦人。举孝廉。建阳教谕。辑有《武夷纪要》二卷,未刊行世。"⑦未刊之说,显然有误。

按,康熙三十一年(1692),蓝陈略曾发起捐资,将清顺治十一年(1654)遭兵火焚毁的考亭书院重修。前后历时五年,至康熙三十六年(1697)竣

---

①〔清〕郝玉麟等:(乾隆)《福建通志》卷二七《职官》,《景印文渊阁四库全书》第528册,第391页。

②〔清〕林佶:《朴学斋诗稿》卷五,《四库全书存目丛书》集部第262册,第61页。

③中国科学院图书馆编:《中国科学院图书馆藏中文古籍善本书目》,科学出版社1994年版,第365页。

④中国古籍善本书目编委会:《中国古籍善本书目》集部卷二八,上海古籍出版社1998年版,第1595页。

⑤〔清〕董天工:《武夷山志》卷二一《艺文·序》,清道光己丑(1829)极峰罗良嵩尺木轩刻本,叶15B。

⑥〔清〕李再灏、梁舆等:(道光)《建阳县志》卷九《职官志》,《福建师范大学图书馆藏稀见方志丛刊》第17册,北京图书馆出版社2008年版,第277页。

⑦〔清〕董天工:《武夷山志》卷一六《名贤·官守》,清道光己丑(1829)极峰罗良嵩尺木轩刻本,叶32A。

工。时，户部左侍郎王绅有记云："蓝君讳陈略，字勋卿，漳浦人。康熙己酉科举人，先君主闽闱所取士也。博学能文，言行不苟。为邑教谕，每上公车，辄与余言书院事。今果遂于成，可谓有志之士。"①

李　绣

李绣（生卒年未详），字文素，仪真（今江苏扬州）人。清顺治初年，随军征抵建宁府，旋驻守浦城。李绣虽为一介武夫，但对地方先贤遗著颇为重视。在浦城期间，除构越王台之外，他又修葺"朱文公祠，梓《杨大年文集》"，即刊刻北宋杨亿（字大年）的《武夷新集》二十卷。清嘉庆间浦城祖之望为祝昌泰《浦城遗书》本作序，提到此刻本云：

> 《武夷新集》二十卷，自前明即称难得。国初，扬州李云素绣来镇浦城，始以谢在杭、徐兴公抄本付梓。然剞劂未精，中间讹脱字不一而足。其为校订潦草，抑谢、徐原本如是，均不可知。独疑当时板藏学宫，何以刷印之少，又何以不逾时其板遽失，致使吾闽藏书家皆仅有存者。盖至今日，并此本而亦不绝如线。每抚遗编，不禁珍惜感慨系之焉。……嘉庆庚午中秋，同邑后学祖之望题后。②

此刻本今上海图书馆存一残帙，题为《杨大年先生武夷新集》，仅存四卷。之前，此书或著录为明万历李绣刻本，或著录为明末刻本③，刊刻时间有误。上海图书馆著录为清顺治七年（1650）刊本，准确无误。

此刻本卷前有落款为"顺治七年孟夏协守福建浦城等处地方副总兵前南京后军都督府都督同知邗关李绣"撰《宋文公杨大年先生武夷新集序》，同年浦城县令三韩李葆贞序，古燕后学刘赓序，以及杨亿旧序。序文半叶四行十字，正文半叶八行二十行，四周单边，无直格，间或有注文，小字双行。杨亿序文页版心下方有"刊匠张君选"。

康熙《建宁府志》在记李绣宦绩之外，对其有如下评价："崇儒恤民，旁

---

① 〔清〕李再灏、梁揆等：（道光）《建阳县志》卷三《舆地志》，《福建师范大学图书馆藏稀见方志丛刊》第16册，北京图书馆出版社2008年版，第406页。

② 〔宋〕杨亿：《武夷新集》，与《杨仲弘集》合印本，福建人民出版社2007年版，第321—322页。文中的"李云素"，当为"李文素"。

③ 四川大学古籍整理研究所编《现存宋人别集版本目录》作万历刻本，《中国古籍善本书目》集部卷二四作明末刻本。

及诗画,尤近日兜鍪所仅见者。以劳瘁卒于官。民哀思之。"①《浦城县志》则载:"李绣,字文素,仪征人。清顺治三年(1646)以提督东营副总兵随清军入闽,不久驻防浦城。……暇时,与县令李葆贞建营房,构越王台,葺朱子祠,刊印杨亿诗文集。后病卒于任上。"②

孟殿荣

孟殿荣(生卒年未详),字与升,又字梦霞。清浦城人。同治十二年(1873)拔贡。光绪二十年(1894),在浦城西乡□西山书院并自任主讲,编纂《西山书院学范》四卷,辑录朱熹、吕祖谦、真德秀、方苞、卢文弨、曾国藩等理学家、教育家有关教学、训士、诫子、学规、会约、条规、读书日程等文58篇。"欲存人心,以维世道",惜未刊而卒。光绪二十八年(1902),其门人缪映奎继承师志,终于将此书刊行于世。今岳麓书院、北京师范大学图书馆等有存书,著录为"浦西星禄阁刻本"③。

据光绪《续修浦城县志》记载,孟殿荣从事刻书业二十年,刻有清徐谦撰《丰溪瓣全集》等十几种,未见其他书目著录。

孟殿荣事迹载于该志卷二六《人物》。略云:"孟殿荣,字与升,一字梦霞。癸酉拔贡。继叔父与嗣,天性肫挚。事生母、继母均以纯孝闻,尤笃友于之谊。兄春荣亦不以弟已出继而私其财产,时论两贤之。殿荣气宇端凝,性情亢爽。所为诗文情真语挚,自然流露。为人排难解纷奋不顾身,必得当而后已。……奉旨赏以'同善堂''乐善好施'牌坊,皆殿荣之力也。西乡向无书院,殿荣倡首创□西山书院,并手辑《西山书院学范》四卷。性尤笃,好善书,纂辑刊刻计十余种。常蓄手民于家,从事梨枣凡二十余年。师事广丰徐谦,为刻《丰溪瓣香集》。谦既没,集同人建瓣香祠事之。"④

潘政明

潘政明(生卒年未详),字仪亮,清光绪间廪生。曾于光绪二十七年

---

①〔清〕张琦等:(康熙)《建宁府志》卷二三《宦迹》,上海书店出版社2000年版,第332页。
②浦城县地方志编纂委员会编:《浦城县志》卷三九《人物》,中华书局1994年版,第1313页。
③北京师范大学图书馆中文教育书目编辑组编:《北京师范大学图书馆解放前中文教育书目》,北京师范大学出版社1989年版,第163页。
④〔清〕翁天祐、吕渭英、翁昭泰等:(光绪)《续修浦城县志》卷二六《人物》,台北成文出版社1967年版,第535—536页。

(1901)秋重刊宋儒刘子翚所撰《屏山全集》二十卷,成于次年春季,题"光绪辛丑云屏山房潘氏藏板"。因此刻本距今年代较近,国内存本较多。卷前有胡宪、李廷钰序,以及潘氏自序,后有清洪简跋、邹舒宇跋。据序跋所载,因年代久远,此书宋明以来版本在崇安本地已难觅踪影。潘政明重刊时所用底本,为曾任浦城南浦书院主讲的翁安宇所得泉州李廷钰重刊本。翁氏将此本交给潘氏,希望能重新刊印。由于"其间篇阙句,句阙字,亥豕鲁鱼,多不可辨,于心未安,乃复访求,得富沙郑重山评注本,学使沈心斋鉴定本,皆刘氏子孙所藏"①,于是,潘氏与景贤书院的山长邹晓村,以及子侄辈,以此加以校雠,重加刊行。

　　按,云屏山房在武夷山大王峰下。倪木荣在《武夷山的云屏山房》一文中说:"武夷山大王峰是一座像王冠状的孤峭嶂岩,峰巅竹松拥翠,景致非常优美,自宋以来一直是文人墨客的驻足之处。笔者常漫步峰顶观赏。一次居然在茅草中发现了已断成两块的大青石碑。碑高1.7米,宽0.8米。碑文曰:'云屏山房,庚子年(1900)崇邑潘氏立。'"②

　　民国《崇安县新志》卷二七《列传》载:"(潘政明)干练精明,以地方为己任。光绪间任保甲总董。……聘江右邹舒宇为景贤书院山长,并资助膏火以劝学者。刘子翚《屏山集》富民族思想,政明以巨资刊行。"③民国时,潘政明被选为县议会议长,后寓居福州。

孙振豪

　　孙振豪(生卒年未详),字汝西,浦城县人。郡学诸生,举贤良方正,以母老辞。乾隆初举明经,刻《赓籁集》分馈同人。清黄恬所修嘉庆《新修浦城县志》载:"举乾隆癸酉(1753)孝廉。甲戌会试,以明通改就教职还。客兖州守郑方坤署,时署中方开诗话轩,盛宾客,而振豪素以诗鸣。至则相与登泰岱绝顶,访秦、汉封禅遗迹,归来刻烛分韵,击钵赋诗,极唱酬之乐。补邵武训导,修文庙,严考课。士以窭乏告,加意怜恤,贤声遍樵水间。以病乞假归,葺意可别墅,焚香瀹茗,啸咏其中,适如也。性刚方,意有所艴,面斥不少假,而胸中实无城府。事母孝,视兄弟如身,视兄弟子如子。在师门

①潘政明:《续刊屏山全集序》,清光绪二十七年(1901)刊本卷首,叶1A—B。
②倪木荣:《武夷山的云屏山房》,《武夷岩韵集》,海峡文艺出版社2004年版,第44页。
③刘超然、郑丰稔等:(民国)《崇安县新志》卷二七《列传》,上海书店出版社2000年版,第163页。

最为钱香树、于北垫所器重。业师老乏嗣,为买妾举一子。师殁,抚遗孤使
成立。工书法,得欧阳率更笔意。著有《赓籁》初集,已授梓,二集、三集藏
于家。"①

清谢章铤《孙振豪词》一文载:"汝西,乾隆初举明经,刻《赓籁集》分馈
同人,当时名噪甚。"②据张甄陶《孙汝西赓籁集序》,孙振豪刻自著《赓籁
集》,时在乾隆七年(1742)③。

王　梓

王梓(生卒年未详),字琴伯,号适庵,郃阳(今陕西合阳县)人。康熙四
十二年(1703)任崇安知县,在职期间编纂并刊刻《武夷山志》二十八卷,今
北京大学图书馆存原刊本。

王梓有《重建王文成公祠记》一文。其中有云:"戊子夏,公六世裔草堂
名复礼者,以制抚两台聘请至闽,白之督学观察,欲复是祠。而巡宪泽州陈
公,又以阐扬先哲为己任,捐俸首倡。梓因得敬承趋事,数年积愿,一旦获
伸,宁非快欤。……是会也,窃有五善焉:崇德报功,勿忘遗爱,一也;地以
人传,名山增重,二也;刘公创于前,梓幸踵其后,天运一周而复,三也;梓复
以余力,选公文集刊之,四也;武夷为文公讲学地,历五百余年阒旵其无人,
祠成而草堂不忍弃去,结茅隐此,以继行躅,五也。工既竣,谨详次其事而
记之。"④此文说的是在武夷山重建王阳明祠的五善,其中第四善提到王梓
在此刊刻王阳明选集。此刊刻于武夷山的王阳明选集是一部什么书,一
向罕为人知。实际上,此书即王梓编刻的《三立编》十二卷。《四库全书
总目》著录云:"《三立编》十二卷,国朝王梓编。梓字琴伯,郃阳人,官崇
宁县知县。是编取明王守仁著述,分类编辑。以讲学者为立德,以论事
者为立功,以诗义为立言。《立德编》摘述《传习录》及文录;《立功编》载
奏疏、咨文、行牒、批呈、告谕;《立言编》载古今体诗、杂文,末附《年

---

①〔清〕黄恬主修:(嘉庆)《新修浦城县志》卷二四《人物》,方志出版社 2005 年版,第 512—513 页。

②〔清〕谢章铤撰,陈庆元等点校《谢章铤集》,吉林文史出版社 2009 年版,第 556 页。

③清张甄陶《孙汝西赓籁集序》云:"壬戌岁,予充赋入雍,过南浦,谒同年生孙君汝西,值阙《赓籁
集》,读之。"载清翁天祐、吕渭英、翁昭泰等:(光绪)《续修浦城县志》卷三四《艺文》,台北成文出
版社 1967 年版,第 705 页。

④陈恕编校:《王阳明全集》附录,中国书店 2014 年版,第 290 页。

谱》。"①按,文中"崇宁县"应为"崇安县"。在清彭定求(1645—1719)为王梓所撰的《三立编序》中对此有明确的说明:"邠阳适庵王明府素娴风雅,出宰建之崇安,廉明有声,政洽民和,表扬先哲、匡扶来学。既以公绩被闽疆,复建遗祠于武夷山曲。又举公之《全书》《传习录》《文录》《别录》《续录》诸编,汇加检辑,删繁汰复,因类而属立德、立功、立言凡若干卷,欲使学者了然于纲举目张之中。"②

董天工《武夷山志》载:"王梓,字琴伯,邠阳人。为崇安令,有吏才。善诗好客,建群贤祠于一曲。尝纂《武夷志》,擢守州去。"③该书卷一七《名贤·寻胜》载:"汤永宽,字硕人,号宝田。南丰布衣,司马来贺子。著有诗文若干卷。王邑侯编《武夷山志》,延其分较。"④卷二一《艺文·序》载清方中德撰《武夷宦游稿序》云:"王子适庵既再绾符于武夷,尺素相通,乃以近作诗数十篇远邮山中。……适庵生长西京三辅之域,志气轩轩,蓄于中者。既裕性,又酷好坟籍,家所藏书手自雠校,不减晁、陈。之目当世,闻人学士之撰述,无论远在千里之外,辄网罗购致,力有不能自襮者,为之捐俸入雕板以传。"⑤民国《崇安县新志》卷九《名宦》载其于康熙四十二年以岁贡任崇安令,"有治才,善诗。捐修胡文定祠,自为记。又捐修四门城楼。折狱平允,催科有方,爱民礼士,崇民德之"⑥。

熊启灿·熊世庆

熊启灿(生卒年未详),字淑明,建阳崇化书林人。曾于清初刻印明杨雍建撰《新刻杨会魁训蒙四书亨时解》八卷,今日本加贺市立图书馆存,著录为"明熊启灿刊本"⑦。此"明",实应为"清",理由见下面所述。

熊启灿刻本还有明熊宗立撰、清熊秉懋汇编的《增补斗首河洛理气鳌

①〔清〕永瑢:《四库全书总目》卷九八,中华书局 1965 年版,第 834 页。

②〔清〕彭定求:《南畇文稿》卷一,《清代诗文集汇编》第 167 册,第 270—271 页。

③〔清〕董天工:《武夷山志》卷一六《名贤·官守》,清道光己丑(1829)极峰罗良嵩尺木轩刻本,叶 31B。

④〔清〕董天工:《武夷山志》卷一七《名贤·寻胜》,清道光己丑(1829)极峰罗良嵩尺木轩刻本,叶 32B。

⑤〔清〕董天工:《武夷山志》卷二一《艺文·序》,清道光己丑(1829)极峰罗良嵩尺木轩刻本,叶 17A—B。

⑥刘超然、郑丰稔等:(民国)《崇安县新志》卷九《名宦》,上海书店出版社 2000 年版,第 58 页。

⑦刘毓庆、张小敏编著:《日本藏先秦两汉文献研究汉籍书目》,三晋出版社 2012 年版,第 272 页。

头通书大全》十卷,卷首题"鳌峰道轩熊宗立通书大全,后裔月畴秉懋重订,
淑明启灿梓行",卷首熊启灿《增补鳌头通书大全序》称:"前成弘间,家宗立
先生以克择造人之福者数十年,著有《通书大全》行世。后数世,而曾孙月
畴先生习其道,踵而行之,其义益精,其理益明。以年月日时富贵人者,又
七十余年。每日执赞求课,户外履常满。其福泽所及,几半天下。是时以
岁差推算未悉,诏天下有精历象者,许郡邑以名报驰驿京师。县父母以先
生名应之,因年至耄耋,不便兴居,获辞。生平手集有通书,秘箧中。一夕
梦有诏召,诣金门,立鳌柱下。晤叹曰:'吾老矣,吾之日月,吾既知之矣!
其所以应四方命者,其可必耶? 箧中书,吾生平得力者在是,即四方所需索
者亦在是。是书若行,吾虽往也,而犹存焉。盍公诸梓乎。'因命其名曰《鳌
头通书》。中载若斗首、若河洛等篇,真剖千古之秘,发百家之蒙者也。书
行五十余年,四方构其本,遵而用之。所惠者甚博,所及者甚远。后以兵燹
之故,遂致残毁。夫以福世之物,而忍听其灰烬,先生有灵,应亦太息,且尤
非君子福泽广被之心。因重梓之,俾四方之求富贵昌嗣续者,复得所指南
云。大清乾隆丙午年(1786)仲秋吉旦后裔淑明启灿重梓。"①

　　关于此书,今人官桂铨有《云南喜得麻沙本》一文介绍说:"《新镌
玉函全奇五气朝元斗首合郎鳌头通书》……前有明版画《道轩熊宗立》
图和《□(月)畴熊秉懋汇选鳌头》图,正文首页刻'大明国师刘伯温重
述''潭阳后学熊秉懋汇编''书林淑□熊启灿详阅',这不就是明刻麻
沙本吗? 这页明版画,虽有残缺,但有明代书坊主人熊宗立的像,很宝
贵,近年出版的《建安古版画》没有收录。"②此"明刻麻沙本",亦应更改
为"清刻麻沙本"。

　　《潭阳熊氏宗谱》载熊启灿事迹,仅以下寥寥数字:"启灿,一善公次子,
行圣二。字淑明,姚罗氏。生子三:廷宣、辛甲、廷旦。有系迁徙。"③好在,
在现有的史料中,有以下两条有助于推断其生活年代。一是《潭阳熊氏宗
谱》记其兄"启焕,字禀章。天启七年(1627)六月初三日生,顺治十八年

---

①〔清〕熊启灿:《增补鳌头通书大全序》,〔明〕熊宗立:《增补斗首河洛理气鳌头通书大全》卷首,清
　　乾隆丙午刊本,叶1A。
②官桂铨:《云南喜得麻沙本》,本社编:《藏书家》第7辑,齐鲁书社2003年版,第132—133页。
③〔清〕熊日新等:《潭阳熊氏宗谱》"让房礼公天儒公世系",清光绪元年(1875)印本,第6册,叶
　　36B。

(1661)四月廿五日卒。"①天启七年为天启最后一年,由此可知启灿应为崇祯以后生人,明末清初人氏,生活年代约在1628—1680年之间。其刻书,则应在清初。二是方以智次子方中通(1633—1698)《陪诗》卷三《忆亲闽中》"潭阳为托当年友"诗句下有自注云:"书坊熊、郑诸人皆皈依老父,《周易时论》《药地炮庄》《物理小识》三种书版,游子六向寄熊叔明、熊长吉家,刷行后,揭子宣转托郑玉友,并寄《通雅》,版已刊十之七八矣。"②方以智《通雅》于康熙五年(1666)由姚文燮刊于建阳书坊。由此可推定,这一年熊淑明在世;且《周易时论》《药地炮庄》《物理小识》这几种书的刊刻,应与熊淑明、熊长吉有关。

熊长吉(1621—?),《潭阳熊氏宗谱》有其事迹:"世庆,安本公次子,行圣二,字长吉,辛酉年(1621)十月二十日生,葬蔡布张氏祖姚坟左。姚陈氏生女一,适庠生杨奕,继姚高氏葬丁云桥石槽。嘉庆五年(1800)立碑。又一女适陈玉范。生子四:肇琚、肇琼、肇玖、肇珽。"③

由此推断,以上熊启灿所刻《新刻杨会魁训蒙四书亨时解》和《增补斗首河洛理气鳌头通书大全》两个刻本,著录刊刻年代可能均有误。第一个刻本作"明熊启灿刊本",但从其兄生年推断,熊启灿在明崇祯末充其量不会超过十六七岁,应尚未从事专业刻书,故不太可能有"明熊启灿刊本"。第二个刻本则著录时间太晚,如以乾隆丙午年(1786)计算,其时,熊启灿年龄竟然高达一百四十岁以上,这显然也不太可能。

熊启灿为熊宗立八世孙,查考《潭阳熊氏宗谱》,世系为:宗立→瑷→天玄→福山→寿员→文治→梦龙→一善→启灿④。

熊世庆亦熊宗立八世孙,查考《潭阳熊氏宗谱》,世系为:宗立→瑷→天育→福泰→寿恩→文和→玉屏→安本→世庆⑤。

---

① 〔清〕熊日新等:《潭阳熊氏宗谱》"让房礼公天儒公世系",清光绪元年(1875)印本,第6册,叶36B。

② 〔清〕方中通:《陪集·陪诗》卷三,《清代诗文集汇编》第133册,第96页。

③ 〔清〕熊日新:《潭阳熊氏宗谱》"让房礼公派下秉宇公世系",清光绪元年(1875)印本,第6册,叶51B—52A。

④ 〔清〕熊日新等:《潭阳熊氏宗谱》"让房礼公天儒公世系",清光绪元年(1875)印本,第6册,叶4B—36B。

⑤ 〔清〕熊日新等:《潭阳熊氏宗谱》"让房礼公天儒公世系",清光绪元年(1875)印本,第6册,叶4B—52A。

游廷馨

游廷馨(生卒年未详),宋儒游酢二十世孙。游文耀长子。乾隆七年(1742)编辑并刻印游酢《鹰山集》八卷。跋云:"……勉承明命,爰搜故简及先世家乘,并二程、朱子遗事,一一摘出,共计三万言,合成一集,寿之梨枣,以公海内。庶几先子生前著作不致湮没弗彰。……清乾隆七年岁次壬戌季冬月上浣之吉,长平壖垅二十代嫡裔郡庠廷馨百拜谨跋。"①

建阳《壖垅游氏宗谱》载:"(廿八世)廷馨公,乃辉公长子,位章□,字上申,郡庠生。乾隆七年重刊《鹰山公文集》。生卒未详,葬杭上林;妣詹氏,葬林头坪;郑氏、江氏合葬绕头林。"②其父文耀,字乃辉,康熙间曾倡族人重建鹰山书院。

游钟琳

游钟琳(生卒年未详),字书纶,建阳人,宋儒游酢二十三世孙,游廷馨四弟游廷显曾孙。于清道光二十一年(1841)增修重刊游酢《游鹰山先生集》十卷,今吉林省图书馆存。

建阳《壖垅游氏宗谱》有道光七年朱轮撰《敕赠登仕郎游公讳文耀传》,其中云:"吾甥钟琳者,乃其长子也。幼尝授业于余,颖悟过人,大为可造之器。髫龄则淹通风雅,朗润词章。后因家务浩繁,遂弃举子业,虽无意于进取,尤留心乎世务。"③《宗谱》世系云:"(三十一世)钟琳,忠艺公长子。行名一,乳名庆光,字书纶。总理宗谱,勤工督率,纂修世系,采访志坚。沿源溯流,由此而正。承先启后,克著家声。"④

真祖荫

真祖荫(生卒年未详),福建浦城县人,宋儒真德秀后裔。曾于康熙五十四年(1715)与其弟真祖武合作,刻印真德秀《心经》《政经》各一卷,九行

---

① 〔清〕游绍伊等:《壖垅游氏宗谱》卷二《鹰山公文集原跋》,清同治七年(1868)印本,叶1B。
② 〔清〕游绍伊等:《壖垅游氏宗谱》卷五"先二公派下世系",清同治七年(1868)印本,叶38A。
③ 〔清〕游绍伊等:《壖垅游氏宗谱》卷二《敕赠登仕郎游公讳文耀传》,清同治七年(1868)印本,叶1A—B。
④ 〔清〕游绍伊等:《壖垅游氏宗谱》卷五"先二公派下世系",清同治七年(1868)印本,叶63A—B。

十八字,白口,四周双边。今陕西省图书馆存。

《续修浦城县志》卷二六《人物》载其生平与刻书事迹云:"真祖荫,字充箕,文忠公十六世孙。贡生,考授州同职。幼,食贫拮据,谋甘旨。父母相继殁,庐墓六载,春秋享祀。竭诚尽哀,抚弱弟,育诸侄,友爱备至。重建文忠公祠,刊《心》《政》二经行世。年八十一,沐浴端坐而逝。雍正二年从祀忠孝祠。"①

其弟真祖武事迹缺考。

朱秉铭

朱秉铭(生卒年未详),字缄三,号雪龛,又号绿筼堂主人,浦城人。朱秉鉴弟,嘉庆六年(1801)举人。生平以种菊为乐,喜吟咏,著有《绿筼堂菊花诗集》四卷,被认为既属菊诗,又是菊谱②。此书今存道光十五年(1835)自刻本。前有道光十四年宁德魏敬中序、光泽高澍然序、嘉庆二十年(1815)绿筼堂主人自识。魏敬中序云:"缄三辟园于绿筼堂之南,以艺菊为适。觅种邻省千百里外,极花事之娱,穷种法之秘。深秋盛集同志,流连觞咏。别制名品,各系以诗,分为四集,为花二百七十余品。"③花分为黄品、白品、黛品、紫品,各品六七十种不等。此书今国家图书馆、福建省图书馆、山西大学图书馆、台湾大学图书馆等有存本。道光十五年,朱秉铭还刻印了自著《焚馀草》一卷,今福建省图书馆和台湾大学图书馆存。

清梁章钜《试律丛话》云:"浦城朱缄三孝廉秉铭中岁失明,而老学不懈。诗文集皆已梓行,试律尤出色,所刻《雪龛试帖》以咏史题为最。如《高渐离击筑送荆卿》前四韵云:'天地英雄气,销魂奈别何。冲冠来怒客,击筑此高歌。仆亦轻生死,君今已网罗。秦关归路少,易水杀声多。'……笔阵纵横,足令竖儒咋舌。"又曰:"朱缄三有《帖体课存》之刻,皆其及门高才生所作。中有数人,则余掌教南浦书院时旧徒,契阔三十余年,阅其诗尚如晤对也。"④

---

① 〔清〕翁天祐、吕渭英、翁昭泰等:(光绪)《续修浦城县志》卷二六《人物》,台北成文出版社 1967 年版,第 526 页。
② 柯愈春:《清人诗文集总目提要》(中册),北京古籍出版社 2001 年版,第 1152 页。
③ 柯愈春:《清人诗文集总目提要》(中册),北京古籍出版社 2001 年版,第 1152 页。
④ 〔清〕梁章钜著,陈居渊校点:《试律丛话》卷七,与《制义丛话》合印,上海书店出版社 2001 年版,第 640 页。

朱振铎

朱振铎(生卒年、字号未详),朱熹二十二世孙。清咸丰、同治年间,建安紫霞洲朱文公祠堂主事者。清同治七年(1868),在该祠主持刻印宋朱松撰《韦斋集》十二卷附朱槔《玉澜集》。

清咸丰十年(1860),紫霞洲祠堂还曾刻印宋朱熹撰《朱子集》一百零四卷目录二卷,今国内外有数十家图书馆有存本。卷端有朱子遗像,十行二十四字,小字双行同,上黑口,单鱼尾,四周双边。扉页有"咸丰庚申夏镌,紫霞洲祠堂藏板"牌记,故此本通常多著录为"紫霞洲祠堂刻本"。

紫霞洲是朱熹后裔在建安所建祠堂所在地。《闽书》卷一三《方域志》载:"紫霞洲,在城中和坊。宋守韩元吉辟北园以增府治,浚地导泉,作亭临之,号'紫霞洲'。盖取'幔亭紫霞褥'之意。"①宝庆三年(1227),朱熹三子朱在及其侄朱鉴,在紫霞洲建祠堂,号"徽国文公祠"。杨荣《重修文公朱先生祠堂记》曰:"徽国文公先生祠,在建安郡城北之紫霞洲,盖宋宝庆三年正月所建,以奉先生之祀者也。"②由明至清,该祠堂曾多次修建。

《朱子集》同治后印本卷首有朱子后裔朱振铎撰《朱子集版复藏紫霞洲祠堂叙》,介绍此书的刊刻经历:"咸丰八年(1858)七月,院遭逆毁,版化乌有。振铎惧先集之失坠也,白建侯程公梦龄,甫购版,旋解任去。阅年,呈督学徐公,慨然允所请,谕建楼为妥藏之地。公回省,百计营捐,雕刊就绪。解任过建,又捐遗建楼饼金五十,振铎爰移程侯捐而益以祠款不给,用摄祠学。三年,经蒙席修金继之,至同治癸亥(二年,1863)祠两楼成,然版已镂完,省留三年矣。甲子(三年,1864)春,赴省请督学章公沐饬检,付振铎归之建,永为紫霞洲祠堂藏本。先是,徐公之允倡复也,示将来集版到祠开刷,宜酌立版租,增祠学经馆膏火,一举可两得焉。兹悉遵行,愿吾建派子孙世守之,毋失。"③据此叙,可知此书始刊于省城,后移版收藏于紫霞洲祠堂。同治印本,则应是移版之后,由朱振铎主持在建安所印。文中一再提到的"督学徐公",即咸丰八年官福建提督学政的徐树铭。其事迹,详见本

①〔明〕何乔远:《闽书》卷一三《方域志》,福建人民出版社1994年版,第1册,第300页。
②〔明〕杨荣:《杨文敏公集》卷一〇《明别集丛刊》第1辑,第29册,第418页。
③〔清〕朱振铎:《朱子集版复藏紫霞洲祠堂叙》,清咸丰十年(1860)紫霞洲祠堂刻同治印本卷首,叶1A—B。

书"徐树铭"条。

祝昌泰

祝昌泰（生卒年未详），字躬瞻，号东岩，浦城人。清嘉庆十六年至十九年（1811—1814）刻印丛书《浦城遗书》（又名《浦城宋元明儒遗书》）十四种一百零七卷，版心下有"留香室开雕"字样。据《中国丛书综录》著录，其子目为：宋杨亿撰《武夷新集》二十卷《杨文公逸诗文》一卷、宋杨亿辑《西昆酬唱集》二卷、宋何去非撰《何博士备论》一卷、宋何薳撰《春渚纪闻》十卷、宋潘殖撰《忘筌书》十卷、宋詹体仁撰《詹元善先生遗集》二卷、宋真德秀撰《大学集编》二卷《中庸集编》三卷《论语集编》十卷《孟子集编》十四卷、宋真德秀撰《西山文钞》八卷、元杨载撰《杨仲弘集》八卷、明徐浦撰《春秋四传私考》二卷，以上为嘉庆十六年（1811）刊；宋真山民撰《真山民集》一卷、清翁白撰《梅庄遗草》六卷，以上为嘉庆十七年（1812）刊；宋叶绍翁撰《四朝闻见录》五卷、宋谢翱撰《谢参军诗钞》二卷，以上为嘉庆十九年（1814）刊[①]。行格均为半叶十行，行二十三字。或白口，四周双边，如《忘筌书》；或为黑口，左右双边，如《四朝闻见录》。浦城祖之望为祝昌泰刻本《武夷新集》作后跋称："《武夷新集》二十卷，自前明即称难得。国初，扬州李云素绣来镇浦城，始以谢在杭、徐兴公抄本付梓。然剞劂未精……今岁里居，属予表甥祝东岩太守开雕浦邑遗书，首以此书付之。时长乐梁芷邻仪部主吾邑书院，讲课之暇，遂得互相考订，阙者补之，疑者阙之，凡就旧本改正一千余字。芷邻更从群书录出逸诗文若干篇，以补徐兴公原本之漏。然后原书条理秩然粲然，于以公之同好，垂之无穷，不可谓非一时快事也！嘉庆庚午中秋，同邑后学祖之望题后。"[②]

留香室刻本，还有嘉庆十七年（1812）邑人祖之望撰《皆山草堂诗抄》十二卷、长乐梁章钜撰《南浦诗话》八卷，均被孙殿起《贩书偶记》著录。道光十三年（1833），祝昌泰刻印清建宁张绅撰《怡宁诗文集》二十六卷，今福建省图书馆和福建师范大学图书馆存。

光绪《续修浦城县志》卷二六《人物》载曰："祝昌泰，字躬瞻，号东岩。

①上海图书馆编：《中国丛书综录》第1册，上海古籍出版社1982年版，第445页。
②〔宋〕杨亿：《武夷新集》卷二〇，福建人民出版社2007年版，第321—322页。

家豪于赀,好礼乐善,尚义急公。居家以孝友闻。与从弟昌瑞同继伯父荣封为嗣。遗产数万金悉捐充鳌峰、南浦,两书院由是膏火优裕,士林赖之。……并创建文昌阁于城东,改造浮桥于南门西首,皆独力捐建。尤留心文献,与梁中丞章钜搜辑浦城先儒遗书共十四种,捐资刊刻,特构留香室以庋其板。又建二有堂于越山之麓,建宝宋亭于梦笔山。晚年好古弥笃,汇刻《格言书》十种,□与诸子校勘,孜孜不倦。素性慷慨,好施济,推恩族戚,由亲逮疏。凡邑中义举,如纂修县志,建置义仓,无不乐为倡首。岁歉辄减价平粜,或捐谷赈饥,每独任其事。浦城为公车必由之道,有投以一刺者,靡不厚赆之。生平无他嗜好,暇则涉猎文史,日手一编,有如寒素。著有《留香室诗钞》《文钞》《留香墨林》《留香别集》各四卷。"[1]民国《福建通志·孝义传》载其事迹云:"祝昌泰,字躬瞻,号东岩,浦城人,又字瑶琴。由国子生援例捐刑部郎中奉天司行走,加捐知府。以加修县城功奏准,以知府尽先补用。谢病不出,留心文献,尝汇刊《浦城先哲遗书》十二种,近又汇刊《格言书》十种。"[2]

清代长乐著名藏书家谢章铤有诗描述祝昌泰辑刻《浦城遗书》云:"遗书一室聚宗工,诗品搜罗仗寓公。莫话怀清台下事,我来南浦正秋风。"[3]福州著名学者陈寿祺曾应梁章钜之邀,为祝氏撰《留香室记》,对其刻印、传播乡先正遗书之举给予很高的评价。节略如次:

> 留香室者,浦城祝东岩郡守藏书之所也。嘉庆庚午、辛未间,东岩与同里祖侍郎校刻邑中遗书,延长乐梁茝邻仪曹佐其事。已版行者,宋杨文公《武夷新集》以下十余种,皆其乡先正也。他书续得,以次剞劂,藏板于是室,而介仪曹嘱予记之……
>
> 东岩之于乡先正,其用心深且笃,庸讵近名而为之哉。盖亦欲积富而流广,作众而求勤,以久久其传云尔。昔人谓收拾遗书,功比掩骼薶胔,余以为修坠扶衰,殆与存孤建祀同义。往侯官优生郑天镠,尝议

①〔清〕翁天祐、吕渭英、翁昭泰等:(光绪)《续修浦城县志》卷二六《人物》,台北成文出版社1967年版,第532—533页。
②沈瑜庆、陈衍等:(民国)《福建通志·孝义传》卷一九,1938年刊本,叶13A。
③〔清〕谢章铤撰,陈庆元等点校:《谢章铤集》,吉林文史出版社2009年版,第372页。诗后有小注:"《浦城遗书》,邑人祝昌泰刻。《南浦诗话》辑于茝邻中丞。中丞长乐人。邑城为寡妇祝氏所筑。事闻,得优奖,当时比之女怀清台云。"

募疏刻书,欲同志人人节衣食浮费以资成之。顾其志虽大,卒限于其力之所不及。如东岩所为,不可谓小善,而况侍郎张之、仪曹翼之,推是以旁求古人,岂徒私其一乡一邑而已?请以是室为昆仑积石之基,可也。①

周凤雏

周凤雏(生卒年未详),字景清,一字开宇,号仪轩,清浦城人,历官盐运使司运同。民国《福建通志·版本志》著录:“《大学衍义》四十三卷。《师友集》云:‘周凤雏,字景清,号仪轩,浦城人。尝校刊是书,里党称之。’”②

按,由于《福建通志·版本志》不署刊者年代,叶长青《闽本考》将此书误为元代刻本。《师友集》十卷,为清梁章钜撰。梁氏一生师友列于是书者265人。“师”有孟超然、纪昀、那彦成等33人,“友”有齐鲲、曾奋春、林春溥、林则徐、吴廷琛等232人。周凤雏亦在其“友”之列。书中,梁章钜对其师友的生平介绍较为简略。师以及门之先后为次,友以订交之先后为序。今有道光二十五年(1845)北东园浦城刊本。

民国《福建通志·孝义传》载:“周凤雏,字开宇,诸生。父谨,监生。乾隆间岁饥,辄平粜以济。……凤雏承父志……族有停棺不克葬者,各予金葬之。道光三年(1823),邻被火,凤雏倾资以恤其灾。又重刊真德秀《大学衍义》,板藏文忠祠。道光六年饥,同县诸生季新元称贷千余金,买米平粜,民赖以济。”③

梁章钜有《小李将军画卷》一文,记其于嘉庆癸酉(1813)至道光壬寅(1842)三十年间,在周凤雏处三次鉴赏其所收藏的这幅唐代名画的经历。由此文可知,周凤雏生活于清嘉庆、道光年间。由于上引方志所载,语焉不详,而梁氏这篇短文可能是唯一有助于了解周氏其人生平的文字,故移录于下:

浦城周仪轩运同凤雏家藏旧画,卷首有宣和瘦金书“唐李昭道海

①〔清〕陈寿祺:《左海文集》卷八《留香室记》,《续修四库全书》第1496册,第319页。
②沈瑜庆、陈衍等:(民国)《福建通志·版本志》卷二,1938年刊本,叶6A。
③沈瑜庆、陈衍等:(民国)《福建通志·孝义传》卷一九,叶12B;但同一志书《版本志》卷二作“字景清”。此称字开宇,当为其又一字。

天旭日图"九字一条,下有御押。忆余在吴门,曾见小李将军《海天落照图》长卷,画法与此卷一同,惟其入手去路皆不甚分明,跋尾亦有疑义,而索值且昂,遂置之。按各家谱录只有小李《落照图》,并无《旭日图》之目。《落照图》亦宋秘府物,尝入贾秋壑家,前明藏琴川刘氏,历有源流,而此卷无考。然卷前宣和字押的是真迹,卷中烟霞缥缈,钩勒精严,亦纯是武卫家法,断非宋以后画手所能仿为。惜不及数尺,即绌然而止,知尚有后半幅,为人割移,别作一卷以售欺。卷后赵松雪所书《海赋》,及邓巴西、袁清容、吴匏庵诸跋,并属伪迹,更不待言矣。余于嘉庆癸酉(1813)冬,携家北上,小住浦城,曾从仪轩借观一过,未经谛勘。仪轩富于收藏,实自以此为甲观也。道光壬辰(1832),得请归田,复过浦城,时仪轩已逝,其二子芑源广文、甘亭孝廉出此求跋,亦匆匆未暇以为。今年秋,复得告归,大有卜居是邦之意,客窗多暇,乃与芑源等发箧纵观,再四审视,因颋缕书此而归之。自幸前后三十年,眼力颇有所进,不虚此一段翰墨缘。且愿芑源昆仲,就现存之迹,剔去卷后各伪跋,重加潢治,以无负此唐人妙迹,庶可于无佛处称尊云尔。壬寅(1842)十月望后记。[1]

据以上史料推断,周凤雏刊刻《大学衍义》四十三卷,应在道光元年至十二年(1821—1832)之间。

五、在外地刻书的建宁府人

宋　代

章　楶

章楶(1027—1102),字质夫,建州浦城(今属福建)人。治平二年(1065)进士,历任陈留知县、提点湖北刑狱、成都路转运使。元祐初,以直龙图阁知庆州。哲宗时改知渭州,有边功。建中靖国元年(1101),除同知枢密院事。卒谥庄简,改谥庄敏。传载《宋史》卷三二八《列传》八七。

---

①〔清〕梁章钜撰,于亦时点校:《归田琐记》卷三《小李将军画卷》,中华书局1997年版,第59页。

　　章棨于元祐三年(1088),曾刻印其侄章衡撰《编年通载》十五卷。《直斋书录解题》著录云:"《编年通载》十五卷,集贤院学士建安章衡子平撰。编历代帝系年号,始自唐虞,迄于圣宋治平四年,总三千四百年。熙宁七年上之。其族父棨质夫为之序。衡,嘉祐二年进士首选也。"①文中仅提"为之序"而未言及刊行,实际上,章棨此序即题为《刊印编年通载序》,其中有云:

　　　　族侄衡子平以文辞举进士,当仁宗朝,擢为第一。自布衣时已留心于兹学,会蕞经传诸家之所载,研磨编缀,积二十余年而后书成,列为十卷,名之曰《编年通载》。断自帝尧,以讫于皇宋丁未之岁,总三千四百年,推历甲子,以冠其首,而为之次第焉。史有讹谬,为刊正之;事有疑误,为明辨之。若夫世数之代易,历统之相传,年名、国号散殊重复,凡废兴治乱之兆,割裂合并之因,灾祥善恶,罔不具载。开卷推迹,粲然如黑白之在目。其论撰有条理,得居简执要之术,盖历代史籍之管辖也。夫以二十万言而包括三千四百年之事,上下驰骋,靡有缺漏。措意初若烦劳,而卒会于简易,非敏识好学,笃志而强力,乌能为之哉!是书也,甲寅岁尝进御于神宗皇帝,备乙夜之览,当时颇蒙称奖,子平秘而不以示人。予病近时儒者笃于穷经,而未皇及传记简策之学,间有从事于斯者,如前之云云。因募工镂板以广其传,庶几读之者,用力甚少而收功弥博。……上则资人主之顾问,次则备平居之遗忘,据旧鉴新,可以缕数,然则补助学问,岂尺寸之功软!博学多识之君子,览之无忽也。元祐三年六月初一日,建安章棨谨序。②

　　此书作者章衡(1025—1099),字子平,浦城人。北宋嘉祐二年(1057)进士第一。通判湖州,直集贤院,改盐铁判官,同修起居注。神宗熙宁初,判太常寺。出知郑州。知通进银台司、直舍人院,拜宝文阁待制,知澶州。哲宗元祐中(1086—1093),历秀、襄、河阳、曹、苏诸州,加集贤院学士,复以待制知扬、庐、宣、颖诸州。《宋史》载:"衡患学者不知古今,纂历代帝系,名曰《编年通载》,神宗览而善之,谓可冠冕诸史;且念其尝先多士,进用独后,

①〔宋〕陈振孙撰,徐小蛮、顾美华点校:《直斋书录解题》卷四,上海古籍出版社1987年版,第116页。
②〔宋〕章棨:《刊印编年通载序》,《编年通载》卷首,《四部丛刊三编》史部第46册,商务印书馆1936年版,第3—9页。

面赐三品服。"①

此书章棨北宋刊本久逸,现存最早为南宋初重刊本,仅存四卷。《四部丛刊三编》即据此本影印,张元济《涵芬楼烬余书录》著录②。

徐蒇

徐蒇(? —1170),字子礼,号自觉居士。瓯宁(今福建建瓯市)人,随父徐林迁居吴县。历知饶州,乾道初改知江阴军。乾道三年(1167),在江阴(今属江苏)郡斋刊刻其叔父徐兢撰《宣和奉使高丽图经》四十卷,是现存最早的由闽人撰写的高丽志书。行格为九行十七字,小字双行同,左右双边,白口,单鱼尾,下记叶次及刻工名。书今存台北故宫博物院,2006 年 12 月25 日至 2007 年 3 月 25 日,曾在"大观——宋版图书特展"展出。

乾道四年(1168),徐蒇又刻印建安吴棫撰《韵补》五卷。《天一阁书目》卷一著录云:"乾道四年武夷徐蒇序云:'才老以壬申岁出闽,别时谓蒇,吾书后复增损,行远不暇出,独藏旧书。才老死,访诸其家不获,仅得《论语续解》于延陵胡颖氏云。'"③

按,其父徐林,字稚山,号砚山居士,乃徐兢长兄(次兄徐德正)。其所撰《韵语阳秋序》,自署"敷文阁直学士左朝议大夫致仕武夷徐林叙"④。

乾隆《江南通志》载徐蒇事迹曰:"乾道初知江阴军,以郡田污下,沟渎久淤,请尽蠲秋夏之当输者,报可。又江阴认办临安府和买䌷绢四千余匹,民甚苦之。蒇极言地狭民贫,恳切祈免,卒如所请。命下之日,欢声动阡陌。"⑤其生平,又载于乾隆《浙江通志》卷一五〇。

刘珙

刘珙(1122—1178),字共父。崇安(今福建武夷山市)人。绍兴进士,累官礼部郎中,因忤逆秦桧被罢。秦桧死后,又被重新起用。历官中书舍人、直学士、知潭州兼湖南安抚使、同知枢密院事等。父刘子羽、祖刘韐均

①〔元〕脱脱:《宋史》卷三四七《章衡传》,中华书局 1977 年版,第 31 册,第 11008 页。

②张元济:《涵芬楼烬余书录》,《张元济全集》(第 8 卷),商务印书馆 2009 年版,第 243 页。

③〔清〕范邦甸、范懋敏:《天一阁书目》卷一,清嘉庆十三年扬州阮氏文选楼刻本,叶 44A。

④〔宋〕葛立方:《韵语阳秋》卷首,1984 年上海古籍出版社影印宋刻本,第 3 页。

⑤〔清〕赵弘恩、黄之隽等:(乾隆)《江南通志》卷一一四《名宦传》,《景印文渊阁四库全书》第 510 册,第 360 页。

为抗金名将。少从季父刘子翚学,与朱熹为同学、姻戚,关系极为密切。传载《宋史》卷三八六。逝后,朱熹为其撰《行状》和《墓志铭》①。生平事迹,正史、方志、家谱中每见而易得,兹不赘述。

据陈振孙《直斋书录解题》卷六著录,刘珙曾刻印《四家礼范》五卷。该书乃"张栻、朱熹所集司马、程、张、吕氏诸家,而建安刘珙刻于金陵"②。

又据朱熹《晦庵先生朱文公续集》卷五《答罗参议》书八,刘珙帅守湖湘之时,曾刻印《河南程氏文集》。略云:"校书极难,共父刻程集于长沙,钦夫为校,比送得来,乃无板不错字。方尽写寄之,不知写改正未也。"③

据朱熹为刘珙所作《行状》,刘珙于乾道元年至三年丁亥(1165—1167)为湖南安抚使知潭州,其刻印程集,必在此时无疑。

据《四库全书总目》,刘珙刻印的程集为《二程文集》十三卷《附录》二卷。著录云:"此本出自胡安国家,刘珙、张栻尝刻之长沙。安国于原文颇有改削。……珙等所刻,一以安国为主,朱子深以为不可,尝以书抵珙及栻,盛气诟争,辩之甚力,具载《晦庵集》中。然二人迄不尽用其说,盖南宋之初,学者犹各尊所闻,不似淳祐以后,门户已成,羽翼已众,于朱子之言一字不敢异同也。"④

乾道四年(1168),刘珙在豫章郡斋还刻印了宋胡安国撰《春秋传》三十卷。据王文进《文禄堂访书记》著录,庆元己未(1199)莆田黄汝嘉修补刘珙刻本的识语有云:"右文定胡公《春秋传》三十卷,发明经旨,当与三家并行。乾道四年忠肃刘公出镇豫章,锓木郡斋,以惠后学,岁久磨灭,读者病之。汝嘉备员公教,辄请归于学官,命工刊修。会公之曾孙绛庀职民曹,因以家传旧稿重加是正,始为善本,工迄造成,识岁月于卷末。"⑤此书今北京大学图书馆有存本。

刘珙刊刻的图书,还有宋程颐撰《伊川易传》四卷。张栻《寄刘共甫枢

①〔宋〕朱熹:《晦庵先生朱文公文集》卷九四、卷九七,朱杰人等主编:《朱子全书》第25册,第4343、4486页。

②〔宋〕陈振孙撰,徐小蛮、顾美华点校:《直斋书录解题》卷六,上海古籍出版社1987年版,第188页。

③〔宋〕朱熹:《晦庵先生朱文公续集》卷五《答罗参议书》,朱杰人等主编:《朱子全书》第25册,第4749页。

④〔清〕永瑢等:《四库全书总目》卷一八六,中华书局1965年版,第1695页。

⑤王文进:《文禄堂访书记》卷一,江苏广陵古籍刻印社1985年版,叶22A。

密》书二云:"程先生《易》,得枢密锓本传远,实学者之厚幸。"①

袁　枢

袁枢(1131—1205),字机仲,建宁府建安县(今福建建瓯市)人。隆兴元年(1163)进士,曾历任温州判官、兴化军教授、严州教授、国史院编修官等职,官至工部侍郎兼国子监祭酒、右文殿修撰。传载《宋史》卷三八九。

袁枢所编《通鉴纪事本末》,是我国第一部纪传本末体史书。该书由杨万里作序,朱熹作跋。朱熹在跋文中赞扬此书能纠正《通鉴》原书"一事之首尾,或散出于数十百年之间,不相缀属"②的偏颇,甚方便学者阅读。此跋文对袁氏《通鉴纪事本末》的主要历史功绩作出了正确的评价,其后数百年来,学界基本沿用朱熹此说。

淳熙元年(1174),袁枢官严州教授时,此书刻板于州学,次年(1175)刻成。与后来刻本相比,因为此本行格较密,故世称为"严陵刊小字本"。傅增湘《宋淳熙刊小字本通鉴纪事本末跋》称:"《通鉴纪事本末》四十二卷,宋淳熙刻本,半叶十三行,每行二十四字,间有二十字或二十六字者,白口,左右双栏,版心下鱼尾下先记叶数,次记字数,次记刊工姓名。……考此本刻于淳熙元年,其时枢方教授严州,即其地开版,杨万里出守临漳,过严陵,为序行之,故世称为严州本。参知政事龚茂良得而奏之,言其书有裨治道,宜取以赐示东宫,增益广闻。孝宗读而嘉之,因诏严州摹印十本。"③此严州原刊本,今国家图书馆和上海图书馆存完书,著录作"宋淳熙二年严陵郡庠刻本"。

袁说友

袁说友(1140—1204),字起岩,号东塘居士。建安(今福建建瓯市)人,寓居湖州。隆兴元年(1163)进士,历官溧阳主簿、枢密院编修官、浙西安抚使参议、四川安抚使,嘉泰中官至同知枢密院参知政事等。淳熙七年

①〔宋〕张栻:《南轩先生文集》卷一九,《朱子全书外编》第4册,华东师范大学出版社2010年版,第295页。
②〔宋〕朱熹:《晦庵先生朱文公文集》卷八一《跋通鉴纪事本末》,朱杰人等主编:《朱子全书》第24册,第3827页。
③傅增湘:《藏园群书题记》卷三,上海古籍出版社1989年版,第127—130页。

(1180)知池州,官终参知政事。袁说友历官四十余年,所上奏章,多切时弊。"学问淹博,留心典籍。"①其著作有《东塘集》二十卷。《宋史》无传,清陆心源《仪顾堂集》卷一四《袁说友传》所载事迹较为详备。

淳熙八年(1181),袁说友在池州知州任上,曾刻印梁萧统撰《昭明太子集》五卷。其本久逸。清叶德辉《郎园读书志》卷七著录云:"《昭明太子集》,隋、唐志均称有二十卷,《宋史·艺文志》始止五卷。是五卷本为有刻本最古之本矣。宋淳熙八年,袁说友刻之池阳郡斋者,即五卷本。"②同年,刻印题宋苏易简撰《文选双字类要》三卷。袁氏有《题文选双字》云:"此系本朝苏公易简所编也。池阳既锓《文选》板矣,而《双字》者又《文选》之英华,与法当并刊,同置郡学。"③文中所言《文选》,即淳熙八年池阳郡斋刻本《文选》六十卷。今国家图书馆、北京大学图书馆存原刊本。

刘　熿

刘熿(1144—1216),字晦伯,建阳人,与弟刘炳同学于朱熹。乾道八年(1172)进士,历官山阴主簿,连城、闽县县令等。为官清正,有政声。庆元党禁期间,从朱熹讲道武夷,筑云庄山房读书其中,自号云庄居士。之后,党禁稍弛,复出,提举广东常平,迁国子司业,官至工部尚书。著有《奏议史稿》《云庄外稿》《讲堂故事》《云庄集》等。

《宋史》载,刘熿曾向皇帝进言,谴责"庆元以来,权佞当国,恶人议己,指道为伪,屏其人,禁其书,学者无所依向;义利不明,趋向污下,人欲横流,廉耻日丧"。因此,乞罢伪学之诏,"请以熹《白鹿洞规》颁示太学,取熹《四书集注》刊行之"④。

《刘氏忠贤传》卷四有朱熹另一门人熊节的诗,诗中提到刘熿刻印《四书集注》一事。诗云:

　　谁侍文公几杖旁?精微入室尚云庄。
　　文章事业传千古,勋列谟猷布四方。
　　著解礼经遵圣学,刊行集注表朱芳。

①〔清〕永瑢等:《四库全书总目》卷一五九,中华书局1965年版,第1374页。
②〔清〕叶德辉:《郎园读书志》卷七,台北明文书局1990年版,第773页。
③〔宋〕袁说友:《东塘集》卷一九,《景印文渊阁四库全书》第1154册,第375页。
④〔元〕脱脱:《宋史》卷四〇一《刘熿传》,中华书局1977年版,第35册,第12171页。

平生经济空遗策,痛泪山颓倍黯伤。①

朱　在

朱在(1169—1239),字敬之,一字叔敬,朱熹季子,以荫补承务郎。嘉定初,除籍田令,迁监主簿,累迁大理寺正,知南康军,历浙西常平使右曹郎官兼知嘉兴府、司农少卿、吏部侍郎、宝谟阁待制等。生于崇安五夫,葬于建安(今建瓯)。黄宗羲《宋元学案》、宋端仪《考亭渊源录》及《紫阳朱氏建安谱》均将其列为朱熹门人。

宋嘉定十年(1217),朱在于南康军(今江西星子县)任上曾刻印朱熹《楚辞后语》六卷。《楚辞集注》和《楚辞辩证》乃朱熹注于晚年,《后语》仅成十七篇他即逝世。国家图书馆现存《楚辞集注》八卷《楚辞辩证》二卷,为嘉定六年(1213)章贡郡斋刻本,附有扬雄《反离骚》一卷,而未及此《后语》。朱在于嘉定丁丑(1217)将朱熹已成之十七篇和未成之三十五篇,编成六卷刊行。即朱在跋中所言,"岁在丁丑,补外来守星江,实嗣世职。既取郡斋所刊《楚辞集注》重加校定,复并刻,此书庶几并行。"②

同年(1217),朱在又将朱熹著《家礼》五卷、《乡礼》三卷、《学礼》十一卷、《邦国礼》四卷、《王朝礼》十四卷,编成《仪礼经传通解》三十七卷,合刻于江西南康道院。陈振孙《直斋书录解题》著录:"《古礼经传通解》二十三卷《集传集注》十四卷,朱熹撰。以古十七篇为主,而取大小戴礼及他书传所载系于礼者附入之。二十三卷已成书,缺《书数》一篇。其十四卷草定未删改,曰《集传集注》者,盖此书初名也。其子在刻之南康,一切仍其旧云。"③瞿氏《铁琴铜剑楼藏书目录》著录本书为《仪礼经传通解集传集注》十一卷,称"此书朱子殁后,其子在刻于南康道院,为嘉定丁丑岁。板移监中,不久即漫漶"④。今国家图书馆所存宋嘉定十年(1217)南康道院刻本(存十一卷,经元、明递修),即朱在所刻,为铁琴铜剑楼旧藏。版式为七行十五字,小字双行同,黑口,左右双边。

---

① 〔宋〕熊节:《挽文简公》,《建州刘氏三族忠贤传》卷四,清光绪六年(1880)建阳刘氏活字印本,叶33A。
② 〔宋〕朱在:《楚辞后语跋》,《楚辞集注》,人民文学出版社1953年影印宋端平刻本,第308页。
③ 〔宋〕陈振孙撰,徐小蛮、顾美华点校:《直斋书录解题》卷二,上海古籍出版社1987年版,第42页。
④ 〔清〕瞿镛:《铁琴铜剑楼藏书目录》卷四,《清人书目题跋丛刊》(3),中华书局1990年版,第61页。

另据清郭柏荫《天开图画楼文稿》,朱熹文集的最早刻本为"文公季子在所刻",称为"原本"①。据明成化十九年(1483)莆田黄仲昭跋:"今闽藩所存本,则先生季子在所编也。其后又有《续集》若干卷,《别集》若干卷,二本亦并刻之。"②朱熹十六世孙清康熙间建安朱玉称,"《文集》原本八十八卷,文公季子侍郎公所编也,版藏建安书院"③,则朱在刻本当为八十八卷。

《紫阳堂朱氏宗谱》载:"在公,字敬之。荫补承务郎,历官吏部侍郎宝谟阁待制,封建安郡开国侯,赠银青光禄大夫。派下子孙迁居邵武府城。"④1984年,建瓯县出土两块碑石,题为《宋故太中大夫焕章阁待制朱府君圹志》。碑系朱在之子朱铉、朱铸于嘉熙己亥(1239)所立,共1127字,记录朱在生平甚详,因原文太长,兹不录。本文所列朱在生卒年,即据此碑文。碑石现存福建建瓯市博物馆。

宋　慈

宋慈(1186—1249),字惠父,建阳人。早年从学于朱子门人吴雉。嘉定十年(1217)举进士,历任信丰主簿、长汀知县、邵武军通判、南剑州通判、广州提刑等。为官清正,勤政爱民,刚直不阿,断案清明,雪冤禁暴,所至皆有政声。所著《洗冤集录》五卷,是宋慈总结了宋以前的法医工作经验,结合自己丰富的检验、断案实践而成。如其自序所说:"慈四叨臬寄,他无寸长,独于狱案,审之又审……遂博采近世所传诸书,自《内恕录》以下凡数家,会而粹之,厘而正之,增以己见,总为一编,名曰《洗冤集录》,刊于湖南宪治。"末署"淳祐丁未嘉平节前十日朝散大夫新除直秘阁湖南提刑充大使行府参议官宋慈惠父序。"⑤由此可知该书初刻于淳祐七年(1247),刊刻地点是湖南宪司即提刑司,为宋慈自刊本。因当时宋慈正值湖南提刑官任上,故后来的翻刻本、重刻本多将此书题为《宋提刑洗冤集录》。为了进一

①〔清〕郭柏荫:《天开图画楼文稿》卷四《重刊朱子集记》,《侯官郭氏家集汇刊》,民国二十三年(1934)侯官郭氏刊本,叶8A—B。

②〔明〕黄仲昭:《朱文公文集跋》,《朱子大全》卷一〇〇,《四部备要》第57—58册,中华书局1920年版,第1742页。

③〔清〕朱玉:《朱子文集大全类编引言》,朱杰人等主编:《朱子全书》第27册,第849页。

④〔清〕朱桓元等修:《紫阳堂朱氏宗谱·婺源茶院朱氏系图》,光绪二十一年(1895)刊本,叶4B。

⑤〔宋〕宋慈:《宋提刑洗冤集录》卷首,《四库全书存目丛书》子部第37册,齐鲁书社1995年版,第21页。

步补充和完善，宋慈还在该书序末加上"贤士大夫或有得于见闻及亲所历涉，出于此集之外者，切望片纸录赐，以广未备。慈拜禀"之语，体现了作者虚怀若谷和严肃认真的态度。该书的问世，使"后来检验诸书，大抵以是为蓝本"①，此书也因之成为世界公认的现存最早的法医学专著，在世界法医学界产生了重大的影响。

宋慈生平事迹，以其挚友莆田刘克庄为之所撰《宋经略墓志铭》记载最为详备。所记内容除了其从学、宦绩之外，对其为人又有一番评价。其中有云："公博记览，善词令，然不以浮文妨要，惟据案执笔，一扫千言，沉着痛快。……性无他嗜，惟善收异书名帖。禄万石，位方伯，家无钗泽，厩无驵骏，鱼羹饭，敝缊袍，萧然终身。"②

《洗冤集录》的宋慈原刊本，今已不存。现存最早的为元刊本，今北京大学图书馆存。

朱　鉴

朱鉴（1190—1260），字子明，号环溪，朱熹孙。朱熹有三子，长曰塾，字受之；次曰埜，字文之；季曰在，字敬之。朱鉴乃塾之子。

宋端平二年乙未（1235），朱鉴在兴国知军任上，刻印朱熹《楚辞集注》八卷《辩证》二卷《后语》六卷；刻印自编《诗传遗说》六卷；刻印宋吴必大撰《师海》三卷《附录》一卷。

《楚辞集注》现存最早刊本，是嘉定四年（1211）朱熹门人杨楫同安郡斋刻本，现仅存《辩证》二卷。该书又有嘉定癸酉（1213）章贡郡斋刊本，为《集注》八卷《辩证》二卷，附扬雄《反离骚》一卷；《后语》六卷，则始于朱在所刊。而将《集注》《辩证》《后语》三部分集中刊者，则始于朱鉴。此刻本原为聊城杨氏海源阁旧藏，有"南宋椠初印本，镌刻精善，装池古雅可宝"③之誉，是现存宋版《楚辞集注》最佳刊本，今存国家图书馆。人民文学出版社1953年曾据此刻本将此书影印出版。

同年（1235），朱鉴在兴国军编刻《诗传遗说》六卷。《四库全书总目》卷一五著录云："取《文集》《语录》所载论诗之语足与《集传》相发明者，汇而编

---

①〔清〕永瑢等：《四库全书总目》卷一〇一，中华书局1965年版，第850页。
②〔宋〕刘克庄：《后村先生大全集》卷一五九，《宋集珍本丛刊》第82册，第598—599页。
③〔清〕杨绍和：《楹书隅录》初编卷四，《清人书目题跋丛刊》(3)，中华书局1990年版，第499页。

之,故曰《遗说》。其书首纲领、次序辨、次六义,继之以风、雅、颂之论断,终之以逸诗、诗谱、叶韵之义。以朱子之说,明朱子未竟之义,犹所编《易传》例也。鉴自序有曰:'……揭来富川,郡事余暇,辄取家本,新加是正,刻置学宫'云云。"①

《师海》三卷《附录》一卷,系朱熹门人吴必大记朱熹的语录。赵希弁《郡斋读书附志》卷五著录:"朱鉴刻于兴国。"②

据周中孚《郑堂读书记补逸》著录,朱鉴还刻印了宋吕祖谦撰《古易音训》二卷,以及朱熹《易学启蒙》四卷、《周易本义》十二卷。"朱子之孙子明(原注:鉴)尝跋东莱先生书,亦云:'先生(原注:谓朱子)著述经传,悉加音训,而于《易》独否者,以有东莱先生此书也。鉴既刊《启蒙》《本义》,念《音训》不可阙,因取宝婺、临漳、鄂渚本,亲正讹误六十余字而并刊之。"③朱鉴还编有《晦庵先生朱文公易说》二十三卷,有淳祐壬子(1252)建阳县斋刻本和宋建阳书市刻本。

《紫阳朱氏建安谱》载:"鉴,字子明,号环溪。生绍熙元年庚戌(1190)六月一日,卒元世祖中统元年(1260)八月,寿七十一。官至大中大夫湖广总卿、两浙运使。……子浚。"④《闽中理学渊源考》载:"奉直朱子明先生鉴。朱鉴,字子明,文公嫡长孙也。荫补迪功郎,累迁奉直大夫湖广总领。宝庆间,随季父在迁居建安之紫霞州,建文公祠于所居左。子孙入建安,自鉴始。"⑤

蔡 杭

蔡杭(1193—1259),字仲节,号久轩。建阳人。祖蔡元定、父蔡沈皆从朱熹学。"伪学"禁起,卫道甚力,史称"蔡氏父子、兄弟、祖孙,皆为朱学干城"⑥。蔡杭为绍定二年(1229)进士,历官诸王宫大小学教授、提点江东刑狱、同知枢密院事、参知政事等。著有《久轩集》一卷,今存《蔡氏九儒书》本。

据宋赵希弁《郡斋读书附志》卷五著录,蔡杭于江东提点刑狱任之前,

---

①〔清〕永瑢等:《四库全书总目》卷一五,中华书局1965年版,第125页。

②〔宋〕赵希弁:《郡斋读书附志》卷五,《中国历代书目丛刊》第1辑,现代出版社1987年版,第859页。

③〔清〕周中孚:《郑堂读书记补逸》卷一,《清人书目题跋丛刊》(8),中华书局1993年版,第368页。

④〔明〕朱莹:《紫阳朱氏建安谱》,明万历刻本,叶4A—B。

⑤〔清〕李清馥:《闽中理学渊源考》卷一五,《景印文渊阁四库全书》第460册,第229页。

⑥〔清〕黄宗羲:《宋元学案》卷六七《九峰学案》,中华书局1986年版,第2138页。

曾编《晦庵先生朱文公语续录后集》二十五卷,"集而刻之"①。《四库全书总目》著录:"淳祐己酉(1249),蔡杭又衷杨方等二十三人所记为二十六卷,亦刊于饶州,曰饶后录。"②此所记卷数较《郡斋读书附志》多出一卷,所指实为同一刻本。据黎靖德所编《朱子语类》中蔡杭《饶州刊朱子语后录后序》所言,以二十六卷为是。

《宋史》卷四二〇有《蔡杭传》,名作"蔡抗"。赵希弁《郡斋读书附志》称"蔡杭将指江东,集而刻之";蔡氏自序亦称"建安蔡杭";今存《蔡氏九儒书》《建阳县志》《庐峰蔡氏族谱》均作"蔡杭",其姓名当以蔡杭为是。

蔡杭刻印此录,序末自称"门人建安蔡杭",称朱熹为"先师"。朱熹逝世之年(1200),蔡杭方八岁,显非及门弟子,故《宋元学案》卷六七《九峰学案》列其为九峰(蔡沈)家学。

胡大壮

胡大壮(生卒年未详),字季履,建宁府崇安人,胡安国之孙,胡宏次子,居湖南衡山。曾刻印其父胡宏撰《叙古蒙求》一卷。赵希弁《郡斋读书附志》著录:"《叙古蒙求》一卷,右五峰先生胡宏所著也。自羲农至于五代周,凡三十章。毛以谟为之序,先生之子大壮书而刻之。"③

清李元度《南岳志》卷一一云:"衡山县布衣胡大壮,故谥文定安国之孙也。研究经传,博通坟典。其持论以明义利为本,其立己以尚诚实为要。隐居衡岳,躬耕自给,邦人尊之曰西园先生。"④陆心源《宋史翼》载其"研究经术,不事科举,躬耕自给,足不履城市,学者称西园先生。帅臣曹彦约、提举乐章相继荐于朝,本州延为岳麓书院堂长,皆力辞不就"⑤。宋卫泾有《奉举布衣胡大壮乞赐褒录状》⑥,从行文来看,上文所引《南岳志》《福建通志》应均系从此文所摘录。

---

①〔宋〕赵希弁:《郡斋读书附志》卷五,《中国历代书目丛刊》第1辑,现代出版社1987年版,第870页。
②〔清〕永瑢等:《四库全书总目》卷九二,中华书局1965年版,第782页。
③〔宋〕赵希弁:《郡斋读书附志》卷五,《中国历代书目丛刊》第1辑,现代出版社1987年版,第815页。
④〔清〕李元度:《南岳志》卷一一,《海王邨古籍丛刊》,中国书店1990年版,第237—238页。
⑤〔清〕陆心源:《宋史翼》卷三五,中华书局1991年版,第378—379页。
⑥〔宋〕卫泾:《后乐集》卷一二《奉举布衣胡大壮乞赐褒录状》,《景印文渊阁四库全书》第1169册,第633页。

章　冲

章冲(生卒年未详),字茂深,浦城人,后迁居吴兴(今浙江湖州)。章惇之孙,叶梦得女婿。淳熙中,曾先后历任常州、台州知州,官至朝请大夫。叶梦得精于春秋之学,受其影响,章冲也致力于《左传》的研究。他仿照袁枢《通鉴纪事本末》的体例,编纂了《春秋左传事类始末》五卷。陈振孙《直斋书录解题》著录作"《春秋类事始末》五卷,朝请大夫吴兴章冲茂深撰。子厚之曾孙,叶少蕴之婿"①。此书中章冲自序曰:"始冲少时,侍石林叶先生为学。先生作《春秋谳》《考》《传》,使冲执左氏之书从旁备检阅。《左氏传》事不传义,每载一书,必先经以发其端,或后经以终其旨。……冲因先生日阅以熟,乃得原始要终,捃摭推迁,各从其类,有当省文,颇多裁损,亦有裂句摘字,联累而成文者。二百四十二年之间,小大之事靡不采取,约而不烦,一览尽见。又总记其灾异力役之数,时君之政,战阵之法,与夫器物之名并系于后。读之者不烦参考,而毕陈于目前。惜乎先生已没,不及见类书之成。久欲锓板,勉卒前功,而虑有阙遗,载加订证,未敢自以为无恨也。姑广其传,以便童蒙,则庶几焉。淳熙乙巳岁,冲假守山阳,尝刊之郡庠。适会卧疾,继有易地之命,卒卒雠校,其间多有字画谬误,题空差失者。揭来天台,簿领之暇,遂加是正,复刊之郡庠,尚冀有可教者。"②

由此序可知,此书章冲在世时,已两次刊行。一为淳熙十二年(1185)"假守山阳"时,刊行于山阳郡庠。二为淳熙十四年章冲"以奉直大夫守台州",复刊于天台(台州)。《四库全书总目》卷四九著录云:"前有冲自序及谢谔序。考冲与袁枢俱当孝宗之时,枢排纂《资治通鉴》,创纪事本末之例,使端绪分明,易于循览。其书刊于淳熙丙申。冲作是书,亦同斯体。据自序,刊于淳熙乙巳,在枢书之后九年。殆踵枢之义例而作。虽篇帙无多,不及枢书之淹博,其有裨学者,则一也。"③此书原刊本久逸,今在所存《四库全书》本之外,北京大学图书馆另有清通志堂抄本。

章冲事迹,史志所载较为零散,《四库全书总目》、民国《福建通志·艺

①〔宋〕陈振孙撰、徐小蛮、顾美华点校:《直斋书录解题》卷三,上海古籍出版社1987年版,第68页。
②〔宋〕章冲:《春秋左传事类始末序》,〔清〕朱彝尊:《经义考》卷一八八,《景印文渊阁四库全书》第679册,第503—504页。
③〔清〕永瑢等:《四库全书总目》卷四九,中华书局1965年版,第437页。

文志》著录本书时略有提及，主要内容已如前所述。

元　代

詹天麟

詹天麟(1281—1348)，詹光祖三子。历官浙江宪幕，迁抚州路总管。元至正间，詹天麟曾刻印元虞集撰《雍虞先生道园类稿》五十卷。王文进《文禄堂访书记》著录为明初大字本，疑误。王氏曰："明初刻大字本。半叶九行，行二十字，黑口。至正六年欧阳玄序。首牒文，末刊抚州路总管詹天麟、经历黄天觉识。""附叶某氏题曰'此书为元季原刻。……藏余家者数十年，卷帙完好，偶一展阅，古意磅礴，如对昔贤，可宝也'。光绪己亥修禊日，竹潭谨记。"①王氏在文中所录的附叶某氏题记，称此书为"元季原刊"，而王氏又定为明初刻本，二者所言不合。惜王氏在著录中没有说明此刻何以是明刻的理由，颇令人疑惑。

董天工《武夷山志》载："詹天麟，字景仁。崇安人，武夷山长光祖之子也。元延祐中以文学辟用，历官浙江宪幕，迁抚州总管。与杜清碧、董仲达友善。归里，筑万卷书楼于九曲之平川。"②《建峰詹氏宗谱》卷二载："天麟公，光祖公三子，字景仁，号厚斋。生至元十八年(1281)又八月廿九日己时。官中奉大夫抚州路总管。殁至正戊子(1348)九月廿九。葬将村邹源谷窠。"③

从以上记载来看，詹天麟逝世于至正八年，则至正六年即欧阳玄撰序之年，应为詹天麟此刻本的刊刻年代。又虞集《詹公神道碑》中提到詹天麟守抚州是至正五年，则此刻是詹天麟上任不久所为，刊行地点应在抚州。詹天麟与虞集友善，虞集为其父撰《神道碑》，故詹天麟将虞氏文集刊刻印行，颇有投桃报李之意。

窦桂芳

窦桂芳(生卒年未详)，字静斋，建安人。元至大间(1308—1311)，在燕

---

①王文进：《文禄堂访书记》卷五，江苏广陵古籍刻印社 1985 年版，叶 3B—4A。
②〔清〕董天工：《武夷山志》卷一七《名贤·卜筑》，清道光己丑(1829)极峰罗良嵩尺木轩刻本，叶 39A。
③〔清〕詹宸等：《建峰詹氏宗谱》卷二"源流总系图"，清嘉庆印本，叶 141B—142A。

山刻印医书多种。李瑞良《中国出版编年史》云:"元武宗至大四年(1311),燕山(今北京)窦氏活济堂刊《针灸四书》八卷。序后有'至大辛亥春月燕山活济堂刊'牌记。活济堂主人窦桂芳,字静斋,建宁(今福建建瓯)人。又刊《伤寒百问经络图》九卷,卷首有'燕山活济堂刊'牌记。这是已知最早的北京地区书坊之一。福建建宁府自宋以来就以刻书业繁荣驰名于世。这是建宁人将刻书传统传到北方的最早事例。"①李先生在此所言极是,然却忘了将窦氏何以是建宁人氏的证据提供出来。故试作补录如下。日本丹波元胤《中国医籍考》载:"《窦氏桂芳针灸杂说》一卷。……建安窦桂芳类次,取《千金》禁忌人神及离合真邪论,未能曲尽针灸之妙。"②引文中明确出现了"建安窦桂芳",当可为一证。

此外,据雒竹筠遗稿《元史艺文志辑本》,窦桂芳所刊"针灸四书",有附录一种,共九卷。著录云:"针灸四书附一种九卷,窦桂芳辑,存天一阁藏。元至大四年刊本,四书分别为:《新刊子午流法针经》三卷,南唐何若愚撰,金关明广注;《新刊黄帝明堂灸经》三卷;《新刊窦汉卿编集针灸指南》一卷,附《针灸杂说》一卷,金窦汉卿、元窦桂芳撰;《新刊庄季裕编灸膏肓腧穴法》一卷,宋庄绰撰。十二行二十二字,上下黑口,左右双边,写体字。"③

明　代

江 洔

江洔(1413—?),字本达,号虚舟,明成化二年(1466)进士。成化十一年(1475),在广东刻印宋岳珂撰《桯史》十五卷,傅增湘《明刊桯史跋》云:"此成化中刊本,半叶十行,行二十字,大黑口,四周双阑。……此本前有成化十一年建安江洔序,言'旧板刻于嘉兴,脱落既多,奉按广东,姑苏刘公钦谟忽出善本,经陈璧文东先生批点,遂登诸梓'云云。"④

嘉靖《建宁府志》列其小传,曰:"成化二年丙戌罗伦榜(进士)。江洔,

①李瑞良:《中国出版编年史》,福建人民出版社 2004 年版,第 392 页。
②〔日〕丹波元胤:《中国医籍考》卷二二,人民卫生出版社 1983 年版,第 260—261 页。
③雒竹筠:《元史艺文志辑本》,北京燕山出版社 1999 年版,第 227 页。
④傅增湘:《藏园藏书题记》卷八,上海古籍出版社 1989 年版,第 435—436 页。

字本达,建安人。自少豪迈不羁,以江西道监察御史出接外藩,绰著能誉,升四川副使,守备松藩。老,乞归,号虚舟老人。有《虚舟集》十卷。"①《福建通志》卷三六《选举》载:"建安县江沂,累官松藩副使。以老乞归,自号虚舟,有《虚舟集》。"②

熊仰台

熊仰台(生卒年未详),名宗富,号仰台,建阳崇化书林刻书家,万历十七年(1589)移居广州。万历三十年(1602),刻印明余象斗撰《全像北游记玄帝出身传》四卷,又名《北方真武祖师玄天上帝出身志传》,凡四卷二十四则,署"三台山人仰止余象斗编""建邑书林余氏双峰堂梓";卷末有"壬寅岁季春月书林熊仰台梓"字样。此书当为熊氏翻版或重印本。版式为上图下文,正文每半叶十行,每行十七字。今伦敦英国博物院图书馆所藏,当为明刊本③。

熊仰台事迹,今存《潭阳熊氏宗谱》世系缺载。其事迹,仅见于明建阳刻书家余象斗刻本《刻仰止子参定正传地理统一全书》卷一二"东粤熊员外陈安人合葬墓所"条下:"此地在粤东,离省城廿余里。……予契丈熊君讳宗富号仰台,系福建潭邑书林人。万历十有七年来粤,入籍广州。生三子,长君讳绍达,进广州庠;次君讳龙光,宪司椽;三郎阿晚,年尚稚。此君夫妇于崇祯年丧,其郎苦无葬所,昼夜哀泣告祝,偶遇江右黄焕斗进斯大地……熊氏兄弟遂卜。崇祯八年二月初二日合葬二亲,他年必有奇特之应,且久而耐。予观斯地图,雀跃不胜,知异年有余荣于书林,故载之拙集而传不朽云。"④

据余象斗所记熊氏入籍广州之年,则熊仰台"翻版或重印"此书,地点应在广州。至于余象斗的书版,何以能被熊氏所重印,在于熊仰台是与余仰止关系密切的"契丈",由此推断,此书的版权应有过正常的转让。

---

①〔明〕夏玉麟、汪佃:(嘉靖)《建宁府志》卷一五《选举》,《天一阁藏明代方志选刊》第28册,上海书店1964年版,叶94A。

②〔清〕郝玉麟等:(乾隆)《福建通志》卷三六《选举》,《景印文渊阁四库全书》第529册,第139页。文中"江沂"当为"江沂"之误。

③谭正璧、谭寻著:《古本稀见小说汇考》,上海古籍出版社2012年版,第317页。

④〔明〕余象斗:《刻仰止子参定正传地理统一全书》卷一二,明崇祯刻本,叶53B。

真宪时

真宪时(？—1628)，字法侯，号存古，建宁府松溪县人。宋儒真德秀十二世孙。万历三十二年(1604)进士，任刑部湖广司主事，历官广东司员外郎、陕西司郎中。为政清廉不阿，有权宦之侄田德犯罪入狱，遍赂权贵，并托人送宪时千金，宪时立叱遣之，依法处理。后恤刑浙江，作《恤刑爰书》，刑官皆奉为法。曾为江西布政司参议，提督学政，人称"真宗师"。天启四年(1624)，任河南按察使，直言上奏，弹劾魏忠贤弄权误国，遭诬陷被罢。

康熙《松溪县志》卷九《人物志》载："宪时常念文忠公《大学衍义》《文章正宗》《读书记》等书，皆阐明心学，为治平之要。尝获全本于金陵道中，剖劂更新附跋以行。著有《爰书》及《百将传标旨》行于世。"[1]除了其先祖著作外，万历四十年(1612)，真宪时任两浙钦差时，还曾刻印佛经若干种，分别为元魏释昙曜译《大吉义神咒经》二卷，唐释智通译《清净观世音菩萨普贤陀罗尼经》一卷，唐释宝思维译《佛说随求即得大自在陀罗尼神咒经》一卷，隋释阇那崛多等译《诸法最上王经》一卷，不著译人《优婆夷净行法门经》二卷(均《径山藏》本)[2]。

①〔清〕潘拱辰等：(康熙)《松溪县志》卷九《人物志》，上海书店出版社 2000 年版，第 313 页。
②瞿冕良编著：《中国古籍版刻辞典》，齐鲁书社 1999 年版，第 458 页。

国家社科基金
GUOJIA SHEKE JIJIN HOUQI ZIZHU XIANGMU
后期资助项目

福建历代刻书家考略

A Study of the Book-engravers
in the History of Fujian

下 册

方彦寿 著

中华书局
ZHONGHUA BOOK COMPANY

卷三　泉州(府)刻书家

泉州建州,始于唐景云二年(711)。在此之前,史籍中的泉州实为今福州。唐天宝元年(742),泉州改为清源郡,乾元元年(758)仍复为泉州。宋乾德二年(964)改为平海军,太平兴国三年(978)复为州。有宋一代,泉州领晋江、南安、同安、惠安、永春、安溪、德化七县。治所在晋江。元至元十五年(1278),升为路,领县依旧。明洪武元年(1368),改为泉州府,领县亦同。

宋元时期,泉州是对外贸易的重要港口,人口集中,商业繁荣,但坊刻并不发达,其刻书规模和数量反而不如闽北建阳这样的山区县。主要原因在于,当时图书的生产以原材料(木料、纸墨等)为主,原材料丰富、价廉之处往往就是书坊云集之地——建阳就是这样的地方。而泉州其时作为国际大都市,商业发达,故其图书贸易远比建阳繁荣。建阳等地生产的图书,有很大一部分是从泉州销往海外的。

我们今天所能知道的南宋时期泉州书坊的刻书堂号,仅有"泉州提举市舶司东吴阿老书籍铺"一家,传世的刻本只有一部被傅增湘先生称为举着"泉州提举市舶司东吴阿老书籍印"这一"伪牌子"的《王状元集百家注分类东坡先生诗》[①]。书坊刻书,要以与其没有多大关系的"泉州提举市舶司"来标榜,说明其时的泉州书坊刻书基本上还处于对官府的依附阶段。

宋明时期,在泉州(府)刻书较多的,基本上是在泉州任职的地方官员以及一些当地的学者。坊刻的崛起,大体与福州相似,皆因清前期建阳书坊刻书业渐衰,为满足当地官方机构、私宅家塾刊印书籍之需,适时而兴。已故中国印刷史著名专家张秀民先生对泉州刻书有一评价,他认为南宋时期的泉州刻书"为诸州冠也"[②]。这个评价是张先生从南宋时期泉州的官刻这一角度而言的,也就是说,使泉州成为南宋刻书"诸州之冠"的,应归功

①傅增湘:《藏园群书经眼录》卷一三,中华书局1983年版,第1168—1169页。
②张秀民:《南宋刻书地域考》,《图书馆》1961年第3期。

于其时在泉州任职的地方官员，他们刻印的图书，有的是官刻本，有的是私家刻本而不是坊刻本。

其实，这些官私刻本与坊刻之间并非完全不相干。有些官刻本，还有可能出自书坊所刻，即书坊接受官私委托刻书。如淳熙八年（1181），泉州州学教授陈应行刊刻《演繁露》，即通过建阳书坊俞成，在建阳刊印（详见本书"陈应行"条）。此虽为到目前为止，南宋时期泉州与建阳刻书业有密切关联仅知的例子，然而，若将陈应行在泉所刻《禹贡论》等其他刻本，与南宋同一时期建阳蔡梦弼《史记》、余仁仲《礼记》等刻本做一比较，对两地之间刻书业的关系，将会有一个新的认识。明代，泉州晋江著名学者何乔远编纂《闽书》一百五十四卷，刻印于崇祯四年（1631）。由于该志卷帙浩大，当时征集了福建省内约 120 名刻工，其中有 49 名刻工来自建阳①。

本卷搜集整理了由宋至清 98 位泉州（府）刻书家的事迹。其中在泉州（府）刻书的 63 位（宋代 18 位，元代 1 位，明代 28 位，清代 16 位），在外地刻书的泉州（府）籍刻书家 35 位。

---

①侯真平：《明末福建书籍刻工零拾》，叶再生主编：《出版史研究》第 4 辑，中国书籍出版社 1996 年版，第 217—238 页。

一、宋代

谢克家

谢克家(1063—1134),字任伯,上蔡(今属河南)人。北宋绍圣四年(1097)进士。曾任泉州知州、平江知府,召为吏部侍郎、兵部尚书。建炎四年(1130),除参知政事,以病求去。绍兴四年,卒于衢州。

南宋绍兴初,谢克家在泉州知州任上,曾刊刻司马光撰《资治通鉴举要历》八十卷。陈振孙《直斋书录解题》著录云:"《通鉴举要历》八十卷,司马光撰。《通鉴》既成,尚患本书浩大难领略,而目录无首尾,晚著是书,以绝二累。其稿在晁说之以道家。绍兴初,谢克家任伯得而上之。"①所谓"得而上之",是说谢克家在得到晁说之藏本后,将此书献给朝廷。在此,陈振孙有一个环节未能说清,即谢氏所上之书,究竟是稿本还是刻本? 如果是刻本,是何人何时何地所刻?

朱熹有《资治通鉴举要历序》一文,本为司马光曾孙司马伋所刊《资治通鉴举要历》而作,开篇即言:"清源郡旧刻温国文正公之书,有《文集》及《资治通鉴举要历》,皆八十卷。《历》篇之首,有绍兴参知政事上蔡谢公克家所记,于其删述本指、传授次第,以及宣取投进所以然者甚悉。然其传布未甚广,而朝命以其版付学省,则下吏不谨,乃航海而没焉。独《文集》仅存,而历数十年未有能补其亡者。"②清源郡即泉州,因郡内有清源山而成为泉州别称。

此"清源郡旧刻",应即谢克家所刻。据乾隆《泉州府志》,建炎、绍兴间,谢克家曾三任泉州知州,时间分别为建炎三年、绍兴元年和绍兴三年,后移知平江府③。由此可知,朱熹所说的"清源郡旧刻"本,其刊刻年代,应在谢氏在泉州任职的绍兴元年至三年之间(1131—1133)。

朱熹序中还提到了《文集》,即司马光《温国文正司马公文集》八十卷。此书的刊刻地点从现有资料来看,可能不在泉州,而是在福州,乃由福建提

①〔宋〕陈振孙撰,徐小蛮、顾美华点校:《直斋书录解题》卷四,上海古籍出版社 1987 年版,第 113 页。
②〔宋〕朱熹:《晦庵先生朱文公文集》卷七六,朱杰人等主编:《朱子全书》第 24 册,第 3658—3660 页。
③〔清〕黄任等:(乾隆)《泉州府志》卷二六《文职官》,上海书店出版社 2000 年版,第 1 册,第 608 页。

刑刘峤于绍兴二年（1132）刊刻。晁公武《郡斋读书志》卷四将此书名著录为《司马文正传家集》八十卷。其中有云："集乃公自编次，公薨，子康又没，晁以道得而藏之，中更禁锢。迨至渡江，幸不坠。后以授谢克家，刘峤得而刻版上之。"①由此可知，谢克家当年所得"晁以道得而藏之"的"稿本"，除上文所说《资治通鉴举要历》外，还有此文集。为传播此二书，谢克家采用了分而刊之的办法，即将《资治通鉴举要历》刻印于泉州，由其主持；《温国文正司马公文集》则刻印于福州，由提刑刘峤主持。今国家图书馆存此书原刊本，前有刘峤序云："文集凡八十卷，为二十八门，其间诗赋、章奏、制诏、表启、杂文、书传，无所不备，实得于参知政事汝南谢公。"②此"参知政事汝南谢公"即谢克家。

谢氏事迹，史志所载较为零散。较详者有《宋宰辅编年录》卷一五、《浙江通志》卷一五四。《赤城志》卷三四载："谢克家，上蔡人，字任伯。绍圣四年中第。建炎四年参知政事，终资政殿学士。绍兴初，寓临海。事见国史。弟克明，官至主管刑、工部架阁文字，赠朝奉大夫。侄杰，浙西安抚司参议官。"③

王十朋·蒋雝

王十朋（1112—1171），字龟龄，号梅溪。温州乐清人。绍兴二十七年（1157）状元。传载《宋史》卷三八七。乾道四年（1168）知泉州，"下车会七邑令，饮，作一绝云：'九重天子爱民深，令尹宜怀恻隐心。今日黄堂一杯酒，使君端为庶民斟。'于是割俸钱，创贡闱，布上恩，恤民隐，士之贤者诣门，以礼致之。朔望会诸生学宫讲经。修姜公辅之墓，立秦系之祠，复韩琦'忠献'、蔡襄'安静'二堂。僚属间有不善，反复告诫，使之自新。……去之日，老稚攀留，越境以送，思之如父母焉。后以龙图阁直学士致仕。州人建梅溪祠祀之。朱熹称十朋'疏畅洞达，如青天白日磊落君子也'"④。

王十朋在泉州，曾将先贤蔡襄所撰《蔡忠惠集》三十六卷刻版印行，时

①〔宋〕晁公武：《郡斋读书志》卷四，《中国历代书目丛刊》第1辑，现代出版社1987年版，第1007页。

②〔宋〕刘峤：《温国文正司马公文集序》，《温国文正司马公文集》卷首，《四部丛刊初编》第180册，商务印书馆1936年版，第2页。

③〔宋〕陈耆卿：《赤城志》卷三四《人物门》，《景印文渊阁四库全书》第486册，第897页。

④〔清〕黄任等：（乾隆）《泉州府志》卷二九《名宦》，上海书店出版社2000年版，第2册，第8页。

在乾道五年(1169)。陈振孙《直斋书录解题》卷一七著录此书云:"端明殿学士忠惠蔡襄君谟撰。近世始刻于泉州,王十朋龟龄为之序。余尝官莆,至其居,去城三里。荔子号玉堂红者,正在其处。矮屋欲压头,犹是当时旧物。"①《四库全书总目》称:"乾道四年,王十朋出知泉州,已求其本而不得。后属知兴化军钟离松访得其书,重编为三十六卷,与教授蒋雝校正锓板,乃复行于世。"②王十朋自序云:"乾道四年冬,得郡温陵,道出莆田,望公故居,裴回顾叹而不忍去。……求其遗文,则郡与学皆无之,可谓缺典矣!于是移书兴化守钟离君松、傅君自得,访于故家,而得其善本。教授蒋君雝,与公同邑,而深慕其为人,手校正之,锓板于郡庠。得古、律诗三百七十、奏议六十四、杂文五百八十四,而以《四贤一不肖诗》置诸卷首,与奏议之切直、旧所不载者悉编之,比他集为最全。"③按,王十朋、蒋雝原刻本今已不存,今国家图书馆存一南宋刻本,乃据原刻本重刊,为此书现存的最早刻本。

与王十朋合刻此书的泉州教授蒋雝(生卒年未详),字元肃,仙游人。绍兴二十一年(1151)进士。泉州教授之后,又历官江阴知军、通州知府。清孙衣言《瓯海轶闻》载:"蒋雝,字元肃,仙游人。绍兴二十一年进士,乾道间教授泉州,守王十朋见其文,大加赏褒。雝因作《梦仙赋》以献,十朋曰:'长卿《大人》、太白《大鹏》之比也。'又撰《时政十议》,十朋叹曰:'此经世之文矣。'后知江阴军,再知通州。"④蒋雝生平事迹,又见载于明何乔远《闽书》卷一一三、乾隆《泉州府志》卷二九《名宦》、民国《福建通志·文苑传》卷四。明朱衡《道南源委》卷二载其"援笔数千言,与林谦之辈十人称莆阳十先生,又称南夫子。教授泉州,常撰《时政十议》,王十朋见而叹曰'经世之文也'。著有《朴斋文稿》"⑤。

姚　宪

张秀民先生在《宋孝宗时代刻书述略》一文中,认为这一时代福建刻书

---

①〔宋〕陈振孙撰,徐小蛮、顾美华等点校:《直斋书录解题》卷一七,上海古籍出版社1987年版,第499页。

②〔清〕永瑢等:《四库全书总目》卷一五二,中华书局1965年版,第1312页。

③〔宋〕王十朋:《梅溪王先生文集》后集卷二七,《四部丛刊初编》集部第240册,商务印书馆1936年版,第464页。

④〔清〕孙衣言:《瓯海轶闻》(上册),上海社会科学院出版社2005年版,第421页。

⑤〔明〕朱衡:《道南源委》卷二,《丛书集成初编》第3344册,第54页。

"以泉州所刻为最，竟驾建宁府而上之"；其时，刻本有"《沈忠敏公龟溪集》（淳三）"①。查考此刻本资料来源，应为《书林清话》卷三"州军学本"条载："淳熙三年泉州军州学刻沈与求《沈忠敏公龟溪集》十二卷，见陆志。"②由此，再顺藤摸瓜，查阅陆心源《皕宋楼藏书志》，知其所著录乃一明刊本。而《书林清话》之所据，系"陆志"所录淳熙四年（1177）三月一日张叔椿叙。其中有云：

> 淳熙纪号之三祀，参政姚公以天子大臣来守泉，越数月政清讼简，出龟溪所为文十二卷，命叔椿为之雠正。玩味不能释手，留月余始克归其书，又俾为之叙。窃喜附名不朽，有荣耀焉，乃不辞而承公命。四年三月一日，从事郎兖州学教授永嘉张叔椿叙。③

由张叙可知，主持此淳熙三年刻本《沈忠敏公龟溪集》的，实应为"参政姚公"。此"姚公"系何人？考明万历《重修泉州府志》卷九《官守志》，淳熙年间泉州第三位知州为姚宪。乾隆《泉州府志》卷二九《名宦》载其小传："姚宪，淳熙中知泉州。易学宫庙门，修文昌阁及诸斋。"④

姚宪（1119—1178），字令则，会稽嵊县（今浙江嵊县）人。乾道年间进士，历任户部侍郎、工部侍郎等。乾道九年（1173），以御史中丞签书枢密院事。淳熙元年（1174）四月，除参知政事，在位仅二月被罢，安置南康军居住⑤。淳熙三年（1176），起知泉州。此即张叔椿叙中所谓"参政姚公以天子大臣来守泉"之意。据《直斋书录解题》，姚宪著作有《乾道奉使录》一卷，乃"参政诸暨姚宪令则乾道壬辰使金日记"⑥，已逸。

姚宪生平事迹，见载于宋施宿等撰《会稽志》卷一五，明王鏊撰《姑苏志》卷三九，清嵇曾筠、沈翼机等撰《浙江通志》卷一五〇等。这些志书所载，有一共同特点，即对姚宪曾于淳熙三年历官泉州均载阙，故张叔椿此叙，对此既有补阙之益，又对淳熙三年泉州所刊史上《龟溪集》最早刻本的

---

①张秀民：《张秀民印刷史论文集》，印刷工业出版社1988年版，第101页。

②〔清〕叶德辉：《书林清话》卷三《宋司库州郡府县书院刻书》，中华书局1957年版，第65页。

③〔清〕陆心源：《皕宋楼藏书志》卷八一，《清人书目题跋丛刊》（1），中华书局1990年版，第917—918页。

④〔清〕黄任等：（乾隆）《泉州府志》卷二九《名宦》，上海书店出版社2000年版，第2册，第9页。

⑤〔元〕脱脱：《宋史》卷三四《本纪》，中华书局1977年版，第3册，第658页。

⑥〔宋〕陈振孙撰，徐小蛮、顾美华点校：《直斋书录解题》卷七，上海古籍出版社1987年版，第205页。

刊刻者起到揭示迷津的作用。

杨 楫

杨楫(1142—1213)，字通老，号悦堂，长溪(今福建福鼎县)人。理学家朱熹门人。淳熙戊戌(1178)进士，历官莆田尉、司农寺簿，除国子博士，后出任湖南提刑、江西运判，有《悦堂文集》。传载《道南源委》卷二、《闽中理学渊源考》卷二四。

嘉定四年(1211)，杨楫在同安郡斋刻印宋朱熹撰《楚辞集注》一书。今此书尚存《辩证》二卷，原为傅增湘氏所珍藏，现存台北"国家"图书馆。傅增湘《藏园群书经眼录》著录："宋嘉定四年杨楫刊于同安郡斋，半叶八行，每行十九字，白口，左右双阑。版心上记字数，下记人名，中缝题下正上下，宋讳殷、贞、恒、顼、让、诟、悬、匡诸字均缺末笔。"①傅氏誉其为"字体劲秀，是闽版之最佳者"。又录杨楫刊跋云："庆元乙卯(1195)，楫自长溪往侍先生于考亭之精舍，时朝廷治党人方急，丞相赵公谪死于道，先生忧时之意屡形于色。忽一日出示学者以所释《楚辞》一编，楫退而思之，先生平居教学者首以《大学》《语》《孟》《中庸》四书，次而六经，又次而史传，至于秦汉以后词章特余论及之耳，乃独为《楚辞》解释，其义何也？然先生终不言，楫辈亦不敢窃有请焉。岁在己巳，忝属胄监，与先生嗣子将作簿同朝，因得录而藏之。今以属广文游君参校而刊于同安郡斋。嘉定四年七月朔日，门人长乐杨楫谨述。"②由此可知，此书之所以刊于同安，系杨楫委付同安儒学教授游某所为，殆因朱子首仕同安之故。此"广文游君"之名号，因《同安县志》载缺，已无从考证。

清郝玉麟等《福建通志》卷四八载：

> 杨楫字通老，福宁人。淳熙五年进士，与杨方、杨简俱朱熹高弟。调莆田尉，闽帅程叔达移县括逃田，楫历疏其不便，叔达怒。漕使林祈谓叔达曰："以一尉敢与帅忤，大是奇事。"遂荐之，累官司农寺簿，札论进君子退小人，勿徇左右之请，以重中书之权。语多风厉，转少卿。台

---

①傅增湘:《藏园群书经眼录》卷一二,中华书局 1983 年版,第 979 页。
②傅增湘:《藏园群书经眼录》卷一二,中华书局 1983 年版,第 979 页。

臣或干以私，不应，寻出知安庆，终朝散郎。著《奏议》《悦堂集》。①

陈宓

陈宓（1171—1230），字师复，号复斋，莆田人。乾道间丞相陈俊卿第四子，先后从学于朱熹和黄榦。《宋元学案·沧洲诸儒学案》《考亭渊源录》均列其为朱子门人。陈宓以父荫历监泉州南安盐税，历安溪知县、南康知军，与诸生讲论于白鹿洞书院。后改知南剑州，建延平书院，仿白鹿洞规以教诸生。著有《论语注义问答》《读资治通鉴》《唐史赘疣》诸书。传载《宋史》卷四〇八《列传》一六七、乾隆《福建通志》卷四四、《闽中理学渊源考》卷二九等。

陈宓曾在安溪、南剑州和莆田三地先后刊刻了不少图书。

据乾隆《安溪县志》卷一〇《古迹》载："印书局，在县治琴堂之右。志载：陈宓刊《司马温公书仪》《唐人诗选》……。今废。"②据此记载，安溪印书局被称为是中国较早的以"印书局"命名的刻书机构③。据该志卷五《职官》，陈宓知安溪，时在嘉定三年至六年（1210—1213）。

嘉定十四年（1221），陈宓任南剑州知州，保持了他在安溪刻书的传统。他在南剑的书院与官学均有刻本行世。嘉定十五年（1222），在延平书院刻印黄榦《孝经本旨》一卷。陈宓《孝经本旨序》曰："朱文公尝刊《孝经》之误，今传于世。勉斋黄先生继文公之志，辑六经论孟之言孝者，为一书，厘为二十四篇，名之曰《孝经本旨》。……刻置延平书院，用示同志云。"④

此书之外，陈宓在延平还刊印了黄榦《论语集义或问通释》十卷；又名《论语注义问答通释》，见南宋赵希弁《郡斋读书附志》卷五著录⑤。陈振孙《直斋书录解题》卷三则作《论语通释》⑥。二书目所录卷帙相同，均为十卷。此书乃黄榦取朱熹的《论语集注》《论语集义》和《论语或问》三书所注，间或去取不同，对阐发未尽之处加以发挥，故曰《通释》。《勉斋年谱》云："潘瓜山曰：'公晚年丐闲，方欲成先志。取文公诸书，以次通释

①〔清〕郝玉麟等：(乾隆)《福建通志》卷四八《人物》，《景印文渊阁四库全书》第 529 册，第 642 页。

②〔清〕庄成、沈钟等：(乾隆)《安溪县志》卷一〇《古迹》，上海书店出版社 2000 年版，第 643 页。

③福建省地方志编委会：《福建省志·出版志》，福建人民出版社 2008 年版，第 16 页。

④〔宋〕陈宓：《复斋先生龙图陈公文集》卷一〇，《续修四库全书》第 1319 册，上海古籍出版社 2002 年版，第 358—359 页。

⑤〔宋〕赵希弁：《郡斋读书附志》卷五，《中国历代书目丛刊》第 1 辑，现代出版社 1987 年版，第 814 页。

⑥〔宋〕陈振孙撰，徐小蛮、顾美华点校：《直斋书录解题》卷三，上海古籍出版社 1987 年版，第 78 页。

《论语》。'"①陈宓《跋论语集义或问通释》载:"勉斋黄先生榦作《论语通释》一书,所以绅绎文公朱先生之意尽矣。某尝版于延平郡庠,与学者共之。"②

除了以上官刻本之外,陈宓在莆田,曾将其父陈俊卿(字应求,1113—1186)奏议遗文三百篇编纂成《正献奏议遗文》四十卷,刊行于家,此为莆田较为罕见的家刻本。陈宓《题先君正献奏议遗文》说,其父陈俊卿于淳熙丙午(1186)去世后,翰林学士某为之写神道碑,朱熹为之写行状,杨万里为其撰铭,"独平生之文未见于世,奏稿既不尽留,他文复多散逸。先兄实、守必欲收拾无所坠失而后传,抱志未偿,不幸继殁。宓用是大惧,亟取存稿刊于家。奏议、表、札合三百篇为四十卷,诗文别为集"③。

真德秀

真德秀(1178—1235),字实夫,改字景元、希元,号西山,建宁府浦城县人。庆元五年(1199)进士。历官江东转运副使,知泉州、福州、潭州、礼部侍郎、参知政事等。师事詹体仁,为朱熹再传。学术上,被誉为"西山之望直继晦翁"④。庆元党禁后,为朱学的复盛出力尤多。著有《四书集编》《大学衍义》《西山真文忠公文集》等。传见《宋史》卷四三七。

《直斋书录解题》卷五著录:"《刘忠肃救荒录》五卷,王居仁撰。淳熙乙未,枢密刘珙共父帅江东救荒本末。嘉定乙亥,真景元刻之漕司,以配富郑公青社之编,而以刘公行状、谥议附录于后。"⑤嘉定八年(1215),真德秀任江东转运副使,时蝗灾、旱灾侵袭,广德、太平一带尤甚。真氏刻印此书,实为济时扶危之用。

据宋赵希弁《郡斋读书附志》,真德秀又在泉州刻印朱熹撰《资治通鉴纲目》五十九卷《序例》一卷,乃"真德秀刻于泉南,陈孔硕、李方子叙其后。……希弁又尝参以泉本,校其去取之不同"⑥。又据陈振孙《直斋书录

---

①〔宋〕黄榦:《勉斋先生黄文肃公文集》附《勉斋年谱》,《北京图书馆古籍珍本丛刊》第 90 册,书目文献出版社 1988 年版,第 842 页。

②〔宋〕陈宓:《复斋先生龙图陈公文集》卷一〇,《续修四库全书》第 1319 册,第 361 页。

③〔宋〕陈宓:《复斋先生龙图陈公文集》卷一〇,《续修四库全书》第 1319 册,第 359 页。

④〔清〕黄宗羲:《宋元学案》卷八一《西山真氏学案》,中华书局 1986 年版,第 2695 页。

⑤〔宋〕陈振孙撰,徐小蛮、顾美华点校:《直斋书录解题》卷五,上海古籍出版社 1987 年版,第 169 页。

⑥〔宋〕赵希弁:《郡斋读书附志》卷五,《中国历代书目丛刊》第 1 辑,现代出版社 1987 年版,第 817—818 页。

解题》著录："此书尝刻于温陵,别其纲谓之提要。今板在监中。"①温陵乃泉州别称,此处指的就是真德秀泉州刊本。对此本,陈孔硕序说得明白："此书之废兴,夫岂偶然? 其述作之艰,亦岂一人之力哉! 使孔子、司马公复生,亦将以为是助我者矣。温陵守真侯得是书而校雠之,刊于郡斋,使知《春秋》而为史学者有考焉。刊成,属孔硕书其后。荒坠晚学,岂敢与于斯文? 辞不获命,窃诵所闻如此。嘉定已卯仲夏,后学陈孔硕谨书。"②这表明此本刊成于嘉定十二年(1219)。按,此本八行十七字,小字双行同,左右双边。入元,书版移存西湖书院,明初复移南雍,明代仍有据此版印刷者。王重民先生曾据此宋刻明印本著录③。今台北"国家"图书馆有存本,著录作"宋嘉定已卯(十二年)真德秀温陵郡斋刊宋末元明初递修本"。

同年(1219),真德秀刊行于泉州的刻本,还有宋王十朋所撰《梅溪续集》。真氏跋云："庆元中,某窃第来归,乡之儒先杨君明远出一编曰《南游集》,以示某曰:'此永嘉詹事王公之所作也。'某时尚少,未悉公行事本末,然尝诵晦庵先生所为《梅溪集序》,则已知公为一代正人矣。及得此编,益加向慕。……嘉定丁丑蒙恩假守,获继公躅于四十七年之后。邦人父老语及公者,必感激涕零,莞夫、牧儿亦知有所谓王侍郎也。公何以获此于人哉? 蔽之以一言,曰诚而已矣。……集版藏之郡斋,岁久浸或刓缺,属议刊整。而郡士林君彬之为某言,公《劝农》《戒讼》等文犹有未见于集者,而公之孙夔通守蒲中,亦出公书问三十余通,皆在泉时作。前辈流风日以益远,虽弄翰戏墨,犹当勤勤收拾,而况蔼然仁义之言,皆有补于世教者乎! 因并刻之,命曰《梅溪续集》,使来者得以览观焉。已卯九月已亥建安真某记。"④

本年,真德秀刻印的图书,还有唐欧阳詹撰《欧阳四门集》。真氏自序云:"《欧阳四门集》,锓板郡斋有年矣。嘉定已卯,郡士林彬之为余言四门之文之行,昌黎韩公盖亟称之。……乃刊二公之文如彬之请。又附其说如此,庶几有补于万一云。九月庚子建安真某书。"⑤序中提到的"郡士林彬

①〔宋〕陈振孙撰,徐小蛮、顾美华点校:《直斋书录解题》卷四,上海古籍出版社1987年版,第118页。
②潘宗周、张元济:《宝礼堂宋本书录》卷三,江苏广陵古籍刻印社1984年版,叶11B。
③王重民:《中国善本书提要》史部,上海古籍出版社1986年版,第93页。
④〔宋〕真德秀:《西山文集》卷三四《梅溪续集》,《景印文渊阁四库全书》第1174册,第538页。
⑤〔宋〕真德秀:《西山文集》卷三四《欧阳四门集》,《景印文渊阁四库全书》第1174册,第538—539页。

之",字元质,莆田人。曾于端平二年(1235)任福建常平司。事迹见民国《福建通志·金石志》卷一三"应垕等鼓山题名"条下。

另据宋黄幹《复李公晦书》:"真丈所刊《近思》《小学》,皆已得之,《后语》亦得拜读。先《近思》而后四子,却不见朱先生有此语。"①由此可知,真德秀曾刻印朱熹《近思录》《小学》诸书,但其刊刻地点,则有待于考证。

王　迈

王迈(1184—1248),字实之,一作贯之,自号臞轩居士。仙游县(今福建莆田仙游县)人。嘉定十年(1217)进士,历任南外睦宗院教授、漳州通判等职。淳祐中,知邵武军。著作有《臞轩集》十六卷,今存《四库全书》本。传载《宋史》卷四二三《列传》一八二、乾隆《福建通志》卷三二等。

端平元年(1234),王迈在泉州南外睦宗院编辑并刻印其师真德秀《真西山集》二十卷。王迈撰《真西山集后序》云:"先生言语文字,足以感发人心,皆其诚之不可掩者。某分教睢邸,乃裒所蓄数巨帙,与寓客庄君元成编类而是正之,刊二十余卷惠同志。或难之曰:'昔人有削稿之义,流俗有近名之嫌,子之表章斯文,得无以名为先生累乎?'某曰:'不然,昔涑水司马公自叙其文,以为中藏之志、造膝之言,不自叙之,他人安得知之? 不以近名为讳也。先生脚踏实地如涑水公,而斯集又出于门人弟子之编次,四方人士之所愿得,于先生乎何累?'难者辞塞,乃缀其语为甲集后序。端平之元夏五月,门人仙游王某书。"②

"睢邸"为南外睦宗院,原在河南睢水之滨,故曰"睢邸",南宋时已移司泉州,故此书为王迈刊行于泉州。

程佑之

程佑之(生卒年未详),字升夫,号吉老。河南洛阳人,寓居桂林。乾道四年(1168)八月之前,在泉州刻印朱熹编校的《二程遗书》。朱熹《答程允夫》书云:"去冬走湖湘,讲论之益不少。……近泉州刊行《程氏遗书》,乃二

---

①〔宋〕黄幹:《勉斋先生黄文肃公文集》卷六《复李公晦书》,《北京图书馆古籍珍本丛刊》第90册,书目文献出版社1991年版,第376页。
②〔宋〕王迈:《臞轩集》卷五《真西山集后序》,《景印文渊阁四库全书》第1178册,第507页。

先生语录，此间所录，且夕得本，首当奉寄也。"①文中的"去冬走湖湘"，指的是乾道三年朱熹赴潭州，与张栻举行岳麓会讲。以故，程佑之泉州刻印《二程遗书》，当在乾道四年。

在《晦庵先生朱文公文集》中，程氏名号出现两次。一作"程舶"，盖因程佑之其时任泉州市舶司提举②，故以此称之。朱熹《答许顺之》云："向者程舶来求语录本子去刊，因属令送下邑中，委诸公分校。近得信却不送往，只令叶学古就城中独校，如此成何文字？已再作书答之，再送下覆校。千万与二丈、三友子细校过。但说释氏处不可上下其手，此是四海九州千年万岁文字，非一己之私也。"③一作"程宪"，见于朱熹《答何叔京》书札。其中有云："《知言》一册纳上，语录程宪未寄来也。所疑《记善》，足见思索之深，然得失亦相半，别纸具禀其详。"④

除此两处之外，通观朱子《文集》《语类》，及后人所编《年谱》，均未再见程氏之名号，由此可知程佑之与朱子关系不太密切，除刊印此书之外，似别无交集。既然如此，何以判定程佑之即"程舶"或"程宪"？今泉州九日山西峰东麓石刻群有石刻，文曰："河南程佑之吉老，提举舶事以深最闻，得秘阁移宪广东，金华王流季充，帅永嘉薛伯室士昭、天台鹿何伯可、浚仪赵庠夫元序、莆阳陈谠正仲、薛雍元肃，饮饯于延福寺。实乾道四年九月二十九日。"⑤又《宋会要辑稿·选举》载："（乾道四年）八月五日，诏提举福建市舶程佑之，职事修举，可除直秘阁，权广南东路提点刑狱公事。"⑥由上可知，乾道四年八月，泉州提举市舶程佑之奉调广东提刑；九月二十九日，同僚为他在延福寺设宴饯别，留此题刻。

既然程佑之与朱子关系并不太密切，他为何要为其刊刻此书？原因在于程佑之是二程的后人，而朱子则是二程洛学最有成就的传人，他所编校的《二程遗书》，代表了此书当时的最高水平。

《桂故》卷五"刘彦登"条载："程佑之，字升夫，自洛阳家此。盖二程之

①〔宋〕朱熹：《晦庵先生朱文公文集》卷四一，朱杰人等主编：《朱子全书》第22册，第1871—1872页。
②〔清〕黄任等：（乾隆）《泉州府志》卷二六《文职官》，上海书店出版社2000年版，第1册，第614页。
③〔宋〕朱熹：《晦庵先生朱文公文集》卷三九，朱杰人等主编：《朱子全书》第22册，第1748页。
④〔宋〕朱熹：《晦庵先生朱文公文集》卷四〇，朱杰人等主编：《朱子全书》第22册，第1828页。
⑤福建省政协文史资料委员会：《福建摩崖石刻精品》，福建人民出版社2005年版，第180页。
⑥〔清〕徐松辑：《宋会要辑稿·选举》，中华书局1957年版，第4785页。

后,其人亦以学行为桂人所推重,其名俱在北郭外望夫山。"①《明一统志》卷八三:"程佑之,河南人。宋绍兴间避地寓居于桂。后帅五羊,今其子孙坟墓俱在桂林。"②

韩仲通

韩仲通(生卒年、字号均未详)。南宋绍兴间,曾历官明州知州、建康府知府等职。绍兴三十年(1160),在建康知府任上曾刻印张敦颐撰《六朝事迹编类》十四卷,卷末跋文自署"东鲁韩仲通书"。由此可知,其为山东人氏③。

乾道元年(1165),韩仲通任泉州知州,次年刻印宋孔传辑《孔氏六帖》三十卷于府学,后人著录为"泉南郡斋刻本"。版式为十二行,每行十八九字,小字二十八字,白口,左右双边。今国家图书馆仅存原刊本一卷,台北故宫博物院存不全本二十九卷。此书被叶德辉称为是白、孔"二书合并之始"④。

在政治上,韩仲通阿附秦桧,陷害忠良,毫无可取。朱熹为陈俊卿所撰《少师观文殿大学士致仕魏国公赠太师谥正献陈公行状》称:"公遂劾奏韩仲通本以狱事附秦桧,冤陷无辜。今桧党尽逐而仲通独全,何以惩恶?"⑤李心传《建炎以来系年要录》卷一八八载:"(绍兴三十一年三月)庚子,殿中侍御史陈俊卿言:'敷文阁直学士知建康府韩仲通起于法家,专务刻薄。顷岁周旋刑寺十余年,阿附故相,以三尺济其喜怒。起大狱,杀无辜,不可胜计。故相之亡,偶以忧去,因得漏网。汤思退秉政,以其出于秦氏之门,特引援之。其在建康,以公库馈遗,旁午秦门,殆无虚日。'……诏仲通落职放罢。"⑥据此,韩仲通知泉州,是在此次放罢数年后又东山再起之时。

胡大正

胡大正(生卒年未详),字伯诚,崇安人。胡宏之子,胡寅从子。淳熙九

---

①〔明〕张鸣凤:《桂故》卷五,《景印文渊阁四库全书》第585册,第764页。
②〔明〕李贤等:《明一统志》卷八三,《景印文渊阁四库全书》第473册,第750页。
③〔宋〕韩仲通:《六朝事迹编类跋》,《六朝事迹编类》附录,上海古籍出版社1995年版,第151页。
④〔清〕叶德辉:《书林清话》卷八《唐宋人类书刻本》,中华书局1957年版,第216页。
⑤〔宋〕朱熹:《晦庵先生朱文公文集》卷九六,朱杰人等主编:《朱子全书》第25册,第4447页。
⑥〔宋〕李心传:《建炎以来系年要录》卷一八八,中华书局1956年版,第3144页。

年(1182)官泉州通判,在泉州中和堂刻印宋胡寅撰《读史管见》八十卷,为此书第一刻本。清陆心源《宋板读史管见跋》云:"每页二十四行,行二十二字,版心有字数。据大正序,淳熙以前无刊本,至大正官温陵始刊于州治之中和堂,乃此书初刊本也。其后嘉定十一年其孙某守衡阳,刊于郡斋。并为三十卷,与《书录解题》合,有犹子大壮序。"①此淳熙泉州刻本疑逸,现存最早者为嘉定衡阳郡斋刻本,《中华再造善本》所收本书即据嘉定本影印。

嘉靖《建宁府志》卷一六《选举》载:"胡大正,字伯诚。用季父寅郊恩补官,再调南康军司法。史浩、刘珙荐其贤明清介,改秩金判泉州。剧贼逼漳州甚急,泉为邻郡。忽近郊有荷斧者四五十人,兵捕以闻。时郡政尚勇决,同幕希意请肆诸城下,大正不肯。书读曰:'贼欲破城,乃无戎装、攻具、长兵邪?'询之,果采山菌者,皆释之。崇安人。"②乾隆《泉州府志》卷二九胡大正传所载与此略同。清李清馥《闽中理学渊源考》卷三《金判胡伯诚先生大正》所载较为详尽:"胡大正,初名憷,字伯诚。用季父寅郊恩补官,调兴化尉。郑侨以疑讼系于官,大正奇其人,力为辨白,且勉以远业,侨感奋,卒以大魁为时名辅。再调南康军司法,史浩、刘珙荐其贤明清介,改秩金判泉州。"③

《读史管见》撰者胡寅(1099—1157),字明仲,号致堂,胡安国长子。宣和三年(1121)进士,官至礼部侍郎。《宋史》有传。此书成于南宋绍兴二十五年(1155),"乃其谪居之时读司马光《资治通鉴》而作"④。

李大有

李大有(生卒年未详),字景温,福建邵武人。李纲之孙,庆元五年(1199)进士。嘉定二年(1209),官福建路提举市舶司干办时,刻印其祖所撰《梁溪先生集》八十卷。因市舶司在泉州,故此本为泉州刊本,也是此书的第一刊本。

李纲作为南北两宋之际积极领导抗金的著名大臣,在其逝世后的六十多年间,其文集居然一直没有问世,其子孙当然心急如焚。李大有在此刊

①〔清〕陆心源:《仪顾堂题跋》卷五,《续修四库全书》史部第930册,第66页。
②〔明〕夏玉麟、汪佃等:(嘉靖)《建宁府志》卷一六《选举》,《天一阁藏明代方志选刊》第28册,上海书店1964年版,叶48A。
③〔清〕李清馥:《闽中理学渊源考》卷三,《景印文渊阁四库全书》第460册,第35页。
④〔清〕永瑢等:《四库全书总目》卷八九,中华书局1965年版,第757页。

本的跋语中，就通过叙述本书的编刻过程，表达了这样一种心情。他说：
"大父生平有作，皆楷笔属稿，书问亦然。……顾薨谢距今七十载，独子孙
宝藏，外无传者，它文或有可诿，此书则实与国史相表里，其可不广诸世以
图不朽哉！淳熙末年，先子常缮写投进，并高宗为元帅时所赐大父手书墨
本。孝宗嘉叹，亟命宣索宸翰真迹。……然在广内所储，不到人间也。先
子方隐居，每恨无力刊行大父遗文，而于此书尤切。大有钦承遗旨，食□痛
心。充员舸幕，适帑藏空匮，两肤使先后极□□盟，鸠工锓木，太守今春宫
章公尚书、郡□□□赵德甫皆助其费，而尚书章公又幸□□为之跋，以垂信
增重于天下。经营涉岁，工始告成，久阏而传，非偶然也。……嘉定二年五
月既望，孙修职郎差充福建路提举市舶司干办公事大有谨书。"①助资李大
有并为此书作跋的章公，是时任泉州知府的章颖。另一助资人，是时任推
官的赵德甫。这表明此书并非动用官帑的官刻本，而是敬仰李纲的官员们
集资而成的"官员"刻本。

　　此书之外，李大有还刻有《陈公少阳文集》，卷数未详。魏了翁有《陈少
阳文集序》一文，开篇即云："余尝与李忠定之孙大有为友，得其家所刊《陈
公少阳文集》，梓类既详，今又得三山孙君遇正凤所辑，又加详焉。"②李大
有《尽忠录序》云："大有昔侍先祖，道及秘撰事，云秘撰所上建炎三书，其一
乃《夙兴说》，论天下大计，余两书乞留先祖而黜汪、黄，词皆坦明，惟最后指
陈二人奸恶殊激切。二人大怒，且得以罪先祖，必欲置之死地，然高宗初不
以为忤也。时欧阳澈亦上书及乘舆颇过。时二人遂同以进，摘其语激上
意，高宗亦欲薄其罪。汪、黄复动以危言，遂俱即东市，因谪先祖海外。今
观《高宗圣训》，有曰：'听用匪人，至今痛恨之。'有曰：'始罪东，出于仓卒。'
圣意可见也。欧阳书稿不传于世，而大有家藏少阳事迹，莫知何人编次。
意有深旨，悉从其朝，止易其书二字曰《尽忠录》，盖掇取赐金制诏中语，因
重以词旨圣语三条揭诸篇首，锓木以广其传。秘撰之与先祖未尝识面，至
为之死，是书不出，九泉不瞑目矣。……嘉定改元十月朔日。"③

---

①〔宋〕李纲：《李纲全集》附录三，岳麓书社 2004 年版，第 1766 页。据《皕宋楼藏书志》卷八〇，文
　　中"今春宫"作"今春官"。
②〔宋〕魏了翁：《鹤山集》卷五四《陈少阳文集集序》，《景印文渊阁四库全书》第 1172 册，第 615 页。
③曾枣庄、刘琳主编：《全宋文》卷六九一四，上海辞书出版社 2006 年版，第 303 册，第 28—29 页。
　　文中"悉从其朝"，似当为"悉从其旧"。

《淳熙三山志》卷三一《人物》载："李大有，字景温，纲之孙，夔之曾孙，经之侄孙，终奉议郎。"①道光《福建通志》卷一四九载其为庆元五年己未曾从龙榜进士："李大有，邵武李纲孙，漳州录事参军。"②

按，宋代另有两位李大有，不可与李纲之孙混淆。一为北宋绍圣四年进士，江西新喻人，虔州太守。见载雍正《江西通志》卷四九。另一位字谦仲，浙江东阳人。庆元二年进士，历潭州益阳主簿平江府教授、通州通判，官至太常博士。事迹见魏了翁《鹤山集》卷七五《太常博士李君墓志铭》。

彭椿年·陈应行

彭椿年（生卒年未详），字大老，黄岩（今属浙江台州）县人。绍兴二十七年（1157）进士。淳熙间任泉州市舶司提举。陈应行（生卒年未详），字季陵，建安县人。淳熙二年（1175）进士，淳熙七年任泉州州学教授。淳熙八年，二人在泉州州学刻印宋程大昌撰《禹贡论》二卷《后论》一卷《山川地理图》二卷，十二行二十二字，白口，左右双边。今国家图书馆存原刊本，收入《中华再造善本·唐宋编》。陈应行在本书后序中称："阁学尚书程公夔在经筵，进黑水之说上动天听。因以《禹贡》为论为图，启沃帝心，且以东渐西被，教暨朔南，为倦倦之忠尽在于此。……岁在庚子，公以法从出守温陵，而编修彭公提舶于此，与公有同舍之旧，得其副本。应行一日抠衣彭公之门，质疑之余，出示书一编曰：'此程公所进《禹贡论图》也，子见之乎？'因再拜以请，而三复其说。见其议论宏博，引证详明，皆先儒之所未及，乃请于公，愿刊之郡庠，以与学者共之。公曰'是吾志也'，乃出公帑十五余万以佐其费。复请公序，以冠其首……淳熙辛丑上元后五日，迪功郎充泉州州学教授陈应行谨跋。"③

张秀民先生《南宋刻书地域考》云："彭椿年、陈应行刻程大昌《禹贡论》《后论》《禹贡山川地理图》（淳八）于郡斋，至出公帑十五万以佐其费，可见泉郡之富足，宜其刻书为诸州冠也。"④程大昌（1123—1195），徽州休宁人

①〔宋〕梁克家：《淳熙三山志》卷三一《人物》，《宋元方志丛刊》第 8 册，中华书局 1990 年版，第 8082 页。
②〔清〕陈寿祺：（道光）《福建通志》卷一四九《宋选举》，台北华文书局 1968 年版，第 2615 页。
③〔宋〕陈应行：《禹贡论跋》，程大昌：《禹贡论》，《中华再造善本·唐宋编》，北京图书馆出版社 2004 年版，叶 39A—B。
④张秀民：《南宋刻书地域考》，《图书馆》1961 年第 3 期。

氏。淳熙七年(1180)，以敷文阁学士出守泉州。次年，此书在泉州刊行。其中，《禹贡山川地理图》是我国也是世界上有明确刊印年代的第一部以印刷方式出版的地图册①。

同年，陈应行又刻印宋程大昌撰《演繁露》十六卷、《续演繁露》六卷。《演繁露》卷末载陈应行刊版跋云："阁学尚书程公博极群书，古今之事，无不稽考。其所以辨疑解惑以示后学者，无一字无来处。应行庚子夏分教温陵，始得其《禹贡图论》，时获请益，而公方究心郡政，不能奉客尽叩。间与其倩丁教授叔闻游。丁盖同年进士也，最相善。且言公之好学，不以寒暑昼夜易其志。裁决之余，即研核古事，未尝去手。因力求其所得于公者，久之，乃出其所录二书，曰《考古编》、曰《演繁露》，乃密请以归，披读展玩，旷若发蒙。始叹曰：'人之有疑不决者，得其书，岂不大有开明乎？'即亟命缮写，锓木以传，与天下之疑者为蓍龟，亦一快也。淳熙辛丑季秋朔日，迪功郎充泉州州学教授陈应行谨跋。"②

按，此书卷末又有门弟俞成刻书题识曰："右书承命刊布久矣。方次纂成伦类，其可负先生之托哉！谨用镂板，以广程氏先生之学，使学者由其言而得其书，盖自陈公广文之用心，兹所以两全其美也。门弟俞成故识诸卷末。"③此题识中"程氏先生"指程大昌，"陈公广文"则指陈应行。门弟俞成，即接受陈应行之托，将此书付书坊刊行者。俞成，字元德，建阳崇化书林云衢人。他曾为邵武俞闻中在建阳刊刻《儒学警悟》出力，又为建阳蔡梦弼刻本《草堂诗笺》校书。由"门弟俞成"此刻书题识可知，此《演繁露》乃陈应行通过俞成刻印于建阳崇化书坊。

淳熙九年(1182)，陈应行刻印宋司马光撰《潜虚》一卷、宋张敦实撰《潜虚发微论》一卷。钱曾《读书敏求记》著录云："淳熙中，陈应行苦此书建阳书肆本脱略不可读，邵武本繇词多阙，从文正公曾孙得家藏稿本，附以张氏《发微论》校刊之，洵称完善矣。"④张钧衡《适园藏书志》录陈应行刊跋云："司马文正公《潜虚》，应行尝恨建阳书肆所刊脱略至多，几不可读。及得邵武本，虽校正无差，而繇辞多阙。淳熙九载，文正公曾孙待制侍郎出守温

---

① 徐学林：《试论徽州地区的古代刻书业》，《文献》1995 年第 4 期。
② 〔宋〕陈应行：《演繁露跋》，《儒学警悟》卷一六《演繁露》卷末，中华书局 2000 年版，第 369—370 页。
③ 〔宋〕陈应行：《演繁露跋》，《儒学警悟》卷一六《演繁露》卷末，中华书局 2000 年版，第 370 页。
④ 〔清〕钱曾：《读书敏求记》卷三，书目文献出版社 1984 年版，第 73 页。

陵，应行备数芹类，获忝门下士之列，亲得公家传善本，繇辞悉备，复以张氏《发微论》附之。应行再拜以请曰：'愿广其传以惠学者。'公曰：'是吾志也。'遂以邵武旧本参稽互考，刻之郡庠，使人人得见全书，抑何幸耶？淳熙壬寅孟冬朔日，迪功郎充泉州州学教授陈应行谨跋。"①可见，以上几种刻本均刊刻于泉州州学。前二书的作者程大昌（1123—1195），字泰之，休宁人。绍兴二十一年进士，历任秘书省正字、浙东提刑和江西转运副使等职。淳熙六年，累迁吏部尚书。淳熙七年出知泉州，有惠政，府志列入名宦。朱熹《答程泰之书》云："熹昨闻《禹贡》之书已有奏篇，转借累年，乃得其全。犹恨绘事易差，间有难考究处。近乃得温陵印本，披图按说，如指诸掌，幸甚幸甚！此书之传，为有益于学者。"②所言"温陵印本"，即陈应行泉州（按，温陵，泉州别名）刻本。

　　彭椿年之名，见载于乾隆《泉州府志》卷二六《文职官》"提举市舶司"条下。万历《黄岩县志》卷六载，彭椿年初授蕲春知县，复任国子监主簿，迁枢密院编修；后"历知处州、太常丞、吏部郎中，再领成均。黜浮崇雅，文风一变。以秘阁修撰致仕，赐三品服，除右文殿修撰。有《杂稿》藏于家"③。宋陈耆卿撰《赤城志》卷三三载："彭椿年，黄岩人，字大老。龟年之弟，历国子监主簿、编修官，提举福建市舶，知处州，太常丞，吏部郎中，国子司业，江东转运副使，终右文殿修撰。事见商侍郎飞卿所为行状，有《杂稿》藏于家。"④

　　他在泉州的任职时间可能不长，此应为淳熙八年后的几种刻本均为陈应行刊行，而不是两人继续合作的原因。

　　陈应行（生卒年未详），字季陵。其生平，泉州与建安的志书上均无载，宋陈振孙《直斋书录解题》载其所编有《杜诗六帖》十八卷。著录云："建安陈应行季陵撰。用白氏门类，编类杜诗语。"⑤由此可知，其字季陵，曾以白居易所编《白氏六帖》的体例编纂杜诗。历史上曾有《吟窗杂录》五十卷，旧

①〔清〕张钧衡：《适园藏书志》卷七，《海王邨古籍书目题跋丛刊》第6册，中国书店2008年版，第337页。

②〔宋〕朱熹：《晦庵先生朱文公文集》卷三七，朱杰人等主编：《朱子全书》第21册，第1650页。

③〔明〕袁就祺：（万历）《黄岩县志》卷六《人物志》，《天一阁藏明代方志选刊》第18册，上海古籍书店1963年版，叶16B。

④〔宋〕陈耆卿：《赤城志》卷三三《人物门》，《景印文渊阁四库全书》第486册，第876页。

⑤〔宋〕陈振孙撰，徐小蛮、顾美华点校：《直斋书录解题》卷一四，上海古籍出版社1987年版，第431页。

本题状元陈应行编,但《四库全书》辨其为伪书。民国《建瓯县志》卷一〇《选举志》载:"陈应行,特奏名。是年进士。"①据下文小字注,"是年"为淳熙二年(1175)。

司马伋

司马伋(生卒年未详),字季思。陕州夏县(今山西运城夏县)人,寓居杭州。本司马光族人,因司马光无后,建炎间以其族人为曾孙,司马伋入选。绍兴十五年(1145)任浙东安抚司干办,因"畏秦桧有'私史害正'之语,遂言《涑水记闻》非其曾祖光所论"②,于是他上奏朝廷,"诏委建州守臣将不合开板文字尽行毁弃",此事即发生于本年③。绍兴末,曾任括苍通判。陆游《老学庵笔记》载:"绍兴末,谢景思守括苍,司马季思佐之,皆名伋。刘季高以书与景思曰:'公作守,司马九作倅,想郡事皆如律令也。'闻者绝倒。"④乾道九年(1173)任广州知府⑤。

淳熙十年(1183),司马伋在泉州知府任上,曾以宋绍兴二年(1132)刘峤刻本为底本,重刊宋司马光文集,题为《司马太师温国文正公传家集》八十卷。此书刻印于泉州公使库,故通常均著录为泉州公使库刻本。黄丕烈《士礼居藏书题跋记》卷五著录云:"及观周香严所藏旧钞本,亦为卷八十,而标题则曰'司马太师温国文正公传家集',卷末有'泉州公使库印书局淳熙十年内印造到'云云。又有嘉定甲申金华应谦之,并有门生文林郎差充武冈军军学教授陈冠两跋,皆云公裔孙出泉本重刊,是《传家》又重刊本矣。"⑥

乾隆《泉州府志》卷二九《名宦》载:"司马伋,淳熙九年(1182)以宝文阁待制知泉州。居二年,除龙图阁待制,再任。增饰礼殿,设殿帘两庑。揭御赞,锓诸板。"⑦民国《福建通志·金石志》卷一〇有"司马伋等九日山题名"

①詹宣猷、蔡振坚等:(民国)《建瓯县志》卷一〇《选举志》,台北成文出版社1967年版,第165页。
②〔清〕周召:《双桥随笔》卷一,《景印文渊阁四库全书》第724册,第377页。
③〔宋〕李心传:《建炎以来系年要录》卷一五四,中华书局1956年版,第2477页。
④〔宋〕陆游:《老学庵笔记》卷八,《陆放翁全集》(上),中国书店1986年版,第50页。
⑤宋洪迈《容斋随笔》卷四《温公客位榜》云:"乾道九年,公之曾孙伋出镇广州,道过赣,获观之。"载上海古籍出版社1978年版,第46页。
⑥〔清〕黄丕烈:《士礼居藏书题跋记》卷五,书目文献出版社1989年版,第230页。
⑦〔清〕黄任等:(乾隆)《泉州府志》卷二九《名宦》,上海书店2000年版,第2册,第9页。

"司马伋莲华峰题名"摩崖石刻两则，均题为郡守司马伋。其中清源山莲华峰司马伋视察水利题刻云："淳熙十年，岁在昭阳单于涂月立春日，陕郡司马伋相视水利竟事，因登此峰。玉牒赵仲山、开封韩用章偕行。四明林致夫期而不至。"①由此可知，司马伋任泉州"郡守"的准确时间，正与刊刻此集的时间吻合。

淳熙十一年（1184），司马伋又刻印司马光《资治通鉴举要历》八十卷，朱熹为之作后序：

> 清源郡旧刻温国文正公之书，有《文集》及《资治通鉴举要历》，皆八十卷。……淳熙壬寅，公之曾孙龙图阁待制伋来领郡事，始至而视诸故府，则《文集》者亦已漫灭而不可读矣。乃用家本雠正，移之别板，且将次及《举要》之书，而未遑也。一日，过客有以为言者，龙图公矍然曰："吾固已志之矣。"亟命出藏本刻焉。逾年告成，则又以书来语熹曰："是书之成，不惟区区得以嗣承先志而修此邦故事之阙，抑亦吾子之所乐闻也，其为我记其后。"②

雍正《山西通志》卷一三一载其事迹较为详整："司马伋，字季思，夏县人。温公曾孙。出镇广州，终开国伯、吏部侍郎。所交皆天下名士，洪迈辈乐与之游。凡温公之书，必梓行之。于《资治通鉴》得公凡例于残稿中，撮其要例传于世，予夺之旨大明。高宗南渡，扈从寓杭。今为山阴之始祖云。"③

颜若愚

颜若愚（生卒、字号未详），泉州晋江县人。嘉定十三年（1220）进士，端平间任兴化军教授，真德秀门人，事迹载道光《福建通志》卷九四。

端平元年（1234），颜若愚在泉州府学刊刻其师真德秀《心经》一卷。《四库全书总目》著录曰："宋真德秀撰。是编集圣贤论心格言，而以诸家议论为之注。末附四言赞一首。端平元年，颜若愚锓于泉州府学。有跋一

首,称其'筑室粤山之下,虽晏息之地,常如君父之临其前'。"①颜若愚跋云:"右《心经》,西山先生摭圣贤格言,自为之赞者也。先生之心学,由考亭而溯濂洛洙泗之源,存养之功至矣。……晚再守泉,复辑成是书。晨兴,必焚香危坐,诵十数过。盖无一日不学,亦无一事非学,其内外交相养如此。若愚老将至矣,学不加进,然尚窃有志焉。手抄此经,昼诵而夜思之,庶几其万一。复锓板于郡学,与同志勉云。端平改元十月既望,后学颜若愚敬书。"②

按,此刻本今仅见台北"国家"图书馆存,著录作"宋端平元年(1234)颜若愚泉州府学刊本"。十行十八字,注文小字双行同,左右双边,白口,单鱼尾,下方记刻工姓名。附注项又作"此帙非端平年刊本,为淳祐二年赵时棣在大庾县斋据端平本重刊",其依据为"刻工名各同同时所刊之《真文忠公政经》"③。

赵彦寓

赵彦寓(生卒、字号、里籍均未详),宋嘉定间,历官晋江、安溪县丞。在安溪,曾编刻大儒吕祖谦《东莱择善》一书,将之刊行于世。陈宓有《跋东莱择善》云:

> 东莱先生为是书,救人气质,使中人以下皆可为善,而无近名之迹,有益于后学弘矣。赵君彦寓丞泉之安溪,以是书图而刻之,揭于座右,朝夕览观,可谓好学也已。④

据嘉靖《安溪县志》卷三《官制类》,赵彦寓任县丞,是在嘉定六年(1213)⑤,此即赵氏刻印《东莱择善》一书的时间。吕祖谦此书的刊刻,历史上一向不见著录,陈宓此跋文,于此有填补空白之益。乾隆《安溪县志》卷五载其宦绩,误其名为赵彦侯。略云:"赵彦侯,嘉定六年任。以儒术饰

---

① 〔清〕永瑢等:《四库全书总目》卷九二,中华书局1965年版,第785页。
② 〔宋〕颜若愚:《心经跋》,真德秀:《心经》卷末,《景印文渊阁四库全书》第706册,第438—439页。
③ 台北"古籍与特藏文献资源"http://rbook2.ncl.edu.tw/Search/SearchDetail? item=6f9b6a010 14d489bbfbf45bd73a5f23bfDczOTI30&page=9&whereString=ICYgIuaUv−e2kyIg0&source WhereString=&SourceID=&HasImage=
④ 〔宋〕陈宓:《复斋先生龙图陈公文集》卷一〇,《续修四库全书》第1319册,第361页。
⑤ 〔明〕林有年等:(嘉靖)《安溪县志》卷三《官制类》,国际华文出版社2002年版,第132页。

治,事妥民安,邑用以治。祀名宦。"①

周　肆

周肆(生卒年未详),字德辅,弋溪(今江西弋阳)人。宋嘉定九年(1216)任安溪知县。乾隆《安溪县志》卷五《宦绩》载:"周肆,弋溪人。莅官政教兼举,当时以肆与赵彦侯皆继陈宓而治,为立祠并祀焉。"②

又据该志卷一〇《古迹》载:"印书局,在县治琴堂之右。志载:陈宓刊《司马温公书仪》《唐人诗选》;周肆刊《西山仁政类编》《安溪县志》《竹溪先生奏议》《庚戌星历封事集录》《宋书》《后村先生江西诗选》《张忠献陈复斋修禊序》《文房四友》《王欧书诀》等书。今废。"③

二、元代

丘　葵

丘葵(1244—1333),或作邱葵④,字吉甫,号钓矶翁,宋末元初泉州同安人。延祐四年(1317),御史马祖常礼聘其出山,丘葵作《却聘诗》以明志。其中有"皇帝书征老秀才,秀才懒下读书台"⑤,为时人所传诵。

元泰定甲子(1324),丘葵曾刻印自著之《周礼补亡》六卷。叶德辉《郎园读书志》著录:

> 《周礼补亡》六卷,元邱葵撰。泰定甲子自刻本。每半叶九行,行十八字,大黑口本,版心"周礼"二字,又"某官上""某官下"。大题"周礼"二字,次行"清源钓矶丘葵吉甫学自序",略言《冬官》杂出于'五官'之中,汉儒考古不深,遂以《考工记》补之。至宋淳熙间,临川俞庭椿始著《复古编》,新安朱氏一见,以为《冬官》未亡,考索甚当。嘉熙

①〔清〕庄成、沈钟等:(乾隆)《安溪县志》卷五《宦绩》,上海书店出版社2000年版,第518页。
②〔清〕庄成、沈钟等:(乾隆)《安溪县志》卷五《宦绩》,上海书店出版社2000年版,第518页。
③〔清〕庄成、沈钟等:(乾隆)《安溪县志》卷一〇《古迹》,上海书店出版社2000年版,第643页。
④因雍正三年(1725)八月有旨,避孔丘之讳,改"丘"为"邱"。见《世宗实录》卷三九,铁玉钦主编:《清实录》,《教育科学文化史料辑要》,辽沈书社1991年版,第798页。
⑤〔元〕丘葵:《钓矶诗集》卷首《邱吉甫先生传》,《宋集珍本丛刊》第90册,第675页。

间,宋嘉王次点又作《周官补遗》,由是《周礼》之'六官'始得为全书矣。葵承二先生讨论之后加之参订,的知《冬官》错见于'五官'中,实未尝亡,而泰平六典浑然无失,欲刊之梓木,以广其传"云云。①

此丘氏自刻本,今已无存。丘葵生平,见载于明黄仲昭《八闽通志》卷六七、明何乔远《闽书》卷一二七、明朱衡《道南源委》卷四、清李清馥《闽中理学渊源考》卷三三、乾隆《福建通志》卷四五,而以《钓矶诗集》卷首所载《邱吉甫先生传》为详。节略于后:

> 邱先生名葵,字吉甫,同安人。其家小嶝屿有钓矶,因以自号。先生丰神峻异,须长径尺。补郡弟子员。慨然慕朱紫阳之学,尝师吕大圭,大圭师王昭复,昭复师陈淳,淳师文公,故先生得其传,刻志自厉。及见宋事日非,绝意进取,以耕钓养亲,而与吕肖翁号所盘为友。景炎元年,先生以三十六岁,蒲寿庚以泉州叛降元,幼主南航,吕大圭遇害,先生痛愤不欲生。所为诗歌忧悲恫切,读之能令壮气竖发,亦可感泣沾襟。晚年知不可奈何,始一意著书,所著有《四书日讲》《易解疑》《诗直讲》《书口义》《春秋通义》《礼记解》《周礼补亡》《经世书》《声音既济图》。……年九十,以宋处士终。②

三、明代

张 逊

张逊(1432—1495),字时敏,号钝轩,无锡人。成化八年(1472),以举人知同安,捐俸刊刻宋陈利用编《朱子大同集》十三卷,并重修大同书院。赵瑶《重修大同书院记》云:"大同书院旧在学宫之东,元至正间邑令孔公俊建之,以祠紫阳朱先生,致其尊崇之意,以起学者瞻仰之私。一经兵燹,废而莫举,寥寥几二百年于兹矣。成化壬辰,无锡张侯来令是邑。始至,按图考迹,慨然以崇废起坠为己任。先捐俸重刊先生《大同集》之漫漶者。……张侯是举,其知本末先后者矣。侯字时敏,以乡贡进士出身,为泉属七邑令

---

① 〔清〕叶德辉:《郋园读书志》卷一,台北明文书局1990年版,第117页。
② 〔元〕丘葵:《钓矶诗集》卷首《邱吉甫先生传》,《宋集珍本丛刊》第90册,第675页。

首称云。"①

张逊后以政绩显著擢升福宁知州、福州知府。其传载于明邵宝《容春堂别集》卷八《福州知府张公传》、焦竑《焦太史编辑国朝献征录》卷九一《福州府知府张公逊传》、李贤等《大明一统志》卷七五。《闽书》卷五〇《文莅志》载其宦绩云："逊字时敏，无锡人。起家举人。知同安县，兴学爱民，刑清政举。大书县堂曰：'民不畏吾严而畏吾廉，不服吾能而服吾公。'擢知福宁州。去之日，百姓攀号，间有十数父老，赍金数斤为赆，不受。送至三山，情极恳款，而辞愈力。父老归，作亭榕溪之上，名曰'却金'，立碑其下。福宁、同安称贤守令，以逊为第一，其守郡可知也。"②其廉政之语以《福建通志》所载为详："张逊……知同安县。洁己爱民，刑清政举。尝为扁揭中堂，题曰'民不畏严而畏廉，民不服能而服公。公则能明，廉则不扰'。擢知福宁州，父老赍金为赆，峻却之。邑为立'却金亭'于榕溪之上。"③

林希元

林希元（1481—1565），字茂贞，号次崖，同安人。明代理学家，私淑蔡清。正德十二年（1517）进士，历官南京大理寺评事、钦州知府、云南佥事等。嘉靖二十九年（1550），在广东佥事任上，因改编《大学》经传定本和《四书易经存疑》，并上疏欲呈御览乞刊布，致诏焚其书，罢官究治。著作有《林次崖先生集》《易经存疑》《四书存疑》《更定大学经传定本》《南京大理寺志》《钦州志》等。传载《明史》卷二八二、明朱衡《道南源委》卷六、乾隆《泉州府志》卷四二等，生平事迹，史籍所载甚多且易得，兹不赘述。

嘉靖五年（1526），林希元曾编、刻宋高登《东溪集》二卷《附录》一卷，《四库全书》即以此本为底本著录；嘉靖六年，刻印蔡清《四书蒙引》十五卷，今北京大学图书馆有存。嘉靖间，又刻印明蔡清《易经蒙引》十二卷，今北京大学图书馆和安徽省图书馆有存。此本前有林希元序，略云："虚斋蔡子，以理学名成化、弘治间。《易说》若干卷，坊间有旧刻，顾荒缺弗理，人有遗恨。三子存微、存远、存警雅嗣先志，各出家本以增校。予嘱禄仕，分心未之及也。退居暇日，始克成事。书成，将刻之。庸书数言，以告学

①〔清〕黄任等：(乾隆)《泉州府志》卷一五《学校》，上海书店出版社 2000 年版，第 1 册，第 373 页。
②〔明〕何乔远：《闽书》卷五〇《文莅志》，福建人民出版社 1994 年版，第 2 册，第 1296 页。
③〔清〕郝玉麟等：(乾隆)《福建通志》卷三〇《名宦》，《景印文渊阁四库全书》第 528 册，第 485 页。

者。"①此书嘉靖八年(1529)初刻于建阳书坊,林希元本为重刻本,《增订四库简明目录标注》卷一著录此本②。

易时中

易时中(1483—1558),字嘉会,号愧虚,晋江人。从蔡清学,而为王慎中师。传载于《明史》卷二八二。王慎中有《儒林郎顺天府推官易愧虚先生行状》,载于《遵岩集》卷一七。李清馥《闽中理学渊源考》卷六一有《推官易愧虚先生时中学派》,载其生平甚详。道光《福建通志》卷二一二载:"蔡清以儒学倡,尤精于《易》。一日,时中不介而谒清,清诘以语,时中酬对有条理。清语门人曰:'晚得此士,吾易不孤矣。'呼为少友。"③嘉靖元年(1522)举于乡,除滁州府东流县教谕。"明道术,复古礼,育英才,敦风化。"嘉靖十五年(1536),迁夏津知县。历四年,于嘉靖十九年(1540)编纂《夏津县志》五卷。复迁顺天府推官。因受命推勘御史胡守中贪赃案,易时中"穷其奸赃,以此失要人意,遂以终养乞归"。其治绩,时刑部郎中林琼以宋仙居令陈襄为比。

易时中曾刻印蔡清《太极图解》一书。上揭同一志书载其官夏津时,有巡抚入朝,郡县厚有赂献,而"时中入谒,持所刻蔡虚斋《太极图解》数册而已"④。王慎中有"代易愧虚先生作"《刻蔡虚斋太极图解序》,略云:"惟先生之学,著而为书,既已家挟而人诵之。此编乃其著述之大者,士或以无所资于时文,莫肯尽心,故时中刻而传之,以与同志者共。且僭述其概以告之,使知斯道之委盖在于此。嗟乎,学者果有志于羲文周孔之言,以得其源者,其无忽焉而不尽心哉!"⑤

陈敦履·陈敦豫

陈敦履(1503—?),字德基,号静心。明晋江人。理学名家紫峰先生陈

①〔清〕陈梦雷编纂:《古今图书集成》第57册,中华书局、巴蜀书社1985年版,第68596页。
②〔清〕邵懿辰撰,邵章续录:《增订四库简明目录标注》卷一,上海古籍出版社1979年版,第25页。
③〔清〕陈寿祺等:(道光)《福建通志》卷二一二《明儒林传》,台北华文书局1968年版,第3893页。
④〔清〕陈寿祺等:(道光)《福建通志》卷二一二《明儒林传》,台北华文书局1968年版,第3893—3894页。
⑤〔明〕王慎中:《遵岩集》卷九《刻蔡虚斋太极图解序》,《景印文渊阁四库全书》第1274册,第195—196页。

琛（1477—1545）长子。曾刻印其父所撰《紫峰遗集》，事见于《闽中理学渊源考》中《陈德基先生敦履传》所载："生而刚方，嗜学好修，尝书先儒主敬穷理之言贴于座隅以自省。弱冠，从给事史笋江于光学《易》，推高弟。年二十补郡诸生。……一切佛、老、庄、列之书，屏勿视，而于《紫峰遗集》谓其源虚斋而述朱程，穷编累帙，字雠句校，寿于梓，即老不少废。"①乾隆《泉州府志》卷四三《列传》所载陈敦履事迹与此略同②。

陈敦豫（1523—?），字德惠，号及峰，晋江人。陈琛季子，从学于何炯。《闽中理学渊源考》中《陈及峰先生敦豫传》载："陈敦豫，别号及峰，紫峰先生季子。资禀沉静，少即知学，步履进退，雅有常度。年十七，补弟子员。从何怍庵受业。紫峰下世，敦豫逾弱冠，哀毁骨立，至性绝人。汇聚紫峰著作，旁搜遗轶，并编次《年谱》，梓行于世。与诸弟子员告当路，请专建紫峰特祠，以发明羽翼斯道之美。"③乾隆《泉州府志》亦载："下帷发愤，夜分忘寐。原本六经，阶梯宋儒。逾弱冠父殁……汇聚琛著作，旁搜遗轶，并编次《年谱》梓行于世。"④按，此《年谱》一卷，今存于《紫峰陈先生集》卷首，系陈敦豫与其兄陈敦履合编。卷前有李叔元前后二序，何乔远、李光缙二序，《紫峰先生遗像》和后学苏濬、李伯元《像赞》二篇。卷端题"男庠生、乡宾敦履敦豫原编，孙庠生复请序原刊，同邑后学诸同人校订"⑤。

陈氏兄弟二人所编刊《紫峰遗集》，实即《四库全书总目》著录的所谓"初刻于嘉靖中"的《紫峰集》十三卷，也即是丁自申原序中所说"《紫峰先生文集》梓于家塾、梓于书坊，海内争爱而传之"中的"家塾本"⑥。其中，"诗五卷，文七卷，《正学编》一卷，末以《年谱》附焉"⑦。此书现存刻本有陈氏后裔乾隆三十三年刻、五十四年增刻、光绪十七年补修本，今福建师范大学图书馆存，收入《四库全书存目丛书》集部第 73 册、《明别集丛刊》第 1 辑第 100 册。与《四库全书》底本不同，此本中年谱已从末卷移到卷首。

①〔清〕李清馥：《闽中理学渊源考》卷六〇，《景印文渊阁四库全书》第 460 册，第 607 页。
②〔清〕黄任等：(乾隆)《泉州府志》卷四三《列传》，上海书店出版社 2000 年版，第 2 册，第 396 页。
③〔清〕李清馥：《闽中理学渊源考》卷六〇，《景印文渊阁四库全书》第 460 册，第 607 页。
④〔清〕黄任等：(乾隆)《泉州府志》卷五五《向学》，上海书店出版社 2000 年版，第 3 册，第 132 页。
⑤〔明〕陈琛：《紫峰陈先生文集》卷首，《明别集丛刊》第 1 辑第 100 册，黄山书社 2013 年版，第 542 页。
⑥〔明〕丁自申：《紫峰文集序》，《紫峰陈先生文集》卷首，《明别集丛刊》第 1 辑第 100 册，黄山书社 2013 年版，第 524 页。
⑦〔清〕永瑢等：《四库全书总目》卷一七六，中华书局 1965 年版，第 1576 页。

陈敦豫的著作则有《易经典引》。《晋江县志》云:"时谓虚斋著《易蒙引》,有茧丝牛毛之精,而人病烦;紫峰所著《易通典》,有浑含未破之天,而人病略。乃以《通典》为笺训,采《蒙引》切要为主意,合名《典引》,以藏于家。"①

俞大猷

俞大猷(1504—1580),字志辅,号虚江,明晋江人。著名抗倭英雄,军事家。少好读书,受《易》于蔡清门人王宣、林福。闻赵本学以《易》推衍兵家奇正虚实之法,复从其受业。举嘉靖十四年(1535)武会试。除千户,守御金门。嘉靖二十八年(1549),朱纨巡视福建,荐为备倭都指挥,以功进参将。此后,因抗倭屡建功勋,官至福建总兵,时称"俞家军",与戚继光齐名。卒谥武襄,著有《正气堂集》十六卷、《剑经》一卷、《韬钤续篇》一卷、《洗海近事》二卷。传载《明史》卷二一二、乾隆《浙江通志》卷一四八、雍正《山西通志》卷九四、雍正《广西通志》卷六八、乾隆《福建通志》卷三〇等。

明嘉靖三十六年(1557),俞大猷在晋江编辑并刊行其师赵本学《新刊续武经总要》八卷,行款为半叶十行,行二十字,注文小字双行同,四周双边,白口,单黑鱼尾。书题"泉晋江后学虚舟赵本学编辑,同郡门人虚江俞大猷校刊"。前有嘉靖丁巳成都方湖王询《续武经总要序》,后有俞大猷《续武经总要后跋》。现存台北"国家"图书馆。嘉靖原刊本外,此书还有万历四十一年汪道亨重刊本,刊刻地点不在晋江。

邱　浙

邱浙(1531—?),一作丘浙,字子东,号厚山,江西南城人。嘉靖四十四年(1565)进士,万历三年至八年(1575—1580),以刑部郎中任泉州知府。万历八年,在泉州刻印明詹仰庇所撰《赐归录》八卷。缪荃孙等所撰《嘉业堂藏书志》卷二著录:"《赐归录》八卷,明万历刻本。明詹仰庇撰。仰庇字汝钦,号咫亭,又号巢云,安溪人。嘉靖乙丑进士,官至刑部右侍郎。咫亭当穆宗朝,以言事忤旨,杖阙下,放编民归。于时缙绅大夫送出都门,凡诗文若干首,皆手录藏弄。及穆宗升遐后,因知交之请,乃将所上疏四通,并

_____

①〔清〕周学曾等:(道光)《晋江县志》卷四八《人物志》,福建人民出版社 1990 年版,第 1238 页。

宰执台谏救援诸疏，汇而刻之，因名曰《赐归录》。首有万历庚辰南城丘浙序，又葵峰黄光升序，又史氏黄凤翔序，又咫亭自序。后附泉中怀赐诗一卷，又安溪县知县方大任后序，又志斋子陈学伊后序。"①原刊本现极为罕见，所知仅台北"国家"图书馆有存，著录为"明万历八年泉州知府丘浙刊本"，将后附卷计入，作九卷②，即缪荃孙据以著录的原吴兴刘氏嘉业堂藏本。行格为九行十八字，四周双边，白口，单黑鱼尾，下方记刻工名"熊"。

乾隆《泉州府志》卷三〇有邱浙小传，称其"天性朴茂，布衣蔬食""平赋缓征，省刑薄赎，锄奸惠良。终任不持郡中一钱。擢山东副使，历官广西总宪。卒之日，薄田数亩，弊庐不蔽风雨。郡人思之，与前守熊汝达合祀，曰'二贤太守祠'"③。

叶春及

叶春及（1531—?），字化甫，广东归善人。嘉靖三十一年（1552）举人，隆庆元年（1567）任闽清教谕。隆庆四年，任惠安知县。隆庆五年至万历元年（1571—1573），在惠安编纂并刊行《惠安政书》五卷，统十二目，图籍、地理、版籍为一卷，总图表三卷，乡约、里社、社学、保甲为一卷，并有图二十九幅，各种统计表一百七十九种。内容涉及惠安县的地理沿革、山川形势、道路交通、渔盐生产、户粮税赋、教育文化、风土人情、乡规民约等，被视为是一部历史上罕见的县令施政笔记。此书叶春及惠安万历原刊本，今国内仅吴县图书馆存残帙三卷，日本东洋文库存完本。《四库全书》本中收叶春及《石洞集》共十八卷，其中有五卷为《惠安政书》。《四库全书总目》著录云："《石洞集》十八卷，安徽巡抚采进本，明叶春及撰。春及字化甫，归善人。嘉靖壬子举人，官至户部郎中。事迹附见《明史·艾穆传》。是编首载《应诏书》五篇，共二卷。史所谓授福清教谕，上书陈时政纚纚三万言者是也。次载《惠安政书》十二篇，其官惠安知县时作。共五卷，次公牍二卷，次志论二卷，为所修府县志书之论。用《鄂州小集》例也。次诗二卷，其第十九卷目录作崇文榷书，而注一阙字。其曾孙纶跋

---

①〔清〕缪荃孙等：《嘉业堂藏书志》卷二，复旦大学出版社1997年版，第294页。

②台北"国立中央"图书馆：《"国立中央"图书馆古籍善本书目》甲编卷二，中华丛书委员会1958年版，第65页。

③〔清〕黄任等：(乾隆)《泉州府志》卷三〇《名宦》，上海书店出版社2000年版，第2册，第39—40页。

语谓,此书奉旨所刊,版藏部署,不得而见,盖有录无书者也。春及为学宗陈献章,治绩为当时第一。艾穆官四川巡抚时,春及为宾州知州,尝举以自代。所著《政书》井然有条。"①

此书之外,叶春及在惠安,还曾刊刻《小学书》。事迹见载于万历《惠安县续志》卷三《名宦续纂》中叶春及小传:"隆庆改元,应诏上书三万余言。四年,知惠安。邑兵疫后大困,春及至,咨谣俗,曰:'吾政遵上高皇帝,诵法孔子而已。稽故酌时,知百姓苦役,重请于上官……蠲幼口盐,省传金,清渔课,豁船租,宿弊尽厘;毁淫祠,置诸乡社学;用辑邑利病典故,刻曰《政书》;又刻小学书,颁之民间。由是,俗浸浸邹鲁矣。"②

叶春及著作,还有《絅斋集》六卷、《应诏书》一卷,编纂《顺德县志》十卷图二卷、《永安县志》二卷图一卷、《肇庆府志》二十二卷。其事迹,又载于乾隆《福建通志》卷三〇、乾隆《广东通志》卷四六。

何乔迁

何乔迁(1546—1601),字齐孝,号屏台,晋江人,何乔远兄。万历四年(1576)举人,任建阳县教谕。万历二十四年(1596),任国子监学正③。在建阳期间,曾重编并刊刻由元建阳蒋易编纂、明朱世泽补编的《潭阳文献》九卷。此刻本,今仅见在《红雨楼书目》《千顷堂书目》以及泉州、建阳等地方志中著录,疑已逸。

乾隆《泉州府志》卷五四《文苑》载:"何乔迁,字齐孝。……万历丙子举乡试第四人,授建阳县教谕。曰:'此朱文公之乡,吾敢不勉?'至,则以'宗朱'扁其堂。又曰:'吾父有《清源文献》之书,小子不敏,敢从事焉?亦刻《潭阳文献》于学斋中,以备邑故训多士。却赆给贫,邑人感之。甲午,分校江西,得士六人,擢国子学正。大司成稔其学问淹详,委校《二十一史》。进大理寺评事,瀡疑狱,停严法,佐廷尉,平独多。卒于京,年五十六,箧无十金之储,邑人仕宦京师者,助之归丧。"④

《闽中理学渊源考》卷七五亦云:"何乔迁,字齐孝,晋江人。……万历

---

① 〔清〕永瑢等:《四库全书总目》卷一七二,中华书局 1965 年版,第 1510 页。
② 〔明〕杨国章、黄士绅:(万历)《惠安县续志》卷三《名宦续纂》,福建人民出版社 2009 年版,第 64 页。
③ 〔清〕文庆、李宗昉等:《钦定国子监志》卷四八,北京古籍出版社 2000 年版,第 860 页。
④ 〔清〕黄任等:(乾隆)《泉州府志》卷五四《文苑》,上海书店出版社 2000 年版,第 3 册,第 84—85 页。

丙子，举乡试第四人，授建阳县教谕。却赆给贫，以'宗朱'扁其堂。刻《潭阳文献》于学斋中。擢国子学正，大司成委校《二十一史》。进大理寺评事，谳狱，多所平反。卒于京师。所著有《廷尉集》。"①事迹又载道光《晋江县志》卷五六，而以何乔远所撰《先兄廷评公墓志铭》②为详。

万历间，与其弟何乔远等合作刊刻明泉州府同知陆一凤撰《三礼奥义》三卷。陆一凤，字子韶，常熟人。其"博学有文，尤精三礼"，因公卒于泉州同知任上，"祀泉州名宦"③。"若陈绍功、黎时中、陈鸣熙、何乔迁兄弟，皆服公之精，为刻其所著于泉，而名之曰《三礼奥义》云。"④

李光缙

李光缙（1549—1623），字宗谦，号衷一，晋江人。万历十三年（1585）举人，师事苏浚。万历三十九年（1611），刻印同安许獬（子逊）所撰《许钟斗文集》五卷，今国家图书馆、北京大学图书馆等有原刊本收藏。王国维《传书堂藏书志》曰："子逊以举业名世，卒后李光缙刊其集。秀水洪嘉名复校其误，刊之浙中。"⑤按，洪嘉铭（梦锡）浙中刊本刻印于万历四十年，收入《四库全书存目丛书》集部第179册。

《道南源委》载："李光缙，字衷一，晋江人。二岁而孤。师事苏紫溪。善古文词，领万历乙酉乡荐第一。著述甚富，尤喜序述节烈忠义事。其文章悉呕心而出，不轻下一语，学者称衷一先生。著《易经潜解》《四书臆说》，及《景璧集》二十余卷。"⑥按，李光缙所撰《景璧集》，据《明史·艺文志》，应为十九卷。1996年福建省文史馆编纂《福建丛书》第一辑收入此书，其底本乃泉州图书馆藏本。

李光缙生平，又见载于《闽中理学渊源考》卷七〇、乾隆《福建通志》卷五一、乾隆《泉州府志》卷四四等。

---

① 〔清〕李清馥：《闽中理学渊源考》卷七五，《景印文渊阁四库全书》第460册，第721页。
② 〔明〕何乔远：《镜山全集》卷七〇，福建人民出版社2015年版，第1828—1829页。
③ 〔清〕庞鸿文等：（光绪）《常昭合志稿》卷二五《人物志》，江苏古籍出版社1991年版，第376页。
④ 〔明〕王世贞：《弇州续稿》卷九〇《奉政大夫同知泉州府事三泉陆公暨配陈宜人墓志铭》，《景印文渊阁四库全书》第1283册，第301页。
⑤ 〔清〕王国维撰，王亮整理：《传书堂藏书志》卷四，上海古籍出版社2014年版，第1265页。
⑥ 〔明〕朱衡：《道南源委》卷六，《丛书集成初编》第3345册，第158页。

程朝京

程朝京(1550—?),字康侯,一字元直,号萝阳,徽州休宁人。万历十一年(1583)进士,万历二十三年(1595)由礼部仪制司郎中任泉州知府,在任多有政绩。史称其"疏敏磊落,耽综诗书,翰墨吏牍,应手立就。为政果断豁达,洞悉民情"①。据乾隆《泉州府志》卷三〇载程朝京事迹云:"邑人何炯搜括《清源文献》千有余篇,朝京捐俸为锲木成书,留示后人,用垂永久。有大府下府索海物,如命应之。吏白曰:'恐意不在海物也。'叱之曰:'奈何以不肖测上官?'以母老告养,归。郡士民索衣拥辕,不能挽。既去之,明年伐石兴碑纪德志思焉。"②又在卷四四载何乔远事迹云:"郡守程萝阳公重其风节,为构丙房一区。代刻其父《清源文献》,王梅溪、真西山二公《留墨》于郡邸。"③所谓"《留墨》"即《温陵留墨》,今存明万历丁一中刻本。

按,程朝京所刻何炯辑《清源文献》十八卷万历二十五年(1597)刻本,今国家图书馆和南京图书馆存原刊本,收入《四库全书存目丛书》集部第332册。卷首有万历丁酉晋江庄国祯、黄凤翔二序,其后是《凡例》《清源文献姓名爵里》。在《清源文献姓名爵里》中,简要介绍从唐至明万历间265位作者的生平。每卷前署书名,之后均题"明郡人前靖江教谕何炯纂辑,知泉州府事新安程朝京选刻"两行。行款为半叶十行,行二十字,版心下方间或有刻工之名。

清翁方纲纂《四库提要稿》摘录此本序跋,以明此书始末。著录云:

　　郡人前靖江教谕何炯纂辑,男国子监学正何乔迁、礼部郎中何乔远编次。

　　泉州府知府新安程朝京选刻,本府儒学训导晋陵冯梦龙校录。

　　泉之有文集旧矣,宋郡守真西山公实寿诸梓,旋罹兵燹,靡或遗者。乡先生作庵何公遐搜迩采,萃成篇帙,名之曰《清源文献》,藏于家。今郡守程公就厥嗣仪部君请刻以传。万历丁酉孟春,郡人晋江黄凤翔序。

①〔清〕周学曾等:(道光)《晋江县志》卷三四《政绩志》,福建人民出版社1990年版,第1002页。
②〔清〕黄任等:(乾隆)《泉州府志》卷三〇《名宦》,上海书店出版社2000年版,第2册,第41页。
③〔清〕黄任等:(乾隆)《泉州府志》卷四四《列传》,上海书店出版社2000年版,第2册,第431页。

　　郡守新安程公披阅郡志，得真西山先生为守时所为《清源文集叙》，以语郡人何仪部。仪部亟出其尊人文学先生所辑《清源文献》，大都仿宋所集，而宋以后至今日亦具载焉。晋江庄国祯序。

　　闽省以文献雄天下，自郡人欧阳行周氏读书清源山，著声于唐，闽人始知向学。则清源固八闽文献渊薮也。万历丁酉正月，知泉州府新安程朝京书。①

沈有容

　　沈有容（1557—1627），字士弘，号宁海，宣城（今属安徽）人。父沈懋敬为蒲州同知，季父沈懋学为万历五年（1577）状元。沈有容幼习武，好兵略，万历七年（1579）中武举。少年时他便立志从戎报国，先后在闽浙、登莱等海防前哨率兵抗倭，屡立奇功，被称为保卫台澎的英雄和抗倭名将。生平见载于《明史》卷二八〇、《大清一统志》卷八一、乾隆《江南通志》卷一五二，以及《宁国府志》《宣城县志》等史书中。

　　万历三十三年（1605），沈有容在福建刻印其叔父沈懋学撰《郊居遗稿》十卷，《四库全书总目》著录云："懋学字君典，宣城人。万历丁丑进士第一，授翰林院修撰，追谥文节。事迹附见《明史·田一儁传》。是编诗三卷，杂文七卷，万历乙巳（1605）其兄子有容刊于福建。"②

　　此刻本行格为九行十八字，白口，四周双边，今国家图书馆、故宫博物院图书馆有存。赵万里著录云："《郊居遗稿》十卷（明万历刻本）。宣城沈懋学君典著，温陵何乔远稚孝校，侄沈有严、沈有容，男沈有则辑。叶向高序，何乔远序（万历三十三年）。半叶九行，行十八字。写刻本。计诗三卷，文七卷。侄有容写刻于福建。《四库》入存目（别集类存目六）。"③

　　《四库全书存目丛书》集部第 163 册所收此书即据此本影印，著录为"故宫博物院图书馆藏万历三十三年何乔远刻本"。卷首何乔远《沈太史郊居遗稿序》中有"公兄子有容来为闽阃帅，出公遗集示予……使予为公订而

①〔清〕翁方纲撰，吴格整理：《翁方纲纂四库提要稿》集部，上海科学技术文献出版社 2005 年版，第1097 页。

②〔清〕永瑢等：《四库全书总目》卷一七九，中华书局 1965 年版，第 1614 页。

③冀淑英等主编：《赵万里文集》第 3 卷，上海科学技术文献出版社、国家图书馆出版社 2012 年版，第 569 页。

刻之"①，故此书每卷卷端均题"宣城沈懋学君典著，温陵何乔远稺孝校，侄沈有严、沈有容，男沈有则辑"。实际上，沈有容委托何乔远做的只是校订，出资刊刻者，应仍为沈氏而非何氏，故此书正确的著录仍应是《四库全书总目》卷一七九所著录的万历乙巳（1605）"有容刊于福建"②。刊刻地点，则有可能是何乔远所在的泉州。

何乔远

何乔远（1558—1632），字稺孝，号匪莪，又号镜山，晋江人。何炯仲子。万历十四年（1586）进士。历官刑部云南司主事、礼部员外郎等职。事迹见载于《明史》卷二四二、《闽中理学渊源考》卷七五。其门人林欲楫有《先师何镜山先生行略》，李焻有《先师何镜山先生行述》，均载《镜山全集》卷首③。2015 年，又有《何乔远暨配温夫人墓志铭》被发现④。何乔远著作有《名山藏》《闽书》《何氏万历集》《何氏镜山集》等，多为其自刻本。其门人韩如璜有言："先生为一家之言，则有诸集；为一乡之言，则有《闽书》；为一朝之言，则有《文征》，又有明书曰《名山藏》，分纪传、编年二体，皆久处镜山时所学于洙泗者。今诸集、《闽书》咸寿诸梓矣。春秋之作，游夏不能措一辞，《名山藏》是也；删述之余，序之以卜商，说之以端木，吾于《文征》竭驽焉。"⑤

乾隆《泉州府志》卷四四《列传》载："（何乔远）博综经史子集，《文选》、唐诗过目成诵。十四五即工古文词。……年十九与兄乔迁同登万历丙子乡榜。与兄乔迁、杨文恪、陈及卿、李世祯、山人黄克晦结社赋诗，有温陵五子之称。"⑥据同一志书卷五四《文苑》载，郑昭字养晦，惠安人，本姓朱，袭母姓。博学嗜古，喜藏书。著有《小园抱瓮录》《蠹木赋》，"何乔远刻入《文征》"⑦。按，《文征》应为《皇明文征》，凡七十四卷。《四库全书总目》卷一九三著录为七十二卷。略云："是集以明代诗文分体编次，各体之中义复分类，自洪武迄崇祯初年。自序云：'国家之施设建立，士大夫之经营论著，悉

①〔明〕何乔远：《沈太史郊居遗稿序》，《四库全书存目丛书》集部第 163 册，第 571—572 页。
②〔清〕永瑢等：《四库全书总目》卷一七九，中华书局 1965 年版，第 1614 页。
③〔明〕何乔远撰，福建文史馆整理：《镜山全集》卷首，福建人民出版社 2015 年版，第 49—71 页。
④李熙慧：《〈闽书〉作者何乔远墓志铭现世》，《海峡都市报》2015 年 4 月 30 日 A36 版。
⑤〔明〕韩如璜：《皇明文征序》，何乔远：《皇明文征》卷首，《四库全书存目丛书》第 328 册，第 7 页。
⑥〔清〕黄任等：（乾隆）《泉州府志》卷四四《列传》，上海书店出版社 2000 年版，第 2 册，第 429—431 页。
⑦〔清〕黄任等：（乾隆）《泉州府志》卷五四《文苑》，上海书店出版社 2000 年版，第 3 册，第 78 页。

具其中。下及于方外、闺秀，无不兼收并录。'然其稍伤冗滥，亦由于此。"①此书为明崇祯四年（1631）何乔远刻本，国内二十多家图书馆有收藏②。《四库全书存目丛书》集部第 328—329 册所收书，即据吉林省图书馆存明崇祯四年何氏自刻本影印。

蔡善继·张启睿

蔡善继（生卒年未详），字伯达，号五岳，吴兴（今浙江湖州）人。万历二十九年（1601）进士。先后担任莆田知县、泉州知府、建宁道统辖、福建副使、泉州巡海道等职。相传，他在官泉州知府时，其下属郑绍祖之子郑芝龙（郑成功之父）年方六岁，极为顽皮，一次，他竟捡石掷向这位知府大人。蔡见其"仪表可爱"，不加责备。天启六年（1626），郑芝龙起兵海上，朝廷知蔡氏于郑芝龙有"掷石不责之恩"，于是任蔡为泉州巡海道，前去招安郑氏③。

万历四十四年（1616），蔡善继在泉州知府任上，曾刻印宋蔡襄所撰《宋蔡忠惠文集》三十六卷、明徐𤊹辑《宋蔡忠惠别纪》十卷，题"蔡善继双瓮斋刻本"。九行二十字、白口、四周双边，今国家图书馆、南京图书馆和福建省博物馆等有存本。

关于此本的刊刻地点，有泉州和莆田两种不同的说法。第一种说法，见于徐𤊹《红雨楼题跋》卷一"蔡忠惠年谱"条下。其中，有"甫一周而吴兴蔡侯伯达来守泉郡，以公同姓同官又同地也，于是从卢副宪求录本，张广文启睿订正镂板以传"④云云。第二种说法，见于《四库全书总目》卷一五二"蔡忠惠集"条下。略云："万历中，莆田卢廷选始得钞本于豫章俞氏，于是御史陈一元刻于南昌，析为四十卷。兴化府知府蔡善继复刻于郡署，仍为三十六卷。"⑤

实际上，蔡善继并未担任过兴化知府。他到福建，首任官职是兴化府莆田知县，事分别见载于《闽书》卷六一《文莅志》、康熙《福建通志》卷二五《职官八》、民国《福建通志·职官志》卷一三。笔者认为，此书的刊刻地点

①〔清〕永瑢等：《四库全书总目》卷一九三，中华书局 1965 年版，第 1756 页。
②中国古籍善本书目编委会：《中国古籍善本书目》集部卷二八，上海古籍出版社 1998 年版，第1724 页。
③〔清〕江日升：《台湾外志》卷二，齐鲁书社 2004 年版，第 17 页。
④〔明〕徐𤊹：《红雨楼序跋》卷一，福建人民出版社 1993 年版，第 12 页。
⑤〔清〕永瑢等：《四库全书总目》卷一五二，中华书局 1965 年版，第 1312 页。

可以肯定是泉州而不是莆田。何以见得？明徐[火勃]编《蔡忠惠别集补遗》中节选《双瓷斋集序》云："吴兴蔡伯达先生，名善继，万历末年出守泉州，刻公遗稿于双瓷斋，自为序。曰：'不佞继初令莆阳，为公故里，得纳交于公之子孙。兹守是邦为公旧游，得领公之遗子而抚临之。而又与公同姓，虽彭城不谱弘农，琅琊不谱太原，继何敢妄自攀附？然于公不可谓无夙缘。公之盛德大业，懿谟风政，愧无能通求光大。公之遗文，不可当吾世令湮没而不传。'"①引文自序中言"初令莆阳"时，只是结交了"公之子孙"，并未言及刻印此书之事；而到了"兹守是邦为公旧游"即泉州之后，蔡序才提到"公之遗文，不可当吾世令湮没不传"，这实际上已经透露出此书乃刊行于泉州的重要信息。这一点，还可以从乾隆《泉州府志》卷三〇所载蔡善继事迹中得到印证："蔡善继，字五岳。乌程人。万历四十三年由进士知泉州府。悉心民瘼，布政清和，剔蠹节浮，缓刑去杀。属岁祲，疫疠大作。善继曰：'守为民司命，岁何能灾于是？'多方劝赈，施药施钱，全活甚众。……郡人思其功，建祠于蔡忠惠祠之后，曰'前蔡后蔡'，岁时祀焉。"②传中虽未言及刊行《宋蔡忠惠文集》，但从其始任之年正好是在刻印此书的前一年，已是确证。

蔡善继还于明天启五年(1625)刊明李廷机辑《宋贤事汇》二卷，今上海图书馆存。此书的刊行时间应为蔡氏升任福建副使期间。据康熙《建宁府志》卷一七《职官志》载，蔡善继于万历四十六年(1618)官建宁道统辖，此为蔡善继在泉州知府之后所担任的实职，地点在建宁。其天启刻书与此是否有关，尚有待进一步考察。

张启睿(生卒年未详)，永福(今福州永泰)人，或作闽县人。万历间岁贡。蔡善继官泉州知府时，张启睿为府学训导。万历四十四年，蔡善继在泉州刻印《宋蔡忠惠文集》，校梓之人即张启睿。此书黄国鼎序称："今郡守为吴兴蔡公，下车以来，大造我民，乃景慕公特甚，厘其祀典，葺祠宇一新之。遍索公遗稿，得钞本于莆阳卢使君家，翻阅校订，授广文张君启睿重校梓之。蔡公自为序以传。"③张启睿又曾刻印蔡善继撰《文庙祀典考》一书。何乔远序云："吴兴蔡公伯达来守泉，百凡文事，无不备举。又考文庙祀典，辑为一篇，以示司训张公启睿刻而传之。刻成，公迁观察使者，镇于建州，

①〔宋〕蔡襄著，〔明〕徐[火勃]等编，吴以宁点校：《蔡襄集》附录，上海古籍出版社1996年版，第913页。
②〔清〕黄任等：(乾隆)《泉州府志》卷三〇《名宦》，上海书店出版社2000年版，第2册，第43页。
③吴以宁编著：《古今中外论蔡襄》，上海三联书店1988年版，第51页。

而张君亦迁沅江倅。将行矣,问序乔远……"①

张启睿事迹,乾隆《福建通志》卷三九载其曾任"沅江通判",殆据何乔远序中所言"沅江倅"而来。此后,他又官云南陆凉州。《新纂云南通志》载:"张启睿,福州人。万历间,驻镇陆凉州,修理学校,暇即与士子讲文会课,津津不倦,并补茸桥梁,士民怀惠。"②

邓　镳

邓镳(生卒年未详),字道驭,晋江人。万历十七年(1589)进士,历官松江青浦县令、广东归善县令,以户部郎出任南阳知府,卒于官。万历三十四年(1606),曾刻印明焦竑辑《刻宋郑一拂先生祠录》一卷,今国家图书馆和吉林大学图书馆均有存本。该书收入《历代人物传记资料汇编》,国家图书馆出版社 2016 年 7 月版。按,一拂祠在南京江宁清凉山麓。"宋郑侠少时随父宦江宁,读书清凉寺中,后官监门,上《流民图》被谪。罢官时,身无长物;去之日,惟持一拂。后人景仰清节,建祠祀之,故名。"③

乾隆《泉州府志》卷四九载邓镳事迹云:"镳少豪伉,治诸生业,久不遇,读书清源山之半岭岩,丙夜不休。故治《毛诗》,梦以《礼经》夺魁,遂改习《礼》。凡三十九日得隽。既登第,授青浦令,为折粮法以均田赋。浚河渠、勤课学,征入为户部郎。……调归善令,政善廉简,催科得宜。改建学宫,筑天泉书院,率诸生讲学,文教大兴。擢南户部郎出守南阳郡。连水旱,民流徙不支,请捐帑金三万赈之。卒官。"④《广东通志》卷四〇载:"邓镳,晋江人。万历十七年进士,任归善。政尚廉简,催科得宜,筑天泉书院与诸生讲学肄业。擢南户部,去,百姓遮道涕泣。"⑤

丁一中

丁一中(生卒年未详),字庸卿,号少鹤,丹阳(今江苏丹阳)人。明嘉靖二十八年(1549),以恩贡入南国子监,除青田知县,官至南户部山西司郎

①〔明〕何乔远著,陈节、张家壮点校:《镜山全集》卷三五,福建人民出版社 2015 年版,第 937 页。
②龙云、卢汉:(民国)《新纂云南通志》卷一八四《名宦传》,云南人民出版社 2007 年版,第 118 页。
③陈乃勋、杜福堃编,王明发点校:《新京备乘》,南京出版社 2014 年版,第 58 页。
④〔清〕黄任等:(乾隆)《泉州府志》卷四九《循绩》,上海书店出版社 2000 年版,第 2 册,第 618 页。
⑤〔清〕郝玉麟等:(乾隆)《广东通志》卷四〇《名宦》,《景印文渊阁四库全书》第 563 册,第 786 页。

中。隆庆元年(1567),以延平通判调任泉州同知。万历元年(1573),在泉州郡斋刻印由朱炳如辑、丁一中续辑的《温陵留墨》三种,分别为宋王十朋撰《宋王梅溪先生温陵留墨》一卷、宋真德秀撰《宋真西山先生温陵留墨》一卷、明朱炳如撰《明朱白野先生温陵留墨》一卷。《中国丛书综录》著录①,今北京大学图书馆、日本公文书馆均有存本。半叶十行,行二十字,左右双边,白口,单鱼尾。

朱炳如(1524—1582),字仲南,一字稚文,号白野,湖南桂阳县人。嘉靖三十八年(1559)进士,隆庆三年(1569)出守泉州。据朱炳如、丁一中二序,此书前两种乃知府朱炳如纂集于隆庆年间,欲刊行因转秩而未果,临行他将此事嘱托丁氏。泉州士民因怀念朱氏,认为他在泉之治绩,是"以梅溪、西山之心,而行梅溪、西山之政",故请求能将朱氏所撰"合而刻之"②。此即宋明泉州三位知州(府)合刊本《温陵留墨》之由来。

乾隆《泉州府志》卷三〇《名宦》载:"丁一中,丹阳人。以户部郎谪延平倅,隆庆元年升泉州府同知。一中少受学于唐顺之,有文名。来郡以文学饰治,时引诸生讲业。性耿直,不阿上官。时朱炳如为守,一中佐之,政简年丰。公暇相与登眺吟咏,境内名山,一中题镌几遍焉。字画遒朴有法,人多藏之。"③其著作有《鹤鸣集》。

郭秉詹

郭秉詹(生卒年未详),字廷执,号蔗庵,更号霞屿,晋江人。郭惟贤之侄,明末著名书法家。乾隆《泉州府志》卷五四载郭秉詹事迹,其中有其"刻古书"的记载。传曰:"为郡诸生,博综周核,以诗文名;尤工书法,真、草、篆、隶皆精诣。性介洁直方,耻怀刺作名利媒,遇事侃侃直陈,无所隐讳。登山泛水较金石,刻古书,缮写注疏,临摹钩填若将终身,一时慕之。所著有《霞屿渔唱》《郭氏说诗》等集。"④道光《晋江县志》载郭氏隆詹、秉詹、宪詹、登詹四兄弟,均才华横溢,秉詹居其二⑤。所载事迹与府志略同。

①上海图书馆编:《中国丛书综录》第1册,上海古籍出版社1982年版,第879页。
②沈津:《美国哈佛大学哈佛燕京图书馆中文善本书志》,上海辞书出版社1999年版,第600页。
③〔清〕黄任等:(乾隆)《泉州府志》卷三〇《名宦》,上海书店出版社2000年版,第2册,第46页。
④〔清〕黄任等:(乾隆)《泉州府志》卷五四《文苑》,上海书店出版社2000年版,第3册,第83页。
⑤〔清〕周学曾等:(道光)《晋江县志》卷五六《人物志》,福建人民出版社1990年版,第1347—1348页。

今山西省图书馆存明郭秉詹书《贞隐园法帖》十卷,清李威等勒刻,嘉庆十八年(1813)拓本,经折装十册①。此书又著录作"《贞隐园法帖》十卷,明郭秉詹书。嘉庆十八年,南海叶梦龙撰集,谢青岩摹勒。张维屏书目录颇有误夺,伊秉绶题笺"②。

李春开

李春开(生卒年未详),字晦美,号青岱,江西广昌人。万历二十五年(1597)举人,万历三十七年(1609)知同安县。"稽古好文,以儒饬吏。修邑志,刻《正俗编》以教民。又刻《朱文公大同集》《林希元集》于学宫,以惠后学。诱掖赏识,士气奋兴。重修文公书院。清复铜鱼,修葺城堞,事治民安。"③

上文中所称李春开刻印的《林希元集》,其名应为《林次崖先生集》,十八卷,万历四十年(1612)刻印。今台北故宫博物院有存本。半叶十行,行二十一字,四周单栏,版心白口,单鱼尾,中缝上记"次崖文集",中记卷几及叶次,下记大小字数及刻工。卷首有《林次崖先生文集叙》,署名为"万历壬子仲夏月,知同安县事建武后学李春开晦美甫书于慎独斋中";《林次崖先生集序》,蔡献臣撰,署名为"万历壬子夏午月朔,赐进士湖广按察司按察使奉敕整敕常镇兵备前礼部仪致司郎中邑人后学蔡献臣体国甫书于仰紫堂"④。按,此刻本曾被今人误为已逸⑤。

李缉·张心

李缉(生卒年未详),字继明,号春江。余干县(今属江西)人。明正德十五年至嘉靖六年(1520—1527),任泉州府同知,曾刻印元丘葵撰《周礼补亡》六卷,今上海图书馆、南京图书馆、山东省图书馆⑥,以及日本内阁文库

①山西省图书馆编:《山西省图书馆普通线装书目录·艺术门》,北岳文艺出版社1998年版,第855页。

②容庚著,莞城图书馆编:《容庚学术著作全集·丛帖目》第4册,中华书局2012年版,第1523页。

③〔清〕黄任等:(乾隆)《泉州府志》卷三一《名宦》,上海书店出版社2000年版,第2册,第92页。

④台北"国立中央"图书馆编:《"国立中央"图书馆典藏国立北平图书馆善本书目》,"国立中央"图书馆1969年版,第220页。

⑤何丙仲校注《林次崖先生文集》编者前言:"该文集的原本乃其子林有梧抄录保存。林希元去世后,同安县令李春开倡议刊刻……于万历四十年付刻刊行。惜此初刻本今已佚。"载厦门大学出版社2015年版,第8页。

⑥中国古籍善本书目编委会:《中国古籍善本书目》经部卷二,上海古籍出版社1989年版,第173页。

均有存本。版式半叶十行，行二十三字，四周单边，白口，双鱼尾。卷前有泰定甲子冬十一月后学清源钓矶丘葵吉甫序，序后一一列汉、唐、宋治《周礼》学者 50 家姓氏与著作之名。其后有丘氏题识曰："余生苦晚，得俞、王二家之说，始知《冬官》未尝亡。又参以诸家之说，订定《天官》之属六十，《地官》之属五十有七，《春官》之属六十，《夏官》之属五十有九，《秋官》之属五十有七，《冬官》之属五十有四，于是六官始为全书。"①此书又名《周礼注》，或《周礼全书》，是流传过程中出现的一书多名。四库馆臣认为，"其书世有二本。其一分六卷，题曰《周礼注》，其一即此本，不分卷数，而题曰《周礼冬官补亡》。《经义考》又作《周礼全书》，而注曰'一作《周礼补亡》'。案此书别无他长，惟补亡是其本志，故今以《补亡》之名著录焉"②。

　　对此刻本，几乎所有的版本目录、提要题跋等均著录为"明李缉刻本"，而对其刊刻地点、刊刻时间未能作更具体的揭示。

　　此书前五卷每卷题："清源钓矶丘吉甫学，无锡后学顾可久编次，余干后学李缉重刊，余姚后学张心校正。"第六卷仅题"余干后学李缉重刊，余姚后学张心校正。"

　　此书作者丘葵（1244—1333），字吉甫，号钓矶翁，泉州同安（今福建同安）人。延祐四年（1317），御史马祖常礼聘其出山，丘葵作《却聘诗》力辞之。元统元年（1333），年九十卒。

　　此书"编次"者顾可久，"无锡人。初授行人。疏诤南巡，逮系。嘉靖初起净籍，以户部郎中出守泉州，闲雅镇定，吏卒肃然敛畏。其训化小民，殷殷然若父兄之教子弟，政简民安"③。

　　此书"重刊"者李缉，"宏治辛酉举人。正德十二年自濮州知州任泉州同知。仁恕果决，以伸释枉滞，与民省事为先"④。

　　此书"校正"者张心，"号凤溪，余姚人。嘉靖三年任泉州府推官。公明勤慎，讼牍尽清"⑤。

　　研读以上小传，会发现四人有一共同特点，即他们都与泉州有关。作

<hr />

① 〔元〕丘葵：《周礼补亡》卷首《题识》，明嘉靖李缉、张心刻本，叶 5B。
② 〔清〕永瑢：《四库全书总目》卷二三，中华书局 1965 年版，第 182 页。
③ 〔明〕阳思谦等：（万历）《重修泉州府志》卷一〇《官守志》，台北学生书局 1987 年版，第 867 页。
④ 〔清〕黄任等：（乾隆）《泉州府志》卷三〇《名宦》，上海书店出版社 2000 年版，第 2 册，第 45 页。
⑤ 〔清〕周学曾等：（道光）《晋江县志》卷三五《政绩志》，福建人民出版社 1990 年版，第 1038 页。

者丘葵，是元代泉州人氏；以下三位，则都在泉州担任过地方官。由此可以初步推断，此书的刊刻地点，应在泉州。

再说刊刻时间，据万历《重修泉州府志》卷一〇《官守志》，顾可久任泉州知府是在嘉靖五年（1526）①；李缉任泉州同知，是在正德十二年（1517）；张心任泉州推官，是在嘉靖三年（1524）。如此，李缉任同知至少应在九年以上，这样才能和张心、顾可久为同僚，将此书刊刻在泉州。实际上，李缉始任同知，并非在正德十二年，而是在十五年。据乾隆《泉州府志》卷二六《文职官》："同知，李缉，余干进士。十二年任，《题名碑》作十五年任。"又载李缉的下一任刘灌为弋阳举人，嘉靖七年任②。由此可知，李缉在嘉靖六年以前，应仍在泉州任职。

以上只是从这几位地方官的任职时间做出的合理推断。直接的史料证据则有《晋江县志》中有关张心的传记。据该志，嘉靖初，郡南曲折四十里海岸"蓁塞泥滑，岸倾石坠"，人甚苦之，"郡人陈琛以诗白太守高越，适越将之京，而贰守李缉摄政兴化，心时掌府事，慨然以为己责"。该工程历八月而竣工，最终建成泉州城南通往石狮的滨海大道。志中又载张心"嗜古好学，手校《周礼全书》，刊以行世"③。此《周礼全书》，即《周礼补亡》。据《晋江县志》记载，太守高越，号抑斋，凤阳人，"嘉靖二年以御史来守郡"④。顾可久任泉州知府在嘉靖五年，其前任高越离任赴京则应在嘉靖四年至五年间，此应即李缉以泉州同知摄政兴化，张心以推官掌府事之时。而《周礼补亡》一书，因出现了"无锡后学顾可久编次"，则推论此书应刊刻于嘉靖五年至六年间。

许自表·郑之铉

许自表（生卒年未详），字无己，号箕颖，吴县（今属江苏）人。崇祯七年（1634），在安溪知县任上刻印晋江郑之铉撰《克薪堂诗集》九卷《文集》十三卷，今国家图书馆、福建省图书馆存。九行十八字，白口，四周单边，无直格。

①〔明〕阳思谦等：(万历)《重修泉州府志》卷一〇《官守志》，台北学生书局1987年版，第867页。
②〔清〕黄任等：(乾隆)《泉州府志》卷二六《文职官》，上海书店出版社2000年版，第1册，第623页。
③〔清〕周学曾等：(道光)《晋江县志》卷三五《政绩志》，福建人民出版社1990年版，第1038页。
④〔清〕周学曾等：(道光)《晋江县志》卷三四《政绩志》，福建人民出版社1990年版，第994页。

　　乾隆《泉州府志》卷三一《名宦》载:"许自表,字无己……萧然儒素,四知自凛。僮仆书记,悉屏不用。治以爱民省事为先,扶弱抑强,不避权势。……巡按刘公交荐于朝,玺书褒异。莅邑六载惠沾,士民刻石镌像,奉祀于文昌祠。……授河南道监察御史,后以直疏劾首相温体仁,御批云:'留斯言为千古模范,降三级以儆狂臣。'左迁国子监典簿。寻转升工部主事致仕。"①

　　此书作者郑之铉,或作郑之玄,字大白,号道圭,明晋江人。曾从何乔远学。明万历四十年(1612)举人,天启二年(1622)进士,选庶常第一,授检讨,纂修《神宗实录》。因魏忠贤弄权窃柄,浩然而归。著作另有《五云居四书翼解》《易经翼解》《不腐斋易醒解》等。据乾隆《泉州府志》卷五〇所载潘开正事迹,郑之铉曾刻印潘开正之父潘承熙所著《易义》行世。《泉州府志》载:"潘开正,字以元,号茹初。南安人,父承熙,明处士,笃志经学。宫詹郑之铉尝梓其《易义》行世。"②

　　郑之铉生平,又见载于清康熙《福建通志》卷四六,乾隆《泉州府志》卷五四。

张守为

　　张守为(生卒年未详),号松陵,福建晋江人。嘉靖四十五年(1566),刊刻明晋江张志选撰《行吾先生摘稿》二卷《附录》一卷。存本现甚罕,所知仅南京图书馆有原刊本③。张志选(1506—1581),字以学,号行吾,晋江人。明嘉靖八年(1529)进士,初授翰林院检讨,历官户部郎中、常州知府。

　　刻书者张守为,道光《晋江县志》有其小传,载其为"嘉靖辛酉(1561)举人,授博罗知县。民俗涸夷,首揭《文公家礼》绳之,弊俗一扫。兴文崇教,建文昌阁。筑随龙堤,民便之。未报政,卒于官。"④据乾隆《广东通志》卷二八,张守为任博罗知县,时在万历五年⑤。

①〔清〕黄任等:(乾隆)《泉州府志》卷三一《名宦》,上海书店出版社 2000 年版,第 2 册,第 87 页。
②〔清〕黄任等:(乾隆)《泉州府志》卷五〇《循绩》,上海书店出版社 2000 年版,第 2 册,第 673 页。
③中国古籍总目编纂委员会编:《中国古籍总目》集部别集类,中华书局、上海古籍出版社 2012 年版,第 708 页。
④〔清〕周学曾等:(道光)《晋江县志》卷四三《人物志》,福建人民出版社 1990 年版,第 1184 页。
⑤〔清〕郝玉麟等:(乾隆)《广东通志》卷二八《职官》,《景印文渊阁四库全书》第 563 册,第 177 页。

庄概·吴晟

　　庄概（生卒年未详），字世平，号遯庵，晋江人，南宋永春庄夏之后①。成化二十一年（1485），官陆川县令，弘治间调信丰县令。吴晟（生卒年未详），字克明，弋阳人，泉州知府。明弘治十七年（1504），二人以南宋蜀刊本为底本，在泉州合作刊刻唐欧阳詹《欧阳行周文集》十卷，今国家图书馆存。

　　乾隆《泉州府志》卷四七《循绩》载：“庄概，字世平，号遯庵，晋江人。宋少师夏之后，佥事琛子。成化间岁贡。知陆川，考绩改信丰，有风概。蔡清尝受业焉。其令信丰，清为序送之曰：‘业师遯庵家素贫，用素约，不独未仕为然。尹陆川六年，贫约如故。先生博学高志，少年声光驰八闽。阅世益深，抱负益壮，所养益不凡。其所施为不以官之崇卑、地之广狭限者，可知其人矣。’”②《粤西文载》卷六四则载：“庄概，成化间知陆川县。简易近民，庶事毕举，塞陂溉田。九年荣满，民思之。”③

　　《晋江县志》载：“吴晟，字克明，弋阳人。由进士历户部郎中，弘治十六年任泉州府知府。不为矫饰之政，居之以宽，行之以平易，惟务安利其民。偶有梗化者，未尝不厉威痛惩之，而仁心为质，蔼然春和。邑人信丰主簿庄概刻唐欧阳詹文集，力未能成，晟闻之曰：‘是郡中文献也，吾当表章之。’捐俸以卒其工。操守洁清，临事勤慎。戴德者万口一词。报最入京，士民请蔡清为序，以赠其行。”④蔡清《书欧阳行周先生文集序》云：“闽人登进士第，自欧阳詹始，此昌黎韩公之言也。……先生故有文集十卷行世，前辈称其精于理而切于情，可知其非止工于辞者，而近世无传焉。今冢宰福郡林先生始自内阁录出，以传吾师信丰尹庄世平，先生得而刻之于梓，力未克成。吾郡守弋阳吴公克明闻之曰：‘是兹郡中文献也，吾当有以表章之。’遂

①明何乔新《椒邱文集》卷一二《晋江庄氏族谱序》云：“陆川县令晋江庄概世平捧其家谱诣予，请曰：‘兹谱先君金宪所作，而概增续之者也。惟吾庄氏之先，居光之固始，唐龙启中，从王潮入闽，始家泉之永春。历九世至讳夏者，起拏进士，以文学风操为名法从，累官兵部侍郎，兼焕章阁待制，赐第泉城，卒赠少师。今家晋江者，皆少师之云仍也。’”载《景印文渊阁四库全书》第1249册，第196页。
②〔清〕黄任等：（乾隆）《泉州府志》卷四七《循绩》，上海书店出版社2000年版，第2册，第524页。
③〔清〕汪森编：《粤西文载》卷六四《名宦》，《景印文渊阁四库全书》第1467册，第77页。
④〔清〕周学曾等：（道光）《晋江县志》卷三四《政绩志》，福建人民出版社1990年版，第993页。

捐俸以卒其工,而属清一言。"①

庄毓庆

庄毓庆(生卒年未详),字征甫,晚号尚白居士,泉州惠安县人。万历二十九年(1601)进士,历官南户部主事、江西司郎中、顺德知府、长沙知府、松江知府、湖广按察使、粤西右布政使等职。万历三十七年(1609),刻印元惠安卢琦撰《圭峰卢先生集》二卷,今国家图书馆、杭州大学图书馆有存本。《北京图书馆古籍珍本丛刊》第 96 册所收即以此为底本影印。卷前有朱一龙、庄毓庆、董应举三序。九行十八字,白口,四周双边,单鱼尾,每页版心上均题"圭斋先生集"五字。卷端题"圭峰卢先生集",下署"元锦田卢琦希韩著,乡后学三山董应举崇相、陈勋元凯、邑人朱一龙于田、吴天成德浑、庄明镇静甫、庄毓庆征甫全选"。

《四库全书总目》卷一六七著录作《圭峰集》二卷,云:"元卢琦撰。琦字希韩,号立斋,惠安人。圭峰其所居地。……徐𤊹《笔精》曰:'《圭峰集》岁久弗传,近岁惠安庄户部征甫搜而梓之,误入萨天锡诗六十余首。"②馆臣此说,最早见诸明人徐𤊹笔下:"泉州惠安卢圭斋,名琦,字希韩。登元至正进士,令永春,改宁德。所著有《圭斋诗集》,岁久弗传。近惠安庄户部征甫搜而梓之,误入雁门萨天锡诗六十余首。萨诗世有传本,较者一时未之考耳,亟当厘正,不然,恐后世以圭斋为齐丘之盗《化书》也。"③

庄毓庆生平事迹,见载于乾隆《泉州府志》卷七六《补编》④,主要宦迹,已如前所述。其著作有《师潭留牍》《一斑集》《管窥集》《读史管见》等。

诸葛羲

诸葛羲(生卒年未详),字基画,号沪水,晋江人。益王长史诸葛世科之孙。天启四年(1624)举人,崇祯八年(1635)进士。历官户部四川司主事、浙江司员外、山东副使等职。崇祯五年(1632),曾辑录并刻印蜀诸葛亮撰

①〔明〕蔡清:《虚斋集》卷三《书欧阳行周先生文集序》,《四库明人文集丛刊》,上海古籍出版社 1991 年版,第 840—841 页。

②〔清〕永瑢等:《四库全书总目》卷一六七,中华书局 1965 年版,第 1448 页。

③〔明〕徐𤊹:《徐氏笔精》卷四,《景印文渊阁四库全书》第 856 册,第 503 页。

④〔清〕黄任等:(乾隆)《泉州府志》卷七六《补编》,上海书店出版社 2000 年版,第 3 册,第 693 页。

《汉丞相忠武侯书》三卷，今上海图书馆、南京图书馆存原刊本。此书又有名为《汉丞相诸葛忠武侯全集》九卷首一卷的不同版本，亦诸葛羲崇祯辑刻本，原刊本今存安徽省博物院。日本公文书馆又有明诸葛羲、诸葛倬所编清康熙十一年(1672)刻本《汉丞相诸葛忠武侯全集》二十二卷。由此可知，此书乃诸葛氏不断地搜集、积累、整理和刊行的产物，故卷帙在不断地增多。

崇祯十年(1637)，诸葛羲又刻印其师李光缙撰《景璧集》十九卷，今北京大学图书馆和上海图书馆均有存本。行格为九行十九字，四周单边，版心白口，单鱼尾。卷前有崇祯十年晋安许豸序。其中有云："同年诸葛基画氏为先生高足，出帐中秘，授刻于武林徐生，而属余为之序。"[1]《福建丛书》本所收《景璧集》即据此影印，由江苏广陵古籍刻印社 1996 年 4 月出版。

乾隆《泉州府志》卷五〇载诸葛羲事迹云："奉使入陕，却馈遗。西安多石刻，命工洗刷宿墨，扶植颓仆，修补残缺，千百年碑碣重开生面。……所著有《化石居新旧稿》《笔觇日录》《游台记》《临庚草》《度支条议》《诗文》等集。"[2]乾隆《福建通志》卷四九有其小传，内容以记其孝行为主。

四、清代

李光地

李光地(1641—1718)，字晋卿，号厚庵，别号榕村，安溪县人。康熙九年(1670)进士，历官翰林院庶吉士、内阁学士、礼部侍郎、文渊阁大学士等。著作有《周易通论》《尚书解义》《诗所》《古乐经传》《榕村集》等。传见《清史稿》卷二六二。

李光地是清初闽学在福建的主要代表人物。梁启超说："福建，朱晦翁侨寓地也，宋以来称闽学焉。……康熙间，则安溪李晋卿（光地）善伺人主意，以程朱道统自任，亦治礼学、历算等，以此跻高位，世亦以大儒称之。"[3]

康熙四十七年(1708)，李光地刻印宋朱熹撰《昌黎先生集考异》十卷，

①〔明〕李光缙：《景璧集》卷首，江苏广陵古籍刻印社 1996 年版，第 1 页。
②〔清〕黄任等：(乾隆)《泉州府志》卷五〇《循绩》，上海书店出版社 2000 年版，第 2 册，第 658 页。
③〔清〕梁启超：《中国历史研究法》，《梁启超全集》第 7 册，北京出版社 1999 年版，第 4273 页。

今国家图书馆有存。章学诚《朱子韩文考异原本书后》云："朱子《韩文考异》十卷，自王留耕散入《韩集》正文之下，其原本久失传矣。康熙中，安溪李厚庵相国，得宋椠本于石门藏书家，重付之梓，校雠字画，精密綦甚，计字十一万七千九百有奇，谛审此书，乃知俗本增删，失旧观也。……第一卷注本自称曰洽，故疑为朱子门人张元德所刊，尤非他宋椠本可比，洵可宝也。"①邵氏《四库简明目录标注》认为此"石门藏书家"乃吕晚村，并称"康熙戊子李光地以吕晚村家藏宋本重刻"②。《四库全书总目》卷一五〇则著录云："此本出自李光地家，乃从朱子门人张洽所校旧本翻雕，最为精善。"③

另据《四库全书总目》著录梅文鼎《历算全书》云："所著《历算》诸书，李光地尝刻其七种。"④而据邵氏《增订四库简明目录标注》卷一一，其所著录的李光地刻印梅文鼎《历算全书》卷数与此略有小异，为六种十八卷⑤。

施世骠

施世骠(1667—1714)，字文迦，号平园，晋江人。明末清初军事家施琅第五子。康熙四十八年(1709)，编辑并刊印《靖海纪事》上下二卷。本书主要内容，为其父施琅有关如何平定台湾，以及在平台后如何治理台湾的奏疏、告示和祭文等文稿的汇编。

施琅(1621—1696)，字尊侯，号琢公。初为明郑芝龙部将，清顺治间降清。康熙间，任水军提督，渡海平定台湾郑氏政权。清政府旌表其功，授其为靖海将军、靖海侯。传载《清史稿》卷二六〇。此刻本卷前有富鸿基、李光地、林麟焻、曾炳、程甲化和陈迁鹤等序。陈序开篇即言"平园先生哀辑其尊人靖海将军侯襄壮公家传，及经略海岛之奏议始末，而皇上之所以宠赉元勋哀荣兼备者，编为二卷。既乡先生具有颂言矣，以书成于今，不嗛俚陋，属予叙简端"。又有"五公平园先生守茔旧山，耽情翰墨"⑥云云。文中"平园先生"，即指本书的刊行者施世骠。此康熙刻本存本今罕见，《续修四

---

①〔清〕章学诚：《文史通义新编》外篇二《朱子韩文考异原本书后》，上海古籍出版社 1993 年版，第454 页。

②〔清〕邵懿辰撰，邵章续录：《增订四库简明目录标注》卷一五，上海古籍出版社 1979 年版，第 659 页。

③〔清〕永瑢等：《四库全书总目》卷一五〇，中华书局 1965 年版，第 1288 页。

④〔清〕永瑢等：《四库全书总目》卷一〇六，中华书局 1965 年版，第 900 页。

⑤〔清〕邵懿辰撰，邵章续录：《增订四库简明目录标注》卷一一，上海古籍出版社 1979 年版，第 454 页。

⑥〔清〕施琅：《靖海纪事》卷首，《续修四库全书》史部第 390 册，第 536—537 页。

库全书》本《靖海纪事》据说是依复旦大学图书馆存康熙本影印①，但在此本卷首诸序后，又出现了光绪乙亥(1875)亲房侄孙施葆修《重刊靖海纪事序》，为何会出现如此"穿越"场景，令人不解。

清康熙五十二年(1713)，施世骥又刻印元泉州丘葵撰《钓矶诗集》五卷。其自序云：

> 余论经轩中藏有《周礼补亡》梓本，读其序即知吾乡有丘钓矶先生，而海滨耆老及童孺往往诵先生《却聘诗》，所谓"皇帝书征老秀才，秀才懒下读书台"者，即知先生工于诗，必有集而无从搜访也。

后经多年寻访，施世骥最终得到一"卢牧洲先生及子濩所手较者，本极丑恶，诗多失次，字复差讹，兼以败楮坏烂，更苦虫蛀，瞪目视之，莫可辨识。然的系全集。如玉在璞，未经剖破，殊可喜也。予即付轮山从新订定，白峰细阅重钞，余再加较正而授之梓"②。施世骥生平，见载于《晋江县志》："施世骥，字文迦，琅第五子。少有才思，能为诗歌，尝捐千金修晋江文庙，士林称之，立祠学旁。著有《东园诗集》。"③

蒋　垣

蒋垣(? —1724)，字用崇，侯官人。康熙十三年(1674)"耿藩之变"，耿精忠强授以伪职，不受，逃至江西桔园州，任塾师糊口。督课之暇，搜访宋元以来理学诸儒事迹，纂辑成编，名之曰《八闽理学源流》四卷。康熙十一年(1672)举人，二十五(1686)任泉州府教授，将此书抄呈督学赵某，泉州当地"诸缙绅咸相奖许，梓而行之"④。康熙三十九年，任四川盐亭知县。其所著《八闽理学源流》，是清李清馥撰《闽中理学渊源考》的重要参考书⑤。本书专载闽地理学诸儒，述闽地理学源流。因所录主要为闽地福州、泉州、建宁、延平、汀州、兴化、邵武、漳州八府，以及福宁一州学者，故名"八闽"。其体例为，人各为传，述其姓字，论其学术渊源和著述，撰者于各

①续修四库全书总目提要编纂委员会编：《续修四库全书总目提要》史部，上海古籍出版社2014年版，第77页。

②〔清〕李清馥：《闽中理学渊源考》卷三三，《景印文渊阁四库全书》第460册，第438—439页。

③〔清〕周学曾等：(道光)《晋江县志》卷五六《人物志》，福建人民出版社1990年版，第1357页。

④〔清〕黄任等：(乾隆)《泉州府志》卷三二《名宦》，上海书店出版社2000年版，第2册，第106页。

⑤〔清〕李清馥：《闽中理学渊源考》"凡例"第五、第十七条，《景印文渊阁四库全书》第460册，第4—6页。

传之下间或加上按语。

雍正《四川通志》卷七载蒋垣生平云:"授归化教谕,迁泉州教授,升四川盐亭令。廉明执法,邑人颂之,旋乞休。卒,雍正甲辰奉旨入忠孝祠。"①《八闽理学源流》之外,其著作还有《周易臆解》《经书遗义》《耻躬格言》《榕城景物考》等②。生平事迹,又载乾隆《福建通志》卷四三《人物》、民国《闽侯县志》卷八五《循吏志》。

李清植

李清植(1690—1744),字立侯,号穆亭。安溪县人。李光地之孙,李钟佐之子。雍正二年(1724)进士。于乾隆元年(1736)刻印其祖《李文贞公全集》,共收书三十九种,一百五十九卷。其中,部分为嘉庆六年(1801)其后人补刊。书中除了数种宋儒周敦颐、张载、程颐、朱熹等人的著作,数种李钟伦、李清植所著著作之外,大部分著作为李光地所撰。子目详见《中国丛书综录》的著录③。今福建省图书馆等有收藏。此书虽名为"全集",但实为一部丛书。因李光地曾奉诏主编《朱子全书》《性理精义》等书,故两宋理学家程、朱等人的不少著作曾由其校勘整理,如周敦颐撰、朱熹注《太极图解》《通书》,张载《西铭》,程颐《论定性书》《颜子所好何学论》等。以故,李清植将这些著作也收入本书中。《四库全书总目》卷一七三著录有李光地撰《榕村集》四十卷,称"是集为乾隆丙辰其孙清植所校刊,其门人李绂为序"④者,实即此全集中所收卷帙最大的子书之一。

据其门人庄亨阳所撰《礼部侍郎李公穆亭墓志铭》,李清植刻书,应始于雍正八年(1730)。其中说:"庚戌,以侍讲提督浙江学政,乃取居丧时所手录文贞公未刻书,及搜辑门弟子所记者,次第梓而行之。有《榕村文集》《语录》《周易通论》《诗所》《乐经》《尚书》七篇,《礼纂》《诗选》凡若干卷,广布于学宫。浙东西士用丕变。"⑤

乾隆《安溪县志》卷七《人物》载曰："李清植，字立侯，别号穆亭，文贞之孙。清植幼失怙恃，侍文贞每事先意以承。壬辰（1712）回籍，补弟子员。癸巳（1713）入京，文贞奉修《周易折中》《性理精义》，上谕举所知分纂，文贞以清植同诸贤应诏。甲辰（1724）登进士，钦点翰林院庶吉士。丁未（1727）授编修。己酉（1729）典江南乡试，事竣复命，嘉其端方正直。逾年庚戌（1730），补右春坊右中允，寻迁翰林院侍讲，出督浙江学政。下车，首以经术课士，务在崇实黜华，启牖学者，宜从有宋诸儒梯航六经，汲汲如不及。……家居数年。壬戌（1742）二月至京，分纂《仪礼》。癸亥（1743）三月补原官，旋升右庶子，御试一等，擢詹事府少詹事，授三礼馆副总裁。八月，升内阁学士兼礼部侍郎，充武英殿总裁兼办经史馆事。甲子（1744）三月，升礼部左侍郎。以病甚，具折辞，不允，未几卒。"①

李清植本人所著，有《历代名儒传》八卷、《文贞公年谱》二卷，以及《涮授存愚》二卷、《仪礼纂录》二卷等。其事迹，又见载于民国《福建通志·列传》卷三四，而以其门人庄亨阳撰《礼部侍郎李公穆亭墓志铭》所载最详。本文之生卒年，即据此铭所载。

白　瀛

白瀛（？—1779），字寰九，号素庵，山西兴县人。乾隆二年（1737）进士。改庶吉士，任编修。乾隆十二年（1747）赴台任巡台御史。乾隆十四年任兴泉永道、福建、四川等地御史。乾隆十七年（1752），在兴泉永道任上，刊刻福建巡抚潘思榘所著《周易浅释》四卷。

《周易浅释》作者潘思榘（1695—1752），字补堂，江南阳湖（今属江苏常州）人。乾隆十三年（1748），任福建巡抚。为政精勤，以劳卒于官，所撰《周易浅释》未及刊刻。郑思榘逝世后，此书由其门人、鳌峰书院弟子福清林迪光校正，并撰写后跋，述此书编校刊刻之经历："是书也，先生去年四月既成《学庸讲义》为之，至今年二月易箦之前夕绝笔者也。初，先生注《屯》《蒙》至《剥》《复》诸卦授光，示曰：'易学言象者，以穿凿而象亡；谈理者，以附会而理晦……'今先生殁，既成六十二卦。兴泉宪副白公，素爱民海士，与先生同有功于吾闽者，将以书请定于大司空合河孙公，然后授梓。时先生之

---

① 〔清〕庄成、沈钟等：(乾隆)《安溪县志》卷七《人物》，上海书店出版社 2000 年版，第 557—558 页。

执云间沈君学子,同里戚君仍夫汇遗稿付光校之。见先生自颜是书曰'浅释',呜呼！先生之作是书与名是书也,羽翼经传开示来学之心,已弗及自序以明于世,然观先生畴昔之言,其亦大略可睹矣。校既毕,爱述之,而不禁潸然云。乾隆壬申(1752)三月望后受业福唐林迪光谨识。"①

跋中所涉及人物,"兴泉宪副白公",即时任兴泉永道副使的白瀛;"大司空合河孙公",即清中叶大儒孙嘉淦(1683—1753),其与白瀛为同乡,系潘思榘业师;"沈君学子",即此书另一篇跋文的作者沈大成。

据《厦门志》载,"兴泉永道署,在北门城外魁星石下,雍正五年建。总督刘世明奏准,以兴泉道改驻厦门,买贡生黄钟房屋基地于柳树河,价银一千二十七两。因原估工料银一千四百五十六两不敷建盖,添估银一千一百三十四两仍不敷,延至乾隆三年,厦门各铺户鸠银一千两助工。四年八月工竣。"②志中又载:"厦防同知署,在城外厦门港保鸿山寺之东。康熙二十五年移泉州,海防同知驻厦门建。乾隆十七年,摄厅事白瀛重修。"③由此可以推断,此书的刊行地点,应在厦门。

白瀛事迹,载《国朝耆献类征初编》卷八三。其中载其仕闽年月为"(乾隆)十四年,补兴泉永道。二十二年,丁父忧"④。

谢金銮

谢金銮(1757—1820),字巨廷,一字退谷,侯官人。乾隆五十三年(1788)举人,历任南靖、南平、邵武、嘉义和安溪等县教谕。嘉庆二十年(1815)官安溪教谕时,撰《教谕语》四卷补一卷,嘉庆二十三年(1818)在安溪学署刊行。光绪《重纂邵武府志》载曰:"谢金銮,字巨廷,侯官人。乾隆戊申举人,署教谕仅数月,春风时雨,系人怀思。言动自为记注,勤于课士,一文一诗,详加笔削。间出其所著《周易卦说》《王制》《开方图》《句股算法》以示诸生,并口授天文地理之学。刊有《教谕语》行世。道光五年,入福州乡贤祠。"⑤

①〔清〕潘思榘:《周易浅释》卷末,《景印文渊阁四库全书》第51册,第180页。
②〔清〕周凯等:《厦门志》卷二《分域略》,台北成文出版社1967年版,第48—49页。
③〔清〕周凯等:《厦门志》卷二《分域略》,台北成文出版社1967年版,第49页。
④〔清〕李桓:《国朝耆献类征初编》卷八三,台北明文书局1985年版,第19册,第12页。
⑤〔清〕王琛、徐兆丰等:(光绪)《重纂邵武府志》卷一五《名宦》,上海书店出版社2000年版,第297页。

《教谕语》一书，今除存嘉庆安溪学署本之外，后人据此刻本重刊者，还有清道光六年（1826）铜鼓轩刻本、同治元年（1862）拙修斋三种本、光绪七年（1881）《津河广仁堂所刻丛书》本及《有诸己斋格言丛书》本等。记谢金銮生平较详者，有张际亮《交旧录·谢金銮传》、民国《福建通志·儒行传》卷五、连横《台湾通史》卷三二《谢金銮传》等。

蔡廷魁

蔡廷魁（生卒年未详），字经五，号鹤村。泉州南安县人。乾隆《泉州府志》卷五一载其"居鹤山，自号鹤村。由监生考职州同，捐知州，递捐员外郎中。乾隆元年授刑部湖广司郎中。……刊家乘，修蔡西山祠，刻《忠惠》《文庄文集》。凡郡邑大役如修南安文庙，置乐器祭器，修安平桥、温陵朱子祠、杨龟山祠，建士子考棚，捐输皆以百十计，购书经史子集咸具。"①民国《福建通志·孝义传》卷一六则载："为刑部郎中，假归，置五世祀田六百石。修筑西山祠、温陵朱子祠、杨龟山祠。刻《蔡忠惠》《文庄文集》，建士子试院。尝曰：'财者，天地间公物，假手于我以用之。若有正人而不知敬，有急难而不知恤，岂不伤天地之心乎？'"②

按，《蔡忠惠集》，宋蔡襄撰，刊行于清雍正十二年（1734），即《四库全书总目》卷一五二所著录"雍正甲寅，襄裔孙廷魁又裒次重刻，是为今本"③者。此刻本今福建省图书馆和莆田市图书馆有存本，全名作《宋端明殿学士蔡忠惠公文集》三十六卷，另有明徐𤊹辑、宋珏增辑《别纪补遗》二卷，著录为"清雍正十二年至乾隆五年蔡氏逊敏斋刻本"。

《文庄文集》，即明代理学家蔡清的文集。蔡清（1452—1508），字介夫，号虚斋，谥文庄，晋江人。蔡廷魁刻印此集，亦见载于《四库全书总目》卷一七五所著录。略云："《蔡文庄集》八卷，明蔡清撰。……其集凡有二本。一为石崖葛氏所刊……一即此本，乾隆壬戌（1742）其族孙廷魁所重刊也。自一卷至五卷，仍其旧文而重订其目。又搜辑墨迹遗稿为补遗一卷，附以其孙邦驹所集事迹及志书传序为附录二卷。……廷魁序又称以家藏《密箴》、

善本《太极图说》《河洛私见》三种附焉。"①故蔡廷魁所刊为八卷本,全称为《蔡文庄公集》八卷《艾庵密箴》一卷《河洛私见》一卷《太极图说》一卷。今厦门市图书馆、莆田市图书馆有存本,著录为"清乾隆七年(1742)逊敏斋刻本"。其后三种,《四库全书总目》著录为《虚斋三书》:"是编即以《看太极图说》改名《太极图说》,以《看河图洛书说》改名为《河洛私见》,而增以《艾庵密箴》五十条,故曰《三书》。乾隆壬戌(1742),其裔孙蔡廷魁所刊,其名亦非蔡清所自题也。"②此"三书",见载于《四库全书存目丛书》子部第6册,以中国科学院图书馆藏清乾隆七年蔡廷魁刻本为底本著录。

陈元锡

陈元锡(生卒年未详),泉州安溪人。明晋江名儒陈琛裔孙。陈元锡自幼聪敏,读书过目成诵,甫弱冠,有文名。时同族陈宗达登进士第,捷报临门,人们争相观看,唯独元锡闭门不出。父母问他原因,元锡答曰:"进士耳,儿亦能也。"清乾隆二十六年(1761),元锡登进士第;乾隆三十六年,任仪征知县③。

陈元锡曾刊刻《陈紫峰先生年谱》二卷,卷一题"六世从孙元锡重梓,男大经、大扬校字",收入《北京图书馆藏珍本年谱丛刊》第44册。

黄　涛

黄涛(生卒年未详),字天水,号文川,泉州同安人。乾隆十六年(1751)进士,曾任湖北长乐知县,政声颇佳。晚年主讲玉屏书院。民国《同安县志》载其事迹:"黄涛,字天水,号文川、积善锦宅人。由优贡中乾隆庚午顺天举人,联捷进士。任湖北长乐知县,有政声。涛为诸生时,与兄江讲濂洛关闽之学。天性孝友,出入必偕,怡怡如也。……晚岁主讲玉屏书院。进诸生讲经,析义课程又益精密。闽南学者仰之如泰山北斗。尝汇宋儒学说,著《质疑录》以授生徒,并梓有《锦江诗》《古今文集》行世。"④

黄涛又曾于乾隆间刻印《华圃图志》二卷。黄裳《清代版刻一隅》著录

①〔清〕永瑢等:《四库全书总目》卷一七五,中华书局1965年版,第1562—1563页。
②〔清〕永瑢等:《四库全书总目》卷九五,中华书局1965年版,第808页。
③〔清〕刘文淇等:(道光)《重修仪征县志》卷二四《职官志》,江苏古籍出版社1991年版,第326页。
④林学增修,吴锡璜纂:(民国)《同安县志》卷二九《儒林录》,台北成文出版社1967年版,第948页。

该书："乾隆名山铎刻本。二卷。前有乾隆辛卯李离明序。有图十幅，镌手精能，为乾隆中版画佳作。华圃在同安县西八十里，为唐谢翛兄弟读书处，后唐洪文用、宋石蕡继居之，朱熹亦尝游此。"①

黄涛还曾辑录《家规省括》三卷，收入《四库未收书辑刊》第 3 辑第 21 册。

李鼎征

李鼎征（生卒年未详），字安卿，号切庵，安溪人。李光地次弟。康熙十九年（1680）举人，康熙四十四年至四十八年，任湖北嘉鱼知县，官至户部主事。

康熙二十六年（1687），李鼎征在泉州刻印其师梅文鼎撰《方程论》六卷。李俨《梅文鼎年谱》载："《勿庵历算书目》称：'初，稼堂赏余此书，阮副宪于岳为付刻资，而余未及焉。嘉鱼明府李安卿鼎征乃刻于泉州。'"②《清史稿》载："《方程论》六卷，安溪李鼎征为刻于泉州。"③又梅文鼎《绩学堂诗钞》卷四有诗题曰"《李安卿孝廉刻余方程论于安溪，古诗四章寄谢》"。其中有句云："重以雕版良，校雠勤再三。……方程备九数，而居算术终。亦如勾股意，絜矩道多通。……赖君流布力，请益自斯洪。"④徐世昌《清儒学案》则载："李鼎征，字安卿，文贞次弟。举人。嘉鱼令。为梅勿庵刻《方程论》于泉州。《几何补编》成，手为誊写。"⑤民国《福建通志·列传》卷三四所载与此略同。

其生平，详载于乾隆《安溪县志》卷八《人物》。其著作有《四书易经集说》《中庸集录待绎》数十卷。雍正间，崇祀嘉鱼县名宦⑥。

李光埁·李光型

李光埁（生卒年未详），字广卿，号识都，安溪人。李日煜长子，李光地从弟。康熙六十年（1721）进士，选庶吉士，充武英殿纂修、《一统志》馆纂

①黄裳：《清代版刻一隅》，齐鲁书社 1992 年版，第 284 页。

②李俨：《梅文鼎年谱》，《李俨钱宝琮科学史全集》第 7 卷，辽宁教育出版社 1998 年版，第 528 页。

③赵尔巽等：《清史稿》卷五〇六《列传》二九三，中华书局 1977 年版，第 13951 页。

④〔清〕梅文鼎：《绩学堂诗钞》卷四，《清代诗文集汇编》第 131 册，第 421—422 页。

⑤〔清〕徐世昌等：《清儒学案》卷四一《安溪学案》，中华书局 2008 年版，第 1593 页。

⑥〔清〕庄成、沈钟等：(乾隆)《安溪县志》卷八《人物》，上海书店出版社 2000 年版，第 581 页。

修,参与修《八旗通志》,历任山东学政、国子监司业。"弱冠嗜书笃学,自六经史策、诸子百家、宋儒遗书皆披览融贯。又博综三唐诗律,一时负文章之誉。年三十随父宦湖南,父刊刻朱子遗集数种,光墺偕弟校订精核。归里后退入高会山中,结茅力学。康熙辛卯(1711)领乡荐。辛丑(1721)成进士。选庶常充武英殿纂修。……复充一统志馆《八旗人物志》纂修。……奉俞旨,允行刊《宋儒论学要语》,颁教行教经之条以教士。"①传载乾隆《泉州府志》卷五五《文苑》、乾隆《安溪县志》卷七《人物》、民国《福建通志·儒林传》卷五、《清儒学案》卷四一《安溪学案》。

李光型(1676—?),字仪卿,号龙见,光墺弟。从学于从兄李光地,研究性理之学,于《西铭》尤有所得。雍正四年(1726)举人,十一年(1733)赴礼部试,适逢诏举理学,特赐进士,官至三礼馆纂修。乾隆《泉州府志》卷五五《文苑》载其"所著有《崇雅堂文集》《台湾私议》《趋庭录》《彰德府人物志》《二李经说》。又刊《王遵岩文集》、临川李穆堂所订《朱子晚年全论》数十本"②。

已知李光墺、李光型兄弟二人最早刊刻的著作,应是明王慎中撰《王遵岩文集》四十二卷,刊行于康熙五十年(1711)。此书现存清康熙五十年闽中同人书社刻本,九行十九字,黑口,双鱼尾。封面镌"王遵岩先生文集,安溪李广卿、仪卿,莆田黄庭闻评骘,闽中同人书社藏板",卷端题"乡后学李光墺、光型编次"③。

二人又合刻《朱子晚年全论》八卷,清康熙间李绂撰。李绂字巨来,号穆堂,临川人,官至工部右侍郎。他也是李光墺、李光型在理学上的业师。此书以朱子51岁到71岁此二十年中与人答问以及讲义题词等为内容,"凡经朱子亲手所著者,逐条备列,而附考证论议于下,故以'晚年全论'名之。然其大意则以朱子晚年实用陆子之说,此则其书之所为作也。"④据该书二李后跋,此书刊行于雍正十三年(1735)。行款为半叶十二行,行二十三字,白口,左右单边。版心下方署"无怒轩"三字,每卷署"南昌万承苍订,后学临川李绂编,安溪李光墺(或李光型、或寿光董思恭

①〔清〕黄任等:(乾隆)《泉州府志》卷五五《文苑》,上海书店出版社2000年版,第3册,第115页。
②〔清〕黄任等:(乾隆)《泉州府志》卷五五《文苑》,上海书店出版社2000年版,第3册,第120页。
③崔建英辑,贾卫民、李晓亚整理:《明别集版本志》,中华书局2005年版,第134页。
④〔清〕翁方纲撰,吴格整理:《翁方纲纂四库提要稿》子部,上海科学技术文献出版社2005年版,第479页。

等)校"。《四库全书存目丛书》子部第 27 册所收书即据此本影印。

李钟份

李钟份(生卒年未详),字世质,号秘园,安溪人。李光坡四子。康熙五十年(1711)举人,历官济阳令、刑部江苏司主事、山东司员外、陕西司郎中等。"天性孝友,父潜心经学,杜门纂述,多购参苓以资之。刻父《皋轩文编》以行世。……复校刻父所著《周礼述注》。尚以《礼记》《仪礼》未及授梓,日夜惓惓。平生博览泛涉,凡医卜星算,靡不兼通。性磊落坦夷,见义必为,然诺不欺,锱铢不较。在官居乡,靡不爱敬之者。卒年七十一,子孙凡四十余人。"①

《皋轩文编》十卷,李光坡撰,清雍正三年(1725)李钟份刊刻。九行二十三字,白口,四周双边,每卷次行均题"清溪李光坡茂夫甫著,四男钟份世质校梓"。卷前有汪滩序,后有李钟份《皋轩文编后识》。其中有云:"丙申岁修《礼记注》既成,又注《仪礼》。至壬寅冬,《三礼述注》告成,即先君子易簀半载之前也。悲夫,愧份兄弟家贫,未能敬梓行世,以信今传后。呜呼!亦会有期也。近份敬搜先君子所著遗文,得百四十余篇,笔力高古……谨分类纂辑,恭付之梓,以公之六字,海内名宿自有定鉴,份不敢虚侈先人之美也。岁乙巳春三月既望,四男钟份谨识。"②《四库全书存目丛书》集部第237 册收此书,即据此刻本影印。

鲁鼎梅

鲁鼎梅(生卒年未详),字调元,号燮堂,江西新城县人。乾隆七年(1742)进士,八年至十三年(1743—1748),连续六年任泉州德化知县。在职期间,重视当地的教育,在图南书院建中堂一座,堂房八间,左右舍十间,立仪门一座;并在公暇亲赴书院讲学。将诸生所作文章汇集成册,名《图南课艺》,加上批点刊印出版。自撰序云:"德化称人才渊薮。余初拜篆,课士图南书院中,阅其文,光怪陆离,知其有德有造者多也。……鞅掌之暇,取新旧文衷而录之,得若干首。有真者、醇者、大者、超者,古若彝鼎,雅若仙

---

①〔清〕黄任等:(乾隆)《泉州府志》卷五八《孝友》,上海书店出版社 2000 年版,第 3 册,第 273—274 页。
②〔清〕李钟份:《皋轩文编》卷末《皋轩文编后识》,《四库全书存目丛书》集部第 237 册,第 221 页。

佩,淡若秋水,英若春花,簇簇生新,与山水争秀丽焉,爰评而锓之。……锓板成,为弁数言以告之。"①郑惠琇《图南课艺跋》云:"岁癸亥,夒堂鲁老夫子以江右名宿魁南宫,下莅斯土。……每公余,辄诣义学,集诸生而课之,理禀程朱,法宗化治,胎经孕史,不诡时,不泥古,一以圣谕之雅正清真为楷质焉。嗣而捐俸,更广学舍堂宇。"②

乾隆十一年,鲁鼎梅自任主修,聘请德化进士王必昌(1704—1788,字乔岳)担任主纂,编纂并刊刻《德化县志》十八卷。版式为半叶八行,行二十二字,小字双行同,白口,单鱼尾。小字端楷,为地方志书中罕见的善本。

乾隆十四年,鲁鼎梅被任命为台湾知县。乾隆十七年,又聘王必昌赴台修纂《台湾县志》十五卷,今存乾隆十九年(1754)刊本。

鲁鼎梅生平,以刘宁颜《重修台湾省通志》③所载较详。主要内容,已如上文所述。

颜尧揆

颜尧揆(生卒年未详),字孝叙,泉州永春县人。康熙六年(1667),刻印其祖父明颜廷榘撰《杜律意笺》上下二卷。卷首题"鲁国颜廷榘范卿甫笺,孙尧揆孝叙甫重梓",半叶八行,行十九字,白口,四周双边。此书被收入1974年台湾大通书局《杜诗丛刊》第三辑,据原本影印,但误录为明末刊本。颜尧揆还于清初刊刻其祖父所撰《丛桂堂全集》四卷《诗集》四卷。《四库全书总目》著录云:"廷榘字范卿,永春人。官岷府右长史。其诗文挥洒千言,颇多率易。其稿亦多散佚,盖不甚经意于是也。国初,其孙尧揆、曾孙镰始搜辑遗篇,编为此集。"④《四库全书存目丛书》第193册所收,仅为《文集》四卷,据天津图书馆存本影印。每卷均题"闽永春颜廷榘范卿甫著,同郡后学王命岳伯咨甫校,孙尧揆孝叙甫,曾孙胤镰幼巩甫辑",八行二十字,白口,四周双边,无鱼尾。

《大清一统志》卷八六载:"颜尧揆,永春人。康熙六年知无为州,自李

①〔清〕鲁鼎梅、王必昌等:(乾隆)《德化县志》卷一五《艺文志》,清乾隆刊本,叶70A。

②〔清〕郑惠琇:《图南课艺跋》,(乾隆)《德化县志》卷一五《艺文志》,清乾隆刊本,叶23B。

③刘宁颜总纂:《重修台湾省通志》卷九《人物志》,台湾文献委员会1992年版,第131页。

④〔清〕永瑢等:《四库全书总目》卷一八〇,中华书局1965年版,第1628页。

家祠至王家渡筑坝八百八十丈，次年大水，田庐恃以无恙，名颜公坝。"①乾隆《江南通志》卷一〇七、光绪《重修安徽通志》卷一四六、民国《福建通志·循吏传》卷八所载与此略同。

张星徽

张星徽（生卒年未详），字北拱，号居亭，泉州同安县人。康熙五十六年（1717）举人；康熙六十年（1721）考中进士，但在考卷复核后被取消资格。后以举人资格被授望江县令，改海澄县教谕。著有《历代名吏录》《春秋四传管窥》《天下要书》《先儒精义会通》《评注战国策全集》及《湖山稿评选》等。

张星徽所在的同安翔凤里十七都阳田保青屿，隶属金门县，故其事迹，见载于《金门县志》。该志载其"精于史学，尤寝馈于《战国策》一书。……因捃摭诸家同异而参核之，字比句擳，裒为全集。……而颜曰《天下要书》计十八卷，几经易稿，以次就绪。节衣缩食，竭蹶付梓。其于学可谓勤矣。尚著有《历代名吏录》四卷，《春秋四传管窥》三十二卷，《先儒精义会通》九十八卷、《湖山诗文稿》无卷数，皆不见刊本，或已散佚。"②

张星徽"节衣缩食，竭蹶付梓"的著作，今可考的有：

《历朝名公评论战国策》十八卷，清张星徽评点，清雍正七年（1729）温陵张氏塞翁亭自刻本。今西南师范大学图书馆、辽宁省图书馆、首都图书馆等有存。

《历代名吏录》四卷，雍正九年（1731）刻本，卷首题《历代名吏录》，版心题《循良前传约编》。前有自序，署"雍正九年岁次辛亥端午前一日温陵张星徽北拱氏题于金浦湖野山房之东斋"。今泉州市图书馆有存。收入《四库全书存目丛书》史部第126册。

《四库全书总目》收有张星徽撰《孝经集解》一卷。著录中介绍此张星徽，"号北山，永城人"③，则其与同安张星徽应是两人，姓名偶同而已。

---

①〔清〕和珅等：《大清一统志》卷八六，《景印文渊阁四库全书》第475册，第702页。

②左树夔、刘敬等：(民国)《金门县志》卷二〇《列传》，《台湾文献汇刊》第5辑第2册，九州出版社、厦门大学出版社2004年版，第90—91页。

③〔清〕永瑢等：《四库全书总目》卷三二，中华书局1965年版，第268页。

五、在外地刻书的泉州(府)人

宋　代

庄　夏

庄夏(1155—1217),字子礼,号藻斋,谥忠敏,泉州永春人。淳熙八年(1181)进士。庆元中,知赣州兴国县。历太学博士、国子博士,除吏部员外郎,迁军器监、太府少卿,出知漳州;为宗正少卿兼国史院编修官,权直学士院兼太子侍读;试中书舍人,除兵部侍郎,以焕章阁待制奉祠。嘉定十年卒。《宋史》卷三九五有传。事迹又见于《南宋馆阁续录》卷八、卷九,万历《漳州府志》卷四、《闽中理学渊源考》卷三一,以及庄夏二十五世孙乐清庄以临所编《宋少师忠敏公年谱》①。

嘉定三年(1210),庄夏在任江东运判期间,以楼钥校本为底本刊刻黄伯思《东观余论》二卷。庄夏有《东观余论跋》称:"夏丁卯之冬,涉笔著廷,公犹以天官兼史院。月中一再至,因获侍闲燕于道山堂。语及《东观余论》,夏恨建本讹阙不可读。公曰家有手校善本,惜不曾携来。其时未敢率而有请也。明年,蒙恩假庚节江左,与公之宅相卢广文申之同官池阳,乃嘱以书致恳。公许诺。又逾年,夏就易漕,寄申之沿檄中都,嘱申前请。公念其请之勤也,机务余暇,以录本手校寄示,疑即阙之,或旁质于它书而两存之。既又得蜀本参校,而删其重出者。……遂录本于计台,以成公志,且贺兹书之遭也。嘉定庚午秋七月,温陵庄夏敬书于筹思堂。"②文中的"公",指的是楼钥。

此刻本今仅上海图书馆有存,为《东观余论》现存最早刻本。半叶九行,行十八字,白口,左右双边。卷末有宋建安漕司本旧跋,其后有嘉定三年(1210)楼钥跋,又有残存庄夏跋落款一行及庄氏附记五行。1988年中华书局曾以此刻本为底本将此书影印出版。

---

①周德明、吴建伟主编:《上海图书馆藏珍本年谱丛刊》第2册,国家图书馆出版社2015年版,第193—216页。
②〔宋〕黄伯思:《宋本东观余论》,中华书局1988年版,第5页。

留元刚

留元刚（1179—?），字茂潜，号容斋，又号齐云山人，泉州永春县人，留正之孙。开禧元年（1205）举博学宏词科，赐同进士出身。嘉定元年（1208），除秘阁校理，兼翰林权直。历官国史院编修官、实录院检讨官。嘉定七年，历知温州。今存其所编《颜鲁公年谱》，《全宋诗》卷二八○录其《武夷九曲棹歌》七首。事迹见《闽中理学渊源考》卷三一、《宋史翼》卷二九、道光《福建通志》卷一七六。

嘉定七年（1214），留元刚在温州知府任上，刻印唐颜真卿《颜鲁公集》十五卷《补遗》一卷《年谱》一卷。据《浙江出版史研究——中唐五代两宋时期》所载，陈振孙《直斋书录解题》著录此本，称"刘元刚刻于永嘉，为后序"。按，其中"刘元刚"乃"留元刚"之误[1]。《四库全书总目》著录有《颜鲁公集》十五卷《补遗》一卷《年谱》一卷《附录》一卷："嘉定间，留元刚守永嘉，得敏求残本十二卷，失其三卷，乃以所见真卿文，别为《补遗》，并撰次《年谱》附之，自为后序。后人复即元刚之本分为十五卷，以符沈、宋二本之原数。"[2]

留元刚刻本，存世的有宋刻宋拓《忠义堂帖》原刻本。该书嘉定八年（1215）由留元刚编集摹勒，共收帖45种。以时论之，此帖编刊地点，应仍在温州。原刻本今存浙江省博物馆。此书收入由启功、王靖宪主编，湖北美术出版社2002年3月出版的《中国法帖全集》。

林 洪

林洪（生卒年未详），字龙发，号可山，宋泉州人。淳熙二年（1175）特奏名。著作有《山家清供》《山家清事》《西湖衣钵集》等。元韦居安《梅涧诗话》卷中载："泉南林洪字龙发，号可山，肆业杭泮，粗有诗名。理宗朝，上书言事，自称为和靖七世孙，冒杭贯取乡荐。刊中兴以来诸公诗，号《大雅复古集》，亦以己作附于后。"[3]林洪《种梅养鹤图说》云："家塾所刊魏鹤山、刘漫塘所跋《经集》《大雅复古诗集》，赵南塘、赵玉堂序跋《西湖衣钵》，楼秋房

---

①顾志兴：《浙江出版史研究——中唐五代两宋时期》，浙江人民出版社1991年版，第302—303页。

②〔清〕永瑢等：《四库全书总目》卷一四九，中华书局1965年版，第1284页。

③〔清〕丁福保：《历代诗话续编》（中），中华书局1983年版，第568页。

跋《文绝图赞》……"①林洪家塾所刊《经集》《大雅复古诗集》《西湖衣钵》等今均不存,书目亦鲜见著录,其本人的诗作存世亦罕。所作《西湖》七绝云:"烟生杨柳一痕月,雨弄荷花数点秋。此景此时摹不尽,画船归去有渔舟。"该诗被选入《后村千家诗》②。《爱日斋丛钞》卷三载:"近时《江湖诗选》有可山林洪诗:'湖边杨柳色如金,几日不来成绿阴。'人多传诵。"③以上为林洪仅见的诗作。

《吴兴备志》卷二二载:"林洪,字龙文,德清柯山人。有《山家清供》一卷。"④对其为德清人之说,明人徐㶿早有驳正云:"世传《山家清供》二卷,宋林洪著。按本集温陵鹅黄豆生末云:'仆游江淮二十秋,每因以起松楸之念将赋归,以偿此一大愿。'则洪温陵人也。又按,《拨霞供》云:'向游武夷六曲,访止止师。'止止师者,白玉蟾也。则洪与玉蟾同时人。今《泉州郡志》逸洪之名,似大阙典。"⑤

诸葛珏

诸葛珏(生卒年未详),泉州南安县人。曾从学于朱熹高弟漳州陈淳,为刻其书。其生平,《泉州府志》附载于其父传之后,云:"诸葛直清,字子严,南安人。廷瑞子,以父任历海口镇,主管南外睦宗院,知海阳县。……子珏、琰。珏为番禺令,始创黉宫,历官韶州通判。为陈北溪门人,刻北溪《大学》《中庸衍义》。"⑥

同治《番禺县志》则载:"诸葛珏,福建泉州人。淳祐元年(1241)任番禺县令。时县无黉舍,附于郡学西庑。珏乃相地于县东南五里创建。前俯大江,山川秀丽,师生始有讲肄地。先是,北溪陈淳久从朱子游,以所得教漳泉间,著有《中庸》《大学》序。珏少师北溪,因广梓以传。尝曰:'希圣希贤,功夫可循,循而诣矣。'侍郎李昴英嘉之,为题其首。珏升韶州通判。"⑦

将以上两部县志所载内容对照来看,诸葛珏刊刻陈淳著作的时间、地

①〔明〕陶宗仪:《说郛》卷七四,《景印文渊阁四库全书》第880册,第182页。
②〔宋〕刘克庄:《后村千家诗校注》,贵州人民出版社1986年版,第411页。
③〔宋〕叶□:《爱日斋丛钞》卷三,《景印文渊阁四库全书》第854册,第663页。
④〔明〕董斯张:《吴兴备志》卷二二,《景印文渊阁四库全书》第494册,第500页。
⑤〔明〕徐㶿:《徐氏笔精》卷六,《景印文渊阁四库全书》第856册,第546页。
⑥〔清〕黄任等:(乾隆)《泉州府志》卷四六《循绩》,上海书店出版社2000年版,第2册,第506—507页。
⑦〔清〕李福泰、史澄等:(同治)《番禺县志》卷三二《列传》,广东人民出版社1998年版,第561页。

点,应在淳祐年间其任番禺知县之时。《番禺县志》所说的侍郎李昴英"为题其首",指的是李昴英为诸葛珏刻书所作的序。检阅李昴英《文溪存稿》,果然有《题诸葛珏北溪中庸大学序》。其文曰:

> 《大学》《中庸》之微旨,朱夫子发挥备矣。北溪翁从之游久,以所得鸣漳泉间。泉之士有志者,相帅延之往教。翁指画口授,不求工于文彩,务切于于理义。诸生随所闻,笔之成帙。诏别驾诸葛君,当时席下士之一也,广其传于梓,嘉与后学。共使之由北溪之流,溯紫阳之源,而窥圣涯。不徒口耳,且必用力于实践,则日希圣希贤,功夫可循循而诣矣。余过曲江,得见所未见,茅塞豁然。尹番禺而始创黉舍者,此诸葛君也,珏其名。淳祐五年三月朔。①

由序可知,其书刊刻时间,是在淳祐五年(1245)。

诸葛珏刊刻之书,还有陈淳的《北溪字义》。陈宓《北溪陈先生字义序》曰:"临漳北溪陈君淳,从文公先生二十余年,得于亲炙,退加研泳,合周、程、张、朱之论而为此书,凡二十有门五,决择精确,贯串浃洽,吾党下学工夫已到,得此书而玩味焉,则上达由斯而进矣。学者往往未见。温陵诸葛珏来莆,一日是书,恨见之晚。归,谋之永嘉赵崇端,锲板以惠同志,俾某为之序云。"②

明　代

洪　富

洪富(1488—1560),字国昌,晋江人,受学于蔡清的门人吴铨、林同。嘉靖八年(1529)进士,官至浙江都转盐运司运使。嘉靖二十一年(1542),刻印宋岳珂撰《鄂国金陀粹编》二十八卷《续编》三十卷。据邵氏《增订四库简明目录标注》卷六著录,此书刊刻地点在两浙转运司。南京图书馆现存原刻本,有清丁丙跋。

乾隆《泉州府志》卷四二载洪氏小传,称其"究心易学,嘉靖壬午举人,己丑进士。富未第时,相严嵩为祭酒,知其文,延为子师。后登政府,富无

①〔宋〕李昴英撰:《李忠简公文溪存稿》卷四,《宋集珍本丛刊》第85册,第462页。
②〔宋〕陈宓:《复斋先生龙图陈公文集》卷一〇,《续修四库全书》第1319册,第357页。文中的"一日是书",当为"一目是书"。

私谒,人以此重之。授刑部主事,历郎中,出守雷州。……为两浙转运使,洗除宿弊,纤毫不染。有巡监御史唐臣微以私意示,或劝之从。富曰:'污其身以媚人,吾不能也……'遇事执法抗议多致柄凿,遂决意归。乡居简出,独坐一室,诗书自娱"①。

事迹又载清李清馥《闽中理学渊源考》卷六五、乾隆《福建通志》卷四五,乾隆《广东通志》卷四一。

郑　普

郑普(1495—1550),字汝德,号海亭。泉州南安人。嘉靖十一年(1532)进士,授无锡知县,治绩显著。《常州府志》对其有"任无锡,政治清明,民不敢欺"②之语。迁南京户部主事,历员外郎,擢云南知府,因父丧未赴。服除,赴铨卒于都下。"无锡人闻之,皆相吊丧。士民走哭,道踵相属,津衢咽塞舟厄,不得行者久之。"③生平事迹,详见明王慎中撰《户部员外郎郑公普墓志铭》,载明焦竑编《焦太史编辑国朝献征录》卷三二;清李清馥《闽中理学渊源考》卷六三等。

明嘉靖十五年(1536),郑普刻印明莫旦撰《大明一统赋》三卷,卷末有"巡抚山东闽人蔡经校定,门人南安郑普刊行,嘉靖丙申菊月识"楷书刊记三行。今北京大学图书馆有存本。北京出版社1997年版《四库禁毁书丛刊》史部第21册中所收《大明一统赋》,即据北京大学藏本影印。据《常州府志》,郑普官无锡知县,任职时间为嘉靖十二年至十七年④,由此可以推断,此本应刊于无锡。其本人的著作则有《海亭集》四卷,见于《四库全书总目》著录⑤。

明何乔远《闽书》载郑普的一段逸事,发生在嘉靖十七年。其时,他从无锡赴任南户部途中。《闽书》曰:"丹阳有陈少阳先生祠,祀宋太学生陈东也。铁铸汪伯彦、黄潜善,赤体跪庭下,长可三四尺,泥苔灭膝,推不可动。嘉靖戊戌(1538),南安郑普以无锡令入为南户部,舟泊祠下,登堂瞻拜毕,守祠者出纸笔求联句。普题云:'一片忠肝,千古纲常可托;荒庭虏膝,平生富贵何为?'二像应笔而仆,头抵阶石,石为断。时张黄门选、黄二守希雍在焉,咸骇异之。"①文中所记嘉靖戊戌年号,恰好为上文所言郑普官无锡知县时间作了一个旁证。

丘养浩

丘养浩(1496—?),又作邱养浩,字以义,号集斋,晋江人。正德十六年(1521)进士,授余姚知县。明嘉靖三年(1524),刻印明王守仁《居夷集》三卷,内容为王守仁谪居黔中时所作诗文。十行二十字,白口,左右双边,板心中缝记卷几,下记叶数。今上海图书馆和国家图书馆有原刊本收藏。卷首有嘉靖甲申夏孟朔丘养浩以义所写叙,末有门人韩柱、徐珊二跋。

丘养浩生平,详见明王慎中《遵岩集》卷一六《丘中丞传》、明赵贞吉《中顺大夫都察院右佥都御史丘公神道碑》、张岳《小山类稿》卷一二《赠丘君以义宰余姚序》、何乔远《闽书》卷八五《丘养浩传》、万历《余姚县志》卷一五《人物志》等。万历《余姚县志》卷一二《官师志》载其任余姚知县,是在正德十六年,继任者宁夏楚书为嘉靖四年始任②。由此可知,明嘉靖三年《居夷集》刻本,其刊印地点应在余姚。

乾隆《泉州府志》卷四二《列传》载:"邱养浩,字以义,号集斋,晋江人。正德丙子(1516)乡荐,辛巳(1521)进士,授余姚知县。才识闲敏,劝学兴士。见赋役多弊,为清版籍,定为横总册。立法均平,胥莫能为奸,民甚宜之。行取,擢监察御史……升按察佥事……为文不规矩古法,才驰气驾,姿态峻发。晚善为诗歌,藻泽腴赡。尤长于奏对、移驳之文。"③丘养浩的著作有《集斋类稿》十八卷。

汪 旦

汪旦(1499—?),字昭仲,晋江人。嘉靖十四年(1535)进士。历官江西金溪县令、吴兴县令、贵州道御史等职。嘉靖十九年(1540),刻印唐陆淳撰《春秋辨疑》十卷。周子美《天一阁藏书经见录》著录云:"前有庆历戊子吴

---

① 〔明〕何乔远:《闽书》卷一五二《蓄德志》,福建人民出版社1995年版,第5册,第4501页。
② 〔明〕沈应文等:(万历)《新修余姚县志》卷一二《官师志》,明万历刻本,日本国立国会图书馆存本,叶11B。
③ 〔清〕黄任等:(乾隆)《泉州府志》卷四二《列传》,上海书店出版社2000年版,第2册,第355—356页。

兴朱临序。首题春秋唳赵二先生集解辨疑卷之几,陆淳纂。……后嘉靖庚
子翰林侍读无锡华察跋:'同年陆给事浚明,得旧本视吴邑令汪君,君慨然
捐俸刻之。汪君名旦,晋江人,嘉靖乙未进士。'嘉靖刻本,三册。"①

　　另据杜信孚《明代版刻综录》卷二,汪旦还于嘉靖四十一年(1562)刻印
宋赵抃撰《赵清献公文集》十卷。并著录称"逐卷后有'浙江衢州府西安县
学训导汪旦刊'一行"②。从上述晋江汪旦的仕履而言,他不太可能在嘉靖
四十一年任此县学训导,故此汪旦应另有他人。

　　汪旦生平,见载于乾隆《泉州府志》卷四七、《晋江县志》卷一一《人物
志》,以及《嘉靖十四年进士登科录》等。其著作有《黄庭经注》《道德经注》
《评选李杜诗》等。

陈　蕙

　　陈蕙(1500—?),字邦馨,明嘉靖间晋江人。嘉靖八年进士。嘉靖十六
年(1537),校刻明刘节编《广文选》六十卷。据《四库全书总目》卷一九二著
录,此本的编刻地点在扬州淮扬书院。有云:"卷末有晋江陈蕙跋,称节旧
本所录凡千七百九十六篇。其中讹字逸简杂出,又文义之甚悖而俚者间在
焉。乃以视鹾之暇,与扬郡守王子松、教授林璧、训导曾辰、李世用共校雠
增损之,刻置淮扬书院。"③卷前有明王廷相、吕柟、刘节三序,序后为《校正
广文选凡例》十二条。末卷后有题"明巡按直隶监察御史晋江陈蕙撰"《重
刻广文选后序》,主要内容已见载于前录《四库全书总目》。行款为半叶十
一行,行二十一字,单鱼尾,白口或细黑口。此书收入《四库存目丛书》第
297—298册,所据底本为首都图书馆藏本。

　　乾隆《泉州府志》卷二四《选举》载:"嘉靖八年(1529)己丑岁洪先榜,陈
蕙,肇庆推官。历升监察御史、湖广副使。"④《明史》载,嘉靖间贾应春以
"开封二府迁陕西副使,河南巡按陈蕙劾其贪滥,谪山东盐运同知,蕙亦坐
贬"⑤云云。

<hr>

①周子美编:《天一阁藏书经见录》卷上,华东师范大学出版社1986年版,第111页。
②杜信孚:《明代版刻综录》卷二,江苏广陵古籍刻印社1983年版,第2册,叶23B。
③〔清〕永瑢等:《四库全书总目》卷一九二,中华书局1965年版,第1744页。
④〔清〕黄任等:(乾隆)《泉州府志》卷三四《选举》,上海书店出版社2000年版,第2册,第156页。
⑤〔清〕张廷玉:《明史》卷二〇二《贾应春传》,中华书局1974年版,第5342页。

何 炯

何炯(1506—1582)，字思默，号怍庵，明晋江人。嘉靖三十三年(1554)贡士，先后任安福训导、靖江教谕。"幼孤家贫，发愤力学，宋儒诸书，无所不窥。尤潜心于《易》，生徒从学者数百人。"①《闽中理学渊源考》卷七五载："(何炯)嘉靖中应贡试内廷，世宗亲擢第一。授安福训导，立教必本忠孝，择周、程、张、朱遗言之切于读书者，刻之学舍，以教生徒。"②此为何氏刻书之始，地点在江西安福学舍。

万历间在泉州，何氏曾编次泉郡先哲之文章为《清源文献》十二卷，书成于万历二十五年(1597)，分为寓贤、溯贤、孕贤、郡贤等 12 门。"凡诗赋杂文，悉加甄录，搜采颇广。"③又"辑王梅溪、真西山二贤守政教题咏为《温陵留墨》……郡太守皆先后梓行之"④。《清源文献》的刊行者为程朝京，《温陵留墨》刊行者为丁一中，分别见本书"程朝京""丁一中"条。

何炯生平，以《何炯暨配林氏墓志铭》⑤所记为详。其中有云："所著有《四书易纪闻》共若干卷，《示儿集》若干卷，藏于家。"⑥

黄 铸

黄铸(1506—?)，字国范，晋江人。嘉靖二十六年(1547)进士，曾任抚州知府、江西副使。嘉靖三十六年(1557)，刻印其师江以达所撰《午坡文集》四卷，半叶十行，行二十字，白口，四周单边。卷末有"嘉靖三十六年丁巳孟秋之吉抚州知府晋江门人"黄铸《识午坡先生文集后》，略云："午坡师已乘化物外，仰其声光而不可得矣。乃相与求师之遗，得其序文诗歌若干篇，若获拱璧……乃谋梓之，而以属余，于今梓成矣。"⑦今南京图书馆有存本，《四库全书存目丛书》集部第 89 册所收书即据此影印。

---

① 〔清〕黄任等：(乾隆)《泉州府志》卷四三《列传》，上海书店出版社 2000 年版，第 2 册，第 396 页。
② 〔清〕李清馥：《闽中理学渊源考》卷七五，《景印文渊阁四库全书》第 460 册，第 721 页。
③ 〔清〕永瑢等：《四库全书总目》卷一九三，中华书局 1965 年版，第 1758 页。
④ 〔清〕黄任等：(乾隆)《泉州府志》卷四三《列传》，上海书店出版社 2000 年版，第 2 册，第 396 页。
⑤ 胡晓伟：《何炯、何乔迁、何乔远三方墓志铭初考》，《闽台文化研究》2016 年第 3 期。
⑥ 胡晓伟：《何炯、何乔迁、何乔远三方墓志铭初考》，《闽台文化研究》2016 年第 3 期。
⑦ 〔明〕黄铸：《识午坡先生文集后》，《午坡文集》卷末，《四库全书存目丛书》集部第 89 册，第
   147 页。

《晋江县志》卷八《选举志》载:"(黄铸)嘉靖二十六年丁未李春榜(进士),抚州知府,历官江西副使。"①《明代科举与文学编年》载:"明世宗嘉靖二十六年丁未,黄铸,贯福建泉州府晋江县,军籍,县学生,治《易经》。字国范,行十二,年四十二,五月十八日生。曾祖云清。祖从和。父璘。母吴氏。永感下。兄铼,弟铠、钥、钰。娶龚氏。福建乡试第三十四名,会试第二百五名。"②

清光绪《抚州府志》载:"黄铸,晋江人。刑部郎中。(嘉靖)三十三年升任。"续任者陈元琰三十八年任③。由此可知,黄铸于嘉靖三十六年刻印《午坡文集》,地点在抚州。

蔡克廉

蔡克廉(1511—1560),字道卿,号可泉,晋江县人。嘉靖八年(1529)进士,历官户部主事、广德州同知、广东提学副使、江西按察使、南京户部尚书等职。嘉靖二十九年(1550),在江西按察使任上,受巡按曹忭委托,刻印明王慎中撰《玩芳堂摘稿》四卷,十行二十字,白口,四周双边。今上海图书馆、天津图书馆和国家图书馆均有原刊本收藏。《四库全书存目丛书》集部第88册所收《玩芳堂摘稿》,即据天津图书馆存本影印。卷前有河南道监察御史江陵曹忭《刻玩芳堂摘稿序》,云:"庚戌之岁,余按江右,政暇搜取箧中所携王集,玩而读之。适廉宪蔡道卿至,辄以授之校刻。兹刻成,属余序……"④

乾隆《泉州府志》卷四七载蔡克廉事迹,誉其"纯明温粹。在泉,与梁怀仁、王慎中并少年科第,以文相砥;出,与唐顺之、罗洪先、邹守益诸公往复讨论,卓然有志于道。在官当事,颖识敏裁,处繁应卒,游刃有余。宾客谈论,拓旧为新,推小至大,阐微极著。"⑤蔡克廉的著作有《蔡可泉集》十五卷,《四库全书总目》卷一七七著录。

蔡克廉事迹,又见载于乾隆《福建通志》卷四五、乾隆《广东通志》卷四〇。

①〔清〕方鼎、朱升元等:(乾隆)《晋江县志》卷八《选举志》,台北成文出版社1967年版,第180页。
②陈文新主编:《明代科举与文学编年》(中),武汉大学出版社2009年版,第2105页。
③〔清〕许应鑅等:(光绪)《抚州府志》卷三五《职官志》,台北成文出版社1975年版,第584页。
④〔明〕曹忭:《刻玩芳堂摘稿序》,《玩芳堂摘稿》卷首,《四库全书存目丛书》集部第88册,第604页。
⑤〔清〕黄任等:(乾隆)《泉州府志》卷四七《循绩》,上海书店出版社2000年,第2册,第536页。

洪朝选

洪朝选（1516—1582），字舜臣，一字汝尹，号芳洲、静庵，泉州同安人。嘉靖二十年（1541）进士，初任户部主事；复从学于唐顺之、王慎中，起为南吏部郎，历四川督学、太仆少卿、副都御史巡抚山东等职。有治绩，入为刑部左侍郎，因忤逆宰执之意被罢归。

万历间，福建巡抚劳堪为讨好权臣，罗织洪朝选罪名，逮之下狱，授意狱卒以沙袋将其闷杀，制造天下奇冤。洪朝选传载《闽书》卷九一、《闽中理学渊源考》卷六三、乾隆《福建通志》卷四五、乾隆《泉州府志》卷四三《列传》。明林士章为之撰《通议大夫刑部左侍郎静庵先生洪公朝选志铭》[①]。其著作有《洪芳洲文集》十一卷，今存清光绪十八年（1892）同安洪氏家刻本；《洪芳洲先生归田稿》三卷《奏疏》一卷《读礼稿》不分卷，明刊本，今中国科学院图书馆存。

嘉靖三十一年（1552），洪朝选在任南京吏部稽勋司郎中期间，在句吴书院编次、刊印王慎中《王遵岩家居集》七卷。卷内题："南京吏部稽勋司郎中同安洪朝选编次，礼部主客司郎中弟惟中校正。"卷首有毗陵华云本年所作序。今上海图书馆、重庆图书馆有存本。嘉靖四十一年（1562），又刻印明孔天胤撰《孔文谷诗集》四卷《文谷渔嬉集稿》二十卷。今北京大学图书馆和国家图书馆所存为嘉靖四十一年刻万历间续刻本[②]。本书撰者孔天胤，字汝锡，汾州人。嘉靖十一年（1532）进士，官浙江右布政使。隆庆五年（1571），洪朝选又在苏州刻印明王慎中撰《遵岩先生文集》二十五卷，行格十行二十字，四周单边，版心白口，单鱼尾。今台北"国家"图书馆存。

史朝富

史朝富（1517—1606），字节之，号体斋，晋江县人。嘉靖三十二年（1553）进士。知永康、六合二县，入为南京兵部郎，官终永州知府。明嘉靖间刻印宋陈亮撰《龙川先生文集》三十卷，题"晋江后学史朝富编刻，惠安后

---

①〔明〕焦竑编：《焦太史编辑国朝献征录》卷四七，《续修四库全书》史部第 527 册，第 445—447 页。
②中国古籍善本书目编委会：《中国古籍善本书目》集部卷二六，上海古籍出版社 1998 年版，第 677 页。

学徐鉴校正",十行二十二字,白口,左右双边。今上海图书馆、南京图书馆、国家图书馆和台北故宫博物院等存原刊本。

乾隆《泉州府志》载史朝富小传,称其在"嘉靖丁酉(1537)年二十一,与其兄朝宜同举于乡。……癸丑复与兄并第进士,授永康令。……丁内艰,起除六合。平易近民。……出知永州府,立法兴制,考古右文。……在郡三载,纲举目修。间为诸生谈说经艺,士争向学。……归而论学歌诗,考正《大学》古本,年九十卒。"①《永康县志》卷五载:"史朝富,字节之,晋江人。以嘉靖辛丑进士来知县事。守正不阿,有材干胆识,以民安为事。"②据同卷《职官列表》,史朝富为嘉靖间倒数第三位任永康知县者,故其刊刻《龙川先生文集》应在嘉靖末,地点就在永康。这大概与此书作者陈亮系南宋本邑先贤有关。

史朝富在永州知府任上,曾编撰隆庆《永州府志》十七卷,书成于隆庆四年(1570),见《四库全书总目》卷七四著录。今国家图书馆存明隆庆五年刻本,收入《四库存目丛书》第201册。其著作还有《考正大学古本》一卷,见《千顷堂书目》卷二著录。

陈荣选

陈荣选(1536—1599),字克举,号鳌海,泉州同安人。万历四年(1576)举人,官广东儋州别户。清狱讼,劝农桑。建饮恤堂于苏东坡"载酒堂"旁,率士子讲学其中。后升为广州同知。"历官州牧府佐,一转一退,父老并屏城遏装,遮道泣留,儋广人皆祀之。……居恒手不释卷,车途客舍莫不挟册自随。所著有《易四书旨》《礼记集注》《南华经道德经注解》。"③《千顷堂书目》卷二载:"陈荣选《礼记集注》,同安人,字克举。万历丙子乡贡士,历知剑、儋二州,升广州府同知。以矿税事起,弃官归。"④所著《南华经句解》四卷,今有清刊本存世。事迹别载于《闽书》卷九一《英旧志》,而以何乔远《镜山全集》卷六六《陈郡丞公墓表》所载为详。

①〔清〕黄任等:(乾隆)《泉州府志》卷四八《循绩》,上海书店出版社2000年版,第2册,第540—541页。
②〔清〕李汝为、潘树棠等:(光绪)《永康县志》卷五《职官》,台北成文出版社1970年版,第242页。文中的"辛丑",当为"癸丑"。
③〔清〕黄任等:(乾隆)《泉州府志》卷四九《循绩》,上海书店出版社2000年版,第2册,第595页。
④〔清〕黄虞稷撰,瞿凤起、潘景郑整理:《千顷堂书目》卷二,上海古籍出版社2001年版,第40页。

万历二十三年（1595），陈荣选在儋州编选并刊刻宋苏轼撰《宋苏文忠公居儋录》五卷。所选内容，为苏轼在儋州的言行、作品和相关的古迹简介等。今国家图书馆存万历二十三年陈荣选刻、清顺治十八年（1661）王昌嗣重修本，版式为十行二十字，白口，四周双边。

蔡贵易

蔡贵易（1538—1597），字尔通，又字道生，号萧兼，泉州同安人。嘉靖四十三年（1564）举人，隆庆二年（1568）进士，历官江都令、崇德知县，迁南京户部陕西司主事，出知宁波府。为人"恬退寡援，挺立独行。易箦之日，囊稿萧然。苏浚颜其堂曰'清白'。宁郡、崇邑皆祀名宦。"①传载乾隆《同安县志》卷二一《循绩》、雍正《宁波府志》卷一六《秩官》、乾隆《鄞县志》卷一一《名宦》。

万历十五年（1587），蔡贵易曾刻印明沈一贯撰《老子通》二卷、《读老概辨》一卷、《庄子通》十卷、《读庄概辨》一卷。十行二十字，白口，四周双边，今国家图书馆存。作者沈一贯（1531—1615），字肩吾，与蔡贵易为同科进士，万历间累仕户部尚书、武英殿大学士，宁波鄞县人。以其时蔡贵易正好在宁波知府任上推断②，以上这几种书的刊刻地点，应是在宁波。

郭惟贤

郭惟贤（1548—1606），字哲卿，初号希宇，晚更号愚庵，卒谥恭定，泉州晋江人。明隆庆四年（1570）举人，万历二年（1574）进士。历官清江知县、南京河南道御史、南户部陕西司主事，以右金都御史巡抚湖广楚等。万历十一年（1583），与汪应蛟等合刻明陈献章撰、唐伯元辑《白沙先生文编》六卷、明王弘海撰《年谱》一卷。今国内北京大学图书馆、上海图书馆等十几家图书馆有原刊本收藏③。十行二十一字，小字双行同，白口，花鱼尾，无直格，左右双边。每卷卷端题"后学澄海唐伯元编次，广安姜召、休宁范涞、

---

① 〔清〕黄任等：（乾隆）《泉州府志》卷四三《列传》，上海书店出版社2000年版，第2册，第403页。
② 刘尚恒《新见明万历天一阁书目考述》录范大冲写于万历十五年丁亥（1587）跋文，文中提到蔡氏云："适承闽中肖翁蔡太公（按：即蔡贵易）祖命命云：'当付之剞劂，以广其传，人子之事也，亦人子之心也。'冲也敢不敬奉，遂诠次篇目而梓之，庶字内贤达览者，知先君积累捃拾之勤，而子子孙孙亦因知祖上存蓄之不易，将殚力而世守之，无坠云尔。刻成，时万历丁亥岁午月午日，不肖孤光禄寺署丞大冲泣血百拜谨书。"载天津古籍出版社2013年版，第232页。
③ 中国古籍善本书目编委会：《中国古籍善本书目》集部卷二六，上海古籍出版社1998年版，第582页。

孟津王价、温陵郭惟贤、婺源汪应蛟校梓”。唐伯元(1540—1598),字仁卿,号曙台,澄海(今属广东汕头)人,官至南京户部郎中。姜召(1543—?),字可叔,广安州(今属重庆)人,钱塘令。范涞(1543—?),字原易,明直隶休宁人,历官浙江按察使、福建右布政使。王价(1542—?),字藩甫,明河南孟津人,官至广平推官。汪应蛟(1550—1628),字潜夫,明直隶婺源人,历官南京兵部主事、南京礼部郎中。这几位编次、校梓之人,有一共同之处,即与郭惟贤均为万历二年同科进士。此书卷首王弘诲序云:“总其集,中撮其有关于问学之大者,得诗与文若干,共为六卷,稍次第之,题曰《文编》,而增补《年谱》其后。乃侍御晋江郭君、计部广安姜君、休宁范君、孟津王君、仪部婺源汪君则共捐资,以付工人,阅两月讫工。”①郭惟贤所撰《曙台唐公墓志铭》则称其在白下(南京)与唐伯元“公暇同辑《白沙文编》《二程类语》”②。由序可知,此书乃几位同科进士共同捐赀所刊的“官员刻本”;由《墓志铭》则可知,刻书地点应在南京。

另据杜信孚《明代版刻综录》卷四著录,郭氏于万历十三年(1585),又刻印明唐伯元辑《二陈先生类语》六卷③。按,“二陈”疑笔误,应为“二程”,“六卷”应为“八卷”。此书今日本东京大学东洋文化研究所有存本④。据乾隆《泉州府志》卷四三所载郭惟贤事迹,在楚地,郭惟贤刻印宋儒周敦颐和二程之文为《三儒集》,刻印屈原、诸葛亮、岳飞之文为《三忠集》,“以风示楚人”⑤。其所编刻《三忠集》十四卷,《四库全书总目》著录曰:“是集乃惟贤官湖广巡抚所编。前有万历甲午自序,谓屈原称归人,孔明南阳人,岳忠武虽起家汤阴而封鄂王,苗裔迄今犹在武黄间,均以楚称,故合为一编。于《离骚》取朱子注,编为七卷;于《武侯集》兼取《将苑》《心书》及杂文,编为三卷;于《忠武集》则取《金陀粹编》中《家集》十卷,汰其大半,编为四卷。”⑥由此著录,此本当刻印于甲午(1594)。馆臣对此书评价不高,认为“其大篇关

①〔明〕王弘诲:《白沙先生文编序》,《白沙先生文编》卷首,万历十一年(1583)郭惟贤等刻本,叶3A。
②〔明〕郭惟贤:《明故奉政大夫吏部文选司郎中曙台唐公墓志铭》,〔明〕唐伯元撰,朱鸿林点校:《醉经楼集》续附刻,中华书局2014年版,第220页。
③杜信孚:《明代版刻综录》卷四,江苏广陵古籍刻印社1983年版,第4册,叶36A。
④严绍璗编著:《日藏汉籍善本书录》子部,中华书局2007年版,第719页。
⑤〔清〕黄任等:(乾隆)《泉州府志》卷四三《列传》,上海书店出版社2000年版,第2册,第413页。
⑥〔清〕永瑢等:《四库全书总目》卷一九三,中华书局1965年版,第1754页。

一时兴亡得丧者，多不见采。于三贤事状文章俱无可证核。惟贤一代名臣，此编则未为精善，盖一时书帕本也"①。郭惟贤所著有《三台谏草》，叶向高为之序而行之。

郭氏生平，详见《明史》卷二二七本传。

黄克缵·吴尧弼

黄克缵（1550—1634），字绍夫，号钟梅，泉州晋江人。明万历八年（1580）进士，历官安徽寿州知州、刑部员外郎、山东左布政使、兵部尚书、刑部尚书等职。万历十一年（1583），在寿州知州任上，重修嘉靖九年（1530）王銮所刻汉刘安撰《淮南子》二十八卷，今上海图书馆、南京图书馆等有存本。万历二十二年（1594），在四川提学副使任上，其与四川按察司佥事吴尧弼合刻明吴礼嘉撰《西巡草》一卷，今国家图书馆存原刊本。吴尧弼（1552—？），字宗舜，闽县人，万历五年（1577）以云南鹤庆籍考中进士，故此刻本署名为"昆明吴尧弼校梓"②。

万历间，黄克缵在山东聊城刻印明惠安黄克晦（孔昭）著《吾野诗集》六卷，并为此书作序。其书原本今已不存，现有黄克缵裔孙黄隆恩于清乾隆二十五年（1760）所重刊五卷本，今泉州市图书馆和福建省图书馆有存本。《四库全书总目》著录本，为康熙四十一年（1702）黄克晦五世孙黄象潜重刊本。其中有云："其诗有《金陵游稿》《匡庐集》《北游草》《金台诗》《宛城集》《五羊草》《西山唱和编》《观风录》等，凡四十卷。其《金陵稿》则张仲立刊之；《西山唱和编》则李于美刊之；《金台诗》则林登卿刊之。没后二年，同里黄克缵复刻其遗诗六卷于聊城。"③

黄克缵的著作有《杞忧疏稿》《性理集解》《春秋辑要》《数马集》等。他又于任山东巡抚时撰《古今疏治黄河全书》四卷，《四库全书总目》卷七五著录。万历四十六年（1618），他与上党卫一凤（伯瑞）编纂并刊刻《全唐风雅》十二卷《姓字》一卷，见王重民先生《中国善本书提要》著录。王先生认为：

---

① 〔清〕永瑢等：《四库全书总目》卷一九三，中华书局 1965 年版，第 1754 页。

② 清郝玉麟等修纂的乾隆《福建通志》卷三六《选举》在"万历五年闽县进士"条下有其名，称"云南鹤庆籍，贵州佥事"。载《景印文渊阁四库全书》第 529 册，第 126 页。雍正《四川通志》卷三〇《职官》"四川按察司佥事"条下则称其为"吴尧弼，闽县进士"。载《景印文渊阁四库全书》第 560 册，第 632 页。

③ 〔清〕永瑢等：《四库全书总目》卷一八〇，中华书局 1965 年版，第 1626 页。

"是书当为克缵、一凤同官山东时所选取,就高棅、李攀龙二家选本增损而成。"①卷前题"温陵黄克缵绍夫、上党卫一凤伯瑞同选,温陵门人黄伯羽、蔡复茂校正,男道敬、道爵编次。"卷首有黄克缵《刻全唐风雅序》、董应举《唐诗风雅序》。董序称,吾乡司马黄公,于"军务之暇,吟讽斟酌,亲为裁定,于高、李之选,各有删除,而增其所漏者十之六七。以唐无盛际,而唐诗之盛亦时见于初、中之间,不得专称,遂去盛而以初、中、晚为号。大约于全唐之作,取其温柔,不取其怒张;取其敦厚,不取其佻薄;尽芟正宗、羽翼之说,惟雅是归。其间雄浑、高古、渊沉、幽怆、顿挫、盛艳、冲淡、婉约、劲挺无不毕备,较之高、李犹为多寡适均,而精当过之"②。

黄克缵生平,见载于《明史》卷二五六、乾隆《泉州府志》卷四三、光绪《重修安徽通志》卷一四七等。

黄居中

黄居中(1562—1644),字明立,号海鹤,晋江人,寓居金陵。万历十三年(1585)举人。明末著名藏书家,其藏书处名千顷斋。每得未见书,他必手自校录缮写,至老不倦,藏书达六万多卷。

明崇祯五年(1632),黄居中与邵捷春同刻闽县徐㶿撰《徐氏笔精》八卷续二卷,今国家图书馆存。清钱谦益《列朝诗集小传》载其事迹云:"居中,字明立,晋江人。中万历乙酉乡试,与李解元光缙齐名,皆老于公车,海内惜之。明立专勤汲古,得异书,必手自缮写。自上海教谕,迁南国子监丞,遂侨居金陵。年八十余,犹篝灯诵读,达旦不倦,古称老而好学,斯无愧焉。"③黄居中事迹,另见乾隆《泉州府志》卷五四本传。其次子黄虞稷,清初著名藏书家、目录学家。

同刻者邵捷春,侯官人。《明史》卷二六〇有传。其刻书事迹,详参本书"邵捷春"条。

张维枢

张维枢(1563—1630),字子环,号贤中,一作元中,晋江人。万历二十

①王重民:《中国善本书提要》集部,上海古籍出版社1983年版,第462页。
②陈伯海:《历代唐诗论评选》,河北大学出版社2003年版,第557页。
③〔清〕钱谦益:《列朝诗集小传》丁集《黄监丞居中》,上海古籍出版社1983年版,第471页。

六年（1598）进士。历官府县，官至陕西巡抚，有治绩。乾隆《泉州府志》卷四四称："授孝乌令，荡涤烦苛，留心抚字。……丙午，典试粤东，文为纸贵，隽者多名贤。出知湖州府，滞案风扫。……超擢陕西巡抚，振废、举坠、务安。……年六十七卒。所著有《澹然斋文集》《诗集》《易测语类》《致知格物说》诸集。"①按，其文集应名《澹然斋小草》，十二卷，今存明万历刻本，北京大学图书馆和南京图书馆有存本。

　　万历三十二年（1604），张维枢曾刻印明王祎撰《王忠文公文集》二十四卷、明王绅撰《继志斋文稿》二卷、明王稌撰《王瞆斋诗稿》一卷、明王汶撰《王齐山稿》一卷，行格为十行二十字，左右双边，版心白口，单鱼尾。卷前题"鄱阳三台刘杰编，庐陵铜溪刘同校，温陵子环张维枢重选"，卷首有署"万历甲辰孟冬朔日温陵后学张维枢书于恬澹斋"序，署"温陵后学张维枢谨撰"的《学士忠文王公传》。《四库全书》所收此书即以此为底本著录。清丁丙《善本书室藏书志》卷三五著录云："此本乃万历甲辰温陵张惟枢重锓，自为序为传，并刻吴宽撰祠记，李默撰祠墓记。而附其子国子博士王坤《继志斋文稿》二卷、王稌《瞆斋诗稿》、王汶《齐山文稿》各一卷。"②今北京大学图书馆、清华大学图书馆、中央党校图书馆、中山大学图书馆等存原刊本。该书收入《明别集丛刊》第1辑第12册。

　　同年，他又刻元黄溍撰《黄文献集》十卷。《四库全书总目》著录："卷首题'虞守愚、张俭同校'一行，又题'温陵张维枢重选，会稽王廷曾补订'一行，则二人又有所窜易，并非俭所刻之本。卷数不同，有自来矣。明人诞妄，凡古书经一刊刻，必遭一涂改。数变之后，遂失其真，盖往往如此。然有所私损，未必有所私益。虽残缺不完，尚可见溍之崖略也。"③

　　万历四十年（1612），刻印明朱长春撰《管子榷》二十四卷，九行十九字，小字双行同，白口，左右双边。前有朱长春自序，以及题"万历壬子上冬吴兴太守闽张维枢子环甫"序。吴兴，是湖州别称。吴兴太守，即《泉州府志》所说张维枢"出知湖州"，即任湖州知府。由此可知，此本刊刻于湖州。此书今国家图书馆有存，收入《续修四库全书》第970册。

―――――――――――――

①〔清〕黄任等：(乾隆)《泉州府志》卷四四《列传》，上海书店出版社2000年版，第2册，第452—453页。
②〔清〕丁丙：《善本书室藏书志》卷三五，《续修四库全书》第927册，第585页。引文中"张惟枢"，当作"张维枢"。
③〔清〕永瑢等：《四库全书总目》卷一六七，中华书局1965年版，第1443页。

上文所引《泉州府志》所说"孝乌令",指的是张维枢任浙江义乌知县。《义乌县志》载:"张维枢,字子环,号元中,福建晋江人。由万历戊戌进士二十七年任乌六载。清净宁一,不为赫赫可喜之功。于钓鱼岩建一浮图五级镇水口,始庚子,成于壬寅,后崇祯庚辰熊侯人霖以'龙光'名之。……重刊《黄文献公潽集》《王文忠公袆集》。以治行高等召入为刑部主事,士民祠之。"①由此可知,《黄文献公潽集》《王忠文公文集》,都是张维枢在义乌知县任上所刊,以黄潽、王袆二人,均义乌的先贤之故。

张维枢事迹,又见载于乾隆《福建通志》卷四五。

吕图南

吕图南(1570—1642),字尔抟,号天池。南安人,居晋江。万历二十六年(1598)进士,历官中书舍人、礼部主事。万历三十一年(1603)出任广东主考官,迁浙江道御史,复巡按广西、浙江。泰昌初(1620),起南京通政司右参议,旋改南京户部侍郎总督粮储。是时江宁饥,军士聚众闹事。他上疏乞留漕粮三十万,又截三关税银七万,不待旨下即急急下发,"奋然以身家易数十万军民生命,用是忤旨归家。居十余年,筑白衣洋、清洋陂二水利,乡人赖之。岁时闭影斋居,轶宕书史,与修武荣、清溪二邑志。图南善书法,与张瑞图相伯仲……卒年七十二。所著有《周易四书辑说》《璧观堂文集》数十卷行于世。"②

万历三十八年(1610),吕图南曾在桂林刻印唐柳宗元撰、宋廖莹中校《河东先生集》四十五卷《外集》二卷《龙城录》二卷《附录》二卷《传》一卷,今国家图书馆存。九行十七字,夹注双行字数同,四周双边,版心白口,双鱼尾。唐宋人旧序之外,卷前还有落款为"庚戌夏孟清源吕图南书于桂林之冰玉公署"的《刻柳子厚全集序》。

蔡宗润

蔡宗润(生卒年未详),字克昌,号东洛,明晋江人。蔡清门人,嘉靖四年(1525)举人。明朱衡《道南源委》卷六载曰:"蔡公宗润……好学力古,终

①〔清〕诸自谷、程瑜等:(嘉庆)《义乌县志》卷九《宦绩》,台北成文出版社1970年版,第224页。
②〔清〕黄任等:(乾隆)《泉州府志》卷四四《列传》,上海书店出版社2000年版,第2册,第454页。

日俨肃。从蔡虚斋受易，学者师之。领嘉靖四年乡举。除余杭令，节约里甲，劝民孝弟力田。刊《四书讲章》《易学正言》以教士子。历建昌通判。乞休，家无担石，充然自得。监司守令，造庐请见，间或一接，终不报谢。"①所刊之书，亦见载于乾隆《福建通志》卷三八，文中同样未说明白蔡氏刊书是在何时。据《余杭县志》卷二〇《职官表》载，蔡宗润官余杭令，是在嘉靖二十三年至二十六年（1544—1547）②，此即其刻印自著《四书讲章》《易学正言》等书的时间。乾隆《泉州府志》卷四二蔡宗润小传载，其著名门人有黄光升、蔡克廉、梁怀仁、傅夏器等。

蔡宗润生平，又见载于嘉庆《余杭县志》卷二一《名宦传》③。文中赞其"恤民礼士，宽而有制"。当时因遭受连年灾荒，粮食歉收，但部使者却罔顾灾情，催科日急，蔡宗润挺身为民请命，被免职查办。县民上千人泣送，为之立去思碑。田汝成有《余杭县令东洛蔡侯去思碑》一文，专记此事，文载嘉庆《余杭县志》蔡宗润传后。

李　墀

李墀（生卒年未详），字献忠，号筼溪，晋江人。蔡清门人。正德三年（1508）进士，官终四川按察司金事。正德十五年（1520），刻印蔡清《虚斋蔡先生四书蒙引初稿》十五卷，为此书现存最早刊本。《增订四库简明目录标注》卷四"四书蒙引"条下载："初稿十四卷，蔡氏门人李墀刊本。"按，著录的卷数有误④，应为十五卷。据《中国古籍善本书目》经部，此书国内现仅宁波天一阁存残帙十三卷⑤。

道光《晋江县志》载："李墀，字献忠。正德戊辰进士，官终金事。王慎中为文祭之，极称其学而善其政。"⑥王慎中祭文曰："肆公之学，钩深探赜；孔孟微言，羲文奥画。宿师积疑，涣然冰释；虚斋先正，教人以《易》。公蚤入门，遂参所得；师承原本，文有法式。师所著书，公广其刻；传于西人，施

---

①〔明〕朱衡：《道南源委》卷六，《丛书集成初编》第 3345 册，第 151 页。

②〔清〕张吉安等：（嘉庆）《余杭县志》卷二〇《职官表》，台北成文出版社 1970 年版，第 270 页。

③〔清〕张吉安等：（嘉庆）《余杭县志》卷二一《名宦传》，台北成文出版社 1970 年版，第 291 页。

④〔清〕邵懿辰撰，邵章续录：《增订四库简明目录标注》卷四，上海古籍出版社 1979 年版，第147 页。

⑤中国古籍善本书目编委会：《中国古籍善本书目》经部卷三，上海古籍出版社 1998 年版，第 330 页。

⑥〔清〕周学曾等：（道光）《晋江县志》卷四二《人物志》，福建人民出版社 1990 年版，第 1174 页。

及遐侧。"①

明嘉靖六年林希元刻本《四书蒙引》中林序云："虚斋蔡子《四书说》十五卷，坊间有旧刻，其徒李子亦刻之蜀。林子病其荒乱弗理也，取而更订之；病其缺逸弗备也，取而补完之。"②结合上文所引王慎中"师所著书，公广其刻，传于西人"诸语，则此书的刊行地点应在四川。正德间，李墀正官四川按察司佥事③。

李墀事迹，又载《闽中理学渊源考》卷五九。

苏宇庶

苏宇庶（生卒年未详），字嗣谐，一作士谐，号眉源，晋江人。万历二十年（1592）进士。历官旌德县令、保定县令、应天府通判、刑部主事。出为抚州知府，兴学，救荒。后改官南昌府，转广东副使，卒于官。

万历二十六年（1598），苏宇庶在旌德县令任上，于县署之四知堂编纂并刊刻《旌德县志》十卷，今南京图书馆存。万历四十年（1612），在抚州知府任上，刻印郡先贤元代理学家吴澄撰《临川吴文正公集》四十九卷，今大连市图书馆、苏州图书馆存原刊本。

苏宇庶生平，见载于《闽书》卷八七《英旧志》、乾隆《晋江县志》卷一〇、乾隆《泉州府志》卷四九、雍正《畿辅通志》卷六八、光绪《安徽通志》卷一四三。雍正《江西通志》卷六二载："苏宇庶，晋江人。万历进士，知抚州府。兴学课士，设法救荒，清寺田，筑文昌桥，禁革旧税，以最闻调繁南昌。"④

王明嶅

王明嶅（生卒年未详），字懋艮，晋江人。万历七年（1579）举人，曾任当涂县学教谕、宁波通判。事迹载于道光《晋江县志》卷四三，称其官当涂教谕时，"御史委选观风试文，独赏朱兰嵎，公谓当魁天下，后果验。新守送新生入学，令学博受拜堂下。抗言曰：'堂下岂师席乎？'引席堂上，守衔之。

---

① 〔明〕王慎中：《遵岩集》卷一九《祭李筠溪先生文》，《景印文渊阁四库全书》第 1274 册，第 480 页。

② 沈津：《美国哈佛大学哈佛燕京图书馆中文善本书志》，上海辞书出版社 1999 年版，第 53 页。

③ 〔清〕黄廷桂、张晋生等：（雍正）《四川通志》卷三〇《职官》，《景印文渊阁四库全书》第 560 册，第 629 页。

④ 〔清〕高其倬、谢旻等：（雍正）《江西通志》卷六二《名宦》，《景印文渊阁四库全书》第 515 册，第 177 页。

擢仙居令,饮冰茹蘖。会太平守挟前憾欲劾,以计典观察使蔡公扬言曰:'此廉能吏也,安有人砥操于县官,而失脚于学博乎?'移宁波通判,寻告归"[1]。乾隆《浙江通志》卷一五四《名宦》所载其事迹与此略同。

王明嶅曾编选并刻印《四六丛珠汇选》十卷。《四库全书总目》卷一九三著录云:"宋叶适所编《四六丛珠》凡四十卷,见于《千顷堂书目》,明时钞本尚存。明嶅病其繁冗,因别为选录刊行。所分大目十一,子目数百,皆仍叶氏之旧。然适原书所采,多录全文,今散见《永乐大典》中者,尚可考见其体例。明嶅乃随意刊削,仅存摘句。又不列标题,不著撰人名氏,一仿坊刻表联活套之式。割裂破碎,遂致尽失其本来,亦可谓不善变矣。"[2]按,四库馆臣对王明嶅的批评无疑是正确的,但将《四六丛珠》原编者误为宋人叶适,则有张冠李戴之嫌。清黄虞稷所编《千顷堂书目》著录此书,仅列书名《四六丛珠》四十卷,而未署编者之名[3]。《四六丛珠》一书,全称《圣宋名贤四六丛珠》,原为一百卷。原编者系宋建阳叶棻而非叶适,近代文献学大家傅增湘先生于此书有详细著录[4]。

按,《四库全书总目》著录此书凡二见,卷一九三即上文所录将此本归为集部书,卷一三七又将此归为类书。著录云:"旧本题当涂学官晋江王明嶅、繁昌教谕黄金玺同校选。不著时代,前有明嶅序,称宋季叶氏采当代名家汇集成编,名曰《四六丛珠》,分门数百,成帙累千云云。则即宋人《四六丛珠》旧本而为之摘录者也。"[5]由此可知,此本为王明嶅官当涂时所编刊。

翁尧英

翁尧英(生卒年未详),字熙采,号海门,晋江人。嘉靖十九年(1540)举人,授广西怀集县令。怀集地处两广之交,属少数民族聚居之地。翁尧英"以德教易其俗,刻《忠》《孝》二经播之。……迁南户部广西司员外郎。奉母归。……杜门谢嚣,日与诸名公结社赋诗。于诸史百家靡所不窥,尤潜

---

①〔清〕周学曾等:(道光)《晋江县志》卷四三《人物志》,福建人民出版社 1990 年版,第 1190 页。

②〔清〕永瑢等:《四库全书总目》卷一九三,中华书局 1965 年版,第 1755 页。

③〔清〕黄虞稷撰,瞿凤起、潘景政整理:《千顷堂书目》卷三一,上海古籍出版社 2001 年版,第 763 页。

④傅增湘:《藏园群书题记》卷一八《明钞四六丛珠跋》,上海古籍出版社 1989 年版,第 926—927 页。

⑤〔清〕永瑢等:《四库全书总目》卷一三七,中华书局 1965 年版,第 1165 页。

心《易传》《太传》诸书。"①《粤西文载》称其"嘉靖三十六年知怀集县,葺学宫,勤课士而举子较多;修桥梁,塞陂堰而民利益倍。升北京太仆寺丞。"②

翁尧英的著作有《易传节解》《太极图说》《忠孝经释》《圣谕教民歌》《诗文论稿》等。生平以清李清馥《闽中理学渊源考》卷七五《户部翁海门先生尧英传》为详。

杨瞿崍

杨瞿崍(生卒年未详),原名载篝,字稚实,号商澹,晋江人。万历三十五年(1607)进士,授户部主事。奉命榷税临清关,因上疏请蠲税,"陈商民交困之本源,新旧关制之利害。列状以闻,缠缠数千言,而卒归罢"③。后复起,历官按察司佥事督学粤东、按察司副使提督江西学政。万历间,曾编辑并刊刻《岭南文献轨范补遗》六卷,卷前有其自撰《补刻岭南文献序》。今国家图书馆和广东中山图书馆存,收入《四库全书存目丛书》集部第335册。《四库全书总目》卷一九三著录云:"先是,广东提学张邦翼撰《岭南文献》三十二卷。瞿崍为提学,复辑是书。自序谓张刻详于人,补则详于事理。……盖与张本同为采选岭南之文,而用意则各有在也。"④

天启间,杨瞿崍又刻印明钱继登辑《经世环应编》八卷,今中国科学院图书馆存,收入《四库全书存目丛书》子部第144册。卷首有落款为"温陵友弟杨瞿崍顿首拜撰"的《经世环应编序》,以及钱继登《环应编引》。

据乾隆《泉州府志》所载,杨瞿崍晚年"杜门著述,丹策自娱。复至三山构藏书之室。谭诗说经,刊刷鲁鱼,终日靡倦,尤精于《易》。当事屡荐,刿辞不赴,遂卒于三山,其子舁榇归葬焉。所著有《疑蘽易说》《四书疑说》《五经疑笠》《栖霞疑测》《栖霞全集》《续集》《西方疑净》《明文翼统》《岭南义献》。"⑤据此传所载,杨瞿崍所刻图书,当又不止《岭南文献轨范补遗》和《经世环应编》两种。所编《明文翼统》四十卷,见《千顷堂书目》所载;所著《易林疑说》,见《四库全书总目》卷八著录。

---

①〔清〕黄任等:(乾隆)《泉州府志》卷四八《循绩》,上海书店出版社2000年版,第2册,第545—546页。
②〔清〕汪森编:《粤西文载》卷六六《名宦》,《景印文渊阁四库全书》第1467册,第119页。
③〔清〕黄任等:(乾隆)《泉州府志》卷四四《列传》,上海书店出版社2000年版,第2册,第457页。
④〔清〕永瑢等:《四库全书总目》卷一九三,中华书局1965年版,第1758页。
⑤〔清〕黄任等:(乾隆)《泉州府志》卷四四《列传》,上海书店出版社2000年版,第2册,第457页。

叶明元

叶明元(生卒年未详),字可明,或作可鸣,号星洲,泉州同安人。隆庆二年(1568)进士。万历元年(1573)知石埭县(今安徽石埭)。万历十一年(1583)升任江西南安知府。此前,地处府治附郭的大庾县学和道源书院于万历初被毁,叶明元任知府后,上疏请修复大庾县学和书院。"诏下抚按,竟得如请。性喜文学,以经术饰吏治。尝选《国语钞评》《批点檀弓》刻于郡斋,以惠诸士。"①此"郡斋",指的是南安府学,即为此二书的刊刻地点。万历十七年,叶明元升迁贵州按察使,官至广西参政,以劳卒于官。

其事迹又载乾隆《江南通志》卷一〇七、雍正《江西通志》卷六五、乾隆《福建通志》卷四五等。

清 代

黄虞稷

黄虞稷(1629—1691),字俞邰,号楮园,晋江人。清初著名藏书家、目录学家。"闽海大儒,宦游白下,俸钱所入,悉以市书。藏书不下六万卷。"②早年,随父黄居中寓居金陵。受其父藏书、著书、刻书的熏陶,黄虞稷自幼即知向学,嗜书成癖。于明末战乱之际,慎守其父藏书之外,还广为搜购流落民间的古籍善本,将其先世所藏增至六万多卷,成为其时江南著名的大藏书家之一。

为促进社会藏书的流通,他与好友丁雄飞等结成"古欢社",互通有无,相互问难。又与藏书家周在浚等共同发起征刻唐宋秘本藏书,编成《征刻唐宋秘本书目》一卷,列唐宋以后下延到明代的秘籍近百种,以征求富有财力者刊刻出版。此举得到当时学界的广泛响应,官纂《武英殿聚珍版丛书》、私家刻本《通志堂经解》《知不足斋丛书》等,均以此书目所提供的珍本选择刊行,从而使不少行将失传的古籍,得以流传至今。

黄虞稷的生平,见载于《清史稿》卷四八四《列传》二七一、乾隆《泉州府

---

① 〔明〕商文昭等:(万历)《重修南安府志》卷一七《宦绩传》,书目文献出版社1990年版,第524页。
② 〔清〕纪映钟、朱彝尊等:《征刻唐宋秘本书启》,《征刻唐宋秘本书目》,〔清〕叶德辉:《观古堂书目丛刻》,清光绪二十九年(1903)观古堂刻本,叶5A。

志》卷五五。他曾参与《明史·列传》和《明史·艺文志》的写作,著作有《千顷堂书目》三十二卷。

傅为霖

傅为霖(生卒年未详),字世扬,号石澌、旸谷,又号晦三,泉州南安人。傅夏器(廷璜)之孙。曾于清康熙间,在松江府华亭县刻印其祖明傅夏器所撰《泉郡傅锦泉先生文集》五卷。

乾隆《泉州府志》载:"康熙间授松江府通判,署华亭县。逋饷数万,咄嗟立办。摄郡篆,累年积牍,次第裁决皆报可。……能文工诗。初抵通判任,即携其祖夏器《锦泉集》与云间周茂源、张若羲、董俞等校梓之,诸公皆为之序。于厅事之西葺屋数楹,颜曰'绿绮堂',延名俊饬酒赋诗。其诗秀骨逸气,饶于藻而沉于思。所著有《旸谷诗集》《文集》《别集》。"①按,傅为霖著作,其集名《绿绮堂旸谷集》,其中《诗集》十五卷、《文集》五卷、《别集》六卷,见民国《福建通志·艺文志》卷六四著录。今国家图书馆存此书康熙十年(1671)刻本,九行十九字,细黑口,左右双边。从刊刻时间和"绿绮堂"之所在而言,《绿绮堂旸谷集》之刻印,地点应亦在松江府华亭县。

黄志璋

黄志璋(生卒年未详),字眉仲,号璞园,晋江县人,监生。名宦黄凤翔曾孙。康熙十九年(1680)四月任麻阳县知县,历时九载,后擢升广西全州刺史,所在政绩显著。

康熙二十四年(1685),黄志璋在麻阳纂修并刊刻《麻阳县志》十卷,收入《日本藏中国罕见地方志丛刊》。次年,在麻阳"搜辑蔡道宪的遗诗佚文,捐俸刊刻"②。康熙二十八年(1689)他任全州知州,纂修并刊刻《全州志》八卷,今国家图书馆存前七卷,日本内阁文库有存本,为全州现存最早的州志,收入《稀见中国地方志汇刊》第48册和《中国地方志集成·广西府县志辑》第35辑。此书康熙二十八年黄志璋序曰:"康熙己巳,余叨奉简命移牧湘源。下车之日,欲搜阅图志,咸云:自明季兵燹相仍,已沦毁无存。盖数

---

①〔清〕黄任等:(乾隆)《泉州府志》卷五五《文苑》,上海书店出版社 2000 年版,第 3 册,第 111 页。
②谢水顺等:《福建古代刻书》,福建人民出版社 1997 年版,第 428 页。

十年于此,无复有踵而修之者。余为之忾然三叹。于是日廑搜访,忽得残篇断稿于人家故箧中,披阅经旬,觉篇目之失次,蠹鱼之亏损,亥豕之谬误不一而足,盖几乎不能卒读矣。爰加考订,取其繁者芟之,缺者补之,谬误失次者,整齐而是正之。其间录前代之故者,夫亦欲使杞宋足征之意也。其纲有八,其目六十有三,遂成完书,用付剞劂。"①

黄志璋生平,见载于乾隆《泉州府志》卷四五《列传》、道光《晋江县志》卷三九《人物》。

李宗文

李宗文(生卒年未详),字延彬,号郁斋,泉州安溪人。李光地曾孙,李钟佐孙,李清植长子。乾隆十三年(1748)进士,改庶吉士,授编修。乾隆十七年典试广东,擢侍读。次年充会典纂修。二十一年(1756)典试陕西,提督河南学政,以失察教官夺职。后复起,官至礼部侍郎。乾隆三十年(1765),官典试江南提督、浙江学政时,曾刻印其父所撰《涮嗳存愚》二卷。今吉林大学图书馆有存本,著录作"武林试院刻本"。清周中孚《郑堂读书记》著录云:"是编乃其督学浙江时,与诸生辨晰四书义理而作。其子宗文后亦任浙江学政,因取而付诸梓。"②

李宗文生平,见载于民国《福建通志·列传》卷三四其父李清植传之后。略云:"宗文少承家学,读书强记而能通其要。为诸生即重名检,敦气谊。同学有潘生者,以公论忤郡守,欲危以法,宗文以一语直之,事遂解。……讲求古礼,凡享庙祭墓之仪,手订为经,皆可为当世法。顺天、浙江皆祖、父视学之地,宗文恪守前型,务黜浮崇雅,以端风尚。"③

许　琰

许琰(生卒年未详),一作许炎,字保生,号瑶洲,泉州同安人。雍正二年(1724)举人,五年进士。授翰林庶吉士,历官州县。乾隆六年(1741),在金陵刻印自著《宁我草堂诗钞》十四卷,以及《瑶洲文集》等。孙殿起《贩书偶记续编》著录:"《宁我草堂诗钞》十二卷《诗余》二卷,清同安许琰撰,乾隆

---

①广西壮族自治区通志馆编:《广西方志提要》,广西人民出版社1988年版,第221页。

②〔清〕周中孚:《郑堂读书记》卷一三,《清人书目题跋丛刊》(8),中华书局1993年版,第71页。

③沈瑜庆、陈衍等:(民国)《福建通志·列传》卷三四,1938年刊本,叶11A。

六年精刊。"①

《金门县志》载："许炎（原注：同安、马巷各志均作琰），字保生，号瑶州，后浦人。尝居邑前宅，后复回居金之董林村。幼颖慧，六岁能诗，八岁能文。年十四即著有《寸知编》。已入鳌峰，从侍郎蔡文勤游，授宋儒性理书，身体而心验之，充然有得。雍正甲辰魁于乡，丁未成进士。授翰林庶吉士。性傲兀，散馆磨堪，为睚眦者所中，改知县……晚赋归来，杜门啸歌，萧然自得。所著《玉森轩稿》《鳌峰近咏》《余麟集》《木游集》《方知集》，寓金陵时合梓为《宁我草堂诗钞》及《瑶洲文集》《诗余词调》《齐河县志》《茌平县志》《普陀山志》各若干卷。"②

张源义

张源义（生卒年未详），字世文，晋江人。乾隆三十五年（1770），以台湾县学诸生考中举人③。曾参与续修《台湾府志》和重修《凤山县志》。

民国《福建通志·文苑传》卷八本传载其"治《三礼》，以疑义质洗马官献瑶。献瑶曰：'若乃不为俗学涸耶？'为剖析之。初，安溪王士让以宏词科征入都，与修《三礼》，书成，自为《仪礼纰解》十二卷，凡六易稿，未刻而卒。至是，献瑶以授源义，源义刻而传之。"④

按，《仪礼纰解》，清王士让撰，应为十七卷而非十二卷。清乾隆三十五年（1770）张源义刻本，题"晋水鉴湖培植堂藏板"，《北京图书馆馆藏普通线装书书名目录》有载，今存国家图书馆⑤。《续修四库全书》经部第 88 册所收此书即据张源义刻本影印。行格为八行十八字，小字双行同，无直格，白口，单鱼尾。

撰者王士让（1687—1747），字尚卿，号南阳，安溪人。由诸生举乾隆元年（1736）鸿博，留京参与修《三礼》。是书前有吴绂、官献瑶、张源义三序。官序称："南阳先生诠《仪礼》，凡六易稿乃成书，殁二十年，孝廉张君世文为

①孙殿起：《贩书偶记续编》卷一五，上海古籍出版社 1980 年版，第 244 页。
②左树夔修、刘敬等：(民国)《金门县志》卷二〇《列传》，《台湾文献汇刊》第 5 辑第 2 册，九州出版社、厦门大学出版社 2004 年版，第 91—92 页。文中称许炎"号瑶州"，与其他志书所载"号瑶洲"有异。
③福建省地方志编纂委员会：《福建省志·闽台关系志》，福建人民出版社 2008 年版，第 191 页。
④沈瑜庆、陈衍等：(民国)《福建通志·文苑传》卷八，1938 年刊本，叶 7A。
⑤王锷：《三礼研究论著提要》，甘肃教育出版社 2001 年版，第 186 页。

锓之木以行远。世文于先生，盖未识面也。"①其书"不墨守郑《注》"，博采先儒及同时说礼之书，然后下己意，多有见解。

鉴湖为晋江张氏家族堂号，据《中华姓氏通史》载，台湾现存《福建晋江·鉴湖张氏世谱》清乾隆三十年（1765）抄本一册，为张源德、张源仁、张源义兄弟仨编纂，张源义序②。其中"鉴湖张氏"，正与"晋水鉴湖"相合。由此可知，晋水鉴湖培植堂系张源义的私家刻书堂号。

①〔清〕官献瑶：《刻仪礼纲解序》，王士让：《仪礼纲解》卷首，《续修四库全书》经部第88册，第4页。

②张明林主编：《中华姓氏通史》第四卷，远方出版社2006年版，第1599页。

卷四　兴化军(府)刻书家

　　兴化军(府),今为福建莆田市。最早为县,始建于隋开皇九年(589),称莆田县,隶属于泉州(今福州)。宋太平兴国四年(979),析泉州游洋镇,置太平军,寻改兴化军,领莆田、仙游、兴化三县。军治所在兴化,寻移莆田。元至元十四年(1277),改为兴化路,领县不变。明洪武元年(1368),改为兴化府。正统十三年(1448),撤兴化县,于是领县二。此建置沿用至清。

　　兴化军是蔡襄、郑樵、刘克庄等著名历史文化名人的故乡,文化底蕴深厚,藏书名家甲于全闽,闻名于世,素有"文献名邦"的美誉。宋代莆田的刻书业,以官刻为主,私家刻书辅之,书坊刻书业相对较弱。与同样有"文献名邦"之誉的建阳相比,莆田的"文献名邦"之"名"主要表现为藏书家众多,而建阳则以刻书见长。以往对兴化莆田刻书的研究成果不多,所见者大多只是对莆田古代一部分刻书目录的初步整理。

　　最早与刻书中心建阳发生关联的莆田名士,是两位文学家、藏书家。一是著名诗人刘克庄。他在1225年至1228年间任建阳知县,曾在书坊刻印宋建安黄铢撰《谷城集》五卷,以及《唐五七言绝句》《本朝五七言绝句》《中兴五七言绝句》等书。这是历代建阳知县刻书中,现今可考的最早记载。另一位则是莆田藏书家方子默,他在刘克庄任建阳知县时,寄钱十万,专门委托刘氏代购建阳书坊的刻本①。以上两例,体现了以刻书闻名的"文献名邦"建阳与以藏书闻名的"文献名邦"莆田,各司其职、相互促进的特点。

　　晚明,又有一位文学家与建阳书坊结下不解之缘。他就是著名戏曲家祁彪佳。天启四年到崇祯二年(1624—1629),他前后六年在莆田任兴化府推官②,因刊印其所著戏曲《全节记》而与建阳余氏刻书家结缘(参本书"余

---

①〔宋〕刘克庄《后村先生大全集》卷一四八《方子默墓志铭》载:"余为建阳令,废学久矣。君自江左归,方留钱十万,布坊书。"载《宋集珍本丛刊》第82册,第491页。

②〔清〕汪大经、廖必琦等所撰乾隆《兴化府莆田县志》卷八载:"祁彪佳,字幼文,山阴人。天启末为郡节推,少年精吏治,雅爱作兴士类,待胥吏以严。……在郡六载如一日。擢南京监察御史。"载民国十五年(1926)重印光绪五年潘文凤补刊本,叶24A。

应科"条）。祁彪佳的作品要委托建阳书坊刻印，而不是在莆田出版，说明一直到明末，莆田的坊刻仍然处于相对较弱的地位。

本卷搜集整理了由宋至清 90 位兴化刻书家的事迹。其中在兴化刻书的有 42 位（宋代 14 位、明代 21 位、清代 7 位），在外地刻书的兴化军（府）籍刻书家有 48 位。

在福建九地，莆田是唯一一处在外地刻书的人数超过本地的地区。其在外刻书的人数，仅次于省会城市福州，而远高于泉州、建宁、延平等地。从人员构成来看，这些在外地刻书者，几乎都是仕宦在外者，而非职业刻书家。由此可知，莆田文化底蕴深厚，历代进士、举人众多，在外游宦者众多，著述数量众多，从而使当地在外刻书的人数位居全闽前列。

一、宋代

蔡 襄

蔡襄(1012—1067),字君谟,兴化军仙游县人。年十八,于北宋天圣八年(1030)中进士,任西京留守推官、馆阁校勘。范仲淹以言事去国,余靖论救之,尹洙请与同贬。欧阳修移书责司谏高若讷,三人因此皆坐谴。蔡襄作《四贤一不肖诗》,京都人士争相传写。鬻书者市之,因此而得到一笔丰厚的利润①。后知谏院,支持庆历新政。历官福州知府、福建路转运使、开封知府等,在各地多有惠政。治平四年(1067),以端明殿学士知杭州,卒,赠吏部侍郎,加赠少师,谥忠惠。欧阳修为之作《端明殿学士蔡公墓志铭》,见《欧阳修全集》卷三五,传载《宋史》卷三二〇。

北宋嘉祐年间(1056—1063),蔡襄曾在仙游刻印自撰《荔枝谱》一卷、欧阳修撰《洛阳牡丹记》一卷。陈振孙《直斋书录解题》著录云:"《荔枝谱》一卷,端明殿学士莆田蔡襄君谟撰,且书而刻之,与《牡丹记》并行。闽无佳石,以板刊,岁久地又湿,皆蠹朽,至今犹藏其家,而字多不完,可惜也。"②《四库全书总目》著录蔡襄《荔枝谱》云:"是编为闽中荔枝而作……尝手写刻之,今尚有墨版传于世。"③故此本为蔡襄写刻本。同卷又著录欧阳修《洛阳牡丹记》云:"蔡襄尝书而刻之于家,以拓本遗修。"④按,此言拓本,不准确,应为印本。此记文包括《花品序》《花释名》《风俗记》三篇,列举牡丹品种 24 种,是历史上第一部具有重要学术价值的牡丹专著。由于是"书而刻之",即以蔡襄手书上版,在版刻史上,显得尤其珍贵。蔡襄去世后,欧阳修撰《牡丹记跋尾》,以纪念之。文曰:

> 右,蔡君谟之书,八分、散隶、正楷、行狎、大小草众体皆精。其平生手书小简、残篇断稿,时人得者甚多,惟不肯与人书石,而独喜书余文也。若《陈文惠公神道碑铭》《薛将军碣》《真州东园记》《杭州有美堂

①〔元〕脱脱:《宋史》卷三二〇《蔡襄传》,中华书局 1977 年版,第 30 册,第 10397 页。
②〔宋〕陈振孙撰,徐小蛮、顾美华点校:《直斋书录解题》卷一〇,上海古籍出版社 1987 年版,第 299 页。
③〔清〕永瑢等:《四库全书总目》卷一一五,中华书局 1965 年版,第 992 页。
④〔清〕永瑢等:《四库全书总目》卷一一五,中华书局 1965 年版,第 990 页。

记》《相州昼锦堂记》，余家《集古录目序》，皆公之所书。最后又书此记，刻而自藏于其家。方走人于亳，以模本遗予，使者未复于闽，而凶讣已至于亳矣，盖其绝笔于斯文也。于戏！君谟之笔既不可复得，而予亦老病不能文者久矣，于是可不惜哉！故书以传两家子孙。①

方　壬

方壬（1147—1196），字若水，莆田人，方耒（耕道）从弟。淳熙十四年（1187）进士，任长泰主簿。刘克庄《后村居士大全集》卷一五一有其墓志铭。

《宋元学案》列其为朱子门人，并载曰："淳熙中游太学，往返建安，必造谒朱子。至，必留月余。擢第漳州长泰簿，时朱子为守，辟先生主学。条上讲说、课试、差补等十事，朱子令诸邑仿之。每见民间疾苦，悉别白为朱子言之。后朱子召还，出《大学章句》，俾刊示学者。"②明黄仲昭曰："方壬以文公之请主漳州学事，凡所建白，多取之以为属县楷式。"③

又据朱熹《书伊川先生与方道辅帖后》④一文，方壬又刻印其所藏伊川程氏与其祖方道辅书帖于家，时在绍熙元年（1190）。

其事迹，又见载于李清馥《闽中理学渊源考》卷九、乾隆《福建通志》卷四四。

林　瓀

林瓀（1159—1229），字景良，福州福清人。淳熙十一年（1184），与其兄林璟、林环同登进士。历任鄂州教授、江西转运司干办，开禧末任吏部架阁。嘉定初，除国子正、诸王宫大小学教授，改国子博士，出知兴化军。嘉定七年（1214），在兴化军刻印莆田李俊甫（幼杰）撰《莆阳比事》七卷，为此书最早刻本。清陆心源《皕宋楼藏书志》卷三四著录一明刊本，转录林瓀跋曰："仆至郡之三月，李君幼杰来访，出其书一编，阅之，《莆阳比事纲目》也。

---

①〔宋〕欧阳修：《欧阳修全集·文集》卷一二，中国文史出版社1999年版，第913页。

②〔清〕黄宗羲：《宋元学案》卷六九《沧洲诸儒学案》，中华书局1986年版，第2302页。

③〔明〕黄仲昭：《未轩文集补遗》卷下《方耒方壬郑可学方畇陈定方大壮黄士毅陈宓列传论》，《景印文渊阁四库全书》1254册，第597页。

④〔宋〕朱熹：《晦庵先生朱文公文集》卷八二，朱杰人等主编：《朱子全书》第24册，第3887页。

其言才千有余,其事上下千百年间,可法可劝,可喜可愕,无所不有。于是嘉其工,叹其勤也。命工就录全帙,延访儒生,往复订正,凡逾年而书始成,乃锓木以传后。……嘉定甲戌四月下浣玉融林璟书于儒雅堂。"①

林璟育有二男一女,长男林公遇、次男林公选。女儿林节,系莆田著名诗人刘克庄的夫人。林璟逝世后,刘克庄为之撰《直秘阁林公墓志铭》《直秘阁林公行状》②。其生平,又见于《四库全书》本《福建通志》卷四三、乾隆《福清县志》卷一三《人物志》。其著作有《通鉴纪纂》二十卷。

刘克庄·刘克永

刘克庄(1187—1269),字潜夫,号后村居士,莆田人。真德秀门人。嘉定二年(1209)以荫补官。宝庆元年至绍定元年(1225—1228)任建阳知县。传见清陆心源《宋史翼》卷二九、乾隆《兴化府莆田县志》卷二二《文苑传》。

刘克庄的刻书地点,先后有番禺、建阳、泉州、临安和莆田五地。

在番禺,刘克庄曾刊其师真德秀所撰《文章正宗》一书,但尚未成书而去职。其所撰《郡学刊文章正宗》云:"顷余刻此书于番禺,委同官卢方春辈置局刊误,属以召去。去时书犹未成,后得其本,殆不可读。有漏数行者,有阙一、二句者,有颠倒文意者,如鲁鱼亥豕之类,则不可胜数。意诸人为官事分夺,未之过目耶?抑南中无善本参校耶?每一开卷,常败人意,其后乃有越本,亦多误。"③故此书刘克庄后又有重刻本,自为跋云:"西山先生真文忠公遗书曰《西山读书记》、曰《诸老集略》者,纲目常、篇帙多。其间或未脱稿曰《文章正宗》者,最为全书,既成,以授汤中仲能、汤伯纪,某与焉。晚使岭外,与常平使者李鉴汝明协力锓梓,以淑后学。是书行,《选粹》而下皆可束之高阁,犹恨南中无监书,而二汤在远,不及精校也。"④

在建阳,刘克庄曾以己资在书坊刻印宋建安黄铢撰《谷城集》五卷,见载于宋张世南《游宦纪闻》卷八:"黄公铢,字子厚,富沙浦城人。与朱文公为交友,长于诗。刘潜夫宰建阳,刻其《谷城集》于县斋。"⑤这是建阳历代

①〔清〕陆心源:《皕宋楼藏书志》卷三四,《清人书目题跋丛刊》(1),中华书局1990年版,第386页。
②〔宋〕刘克庄:《后村先生大全集》,《宋集珍本丛刊》卷一四九,第82册,第495页;卷一六六,第82册,第669页。
③〔宋〕刘克庄:《后村先生大全集》卷一〇六《郡学刊文章正宗》,《宋集珍本丛刊》第82册,第90页。
④〔宋〕刘克庄:《后村先生大全集》卷一〇〇《文章正宗跋》,《宋集珍本丛刊》第82册,第34页。
⑤〔宋〕张世南:《游宦纪闻》卷八,中华书局1981年版,第67页。

知县刻书，现今可考的最早记载。黄铢，是朱熹的同门师友，与朱熹同学于崇安刘子翚。朱熹生前，曾为此书作序。

此间，刘克庄又刻印《唐五七言绝句》《本朝五七言绝句》《中兴五七言绝句》等书。自跋云："两年前，余选唐文及本朝七言绝句，各得百篇，五言绝句亦如之。今锓行于泉、于建阳、于临安。"[①]"余尝选唐绝句诗，既板行于莆、于建、于杭……"[②]此书刻板于泉州，是因为其友人林希逸在彼。刘克庄《后村大全集》卷二七有诗题为《温陵诸贤接刊拙稿，竹溪直院有诗助嗓，戏和一首》[③]，其中的"竹溪直院"，即林希逸；温陵乃泉州别称。书刻印在临安，是因为刘克庄与杭州书坊著名的刻书家陈起有交往。陈起刻印《江湖集》，收录有刘克庄以下众多江湖诗人的作品。此书刊刻不久即遭禁毁，刘克庄因"不是朱三能跋扈，却缘郑五欠经纶""东风谬掌花权柄，却忌孤高不主张"两联诗受到指谤[④]，绍定元年（1228）九月在建阳任上被罢归。书刻印在建阳，显然是因为刘克庄在建阳任知县的缘故。

在莆田，刘克庄曾与其弟刘克永同刊其父刘弥正所撰《退斋遗稿》于家塾。自序云："先君平生为文最多。……此直先君泰山一毫芒耳。然已失者不可追，仅存者尚可传耳。……时逊、刚二弟皆已逝，乃与季弟克永刻之家塾，以示子孙。"[⑤]其季弟刘克永（1207—1262），字子修，亦博学能诗。其生平，详见刘克庄撰《六二弟墓志铭》。节略如次：

> 君名克永，字子修，先君、先魏国林夫人之暮子。生七岁而孤，魏国自教之。既入小学，诵书了其义，归为母兄诵说，若素习者。长益勤苦，即所居西偏辟小斋，空无他物，拥书如山，卧起枕藉之间，发其毫芒于文，皆有光怪。然郡试辄不利，因慨然罢举，退而求志。……非惟爱弟，亦畏友也。始余与君共为诗，商榷此事于所谓西斋者二十余年。余得之易，至数千篇，不如君之精善。汤公伯纪见君所作，叹曰："是于诗外用工夫者。"林公肃翁亦谓君造五凤楼手也。其为名流赏重如

①〔宋〕刘克庄：《后村先生大全集》卷一〇一《宋氏绝句诗跋》，《宋集珍本丛刊》第82册，第39页。
②〔宋〕刘克庄：《后村先生大全集》卷九七《唐绝句续选》，《宋集珍本丛刊》第82册，第2页。
③〔宋〕刘克庄：《后村先生大全集》卷二七，《宋集珍本丛刊》第81册，第145页。
④〔宋〕罗大经：《鹤林玉露》乙编卷四《诗祸》，中华书局1983年版，第187页。
⑤〔宋〕刘克庄：《后村先生大全集》卷一〇七《退斋遗稿跋》，《宋集珍本丛刊》第82册，第105页。

此。……君生于开禧丁卯，没于景定壬戌闰九月癸巳，年五十六。①

林希逸

林希逸(1193—1271)，字肃翁，号竹溪，又号鬳斋。福州福清人。端平二年(1235)进士。历官平海军节度推官、秘书省正字、兴化军知军；景定四年(1263)，任司农少卿，终直秘阁、中书舍人。著有《易讲》《春秋正附篇》《鬳斋三子口义》《考工记解》《竹溪十一稿》等书。今存《竹溪鬳斋十一稿续集》三十卷，为明谢氏小草斋抄本，现存国家图书馆。

淳祐八年(1248)，林希逸知兴化军。次年，于郡斋刻印其好友刘克庄《后村居士集》前集五十卷。咸淳六年(1270)九月，他在《后村先生大全集序》中说："后村先生以文章名当世，初集本未刊时，四方之士随所得争传录之，而见者恨未广也。予戊申(1248)备数守莆，方得前集刊之郡庠，于时纸价倍常。及后村两自京还石塘小孤山，二友始求公近稿。二十年共成后、续、新三集。"②据此序，此当为《后村集》的最早刊本。这个刻本，清叶德辉《书林清话》卷三著录为"莆田郡斋"刻本；张秀民先生《中国印刷史》则著录为："刘克庄《后村居士集》，林希逸莆田郡斋刻，淳祐九，小黑口，大字黄纸十册。又一部中字小黑口，白纸十六册。今存。"③

据明朱衡《道南源委》卷二《林希逸传》，林氏"师事陈公藻。藻之学出于林学可，学可出于林谦之，授受有源。……历知兴化军，首诏学者云：'自南渡后，洛学中微。朱张未起，以经行倡东南，使知圣贤心不在训诂，皆自莆南夫子始。初疑汉儒不达性命，洛学不好文辞，使知性与天道不在文章外者，自福清两夫子始。'因立三先生祠，并锓其文以传。"④另据乾隆《福清县志》卷一三《人物志》，林氏所锓之文，名《三先生集》。三先生者，其一乃莆田林光朝(1114—1178)，字谦之，号乐轩，时号"南夫子"。其集名《艾轩集》，现存最早刻本为明正德莆田郑岳刻本；共九卷，另有附录一卷。其二为福清林亦之，字学可，其集名《网山集》，共八卷。其三是福清陈藻，字元

①〔宋〕刘克庄：《后村先生大全集》卷一六〇《六二弟墓志铭》，《宋集珍本丛刊》第82册，第604—605页。
②〔宋〕林希逸：《后村先生大全集序》，《后村先生大全集》卷首，《四部丛刊初编》第273册，第1页。
③张秀民：《中国印刷史》，上海人民出版社1989年版，第134页。
④〔明〕朱衡：《道南源委》卷二《林希逸传》，《丛书集成初编》第3344册，第58页。

洁，号乐轩，其集名《乐轩集》，亦为八卷；现存也是清抄本。三人均为南宋闽中理学家，其授受源流，已见于上文《道南源委》所言。其事迹，又见于黄宗羲《宋元学案·艾轩学案》。

林希逸墓志铭在福清被发现，本文所示林氏生卒年，即据此墓志铭所得①。

林元复

林元复(1235—?)，字仁初，号仁山，福州闽县人。唐校书郎、水部郎中林慎思的十四世孙。宝祐四年(1256)进士，历官沙县主簿、莆田教谕、泉州南安知县。宋咸淳九年(1273)，在莆田县学刻印林慎思撰《伸蒙子》三卷。清沈德寿《抱经楼藏书志》著录该书咸淳九年莆田刘希仁后跋云："唐水部郎中林虔中著《伸蒙子》三卷，时咸通六年也。……公之名孙元复分教于莆，始镂梓于泮，人始得而尽见之。"②"是书采前世君臣事迹，设为问答，以辨治乱之道。书成而筮，得蒙之观，因以号其书曰《伸蒙子》。凡《槐里辨》三篇、《泽国纪》三篇、《时喻》二篇。每篇又各分章，凡四十章。大都愤时湛思，比物驰辨，文骎先秦，意师孟氏。与其所作《续孟子》同一醇正之书也。"③然而，据林元复咸淳九年正月《伸蒙子跋》：

> 右《伸蒙子》三卷，先祖唐宏词、水部郎慎思所著书也。孔氏没，诸子百家之言盈天下。至于季代，如皮日休《隐书》、宋齐丘《化书》，皆传于世。惟先《伸蒙》之书藏于屋壁者数百年，虽一志于唐《艺文》，又再纪于皇朝《崇文总目》，又述于夹漈先生《通志略》，而学士大夫犹有未见其书者。盖其不幸而不生于大历、贞元之前，与韩、柳诸公以文章之名显也；又不幸而不生于天圣、明道之后，与周、程诸贤以性命之学著也。然其节不屈于当时，其言可传于来世，其见录于太史氏也尚矣。元复世守遗文，日惟废坠是惧。去岁始至，既刊《续孟子》于学宫，乃者诏下郡国采访遗书，以充秘府，《伸蒙子》之书，于是可以出矣。复校是书三卷，俾与《续孟》并行。嗟夫，垂宪言以诒后人，伸蒙子之志远矣，

---

① 刘复培、林秋明：《宋代理学家林希逸墓志铭现身福清》，《福州晚报》2007年4月15日。

② 〔清〕沈德寿：《抱经楼藏书志》卷三二，中华书局1990年版，《清人书目题跋丛刊》(5)，第357—358页。文中的"公之名孙"，当为"公之孙名"。

③ 〔清〕周中孚：《郑堂读书记》卷三六，《清人书目题跋丛刊》(8)，中华书局1993年版，第170页。

天之未丧斯文也,倘在兹乎! 敬书其概,以昭圣朝右文之治。岁昭阳作噩咸淳九年正月朔,奉议郎新知泉州南安县事林元复谨识。①

据此跋文,似乎此书系刊于南安,文中有"去岁""既刊……学宫"诸语,则又与刘希仁"锓梓于泮"并不矛盾。有可能是林元复官莆田教谕在前,升南安知县于后。

《闽书》卷七七《英旧志》载林元复为宋宝祐四年(1256)进士,乃"慎思裔孙"。周中孚《郑堂读书记》卷三六著录本书,称林元复系林慎思十四世孙,其父名永,字茂林。

刘山甫

刘山甫(生卒年未详),字季高,莆田人,刘克庄第三子。刘希仁《后村先生大全集序》载:"吾家季高,自少时即妙言语,人以小东坡目之。暨长,学益进,文益工,声名益盛,几与东坡并称。季高父后村公以文章名天下,有前集刊于莆,继而后、续、新三集复刊于玉融四方。板为书坊翻刻而卷帙讹繁,非巾箱之便。……或谓季高曰:近代《省斋》《诚斋集》皆其子曰纶、曰长孺,与士友编定锓木于家,故迄今皆善本。而陆务观《渭南集》亦其幼子通刊于溧阳学宫,为父刊文集非不应为者,宜不在并案之科,子何疑焉? 至是始成部帙,遂志所云。……季高名山甫。咸淳壬申中春姚衕刘希仁书。"②序文以周必大之子周纶刊刻其父《省斋集》,杨万里之子杨长孺编刻其父《诚斋集》,以及陆游之子陆子通编刻其父《渭南集》等事例,鼓励刘山甫刊行其父所著《后村先生大全集》,因此而有《后村大全集》一百九十六卷目录四卷"名以大全,共二百本"之宋咸淳本的问世。刘山甫家刻本《后村先生大全集》宋椠久逸,现仅有传抄本存世。

刘山甫之名,除此序外,事迹仅见于《后村大全集》卷一六一《山甫生母墓志铭》所载:他以其父之恩为从事郎,南剑州司户参军;后改授承务郎,监福州岭口盐仓。《后村大全集》中有《山甫妇保胎青词》《送山甫赴岭口仓与黄兄来复同载》《送山甫赴岭口仓》《山甫既别三日复得此诗追饯》《小暑日寄山甫(二首)》等诗。

①〔唐〕林慎思:《伸蒙子》卷首,《丛书集成初编》第534册,第2页。
②〔宋〕刘希仁:《后村先生大全集序》,《后村先生大全集》卷首,《四部丛刊初编》第273册,第2页。

宋　遇

宋遇（生卒年未详），眉州眉山（今四川眉山）人。宋宝祐二年至四年（1254—1256）任兴化知府，刻印邑人刘夙、刘朔兄弟二人所撰《遗文》十卷《附录》五卷《史记考异》五卷。刘克庄《二大父遗文跋》云："右二大父《遗文》十卷《附录》五卷《史记考异》五卷，太守监丞眉山宋公之所刊也。公下车尚贤而崇教。既新三先生祠，复谓某曰：'吾将求君家隆乾间谏草遗文，使与艾轩之书并行。'"①又有诗云：

> 两翁仕不至丞郎，名节能流百世芳。
> 穷巷号为通德里，旧书藏在善和坊。
> 古楹日敝加丹刻，老柏年深益黛苍。
> 太守怀贤崇教化，乡先生盍祭于乡。②

三先生即林光朝，其弟子林亦之，再传弟子陈藻；二刘遗文，指刘克庄祖夙、叔祖朔的文集。据乾隆《福建通志》卷二三《职官》，宝祐间任宋兴化军知军者，有宋遇、潘墀两位③。由此可知，诗题中太守宋监丞，即兴化知军宋遇。程章灿《刘克庄年谱》据民国《福建通志》所载，将其名误为"宋迈"④，应系字形相近所误。

王　庚

王庚（生卒年未详），字景长，泉州人。景定间（1260—1264）官福清知县，于景定三年（1262）刻印宋林希逸撰《列子鬳斋口义》二卷。傅增湘《藏园群书经眼录》卷一〇著录云："宋刊本，半叶九行，每行十八字，注双行同，细黑口，左右双阑。版心上记字数，下记刊工人名。……按：希逸字肃翁，以宝谟直玉局观，鬳斋其书室也。口义云者，谓其不为文，杂俚俗而直述之也。据王庚后序，鬳斋撰《三子口义》，而《列子》成书最后，脱稿以授庚。此

①〔宋〕刘克庄：《后村先生大全集》卷一〇七《二大父遗文跋》，《宋集珍本丛刊》第82册，第103页。
②〔宋〕刘克庄：《后村先生大全集》卷二五《太守宋监丞新三先生祠刊二刘遗文以二诗纪实》其一，《宋集珍本丛刊》第81册，第127页。
③〔清〕郝玉麟等：(乾隆)《福建通志》卷二三《职官》，《景印文渊阁四库全书》第528册，第162页。
④程章灿著：《刘克庄年谱》，贵州人民出版社1993年版，第295、298页。

本字体方整而峭厉,是建本正宗,为庚所刻无疑。"①

　　宝祐间(1253—1258),王庚任兴化军教授②,曾在兴化郡学刊刻宋朱熹撰《周易本义》十二卷和宋真德秀撰《文章正宗》二十四卷。刘克庄作《郡学刊文章正宗跋》云:"莆泮他书差备。今郡文学王君谓朱先生《易本义》精于理者也,谓真先生此书邃于文者也。既刻《本义》,遂及《正宗》,或虑费无所出,君命学职丁南一、郑岩会学廪量出入,得赢钱六十七万,而二十四卷者亦毕工。吾里藏书多善本,游泮多英才。傍考互校,它日莆本当优于广越矣。世固有亲登二先生之门,执经北面,师在,则崇饰虚敬,托此身于青云;师死,则捐弃素学,束其书于高阁者。君妙年,前不及朱,后不及真,而尊敬二先生之心拳拳如此,岂不甚贤矣哉! 君名庚,字景长,温陵人。"③

　　诸志书均无王庚小传。乾隆《泉州府志》卷三三《选举》载一王庚,其为惠安人,乾道二年(1166)进士。惠安宋属泉州,籍贯相合,然时间不对,故知南宋时泉州有两个王庚,前后时间相差百年。

　　唐圭璋先生所编《全宋词》中有"官教授"的王庚所作《贺新郎·寿蔡久轩参政癸丑生》④一首,乃为其庆建阳蔡杭(1193—1259,号久轩)六十寿辰而作。此词作于宝祐元年(1253),从时间上看,此王庚应系字景长的王庚无疑。

徐直谅

　　徐直谅(生卒年未详),字端友,信州上饶人。其父徐元杰,字仁伯,绍定五年(1232)状元,累官国子祭酒,权中书舍人,拜工部侍郎。曾从学于浦城真德秀。在朝侃直敢言,不避权贵。其时,史嵩之当权,徐元杰攻之甚力,以暴疾而卒。时人皆以为系权奸毒杀,为之呼冤者有之。

　　景定二年(1261),徐直谅官兴化府时,将其父所著《楳埜集》二十五卷刊行于世。后历久失传,清乾隆间修《四库全书》,馆臣从《永乐大典》中辑

①傅增湘:《藏园群书经眼录》卷一〇,中华书局1983年版,第906—907页。
②据清郝玉麟等《福建通志》卷二三《职官》,王庚任兴化军学教授在宝祐间。参《景印文渊阁四库全书》第528册,第163页。
③〔宋〕刘克庄:《后村先生大全集》卷一〇六《郡学刊文章正宗跋》,《宋集珍本丛刊》第82册,第90页。
④唐圭璋编:《全宋词》第4册,中华书局1986年版,第2958页。

出，编为十二卷①。另据《延祐四明志》卷五，徐直谅于咸淳间，在广信郡衷刻张良臣（武子）《诗集》十卷②。

徐直谅事迹罕见记载，宋赵汝腾《庸斋集》卷五有《徐直谅端友字说》③。黄仲昭弘治《八闽通志》卷四五《学校》"涵江书院"条下，有以下寥寥数语："景定四年，知军徐直谅奏请院额，理宗御书'涵江书院'四大字赐之。"④其余志书中，大多均仅列其名而已。据《宋史》卷四七《本纪》，宋景炎元年（1276），徐直谅曾任广东经略使⑤。

俞　来

俞来（生卒年未详），括苍（今属浙江丽水）人。宋淳祐间（1241—1252）任兴化军教授，刻印郡人刘弥邵（1165—1246，字寿翁，号习静）所撰《易稿》一书。刘克庄《季父易稿序》云："季父《易稿》之所为作也。初，余为建阳令，季父访余县斋，因质《易》疑于蔡隐伯静。后二十余年而书成，大旨由朱、程以求周、孔，由周、孔以求羲文。……季父名弥邵，字寿翁。中岁弃科举，闭门著书，动必由礼行义。为乡先生，家贫，食于学，晚舍去，并学俸却之。太守眉山杨侯栋、郡博士括苍俞君来即学……后杨侯使本道，又论荐于朝，不报，卒年八十。俞君乃取昔所却俸为刊《易稿》，而授简其犹子克庄序之。"⑥所谓"昔所却俸"，即上文所说"并学俸却之"；其来源，据刘克庄《习静叔父墓志铭》"郡博士俞来致学俸，却不取"⑦。大意是说，刘弥邵应俞来之邀，晚年赴郡学为诸生授课，拒收讲学俸禄。逝世后，俞来将这笔"昔所却俸"用来刻印刘弥邵所著《易稿》一书。

首倡刊印此书而未果的太守杨栋，字元极，眉州青城人。明弘治《八闽通志》卷三九有其小传，载其"淳祐中知军事。孔子之裔有居涵头者，栋方建庙辟田，训其子弟。后历本路帅漕，入参大政。"⑧俞来事迹，同一志书卷

①〔清〕永瑢等：《四库全书总目》卷一六四，中华书局1965年版，第1404页。
②〔元〕袁桷：《延祐四明志》卷五《张良臣》，《景印文渊阁四库全书》第491册，第410页。
③曾枣庄、刘琳主编：《全宋文》卷七七八〇，上海辞书出版社2006年版，第337册，第343页。
④〔明〕黄仲昭：（弘治）《八闽通志》卷四五《学校》，书目文献出版社1988年版，第621页。
⑤〔元〕脱脱：《宋史》卷四七《本纪》，中华书局1977年版，第3册，第940页。
⑥〔宋〕刘克庄：《后村先生大全集》卷九五《季父易稿序》，《宋集珍本丛刊》第81册，第785页。
⑦〔宋〕刘克庄：《后村先生大全集》卷一五一《习静叔父墓志铭》，《宋集珍本丛刊》第82册，第518页。
⑧〔明〕黄仲昭：（弘治）《八闽通志》卷三九《秩官》，书目文献出版社1988年版，第541页。

三五《秩官》仅列其名而已①。

赵师侠

赵师侠（生卒年未详），字介之，号坦庵，新淦（今江西新干）人。宋燕王赵德昭第七代孙，宣城侯赵从谨第五代孙，世系见载于《宋史》卷二一八《表九·宗室世系四》。淳熙二年（1175）进士，官至江华郡丞。

赵师侠曾在兴化军辑刻《西铭集解》一卷。宋陈振孙《直斋书录解题》卷九著录："张载作《订顽》《砭愚》二铭，后更曰《东西铭》，其《西铭》即《订顽》也，大抵发明理一分殊之旨。有赵师侠者集吕大临、胡安国、张九成、朱熹四家之说为一编，刻之兴化军。"②另据《东京梦华录》赵师侠跋，赵氏又于淳熙十四年（1187）刻印《幽兰居士东京梦华录》十卷，为此书最早刊本，刊刻时间早于《西铭集解》若干年，刊行地点应不在莆田。跋云：

> 祖宗仁厚之德，涵养生灵几二百年，至宣、政间，太平极矣。礼乐刑政，史册具在，不有传记小说，则一时风俗之华，人物之盛，讵可得而传焉。宋敏求《京城记》载坊门、公府、宫寺、第宅为甚详，而不及巷陌、店肆、节物、时好。幽兰居士记旧所经历为《梦华录》，其间事关官禁典礼，得之传闻者，不无谬误，若市井游观，岁时物货，民风俗尚，则见闻习熟，皆得其真。余顷侍先大父与诸耆旧，亲承馨欬，校之此录，多有合处。今甲子一周，故老沦没，旧闻日远，后余生者，尤不得而知，则西北寓客绝谈矣。因锓木以广之，使观者追念故都之乐，当共起风景不殊之叹。淳熙丁未岁十月朔旦，浚仪赵师侠介之书于坦庵。③

赵师侠也是南宋一位较有名气的词人，著有词集《坦庵长短句》，今存《宋六十家词》本。唐圭璋《全宋词》收其词150多首。《四库全书总目》评价其文其词："其门人尹觉序云：'坦庵为文，如泉出不择地，词章乃其余事。其模写体状，虽极精巧，皆本情性之自然。'今观其集萧疏淡远，不肯为剪红

---

①〔明〕黄仲昭：(弘治)《八闽通志》卷三五《秩官》，书目文献出版社1988年版，第489页。

②〔宋〕陈振孙撰，徐小蛮、顾美华点校：《直斋书录解题》卷九，上海古籍出版社1987年版，第276—277页。

③〔宋〕赵师侠：《东京梦华录跋》，〔清〕沈德寿：《抱经楼藏书志》卷二七，《清人书目题跋丛刊》(5)，中华书局1990年版，第303页。

刻翠之文,洵词中之高格。"①

在《坦庵长短句》中,赵师侠写于莆田的词作有《满江红·壬子秋社莆中赋桃花》《柳梢青·壬子莆阳壶山阁》《汉宫春·壬子莆中鹿鸣宴》《诉衷情·莆中酹献白湖灵惠妃》等十几首。词题中的"壬子",为绍熙三年(1192),此应即赵氏辑刻《西铭集解》的时间。至于赵氏何以会在兴化军刊行此书,最大的可能,是其时赵氏在兴化军担任某职,而被地方志书漏列。在此还需顺带指出,赵师侠的《诉衷情·莆中酹献白湖灵惠妃》是研究妈祖传说形成的重要史料,却极少被时人所提及。其一云:

> 神功圣德妙难量。灵应著莆阳。湄洲自昔仙境,宛在水中央。
> 孚惠爱,备祈禳。降嘉祥。云车风马,胏蠁来歆,桂酒椒浆。②

张　友

张友(生卒年未详),毗陵(今江苏常州)人。嘉熙二年(1238)知兴化军,在此刻印邑人林光朝撰《艾轩集》二十卷。刘克庄《艾轩集序》云:"外甥方之泰访求衰拾,汇为二十卷……东阳范侯镕欲锓梓,会迫上印,不克就。毗陵张侯友乃绪而成之。余二大父实率乡人以事先生者也。序非通家子弟责乎?敬不敢辞。"③又刻印其祖父、户部尚书张俨斋撰《张尚书集》若干卷,亦刘克庄撰序云:"故户部尚书俨斋张公,盖当时亲擢之一也。公之学受于家庭,又所交皆天下贤俊,而仕当朝廷极盛之时,故其诗冲澹和平,可荐之郊庙。……莆田使君,公之孙也。……既修泮宫,刊《艾轩集》,乃取家集而并传焉。"④方大琮《本军张守友》书一云:"某北聆,郡斋刊先正《俨斋文集》,方谋有请,乃蒙真札与巨编俱赐。剔灯开卷,不胜大嚼之快。"⑤

《重刊兴化府志》载张友小传:"张友,宋知军也,毗陵人。理宗嘉熙中来知军事。嗜学好修,趋向近正。尝谓莆地褊小,赋入不敌江浙一大户,而魁人韵士居多,乃出金钱二十万以赡学费;又以为此非久计,乃割废刹崇福田,岁收租三百余斛以充学廪。一日视学,见十三斋不免上雨旁风,退而益

①〔清〕永瑢等:《四库全书总目》卷一九八,中华书局1965年版,第1813页。
②周振甫主编:《唐诗宋词元曲全集》,黄山书社1999年版,第4册,第1619—1620页。
③〔宋〕刘克庄:《后村先生大全集》卷九四《艾轩集序》,《宋集珍本丛刊》第81册,第778页。
④〔宋〕刘克庄:《后村先生大全集》卷九四《张尚书集序》,《宋集珍本丛刊》第82册,第779页。
⑤〔宋〕方大琮:《铁庵集》卷一九,《景印文渊阁四库全书》第1178册,第236页。

加樽节,又得二千楮以畀诸学,令并修之。师生乃肖像祠于学宫焉。"①

弘治《八闽通志》卷三九《秩官》所载与此略同。

二、明代

黄仲昭

黄仲昭(1435—1508),名潜,以字行,号未轩,晚号退岩居士,莆田人。成化二年(1466)进士,改庶吉士,授编修。成化四年(1468),因直谏被杖,谪湘潭县,改南京大理评事。成化八年(1472),因连遭父母丧,就此归隐,在下皋山中读书达十七年之久。弘治元年(1488),复起为江西提学。在江西,"刻《通鉴前编》及《朱子纲目书法》。于君子立身莫先于礼,于是定冠祭之仪刊布,以示后学。"②弘治八年(1495)开始连疏乞归,得准。传载《明史》卷一七九,林瀚为之撰《江西提学佥事前翰林编修黄公仲昭墓志铭》。

黄仲昭在江西和福建两地均有刻书。

成化九年(1473)家居期间,黄仲昭在福州校正并刊刻明习经撰《寻乐习先生文集》二十卷,今台北"国家"图书馆有存本。十一行二十字,黑口,四周双边,双鱼尾。每卷端均题"南京大理寺右评事前翰林院编修后学莆田黄仲昭校正"。收入《明别集丛刊》第1辑第36册。按,习经(1388—1452),字嘉言,号寅清居士,晚自号寻乐翁。新喻人,永乐戊戌(1418)进士。四库馆臣认为此集"为其子兴化府同知襄所编"③,其背后的编刊者实即其时赋闲家居的黄仲昭。

黄仲昭在江西刻书较多。弘治间,刻印宋金履祥所撰《通鉴前编》十八卷。黄氏自跋云:"予督学江右,僭为诸生折衷读史之法,断以《纲目》为主,而以是编及我朝所修《续编纲目》以足其前后历代事迹,学者从事于此,则宇宙间切务吾儒所当知者,可以尽得于己,推以应天下之事,将沛然而不穷矣。诸生以艰得是书为言,予因假同寅洪君宣之所得南雍刻本,分命列郡

①〔明〕周瑛、黄仲昭:《重刊兴化府志》卷四《吏纪》,福建人民出版社2007年版,第149页。
②沈瑜庆、陈衍等:(民国)《福建通志·列传》卷二一,1938年刊本,叶3B。
③〔清〕永瑢等:《四库全书总目》卷一七五,中华书局1965年版,第1554页。

翻梓以传,而并识区区之见云。"①此本今已无存。

弘治间,刻印宋朱熹撰《辑略或问全书》若干卷。其自撰《书新刊大学中庸章句或问后》一文云:"予既尝刊《辑略或问全书》于江西提学分司,摹以示诸生。"②此书的内容,据黄氏此序,是"取《大学或问》逐节刊附《章句》之下,以便初学诵习。其《中庸或问》原附《辑略》之后,《章句》序中已论之详矣,故其间多论辨《辑略》取舍之意,不专发明《章句》之旨也。"③

弘治六年至九年(1493—1496),在江西刻印宋朱熹撰《资治通鉴纲目》五十九卷。该书取宋尹起莘《发明》、元刘友益《书法》、汪克宽《考异》、徐昭《考证》、王幼学《集览》和明陈济《正误》,散于各条之下。黄氏跋云:"仲昭承乏提督江西学政,因为学者定读书之法。其于诸史则欲其熟观《纲目》,以端其本。顾书坊刻板,岁久刓缺,而其所附考证、考异及集览、正误三编,俱类刻于各卷之后,不便览观。……经始于弘治癸丑之春,至是四阅载而工告毕,因识其颠末。"④此本今山东省图书馆、济南市图书馆和美国哈佛大学燕京图书馆均有存。

弘治九年(1496),刻印元马端临撰《经籍考》七十六卷。十行十九字,小字双行同,白口,四周双边,今国家图书馆、中国人民大学图书馆和华东师范大学图书馆有存本,著录作"明弘治九年黄仲昭、张汝舟刻本"。张汝舟,时任南昌同知。

弘治末刻印宋朱熹撰《大学中庸章句或问》。自跋云:"曩予提督江西学事,遍历属郡视诸生学业,似于《大学》《中庸或问》,多未尝诵习也。予怪而问之,皆谓书坊所摹二书,无《或问》久矣。因就书肆取而阅之,果然。是盖刻书之家欲省纸札,以规微末之利故耳。窃惟子朱子于此二书,既著《章句》,以明其大旨;复著《或问》以析其精微,其开示后学之意,至深切矣。有志于学者可偏废哉?用是,借取《大学或问》逐节刊附《章句》之下,以便初学诵习。其《中庸或问》原附《辑略》之后,《章句》序中已论之详矣,故其间

①〔明〕黄仲昭:《未轩文集》卷四《书重刊通鉴前编后》,《景印文渊阁四库全书》第1254册,第456页。
②〔明〕黄仲昭:《未轩文集》卷四《书新刊大学中庸章句或问后》,《景印文渊阁四库全书》第1254册,第454页。
③〔明〕黄仲昭:《未轩文集》卷四《书新刊大学中庸章句或问后》,《景印文渊阁四库全书》第1254册,第454页。
④〔明〕黄仲昭:《未轩文集》卷四《书新刻资治通鉴纲目后》,《景印文渊阁四库全书》第1254册,第452—453页。

多论辨《辑略》取舍之意,不专发明《章句》之旨也。予既尝刻《辑略或问全书》于江西提学分司,摹以示诸生,复详节论辨《辑略》之文,而取其与《章句》相发明者,仿《大学或问》之例,逐节录附《章句》之下。刻之家塾,非敢妄意以乱朱子之成书也,亦姑以便初学之诵习云尔。若有志于穷理之学,则前所刻全书具在,不妨取而熟玩之也。板刻既成,因识其始末如此。"①

对其编书、刻书之劳,其友人林瀚在《黄公仲昭墓志铭》中有一番揭示,略云:"虑诸生于唐虞三代之事有未知也,于是有《通鉴前编》之刻;虑诸生于朱子《纲目》之指有未知也,于是有《纲目书法》之刻;又于君子立身莫先于礼,于是定冠昏丧祭之仪刊布,以示后学。……闽之《八闽通志》,延平、兴化、邵武、南平县志,暨《孝宗皇帝实录事目》皆出公手。公盖精于校阅契勘,未尝以劳言,用是精力亦尽于此矣。"②

宋端仪

宋端仪(1447—1501),字孔时,莆田人。成化十七年(1481)进士,历官礼部郎、广东提学金事。在广东五年,积劳成疾,卒于任上,广人祀之学官。成化二十一年(1485),宋端仪曾刊刻元郑构撰、刘友定注《衍极》五卷。这是一部探讨书法艺术的著作。"自仓颉迄元代,凡古人篆籀以极书法之变,皆在所论。"③撰者郑构,字子经,罗源人(一作莆田人),历官南安教谕。注者刘有定,字能静,号原苑,莆田人。宋端仪写有重刊序,清周中孚《郑堂读书记》卷四八著录明刊传抄本时提到。该书收入《四库全书》子部艺术类。

宋端仪生平,见载于《明史》卷一六一,明黄仲昭《未轩集》卷六《奉政大夫广东按察司提学金事立斋宋君墓志铭》《未轩集·补遗》卷上《明广东提学金事宋端仪列传》,明林俊《见素集》卷二〇《奉政大夫广东按察司提学金事宋君立斋墓表》,《明儒言行录》续编卷一,《闽中理学渊源考》卷五三等。《闽书》称其"居家孝友,持身廉介,稽经订史,泛滥渟蓄,而于程、朱微言绪论,无不穷极"④。其著作有《考亭渊源录》《莆阳人物备志》《立斋闲录》等。

①〔明〕黄仲昭:《未轩文集》卷四《书新刊大学中庸章句或问后》,《景印文渊阁四库全书》第1254册,第454页。
②〔明〕林瀚:《江西提学金事前翰林编修黄公仲昭墓志铭》,〔明〕焦竑编:《焦太史编辑国朝献征录》卷八六,《续修四库全书》第529册,第634页。
③〔清〕永瑢等:《四库全书总目》卷一一二,中华书局1965年,第962页。
④〔明〕何乔远:《闽书》卷一一〇《英旧志》,福建人民出版社1995年版,第4册,第3317页。

其中，《考亭渊源录》二十四卷，是研究朱子理学发展历史的重要著作。

林茂达

林茂达（1462—？），字孚可，号翠庭。莆田人，永乐状元林环侄孙，淮安同知林思承之子。弘治十一年（1498）举人，十五年进士。历官监察御史、湖广按察副使、贵州左参政，以都察院右副都御史致仕。生平载《闽书》卷一〇九、《兴化府莆田县志》卷一七，以及《弘治十五年进士登科录》，而以明柯维骐撰《南京大理寺卿林公茂达传》[1]为详。

弘治间（1488—1505），林茂达曾编刻《棠林世稿》六卷。此书内容为明前期莆田林氏四位先祖的遗稿汇编。这四人分别为洪武间荐辟林弃，林弃孙、永乐四年（1406）状元林环，林环弟、韦斋林珪（林茂达祖），林珪子、景泰四年（1453）进士林统。此书久逸，见民国《福建通志·艺文志》卷七〇著录。林茂达的著作有《翠庭集》，见《千顷堂书目》卷二一著录。

黄希英

黄希英（？—1532？），名如壎，以字行。莆田人，黄仲昭之孙，黄乾刚（体纯）之子。其父随从兄黄乾亨出使海外，遇飓风溺水身亡。黄希英为弘治十一年（1498）举人，十八年（1505）进士，曾历官贵州都匀、镇远二府知府和长芦盐运司运使。在《闽书》《兴化府莆田县志》中，均无黄希英的小传。其事迹，散见于其祖父黄仲昭所撰《寓邵武寄京邸示侄孙希武、孙希英书》[2]、《希韶、希濩字训》[3]、《祭子体纯文》[4]等文中。《兴化府莆田县志》卷一三《选举志》载："黄希英，字如英，仲昭孙"，证以仲昭所撰之文，则名、字皆略有不同。乾隆《镇远府志》载："黄希英，莆田人，进士。嘉靖间知府。善诗文，兴行教化，建紫阳书院于中和洞，自为记。迁长芦运使。未行，卒。"[5]《四库

---

①〔明〕焦竑编：《焦太史编辑国朝献征录》卷六九，《续修四库全书》史部第 528 册，第 749 页。

②〔明〕黄仲昭：《未轩文集》卷一，《景印文渊阁四库全书》第 1254 册，第 377 页。

③明黄仲昭《未轩文集》卷五《希韶、希濩字训》："予有孙三人，伯曰如壎，仲曰如簴，季曰如琴，实先知县府君因如壎之生所豫以命者。曩如壎将冠，予以为是三者之名皆乐器也，古之帝王治功之成，则作乐以和神人，故后世之言乐者，必以五帝三王之制作为尚，自汉以下糜变为俗，皆无足取矣。因拟以希英、希韶、希濩以易其名。"载《景印文渊阁四库全书》第 1254 册，第 464 页。

④〔明〕黄仲昭：《未轩文集》卷六，《景印文渊阁四库全书》第 1254 册，第 474 页。

⑤故宫博物院编：(乾隆)《镇远府志》卷二三《名宦传》，《故宫珍本丛刊》第 224 册，海南出版社 2001 年版，第 451 页。

全书》本《贵州通志》卷二〇《秩官志》所载与此同。据《镇远府志》卷一九《祠祀志》，黄希英于嘉靖九年(1530)前后仍在职①。

　　黄希英又是唐御史黄滔的二十世孙，故于正德八年(1513)，他以宋黄沃庆元本为底本重刊唐黄滔《莆阳黄御史集》，分为上下二卷。卷前自记云："御史集刻于宋淳熙三年丙申，距今正德癸酉凡三百三十有八年。遍购莆中，仅得一帙。而乾宁乙卯至今日，则六百一十有九年矣。是书仅再刻，工既讫功，不肖深有今日喜，而又虑夫后日失之不难也。吾宗他日有显荣者，能毋忘考功、永丰之心，则幸矣。考功宋绍兴大魁，坐与赵忠简往来，忤秦桧，竟不获大用。别有《知稼集》行于世。正德八年七月十二日进士亚中大夫长芦盐运使司运使二十世孙希英谨志。"②

　　此本刊刻地点，万曼先生认为是"明正德八年进士亚中大夫长芦盐运使司运使二十世孙黄希英三刻于莆中"③。此刻本今中山大学图书馆和国家图书馆有存。

郑　岳

　　郑岳(1468—1539)，字汝华，号山斋。莆田人，弘治六年(1493)进士。授刑部主事，因论奏锦衣卫而下狱，赖堂官救免，转员外郎。后历官江西按察使、左右布政使，因忤朱宸濠而罢职。朱宸濠败后，复被起用，官至兵部侍郎。传载《明史》卷二〇三、《闽书》卷一一〇、《兴化府莆田县志》卷一七、明过廷训《本朝分省人物考》卷七四、《焦太史编辑国朝献征录》卷四〇等。

　　正德十六年(1521)，郑岳刻印宋林光朝撰《艾轩先生文集》九卷《附录》一卷。《四库全书总目》卷一五九著录云："正德辛巳，光朝乡人郑岳择其尤者九卷，附以遗事一卷，题曰《艾轩文选》，是为今本。"④行款为半叶十行，行十九字。今浙江图书馆和国家图书馆有存本。郑岳的著作有《山斋集》二十四卷、《莆阳文献》十三卷《列传》七十四卷，今均有刊本存世。

---

①朱文公祠，在府城东北东山寺洞前。明嘉靖九年知府黄希英建。载故宫博物院编：(乾隆)《镇远府志》卷一九《祠祀志》，《故宫珍本丛刊》第224册，海南出版社2001年版，第386页。
②〔明〕黄希英：《黄御史集跋》，《黄御史集》卷八，《景印文渊阁四库全书》第1084册，第187页。
③万曼：《唐集叙录·黄御史集》，中华书局1982年版，第377页。
④〔清〕永瑢等：《四库全书总目》卷一五九，中华书局1965年版，第1368页。

林 达

林达（1479—?），字志道，号愧吾，莆田人。林俊长子。正德八年（1513）举人，九年进士，授兵部武选司主事。嘉靖七年（1528），官南京吏部郎中。事迹散见于其自编《见素集》后附《编年纪略》，以及《兴化府莆田县志》卷一七《林俊传》中。《闽书》卷一〇九则载其"历南考功郎中，疏归养病，坐父俊议礼，为时宰中伤，以违限弗叙。工篆隶，能古文，有《自考集》。"①林达乃王阳明在闽的弟子，《传习录》有志道问"荀子云：'养心莫善于诚。'先儒非之，何也"②一条；王阳明《与顾惟贤》书中提到林达："向在南都相与者，曰仁之外，尚有太常博士马明衡、兵部主事黄宗明、见素之子林达有、御史陈杰、举人蔡宗兖、饶文璧之属。"③

正德十四年（1519），林达曾刊其父《见素诗集》十四卷，见林达自编《见素集》后附《编年纪略》。此诗集编成于正德十二年（1517），林达称其为"《见素诗选集》"，杨一清序、邵宝后序撰于正德十四年。清丁丙跋称"集凡十四卷，刻于公伯子建"④。嘉靖十五年，林俊门人王凤灵《素翁续集叙》有云："《文集》三十五卷《诗集》十四卷，公令次子吏部大夫愧吾君达先已录次刻行，是集出最后，以别诸前刻，乃称续集。"⑤所谓"《文集》三十五卷"，即明万历间，林氏后裔将《文集》分刊为《见素集》二十八卷《奏议》七卷。据王凤灵此序，则林达所刊，已涵括林俊除续集之外的大部分内容。

郑 纲

郑纲（1501—?），字子尚，一字尚行，号葵山，莆田人。宋郑侨后裔，郑瓒（宗献）之子。嘉靖八年（1529）进士。嘉靖十年（1531），刻印宋严羽撰《沧浪先生吟》二卷，今复旦大学图书馆、浙江图书馆、南京图书馆和国家图

---

① 〔明〕何乔远：《闽书》卷一〇九《英旧志》，福建人民出版社 1995 年版，第 4 册，第 3274 页。
② 〔明〕王守仁撰，吴光、钱明、董平等编校：《王阳明全集》卷一，上海古籍出版社 1992 年版，第 35 页。
③ 〔明〕王守仁撰，吴光、钱明、董平等编校：《王阳明全集》卷二七，上海古籍出版社 1992 年版，第996 页。按，原文断句有误，将林达误为"林达有"。
④ 〔清〕丁丙：《善本书室藏书志》卷三六，《续修四库全书》史部第 927 册，第 610 页。文中的"子建"，应为"子达"。
⑤ 〔明〕王凤灵：《素翁续集叙》，《素翁续集》卷首，《明别集丛刊》第 1 辑第 68 册，黄山书社 2013 年版，第 535 页。

书馆均有存本。南京图书馆存本有清丁丙跋,著录为"明嘉靖十年郑绸刻彭城清省堂印本"①。版式为半叶十行,行十八字,白口,左右双边。前有嘉靖十年辛卯上元日闽中郑绸叙。此本的刊刻地点,清代藏书名家丁丙认为是在闽。其著录云:"《沧浪先生吟》二卷,明嘉靖闽刊本。宋樵川严羽仪卿著,彭城清省堂校刻……此嘉靖辛卯闽中郑绸重刻本。序云:'沧浪严先生集,闽有刻本,姑苏有刻本,亦既传布之矣,余爱其参禅论诗,超悟宗旨,有唐宋诸贤所未道。至其诗亦格律精深,词调清远,盖真有透彻之悟,而其词足以达之,乃复为重刊云。'"②

除了在闽刻书之外,郑绸在外地也有刻书。嘉靖三十五年(1556),他在河南左参政任上,刻印明马理撰《周易赞义》十七卷。《四库全书总目》著录云:"原书十有七卷,其门人泾阳庞俊缮录藏于家,河南左参政莆田郑绸为付梓。今本仅存七卷,系辞上、传以上皆佚。案,朱彝尊《经义考》已注曰'阙',则其来久矣。"③此本已无完本存世,今国家图书馆存残帙卷一至卷六和系辞上,《四库全书存目丛书》经部第3册所收《周易赞义》,即据此本影印。今南京图书馆所存七卷本,与国家图书馆相同。

卷前有马理、郑绸、朱睦㮮三序。郑绸《刻周易赞义序》曰:"余少好读《易》,窃览诸家传注。其精诣者,得四人焉。在汉魏之际,有郑康成氏、王辅嗣氏;宋有程正叔氏、朱仲晦氏。然四人者,大义不殊,节目亦稍有异。郑之学主于天象,王之学主于人事,程之学主于义理,朱之学主于占筮。其后诸儒迭兴,互相祖述,虽千有余家,然亦不出四氏之矩画也。夫易之为道也,广大悉备,是以仁者见之谓之仁,知者见之谓之知,要其归一而已矣。故曰其旨远,其辞文,其言曲,而中其事肆而隐。远而可以弥纶宇宙,匡济邦家,近而可以淑厥身心,推辟咎悔,诚三才之枢钥,六艺之宗统也。光禄卿三原马伯循先生,以卓荦之才、该洽之学,屏居山中,历载构缀,乃就斯编。总十有七卷,题曰《周易赞义》,门人侍御南泉庞公缮录藏于家。岁在丙辰,南泉公来按中州,政暇以斯编出示,且属余序于首简。余取而读之,乃知先生参酌四氏,旁求诸说,由详而约,考异而同,于是乎象辞之旨,变占之法,乃灿然明矣。余因校之,刻置省署。将以传诸四

---

① 中国古籍善本书目编委会:《中国古籍善本书目》集部卷二四,上海古籍出版社1998年版,第381页。
② 〔清〕丁丙:《善本书室藏书志》卷三一,《续修四库全书》史部第927册,第527页。
③ 〔清〕永瑢等:《四库全书总目》卷七,中华书局1965年版,第52页。

方，后有好古博闻如南泉公者，则子云之书为不朽矣。是岁七月既望闽中葵山郑绸谨识。"[1]

郑绸《明史》无传，其事迹在福建地方史志中多为零星记载。《闽书》卷一一二《英旧志》仅有以下寥寥数字："绸，字子尚。由郎署历都御史，总制两广。扬历中外，具有才猷。"[2]《粤大记》载其宦绩较详。节录如次：

> 郑绸，字子尚，号葵山，莆田人。父瓒，正德戊辰进士。授户部主事。忤逆瑾，以事罢官，卒于京。

> 公自幼聪敏，痛自砥砺。登嘉靖己丑进士第，继为户曹郎，与翁万达、邹守愚相淬濯，部中称"四君子"。己亥，知高州府，修废举坠，百度聿兴。丁酉，移知广州。广为百粤首郡，公悉心民隐，厘剔弊源，专务节爱，不为束湿。听讼明允，得两造之情。尤加意学校，鼎新黉舍，拔名士如卢梦阳、马拯、蒙韶辈，士类翕然归之。滇南、湖襄藩臬，所至誉望藉甚。戊午，提督紫荆等关军务，时惠、潮盗炽，引倭入寇。己未，晋右副都御史，总督两广军务。……后卒于任。[3]

黄献可

黄献可（1502—?），字尧俞，号野塘。莆田人。嘉靖十年（1531）举人，十一年登进士。十三年任嘉兴知县，十六年去任。嘉靖十七年（1538），刻印其祖明黄约仲撰《静斋诗集》六卷，今台北"国家"图书馆存。正文卷端题"静斋诗集卷之一"，二行下题"莆田黄约仲"；序题"刻静斋公诗志略""嘉靖十七年冬十月裔孙献可谨志"。行格为半叶八行，行十六字，单边，细黑口。黄约仲，名守，以字行，号静斋。"精楷法，为诗语意清婉。永乐初，应诏入京，文皇试《上林晓莺天马歌》，擢第一，官翰林典籍。预修《永乐大典》《四书五经》及《性理大全》诸书。书成，进检讨。在官二十余年，疏乞终养。"[4]

《明代科举与文学编年》载黄献可事迹云："主事，福建黄献可，辛卯乡

①〔明〕郑绸：《刻周易赞义序》，《四库全书存目丛书》经部第3册，第183页。

②〔明〕何乔远：《闽书》卷一一二《英旧志》，福建人民出版社1995年版，第4册，第3358页。

③〔明〕郭棐撰，黄国声、邓贵忠点校：《粤大记》卷九《宦绩类》，广东人民出版社2014年版，第246—247页。

④〔明〕何乔远：《闽书》卷一一〇《英旧志》，福建人民出版社1995年版，第4册，第3305页。

试六十九名。会试一百六十名。廷试三甲一百十九名。字尧俞,治《诗经》。壬戌年九月十四日生,莆田县人。观礼部政,授武陵知县,改嘉兴知县,升礼部主事,降应天府学教授。号野塘。曾祖孟恭。祖汝保。父思达。母林氏。弟际可、学可。"[1]其著作有《嘉兴县水利图志》,见光绪《嘉兴府志》卷八〇著录,已逸。《嘉兴府志》现存其嘉靖十三年九月所撰《嘉兴县水利图志序》一篇[2]。《嘉兴府志》载:"黄献可,字尧俞。莆田人。嘉靖进士,知武陵县,调嘉兴。爱民好士,儒学僻处城西,风气不萃。献可择治东兴圣寺徙置之,自此人文蔚起。"[3]其事迹,又载崇祯《嘉兴县志》卷一一《官师志》,乾隆《浙江通志》卷一五〇《名宦》。

曾樱·曹惟才

曾樱(1581—1651),字仲含,号二云,江西峡江县人。万历四十四年(1616)进士,历官福建漳南道。崇祯四年(1631),任福建兴泉道参政。荷兰兵侵犯泉州、漳州,曾樱全力推举郑芝龙为先锋,取得重大胜利。公务之余,与士绅在清源洞讲学,泉州人士为其在罗一峰书院之西建起二云书院。南明隆武间(1645—1646),以工部尚书进东阁大学士兼吏部尚书。唐王败,浮家于鹭岛(今厦门),后自缢殉国。传见《明史》卷二七六、《东林列传》卷一二、康熙《福建通志》卷三〇、雍正《江西通志》卷七四、乾隆《泉州府志》卷三〇《名宦》等。

崇祯十年(1637),曾樱在莆田刻印明黄巩撰《黄忠裕公文集》八卷,前有崇祯丁丑兴化知府会稽曹惟才序,今福建省图书馆存。该书收入《福建丛书》,由江苏广陵古籍刻印社于1997年出版。九行二十二字,白口,四周单边,版心上方题"后峰集"。卷首书题后题:"豫章曾樱仲含父较梓,莆中黄巩伯固著,会稽曹惟才较定,同邑郭良翰、彭汝楠全订,后学王应麟、林元霖全较"。前有崇祯丁丑(1637)曹惟才《黄忠裕公文集序》,同年彭汝楠《重刻黄忠裕公文集序》。彭序曰:"旧刻毁于兵燹,无从窥全豹,会曾二云年丈建节吾郡,冰蘗自矢,臭味远投,谋于秋水曹使君,购公文重锓之,使君亦慨

①陈文新主编:《明代科举与文学编年》(中),武汉大学出版社2009年版,第1800页。
②〔清〕许瑶光、吴仰贤等:(光绪)《嘉兴府志》卷八二《艺文志》,台北成文出版社1970年版,第2559页。
③〔清〕许瑶光、吴仰贤等:(光绪)《嘉兴府志》卷四二《名宦传》,台北成文出版社1970年版,第1052页。

然捐俸为杀青资。"①由此可知，此书由曾樱、曹惟才等捐资合刊，刊行地点在"吾郡"，即彭汝楠所在的兴化府。曹惟才（？—1644），会稽人，天启七年举人，崇祯四年进士，时任漳州府推官、兴化府知府②。崇祯十七年（1644）在京，被李自成农民军拷掠而逝。参校者王应麟，龙溪人，历官江西左布政使。为本书作序并参校者彭汝楠，字伯栋，莆田人。万历丙辰进士，知会稽县，擢礼科给事中。崇祯间，为大理寺丞，兵部左侍郎③。

崇祯间，曾樱又刻印明李廷机撰《李文节集》二十八卷。今南京图书馆存残帙三卷，题为《李文节先生燕居录》一卷《家礼》一卷《李文节集》一卷，收入《四库禁毁书丛刊》史部第 44 册。题"豫章后学曾樱较梓，温陵后学林胤昌全订"。日本公文书馆存崇祯四年曹士鹤跋刊本，与此应为不同刊本。

崇祯间，曾樱还参与刻印何乔远《名山藏》一百零八卷，详情可参见本书"沈犹龙"条。

明天启间，曾樱曾任常州知府，在常州刻印明海瑞撰《海忠介公文集》十卷④，今复旦大学图书馆、浙江大学图书馆和陕西省图书馆存。

余　飏

余飏（1603—？），字赓之，号季芦，莆田人。方以智座师，曾为方氏《药地炮庄》作序。崇祯十年（1637）进士。"以制举业，与同年生夏允彝、陈子龙齐名，海内争传诵之。授宣城知县，礼士爱民。……己卯分校乡闱……庚辰丁外艰，服阕，补上虞县。未几赋归，杜门著书。刻有《芦中诗文集》四十卷，《芦腊史论》《识小录》各若干卷。"⑤所刻印《芦中诗文集》等，存逸不详。

光绪《重修安徽通志》载其在宣城知县任上，"善折狱，有数年不决者为

①〔明〕彭汝楠：《重刻黄忠裕公文集序》，《黄忠裕公文集》卷首，江苏广陵古籍刻印社 1997 年版，第 13—14 页。

②〔清〕董钦德等：（康熙）《会稽县志》卷二〇《选举志》，台北成文出版社 1983 年版，第 441 页。

③〔清〕郝玉麟等：（乾隆）《福建通志》卷四四《人物》，《景印文渊阁四库全书》第 529 册，第 523 页。

④杨居让：《曾樱刻〈海忠介公文集〉于何时》，《收藏》2010 年第 12 期。

⑤〔清〕汪大经、廖必琦等：（乾隆）《兴化府莆田县志》卷二二《文苑传》，民国十五年（1926）重印光绪五年潘文凤补刊本，叶 27A—B。

之一清。……分校江南乡试,方以智出其门。宣城人祀之"①。弘光时,官
吏部考功司郎中、广东按察副使。清顺治四年(1647),在莆田参加抗清起
义,兵败被俘,随即获释。著有《莆变纪事》一卷,记郑成功抗清、清廷实行
海禁迁界等。其兄余光,字希之,著有《春秋存俟》十二卷、《昌谷诗集注》四
卷、《耐庵集》十卷。

余飏事迹,又载于乾隆《浙江通志》卷一五三、民国《福建通志·循吏
传》卷四。

郭良翰

郭良翰(生卒年未详),字道宪,号栖澹畸人。莆田人,郭应聘之子。以
父荫补官,任都察院照磨、大仆寺丞,出为黎平知府。其事迹,民国《福建通
志·列传》卷二五、《兴化府莆田县志》卷一七均载于其父传之后。《兴化府
莆田县志》卷一四《选举志》载其致仕后"家居筑万卷书堂,著述甚富"②。

郭良翰刻印的图书甚多。万历三十八年(1610)刊其自撰的《问奇类
林》三十五卷。前有黄吉士、金忠士、毕懋康、陈玉辉四序,以及郭良翰《问
奇类林题辞》。郭良翰曰:"繁阳黄直指公,博古君子也,嗜学若饴,架上不
数邺侯三万轴。一日相遇,偶阅斋头手钞若而帙,觑觑惊曰:'司马赋不从
人间来,其神化所至耶?……何不衺而成一家言,予且为子传之……'遂殚
三余,重加删纂。汰者七而增者三,事各分门,门各比类,类各为节,凡得千
余板,卷三十五,为言三十六万奇。证向今故,参伍议论,即不敢谓大无挂
漏,然亦崖略厄矣。黄公遂逌然捐倡以镪,同志诸君子庚协赞之。"③序后
列《名公订正捐梓姓氏》,有黄吉士、陈禹谟、吕图南、黄起龙、谢肇淛等共
53人。同年刻印自撰《续问奇类林》三十卷,九行二十字,小字双行同,白
口,四周单边,今国家图书馆存。该书收入《四库未收书辑刊》第7辑第
15册。

万历三十九年,郭良翰刊《历朝忠义汇编》二十二卷,九行二十字,白

① 〔清〕沈葆桢、何绍基等:(光绪)《重修安徽通志》卷一四三《职官志》,清光绪四年(1878)刻本,叶
　 13B。
② 〔清〕汪大经、廖必琦等:(乾隆)《兴化府莆田县志》卷一四《选举志》,民国十五年(1926)重印光绪
　 五年潘文凤补刊本,叶39A—B。
③ 〔明〕郭良翰:《问奇类林题辞》,《四库未收书辑刊》第7辑第15册,第107—108页。

口，四周单边，今故宫博物院和湖北省图书馆存。四十三年（1615），刻印
《周礼古本订注》五卷，今福建师范大学图书馆存。四十六年，刊《南华经荟解》三十三卷，著录为"南郭万卷堂刻本"，八行二十字，小字双行同，白口，四周单边，今国家图书馆存。万历间，刊《历代象贤录》二十卷，今首都图书馆和清华大学图书馆存。万历间，又刊《皇明谥记汇编》二十五卷①，清四库馆臣有"兹编辑有明一代谥法，最为详备"的评价。崇祯三年（1630），刊《孙武子会解》四卷，题"郭氏万卷堂刻本"，九行二十字，白口，四周单边，今国家图书馆存。郭良翰刻印其父的著作，则有万历间刊《郭襄靖公遗集》三十卷，今上海图书馆存不全本二十六卷。半叶九行二十字，白口，四周单边，单鱼尾，下有刻工之名；题"莆中郭应聘君宾著，年友漳浦朱天球君玉编，门人泰和郭子章相奎订，门人晋江王任重尹卿校，不肖男良翰梓"。《续修四库全书》集部第 1349 册，即据此影印。

郭如圚

郭如圚（生卒年未详），字章黻，庐陵人。万历四十一年（1613），以进士任莆田知县。在莆田，刻印明莆田周伯耕（更生）撰《虞精集》八卷。《四库全书总目》卷一二五著录云："是书盖杂家者流。其曰虞精，盖取虞人猎百禽之精意也。前有李维桢序，称原书正续共百余篇。莆田知县郭如圚为刻其四十七篇，此本实五十三篇，殆刻版时续入四篇，序则未改也。"②

此书今存本为《新锲官板批评注释虞精集》八卷，收入《四库全书存目丛书》子部第 93 册，据无锡市图书馆存明书林郑大经刻本影印。卷前有大泌山人李维桢（本宁）撰《虞精集题辞》，其中有云："莆田周更生所著《虞精集》正续计百余篇，因受知其邑侯庐陵郭章黻，先发刻四十七篇，邑人陈驾部鸣周与临川汤祠部义仍序行之。"③所记正与四库总目著录相合，因知郑大经本应据郭如圚刻本所翻刻。

郭如圚事迹，《兴化府莆田县志》卷七《职官志》仅载其籍贯及任年。乾隆《江南通志》卷六四载其于天启二年至四年在莆田知县后，又任华亭知

---

①清永瑢等《四库全书总目》卷八二著录《明谥记汇编》为二十五卷。载中华书局 1965 年版，第 705 页。
②〔清〕永瑢等：《四库全书总目》卷一二五，中华书局 1965 年版，第 1079 页。
③〔明〕李维桢：《虞精集题辞》，《新锲官板批评注释虞精集》卷首，《四库全书存目丛书》子部第 93 册，第 164 页。

县。其后，入朝为给事中。《明史》卷三〇六将其归为魏忠贤阉党之列。然而，据明朱长祚《玉镜新谭》，其中载有郭如闇疏，主题为斥责魏忠贤扶植鹰犬，陷害忠良。此与《明史》所载不合。其疏云："武弁中之田尔耕、许显纯，又为忠贤助焰扬波者也。尔耕之掌锦衣卫，以钩钜之术，行其狼贪之性。自告讦端门，捕风捉影，苞苴既入，积玉堆金，不可穷诘。显纯之掌镇抚司，以煅炼之法，行其虎噬之欲，苟为意旨微授，深文巧诋，棰楚之下，魂飞魄摇，不可名状矣。忠贤之草营多命，皆出两人之手。盖共视金吾为兔窟，人望之则不音屠肆矣。"①

黄崇翰

黄崇翰（生卒年未详），字翰甫，号从斋，莆田人。宋状元黄公度十三世孙，黄廷用之子。明天启五年（1625），刻印黄公度撰《莆阳知稼翁集》二卷，今国家图书馆、北京大学图书馆、上海图书馆、南京图书馆等多家图书馆有原刊本收藏。《四库全书》本即据此本为底本抄录。

卷后有黄崇翰跋称："《知稼翁集》，目载《文献通考》及《八闽通志》，更宋元之变，无存者。嘉靖辛卯，主政敬甫公刻监簿《四如公集》，其序慨《知稼集》不可见矣。丙午岁，先司空任翰撰司徒君辨公任文选，有陕中谒选人持是集赟，册有御印，盖前朝秘府流落人间者。得之，喜从天坠，与先考百叩交庆。乙卯，考以宫洗谪倅衡州，刻于衡。壬戌倭变，板复毁，乃就榕城陈环江公索回一部，崇翰等誊较多年。还侄孙鸣俊，自会稽寄俸四金，遂图命梓。窃念吾宗，唐宋来著作载郡乘者凡二十五种，今存惟御史公及公监簿公集耳。语曰文字可爱，祖宗文字尤可爱，苟后人知爱（原注：阙），传未艾也。役竣，谨告之先灵，尚一慰焉。董役，则侄泰、儿胤星。天启乙丑长至不肖世孙崇翰顿首志。"②

文中所言"先考"，指的是其父黄廷用。他曾于嘉靖乙卯官衡州通判时，刊刻此书（参本书"黄廷用"条）。"侄孙鸣俊，自会稽寄俸四金，遂图命梓"之语，指的是黄鸣俊在会稽知县任上，寄俸银回家，资助刻印此书（参本书"黄鸣乔·黄鸣俊"条）。

①中华野史编委会：《中华野史》卷九《明朝卷》，三秦出版社 2000 年版，第 7528—7529 页。
②〔明〕黄崇翰：《知稼翁集跋》，《知稼翁集》卷末，《景印文渊阁四库全书》第 1139 册，第 613 页。

黄崇翰，史志无传。其事迹，详载其子黄胤星撰《先考从斋府君行略》不分卷，今国家图书馆存明崇祯刻本①。

黄鸣乔·黄鸣俊

黄鸣乔（生卒年未详），字启融，号友寰，莆田人。黄仲昭玄孙。万历三十二年（1604）进士，历官番禺知县、安庆府推官、袁州知府等，以河南按察副使致仕。黄鸣俊（生卒年未详），字启甸，鸣乔从弟。万历四十六年（1618）举人，次年举进士，历官诸暨知县、会稽知县、礼部主事、浙江提学参议、右金都御史、浙江巡抚等职。

因二人均为唐黄滔的二十二世孙，故于崇祯十一年（1638）合刻黄滔撰《唐黄御史集》八卷附录一卷。八行十八字，白口，左右双边，今上海图书馆、北京大学图书馆和国家图书馆等存。崇祯间，黄鸣俊又刻印其自撰《武林纪略》二卷，今浙江图书馆存。

黄鸣乔小传，见载于《大清一统志》卷二五二、雍正《江西通志》卷六〇、乾隆《福建通志》卷四四、《兴化府莆田县志》卷二四、同治《番禺县志》卷三二等。其著作有《吟舫集》，民国《福建通志·艺文志》卷六三著录，称其"令番禺，则全活饥黎；守袁州，则力争浮赋，不愧古之循吏。因修袁志，不为严介溪立传，忤御史李日宣意，竟申以'疏懒'罢归"②。黄鸣俊生平，乾隆《浙江通志》卷一四八载："知诸暨县，调繁会稽，历升浙江提学参议。取文不拘一体，高奇平淡，率归大雅。改杭严兵备，超擢都御史巡抚浙江。甫三月，值甲申之难，鸣俊慷慨誓师，将出讨闯贼，闻江南马士英用事，解绶归。"③《福建通志》卷四四所载与此略同。《兴化府莆田县志》称其"少年明敏，以儒术饰吏治，人惊若神明"④。其著作有《静观轩诗集》《袁州府志》。黄崇翰《莆阳知稼翁集跋》中"迩侄孙鸣俊，自会稽寄俸四金，遂图命梓"⑤之语，

① 中国古籍总目编纂委员会编：《中国古籍总目》史部传记类，中华书局、上海古籍出版社 2009 年版，第 715 页。

② 沈瑜庆、陈衍等：（民国）《福建通志·艺文志》卷六三，1938 年刊本，叶 15 叶。

③〔清〕嵇曾筠、沈翼机等：（乾隆）《浙江通志》卷一四八《名宦》，《景印文渊阁四库全书》第 523 册，第 60 页。

④〔清〕汪大经、廖必琦等：（乾隆）《兴化府莆田县志》卷二三《人物志》，民国十五年（1926）重印光绪五年潘文凤补刊本，叶 13B。

⑤〔明〕黄崇翰：《知稼翁集跋》，《知稼翁集》卷末，《景印文渊阁四库全书》第 1139 册，第 613 页。

指的就是黄鸣俊在会稽知县任上，寄俸银回家，资助刻书之事。

黄起有

黄起有（生卒年未详），字应似，莆田人。崇祯元年（1628）进士。天启年间（1621—1627），刻印唐黄滔撰《黄御史集》十卷。清瞿镛《铁琴铜剑楼藏书目录》卷一九著录云："是书淳熙初有刻本，明正德、万历、天启间皆有刻本。此则天启年御史二十三世孙起有所刻也，有杨万里、洪迈、谢谔、曹学佺序。"[1]

乾隆《兴化府莆田县志》载："黄起有，字应似，希韶曾孙。崇祯戊辰进士，选庶吉士，授编修直起居注。丁丑分校礼闱，升国子司业，署祭酒。……己卯典试顺天，所得士后多跻公辅。……著有《慵山诗集》若干卷。善草书，苍秀轩翔，绝得古人笔法，世争珍之。年八十二卒。"[2]

黄希白

黄希白（生卒年未详），字如白，莆田人。黄仲昭之孙，黄希英堂弟。嘉靖十六年（1537）举人。嘉靖二十四年，任广东钦州知州，三十年官韶州同知。

嘉靖三十四年（1555），曾刻印其祖黄仲昭《未轩公文集》十二卷《附录》一卷《补遗》二卷。前有黄仲昭图像，行格为半叶十行，行二十字，四周单边，白口，版心上方记书名，底端记刻工。有明刘玉、罗伦序，黄希白跋，康大和序。今国家图书馆、上海图书馆、福建省图书馆等有存本。此本的刊刻地点，应在莆田。根据之一，本书有嘉靖乙卯（1555）黄希白《刻先祖未轩公集后跋》。其中有云："先是诸伯兄业已绪正有待，希白不肖，深惟遏佚前光是惧。顾吏于岭海，未遑及也，比家居，成之。谨辑汇为卷十二，募匠镂梓，愧未尽其全云。"[3]"顾吏于岭海，未遑及也，比家居，成之"，是说游宦在外时未能刊印，卸职家居之后方完成此心愿。其二，本书刻工张五，为嘉靖

---

[1]〔清〕瞿镛：《铁琴铜剑楼藏书目录》卷一九，《清人书目题跋丛刊》(3)，中华书局 1990 年版，第 293 页。

[2]〔清〕汪大经、廖必琦等：(乾隆)《兴化府莆田县志》卷二二《文苑传》，民国十五年（1926）重印光绪五年潘文凤补刊本，叶 25B—26A。

[3]王次澄：《四库全书总目提要正补二十五则》，《中国古籍研究》第 1 卷，上海古籍出版社 1996 年版，第 398 页。

间闽中刻工。此书之外，他还参加过嘉靖七年林近龙闽刻本《翠渠摘稿》、嘉靖三十八年吉澄闽刻本《宋元通鉴全编》的刊刻[1]。其三，是今北京大学图书馆、苏州图书馆、莆田市图书馆存此书清雍正十三年（1735）黄希白后人黄迈琮的增修本。由此可知，嘉靖本原刊于莆田，书版存黄氏族裔家中，在历经一百八十年，经增补重修后，书版仍可重印。

黄希白事迹，乾隆《兴化府莆田县志》卷一三《选举志》，乾隆《福建通志》卷三八《选举》，乾隆《广东通志》卷二七《职官》，同治《韶州府志》卷四《职官表》等均有零星记载，以中举、任职年月等为主。主要内容，已如前所述。

林近龙

林近龙（生卒年未详），字云从，莆田人。弘治十四年（1501）举人，正德三年（1508）进士。历官监察御史、广西按察佥事。从学于邑人周瑛（1430—1518）。嘉靖七年（1528），编选并刻印周瑛所撰《翠渠摘稿》八卷。十行二十四字，黑口，四周双边。《四库全书总目》卷一七一著录，多《补遗》一卷，乃周瑛后人于清雍正间所增，非原本所有。《四库全书》本《翠渠摘稿》卷前提要云："瑛字梁石，自号蒙中子，又号翠渠，莆田人。成化己丑进士，官至四川右布政使。事迹具《明史·儒林传》。所著诗文集曰《翠渠类稿》，此本乃其门人林近龙选录付梓，故曰《摘稿》。"[2]此书今国家图书馆和天津图书馆所存，均为清雍正十三年（1735）周瑛后裔周成续刊本，故有《补遗》一卷。

林近龙事迹，《闽书》卷一一一、《兴化府莆田县志》卷一九均附载于其父林诚（贵实）之后。略云："子近龙，正德戊辰进士，授河南道监察御史。疏发逆濠营建及大学士靳贵柄文鬻贿二事。升广西按察佥事。"[3]林俊《翠渠周公墓志铭》，文中有"予族孙佥事近龙，公子婿也，状事行请铭"[4]诸语，由此可知林近龙乃周瑛之婿。

---

[1] 瞿冕良编著：《中国古籍版刻辞典》，苏州大学出版社 2009 年版，第 427 页。
[2] 〔明〕周瑛：《翠渠摘稿》卷首，《景印文渊阁四库全书》第 1254 册，第 721 页。
[3] 〔清〕汪大经、廖必琦等：(乾隆)《兴化府莆田县志》卷一九《人物志》，民国十五年（1926）重印光绪五年潘文凤补刊本，叶 21A—B。
[4] 〔明〕林俊：《见素集》卷一九，《明别集丛刊》第 1 辑第 68 册，黄山书社 2013 年版，第 322 页。

余 藻

余藻(生卒年未详),字采之,莆田人。明末篆刻家。崇祯元年(1628),刻印其自撰《石鼓斋印鼎》九卷,辑录秦至明历代玺印,今国家图书馆存原刊本。封面题"莆阳余采之,石鼓斋印鼎",卷首有余藻自序、朱继祚序。序后有凡例八条。余氏唐宋以来先世几代为官,富于收藏,精于鉴赏。

朱继祚《石鼓斋印鼎序》云:"吾乡余采之,博洽士也。其先世唐较书公、宋金紫公,及我朝代有闻人,其收藏鉴赏,当称富有。乃悯大雅之不作,惧赝鼎之惑人,覃精十年,集成《印鼎》若干卷。从秦、汉之重复者删之,唐、宋之失纪者补之,且注释精详,六书遍考,其仍系之石鼓斋者,则以《石鼓》尚在人间,不以魑魅相诓耳。"①

民国《福建通志·艺术志》卷三载余藻小传,主要内容如前所述。

张 琦

张琦(生卒年未详),字君玉,号白斋,鄞县人。弘治十二年(1499)进士。正德间(1506—1521)知兴化府。据《兴化府莆田县志》卷八《名宦传》载,张琦"著有《白斋集》四帙,刻之郡斋"②。按,此书全称《白斋先生诗集》,九卷。明正德八年(1513)张琦莆田郡斋刻本,九行十九字,大黑口,四周双边。今国家图书馆有存。

张琦后又于嘉靖二年(1523)续刻其所撰《白斋竹里诗集续》三卷《文略》一卷,版式与上本同,刊刻地点则应不在莆田。正、续二集与《文略》,均被收入《四库全书存目丛书》集部第 52 册。

《兴化府莆田县志》同时又载其宦绩云:"治尚清静,有来质成者,琦辄风谕之,使讲解去。于簿领诸烦琐科条,一切持简,以故府中无事。数与林少保俊往来赓和,尝有《咏海棠》一绝云:'微红初上颊,便觉春多梦。窗外有人无,鸟踏花枝动。'视郡六年,不假鞭笞而自治。数乞骸,诏陟本省参政归。"③

---

①〔明〕朱继祚:《石鼓斋印鼎序》,余藻:《石鼓斋印鼎》卷首,国家图书馆存本,第 6—7 页。

②〔清〕汪大经、廖必琦等:(乾隆)《兴化府莆田县志》卷八《名宦传》,民国十五年(1926)重印光绪五年潘文凤补刊本,叶 13B。

③〔清〕汪大经、廖必琦等:(乾隆)《兴化府莆田县志》卷八《名宦传》,民国十五年(1926)重印光绪五年潘文凤补刊本,叶 13A—B。

三、清代

林 桢

林桢(1639—1714),字少干,莆田人。据民国《福建通志·艺文志》卷六四著录:"《瓯离子集》十二卷,莆田林向哲著。道光《通志》云,一作《玉岩阁集》十二卷,未知同异。向哲字君十,诗学杜,得其神似。后出游燕蓟,诗益雄。所著作,从子桢梓而行之。"①《兴化府莆田县志》卷二八则载:"向哲为诗,操笔立就,骨格老苍,学杜得其神似者。既而郁郁不乐居诸生间,出游燕蓟,诗益雄。于归,编其所著诗赋古文集曰《玉岩阁》十二卷,从子桢梓而传之。"②按,此书刻本今罕见,福建师范大学图书馆仅存民国传抄本。

林向哲(生卒年未详),字君十,又字十叟,福建莆田人。林凤仪从弟。此《瓯离子集》十二卷乃诗集,康熙间其从子林桢刻,《续修四库全书提要》著录。道光《福建通志》记载,林向哲有《玉岩阁集》十二卷,为同书异名。

林桢生平,分别见载于乾隆《兴化府莆田县志》卷二八,民国《福建通志·儒行传》卷五、《孝义传》卷一五,内容大同小异。《儒行传》载:"林桢字少干,莆田人。……康熙甲寅(1674)耿藩迫授伪职,不从,被逮,栲饷幽囚数月,荼苦备尝。耿败后,年已四十。绝意举业,入成均谒选吏部,奉例改授邑宰……屡檄不赴。曰:'母老矣,安能舍吾母而谋升斗哉!'爰筑数椽于宅南,奉甘旨承欢外,吟咏自娱,著有《学诗庭集》。庚申(1680)饥,与伯兄殿桂捐资为糜,全活万人。……邑木兰陂……岁久屡塌……将溃决。事闻,郡守以下皆造庐问修理计。桢力肩之,并出金以襄厥成。迄今梅溪、安澜数百万顷桑田,岁获有秋,皆桢力也。"③

涂庆澜

涂庆澜(1837—1912),字海屏,号耐庵,又号莆阳遗叟、荔隐山人,莆田

---

①沈瑜庆、陈衍等:(民国)《福建通志·艺文志》卷六四,1938年刊本,叶7A。
②〔清〕汪大经、廖必琦等:(乾隆)《兴化府莆田县志》卷二八《人物志》,民国十五年(1926)重印光绪
五年潘文凤补刊本,叶10B—11A。
③沈瑜庆、陈衍等:(民国)《福建通志·儒行传》卷五,1938年刊本,叶10A—B。

人。幼时随父涂正英往九鲤湖东僧舍读书。同治十三年(1874)成进士,入翰林。光绪五年(1879)、十一年(1885)分别担任贵州、顺天考官,所拔多知名之士。其后因与同官不合,申请告归。"买得前明康砺峰尚书华园别墅居之,改称旧墅,浇花种竹以自娱。前后掌兴安、擢英两书院讲席。凡诸生来谒,莫不勉以多读有用之书。"①著作有《使黔日记》《浙游日记》《莆阳文辑》《莆阳诗辑》《荔隐山房集》,传载民国《福建通志·文苑传》卷九。

涂庆澜刻书处名荔隐山房,他于清光绪二十五年(1899)刻印其所编辑《莆阳文辑》五卷,题"荔隐山房藏版"。光绪二十七年(1901)刻印由其选释、刘尚文参订之《国朝莆阳诗辑》四卷,今福建师范大学图书馆有存本。光绪三十一年至三十三年(1905—1907),他又先后刻印自著书六种,分别为《荔隐山房诗草》六卷、《荔隐山房文略》一卷、《进奉文》一卷、《荔隐居楹联偶存》一卷、《国朝耆老录》一卷、《荔隐居日记偶存》三卷、《荔隐居卫生集语》三卷,后汇集为丛书《荔隐山房集》,《中国丛书综录》著录②。《荔隐山房诗草》六卷、《荔隐山房文略》一卷,均收入《续修四库全书》集部第1561册。《荔隐山房诗草》卷前有"光绪乙巳仲春开雕,本斋藏板"牌记。

刘尚文

刘尚文(1845—1908),字澹斋,莆田人,太学生。曾刻印自纂之《莆阳金石初编》上下二卷,今存光绪二十五年(1899)刊本。前有长乐谢章铤、大兴傅以礼、晋江陈棨仁三序。谢序称"兴化刘澹斋上舍博雅嗜古,予曾为序其所纂族谱。一日,复出其《莆阳金石初编》,属予及门林生鸿畴、李生澄涛,示余请序。其所收不出莆田,地近则耳目易周,殆不患其不精矣,而读其所作题跋,考订既不苟,而文笔亦复渊雅,信乎可以行远矣!"③此书又有光绪二十六年(1900)刻本,有"光绪庚子刊于福州"长方牌记,右下角有"王友士锓板"五字,今厦门大学图书馆存。王友士应为接受刘尚文委托,刻印此书的福州书坊坊主。

民国《福建通志·文苑传》卷九载:"(刘尚文)系出宋文定公克庄后。……暇仍读书无少闲,专肆力于经、史、子、古大家集。莆称文献名区,

①沈瑜庆、陈衍等:(民国)《福建通志·文苑传》卷九,1938年刊本,叶16A—B。
②上海图书馆编:《中国丛书综录》第1册,上海古籍出版社1982年版,第553页。
③〔清〕谢章铤撰,陈庆元等点校:《谢章铤集》,吉林文史出版社2009年版,第109页。

伤先辈遗文积久散佚,力为搜罗。《后村大全集》数百卷无存,闻湖州陆氏有是书,驰函走使借钞之,风雨弗辍。……性嗜古名字画,寸缣尺素,珍同拱璧。尤精金石,春秋佳日作山水游,访残碑断碣,虽林深谷隐人迹罕到之处,披蒙茸,剥苔藓,摩挲不忍去。一时名流,如长乐谢章铤,侯官杨浚,晋江龚显曾、陈棨仁,争与为文字交。……储藏颇富,肆力为歌诗甚夥,一以后村为法。所著诗文集暨《莆志集证》等十余种,付梓者惟《莆田金石初编》耳。以布衣老,卒六十有四。"①

刘尚文现存著作有《刘澹斋诗存》,光绪三十四年刻本;《莆志书目集证》二卷,收入抄本《莆阳掌故丛书》。

林麟焻

林麟焻(生卒年未详),字石来,号玉岩,莆田人。康熙九年(1670)进士,授中书舍人。历官户部江南司主事、贵州提学佥事。康熙二十二年(1683),受命出使琉球,次年归。应莆田士民之邀,为《平南纪咏》(二卷)一书(按,此书即施世骠所编《靖海纪事》前身)作序并刊刻。林麟焻《叙》称,"客岁册封旋里,莆先生暨士民以《平南纪咏》问序于麟焻,既序而刻之"②。此客岁,是指康熙二十二年六月,他与汪楫奉命出使琉球,次年返归③。

林麟焻的著作以诗为主,诗集多为自刻。其中,《玉岩诗集》二卷为康熙二十三年(1684)自刻本,收入《四库全书存目丛书》集部第 244 册。卷前有王士禛、陈维崧、尧英序和林麟焻自撰序。题"莆田林麟焻石来著,济南王士禛贻上指点"。《兴化府莆田县志》载其"少以诗名……凡拂郁困顿之致,悯时伤乱之怀,举于诗发之,积有岁月,篇什遂多。新城王士禛、阳羡陈维崧手为点定,序以传世。……所著有《玉岩诗集》《续集》《星槎草》《中山竹枝词》《郊居集》《竹杏词》,皆板行。又有纂辑《列朝外纪》若干卷,藏于家"④。

---

①沈瑜庆、陈衍等:(民国)《福建通志・文苑传》卷九,1938 年刊本,叶 16B—17A。

②〔清〕林麟焻:《叙》,《靖海纪事》卷首,《续修四库全书》史部第 390 册,第 531 页。

③清王士禛《林舍人使琉球诗》载:"康熙甲子,莆田林舍人玉岩麟焻使琉球归,有竹枝词一卷,与周礼部同时示予,并录数篇,以志本朝文物之盛云。"载王绍曾、杜泽逊编《渔洋读书记》集部,青岛出版社 1991 年版,第 283 页。

④〔清〕汪大经、廖必琦等:(乾隆)《兴化府莆田县志》卷二八《人物志》,民国十五年(1926)重印光绪五年潘文凤补刊本,叶 13A—B。

林麟焻从学于王士禛。《四库全书总目》著录《玉岩诗集》凡七卷,略云:"其诗法受自王士禛。初官中书舍人时,尝偕检讨汪楫奉使琉球,途中唱酬甚夥。是编凡前集二卷,皆初年所作。又《星槎草》一卷、《中山竹枝词》五十首为一卷,皆出使时所作。《郊居集》一卷,则官提学后家居时作也。自《中山竹枝词》以前,皆载士禛评点。《竹枝词》后,又以当时同人赠别之作附焉。"①收入《四库全书存目丛书》的,应为前集二卷。

林人中

林人中(生卒年未详),字中子,号涤村,莆田人。林元之之父。清顺治间郡庠生。"揭贷梓《膳部遗集》,东崖黄相国亟称之。郡守许焕试士,见所作《听弹湘妃怨诗》,叹为何大复《明月篇》,当不是过。……素谙前朝典故,时皆资为文献。甲申(1704)修邑志,与元之同受事编纂。"②按,林人中所梓《膳部遗集》,指的是明福清诗人林鸿所撰《膳部集》,因林鸿曾历官礼部精膳司员外郎而得名。明焦竑《国史经籍志》著录的"林鸿《膳部集》五卷"③,是林集的较早刊本。万历间,袁表、马荧编选《闽中十子诗》,该书前五卷即《林膳部集》;其单行本则名《鸣盛集》,今存明成化邵铜刻本和《四库全书》本。

林人中还曾编纂《莆阳风雅》十八卷、《闽中草木状》五卷。《莆阳风雅》选莆阳先正诗篇,始唐宋迄清初,现存残帙十四卷。

王士禛《居易录》卷一二记曰:"莆田林人中,字中子。因其舅氏、同年张给事松龄,致其先人小眉《蟏蛸集》乞序。小眉讳嵋,明末癸未进士,以文章鸣瓯越者也。"④

王捷南

王捷南(生卒年未详),字怀佩,仙游人。从学于陈寿祺,清中叶文献学家。嘉庆九年(1804)举人,"授职国子监学正。受业于福州陈编修寿祺之

①〔清〕永瑢等:《四库全书总目》卷一八三,中华书局1965年,第1657页。
②〔清〕汪大经、廖必琦等:(乾隆)《兴化府莆田县志》卷二八《人物志》,民国十五年(1926)重印光绪五年潘文凤补刊本,叶31B。
③〔明〕焦竑编:《国史经籍志》卷五,《四库全书存目丛书》第277册,第500页。
④〔清〕王士禛:《居易录》卷一二,《景印文渊阁四库全书》第869册,第469页。

门，誉益驰。孙尔准督闽，聘修《福建通志》。分纂宋朝人物，搜讨靡遗。……
家藏书数万卷。下丹黄者，钩稽辄当。尝出所钞本金诚斋《求古录》，及蔡邕
《明堂月令》，与晋江陈庆镛商确参订，以待梓行。又追念前明戚少保平倭有
功，重修祠宇，岁时荐祀。手辑《南塘年谱》，刻于仙游，以广流传。居乡数十
年，凡有义举，无不悉力为之。纂修《王氏族谱》，倡募拓建金石书院，增诸生
膏火……所著有《闽中沿革表》《东越献征录》《金石书院志》《评选仙溪文存》，
已付手民行世。又有《春秋左传仪礼补注》《丧服考》《考工记考》《四书笔记》
《乡党补考》《战国事略》《宋名臣列传稿》《仙游图经稿》《本草经疏》等书，未
梓"①。《闽中沿革表》五卷，今福建省图书馆存清道光刊本。

除以上所录刻印于仙游的《南塘年谱》，以及"已付手民行世"即已刊行
的五种书之外，嘉庆十八年（1813），王捷南还刻印陈寿祺撰《五经异义疏
证》三卷。陈氏自序云："《五经异义》，汉许慎撰。……嘉庆戊辰夏，余养疴
京邸，取而参订之。……厘为上中下卷。逾五年，侍太宜人里第，暇日质之
吾友瓯宁万世美，而及门仙游王捷南为锓诸板。"②此书今北京大学图书
馆、辽宁大学图书馆等有存本。书名页作"三山陈氏本，五经异义疏证，嘉
庆癸酉春仙游弟子王捷南校锓"竖排三行。据《清儒学案》称，"左海撰《五
经异义疏证》成，久未付梓，先生商诸瓯宁万世美，为校刻行世"③。则此本
的刊印地点，有可能是在万世美所在的瓯宁（今建瓯）。

郑文炳

郑文炳（生卒年未详），字慕斯，莆田人。"少知向学，稍长有志
操。……中丞张伯行抚闽，选入鳌峰书院。既而调抚江苏，复遣使聘至江
苏书院讲业，年余而归。"④郑文炳被选入鳌峰书院之时，书院山长系蔡世
远，故郑文炳从学于蔡。雍正、乾隆间，郑氏两举孝廉方正，皆辞不就，一生
淡泊仕进，专心治学；后主讲莆田洞桥书院。其治学长于《易》，著有《周易
要义》《性理广义》《省心堂集》等书。据《四库全书总目》著录，郑文炳编纂

---

①沈瑜庆、陈衍等：（民国）《福建通志·文苑传》卷八，1938 年刊本，叶 30A—31A。

②〔清〕陈寿祺：《五经异义疏证序》，《续修四库全书》第 171 册，第 1 页。

③徐世昌等：《清儒学案》卷一三〇《左海学案》，中华书局 2008 年版，第 5158 页。

④〔清〕汪大经、廖必琦等：（乾隆）《兴化府莆田县志》卷二八《人物志》，民国十五年（1926）重印光绪
五年潘文凤补刊本，叶 43B—44A。

并刻印《明伦初集》五卷《续集》五卷，并称"是书取历朝文之有关五伦者，分类辑之。每篇缀评语于后。初集刊于雍正辛亥（1731），续集刊于乾隆甲申（1764）。其立义甚正，而所选诸文，颇无体例。即如帝王诏诰，独载唐元宗《焚珠玉锦绣》一敕，所收未免太隘。至于徐淑《答兄弟》、锺琬《与妹》两书，不附于昆弟，而列于夫妇，尤为未协矣"①。

此书刊本现存甚罕，清华大学图书馆有乾隆三十二年（1767）省心堂刻本，著录为《古文明伦初集》五卷《续集》五卷。省心堂为郑文炳书斋之名，由此可知，此本乃郑氏自刻。

四、在外地刻书的兴化军（府）人

宋　代

方崧卿

方崧卿（1135—1195），字季申，莆田人。隆兴元年（1163）进士，历官上饶知县、明州通判、南安知军、吉州知府和京西转运判官等职。淳熙十六年（1189），在江西南安军刻印唐韩愈撰《昌黎集》四十卷，以及后人所编的《外集》一卷《附录》五卷《年谱》一卷《举正》十卷《外抄》八卷。其中，《年谱》一卷，洪兴祖撰；《举正》十卷，方崧卿撰。宋陈振孙《直斋书录解题》卷一六著录云："莆田方崧卿增考，且撰《举正》以校其同异，而刻之南安军。《外集》但据嘉祐蜀本刘煜所录二十五篇，而附以石刻联句、诗文之遗见于他集者。"②后来朱熹作《韩文考异》，对方本有一基本的评价。他说："此集今世本多不同，惟近岁南安军所刊方氏校定本，号为精善。别有《举正》十卷，论其所以去取之意，又它本之所无也。"③《四库全书总目》著录说："自朱子因崧卿是书作《韩文考异》，盛名所掩，原本遂微。越及元、明，几希泯灭。此本纸墨精好，内桓字阙笔，避钦宗讳。敦字全书，不避光宗讳。盖即淳熙旧刻，越五百载而幸存者。殆亦其精神刻苦，足以自传，故若有呵护其间，非

---

①〔清〕永瑢等：《四库全书总目》卷一九四，中华书局 1965 年版，第 1777 页。

②〔宋〕陈振孙撰，徐小蛮、顾美华点校：《直斋书录解题》卷一六，上海古籍出版社 1987 年版，第 475 页。

③〔宋〕朱熹：《昌黎先生集考异》卷一，朱杰人等主编：《朱子全书》第 19 册，第 367 页。

人力所能抑遏欤？"①由此可知，此本在乾隆年间尚存，其后亡逸。方氏所撰《举正》十卷，今台北"国家"图书馆存影抄宋淳熙刻本（有《外集举正》一卷《叙录》一卷）。《兴化府莆田县志》卷二四载："崧卿自治严，接人和，所得禄赐半为抄书之费。家藏书四万卷，皆手自校雠。尝校正《韩昌黎文集》，又谱其经行次第为《韩诗编年》，凡十五卷，刻南安郡斋。"②

另据宋赵希弁《郡斋读书附志》载，方崧卿又曾刊宋欧阳修《欧阳公集古录跋尾》六卷《拾遗》一卷。著录云："右周益公跋，方崧卿所刊。虽非石刻，亦真迹也，故附于法帖之后。"③

万历《重修南安府志》载："方崧卿，字季申。莆田人，进士。判昭州，擢知军。廉勤平易。尝校正《昌黎文集》，及谱其经行次第，为《韩诗编年》十五卷。又与教授许开修《南安军志》十卷《拾遗》一卷，俱刊。"④按，文中"判昭州"，当为"判明州"。另据明何乔远《闽书》卷一〇六《英旧志》中其小传，方氏在南安军任满后，移知吉州，"作六一堂祀欧阳文忠，搜遗墨八卷刻其中"⑤。此即赵希弁录《欧阳公集古录跋尾》一书的刊刻地点，卷帙当以赵录为准。

郑　寅

郑寅（？—1237），字子敬，号肯亭，郑侨子，郑樵从孙，莆田人。据宋赵希弁《郡斋读书附志》著录，郑寅曾在庐陵刻印宋吕本中撰《东莱吕紫微杂说》一卷《师友杂说》一卷《诗话》一卷⑥。另据陈振孙《直斋书录解题》著录，郑寅官吉州守时，又刻印宋周必大撰《周益公集》二百卷《年谱》一卷《附录》一卷。略云："郑子敬守吉，募工人印得之。余在莆田借录为全书，然犹漫其数十处。"⑦

郑寅是宋代闽中著名的藏书家，曾据其家藏图书撰书目《七录》七卷。

①〔清〕永瑢等：《四库全书总目》卷一五〇，中华书局1965年版，第1287页。
②〔清〕汪大经、廖必琦等：(乾隆)《兴化府莆田县志》卷二四《人物志》，民国十五年(1926)重印光绪五年潘文凤补刊本，叶22A。
③〔宋〕赵希弁：《郡斋读书附志》卷五，《中国历代书目丛刊》第1辑，现代出版社1987年版，第865页。
④〔明〕商文昭等：(万历)《重修南安府志》卷一七《宦绩传》，书目文献出版社1990年版，第520页。
⑤〔明〕何乔远：《闽书》卷一〇六《英旧志》，福建人民出版社1995年版，第4册，第3186页。
⑥〔宋〕赵希弁：《郡斋读书附志》卷五，《中国历代书目丛刊》第1辑，现代出版社1987年版，第831页。
⑦〔宋〕陈振孙撰，徐小蛮、顾美华点校：《直斋书录解题》卷一八，上海古籍出版社1987年版，第541页。

陈振孙官莆田时,曾过录其藏书。郑寅又著有《中兴纶言集》二十八卷。陈振孙称其"靖重博洽,藏书数万卷,于本朝典故尤熟"①。其事迹,见载于弘治《八闽通志》卷七一、《闽书》卷七八《英旧志》、《兴化府莆田县志》卷一七《人物志》、《莆阳文献传》卷二六、《闽中理学渊源考》卷三〇等。

《宋元学案》载郑氏小传曰:"郑寅,字子敬,忠惠子也。累官知吉州。召对,以言济王冤状忤权臣,黜。端平初,召为左司郎,兼权枢密副都承旨。首请为济王立庙,又力陈三边无备,宿患未除,正纪纲,抑侥幸,裁滥赏,汰冗兵,以张国势。出知漳州,进直宝章阁。先生博习典故,得其外王父玉山之传,李燔、陈宓皆重之。"②

蔡 洸

蔡洸(生卒年未详),字子平,仙游人。蔡襄曾孙,蔡伸之子。以父荫补将仕郎,中法科,除大理评事,迁寺丞,出知吉州,召为刑部郎。宋孝宗即位,以户部郎总领淮东军马钱粮,知镇江府。传载《宋史》卷三九〇《列传》、清乾隆《镇江府志》卷三三《名宦》。

约于绍兴末(1161—1162),蔡洸曾刻印其曾祖蔡襄所撰《莆阳居士蔡公文集》三十卷,为此书三十卷本的最早刻本。宋赵希弁《郡斋读书附志》著录云:"右蔡忠惠公襄字君谟之文也。《读书志》止载《蔡君谟集》十七卷,希弁所藏三十卷,乃公之曾孙刑部郎洸所刊者。陈参政骙序。"③考蔡氏世系,蔡襄的曾孙只有名"洸"而无名"洗"者④,故赵氏所录,当为笔形相近所致错误。赵氏所录此刊本无具体年月,考蔡洸官刑部郎时间,约在孝宗即位之前的绍兴末,这也是蔡洸刊刻蔡襄文集的大致年份。蔡洸此刊本久逸。

方之泰

方之泰(生卒年未详),字严仲,莆田人,方壬之孙。绍定五年(1232)进

---

① 〔宋〕陈振孙撰,徐小蛮、顾美华点校:《直斋书录解题》卷五,上海古籍出版社1987年版,第134页。
② 〔清〕黄宗羲:《宋元学案》卷四六《玉山学案》,中华书局1986年版,第1467页。
③ 〔宋〕赵希弁《郡斋读书附志》卷五,《中国历代书目丛刊》第1辑,现代出版社1987年版,第854页。
④ 明何乔远《闽书》卷一一三《英旧志》(福建人民出版社1995年版,第3394—3397页),以及《蔡襄集》附录《莆阳文献·蔡襄家世》对蔡襄以下数代均有详细记载(上海古籍出版社1996年版,第938页),均未见名"蔡洗"者。

士。"历英德府教授（原注：英德在宋为广东属郡，今韶州也），课试略如中州，士习一变。方大琮为闽漕，辟幕府，与洪天锡、徐明叔号'三贤幕'。迁知长溪县，以邑前辈杨楫、杨复及师儒黄榦并祠焉。汰庠序冗职，增弟子员。民间诉米价重，取例钱，尽蠲之。终袁州通判。尝哀拾其外祖林光朝遗稿为二十卷。"[1]事迹又见于何乔远《闽书》卷一〇六，李清馥《闽中理学渊源考》卷九，汪大经、廖必琦《兴化府莆田县志》卷二二，民国《霞浦县志》卷二七等。

方之泰"哀拾其外祖林光朝遗稿"，即其在鄱阳刻印林光朝撰《艾轩集》二十卷。《四库全书总目》卷一五九著录："其族孙同叔哀其遗文为十卷，陈宓序之。后其外孙方之泰搜求遗逸，辑为二十卷，刻于鄱阳，刘克庄序之。至明代，宋刊已逸，仅存钞本。"[2]另据邵氏《增订四简明目录标注》卷一六，此本刊刻时间为淳祐十年（1250）。

按，此书之刊行，颇费周折。最早由方大琮推荐，恳请时任兴化知府的范瑢助力。书云："某惶恐申禀，《艾轩先生文集》二十卷，近方编就。此乃乡邦阙典，若有待于贤侯，今距造朝不远，虽锓梓非旬月可就，然阁下试开端于前，则后之君子必且绪而成之。其书借申呈，倪蒙电览，发下郡庠置局，仍委先生外孙新尤溪尉方之泰、国子进士方涓孙监视刊本，庶几精实无误，斯文幸甚，后学幸甚。"[3]此事后因范镕去职而未果。刘克庄《艾轩集序》于此有言："先生没六十年，微言散轶，复斋陈公某所序者，仅十之二三。外孙方之泰访求哀拾，汇为二十卷，勤于李汉赵德矣。东阳范侯镕欲锓梓，会迫上印，不克就。"[4]故此书最终仍由方之泰刊于鄱阳。

黄汝嘉

黄汝嘉（生卒、字号未详），莆田人。淳熙五年（1178）进士，淳熙十三年（1186）曾摄吏南安县，后任广州通判。庆元间（1195—1200）为豫章郡学教授，嘉泰三年至嘉定元年（1203—1208）任江山知县。于庆元年间任豫章郡

①〔明〕周瑛、黄仲昭：《重刊兴化府志》卷三五《儒林》，福建人民出版社 2007 年版，第 909 页。
②〔清〕永瑢等：《四库全书总目》卷一五九，中华书局 1965 年版，第 1368 页。
③〔宋〕方大琮：《铁庵集》卷一九《范卿守镕》，《景印文渊阁四库全书》第 1178 册，第 234 页。
④〔宋〕刘克庄：《后村先生大全集》卷九四《艾轩集序》，《宋集珍本丛刊》第 81 册，第 778 页。

学教授时,刻印图书甚多。见于著录的有宋黄庭坚撰《山谷别集》二卷。宋陈振孙《直斋书录解题》卷二〇著录云:"江西所刻《诗派》,即豫章前后集中诗也。《别集》者,庆元中莆田黄汝嘉增刻。"①庆元五年(1199),刻印宋晁冲之撰《具茨晁先生诗集》一卷。清瞿氏《铁琴铜剑楼藏书目录》著录明重刊宋本云:"卷末有'庆元己未校官黄汝嘉刊'一行,诗凡一百六十七首。"②同年刻印宋晁说之撰《晁氏儒言》一卷,清陆心源《皕宋楼藏书志》卷三九著录;同年又刊宋饶节撰《倚松老人诗集》三卷,王文进《文禄堂访书记》卷四著录;同年刊宋晁迥撰《道院集要》三卷,《增订四库简明目录标注》卷一四著录。同年又修补、重印宋胡安国撰《春秋传》三十卷,王文进《文禄堂访书记》著录庆元己未(1199)莆田黄汝嘉修补、刘珙刻本识语云:"右文定胡公《春秋传》三十卷,发明经旨,当与三家并行。乾道四年忠肃刘公出镇豫章,镂木郡斋,以惠后学,岁久磨灭,读者病之。汝嘉备员公教,辄请归于学官,命工刊修。会公之曾孙绛庀职民曹,因以家传旧稿重加是正,始为善本。工迄造成,识岁月于卷末。"③此书今北京大学图书馆有乾道四年(1168)刻、庆元五年黄汝嘉修补本。庆元五年(1199),他又刻印宋吕本中《东莱先生诗集》二十卷《外集》三卷。半叶十行,行二十字,白口,左右双边。《宋集珍本丛刊》所收即以此为底本影印。

在豫章郡学,黄汝嘉还曾以京镗"门下士"之名刊刻京镗(1138—1200,字仲远,南宋丞相、词人,晚号松坡居士)《松坡居士乐府》一卷。黄汝嘉有跋云:

> 右《松坡居士乐府》一卷,大丞相祁国京公帅蜀时所赋也。公以镇抚之暇,酬唱盈编,抑扬顿挫,吻合音律,岷峨草木,有荣耀焉。汝嘉辄再镂木豫章学宫,附于诗集之后。惟公之词翰春容,随所寓而有,尚须遍加哀咨,时续刊之。庆元己未八月初吉,门下士莆田黄汝嘉谨识。④

黄汝嘉的生平,一向罕见记载,今检《闽书》,仅得其零星事迹:黄汝嘉是淳熙五年(1178)进士;其祖父黄亨,宣和六年(1124)进士;亨叔黄静,政

---

①〔宋〕陈振孙撰,徐小蛮、顾美华点校:《直斋书录解题》卷二〇,上海古籍出版社1987年版,第592页。

②〔清〕瞿镛:《铁琴铜剑楼藏书目录》卷二〇,《清人书目题跋丛刊》(3),中华书局1990年版,第315页。

③王文进:《文禄堂访书记》卷一,江苏广陵古籍刻印社1985年版,叶22A。

④〔宋〕黄汝嘉:《松坡居士词跋》,朱孝臧:《疆村丛书·松坡词》,江苏广陵古籍刻印社2005年版,第649页。

和二年(1112)进士,是唐御史黄滔的七世孙。以此推之,黄汝嘉是黄滔的十世孙。故在明崇祯黄鸣乔刻唐黄滔《莆阳黄御史集·凡例》中说:"是集久逸,八世孙考功公度旧藏稿本厘赋十卷,名曰《东家编略》。十世孙通判汝嘉,复于东平吕家得赋二十,诗一百五十九,文九。"①文中所言的通判,据《兴化府莆田县志》卷一二《选举志》载,指的是黄汝嘉曾历官广州通判;其摄吏南安,则见载于民国《福建通志·金石志》卷一〇;官江山知县,见载于乾隆《浙江通志》卷四八。

黄　沃

黄沃(生卒年未详),字叔启,莆田人。绍兴八年(1138)状元黄公度之子,唐御史黄滔九世孙。历官永丰知县、邵州知府。淳熙三年(1176)官永丰时,搜集、整理其祖黄滔之逸作,请杨万里作序。庆元二年(1196)知邵州,将此书刊行于世,请洪迈为序。此即《四库全书总目》卷一五一所著录的《黄御史集》十卷附录一卷。略云:"此本卷首有杨万里及谢谔序。万里序谓滔裔孙永丰君自言此集久逸,其父考功公始得之,仅四卷而已。其后永丰君又得诗文五卷于吕夏卿家,又得逸诗于翁承赞家,又得铭碣于浮屠、老子之宫,编为十卷。是为淳熙初刻。"②但此淳熙初刻,据万曼《唐集叙录·黄御史集》考证,刊刻者并非黄沃,而是永丰二曾(曾时杰、曾希说)。黄沃刊本,则刻印于庆元二年(1196)黄氏官邵州知府之时③。与此书同时行世的,还有其父黄公度所撰《知稼翁集》十一卷。此即《四库全书总目》卷一五八著录《知稼翁集》二卷时所说:"《书录解题》载《公度集》十一卷。卷端洪迈序称公度既没,其嗣子知邵州沃收拾手泽,汇次为十有一卷。卷末载有沃跋,亦称故箧所存,涂乙之余,才十一卷,均与陈氏所载合。"④但不知为什么,遍查陈振孙原书,却并无四库馆臣所说的对《公度集》之著录。考馆臣据以著录的底本,是明天启五年(1625)裔孙黄崇翰所刊二卷本,而此本卷首,恰恰就有洪迈庆元二年序,方知馆臣之误,有舍近求远之嫌。

黄沃事迹,光绪《湖南通志》卷九五《名宦》载:"黄沃,莆田人。知邵州,重葺学宫,尽复前守周元公之旧。"①《兴化府莆田县志》则载:"以父公度荫知邵州,著有《澹斋漫稿》。"②

许兴裔

许兴裔(生卒、字号未详),莆田人。嘉定十四年(1221)任严陵(今属浙江)知府,刻印宋赵彦肃撰《复斋易说》六卷。清于敏中等撰《天禄琳琅书目》卷四著录此书:"宋赵彦肃撰。六卷。前载彦肃行实,后宋喻仲可、许兴裔二跋。……书后彦肃门人喻仲可跋云:'公卒后二十有六年,郡太守许公取是书刊焉。'又许兴裔跋云:'余假守严陵,属喻君校勘,刊置公之祠堂,与志学者共之。'跋后纪年为嘉定辛巳,按辛巳系宋宁宗嘉定十四年。"③一般来说,将前辈著作"刊置祠堂"的多为其后裔,而作为地方官,很少有把地方名贤遗作刊于祠堂的,许兴裔此刻本,则是一个例外。以故,叶德辉将此书列为"祠堂本",著录云:"嘉定辛巳(原注:十四年),严陵赵氏祠堂刻赵彦肃《复斋易说》六卷,见《天禄琳琅》四(原注:影宋钞本云:'严陵守许兴裔刻置祠堂。')至今椠本流传,历为收藏家宝贵,不知当日官师提倡之力,固如此之盛也。"④由此可知,许兴裔刻印《复斋易说》,是在他担任严陵郡守之时。许氏是本书作者赵彦肃的家乡严陵的郡守,刊刻此书,乃为表彰当地名贤。

谢升贤

谢升贤(生卒年未详),字景芳,号恕斋,仙游人。端平二年(1235)进士。《宋元学案》列其为北溪(陈淳)弟子,"与陈沂为友。端平中登第,官至循州兴宁令。漕使方大琮、提刑杨大异皆荐先生宜充师儒之选。有《太极图》《西铭》《中庸》《大学解》,刻于濂泉书院"⑤。

《重刊兴化府志》称其"少笃志义理之学,以太学生登端平二年进士第,调沧光县尉。会教官阙员,守委摄学事。广州濂泉书堂新成,漕帅方大琮

①〔清〕李瀚章等:(光绪)《湖南通志》卷九五《名宦》,岳麓书社2009年版,第2029页。
②〔清〕汪大经、廖必琦等:(乾隆)《兴化府莆田县志》卷一四《选举志》,民国十五年(1926)重印光绪五年潘文凤补刊本,叶38B。
③〔清〕于敏中:《天禄琳琅书目》卷四,《清人书目题跋丛刊》(10),中华书局1995年版,第69页。
④〔清〕叶德辉:《书林清话》卷三《宋州府县刻书》,中华书局1957年版,第75页。
⑤〔清〕黄宗羲:《宋元学案》卷六八《北溪学案》,中华书局1986年版,第2238页。

橱为堂长，提刑杨大异又橱为桐江书堂堂长。其后大琮、大异皆荐于朝，乞充师儒之选。官至兴宁县令。所著有《太极西铭说》《易通》《学庸语孟解》，大意皆推本朱文公之书。尝曰：'欲溯道之所出，以究其终，则必先三书而后四书；欲穷道之所入，而反其始，则必先四书而后三书。'自号恕斋。"①其事迹，又见载于明何乔远《闽书》卷一一三。

赵时梈

赵时梈（生卒年未详），字宗华，莆田人，嘉定十三年（1220）进士。历官泉州法曹（司法官员）时，适逢著名学者真德秀官泉州知州，因而成为真氏门人。淳祐二年（1242），赵时梈官大庾（今江西大余）知县时，将其师所著《政经》一卷、《心经》一卷合刊，时真德秀已逝世七年。此刻本即《四库全书》著录用的底本。

陈振孙《直斋书录解题》著录《心经》，书名为《心经法语》一卷，称"参政建安真德秀希元撰，集圣贤论心格言"②。真德秀的另一门人王迈有序称：

> 今所谓《政经》者，乃先生再守温陵时所著。迈时分教睢邸，乡友赵时梈宗华为法曹，朝夕相与，亲炙琴瑟、书册之侧，遂得此经，实在四方门人之先，而四方门人亦未尽见之。宗华令大庾，镂梓县斋，以一帙见畀，且俾序于帙端。迈窃谓天下之书多矣，然有之无所补，无之靡所阙者，亦多。先生所著之书，凿凿桑麻谷粟之不可阙者也。惟《心经》所以为开天理、迪民彝之大本，惟《政经》所以为续天命、救民穷之实用。《心经》可以接伊洛之正传，衍朱、张之遗学。③

"睢邸"为南外睦宗院，原在河南睢水之滨，故曰"睢邸"，南宋时已移司泉州，故王迈与赵时梈能与其师"朝夕相与，亲炙琴瑟、书册之侧"。

《四库全书总目》著录《政经》云："（真德秀）门人王迈序，谓先生再守温陵日，著《政经》。考德秀再守泉州在理宗绍定五年，盖晚年之作。迈又言赵时梈为法曹，朝夕相与，遂得此经。实在四方门人之先，而四方门人亦未

①〔明〕周瑛、黄仲昭：《重刊兴化府志》卷三五《儒林》，福建人民出版社 2007 年版，第 923—924 页。

②〔宋〕陈振孙撰，徐小蛮、顾美华点校：《直斋书录解题》卷九，上海古籍出版社 1987 年版，第 284 页。

③〔宋〕王迈：《真文忠公政经序》，《中华再造善本·真文忠公政经》卷首，北京图书馆出版社 2006 年版，叶 1A—B。

必尽见之。《书录解题》载《心经》而不及此书,岂《心经》行世早,而此书晚出欤?"①著录《心经》曰:"是编集圣贤论心格言,而以诸家议论为之注,末附四言赞一首。端平元年,颜若愚锓于泉州府学,有跋一首,称其筑室粤山之下,虽晏息之地,常如君父之临其前。淳祐二年,大庾令赵时棣又以此书与《政经》合刻。"②

陆心源《仪顾堂题跋》卷六有《宋椠政经跋》:"《真文忠公政经》一卷,宋真德秀撰,宋刊本。每叶二十行,每行十八字,版心有刊工姓名,前有淳祐二年王迈序。《宋史·艺文志》《文献通考》《书录解题》皆无其书,明《文渊阁书目》始著于录。案,是书为西山守泉州日所著,门人赵时棣宗华为大庾令梓于县斋。以文澜阁传抄本参校,大略多同,惟缺王迈序耳。"③

今台北故宫博物院图书馆藏有宋淳祐二年赵时棣大庾县斋刊本《心经》一卷《政经》一卷。半叶十行,行十八字,注文小字双行同,左右双边,白口,单鱼尾,下方记刻工姓名。按,此《心经》刻本刻工与端平元年泉州颜若愚刊本刻工相同,故此刻本乃据端平本重刊④。

道光《福建通志》卷九三《宋职官》"泉州司法参军"条下载:"赵时棣,宗室,居莆田。嘉定十三年进士,嘉定间任。"⑤

明　代

黄　誉

黄誉(1415—1467),字廷永,莆田人。正统九年(1444)举乡试第一,十三年(1448)登进士。历官南京监察御史,景泰四年(1453)迁浙江按察司金事,天顺四年(1460)升任浙江布政使参政。《福建通志》载:"黄誉字廷永,莆田人。正统甲子乡荐第一,戊辰举进士。授南京云南道御史,行部所至,墨吏望风解组者七十余人。时号'括地黄',喻去莠务尽也。景泰改元,迁浙江金事。有内官至宁波市舶纵义儿为暴,誉捕讯毙杖下,寻擢湖广参政,

①〔清〕永瑢等:《四库全书总目》卷九二,中华书局 1965 年版,第 786 页。
②〔清〕永瑢等:《四库全书总目》卷九二,中华书局 1965 年版,第 785 页。
③〔清〕陆心源:《仪顾堂题跋》卷六,《续修四库全书》史部第 930 册,第 74 页。
④参本书"颜若愚"条。
⑤〔清〕陈寿祺:(道光)《福建通志》卷九三《宋职官》,台北华文书局 1968 年版,第 1835 页。

卒。子穆翰林编修，有父风。"①事迹另载乾隆《浙江通志》卷一四八、何乔远《闽书》卷一一〇、乾隆《兴化府莆田县志》卷二四。

天顺五年（1461），黄誉在任浙江参政时，曾刻印明宋濂撰《宋学士先生文集》二十六卷《附录》一卷，十二行二十一字，黑口，四周双边。今南京师范大学图书馆和无锡市图书馆有存本。

翁世资

翁世资（1415—1483），字资甫，号冰崖，莆田人。明正统七年（1442）进士，除户部主事，历郎中。天顺元年（1457），擢工部右侍郎。天顺四年，朝廷下令苏、松、杭、嘉、湖增织彩币七千匹，翁世资以东南水涝，民艰于食为由，议减其半，因此被谪衡州知府。成化初，擢江西左布政使，官至户部尚书②。《明史》卷一五七本传之外，其事迹，又见载于乾隆《福建通志》卷四四、雍正《湖广通志》卷四五、清李清馥《闽中理学渊源考》卷五二《少傅翁资甫先生世资》等。

成化三年（1467），翁世资刻印元吴弘道编《中州启札》四卷。黄裳先生著录："《中州启札》，庚寅初冬十月十八日，收此黑口本四卷一册。卷前别无印记，实出古里瞿氏。……卷末成化三年十月庚戌莆田后学翁世资跋，大字行草，茂美无俦。……翁跋略云：'《中州启札》，凡四卷，前江西省检校蒲阴吴弘道所集，计二百首。尝板行于世矣，奈何岁久板弗复存，而书肆无传，见者寡甚。幸而同寅右参议方公藏有善本，用是重绣诸梓，以附欧苏尺牍之后，则胜国时中州诸老先生学问之富实，言词之典丽，与夫朋友之音问，往来交孚，皆于是乎可考。不惟足以仰见当时诸公翰墨之盛，抑且足以垂世而示法于将来云。'"③

按，此刻本刊刻地点不明，然据翁世贤在成化初任左布政使的经历，应刊刻于江西。

彭　昭

彭昭（1430—1495），字凤仪，号从吾，莆田人。明天顺元年（1457）进

①〔清〕郝玉麟等：（乾隆）《福建通志》卷四四《人物》，《景印文渊阁四库全书》第 529 册，第 506 页。
②〔清〕张廷玉：《明史》卷一五七《翁世资传》，中华书局 1974 年版，第 4300 页。
③黄裳：《翠墨集》，生活·读书·新知三联书店 1985 年版，第 179 页。

士,历官刑部主事、四川按察副使、广东左布政使、刑部尚书,谥惠安。逝世后,林俊为之撰《明资善大夫太子少保刑部尚书彭惠安公神道碑》①。传载《明史》卷一八三、《兴化府莆田县志》卷一七。其著作有《彭惠安公文集》《从吾滞稿》《秋台录》《续修莆阳志》《成都志》等。

成化十二年(1476),彭昭在任四川按察副使时,辑录《政训》二卷,"自为序而刊之,以勉寮吏。上卷为《朱文公政训》,下卷为《真西山政训》。盖采《朱子语类》及《西山集》中也"②。彭氏《朱文公政训前序》云:"文公之学,全体大用之学也。范我后人,如规之圆,如矩之方,万世所不能外也。间与门弟子问答时政,又皆指示病源,亲切的实,读之使人凛然知惧,盖不独为门人弟子语也。"③故其所采为《朱子语类》中论政之语。《真西山政训》,则真德秀《西山集》中所载真氏官长沙、泉州知府时告诫僚属之文也。

周 瑛

周瑛(1430—1518),字梁石,号翠渠,莆田人。成化五年(1469)进士,历官广德(今安徽广德)知州、南京礼部郎中、抚州知府、镇远知府、四川右布政使等。

周瑛师从名儒陈真晟,自身亦一代理学名臣。"始与陈献章友。献章之学主于静,瑛不然之,谓学当以居敬为主,敬则心存,然后可以穷理。自《六经》之奥,以及天地万物之广,皆不可不穷。积累既多,则能通贯,而于道之一本,亦自得之矣,所谓求诸万殊而后一本可得也。"④传载《明史》卷二八二。林俊为其撰《四川右布政使周公瑛墓志铭》(载《焦太史编辑国朝献征录》卷九八)。

明成化间,周瑛在广德知州任上,曾刻印宋朱熹《晦翁法帖》。其自记云:"晦翁书表里洞达,观其书令人秽浊消尽。翁自言学曹操,操暧昧人,书法当不至此,岂翁学其点画,而自舒其胸中之秘耶?玉溪帖,瑛过建宁,翁九世孙博士君燉出以示瑛,乃摹归,刻诸广德学宫,此翁真迹也。"⑤

---

① 〔明〕林俊:《见素集》卷一九,《明别集丛刊》第 1 辑第 68 册,黄山书社 2013 年版,第 313 页。
② 〔清〕周中孚:《郑堂读书记补逸》卷二六,《清人书目题跋丛刊》(8),中华书局 1993 年版,第 519 页。
③ 〔明〕彭昭:《朱文公政训前序》,朱杰人等主编:《朱子全书》第 27 册,第 747 页。
④ 〔清〕张廷玉:《明史》卷二八二《周瑛传》,中华书局 1974 年版,第 7253 页。
⑤ 〔明〕周瑛:《翠渠摘稿》卷四《书晦翁法帖后》,《景印文渊阁四库全书》第 1254 册,第 793 页。

据其自跋,周瑛在广德州,还曾将宋蔡襄《荔枝谱》刻石以传。其跋云:

> 书法自晋至于宋,凡二变矣。晋尚风韵,唐稍收敛,而就规矩。宋
> 则破格书之,而豪纵不拘焉。盖其乘除之势然也。尝观乡先正蔡忠惠
> 公书,独与宋人不类,结构精密,神思凝重,有石经之遗意,岂其心法独
> 得,不为世俗所推移者乎?予爱公书而不得善本,此谱其再传者。初
> 公有真刻,为富家子所得,将砻为墓志,乡人郑立久见之,亟拓以归而
> 锓诸梓。莆中所传仅有此耳。予知广德州,友人黄仲昭以畀予。予就
> 苏守丘时,雍求良工美石刻之,以教州人云。①

林长繁

林长繁(1455—?),字世殷,莆田人。成化二十三年(1487)进士,正德
元年(1506),任温州府同知。正德八年五月,以江西布政司右参议升任贵
州按察司副使。正德元年,在温州刻印宋陈傅良撰《止斋先生文集》五十二
卷附录一卷。今上海图书馆、南京图书馆和国家图书馆等十几家图书馆有
藏本。此本前有宋曹叔远二序,明王瓒序。末有林长繁跋称:"长繁少游泮
庠,学作文字时,有同志者语及古有止斋之文可法,求其本弗获,抑疑其言
为未足征,遂置之。去秋,转官于温,过杭谒钦差侍御张公,蒙以止斋之文
见示,且语之曰:'是文今亦罕得,抄于内翰,可梓行于世以传。'长繁以先生
之文,素所愿见而不可得者,遂欣跃拜领。出至道次,舟中披而阅之,见先
生之文,平淡简古,有行云流水之势,冠冕佩玉之声,无陈腐,无险怪,又非
所谓徒饰者,真可法也。而前同志者之言于是乎征,乃作而叹曰:'自六经
之后,世之以文自鸣者多矣,求其如先生之文者竟不多得,惜乎得之不早
也。使非吾侍御张公善于知文,其宅心公溥,则是文恐不得见矣。呜呼!
今日得见先生之文,长繁之幸也,抑后学之幸也,万世斯文之幸也。'遂箧至
温,谋诸僚友,咸乐捐俸,共市梓以寿其传。既讫工,辄借书于末以记其所
自云。若夫先生之名氏暨出处履历,有行状已识之详,王内翰林先生已序
其端,故不复赘。正德改元春三月既望,赐进士第同知温州府事莆田后学
侯山林长繁书。"②

①〔明〕周瑛:《翠渠摘稿》卷四《跋重刻荔枝谱后》,《景印文渊阁四库全书》第 1254 册,第 793 页。
②〔清〕孙诒让:《温州经籍志》(中册),上海社会科学院出版社 2005 年版,第 881 页。

今南京图书馆藏本有清丁丙跋,称此书为"宋刊而后此本为最古"。由于此书明正德以前的刻本今均不存,故林长繁此刻,为本书现存的最早刻本。行格为十三行二十三字,四周双边,版心大黑口,双鱼尾。

林长繁的事迹,史志所载甚少。嘉靖、乾隆《温州府志·职官志》中均不列其名,《闽书》卷一〇八《科第表》、《兴化府莆田县志》卷一三《选举志》中均仅列其名而已。

林有年

林有年(1464—1552),字以永,莆田人。弘治五年(1492)举人,历萧山、东莞教谕。谒张诩(廷实)于南海,订《朱陆异同》,刻印《正学阶梯》以端士习。擢繁昌知县,救荒赈灾治绩显著,擢南京御史,因谏阻武宗迎活佛,被谪武义县丞。官至贵州按察副使。传载民国《福建通志·列传》卷二二。光绪《重修安徽通志》载其"正德初知繁昌,廉而有才,以课最擢御史"[1]。康熙《衢州府志》载其"世宗即位,擢知衢州。改淫祠为社学,选教读令诸生肄业于中。……岁饥,捐俸以赈。去之日,行李萧然。百姓哭送于道"[2]。

嘉靖元年(1522),林有年任衢州知府时,刻印过宋赵抃《赵清献公文集》十卷。九行二十字,四周单边,花口,花鱼尾。今台北"中研院"文哲所图书馆存。

同年,又刻印明林俊撰《见素诗集》十四卷,十行十九字,白口,左右双边,今上海图书馆、南京图书馆有存本。据清丁丙跋,"嘉靖壬申郑山斋辑公之诗,族侄有年捐俸重梓,自为一跋"[3]。由此可知,林有年乃林俊的族侄,此书乃由林有年捐资重刊。考嘉靖无"壬申",应为"壬午"之误。另据《兴化府莆田县志》,林氏"所辑有《东莞》《武义》诸志,所著有《寒谷》《东山》诸录,俱刻传"[4]。据清薛福成《天一阁见存书目》,林有年编纂的方志还有《瑞金县志》八卷、《安溪县志》八卷、《仙游县志》八卷。《武义县志》五卷,现

---

① 〔清〕沈葆桢、何绍基等:(光绪)《重修安徽通志》卷一四五《职官志》,光绪四年刊本,叶 7B—8A。
② 〔清〕杨廷望:(康熙)《衢州府志》卷三一《循吏》,台北成文出版社 1974 年版,第 2001—2002 页。
③ 〔清〕丁丙:《善本书室藏书志》卷三六,《续修四库全书》第 927 册,第 610 页。
④ 〔清〕汪大经、廖必琦等:(乾隆)《兴化府莆田县志》卷一七《人物志》,民国十五年(1926)重印光绪五年潘文凤补刊本,叶 58B。

存日本东京大学东洋文化研究所。

林　富

林富（1475—?），字守仁，号省吾，莆田人。高祖林洪，曾官儋州同知。弘治十五年（1502），林富与其叔林塾同登进士，授大理寺评事。因违逆宦官刘瑾意旨，遭庭杖并下狱。刘伏诛后，复起为袁州同知、宁波知府，先后历官广西参政、广东右布政，官至兵部右侍郎兼右佥都御史等职。事迹载《闽书》卷一〇九、《兴化府莆田县志》卷一七，以及《弘治十五年进士登科录》。明柯维骐有《兵部右侍郎林公富传》[1]，载其生平颇详。

正德十四年（1519），林富在处州知府任上，曾刻印明刘基撰《诚意伯刘先生文集》二十卷，题"处州府知府林富重编"。十一行二十一字，四周双边，黑口，双鱼尾，下方间以白文记刻工及字数。卷一为《翊运录》，卷二至卷四为《郁离子》，卷五至卷一四为《覆瓿集》，卷一五至卷一六为《写情集》，卷一七至卷一八为《春秋明经》，卷一九至卷二〇为《犁眉公集》。今北京大学图书馆、复旦大学图书馆、清华大学图书馆和福建省图书馆等有存本。书收入《明别集丛刊》第1辑第7册。林富《重锓诚意伯刘先生文集序》云："富自童孺时，即闻有诚意伯刘公之勋烈，为开国宗臣之冠。……公文梓行久矣，岁远浸湮，字不复辨。富承乏括苍，典刑在目，视篆之暇，订其讹落，重加编辑，捐俸再锓诸梓，俾公孙指挥瑜等世守之，使天下后世亦知故家文献之足征也。正德己卯夏五月既望，赐进士中顺大夫处州府知府后学莆阳林富谨序。"[2]

嘉靖八年（1529），林富在广西参政任上，纂修并刊印《广西通志》六十卷，为现存《广西通志》最早刻本。

黄　巩

黄巩（1480—1523），字伯固，号后峰，莆田人。弘治十八年（1505）进士，历官德安推官、孝感知县、刑部主事、武选郎等职。正德十四年（1519），因谏阻武宗南巡，遭廷杖，贬斥为民。嘉靖元年（1522），召为大理寺丞，次

---

①〔明〕焦竑编：《焦太史编辑国朝献征录》卷五八，《续修四库全书》史部第528册，第171—172页。
②〔明〕林富：《重锓诚意伯刘先生文集序》，《诚意伯刘先生文集》卷首，明正德林富刻本，叶1A—
　　5B。《明别集丛刊》第1辑第7册将此序置于卷末。

年微疾,犯暑赴都,卒于京师。出殡之日,"武流禁旅,下及舆皂市贾流皆曰:'黄忠臣亡、黄忠臣亡。'"[①]友人林俊为之撰《明赠朝列大夫南京大理寺丞右少卿后峰黄君墓碑》。传见《明史》卷一八九、《闽书》卷一一二,以及《兴化府莆田县志》卷一七。

嘉靖元年(1522),黄巩在大理寺刊刻宋张载撰《横渠经学理窟》五卷,十行十九字,白口,四周双边,今国家图书馆和故宫博物院图书馆有存本。黄巩的著作有《黄忠裕公文集》八卷,今福建省图书馆存明刊本。福建省文史馆将该书收入《福建丛书》第1辑,1997年影印出版。

林文俊

林文俊(1487—1536),字汝英,号方斋,莆田人。正德六年(1511)进士。历任国子监祭酒、礼部右侍郎,官至南京吏部右侍郎,赠礼部尚书,卒谥文修。"生而颖异,书过目辄成诵。弱冠举正德丁卯(1507)乡试第一,辛未(1511)进士。改庶吉士,授编修,擢春坊赞善,充经筵讲官。……奉敕校定《二十一史》,锓梓以献。……升南京礼部侍郎,转吏部。"[②]

《四库全书总目》著录其所撰《方斋诗文集》十卷,并载曰:"今世传明北监板《二十一史》即文俊所校刊,窜改舛讹,颇为后人訾议。然文俊为祭酒,已在雕板将竣之日,陈骙《馆阁续录》所谓经进不经修者,未可以是并訾其诗文也。"[③]《日知录》卷一八《监本二十一史》称:"嘉靖初,南京国子监祭酒张邦奇等请校刻史书,欲差官购索民间古本。部议恐滋烦扰,上命将监中十七史旧板考对修补,仍取广东《宋史》板付监,辽金二史无板者,购求善本翻刻。十一年七月成,祭酒林文俊等表进。"[④]《元明事类钞》卷九载:"先是,有旨命国子监校刻《二十 史》未就,林文俊为祭酒,躬率诸生雠校窜补,恒至达曙。不数月,锓梓上献,圣心嘉悦。每御文华殿,指示元臣曰:'此林祭酒所刊书也。'"[⑤]

---

① 〔明〕林俊:《见素续集》卷一〇《明赠朝列大夫南京大理寺丞右少卿后峰黄君墓碑》,《明别集丛刊》第1辑第68册,黄山书社2013年版,第604页。

② 〔清〕汪大经、廖必琦等:(乾隆)《兴化府莆田县志》卷一七《人物志》,民国十五年(1926)重印光绪五年潘文凤补刊本,叶61A—B。

③ 〔清〕永瑢等:《四库全书总目》卷一七二,中华书局1965年版,第1502—1503页。

④ 〔清〕顾炎武:《日知录》卷一八《监本二十一史》,《景印文渊阁四库全书》第858册,第796页。

⑤ 〔清〕姚之骃:《元明事类钞》卷九,《景印文渊阁四库全书》第884册,第150页。

《弇山堂别集》卷五四载："南京吏部左右侍郎……林文俊，福建莆田人。由进士十四年任右。次年卒。"①《福建通志》卷四四载其事迹："林文俊，字汝英，莆田人。正德丁卯乡试第一，辛未成进士。授编修，历南北国子祭酒。乘舆临幸，文俊讲说元首股肱之义，称旨，赐衣二袭。升南京礼部侍郎，转吏部。逾年卒，世宗悯悼，御笔特谥文修，赠礼部尚书。有《方斋存稿》。"②生平详见明费寀撰《嘉议大夫南京吏部右侍郎赠南京礼部尚书谥文修林公文俊墓志铭》③。

丘其仁

丘其仁（1490—？），字主静，莆田人。正德十二年（1517）进士，嘉靖五年（1526）任礼部员外郎。嘉靖十年，任潮州知府。于嘉靖十五年至十八年间（1536—1539）在抚州知府任上，将莆田彭韶《彭惠安公文集》七卷刊印于府学。明郑岳《彭惠安公文集序》述此刻本源流云："公胤嗣单微，遗稿散逸。侍御陈公时周尝汇辑，林公见素序之，将梓行未果。今抚守丘君主静，雅慕先正，欲表章之。录公遗文，属余订正，将刻之郡斋。其间觉多讹缺，乃从其家求公所谓滞稿者，详加校定，厘为七卷云。若《名臣录赞》《政训》等书，久有专刻，兹不复入。晚学寡陋，管窥蠡测，挂漏是咎。爰取纪传赠送，凡为公作者，附之卷末，庶后之读是文者，尚有以考其世也。"④

郑序未说丘本刊印时间，何以断定此书刊于嘉靖十五年至十八年？光绪《抚州府志》载丘氏任期，是"（嘉靖）十五年礼部郎中升任"，而其继任者陆琳，平湖人，十八年由御史升任⑤。由此可知，此本应刊行于嘉靖十五年至十八年之间。

丘其仁事迹，《福建通志》仅以下寥寥数字："丘其仁，户部郎中。议礼，廷杖。出守潮州，民有去思。"⑥《礼部志稿》载："员外郎……丘其仁主静，福建莆田人，丁丑进士，嘉靖五年任，升潮州知府。"⑦明莆田林文俊（字汝

①〔明〕王世贞：《弇山堂别集》卷五四，《景印文渊阁四库全书》第 409 册，第 707 页。

②〔清〕郝玉麟等：（乾隆）《福建通志》卷四四《人物》，《景印文渊阁四库全书》第 529 册，第 513 页。

③〔明〕焦竑编：《焦太史编辑国朝献征录》卷二七，《续修四库全书》史部第 526 册，第 410—411 页。

④〔明〕郑岳：《山斋文集》卷九，《景印文渊阁四库全书》第 1263 册，第 52 页。

⑤〔清〕许应鑅等：（光绪）《抚州府志》卷三五《职官志》，台北成文出版社 1975 年版，第 584 页。

⑥〔清〕郝玉麟等：（乾隆）《福建通志》卷三六《选举》，《景印文渊阁四库全书》第 529 册，第 146 页。

⑦〔明〕林尧俞、俞汝楫等：《礼部志稿》卷四三，《景印文渊阁四库全书》第 597 册，第 813 页。

英,号方斋)有《送郡守丘君赴潮州序》①一文,有助于了解丘其仁生平。

据清黄虞稷《千顷堂书目》卷二著录,丘其仁的著作有《礼义会略》三卷。

邹守愚

邹守愚(？—1556),字君哲,莆田人。嘉靖五年(1526)进士,授户部主事,历员外郎中。出知广州府,有政绩,得民心。郡人将其比作宋余靖、方大琮,此二人皆广州历史上的名宦。其后历任广东按察副使、江西提学、河南左布政使,官至户部右侍郎。嘉靖三十四年(1555)山西、陕西、河南地震,邹守愚奉命赈恤灾民,以疾劳卒。其著作有《俟知堂集》十四卷,今存明嘉靖、万历刻本;纂修嘉靖《河南通志》四十五卷,今存三十七卷。又与李默合编《全唐诗选》。传载《闽书》卷一一二、民国《福建通志·列传》卷二四、《兴化府莆田县志》卷一七,而以明方万有撰《户部左侍郎邹公守愚传》②记载为详。

嘉靖二十三年(1544),邹守愚刻印明张时彻撰《芝园集》三十六卷《别集》十一卷《诸家评》一卷,十行,十九字,白口,四周双边。今中国科学院图书馆和国家图书馆等有存本。考此刻本卷首有《刻芝园集序》,末署"皇明嘉靖二十有三年岁次甲辰冬十月朔赐进士出身大中大夫湖广布政使司右参政莆田邹守愚撰",故此刻本的刊印地点,疑应在湖广布政使司治所所在地的武昌,而不应在莆田或作者所在地的鄞县③。

本书撰者张时彻(1500—1577),字维静,鄞县人。嘉靖二年进士,官至南京兵部尚书。

黄文炳

黄文炳(1493—?),字以约,莆田人。宋儒黄仲元九世孙。嘉靖十四年(1535)进士,历官南京户部主事、郎中、江西布政使参议。嘉靖二十一年(1542),在江西刻印其祖黄仲元撰《有宋福建莆阳黄仲元四如先生文稿》五

---

① 〔明〕林文俊:《方斋存稿》卷五,《景印文渊阁四库全书》第1271册,第748—749页。
② 〔明〕焦竑编:《焦太史编辑国朝献征录》卷三〇,《续修四库全书》史部第526册,第507—508页。
③ 台北"国立中央"图书馆编:《"国立中央"图书馆典藏国立北平图书馆善本书目》(1969年版,第223页)著录此本作"明嘉靖二十三年鄞县张氏原刊本",则是将此本刻书地定为鄞县。

卷，今国家图书馆、南京图书馆和北京大学图书馆有存本。十行，每行二十字，四周双边，白口，双鱼尾。《四部丛刊三编》所收即据此本影印。

嘉靖二十七年（1548），黄文炳又刻印黄仲元撰《黄四如先生六经四书讲稿》六卷，今北京大学图书馆和浙江图书馆存。行格与上一刻本相同。《四库全书总目》著录为《四如讲稿》六卷[1]，与此实为同一书。

按，黄仲元（1231—1312），字善甫，号四如，宋末理学家。此二书之外，黄文炳另著有《经史辨疑》，见朱彝尊《经义考》著录。

《闽书》载："文炳登嘉靖进士，授南户曹郎，榷北新关。蠲除苛细，以税金属仁、钱二县，示无所染，羡以上计司。历江西佥事参议，兹惠著称。"[2]《兴化府莆田县志》卷二〇所载与此略同。

黄廷用

黄廷用（1500—1566），字汝中，一作汝行，号少村，莆田人。嘉靖元年（1522）举人，嘉靖十四年（1535）进士。历官翰林检讨、翰林侍读、光禄寺卿、衡州通判和工部右侍郎等。黄廷用乃黄公度十一世孙，曾于嘉靖三十四年（1555）任衡州通判时，刻印宋黄公度撰《莆阳知稼翁文集》十一卷《词》一卷。据其子黄崇翰天启刻本《知稼翁集跋》所载，此本刻于嘉靖乙卯（1555）。今浙江大学图书馆有存本。

黄廷用事迹，《闽书》卷一〇八科第表列其名。《兴化府莆田县志》卷一三《选举志》则称其为"廷宣从弟。府学。乙未进士"[3]。记其生平最详者，为明吕本所撰《工部右侍郎少村黄公廷用墓志铭》。其中有云："少村，莆名士也。十岁能属文，弱冠举于乡……世为莆田人。唐御史滔之后，宋状元公度十二世孙。公度文集，君刻于衡州。"[4]

民国《福建通志·艺文志》卷六二载其著有《少村漫稿》二卷，并引《兰陔诗话》云："砺峰在翰苑二十年，闭户著书，屏迹权门。人讥其拙，作《拙宦对》以述志。其诗有'白发多情催我老，青山无地是吾家''庭堆白骨人踪

---

①〔清〕永瑢等：《四库全书总目》卷三三，中华书局1965年版，第272页。

②〔明〕何乔远：《闽书》卷一一〇《英旧志》，福建人民出版社1995年版，第4册，第3304页。

③〔清〕汪大经、廖必琦等：（乾隆）《兴化府莆田县志》卷一三《选举志》，民国十五年（1926）重印光绪五年潘文凤补刊本，叶28B。

④〔明〕焦竑编：《焦太史编辑国朝献征录》卷五一，《续修四库全书》史部第527册，第651—652页。

少,鬼哭荒村日夕昏',皆凄婉可诵。"①按,此处所录有两处失误。一是黄廷用所著《少村漫稿》实为四卷,诗二卷,文二卷,今存明万历刻本,国家图书馆、上海图书馆、福建省图书馆和中国人民大学图书馆等有存本;二是所引《兰陔诗话》其人其诗,作者系莆田康太和(字原中,号砺峰),而非黄廷用②。

姚 虞

姚虞(1507—?),字宗舜,一字师舜,号泽山,莆田人。嘉靖十一年(1532)进士,历任淮安知府、巡按广东监察御史。为官仁厚,学识出众。著有《岭海舆图》,是明朝的方志学家。巡按广东期间,他细心考察山川地理、政事军务,所撰《岭海舆图》,详记当时的要塞、兵马、武备和钱粮等资料,实用价值较高。其事迹,见载何乔远《闽书》卷一一二③。

嘉靖十九年(1540),姚虞与季本合刊题宋苏易简撰之《文选双字类要》三卷,今南京图书馆、北京师范大学图书馆和国家图书馆等有存本。十行二十字,注文小字双行同,左右双边,版心白口,单鱼尾。前有"嘉靖庚子春仲之望"姚虞《刻文选双字类要序》,后有"前进士添注黄州府推官"吴郡皇甫汸撰《文选双字类要后序》。傅增湘《藏园群书经眼录》著录称,"有莆田姚虞序,言其书为卷三,为门四十,为类五百,得于黄州理皇甫汸,刻于长沙季守。"④合刊者"长沙季守",即季本(1485—1563),字明德,号彭山,山阴(今浙江绍兴)人,从王守仁学;正德十二年(1517)进士,曾任建宁府推官。嘉靖十九年,其为长沙太守。

方攸跻·方沆

方攸跻(1512—?),字君敬,号篆石,又号陈岩山人,方良节之孙,莆田人。嘉靖二十九年(1550)进士,历官南京户部员外、广东顺德知县。著作今存《方员外集》一卷,收入《盛明百家诗》后编。另据清郭柏苍《竹间十日

---

①沈瑜庆、陈衍等:(民国)《福建通志·艺文志》卷六二,1938 年刊本,叶 8B。
②〔清〕陈田辑:《明诗纪事》戊签卷一九,上海古籍出版社 1993 年版,第 1784 页。
③〔明〕何乔远:《闽书》卷一一二《英旧志》,福建人民出版社 1995 年版,第 4 册,第 3363—3364 页。
④傅增湘:《藏园群书经眼录》卷一〇,中华书局 1983 年版,第 823 页。

话》所载，方攸跻又著有《陈岩集》，"又与其子方沆合刻有《桥梓集》"①。按，据《千顷堂书目》，《陈岩集》应为《陈岩草堂诗集》二卷②；《桥梓集》则为四卷，《福建通志》卷五一《文苑》有"与其父攸跻合刻有《桥梓集》四卷"③诸语。

方沆（1542—1608），字子及，号讱庵，方攸跻之子。隆庆二年（1568）进士，历官全州知州，户、刑二部郎中，安宁提举，云南督学等。中谗罢归，家居者久之。复起宁州知州，修复濂溪书院和黄庭坚祠。以湖广金事致仕。"所至以全安教化为名高，不习曲踞擎拳态"④，故仕途坎坷。著作有《猗兰堂稿》三卷。

明万历三十一年（1603），方沆在任宁州知州时，拟刊行宋黄庭坚撰《重刻黄文节山谷先生文集》三十卷《外集》十四卷《别集》二十卷，宋黄庶撰《伐檀集》二卷，宋黄𪩘撰《年谱》十五卷。因卷帙浩大，仅刊成正集三十卷即离任。四十二年（1614），续任者云南李友梅续刊之。此书完整刊本，今复旦大学图书馆和福建省图书馆等存。

另据《兴化府莆田县志》卷二二《文苑传》载，方沆致仕后，"宦橐如水，独构湖上亭一区，吟咏其中。所著有《猗兰堂集》二十卷。父子合刻有《桥梓集》四卷。"其父方攸跻，"令顺德，清慎爱民。岁饥，劝赈有法。榄江盗起，计获之。人为立碑。迁南户部主事"⑤。

方沆生平，《闽书》《莆田县志》之外，又见于明李维桢《大泌山房集》卷八一、民国《福建通志·文苑传》卷六、民国《新纂云南通志》卷一九七等。

郭应聘

郭应聘（1520—1586），字君宾，号华溪，莆田人。嘉靖二十九年（1550）进士，历任户部主事、南宁知府、四川按察副使，官至南京兵部尚书，卒赠太子少保，谥襄靖。事迹载《明史》卷二二一、《闽书》卷一一二。

万历八年（1580），郭应聘在官广西巡抚时，曾刻印自著之《西南纪事》

①〔清〕郭柏苍：《竹间十日话》卷一，海风出版社 2001 年版，第 2 页。

②〔清〕黄虞稷撰，瞿凤起、潘景郑整理：《千顷堂书目》卷二三，上海古籍出版社 2001 年版，第 594 页。

③〔清〕郝玉麟等：(乾隆)《福建通志》卷五一《文苑》，《景印文渊阁四库全书》第 529 册，第 732 页。

④〔明〕何乔远：《闽书》卷一一一《英旧志》，福建人民出版社 1995 年版，第 4 册，第 3345 页。

⑤〔清〕汪大经、廖必琦等：(乾隆)《兴化府莆田县志》卷二二《文苑传》，民国十五年（1926）重印光绪五年潘文风补刊本，叶 18A—19A。

六卷。《四库全书总目》著录:"其刊版,则万历八年复起巡抚广西时也。"①
该书收入《四库全书存目丛书》史部第 49 册、《北京图书馆古籍珍本丛刊》
第 9 册。

郭应聘的著作还有《郭襄靖公遗集》三十卷,有其子郭良翰刻本。

林及祖·林大黼

林及祖(1524—?),字号未详,莆田林俊孙,林达之子。林大黼(生卒年
未详),字朝介,林智曾孙,林俊侄孙。万历十三年(1585),二人合作重刻林
俊撰《见素集》二十八卷《奏议》七卷《见素续集》十二卷《编年纪略》一卷《墓
志铭》一卷,十行二十二字,白口,四周单边,今上海图书馆、北京大学图书
馆等有完本收藏。据台北"国家"图书馆著录,此本刻印于南京,此盖据林
及祖《少保公文集跋》所言:"忆嘉靖乙酉省吾翁梓是集于穗城,今祖成是集
于白下。"②王重民先生《中国善本书提要》著录云:"卷内题:'后学黄佐校
正,孙男及祖重梓。'续集题:'男达编辑,侄孙大黼校刻。'卷端载杨一清撰
墓志铭与《编年纪略》。按《文集》初刻于正德元年,续集刻于嘉靖十五年,
版并毁于嘉靖四十一年。此万历间其孙及祖、大黼辈所重刻者。《四库全
书》即据此本著录。"③按,知此书正德元年初刻,是因为卷前有本年张诩
序;嘉靖十五年刻印续集,则因有王凤灵序。然据林达撰《编年纪略》称,其
于嘉靖三年(1524)十月"刻《见素文集》成,凡若干卷,《续集》又二十卷"④。
按,《见素续集》实为十二卷,而非二十卷。此书初刻于嘉靖十五年。万历
十二年九月林大黼所作《重刻素翁续集跋》前有嘉靖丙申十五年林俊门人
王凤灵《素翁续集叙》;目录后有林达编刻识语,落款为"嘉靖丙申季夏朔旦
男达谨志"⑤,可证。

万历七年(1579),林大黼还重修明刻宋罗大经撰《鹤林玉露》十六卷,
今南京图书馆存,有清丁丙跋。林及祖的事迹,在林达所编《编年纪略》中
仅列其生年,其余无载。《兴化府莆田县志》卷一七林俊小传后则载其官至

---

①〔清〕永瑢等:《四库全书总目》卷五三,中华书局 1965 年版,第 484 页。

②〔明〕林及祖:《少保公文集跋》,《见素集》卷二八,《明别集丛刊》第 1 辑第 68 册,黄山书社 2013 年
　版,第 406 页。

③王重民:《中国善本书提要》,上海古籍出版社 1983 年版,第 576 页。

④〔明〕林达:《编年纪略》,《见素集》附录,《四库明人文集丛刊》,上海古籍出版社 1991 年版,第 582 页。

⑤〔明〕林达:《见素续集题识》,《明别集丛刊》第 1 辑第 68 册,黄山书社 2013 年版,第 535、537 页。

寻甸知府。《兴化府莆田县志》卷二四、《闽书》卷一〇九均有林大黼的生平。略云："大黼，字朝介。为人孝友，以乡荐授淅川令。丁外艰，补广之河源。发粟赈民，修复古城以捍水患。以最擢上元令。循阡陌，均徭役，省刑划苛。历南户曹郎，出守铜仁。有当道私憾一土司，欲穷治，褫其荫。大黼曰：'吾平生不能杀人媚人，况殄人血食乎！'遂拂衣归。"①

方攸绩

方攸绩（1528—？），字君谦，莆田人，方良永之孙，方攸跻之弟。嘉靖三十二年（1553）进士。历官山东左布政使、四川左布政使。万历八年（1580），在豫章刻印其祖方良永撰、河南按察使郑茂编《方简肃公文集》十卷附录一卷。前有隆庆庚午豫章张鳌序，后有隆庆庚午郑茂后序、万历庚辰方攸绩跋。九行十八字，白口，四周双边，今莆田市图书馆、上海图书馆和国家图书馆有存本。湖南省图书馆所存本即《四库全书》所据以著录的版本。《四库全书总目》卷一七一著录此本为"隆庆庚午（1570）其孙山东布政使攸绩刊之"②，刊刻时间乃据前序而忽略了后跋，因此得出错误结论。

《闽书》卷一一一《英旧志》曰："攸绩，历四川左布政。莅官崇大礼，不为巉刻婞婀。家居持身简素，饮人以和。"③《兴化府莆田县志》卷一七载："长孙攸绩，字君谦。嘉靖癸丑进士，历山东左布政。居官务持大体。……可谓克光先德矣。"④

彭文质

彭文质（1528—？），字在份。莆田人。嘉靖三十八年（1559）进士，历官揭阳令、户部主事，出守桂林。隆庆六年（1572），在桂林刻印其父彭大治所撰《定轩公存稿》一卷。十行二十字，白口，四周单边。前有方攸跻序，后有彭文质、临桂知县翟守谦二跋。王重民先生《中国善本书提要》著录云："大治字宜定，正德九年进士，授南京户部主事，晋员外郎。历知扬州、叙州、韶

①〔明〕何乔远：《闽书》卷一〇九《英旧志》，福建人民出版社 1995 年版，第 4 册，第 3283 页。

②〔清〕永瑢等：《四库全书总目》卷一七一，中华书局 1965 年版，第 1496 页。

③〔明〕何乔远：《闽书》卷一一一《英旧志》，福建人民出版社 1995 年版，第 4 册，第 3345 页。

④〔清〕汪大经、廖必琦等：(乾隆)《兴化府莆田县志》卷一七《人物志》，民国十五年（1926）重印光绪五年潘文凤补刊本，叶 60B—61A。

州三府事。遗集散佚，此本为其子文质知桂林时所辑刻者。"①此刻本罕见，今台北故宫博物院有存，著录作"明隆庆壬申（六年，1572）桂林知府彭文质刊蓝印本"②。此本为抗战时期寄存于美国国会图书馆，1965 年 11 月转运台湾的北平图书馆"平馆善本"之一。

《闽书》卷一一一载彭文质出守桂林治绩云："剔积蠹，抑强宗，郡无留狱。治行为西粤最。连擢西粤副使、参政。"③《兴化府莆田县志》卷二〇载其生平于其祖彭甫、父彭大治传之后。

林　润

林润（1530—1570），字若雨，号念堂，莆田人。嘉靖三十五年（1556）进士。历官临川知县，以治行擢南京监察御史。不畏权奸，弹劾鄢懋卿、严嵩，擢南京通政司参议，历太常寺少卿。隆庆元年（1567），以右金都御史巡抚应天诸府。居三年卒于官，年仅四十。生平见载于《焦太史编辑国朝献征录》卷六二《副都御史林公润传》，以及《明史》卷二一〇、《闽书》卷一〇九等。

隆庆二年（1568），林润曾在吴郡刊印明郑若曾撰《江南经略》八卷，今存隆庆二年林润吴郡刊、万历四十二年（1614）昆山郑玉清等校补本。

隆庆三年（1569），林润又刻印明宋端仪辑、薛应旂重修《考亭渊源录》二十四卷。本书作者宋端仪（1447—1501），字孔时，号立斋，莆田人。成化十七年（1481）进士，历官礼部郎、广东提督学政。在广东五年，积劳成疾，卒于任上，广人祀之学宫。约在宋氏去世七十年后的隆庆三年，宋端仪的后辈同乡林润官右金都御史，将此书又交给当时的理学和史学名家薛应旂，命其就原稿加以重修，而由林润出资刊刻出版。由林润仕履可知，此书的刊刻地点应也在吴郡。本书现存最早的刊本，即薛氏重编本，明隆庆三年（1569）由林润所刻。卷前题"后学莆阳宋端仪初稿，后学武进薛应旂参修，后学莆阳林润校正"。今浙江图书馆和北京师范大学图书馆有刊本收藏。《四库全书存目丛书》史部第 88 册所收，即据北京师范大学藏本影印。

①王重民：《中国善本书提要》集部，上海古籍出版社 1983 年版，第 595 页。

②台北"国立中央"图书馆编：《"国立中央"图书馆典藏国立北平图书馆善本书目》，"国立中央"图书馆 1969 年版，第 219 页。

③〔明〕何乔远：《闽书》卷一一一《英旧志》，福建人民出版社 1995 年版，第 4 册，第 3329 页。

林润本人的著作《愿治疏稿》，则在其逝世后，由苏州守蔡国熙哀集并刊印于吴中①。

林兆珂

林兆珂（1548—?），字懋忠，一字孟鸣，莆田人，林富之孙。万历二年（1574）进士，历任蒙城知县、博士监丞、刑部主事，出任廉州、衡州、安庆知府。传载民国《福建通志·列传》卷二二，称其"天性孝友。倭变时，兄兆瓒被执，将见害，请以身代，乃得并释"②。

万历间，林兆珂在衡州知府任上，刻印其编选并作注的《杜诗钞述注》十六卷。《四库全书总目》卷一七四著录云："兆珂官西曹时，即着手纂是帙。及守衡州，遂刊刻之。谓甫尝游衡，刻甫诗于衡，所以为衡重也。"③此书今清华大学图书馆和福建省图书馆等有存本。有的版本目录或作此书为天启刻本，实误。理由是林兆珂官衡州在前，任职安庆在后，而其在安庆刊《李诗钞述注》系万历二十七年，则此本应早于此时。

万历二十七年（1599），他在安庆又刻印选注《李诗钞述注》十六卷。《四库全书总目》卷一七四著录："兹守安庆时所刊。以白游迹多在皖，犹在衡刻甫诗意也。"④此书今北京大学图书馆、福建省图书馆等有存本。

万历二十八年，刻印宋林光朝撰《林艾轩先生文钞》不分卷，今浙江图书馆有存本。林兆珂自著《考工记述注》二卷附图，有明万历间刻本，见邵氏《增订四库简明目录》卷二著录。该书今上海图书馆、福建省图书馆等有存本，疑亦其自刊本。林兆珂还曾刻印宋李俊甫撰《莆阳比事》七卷，据《四库未收书目提要》，此书乃"明人林兆珂宋本翻刻"。

林氏所著则有《毛诗多识编》七卷、《檀弓述注》二卷、《宙合编》八卷、《选诗约注》十二卷，分别见于《四库全书总目》卷七、卷二四、卷一二八、卷一九二著录。

《兴化府莆田县志》载："（林兆珂）辛丑大计后假归，遂为终焉之计。家

---

①〔明〕焦竑编：《焦太史编辑国朝献征录》卷六二《副都御史林公润传》，《续修四库全书》史部第 528
　册，第 412 页。
②沈瑜庆、陈衍等：（民国）《福建通志·列传》卷二二，1938 年刊本，叶 20B。
③〔清〕永瑢等：《四库全书总目》卷一七四，中华书局 1965 年版，第 1532 页。
④〔清〕永瑢等：《四库全书总目》卷一七四，中华书局 1965 年版，第 1532 页。

居二十载,键户读书,丹铅不辍。所著书《宙合》《多识》二种。其最著者,又有《批点左传》《檀弓》《考工》《参同契》《楚辞》,李、杜、王摩诘选诗诸书。刻林艾轩、杨升庵、陈山人诸集,皆行于世。"①据此推测,林氏刻印之书,似又不止上录数种。

宋　珏

宋珏(1576—1632),字比玉,号荔枝仙,莆田人。宋端仪侄孙。书画家、诗人。年三十余,负笈入太学,侨寓于武林、吴门、金陵一带,以文会友,最终客死异乡。万历四十六年(1618),曾刻印明莆田同乡陈昂所撰《白云集》七卷附录一卷。今湖北省图书馆、北京大学图书馆、首都图书馆和国家图书馆等有存本。九行十九字,白口,左右双边,收入《四库全书存目丛书》集部第189册。卷前有宋珏《重刻白云集题词》:"是集刻于燕都,海内谈诗者始知余邑有白云先生,而余之邑人亦始知谷城山下有陈昂也。所恨印布不广,慕先生者至欲假一观而无从,余每与林茂之谋梓白下,以存先生流寓兹都之意。……万历戊午三月谷雨前二日莆阳宋珏书于白门之浪斋。"②由此可知,宋氏此本,刻印于南京(白门)。《四库全书总目》卷一八〇著录:"昂字尔瞻,一字云仲,莆田人,自号白云先生。是集前有钟惺所作传,称集本十六卷,又排律一卷。昂没后,散佚无存。万历戊午,其同里宋珏重加裒集,仅得五言律诗七百首、七言律诗十二首。其诗颇学少陵、右丞,得其形似。"③

明崇祯十三年(1640),林古度曾以此为底本重刻该书。详情可参阅本书"林古度"条。另据《四库全书总目》"蔡忠惠集"条下载:"后其里人宋珏重为编定,而不及全刻,仅刻其诗集以行。"④则宋珏又曾刊蔡襄诗集,卷数缺考。

民国《福建通志》载宋珏事迹曰:"其为人也,以文章为心腑,以朋友为骨肉,以都会为第宅,以山水为园林,以诗酒为职业,以翰墨为娱戏。好为

---

① 〔清〕汪大经、廖必琦等:(乾隆)《兴化府莆田县志》卷二二《文苑传》,民国十五年(1926)重印光绪五年潘文凤补刊本,叶21B。

② 〔明〕宋珏:《重刻白云集题词》,《四库全书存目丛书》集部第189册,齐鲁书社1997年版,第355—356页。

③ 〔清〕永瑢等:《四库全书总目》卷一八〇,中华书局1965年版,第1625页。

④ 〔清〕永瑢等:《四库全书总目》卷一五二,中华书局1965年版,第1312页。

诗,才情烂漫,信腕疾书,不加持择。善八分书,规抚夏承碑,苍老深穆,骨格斩然,至用其意于图书,古无是也,人称为'莆田派'。海宁周春《论印》诗云:'闻说莆田宋比玉,创将汉隶入图书。'"①事迹另载于《兴化府莆田县志》卷二二、钱谦益《牧斋初学集》卷六六《宋比玉墓表》。

陈腾凤

陈腾凤(生卒年未详),字鸣周。万历三十五年(1607)会试第二,授开州知州,"升兵部员外郎。出为河南提学佥事,秉公矢慎,首拔者悉皆入彀。有《河洛九十元魁卷》镌行于世。部覆称最,加衔再任。……所著有《四书讲意》《尚书要言》,及《静虚斋集》,卒年七十二"②。

除刊行《河洛九十元魁卷》之外,万历三十九年,陈腾凤任禹州知州,又刊刻《燕中讲录》《适适近草》。《禹州志》载:"和粹冲夷,待士以礼。腾凤以《尚书》中式进士。禹士治《尚书》者,咸请业焉。为刊《燕中讲录》《适适近草》。士传其书中式者顾尧臣、刘调羹皆出本房。后督学中州,待禹士有加焉。"③

其事迹,又见载于《闽中理学渊源考》卷五六。

程拱宸

程拱宸(生卒年未详),字仲星,莆田人。隆庆二年(1568)进士。"授镇江府推官,擢户部主事,稍迁员外郎中。庚辰,出为江西副使。……癸未晋大参。已而,按察云南,布政粤东、西。……秩满,擢应天府尹。……逾年,陟南通政使。"④

明万历间,程拱宸曾刻印明李心学辑《明诗十二家》十二卷,今杭州市图书馆存。此十二家为李梦阳、何景明、康海、薛蕙、徐祯卿、郑善夫、王廷相、边贡、孙一元、李攀龙、高叔嗣和谢榛,人各一卷。卷内题"临濠李心学编次,浔阳劳堪校正,古房杨村、莆阳程拱宸重校刊,嘉禾张应治

---

① 沈瑜庆、陈衍:(民国)《福建通志·文苑传》卷七,1938年刊本,叶1B—2A。
② 〔清〕汪大经、廖必琦等:(乾隆)《兴化府莆田县志》卷二四《人物志》,民国十五年(1926)重印光绪五年潘文凤补刊本,叶63A。
③ 〔清〕朱炜原修,孙彦春校注:(道光)《禹州志》,中州古籍出版社2010年版,第408页。
④ 〔清〕汪大经、廖必琦等:(乾隆)《兴化府莆田县志》卷二三《人物志》,民国十五年(1926)重印光绪五年潘文凤补刊本,叶8B。

参阅"。李一氓先生认为："是本以版本风格论,当属万历中期刊本。至卷之一前之'古房杨村、莆田程拱宸同校刊,嘉禾张应治参阅',则后印补刻,非原镌所有,明甚。"①劳堪刻本,今北京大学图书馆、南京图书馆有存。据屈万里,"是本为劳氏所刊,程拱宸等就原板重校印行者也"②。意见与李一氓相同。

方良节

方良节(生卒年未详),字介卿,莆田人。弘治三年(1490)进士,历官归善知县、惠州太守、广东左布政使。其兄方良永,字寿卿,与其为同科进士,官至南京刑部尚书。故黄仲昭有诗赞曰:"双亲鬓毛犹未雪,二子银带俱生花。"③方良节的生平,附载于《明史》卷二〇一其兄方良永传后,仅以下寥寥数字:"弟良节,官广东左布政使,亦有治行。"④《闽书》卷一一一本传所载则较为完整。

明正德七年(1512),在惠州太守任上,方良节曾编选并刻印宋苏轼撰《苏文忠公寓惠集》十卷,辑录苏轼在惠州期间所作诗文。在苏轼文集诸多地域性选本中,此书为最早。原刻本罕见著录,存逸不详⑤。

正德八年(1513),在广东布政使任上,方良节又刻印其先祖宋方大琮所撰《宋宝章阁直学士忠惠铁庵方公文集》四十五卷。作者方大琮(1183—1147),字德润,号壶山,又号铁庵。宋开禧元年(1205)进士。历官福建路转运判官、广东经略使兼广州知府,卒谥忠惠。书题"广西按察司按察使族孙良永校正,广东布政司右参政族孙良节编刊"。林俊作序称:"公殁淳祐丁未(1247),至是二百六十有七年。公族孙良节嗣向家学,大参广藩,因旧本辑之为若干卷,复梓以传,盛举也。"⑥此刻本今国家图书馆存完帙。十行十九字,黑口,四周双边。《四库全书总目》卷一六三著录此书仅三十七卷,称"原集久

---

①李一氓著:《一氓题跋》,生活·读书·新知三联书店1981年版,第158页。
②屈万里:《普林斯顿大学葛思德图书馆东方图书馆中文善本书志》,《屈万里先生全集》(13),台湾联经出版事业公司1984年版,第514页。
③〔明〕黄仲昭:《未轩集》卷九《送方介卿还南都》,《景印文渊阁四库全书》第1254册,第519页。
④〔清〕张廷玉:《明史》卷二〇一《方良永传》附,中华书局1974年版,第5312页。
⑤刘尚荣:《明版苏轼文集选本考述》,《苏轼著作版本论丛》,巴蜀书社1988年版,第159页。
⑥〔明〕林俊:《见素集》卷五《方忠惠公文集序》,《明别集丛刊》第1辑第68册,黄山书社2013年版,第191页。

佚，此本乃其族孙良永、良节等搜集编成。盖散亡之余，已非全帙矣"①。

《广东通志》卷四〇载其事迹："方良节，字介卿，莆田人。进士，正德初知惠州，首询民瘼。时归善徭役视诸邑独苦，为减之如例。巨珰擅威索贿，所至奉之，惟谨良节屹不为动。……又大修学舍，葺会英诸祠，人士向风。擢广东按察副使，去后而民思之。"②

洪　珠

洪珠（生卒年未详），字玉方，号西淙山人，莆田人。正德十六年（1521）进士，嘉靖七年至十三年（1528—1534）任绍兴知府。嘉靖九年（1530），在绍兴刻印宋尹焞撰《和靖尹先生文集》十卷《附录》一卷。傅增湘《藏园群书经眼录》卷一四著录云："明嘉靖九年莆田洪珠越郡刊本，十行十八字。前嘉靖九年蔡宗兖序，后嘉靖莆田洪珠刻书序。"③此书今上海图书馆、国家图书馆等存。《宋集珍本丛刊》所收，即据此本影印。嘉靖十二年（1533），又刻印其七世祖元洪希文撰《续轩渠集》十卷《附录》一卷，仍由蔡宗兖作序，并为其编校。洪希文，字汝质，号去华。《附录》一卷，则为洪希文父洪岩虎（字德章，号吾圃）所撰。洪岩虎集原名《轩渠集》，已逸，故洪希文集以"续"名之，且将遗篇附于此集之末。见《四库全书总目》卷一六七著录④。按，序者蔡宗兖，字希渊，号白鹿山人，正德十二年（1517）进士，此前曾任兴化府学教授，与洪珠为旧识。其事迹，见载于《兴化府莆田县志》卷八《名宦传》。

《闽书》卷一一〇《英旧志》载洪珠宦绩云："嘉靖初守绍兴，宽厚文雅，崇尚名教。建忠臣刘韐、先贤尹焞祠，封耆儒罗颀墓，表节孝，聘遗逸若王坐、王琥辈，皆躬造其庐，一时士风振起。寻迁本省右参政。"⑤

黄起龙

黄起龙（生卒年未详），字应兴，号雨石，莆田人，黄希英曾孙。万历二

---

①〔清〕永瑢等：《四库全书总目》卷一六三，中华书局 1965 年版，第 1397 页。

②〔清〕郝玉麟等：（乾隆）《广东通志》卷四〇《名宦》，《景印文渊阁四库全书》第 563 册，第 780 页。

③傅增湘：《藏园群书经眼录》卷一四，中华书局 1983 年版，第 1219 页。

④〔清〕永瑢等：《四库全书总目》卷一六七，中华书局 1965 年版，第 1437 页。

⑤〔明〕何乔远：《闽书》卷一一〇《英旧志》，福建人民出版社 1995 年版，第 4 册，第 3318 页。

十六年（1598）进士，官至南京吏部给事中。《闽书》称其"好读书，家中藏书以万轴"①。万历四十四年（1616），刻印明郑岳辑、黄起龙重订《莆阳文献》十三卷《莆阳文献列传》七十五卷，收入《四库全书存目丛书》史部第 89 册。卷前先后有万历四十四年侯清《重刻莆阳文献序》、嘉靖甲申林俊《莆阳文献序》、嘉靖四年郑岳《莆阳文献后序》、万历四十四年黄起龙《重刻莆阳文献后序》。十行二十字，白口，四周双边，卷一第二、三行题"兵部左侍郎山斋郑岳编定，南京吏部给事中后学黄起龙重校梓"。此本今福建省图书馆和南京图书馆等多家图书馆有存本。《四库全书总目》著录云："是书取莆田、仙游二县自梁、陈迄明著作诗文，辑为十三卷。又取名人事迹成《列传》七十四卷。文以体分，传则不分门目。后倭变书毁，起龙为之重锓。并附柯维骐所作岳传一首，为卷第七十五，岳书采摭繁富，义例颇仿史裁。"②

黄起龙还于万历间刻印其自撰《留垣奏议》四卷，《四库全书总目》卷五六著录云："是编为起龙所自刊，分十六类。曰《储讲》，曰《藩封》，曰《国典》，曰《圣政》，曰《修省》，曰《赈恤》，曰《粮储》，曰《钱法》，曰《财用》，曰《谥典》，曰《起废》，曰《用人》，曰《考选》，曰《纠邪》，曰《时事》，曰《请告》，共计疏三十六首，而以户部议覆三疏附其后。曰《留垣奏议》者，以当时称南京为留都也。"③他又刊自撰《南垣疏草》二卷，今北京大学图书馆存残帙一卷。

民国《福建通志·列传》卷二八载其小传云："时东宫久罢讲，福藩未就国，朝臣多莫敢言。起龙受事，即上疏，词甚激切，中外韪之。有贪缘中贵出入织造局为奸利者，起龙按其罪。所策边事皆有先见。又请复建文年号，谥靖难仗节诸臣，及为乡先正黄巩、马思聪请谥。上君德、国典、经济、灾异、修省、弥邪诸疏，俱不报，遂乞休。起广东按察副使，卒于道。"④《兴化府莆田县志》卷二四所载与此略同。

黄希雍

黄希雍（生卒年未详），莆田人，明正德二年（1507）举人。弘治十八年

①〔明〕何乔远：《闽书》卷一一二《英旧志》，福建人民出版社 1995 年版，第 4 册，第 3379 页。
②〔清〕永瑢等：《四库全书总目》卷六一，中华书局 1965 年版，第 550 页。
③〔清〕永瑢等：《四库全书总目》卷五六，中华书局 1965 年版，第 509 页。
④沈瑜庆、陈衍等：(民国)《福建通志·列传》卷二八，1938 年刊本，叶 7B。

(1505)进士，黄如金弟。“初守绵州，清慈勤慎，有八政谣，擢苏州同知。”[①]嘉靖十六年(1537)在苏州，与知府王仪(字克敬，文安人，传载《明史》二〇三)合作刊刻明林庭㭿撰《小泉林公奏稿》一卷《续录》一卷。赵万里先生著录曰：“直隶苏州府知府王仪、同知黄希雍梓行，男礼部郎中炫、国子官生煬校，明林庭㭿撰。徐缙序(嘉靖十六年)，陈霁序〔嘉靖丁酉(十六年)〕，黄希雍跋〔嘉靖丁酉(十六年)〕。半叶八行，行十八字。旧为天一阁藏书。”[②]

林庭㭿(1472—1541)，字利瞻，号小泉，闽县林浦乡(今福州市郊林浦村)人。南京吏部尚书林瀚次子，弘治十二年(1499)进士。历官苏州知府、江西参政等。编纂嘉靖《江西通志》、《福州府志》及本书。

黄　漳

黄漳(生卒年未详)，字仲澜，号澹峰，莆田人。正德八年(1513)举人，官至宜黄县令。嘉靖十三年(1534)，曾刻印宋陆游撰、宋罗椅辑《涧谷精选陆放翁诗集前集》十卷及宋刘辰翁辑《须溪精选陆放翁诗集后集》八卷《别集》一卷，十一行二十字，小字双行同，黑口，四周双边。今上海图书馆和国家图书馆存。

嘉靖十五年(1536)，他又刻印明涂畿撰《涂子类稿》十卷，九行二十字，白口，四周双边，双鱼尾。卷末有嘉靖十五年知宜黄县莆田澹峰主人黄漳《书涂子类稿后序》。今国家图书馆存完本。收入《明别集丛刊》第1辑第18册。

按，此书见于《四库全书总目》卷一七六著录。撰者涂畿，字守约，又字孟规，宜黄人，隐居不仕[③]。道光《宜黄县志》卷一九《秩官志》载：“黄漳，字仲澜，号澹峰。莆田人，嘉靖中任，考订县志。”[④]据同一县志载，黄漳的前任余珂，嘉靖八年任；后任胡士恂，嘉靖十七年任。由此可以推断，分别刊行于嘉靖十三年、嘉靖十五年的以上两个刻本，应都是黄漳官宜黄时所刊。《涧谷精选陆放翁诗集前集》十卷，被收入四川大学古籍所编《宋集珍本丛刊》第47册，该书由线装书局在2004年出版。

---

①〔清〕郝玉麟等：(乾隆)《福建通志》卷三七《选举》，《景印文渊阁四库全书》第529册，第209页。
②冀淑英等主编：《赵万里文集》第3卷，上海科学技术文献出版社、国家图书馆出版社2012年版，第543页。
③〔清〕永瑢等《四库全书总目》卷一七六著录作《类稿》十卷。载中华书局1965年版，第1570页。
④〔清〕札隆阿等：(道光)《宜黄县志》卷一九《秩官志》，台北成文出版社1970年版，第146页。

李廷梧

李廷梧（生卒年未详），字仲阳，莆田县人。弘治十二年（1499）进士，历官桐乡知县、大理寺丞等。据清周中孚《郑堂读书记》卷三六著录，弘治十五年（1502）李廷梧在桐乡刻印汉贾谊撰《新语》二卷。此本今国家图书馆有存。傅增湘著录："明弘治十五年李廷梧刻本，十行十七字，细黑口，左右双栏。软体字，精美异常，少见。是明天启朱谋㙔刊本之祖本。"①

乾隆《浙江通志》载："《桐乡县志》：李廷梧，字仲阳，莆田人。进士，弘治十三年知桐乡。遇事迎刃立解，吏不能为奸。修学校，平赋役，正祀典，平听断。文章、政事，一时称美。召为监察御史，升大理寺卿。"②其事迹，又见于民国《福建通志·文苑传》卷六、《兴化府莆田县志》卷二二《文苑传》，所载与此略同。

林希范·林炳章

林希范（生卒年未详），字去非，莆田人。弘治八年（1495）举人。历官汉阳、岳州同知。林炳章（生卒年未详），林希范之孙，字名世。嘉靖二十五年（1546）举人，历官程乡教谕、国子学正。嘉靖四十一年（1562）授大理寺左评事，四十四年奏绩晋升寺正；未几出任宿州通判，转湖广衡州。摄郡桂阳，捐俸置学田40多亩；寻擢长沙府同知。据《四库全书总目》卷一七五所载，明嘉靖四十五年（1566），林炳章曾刊刻其曾祖林文撰《淡轩稿》十二卷《补遗》一卷。著录云："是集诗三卷、文七卷。……凡有二本。初刻者为其孙岳州同知希范。重刻者为其曾孙南京大理寺寺正炳章，此本即炳章所校也。"③中国人民大学图书馆现存嘉靖四十五年林炳章刻、清初递修本。行格为半叶九行，行十八字，白口，单鱼尾，左右双边。

《淡轩稿》作者林文（1390—1476），字恒简，号澹轩，莆田人。明宣德五年进士，授翰林院编修，官至太常寺少卿兼翰林院侍读学士。生平见载于《殿阁词林记》卷六、《焦太史编辑国朝献征录》卷二〇等。

---

①傅增湘：《藏园群书经眼录》卷七，中华书局1983年版，第537页。

②〔清〕嵇曾筠、沈翼机等：(乾隆)《浙江通志》卷一五〇《名宦》，《景印文渊阁四库全书》第523册，第102页。

③〔清〕永瑢等：《四库全书总目》卷一七五，中华书局1965年版，第1556页。

　　《淡轩稿》卷端题"湖广岳州府同知孙希范刻于岳阳公署，南京大理寺左寺正曾孙炳章重刻于金陵公署"。据考，"该集后有林炳章嘉靖四十五年（1566）季春望日《重刻探花公摘稿后序》，称林文为'家太祖淡轩公'，称林希范为'大父去非公'"，"则希范乃林文之曾孙，而炳章又是希范之孙"①。

　　万历《汉阳府志》载："同知林希范，福建福州府莆田县人。由举人，嘉靖年任。清苦恺悌。"②乾隆《福建通志》载："林希范，文曾孙。汉阳同知，以廉能调岳州，迁楚府长史致仕。祀岳州名宦。"③

　　除了在外地刻书，林炳章也曾在莆田刻书。《兴化府莆田县志》载其"以久役于外，投簪去。家居，日事著述，所镌《宠荣堂稿》十卷"④。

吴献台

　　吴献台（生卒年未详），字启衮，莆田人。万历四年（1576）举人，万历八年进士。"仕绍兴府推官，入为吏部，升藩臬诸使，而皆在浙江。最后以江西右布政升顺天府尹终官。为人恂笃，临事慥慎，以厚德名乡。"⑤"重厚恬淡，与人无忤色，同官皆称为长者，以不能俯仰从时，急流早退。魏珰时，有拟以工部侍郎推用者，献台力辞，不复出。"⑥

　　万历三十年（1602），吴献台刻印明薛瑄撰、谷中虚辑《薛文清公要言》二卷，今上海图书馆、北京大学图书馆存。《续修四库全书》子部第935册所收书即据此影印。同年，主持刻印明郭子章撰《豫章诗话》六卷，今国家图书馆存。书成于郭子章在贵州巡抚任上，撰成即寄张鼎思，万历三十年由莆田吴献台刊行。全书四百余则，内容仅限于评述与江西有关的诗话。《四库全书存目丛书》集部第417册《豫章诗话》部分，即据此本影印。卷首有张鼎思万历壬寅孟夏序，每卷卷首均题"泰和郭子章相奎父著，莆田吴献台启衮父校，长洲张鼎思睿父同校"三行。此书刊刻地点不甚明确，然而，

①傅璇琮总主编：《中国古代诗文名著提要·明清卷》，河北教育出版社2009年版，第49页。
②武汉方志办编：《明万历汉阳府志校注》卷七《宦迹志》，武汉出版社2007年版，第331页。
③〔清〕郝玉麟等：(乾隆)《福建通志》卷三七《选举》，《景印文渊阁四库全书》第529册，第204页。
④〔清〕汪大经、廖必琦等：(乾隆)《兴化府莆田县志》卷二四《人物志》，民国十五年（1926）重印光绪五年潘文凤补刊本，叶51A。
⑤〔明〕何乔远：《闽书》卷一一二《英旧志》，福建人民出版社1995年版，第4册，第3378页。
⑥〔清〕汪大经、廖必琦等：(乾隆)《兴化府莆田县志》卷二三《人物志》，民国十五年（1926）重印光绪五年潘文凤补刊本，叶9B。

张序中有"以质诸左伯莆田吴公。公曰'然',因命之剞劂氏"[1]语,由此可知,此书应刻于吴氏官江西左布政使之时[2]。

万历三十一年(1603),他又刻印宋王应麟撰《困学纪闻》二十卷,十行二十字,白口,四周双边,今国家图书馆、北京大学图书馆等有存本。

张秉铎

张秉铎(生卒年未详),字廷敬,莆田人,张秉壶从兄。嘉靖二十八年(1549)举人,曾官常州府靖江知县。隆庆三年(1569)在靖江编、刻明朱淛所撰《天马山房遗稿》八卷。此本今北京大学图书馆、上海图书馆和福建省图书馆等有存。卷首有隆庆己巳春仲朔靖江致仕迪功郎桐庐县丞朱得之撰《损岩朱先生文集序》。行格十二行二十二字,左右双边,板心白口,单鱼尾,中缝记"天马山房遗稿卷几"及叶数,下记刻工名。朱淛(1486—1552),字必东,号损岩,莆田人,官至监察御史。因其孙夭无嗣,卒后,此本由其甥张秉铎为之刊行。故卷前题"明赐进士湖广道监察御史莆田损岩朱淛撰,直隶常州府靖江县知县甥张秉铎编梓"。

张秉铎所刻,还有隆庆四年(1570)明王叔杲原修、张秉铎续修、朱得之纂《新修靖江县志》八卷,为今存最早的靖江县志。卷前有嘉靖四十四年朱得之《修志引》,王叔杲、柴乔二《序》;隆庆三年张秉铎《序》、朱得之《跋》。此书今日本内阁文库有存本。

《兴化府莆田县志》卷一三《选举志》载张氏事迹语焉不详,主要内容不出上文所载。

郑光琬

郑光琬(生卒年未详),字世润,号栗斋,莆田县人。明正德二年(1507)举人。嘉靖三年(1524),刻印明陈音撰、黄巩编《愧斋先生文粹》十卷附录一卷,今福建省图书馆存。日本内阁文库存嘉靖十五年跋刊本[3],题"同里

---

[1] 〔明〕张鼎思:《豫章诗话序》,《四库全书存目丛书》集部第417册,第251页。

[2] 据清高其倬、谢旻等纂雍正《江西通志》卷四七《秩官》,吴献台于万历中曾任江西左布政使。载《景印文渊阁四库全书》第514册,第524页。

[3] 中国古籍总目编纂委员会编:《中国古籍总目》集部别集类,中华书局、上海古籍出版社2012年版,第604页。

晚生后峰黄巩编选"。卷首列正德庚辰黄澜《愧斋陈先生文粹序》、正德十三年黄巩《题愧斋文粹后》、嘉靖三年郑光琬跋。在此刻本之前,另有莆田陈须政选刊本《愧斋文粹》五卷附录一卷,赵万里《续修四库全书总目提要》著录作"明正德刻本"①。然而,据此刻本有嘉靖元年马明衡序,嘉靖二年癸未陈须政跋②,则此本应刊行于嘉靖二年。

郑光琬事迹,史志仅有一些零星记载。如《长芦盐法志》《畿辅通志》载其于正德十六年任巡视长芦盐课御史③,《江南通志》载其为嘉靖初第四位巡按监察御史④。从刻书时间推断,《愧斋先生文粹》应刊印于其任监察御史之时。明邓显麒《荐举方面官员疏》称:"郑光琬,庭无留事,官有余功。乃黄甲之遗材,实乌台之宿彦。"⑤

据《世宗实录》、明赵廷瑞修《陕西通志》、清迈柱等修《湖广通志》载,郑光琬还曾任陕西布政使司右参议、山东按察司副使、湖广提刑按察使佥事等。

郑应龄

郑应龄(生卒年未详),字君立,莆田县人。父郑一鹏,字九万,正德十六年(1521)进士,官至吏科给事中。因上"黜邪说正大体"疏,郑一鹏遭廷杖罢官。父子二人生平俱载《兴化府莆田县志》卷一七《人物志》。郑应龄系嘉靖三十七年(1558)举人。历任淳安令,终铜仁知府。以清正廉洁著称,有"人谓应龄令淳安,继海忠介瑞之后,而无愧于忠介"⑥的评价。

隆庆六年(1572),郑应龄在任淳安知县时,刻印明商辂撰《商文毅公集》十一卷。十行二十字,白口,单鱼尾。今北京大学图书馆、四川大学图书馆、天津图书馆和故宫博物院图书馆等有存本。该书收入《明别集丛刊》

①冀淑英等主编:《赵万里文集》第3卷,上海科学技术文献出版社、国家图书馆出版社2012年版,第210页。
②王国维:《传书堂藏善本书志》(下),《王国维全集》第十卷,浙江教育出版社2010年版,第415页。
③〔清〕黄掌纶等撰,刘洪长点校:《长芦盐法志》,科学出版社2009年版,第499页;〔清〕李卫等:(雍正)《畿辅通志》卷五九《职官》,《景印文渊阁四库全书》第505册,第378页。
④〔清〕赵鸿恩、黄之隽等:(乾隆)《江南通志》卷一〇三《职官志》,《景印文渊阁四库全书》第510册,第96页。
⑤〔明〕邓显麒:《梦虹奏议》卷上《荐举方面官员疏》,《四库全书存目丛书》史部第60册,齐鲁书社1996年版,第207页。
⑥〔明〕何乔远:《闽书》卷一一〇《英旧志》,福建人民出版社1995年版,第4册,第3298页。

第 1 辑第 42 册。卷一题"后学莆田郑应龄编辑，建安杨组、新安刘珍校正"。此后各卷校人名氏则略有不同。卷一一末有裔孙商振礼识语，略云："高大考文毅公遗稿亡虑数千，值兵燹，存者十一二。……郑侯莅吾邑，重以先人为念，既葺之祠，竖之坊矣，又捐俸梓先人集。百年坠典，待侯而表彰之，岂非先人之幸而后嗣之光欤？"①按，此书著者商辂，字宏载，淳安人。正统十年（1445）状元，官至吏部尚书。

郑应龄在淳安，还重刊原淳安知县海瑞编撰的《淳安政事》，作为自己治理淳安的参考②。

卓　迈

卓迈（生卒年未详），字士英，号同卿，莆田人。万历三十一年（1603）举人，四十七年（1619）进士。历官嘉定知县、巡按御史、太仆寺少卿。明天启二年（1622），刻印其师明杨守勤撰《宁澹斋全集》。此书有十卷本与二十卷本之别。二本之异同，崔建英有《古籍中的"初印本"》③详加介绍，此略。十卷本现存台北故宫博物院，系原北平图书馆存本，为抗战时期寄存美国国会图书馆古籍之一。著录为"明天启壬戌（二年）四明杨氏家刊本"④。二十卷本分为诗部八卷，文部十二卷，今中国国家图书馆存。二本行格相同，均九行十八字，白口，四周单边，单鱼尾。卷端题"句章杨守勤克之甫著，同社姚孟燿汝行甫校"。卷首有天启二年陈继儒《宁澹斋诗集叙》；同年卓迈《宁澹斋诗集跋》，称："吾师殁，而梓所遗《宁澹斋集》以行。"⑤诗部卷一首页版心下方有"吴郡刘时达刊"，知此本非刻印于莆田，而应是卓迈在外地为宦时所刊。按，收入《四库禁毁书丛刊》集部第 65 册之《宁澹斋全集》，系据南京图书馆、中国科学院图书馆藏明崇祯刻木影印，其祖本，应即卓迈天启刻本。

卓迈事迹，《闽书》卷一〇八《英旧志》科第表、《兴化府莆田县志》卷一三《选举志》中均仅录其名而已，详情缺考。

---

① 〔明〕商辂：《商文毅公集》卷一一，《明别集丛刊》第 1 辑第 42 册，黄山书社 2013 年版，第 606 页。
② 刘正刚：《海瑞在淳安》，中国文史出版社 2008 年版，第 238 页。
③ 崔建英著：《崔建英版本目录学文集》，凤凰出版社 2012 年版，第 35 页。
④ 台北"国立中央"图书馆编：《"国立中央"图书馆典藏国立北平图书馆善本书目》，"国立中央"图书馆 1969 年版，第 252 页。
⑤ 崔建英著：《崔建英版本目录学文集》，凤凰出版社 2012 年版，第 35 页。

卷五　南剑州(延平府)刻书家

　　南剑州（今南平市），为宋代建置。东汉献帝建安初年（196），分侯官之北乡设南平、建安、吴兴三县。此南平县，是南剑州的最早建置。晋时以其山川袤延宛转，中有平原而改名延平。隋唐时曾一度隶属于建州。南唐保大二年（944）设剑州。北宋太平兴国四年（979），以四川利州路已有剑州之故，更其名为南剑州。元称南剑路、延平路，明易为延平府。宋元时领剑浦（延平）、将乐、顺昌、尤溪、沙县五县。明增置永安、大田二县。南剑州是名儒陈瓘、杨时的故乡，宋代还出现了罗从彦、黄裳、罗博文、陈渊、李侗、廖刚、邓肃等一大批著名学者。其中，杨时、罗从彦、李侗与朱熹并称"延平四贤"。历史上，这里可谓山川锦绣，人文荟萃。脍炙人口的"剑合延津""神剑化龙"的传说就发生在这里。

　　南剑州州治剑浦（今延平区）距建宁府城约 60 公里，距刻书中心建阳 120 公里，是闽北通往省城的通衢要津。由宋至清，南剑州（延平府）、县官府和私家均有刻书，而罕见坊刻，故其历代官私所刻，多委付离其不远的刻书中心建阳刊行。民国《南平县志》卷二四《杂录》载："僧大峙，字彻休。林佶人叙云，名大峙，福清刘氏子。遭变弃儒学佛……寓延之华藏庵，访者日众，徙寓中漈僧舍。诗多警句……所著《四山堂集》，板在建阳佛迹岭。"①林佶是清初福州著名书法家，与其同时代的延平僧大峙的诗集不在延平刻印，而刊行于建阳书坊，书板就近寄存干建阳佛迹岭，这说明一直到清初，延平刻书均以官私刻书为主，坊刻较弱。

　　本卷搜集、整理了由宋至清 48 位南剑州（延平府）刻书家的事迹。其中，在南剑州（延平府）刻书的有 41 位（宋代 9 位，元代 2 位，明代 22 位，清代 8 位），在外地刻书的南剑州（延平府）籍刻书家有 7 位。

---

①吴栻、蔡建贤：（民国）《南平县志》卷二四《杂录》，上海书店出版社 2000 年版，第 780—781 页。

一、宋代

石　墪

石墪（1127—1182），字子重，号克斋，台州临海县人（今浙江临海）人，祖籍绍兴府新昌。绍兴十五年（1145）进士，乾道末（约 1172—1173）知南剑州尤溪县，于任上编、刻《中庸集解》三卷，朱熹为之序，载《晦庵先生朱文公文集》卷七五。《晦庵先生朱文公文集》卷八一又有《书徽州婺源县中庸集解板本后》，称"此书始刻于南剑之尤溪，熹实为之序其篇目，今建阳、长沙、广东西皆有刻本"①。邵氏《增订四库简明目录标注》著录为"宋尤溪本、宋建阳本"②，所依当为朱熹此跋。按，朱熹序文自署作于乾道癸巳（1173），则此本当刻印于是年。

朱熹《答吕伯恭》有云："《弟子职》《女戒》二书，以温公《家仪》系之，尤溪欲刻未及，而漕司取去。今已成书，纳去各一本。初欲遍寄朋旧，今本已尽，所存只此矣。如可付书肆摹刻，以广其传，亦深有补于世教。"③文中所说的"尤溪"，指的也是时任知县的石墪。

石墪的生平事迹，朱熹《知南康军石君墓志铭》载之甚详，本文生卒年即得于此铭。嘉靖《尤溪县志》有其小传。清陆心源《宋史翼》所载较为简略，略云："少警悟不群，及长，刻意为学。与晦庵朱子交好，尝称其论仁之体要甚当，愿与长者各尽力于斯。……晚名其燕居之室曰'克斋'，读书其间，没身不懈，后生执业就正者，多赖以知向方。……所著有《周易》《大学》《中庸解》数十卷，《文集》十卷。"④

嘉靖《尤溪县志》则载，因"学校久废，墪命其友古田林用中来掌教事，而增其弟子员。亲率佐吏宾客往临之，因为陈说圣贤修己治人之学，而讲求义理至当之归。闻者兴起，异邦之人亦复裹粮就学。乃广学宫，置田市书以充

---

① 〔宋〕朱熹：《晦庵先生朱文公文集》卷八一，朱杰人等主编：《朱子全书》第 24 册，第 3839 页。
② 〔清〕邵懿辰撰，邵章续录：《增订四库简明目录标注》卷四，上海古籍出版社 1979 年版，第 141 页。
③ 〔宋〕朱熹：《晦庵先生朱文公文集》卷三三，朱杰人等主编：《朱子全书》第 21 册，第 1450 页。
④ 〔清〕陆心源：《宋史翼》卷二四，中华书局 1991 年版，第 256 页。

入。既成，为考古制，举乡饮酒礼以落之。于是士始知学，而民俗变"①。

黄　埻

黄埻（生卒年未详），字孚之，抚州临川（今属江西）人，宋嘉定元年（1208）进士。曾任连城、将乐知县。宋绍定间知南剑州事。绍定五年（1232），在南剑州搜集黄庭坚逸诗，重刻全集。据丁丙《善本书室藏书志》卷二七著录，黄埻刻本全称作《山谷诗集注》二十卷《目录》一卷《年谱》一卷，宋任渊注。半叶九行，行十六字，小字双行，白口，左右双边。原刻本国家图书馆今存残帙五卷。今北京大学图书馆存日本宽永六年（1629）大和田意闲重刊宋绍定黄埻本，又存日庆安五年（1652）野田弥兵卫重刊本。

此本有黄埻跋，略云："先太史诗编，任子渊为之集注，板行于蜀。惟闽中自坊本外未之见，岂非以平生辙迹未尝至闽故耶？埻家藏蜀刻有年，试郡延平，以锓诸梓。《且憩》《寂图》二诗，旧本亦仅著其目，参考家集，遂成全书。句里宗风，埻当识其趣？独念高、曾规矩，百工犹究心焉，手披口吟，不敢废坠。世之登诗坛者，相与共之，以寿斯派，亦先太史之志也。"②

嘉靖《延平府志》卷九《官师志》载黄氏宦绩云："黄埻，绍定间知州事。廉介自立，为治严而有则。汀寇丘文通合晏头陀寇将乐，埻挺身入贼垒，谕以祸福，群寇遂降。"③乾隆《福建通志》卷三一所载与此略同。

黄去疾

黄去疾（生卒年未详），邵武人。历官将乐知县时，曾于咸淳六年（1270）编纂《龟山年谱》，自序并刊而行之。《龟山年谱序》云："龟山先生之书，其《文集》《经说》《论语解》《语录》已刊于延平郡斋，《中庸义》已刊于临汀，独《年谱》闽中尚缺。去疾试令先生阙里，亦既建精庐，聚简册，与学子诵习其间，念此书不可无传，访故家，得写本。因订其纪年，增补其书文，又取梁溪李丞相诸公祭文、谥议及水心、东涧所作《旧宅记》而附入之，于是

---

①〔明〕李文宪：(嘉靖)《尤溪县志》卷五《官师志》，《天一阁藏明代方志选刊》第33册，上海古籍书店1962年版，叶36B—37A。

②〔宋〕黄庭坚：《山谷诗》卷末附黄埻《山谷诗跋》，日庆安五年（1652）野田弥兵卫重刊本，叶1A—2A。

③〔明〕郑庆云等：(嘉靖)《延平府志》卷九《官师志》，《天一阁藏明代方志选刊》第29册，上海古籍书店1961年版，叶9A—B。

《年谱》遂为全书。……咸淳庚午清明节昭武黄去疾谨书。"①

明黄仕祯纂《将乐县志》卷三《建置志》载："《龟山年谱》，宋邑黄去疾编刻，板废无存。"②卷七《官师志》载："黄去疾，邵武人。咸淳间知将乐，建龟山精庐，聚简帙。政暇，与学徒讲习，仍订正《龟山年谱》，行于世。"③乾隆《福建通志》载："黄去疾，邵武人。咸淳间，宰将乐，创龟山杨时精庐，为作《年谱》，聚辑简册。政暇，与诸生讲习其间。"④

黄岩孙

黄岩孙（生卒年未详），字景传，泉州惠安人。宝祐四年（1256）进士，任仙溪（今仙游）尉，兴学校，通水利，建桥梁，修邑志，一以义理之学为政。现存《仙溪志》四卷，即其所纂。

据明朱衡《道南源委》卷四载，黄岩孙于宋"咸淳间（1265—1274），令尤溪，新南溪书院，建四斋及讲堂以栖学者，后作夫子燕居堂。疏朱子所解《太极》《通书》《西铭》及与门人问答书语，与诸儒之说有发挥者，间申以己意，会集成书，伦类通贯，名曰《辑解》，刊于书院，又《西山读书记》。后通守福州卒。"⑤对其刻书事迹，清李清馥《闽中理学渊源考》所载与此略有不同，云："录朱子所作《太极》《通书》《西铭》三书解，及与门人问答书疏散见《文集》《语类》中者，及后儒之说有发明者，申以己意，荟萃成篇，伦类通贯，名曰《辑解》，刊于书院。未几，通守福州，又校刊《西山读书记》，皆行于世。"⑥

黄岩孙事迹，又见于乾隆《泉州府志》卷四一、乾隆《福建通志》卷四五等。

刘允济

刘允济（生卒年未详），字全之，太平县（今浙江温岭县）人。淳熙五年（1178）进士。历官太常寺主簿、国子监丞。宋嘉定间（1208—1224）知南剑

①〔宋〕黄去疾：《龟山年谱序》，《杨时集》，福建人民出版社1993年版，第958页。邵武，古称昭武。
②〔明〕黄仕祯纂：（万历）《将乐县志》卷三《建置志》，福建人民出版社2009年版，第65页。
③〔明〕黄仕祯纂：（万历）《将乐县志》卷七《官师志》，福建人民出版社2009年版，第184页。
④〔清〕郝玉麟等：（乾隆）《福建通志》卷五一《文苑》，《景印文渊阁四库全书》第529册，第747页。
⑤〔明〕朱衡：《道南源委》卷四，《丛书集成初编》第3345册，第120页。
⑥〔清〕李清馥：《闽中理学渊源考》卷一八，《景印文渊阁四库全书》第460册，第291页。

州,于任上刻邑人、宋名儒罗从彦撰《遵尧录》八卷。陈振孙《直斋书录解题》卷五著录:"《尊尧录》八卷,延平罗从彦仲素撰。从彦师从杨时,而李侗又师从彦,所谓南剑三先生者也。从彦当靖康初,以为本朝之祸起于熙、丰不遵祖宗故事,故采四朝事为此录。……欲上之朝,不果。嘉定中,太守刘允济得其书奏之,且为版行。"①按,刘允济宋嘉定刊本久已不存,今存诸家刊本中,多有刘允济于嘉定六年(1213)撰写的《祭文》,由此可知,此本实为此后各家刊本之祖本。

嘉靖《延平府志》卷九《官师志》载:"刘允济,嘉定间知州事。州俗,贫家生子辄不举,允济善诱而严戒之。举者以粟赈贷,不举者罪焉,俗为之易。"②嘉靖《太平县志》则载其在南剑州任之后,又"提举福建常平,知温州。以中奉大夫提举崇禧观"③。清黄汉《瓯乘补》卷二载《杜清献文集》中《永嘉人有福》短文,涉及刘允济知温州(永嘉军)的治绩,云:"刘允济,黄岩人,信道执德。尝知永嘉军,与通判陈子云、知县胡衍道僚属一心,利兴弊革,远近翕然称治。周纯臣每叹曰:'永嘉人有福。'"④

杨安止

杨安止(生卒年未详),南剑州将乐县人,名儒杨时之子。曾在延平郡斋刻印其父《文靖集》,见于《朱子语类》卷一三〇廖德明所录:"邹道乡《奏议》不见于世。德父尝刊行《家集》,龟山以公所弹击之人犹在要路,故今集中无《奏议》。后来汪圣锡在三山刊《龟山集》,求《奏议》于其家,安止移书令勿刊,可惜! 不知龟山犹以出处一事为疑,故《奏议》不可不行于世。"下注小字云:"安止判院闻之,刊于延平。"⑤朱熹《晦庵先生朱文公续集》卷五《答尤尚书》之一也提到此刻本云:"示喻程门诸人行事附见,甚善。龟山靖康间论事颇多,今《长编》中全不载,盖缘汪丈当时编集之际,杨家子弟以避祸为说,恳求删去,故雍传即不见其章疏。后来延平重刊《龟山集》,方始收

①〔宋〕陈振孙撰,徐小蛮、顾美华点校:《直斋书录解题》卷五,上海古籍出版社1987年版,第167页。
②〔明〕郑庆云等:(嘉靖)《延平府志》卷九《官师志》,《天一阁藏明代方志选刊》第29册,上海古籍书店1961年版,叶7B。
③〔明〕叶良佩等:(嘉靖)《太平县志》卷六,《天一阁藏明代方志选刊》第17册,上海古籍书店1963年版,叶5A。
④陈瑞赞编注:《东瓯逸事汇录》上编卷一〇,上海社会科学院出版社2006年版,第225页。
⑤〔宋〕黎靖德编:《朱子语类》卷一三〇,中华书局1986年版,第3125页。

入。他时或作杨传，不可不细考也。"①《晦庵先生朱文公文集》卷三八《答李季章》书五亦云："顷见靖康间事，杨龟山多有章疏，不曾编入，不知后来曾补否？盖汪丈所刻本不曾载，福州、成都二本皆然。其奏议，后来南剑一本却有之，恐亦不可不补也。"②

黄宗羲《宋元学案》卷二五《龟山学案》"判院杨先生安止"条下载："杨安止，文靖子，官判院。其罢信幕赴调，韩南涧送之诗曰：'白头入幕府，始与夫子亲。……'谢山《跋宋史杨文靖传后》云：杨文靖公之子安止，本传言其力学通经，亦尝师事程子，然于其出处大节则不书，不知其何意也。……然则安止真不愧为文靖子矣。初，汪圣锡在三山刊文靖集，安止令姑弗入奏议于其中，盖以当时尚多嫌讳，亦文靖所定《道乡先生集》中之例也。朱子谓文靖晚年出山一节，世多疑之，奏议尤不可不行于世。安止闻之，遽梓之于延平。"③

杨安止所刊本已逸，清瞿氏《铁琴铜剑楼藏书目录》卷二一著录明刊本云："案，《文靖集》宋时刊于延平郡斋，其本不传。"④

叶筠

叶筠（生卒年未详），字守行，吴县（今江苏苏州）人，叶梦得孙。叶氏于宋开禧元年（1205）在南剑州郡斋刻印其祖所撰《石林春秋传》二十卷，见叶德辉《书林清话》著录⑤。邵氏《增订四库简明目录标注》卷三又载叶梦得有《春秋考》十六卷，又云："宋开禧中，与《春秋传》《春秋谳》同刻于南剑州。"⑥即《春秋考》《春秋传》《春秋谳》三书均为叶筠同时在南剑州刻印。

周中孚《郑堂读书记》卷一〇著录通志堂经解本《春秋传》时，称《春秋谳》为三十卷，并载"末有开禧乙丑（1205）其孙筠及真德秀二跋"⑦。叶筠《石林先生春秋传后序》全文如下："先祖左丞著《春秋谳》《考》《传》三书，自

①〔宋〕朱熹：《晦庵先生朱文公续集》卷五，朱杰人等主编：《朱子全书》第25册，第4741页。

②〔宋〕朱熹：《晦庵先生朱文公文集》卷三八，朱杰人等主编：《朱子全书》第21册，第1712页。

③〔清〕黄宗羲：《宋元学案》卷二五《龟山学案》，中华书局1986年版，第960—961页。

④〔清〕瞿镛：《铁琴铜剑楼藏书目录》卷二一，《清人书目题跋丛刊》(3)，中华书局1990年版，第317页。

⑤〔清〕叶德辉：《书林清话》卷三《宋司库州军部府县书院刻书》，中华书局1957年版，第69页。

⑥〔清〕邵懿辰撰，邵章续录：《增订四库简明目录标注》卷三，上海古籍出版社1979年版，第108页。

⑦〔清〕周中孚：《郑堂读书记》卷一〇，《清人书目题跋丛刊》(8)，中华书局1993年版，第51页。

序云：'自其《谳》推之，知吾之改正为不妄也，而后可以观吾《考》；自其《考》推之，知吾之所择为不诬也，而后可以观吾《传》。'是以并刊三书于南剑郡斋。开禧乙丑岁九月一日，孙朝散郎权发遣剑南州军州兼管内劝农事筹谨书。"①真德秀跋则见载于《春秋考》卷末，跋云："右《春秋谳》《考》《传》三书，石林先生叶公之所作也。自熙宁用事之臣，倡为新经之说祸天下，学士大夫以谈《春秋》为讳有年矣。是书作于绝学之余，所以辟邪说，黜异端，章明天子，遏止人欲，其有补于世教为不浅也。公之闻孙来守延平，出是书锓木而传之，盖有意于淑斯人如此，学者其勉旃。开禧乙丑九月一日，秘阁校勘文林郎南剑州军事判官真德秀谨跋。"②

《春秋考》与《春秋谳》二书原本久逸，清四库馆臣从《永乐大典》中辑出。《春秋考》原本二十卷，馆臣从《永乐大典》中辑为十六卷；《春秋谳》原本三十卷，馆臣辑为二十二卷，即今存《四库全书》本。

嘉靖《延平府志》卷九《官师志》载："叶筹，嘉泰间（1201—1204）知州事。性慈惠。州俗，贫家生子多不举，筹请立举子仓赈给之。为政大率以爱民为本。"③真德秀《送叶守行诗序》云："吴兴叶公守延平之二年，政孚于民，声闻于天。冬十一月戊戌皇帝若曰：'……二三大臣其为朕择贤且能者甄而升之。……'群公既奉诏，则以公治理效闻。诏以使者节按刑于夔，命至之日，邦人嗷嗷若饥失哺，若寒去裘，欢然谣曰：'若公之来，政实多秕。胥徒狺狺，噬我赤子。公遄其驱，极民于途。孰疮其痍，公手摩拊。曾是呻吟，化今歌舞。公胡不留，长我父母。'既而闻公去也，扶老携幼，遮道请者以什百数。……郡之僚吏，既皆以诗歌其事。"④

张敦颐·王伯大

张敦颐（生卒年未详），字养止，徽州婺源人。绍兴八年（1138）进士，二十七年（1157）任南剑州教授，历官舒、衡二知州。于南剑州教授任上，刻印孙甫《唐史论断》三卷。《四库全书总目》著录此书云："绍兴二十七年，尝锓

①〔宋〕叶筹：《石林先生春秋传后序》，《石林先生春秋传》卷二〇，清康熙《通志堂经解》本，叶18B—19A。引文中的"剑南州"，应为"南剑州"。

②〔宋〕真德秀：《春秋考原跋》，《春秋考》卷一六，《景印文渊阁四库全书》第149册，第493页。

③〔明〕郑庆云等：(嘉靖)《延平府志》卷九《官师志》，《天一阁藏明代方志选刊》第29册，上海古籍书店1961年版，叶7B。

④〔宋〕真德秀：《西山文集》卷二九《送叶守行诗序》，《景印文渊阁四库全书》第1174册，第461页。

版于剑州，后蜀版不存。"①馆臣在此，将"剑州"误为四川剑州，而非福建的
"南剑州"，故有"蜀版不存"一说。周中孚《郑堂读书记补逸》亦著录为："绍
兴丁丑张敦颐刻是书于剑州。端平乙未（1235）黄准又刻于东阳。"②据《天
禄琳琅书目后编》，此本乃张敦颐主持刻印于南剑州州学，后有"绍兴丁丑
张敦颐刻书跋，南剑州州学牒列知州许兴古、通判王以咏、王筠及敦颐等学
官四人"③。

　　嘉靖《延平府志》卷九《官师志》载："张敦颐，绍兴间教授南剑州。性精
密，不妄嬉笑。读书务明义理，士子翕然从化。学赡士田久籍于僧寺，敦颐
力请当路，复之。"④陆心源《宋史翼》载："敦颐在南剑，与朱韦斋友善，邀与
还乡，韦斋以先业已质于人对，敦颐许为赎之。及韦斋卒，敦颐以书慰文公
于丧次，而归其田亩焉，郡人义之。及卒，附祠文公家庙。"⑤张敦颐著作有
《韩柳音辨》《六朝事迹编类》《衡阳图志》。

　　《韩柳音辨》二卷，《直斋书录解题》作"南剑州教授新安张敦颐撰"⑥。
张敦颐《韩柳音释序》云：

　　　　唐初文章，尚有江左余习。至元和间，始粹然返于正者，韩、柳之
　　力也。两家之文，所传浸久，舛剥殆甚。韩文屡经校正，往往鏊以私
　　意，多失其真。余前任邵武教官日，曾为校勘颇备悉，并考正音释，刻
　　于正文之下。惟柳文简古不易校，其用字奥僻或难晓。给事沈公晦尝
　　用穆伯长、刘梦得、曾丞相、晏元献四家本参考互证，凡漫乙是正二千
　　余处，往往所至称善，今四明所刊四十五卷者是也。惟音释未有传焉。
　　余再分教延平，用此本篇次撰集，凡二千五百余字。其有不用本音而
　　假借它音者，悉原其来处；或不知来处，而诸韵《玉篇》《说文》《类篇》亦
　　所不载者则阙之。尚虑肤浅，弗辨南北语音之讹，赖同志者正之。绍
　　兴丙子十月，新安张敦颐书。⑦

①〔清〕永瑢等：《四库全书总目》卷八八，中华书局1965年版，第752页。
②〔清〕周中孚：《郑堂读书记补逸》卷一九，《清人书目题跋丛刊》（8），中华书局1993年版，第484页。
③〔清〕彭元瑞：《天禄琳琅书目后编》卷八，《清人书目题跋丛刊》（10），中华书局1995年版，第332页。
④〔明〕郑庆云等：（嘉靖）《延平府志》卷九《官师志》，《天一阁藏明代方志选刊》第29册，上海古籍
　　书店1961年版，叶13A。
⑤〔清〕陆心源：《宋史翼》卷二一，中华书局1991年版，第219页。文中"朱韦斋"，即朱熹父朱松。
⑥〔宋〕陈振孙撰，徐小蛮、顾美华点校：《直斋书录解题》卷一六，上海古籍出版社1987年版，第477页。
⑦〔宋〕张敦颐：《韩柳音释序》，柳宗元：《柳河东全集》附录，世界书局1935年版，第562页。

　　由此序可知,此书编于南剑州,那它是否也在南剑州刻印? 各家书目于此均缺乏说明。陆心源《皕宋楼藏书志》在著录宝庆三年(1227)王伯大于南剑郡斋刻印《朱文公校昌黎先生文集》四十卷《外集》十卷《集传》一卷《遗文》一卷时,录王伯大刊跋云:"郡斋近刊朱文公校定《昌黎集》附以《考异》,而《音辨》则旧所刻也。"①这表明张敦颐的《韩柳音辨》确在南剑州学(郡斋)刻印;因到宝庆三年王伯大刻印《昌黎集》时《韩柳音辨》旧版犹存,故他将由张敦颐"旧所刻"的《韩文音辨》重印并附录于后。此书《四库全书总目》著录为《别本韩文考异》,并称"伯大以朱子《韩文考异》于本集之外别为卷帙,不便寻览,乃重为编次。离析《考异》之文,散入本集各句之下,刻于南剑州。又采洪兴祖《年谱辨证》、樊汝霖《年谱注》、孙汝听解、韩醇解、祝充解为之音释,附于各篇之末"②。

　　张敦颐《韩柳音释序》中还提到,"余前任邵武教官日,曾为校勘颇备悉,并考正音释,刻于正文之下",指的是他在任邵武教授时,曾刻印韩文。时间应为绍兴二十七年之前。与此可相互印证的是张敦颐《书韩文后》:

　　　韩文自欧阳文忠公校故本于泯没二百年之后,天下所共传而有也。近世本乃多讹误不同,往往鏊以私见,妄加改正,遂失其真。丹阳洪庆善,儒学渊薮也,尝著《韩氏年谱》《辩证》传于时,学者复得以考正。然二书所传未广,余以所得其家本镂板于昭武学,附《年谱》于正集之首,注《辩证》于正文之下,又考释音及《辩证》之所遗者数说附焉。比之他本,差为详备,且不敢用臆说以乱韩氏之真。《外集》文可疑者数篇,或谓恐非韩所作,姑存之,重没其故也。绍兴岁次壬申七月,新安张敦颐书。③

　　由此可知,张氏曾于绍兴二十二年(1152)在邵武又刻印过唐韩愈《昌黎先生文集》。此书久逸,史上罕见著录。

　　宝庆三年(1227),在南剑郡斋刻印《朱文公校昌黎先生文集》的王伯大(? —1253)字幼学,号留耕,福州人。按,《三山志》作长溪(今宁德霞浦)人,长溪宋代属福州。其为嘉定七年(1214)进士,历任南剑州通判,知临江

①〔清〕陆心源:《皕宋楼藏书志》卷六九,《清人书目题跋丛刊》(1),中华书局1990年版,第782页。
②〔清〕永瑢等:《四库全书总目》卷一五〇,中华书局1965年版,第1288页。
③〔宋〕方崧卿著:《韩集举正汇校》,凤凰出版传媒集团2007年版,第618—619页。

军、信阳军。端平三年(1236)，曾编纂《秋浦新志》十八卷，《直斋书录解题》卷八著录。官至端明殿学士拜参知政事。传载《宋史》卷四二〇、乾隆《福宁府志》卷二一。刘克庄《王留耕参政祭文》云："公之来也，以直道进；其去也，以直道退。虽年位稍亚于王、曾，而名德欲齐于鲁、范。"①其事迹，以嘉靖《临江府志》卷四《官师》所载最为生动：

> 王伯大，字幼学，福州人。嘉定七年(1214)进士，历国子正，知临江军。岁大旱，乃置荒政局，延士客究竟古今赈济便宜法，抄刷户口，所全活甚众。民歌曰："红黄黑白圈，甲乙丙丁户，若非王知府，饿杀人无数。"迁国子监丞。去，民立祠十三所。终刑部尚书、参知政事。所著有《救荒案》《赈民录》。②

二、元代

李辰拱

李辰拱（生卒年未详），字正心，延平人。师从福州名医杨士瀛。曾于延祐戊午(1318)刻印自著《胎产救急方》一卷。

《经籍访古志·补遗》著录："《胎产救急方》一卷，钞本。元延平正心李辰拱编集刊。首有延祐二年自序，称壮岁游三山，获从仁斋杨先生游。先生所刊《活人总括》《直指方论》《医学真经》《婴儿指要》，家传人诵，独于胎产一科阙焉。遂采撷古今效验方书，为《胎产救急方》板行施人，以续先生未尽之仁。"③

李辰拱又著《伤寒集成方法》，《中国医籍考》著录："亡名氏《胎产救急方序》曰：'延年李辰拱，壮岁游三山，获从仁斋杨先生游。气味相投，因以伤寒总括见授。且语之曰，治杂病有方，治伤寒有法，一既通，其余可触类而长矣。来归旧隐，乃取先生活人括例，演而伸之，编为伤寒集成方法。研

---

①〔宋〕刘克庄：《后村先生大全集》卷一三九《王留耕参政祭文》，《宋集珍本丛刊》第82册，第401页。

②〔明〕徐颢等：(嘉靖)《临江府志》卷四《官师》，《天一阁藏明代方志选刊续编》第49册，第167—168页。

③〔日〕涩江全善、森立之：《经籍访古志·补遗》，贾荣贵辑：《日本藏汉籍善本书志书目集成》第1册，北京图书馆出版社2003年版，第607页。

精覃思三十余年,方克成编。'"①

吴文谊

吴文谊(生卒年未详),字宜甫,号实斋。将乐人。元至正二十七年(1367)任延平路总管,刻印元邵武黄镇成撰《秋声集》十卷。黄镇成之子黄钧跋云:"先君子所撰《秋声集》,诗文离为十卷,中罹己亥之乱,已失大半,所存者尚千数百篇。……丁未岁,伏承延平太守实斋吴公尝绣梓已传,甫毕而世变无存。"②

《闽书》卷一〇一载:"吴文谊,字宜甫。至正中为延平路总管。制行高洁,博学,攻文词。与虞集、张本相友善。"③按,张本,亦将乐人。元统元年(1333)进士,延平路总管、宁都州判。明黄仕祯《将乐县志》载:"吴文谊,字宜甫,林清庶子。制行清高,博洽经史,工于吟咏,隐居桃溪。创内斋曰'养正',外斋曰'学思',朝夕以自警。尝与虞集、张本相友善。至正间,由荐辟,官至延平路总管,卒于家。所著有诗文,见《皇元风雅》。"④该志另载,其父吴林清,曾官将乐尹⑤。其生平,又载于乾隆《福建通志》卷五一。

三、明代

罗　明

罗明(1429—1489),字文昭,南平县人。明成化二年(1466)进士。历官河南监察御史、广西巡按、陕西按察副使、云南左布政使、甘肃巡抚、工部右侍郎诸职。为人外和内刚。历官二十余载,清介勤慎,不畏豪强,重于民命,尤留心于学校教育。成化十一年(1475),罗明在巡按广西期间,曾刻印元郑镇孙撰《历代史谱》不分卷。《中国古籍善本书目》著录为"明成化刻

---

① 〔日〕丹波元胤:《中国医籍考》卷二四,人民卫生出版社1983年版,第397页。引文中"延年",当为"延平"。

② 〔清〕张金吾:《爱日精庐藏书志》卷三四,《清人书目题跋丛刊》(4),中华书局1990年版,第625页。引文中"离为十卷",当为"厘为十卷"。

③ 〔明〕何乔远:《闽书》卷一〇一《英旧志》,福建人民出版社1995年,第4册,第3054页。

④ 〔明〕黄仕祯纂:(万历)《将乐县志》卷九《人物志》,福建人民出版社2009年版,第219页。

⑤ 〔明〕黄仕祯纂:(万历)《将乐县志》卷九《人物志》,福建人民出版社2009年版,第221页。

本"而不记刻书者名氏①,殆因此书现存北京大学图书馆、中山大学图书馆者均为残帙之故。此书全帙今台北"国家"图书馆有存本,著录为:"《历代史谱》不分卷四册,元郑镇孙撰,明匪莪生订补。明成化乙未(十一年)广西按察司金事罗明刊本。"②此书最早见于著录者,为杜信孚《明代版刻综录》卷七,作《历代世谱》十卷③,书名、卷帙均有误。《历代世谱》十卷本,为弘治十六年陈璘刻本而非罗明刻本,应予纠正。

罗明生平事迹,载《闽书》卷一〇一、乾隆《福建通志》卷四六、民国《南平县志》卷一九,而以明雷礼撰《工部侍郎罗公明传》所记载为详。略云:"罗明字文昭,福建延平府南平县人。成化丙戌进士,拜河南道监察御史。初,奉敕清理浙江盐法,均徭戢横,权豪敛迹。继巡按广西,适有内批命镇守少监黄泌贡其地之所产禽鸟,明奏止之。……迁陕西按察司副使,抚治汉中。……擢云南左布政使,巡抚甘肃。……历官二十余年,清介勤慎,始终一致。人未尝见其有过举云。"④

刘　璋

刘璋(1429—1511),字廷信,号梅坡,延平人。明天顺元年(1457)进士。历任户部主事郎中、山东左右参政、浙江右布政使、总督江淮漕运兼巡抚右副都御史、工部尚书等职。弘治九年(1496)以老乞休,加太子少保。传载《明史》卷一八五《贾俊传》之后,略云:"代之者刘璋,字廷信,延平人。天顺初进士,历官中外有声,居工部亦数有争执。名亚于俊。"⑤《福建通志》卷四六载刘璋事迹多系以年号,略云:"成化二十年,巡抚凤阳。明年,改郧阳。值旱蝗,璋入境,雨随注,蝗投水死。改抚四川,奉敕省刑,迁南京礼部尚书。七年,召为工部尚书。弘治九年,以老乞休,加太子少保,驰驿归。年八十三卒,赐祭。"⑥民国《南平县志》赞其"莅官垂四十年,处事精

①中国古籍善本书目编委会:《中国古籍善本书目》史部卷六,上海古籍出版社1993年版,第136页。
②台北"国立中央"图书馆编:《"国立中央"图书馆古籍善本书目》甲编卷二,中华丛书委员会1958年版,第76页。
③杜信孚:《明代版刻综录》卷七,江苏广陵古籍刻印社1983年版,第7册,叶23B。
④〔明〕焦竑:《焦太史编辑国朝献征录》卷五一,《续修四库全书》史部第527册,第631—632页。
⑤〔明〕张廷玉:《明史》卷一八五《贾俊传》附,中华书局1974年版,第4897页。按,刘璋代贾俊任工部尚书。
⑥〔清〕郝玉麟等:(乾隆)《福建通志》卷四六《人物》,《景印文渊阁四库全书》第529册,第585页。

密,喜愠不形。家居屏迹官府,观书吟咏以自乐"①。卒后,林俊为其撰《明进荣禄大夫太子少保工部尚书刘公神道碑》②。其生平,又见载于明张萱《西园闻见录》卷八三、明何乔远《闽书》卷一〇一。

《四库全书总目》载,刘璋于明弘治间曾刻印宋刘弇撰《龙云集》三十二卷③。丁丙《善本书室藏书志》卷二八则著录此书卷前有宋周必大序、明弘治乙丑延平刘璋序。此本今国家图书馆、上海图书馆、南京图书馆等有存本,十行十九字,黑口,四周双边;著录作《龙云先生文集》三十二卷,另有附录一卷,明弘治十八年(1505)刘璋刻本。根据上引"弘治九年,以老乞休"诸语,则此书刻印时刘璋已退休九年,故此书刻印地点应在延平无疑。

张　泰

张泰(1436—1508),字叔亨,广东顺德人。成化二年(1466)进士。成化八年(1472)知延平府沙县事时,刻印邑先贤罗从彦、陈璀遗书。今仅存宋罗从彦撰《豫章罗先生文集》十七卷《年谱》一卷,清丁丙《善本书室藏书志》卷二九著录。今国家图书馆、复旦大学图书馆以及日本静嘉堂文库有存本,著录为成化张泰刻本。《四库全书》本即据张泰刻本抄录。此本前有张泰序,称:"初,未尝获睹所谓《豫章文集》也。暨筮仕,知沙阳,明年春二月,适今提学宪副丰城游公按节考校之暇,手以是集授泰曰:'是乃豫章罗先生遗文,前进士曹道振编次校正,梓行于世久矣。正统戊辰毁于兵燹殆尽,其幸存者,仅见此本。亟图锓梓,以广其传可也。'泰对曰'谨受命'。自是退食之余,披诵累阅月,于是益有以知先生渊源之所自。……是用重锓诸梓,以广其传,与四方君子共之。凡有志者获睹先生是书,口诵心惟而力行焉,生乎百世之下,而有以传先生之道于百世之上,穷则淑诸人,达则善斯世,则于风化之万一庶几或有小补云。成化八年龙集壬辰十二月甲子日,赐进士文林郎知沙县事后学岭南张泰拜手谨序。"④由此可知,此本底本乃元延平曹道振编本,由时任福建提学副使的丰城游明所提供。游氏事

①吴栻、蔡建贤:(民国)《南平县志》卷一九《列传》,上海书店出版社2000年版,第671页。
②〔明〕林俊:《见素集》卷一九,《明别集丛刊》第1辑第68册,黄山书社2013年版,第315页。
③〔清〕永瑢等:《四库全书总目》卷一五四,中华书局1965年版,第1334页。
④〔明〕张泰:《豫章文集序》,《豫章文集》卷首,《景印文渊阁四库全书》第1135册,第642—643页。

迹,详见本书"游明"条。

嘉靖《重修沙县志》载:"张泰,字叔亨,广东顺德人。登成化二年(1466)进士,知沙县。端谨乐易,政尚宽平,敏于政事。公庭日无留案,民爱戴之如父母。尝修建学校、先贤祠及县治,事集而民不知扰。公暇则至学,躬励诸生课业。刻罗豫章、陈了斋遗书以诏学者、邑士。在任甫三年,擢监察御史,至户部尚书。"①嘉靖《延平府志》卷一〇《官师志》所载与此略同。嘉靖《重修沙县志》卷五《学校》"书刻"门下有《豫章文集》《了斋尊尧集》等五种②,说的是他在县学中曾刊刻这几部书。由此可知,张泰所刊刻的《豫章文集》《了斋尊尧集》实乃县学刻本。

张泰生平,详载于《明史》卷一八六、咸丰《顺德县志》卷二二。明黄佐有《南京户部尚书张公泰传》,其中亦云:"公暇则庋学,躬励诸生课业。刻罗豫章、陈了斋遗书以诏学者。"③按,明成化间另有一位张泰(1452—?),字世亨,祥符(今属河南开封)人。成化十四年(1478)进士,历官邹县知县、陕西监察御史等,明李濂有《右都御史张公泰传》④,此张泰与在福建沙县刊刻《豫章文集》的张泰显系两人。

苏 章

苏章(1441—?),字文简,号云崖,江西余干人。成化十一年(1475)进士。"授兵部主事,以星变言事谪判姚安,历知延平。敦教化,均赋敛,劝农桑,省刑罚。案上大书'忍'字以自警。建宝章阁,文庙东创道南祠,合祀杨、罗、李三大儒,梓行其《年谱》《文集》《答问》诸书。"⑤

同治《余干县志》亦载:"擢知延平府。崇学校,敦教化,均赋敛,劝农桑,省刑慎罚。建宝章阁,创道南祠,祀杨、罗、李三大儒,梓行其《年谱》《文集》《答问》诸书。境内大治。"⑥

苏章《明史》有传,仅寥寥二十几字:"苏章,余干人。贬姚安通判,再迁

①〔明〕叶联芳等:(嘉靖)《重修沙县志》卷八《人物》,福建人民出版社 2009 年版,第 129—130 页。
②〔明〕叶联芳等:(嘉靖)《重修沙县志》卷五《学校》,福建人民出版社 2009 年版,第 96 页。
③〔明〕焦竑编辑《焦太史编辑国朝献征录》卷三一,《续修四库全书》史部第 526 册,第 545 页。
④〔明〕焦竑编辑《焦太史编辑国朝献征录》卷五八,《续修四库全书》史部第 528 册,第 156 页。
⑤〔清〕傅尔泰等:(乾隆)《延平府志》卷三四《名宦》,台北成文出版社 1967 年版,第 658 页。
⑥〔清〕冯兰森等:(同治)《余干县志》卷一一《名臣》,台北成文出版社 1975 年版,第 727 页。

延平知府。有政绩。终浙江参政。"①

　　苏章著作有《滇南行稿》四卷、《附录》一卷。《四库全书总目》著录云：
"明苏章撰。章字文简，号云崖，余干人，成化乙未进士，官至延平府知府。
初，章官兵部主事时，因星变事劾妖僧继晓、方士李孜省，谪姚安通判。因
裒其所作共为一集，故以《滇南行稿》为名。末附词四阕、《祭胡敬斋》文一
首。《附录》一卷，则其行实及诸家题跋与入祀乡贤文卷也。章少问学于陈
献章之门。尝出胡居仁于狱，与吴与弼亦友善。盖亦刻意讲学者，故所作
皆率意而成，不能入格云。"②

李　熙

　　李熙（1465—1524），字师文，号饮虹先生。上元（今属江苏）人。弘治
五年（1492）举人，九年进士。弘治十五年（1502）在延平将乐县知县任上，
刻印唐温庭筠撰《温庭筠诗集》七卷《别集》一卷，今国家图书馆存。半叶九
行，行十八字，黑口，四周双边。同年（1502），又集资刻印宋将乐籍理学家
杨时撰《龟山先生集》十六卷，今国家图书馆、北京大学图书馆、南京图书馆
等存递修本。傅增湘《藏园群书经眼录》著录云："明弘治十五年壬戌延平
府将乐知县李熙刊本，十一行二十一字，白口单栏。有弘治壬戌程敏政序，
言《龟山先生文集》三十五卷不传于世，馆阁有本，钞得重加汇次为十六
卷。"③故此刻本乃据程敏政重编本刻印。卷末李熙《龟山先生集序》称：
"将乐旧有先生书院，在龟山下。熙来尹于兹，获谒瞻遗像。顷因诣京，尝
疏请欲崇乡祀，录恤其后。事下未行，因过翰林靳先生，坐间以是编授熙阅
之，爰假以归。于戏！自龟山没至今五百有余年，其书之行于世者，《语录》
《年谱》之外无传焉。表励风教，俾君子之泽，不斩于后世者，正有司事也。
矧是编所载，辨异端，辟邪说，崇正道，淑人心，皆龟山精神心术之蕴。"④李
熙在序中还列出了此书集资的详目："熙与县簿金君瓒各捐俸刻梓者三之
一，司训朱君导出斋夫钱刻十片，庠生熊威、揭丰各刻十有五片，义民李富、
李坦、翁璟闻而乐成之，富板四十，坦与璟各三十有五云。弘治壬戌岁春二

①〔明〕张廷玉：《明史》卷一八〇《列传》，中华书局1974年版，第4784页。
②〔清〕永瑢等：《四库全书总目》卷一七五，中华书局1965年版，第1562页。
③傅增湘：《藏园群书经眼录》卷一四，中华书局1983年版，第1205页。
④林海权点校：《杨时集》，福建人民出版社1993年版，第960页。

月丁巳日,赐进士第延平府将乐知县江东后学李熙谨书。"①明黄仕祯《将乐县志》编纂于万历间,卷三《建置志》载:"《龟山文集》,知县李熙摘刻,板现存。"紧接着,书中又载"知县李熙刻板,凡三部。《资世通训》,板废。《纪年纂要》,板废。《温庭筠诗集》,刻板现存"②。据此,则李熙在将乐刊刻图书共有四种。

《将乐县志》载其宦绩曰:"李熙,字师文,上元人。弘治间,由进士知将乐。廉介不屈,果敢有为,勤于政治,不避权贵。立义仓以广储蓄,建浮桥以利民涉,徙旌庙以奉祀典。在任六载,百废俱兴,时为良史。随擢监察御史。以疏忤逆刘瑾,除籍。再起,升江西按察副使。"③李熙的著作有《饮虹遗稿》。其生平又见载于明焦竑编《焦太史编辑国朝献征录》卷八四,陈作霖等《凤麓小志》卷二④。

郑庆云

郑庆云(1492—1538),字舜祥,号剑溪病夫,延平人,胡琼门人。正德九年(1514)进士,官至南京礼科给事。曾主修嘉靖《延平府志》二十三卷,今存明嘉靖四年(1525)刻本,宁波天一阁存。《中国版刻图录》著录此书云:"八行,行二十字。白口,左右双边,延平宋有端平志,入明黄仲昭尝修之。嘉靖四年知府陈能延郡人郑庆云等续修,分地理、食货、官师、公署、学校、祠祀、选举、人物、艺文、方技、祥异、拾遗等十二门。世无二帙,此为仅见之本。"⑤1961年上海古籍书店据此本将该书影印出版。同年,郑氏又刻印宋阮逸注《中说》十卷,半叶十行,行十六字,小字双行,白口,四周单边。今国家图书馆、上海图书馆等均有存本。

明徐阶所撰《南京礼科给事中剑溪庆云墓志铭》⑥,是现存已知最早最详尽记述郑氏生平的史料。乾隆《南平县志》据此节录云:"郑庆云,字舜祥。幼奇敏,文不具草,词若宿构。登正德甲戌(1514)进士。知灊山县,部

①林海权点校:《杨时集》,福建人民出版社1993年版,第960—961页。
②〔明〕黄仕祯:(万历)《将乐县志》卷三《建置志》,福建人民出版社2009年版,第65页。
③〔明〕黄仕祯:(万历)《将乐县志》卷七《官师志》,福建人民出版社2009年版,第184—185页。
④〔明〕焦竑编:《焦太史编辑国朝献征录》卷八四,《续修四库全书》史部第529册,第513页;陈作霖、陈诒绂撰:《金陵琐志九种·凤麓小志》(上),南京出版社2008年版,第65页。
⑤北京图书馆编:《中国版刻图录》,文物出版社1961年版,图版408,第71页。
⑥〔明〕焦竑编:《焦太史编辑国朝献征录》卷八〇,《续修四库全书》史部第529册,第361页。

使者优其才,调烦南昌。逾年,升南京礼科给事。世宗即位,首劾中官杨琳及留守大臣之不职者。会议大礼,与时宰不合,引疾归。"①该志卷一三《艺文志》又有明汪伟撰《剑溪草堂记》,载郑氏结茅于延平书院之侧,置群籍其间,题为"剑溪草堂"。其事迹,又见载于康熙《福建通志》卷四七、乾隆《福建通志》卷四六《人物志》,其著作有《剑溪愧稿》。

管大勋

管大勋(1530—?),字世臣,号慕云,浙江鄞县人。明嘉靖四十四年(1565)进士。万历六年(1578)官延平知府,刻印自撰之《剑溪谩语》七卷。九行十八字,四周双边,白口,单鱼尾,中缝上题"剑溪谩语",中记卷之几,下记叶数。今台北故宫博物院存。次年,又刻刘宋刘义庆撰《世说新语》三卷。题"刘宋刘义庆撰,梁刘孝标注"。半叶十行,行二十字,白口,左右双边。今国家图书馆存。

《延平府志》载其仕绩云:"管大勋,鄞县人。万历间进士,以词林历台谏。耽坟枕籍,崇尚气节,议论侃直,有大臣风。出知延平郡,首重风化。节冗费,均差役,驿传坊里积弊一洗。……值旱,素衣步祷,雨随至,年竟丰登。其扶弱锄强,谪奸发伏,如庖丁解牛。会课诸生,录其优者梓之,简拔皆知名士。"②生平事迹,又载《闽书》卷四六。据萧彦《掖垣人鉴》,管大勋后官至湖广副使、广西参政③。

管大勋还在万历五年(1577)刊自撰《焚余集》一卷,刊印地点俟考。

林熙春

林熙春(1557—1631),字志和,号仰晋,广东海阳人。万历十年(1582)举人,十一年进士。万历十九年(1591),林熙春在延平府将乐知县任上,刻印宋将乐籍理学家杨时撰《龟山先生集》四十二卷,半叶十行,行二十字,白口,四周双边。今国家图书馆、上海图书馆、北京大学图书馆等国内二十多家图书馆均有收藏。《宋集珍本丛刊》所收书即据此本影印。次年(1592),编纂并刻印《玉华洞志》若干卷,此书为最早的将乐玉华洞游览志。《四库全书总目》卷七六著录云："将乐县南十里许有玉华洞，幽深窅窈。秉烛乃入，其中石钟乳滴成人物诸形，千态万状，一一曲肖，为闽中奇观。明万历壬辰，邑令海阳林熙春始为志。"①

《将乐县志》载其宦绩曰："林熙春，海阳人。万历中，由进士知将乐。通才介节，刻《龟山全书》，集四礼，建八议，捐俸新学舍，清废寺田为诸生文会之需，建社学数十所，治多美政。擢户科给事中，起为户部侍郎。"②乾隆《福建通志》卷三一、同治《延平府志》卷三五《名宦传》所载与此略同。其入朝之后事迹见载于《明史》卷二三四《马经纶传》。其著作现存其后人所辑《林尚书城南书庄集》，载于清冯奉初辑《潮州耆旧集》。

方　溥

方溥（生卒年未详），字惟博，新登（今属浙江富阳市）人。成化十年（1474）举人，初任婺源知县。弘治九年（1496）任延平府尤溪县知县，于此编、刻《南溪书院志》三卷，见于民国《尤溪县志》卷九《艺文志》所载明何海撰《南溪书院志序》所载。其自序亦云："偕僚友参订商确编次二先生遗文，及古今名公纪述题咏之有关是祠者，萃为一帙，分三卷，每卷则虚其篇末，以俟续者，曰《南溪书院志》。而以属沙阳掌教何君海校正，镂梓以传。"③

尤溪是南宋理学家朱熹的出生地。其父朱松宣和间任尤溪尉，任满假馆于邑人郑义斋住所。建炎庚戌（1130）朱熹诞生于此。后人为纪念朱氏父子，在此建南溪书院祀之。方溥编刻此志原本今已无存，所存为万历刻天启重修本。

民国《尤溪县志》卷七《政绩》载方溥在尤溪，"扬烦厘弊，务在便民。民有冤，必庭辨之，折狱谆谆，省谕得情，乃置诸法。邑苦多盗，捕磔之。捐赀建活水石亭，新韦斋祠以及城门楼橹。诸所创作，民若子来。凡请嘱馈遗，一无所干。岂弟乐易，终其官未尝恶言厉色，君子以为有长者之道焉。时入觐，民遮留以千百计"④。《闽书》卷五八、乾隆《福建通志》卷三一、民国《新登县志》卷一五所载与此略同。

---

①〔清〕永瑢等：《四库全书总目》卷七六，中华书局1965年版，第666页。
②〔清〕徐观海：(乾隆)《将乐县志》卷六《名宦》，厦门大学出版社2009年版，第245页。
③〔明〕方溥：《南溪书院志后序》，《南溪书院志》卷四，明万历刻本，叶14B—15A。
④卢兴邦、洪清芳等：(民国)《尤溪县志》卷七《政绩》，上海书店出版社2000年版，第206页。

何 海

何海(生卒年未详),字朝宗,号鹤坡,广东番禺人。弘治二年(1489)举人,弘治间任沙县教谕,刻印元察罕(?—1319,号白云)撰《历代帝王纪年纂要》一卷。黄仲昭《书重刊历代帝王纪年纂要后》云:"今年春,予以事至延平,获会沙邑博何君朝宗。偶论及诸史浩繁,不便初学者诵读,君因出是书见示。予函读终篇,盖非独纪年而已,且并著其制器利物之始,礼乐文字之源;与夫三统之建,五德之王,传位之或禅或继,得国之或顺或逆,大概略备。盖取约于博,寓繁于简,上下四千余载皇帝王霸之迹,可不俟终日而领其要矣。学者熟读是书,然后进而读金仁山《通鉴前编》、晦庵《通鉴纲目》,又进而纵观十九史,则由简以入繁,守约以该博,虽程子复生,亦岂得以玩物丧志而讥之哉!何君欲锓梓以授沙之学者,求予识之,遂书此以复。"①

《闽书》卷五八《文莅志》载:"何海,字朝宗,番禺人。弘治间教谕。持身端慎,敷教公勤,恩义洽于士心。"②

胡 滨

胡滨(生卒年未详),号安定。明正统间官南平知县,于其时刻印其师王达著《翰林学士耐轩王先生天游杂稿》十卷,题"翰林侍读学士锡山王达达善述,门生南平知县门人胡滨锓梓,门生处亭翟厚编集"。此书之名,在目录或序题中,往往又作"杂稿文集"。卷前有详细总目,列出各卷篇数。行格为十三行二十字,四周双边,黑口,双鱼尾。今国家图书馆存。收入《四库全书存目丛书》集部第27册。

按,此刻本今台北"国家"图书馆所存,著录作"正统庚申安定胡氏刊本"。行格版式与国家图书馆存本全同,唯书名小异,作《翰林学士耐轩王先生天游文集》。"庚申"为正统五年(1440),故疑此二种版式基本相同而书名略有不同,且均为正统间胡滨所刻版本,实为前后修补的关系。即"杂稿"在前,"文集"在后。殆因"杂稿"印行后,对此书名或有异议,之后,又对书版作了重修。

此书作者王达,字达善,号耐轩居士,无锡人。洪武中以明经荐,为县

---

① 〔明〕黄仲昭:《未轩文集》卷四,《景印文渊阁四库全书》第1254册,第458页。
② 〔明〕何乔远:《闽书》卷五八《文莅志》,福建人民出版社1994年版,第2册,第1638页。

学训导,改大同府学,后迁国子助教。永乐初擢编修官,至侍读学士。是集据《四库全书总目》,最早系其门人王孚所编,此本则是门人翟厚据王孚编本"重为增补编次"①。

胡滨在南平宦迹无考,历代《福建通志》《延平府志》《南平县志》"职官志"中仅列其名而已。

胡庭椿

胡庭椿(生卒年未详),字修龄。延平人,胡琼之子。明嘉靖间,搜集、整理其父所撰《九峰胡先生文集》,由罗钟作序,胡琼门人郭奇逢作后序,刊刻行世。罗钟序云:"先生讳琼,字国华,九峰其号。旧有诗文诸作,散漫无统。子庭椿氏,虑其愈久而或失,乃拣汇成帙,用刊以垂不朽。"②郭奇逢后序则称:"余髫龀时,谈胡侍御者遍岩谷。比移学镡中,则公以言官死职下,墓草宿矣。……先生之学,未竟其志;其所得,亦未尽行于时。且早世,未及论著成书。所可概见者,应世之文耳。然流落散帙,复已强半。先生之子修龄氏庭椿,衰辑而梓行之。大方之学,固不在文词之末,其所以垂世不朽者,亦不待此而后传。然兔蹄鱼筌,论世者赖焉。修龄肃然清白之后,置百务而首先为此,若先生可谓有子矣。修龄以余相肺腑,刻成征余序,此非肤末之任也。"③

胡琼此书今逸,仅留此前后二序,见载于民国《南平县志》卷一六《艺文志》。其事迹,参见本书"胡琼"条。

姜文魁

姜文魁(生卒年未详),字士元,江西进贤人。弘治九年(1496)进士,十一年任无锡县令。正德八年(1513)任延平知府,十二年(1517)在延平修复宋儒罗从彦所遗豫章书院,又刻印其所撰《豫章罗先生文集》十七卷《年谱》一卷。自序云:"予窃慕群贤道轨,幸守是邦。适罗先生十一世孙存德告茸旧祠,以崇祀事。复观龟山、延平各有书院,惟豫章尚为阙典。卜其地得城西旧县基,宽敞可以妥神灵,可以展礼文,可以育士类。……出公帑,协措茸,举而落成之。……予因访得元进士曹道振编校旧本,但字多空缺未备,

①〔清〕永瑢等:《四库全书总目》卷一七五,中华书局1965年版,第1551页。
②吴栻、蔡建贤:(民国)《南平县志》卷一六《艺文志》,上海书店出版社2000年版,第591页。
③吴栻、蔡建贤:(民国)《南平县志》卷一六《艺文志》,上海书店出版社2000年版,第586页。

讹舛未真。余为采集史记,参互考订。首之以《年谱》《经解》《遵尧录》,继之以集程、杨语录,及所作序记诗文之类。……厘为一十七卷,载新于梓,与四方士共之。"①此本今上海图书馆、重庆图书馆有存。正德本书板后存于延平豫章书院中,明隆庆五年(1571)罗从彦后裔罗文明将此书版重修,今福建省图书馆存此版重修本。清郑氏注韩居、龚氏大通楼旧藏此本。行格为十行二十字,上下黑口,四周双边。

嘉靖《延平府志》载:"知府,姜文魁,进贤人。进士,历大理寺寺正。正德八年升任。"②《明一统志》卷一〇载:"姜文魁,弘治间知无锡县,平易爱民而民亦爱之。"③

李文充

李文充(生卒年未详),广东南海人,明正德十一年(1516)举人,嘉靖四年(1525)八月任尤溪知县。嘉靖六年编纂并刊刻《尤溪县志》七卷,目录下有"知县粤山李文充刊,太素山人田顼辑"等。今国家图书馆、上海图书馆和宁波天一阁等有存本,上海古籍书店1962年曾据天一阁本影印出版该书。应邀任志书编辑的田顼,字希古,号太素,尤溪人。正德十六年(1521)进士,官至贵州提学副使。其著作有《租山稿》一卷。乾隆《福建通志》卷四八有其小传。

《福建通志》卷三一载:"李文充,南海人。嘉靖间举人,知尤溪县。县地旷险,盗贼易于啸聚。文充缮城郭,严戍守,闻警率兵奋击,直捣山阳、雪山、黄认团诸寨,俘其渠率,毁其巢穴,民自是安堵。"④

李 习

李习(生卒、字号未详),福建延平人,宋儒李侗十四世孙。明正德八年(1513),在延平刻印宋朱熹辑《延平先生答问后录》一卷、明周木辑《补录》一卷。李习跋云:"紫阳朱夫子受学于老祖文靖公之门,尝以平日答问要语

---

① 〔明〕姜文魁:《豫章罗先生文集序》,《南平县志》卷一六《艺文志》,上海书店出版社2000年版,第592页。

② 〔明〕郑庆云等:(嘉靖)《延平府志》卷七《官师志》,《天一阁藏明代方志选刊》第29册,上海古籍书店1961年版,叶7A。

③ 〔明〕李贤:《明一统志》卷一〇,《景印文渊阁四库全书》第472册,第255页。

④ 〔清〕郝玉麟等:(乾隆)《福建通志》卷三一《名宦》,《景印文渊阁四库全书》第528册,第515页。

编录成书,流布天下。惜夫迭经翻刻,字多舛讹。近荷琴川周大参公详校,始复其正。大父仲质公由乡进士判无为州,先君天瑞公领南畿乡荐,拜瑞金令,俱欲刊此而未就。习幸知广州府幕事,适家居,取周公校正本重新绣梓,与四方学者共之。庶延平垂教之意不泯,朱子尊师之心有在,而先人之愿亦得以少遂矣。正德癸酉岁春正月,十四世孙李习拜识。"①此刊本今北京大学图书馆有存。

嘉靖《延平府志》卷一四《选举志》载李习事迹仅以下寥寥数字:"李习,广州府知事。"②

罗　珊

罗珊(生卒年未详),字廷佩,广东南海人,弘治十四年(1501)举人。明正德十二年(1517)知延平府永安县,十四年(1519)刻印宋沙县邓肃(1091—1132)撰《栟榈先生文集》二十五卷,凡诗十卷、文十四卷、乐府一卷。今国家图书馆、南京图书馆有存本。此书宋元刻本今无存,此刻本即现存最早刻本。版式为半叶十行,行二十字,细黑口,四周双边。有林孜、胡琼序,罗珊跋。国家图书馆藏本有黄丕烈跋,《中国版刻图录》著录云:"正德中安人林孜得此书旧册,县令罗珊为刻版行世,自后刻本,多从之出。黄丕烈谓书有不必宋元旧刻而亦足珍者,此种是也,可见此本传世之罕。"③

万历《永安县志》卷五《历宦志》载:"(罗珊)正德中知永安县,政先爱民,不畏强御。总镇移文,欲开县忠洛乡银矿入贡,迫胁甚急。珊……移文止之,大忤使者徐俊。时俊盖行赂得牒觅利,为珊所沮。诬讦珊杀人,总镇差官捕逮,且率党攻县门。……民毕集,往愬于当道,珊能声益著。应荐擢去,父老德之。郡人、御史胡琼撰文立石于县。"④乾隆《福建通志》卷三一《名宦传》、同治《延平府志》卷三四《名宦传》所载略同。

①〔明〕李习:《延平问答跋》,朱杰人等主编:《朱子全书》第13册,第356—357页。

②〔明〕郑庆云等:(嘉靖)《延平府志》卷一四《选举志》,《天一阁藏明代方志选刊》第29册,上海古籍书店1961年版,叶36A。

③北京图书馆编:《中国版刻图录》,文物出版社1961年版,图版398,第70页。

④〔明〕苏民望等:(万历)《永安县志》卷五《历宦志》,《日本藏中国罕见地方志丛刊》,书目文献出版社1991年版,第47页。

彭继美

彭继美（生卒、字号均未详），延平府将乐县人。万历十八年（1590）刻印其高祖明彭韶撰《彭惠安公文集》十一卷，十行二十字，白口，四周双边。目录前题："通义大夫兵部左侍郎乡晚郑岳原订正，同邑抚州守后学丘其仁校，广西左参政曾侄孙文质续阅，嫡长玄孙继美重刊。"①今中国科学院图书馆有存本②。据彭继美跋，知此本系据丘其仁抚州刻本重梓。彭韶（1430—1496），字凤仪，莆田人，传载《明史》卷一八三。

彭继美之名留传于后世，并非因其刻书，而是因其孝行。清陈梦雷编纂《古今图书集成》时据《延平府志》所载，将其事迹列入《理学汇编·学行典》。文曰："彭继美，将乐人。父病剧，求医不效，或曰'割股'，美曰'恐股非药，且无毁伤理'。或曰：'岂真在股，君子积诚，坚冰且泮，冬植且萌。'美悟，如或言以进，父病果愈。万历间，巡按汤兆京旌表其门。"③其事迹，又载清徐观海修纂之《将乐县志》卷九《乡行》，内容与《古今图书集成》基本相同。

熊尚文·林钶

熊尚文（生卒年未详），字益中，号思诚，丰城人。从学于丰城徐即登，万历二十三年（1595）进士。万历三十七年（1609）官福建督学，在延平刻印宋朱熹辑《延平先生答问》一卷附录一卷，今国家图书馆有存本。版式为半叶十行，行二十二字，白口，四周单边。同年又刻宋罗从彦撰《豫章罗先生文集》十三卷，版式与《延平先生答问》同。今美国普林斯顿大学东亚图书馆存。其著作有《兰曹读史日记》四卷，收入《四库全书存目丛书》史部第286册。

《钦定续文献通考》卷四八载："（万历）三十七年六月，以宋儒罗从彦、李侗从祀孔子庙庭，从福建学臣熊尚文请也。"④熊尚文此举，又源于延平

①崔建英辑，贾卫民、李晓亚整理：《明别集版本志》，中华书局2005年版，第480页。

②中国古籍总目编纂委员会编：《中国古籍总目》集部别集类，中华书局、上海古籍出版社2012年版，第599页。

③〔清〕陈梦雷编纂：《古今图书集成》第62册，中华书局、巴蜀书社1985年版，第74874页。

④〔清〕嵇璜等：《钦定续文献通考》卷四八，《景印文渊阁四库全书》第627册，第375页。

将乐儒士林钿之请。林钿还曾刻印宋杨时撰《龟山集》行世。据明朱衡《道南源委》卷六载："林公钿，字良章，将乐人。万历间贡士。时宋儒罗豫章、李延平二先生未与从祀，公请于督学熊公尚文，行之。复刊《杨龟山全集》，著有《澹宁集》行世。"①

熊尚文撰《李延平先生墓田碑记》一文，自记其"视学始入闽，一禀今上功令，俾闽士唯紫阳朱先生传注是遵"；又"出二十金与先生之后，为置田若干亩，备春秋墓祀，及预年代修葺诸费"②。

杨　枢

杨枢（生卒年未详），字运之，号细林山人。华亭（今上海松江）人。嘉靖七年（1528）举人，官至江西临江府同知。嘉靖十五年（1536）任延平府推官，在此刻印《唐翰林李白诗类编》十二卷，《天一阁藏书目录》著录。今国家图书馆有存本。九行二十一字，左右双边，白口。有题"九月辛酉朔属吏延平府推官华亭杨枢顿首拜书"跋。

《延平府志》卷三五《名宦》载："杨枢，华亭人。以举人任延推官。闽中饥，藩司议移延粟赈之，延军民谨然不自定。枢力言方伯曰：'皆民也，延粟仅给境内，奈何罄此纾彼，延不民乎？'议乃罢。河南流民男女八十口入闽就食，分㬟尽系之，坐以盗。枢力争曰：'岂有携妻、子为盗者？'皆给之粥，乃遣出境。鞫狱平恕，常自敕曰：'罪疑惟轻，刑故无小，执虚以应，吾何与焉？'终临江府同知，祀府名宦。"③其事迹，又载崇祯《松江府志》卷三九《贤达》、雍正《湖广通志》卷四三、乾隆《福建通志》卷三一。杨枢著有《言史慎余》二卷，徐㷿认为此书"中有数条，立论超卓，可备论史家一种"④。又有《淞故述》一卷，述松江一郡遗闻轶事，以补志乘之载阙。《四库全书总目》卷七七著录。

按，明后期另有一杨枢（1532—？），字运卿，号慎斋，山西阳城县人，嘉靖三十八年进士，历官陕西参议、河南按察使，见载于明萧彦《掖垣人鉴》卷一四⑤。他与华亭杨枢系两人，不可混淆。

①〔明〕朱衡：《道南源委》卷六，《丛书集成初编》第 3345 册，第 161 页。
②吴栻、蔡建贤：(民国)《南平县志》卷一四《艺文志》，上海书店出版社 2000 年版，第 564 页。
③〔清〕傅尔泰等：(乾隆)《延平府志》卷三五《名宦》，台北成文出版社 1967 年版，第 668 页。
④〔明〕徐㷿：《红雨楼题跋》卷一，福建人民出版社 1993 年版，第 17 页。
⑤〔明〕萧彦：《掖垣人鉴》后集卷一四，《四库全书存目丛书》史部第 259 册，第 317 页。

张真·林元伦

张真(生卒年未详),字仲理,号奎湖,宁国府南陵(今安徽南陵县)人。嘉靖五年(1526)进士,延平府同知。林元伦(生卒年未详),字彝卿,号颐庵,台州临海人。正德五年(1510)举人。历任延平府通判、滁州知州。二人于嘉靖十三年(1534)刻印明徐阶所撰《少湖先生文集》七卷。

徐阶(1503—1583),字子升,早年号少湖,后号存斋,松江华亭(今属上海)人。嘉靖二年(1523)以第三名中进士,授翰林编修,参与经筵讲授、预修《大明会典》及祀仪等机务。嘉靖九年(1530),因反对黜孔子王号,被谪为福建延平推官。

《四库全书总目》著录《少湖先生文集》:"明徐阶撰。是集乃阶外谪延平府推官时,三年秩满北上,延平士人哀其前后诸作,为之付梓。凡文五卷,语录一卷,诗一卷,大都应酬之文,十居六七皆不足以传,特用志遗爱云尔。"①清丁丙《善本书室藏书志》卷三七著录,内容与此略同。

此书行款半叶九行,行二十字,单栏黑口,底端反白镌刻工名。前有嘉靖甲午岁夏四月吉日奎湖张真书于延之栖鹤堂之《少湖先生集叙》,次为延平龙津子黄焯所撰序;卷末有嘉靖甲午秋七月上浣剑溪郑庆云《赠少湖徐子北征》诗四首及识语,有嘉靖甲午孟夏乙丑林元伦跋。按,此刻本现在极为罕见,今仅台湾"国家"图书馆有存,其余各地图书馆所存多为明嘉靖三十六年(1557)宿应麟的重刊本。

《南陵县志》载:"张真,字仲理,号奎湖。登嘉靖丙戌进士。刑部观政,即疏黜贪污,简循良。及任华容,多惠政,有十美十异之谣。召入,忤执政,出为延平府同知,寻转南京职方司员外。屡疏乞归,大司马工公雅重之,作序饯别,大学士徐公阶有《奎湖屏铭》。真著有《奎湖诗集》。"②其仕履,又载乾隆《福建通志》卷三一。《闽书》卷五八《文莅志》载:"林元伦,台州人。慎重通敏,平尤溪盗有功。析置大田县议,实元伦发之。"③其事迹,详载民国《临海县志》卷二〇《人物志》。

---

①〔清〕永瑢等:《四库全书总目》卷一七七,中华书局1965年版,第1580页。
②徐乃昌等:(民国)《南陵县志》卷三〇《人物志》,黄山书社2007年版,第531页。
③〔明〕何乔远:《闽书》卷五八《文莅志》,福建人民出版社1994年版,第2册,第1611页。

四、清代

李孔文

李孔文（1609—1662），字葆初，号鹏飞。清初延平府永安县人，因从军而侨居江苏吴门。他是宋儒李侗的二十世裔孙。顺治十一年（1654），在延平刻印宋李侗撰《李延平先生文集》五卷，收入《四库全书存目丛书》集部第15册。

除宋赵师夏、明周木等旧序之外，此书卷首还有清周亮工、李佐圣、孔兴训、林润芝等八家之序，述李氏刊此书原委甚详。周亮工序云：“先生生平不务著作，卒后，考亭辑其问答遗言，厘为三卷。传之四百余年，岁久弗戒于火。其裔孙葆初向侨吴门，以参戎入闽，修葺祠宇，重锓之，以惠后学，而以其别集二卷，附之于后。”①

福建延平李侗研究会存《剑津李氏家谱》影抄本，载有李孔文之子李宗显所撰《葆初公传略》，载其生平颇详，可补史志之载缺。移录于下：

> 先君讳孔文，字葆初，号鹏飞。必荣公次子也。年十五失怙恃。喜读孙吴韬略，善骑射，杖策游东粤。中崇祯丙子科武闱副榜。初任军门守备，转游击，擢孝陵卫团练参将。会鼎革，谒豫王札，授水师都司，实授江南操院，赏功游击，委官粮饷一应加派，尽行汰革。民间有“赏功李爷不要钱，收租大耗全蠲免”之歌。湖广湖花山山寇作乱，奉命征剿，屡建奇功。值福建未靖，操院升浙闽总制，督师南下。先君弃官随征。招抚延平沙、尤、永三县。是时投诚官兵多拘执营伍，独输诚，先君尽给照身归乡乐业。路逢骸骨，出资掩埋，时人德之。海寇数踞，奉命招抚，先君捧圣旨入海，指陈利害，勒令归降，逆颇有顺意，为协从所阻，先君入都复命。逢圣旨购求遗书，为远祖文靖公请袭，蒙礼部批本省督抚投进，候命未下。
>
> 先君以武将起家，戎马中手不释卷。至会宾客，恂恂若儒者，尤敬

---

① 〔清〕周亮工：《李延平先生文集序》，〔宋〕李侗：《李延平先生文集》，《四库全书存目丛书》集部第15册，第420—421页。

重文士。翻印《延平文集》行世。复修祠庙,纂辑族谱。万历己酉生,年五十四,康熙壬寅卒。①

丁汝恭

丁汝恭(?—1857),字朴夫,瓯宁(今福建建瓯)人。道光乙酉(1825)拔贡,戊子(1828)举人。师从名儒陈寿祺,为鳌峰书院诸生。孙尔准帅闽时,开局延闽中耆宿重纂《福建通志》,丁汝恭参与分纂《清列传》与《列女志》部分。"后通志告竣,无力授梓,延阁已二十年矣。丁公尝悯诸节烈湮没无传,徒殉鱼腹,为可悼也。乃于咸丰元年(1851)权将乐教谕时,即将将邑《列女志》合纂,出私资先锓版行世。先与将邑梁月山最善,鳌峰同学友也。月山之学,已升朱程之堂。月山殁,醵资刊其遗书,每种均序而传之。又补月山之《洗心图》二,一中人以上之心,一中人以下之心,绰有见地,非浅学可窥也。咸丰三年,官宁化训导。作训士公牍,以训诸生。礼义廉耻,发挥无遗义。每月朔望,扃门试士,列前茅者,重奖以鼓励之。又捐廉梓行《宁化列女志》,合纂三百部。"②

上文所谓"月山殁,醵资刊其遗书,每种均序而传之",是说其鳌峰书院同门学友梁彣(号月山)逝世后,丁汝恭筹资为其刊印遗书。时在道光二十八年(1848)。谢水顺等《福建古代刻书》称:"梁彣于道光二十五年(1845)卒后,其友瓯宁人丁汝恭取其著《月山遗书》加以校雠订正,因无力授梓,丁汝恭特撰《劝助刻梁月山先生遗文启》一文,募资刊刻该书。"③为此书作序者,有梁、丁的同门学友余潜士。其序中有云:"今岁夏,予仍馆郡中,接同年友丁朴夫寄其所作月山遗书序传,且以予为故交,不可无言也。……未几而月山书已刻成,朴大即寄贻予,喜得而详读之。千里良朋如晤一室,乃窃叹朴夫之用心为己至矣。……朴夫乃笃志道义之交,既志其墓,又为立传,因而校订其所著述,详加序说而发明之。且急为之鸠资刳劂而广布之。"④

咸丰元年(1851),余潜士离世。据林宝辰《耕邨全集序》,此时,"建郡

①〔清〕李宗显:《葆初公传略》,李秀岩等编:《剑津李氏家谱·史志碑谱考证》,影抄本,叶107A—B。
②黎景曾等:(民国)《宁化县志》卷一七《循吏传》,厦门大学出版社2009年版,第642页。
③谢水顺、李珽:《福建古代刻书》,福建人民出版社1997年版,第445页。
④〔清〕余潜士:《余潜士全集·姑留稿》卷一,厦门大学出版社2011年版,第94页。

丁朴夫在省,索其遗集,择言之精粹者,为《教学编》,嗣诸同人汇其诗文,并以次付梓"①。此书一卷,为咸丰二年刊本,后汇入《耕邨全集》中。

丁汝恭著作有《二乐堂初集》二十卷,现存清道光三十年(1850)刻本,藏于东北师范大学图书馆。其事迹,《清史稿》"孙经世传"中曾提到,且对其予以较高评价。孙经世与丁汝恭等同为陈寿祺弟子。文曰:"寿祺课士不一格,游其门者,若仙游王捷南之《诗》《礼》《春秋》诸史,晋江杜彦士之小学,惠安陈金城之汉《易》,将乐梁文之性理,建安丁汝恭、德化赖其煐、建阳张际亮之诗、古文辞,皆足名家。"②详记其生平者,除上引《宁化县志》外,民国《建瓯县志》载曰:"丁汝恭,字朴夫,道光乙酉拔贡,戊子举于乡。孙文靖帅闽,开通志局,一时纂修极当世之选,汝恭厕其间。既而簿游四方,所至倾其豪隽,归而聚书万七千卷有奇。颜其堂曰'二乐',取为善最乐,四时读书最乐之意。并著《二乐堂诗文初集》行世。咸丰初,补宁化教谕,发匪破城被执,骂贼,贼断其一臂而去。郑修楼哭之,有画像万人观之句。"③

张其曜

张其曜(1829—?),字小舫,浙江绍兴人氏,监生。咸丰九年(1859)任崇安知县;又曾于同治三年(1864)、光绪五年(1879)两任福宁知府。光绪二年(1876)秋,在延平知府任上,因宋朱熹《延平答问》一书"板藏郡城李先生祠,历年既久,蚀阙遂多。其曜忝守是邦,大惧前贤遗训或致残失也"④,因请诸道宪、南平县令等,筹资重刊《延平答问》一卷《后录》一卷《补录》一卷。同时,将清毛念恃所编《宋儒龟山杨先生年谱》一卷刊行于世。

光绪六年(1880),张其曜在福宁知府任上,又重刊前知府李拔纂修之乾隆《福宁府志》四十四卷首一卷。受委托刊刻此书者,乃福州著名刻书家吴玉田。2000年上海书店出版社《中国地方志集成·福建府县志》所收此书,即据此刻本影印出版。

民国《霞浦县志》载其事迹:"张其曜,字小舫,浙江绍兴人,监生,同治间两权府篆。置文庙乐器,刊府志,为郡人士所称颂。至创建民豫仓,重新

①〔清〕林宝辰:《耕邨全集序》,《余潜士全集》,厦门大学出版社2011年版,第1页。
②〔清〕赵尔巽等:《清史稿》卷四八二《列传》二六九,中华书局1977年版,第13249页。
③詹宣猷、蔡振坚等:(民国)《建瓯县志》卷三一《忠义传》,上海书店出版社2000年版,第724页。
④〔清〕张其曜:《延平答问跋》,朱杰人等主编:《朱子全书》第13册,第360页。

郡文庙及兴文楼各举,详载《惠政志》。"①

高　镛

高镛(1858—1909),字序东,号紫云山人,南平人。光绪二十三年(1897)拔贡,历连城教谕。据民国《福建通志·文苑传》卷九载,高镛曾编纂并刻印《剑浦诗编》二卷。略云:"喜为诗,一主性情,长于古体。光绪丁酉(1897),选拔贡生,入都朝考,著有《北游吟草》。署连城教谕,任满归。主讲道南书院及屏山书院,门弟子日众。尝泊洪山桥,有'江花无主可怜红'之句,闻者赏之。以邑乘久不修,乃广为搜罗,自唐迄清,得诗家六十有九,诗二百三十余首,名曰《剑浦诗编》,付之手民。著有《紫云山人诗钞》二卷。卒于宣统元年,寿五十有二。"②高镛生平,又载民国《南平县志》。《剑浦诗编》,现存1943年铅字排印本,前有光绪三十一年(1905)管元善序,从中知原本刻印于是年。序后有甲辰春二月徐兆丰《题词》四首。其一云:"献绝文残感不禁,焦桐何幸遇知音。羡君长日皋比拥,手辑遗编播艺林。"高序东有《例言》八则,其一云:"选刻乡辈诗,如《玉田风雅》《莆风清籁集》……丹铅余暇,广为搜辑,寿之梨枣,庶先辈遗墨得存什一于千百云。"③

徐兆丰《紫云山人诗集序》称:"有学人之诗,有才人之诗。学人之诗,沉潜居多;才人之诗,高明居多。若合学人、才人为一手,则非天分、人功俱臻绝顶,不能到此,乃吾独于剑津高君序东诗见之。"④

毛念恃

毛念恃(生卒年未详),字尔依,号敕五,明末清初人。原籍江苏武进,寓居南平。清顺治三年副榜,四年(1647)任延平训导。顺治九年(1652),刻印其自著《四书想》六卷,今浙江图书馆存⑤。又于清康熙五年(1666)自编自刻《延平四先生年谱》四卷,分别为《宋儒龟山杨先生年谱》一卷、《豫章罗先生年谱》一卷、《延平李先生年谱》一卷、《紫阳朱先生年谱》一卷,九行

---

① 刘以臧、徐友梧等:(民国)《霞浦县志》卷二七《循吏传》,上海书店出版社2000年版,第256—257页。
② 沈瑜庆、陈衍等:(民国)《福建通志·文苑传》卷九,1938年刊本,叶30A。
③〔清〕高镛:《剑浦诗编》卷首,1943年黄梦凤排印本,第4页。
④ 陈世镕:《福州西湖宛在堂诗龛征录》(下册),福建人民出版社2007年版,第948页。
⑤ 中国古籍总目编纂委员会编:《中国古籍总目》经部四书总义,中华书局、上海古籍出版社2012年版,第886页。

二十字,白口,单鱼尾,四周双边,今山西省图书馆有存本。《中国丛书综录》所著录为清乾隆十年(1745)刊本,现存福建省图书馆、上海图书馆、华东师范大学图书馆等处①。

康熙《南平县志》载毛氏生平曰:"毛念恃,号敕五,江南武进人。甲子(1624)副榜。崇祯末,随弟协恭宦闽。值鼎革,以恩选任延平府学教授,居官十载,坦荡端雅敦蔼。遇士有缓急,倾囊济之。学使者或有所督,辄力为解护,当事究无以难之。丁亥(1647)、戊子(1648)以来,闽中甫安戢。学校之彬彬,推延庠为首,卯辰后科甲鹊起,念恃奖掖之功为多。历署南平、顺昌、将乐三邑篆,以廉能称。缘季子仲孙,贯籍南平,遂寓焉。所著有《四书讲义》《尚书讲义》《孝经注》《小学训解》《四贤年谱》诸刻行世,崇祀名宦。"②

乾隆《福建通志》所载与此略有不同,云:"毛念恃,武进人。顺治四年以贡任延平训导,寻掌教授事。郡当兵革之余,科名少辍,念恃鼓舞作新,文风以振。所著有《尚书想》《四书想》《孝经注》《四贤年谱》行世,遂家南平。"③其事迹,又见载于光绪《武进阳湖县志》卷二三《人物传》。

按,其弟毛协恭(1610—1647),字力怀,崇祯十三年(1640)进士。历官宁德知县、侯官知县。隆武元年(1645)闰六月隆武称帝,其以御史提督福建学政。隆武三年(顺治四年,1647)七月,于建宁府吉阳溪万石滩遭遇清军,拒降被杀。

杨毓健

杨毓健(生卒年未详),字力人,号荆斋,或作乾斋,湖广长阳(今属湖北宜昌)人,贡生。清康熙五十年(1711)任延平府通判。康熙五十六年(1717)于尤溪县署,与尤溪人氏、拔贡生刘鸿略(字渭三)重修并刻印《南溪书院志》四卷首一卷,今福建省图书馆存此刻本。自序云:"乙未(1715)秋,摄篆来尤。抵任之明日,斋戒瓣香,登堂拜谒,溯活水之源,寻画沙之浦。……独是问所谓南溪旧志,则断简残编,字迹漫灭矣。……则斯志之修,非余之责而谁责耶?爰集邑之明经博士弟子员刘渭三等,立局编纂,捐

①上海图书馆编:《中国丛书综录》第1册,上海古籍出版社1982年版,第652页。
②〔清〕朱麟、文国绣等:(康熙)《南平县志》卷一八《人物志》,上海书店出版社2000年版,第138页。
③〔清〕郝玉麟等:(乾隆)《福建通志》卷三一《名宦》,《景印文渊阁四库全书》第528册,第517页。

俸剞劂。视旧本虽间有增损,大约繁不失之冗,简不失之略。"①杨序之前,
另有康熙五十六年邵车(鼎晋)、陈瑸、李光地三序。康熙本现罕见,今存多
为同治九年重修本。

民国《尤溪县志》卷七《政绩》载:"杨毓健,字乾斋,荆门州人。康熙五
十五年(1716)以延平通判署尤溪。笃志正学,有德于民,而尤殷然于先贤
遗迹。重修南溪书院,葺毓秀亭,纂《南溪志》。又详请御笔亲书'文山毓
哲'四大字匾额,颁赐书院悬挂。煌煌巨典,乃出于代庖者之请题,其见识
过人远矣。"②

尤溪之任后,杨毓健又于康熙六十一年(1722)任台湾海防同知,摄凤
山知县。时朱一贵之役初定,哀鸿遍野,于是杨毓健"询疾苦,贷仓谷,省徭
役,修莲潭水利,躬亲劝稼,持酒饼以劳农。力不足者,给种予之。……修
楼橹,崇祀典,皆出宦囊。间复勤于听断,几无留牍。公余之暇,诏士子以
文行,修义塾,倡示来学。……在任一年,孜孜以惜士爱民为念。秩满还
郡,士民为之镌石以志。"③

张国正

张国正(生卒年未详),字笏臣,河北人。光绪四年(1878)七月任延平
知府。光绪九年(1883),刻印宋罗从彦撰《罗豫章先生集》十二卷,今首都
图书馆、南京图书馆、浙江图书馆、华东师范大学图书馆、南京大学图书馆
等有存本。同年,刻印宋杨时撰《宋儒杨文靖公全集》,卷首有"光绪癸未
(1883)七月延平守古燕张国正重刊版藏郡署"牌记。

张国正事迹不详,民国《南平县志》卷八《学校志》中有其两条记载。其
一在"义学"条下,曰:"清光绪七年,知府张国正改设城内四义学,聘贡生为
师,定每塾全年束金钱五十千文。"其二在"旧延平书院"条下,曰:"清光绪
七年,巡道朱明亮、知府张国正重建。"④由此可知张国正知延平时,他对当
地的教育事业比较重视。此外,今武夷山天游峰顶胡麻涧岩壁仍存其所镌

---

①〔清〕杨毓健、刘鸿略:《南溪书院志》卷首,清同治九年重修本,叶20A—22A。
②卢兴邦、洪清芳等:(民国)《尤溪县志》卷七《政绩》,上海书店出版社2000年版,第210页。
③〔清〕卢德嘉等:《凤山县采访册》庚部《列传·宦绩》,《台湾文献丛刊》第73种,台湾大通书局
　1984年版,第257页。
④吴栻、蔡建贤:(民国)《南平县志》卷八《学校志》,上海书店出版社2000年版,第428、432页。

摩崖石刻一方，其中透露出此君的又一行踪。石刻内容为："光绪六年庚辰腊月，楚南余宏亮摄理崇安游击，寻蒙国恩，补授浙江象山协副将。越明年秋卸事，赴都入觐，道过武夷，遍览名胜，爰赋七绝一章，勒壁纪兴。……古燕张国正书。仗剑南来历海疆，波涛鞍马阅星霜。兹游好为山灵谢，一棹乘风入帝乡。"①

光绪九年（1883），张国正调至福州，权知福州府事。福州鼓山龙头泉有"光绪九年癸未，余权知福州府事。六月祷雨于鼓山佛阁……铁岭张国正记"②一条。

周元文

周元文（生卒年未详），字洛书，号济庵，正黄旗人。康熙四十一年（1702）任延平知府。四十五年（1706），在延平刊刻李侗、朱熹《延平答问》。扉页题"紫阳朱子辑延平李先生答问""延平府署藏板"。周元文在此书序中说："元文守延三年，求先生之遗书，散轶不可卒得。偕其后人再三购求，得《延平答问》一书，乃朱子之所辑。……元文疏陋，不能阐发其精蕴，而幸官于斯土，知理学之所归，得此书于榛芜之余。原板既不可得，而仅存之本已就破碎，不可收拾。惧其湮没不传，敬付之梓，以俟凡百君子之探索焉，是为序。时大清康熙丙戌清明日，中宪大夫知延平府金州周元文谨识。"③

康熙四十六年（1707），周元文由福建延平知府调补台湾府，"居官廉正，奸胥猾吏畏若神明。置义学田，以赡寒士，按月课试，悉心鼓舞。岁荒详请题免租课十之三，定斗斛，革火耗，一切措置悉本实心，台湾民至今犹思其德。崇祀本府名宦祠。"④周元文由延平知府调补台湾府后，即着手编辑府志，他与台湾县知县陈瑸据前福建分巡道高拱乾所修旧府志，纂《重修台湾府志》十卷，于康熙五十一年（1712）刊行，通称"周志"。

清薛绍元编《台湾通志》载其事迹云："周元文，正黄旗人。康熙四十六年知台湾府。置学田，以赡贫士。年荒谷贵，申请恳切，得免租课十之

①武夷山市地方志编纂委员会编著：《武夷山摩崖石刻》，大众文艺出版社 2007 年版，第 117 页。

②林和等编：《鼓山题刻》，海风出版社 2002 年版，第 75 页。

③〔清〕周元文：《延平问答序》，朱杰人等主编：《朱子全书》第 13 册，第 357—358 页。

④〔清〕鄂尔泰、涂天相等：《钦定八旗通志》卷二三六《人物志》，《景印文渊阁四库全书》第 668 册，第 673 页。

三。……元文,字洛书,由延平府调台湾,方正廉洁,民怀其德。"①乾隆《福建通志》卷三二载:"周元文,字洛书。正黄旗人,康熙四十六年由延平知府调补台湾。方正廉洁,金壬畏若神明。置义学田以赡寒士,岁荒详免租课十之三。一切措注,悉本实心,台民至今犹思其德。"②事迹又载《大清一统志》卷三三五、《钦定八旗通志》卷二三六等。

五、在外地刻书的南剑州(延平府)人

宋　代

陈正同

陈正同(生卒年未详),字知和,一字应之。南剑州沙县人,名儒陈瓘(1057—1124)次子。绍兴十二年(1142)知常州,于官舍刻印其父《了翁易说》一卷,见于《四库全书总目》、邵氏《四库全书简明目录标注》及朱彝尊《经义考》诸书著录。原刻本今已不存,现仅存清道光二十年(1840)蒋光煦别下斋抄本。

陈正同事迹,弘治《八闽通志》在其父陈瓘小传之后附记"正同,敷文阁待制"寥寥数字。检李心传《建炎以来系年要录》,得其事迹如下:绍兴二十六年(1156)八月为中书门下省检正诸房公事,次年十月权刑部侍郎;二十八年十二月敷文阁待制知平江府;三十一年(1161)三月知太平州,同年六月知建州③。弘治《八闽通志》卷三一《秩官》记其隆兴间(1163—1164)知建州,时间不确,当为绍兴三十一年延至隆兴初。

胡宏《邵州学记》云,"延平陈公正同,天资忠信,克世其家。作守于邵,小心恭畏,布诏行令,以明伦为先务。叹郡庠庳下,袭于嚣尘",于是,"劝以金谷给力役,民不知而学宇一新"④。

陆心源《宋史翼》卷一〇《陈正汇传》后载,"(陈正汇)弟正同,历添差,通判婺州。直岁饥,赈济有方,诏下其法于诸路。二十六年,为中书门下省检正诸房公事。入对,言县令之职最为近民,今惩戒既严,而不旌异循良,

①〔清〕薛绍元编:《台湾通志》,《台湾文献丛刊》第 130 种,台湾大通书局 1984 年版,第 488 页。
②〔清〕郝玉麟等:(乾隆)《福建通志》卷三二《名宦》,《景印文渊阁四库全书》第 528 册,第 568 页。
③〔宋〕李心传:《建炎以来系年要录》,中华书局 1956 年版,第 2863、2937、2994、3157、3182 页。
④〔宋〕胡宏:《胡宏集·杂文》,中华书局 1987 年版,第 149 页。

望令诸路监司采访,拔擢一二,庶几威惠兼行,人知劝沮。高宗嘉纳之。寻权刑部侍郎,迁敷文阁待制枢密院都承旨。数月,出知平江府,移知太平州,终知建宁府。”①

廖德明

廖德明(生卒年未详),字子晦,号槎溪,南剑州顺昌县人。乾道五年(1169)进士,历官莆田知县、浔州知府、广东提点刑狱、吏部左选郎官等。著有《朱子语录》《春秋会要》《槎溪集》等。《宋元学案》《考亭渊源录》等均列其为朱熹门人。

《宋史》卷四三七《廖德明传》载:“在南粤时,立师悟堂,刻朱熹《家礼》及程氏诸书。公余延僚属及诸生亲为讲说,远近化之。”②《四库全书总目》卷二二则提到廖氏刻印《朱子家礼》一书。著录曰:“后之人徒以朱子季子所传,又见《行状》《年谱》所载,廖子晦、陈安卿皆为刊刻,三山杨氏、上饶周氏复为之考证,尊而用之。”③

陈淳《代陈宪跋家礼》载:“嘉定辛未,自南官回,过温陵,值敬之倅郡,出示《家礼》一编,云:‘此往年僧寺所亡本也,有士人录得,会先生葬日携来,因得之。’……未几,亦有传入广者。廖子晦意其为成书定本,遽刊诸帅府,即今此编是也。”④陈淳代撰的这篇跋文,提到廖子晦“刊诸帅府”的《家礼》,应即上引《宋史·廖德明传》所言“南粤师悟堂”刻本《家礼》。方大琮《家礼附注后序》曰:“文公先生《家礼》,今士大夫家有之。初,乾道己丑(1169),成于寒泉精舍,虽门人未之见。越三十有二年,唐石会葬,乃有持出者。又十年,廖槎溪守广,刊之学,视诸本为最早。”⑤以此推之,廖氏刊刻此书在嘉定六年(1213)。

廖德明“南粤师悟堂”刻本中,应还有一部《延平答问》刻本。宋人黄震《黄氏日抄》卷四三《读本朝诸儒书》中记《延平李先生师弟答问》说:

---

① 〔清〕陆心源:《宋史翼》卷一〇,中华书局1991年版,第114页。
② 〔元〕脱脱:《宋史》卷四三七《廖德明传》,中华书局1977年版,第37册,第12972页。
③ 〔清〕永瑢等:《四库全书总目》卷二二,中华书局1965年版,第181页。
④ 〔宋〕陈淳:《北溪先生大全文集》卷一四,《宋集珍本丛刊》第70册,第81页。按,朱在字敬之,时任泉州通判。
⑤ 〔宋〕朱熹:《家礼附录》,朱杰人等主编:《朱子全书》第7册,第948页。

此书文公所亲集。延平之学，以涵养为工夫，以常在心目之间为效验，以脱然洒落处为超诣之地。文公之问多本《论语》，多先孝弟，此皆学者所当熟味。序此书者廖德明，载文公之言，谓"先生隐居不仕，燕闲体察默而成之，非他人能及。若夫经纶天下之大经，措诸事业，时有劳逸之殊遇，故二程因发明'敬'字，合内外，贯动静，敬附录云。"①

黄震所抄录的这一段廖德明序，在现存所有版本的《延平答问》中均没有出现，由此推断，此文应该是出自廖氏所刻而久逸的刊本。

廖　挺

廖挺（生卒年、字号均未详），剑浦（今南平延平区）人。绍兴二十一年（1151）进士，乾道初为左从事郎，历任建昌军学教授。绍兴三十年，曾与南剑知州胡舜举、其兄廖拱同撰《延平志》十卷，此书为最早的延平府志。原书久逸，《直斋书录解题》卷八著录云："《延平志》十卷，郡守新安胡舜举汝士与郡人廖挺、廖拱裒集，时绍兴庚辰也。序言与《旴江志》并行，盖其为建昌守，亦尝修图志云。"②按，知州胡舜举，字汝士，徽州绩溪人，舜陟弟。建炎二年进士。绍兴中知建昌军，其后历官南剑州。事迹见载于光绪《江西通志》卷一三一《宦绩录》。

隆兴二年（1164）十一月，廖挺在江西建昌军学教授任上，刊刻郑侠《西塘集》十卷，历时三月而成。按，此书编者系郑侠之孙郑嘉正，他时任建昌知军。郑嘉正请同乡黄祖舜为此书作序，该本为此书最早刻本。此刻本久逸，《永乐大典》第八册，存黄祖舜《西塘集黄祖舜序》和廖挺《题识》。黄序云："公之生平著述，类多散逸。公之孙嘉正毫联缕缉，仅得其十之三四。其孜孜孝诚，不忍遗坠之意，可尚也。学者倘能由斯文以究先生之学之守，诚可为末俗无持操者之戒云。先生讳侠，字介夫。西塘，盖其所居之地名也。隆兴二年十月朔日，檗山黄祖舜序。"③

廖挺撰《西塘集题识》云："先生忠于君、孝于亲、仁于民，知为国而不顾其家，知为民而不顾其身。独立有守，不以贫富贵贱死生动其心。刚大之

---

① 〔宋〕黄震：《黄氏日抄》卷四三，《景印文渊阁四库全书》第 708 册，第 229 页。
② 〔宋〕陈振孙撰，徐小蛮、顾美华点校：《直斋书录解题》卷八，上海古籍出版社 1987 年版，第 258 页。
③ 〔明〕解缙等：《永乐大典》卷二二五三七，中华书局 1986 年版，第 7885 页。

气，充塞天地；切直之言，为时蓍龟。北斗以南，一人而已。挺晚出，稔闻先生之风而恨未见其文也。隆兴甲申，先生之孙出守盱江，挺承泛泮宫，一日辱宠示家集，挺伏读至《望阙台记》，乃知先生于流离困踬之余，而忧国爱君之心有加无已，其视遗佚则怨、厄穷则悯者，贤否何如也？既而贰车龚侯览之，谓先生之文，浑全博雅，片言单辞，悉存教诫。乃白使君，请镂版以垂不朽。公从之，属挺参订舛讹，仍输资鸠工。越三月告成，命以所刊版置之学，俾诸生获观前辈之言，知典刑之大略，而有所矜式，岂曰小补之哉！十一月朔日，延平廖挺谨识。"①

　　乾道元年（1165），廖挺又刻印北宋延平黄裳撰《演山集》六十卷。《四库全书总目》卷一五五著录云："其集见于陈振孙《书录解题》者六十卷。今此本卷目相符，盖犹宋时原本。……兹编为乾道初其季子玠裒集，建昌军教授廖挺订其舛误，刻于军学。前有王说序，亦称其渊源六经，议论悉出于正云。"②按，黄裳之子黄玠于乾道元年官建昌知军，廖挺因军学诸生之请，编校和刊刻此集。《宋集珍本丛刊》本《演山先生文集》卷六〇后有廖挺《题演山先生文集后》，云："历年浸久，中遭危乱，先生遗文类多散逸。先生之子孙亳联缕缉，次为家集，而他人或未之见也。岁在乙酉，先生季子出守盱江。诸生闻五马将入境，举欣欣然有喜色而相告曰：'吾郡得贤太守，乃端明黄公之裔。端明之文，吾侪平日恨不得其全而观之，自今可觊矣。'公下车累月，挺因以诸生之语白之，请以先生之文刊之学，以广其传。"序后另有黄玠跋文云："先君由布衣取巍科，历显要，享高寿。自少年已慕清修之道，其他一无所嗜好。居官之暇日，必以文墨自娱。每有著述，必高卧腹稿，既而走笔成章。其流传于世者，人竞以抄录。自后子孙以先君布衣时所著文章，相继编次为家集，聚几三十万言。建炎丁未，寓居钱塘，会兵乱，陷围城中，悉皆散亡。比寇平，凡历年求访，仅得二十余万言。其不存者，奏议表章居其半，竟不能成全集。然玠窃观古经书及后世名人所为文，必待圣贤删削订正，以取重当世。如先君之文，虽未经先哲去取，然皆自得于胸襟。故尽以其所求访之文，厘为六十卷。迄乾道改元初夏，玠被命来守是邦，会乡人廖挺为军学教授，惜其文之不传，请校勘舛讹，镂板于军学，庶传之永

①〔明〕解缙等：《永乐大典》卷二二五三七，中华书局1986年版，第7885页。
②〔清〕永瑢等：《四库全书总目》卷一五五，中华书局1965年版，第1336页。

久,为学者矜式。玠敢不敬从其请,而书其后云。乾道丙戌孟夏,玠谨识。"①

明　代

胡　琼

胡琼(1483—1524),字国华,号九峰子,延平人。正德六年(1511)进士。正德十一年(1516),在慈溪知县任上刻印宋严羽撰《沧浪诗话》一卷,书口下有"九峰山房"篆书四字。自序称"独取其诗辨、体、法、评、证诸篇而传之,总名曰诗话,其全集则刊之开封郡斋"②,此处所言"全集",指的是正德八年(1513)王蒙溪开封郡斋刻本。

正德十六年(1521),胡琼又刻印明刘惟谦等撰、胡琼集解的《大明律集解》三十卷,每卷次行均题"监察御史臣胡琼集解"。周子美《天一阁藏书经见录》卷上所著录,作四卷③。按,此刻本全帙为三十卷,天一阁旧藏当为残帙。同年(1521),胡琼又刻印刘宋谢灵运、谢惠运,南齐谢朓撰《三谢诗》一卷,半叶十行,行二十字,白口,四周单边。今国家图书馆有存本。

胡琼《明史》有传。略云:"胡琼,字国华,南平人。正德六年进士。由慈溪知县入为御史。历按贵州、浙江,有声。哭谏,受杖卒。"④民国《南平县志》卷一九《列传》载胡琼事迹云:"除知慈溪县。慈溪多显宦,其子弟干请不遂,则群嗾之,使去。琼至,公明自持,势宦不得出一语,反德焉。莅慈三年,治绩甚著。召入,试山西道御史,考授一月,以疾归。结庐东溪之麓,与二三同志讲学。疾愈,起,巡按贵州。远在绝徼,民夷杂处,致多颓废。琼风裁飚发,钩刷奸弊,毫发不遗。毁淫祠,兴学校,立名宦乡贤,以昭示来者。……诗文清新流丽,对客挥毫洒墨,咄咄逼人。著有《九峰稿》《奏议》若干卷,藏于家。"⑤其事迹,又载乾隆《福建通志》卷四六、乾隆《浙江通志》卷一五二。

①〔宋〕黄裳:《演山先生文集》附录,《宋集珍本丛刊》第25册,第193页。
②周子美编:《天一阁藏书经见录》卷下,华东师范大学出版社1986年版,第201页。
③周子美编:《天一阁藏书经见录》卷上,华东师范大学出版社1986年版,第138页。
④〔清〕张廷玉等:《明史》卷一九二,中华书局1974年版,第5101页。
⑤吴栻、蔡建贤:(民国)《南平县志》卷一九《列传》,上海书店出版社2000年版,第672页。

黄　焯

黄焯(1483—1547),字子昭,号龙津,延平府南平县人。于明嘉靖九年(1530)刻印汉许慎、高诱撰,明刘绩补注的《淮南鸿烈解》二十八卷,半叶十行,行十八字,白口,四周单边。今国家图书馆存。同年又刻印明徐用诚撰、明刘纯续《玉机微义》五十卷,见缪荃孙《邵亭知见传本书目》著录。《四库全书总目》著录云:"嘉靖庚寅延平黄焯刻于永州,首载杨士奇序。"①傅增湘《藏园群书经眼录》著录《淮南鸿烈解》曰:"前有嘉靖庚寅黄焯永州东山书院序。"②乾隆《福建通志》卷四六、同治《延平府志》卷二八黄焯小传中,均有其在永州建东山书院的记载。则此两个刻本,均刻印于永州东山书院。

黄焯刻本,还有嘉靖五年(1526)《朝阳岩集》一卷,现存国家图书馆,署款为"嘉靖丙戌岁仲冬哉生明赐进士出身中顺大夫以仪制郎中出守永州闽人龙津黄焯书"③。

嘉靖间,徐阶谪官延平,与黄焯、郑庆云等有交往。黄氏逝世后,徐阶为之撰《湖广左参政黄君焯墓志铭》,载焦竑编《焦太史编辑国朝献征录》卷八八。《延平府志》载其生平曰:"黄焯,字子昭,南平人。登正德甲戌(1514)进士第,由南礼部主事历迁永州府。永人惰耕桑,亲没辄破产饭僧;不葬,则委之野。焯悉行禁教。前有司用兵九溪弯,费悉出民,焯取郡盐引钱贮库供饷,民赋渐纾,遂为成式。置舜冢祀田,设守者二人。建濂溪先生祠,辟东山书院,聚文学弟子教之。擢湖广布政司左参议。会使入觐,焯摄事三月,以疾遄归,库羡无所取,楚人目为廉。居家孝奉二亲,殁,祭葬如礼。日闭户,事翰墨,寡入城市,与乡人居,恂恂如也。所著有《尊美堂政录》《修来篇》《中庸论语读法》《贻光堂集》,藏于家。"④

游居敬

游居敬(1509—1571),字行简,号可斋,明南平县人。北宋著名理学家游酢十六世孙。嘉靖十一年(1532)进士,历官山东道监察御史、广东按察

---

①〔清〕永瑢等:《四库全书总目》卷一〇四,中华书局1965年版,第873页。
②傅增湘:《藏园群书经眼录》卷八,中华书局1983年版,第660页。
③李花蕾:《明代孤本〈朝阳岩集〉初探》,《湖南科技大学学报》2012年第1期。
④〔清〕傅尔泰等:(乾隆)《延平府志》卷二八《人物》,台北成文出版社1967年版,第539—540页。

副使、刑部右侍郎等。著有《五经旁证》《可斋文集》等。逝世后，赐葬南平。今南平市大凤乡仍完好地保存这座明代御赐墓葬，该墓在1982年被列为市级重点文物保护单位。

明嘉靖十六年(1537)，游居敬刻印《韩柳文》一百卷。其中，有唐韩愈撰《韩文》四十卷《外集》十卷《遗集》一卷《集传》一卷；唐柳宗元撰《柳文》四十三卷《别集》二卷《外集》二卷《附录》一卷。版式为半叶十一行，行二十二字，白口，左右双边。今国内大中图书馆多有收藏。

游氏《明史》无传，福建省志、府志所载甚多。其事迹，以明王应钟《少司寇可斋游公居敬传》、明叶向高《通议大夫刑部右侍郎可斋游公神道碑铭》所载最为详尽[①]。据叶向高此《神道碑铭》，游氏于嘉靖十一年以进士授山东道监察御史，巡按南畿；二十年(1541)转广东按察御使。嘉靖三十五年(1556)莫如士翻刻游氏本有王材序，称“宁国本为游侍御所刻，已二十年，摹行既广，辄已劘昧。莫君以御史出南畿，宁国朱守以为言，乃重加校梓”[②]云云，则游本的刻印地点在宁国(今安徽宣城)。

今上海图书馆所存游氏与吕时中合刻《弘治十七年山东乡试录》一卷，乃游氏任副都御史时所刻。

田　琯

田琯(1540—1606)，字希玉，延平大田县人。隆庆五年(1571)进士。万历二年(1574)官新昌县令，七年纂修并刻印《新昌县志》十三卷。其自撰《重修新昌县志叙》云：“为之严义例，定条格，亲笔削于案牍之间，促胥徒缮写之。……募工锓诸梓。……皇明万历己卯初夏之吉，赐进士第文林郎新昌县知县闽延平田琯书于邑之公廉堂。”[③]此书原本今宁波天一阁有存。万历二十年(1592)，田琯在南康知府任上，重修并刻印明周伟、戴策献等撰《白鹿洞书院志》十二卷，今浙江图书馆、江西省图书馆和国家图书馆存。万历二十一年(1593)，又编纂《南康志》十二卷，《四库全书总目》卷七四著

①〔明〕焦竑编：《焦太史编辑国朝献征录》卷四七，《续修四库全书》史部第527册，第448—449页；吴栻、蔡建贤：(民国)《南平县志》卷一七《艺文志》，上海书店出版社2000年版，第605—606页。
②傅增湘：《藏园群书经眼录》卷一二，中华书局1983年版，第1070页。
③〔明〕田琯：《重修新昌县志叙》，(万历)《新昌县志》卷首，《天一阁藏明代方志选刊》第19册，上海古籍书店1964年版，叶18A—19B。

录云："明田琯撰。琯，大田人。隆庆辛未进士，官南康府知府。是书成于万历癸巳，门目虽繁而条贯有序，犹舆记中之不甚猥杂者。"①

清康熙《福建通志》载田琯事迹曰："初令新昌，俗好以人命相诬，动辄破家，琯痛惩其弊。一日行野，见田有渠无水，怪问之。民曰：'修渠则民力，得水则势家，何劳为？'琯愤然舍郊外，督民浚渠，且履亩均放之，强者屏息。负郭田万三千亩，悉成沃壤。民俟其出，拥旌前导，争为举辇。升南户部主事，民攀号不舍。"②

事迹又载乾隆《浙江通志》卷一五三、乾隆《福建通志》卷四八。

①〔清〕永瑢等：《四库全书总目》卷七四，中华书局 1965 年版，第 646 页。

②〔清〕金鋐、郑开极等：(康熙)《福建通志》卷四七《人物》，《北京图书馆古籍珍本丛刊》第 35 册，书目文献出版社 1998 年版，第 2361 页。

卷六　邵武军(府)刻书家

邵武,古称昭武。三国吴永安三年(260)置昭武镇,寻升为县。晋初,因避司马昭之讳,改名邵武,别称邵阳,后又有昭阳、武阳、樵川、樵阳、樵水之别称。本隶属于建州,宋太平兴国四年(979),以邵武县户口繁会,且路当要冲,乃置邵武军。元改为路,明易为府。下辖邵武、光泽、建宁、泰宁四县。

邵武是宋朝"南渡第一名臣"李纲的故乡。文献学、金石学大家黄伯思、《沧浪诗话》的作者严羽都是这里人。两宋时期邵武文风鼎盛,名家辈出。郡邑邵武有驿道数条直通建阳麻沙和崇化坊,路途仅30多公里,与建阳县城到两坊的距离大致相同;比起建阳县所属的建宁府城来,距离仅为其三分之一,路途甚为便捷。

由于邵武与建阳县紧邻,文风鼎盛,交通方便,流风所及,邵武历代官府、私宅也多有刻书,其刻本,往往委托建阳书坊刊行。如绍熙四年(1193),邵武吴炎刻印的《东莱标注老泉先生文集》,据《中国版刻图录》称,此书系由"吴炎校勘后,建阳书肆为之梓行"①。又如嘉泰年间,邵武俞闻中刊行的《儒学警悟》,是通过建阳书坊人氏俞成在建阳崇化书坊刊行的(参本书"俞闻中"条)。明永乐三年(1405),邵武县学刻印的元李存撰《番阳仲公李先生文集》三十一卷,乃李存曾孙李光官邵武知县时所刻。《中国版刻图录》著录该书"纸墨版式,纯系建本风格"②。又如,参加刊行明嘉靖《邵武府志》的刻工叶尾郎、罗兴、叶再友、叶妥、再兴、曾儿、王延生等,也参加了嘉靖《建宁府志》《建阳县志》的刊刻。由此可知,邵武刻本,有许多是委托建阳书坊刊行,或聘请书坊刻工刻印的。

本卷搜集整理了由宋至清47位邵武军(府)刻书家的事迹。其中,在邵武军(府)刻书的有39位(宋代10位,元代2位,明代14位,清代13位),在外地刻书的邵武籍刻书家有8位。

---

①北京图书馆编:《中国版刻图录》,文物出版社1960年版,图版173、174,第37页。
②北京图书馆编:《中国版刻图录》,文物出版社1960年版,图版352,第64页。

一、宋代

廖迟·廖邦杰

廖迟（？—1180），字元达，名儒廖刚长子，南剑州顺昌县人。宋乾道七年（1171）知邵武军，刻印宋廖刚撰《高峰先生文集》十二卷。廖邦杰（生卒年未详），亦廖氏后人，咸淳七年（1271）知邵武军，又刻印此书。丁丙《善本书室藏书志》卷三〇著录清著名书家林佶手抄本时，在转录该书的序跋时提到这两个刻本。

丁氏曰："《高峰先生文集》十二卷。宋廖刚撰。……乾道七年邵武军学教授葛元隰序其集。咸淳辛未吴邦杰志云：'高峰先生文肃公文集，乃公之长子来守兹土，因郡博士之请锓梓以传。岁久字漫，弗堪摹印。后百余年，邦杰继叨郡寄，谒学询之书库，已无全书，遂出家藏旧本补缺云焉。'"①

查历代《邵武府志》，均无廖迟任知军的记载。嘉靖《邵武府志》卷四《秩官》从绍兴十三年（1143）至淳熙十年（1183）凡四十年间，知军及郡学教授均缺载，盖修志时，因年湮代远，文献不足征之故，所以《邵武府志》无记录，并不能说明廖迟未任此职。且《宋史·艺文志》有廖迟撰《樵川集》十卷的著录；陈振孙《直斋书录解题》卷八著录《武阳志》十卷，题"教授葛元隰撰，太守廖迟元达，乾道六年也。"②樵川、武阳均为邵武别称（详见本书"陈士元"条），由此可知，廖迟确曾知邵武军。另据宋梁克家《淳熙三山志》、民国《闽清县志·选举志》，葛元隰字朝瑞，乃闽清县人，绍兴二十一年（1151）赵逵榜进士。由《直斋书录解题》可知，廖迟任邵武军期间，还主持纂修并刊刻了邵武最早的方志《武阳志》。

宋张栻《南轩集》有《工部尚书廖公墓志铭》，其中提到廖迟事迹。"（廖刚）子四人，长迟，尝任朝散大夫，知邵武军，后公二十七年卒。"③《顺昌邑

①〔清〕丁丙：《善本书室藏书志》卷三〇，《续修四库全书》史部第927册，第507页。文中"吴邦杰"，当为"廖邦杰"。
②〔宋〕陈振孙撰，徐小蛮、顾美华点校：《直斋书录解题》卷八，上海古籍出版社1987年版，第258页。
③〔宋〕张栻：《南轩先生文集》卷三八，《朱子全书外编》第4册，华东师范大学出版社2010年版，第557页。

志》载:"美事堂,宋广州倅廖迟建。迟,刚之子也。高宗览《世彩堂集》,面谕刚曰:'昨见卿家《世彩堂诗集》,可谓人间美事。'刚既殁,迟乃于所居之东构堂,扁曰'美事',识天语云。"①据此,则廖迟除知邵武军外,又曾任广州通判一职。

廖邦杰(生卒年未详),上引丁丙《善本书室藏书志》中误作吴邦杰,盖传抄之误。嘉靖《邵武府志》卷一二《名宦》载:"廖邦杰,字怀英,号恕斋。延平顺昌人也。旧志云,淳祐间知建宁县。修学宫,增学廪,辟贡士庄,建惠宁仓,创仁寿庐。值岁饥疫,治药饵糜粥以济民,全活者甚众。度宗咸淳间以帅参摄军事。修图经,增置郡学养士田。他政绩亦多。"②正德《顺昌邑志》、嘉靖《延平府志》、乾隆《福建通志》均有其小传,所载内容与此略同。弘治《八闽通志》卷四五《学校》载其于咸淳九年(1273)任福建闽海道金宪,在顺昌县西建双峰书院,"祀杨时、廖刚、朱熹、廖德明四先生,以著道南渊源之学"③。

今福州鼓山龙头泉有廖邦杰所书摩崖石刻:"咸淳癸酉季春望日,延平廖邦杰以度节行乡部舣舟鼓山……"④一条。

赵以夫

赵以夫(1189—1256),字用父,号虚斋,又号芝山老人,福州长乐县人。嘉定十年(1217)进士。宋宗室魏王之后,郧国公赵德钧八世孙。父赵彦括,乾道进士,官吏部尚书兼侍读。

赵以夫最初曾以门荫授绍兴府诸暨县尉,不久改任象州户录。转运使方信孺将其招致幕下,并力荐之。嘉定十年登第后,赵以夫任江陵府监利县令,改知南丰,增永惠仓粟千斛,广学田三百亩。

绍定三年(1230),陈鞾知南剑州,他推荐赵以夫为通判,助其镇压晏彪农民起义。不久,赵以夫改知邵武军。绍定五年(1232),以妻丧悼亡乞祠,主管武夷山冲佑观。绍定六年冬复知漳州,淳祐元年(1241)除刑部侍郎,

---

① 〔明〕马性鲁:(正德)《顺昌邑志》卷七《宅墓志》,顺昌县县志编委会 1985 年铅印本,第 110 页。
② 〔明〕陈让等:(嘉靖)《邵武府志》卷一二《名宦》,《天一阁藏明代方志选刊》第 30 册,上海古籍书店 1964 年版,叶 18B。
③ 〔明〕黄仲昭:(弘治)《八闽通志》卷四五《学校》,书目文献出版社 1988 年版,第 617 页。
④ 林和等编:《鼓山题刻》,海风出版社 2002 年版,第 83 页。

荐举赵汝腾、刘克庄、汤中、郑逢辰、宋慈、包恢等十几人。受命与刘克庄同
纂国史。除宝章阁待制、沿江制置使、江东安抚使兼知建康府。宝祐三年
（1255）以光禄大夫资政殿学士致仕。著有《易通》《诗书传》《庄子解》《易疏
义》等书。《易通》六卷，今存《四库全书》本。逝世后，刘克庄为其撰《虚斋
资政赵公神道碑》①。传载弘治《八闽通志》卷三九《秩官》。

　　据清张金吾《爱日精庐藏书志》卷三一著录，绍定五年（1232），赵以夫
在知邵武军时，曾补刊李纲《梁溪先生文集》。序云："余家三山，寓于东报
国寺，实李丞相忠定公旧居之右。于公诸孙间，尽得拜观徽宗、钦宗、高宗
三朝御札、批札百余轴，与公反复当时事宜者，今具载公集中。武阳旧有
集，辛卯（1231）春闰郡遭火毁，官书散落殆尽。明年之春，予被简命来此，
首访公集，缺五百板。又明年，境内稍安，即刊补之。……余假守一年有
半，值寇荒交急之秋，比公时曾不过蚊虻疥癣耳，而须发为白，于以知公之
为艰也。追感前事，识于卷末。壬辰日南至长乐赵以夫书。"②

　　嘉靖《邵武府志》载其事迹云："赵以夫，字用文，宋宗室也。登嘉定进
士，绍定间，知军事，治尚安静。"③

陈彭寿·黄登

　　陈彭寿（生卒年未详），台州天台（今浙江天台县）人。其父陈良翰，字
邦彦，传载《宋史》卷三八七，朱熹为之撰《敷文阁直学士陈公行状》④。宋
嘉定五年（1212），陈彭寿任邵武知军，次年刊刻邑先贤宋李纲撰《梁溪先生
文集》一百八十卷。跋云："忠定公三朝耆德，彭寿愿执鞭而不可得，分符樵
水，适在郑乡。公之去世六七十载，英风义慨，凛凛如存。敬以公所著刊之
郡斋，若夫出处大节，前辈诸公言之详矣，彭寿窃附名，以托不腐。"⑤陈彭
寿邵武郡斋刻本《梁溪集》，是李纲文集首次在邵武刻印。始刊于嘉定六年

①〔宋〕刘克庄：《后村先生大全集》卷一四二《虚斋资政赵公神道碑》，《宋集珍本丛刊》第82册，第
　　433页。
②〔清〕张金吾：《爱日精庐藏书志》卷三一，《清人书目题跋丛刊》（4），中华书局1990年版，第551—
　　552页。
③〔明〕陈让等：（嘉靖）《邵武府志》卷一二《名宦》，《天一阁藏明代方志选刊》第30册，上海古籍书
　　店1964年版，叶18A。引文中，"用文"当作"用父"
④〔宋〕朱熹：《晦庵先生朱文公文集》卷九七，朱杰人等主编：《朱子全书》第25册，第4526—4535页。
⑤〔清〕张金吾：《爱日精庐藏书志》卷三一，《清人书目题跋丛刊》（4），中华书局1990年版，第551页。

秋九月,成于冬十二月,前后仅历时四个月就告竣工。

弘治《八闽通志》卷三九载:"陈彭寿,天台人。嘉定中知军事,廉介明劲,锄击横暴,闾井肃然,尤尽抚摩惠养之方。郡人德之,祠于大乾庙之右庑。"[①]乾隆《福建通志》卷三二所载与此相同。《台学统》卷五载其"嘉定中知莆田,徙知邵武军。廉介明劲,锄击横暴,惠爱百姓,抚摩良善,不遗余力"[②]。

协助陈彭寿董理此书刊刻事务的黄登(生卒年未详),字君陟,侯官人。嘉定四年(1211)进士,累官南剑州通判。刊刻此书之时,任邵武军学教授。其《梁溪先生文集跋》云:"登自能缀文,时尝恭读国史,已知有丞相忠定公之勋烈。又尝于碑刻间,诵公《天宁上方诗》,足以见其忧国之愤,耿耿不忘……及见官昼锦之乡,即事未数月,史君以公文集镂诸板,且命登董其事,因得尽观其所为文。大抵英风义气,随遇辄发。……中兴文人固不为少,要知公之气概益不可掩。若乃相业光明,持论正大,靖康以来,一人而已……是集刊于秋之九月,成于冬之十二月,其为册三十有三,为卷一百八十。集既成,史君将广其传诵。……迪功郎邵武军军学教授黄登拜手,嘉定癸酉年某月某日谨跋。"[③]

黄登生平事迹,罕见记载,民国《福建通志·金石志》卷一一有其端平三年(1236)四月与方遇、李田、游明复登福州鼓山的摩崖石刻,并载其事迹云:"黄登,字君陟,侯官人。嘉定四年进士,官南剑倅。"[④]清厉鹗《宋诗纪事》从《后村千家诗》中录"黄登"七律《山中晓行》一首,并载云"登字瀛父,号南溪。有《适意集》"[⑤]。此字瀛父的黄登,与字君陟的黄登,应系两人。

陈 焆

陈焆(生卒、字号未详),连江县人,淳祐十年(1250)进士,宋咸淳八年(1272)任邵武军建宁知县。咸淳九年,在建宁县学刊印《本朝先儒赐谥事迹》一书。宋黄震《黄氏日抄》转摘陈焆刊本的以下内容:

①〔明〕黄仲昭:(弘治)《八闽通志》卷三九《秩官》,书目文献出版社1988年版,第536页。
②〔清〕王棻:《台学统》卷五,《续修四库全书》史部第545册,第80页。
③〔清〕张金吾:《爱日精庐藏书志》卷三一,《清人书目题跋丛刊》(4),中华书局1990年版,第551页。
④沈瑜庆、陈衍等:(民国)《福建通志·金石志》卷一一,1938年刊本,叶43A。
⑤〔清〕厉鹗:《宋诗纪事》卷七〇,上海古籍出版社1983年版,第1743页。

先儒赐谥

国朝嘉定元年十月十八日有旨，朱熹特赐谥。明年，博士章徕谥曰文忠，考功刘弥正覆谥曰文。嘉定七年八月，知潭州卫泾请为南轩先生张栻赐谥，博士孔炜、考功杨汝明定谥曰宣。

嘉定八年，知婺川丘寿隽请为东莱先生吕祖谦赐谥，博士孔炜、考功丁端祖定谥曰成。

嘉定九年，潼川运判魏了翁请为濂溪先生周敦颐赐谥，太常丞臧格、考功楼观定谥曰元。

嘉定九年，礼部侍郎任希夷请为二程立谥，太常丞臧格、考功楼观定谥明道先生程颢曰纯、伊川先生程颐曰正。

嘉定十四年，知潼川府魏了翁又为横渠先生张载请谥，博士陈公益请谥达、礼部侍郎请谥或明或诚；了翁入为太常少卿，定谥曰明。

右先圣谥号及从祀，及本朝先儒封爵，皆邵武军建宁知县三山陈焰裒类，咸淳九年癸酉九月九日刊于建宁县学。①

陈焰事迹，《建宁县志》卷九《职官表》载其为“咸淳八年壬申任知县，连江县进士”②。考民国《连江县志》卷一四《选举》，却无其人。《三山志》卷三二淳祐十年“方逢辰榜进士”③条下有其名。元虞集有《陈焰小传》，载“陈焰，字光伯，毗陵人。少游郡庠有声，三领乡荐，登咸淳乙丑进士第”④。《宋史》卷四五〇、弘治《重修无锡县志》卷一八均有其小传。《宋登科记考》载其字光伯，号肖梅先生，常州无锡县人⑤，均与此连江陈焰不符。由此推断，晚宋咸淳年间，或有两位陈焰，而这位官建宁知县的连江陈焰史实记载甚少。

姜 注

姜注（生卒、字号未详），淄州长山（今属山东）人。宋嘉定十三年（1220）知邵武军，于任上刻印宋名臣李纲撰《梁溪先生文集》一百八十卷。

①〔宋〕黄震著，张伟、何忠礼主编：《黄震全集》第4册，浙江大学出版社2013年版，第1242页。
②吴海清、张书简等：(民国)《建宁县志》卷九《职官表》，台北成文出版社1967年版，第99页。
③〔宋〕梁克家纂，陈叔侗校注：《三山志》卷三二《人物》，方志出版社2003年版，第577页。
④李修生主编：《全元文》卷八六六，凤凰出版社2004年版，第27册，第154页。
⑤龚延明、祖慧撰：《宋登科记考》卷一四，江苏教育出版社2005年版，第1789页。

清张金吾《爱日精庐藏书志》卷三一录姜注刊书序云："注窃惟大丞相一代鸿儒，三朝元老，丰功伟烈，著在国史，炳若丹青。出处大致，名公巨卿纪录尤备。邵武乃公之故乡，郡斋已刊《奏议》，独贻集尚缺，无以副邦人景行之思。注假守绣里，莅事之余，屡加搜访，了不可得。会丞相之孙制机与其族孙国录示以全帙，注盥手薰诵，至于再三。顾虽不肖，亦知兴起，鸠工刻梓，属泮师董其事，凡三月而后成。于以传示将来，启迪后学，注亦得以记名编末，与有荣耀。嘉定岁次庚辰冬十有二月，朝请大夫权知邵武军兼管内劝农事赐绯鱼袋姜注谨书。"①

叶适《朝奉大夫知惠州姜公墓志铭》乃应姜注之请而作，其中载姜注父姜处度（1136—1191）事迹。云："君名处度，字容之。仕南康尉、鄱阳丞，知隋、清流二县，通判南雄州，守惠州而卒。"并附记姜注事迹云："姜氏，淄州长山人也。……子注，知邵武军，本规矩，服宪令，治行甚修。余尝为寮，知其贤也。"②

林经德

林经德（生卒年未详），字伯大，福州福清人。绍定五年（1232）进士。景定元年（1260），在邵武军建宁知县任上，刻印宋林希逸撰《庄子鬳斋口义》十卷。邓邦述《群碧楼善本书录》卷一著录此书云："宋刊本，每半叶十行，行二十一字。前有景定改元宣教郎知邵武军建宁林经德序。又希逸发题二叶。读林序'吾邑虽陋，缩节裒任，幸而集事'云云，知此板镂于建宁。景定在理宗末，宋腊已垂尽矣。"③

弘治《八闽通志》卷三九《秩官》载："林经德，字伯大，福唐人。初知建宁具，政尚文雅。每诣学，启迪诸生，士民德之。以最闻，升知本军事。"④

光绪《重纂邵武府志》卷一五《名宦》载："林经德，字伯大，福清人，绍定壬辰（1232）进士，宝祐间任。……后迁知本军。"⑤

① 〔清〕张金吾：《爱日精庐藏书志》卷三一，《清人书目题跋丛刊》（4），中华书局1990年版，第551页。
② 〔宋〕叶适：《叶适集·水心文集》卷二五，中华书局1961年版，第491—492页。
③ 邓邦述撰，金晓东整理：《群碧楼善本书录》卷一，《中国历代书目题跋丛书》第4辑，上海古籍出版社2014年版，第59页。
④ 〔明〕黄仲昭：(弘治)《八闽通志》卷三九《秩官》，书目文献出版社1988年版，第537页。
⑤ 〔清〕王琛、徐兆丰等：(光绪)《重纂邵武府志》卷一五《名宦》，上海书店出版社2000年版，第309页。

严　粲

严粲（生卒年未详），字坦叔，一字明卿，号华谷，严羽族弟。邵武人。撰有诗集《华谷集》一卷。另撰《诗缉》三十六卷，解读《诗经》，原为严粲自刻本，今存明味经堂本和《四库全书》本。《四库全书总目》著录云："是书以吕祖谦《读诗记》为主，而杂采诸说以发明之。……至于音训疑似，名物异同，考证尤为精核。"①

据严粲于淳祐戊申（1248）夏五月所作序，此书乃其自刻本。序云："二儿初为《周南》《召南》，受东莱义，诵之不能习。余为辑诸家说，句析其训，章括其旨，使之了然易见。既而友朋训其子若弟者，竞传写之。困于笔札，胥命锓之木，此书便童习耳。《诗》之兴几千年于此矣，古今性情一也，人能会孟氏说《诗》之法，涵泳三百篇之性情，则悠然见诗人言外之趣。"②

咸丰《邵武县志》卷一四《人物志》载曰："严粲字坦叔，一字明卿，号华谷。由进士历官全州清湘令。善为诗，清回绝俗。与羽为群从兄弟，而异曲同工。天台戴式之赠以诗曰：'粲也苦吟身，束之以簪组。遍参诸家体，终乃师杜甫。'其相许如此。粲既工于诗，而经学尤深邃。"③

俞闻中

俞闻中（生卒年未详），字梦达，邵武人，从学于理学家朱熹。淳熙八年（1181）进士，历官南剑州通判、黎州知州。宋嘉泰二年（1202），俞氏曾刻印被今人视为丛书之祖的《儒学警悟》七集四十一卷，其中汪应辰《石林燕语辨》十卷、程大昌《演繁露》六卷《考古编》十卷、马永卿《懒真子录》五卷、陈善《扪虱新语》上集四卷下集四卷、俞成《萤雪丛说》二卷。原刻本久逸，著录者亦罕见。仅见于叶德辉《书林清话》"丛书之刻始于宋人"条下；在《石林遗书》本《石林燕语辨》前缪荃孙序中亦提到。但缪氏将此刻本的"壬戌"年号误为宋景定三年（1262），时间上整整晚了一甲子。

《书林清话》曰："丛书举四部之书而并括之，诚为便于购求之事。宋人

①〔清〕永瑢等：《四库全书总目》卷一五，中华书局1965年版，第125页。
②〔宋〕严粲：《诗缉》卷首，《景印文渊阁四库全书》第75册，第9页。
③〔清〕李正芳、张葆森等：(咸丰)《邵武县志》卷一四《人物志》，《福建师范大学藏稀见方志丛刊》第25册，北京图书馆出版社2008年版，第468页。

《儒学警悟》《百川学海》二者,为丛书之滥觞。《儒学警悟》,宋太学俞鼎孙同上舍兄经编。……目录后有嘉泰辛酉(1201)正吉十有五日建安俞成元德父谨跋一则。二卷有题识云:'壬戌三月初有七日,承议郎前南剑州通判俞闻中梦达刊之于家塾。'壬戌为嘉泰二年(1202)。"①按,俞闻中题识实见载于卷一正文之前,有如下一小段文字:

> 此书数集,分作甲乙丙丁四部,卷帙若干,乃待制阁学俞公所受,以歆天下之学者。闻中敬为刻梓,广揄此意。使士人知所宗师而不负所学,皆公之化也,实公之惠也。盖公文章大手,学问长头,名登天府之优士,置从官之右。循良之政,蔼著能闻,凡沐薰陶之赐者,不知其几人。吁,是书一传,孰不快争先之观。壬戌三月初有七日,承议郎前南剑州通判俞闻中梦达刊之于家塾。②

此书目录后有嘉泰二年(1202)建安俞成元德父跋。俞成曾为建阳蔡梦弼校书,在蔡刻本《草堂诗笺》中署名"云衢俞成元德",表明他实为建阳崇化书林云衢人。在俞闻中《儒学警悟》丛书中,又有俞成所撰《萤雪丛说》一书。以上种种迹象表明,俞闻中此刻本可能是通过俞成在建阳崇化书坊刊行的。

此书在俞闻中刊刻后的几百年间,一直未能重刻。清末缪荃孙得一明嘉靖王良栋抄本,在进行校雠后,此书由傅增湘作跋,民国十一年(1922)由武进陶湘刊行,这才流传开来。

俞闻中是朱熹的门人。《紫阳朱氏建安谱》中列有朱子门人321人,俞闻中名列第198名。谱曰:"俞闻中,字梦达,邵武人。知黎州。"③《八闽通志》则载."俞闻中,字梦达,邵武人。从学朱熹,登淳熙八年进士第,累官知黎州。悉意抚字,民夷感恩。"④《闽中理学渊源考》卷二三所载与此略同。

据《宋史》卷二〇四《艺文》著录,俞闻中曾编纂《叙州图经》三十卷。这是一部地方志书,应为俞氏在此任职时所为。

---

①〔清〕叶德辉:《书林清话》卷八《丛书之刻始于宋人》,中华书局1957年版,第221页。
②〔宋〕俞鼎孙、俞经:《儒学警悟》卷一,中华书局2000年版,第89页。
③〔明〕朱莹:《紫阳朱氏建安谱》,明万历刻本,叶7B。
④〔明〕黄仲昭:(弘治)《八闽通志》卷七〇《人物》,书目文献出版社1988年版,第990页。

二、元代

陈士元

陈士元(生卒年未详),号旸谷,元邵武县人。曾编刻《武阳耆旧宗唐诗》一卷,邵武黄镇成为之序,曰:"旸谷陈君士元网罗放失,得数十家,惧其湮没,俾镇成芟取十一,刊刻传远,以见一代诗宗之盛,以见吾乡文物之懿,陈君是心可不谓贤乎!"①

武阳,邵武别称。吴永安三年(260)置昭武镇,寻升为县。晋初,因避司马昭之讳改为邵武,又称邵阳,后又有昭阳、武阳、樵阳、樵川等别称。

咸丰《邵武县志》卷一四《人物志》载:"陈士元,与黄镇成为友。尝为本府学录。所著有《武阳志略》一卷,《武阳耆旧诗宗》一卷行世。学者称旸谷先生。"②李清馥《闽中理学渊源考》将其列为"邵武黄存斋诸先生学派",有"陈旸谷先生士元"小传:

> 陈士元,邵武人,与黄镇成同时。以文为友,隐居不仕,有《武阳志略》《武阳耆旧诗宗》,学者号旸谷先生。黄氏镇成撰《武阳耆旧宗唐诗集序》曰:"宗唐诗者,武阳耆旧之所作也。诗以唐为宗,诗至唐而备也。盖自唐虞赓歌为雅颂之正,至五子之歌有风人之旨,三百篇源流在是。下至楚骚、汉魏而流于六朝,至唐复起,开元、天宝之间极盛矣。一本温柔敦厚雄浑悲壮,而忠臣孝子之情,伤今怀古之意,隐然见于言外,可以讽诵而得之矣。"③

谢子祥

谢子祥(生卒年未详),元邵武县人。曾刻印宋杨复撰《仪礼》十七卷、《仪礼图》十七卷、《仪礼旁通图》一卷。元代闽东著名理学家陈普(1253—

---

① 〔元〕黄镇成:《武阳耆旧宗唐诗序》,李修生主编:《全元文》卷一一五六,凤凰出版社2004年版,第36册,第514页。
② 〔清〕李正芳、张葆森等:(咸丰)《邵武县志》卷一四《人物志》,《福建师范大学藏稀见方志丛刊》第25册,北京图书馆出版社2008年版,第474页。
③ 〔清〕李清馥:《闽中理学渊源考》卷三九,《景印文渊阁四库全书》第460册,第483页。

1325)《石堂文集》中有《答谢子祥无极太极书》一文,则谢子祥亦理学一派人物。此谢氏刻本卷首有陈普序,略云:"大渊献之岁,昭武谢子祥刊《仪礼》本经十七篇,及信斋杨氏图成,烨然孔壁淹中之出世也。使此书得数千本落六合间,凤鸟至有期矣。"①按,此书撰者杨复,字志仁,号信斋,南宋福安人,朱熹门人。此本乃谢子祥据杨复绍定年间(1228—1233)原刊本重刻。

《铁琴铜剑楼藏书目录》卷四载:"《仪礼图》十七卷《仪礼旁通图》一卷,元刊本,宋杨复撰。是书前列朱文公《乞修三礼奏札》,次列绍定戊子复自序,又次为宁德陈普序。据陈序,知此本为昭武谢子祥所刻。朱氏《经义考》分列二书,误以陈序属《旁通图序》。"②今台北故宫博物院现存此书原刊本残帙六卷,入藏方式著录为"北平图书馆1968年寄存"。以此知其为1941年北平图书馆寄存在美国国会图书馆的古籍善本之一。行格为十行二十字,注小字双行,左右双边,双鱼尾③。

三、明代

冯孜

冯孜(1431—1490),字师虞,南充(今属四川)人,天顺元年(1457)进士。成化十一年(1475),在邵武知府任上,刻印唐李翱撰《李文公集》十八卷,丁丙《善本书室藏书志》卷二五与瞿镛《铁琴铜剑楼藏书目录》卷一九皆著录,题"邵武郡守西蜀冯师虞校刻"。行款为半叶十行,行十九至二十字,黑口,四周双边,《四部丛刊初编》本所收即据此刻本影印。明徐氏《红雨楼序跋》云:"《李文公集》十八卷,景祐三年欧阳文忠序之,又为之跋。余家藏有旧本,序次稍异,乃邵武郡守冯师虞所梓,板存郡斋。"④成化间其又刻印宋罗从彦撰《豫章罗先生文集》十七卷《年谱》一卷,今国家图书馆和南京图

①〔元〕陈普:《石堂先生遗集》卷一三《仪礼图序》,《续修四库全书》第1321册,第467页。
②〔清〕瞿镛:《铁琴铜剑楼藏书目录》卷四,《清人书目题跋丛刊》(3),中华书局1990年版,第56页。
③台北"国立中央"图书馆编:《"国立中央"图书馆典藏国立北平图书馆善本书目》,"国立中央"图书馆1969年版,第5页。
④〔明〕徐𤊹:《红雨楼序跋》卷一,福建人民出版社1993年版,第31页。

书馆存。

　　嘉靖《邵武府志》卷一二《名宦》载:"冯孜,字师虞,南充人。举天顺进士,历郡邵武。慎征输,平徭役。民以讼至,不系狱,俟两造具备,一讯而决,未尝少淹滞也。每自诵曰'囹圄空虚心自安',其一念恤民之心,大约如此。……公暇,手不释卷。尝与郡乡贡士宁坚纂修郡志,刻梓以传,人咸以博赡文雅称之。"①乾隆《福建通志》卷三二所载与此略同。

　　在任邵武知府之前,冯孜曾官延平知府,《延平府志》卷三四《名宦》载其"改知延平,治如邵武"②,误也。明何乔新有《道南祠记》,其中写道:"礼部下延平府建祠,奉祀如式。福建提督学校佥事丰城游君大升躬相地于郡治东北旗山之麓,而督所司营之。知郡事淮西郑时宗良以祠役为己任,斩材于野,伐石于山,工取于僦,徒取于佣。为祠堂五间,斋房左右各六间,神厨库房三间。中门以省牲品,外门以严辟,阖工未讫,宗良以忧去郡。西蜀冯孜师虞继之,凡墍垩之未毕者,丹艧之未施者,筑构之未成者,以次就功。缭以崇垣,表以华扁。经始于成化二年十有二月,以五年秋八月落成。未几,师虞徙知邵武。"③由此可知,冯氏"徙知邵武"在后,官延平知府在前。又由此可知,其刻印宋罗从彦撰《豫章罗先生文集》,即在延平知府任上。

　　明代另有一冯孜,其生活年代晚于南充冯孜,系浙江桐乡人氏,著有《古今将略》四卷。《四库全书总目》著录此书称:"孜字原泉,桐乡人,隆庆戊辰进士,官至湖广布政使。"④

　　顺便在此指出,学者对此要当心,切莫将此二冯孜搞混了⑤。

潘旦·邓杞

　　潘旦(1476—1549),字希周,徽州婺源(今江西婺源县)人。弘治十八

---

①〔明〕陈让等:(嘉靖)《邵武府志》卷一二《名宦》,《天一阁藏明代方志选刊》第30册,上海古籍书店1964年版,叶21A—B。

②〔清〕傅尔泰等:(乾隆)《延平府志》卷三四《名宦》,台北成文出版社1967年版,第657页。

③〔明〕何乔新:《椒邱文集》卷一三《道南祠记》,《景印文渊阁四库全书》第1249册,第216页。

④〔清〕纪昀等:《四库全书总目》卷一○○,中华书局1965年版,第844页。

⑤已有学者将南充冯孜成化刻本《李文公集》误为桐乡冯孜刻本,如陈心蓉《嘉兴刻书史》第三章《明代嘉兴刻书》中称:"冯孜(1536—?),字子渐,号原泉,秀水濮院(今属桐乡)人。明隆庆二年(1568)戊辰科进士,历官太仓知州、刑部员外郎中、河南按察副使及福建参政、贵州广西按察使、江西布政使,官至湖广左布政使。……明成化十一年(1475)刻《李文》十八卷,唐李翱撰,丁丙跋,国家图书馆有藏,《中国古籍善本书目》著录。"载黄山书社2013年版,第115页。文中出现了1536年出生的冯孜,已在六十年前的1475年刻书的谬误。

年(1505)进士。嘉靖元年(1522)任邵武知府时,刻印元胡炳文撰《周易本义通释》十二卷、明胡珙编《辑录云峰文集易义》一卷,命邓杞"校而传之"①。版式为半叶十一行,行二十四字,细黑口,四周双边。今国家图书馆和南京图书馆均有存本。邓杞(生卒年未详),字思贞,新城(今江西黎川)人,弘治十六年(1503)岁贡生,嘉靖元年为邵武教谕。嘉靖七年,为国子监典簿②。《御定佩文斋书画谱》载:"邓杞字思贞,弘治十六年贡,为国子典簿。善草书,有才名。"③辑者胡珙,胡炳文九世孙。

潘旦传见载于《明史》卷二〇三《列传》九一、焦竑《焦太史编辑国朝献征录》卷四三。光绪《重纂邵武府志》卷一五《名宦》载:"潘旦,婺源人,初知漳州府,以忧去。服除,移知邵武。裁抑镇守、市舶二中官之横括民财者;痛惩株连、索系之讼,以变其俗。仕至南京兵部侍郎。"④其生平,又见载于光绪《重修安徽通志》卷一八三、光绪《婺源县志》卷二〇。

李春熙

李春熙(1563—1620),字暭如,号泰阶,邵武府建宁县人。著有《元居集》二十卷行世,今福建省图书馆存乾隆二十三年(1758)刻本。明崇祯间,李氏曾刻印宋黄伯思撰《东观余论》四卷,见陆心源《皕宋楼藏书志》⑤著录。瞿冕良《版刻质疑》称其"除刻《东观余论》外,又与左光先辑刻过《宋李忠定公奏议选》"⑥。按,《宋李忠定公奏议选》应为李春熙子李嗣元及左光先所刻,详见本书"李嗣元·左光先"条。

光绪《重纂邵武府志》卷一九《人物》载曰:"李春熙,字暭如,号泰阶。万历戊戌(1598)进士,授南直太平府推官。……治狱一讯立剖,凡他郡久滞疑狱,辄移春熙。名绩冠江南,巡按荐为第一。俄为贪令所中,左迁徐州州判。"⑦其事迹,又见载于乾隆《福建通志》卷四八、乾隆《江南通志》卷

①〔清〕丁丙:《善本书室藏书志》卷一,《续修四库全书》史部第927册,第164页。

②〔清〕文庆、李宗昉等:《钦定国子监志》卷四八,北京古籍出版社2000年版,第883页。

③〔清〕孙岳颁等奉敕撰:《御定佩文斋书画谱》卷四二,《景印文渊阁四库全书》第820册,第656页。

④〔清〕王琛、徐兆丰等:(光绪)《重纂邵武府志》卷一五《名宦》,上海书店出版社2000年版,第282页。

⑤清陆心源《皕宋楼藏书志》卷五五著录作"明李春熙刊本"。载《清人书目题跋丛刊》(1),中华书局1990年版,第621页。

⑥瞿冕良:《版刻质疑》,齐鲁书社1987年版,第25页。

⑦〔清〕王琛、徐兆丰等:(光绪)《重纂邵武府志》卷一九《人物》,上海书店出版社2000年版,第409页。

一〇七、光绪《重修安徽通志》卷一四五等。

　　大约比建宁李春熙稍早数十年，有一位字沅南的李春熙，是桃源（今湖南桃源）人。嘉靖甲午（1534）举人，万县知县，著有《屈亭稿》《道听录》等。《续修四库全书杂家类提要》将这两位李春熙混为一人①。

何望海

　　何望海（生卒年未详），字金扬，号若士，邵武人。天启二年（1622）进士，天启三年至五年（1623—1625）官广东揭阳知县。天启间（1621—1627），刻印元邑人黄镇成撰《秋声集》四卷，邵氏《增订四库简明目录标注》卷一七著录。又校刊宋严羽撰《沧浪诗集》四卷，丁丙《善本书室藏书志》卷三一著录为"明闽刊本"，题"宋樵川严羽仪卿著，明樵川何望海若士较，吴伯麟兆圣、李又白元编"②，前有徐𤊻序。此本今存南京图书馆、台北"中研院"傅斯年图书馆。南京图书馆存本有清丁丙跋。

　　光绪《重纂邵武府志》卷二一《文苑》载："何望海，字金扬。性聪颖，过目成诵，博学多才，文名甚著。登天启二年第，官揭阳知县。致仕归，于城南构精舍数楹，偕二三挚友吟啸其中，榜其庐曰'锦亭花月'。"③

胡文静·萧泮

　　胡文静（生卒年未详），字士宁，山阴（今浙江绍兴）人。正德三年（1508）进士。历官吴县知县、南陵知县，福建巡按。萧泮（生卒年未详），江西泰和人。邵武知县。正德十一年（1516），二人在邵武刻印宋李纲撰《宋丞相李忠定公奏议》六十九卷《附录》九卷，今国内有二十几家图书馆有存本。《续修四库全书》本即据上海图书馆藏本影印出版。

　　在刊刻此书之前，胡氏曾致函邀请时任右副都御史的莆田林俊撰序。林俊有《复胡士宁》函札一通，云：

①司马朝军《续修四库全书杂家类提要》："《道听录》五卷，〔明〕李春熙撰。李春熙（1563—1620），字暤如，号泰阶，又号沅南子、桃源山人，桃源（今湖南桃源）人。万历二十六年（1598）进士，除太平推官，降徐州州判，迁云南推官，改肇庆，入为刑部主事，改彰德推官，迁南京户部主事，官至南京户部郎中。著有《元居集》。生平事迹见《嘉靖》常德府志》卷十六、《明诗纪事》庚签卷十九。"载商务印书馆2013年版，第94页。
②〔清〕丁丙：《善本书室藏书志》卷三一，《续修四库全书》史部第927册，第528页。
③〔清〕王琛、徐兆丰等：(光绪)《重纂邵武府志》卷二一《文苑》，上海书店出版社2000年版，第453页。

先辈《李忠定公文集》，承表扬入梓，节义文章，甚幸甚幸。序文谬委，朱晦翁、陈正献公二序，齐七政而参两仪。……尚容呈稿原本，先僭校奉纳，更属贤者复校。古所谓校书如扫落叶，传示万古，未易也。字大恐费纸，亦须如《忠定行状》大书，刻者须择人，庶不虚是集也。①

林俊所撰《宋丞相李忠定公文集序》，见载于《见素集》卷六。略云："是集故有福国正献公、徽国文公先生之序，侍御胡君士宁祖尚风烈，复梓以传。某僭序所不究，用于公者致余臆焉。呜呼，无亦数然耶。"②

胡文静事迹，见载于《明一统志》卷一五。乾隆《福建通志》卷二九又载：

胡文静，字士宁，山阴人。正德戊辰（1508）进士，巡按福建。……山寇詹师富等啸聚剽掠，骚扰闽浙广东三省，文静设计擒获。巡抚王守仁上其功，擢南光禄少卿。尝梓李纲遗文，表郑侠故里，拓贡院地而鼎新之。时有三白雀之祥，郡人林瀚为之记。③

胡文静履职福建巡按，是在正德十年（1515）九月。此时正好是其刊刻《宋丞相李忠定公奏议》的前几个月。何以证之？武夷山一曲溪北水光石有石刻云："大明正德十年，岁次乙亥九月望后一日，巡按福建监察御史、山阴张景阳竣事，同邑胡文静继之，相与饯别于武夷精舍……"④

萧泮事迹，在史志中所载甚少。雍正《江西通志》卷五三、乾隆《泰和县志》卷一三均载其为泰和人，弘治五年壬子（1492）举人，官邵武知县。此外，据民国《沙河县志》载，湘阴另有一位萧泮，嘉靖三十一年（1552）壬子科举人，隆庆五年（1571）曾任沙河县知县⑤，此萧泮与刊刻《宋丞相李忠定公文集》的萧泮显系两人。

黄　钧

黄钧（生卒年、字号均未详），邵武人。元代诗人黄镇成之子。明洪武十一年（1378），刻印其父所撰《秋声集》九卷。张金吾《爱日精庐藏书志》卷

---

①〔明〕林俊：《见素集》卷二二，《明别集丛刊》第1辑第68册，黄山书社2013年版，第341页。
②〔明〕林俊：《见素集》卷六，《明别集丛刊》第1辑第68册，黄山书社2013年版，第197页。
③〔清〕郝玉麟等：（乾隆）《福建通志》卷二九《名宦》，《景印文渊阁四库全书》第528册，第455页。
④武夷山市地方志编纂委员会：《武夷山摩崖石刻》，大众文艺出版社2007年版，第67页。
⑤王延升：《沙河县志》卷三《职官表》、卷一〇《文献志·宦绩》，上海书店出版社2006年版，第32、115页。

三四著录云："凡诗六卷、文二卷，实八卷，每卷卷数俱留木板心。……此本虽似残阙，盖当时本未全刊，读后跋可见非不完本也。"[①]按，《秋声集》最早刻印于元至正二十七年（1367），由当时任延平路总管的将乐人氏吴文谊主持刊刻，但尚未完工，明军入闽，刻本不传。

该书完本应为十卷，黄钧因财力所限，故先刻八卷，意欲续后再刊，但最终仅成九卷而止。其后叙云："先君子所著《秋声集》，诗文离为十卷，中罹己亥之乱，亡失太半，所存者尚千数百篇。钧重惟先君子生平苦心萃于此集，今已不全，若复蹉跌沦没，则后人何所征考？……钧汲汲于刊行，则力有所不逮。今年秋，始克命匠肇工，而卷帙浩夥，未获全刊。姑称力为之，继此又当续刊也。洪武十有一年冬十月甲子，子男钧稽拜恭题。"[②]

黄钧刻本为《秋声集》现存的最早刻本，行款为半叶十二行，行二十二字，黑口，四周双边。今国家图书馆存。《续修四库全书》集部第1323册所收，即以此为底本影印。

李嗣元·左光先

李嗣元（生卒年未详），字又元，本名嗣玄，字又玄，因避康熙玄烨之讳而改名。建宁县人，为李春熙第三子。左光先（1580—1659），字述之，一字罗生，号三山，南直隶桐城（今安徽桐城）人，左光斗弟。明崇祯间，以举人任建宁知县。崇祯十二年（1639），李、左二人在建宁刻印宋李纲撰，明左光先、李春熙等辑《宋李忠定公奏议选》十五卷《文集选》二十九卷首四卷。今国家图书馆、首都图书馆、北京大学图书馆、上海图书馆以及日本内阁文库等国内外四十多家图书馆均有收藏。行格为十行二十字，四周单边，白口，单鱼尾。前有巡按福建监察御史李嗣京序，其后有署"大明崇祯己卯五月五日福建邵武府建宁县知县皖桐后学左光先"序。其中云："太学李生嗣玄是其族裔……尊公官长安时，曾于御府购得全本，先受而纵观之。……三山周公祖深然予议，急谋刑宪黎公，同然。先得捐俸授梓，且弁其首。"[③]《四库全书存目丛

①〔清〕张金吾：《爱日精庐藏书志》卷三四，《清人书目题跋丛刊》（4），中华书局1990年版，第624页。

②〔明〕黄钧：《秋声集后叙》，《秋声集》卷首，《续修四库全书》集部第1323册，第547页。引文中"离"当作"厘"。

③〔明〕左光先：《合刻李忠定公全集序》，《宋李忠定公奏议选》卷首，《四库全书存目丛书》集部第14册，第421—422页。

书》集部第 14、15 册所收书,即据此刻本影印。《四库全书总目》卷一七四著录云:"此本凡录奏议十五卷、文十六卷、诗六卷、《靖康传信录》三卷、《建炎进退志》四卷,冠以《本传》一卷《行状》三卷,明万历中闽人李嗣元所选。其凡例称,限于资不及全刊也。兵燹版佚,国朝康熙己酉,建宁李荣芳又重刊之。称购得三旧本,皆有残阙,合之乃成完帙。其用力颇勤。《梁溪全集》大抵藏书旧家始有之,世不多见。今行于世者,惟此本,故附存其目,不没剞劂之功云。"①李嗣元刻书处曰"息轩",有《息轩诗文集》行世。

民国《建宁县志》卷一六《文苑》载李氏小传曰:"李嗣元,字又元,春熙季子。庠生,鼓箧南雍,为博雅通儒。所至名山大川,辄有题咏。一时公卿大夫交重之。尝侍父病,不就寝者数月。父殁,居丧尽礼。晚年挛双足,杜门不出。著有《息轩诗文集》四十卷行世。他所纂述者有《元珠领异》及《经史域外观》二十卷藏于家。纂刻父户部公奏疏、条议、诗、启为《元居集》,订定《李忠定公全集》,请于邑令左光先捐资刻之,版藏于家。康熙壬子修志,多出其手,年七十余卒。"②

光绪《重纂邵武府志》卷一五《名宦》"明建宁知县"条下载:"左光先,桐城人,少保光斗弟。崇祯中任。时盗贼充斥,光先故韬晦。豪猾,易之数月,尽得主者名,并关通捕役状,捕杀。……丙子饥,振济有方。……擢御史,巡按浙江。祀名宦。"③《江南通志》卷一四六载:"左光先,桐城人,光斗弟。天启甲子乡荐,知建宁县,以异绩入西台。按部两浙,勤恤民隐,周核官方疏凡百余,上悉报可。生平不避艰险,伟烈直声,与兄齐名。"④其生平,又载《明史》卷二四四《左光斗传》之后、乾隆《福建通志》卷三二、乾隆《浙江通志》卷一四八、光绪《重修安徽通志》卷一七九等。

李之用

李之用(生卒年未详),字见松,湖广黄冈县(今湖北黄冈)人。嘉靖四十三年(1564)举人,万历八年(1580)进士。万历二十六年(1598)任邵武知

---

①〔清〕永瑢等:《四库全书总目》卷一七四,中华书局 1965 年版,第 1539 页。

②吴崇清、张书简等:(民国)《建宁县志》卷一六《文苑》,台北成文出版社 1967 年版,第 169 页。

③〔清〕王琛、徐兆丰等:(光绪)《重纂邵武府志》卷一五《名宦》,上海书店出版社 2000 年版,第 310 页。

④〔清〕赵弘恩、黄之隽等:(乾隆)《江南通志》卷一四六《人物志》,《景印文渊阁四库全书》第 511 册,第 261 页。

府时，在邵武府学刻印自编《诗家全体》十四卷《续补》二卷，今国家图书馆存不全本十二卷（缺卷一一、卷一二两卷），行款为半叶九行，行二十字，白口，四周双边。

王重民先生曾据美国国会存本著录云："原题：'黄冈李之用辑，弟李之周、子畴、闽县郑梁、杨如春、陈荐夫仝校。'之用字见松，黄冈人。按《黄冈县志·选举志》：之用为万历八年进士，官云南按察使。县志无传，盖事迹久已湮没。是书辑刻于官邵武知府时，当在按察云南以前。陈荐夫序云，'公守昭武之三年，岁通人和，庭清讼简，政体既立，雅道益弘，业已锲诸医方，嘉惠元元矣；已又编辑古近诸诗，题曰《诗家全体》'，近似谀。之用于政事实无所表见，故《邵武府志》亦无传。"①

另据清康熙五年（1666）吕鸣和撰《赠万密斋先生医书序》，李之用在邵武，还曾刊行名医万全著《万氏全书》八十八卷。序称："万生名全，别字密斋，邑廪生，以不得志于八股，弃而就青囊之业。业辄精，试辄效，以其效者志诸编文，成数十卷，先为樵川太守李公付梓，一时纸贵三湘。因兵燹后，板毁无存，其孙达仅存一帖，置墙壁中，赖以免。凡官兹土者无不知此书，无不购此书。"②今人毛德华有《樵川太守李之用首刊〈万氏全书〉考》，载《湖北中医杂志》1997 年第 1 期。樵川，邵武之别称，"樵川太守"即邵武知府。

廖用贤

廖用贤（生卒年未详），字宾于，自号吸露斋居士，邵武建宁县人。天启元年（1621），刻印自编《尚友录》二十二卷。前有天启元年巡抚福建都察院右佥都御史会稽商周祚序、万历四十五年（1617）谢肇淛序及同年廖用贤自序。书仿《万姓统谱》体例，以韵为纲，以姓为目。搜采古人事实，汇辑自周秦至南宋人物的小传。四库馆臣认为"详略失宜，无所考证，盖亦为应俗作也"③。收入《四库全书存目丛书》子部第 218 册④。

①王重民：《中国善本书提要》集部，上海古籍出版社 1983 年版，第 438 页。
②〔明〕万全：《万氏家传广嗣纪要》，罗田县万密斋医院 1984 年铅印本，第 4 页；胡荣希编著：《医圣万密斋传》，华中科技大学出版社 2012 年版，第 198 页。
③〔清〕永瑢等：《四库全书总目》卷一三八，中华书局 1965 年版，第 1175 页。
④此本以北京师范大学图书馆存本为底本影印，无谢肇淛序。

廖用贤里籍，或作"闽县"，或作"建安"①，均误。按，廖氏实为建宁县人。天启本《尚友录》每卷均题"闽绥安宾于廖用贤编纂"。此"绥安"，即建宁县古称。民国《建宁县志》卷一六《文苑》载其小传："廖用贤，字宾于。在城人，庠生。倜傥好交游，与同里陈一言、李春生结诗社。四方词客来者必授餐，去则赠以金，家渐落不少惜。读书泰宁甘露寺。著有《尚友录》《吸露斋集》。"②

万尚烈

万尚烈（生卒年未详），字恒麓，一字思文。江西新建人。万历间，以举人任邵武府同知。万历三十七年（1609），在邵武刻印明万国钦撰《万二愚先生遗集》六卷，行格半叶九行，行二十字，四周单边，版心白口。版心上方记简目如"遗集"，下方记刻工之名或刊刻字数，每卷卷端下方题"侄尚烈校刻"。卷首有题"万历己酉阳月吉旦福建邵武府推官通家眷晚生杨春茂顿首拜书"之《万二愚先生遗集序》，序称"适者令侄恒麓君共事昭武，合先生遗集若干首锲之，以示不佞，皆台中及谪居时稿也"③。此书现存吉林省图书馆，收入《四库禁毁书丛刊》集部第78册。

章潢（1527—1608，字本清，号斗津，南昌县人）撰《图书编》一百二十七卷，万历四十一年（1613）由其门人万尚烈刊行于邵武，今北京师范大学图书馆有存本。卷首有门人万尚烈撰《章斗津先生行状》，文末署"万历辛亥中秋书于闽昭武清政堂"④。"昭武"乃邵武别称，由此可知，此书亦刊于邵武。

《重纂邵武府志》卷一五《名宦》载万尚烈宦绩云："万尚烈，字恒麓。新建举人。万历间任同知。禁赌戢盗，奸弊肃清。尝捐俸建东墉东桥，修学宫，士民赖之。官至贵州按察使。"⑤雍正《江西通志》卷七〇载："万尚烈，字思文，新建人。诸生时，即以正学为己任，师事章聘君潢。万历辛卯举于

①杜信孚《明代版刻综录》卷六："廖用贤，字宾于，闽县诸生。"载江苏广陵古籍刻印社1983年版，第4页A。赵传仁等主编《中国书名释义大辞典》作"建宁府建安（今福建建瓯）人"。载山东友谊出版社2007年版，第616页。

②吴海清、张书简等：(民国)《建宁县志》卷一六《文苑》，台北成文出版社1967年版，第168页。

③〔明〕杨春茂：《万二愚先生遗集序》，《四库禁毁书丛刊》集部第78册，第3—4页。

④〔明〕章潢：《图书编》卷首，万历四十一年（1613）万尚烈邵武刻本，叶18B。

⑤〔清〕王琛、徐兆丰等：(光绪)《重纂邵武府志》卷一五《名宦》，上海书店出版社2000年版，第286页。

乡,授建昌教谕。历擢邵武同知,捐俸刻潢所集《图书编》。晋比部郎,擢平越知府,致仕归。杜门却扫,益肆力于性命之学。中丞解学龙、督学陆之祺、蔡懋德皆请主濂台祠,太史金声请主新安还古书院。年九十五卒,所著有《四书测》《易赞测》《诗述传测》《闻学杂记》。"①事迹又载乾隆《福建通志》卷三二。

按,《万二愚先生遗集》一书在有的目录书上著录为"明万历己酉(三十七年,1609)南昌万氏家刊本"②,窃以为,著录为"南昌万氏邵武刻本"似更准确。

姚伯和

姚伯和(生卒年未详),临江府新淦县(今江西新干县)人。洪武十五年(1382),以国子监生出任光泽知县,刻印元末明初光泽危德华撰《北溪观海集》。姚伯和序云:"予由国子生来宰是邦,得卓行之士一人曰危德华。孤介特立,隐居北溪,以学业教授诸生,不求闻达。值元季丧乱,故其发言兴怀悲愤激烈。……因取其诗集若干卷,命其乡人刘缙编次,镂诸泮宫,以补一邑之缺典。"③民国《福建通志·艺文志》在引用上文之后,又曰:"道光通志云,《千顷堂书目》但题《危德华诗》,兹从原序;又作洪武间人,以伯和洪武十五年作序时计之也。兹从《万姓统谱》作元人。"④

以上著录,问题较多,需略作辨正。查黄虞稷《千顷堂书目》,于卷一七得其著录如下:"危德华《北溪观海集》,光泽人。善属文,尤工诗。洪武十五年,知县金川姚伯和序其诗而传之。"⑤由此可知,《千顷堂书目》并非"但题《危德华诗》",道光通志误也⑥。此外,道光《福建通志》、民国《福建通志·艺文志》著录此书之名为《北溪集》《观海集》,误为两个集子。北溪乃危德华之号,古人命名文集,往往将其名号居前,以示撰著之人,此集亦如

①〔清〕高其倬、谢旻等:(雍正)《江西通志》卷七〇《人物》,《景印文渊阁四库全书》第 515 册,第440—441 页。
②丁原基:《清代康雍乾三朝禁书原因之研究》,《台湾公藏清人禁毁明别集善本及普通本旧籍联合书目》,华正书局 1983 年版,第 432—433 页。
③沈瑜庆、陈衍等:(民国)《福建通志·艺文志》卷六〇,1938 年刊本,叶 9B—10A。
④沈瑜庆、陈衍等:(民国)《福建通志·艺文志》卷六〇,1938 年刊本,叶 10A。
⑤〔清〕黄虞稷撰,瞿凤起、潘景郑整理:《千顷堂书目》卷一七,上海古籍出版社 2001 年版,第 472 页。
⑥所谓道光通志,是指清陈寿祺编纂的道光《福建通志》。上文所引内容,见该志卷七九《元经籍》。

此。将其断为二集,莫名其妙。再者,危德华虽生活在元末明初,但在姚伯和刻印此书的洪武十五年,仍然健在;且从序文判断,其年龄应不会大于姚伯和,此从"得卓行之士"的"得"字可以作出这样的推断。故《千顷堂书目》将此书置于明代人所著,有其充分的理由,故不必"从《万姓统谱》作元人"。最后,此刻本的刊刻者是谁? 根据上文引用姚序所言,极易使人误以为是"乡人刘缙",新编《福建省志·出版志》就是这样处理的①,实际上,刘缙只是听命于知县姚伯和的一个编校者,真正将此书"镂诸学宫"的,还是姚伯和。

四、清代

周亮工

周亮工(1612—1672),字元亮,一字减斋,号栎园。河南祥符(今开封)人,明崇祯十三年(1640)进士。曾任山东潍县知县和浙江道试御史,明亡降清。

周亮工是明末清初著名的文学家和刻书家,刻有《盛此公集》《王王屋文集》《黄汉臣集》《天中四君子集》《赖古堂文选》等书多种,在邵武也有刻书。

清顺治四年(1647)冬,周亮工以荐起为福建按察使,从杉关入闽。抵光泽,因受到当地抗清义军的包围,他遂留守邵武。一直到顺治五年五月,才离开邵武,赴福建按察使任,在邵武被围"凡七阅月"。顺治九年(1652),闽藩耿精忠叛卒由杉关进逼邵武,周亮工以福建右布政使摄建南道,诣叛军大营谕降。

周亮工在两次驻节邵武期间,修复了邑人、宋代文学理论家严羽的诗话楼,并在此刻印了宋严羽撰《沧浪吟》一卷、《沧浪诗话》一卷,即今国家图书馆所存顺治十年(1653)周亮工诗话楼刻本。题"浚水周栎园先生重订授梓,宋严沧浪先生全集,诗话楼藏板"。行款为半叶八行,行十八字,白口,

---

①福建省地方志编纂委员会编《福建省志·出版志》载:"〔明〕光泽刘缙:明洪武二十年(1387)刊其乡先贤危德华《北溪》《观海集》若干卷。"载福建人民出版社 2008 年版,第 37 页。

四周单边。此之前,他又刻印与其门人邵武郑伦、杨翰、朱宿等人相互往来唱和的诗集,名为《万山中诗》,不分卷。咸丰《邵武县志》载:"杨凌飙,庠生,善诗。周亮工备兵驻樵,凌飙与同学张孟玖、朱宿皆受知焉。……其后凌飙卒,亮工悼之以诗云:'唾地新词贮锦囊,高楼君自拜沧浪。文人命薄将军死,谁赋城南旧战场。'盖谓此也。凌飙诗无稿,亮工所刻《万山中诗》一帙,今亦亡。"①周亮工序称:"若樵士之更迭咏酬,篇章尤富。余曾为集《万山中诗》一帙,亦刻于兹楼中。"②这表明此集与《沧浪吟》同刻于邵武诗话楼。又周亮工《闽小纪》卷四《黄秋声》中云:"元季词人辈出,而邵武有黄镇成,诗多奇警。《秋声集》十卷,佳句叠出。……惜梨枣朽腐,予属邵武司理何涵斋刻之郡中,更为建秋声亭于熙春山,祀其上。"③故黄镇成《秋声集》的刊行与周亮工也有关系。

周亮工乃清初文坛一大家,《大清一统志》卷三二四、乾隆《江南通志》卷一七二等有传,清名士、闽县林佶有《名宦户部右侍郎栎园周公传》,载《朴学斋诗稿》卷末。其在邵武的事迹,光绪《重纂邵武府志》、咸丰《邵武县志》均有若干零星记载,主要事迹已如前所述。

上文所引《邵武县志》卷一四认为《万山中诗》一书"今亦亡",实际上,此书并未亡逸,今中国社会科学院文学研究所图书馆仍存该书清顺治四年刻本。

徐时作

徐时作(1696—1776),字邺侯,号筠亭,室名啸月亭、崇本山堂。清邵武府建宁县人。雍正五年(1727)进士。历任成安、邢台知县,开州、沧州知州。所至修学舍,兴教化,修志书,治绩显著。

乾隆二十年(1755),徐时作刻印同邑刘风起撰《石溪史话》八卷《补遗》四卷,建宁崇本山堂刻本。卷前序署"乾隆十有七季孟冬朔筠亭徐时作序",每卷卷首第二行均题"潏江刘风起兰村甫著,潏江徐时作筠亭甫订"。

①〔清〕李正芳、张葆森等:(咸丰)《邵武县志》卷一四《人物志》,《福建师范大学藏稀见方志丛刊》第25册,北京图书馆出版社2008年版,第494页。
②〔清〕周亮工:《樵川二家集序》,郭绍虞:《沧浪诗话校释》,人民文学出版社1983年版,第270页。
③〔清〕周亮工:《闽小纪》卷四《黄秋声》,福建人民出版社1985年版,第76页。

瀷江、瀷溪均建宁别称,《四库全书总目》将此称为"瀷宁"①,乃杂取"瀷江"与"建宁"之名,从而造成与江苏瀷宁混淆。此书今福建省图书馆存完本,收入《四库全书存目丛书》史部第 292 册。

乾隆三十年(1765),刻印自著《菉堂节录》二十卷,版式为十行二十字,白口,四周双边,单黑鱼尾,下镌书名及卷次。封面镌:"乾隆乙酉年锓,菉堂节录,崇本堂藏板。"有乾隆三十年徐时作自序。收入《四库未收书辑刊》第 7 辑第 14 册者,系乾隆三十六年后印本。卷首有乾隆辛卯王鸣盛序,称:"建宁徐先生以名进士为循卓吏,既归田,益肆力稽古,纪事纂言,老而弥笃。寄所刻《菉堂节录》二十卷见示,盖先生读书之室曰'咏菉堂',因以名其书云。"②

乾隆三十一年(1766),又补订并刻印元邵武黄镇成《尚书通考》十卷,徐时作崇本山堂刻本。邵氏《增订四库简明目录标注》卷二著录。

乾隆三十二年,徐时作刻印明陈第《毛诗古音考》四卷附《读诗拙言》。《四库全书总目》著录《毛诗古音考》称:"初,第作此书,自焦竑以外,无人能通其说,故刊版旋佚。此本及《屈宋古音义》,皆建宁徐时作购得旧刻,复为刊传。虽卷帙无多,然欲求古韵之津梁,舍是无由也。"③《四库全书》所收,即以此刻本为底本著录。赵万里先生著录:"《毛诗古音考》四卷附《读诗拙言》(明万历刻本)。闽中陈第季立编辑,金陵焦竑弱侯订正。焦竑序(万历丙午[三十四年]),自序,自跋(同上)。半叶十行,行二十字。《四库》据建宁徐时作重刻本著录,此则原刻本也。"④又著录云:"《屈宋古音义》三卷(明万历刻本),闽中陈第季立著,金陵焦竑弱侯阅。焦竑序(万历甲寅[四十二年]),自序(万历癸丑[四十一年]),自跋(万历甲寅[四十二年])。款式与前书同。此二书极通行,然原刊颇罕见,故并著之。"⑤

徐时作在外地的刻书,有乾隆八年(1743)刊印的《沧州志》十六卷。该书由徐时作主修,胡淦等参纂。此志书体例完备,史料具体翔实。

①〔清〕永瑢等:《四库全书总目》卷九〇,中华书局 1965 年版,第 768 页。

②〔清〕王鸣盛:《菉堂节录序》,《四库未收书辑刊》第 7 辑第 14 册,第 490 页。

③〔清〕永瑢等:《四库全书总目》卷四二,中华书局 1965 年版,第 365 页。

④冀淑英等主编:《赵万里文集》第 3 卷,上海科学技术文献出版社、国家图书馆出版社 2012 年版,第 567 页。

⑤冀淑英等主编:《赵万里文集》第 3 卷,上海科学技术文献出版社、国家图书馆出版社 2012 年版,第 567 页。

徐时作著作还有《闲居偶录》十二卷、《崇本山堂诗钞》十卷等，今均有乾隆年间自刻本存世。另有《崇本山堂文集》十二卷，乾隆四十九年（1784）啸月亭刻，为其后人所刻。

徐时作事迹，传记、墓志铭均载于《国朝耆献类征初编》卷二二九；《徐筠亭自订年谱》一卷，载于《崇本山堂全集》。此外，钱仪吉编《碑传集》卷一〇二、民国《福建通志·循吏传》卷一二、民国《建宁县志》卷一〇《宦绩》等，也有其小传。

朱仕玠

朱仕玠（1712—1773），字璧丰，号筼园、筼园野人等，建宁县人。乾隆十八年（1753）拔贡生，授德化教谕。乾隆二十八年（1763），调台湾凤山县学。次年夏，以母丧去任。服阕，补尤溪，兼管鳌峰书院膏火。后升任河南内黄知县，未及赴任而卒，年六十二。朱仕玠幼敏慧，通经史百家。其弟郭仕琇工古文，他则专意于诗。著《筼园稿》《筼园删稿》《溪音》《小琉球漫志》《龙山漫录》等。其事迹见于《清史列传》卷七二、清钱林《文献征存录》卷五、朱仕琇《梅崖居士文集》卷一二《筼园先生墓志铭》、《重修台湾省通志》卷九《人物志》等。

乾隆二十二年（1757），朱仕玠以其伯父朱霞双笏山房之名辑刻《瀙溪四家诗钞》，今南京图书馆有存本。按，双笏山房在建宁松谷山。朱仕玠有《松谷杂韵》二十首，其四即《双笏山房》。诗云：“日夕爱远山，青冥逐时变。朝来雨濛濛，双峰不可见。”[1]《瀙溪四家诗钞》中的“四家”，分别为朱仕玠同邑何梅《江树诗钞》三卷、李荣英《白云诗钞》一卷，其族父朱肇璜《槎亭诗钞》二卷、伯父朱霞《曲庐诗钞》二卷。其序称：“予生四先生后，有传述之责。每读其诗，深惧其淹没而无传也。因与从兄岵庵、李君枥园共为参订，得五七言古今体若干首，寿诸梨枣，使往来瀙溪者，知荒汀孤屿之间，未始为无人也。”[2]

同年，他又刻自著诗集《溪音》十卷，书名页作“建宁朱碧峰著《溪音》，松谷藏板”。每卷末均有“受业从侄文仲恭誊写”一行。十行十九字，黑口，

---

[1]〔清〕朱仕玠：《筼园稿》卷下，《清代诗文集汇编》第317册，第88页。
[2]吴海清、张书简等：(民国)《建宁县志》卷二三《艺文》，台北成文出版社1967年版，第254页。

左右双边,单鱼尾。松谷乃建宁自然景观,又为朱氏读书处,名"松谷别业",本书卷九即有《初归松谷别业》诗二首。朱仕玠《筠园稿》卷上则有《壬戌夏杪同弟梅崖读书松谷山中慨然有作》等诗。乾隆二十二年刻本《溪音》,收入《清代诗文集汇编》第 317 册。

乾隆三十一年(1766),朱仕玠又在邵武刊行自著《小琉球漫志》十卷。书名页左下有"松谷藏板"四字,卷前有乾隆丙戌岁(三十一年)徐时作、鲁仕骥序,以及朱氏自序。朱序末署"邵武朱仕玠筠园书于里中之二如园"。卷末有其婿徐家泰跋。行款为十行十九字,小字双行同,上下黑口,左右双边,单鱼尾。今国家图书馆、厦门大学图书馆等有存。

鲁仕骥

鲁仕骥(1732—1794),初名仕骥,后易名九皋,字絜非,号山木。江西新城(今黎川)人。乾隆三十六年(1771)进士。居家养亲,十余年乃出仕。官夏县知县,有惠政,以积劳卒于官。曾赴建宁谒朱仕琇,学古文之法。

乾隆四十五年(1780),其师朱仕琇卒,因朱仕琇子均先于其父离世,故编刻其遗著的任务就落到了鲁仕骥的肩上。朱仕琇(1715—1780),字斐瞻,号梅崖,朱仕玠弟,福建建宁人。乾隆十四年进士。历任山东夏津知县、福建福宁府学教授。辞官后主讲鳌峰书院和建宁濉川书院。

乾隆四十六年(1781)春,鲁仕骥遵照其师遗命,"汇其已刻未刻遗文"[1],寄朱仕琇契友、同科进士,时任福建学政的朱珪帮助校正,并请其为此书写序。此即乾隆四十七年(1782)刻本《梅崖居士文集》三十卷《外集》八卷。半叶九行二十五字,左右双边,黑口,双鱼尾。前有乾隆四十七年朱珪序,乾隆二十二年(1758)雷铉序、林明伦序,乾隆二十四年(1759)族人朱雠序、朱仕玠序;末有朱筠撰《梅崖朱公墓志铭》及鲁仕骥撰《朱梅崖先生行状》。

此书扉页题"乾隆四十七年镌,梅崖居士全集,松谷藏板",故孙殿起《贩书偶记》著录此书即作"乾隆四十七年松谷刊"[2]。按,松谷乃建宁自然景观,又为朱仕玠、朱仕琇兄弟读书处,名"松谷别业",这在本书"朱仕玠"

---

①〔清〕朱珪:《梅崖居士文集序》,《清代诗文集汇编》第 336 册,第 179 页。
②孙殿起:《贩书偶记》卷一五,上海古籍出版社 1982 年版,第 391 页。

条已有说明。此处言"松谷",表明此书由鲁仕骥刊刻于建宁。

鲁仕骥事迹,见载于《清史稿》卷四八五《文苑》,以及清同治《新城县志》卷一〇《儒林》。徐世昌《清儒学案》卷八九载:"鲁九皋原名仕骥,字絜非,江西新城人。乾隆辛卯进士,通籍后归侍祖母及父,凡十余年终养,始谒选山西夏县知县。……其见民,煦煦告以义理,不作威厉,民听其教,县号为治。在县两年,乾隆五十九年卒,年六十三。先生敦行谊,谨于规矩。初受古文法于建宁朱梅崖,而自傅以己之所得,持论中正。授其学于子弟及乡之隽才。谒惜抱于江宁,使其甥陈用光师事焉。新城古文之学日盛,自先生开之。所著曰《山木居士集》。"①

高澍然

高澍然(1773—1841),字时野,号甘谷,晚号雨农。光泽人。嘉庆六年(1801)举人,援例为内阁中书舍人,历官半载,因父丧而不复出仕。家居期间,"念先人行谊恐久而晦,集《家录》一帙,梓行于世"②。因《光泽县志》八十年失修,他应邀主纂,"书成,识者谓高出诸志"③。道光九年(1829),他应福建总督孙尔准、总纂陈寿祺之请,参加《福建通志》的编纂。此后,先后历任厦门玉屏、邵武樵川、光泽杭川等书院讲席。其生平,载《清史稿》卷四八五《文苑传》。

高澍然著述丰富,其自刊者有:嘉庆十七年(1812)刻印《诗音》十五卷,今福建师范大学图书馆存,题光泽高氏家刻本;道光七年(1827)刻印《春秋释经》十二卷,题光泽高氏刊本,亦存福建师范大学图书馆;道光十六年(1836)刻印《韩文故》十三卷首一卷,孙殿起《贩书偶记》著录为"道光丙申抑快轩刊,卷五卷六皆分上下"④。据民国《福建通志·文苑传》卷八《高澍然传》,高氏著作"梓行"者,即以上三种。"未梓"者有,《易述》十二卷、《诗考异》三十卷、《论语私记》二卷、《河防三编》各一卷、《福建历朝宦绩录》四十卷、《闽水纲目》十二卷图一卷、《李习之文读》十卷、《抑快轩文集》七十四

①徐世昌等:《清儒学案》卷八九《惜抱学案》,中华书局 2008 年版,第 3565 页。
②沈瑜庆、陈衍等:(民国)《福建通志·文苑传》卷八,1938 年刊本,叶 23A。
③沈瑜庆、陈衍等:(民国)《福建通志·文苑传》卷八,1938 年刊本,叶 23A—B。
④孙殿起:《贩书偶记》卷一三,上海古籍出版社 1982 年版,第 320 页。

卷①。按,此处"已梓"和"未梓"系以高氏在世时是否刊刻为界限。其中所谓"未梓"者,在高氏去世后,仍有其后人或友人为其刊行,如《李习之文读》十卷,今存同治十年其门人、闽县刘存仁刻本,即为一例。

周揆源

　　周揆源(1789—?),字铁臣,沔阳(今属湖北)人,道光六年(1826)进士。历官刑部主事、邵武知府、福建按察使。清咸丰元年任邵武知府,于咸丰三年(1853)刻印《樵川四家诗》四种八卷,分别为宋严羽《沧浪集》三卷,宋严粲《华谷集》一卷,元黄镇成《秋声集》三卷,元黄清老《樵水集》一卷,存本今甚为罕见,唯清华大学图书馆、南京大学图书馆有存本,称为蕉堂刊本。另据民国《福建通志·文苑传》卷八载,邵武人王臣鹄字莘夫者,能诗,周揆源守邵武日,"尝题其诗,谓有'流水落花意,闲云野鹤心'。分巡延平,延至道署,相与论古。卒,为立传,刊其诗于《蕉堂同咏集》"②。由此可知,周氏又曾刻印《蕉堂同咏集》一书。

　　按,蕉堂原名旧雨堂,在邵武府署内。清康熙间周亮工按闽驻节邵武期间,于此种蕉数百本,易名为"蕉堂"。周亮工《赖古堂集》中有《戊子上元独坐旧雨堂感怀四首》《蒋赤臣比部吴岱观孝廉集蕉堂》《再至蕉堂》《三至蕉堂》等诗多首,另有《题蕉堂图》文多篇。其《题蕉堂索句图》云:"丁亥冬初,予由江右入杉关,抵邵武。时寇遍郊圻,予困守孤城者八阅月。……寓署旧有小堂,蕉百本丛之,予少为修饰,益种蕉数百本。于其中,成《同书》四卷、《字触》六卷、《蕉堂诗》一卷,《翼扬》二卷成其半。于时读书赋诗,殊自适也。"③

　　周揆源知邵武期间,颇有政绩,曾新建东郊石岐山行春关。光泽何秋涛撰《新建行春关记》,称其"修明纪纲,百废具举"④。周揆源能诗,其行亦颇类周亮工在邵武日,对邑中先贤严羽、黄镇成等亦甚为崇敬,故能刻印其诗行世。咸丰《邵武县志》存其《诗话楼》诗一首,云:

---

①沈瑜庆、陈衍等:(民国)《福建通志·文苑传》卷八,1938年刊本,叶26B。

②沈瑜庆、陈衍等:(民国)《福建通志·文苑传》卷八,1938年刊本,叶20B。

③〔清〕周亮工:《赖古堂集》卷二三,上海古籍出版社1979年版,第855—856页。

④〔清〕李正芳、张葆森等:(咸丰)《邵武县志》卷一《疆域志》,《福建师范大学藏稀见方志丛刊》第24册,北京图书馆出版社2008年版,第133页。

沧浪高躅杳难寻，独有危楼一水临。

溪挟滩声催橹急，鸟含秋意入林深。

茫茫云树江天色，渺渺烟波楚客心。

解识个中诗趣味，休教往古薄来今。①

张际亮

张际亮（1799—1843），字亨甫，三十七岁时易字亨辅，号松寥山人、华胥大夫，建宁县人。肄业于福州鳌峰书院，为山长陈寿祺所器重。道光十八年（1838）举人。与桐城派姚莹相交甚厚。姚莹因事下狱，张际亮抱病为之奔走，不久姚莹事白出狱，张际亮喜极狂饮而卒。传载《清史稿》卷四八六《文苑传》、姚莹《张亨甫传》（载《思伯子堂诗集》卷首）、清缪荃孙《续碑传集》卷七八、民国《福建通志·文苑传》卷九。

嘉庆二十一年（1816），张际亮在建宁刻印其诗集《蚕缲集》。高澍然《松寥山人诗初集序》云："亨甫年十八，梓其诗曰《蚕缲集》。盖善学太白，兼古乐府。"②据民国《福建通志·艺文志》卷六六著录，张际亮早年的诗集多为其自刊，有《松寥山人初集》十卷，道光四年（1824）刻印于福州。题"道光甲申晴雪山房刊"③，收其嘉庆二十年（1815）至道光四年（1824）十年间所作诗六百首④。张绅、高澍然、何长载为之序。道光八年（1828），又刻印《娄光堂稿》。据门人李云诰编《年谱》："自乙酉起原梓为四卷，名《娄光堂稿》，后因名称不雅，自易名为《松寥山人诗二录》，改编三卷⑤。"道光十三年（1833），在广州刻印《南来诗录》⑥，见郑开禧《南来诗录序》、吴兰修《南来诗录跋》⑦。张际亮自序《南来诗录》云："往岁甲申，尝梓其诗六百首于福州。其后戊子，复梓其诗三百首于京师。顷自大梁之粤东，友人多索其

---

①〔清〕李正芳、张葆森等：(咸丰)《邵武县志》卷一《疆域志》，《福建师范大学藏稀见方志丛刊》第24册，第143—144页。

②沈瑜庆、陈衍等：(民国)《福建通志·艺文志》卷六六，1938年刊本，叶17B。

③孙殿起：《贩书偶记》卷一七，上海古籍出版社1982年版，第454页。

④〔清〕张际亮：《张亨甫全集》卷二《松寥山人诗集自序》，《清代诗文集汇编》第601册，第418页。

⑤〔清〕李云诰：《张亨甫先生年谱》，《北京图书馆藏珍本年谱丛刊》第150册，北京图书馆出版社1999年版，第549页。

⑥一作《豫粤游草》，见姚濬昌：《思伯子堂诗集后序》，《思伯子堂诗集》卷首，《清代诗文集汇编》第601册，第6页。

⑦〔清〕张际亮撰，王飚标点：《思伯子堂诗文集》，上海古籍出版社2007年版，第1447—1448页。

旧刻无以应,因复出道路间所作百余首付梓。"①徐珂《张亨甫诗文甚富》一文曰:"建宁张亨甫孝廉际亮诗文甚富,其自刻者,为《松寥山人初集》《南来诗录》《娄光堂》数种。云垂涛涌,不可方物。以选拔入都,报罢后读书西山,敛才蓄气,务为函深峻洁之语。"②道光十七年(1837),他又在京刻印其诗集《匡庐游草》,收诗一百五十首③。

张际亮生平自刻书,正如门人李云诰所说:"先生诗万余首,已刻《松寥》《娄光》《南来》《匡庐》《金台残泪记》《翠眉》六种,约千四百余首。"④

道光二十三年(1843)冬,张际亮不幸患病逝世。他的部分作品,于咸丰间由其乡人孔寄吾编为三十四卷,名《张亨甫全集》,在福州刊行于世。由他自编的《思伯子堂稿》,历经坎坷曲折,在同治八年(1869)被编为《思伯子堂诗集》三十二卷,由姚莹之子姚濬昌在安福刊印出版。

据民国《福建通志·艺文志》卷六六著录,张际亮又曾与建宁名宿、族兄张绅刻印鄢翰撰《鄢墨林遗草》四卷。著录云:"《鄢墨林遗草》,建宁鄢翰著。《怡亭文集》云:'墨林于诗含清和明秀之气。其为思也,靓深;其为言也,安雅;为人介介自持有志。'……案,同里张绅、张际亮为刊其集。"⑤然而,查考张绅《怡亭文集》卷七,有《鄢墨林遗草序》⑥,知张绅仅为其作序。又查考张际亮《鄢墨林遗诗序》,知此书实乃墨林之弟鄢乘之所刻。序中有云:"墨林少尝与先五兄同学,尝一再至余家。……又数年,墨林之兄接之间与余倡和。……墨林有弟乘之,又间与余往还。先是,接之远宦于外,不得意,归。常思墨林,则以其遗诗乞叙于吾家怡亭及光泽高雨农,以慰其思。今乘之将梓墨林诗,复乞叙于余。"⑦由此文可知,《鄢墨林遗草》实为鄢乘之所刻,张绅、张际亮者只是为其分别作序而已。

①沈瑜庆、陈衍等:(民国)《福建通志·艺文志》卷六六,1938年刊本,叶17B。
②〔清〕徐珂编撰:《清稗类钞》第8册,中华书局1986年版,第3882页。
③〔清〕李云诰编:《张亨甫先生年谱》,《北京图书馆藏珍本年谱丛刊》第150册,第552页。
④〔清〕李云诰编:《张亨甫先生年谱》,《北京图书馆藏珍本年谱丛刊》第150册,第559页。
⑤沈瑜庆、陈衍等:(民国)《福建通志·艺文志》卷六六,1938年刊本,叶14A。
⑥〔清〕张绅:《鄢墨林遗草序》,《怡亭文集》卷七,《清代诗文集汇编》第543册,第53页。张绅(？—1832),字怡亭,号岩山,建宁人,师从朱仕琇。少慕豪侠,遇不平事必挺身而出。年二十三得重病复逾,自此励志业儒,肆力于古诗文。其文为李祥麃、姚莹所赞赏。著有《怡亭诗集》六卷《文集》八卷。传载《清史列传》卷七二、民国《福建通志·文苑传》卷八。
⑦〔清〕张际亮:《张亨甫文集》卷二《鄢墨林遗诗序》,《清代诗文集汇编》第601册,第413页。

何长聚

何长聚（1802—?），字焕奎，号鑫园，光泽县人，师事张绅、高澍然。授例候选知府。著有《鑫园诗集》四卷，有咸丰元年（1851）刻本，今中国科学院图书馆藏。

道光年间，何长聚刊刻其师高澍然撰《韩文起》十三卷。清施鸿保撰《闽杂记》卷八载："道光时，光泽高澍然舍人尝评注韩文，名《韩文起》。何长聚太守为之付梓，藏板其祠。庚戌（1850）祠毁，板亦俱烬，故传本绝少。按康熙时闽县林西仲评注韩文，亦名《韩文起》，与所注《楚辞灯》《庄子因》及《古文析义》并行于世，不知舍人何以袭其名也。"[1]按，高澍然所撰，有《韩文故》《韩文起》，均十三卷。《韩文故》十三卷，今吉林大学图书馆、北京大学图书馆有存本，道光十六年（1836）刊，八行二十四字，白口，四周双边。《韩文起》十三卷，今天津图书馆存清刻本，版式与《韩文故》同。

《光泽县志》载，其时县内溺女婴风比其他县更盛，何长聚作《戒溺女歌》以劝收养遗婴。他又创建育婴堂，竭力经理，三年建成，成活婴儿无数，使溺女风得以平息。"修文庙，建杭川书院，修理县署及东西大桥、镇岭浮桥，均捐赀襄事。生平笃于实学，事同邑高澍然二十年，益敦践履，为文得韩昌黎真气，著有《鑫园诗文集》及《乐事录》《义仓序》《音乐管见》《离骚解》若干卷。道光二十九年（1849）旌表入祀忠义孝悌祠"[2]。

徐兆丰

徐兆丰（1836—1908），字乃秋，江苏江都人。同治十三年（1874）进士，改庶吉士，居刑部十余年。后外任温州、邵武知府，延建邵道御史，以劳致疾，卒于任。徐兆丰能诗，善画梅，著作有《风月谈余录》六卷。

光绪二十四年（1898），在邵武知府任上，以徐榦刻本为底本，徐兆丰刻印宋严羽撰《沧浪诗话》一卷。徐兆丰自跋云："宋严仪卿先生所著《诗话》一卷，传世久矣，国朝《四库全书》亦经收录。癸巳之秋，余于杭州书肆，得邵武徐氏小勿复刻本。阅丙申夏，调守斯郡，暇日访沧浪亭，登诗话楼，山

①〔清〕施鸿保撰，来新夏校点：《闽杂记》卷八，福建人民出版社1985年版，第118页。
②〔清〕纽承藩等：（光绪）《光泽县志》卷一五《列传》，台北成文出版社1974年版，第1086—1087页。

色溪声,一空尘块,适与先生清风亮节相为辉映,不禁低徊久之。暨有续修郡志之役,求先生遗书不可得,即《诗话》一种,郡中亦无刊本。爰出箧中所藏,付之梓人,以广流传。庶后之学者,识所指归,于以疏瀹性灵,不为尘俗所蔽,似于诗道,不无小补。若因读书论世,而深尚友之思,则其获益又不仅词章之末已也。光绪戊戌夏日,后学江都乃秋氏徐兆丰识于樵川郡署之师竹轩。"①

按,徐兆丰乃清末见于府志记载的最后一任邵武知府,盖因光绪《邵武府志》乃其所纂之故,而此后,府志再无续修之举。该志卷一四《职官》载:"知府,徐兆丰,江苏江都人。同治甲戌(1874)翰林,(光绪)二十二年(1896)任。"②

光绪二十六年(1900),徐兆丰调任福州知府。今于山大士殿左有"九仙胜迹"摩崖石刻,后有小字云:"光绪庚子二月,郡守江都徐兆丰偕大兴程祖福……同登九仙山。"③

何　梅

何梅(生卒年未详),字雪芳,建宁县人。康熙三十五年(1696)举人,曾官建阳教谕。《竹间十日话》卷二载,何梅曾将邑中诗人丁之贤、朱国汉二人诗集合刻,"名为《绥安两布衣集》"④。《全闽诗话》卷八则云:"何梅选《绥安两布衣集》,其一为丁之贤,字德峰。"⑤清徐祚永《闽游诗话》载:"建宁何梅,字雪芳,康熙丙子举人。著《江村集》,有句云:'竹深斜见塔,寺近静闻钟。'雪芳一目稍斜而上视,其仆重听,名细聋,时人因摘此二语为欢笑。雪芳诗自谓学高青邱,于人亦少所许可。有以诗就正者,只举笔圈五字,其句云:'秋在数家村。'雪芳官建阳教谕。建阳朝天桥侧,宋谢叠山先生卖卜处也,雪芳为立碑表之,赋《卜肆行》,一时名士多和焉。"⑥此刻本二卷,题为《绥安二布衣诗》,今福建省图书馆存民国重刊本。

---

①郭绍虞:《沧浪诗话校释》,人民文学出版社1983年版,第275页。

②〔清〕王琛、徐兆丰等:(光绪)《重纂邵武府志》卷一四《职官》,上海书店出版社2000年版,第244页。

③黄荣春主编:《福州十邑摩崖石刻》,福建美术出版社2008年版,第46页。

④〔清〕郭柏苍:《竹间十日话》卷二,海风出版社2001年版,第29页。

⑤〔清〕郑方坤编,陈节、刘大治点校:《全闽诗话》卷八,福建人民出版社2006年版,第444页。

⑥〔清〕徐祚永:《闽游诗话》卷上,福建人民出版社2012年版,第171页。

民国《建宁县志》卷一六《文苑》载其小传,略云:"(何梅)聪颖过人,善属文,尤精诗学。胶东高茂苑视学闽中,聘与甲乙。……年四十举于乡……后教谕建阳,崇礼先贤。尝往朱林,督修朱子墓。立谢叠山先生卖卜碑于朝天桥侧。"①

黄利通

黄利通(生卒年未详),字资万,号顺庵,邵武人。乾隆四十三年(1778)进士,历官延平、汀州教授。从邑人陈尧俞学。乾隆五十八年(1793),刻印其师《若庵诗集》六卷,今福建省图书馆存。按,陈尧俞,字迪光,号若庵。其笃行力学,工古文辞,尤长于诗。家贫授徒,曾掌教邵武樵川书院,所造尤多。乾隆六年(1741),陈尧俞由拔贡萃科北上,名闻都中。

咸丰《邵武县志》载黄氏生平曰:"黄利通,字资万,号顺庵。少读书旧渠村,尝拒夜奔者。及籍诸生,有声。乾隆乙酉(1765)拔贡。越明年,朝考二等。庚寅(1770)举于乡,座主为朱笥河先生,特器之,勉以著述。戊戌(1778)成进士,以母老改教职,历官延平、汀州教授。其教士也,惟本敦行谊,励名节。作《续师说》训诸生。大意谓昌黎传道、授业、解惑,不足蔽师义;如杨子云'师者,人之模范',其庶几焉。迨解组归,所得俸悉置祭田。并梓其师陈若庵《诗集》。年至七十,犹勤著述,有《自怡堂文集》若干卷。"又附高澍然论曰:"教授,七品秩也,然秩卑而为人模范,其职岂易称哉! 余试会城,见二郡人士咸称黄学师不去口。嘉庆七年,始获谒见。亲炙未久,而先生遽归道山矣。每读先生《续师说》,辄想见其为人。"②据民国《南平县志》卷七《职官志》,黄利通任延平府学教授,时在乾隆四十九年(1784)。

邹一枚

邹一枚(生卒年未详),字应卜,号悦岩。乾隆间邵武诸生。咸丰《邵武县志》载:"(邹一枚)品端学粹,安贫乐道。乾隆庚寅(1770),太守张续修郡志,枚襄校雠。甲午,太守鞠访求遗逸,雅慕其名,造庐纵谈,欢若平生,时人两贤之。性尤孝友严正,抚恤宗族,不避横逆。素敦古谊,尝捐馆金刊乡

①吴海清、张书简等:(民国)《建宁县志》卷一六《文苑》,台北成文出版社1967年版,第169页。
②〔清〕李正芳、张葆森等:(咸丰)《邵武县志》卷一四《人物志》,《福建师范大学藏稀见方志丛刊》第25册,北京图书馆出版社2008年版,第502—503页。

先辈施则威《史测》十四卷。辛酉(1801)游武夷,著有《游岩草》六卷,夷山僧正辉为之梓行。外有《批点史记》《毛诗解说》《古文词》,未刊。"①

邹一枚刻本《史测》,全称《澂景堂史测》,共十四卷。据《清代禁书总述》,此书因"序内有推重金堡之语,殊为谬妄",于乾隆四十七年(1782)被四库馆奏准抽毁②。金堡(1614—1680),字道隐,号卫公,仁和(今杭州)人。明崇祯进士。明亡出家为僧。释名今释,字性因,号淡归。因入清后仍与新朝对抗,故其著作,受到禁毁。邹一枚刻本《史测》,因此受到株连。而此书康熙朝的施鸿(则威)自刻本,却入选《四库全书》史评类存目二③,其差别在于卷前是否有涉及金堡之序。此可谓清代文字狱的一大奇事。

朱 霞

朱霞(生卒年未详),字天锦,号曲庐,邵武府建宁县人。今存乾隆《建宁县志》,即其与廖其义合纂。康熙六十一年(1722),朱霞以绥安双笏山房的名号刻印《樵川二家诗》四卷、严羽《沧浪诗话》一卷附录一卷。所谓"二家诗",分别为宋严羽《沧浪集》二卷、元黄镇成《秋声集》二卷。版式与周亮工刻本相同,乃据周本翻刻,今国家图书馆、福建省图书馆均有存本。又刻印《绥安二布衣诗钞》二卷。其中清丁之贤撰《丁布衣诗钞》一卷,清朱国汉撰《朱布衣诗钞》一卷,见于《中国丛书综录》著录④,今国内存本较多。

《四库全书总目》著录《樵川二家诗》,称"国朝朱霞编。案《浙江通志》载'朱霞,建德人。顺治乙未进士',未知即此人否也"⑤,是将其时两位姓名偶同的朱霞混为一人。光绪《重纂邵武府志》卷二一《儒林》载:"朱霞,字天锦,号曲庐,庠贡生。好流览载籍,购书充栋,孝友好礼。建宁所传二布衣,其一即霞祖也。父名家端,早弃世。霞为布衣,承重孙,服事益尽职。事母蒋孺人,五十年无间。孺慕,于丧尤谨。见世俗脱略丧礼,每慨然曰:'迁古礼而不遵,所谓以旧防为无用而去之也。'于是采辑《礼经》及先儒之言,折衷《朱子家礼》,斟酌时宜,著《勉致摘述》三卷、《勉致问答》三卷。其

①〔清〕李正芳、张葆森等:(咸丰)《邵武县志》卷一四《人物志》,《福建师范大学藏稀见方志丛刊》第25册,北京图书馆出版社2008年版,第505页。
②王彬:《清代禁书总述》,中国书店1999年版,第108页。
③〔清〕永瑢等:《四库全书总目》卷九〇,中华书局1965年版,第766页。
④上海图书馆编:《中国丛书综录》第1册,上海古籍出版社1982年版,第875页。
⑤〔清〕永瑢等:《四库全书总目》卷一九四,中华书局1965年版,第1770页。

书自养疾至殡葬及哀服、奠吊之仪，期功服制之差皆备，简要可行。友于二弟，居无异财，叔弟客死，伤痛惨怛，有《哀鸰歌》四十首为悼弟也。霞才豪喜事，见有义不可已者勇为之。修学宫及建朱子祠，悉其力也。所著书自《勉致摘述》《问答》外，有《拟县志稿》十卷，选《闽海风雅》三十卷、《樵川二家诗》四卷、《绥安存雅》四卷、《庙学全书》二卷、《闽海杂记》十六卷、《勉贻集》二卷、《曲庐诗集》二卷。"①

文中所言《闽海风雅》三十卷，据今存本，应为十卷。今存本为清雍正十三年（1735）刻本，正文题署"绥安朱霞天锦辑录，黄度于叔编订"。九行二十一字，四周双边，白口。今福建省图书馆有存，美国国会图书馆也有存本②。

五、在外地刻书的邵武军（府）人

宋　代

叶武子

叶武子（？—1246），字成之，或作文之，号息庵，邵武人，朱熹门人。嘉定七年（1214）进士，历任郴州教授、湖南盐茶提举、建宁府通判、处州知州等。为政能关心民瘼，废除苛政。任郴州教授期间，曾刻印朱熹《四书集注章句》一书为诸生课业。黄宗羲《宋元学案》卷六九《沧洲诸儒学案》载其受业朱子，"嘉定甲戌，擢甲科。调郴州教授，一以《白鹿洞学规》为诸生准程，刻《四书集注章句》以授之"③。

嘉定末至宝庆初，叶武子官建宁府通判，又刻印府学教授叶大庆（字荣甫）《考古质疑》。原刻本已逸，清初四库馆臣从《永乐大典》中辑得74条，厘为六卷，即今存《四库全书》本。书中尚存宝庆二年（1226）叶武子所作序，及淳祐四年（1244）叶大庆之子叶释之所作重刻本序。

叶武子序云："同舍叶君荣甫，以经学蜚声六馆，人知诵其文，叹其辞藻

①〔清〕王琛、徐兆丰等：（光绪）《重纂邵武府志》卷二一《儒林》，上海书店出版社2000年版，第450页。
②范邦瑾：《美国国会图书馆藏中文善本书续录》，上海古籍出版社2011年版，第334页。
③〔清〕黄宗羲：《宋元学案》卷六九《沧洲诸儒学案》，中华书局1986年版，第2305页。

之胜,而所学之原委,则未之或知也。予赘丞古建,而君为郡博士。一日,出示所著《考古质疑》一编,予细玩之,则考订详密,援引该博,而议论精确,往往出人意表,盖不独为应举计而已。予乃知君用功之深,其成名岂偶然哉! 夫学问淹贯,然后议论卓越,而辞藻需然。学者志于应举,读君之文,当参此书以求,君之用功,其于科第何远之有! 苟不务根本,徒事枝叶,而欲争先多士,是犹操卮酒豚蹄,而祝瓯窭满篝,多见其不知量也。屡阅不已,因书其后而明之。宝庆丙戌良月,樵阳叶武子文之题。"叶释之在序中则提到,其父叶大庆"先君府教,幼冠乡书。继升国学,垂成舍选。……比分教予建,建素多士,竞相传写,笔札不给,文之先生叶公为锓诸梓"[1]。

叶武子序中所说"予赘丞古建",考嘉靖《建宁府志》,实为其任建宁府通判。时在宋嘉定末到宝庆初[2],此亦叶武子将此书"锓诸梓"的时间。

叶武子事迹,见载于《闽中理学渊源考》卷二三、乾隆《福建通志》卷四八。

廖莹中

廖莹中(? —1275),字群玉,号药洲,邵武人。为贾似道幕客。廖氏于宋咸淳间(1265—1274)刻有《春秋》《论语》《孟子》,以及法帖多种。今国家图书馆存其咸淳刻唐韩愈撰《朱子校昌黎先生集》四十卷《外集》十卷《遗文》一卷、《朱子校昌黎先生集传》一卷;唐柳宗元撰《河东先生集》四十五卷《外集》二卷。版式均为半叶九行,行十七字,小字双行同,白口,四周双边。廖氏所刻书在版心下均刻有"世彩堂"三字,世称"世彩堂本",被藏书家视为宋版书中的上品。周密《志雅堂杂抄》载:"廖莹中群玉,号药洲,邵武人。登科为贾师宪平章之客,尝为太府丞,知某州,皆以在翘馆不赴。丁咸淳间尝命善工翻刻《淳化阁帖》十卷、《绛帖》二十卷,皆逼真,仍用北纸佳墨模拓,几与真本并行。又刻小字帖十卷,王楠所作《贾氏家庙记》、卢芳春所作《秋壑记九歌》;又刻陈简斋去非、姜尧章、任希夷、庐柳南四家遗墨十三卷,皆精妙。先是,贾师宪用婺州碑工王用和翻刻定武《兰亭》,凡三年而后成。至酬之以勇爵,丝发无遗恨,几与定武相乱。又缩为小字刻之灵壁石板,于

①〔宋〕叶大庆撰,李伟国点校:《考古质疑》,中华书局 2007 年版,第 275—276 页。
②〔明〕夏玉麟、汪佃:(嘉靖)《建宁府志》卷五《官师》,《天一阁藏明代方志选刊》第 27 册,上海书店 1964 年版,叶 14B。

是群玉《兰亭》遂冠诸帖。世彩堂盖其家堂名也。其石后为泉州蒲寿庚航海载归闽中，途次被风，坠江中。或尚在，特不全耳。"①

世彩堂之名源于宋儒廖刚所居之室名。明正德《顺昌邑志》载："世彩堂，在县西靖安都，宋廖刚所居之堂。刚世享眉寿，相继见曾玄孙。作堂匾曰'世彩'。时士大夫皆赋诗以歆美之。绍兴六年（1136），诗集经高宗御览，因名曰《御览世彩堂诗集》。"②

笔者曾收集到两册残缺的《廖氏族谱》，其中录有题为《世彩堂》的两首诗，为诸罗教谕新亭叶□所作（按，《顺昌邑志》卷一〇《词章志》题为朱震作）。廖刚（1070—1143），字用中，号高峰，顺昌人。少从陈瓘、杨时学。崇宁五年（1106）举进士，历任监察御史、兴化军知州、吏部员外郎等职，传见《宋史》卷三七四。

廖氏一门多长寿，廖刚时已出现了五世同堂，他因此将室名取为"世彩"。宋末刻书家廖莹中将其刻书处命名为"世彩堂"，典正出于此。由此可见，廖莹中当为廖刚的后裔。据残存《廖氏族谱》载，廖氏子孙有一枝迁居邵武、建阳一带。今离邵武界仅五公里处的建阳麻沙江坊村，尚有廖氏子孙居住。

明　代

高　诚

高诚（生卒年未详），邵武人。永乐元年（1403）举人。明正统十年（1445），任沅陵县丞时刻印元余阙（1330—1358）所撰《青阳先生文集》九卷《青阳先生忠节附录》二卷。前有高谷引，王汝玉、程国儒、李祁序。"黄荛圃尝谓公集以是本为最善。"③今国家图书馆、北京大学图书馆均有存本。行款为半叶十二行，行二十二字，黑口，四周双边。《四部丛刊续编》本即据此影印。

序者高谷，称高诚为"宗侄"。序云："先友吴陵张君彦刚，好古尚贤，尝裒辑公之遗文，镂板以传，然其所作散佚四方，弗克尽睹其全，君恒以为憾，

①〔宋〕周密：《志雅堂杂抄》卷上，清伍崇曜刊《粤雅堂丛书》第 1 集，叶 3B—4A。
②〔明〕马性鲁：(正德)《顺昌邑志》卷七《宅墓志》，福建顺昌县志编委会 1985 年版，第 110 页。
③张元济著，顾廷龙编：《涉园序跋集录》，古典文学出版社 1957 年版，第 240 页。

至今又数载矣。予宗侄沅陵县丞诚,盖闻彦刚之风而兴起者,临民稍暇,复取忠宣公文集,讹者正之,伪者去之,损者补之,遗者益之,积累既久,仍寿诸梓,其意不亦美哉!"①

咸丰《邵武县志》卷一二《选举志》载:"永乐元年癸未科,高诚,以岁贡中应天府乡试,官潮州知州。"②

谢　颖

谢颖(生卒年未详),字世昭,邵武人。景泰四年(1453)举人。历官钱塘知县、惠州同知。成化十年(1474),刻印宋周守忠撰《养生类纂》二十二卷《养生月览》二卷。半叶十二行,行二十六字,黑口,四周双边。每卷卷首首行题书名卷几,第二行题作者"窠庵周守忠纂集",第三行题"乡贡进士钱塘县知县樵阳谢颖校正重刊"。傅增湘《藏园群书经眼录》卷九著录此书作五卷,其所见应非完本。

此刻本卷前有谢氏《重刊养生延寿诸书引》云:

> 昔窠庵周守忠编集养生延寿诸书,其示人之意至详尽矣,年远书亡,世无传者,学道之士良可叹焉。迨我国初藩府虽有刻本,奈何字迹微若粟粒,中间多所模糊,不便于览者。每欲易书重刻,以事繁剧辄止。间得乡贡进士沈澂文囵者,慨然肯为亲书。不弥月,果得录出见示。余喜其字画疏朗,遂以所录本傩工锓梓以传,用为四方好事君子修德造道万一之助云。时成化甲午孟秋,文林郎乡贡进士知钱塘县事樵阳谢颖谨识。③

今十海图书馆存,收入《续修四库全书》子部第1029册。人民卫生出版社1989年曾以谢氏刻本为底本将此书点校出版。咸丰《邵武县志》载:"谢颖字世昭……知钱塘县,催科不扰;岁歉,不待报发粟以赈。秩满,迁惠州府同知,以疾告归。巡抚朱英重其人,请于朝,得进阶朝议大夫致仕。"④

---

①沈津:《书城挹翠录》,上海社会科学院出版社1996年版,第226页。
②〔清〕李正芳、张葆森等:(咸丰)《邵武县志》卷一二《选举志》,《福建师范大学藏稀见方志丛刊》第25册,北京图书馆出版社2008年版,第37—38页。
③〔明〕谢颖:《重刊养生延寿诸书引》,《续修四库全书》子部第1029册,第505页。
④〔清〕李正芳、张葆森等:(咸丰)《邵武县志》卷一四《人物志》,《福建师范大学藏稀见方志丛刊》第25册,北京图书馆出版社2008年版,第266页。

清　代

徐　榦

　　徐榦（1827？—1889？），字伯开，又字小勿，清末邵武人。于光绪七年至十四年（1881—1888）刻印《邵武徐氏丛书》初集十五种八十六卷、二集八种六十四卷。子目详见《中国丛书综录》①，今国内存本较多。卷端题"邵武徐榦小勿校刊"，版心下方题"邵武徐氏刊"。行款为九行二十二字，左右双边，白口，单鱼尾。徐榦又于光绪八年（1882）编辑并刻印《重订昭阳扶雅集》六卷，今北京大学图书馆、苏州大学图书馆和福建师范大学图书馆等有存本。

　　光绪《重纂邵武府志》卷二〇《宦绩》载："徐榦，字伯开，一字小勿。父引之，嘉庆戊寅（1818）举人。榦由优贡考取琉球官学教习，以知县分发浙江。初试上虞县，勤敏莅事，案无留牍。再权嵊县，邑多讼，以胥吏得陋规，讼词不遵定期，榦禀请勒碑申禁，讼风稍息。尤嗜学政，暇则与诸生讲论诗赋，故二邑皆有书院小课之刻。每得古人遗籍，辄手自雠校付梓，以永其传。久之，遂成丛书十六种。寻卒于官，年六十有三。"②

　　徐氏此丛书，因书名有"邵武"，版心下方又刻"邵武徐氏刊"，极容易使人误以为其刊刻地在邵武。故在此特别强调，此丛书的刊刻地点为浙江上虞和嵊县，这从上文所引"故二邑皆有书院小课之刻。每得古人遗籍辄手自雠校付梓，以永其传。久之，遂成丛书十六种"可知。

丁之贤

　　丁之贤（生卒年未详），字德举，明末清初建宁县人。诗与同邑朱国汉（为章）齐名，后人称为"绥安二布衣"。曾流寓陕西，在陕刻印其自撰诗一卷。《竹间十日话》描述其穷困潦倒的生活："布衣晚居桃花溪上，客至，樵苏不爨，清谈而已。楮冠布帽，蹑高屐齿，歌呼呜呜，蹩躠市廛中。家贫，不能具纸笔，所为诗，多书历日背上。没之日，邑令檀光熿书其碑曰'诗人丁布衣之墓'。"③

---

①上海图书馆编：《中国丛书综录》第1册，上海古籍出版社1982年版，第208—209页。

②〔清〕王琛、徐兆丰等：（光绪）《重纂邵武府志》卷二〇《宦绩》，上海书店出版社2000年版，第427页。

③〔清〕郭柏苍：《竹间十日话》卷二，海风出版社2001年版，第27页。

民国《福建通志·文苑传》卷七载："崇祯时，流寇起西北。之贤挟策入都，客工部侍郎某邸第，欲献书阙下言兵事。会侍郎罢归秦中，挟之贤与俱，书不果上。之贤请于侍郎办装，赍十日粮。短衣匹马，循贺兰山，出长城，访求古战垒，画沙聚米，为捣贼计谋。甫合，而李自成陷西安、破潼关。之贤念家有老母，脱身南下。……家贫，不能具纸笔，所为诗多草书历日背上，字漫漶不可识。殁后，知县檀光燫为敛而葬之，书其碑曰'诗人丁布衣之墓'。之贤在秦中，尝刻诗百余首，皆清削刻露。"①其事迹，又见清郑方坤《全闽诗话》卷八。

丁之贤诗作，今存清康熙刻本《绥安二布衣诗钞》二卷。其中《丁布衣诗钞》一卷、《朱布衣诗钞》一卷。

施　鸿

施鸿（生卒年未详），字则威，一字燕笑，邵武人。方志学家。著有《宦游稿》《邵武府志稿》《辽阳志稿》等。于康熙八年（1669）刻印自撰《澂景堂史测》十四卷、《闽溪纪略》一卷，半叶九行，行十八字，白口，四周单边。今国家图书馆有存本，《四库全书存目丛书》史部第291册所收，即据此本影印。《四库全书总目》卷九〇著录云："鸿字则威，邵武人。康熙中由岁贡生官至奉天府经历。是编取《通鉴》中自晋至隋事迹，各为评论，共一百七十七则。其专取晋、宋以下六代者。"②施鸿的自序云："岁在甲辰（1664），署篆罗源县庠。未携书籍，日长无事，从友人借得司马温公《资治通鉴》，自晋至隋数十册，日夕读之，间缀取其行事，以意测之，于私心不能无当，不因而有议论，久而成帙。……书成，次男纶取而注之，已而迁松江娄邑丞。季男綷又因剞劂之便刊之。非敢曰传世，盖数载苦心不忍自没，亦欲就正于先生君子，如《制义》《赘草》之刻云。康熙八年春王月施鸿则威自叙。"③由此可知，施氏另还有《制义》《赘草》两种刻本。

清王士禛《池北偶谈》卷一一《下僚能文》云："近下僚中往往多才人。

①沈瑜庆、陈衍等：(民国)《福建通志·文苑传》卷七，1938年刊本，叶2A—B。
②〔清〕永瑢等：《四库全书总目》卷九〇，中华书局1965年版，第766页。
③〔清〕施鸿：《澂景堂史测自叙》，《四库全书存目丛书》史部第291册，第195页。引文"不因而有议论"中，"不"当为衍文。

娄县县丞施鸿,字则威,闽邵武人,著《史测》十卷,论南北朝事甚可听。"①
王士祯又在《居易录》中说:"十五年前,青浦县丞施鸿者,字则威,闽侯官
人,以部运至京师,投予所著《史测》若干卷,论南北朝事,靡靡可听,皆下吏
之有经学、史学者也。"②他对施氏颇为赞赏。

施氏还是一位藏书家。光绪《重纂邵武府志》卷二一《文苑》载其生平
曰:"家贫好读书,老而弥笃。所藏近万卷,皆手自雠校。疏其义训,不沿袭
经生家言。康熙初,由岁贡为连江训导。迁娄县丞,调奉天府经历。京尹梁
雅重之,不以属礼待。……历仕二十年,手未尝释卷。会台湾新定,大吏檄修
《通志》,鸿以知府张一魁荐,应聘往。既毕,即以《重纂邵武府志》属之,稿成
而一魁去,未及刻。所著书甚富,其《史测》十四卷收入《钦定四库全书》。"③

魏德畹

魏德畹(生卒年未详),字金浦,邵武人。清嘉庆七年(1802)进士。历
官罗定州西宁知县,道光六年(1826)任湖南靖州(今属湖南怀化市)知州。
体察民情,兴利除弊,审案公正,心平气和,不用酷刑。重视教育,政务之
暇,讲学鹤山书院,与师生谈诗论文,给书院增置学田。重视修志工作,带
头捐赀修志,政绩卓著。道光《靖州直隶州志》十二卷《附学宫记》四卷,即
其所纂修,二书今存清道光七年修、道光十七年续修刻本④。

魏德畹曾刻印其父魏昉著《霁堂诗集》七卷,今广东中山图书馆存清刻本。
咸丰《邵武县志》卷一四《人物志》载云:"魏昉字宾旸,号霁堂。嘉庆壬戌(1802)
钦赏检讨。性温厚,与人处和光蔼蔚,尤喜奖提后进,凡执经门下者,能各因其
材以成就之。工吟咏,出诗人陈若庵之门,著有《霁堂诗集》七卷。其子德畹,由
进士知湖南直隶靖州,梓行于世。"⑤据此,此本应刊于湖南靖州。

---

①〔清〕王士祯:《池北偶谈》卷一一《下僚能文》,中华书局 1982 年版,第 255—256 页。

②〔清〕王士祯:《居易录》卷四,《景印文渊阁四库全书》第 869 册,第 349 页。按,施鸿当为邵武人,
　王士祯所记疑误。

③〔清〕王琛、徐兆丰等:(光绪)《重纂邵武府志》卷二一《文苑》,上海书店出版社 2000 年版,第
　454—455 页。

④中国古籍总目编纂委员会编:《中国古籍总目》史部方志类,中华书局、上海古籍出版社 2009 年
　版,第 4560 页。

⑤〔清〕李正芳、张葆森等:(咸丰)《邵武县志》卷一四《人物志》,《福建师范大学藏稀见方志丛刊》第
　25 册,第 504—505 页。

卷七　汀州(府)刻书家

　　汀州建州始于唐开元二十四年(736)，领长汀、黄连、什罗三县。天宝元年(742)改为临汀郡，改黄连县为宁化县。乾元元年(758)复为汀州。入宋，领县渐增。至南宋绍兴三年(1133)，共领县六：长汀、宁化、上杭、武平、清流、莲城。元至元十五年(1278)，升为路，领县不变。明洪武元年(1368)，改为府。成化间(1465—1487)增归化、永定二县，领县八。清代不变。

　　南宋时期，汀州的官刻十分活跃，留下不少精美的古籍善本。朱熹弟子杨方，在汀州刻印《太极通书》，开汀州私家刻书的先河。其后汀州刻书偏向官刻一端而罕见私家刻书。明末清初，长汀四堡刻书崛起于建阳刻书业衰微之时。其时之盛况，清人杨澜《临汀汇考》云："长汀四堡乡，皆以书籍为业，家有藏版，岁一刷印，贩运远近，虽未必及建安之盛行，而经生应用典籍以及课艺应用之文，一一皆备。城市有店，乡以肩担，不但便于艺林，抑且家为恒产，富埒多藏。"[1]

　　四堡旧属长汀，今属连城，因位于闽西连城、长汀、清流、宁化四县交界处，故名"四堡"。四堡乡的居民多为邹、马两姓，刻书家也以这两姓为主。一般认为，四堡书坊起于清初的邹孟纯(1619—1673，字葆初)。据统计，清中叶全盛时期，四堡有书坊73家，主要为邹姓与马姓人所经营[2]。

　　刻书家众多，而生平事迹所载甚少，存世或见于著录的刻本亦稀，这给四堡刻书的研究造成极大困难，故本卷仅择其中几位有代表性的刻书家作一简介。对汀州(府)刻书家生平及其刻书事迹的挖掘与研究，还有待学界进一步加强[3]。

　　本卷搜集整理了由宋至清39位汀州(府)刻书家的事迹。其中，在汀

---

①〔清〕杨澜：《临汀汇考》卷四，清光绪四年(1878)刻本，叶8A。

②卢美松主编：《中国地域文化通览·福建卷》，中华书局2013年版，第346页。

③从20世纪90年代以来，吴世灯、包筠雅，以及闽西当地学者邹日升、谢江飞等对四堡刻书进行了研究。

州（府）刻书的有 34 位（宋代 7 位，元代 1 位，明代 4 位，清代 22 位），在外地刻书的汀州（府）籍刻书家有 5 位。

　　追溯四堡书坊的历史渊源，人们通常认为系明末宦游杭州的邹学圣（1523—1598，字宗道，号清泉）于晚年辞官回故乡时，把苏杭的印刷术带回，"列书肆以镂经史"，从而开启四堡刻书之先河。此说最早来源于邹氏后人①，今似乎已得到学界的认同②。然而，追溯汀州官私刻书源流则不难发现，宋元至明末清初临汀的官私刻书实际上已渐成体系。这一发现，可能会使上述观点发生动摇。正如宋代汀州官刻须"啸工东阳"③一样，可以想见，明末清初汀州的官私刻书同样也需要熟练的刻工。其时，从事汀州官私刻书的刻工对崛起于明末清初，且在同一块土地上的四堡坊刻理应产生影响。以故，笔者认为，对邹氏舍近求远，"把苏杭的印刷术带回故乡"，且"开先河"的说法，似有重新探讨的必要④。

①邹日升：《中国四大雕版印刷基地之一——四堡》，《连城文史资料》1985 年第 4 期。

②吴世灯《清代四堡刻书业调查报告》（《出版史研究》第 2 辑，中国书籍出版社 1994 年版）、卢美松主编《八闽文化综览》（福建人民出版社 2013 年版，第 384 页）、谢江飞《四堡遗珍》（厦门大学出版社 2014 年版，第 255 页），均有类似说法。

③参本书"王观国"条。

④方彦寿：《宋元时期汀州官私刻书考略》，《中国出版史研究》2017 年第 2 期。

一、宋代

晁子健

晁子健(1107—?),字伯强,嵩山(今属河南)人,晁说之之孙。据陆心源《皕宋楼藏书志》卷七七著录,乾道二年(1166),晁子健在知汀州军州任上,刻印过刘安世《孙公谈圃》三卷,内容为刘延世记录元祐党人孙升(君孚)的言论。乾道三年,又在临汀郡庠刻印其祖父所撰《嵩山文集》二十卷,陈振孙《直斋书录解题》卷一八作《景迂集》二十卷。著录曰:"徽猷阁待制晁说之以道撰。又本止刊前十卷。说之平生著述至多,兵火散逸,其孙子健哀其遗文得十二卷,续广之为二十卷。别本刊前十卷而止者,不知何说也。"①考陆心源系据旧抄本著录,则晁子健所刊本原名应为《景迂集》。另据张秀民先生《宋孝宗时代刻书述略》②一文,晁子健于乾道三年又刻印其祖晁说之撰《周易太极传》《太极外传》《太极因说》等。

《临汀志》载:"晁子健,乾道元年(1165)五月二十八日,以右朝奉大夫知,三年五月二十九日满替。"③乾道七年(1171),晁子健曾历官毗陵郡守。宋张栻《南轩集》卷一三《多稼亭记》云:"岁辛丑之八月,予适毗陵。甲寅,郡守嵩山晁伯强置酒郡斋。……伯强名子健。"④绍兴二十三年(1153),晁子健在蕲州军通判任上,还刻印过惠昕《六祖坛经》三卷。

《嵩山文集》卷一九《嵩隐长子墓表》载其父名公寿,字平子,大观丁亥(1107)六月病卒之时,"男方生六月,名子健"⑤。

鲍澣之

鲍澣之(生卒年未详),字仲祺,处州龙泉(今浙江龙泉)人。历官隆兴

---

①〔宋〕陈振孙撰,徐小蛮、顾美华点校:《直斋书录解题》卷一八,上海古籍出版社 1987 年版,第 522 页。

②张秀民:《张秀民印刷史论文集》,印刷工业出版社 1988 年版,第 96—107 页。

③〔宋〕胡太初、赵与沐编纂:(开庆)《临汀志·郡县官题名》,福建人民出版社 1990 年版,第 118 页。

④〔宋〕张栻:《南轩先生文集》卷一三,《朱子全书外编》第 4 册,华东师范大学出版社 2010 年版,第 219—220 页。

⑤〔宋〕晁说之:《嵩山文集》卷一九《嵩隐长子墓表》,《四部丛刊续编》,叶 18A—20A。

府靖安县主簿、知汀州军州、刑部郎官、大理评事等。南宋算学家、天文学家。著作有《开禧历》三卷、《立成》一卷。传载清阮元《畴人传》卷二二。

鲍澣之对算学有特殊的爱好。面对靖康之难，图书散失，"衣冠南渡以来，此学既废，非独好之者寡，而《九章》正经亦几泯没无传"①的局面，他在宦游各地之时，特别留意搜集这类图书，先后于京城临安、汀州七宝山等地得到部分图籍。嘉定六年（1213），在知汀州军州任上，他以北宋元丰七年（1084）国子监刻本为底本，将《算经十书》刊行于世。此十书原分别为《周髀算经》《九章算经》《海岛算经》《孙子算经》《张丘建算经》《五经算经》《五曹算经》《缉古算经》《夏侯阳算经》和《缀术》，因北宋元丰间刻印时《缀术》已逸，故他另附以北周甄鸾注《数术记遗》一种补之。

鲍澣之刻印的《算经十书》今仅存六种，分别为魏刘徽注《九章算经》九卷；汉赵君卿注、北周甄鸾重述、唐李淳风注释《周髀算经》二卷附《音义》一卷；唐李淳风等注释《孙子算经》三卷；唐李淳风等注释《五曹算经》五卷；题汉徐岳撰、北周甄鸾注《数术记遗》一卷《算学源流》一卷；北周甄鸾注《张丘建算经》三卷。此六书今分别珍藏于北京大学图书馆和上海图书馆，因系同时刊刻，故版式相同，均为半叶九行，行十八字，细黑口，左右双边。《中国版刻图录》曾对北京大学藏本《数术记遗》著录云："此书南宋初已罕见，鲍澣之于三茅宁寿观《道藏》中抄得，嘉定六年刻于汀州，遂传于世。"②此三茅宁寿观，据鲍氏自序，在长汀七宝山。据《临汀志·山川》载，七宝山离县城二百华里，由此可知鲍氏搜访之勤。1981年，文物出版社曾以此六种《算经》为底本，题为《宋刻算经六种》将此六书影印出版。近年此六种算经又被收入《中华再造善本》。鲍澣之见于前人著录的著作还有《开禧历》三卷、《立成》一卷，陈振孙《直斋书斋解题》卷一二著录云："大理评事鲍澣之撰进，时开禧三年（1207）。诏附《统天历》推算，至今颁历用统天之名，而实用此历。"③

《临汀志·郡县官题名》载："鲍澣之，嘉定六年十月十七日，以朝奉郎

①〔宋〕鲍澣之：《九章算术后序》，《九章算术》卷末，《景印文渊阁四库全书》第797册，第138页。
②北京图书馆编：《中国版刻图录》，文物出版社1961年版，图版208、209，第41页。
③〔宋〕陈振孙撰，徐小蛮、顾美华点校：《直斋书斋解题》卷一二，上海古籍出版社1997年版，第368页。

知。八年五月十六日除刑部郎官,八月二十一日离任。"①

陈　晔

陈晔(生卒年未详),字日华,福州侯官县人。陈襄五世孙。宋庆元二年(1196)八月知汀州军州,四年(1198)八月除广州提刑。庆元三年(1197),在临汀郡斋刻印陈襄撰《古灵先生文集》二十五卷《使辽语录》一卷。陈晔跋曰:"先正文哲公家集二十五卷,先君少师顷岁刊于章贡郡斋,垂三十有七年,字将讹阙。晔今刊于临汀郡斋,附以《治平使辽录》一卷于后,用示毋忘先君克扬前休之意。庆元三年七月一日,五世从孙朝请大夫礼发遣汀州军州兼管内劝农事提点坑冶借紫晔拜手谨题。"②傅增湘《藏园群书题记》著录本有跋,原为瞿氏铁琴铜剑楼旧藏。丁氏《善本书室藏书志》著录此书:"绍兴三十一年四世孙辉又命仲子晔排次《年谱》,镂木于赣。"③按,此说有误。绍兴三十一年(1161),乃陈晔父陈辉刻梓于章贡郡斋,三十七年后即庆元三年(1197)陈晔于临汀郡斋据赣本复刻,陆氏《皕宋楼藏书志》录陈晔刊本题识对此记载甚明。

《临汀志》载曰:"陈晔,字日华,长乐人,古灵之后。庆元二年(1196)知州事。为治精明,百废俱兴。岁拨郡帑缗钱二百贯助学,又拨隶官田百亩为诸生廪饩,减坊户口食盐价以利细民。俗尚鬼信巫,宁化富民与祝史之奸者,托五显神为奸利,诬民惑众,侈立庙宇,至有妇人以裙襦畚土者。晔廉得之,审祝史,杖首事者,毁其祠宇。郡人广西帐干吴雄,作《正俗论》二千余言绝其事。"④陈晔的著作有《鄞江志》八卷。《文献通考》载:"陈氏曰:'郡守古灵陈晔日华俾昭武士人李皋为之,时庆元戊午。郡有鄞江溪,故名。'"⑤另有《夷坚志类编》二卷,"陈氏曰:'四川总领陈晔日华,取《夷坚志》中书文药方类为一编。'"⑥

---

①〔宋〕胡太初、赵与沐编纂:(开庆)《临汀志·郡县官题名》,福建人民出版社 1990 年版,第119 页。

②〔宋〕陈襄:《使辽语录》卷末,《辽海丛书》第 4 册,辽沈书社 1985 年版,第 2546 页。

③〔清〕丁丙:《善本书室藏书志》卷二六,《续修四库全书》史部第 927 册,第 468 页。

④〔宋〕胡太初、赵与沐修纂:(开庆)《临汀志·名宦》,福建人民出版社 1990 年版,第 143 页。引文中"绝其事",当为"纪其事"。

⑤〔元〕马端临:《文献通考》卷二〇五《经籍》三二,中华书局 1986 年版,第 1703 页。

⑥〔元〕马端临:《文献通考》卷二一七《经籍》四四,中华书局 1986 年版,第 1770 页。

陈晔事迹，又见载于《闽书》卷七五《英旧志》、民国《福建通志·列传》卷六。

方 导

方导（生卒年未详），字夷吾，号觉斋居士，临汀人。早年随父宦游，四十岁以后曾历官州县。绍熙二年（1191），曾任平江通判。庆元三年（1197），在汀州刻印自编《方氏家藏集要方》二卷。丹波元胤《中国医籍考》卷四九著录云："先子曰：'陈日华《经验方》云，方夷吾所编《集要方》，刻之临汀。后在鄂渚，得九江太守王南强书，曰老人久苦淋疾，百药不效。偶见《临汀集要方》中用牛膝者，服之而愈。'"①据方氏自序中云："既侥幸改秩，试邑佐郡。偶外台及郡守，皆贤者，遂得行平日之志。"序末纪年为"庆元丁巳四月旦"②，即庆元三年四月，其时，正是陈晔（日华）知汀州军州之时，故方氏此书的刊刻，实得到陈晔的帮助，故序中有"外台及郡守，皆贤者"之语。陈晔后来在编辑《经验方》时，将"方夷吾所编《集要方》，刻之临汀"写入书中，此为时人记时事，自当可信。而日本版本学家森立之在《经籍访古志》中著录此本时说"临汀闽地，闽本粗恶，而此本乃大板大字，真为宋椠之佳者，恐不是临汀所刻"③，这只是后人立足于"闽本""麻沙恶本"，并株连至汀州的一种推论，不足为据。台北故宫博物院现存此书日本影宋抄本卷上一卷，收入上海科学技术出版社 2014 年出版的《台北故宫珍藏版中医手抄孤本丛书》。

《姑苏志》卷四〇《宦绩》载："方导，字夷吾，绍熙二年通判平江。郡务素剧，关决闲暇，外台多属以事，无不得其平。两摄府事，尤为得体。"④

王观国

王观国（生卒年未详），字彦宾，长沙人。宋政和五年（1115）进士。绍兴十二年（1142），官左承务郎知汀州宁化县主管劝农公事兼兵马监押。次年官祠部员外郎，绍兴十四年二月，因御史中丞李文会奏论其"以

---

①〔日〕丹波元胤：《中国医籍考》卷四九，人民卫生出版社 1983 年版，第 636 页。

②〔日〕丹波元胤：《中国医籍考》卷四九，人民卫生出版社 1983 年版，第 635—636 页。

③〔日〕涩江全善、森立之：《经籍访古志·补遗》，贾荣贵辑：《日本藏汉籍善本书志书目集成》第 1 册，北京图书馆出版社 2003 年版，第 569 页。

④〔清〕王鏊：《姑苏志》卷四〇《宦绩》，《景印文渊阁四库全书》第 493 册，第 717 页。

附万俟卨为腹心，中怀异意，自作弗靖，若久在朝，必害至治"而出知邵州[①]。

绍兴十二年，王观国以绍兴九年（1139）临安府学刻本为底本，在汀州宁化县学重刻宋贾昌朝撰《群经音辨》七卷。版式为半叶八行，行十四字，注文小字双行，行约二十字，黑口，左右双边。今国家图书馆有存本。王观国序云："绍兴己未夏五月，临安府学推明上意，镂公《音辨》，敷赐方州，下逮诸邑。宁化号称多士，部属临汀，新葺县庠，衿佩云集。是书初下，缮写相先。字差厘毫，动致鱼鲁，且患不能周给诸生，固请刻本藏于黉馆，以广其传。啸工东阳，阅月方就。……绍兴壬戌秋七月中浣月官舍西斋序。"[②]

王观国为何对贾氏此书情有独钟，在此书仅刊刻三年，且当时已下发至各县学的情况下，还要再次将其刻印呢？这是因为王氏本人也是一个文字学家，他对辨别字体、字义、字音之类的著作有特殊的爱好。其所著《学林》十卷，也是这一类的著作。《四库全书总目》卷一一八著录云："《学林》十卷，宋王观国撰。观国，长沙人。其事迹不见于《宋史》，《湖广通志》亦未之载。惟贾昌朝《群经音辨》载有观国所作后序一篇，结衔称'左承务郎知汀州宁化县主管劝农公事兼兵马监押'，末题绍兴壬戌秋九月中澣，则南渡以后人也。……书中专以辨别字体、字义、字音为主，自六经史汉，旁及诸书。凡注疏笺释之家，莫不胪列异同，考求得失，多前人之所未发。"[③]四库馆臣欲探考王观国的生平，然就其所能及的史料中转了一圈之后，又回到了《群经音辨》的王观国序上。这不仅是因为在宋末开庆元年（1259）胡太初修纂的《临汀志·郡县官题名》中已找不到王观国之名，在后人所纂《八闽通志》《闽书》等志书中，其名也同样付之阙如。清周中孚《郑堂读书记》卷五四著录王观国著《学林》，在内容上除了告诉我们此书有清武英殿本、闽中覆刻本之外，与《四库全书总目》相比，则多出了考证王氏生平最重要的三个字——"字彦宾"[④]。《续文献通考》著录王观国《学林》十卷，又称

---

①〔宋〕李心传：《建炎以来系年要录》卷一五一，中华书局1956年版，第2427页。
②李致忠：《宋版书叙录》，北京图书馆出版社1994年版，第269页。
③〔清〕永瑢等：《四库全书总目》卷一一八，中华书局1965年版，第1019页。
④〔清〕周中孚：《郑堂读书记》卷五四，《清人书目题跋丛刊》(8)，中华书局1993年版，第270页。

"观国字用宾"①。是"彦宾"还是"用宾"？证以宋人洪迈《容斋随笔》卷七"羌庆同音"条下，有"王观国彦宾、吴棫材老，有《学林》及《叶韵补注》《毛诗音》二书"②一语，应以彦宾为是。

此刻本在明代曾为毛氏汲古阁所珍藏，张氏泽存堂欲重刊此书，毛氏却只借给其此书影写本。傅增湘先生为此有诗云："绍兴覆刻出汀州，玺印蝉联内府收。此是毛家真秘本，泽存虚作一瓻求。"③

韦能定

韦能定（生卒、字号未详），钱塘人。韦骧之孙。据瞿氏《铁琴铜剑楼藏书目录》卷二〇著录，乾道四年（1168），韦能定于知汀州军州任上刻印其祖韦骧撰《钱塘韦先生集》十八卷。跋云："先大父文稿二十卷，家藏日久，中以季父参议携往别塾，最后二卷遗失，不可复得。能定大惧岁月浸远，复有亡逸，以隳先志，谨命工镂木于临汀郡庠。时乾道四年五月中浣，孙右奉直大夫知汀州军州主管学事兼管内劝农使能定谨题。"④此乾道汀州本《钱塘韦先生集》今尚有原刊本传世，现存日本静嘉堂文库，存卷三至卷一八，凡十六卷。傅增湘《藏园群书经眼录》据此本著录："半叶十行，每行二十字。按：此本实为宋刊，且属初印精湛。卷中宋讳亦缺笔，未审陆氏何以疏率至此，题为明初刊。"⑤国内所存，有据此本所抄之鲍廷博校抄本，存卷三至卷一八，今存国家图书馆。

据《临汀志·郡县官题名》，"韦能定，乾道三年（1167）五月二十九日，以右朝奉大夫知，四年六月十七日宫祠"⑥。

詹 尚

詹尚（生卒年未详），又作詹培尚，建阳人。绍兴元年（1131）进士。绍

①〔清〕嵇璜等：《钦定续文献通考》卷一七六，《景印文渊阁四库全书》第 630 册，第 364 页。

②〔宋〕洪迈：《容斋随笔》卷七，上海古籍出版社 1978 年版，第 92 页。

③傅增湘：《藏园群书题记》附录一，《题宋汀州群经音辨残卷》二首（其一），上海古籍出版社 1989年版，第 1018 页。

④〔清〕张金吾：《爱日精庐藏书志》卷三〇，《清人书目题跋丛刊》（4），中华书局 1990 年版，第534 页。

⑤傅增湘：《藏园群书经眼录》卷一三，中华书局 1983 年版，第 1138 页。

⑥〔宋〕胡太初、赵与沐修纂：(开庆)《临汀志·郡县官题名》，福建人民出版社 1990 年版，第 118 页。

兴六年(1136),在汀州刻印无名氏撰《绀珠集》十三卷。清张金吾《爱日精庐藏书志》卷二五著录云:"《绀珠》之集不知起自何代,试尝仰观乎天文,俯察乎地理,凡可以备致用者,杂出于诸子百家之说。"则此书实为一部年代较早的日用类书。张氏又录宋人王宗哲序云:"建阳詹公寺丞出镇临汀,仆幸登其门。一日,出示兹集,俾之校勘讹舛,将命工镂板,以广其传。仆因得以详究焉,增益其所未能,所得多矣。扬子不云乎,'侍君子,晦斯光,窒斯通',其是之谓欤。绍兴丁巳中元日,左承直郎全州灌阳县令王宗哲谨序。"①《四库全书总目》著录此书,除对此书编者有异议外,其余内容与以上所录大体相同。略云:"《绀珠集》十三卷,不著编辑者名氏。案,晁公武《郡斋读书志》载有《绀珠集》十三卷,称为朱胜非编百家小说而成,以旧说张燕公有绀珠,见之则能记事不忘,故以为名。其所言体例卷数皆与今本相合,则此书当为胜非所撰。然书首有绍兴丁巳灌阳令王宗哲序,称《绀珠集》不知起自何代,建阳詹寺丞出镇临门,命之校勘,将镂板以广其传云云。"②

《临汀志·郡县官题名》中有詹尚任职时间,称"绍兴六年八月二十一日,以左朝请大夫知,九年十一月十日满替"③。建阳《建峰詹氏宗谱》卷一《宦绩志》有詹氏小传云:"培尚公……官汀州军事,授左朝议大夫。"《列传》载:"公刚方正直,砥砺廉隅,素以谨言慎行见重于世。善属文字,每有著作,人争颂之。至居官日,历著劳绩,士民感戴,颂声四起。后官至右朝散大夫。"④

王宗哲序中所说"詹公寺丞"即詹尚,他于绍兴六年知临汀。序者王宗哲,长汀人。乾隆《福建通志》卷三三《选举》载:"重和元年(1118)特奏名,长汀县王宗哲,明哲弟。知灌阳县。"⑤《长汀县志》卷二四《文苑》载:"王宗哲,字廷俊。重和元年进士。初省试,中末第。会朝廷责有司溢额,减百人,公与焉。遂东归,绝意仕进。戊戌,以覃恩复取所减士廷对,

①〔清〕张金吾:《爱日精庐藏书志》卷二五,《清人书目题跋丛刊》(4),中华书局1990年版,第488页。
②〔清〕永瑢等:《四库全书总目》卷一二三,中华书局1965年版,第1060页。引文中"临门",当为"临汀"之误。
③〔宋〕胡太初、赵与沐修纂:(开庆)《临汀志·郡县官题名》,福建人民出版社1990年版,第117页。
④〔清〕詹宸等:《建峰詹氏宗谱》,清嘉庆印本,叶5B、叶25B。
⑤〔清〕郝玉麟等:(乾隆)《福建通志》卷三三《选举》,《景印文渊阁四库全书》第529册,第41页。

遂中甲科。调建昌南丰簿，历泉州理椽、韶州教授、潮阳丞、全州灌阳令，终奉议郎，年七十致归。手植六柳，号六柳先生。与郡守张宪武、教授戴觉为诗友。"①

二、元代

黄　梓

黄梓（生卒年未详），字子材，莆田人。宋末名儒黄仲元之弟黄仲会之子。因黄仲元无子，故黄仲会将黄梓过继给黄仲元。历任罗源县丞、汀州知事。元至治三年（1323）官汀州路总管府知事时，曾刻印黄仲元所著《有宋福建莆田黄国簿四如先生文集》五卷，请其父同榜进士傅定保作序。清陆心源《皕宋楼藏书志》载黄梓跋云："吾翁四如先生，生平文章自问学中来……儿缮写，亟遣镂板，不惟思所以传者远，而又欲广其传。异时携书归里，搜访衰梓，当为续集，与《四书讲稿》《经史辨疑》并行，庶人与书俱传而未艾也。……至治癸亥立秋日，男将仕郎汀州路总管府知事梓百拜谨识。"②据诸家书目著录，此本为此书最早刊本，久逸，现存明嘉靖其裔孙黄文炳重刊本。

按，清雍正十年（1732）时，杭世骏曾于福州购得一帙黄梓刊本，原为明徐𤊶藏书，于此可见此书之流传。杭世骏跋云："右宋莆田黄四如先生文集六卷，乃建安徐氏藏书，前有徐兴公印，又有徐惟起图书，末帧标云万历庚子夏买于建州，距今盖百三十又五年，缥题完好，古香袭手。予以制钱三百复买于福州市摊，可宝也。此为先生男将仕郎汀州路总管府知事梓所刊，有泰定改元小印。……按，先生为唐御史滔十二代孙，名仲元，字善甫。……翁晚年别号彦安，无子，以同产弟仲会之子子材为嗣，即梓是也。……雍正壬子九月望日，在榕城法海寺书。"③

①〔清〕刘国光等纂修：（光绪）《长汀县志》卷二四《文苑》，台北成文出版社1967年版，第379页。

②〔清〕陆心源：《皕宋楼藏书志》卷九三，《清人书目题跋丛刊》（1），中华书局1990年版，第1054页。

③〔清〕杭世骏：《道古堂文集》卷二七《黄四如文集跋》，《清代诗文集汇编》第282种，第284页。按，文集应为五卷。

三、明代

梁 佐

梁佐(1516—?),字应台,号心泉①。云南大理卫人,从学于杨慎。嘉靖二十六年(1547)进士。嘉靖三十三年(1554),官福建按察司佥事,将其师杨慎所撰《丹铅总录》二十七卷刻印于上杭。版式十一行二十四字,白口,四周双边,为较为罕见的蓝印本,今国家图书馆、四川大学图书馆等存。此书分为天文、地理、时序、花木、鸟兽等二十六类,前有嘉靖二十一年(1542)杨慎自序、门人梁佐序、上杭知县靖安赵文同后序。清末叶德辉跋曰:"此本题《丹铅总录》二十七卷,前有嘉靖三十三年滇南门人梁佐校刻序云:'先生著《丹铅余录》《摘录》流传,刻本艺林珍之,惜不多见。戊申秋,佐自司马部奉使归省,先生乃尽以《三录》《四录》《别录》《附录》《闰录》诸稿授之。佐乃删同校异,析之以类,合而名之曰《总录》,损俸以梓。据此,则《总录》实包括诸《录》,删并异同而为之,诸《录》皆赘刻也。"②清彭元瑞《天禄琳琅书目后编》卷一六、《四库全书总目》卷一一九、清丁丙《善本书室藏书志》卷一八亦著录。其本人著作,则有《有本亭集》四卷。

梁佐在闽宦绩无考,《闽书》及此后的《福建通志》中仅在《职官志》中列其名而已。

黄槐开

黄槐开(生卒年未详),字子虚,号大宝山人,汀州宁化人。万历二十二年(1594)举人,历任青州推官。万历四十六年(1618),刻印宋郑文宝撰《南唐近事》一卷。郑文宝,字仲贤,宁化人。此书之外,黄槐开另著有《江表志》三卷。清丁丙《善本书室藏书志》著录:"仲贤,汀之宁化人。三山徐兴

---

①泉州清源山摩崖石刻《欧阳洞题记》:"嘉靖甲寅季冬十六日,监泉卜大同、海亭吴天寿、心泉梁佐、薦泉徐光启、在竹尹凤来游清源,夕阳正辉,余兴未尽。再登此,还坐石上,相与对酌,乃书以纪岁月。"参许添源编:《清源山志》,中华书局2004年版,第186页。
②〔清〕叶德辉等撰,湖南图书馆编:《湖南近现代藏书家题跋选》第1册,岳麓书社2011年版,第270页。文中"损俸以梓",当为"捐俸以梓"。

公㶿得其《江表志》,吴希尧梓之。此则黄司理槐开所刊,万历庚申,司理与兴公、希尧并序之。”[①]徐㶿《红雨楼序跋》卷一则云:“南唐李氏僭号建国,祖孙相继,垂四十年。宋主龙兴,典章亡失,旧帙渐湮,史失求野,郑仲贤先生《江表志》《南唐近事》所由作也。二书世远鲜传,先是吴君希尧得余家钞本《江表志》,梓之家塾,而《南唐近事》则黄司理子应嗣得而合刻之。……万历戊午(1618)秋日,三山徐㶿兴公撰。”[②]

刻书者黄槐开生平,见载于乾隆《汀州府志》卷三〇《人物》、民国《福建通志·循吏传》卷一〇,而以李世熊所纂康熙《宁化县志》所载为详。所记内容主要侧重于黄氏在山东青州府推官任上,依法公正断案和卓有成效的救灾赈济等方面。李世熊对其有“生而亮拔有志节”的评价,称其“万历甲午举于乡,选山东青州府推官。单车视事,苦寂如寒士。然所听断,洞悉人隐,无不心折者”[③]。

李仲僎

李仲僎(生卒年未详),桂林人。嘉靖三十二年(1553)在汀州刻印其所编《义命汇编》十二卷,前有梁佐、李瑚序,后有杨昱、黄康、邹国卿、徐诰、赵文同、罗一鸣、康诰诸跋。现存台北故宫博物院,系原北平图书馆旧藏,即抗战时期寄存于美国国会图书馆,1965 年 11 月转运台湾的北平图书馆“平馆善本”之一。因李仲僎系桂林人氏,故此书被著录作“桂林李氏原刊本”[④]。考此本行款为十行二十字,白口,四周单边,卷首题“福建汀州府同知桂林李仲僎辑传,长汀县知县李应科、汀庠生康诰校正”,则此本之刊刻地点在汀州,似著录作“桂林李氏汀州刊本”为宜。

嘉靖三十四年(1555),李仲僎在汀州又刻印杨昱撰《牧鉴》十卷。《四库全书总目》著录云:“昱字子晦,别号东溪,汀州人。是书以经史百家之言有关政治者,裒辑成帙。为类凡四,曰治本、治体、应事、接人。类各有目,凡三十有五。目又各分上、中、下,上述纪传,中纪古人政绩,下摭儒先议

①〔清〕丁丙:《善本书室藏书志》卷二一,《续修四库全书》史部第 927 册,第 409 页。据徐㶿序,“万历庚申”当为“万历戊午”。

②〔明〕徐㶿:《红雨楼序跋》卷一,福建人民出版社 1993 年版,第 8—9 页。文中“子应”,当为“子虚”。

③〔清〕李世熊纂:(康熙)《宁化县志》卷四《人物志》,福建人民出版社 1989 年版,第 266 页。

④台北“国立中央”图书馆编:《“国立中央”图书馆典藏国立北平图书馆善本书目》,“国立中央”图书馆 1969 年版,第 42 页。

论。每类首缀小序一篇,其余别无论断。嘉靖乙卯汀州府同知李仲僎序而刊之。所征引甚略,大抵随意撷拾,无关体要,意其为书帕本也。"①《四库全书存目丛书》子部第 125 册所收,系据清道光《得月簃丛书》影印。卷首有杨昱、李仲僎二序,卷末有康诰跋。

据黄虞稷《千顷堂书目》,李仲僎的著作有《循良汇编》四卷②、《义命格言》九十卷、《义命汇语》五十七卷③,证以上文所录《义命汇编》十二卷,则黄虞稷对这几部著作的书名、卷数的著录恐未必准确。

桑大协

桑大协(生卒年未详),字华甫,号守白,江苏常熟人。嘉靖三十四年(1555)举人。明万历二年(1574),在清流知县任上,以活字排印明桑悦撰《思玄集》十六卷《附录》一卷。版式为半叶十行,行二十一字,白口,四周单边。今国家图书馆存,收入《四库全书存目丛书》集部第 39 册,卷首弘治十八年计宗道《思玄集序》逸去首叶。该书又收入《明别集丛刊》第 1 辑第 63 册,计宗道序完整。

《四库全书总目》卷一七五著录此书,因避康熙玄烨之讳易名为《思元集》,四库底本即据桑大协印本著录。此书撰者桑悦(1447—1503),字民悦,亦常熟人,成化举人,官柳州府通判。他在"《思元集》中有《道统论》曰‘夫子传之我’,又《学以至圣人论》曰‘我去而夫子来’"之语,"可谓肆无忌惮"④。本书卷首附录有弘农杨循吉撰《明故思玄先生柳州府通判桑公墓志铭》⑤,卷末有青城野史李枊万历二年中秋撰《思玄集后序》。其中有云:"今清流侯守白,先生从子也。以岁久漫漶,欲翻刻以传,属余序诸末简。……今清流君又同事于汀,其敢于不文辞?因并识之,以表桑氏之盛云。"⑥

清道光《清流县志》载:"桑大协,常熟举人。隆庆五年任,万历四年升

①〔清〕永瑢等:《四库全书总目》卷一三一,中华书局 1965 年版,第 1120 页。

②〔清〕黄虞稷撰,瞿凤起、潘景郑整理:《千顷堂书目》卷一〇,上海古籍出版社 2001 年版,第 278 页。

③〔清〕黄虞稷撰,瞿凤起、潘景郑整理:《千顷堂书目》卷一五,上海古籍出版社 2001 年版,第 405、410 页。

④〔清〕永瑢等:《四库全书总目》卷一二四,中华书局 1965 年版,第 1068 页。

⑤〔明〕桑悦:《思玄集》卷首,《明别集丛刊》第 1 辑第 63 册,黄山书社 2013 年版,第 190 页。

⑥〔明〕李枊:《思玄集后序》,《思玄集》卷末,《明别集丛刊》第 1 辑第 63 册,黄山书社 2013 年版,第 360—361 页。

浙江杭州府通判。"同卷《宦绩》载："桑大协,常州人。隆庆间任。才识通明,和平简易,视邑中事如家然。伤户口伪增,立请申豁者三千丁有奇。民受其赐,立生祠祀之。"①

四、清代

黎士弘·黎致远

黎士弘(1618—1697),又作士宏,字媿曾,汀州长汀县人,曾从学于宁化李世熊。顺治四年(1647)国子监生,十一年(1654)举人。康熙元年,任江西广信府推官,锄豪强,纠贪墨,治绩显著。"离任日,通郡万余人泣送河干,拥马首不得行。"②后历任江西永新令、陕西甘州同知。康熙十六年,晋升为陕西布政司参政。传载《清史稿》卷二八五《列传》七二、乾隆《福建通志》卷四八,以及黎致远、刘元慧撰《皇清诰授中大夫整饬宁夏河西河东道督理粮储盐法陕西承宣布政使司参政享八十寿显考媿曾府君行述》、蓝鼎元撰《黎京兆传》③。

黎致远(生卒年未详),黎士弘之子,字宁先,号抑堂。康熙三十五年(1696)举人。康熙四十七年(1708)应闽抚张伯行之聘,居省城讲学一年。康熙四十八年成进士,选庶吉士,授翰林检讨。其后历任光禄少卿、奉天府尹兼盛京刑部侍郎。年五十六卒于官。"襄橐萧然,无百金之蓄,属吏士兵民助其丧以归。"④

黎士弘撰有《托素斋集》十一卷,凡诗集四卷、文集六卷、行述一卷。有潘耒序,另有自序,康熙二十八年(1689)黎士弘自刻。此书又有雍正二年(1724)黎致远增刊本。诗集前有周亮工序,顺治戊戌冬其弟黎士毅序,以及黎士弘自序。文集前有周亮工、潘耒、魏礼和三序。九行二十一字,上黑

---

① 〔清〕乔有豫修纂:(道光)《清流县志》卷四《职官志》,福建人民出版社1992年版,第163、191页。
② 沈瑜庆、陈衍等:(民国)《福建通志·列传》卷三三,1938年刊本,叶12B。
③ 《行述》与《黎京兆传》均载清雍正刻本《托素斋文集》卷后。参《清代诗文集汇编》第68册,第791、803页。
④ 沈瑜庆、陈衍等:(民国)《福建通志·列传》卷三三,1938年刊本,叶15B。

口,左右双边,今四川大学图书馆、福建省图书馆等有存本①。黎致远《跋》曰:"右《托素斋集》诗凡四刻,前三刻皆先君子自选刻,其四刻则已选定而刻于今者也。文凡三刻,前二刻亦皆自选刻,其三刻已选定而刻于今者也。诗凡分四卷,文凡分六卷……谨合前后集授梓氏。……雍正二年甲辰腊月丙子,不孝孤致远谨记于京师寓舍。"②

雍正二年(1724)黎致远刻黎士弘撰《托素斋诗集》四卷《文集》六卷增刊本,清周中孚《郑堂读书记》著录云:"魄曾集《诗》凡四刻,《文》凡三刻。《诗》前三刻,《文》前二刻,皆魄曾自选刻。《诗》后一刻,《文》后一刻,为其子致远所选刻。因即并前诸集重刻,合为是编,而以所作治命附刻于文集卷六之末。又以己作行述附于后。"③《四库全书总目》卷一八二亦载:"是集诗四卷,文六卷。诗集凡四刻,文集凡三刻。盖积数年而汇为一册,故每刻各体皆备。士宏没后,其子文远复合而刊之。"④此言由致远"复合而刊之"的刻本,即雍正二年黎致远刻本。

黎致远以自身经历,对清贫与刻书的关系,有一番见解。蓝鼎元《黎京兆传》载:"致远尝言,吾宦仕一十余年,不敢他有所积,以玷先人清白。惟大参公文集失序,编次订讹,刊刻成书,吾愿已毕。子孙贫寒,非吾所及也。是以毕生未置田园半亩。"⑤

邹孟纯

邹孟纯(1619—1672),字葆初,长汀四堡人。其刻坊名崇德堂,创于清初。邹孟纯早年在广东开书肆,康熙初年回故里从事刻书,是四堡书坊创始人之一。据族谱,其后代继续经营刻书,前后近二百年。其后代现仍保藏有《元亨疗牛集》残片⑥。《闽汀龙足乡邹氏族谱》载其生平:"孟纯,字葆初,即鲁公三子。生万历四十七年己未四月廿一日卯时,卒康熙十一年壬

①中国古籍善本书目编委会:《中国古籍善本书目》集部卷二七,上海古籍出版社1998年版,第987页。
②《清》黎致远:《托素斋跋》,清雍正刻本《托素斋文集》卷后,《清代诗文集汇编》第68册,第803页。
③《清》周中孚:《郑堂读书记》卷七〇,《清人书目题跋丛刊》(8),中华书局1993年版,第347页。
④《清》永瑢等:《四库全书总目》卷一八二,中华书局1965年版,第1646页。引文中"其子文远",当为"其子致远"。
⑤《清》蓝鼎元:《黎京兆传》,黎士弘:《托素斋文集》卷后,《清代诗文集汇编》第68册,第805页。
⑥福建省地方志编纂委员会编:《福建省志·出版志》,福建人民出版社2008年版,第32页。

子六月廿七日巳时,享年五十有四。"①其侄邹启鳌作《孟纯公行实》称:"公壮年贩书广东兴宁县,颇获利,遂娶妻育子,因居其地,刊刻经书出售。至康熙癸卯(1663)方搬回本里,置宅买田并抚养诸侄,仍卖书治生。闽汀四堡书坊,实公所开始自刻也。洵足称江湖杰士,梓里伟人。"②

因族谱有如上记载,故邹孟纯被称为"是目前仅见有文字记录的四堡书坊开创者。……他的崇德堂书坊延续八世,长达150年,知见的崇德堂刻本有《书经补注辑要备旨》《春秋左传句解》《元亨疗牛集》。"③

王廷抡

王廷抡(? —1708?),字简庵,号起岩,清泽州(今山西晋城)人。监生,初任山东青州通判,擢升户部员外郎,又转本部河南司郎中。康熙三十五年(1696)任福建汀州府知府,四十二年任山东盐运使。康熙三十九年(1700)五月到次年二月,在临汀郡署刻印清王士禛著《池北偶谈》二十六卷。《池北偶谈》成书于康熙三十年(1691),最初只是以抄本流传。王廷抡刻本的底本,就是他偶于福州三山书肆购买到的一部抄本。由于其中错讹甚多,于是他"逐款参订,逐字校雠,文义核其是,点画求其工,宁过审详,不甘苟简,择工之良者十二人镂为五百六十二版……凡字二十二万三千七百有奇。"④此为此书第一刊本,今北京大学图书馆、中国人民大学图书馆、辽宁大学图书馆等有存。内封作"康熙庚辰夏五,池北偶谈,临汀郡署授梓"隶书三行,卷端题"济南王士禛阮亭著,高都侄廷抡简庵较"。十一行二十三字,上下黑口,左右双边,单黑鱼尾。前有康熙辛未王士禛自序,后有康熙辛巳王廷抡跋。

王廷抡在汀州当了八年知府,多有善政,当地府、县志书记载有其浚复两河,创建丰桥、谯楼,重修龙山书院、府学,开仓赈济灾民等事迹。在汀州,王廷抡还撰写了《临汀考言》十八卷,主要内容是其担任汀州知府期间所创作的诗文。现存版本乃康熙间刻本,被收入《四库未收书辑刊》第8辑

①邹文峻主编:《闽汀龙足乡邹氏族谱》卷一,民国三十六年(1947)敦本堂活字印本,叶46A。福建省图书馆存。

②邹氏族谱编纂委员会编:《中华邹氏族谱》第2卷,崇文书局2009年版,第609页。

③谢江飞:《四堡遗珍》,厦门大学出版社2014年版,第255页。

④谢水顺、李珽著:《福建古代刻书》,福建人民出版社1997年版,第449页。

第 21 册。

《汀州府志》《清流县志》《长汀县志》等留下了王廷抡很多记载,其中《汀州府志》载曰:"王廷抡,泽州人。康熙三十四年,由户部郎中出知汀州。时郡城遇荒,廷抡开仓赈济,复购米于东、西关设立粥厂,民赖以活。又兴东、西两河水道,浚郡河壅塞,创建丰桥,汀人利之。"①乾隆《福建通志》卷三二所载与此相同。

马权亨·马定邦·马定略

马权亨(1650—1710),字利群,四堡刻书家。马定邦、马定略分别为其长子、四子。马权亨的书坊名经纶堂。其刻书事迹,主要见于《孝思堂马氏大宗族谱》所载。文中说,马权亨十三岁时,父亲宗衍逝世,其时,"次弟乐群公方七岁,季弟周群公未及周。遗田不腆,遗所货盐值近百金,出赈于大埔下埔户。公以一未成童之孤,持簿籍往取其愿者。……公忍饥耐寒,凡樵牧农圃小贩之事,无不为之,不敢少有懈怠。而一家四、五口,乃得不甚冻馁。及两弟稍长,因资本于伯父而征斯迈,渐有余于衣食,各得婚配。既而开坊摹刻《四书集注备旨》等板,颇获利。后四年,兄弟三人分居,诸物产一一皆次第处分,以书板与三弟,以某物与己,以某物与公,公悉听之无竞。既分居,公之长子定邦,年少而裕于才,公以家政委之,而自贸易于粤。"②按,《四书集注备旨》,应为《四书补注备旨》,原本十卷,明邓林著。此书今存多晚清光绪、宣统间刻本或民国石印本。马权亨经纶堂刻本,罕见著录,或已无存。

其长子马定邦(1672—1743),字则桢,号怡庵,书堂名文萃堂。《孝思堂马氏大宗族谱》载:"怡庵公定邦,字则祯。利群公长子,盖乡族中之有德有才人也。连城童当岩法为之画像。歌曰:'事畴山人善写真,为写怡庵信有神。看来亦仅魁梧貌,声如洪钟未启唇。……剞劂数十雕梨枣,朝夕供亿费繁浩。独力应接无空缺,年方舞象植鹭翻。……怡庵积德人多隐,我欲书之知未尽。即此丹青不及图,胪列上方当补景。'即此歌观之,公之才于以可见,公之德亦于以可见矣。公有二子,长曰龙,次曰就。一为郡庠

①〔清〕曾曰瑛、李绂:(乾隆)《汀州府志》卷二〇《名宦》,方志出版社 2004 年版,第 475 页。
②连城四堡:《孝思堂马氏大宗族谱》第五集《列传》,孝思堂 1993 年排印本,第 33 页。

生，一为国学生。"①其事迹，又载清刘国光等纂修光绪《长汀县志》卷二四《人物》；清连城童季撰《乡饮宾怡庵公墓志铭》②。

据载，马定邦"三十六岁时，刻《四书》汪大全板"③。所谓汪大全板，即清初学者汪份（1655—1722）所著的《增订四书集注大全》，汪氏康熙原刊本为三十六卷。据马定邦生年推断，其三十六岁时，是在康熙四十六年（1707），此即马氏刻本的刊刻之年。据载，"马定邦家族刻印的书籍远销闽、粤、赣、浙、桂诸省。知见的马定邦文萃堂刻本有，《四书集注》《四书备旨》《诗经》《宋诗百一抄》《注解幼学琼林》《增广贤文》"④。

马定略（生卒年未详），马权亨第四子。"开书坊剞劂于外"，奔走于闽、吴、粤之间，因病而卒。《孝思堂马氏大宗族谱》第五集《则忠公传（二十代）》载："公讳定略，字则忠，利群公四子也。幼就蒙师，未卒业，遂远贾于吴粤间。盖是时，公家开书坊剞劂于外，舟车往来岁间至再，殆所谓服劳以事其父兄者欤？晚得痨瘵疾病，卒年仅三十九。"⑤

马权文·马天衢

马权文（1662—1743），字周群，号守拙。其子马天衢（1694—1774），字则晋，号澹庵。父子俩所开设的书坊名本立堂，系四堡马氏所设书坊之一。

在清代鼎盛时期，四堡书坊所刻之书品种、数量极夥，然而存世却不多。今人对四堡刻书进行研究，往往依据当地从清末流传下来的《雕版印刷书名录》等抄件⑥。这些名录，往往都是一些简目。其特点是，无作者、卷数和刊刻者等，所能提供的信息其实很有限。此为研究四堡刻书难度之所在。据载，本立堂刻本有《三国演义》《康熙字典》《诗学含英》《四书左国辑要》《称命前定数》等⑦。

《四书左国辑要》，全名《增补四书左国辑要》，又名《四书左国汇纂》，四卷。《续修四库全书总目提要》经部四书类所著录，是乾隆三十五年刊本，

①连城四堡：《孝思堂马氏大宗族谱》第五集《列传》，孝思堂1993年排印本，第38—39页。
②连城四堡：《孝思堂马氏大宗族谱》第四集《墓志》，孝思堂1993年排印本，第9页。
③陈支平：《民间文书与明清东南族商研究》，中华书局2009年版，第294页。
④谢江飞：《四堡遗珍》，厦门大学出版社2014年版，第269页。
⑤连城四堡：《孝思堂马氏大宗族谱》第五集《列传》，孝思堂1993年排印本，第46页。
⑥谢江飞：《四堡遗珍》，厦门大学出版社2014年版，第292页。
⑦谢江飞：《四堡遗珍》，厦门大学出版社2014年版，第270页。

由本立堂所刻。著录云:"清高其名、郑师成同辑。前有魏之柱序。又有凡例。大旨就四书中所载君公大夫、文人学士生平事迹,见于左氏传及国策者,胪列成篇。"①此刻本,今国内有不少图书馆有存本,如南开大学图书馆、山西大学图书馆、中国人民大学图书馆、陕西省图书馆、天津图书馆等。行格为九行二十二字,小字双行同,白口,四周双边。

马权文事迹,见载于《孝思堂马氏大宗族谱》第四集卷一《乡饮宾马守拙公墓志铭》、《孝思堂马氏大宗族谱》第五集《列传》。其中《守拙公传(十九代)》载:"公讳权文,字周群,守拙其号也。父宗衍公,早夭。伯氏仲氏年俱幼,公生未期称孤。母江太君贤而节,恩斯勤斯,至于成立。洎出外就傅,了然彻悟圣贤大旨。伯父宗联公器之。……遂弃学不治……治家人生产业,日则负米从两兄于南亩……未几恢扩渐裕,乃开坊募梓,集书板充栋,致资倍饶,若素封者然。"②因马权文是一位远近闻名的孝子,《长汀县志》将其列入《孝友传》:"马权文,未周而孤。母江氏,茶苦鞠育。比长,遭耿逆变,负母逃避,备极艰险。孝养至老不衰。母死,哀毁骨立,寝处庐墓。里中以孝闻,公举宾筵。"③

马天衢事迹,见于《孝思堂马氏大宗族谱》第四集:"先生讳天衢,字则晋,幼名定赐,澹庵其号也。授国学生,享八十一寿,生于康熙甲戌(1694)十月二十四日丑时,卒于甲午(1774)七月十一日酉时。"④

童能灵

童能灵(1683—1745),字龙俦,晚号寒泉,汀州连城人。《四库全书总目》误为连江人⑤。乾隆元年(1736)荐博学鸿词科,学宗程朱理学,晚年主漳州芝山书院。其著作有《冠豸山堂全集》,为其独撰,共六种,包括《诗文集》二卷、《留村礼意》三卷、《理学疑问》四卷、《朱子为学次第考》三卷、《乐律古义》二卷、《周易剩义》二卷。

---

①中国科学院图书馆整理:《续修四库全书总目提要》经部四书类,中华书局1993年版,第967页。
②连城四堡:《孝思堂马氏大宗族谱》第五集《列传》,孝思堂1993年排印本,第35页。连城县图书馆存。
③黄恺元、叶长青、邓光瀛等:(民国)《长汀县志》卷二七《孝友传》,民国三十年(1941)印本,第4册,第5页。
④〔清〕杨联榜:《澹庵马先生暨李孺人墓志铭(二十代)》,《孝思堂马氏大宗族谱》第四集卷一,孝思堂1993年排印本,第15页。连城县图书馆存。
⑤〔清〕永瑢等:《四库全书总目》卷一〇,中华书局1965年版,第82页。

其子童祖创说："先君子寒泉府君，诗礼出于趋庭，未从他师。为诸生四十余年，屡辞鸿博之荐，叠举优行，未赴成钧，一惟优游泉石，坐卧书林。迹其生平，仔肩道义。结茅东郊，访学鳌峰，历游武夷，卒业冠豸山。默契道体，贯穿诸儒，穷尽物理而归宗性命。居恒著述，指不胜屈，大都生前自刻行世。书曰《理学疑问》《朱子为学次第考》《周易剩义》《乐律古义》，固已公诸同人，无俟多赘矣。"①

此"生前自刻行世"的，应即童能灵于乾隆四年（1739）所刊《冠豸山堂全集》。今国家图书馆藏清乾隆冠豸山刻本，题"连城童能灵龙俦著"，半叶十行，行二十二字，白口，四周单边。封面刻"冠豸山藏板"，前有乾隆己未端午自序。其中，《乐律古义》二卷，前有自序，序末署"乾隆己未端午连城童能灵寓武夷精舍书"，收入《四库全书存目丛书》经部第 185 册；《周易剩义》二卷，收入《四库全书存目丛书》经部第 40 册。此书另有光绪二十三年（1897）连城童氏木活字排印本，收书六种，内容与乾隆本略有不同，分别为童能灵著《周易剩义》二卷、《乐律古义》二卷、《理学疑问》四卷、《子朱子为学次第考》三卷、《冠豸山堂文集》二卷；童正心撰、童能灵分释《留村礼意》三卷。见于《中国丛书综录》著录②。

《国朝先正事略》载："童先生讳能灵，字龙俦，晚号寒泉，警庵同邑人也。为诸生，好学，守程、朱家法，不失尺寸。乾隆丙辰，荐博学鸿词，累举优行，皆以母老辞。母年登九十，兄弟白首同居。居丧，以礼化及乡人。学使者重之，欲以优行贡成均，仍不赴。乙丑，主漳州芝山书院。阅七月，以微疾端坐而逝。前一夕，与学博邹君共饭，出手书一帙，皆身后事也。年六十有三。著有《朱子为学考》，专考朱子为学次第，其间浅深疏密，异同曲折，逐年逐月，纤悉毕具。与陈氏《通辨》一书专论朱、陆异同者，稍有别云。又著《理学疑问》《周易剩义》《乐律古义》《河洛太极辨微》诸书，皆从苦心力索得之。雷翠庭先生称其精神与古经传相凭依，所造深以邃。尝再游武夷，归，筑室于邑之冠豸山。翠庭尝访之，孤馆寒灯，商订旧学。时北壁破，风气栗烈，以草荐障之，意怡然自乐也。连城理学，始自宋之邱起潜、明之童东皋，而警庵、寒泉继之。力敦伦纪，严辨朱、陆异同。张清恪抚闽时，建

<hr>

① 〔清〕童能灵：《冠豸山堂文集》卷二《冠豸山堂文集附识》，《四库全书存目丛书》集部第 234 册，第 619 页。
② 上海图书馆编：《中国丛书综录》第 1 册，上海古籍出版社 1982 年版，第 502 页。

文溪书院,祀起潜、东皋两先生。起潜盖长汀杨淡轩高弟,东皋则临川吴康斋高弟也。后增建五贤书院,中祀宋五子,而以警庵、寒泉配焉。"①

其事迹另载《清史稿》卷四八〇《列传》二六七、雷铉《寒泉童先生墓志铭》(《冠豸山堂文集》卷首)、《清碑传集》卷一二九、《国朝耆献类征》卷四九、民国《连城县志》卷二一和《连城童氏族谱》乙部卷一。

邹抚南·邹圣脉·邹廷猷·邹景扬

此乃四堡邹氏刻书家族中的四位刻书家,祖孙四代人。其中最著名的是邹圣脉。

邹圣脉(1691—1763),字宜彦,号梧冈,善诗文、书法,坊号寄傲山房。乾隆七年(1742),辑刊《书画同珍》《书画同珍二刻》。乾隆年间,编辑并刻印《寄傲山房塾课纂辑御案易经备旨》七卷《图》一卷、《寄傲山房塾课纂辑春秋左传经解备旨》十二卷、《寄傲山房塾课纂辑书经备旨蔡注捷录》七卷、《寄傲山房塾课纂辑礼记全文备旨》十一卷、《寄傲山房塾课纂辑御案诗经备旨》八卷。以上五种书,即所谓"五经备旨"。此外,他还刻有《寄傲山房塾课新增幼学故事琼林》四卷、《寄傲山房诗集》四卷、《参订三国演义》(毛评本)、《绣像妥注六才子书》六卷等。其中,邹氏依据西昌程允升《幼学须知》原文,细加考订,厘清讹误,新增 360 联,并易名为《增补幼学故事琼林》,于乾隆二十五年(1760)成书刊行,该书系风靡我国 200 多年的蒙学读物名著。邹圣脉事迹,见载于余一轼撰《梧冈邹老先生传》。文中称其"孝友出自天授,风雅抒诸性灵",青年时"屡踬场屋","行年五十,遂进弃俗尘,筑精舍于石青之谷,以为别墅。牙签万轴,诗酒自娱"②。此外,《邹氏族谱》中还录有其所撰《爱日堂跋》《送邹征盛先生游粤序》《十亩之间吟》等文,以及亲朋好友为其七十大寿所作的诸多祝文等。

邹圣脉父邹抚南(1650—1738),字仁声,也是一位刻书家。《邹氏族谱》载:"翁邹姓,名抚南,字曰仁声。梅囿,其号也。……尝辟梅园,位置幽雅,不啻辋川,优游其中,几不知老之将至者。更建梧冈家塾,以育人材,多

---

①〔清〕李元度:《国朝先正事略》卷三〇,岳麓书社 2008 年版,第 954 页。按,连城张鹏翼号警庵。

②邹序衢等修:《连城四堡龙足四修邹氏族谱》卷二〇,宣统三年(1911)印本,叶 16B—17A。上杭客家族谱博物馆存。文中"遂进弃俗尘"的"进弃"疑当为"摒弃"。

镌经史秦汉诸书,广而布之,均有裨于世道人心。"①为培养其后人读书,他特意筑一书屋,名为"梅园",至今屋宇尚存。连城儒学训导童日鼎称:"(邹抚南)通明好古,强记博览。尝勘雠经史而梓之,散布四方,俾学者得穷源涉津,访佚典,搜秘文,咸用以裨补正学。于是缥囊缃帙,邹氏之书走天下。辟别墅于梧桐冈上,曰梅园。……贮经史诸子百家古今文板于内。"②

邹圣脉六岁时,邹抚南即为其"援例南雍,以便专精举业"③。所谓南雍,即设在南京的国子监。为六龄小儿取得国子生的就读名额,可见其父望子成龙之心迫切。然而,终邹圣脉一生,他并未走上科举仕途。"家住梧冈十亩间,无边好景散楼前。云归松坞疑巢鹤,花满梅园认雪天。笔阵纵横排户立,文澜委折到门湲……"④,邹圣脉此诗很好地表达了他隐居乡间,以耕读著书为业的恬淡心境。余一轼《梧冈邹老先生传》赞邹圣脉"隐德以化乡人,大度以陶瓦砾,严以律己,宽以绳人。一帘化雨,满座春风"⑤。《长汀县志》则称其"性乐山水,不萦富贵。邑绅王旅亭为之传"⑥。

邹廷猷(1715—1803),邹圣脉次子,一名可庭,字征锟,号涉园。书坊名云林别墅,故又自号云林别墅主人。曾助编、刻印其父所著《五经备旨》《寄傲山房诗集》《鉴史琼林》,增补并刻印其父所编《新增绘图幼学故事琼林》《诗经补注附考备旨》等。今存乾隆二十九年(1764)序刊本《寄傲山房塾课纂辑礼记全文备旨》,刻印于邹圣脉逝世的第二年。乾隆五十年(1785),邹廷猷又刻印其父所注《第六才子书》六卷首一卷。书名作《云林别墅绣像妥注第六才子书》,内封页题"圣叹外书,李卓吾评点,绣像妥注六才子书";正文署"圣叹外书,雾阁邹圣脉梧冈氏妥注"。巾箱本,两节板,下栏十二行十九字,左右双边,白口;上栏镌评注音释等。卷前有题"云林别

①〔清〕黎维晨:《仁声姻太翁邹先生传》,邹序衢等修:《连城四堡龙足四修邹氏族谱》卷二〇,宣统三年(1911)印本,叶7B—8A。

②〔清〕童日鼎:《梅园前记》,《连城四堡龙足四修邹氏族谱》卷二一,宣统三年(1911)印本,叶2B—3A。

③〔清〕余一轼:《梧冈邹老先生传》,《连城四堡龙足四修邹氏族谱》卷二〇,宣统三年(1911)印本,叶16B。

④〔清〕邹圣脉:《十亩之间吟六首》其二,《连城四堡龙足四修邹氏族谱》卷一二,宣统三年(1911)印本,叶9A。

⑤余一轼:《梧冈邹老先生传》,《连城四堡龙足四修邹氏族谱》卷二〇,宣统三年(1911)印本,叶17A。

⑥〔清〕刘国光等纂修:(光绪)《长汀县志》卷二四《人物》,台北成文出版社1967年版,第393页。

墅主人识"《例言》七则。今日本静嘉堂文库、天理图书馆等有存本。

其事迹,其子邹景扬《家大人可庭公六十初度征诗文行实》有记载。文曰:"家君自幼颖敏,读书辄能领略其旨趣。以伯父业儒,叔父尚幼,年十三即代王父梧冈公治家政。间有余闲,务执经问难于王父,遂洞彻书理渊微。常校雠古籍以付梓,现有《书经汇参》《诗经备旨》《酬世锦囊》等书行世,颇邀海内赏鉴。生平慷慨好义,有急叩门,无不以应。"①

邹景扬(生卒年未详),字克襄,武举人,坊号大德堂,邹廷猷之子。据民国《长汀县志》卷一四载,邹氏为乾隆三十三年武举人,后曾任平和县守备。

邹景扬刊刻或由他主编刊行的书有,《雾林别墅新辑酬世锦囊书启合编初集》八卷、《酬世锦囊家礼集成二集》七卷、《新集酬世锦囊帖式》三集二卷,以上诸书合刊一册,是邹景扬主编的一部汇集士庶日用文翰书札的通俗类书,今存清乾隆三十六年(1771)大德堂刻本、清宝兴堂刻本等若干种刻本。

清嘉庆三年(1798),刊《寄傲山房塾课纂辑御案易经备旨》七卷。此刊本刊刻时间较晚,但收藏却极少,所知仅台北"国家"图书馆有存。卷前题邹圣脉撰、邹廷猷编、邹景扬订。此为邹氏祖孙三代刻书家在同一刻本中出现。此书大陆所存版本,多为此本的翻刻本。清聚文堂刻本《新增诗经补注附考备旨》八卷,题邹圣脉纂辑、邹廷猷编次、邹景扬等订。版式分上中下三栏。上为备考,小字十九行四字;中为备旨,小字二十二行十字;下为诗经晰讲,十一行二十字,小字双行,白口,单边。此书又有清宏道堂刻本,分上下栏,封面书名题"宏道堂诗经备旨"。宝兴堂、聚文堂、宏道堂未必都是邹景扬的书坊名,以这些书坊名所刻之书,也有可能是四堡或外地的书坊翻刻的邹氏刻本。

雷 铉

雷铉(1697—1760),字贯一,号翠庭,宁化人。曾就读于福州鳌峰书院,从学于山长蔡世远,并为其所推许。雍正十一年(1733)进士,朝考名列第一。桐城方苞,以"第一流人物"相期许。乾隆元年(1736),召入为皇子

---

① 〔清〕邹序衢等修:《连城四堡龙足四修邹氏族谱》卷九,宣统三年(1911)印本,叶21A。

侍读，授编修。后历官浙江学政、都察院副都御史等。乾隆二十一年（1756）告老还乡。其著作有《象山禅学考》《阳明禅学考》《经笥堂集》《自耻录》《闻见偶录》《励志杂录》《校士偶存》等。传载《清史稿》卷二九〇《列传》七七、民国《福建通志·列传》卷三六。

据《四库全书总目》卷一三四著录，雷鋐曾刻印清张履祥撰《杨园全书》三十四卷。其中，收录张氏所著凡十二种，分别为《愿学记》一卷、《问目》一卷、《初学备忘》二卷、《经正录》一卷、《近古录》四卷、《见闻录》二卷、《丧祭杂说》一卷、《学规》一卷、《答问》一卷、《门人所记》一卷、《训子语》二卷、《农书》二卷[①]。雷鋐《经笥堂文钞》卷上有《张杨园先生全集序》，及《重镌杨园先生全集序》，而卷下又有《张杨园先生传》。张舜徽先生认为："清代学者知重视杨园之学，而力为表章者，鋐实为最先云。"[②]

雷鋐自撰《读书偶记》三卷，据邵氏《增订四库简明目录标注》卷三四著录，也是自刊本。另据民国《福建通志·列传》载，雷鋐晚年在江浙一带督学时，曾"访《蕺山遗集》《陆清献公年谱》刊行之"[③]。此所谓晚年，据雷鋐《刘蕺山先生文集序》，乃乾隆十六年（1751）[④]。《蕺山遗集》，即《刘蕺山先生遗集》二十四卷，系蕺山先生刘宗周（1578—1645）的文集。刘蕺山是张履祥的业师。《藏园订补郘亭知见传本书目》所著录明刘宗周撰《刘蕺山集》二十四卷，即乾隆十六年雷鋐刊本，十行二十二字[⑤]。而据《四库全书总目》著录，《刘蕺山集》为十七卷，亦称"是集为乾隆壬申（1752）副都御史雷鋐所刊"[⑥]。

按，张履祥（1611—1674），字考夫，号念芝、杨园。浙江桐乡人，明末清初理学家。《陆清献公年谱》一书，记清代著名学者陆陇其（1630—1693）的生平。陆氏为浙江平湖人，字稼书，卒谥清献。

童祖创

童祖创（1701—1779），字思承，童能灵之子。乾隆二十一年刊刻其父

①〔清〕永瑢等：《四库全书总目》卷一三四，中华书局 1965 年版，第 1139 页。

②张舜徽：《清人文集别录》，中华书局 1963 年版，第 136 页。

③沈瑜庆、陈衍等：（民国）《福建通志·列传》卷三六，1938 年刊本，叶 27B。

④吴光主编：《刘宗周全集》第六册《附录》，浙江古籍出版社 2007 年版，第 723 页。

⑤〔清〕莫友芝撰，傅增湘订补：《藏园订补郘亭知见传本书目》卷一五，中华书局 1993 年版，第 4 册，第 102 页。

⑥〔清〕永瑢等：《四库全书总目》卷一七二，中华书局 1965 年版，第 1515 页。

所著《冠豸山堂文集》上下两卷。卷首有乾隆丁丑（1757）翠亭雷铉序、觉罗雅尔哈善撰《寒泉小传》、雷铉《寒泉童先生墓志铭》和《寒泉公遗像》，卷末有祖创跋。卷端书名后题“连城童能灵寒泉著，弟能良晚亭编，男祖创思承、孙婿罗国泰履安、侄孙际可宸献、孙嵩宗跻峰、峤宗绎峰同较”。此书收入《四库全书存目丛书》第 234 册。《四库全书总目》卷一八二载此集为三卷，其中内刻本一卷、抄本二卷。今存此集仅两卷。

《连城童氏族谱》载：“祖创，能灵嗣子，字思承，号拙斋。太学生，习《书经》。生榕城。受业太史剑虹吴先生之门。及旋里，复受业家庭。寄迹崇安武夷山。晚筑别业于屋后，窃取先人遗意，颜之曰‘闲昧斋’，刻其先人遗书行世。……生于康熙辛巳（1701）九月初八日辰时，卒于乾隆己亥（1779）七月廿八日戌时。”①

民国《连城县志》载：“童祖创，能灵嗣子。生长榕城。七岁闻祖父卒于家，哭甚哀。事生、继父母，备得其欢。生父卒，遗弟妹幼稚，抚养成立，为之婚嫁。继父掌教芝山书院，卒于漳，徒步奔丧，遵礼营葬，刊父遗书。外祖母孤苦无依，迎养终身。乾隆二十三年，两庠申报两院，给匾旌之。”②

邹廷忠

邹廷忠（1721—1807），字征赐，号汝达。邹圣脉族弟邹圣绎（1699—1774）第三子。“乾隆癸亥年（1743）吴学宪取进邑庠生。生康熙六十年辛丑（1721）九月十一日丑时，卒嘉庆十二年丁卯（1807）二月廿四日申时。享寿八十有七。配马月娥，生康熙六十一年壬寅十二月廿二日寅时，卒嘉庆二年丁巳三月十六日巳时，享寿七十有六……生子四：乾元、利元、伦元、殿元。”③

乾隆年间，邹廷忠曾编纂并刻印《详注时令诗林尤雅》十二卷。书名页书框上方横排“壬寅年秋镌”五字，书框内竖排第一行“雾亭邹汝达辑”，第二、三行书竖排大字“详注时令诗林尤雅”，小字“畊经楼藏板”。在邹氏自序后署“时乾隆叁拾四年岁次己丑正月上元日雾亭邹廷忠汝达氏书于静轩”。壬寅为乾隆四十七年（1782），序为三十四年（1769）；除此本外，湖南

①〔清〕童日鼎主编：《连城童氏族谱》卷七，1950 年印本，叶 58A—B。连城县图书馆存。
②陈一堃、邓光瀛等：(民国)《连城县志》卷二三《乡行列传》，台北成文出版社 1975 年版，第 947 页。
③〔清〕邹序衢等修：《连城四堡龙足四修邹氏族谱》卷一〇，宣统三年（1911）印本，叶 30A—B。

某图书馆又另存有乾隆五十九年（1794）启元堂刻本,题《时令诗林尤雅》十二卷[①]。由此可知,此书在乾隆年间即屡有重刊。

嘉庆七年,邹廷忠序刊《酬世精华》四卷。此书凡例前有"嘉庆七年五月端阳日邹廷忠汝达氏书于衡门草舍"叙。

明邓林著、清邹汝达增辑《四书补注备旨题窍汇参》十卷,有嘉庆间刻本,题"明古冈邓林退庵甫手著,太史张成遇阿一甫参订,宝安祁友珊洲甫,尹源进澜枉甫增定,后学杨澜西露补,后学邹汝达参补",此刻本今较为罕见。此书另有嘉庆十三年（1808）崇文堂刻本,书名为《铜板四书补注备旨题窍汇参》十卷,题"邓退庵先生原本,雾亭邹汝达增辑,铜版四书补注备旨题窍汇参"。今香港中文大学图书馆存[②]。此本之印行,是在邹廷忠离世之次年,应为邹汝达后人所为。此亦是闽清代印本中较为罕见的以"铜板"所印之书。

莫树椿

莫树椿（1773—1856）,字寿舍,别字翘南,上杭人。嘉庆二十五年庚辰进士,历官山东临邑知县。嘉庆二十五年（1820）,刻印其父莫洲《荻芦山房诗钞》十二卷[③];道光二十八年（1848）,以"师竹堂"名号刻印自著《师竹堂集》十四卷《补遗》一卷。今黑龙江省图书馆存[④]。道光年间,曾重刊上杭刘坊（1658—1713,字季英,号鳌石）著《天潮阁集》（亦名《刘鳌石诗文集》）十二卷。柳亚子有《天潮阁集序》云:"此集初刊于周维庆,再刊于莫翘南。"[⑤]周维庆事迹,可参本书"周维庆"条。

民国《上杭县志》载其在临邑知县任上,曾"刊补《来禽馆集》,以兴文教",后因丁内艰离任后不再复出。他曾"主讲龙山、琴冈两书院,启迪后进,循循善诱。……自忘其老,著书垂三十年。尝辑父兄时文并己作为《莫氏一家言》。所著《师竹堂文集》十四卷、《不朽录》近二百卷。咸丰四年

①常书智、李龙如:《湖南省古籍善本书目》,国防工业出版社 1998 年版,第 359 页。

②贾晋华主编:《香港所藏古籍书目》,上海古籍出版社 2003 年版,第 30 页。

③谢水顺、李珽:《福建古代刻书》,福建人民出版社 1997 年版,第 452 页。

④辽宁、吉林、黑龙江省图书馆主编:《东北地区古籍线装书联合目录》（二）,辽海出版社 2003 年版,第 2858 页。

⑤张志欣、何香久主编:《二十世纪散文大系》（1）,河北教育出版社 2001 年版,第 558 页。

(1854)，重游泮水，方著《不朽录》，又二年未竟而卒，年八十有四，崇祀乡贤。"①按，《来禽馆集》二十九卷，明临邑邢侗(1551—1612)撰，为莫树椿任职所在地的前辈先贤、书法家。

刘喜海

刘喜海(1793—1852)，字燕庭，诸城(今属山东潍坊)人，清代著名金石学家、刻书家。出身名门，其高祖刘棨官至四川布政使，曾祖刘统勋和伯祖刘墉是清朝乾嘉时期的名相。刘喜海于嘉庆二十一年(1816)中举人，以恩荫监生，官户部郎中。道光十三年(1833)，出为福建汀州知府。其后历任陕西延榆绥巡道、四川按察使、浙江布政使等职。因酷好搜集金石碑版，浙江巡抚弹劾他痴迷古董、荒废政务，因而被夺官。著有《长安获古编》。道光十六年(1836)，在汀州刻印黎士弘《仁恕堂笔记》一卷。今北京大学图书馆、厦门大学图书馆等存。十一行二十五字，白口，四周双边，单黑鱼尾。卷首有长方牌记：

> 《仁恕堂笔记》，长汀黎媿曾参议所著。曾有《托素斋文集》，四库曾存其目，今板藏学官，而此书久佚。余访得一册于临汀故家，因校刊以广其传。时道光丙申重午，东武刘喜海识于金沙郡斋。②

道光十八年(1838)，他又刻印宋无名氏《宝刻类编》八卷③。八行十七字，黑口，四周单边。今河南大学图书馆、吉林大学图书馆和北京大学图书馆有存本。书中有"道光十有八季岁次著雍阉茂五月东武刘氏校刊于临汀郡署十七树梅花山馆"牌记，故著录作"东武刘氏十七树梅花山馆刻本"。

据载，刘喜海到各地为官，曾赠给当地书院不少藏书。仅道光十三年任汀州知府时，他捐给长汀龙山书院的书就有《十三经注疏》全部16套120册，《通礼》2套12册，《史记》6册，《两汉书》18册，《三国志》5册，晋、齐、陈、宋、梁、隋、魏书43册，《子史精华》全部5套50册，《南北史》14册，《北齐书》2册，《周书》《唐书》17册，《旧新五代史》8册，《宏简录》全部32册，共324册④。

---

①张汉、丘复等：(民国)《上杭县志》卷二五《列传》，上海书店出版社2000年版，第356—357页。

②〔清〕黎士弘：《仁恕堂笔记》卷首，道光十六年印本，叶1B。

③谢水顺、李珽：《福建古代刻书》，福建人民出版社1997年版，第450页。

④沙嘉孙：《刘喜海和他的〈天一阁见存书目〉》，虞浩旭主编：《天一阁论丛》，宁波出版社1996年版，第78页。

　　民国《长汀县志》卷三三《循吏传》载其宦汀事迹云：“刘喜海，字燕庭，诸城举人。文正公曾孙。道光间以户部郎出守汀州。清廉谦谨，政不烦扰，尤爱士好文。多置书籍于书院，以资博览。岁甲午大饥，便宜发仓粟四万。设厂分粜，亲为巡视，以杜侵渔。三阅月事竣，存活甚众。升任去，各坊士民皆立主祀之。”①

刘国光

　　刘国光（1828—？），字宾臣，湖北安陆人，咸丰壬子（1852）举人。历任工部屯田司行走、刑部浙江司员外郎。光绪三年（1877），由御史外任汀州知府，于次年刊刻邑人杨澜撰《临汀汇考》四卷。刘氏有序云：“戊寅夏，长邑修志局中绅士因言，本邑有孝廉杨君蓉江先生，偕乃弟优贡生心泉，均绩学士，著有《临汀汇考》，请序于余。公余之暇，披阅数四，大而建置沿革，小而物产风谣，正谬析疑，淹贯精核。……亟付剞劂，以永其传。异日郡乘续修，征文考献，将于是乎在。尤愿郡中能文之士，以杨君之志为志，各述所闻，各摅所见，集腋成裘，聚材作室，庶几麟麟炳炳，成一郡文章巨观，是则余之厚望也夫。光绪四年戊寅秋九月，知汀州府事前京畿道监察御史楚北刘国光撰。”②《长汀县志》著录此刻本，称“光绪四年，经郡守刘国光提盐息公款刊成”③。

　　光绪五年，刘国光又续修并刻印《长汀县志》三十二卷。书名页题“光绪五年重镌，长汀县志，楚北刘国光题笺”，卷前有光绪五年刘国光《重修长汀县志序》。略云：“光绪丁丑冬，余奉简命出守临汀。公余之暇，询取郡邑志书。郡志经前守延古香前辈照旧重刊，邑志亦毁于兵燹，片板无存。……爰于戊寅仲夏，邀集绅士筹款设局，鸠工锓梓，越十月而告成。”④卷首衔名版心中缝下有“文星堂刻”四字，此为受委托刻印此书的当地书坊之名。其后，每叶版心多有刻工姓名，如“衷怀成刻”“周嘉榖刻”“胡拔元刻”等。

①黄恺元、叶长青、邓光瀛等：(民国)《长汀县志》卷三三《循吏传》，上海书店出版社 2000 年版，第 578 页。
②〔清〕刘国光：《临汀汇考序》，《临汀汇考》卷首，清光绪四年（1878）刻本，叶 1A—2B。
③〔清〕刘国光等纂修：(光绪)《长汀县志》卷二八《典籍》，台北成文出版社 1967 年版，第 470 页。
④〔清〕刘国光等纂修：(光绪)《长汀县志》卷首，台北成文出版社 1967 年版，第 2 页。

民国《长汀县志》载其事迹云："刘国光，字宾臣。湖北举人。光绪三年由御史外任汀守。政勤爱民，兴办教育，养老恤孤。诸政次第毕举，政声卓著，祀循良祠。"①刘国光后调任衢州知府，于光绪八年又重刊清杨延望修《衢州府志》四十卷。

童积斌

童积斌（生卒年未详），字小丛，连城人，童能灵侄孙。咸丰辛酉（1861）拔贡，光绪壬午（1882）举人。历任福州府学、闽清县学训导、古田教谕、豸山书院掌教等。

清光绪二十三年（1897），童积斌在族内劝捐集资，将童能灵《冠豸山堂集》重新刊印，即今存光绪二十三年连城童氏木活字本。所收六种书为：《周易剩义》《乐律古义》《理学疑问》《子朱子为学次第考》《冠豸山堂文集》《留村礼意》。其中，《理学疑问》四卷被收入《四库全书存目丛书》子部第28册。

童积斌序云："我童氏自十三郎公由童坊青岩里徙居连城，为连城始祖。……十八传至寒泉公，以理学崇祀乡贤，载《先正事录》中。……考其学，出自庭训。早游鳌峰，中居武夷，晚结庐冠豸山。学宗河洛，贯串易义于《大学》《中庸》《论语》，一贯之旨，无不互相发明。乐律则本《史记》。其《理学疑问》，为学宪华亭黄公鉴定。与宁化太史翠庭雷公商订，邮筒所寄，无非以道德相切劘。……其书始刻自其子思承公，版藏于家。斌先祖裕亭公虑久遗失，移存祖祠。其裔孙永怀将书板刷送，合邑俱有其书。因兵燹并板遗失，兹合族谋再付梓，劝捐集资，故为叙其缘起如此。二十一代又侄孙积斌谨撰，光绪二十二年岁次丁酉季秋月。"②

《连城县志》载："童积斌，字小丛，咸丰辛酉拔贡，光绪壬午举人。福州府学、闽清县学训导、古田教谕、豸山书院掌教。生平浑浑噩噩，了无留滞。与人交，一本至诚。文行清正，教授生徒，循循善诱。劝捐豸山膏火，修谱牒，印遗书，建育英局。子德开，庠生。"③

---

① 黄恺元、叶长青、邓光瀛等：（民国）《长汀县志》卷三三《循吏传》，上海书店出版社2000年版，第578页。

② 包树棠：《汀州艺文志》卷一五，方志出版社2010年版，第499—500页。

③ 陈一堃、邓光瀛等：（民国）《连城县志》卷二三《乡行列传》，台北成文出版社1975年版，第1002页。

周维庆

周维庆（生卒年未详），号鉴甫，上杭人。康熙、雍正年间以茹古堂、剞锦斋名号刻书多种。民国《上杭县志》有其小传，略云：

> 周维庆，号鉴甫，在城布衣。性嗜学，留心文献。好交名士，与刘坊善，晚寓汀城剞锦斋，为搜刻《天潮阁集》。尝辑《周氏家谱》，雅有法度。雍正乙巳（1725），又刻此选。①

康熙六十年（1721），周维庆刻印南明刘坊《刘鳌石先生诗文集》十二卷，又名《天潮阁集》十二卷。其中诗八卷、诗余一卷、文三卷，有周维庆序，今国家图书馆存，收入《四库禁毁书丛刊补编》第 84 册。此书作者刘坊（1658—1713），字季英，号鳌石，上杭人。朱希祖《康熙刻本天潮阁集跋》云：“《天潮阁集》六卷，南明上杭刘坊撰。坊祖廷标，明云南永昌通判，殉国，详《明史·忠义传》。父之谦，永历时授赵州学正，三迁至户部主事；帝狩缅甸，亦殉国。李世熊《寒支初集》有《明云南永昌通判刘公墓表》，载廷标父子死节甚详。坊于永历十二年戊戌生于云南之永昌。”②柳亚子有《天潮阁集序》云：“先生生有明之季，皇纲解纽，宇宙膻腥，祖父皆身殉国难，全家灰烬，独以覆巢完卵之躬，与丑虏共戴履天地，此其穷可谓极人生之所不堪矣。……此集初刊于周维庆，再刊于莫翘南。代久年湮，流传已寡。今社友丘荷公为醵资重印，远寄吴中，属执校雠之役，并使弁以数言。余不获辞，于其成焉，聊赘论如此，以质世之读者。时民国五年十二月，吴江柳弃疾序。”③

雍正三年（1725），周维庆又辑录并刻印《闽汀文选》十卷。

清末上杭名士丘复有《周维庆笃旧》一文，记以上两种刻本源流，并述及刻书家周维庆事迹。略云：

> 吾杭周维庆，字鉴甫，在汀城开设剞锦斋，专以刻字为生。尝搜集天潮阁诗文遗著刻之。自序略曰：“不佞与鳌石先生旧好也。曩者鳌石欲以《游岳诗》倩余寿之梓，不果。越有年，又与鳌石同寓武平旅舍，复言天潮阁全稿将付予镂之梨，又中阻焉。自后鳌石北辙南辕，益无定处，余

---

①张汉、丘复等：（民国）《上杭县志》卷二三《艺文志》，上海书店出版社 2000 年版，第 296—297 页。
②朱希祖著：《明季史料题跋》，辽宁教育出版社 1998 年版，第 94 页。
③张志欣，何香久主编：《二十世纪散文大系》（1），河北教育出版社 2001 年版，第 557—558 页。

亦朝奔暮驰，相逐不遇。更越年，闻鳌石卒于宁化李氏家矣。余且驻郡
城，锓蒙书糊口。暇日检汀八邑先哲后贤诗文，欲汇集成书，编为《闽汀
文选》，附以吾杭贤士大夫遗墨。未尝不咨嗟悼叹，古今文献不足征，良
可惜也。迩来吾杭以诗文名世者，莫如鳌石。昔曾聆其自负之言，谓：
'走路莫多于我，饮酒莫多于我，说话莫多于我。'盖其登五岳、渡三河，名
山大川皆有所阅历。夫遍历天下，见闻广辟，必非经生常谈云。"

　　……使非此刻，则后人又乌从于二百年后考见鳌石先生文章气
节哉？询诸邑人士，知周为庠序中人，藉刻书自给。予作《鳌石先生
传》，以周固手民，有古人笃旧之风，犹浅视鉴翁也。《闽汀文选》十
卷，乾隆上杭志不载，同治续修亦未搜及，《汀州府志》仅存其目。后
阅同治《福建通志》载其自序曰："吾汀，唐始为郡，与中原并，人皆束
身于学问，肆力于文章。时则文词有郑仲贤，气节有伍正己，理学有
杨淡轩、童寻乐，其余瑰玮卓异，不可一二数。考诸郡志，其著述所
纪编不下百千卷，而得诸故家，访之耆宿，断简残编百不获一，因命
诸子方伟旁搜远揽，采名山之藏，访故旧之遗，求诸衣冠华胄之家。
凡经国之讦谟，敷奏之硕画，诗歌、古文、辞赋、碑铭诸体，虽未能淳
粹，而生斯土为斯人，因其文识其人，亦足以见何地无才也！"时雍正
三年乙巳仲秋。据《天潮阁集》刻者自序成于康熙辛丑，相距仅五年
耳！《天潮阁集》幸存，而此选求诸郡邑故家，无知其名者。杨澜《汀
南廑存》所辑伍氏诸诗，注明采自《闽汀文选》，是咸、同间，其书尚有
传本。故当时修通志得采其序，虫鱼之蛀，兵燹之伤，致先代文献泯
然无征，岂不惜哉！①

五、在外地刻书的汀州（府）人

明　代

李　楫

李楫（1436—?），字时济，上杭人。成化十一年（1475）进士，次年任新昌

---

① 〔清〕丘复著，丘其宪、丘允明校注：《愿丰楼杂记》，黑龙江人民出版社 2009 年版，第 272—273 页。

知县。编纂《新昌县志》十六卷，刊印于成化十三年。其自序云："成化丙申夏，予奉命领邑新昌。视事之初，首访图志，以稽一邑之事，而贰教莫先生以古本献焉。残缺舛讹，不足入目。因叹曰：'文墨之事，学校责也。盍相与谋之？'……不半年，曰书成矣。……乃与同寅捐俸为倡，而邑人好义者皆乐相焉。锓梓垂成……因书卷末以识岁月云。成化丁酉端午日，赐进士承事郎知新昌县事上杭李楫撰。"①此志书成化刊本已不存，今存明正德重刊本。

《闽书》卷一〇四《英旧志》载："李楫，字时济。任新昌、分水知县。当官以廉才著称。升户部主事，卒。"②万历《新昌县志》卷八《官师志》则载其宦绩云："廉公政举，民号无事。以县未有成志，乃命贰教莫旦据洪武十一年、永乐六年、景泰五年遣使采辑遗稿，考订纂成志十六卷。至今文献足征，功亦不可泯云。未几，以忧去。"③

梁　乔

梁乔（1474—?），字迁之，号静轩，上杭人。弘治十五年（1502）进士，历官刑部主事。因上疏弹劾刘瑾而下狱，获释后迁兵部郎中。正德八年（1513），在绍兴知府任上，遵浙江按察司佥事新安汪大章之嘱，刻印宋陆游撰《渭南文集》五十二卷。版式为半叶十行，行二十二字，白口，四周双边。今上海图书馆、南京图书馆、浙江图书馆和国家图书馆等十几家图书馆有存本。傅增湘《藏园群书经眼录》著录："前正德癸酉新安汪大章序，次《宋史》列传，次目录。后有正德八年绍兴府知府上杭梁乔序。按：此本文四十二卷，诗九卷，词一卷，卷中遇宋帝提行空格，知所据亦古本。盖汪大章巡按浙江时，得省元张君直本，属郡守梁乔刻之绍兴郡斋者也。"④

《闽书》卷一〇四《英旧志》载："梁乔，字迁之。正德中为刑部主事，尝同疏刘瑾，下狱而解。守绍兴，有善政。六年，以母老归。母殁，卒于丧。生平长者，而后辈重焉。"⑤按，此载正德六年归，显然有误。据万历《绍兴

①〔明〕李楫：《旧刻新昌县志叙》，田琯等：（万历）《新昌县志》卷末，《天一阁藏明代方志选刊》第19册，上海古籍书店1964年版，叶1A—B。

②〔明〕何乔远：《闽书》卷一〇四《英旧志》，福建人民出版社1995年版，第4册，第3135页。

③〔明〕田琯等：（万历）《新昌县志》卷八《官师志》，《天一阁藏明代方志选刊》第19册，上海古籍书店1964年版，叶9B。

④傅增湘：《藏园群书经眼录》卷一四，中华书局1983年版，第1248页。

⑤〔明〕何乔远：《闽书》卷一〇四《英旧志》，福建人民出版社1995年版，第4册，第3135页。

府志》卷二六《职官志》，梁乔知绍兴，是正德七年至十年。梁乔事迹，又见于乾隆《福建通志》卷四八、民国《福建通志·列传》卷二二，以及《弘治十五年进士登科录》。

清 代

上官周

上官周（1665—?），字文佐，号竹庄，汀州长汀人，清中叶闽派著名画家。著有《晚笑堂诗集》，撰著并绘制《晚笑堂画传》《明太祖功臣图》等，均有其自刻本。

《晚笑堂诗集》，又名《晚笑堂竹庄诗集》，《续修四库总目提要》著录为三卷，今国家图书馆所存乾隆刻本仅一卷，凡诗三百多首，有乾隆二年自序。苏珥《晚笑堂诗跋》称："长汀上官竹庄先生，以冲淡闲远之性，遍寻九州邱壑，屡至粤土。甲寅，余在羊城，始接芝眉。是年，先生已七十矣。余方三十有六。先生一见如旧好，引为忘年交。未几，余以事归里。先生亦返闽，衷曲一缕，未能尽罄。今岁夏，先生复来粤。余过寓斋，谈话竟日，离情顿慰。……《晚笑堂集》刻成来示，叹夫清迥之致，宛似其为人。炳园已跋，余又作貂续云。"①由此序文可知，此书刊印地点在广州。

《晚笑堂画传》，原名《晚笑堂竹庄画传》，不分卷，清乾隆八年（1743）刻本，今国内多家图书馆有收藏。内封题"晚笑堂竹庄画传"，卷前有瑞金同学杨于位序，乾隆八年上官周序。杨于位序云："竹庄先生，闽之有道士也。生平喜读书，能诗，世罕知之者，独以丹青擅名于时。……今先生年七十九，重游粤峤，访得名手，乃择其尤者百辈，锲之于板，以示后世，因丐余一言序之。"②上官周自序则称："夫颂古人诗，读古人书，想其人而不得见，诚千古之恨事也。苟颂古人诗，读古人书，披其图而如见其人，岂非千古之快事乎？"为此，他"浏览史籍，沿自周秦以下，遇一古人，有契于心，则不禁欣慕之、想象之，心摹而手追之。积日累月，脱稿者又七十六人，合之得百二十人。……日者，天复假吾以年，携卷入粤。小孙惠不欲没老人之微勤，请

---

① 黄恺元、叶长青、邓光瀛等修：(民国)《长汀县志》卷二二《艺文志》，上海书店出版社 2000 年版，第 519 页。

② 〔清〕上官周：《晚笑堂竹庄画传》卷首，清乾隆八年（1743）刻本，叶 1A—2A。

付剞劂，以诏来兹"①。由杨序可知，此画传亦刊印于广东。由上官周自序则可知，此书之刊刻，得其孙上官惠之助力，故有图书馆将此本著录为"清乾隆八年上官惠刻本"②。

上官周撰并绘《明太祖功臣图》，不分卷。此书亦乾隆八年（1743）刻本，版式与《晚笑堂竹庄画传》全同，与《晚笑堂竹庄画传》系同时同地所刻印的附刊本。

上官周事迹，见载于清李垣《国朝耆献类征初编》卷四二六《文艺》、清窦镇《国朝书画家笔录》卷二、清张庚《国朝画征录》卷下等。民国《长汀县志》卷三〇《艺能传》载上官周传，将上官惠误为"其弟"。传云："上官周，字文佐。工诗，善篆刻，尤精于画。所交尽当世名士，每游归，题赠盈篋。与查慎行、黎士宏尤善。著《晚笑堂诗集》《画传》。构别业，名竹庄，人称为竹庄先生。其人物画描二卷，不但于古人形神逼肖，各系传赞，具有识见，笔力断制，出人意表。噫，此仅得以画家目之哉！其弟上官惠，亦以画名家，尤工涉色。"③清丘复《愿丰楼杂记》载："上官周之孙不知何名，所著《竹庄集》予亦未见。予在潮汀购得山水堂幅，茧纸所写，款署上官惠，当即其人。笔墨苍老，脱尽烟火气。《潮州府志》八景图亦惠所绘。"④

邹谟

四堡在外地刻书人氏甚众，《福建省志·出版志》列有《清代四堡外出行销书籍商人名表》，据表中所列，清代仅四堡一地，前往江西、广东、广西、湖南、浙江、山东、四川，以及福建其他地区销售或刊行图书者多达数百人⑤。这些人多以行销为主，但也有部分在外地从事刻书。由于史料欠缺，表中所列仅有姓名、行销地区等。以下仅择其中一例，即在广东刻书、售书的邹谟、邹统父子作一简介。

邹谟之父邹圣默（1697—1735），字正彦，号龙雾，邹圣脉二弟。《邹氏族谱》载其"折节读书，手不停披，口不绝吟，遂得究穷于经传史记百家之

①〔清〕上官周：《晚笑堂竹庄画传》卷首，清乾隆八年（1743）刻本，叶 3A—B。
②中山大学图书馆编：《中山大学图书馆古籍善本书录》，1982 年铅印本，第 73 页。
③黄恺元、叶长青、邓光瀛等：(民国)《长汀县志》卷三〇《艺能传》，上海书店出版社 2000 年版，第562 页。
④〔清〕丘复著，丘其宪、丘允明校注：《愿丰楼杂记》，黑龙江人民出版社 2009 年版，第 197 页。
⑤福建省地方志编纂委员会：《福建省志·出版志》，福建人民出版社 2008 年版，第 367—390 页。

说。其行世者,有《易经备旨》《四书图考体注》镌刻"①。

　　邹谟(1721—1805)事迹,见于邹登龙《云村太翁年伯邹先生传文》。其文曰:"丁巳(1797)之春,邹君名统者售书于粤,与小儿秀昆同庚,因共晨夕商素者久,问其家业,以书籍为生涯,读书为根本。故年伯太翁之盛迹至性,光昭文章,辉映至今,犹令人追忆,为不朽云。太翁世居龙足乡,讳谟,字征望,云村其别号也。……综其生平,凤慧天成,读书十行并下,辄能领会大意,不屑屑于寻章摘句,而研朱橥黄,日无间晷;校经分史,手不停披。著有《诗经拟题》《诗学含英》《诗韵含英》《唐诗合选》等书寿世。典博详明,士林实嘉赖之。盖翁之肆力于文章者久而且专如此也,阅数年而学成矣。携笈赴试,遂受知于李学宪拔公,为古学多士冠,旋补弟子员。……太翁生康熙六十年辛丑十二月十四日辰时,享寿八十有五,卒嘉庆十年乙丑十月初十日子时。"②

　　文中所言"著有",实应为刊刻;这几书的作者或编者多为清人刘文蔚(字伊重,号楠亭,山阴人)而非邹谟。书坊刻本,多在卷前标示参订、增定、参补、增辑、汇参、参校等诸多名目,实际上只是图书付梓之前必要的编校,不能将此视为著述,更不应据此而称其为"著述家"③。

伊秉绶

　　伊秉绶(1754—1815),字组似,号墨卿、默庵。汀州宁化人,是清代乾嘉年间的著名书法家。乾隆五十四年(1789)进士,授刑部主事,迁员外郎,出为广东惠州知府、扬州知府,以廉吏善政著称。嘉庆四年(1799),在惠州重修丰湖书院。喜绘画、治印,亦工诗文。工书,尤擅长隶书,气象高古博大,与邓石如并称大家。著有《留春草堂诗钞》等。传载《清史稿》卷四七八《列传》二六五、《国朝先正事略》卷三一等。清赵怀玉有《扬州府知府伊君秉绶墓表》,载于清钱仪吉编《碑传集》卷一一〇。

　　清嘉庆十二年(1807),伊秉绶在扬州郡斋刻印其师阴承方撰《阴静夫

---

①巫兆夔:《龙雾公邹先生传》,《连城四堡龙足四修邹氏族谱》卷二〇,宣统三年(1911)印本,叶18B。据此族谱所记,《易经备旨》《四书图考体注》二书,应系邹圣默所"镌刻"的刊本,而非《清代福建四堡刻书业调查报告》所说的"著"。

②〔清〕邹序衢等修:《连城四堡龙足四修邹氏族谱》,宣统三年(1911)印本,叶29B—30A。

③吴世灯:《清代福建四堡刻书业调查报告》,《出版史研究》第2辑,中国书籍出版社1994年版,第133页。

先生遗文》二卷。此为阴承方逝世十几年后，由伊秉绶择其文四十六篇而刊行于世之书。其时，伊秉绶正官扬州知府。其序云：“盖自癸卯别先生，至今三十年。先生下世已十余年矣，计获寿七十有三。家贫，子艰学，书仅存。比清夫寄至先生集四卷，谨先刻若干篇，借为之序。庶读是编者，想见先生之为人。嘉庆十二年夏六月，门人伊秉绶谨序。”①

　　嘉庆十六年（1811），伊秉绶在广州又编辑、刊刻清宁化雷铉撰《经笥堂文钞》二卷，内封题“嘉庆十六年刻于广州，经笥堂文钞，宁化伊氏秋水园藏板”。是集收文百余篇，按文体分类，初仅有传抄本，伊秉绶始为之刻于广州。前有伊秉绶、朱仕锈二序，阴承方撰《行状》。今国内大中图书馆多有存本。《清代诗文集汇编》第285册所收即据此刻本影印。伊序云：“嘉庆丁卯岁，秉绶既刻吾师阴静夫先生遗集于扬州，将校雷翠庭先生《经笥堂稿》，会遭先君子大故以归。服初阕，执友吴清夫征君以书促之，适连城童征君一斋掌教诚正书院，相商权焉。……先君子曾面承先生指诲，秉绶不能绍承家学，及其将老，乃知向方，而愧悔无似，借缀斯言于卷端。岁次辛未八月丁未朔，同里后学伊秉绶谨序。”②末卷后有辛未十月朔其所作《刻经笥堂集既成，敬题一诗，兼寄吴征君贤湘》，其中的吴贤湘，即序中所提到的吴清夫，为伊秉绶学友，共出于阴承方门下，清夫乃其号。

　　嘉庆十九年（1814），伊氏秋水园又刻印伊秉绶自著《留春草堂诗钞》七卷。据《清人别集总目》，全国内外十几家图书馆有收藏③。《清代诗文集汇编》第439册中所收《留春草堂诗钞》七卷，即据此刻本影印。书名均伊氏手书上版，中行题篆体“留春草堂诗钞”六字，右题隶书“嘉庆十有九年刊于广州”，左下题“秋水园藏”。卷前有嘉庆九年蒙古法式善、嘉庆十二年同里吴贤湘二序，以及南城曾燠（宾谷）、仁和魏成宪（春松）二人题识。卷末有嘉庆甲戌番禺受业门人陈昙跋、嘉庆丁卯翰林院编修受业门人长沙余正焕后序。

①包树棠：《汀州艺文志》卷一二，方志出版社2010年版，第401页。
②〔清〕伊秉绶：《经笥堂文钞序》，雷铉《经笥堂文钞》卷首，《清代诗文集汇编》第285册，第1—2页。
③李灵年、杨忠主编：《清人别集总目》（上卷），安徽教育出版社2000年版，第481页。

卷八　漳州(府)刻书家

　　漳州之设,始于唐嗣圣元年(684)。天宝元年(742),改为漳浦郡。乾元二年(759),复为漳州。太平兴国三年(978)归宋。有宋一代,均为州,领县逐渐递增为龙溪、漳浦、龙岩、长泰四县。元至元十五年(1278),改为漳州路,增置南胜(后改为南靖)县,领县五。明洪武五年(1372)改为漳州府,领县同。其后至明末,渐增置漳平、平和、诏安、宁洋四县,领县九。

　　漳州刻书,起步较晚,南宋中后期才有一些零星记载。宋元时期的漳州刻书,其中所涉及的人和事,大多与朱熹学派有关。因此可以认为,漳州刻书,是与朱子理学的传播紧密联系在一起的。朱熹任漳州知州,时间虽然不长,但他在此前后对漳州刻书的关注,以及在漳州的刻书实践,对漳州地区的图书出版,是有力的推动①。他在南宋绍熙元年(1190)四月至次年四月,前后不过一年的时间里,就刊刻出版了《易》《诗》《书》《春秋》四经,《大学》《中庸》《论语》《孟子》四书;此外,还刊刻有《近思录》《家仪》《乡仪》《楚辞协韵》等书十几种。这些书,基本上都是朱子为其创建的书院,或为整顿当地官学而印行的教材。

　　本卷搜集整理了由宋至清35位漳州(府)刻书家的事迹。其中,在漳州(府)刻书的有24位(宋代2位,元代2位,明代15位,清代5位),在外地刻书的漳州(府)籍刻书家有11位。

———————————

①朱熹在漳州的刻书事迹,可参阅方彦寿:《朱熹与漳州官私刻书》,《合肥学院学报》2013年第4期;以及本书"朱熹"条。

一、宋代

薛季良

薛季良(1198—1257)，字传叟，兴化军仙游县人。以祖父薛元肃之荫补将仕郎，历官罗源县尉、广州司理、南安知县、漳州通判和潮州知州。宝祐丁巳(1257)卒于潮州任上。居官以廉洁著称，知潮州。"潮郡计窘狭，君不忍掊敛，专以廉俭节缩扶持之。……下车九阅月，郡称治，而君积劳致疾不可为矣。属纩至返枢，民皆巷哭郊送。"①

淳祐八年(1248)，薛季良于漳州通判任上，在龙江书院刻印宋陈淳撰《北溪先生大全文集》五十卷，为此书最早刻本。清陆心源《皕宋楼藏书志》卷八八著录一旧抄本时提到此本。此本原刊本久逸。《四库全书总目》著录云：

> 其生平不以文章名，故其诗其文皆如语录。然淳于朱门弟子之中，最为笃实。故发为文章，亦多质朴真挚，无所修饰。元王环翁序以为"读其文者，当如布帛菽粟，可以济乎人之饥寒。苟律以古文律度，联篇累牍，风形露状，能切日用乎否"云云。是虽矫枉过直之词，要之儒家实有此一派，不能废也。又淳以朱子终身与陆九渊如水火，故生平大旨，在于力申儒、释之辨，以针砭金溪一派之失。集中如《道学体统》等四篇，《似道》《似学》二辨，皆在严陵时所作。反复诘辨，务阐明鹅湖会讲之绪论，亦可谓坚守师传，不失尺寸者矣。集为其子楷所编。末有外集一卷，载莫祭文、志铭、叙述五篇，亦楷所辑附。淳祐戊辰郡倅薛季良为锓版龙溪书院，岁久散佚。元至元乙亥、明弘治庚戌，又两经翻刻。今所传者，盖犹弘治本云。②

文中所谓"龙溪书院"，乃据元至元漳州路儒学教授王环翁序中"淳祐

---

①〔宋〕刘克庄：《后村先生大全集》卷一五九《薛潮州墓志铭》，《宋集珍本丛刊》第82册，第595—596页。
②〔清〕永瑢等：《四库全书总目》卷一六一，中华书局1965年版，第1386页。

戊辰郡倅薛公季良锓梓龙江书院"①而来；"龙溪书院"实应为龙江书院，由漳州知州危稹始创于宝庆元年(1225)②。

薛季良生平，见载于乾隆《仙游县志》卷三五下、乾隆《福建通志》卷四四等，而以宋刘克庄《后村先生大全集》卷一五九《薛潮州墓志铭》所载为详。

田　澹

田澹(生卒年未详)，字子真，延平府剑浦县(今南平市延平区)人。乾道八年(1172)进士，淳熙初任漳州州学教授，刻印邑先贤高登之文集。淳熙十四年(1187)，朱熹撰《漳州州学东溪先生高公祠记》曰："公没之后二十余年，延平田君澹为郡博士，乃始求其遗文，刻之方版。又肖公像而奉祠之，以风励学者。"③

高登(？—1148)，字彦先，号东溪，漳浦县人。北宋宣和间为太学生，靖康之难，与陈东等伏阙上书，请诛蔡京、童贯，而起用李纲、种师道；宋钦宗用吴敏、张邦昌为相，又上书请求罢黜此二人。绍兴间，官静江府古县令，因反对静江知府胡舜陟为秦桧父立祠而被诬下狱。高登逝世二十年后，丞相梁克家及漳州知州何万上书于朝，请追复其迪功郎的封号。田澹刻印《东溪集》，就是在这样的背景之下发生的。此书宋陈振孙《直斋书录解题》卷一八、《宋史·艺文志》均著录作十二卷，最早刻本，就是田澹刻印的。绍熙二年(1191)二月，朱熹任漳州知州时，上《乞褒录高登状》，认为"登以抱恨没身垂五十年，而姓名犹在罪籍，未蒙昭洗"，故上状请求"特发德音，复其官秩，量加褒录，以慰九原，且使天下之欲为忠义者知所劝慕"④。

刻书者田澹事迹，见载于嘉靖《延平府志》卷一八，载其为乾道二年(1166)萧国梁榜进士；但在同书《选举志》中，又载其为乾道壬辰(1172)黄定榜进士，前后自相矛盾，且对其宦绩只字不提，殆为史料缺乏也。按，田

①〔清〕陆心源：《皕宋楼藏书志》卷八八，《清人书目题跋丛刊》(1)，中华书局1990年版，第994页。
②明黄仲昭弘治《八闽通志》卷四五《学校》云："龙江书院，在府治西北登高山，旧为临漳台。宋朱熹守漳时，将筑室讲学未果。后守危稹创为书院，以成文公之志。"载书目文献出版社1988年版，第610—611页。
③〔宋〕朱熹：《晦庵先生朱文公文集》卷七九，朱杰人等主编：《朱子全书》第24册，第3785页。
④〔宋〕朱熹：《晦庵先生朱文公文集》卷一九《乞褒录高登状》，朱杰人等主编：《朱子全书》第20册，第883页。

澹后曾历官宗正丞兼权工部侍郎。嘉泰间,以朝请大夫出任邵武军知军。朱熹《晦庵先生朱文公续集》卷五有《与田侍郎书》数通,时间主要集中在绍熙、庆元间,内容涉及问病、迁居考亭、致仕文字等,而以写于庆元党禁初期的第四通最为重要。其中云:"闻道学钩党已有名籍,而拙者辱在其间,颇居前列,不知何者为之? 及所指余人谓谁,皆望一一条示也。"①因与朱熹来往较为密切,庆元党禁中,田澹也被列入《伪学逆党籍》名单,成为其中"余官三十一人"之一②。

二、元代

黄元渊

黄元渊(生卒年未详),字君翊,龙溪县人。宋儒黄榦七世孙。元至元元年(1335)官漳州路学录时,刻印宋儒陈淳撰《北溪先生大全文集》五十卷。清瞿镛《铁琴铜剑楼藏书目录》著录一旧抄本云:"前有至元改元漳州路儒学教授莆王环翁序,略谓是书初刻于淳祐戊申(1248),板藏龙江书院。岁久佚坏。至元乙亥(1335)漳州守张某委学录黄元渊重刻于郡学,此即从元刻本传录。"③此至元刻本今已不存。

《闽书》卷一一七《英旧志》载:"元渊,至正中荐知漳州路学录。秩满,升泉州路学正,卒。郡有朱文公祠,宋守方耒所建,入元,其地为寺。元渊自出私钱,买城东北隅地别建之,作大成殿,以祀先圣先贤;作祠堂祀朱文公,以黄榦、陈淳配,别作讲堂斋舍,处师弟子。天历四年告成。至顺三年,国子助教陈旅告学士虞集曰:'捐家业以为浮屠老子之宫,求福利益者,世不胜数。元渊观乡邦之寥寂,慨斯文之泯坠,节衣食之资,以成义举,书院成,而家已贫矣。君子其有取于斯乎? 公其为之记!'"④

---

①〔宋〕朱熹:《晦庵先生朱文公续集》卷五《与田侍郎书》,朱杰人等主编:《朱子全书》第25册,第4736页。

②〔宋〕李心传:《道命录》卷七,《丛书集成初编》第3343册,第82页。

③〔清〕瞿镛《铁琴铜剑楼藏书目录》卷二一,《清人书目题跋丛刊》(3),中华书局1990年版,第329页。

④〔明〕何乔远《闽书》卷一一七《英旧志》,福建人民出版社1995年,第4册,第3539页。引文中"至正中"应为"至元中";"郡有朱文公祠"中的"郡",指漳州而非泉州;"天历四年"应为"至顺二年(1331)"。

李清馥《闽中理学渊源考》卷三六、民国《福建通志·儒行传》卷三所载与此略同。

赵敬叔

赵敬叔(生卒年未详),名大讷,字敬叔,浦江人。宋宗室,尝摄莆田县事。元延祐七年(1320),曾重刻宋兴化知军赵彦励主修绍熙壬子《莆阳志》十五卷,有延祐七年庚申春分后一日莆阳县尹金华赵敬叔序①。

元泰定间(1324—1327),历任龙溪县尹时,赵敬叔又刻印元郑构(子经)撰《衍极》五卷。明周瑛《抄衍极记》云:"《衍极》五篇,元延祐中莆郑子经氏所著,至治中同邑刘能静氏所注释。其书杂考古今书法,而求其所谓'中'者。泰定初,龙溪知县赵敬叔尝梓行于其邑中矣。今刻本已不可见。"②此书《四库全书总目》著录底本为《永乐大典》本,文中不提此元刊本,殆此元刊本已罕为后人所知。据清周中孚《郑堂读书记》著录,郑构泰定中正官南安县教谕③。应即在此时,他与赵敬叔相知。周中孚著录本有泰定甲子(1324)江应孚后序,当为此次刻印时所撰。

黄丕烈《士礼居藏书题跋记》曰:"《衍极》以五卷者为佳,明神庙时刻犹如此,近传二卷,非其旧矣。《读书敏求记》:龙溪令赵敬叔为之锓梓以传。今考陈众仲书,云又喜赵龙溪之能笃意于斯文,然后喜著书者之托以不朽也。则此书在元时当有刻本,世所传者不过明刻耳。"④

据清陈怀璧《存雅先生遗集后跋》,赵敬叔于元至正间任永嘉县尹时,还曾刻印元陈旅《存雅先生遗集》⑤,以及方凤《方先生诗集》九卷⑥。

---

①郑宝谦:《福建省旧方志综录》,福建人民出版社2010年版,第270—271页。

②〔明〕周瑛:《翠渠摘稿》卷三,《景印文渊阁四库全书》第1254册,第771页。

③〔清〕周中孚:《郑堂读书记》卷四八,《清人书目题跋丛刊》(8),中华书局1993年版,第236页。

④〔清〕黄丕烈:《士礼居藏书题跋记》,书目文献出版社1989年版,第105页。

⑤清陈怀璧《存雅先生遗集后跋》云:"迨后,柳道传先生探所家藏稿,属赵敬叔刻置永嘉县斋。考敬叔者,讳大讷,邑人,至正间尝尹永嘉,实刻斯稿,但越今三百余载,其稿又半为兵燹所毁,半为蠹蚀所侵,张先生仅于亡逸散见之余,并诸书力为裒辑,已不逮十之二矣。"载方凤:《方凤集》,浙江古籍出版社1993年版,第197页。

⑥元黄溍《方先生诗集序》云:"摘五七言古律诗三百八十篇,厘为九卷,属永嘉尹赵敬叔刻置县斋。"载李修生主编:《全元文》卷九三九,凤凰出版社2004年版,第29册,第66页。

三、明代

陈洪谟

陈洪谟（1476—1527），字宗禹。明武陵（今湖南常德）人。弘治九年（1496）进士。正德七年（1512）在漳州知府任上，延聘莆田周瑛来漳编纂府志。次年（1513），刊刻《大明漳州府志》三十四卷，行格为十行，行十九字，注文小字双行同，单边，白口。现存台北"国家"图书馆。嘉靖五年（1526），又与余载仕合作，刻印明罗玘《翰林罗圭峰先生文集》十八卷《续集》十五卷，为此书现存最早刻本。《四库全书总目》著录："玘集一刻于盱眙，再刻于南国子监。又有武进孙氏本，今皆未见。据此本所叙，则初刻于常州，再刻于荆州，版皆佚。嘉靖五年陈洪谟得荆州本六卷，又得续集二卷，奏议一卷，汇而重刊。"①此书的刊刻地点，是在江西建昌②。今北京师范大学图书馆存。

万历《漳州府志》载其生平云："陈洪谟，字宗禹，武陵人。弘治丙辰进士。正德五年由刑部郎中擢知漳州府。创名宦、乡贤祠，请莆田周瑛续淳祐以来三百年未修之志，刻乡约以化民俗，通活水以入泮宫，给灯油笔墨以资贫士，招海寇以平山贼。立文公祠，建社学，兴水利，掩野骼，凡可以利民正俗者，毅然为之，毁誉不顾。升江西参政，官至兵部侍郎。有生祠。"③事迹又载《明一统志》卷六四、卷七八，乾隆《福建通志》卷三〇。其著作有《静芳亭摘稿》八卷，《四库全书总目》卷一七六著录。

林　魁

林魁（1476—？），字廷元，号白石山人，漳州龙溪人。弘治十四年（1501）举人，次年擢进士，官至广东参政。正德十一年（1516），刻印明陈真

---

① 〔清〕永瑢等：《四库全书总目》卷一七一，中华书局1965年版，第1495页。
② 此刻本前有"皇明嘉靖五年春二月既望，赐进士出身嘉议大夫都察院右副都御史奉敕巡抚江西等处地方武陵高吾陈洪谟文集序"，末有"嘉靖五年孟夏之朔，斗湖居士后学夏良盛后序"。卷首大题下双行云："建昌府同知蜀内江余载仕重刊，南城县学训导香山郑棐校正。"由此可以断定，此书刊刻地点是在建昌。载黄裳：《来燕榭书跋》增订本，中华书局2011年版，第428页。
③ 〔明〕罗青霄、谢彬等：（万历）《漳州府志》卷四《名宦传》，台北学生书局1965年版，第84页。

晟撰《布衣陈先生存稿》八卷,此本极为罕见,今惟北京大学图书馆有存本,收入《明别集丛刊》第 1 辑第 42 册。前有林魁序云:"文山林子祥生于先生之后,惧先生之道或泯,手辑是编,以俟来者。辑成而子祥殁。于乎惜哉!魁窃尝私淑先生之孙伯义,虽先生之道未闻,而于先生之绪有不敢暴弃焉者。奉命西游,有事学士,因梓诸学宫,与多士共之。庶几吾徒闻先生之风而兴云。正德十一年丙子二月望,后学龙溪林魁书。"①卷端书名后题"后学文山林祺子祥编次"。十行二十字,白口,四周双边。

陈真晟(1411—1474),字剩夫,漳州龙海人。明代理学家、画家。传载《明一统志》卷七八、乾隆《江南通志》卷一一四、乾隆《福建通志》卷四六等。

《闽书》卷一一八《英旧志》载林魁事迹云:"自幼博闻强记,落笔多奇。既释褐,益肆力坟典。林公俊、杨公一清叹为'南闽才士'。授户部郎。"②后迁知镇江府,历山西提学副使、云南兵备副使等。正德末,以广东参政致仕。林魁著作有《白石稿》《归田录》。《白石稿》,《四库全书总目》卷一七六著录为《白石野稿》十七卷。明嘉靖十四年(1535),他曾主修《龙溪县志》八卷,为现存最早的龙溪县志。该志现存明嘉靖刻本,收入《影印天一阁藏明代方志选刊》。

林魁生平事迹,详见明过廷训《本朝分省人物考》卷七五、《明一统志》卷七八、乾隆《福建通志》卷四六,以及《弘治十五年进士登科录》。

黄 直

黄直(1489—?),字以方,号卓峰,金溪(今江西抚州金溪县)人。嘉靖二年(1523)进士,大儒王阳明的弟子。王阳明有所谓"四句教",即出自黄直所录。嘉靖五年(1526),黄直官漳州府推官时,曾刻印宋漳浦高登撰《高东溪先生文集》二卷附录一卷。高登此集,据宋陈振孙《直斋书录解题》著录,原本为十二卷,后散逸不传。黄直所刊虽为明同安林希元重编本,然已是此书现存最早刊本,今北京大学图书馆和南京图书馆存。

此本原有林希元序,而近年所出版的《宋集珍本丛刊》所收此书仅有此文的前半部,这给了解此书的刊刻始末造成困难。以下据清《正谊堂全书》

---

① 〔明〕林魁:《布衣陈先生遗稿序》,《布衣陈先生存稿》卷首,《明别集丛刊》第 1 辑第 42 册,黄山书社 2013 年版,第 116 页。

② 〔明〕何乔远:《闽书》卷一一八《英旧志》,福建人民出版社 1995 年版,第 4 册,第 3561—3562 页。

本补录如次："东溪高氏，奋自南服。值宋中造，狄金难作，国如累卵。始以太学生上书言国事，触忌讳，冒斧钺，频频恳恳不休。忠肝义胆，已毕露于未仕之先矣。……志士仁人，忠在家国，恨不能断贼臣头以甘心，曾一身利害之恤耶？……观其谪居授徒，家事一不介意，拳拳焉惟国之恤，临卒所言，犹不忘天下，其生平概可知矣。所著有《东溪集》行世。余读其传，见其为人，心窃慕焉。往得其集于留都，思刻之其乡，以语漳节推黄子以方，曰'我责也'，取归刻之。以方得失不动心，在官必行其志，如其人。斯集之刻，讵偶然也欤哉！自夫子没后二十年，丞相梁克家、漳守何万上之朝，复其官。后五十年，文公奏赠其官。今三百年后，节推又刻其遗文。古之君子，偃蹇于一时，迄伸于百世概若是，孰谓善不可为哉，孰谓善不可为哉！嘉靖丙戌孟冬朔日，病夫茂贞林希元书。"[1]

此本后又有刻书者黄直序，亦为《宋集珍本丛刊》本所无。略云："余官于漳，尝阅漳志，见漳之先辈作于两溪者，有二氏焉。其一，为陈氏安卿，以道学作于漳溪之北，盖龙邑人也。其一，为高氏彦先，以节介作于漳溪之东，盖浦邑人也。呜呼！漳之为郡，入职方千余年于此矣，然自宋以前，尚不齿于上国，入宋而二氏作于两溪，而漳遂闻于天下，然则漳虽巨郡，可无两溪也哉？两溪之上，可无二氏也哉？虽然，北溪以道学显者，以有考亭为之造就也；东溪以忠义著者，以有考亭为之表章也。北溪生与朱子同时，故朱子出守漳日，遂与北溪讲明道学之要，而北溪因得有所成就，要其终身造诣，虽未必与黄勉斋诸公埒，而考亭之学，有以大明于海滨者，实惟北溪是赖焉。东溪则生于朱子之先，朱子之在漳也，嘉其孤介之行，乃为之请于朝，乃为之记于祠。呜呼！东溪之节，前此尚暗暗也，逮朱子表章之，而其节益光，始信于天下后世，的然而无疑矣。嗟夫，漳之为郡，有七邑焉，七邑人士，吾不知其几千万也，其间岂无忠信之士，挺出之才，天资可以入道，节义可以励俗者哉？特自考亭以后，此学不讲，而世之人士，往往从事俗学以趋富贵，奔逐时好以取功名，不得师友为之依归，而泯泯无成者，殆有莫知纪极焉者矣，奚啻漳士为然者哉？使继朱子而牧兹土者，皆此心此学，安知漳之人士，有不道北溪介东溪而兴起者乎，又安知其不由两溪，而考亭，而濂洛，将有进于是焉者乎？毋亦在上者，有以作之而已。愚故于刻东溪之

①〔宋〕高登：《高东溪集》卷首，《正谊堂全书》，清福州正谊书局左氏增刊本，叶1A—2A。

集,不独为漳人望,亦以为吾守令者助也。嘉靖五年丙戌菊月望日,以方黄直序。"①

　　撰者高登生平,参本书"田滂"条。刻书者黄直,事迹见于明吴悌撰《推官黄公直行状》②、《明史》卷二〇七、《明一统志》卷七八、《闽书》卷六四《文莅志》、雍正《江西通志》卷八二、民国《福建通志·名宦传》卷一八。万历《漳州府志》卷四《名宦传》载:"黄直,字以方,金溪人。嘉靖癸未进士,三年任漳州府推官。嫉恶好善,诚心为民。四年,署漳浦县,扩学官,置射圃,立文公祠,建讲堂。两旁列斋舍各三十区,经费取之淫祠而劳不逮民。未数月,百废具兴。七年,署长泰县,恤贫穷,惩奸慝,劝耕农,雪冤狱。每朔望莅学与诸生讲论,日中乃退。毁淫祠,拓学校,如在漳浦时。直天性刚毅,遭谗逮狱,怡然诵诗不辍。事白,二邑士民赠之金,悉委以修茸学校。"③据《千顷堂书目》,黄直本人的著作有《望莱集》《还江集》④。

朱天球

　　朱天球(1528—1610),字君玉,号肖若、滂庵,漳州漳浦人。嘉靖二十九年(1550)进士,官至南京工部尚书。于嘉靖四十五年(1566)刻印《日记故事》二卷,现存台北"国家"图书馆。半叶八行,行二十字,夹注双行字同,四周单栏,版心花口,单鱼尾,上方记书名"日记故事"。

　　生平事迹,详见明卢维祯撰《明资政大夫南京工部尚书滂庵朱老先生行状》,载卢维祯《醒后续集》⑤。

　　清郝玉麟等《福建通志》卷四六《人物》载:"(朱天球)弱冠登嘉靖庚戌(1550)进士,授南工部主事。会杨继盛论死西市,天球同薛天华、杨豫孙、董传策往收之。擢湖南分守,历转山东副使,复揭督学政,擢南京太仆寺卿。石星以言事忤旨,因上疏乞宥星罪。京师人语曰:'朱公向履虎尾,今批龙颔,非烈丈夫孰克当此?'越明年,外调拂衣归。万历中,复起广东按察

①〔宋〕高登:《高东溪集》卷首,《正谊堂全书》,清福州正谊书局左氏增刊本,叶 3A—4A。
②〔明〕焦竑编辑《焦太史编辑国朝献征录》卷九一,《续修四库全书》史部第 530 册,第 181—182 页。
③〔明〕罗青霄、谢彬:(万历)《漳州府志》卷四《名宦传》,台湾学生书局 1965 年版,第 86 页。
④〔清〕黄虞稷撰,瞿凤起、潘景郑整理:《千顷堂书目》卷二三,上海古籍出版社 2001 年版,第 567 页。
⑤〔明〕卢维祯:《醒后续集》,《四库全书存目丛书》集部第 149 册,第 130—135 页。

使，历官至南工部尚书。乞归，卒，年八十三。赠太子少保，赐祭葬。"①其著作有《湛园存稿》《家礼易简编》一卷。

李畿嗣

李畿嗣（1532—?），字明钦，号九疑，蕲水（今湖北浠水）人。嘉靖四十一年（1562）进士。"由缮部外调。万历三年迁漳州府海防同知。"②"温和通敏。署郡半载，遇事若不经意，乃疑讼滞狱，堆案盈几。一目辄数行，下片言立折。……历广东副使。"③事迹又见载于雍正《湖广通志》卷四八、乾隆《广东通志》卷四〇、乾隆《福建通志》卷三〇、民国《福建通志·名宦传》卷一八等。

李畿嗣曾于万历间在漳州刻印宋陈淳撰《北溪先生字义详讲》二卷，九行十六字，黑口，四周双边，今国家图书馆存。与此同时，又刊明陈真晟撰《布衣陈先生存稿》九卷，今上海图书馆和湖北省图书馆有存本。目录与卷端题"赐进士漳州府同知九疑李畿嗣捐俸重刊，漳州府儒学教授丘汴校正"，首有"嘉靖戊戌（1538）岁冬拾月西峰子周南书"《刻陈布衣先生存稿叙》。由此可知，此万历刻本系据嘉靖漳州通判周南刻本"重刊"。

卢维祯

卢维祯（1543—1610），字司典，号瑞峰，一号水竹居士，漳州漳浦人。明隆庆二年（1568）进士，历官太常博士、光禄卿、户部侍郎。万历间刻印其自著《醒后集》五卷《续集》一卷《附京省次》五卷。卷前有受业弟子薛士彦叙，题"水竹居士著"。十行二十字，细黑口，四周双边。每卷末均有若干行，记刊印岁月和校勘门人、侄孙等名氏。《四库全书总目》卷一七九著录云："是集为维祯致仕以后所自刊，题曰《醒后》，言如梦之醒也。其集以奏疏、公移、评驳与诗文杂著共为一编，盖维祯留心吏事，故案牍亦一一录存。末《附京省次》一册……盖亦手录成编，以备纪事，但刊入文集则滥矣。"④《四库全书存目丛书》第 149 册所收，即以此刻本为底本而略去《附京省次》

①〔清〕郝玉麟等：（乾隆）《福建通志》卷四六《人物》，《景印文渊阁四库全书》第 529 册，第 570 页。
②徐炳史、郑丰稔等：（民国）《云霄县志》卷一三《秩官》，上海书店出版社 2000 年版，第 822 页。
③〔明〕何乔远：《闽书》卷六四《文莅志》，福建人民出版社 1994 年版，第 2 册，第 1862 页。
④〔清〕永瑢等：《四库全书总目》卷一七九，中华书局 1965 年版，第 1609 页。

五卷,著录作"万历三十二年至三十三年刻、三十八年续刻"。今首都图书馆存。

万历间,卢维祯还刻印了《历科及第会元图》一书。自述刊刻此书之由曰:"余童卯时,见书坊《历科及第会元图》,差次姓字、邑里,若胪列焉。观之,令人意勃勃起。不知何时,杂以纪事,既俚细不雅驯,而甲虚乙实,殊令人欠伸。于是,旁购旧本,缀以近科,借弁数语,付之梓,令传之。文昌小生揖而前曰:'此亦可得闻与?'曰:'此明兴二百四十年,以高第得名者也。而知得是名匪易,岂知副是名尤匪易乎?'"①

卢维祯生平,见载于康熙《漳浦县志》卷一五《人物志》、乾隆《福建通志》卷四六《人物》。除述其仕履之外,还称其"晚岁与朱天球结社自娱,所著有《醒后集》。卒赠户部尚书"②。其著作,据《千顷堂书目》所载,还有《瑞峰集》六卷、《太常寺志》十六卷。

颜继祖·丁启濬

颜继祖(? —1639),字绳其,又作绳稷,号同兰,漳州龙溪人。万历四十七年(1619)进士。历官工科给事中、太常少卿,以右佥都御史巡抚山东。崇祯十一年(1638)"畿辅戒严,命继祖移驻德州。时标下卒仅三千,而奉本兵杨嗣昌令,五旬三更调。后令专防德州,济南由此空虚"③。次年正月,援兵仍不至,清军攻克济南,继祖遭言官弹劾,坐弃市,天下冤之。传载《明史》卷二四八、民国《福建通志·列传》卷二八。

丁启濬(1569—1636),字亨文,号哲初、蓼初,晋江人。以德化庠生举万历二十年(1592)进士。除宝庆推官,善断狱。迁户部主事、吏部文选主事、太常少卿,改南京太仆少卿,官至刑部左侍郎。传载乾隆《福建通志》卷四五、民国《福建通志·列传》卷二五、清丁鹤年等修《丁氏族谱·刑部尚书祖蓼初公行状》④。

天启二年(1622),颜继祖与丁启濬合作刊刻宋蔡襄撰、明宋珏辑《蔡忠惠诗集全编》二卷,明徐𤊻辑《蔡忠惠别纪补遗》二卷,行格为九行十九字,

①〔明〕卢维祯:《锲历科及第会元图说》,《醒后续集》,《四库全书存目丛书》第149册,第124—125页。
②〔清〕郝玉麟等:(乾隆)《福建通志》卷四六《人物》,《景印文渊阁四库全书》第529册,第571页。
③〔清〕张廷玉等:《明史》卷二四八《颜继祖传》,中华书局1974年版,第6424页。
④马建钊、张菽晖主编:《中国南方回族古籍资料选编补遗》,民族出版社2006年版,第150—154页。

四周单边，黑鱼尾，今上海图书馆、南京图书馆和国家图书馆等存。

由颜继祖编辑，委托吴发祥刻版于南京的《萝轩变古笺谱》，是一部拱花木刻彩印画集。书成于天启六年(1626)，早于胡正言《十竹斋笺谱》十九年，且印得更精致，是目前传世的"笺谱"中年代最早的一部，也是我国早期版刻彩印的精品。该书现存上海博物馆，1981 年上海朵云轩曾以此为底本将其复刻出版①。

施邦曜·王立准

施邦曜(1585—1644)，字尔韬，浙江余姚人，人称四明先生。万历四十一年(1613)进士，历任顺天府学教授、国子博士、工部营缮主事、员外郎、漳州知府、福建按察副使、左参政、四川按察使、福建左布政使等。明崇祯十七年(1644)三月，李自成攻陷京城，明思宗朱由检自缢煤山。施邦曜时为左副都御史，"闻变，恸哭题词于几曰：'愧无半策匡时难，但有微躯报主恩。'遂自缢。仆解之，复苏。邦曜叱曰：'若知大义，毋久留我！'乃更饮药而卒。"②《明史》之外，生平另载清陈鼎《东林列传》卷一〇、乾隆《浙江通志》卷一六四、光绪《漳州府志》卷二五、清和珅等纂修的《大清一统志》卷二二七等。

崇祯七年(1634)，施邦曜在福建将王阳明全书编成《阳明先生集要》十五卷，交付平和知县王立准刻印，次年竣工。《明史》卷二六五《施邦曜传》称其："少好王守仁之学，以理学、文章、经济三分其书而读之，慕义无穷。"③所谓三分其书，就是将王著分为理学编四卷、经济编七卷、文章编四卷。书前有施邦曜撰《阳明先生年谱》一卷。他在序中写道："余以蚵蚾之质，仰羡蟾蜍之宫，每读先生之书，不啻饥以当食，渴以当饮，出王与俱。然行役不常，苦其帙之繁而难携也，因纂其切要者，分为三帙。首理学，次经济，又次文章。便储之行笈，时佩服不离，亦以见先生不朽之业有所独重云。"④

奉命刊行此书的王立准，据光绪《漳州府志》卷一一《秩官志》载，于

①沈津：《书丛老蠹鱼》，中华书局 2011 年版，第 52 页。
②〔清〕谷应泰：《明史纪事本末》卷八〇，《景印文渊阁四库全书》第 364 册，第 1037 页。
③〔清〕张廷玉等：《明史》卷二六五《施邦曜传》，中华书局 1974 年版，第 6852 页。
④〔明〕施邦曜：《阳明先生集要序》，《阳明先生集要》卷首，《四部丛刊初编》，叶 5A—6A。

崇祯六年至九年(1633—1636)官平和知县;又据《阳明先生集要》末卷王立准跋所云"奉命寿梓以来,始甲戌冬,竣乙亥夏"①,所载时间,均与此书的刊行时间相合。《平和县志》载其宦绩云:"王立准,字伯绳,别号环应,台州临海人。才猷敏捷,器识通方。莅任之初……民害悉除。至特建王文成公祠,刻其全部文集,极有功名教。及升连州知州,士民感其恩德,请附主配享文成祠,立石碑记遗爱,俱坚力辞不受,气节尤高。俟后之观风者采焉。"②所谓"全部文集",实际就是《阳明先生集要》十五卷《年谱》一卷。

此书每卷书题后次行均题"同邑后学施邦曜重编,江右后学曾樱参订"。半叶十行无直格,行二十字,白口,左右双边。正文上有顶批,内有圈注。前有闽九皋居士林钎序、崇祯乙亥闽漳后学王志道序、王命璇序、崇祯乙亥漳海治民黄道周序、颜继祖序、施邦曜序;后有王立准跋文二篇。每卷末书题下均有"临海后学王立准较梓"一行。版心下有刻工名。此书《中国古籍善本书目》未著录。《四部丛刊初编》本所收书即据此本影印。

另据《闽中理学渊源考》载,王畿,字翼邑,号慕蓼,晋江人;施邦曜系其门生。王畿"所著有《樗全集》《四书》《易经解》,门人施邦曜梓行之"③。按,《樗全集》,全称《慕蓼王先生樗全集》,八卷,现存乾隆二十四年王畿裔孙王宗敏刻本,收入《四库全书存目丛书》集部第178册。卷首有乾隆二十四年郭赓武序,亦云:"所著《四书》《易经解》《樗全集》,门人施邦曜咸序而梓行之。历世既久,板刻散轶,操觚家罕有见先生遗文者。其裔从孙宗敏君,思阐先型,取其家藏《樗全》旧刻,校对精详,重付剞劂,以公诸世。"④此本卷首有施邦曜《樗全集叙》,应是从明刻本所移录。

黄道周

黄道周(1585—1646),字幼玄,号石斋,漳州漳浦人。天启二年(1622)进士,任翰林院编修。崇祯间,任右中允、左谕德、经筵日讲官兼少詹事。

①〔明〕王立准:《阳明先生集要跋》,《阳明先生集要》卷一二,《四部丛刊初编》,叶2B。
②〔清〕黄许桂等:(道光)《平和县志》卷五《政绩志》,厦门大学出版社2008年版,第287—288页。
③〔清〕李清馥:《闽中理学渊源考》卷七七,《景印文渊阁四库全书》第460册,第748页。
④〔清〕郭赓武:《重刻慕蓼王先生樗全集序》,《慕蓼王先生樗全集》卷首,《四库存目丛书》第178册,第2—3页。

南明弘光朝，官礼部尚书；隆武朝，任吏部尚书、兵部尚书，武英殿大学士。黄道周是明末著名的理学家、书法家和爱国者，生平见载于《明史》卷二五五、《明儒学案》卷五六、《东林列传》卷一二、《闽中理学渊源考》卷八三、康熙《漳浦县志》卷一五、乾隆《福建通志》卷四六等。所载事迹甚详，兹不赘述。

黄道周生平著述丰富，然多为其弟子所刊。今北京大学图书馆有黄道周撰《洪范明义》四卷的崇祯十六年漳州刻本，题"日讲官臣黄道周谨辑"。据王重民先生著录，此书"目录末有黄道周自识云：'此书肇于丁丑冬仲，奉命纂修。……己卯间，漳郡诸生咸云书经进呈，必须传播，乃稍简原草，缪付剞劂。'卷末有崇祯十六年五月朔漳州府漳浦县儒学生员门人十四人较刊衔名"①。由此可知，此本仍为黄道周门人所刊。故《中国古籍善本书目》经部将此本著录为"明崇祯十六年林有国、胡逢甲等刻本"②，林、胡二人，乃黄在漳浦县学的门人。

可定为黄道周本人所刊的版本有二，一是刻印于天启间的唐陆贽撰《陆宣公集》，自为序③；二是刻印汉扬雄撰、晋范望注《太玄经》十卷。邵氏《增订四库简明目录标注》卷一一中邵章续录《太玄经》云："黄道周编刊本，校郝本少脱误，惟无王涯说玄及音义。"④黄道周所刻《太玄经》十卷，题汉扬雄撰，晋范望注，明黄道周、明王偁辑，明末刻本。今中国科学院图书馆、湖南师范大学图书馆有存⑤。

陈见龙

陈见龙（生卒年未详），潮阳（今广东潮阳县）人，万历间以举人任永春知县。在永春刻印明颜廷榘撰《杜律意笺》二卷，为此书最早刻本。《四库全书总目》卷一七四著录云："廷榘字范卿，永春人。官九江府通判，终岷府左长史。是编取杜甫诗七言律一百五十一首，先用疏释，次加证引，名曰意

①王重民：《中国善本书提要》经部，上海古籍出版社1983年版，第9页。
②中国古籍善本书目编委会：《中国古籍善本书目》经部卷一，上海古籍出版社1989年版，第124页。
③参见侯真平著：《黄道周纪年著述书画考》（下），厦门大学出版社1995年版，第592页。
④〔清〕邵懿辰撰，邵章续录：《增订四库简明目录标注》卷一一，上海古籍出版社1979年版，第462页。
⑤中国古籍总目编纂委员会编：《中国古籍总目》子部术数类，中华书局、上海古籍出版社2010年版，第1137页。

笺,盖取以意逆志之意。"①郑庆笃等认为:"此书乃颜廷榘晚年所撰,竭一生心力,年八十始竣其事,缮楷清稿,送呈岷王朱运昌指正,并求为序。朱运昌命永春县令陈见龙梓之,此即初刻,约当万历二十年前后。顺治初,其版刻毁于火,康熙六年(1667)廷榘孙尧揆为之重刻。"②朱运昌(1519—1603?),丹徒人。万历间,曾历官福建巡抚、福建布政使。此书明刻本今仅北京大学图书馆存一帙,应即陈见龙刻本。《四库全书存目丛书》集部第5册所收,即据北京大学存本影印。卷首有颜廷榘《上杜律意笺状》,以颜廷榘手写草书上版;其后有"奉钦差巡抚福建等处地方兼提督军务都察院副都御史朱□牌,行永春县将发来《杜律意笺》,查支堪动银刊刻完刷印送阅,及用过银数报查"③文字四行。

此刻本之后,有明末颜廷榘孙颜尧揆重刻本,台湾大通版《杜诗丛刊》第三辑所收即据明末颜尧揆重刻本影印。据此本,陈见龙永春原刻本,应前有万历癸卯六月朱运昌序,后有万历三十一年七月十日何乔远跋。此一序一跋,今北京大学所存明本均无。由此推断,收入《四库存目丛书》的北京大学存本,只是一个与陈见龙永春刻本有着某种渊源的版本。

《福建通志》载:"陈见龙,潮阳人。万历间由永春令迁建宁同知。清苦自持,大学士李廷机深服之。郡遭水灾,多方抚恤。其子来省,启视箧笥,惟书籍而已。"④其事迹,又载乾隆《浙江通志》卷一五七。

王起宗

王起宗(生卒年未详),应天府上元县(今属江苏南京)人。万历四十六年(1618),在漳州府督粮通判任上,刻印张燮撰《东西洋考》十二卷。张燮初受海澄县令陶镕之聘编纂该书,未成而辍;后应漳州府督粮通判王起宗之请,继续完成该书。书名所谓"东西洋",实际上是指东南亚,"东洋"系指南海东部及附近诸岛,反之则称"西洋"。目录前有"主修姓氏:督饷别驾金

①〔清〕纪昀:《四库全书总目》卷一七四,中华书局1965年版,第1532页。
②郑庆笃等:《杜集书目提要》,齐鲁书社1986年版,第94页。其说之来源,应见于朱运昌万历癸卯《杜律意笺叙》:"余抚闽之明年,君不远千里命驾访余,且以《意笺》属余为序,余不能诗,又焉能序? 则再三辞,君不可,乃橄永春令陈见龙梓之."载《杜律意笺》卷首,与《批点杜工部七言律》等合印,台北大通书局1974年版,第12—13页。
③〔明〕颜廷榘:《杜律意笺》卷首,《四库全书存目丛书》集部第5册,第2页。
④〔清〕郝玉麟等:(乾隆)《福建通志》卷三一《名宦》,《景印文渊阁四库全书》第528册,第531页。

陵王起宗校梓，署郡司李泰和萧基订正，龙邑令君荆溪吴奕参定，前澄令君檇李陶镕咨访，澄邑令君临川傅樾参阅；纂修姓氏：海滨逸史龙溪张燮撰次"竖排八行①。行格为九行十八字，小字双行同，四周双边，白口，上方记书名，下方记刻工。前有落款为"万历戊午人日，金陵王起宗书于三事余思轩"之序。

王起宗生平，据《东西洋考》卷七"督饷职官"载："王起宗，应天上元人，官生，督粮通判，署四十五年饷。公温秀朗畅，兴利除弊之际，绰有成绪。而所部不扰，商人谋为立碑。"②

魏呈润

魏呈润（生卒年未详），字中严，漳州龙溪县人。崇祯元年（1628）进士，由庶吉士改兵科给事中。崇祯十二年（1639），刻印明王祎撰《王忠文公集》四十六卷附录一卷，有"崇祯己卯中科日闽漳后学魏呈润"序。行格为九行十八字，左右双边，版心白口，单鱼尾，上方题书名。题"义乌王祎子充著，闽漳魏呈润中严较"。今台北"国家"图书馆和日本内阁文库有存本。

魏呈润是明末名臣。崇祯间黄道周曾上疏自陈"七不如"，认为自己"远见深虑不如魏呈润"③。魏氏生平，载《明史》卷二五八，称其"字中严"。与《明史》所载略有不同，《福建通志》称其"字倩石"。略云："崇祯戊辰进士。选庶常，改兵科给事中。尝论列禁臣曰'朝廷设台省于左右，所以斥奸邪、辅君德也。此辈不去，君德何裨？省中目为魏长孺。所著有《馆课疏草》《南陔草》《负土编》。"④

周　南

周南（生卒年未详），字启东，号西峰子，浙江慈溪人，嘉靖四年（1525）举人，嘉靖十六年（1537）官漳州通判，次年（1538）刻印明漳州名儒陈真晟撰《陈布衣存稿》九卷。

---

① 〔明〕张燮：《东西洋考》卷首，万历四十六年（1618）王起宗刻本，叶1A。
② 〔明〕张燮：《东西洋考》卷七，中华书局2000年版，第152页。
③ 〔清〕宫梦仁：《读书纪数略》卷二三《黄道周自陈七不如》，《景印文渊阁四库全书》第1033册，第303页。
④ 〔清〕郝玉麟等：（乾隆）《福建通志》卷四六《人物》，《景印文渊阁四库全书》第529册，第576页。

今存明万历漳州府同知李畿嗣刊陈真晟撰《布衣陈先生存稿》九卷,卷首有周南《刻陈布衣先生存稿叙》。序中有云:"余始判毗陵,得见唐荆川,居一岁,遂改判漳南而去之,卒莫有文字之交,岂其所以教我者,有不在于文字也。滨行送于河浒,语余曰:'漳有陈布衣者,学古邃行,弃举子业,终其身隐于海隅……'余抵漳,即访其孙曰庆云者,郡弟子员也。得其存稿而展读之,想见其为人刚毅,笃信程朱,确然不为习俗所移,横渠之后,一人而已。遂命工刻其存稿,以广其传。……嘉靖戊戌岁(1538)冬拾月,西峰子周南书。"①

清嵇曾筠、沈翼机等纂《浙江通志》载:"周南,字启东,嘉靖乙酉举人。授常州通判,署宜兴篆。桃花港淤塞,南画地开浚,逾月完工。又移魏村闸于桃花港口,以时蓄泄。奉委督运,即条三议上,实军储至计。调漳州,立保甲法,赈龙溪荒,擒海贼张国平等。复改楚雄,以亲老致仕。"②

四、清代

洪 思

洪思(? —1704),字浩士,又作阿士,号石秋,明末清初漳州龙溪县人。父洪榜,字尊先,从学于黄道周。洪思年幼时,随父到黄道周家拜访,其举止得体,受到黄道周器重。此后,到邺山讲堂听讲,并在此涉猎群经。《闽中理学渊源考》卷八三载:"洪阿士先生思。洪思,字阿士,龙溪人。年十三,随其父游黄石斋之门。容止甚饬,石斋器之。及石斋出山,思稍长,乃自附于邺山之徒,日以诗歌自放。末年,悯其师文字散轶,乃出收文于江上,士大夫多重之。其诗激楚清越,不落时流,作章草甚佳。晚复入山而卒。著有《洪图六经》《洪图六史》及《敬身录》。"③

南明隆武二年(1646),黄道周殉国后,其遗著散失,洪思忍辱负重,奔走于黄道周旧友庐舍收辑遗书,并刊刻行世。洪思本人有《收文序》,述其

①〔明〕周南:《刻陈布衣先生存稿叙》,明万历李畿嗣刊本卷首,叶1A—2B。
②〔清〕嵇曾筠、沈翼机等:(乾隆)《浙江通志》卷一六八《人物》,《景印文渊阁四库全书》第523册,第456页。
③〔清〕李清馥:《闽中理学渊源考》卷八三,《景印文渊阁四库全书》第460册,第786页。

数十年来奔走四方搜集黄道周遗著的目的、经历和具体书目①。陈寿祺说："漳浦石斋黄公遗书见于公门人石秋子洪思《收文序》，凡四部百九十有六卷。富哉！纂述之大业也。"②又说："《漳浦文集》十三卷，门人洪思所辑刻于康熙间，《四库存目》无之，盖当时外未呈进，非刊削之也。《经解九种》有板刻，藏福州鳌峰书院外，有《易本象》尚存人间而未之得见。"③洪思还编有记载黄道周生平的《黄子年谱》，今存道光二十四年刊本。

洪思生平，又载乾隆《龙溪县志》卷一六《隐逸传》、民国《同安县志》卷二七《思明州人物录》。

陈汝咸

陈汝咸（1658—1716），字莘学，号悔庐，又号心斋，学者称月湖先生。浙江鄞县人。康熙三十年（1691）进士，选庶吉士。康熙三十五年任漳浦知县，前后达十八年之久。康熙三十九年（1700），在明万历三十三年所修县志的基础上，陈汝咸续修并刻印《漳浦县志》十九卷《续志》一卷。自序云："属同志诸友广搜遗文，参酌时事，萃九十六年之中因革损益废兴，无不毕载，间附己见。而于《赋役》一编尤加意焉。"④自撰《凡例》云："是书始于戊寅四月，成于己卯二月。藉诸友之助，搜罗咨访，不遗余力。凡所纪载，较他志颇详。……唯《赋役志》系余手自编辑，而簿书劳攘，时从喘汗中参互考证。至庚辰岁，仅而毕业，久藏箧中，未及付梓。戊子六月，调任欧寮，去前修志之时，又十载矣。因复为续志一卷，聊记大略，间多未备，适余奉文赴京，程限严迫，并前《赋役志》仓卒刊成。"⑤

陈汝咸又刻印明漳浦林时馨撰《纲鉴捷录歌》一书。光绪《续修漳浦县志》卷二二《人物志》载林锡龄事迹时称："邑令陈汝咸雅重其父子，赠其父时馨'儒林祭酒'匾额。取其所著《纲鉴捷录歌》序而梓之，以行世。又不时以政事咨问锡龄。"⑥

陈汝咸传载《清史稿》卷四七六《列传》二六三，清蓝鼎元《鹿洲初集》卷

①〔清〕洪思：《收文序》，《黄石斋先生文集》卷首，《续修四库全书》集部第1384册，第2—4页。
②〔清〕陈寿祺：《左海文集》卷六《重编黄漳浦遗集序》，《续修四库全书》集部第1496册，第250页。
③〔清〕陈寿祺：《左海文集》卷五《答李抚斋巡道书》，《续修四库全书》集部第1496册，第205页。
④〔清〕陈汝咸：《续修漳浦县志序》，《漳浦县志》卷首，上海书店出版社2000年版，第5页。
⑤〔清〕陈汝咸：《漳浦县志·凡例》，《漳浦县志》卷首，上海书店出版社2000年版，第8页。
⑥〔清〕陈汝咸：《漳浦县志》卷二二《人物志》，上海书店出版社2000年版，第275—276页。

七《月湖先生传》,清吴翌凤编《清朝文征·大理卿悔庐陈公神道碑铭》,清李桓《国朝耆献类征》卷六四《卿贰》,清沈定均、吴联熏光绪《漳州府志》卷二六《宦绩》等。《大清一统志》卷二二五、卷三二九分别列其小传。卷三二九载:"陈汝咸,鄞人。康熙辛未进士,知漳浦。均赋役,革弊便民。兴学校,建南溟书院,并四门义学,每朔望身往会讲。又邑遇水灾,设法拯之,全活者以千数,士民爱戴之。三年,调南靖日,至环拥塞道。后行取刑部主事,升大理少卿。"①

史载,陈汝咸离任漳浦后,漳浦父老相率请留于宪府而不可得,"乃哀公在县时告约、谕条、交移,辑为《漳浦政略》一书梓之,又建月湖书院以祀公"②。

魏荔彤

魏荔彤(1670—?),字赓虞,号念庭,又号怀舫。清康熙间直隶柏乡(今属河北)人。魏裔介之子,补诸生,捐赀为内阁中书舍人,选任凤阳郡丞,升漳州知府和江常镇道观察使。明天文,通医学,著有《大易通解》《怀舫集》《内经注》《伤寒论本义》《金匮要略本义》等。刻印过自撰《怀舫集》四十一卷和梅文鼎撰《历算全书》六十卷。

康熙四十九年(1710),魏荔彤在漳州龙江书院刻印其父魏裔介撰《魏贞庵遗书》四种。九行二十字,白口,左右双边,单鱼尾。子目为《论性书》二卷、《樗林偶笔》二卷、《樗林续笔》二卷《附演连珠》一卷、《樗林闲笔》一卷,每页版心下方刻有"龙江书院镌"。《论性书》二卷,被收入《四库全书存目丛书》子部第 20 册;后三种被收入子部第 113 册。康熙五十年(1711),他又在龙江书院编刻其父魏裔介撰《兼济堂文集选》十六卷《诗集选》三卷,行格同上。今北京大学图书馆、苏州大学图书馆等存。

对魏荔彤所刻书的龙江书院刻本,今人有两处误解。一是康熙四十九年(1710)刻印的"樗林三笔",被误为康熙十九年刻本③。康熙十九年

①〔清〕和珅等:《大清一统志》卷三二九《漳州府》,《景印文渊阁四库全书》第 481 册,第 613—614 页。
②〔清〕吴翌凤编:《清朝文征·大理卿悔庐陈公神道碑铭》(下册),任继愈主编:《中华传世文选》,吉林人民出版社 1998 年版,第 1115 页。
③《四库全书存目丛书》子部第 113 册收有"樗林三笔",《目录》作"上海图书馆藏清康熙十九年龙江书院刻本"。参该书第 2 页。

(1680)时,魏荔彤才十岁,不可能在龙江书院刻书。二是漳州龙江书院,被误为"在福建福清,北宋宣和六年(1124)创立,延至清"①。此因两书院同名导致的错误。

魏荔彤事迹,详载徐世昌《清儒学案》卷一九《柏乡学案》。

徐宗干

徐宗干(1796—1866),字树人,又作字伯桢,号树人。江苏通州(今南通)人。嘉庆二十五年(1820)进士。道光二十八年(1848)任福建台湾道。后升授福建按察使,补授浙江按察使。咸丰九年(1859)任浙江布政使,后擢福建巡抚,卒谥清惠。著有《斯未信斋文稿》《斯未信斋主人自订年谱》。

道光年间,徐宗干曾在漳州刻《同善录》《孝经》等,后漳州人士"翻刻印订若干部,附海艘而来,散与台郡海东书院子弟,以资蒙养之助"②。道光二十九年,他又将其六世祖徐见行所著《孝经正解》在台南海东书院"敬谨复校,登之枣梨,付各师生为庠塾读本"③。后他又将"说经、论史及古近杂体诗文,并肄业及之者,裒辑"④为《瀛洲校士录》,分为初集、二集、三集,先后于道光二十九年、三十年和咸丰元年(1851)在海东书院刊行。

徐宗干事迹,见载于《清史稿》卷四二六《列传》二一三、《重修台湾省通志》卷九《人物志》。

郑 玫

郑玫(生卒年未详),字伯润,一字文玉,号虚舟,漳州龙岩县人。清康熙四十五年(1706)举人,任广东三水知县。"有循声。筑堤岸以兴水利,建书院以振士风,请蠲免钱粮以恤灾黎,其著者也。在任十二年,以母老乞归。生平崇尚正学,兼工诗、古文词。尝编辑《程氏日程》《吕氏乡约》等书,以教后进。所著有《文钞》《诗钞》刊行。"⑤并主纂《三水县志》十五卷首一卷,今存清康熙四十九年(1710)刻本。

---

①苏晓君:《苏斋选目》,中国经济出版社2013年版,第85页。
②〔清〕徐宗干:《斯未信斋文编·艺文》卷四《恭跋孝经正解》,《清代诗文集汇编》第593册,第278页。
③〔清〕徐宗干:《斯未信斋文编·艺文》卷四《恭跋孝经正解》,《清代诗文集汇编》第593册,第278页。
④〔清〕徐宗干:《斯未信斋文编·艺文》卷三《瀛洲校士录序》,《清代诗文集汇编》第593册,第270页。
⑤〔清〕彭衍堂等:(道光)《龙岩州志》卷一二《人物志》,台北成文出版社1967年版,第249页。

康熙五十三年(1714),郑玫曾刊刻明黄道周撰《黄石斋先生文集》十三卷。清陈寿祺《重编黄漳浦遗集序》云:"《文集》十三卷,则康熙甲午龙岩郑玫虚舟取石秋所编刻之。近又重刻于漳,非全集也。"①书名页题"康熙甲午季冬镌,黄石斋先生文集,本署藏板"。卷首有郑玫序,门人洪思《收文序》,洪思撰《黄子传》以及凡例六条。郑玫序云:"先生门人洪子石秋遍访见闻,垂三四十年而遗文始集。向非石秋,则先生文章几如梧叶飘零于秋风矣。洪子表章之功尤为不可没矣。玫生也晚,不获登先生之室,聆其微言绪论自淑其身,犹幸见石秋,得读先生遗闻并闻其逸事,洵为厚幸。乃与同志重加校正,编次成帙,厘为十三卷,付梓传世。"②《续修四库全书》集部第1384册中的《黄石斋先生文集》,即影印清康熙五十三年(1714)郑玫刻本。

康熙四十八年(1709),郑玫又刻印清郑磊撰《南湖集》八卷,今上海图书馆存。郑磊字三石,号南湖,闽县人。康熙二十八年(1689)岁贡。"性豪宕,善草书,诗名籍甚。"据《福建通志》,其所著《南湖集》原为五十卷③。

五、在外地刻书的漳州(府)人

宋　代

颜颐仲

颜颐仲(1188—1262),字景正,号员峤,漳州龙溪人。颜师鲁之孙,以祖荫补官。历任宁化尉、西安令、两浙和广西运判、泉州知府和福建路提刑等职。官终吏部尚书、宝章阁学士。

淳祐六年(1246),颜颐仲在浙江庆元知府任上,曾刻印图书多种。据王国维《两浙古刊本考》卷下所录《宝庆四明志》,其时四明州学保存的刻版有《文公小学书》二百板(下注小字"淳祐六年制帅集撰,龙溪颜公颐仲置")、《陈忠肃公言行录》三十板、《北溪先生字义》一百五十板、《礼诗》二十

①〔清〕陈寿祺:《左海文集》卷六《重编黄漳浦遗集序》,《续修四库全书》集部第1496册,第250页。
②〔清〕郑玫:《黄石斋先生文集序》,《黄石斋先生文集》卷首,《续修四库全书》集部第1384册,第1—2页。
③〔清〕郝玉麟等:(乾隆)《福建通志》卷六八《艺文》,《景印文渊阁四库全书》第530册,第426页。

八板、《谕俗编》五十二板（下注小字"以上俱制帅集撰，颜公颐仲置"）①。所谓集撰，指的是编；所谓置，指的是刊刻。四明即庆元，以境内有四明山而有此别名。王国维《两浙古刊本考》卷下还著录了淳祐七年（1247）颜颐仲刻印其自编本《铜壶漏箭制度》一卷，并转录颜颐仲跋云："今四方无远近，知有四明刻漏者，以王金陵之铭也。南渡毁于兵火，遗迹余墨无所于考。惟莲花漏者，绍兴末郡侯韩公仲通之新制也。壶表具存，铭识如故。……又虑承袭之久，易至舛戾，乃取李龙眠刻漏之制，并王之铭、韩之刻并锓于梓，后之知为政，当于此有考云。淳祐丁未授衣节日，郡守龙溪颜颐仲书于进思堂。"②

颜颐仲生平，详载于刘克庄《后村先生大全集》卷一四三《宝学颜尚书神道碑》、《宝庆四明志》卷一、《景定严州续志》卷二、何乔远《闽书》卷一一七、乾隆《福建通志》卷四六、乾隆《晋江县志》卷六等。

明　代

林　瑜

林瑜（？—1423），字子润，号后山，漳州龙岩人，一作福州连江人。明洪武十八年（1385）进士。曾任江西按察司佥事。建文二年（1400），在赣州与陈大本合刊宋陆佃撰《埤雅》二十卷。《东里集续集》著录云："右《埤雅》二册，总二十卷。宋陆佃农师著，其子宰为之序。名'埤雅'者，谓为《尔雅》之辅也。赣旧有刻板，既废于兵。今江西宪副林瑜行部过赣，访得之，命工重刻于郡学。此书于博物之学盖有助焉。"③此书行格为十二行二十三字，黑口，左右双边，今国家图书馆、北京大学图书馆、上海图书馆等存。北京大学藏本原为邓邦述所藏，中缺六、十二两卷。邓氏评价此刻本为"明仿宋刻之最守矩矱者……古色古香，直夺宋人之席"④。

---

①〔宋〕胡榘、罗濬等：《宝庆四明志》卷二《叙郡中·书板》，《续修四库全书》第705册，第32页。
②王国维：《两浙古刊本考》卷下，《王国维遗书》第12册，上海古籍书店1983年版，叶21B—22A。
③〔明〕杨士奇：《东里集续集》卷一八，《景印文渊阁四库全书》第1238册，第598页。
④邓邦述撰，金晓东整理：《寒瘦山房鬻存善本书目》卷二，《中国历代书目题跋丛书》第4辑，上海古籍出版社2014年版，第290页。

　　林瑜的生平史料,有杨士奇撰《前浙江布政司左参政林公墓志铭》[①]。《明一统志》卷四九、卷七八,雍正《江西通志》卷五八均有其小传。《明一统志》称其在永乐中任按察司佥事,"屡辨疑狱,吏民信之如神"[②]。

　　道光《龙岩州志》卷一二载其小传云:"洪武中以太学生授五军右,断事谳狱多平。升江西佥事,转副使,声望弥著。……历三考,升浙江左参政。逾年,卒于官,民思慕之。瑜居官二十余年,自奉无异韦布。每诵汪信民'咬菜根'之言自励。性和厚乐易,用法平恕。所至以礼贤、雪狱、安民为先。"[③]

　　此书合刊者陈大本,无为州人,洪武间为赣州同知,传载雍正《江西通志》卷六五。

林　同

　　林同(1434—1504),初名大同,字进卿,漳州龙溪人。天顺四年(1460)进士。"授工部主事,历户部郎中。撮钱谷枢要,作《指南录》,嗣政者皆以为便。成化六年(1470),保定饥,奉敕赈济,全活甚多。"其后历任江西、浙江左参政,广东左布政使。在广东,"条示吏病二十余事下郡县,劝民行《吕氏乡约》及《文公家礼》。巡按御史王哲,奏同廉能第一。……同柔外刚中,勇于为义。居官四十年,禄随得随散,卒日,家无余赀。"[④]民国《福建通志·列传》卷二〇所载与此略同。林俊《广东左布政使林公同墓志铭》称其"《文公礼》《吕氏乡约》奉以终身,故所至谕行无间,二书与《北溪文集》《字义》《蒙训》并梓传而广焉"[⑤]。其事迹,又载《明一统志》卷七七、卷七八,乾隆《福建通志》卷四六、乾隆《广东通志》卷四〇等。

　　林同曾先后两次刊行宋陈淳《北溪先生字义》。"一次是在弘治三年(1490),林同就任广西参议的时候。另一次是在两年后的弘治五年,林同就任浙江布政司的时候,得到分宁周季麟协助刊行的。后者又称四明丰庆本。"[⑥]明

①〔明〕杨士奇:《东里集续集》卷三八,《景印文渊阁四库全书》第1239册,第170页。

②〔明〕李贤等:《明一统志》卷四九,《景印文渊阁四库全书》第473册,第15页。

③〔清〕彭衍堂等:(道光)《龙岩州志》卷一二《人物志》,台北成文出版社1967年版,第245—246页。

④〔明〕何乔远:《闽书》卷一一八《英旧志》,福建人民出版社1995年版,第4册,第3559页。

⑤〔明〕焦竑:《焦太史编辑国朝献征录》卷九九,《续修四库全书》史部第530册,第594页。文中"《文公礼》"系指"《文公家礼》",此脱一"家"字。

⑥〔日〕佐藤仕著,张加才、李思婉译:《〈北溪字义〉日译本解题》,《朱子学刊》第22辑,黄山书社2013年版,第171页。

弘治五年（1492）刻本，为《北溪先生字义》二卷《严陵讲义》一卷，十行二十一字，黑口，四周双边。今南京图书馆和国家图书馆有存本。南京藏本原为清丁丙旧藏，有丁丙跋。

按，约在林同稍后，晋江另有一林同，字直正，弘治十四年（1501）举人，他与此刻本无关。

林　绍

林绍（1542—?），字文肖，号碧潭，漳州漳浦县人。嘉靖四十四年（1565）进士，历官淮徐兵备副使、山东副使等职。明万历五年（1577），刻印孙养魁注《新刊注释骆丞集》十卷。十行二十字，白口，四周双边。今上海图书馆、南京图书馆和北京大学图书馆等存①。本书注者孙养魁，直隶容城（今河北容城县）人。孙养魁万历四年知徐州，以宽大得民心。在任凡十年②。

林绍事迹，史志所载甚少。《福建通志》载："嘉靖四十四年进士，林绍，山东副使。"③乾隆《江南通志》列其为万历初第一位"淮徐兵备道"④。《续修漳浦县志》载："林绍，山东副使。"⑤

林绍与同乡卢维桢关系密切。在卢维桢《醒后集》中有诗文十几篇与林绍有关，这些诗有助于进一步了解林绍事迹。其中，诗有《九日诸公过亭上，酒罢赋诗用林司马韵》《林司马欲订黄花之约用前韵迟之》（卷三）等唱和之作；文有《报林碧潭兵部》《寄林碧潭荆州》《报林碧潭宪副》《寄林碧潭宪副》（卷五）等。《林碧潭宪副恩庆跋》云：

> 隆庆壬申（1572），公以库部从少司马吴公阅视云中上谷，事甚核，故相心知公。明年（1573），借公为荆守，盖重公云。……万历丁丑（1577），公节镇徐州。徐淮河决，大中丞潘公往治之。潘公喜自用，而公欲得计长便，乃上书自劾，兼上八议。虽河臣、科臣交口诋公，而部

①中国古籍善本书目编委会：《中国古籍善本书目》集部卷二三，上海古籍出版社1998年版，第41页。
②赵明奇主编：《全本徐州府志》卷二一《宦绩传》，中华书局2001年版，第1167页。
③〔清〕郝玉麟等：（乾隆）《福建通志》卷三六《选举》，《景印文渊阁四库全书》第529册，第154页。
④〔清〕赵弘恩、黄之隽等：（乾隆）《江南通志》一〇三《职官志》，《景印文渊阁四库全书》第510册，第102页。
⑤〔清〕陈汝咸：《续修漳浦县志》卷一二《选举志》，上海书店出版社2000年版，第112页。

议竟从量移者,以公言为嚆矢也。①

由上文可知,林绍历官兵部在隆庆壬申(1572);任荆州守,在万历元年(1573);任淮徐兵备副使,在万历丁丑(1577)。由此可知,林绍刻印孙养魁注《新刊注释骆丞集》十卷,必为林绍历官淮徐兵备副使时所为,刊印地点在徐州。

吴 琯

吴琯(1545—?),字邦燮,一字仲虚,漳州漳浦人。隆庆元年(1567)举人,隆庆五年进士。历官吏科给事中、婺源知县。万历十三年(1585),刻印北魏郦道元撰《水经注》四十卷,今国内三十多家图书馆有存本。与此书同时刊刻的,还有《山海经》十八卷。两书合称《合刻山海经水经注》,共五十八卷。同年(1585),又刻印与黄德水合编的《唐诗纪》一百七十卷。《四库全书总目》卷一九二著录云:"琯,漳浦人,隆庆辛未进士。尝校刊冯惟讷《古诗纪》,因准其例辑此书。甫成,初唐、盛唐诗即先刊行,故止一百七十卷,非完书也。其始事为黄清甫,同时纂辑者为陆弼、谢陛、俞体初、俞策诸人,具见于序例。而卷首题滁阳方一元汇编,未喻其故。大抵杂出众手,非一家之书矣。"②此书今国家图书馆、上海图书馆、北京大学图书馆、厦门大学图书馆等有存本。《四库全书总目》提到的冯惟讷辑《古诗纪》为一百五十六卷,吴琯刻本应刊于此本之前。吴琯刻本版式为九行十九字,白口,四周双边,今国内除有数十家图书馆存万历间吴氏原刻本外,上海图书馆还有方天眷印本,湖南省图书馆则有聚锦堂印本,这些当为吴氏书板出让后的产物。对此书其余几位合作者,丁丙认为:"万历中,吴琯与乡人谢陛、江都陆弼、吴郡俞策校而复刻于金陵。大约吴居其资,而谢、陆、俞居其力。吴郡王世贞撰序。"③此说在《弇州续稿》中能得到印证:"书成,而御史甄敬刻之陕西行台。其刻既不能精,又无为之校订者,豕鱼之误相属。盖至万历中,而古鄠吴琯氏与其乡人谢陛氏、江都陆弼氏、吴郡俞策氏,相与雠校而复刻之金陵。大约吴氏居其资,而谢氏、陆氏、俞氏居其力,其书遂完好

①〔明〕卢维桢:《醒后集》卷四,《四库全书存目丛书》集部第 149 册,第 62 页。
②〔清〕永瑢等:《四库全书总目》卷一九二,中华书局 1965 年版,第 1753 页。
③〔清〕丁丙:《善本书室藏书志》卷三九,《续修四库全书》史部第 927 册,第 654 页。

无遗憾。属不佞贞序之。"①

吴琯刻本还有丛书《古今逸史》55 种，共二百二十卷。全书分为"逸志"（其中又细分为合志和分志）和"逸记"（其中又细分为记、世家和列传）两类。子目详见上海古籍出版社 1982 年版《中国丛书综录》第 1 册。

吴琯的事迹，福建的史志所载甚少。《闽书》卷一一九《英旧志》，及康熙《漳浦县志》卷一二《选举志》中仅载其为隆庆元年（1567）举人，隆庆五年（1571）进士。光绪《重修安徽通志》载："吴琯，漳浦进士。知婺源县，下车即揭四语于柱曰：'赞恳不行，强御不避，苞苴不入，关节不通。'六年守此如一日。"②对吴琯的籍贯，又有系新安的说法，见载于明胡震亨《唐音癸签》。他认为，"琯，新安富室，寓白下，客吴江俞安期，江都陆弼、同郡谢陛得黄遗稿，劝琯补成全唐。仅成初、盛而不克终，客散去，草草付梓。"③故对吴琯的事迹，还有进一步探讨的必要。

林日瑞

林日瑞（1586—1643），字浴元，号廷辑，漳州诏安人。万历四十四年（1616）进士。崇祯初，任江西右参政、浙江提刑按察司按察使。后升陕西左、右布政使。崇祯十五年（1642），升右佥都御史，巡抚甘肃。次年，于甘州（今甘肃张掖）被李自成军包围，城破后被俘杀。传载《明史》卷二六三《列传》一五一、雍正《江西通志》卷五八、乾隆《福建通志》卷四六。

今北京大学图书馆藏崇祯十一年（1638）林日瑞在江西刻印的明夏言撰《夏桂洲先生文集》十八卷《年谱》一卷。十行十九字，白口，四周单边，无鱼尾。版心上镌"桂洲文集"；卷首有崇祯戊寅林日瑞《重刻文愍公集序》，崇祯十年吴一璘《文愍公全集跋》，万历三年杨时乔《夏文愍公全集叙》。《年谱》版心镌"卷之首"。每卷卷端题"闽清漳后学林日瑞廷辑甫汇编，后学郑大璟敩尹订阅，外孙吴一璘淑采较刊"。故在有的书上，此本亦作崇祯十一年吴一璘刻本④。此书作者夏言，字公瑾，江西贵溪人。正德十二年

①〔明〕王世贞：《弇州续稿》卷四七，《景印文渊阁四库全书》第 1282 册，第 622 页。文中"古郸"，当为"古漳"。

②〔清〕沈葆桢、何绍基等：（光绪）《重修安徽通志》卷一四二《职官志》，清光绪四年刊本，叶 11B。

③〔明〕胡震亨：《唐音癸签》卷三一，上海古籍出版社 1981 年版，第 324 页。

④收入《四库全书存目丛书》集部第 74 册的北京大学图书馆藏本，即被著录作"北京大学图书馆藏崇祯十一年吴一璘刻本"。见该书目录页。

进士，进武英殿大学士，入内阁参与机务，此后即为首辅大臣。严嵩深嫉之，夺其官阶。以尚书辞官，继被严嵩诬陷，被杀弃市。严嵩事败后，夏言家人讼冤，朝廷追复其官，追谥文愍。《明史》有传。

崇祯十二年(1639)，林日瑞在浙江按察使任上，又刻印明蔡葆祯撰《孝纪》十六卷《拾遗》一卷。前有朱露、林日瑞和蔡葆祯三序。蔡葆祯，字端卿，号柳溪居士，诏安人。全书分为夫、孝、德、之、本、也六部，帝王、圣门、纯孝、世孝、禄养、苦行、神助、通神、寻亲、格暴、复仇、死孝、永慕、瑞应、童孝、女孝十六类，记1147位孝子的事迹。半叶九行，行二十字，白口，四周单边。题"明清漳蔡葆祯端卿甫辑，同邑林日瑞廷辑甫较，豫章朱露公湛甫订，嘉禾吴天参谧生甫阅"，末行或作"武林邹德沛公沛甫阅"。朱露序称此书"上溯姚虞，下至昭代。表前哲之懿行，树人子之芳规"，以故"捐俸为梓，以广锡类"[①]。此书今安徽大学图书馆有存，收入《四库全书存目丛书》史部第88册。

戴熺

戴熺(生卒年未详)，字亨晦，号鼎昭，漳州长泰人。万历三十五年(1607)进士。"初授大理寺评事，有冤辟积年不决，公为剖释，廷论称平。历曹郎，出守端州，篚筐不入。求包孝肃遗迹，新其祠宇，辑《奏议》若干卷授之梓，曰'吾之榜样也'。秋，粤西怪水暴涨，趋端州，民居荡析。……躬自登城，编木为筏，下令活一命者赉一金。又焚香祝天，取己衣带投水中，水逡巡退。……父老相谓曰：'使君孝肃复生耶？'"[②]后迁按察副使，分守琼州，兼领提学。转广西参政，进按察使调河南，摄巡抚印。寻迁广东右布政使，卒于官。《广东通志》载："戴熺，长泰人。进士，万历四十年，守肇庆府。熺为长泰右族，兄弟相继宦岭表。兄燝，岭东参议；燿，两广总督都御史。熺始至，值岁大水，赈饥恤灾，全活甚多。筑圩堤以杜后患，民尤德之。秩满，转海南副使，擢广东右布政，卒于官。橐无羡金，毁金带为殓。士民建清风堂于包孝肃祠后，岁时飨祀云。"[③]

戴熺所刊《奏议》，全名《孝肃奏议》，十卷，刊行于万历四十二年

---

①〔明〕朱露：《孝纪序》，《孝纪》卷首，《四库全书存目丛书》史部第88册，第94—95页。

②〔清〕张懋建等：(乾隆)《长泰县志》卷九《人物志》，台北成文出版社1975年版，第460—461页。

③〔清〕郝玉麟等：(乾隆)《广东通志》卷四一《名宦》，《景印文渊阁四库全书》第563册，第801页。

（1614），刊刻地点即在上文所说的端州（今广东肇庆）。清丁丙《善本书室藏书志》卷八著录云："右为宋包孝肃公拯撰。……此万历甲寅闽漳戴熺所刻本。字画端正，纸墨光洁，足以称公之谏草也。前有孝肃包公传及国史本传遗事八则，后有嘉靖乙卯丰城雷逵、万历己丑温陵朱天应二跋。"①此刻本今上海图书馆、南京图书馆、中国科学院图书馆等存。南京所存，即原清丁丙藏本，有丁氏跋。

胡廷宴

胡廷宴（生卒年未详），原名寓，字以泰，号瞻明，漳州漳浦人。胡文远（字一行，号云溪）之子。万历二十三年（1595）进士，历官庐陵知县、陕西巡抚。万历二十七年（1599），胡廷宴曾选编并刻印宋周必大撰《周文忠公文选》若干卷，八行十八字，白口，四周单边，今国家图书馆、北京师范大学图书馆均仅存残帙五卷。卷前有万历己亥清明日清漳胡廷宴序，草书上版。序后为《周益公传》。卷前题"宋益国公庐陵周必大著，明后学知邑事清漳胡廷宴辑，训导豫章谢天彝订"。由此可知，此本乃刊印于周必大之故乡庐陵。

万历三十五年（1607），胡廷宴在鲁点原所编《黄楼集》基础上，补编并刊行《黄楼集》二卷。此书内容为苏轼在徐州所写的诗文。苏轼曾修建徐州城东门楼，名曰黄楼。苏轼、苏辙、秦观、陈师道等在此多有题咏，因以楼名为是集之名。《四库全书总目》著录云："明鲁点编，胡廷宴补。点有《齐云山志》，已著录。廷宴，漳州人。点书成于万历甲辰，廷宴补刊则在丁未，相距二三年；而廷宴序称岁久浸坏，渐以失次，殆不可晓。盖明代朝觐官入都，例以重货赂津要，其余朝官则刊书一部，佐以一帕致馈，谓之书帕。"②故馆臣讥此书为"书帕本"③。

胡廷宴生平，《闽书》卷一一九《英旧志》、康熙《漳浦县志》卷一二《选举志》、乾隆《福建通志》卷三六均仅列其名与官职而已。盖因胡氏为阉党之一，官陕西巡抚时，他曾在固原太白山为魏忠贤建生祠，在政治、人品上均无可取，故对其生平，史书多避而不谈。

---

① 〔清〕丁丙：《善本书室藏书志》卷八，《续修四库全书》史部第 927 册，第 260 页。
② 〔清〕永瑢等：《四库全书总目》卷一七四，中华书局 1965 年版，第 1539 页。
③ 〔清〕永瑢等：《四库全书总目》卷一七四，中华书局 1965 年版，第 1539 页。

苏孔机

苏孔机(生卒年未详),名畴,以字行,漳州龙岩人。"正统间贡,入太学,授永州府同知。有善政,秩满,都人奏留。又数年,益惠于民。告老归,晋阶朝列大夫。出俸余,籴谷置义仓,以赡族党,歉岁给发,秋成还仓。尝与潮守王源考订轶事。辑邑志,捐资刊之。祀乡贤。"①文中所说"邑志",指的是明正统《龙岩县志》三卷,为龙岩史上最早的县志,故文中称"岩之有志也,自孔机始"②。

一般来说,地方志的刊刻多在当地,但此正统志的刊行,却是在苏孔机任永州同知时。据载,"修志申文:'龙岩自建邑以来,文献无征,简编久逸。正统间,邑人苏孔机氏载笔成书,时刻于永州官舍,邑故罕传。间获旧本,漫漶至不可读。'"③此志书今逸。

清　代

蓝鼎元

蓝鼎元(1680—1733),字玉霖,又字任庵,别号鹿洲,漳州漳浦人。曾九试于乡而不遇。雍正元年(1723),诏举文行兼优之士,入成均馆,分修《一统志》,由此而知名。其后历官广东普宁知县、广州知府。传载《清史稿》卷四七七《列传》、《漳浦县志》卷二二、民国《福建通志·列传》卷三六。

雍正十年(1732),蓝鼎元在广州知府任上,曾刻印其自撰《平台纪略》一卷、《东征集》六卷。此二书记载康熙六十年(1721)蓝鼎元从其兄、南澳总兵蓝廷珍平定台湾逆寇朱一贵的始末。"鼎元之兄廷珍,时为南澳总兵官。与福建水师提督施世骠合兵进讨,七日而恢复台湾,旋擒一贵。俄世骠卒于军,其后余孽数起,廷珍悉剿抚平之。……鼎元在廷珍军中,一一亲见,故记载最悉。……雍正壬子,鼎元旅寓广州,始锓板。天长王者辅序之。"④据周中孚《郑堂读书记》卷七一著录,此书初刊于康熙六十一年

---

①〔清〕彭衍堂等:(道光)《龙岩州志》卷一二《人物志》,台北成文出版社 1967 年版,第 259 页。

②龙岩市方志委整理:(乾隆)《龙岩州志》卷一一《人物志》,福建省地图出版社 1987 年版,第 279 页。

③骆兆平:《天一阁藏明代地方志考录》,宁波出版社 2012 年版,第 77 页。

④〔清〕永瑢等:《四库全书总目》卷四九,中华书局 1965 年版,第 444 页。

（1722），有蓝廷珍序。至雍正十年，"鹿洲又即旧刻删定重刊，天长王近颜者辅复为之评点而系以序"①，故此书今存本皆有王者辅序。《平台纪略》，今故宫博物院图书馆有存；《东征集》，今清华大学图书馆、人民大学图书馆、中山大学图书馆等有存本。

蓝鼎元的著作还有《棉阳学准》五卷，作于雍正六年（1728）他官普宁知县时，为其在潮阳讲学的讲义。此外，还有《修史试笔》二卷、《鹿洲公案》二卷、《鹿洲初集》二十卷、《女学》六卷、《鹿洲奏疏》一卷。以上诸书，与上述《平台纪略》《东征集》二书合称《鹿洲全集》。《鹿洲全集》共四十三卷，今存清雍正十年（1732）刊本、同治四年（1865）广东纬文堂刊本、清光绪五年（1879）蓝谦修补刊本，见《中国丛书综录》著录②。

魏茂林

魏茂林（1772—？），字宾门，号笛生，晚号兰怀老人，漳州龙岩人。室名为有不为斋，著有《有不为斋文稿》不分卷。清嘉庆十四年（1809）进士，曾在清廷任内阁中书、刑部郎中。嘉庆二十三年，任广东乡试副考官；道光十三年至十四年，任保定知府。

道光二十五年（1845），魏茂林刊刻清郭尚先《郭大理遗稿》八卷，收入《续修四库全书》第1510册。前有郭氏门人陶廷杰序、兰怀老人魏茂林笛生序，以及魏氏《刻郭大理遗稿跋》。郭尚先（1785—1833），字符开，号兰石，莆田人。官至大理寺卿，为福建著名书法家。身后遗稿即由其友人魏茂林搜集，刊为《郭大理遗稿》八卷。魏氏跋云：

> 林撰兰石遗稿序毕，意耿耿未释。因思箧中所辑诗文，虽仅止百余首，然即是亦可窥其崖略。散佚之稿何时能集，筑室道谋，无益也。乃先辑其诗二卷，散体文二卷，缮校付梓。继复遴其骈体文二卷，题跋一卷，补遗一卷，陆续付镌。……计开雕于甲辰春，至乙巳冬而竣，书此以志岁月。龙岩魏茂林跋于海陵大东桥寓之有不为斋。时年七十有四。③

①〔清〕周中孚：《郑堂读书记》卷七一，《清人书目题跋丛刊》（8），中华书局1993年版，第355—356页。
②上海图书馆编：《中国丛书综录》第1册，上海古籍出版社1982年版，第498页。
③〔清〕魏茂林：《刻郭大理遗稿跋》，《郭大理遗稿》卷首，《续修四库全书》集部第1510册，第442页。

　　由跋文可知，此书应刊刻于海陵县（今属江苏泰州），而非龙岩。

　　同年，魏茂林又刻印明朱谋㙔撰、魏茂林训纂之《骈雅训纂》十六卷首一卷，题有不为斋藏版。道光二十七年（1847），刻印自编《三朝玉尺文式》不分卷。今山东省图书馆存，原为清海源阁藏书。

　　魏茂林刻本，还有魏氏自编《国朝三十五科同馆诗赋解题》七卷首二卷、《国朝一二科同馆诗赋解题》五卷首一卷。清道光有不为斋刻本，今北京大学图书馆有存本。

　　《龙岩县志》卷二六《儒林传》载："魏茂林，字宾门，号笛生。博极群书。嘉庆己巳进士，殿试，授内阁中书，累擢郎中。先后一充乡闱副考官，三充会试同考官，两次京察一等。壬辰外简，历河间保定知府，升通永河道。引疾归，侨寓泰州，闭户著书。生平好小学家言，覃精研思。与段玉裁、苗夔诸公齐名。著《骈雅训纂》《同馆诗赋解题》《覃雅广腋》《天部类腋》《天部二十九闻》刊行于世。"①

①马和鸣、杜翰生等：(民国)《龙岩县志》卷二六《儒林传》，台北成文出版社 1967 年版，第 251 页。

卷九　福宁州(府)刻书家

福宁州，位于福建东部。晋太康三年(282)，以温麻船屯故地署县，称温麻县，县治在今霞浦(一说在连江)，隶属晋安郡。唐武德六年(623)，析温麻县地置长溪县，隶属泉州郡(今福州)。宋代，仍为长溪县；与福安、宁德均隶属福州。元至元二十三年(1286)升为福宁州，下辖福安、宁德二县，隶属于福州路。明洪武二年(1369)改州为县，成化九年(1473)复为州，直属省辖，下仍辖福安、宁德二县。清雍正十二年(1734)升州为府。府治在霞浦，下辖霞浦、福安、宁德、福鼎和寿宁五县。

由于建州较晚，与其他州府相比，福宁的刻书业相对滞后，从明中后期开始才有一些有关刻书的记载。有不少被认为是福宁所刻印的书籍，其实是委托福州书坊刻书家刊行的。如被认为是福鼎王退春麟后山房所刻的《王氏汇刻唐人集》，其实是由福州吴大犉刻坊刊印的；光绪间重刊《福宁府志》，则由福州吴玉田刊刻等。但是，如对建州之前的宁德县文化做一番考察，可以发现，南宋时期的宁德名士与福建刻书业早已有密切联系。如宁德林骈，字德颂，领嘉定九年(1216)乡荐。"山海地志、稗史小说、释老之书，无不通晓，尤习当代典故。……州之士争迎为师，岁聚徒以百数。"①他编纂的类书《古今源流至论》前、后、续三集三十卷，宋元时期就在建阳书坊被频频翻刻。林骈同乡黄履翁，字吉父，绍定五年(1232)进士，续编此书别集，使此书又跻身于明代建阳坊刻本畅销书之列。

本卷搜集整理了明清时期18位福宁州(府)刻书家的事迹。其中，在福宁州(府)刻书的有16位(明代15位，清代1位)，在外地刻书的福宁州(府)籍刻书家有2位。

---

① 〔明〕殷之辂等：(万历)《福宁州志》卷一二《文苑传》，《日本藏中国罕见地方志丛刊》，书目文献出版社1990年版，第263页。

一、明代

项　乔

　　项乔（1493—1552），字迁之，号瓯东，自号九曲山人，浙江永嘉人。嘉靖八年（1529）进士，历知抚州、庐州，贤能卓著，升湖广按察副使。"以兵部主事谪州同知。下车公宴日，革里役所供门吏'宴赏钱'，令罢宴。携所刻《牧民条约》《举业详说》颁示士民。明年擢去，历官广东参政。"①乾隆《福建通志》载项乔任福宁州同知不纪年月，据清光绪《永嘉县志》卷一四《名臣》所载，其时在嘉靖十四年其擢守抚州之前。其文略云："调兵部武选主事……谪福宁州同知。下车公宴日，革里役所供门吏'宴赏钱'，令罢宴。携所刻《牧民条约》《举业详说》颁示士民。十四年，擢守抚州。下令曰：'天下患无好官，不患无好百姓。凡有利当兴，有害当除者，一一相告，吾为尔罢行之。'"②

　　项乔生平，见载于雍正《江西通志》卷六二、乾隆《浙江通志》卷一八二。明侯一麟有《瓯东先生遗事》③，罗洪先有《明故广东布政司左参政瓯东项公墓表》④。项乔著作有《瓯东私录》十卷《瓯东文录》五卷，有嘉靖三十一年项氏家刻本。

钟一元

　　钟一元（1525—1556），字太初，号侍山，嘉兴府秀水县人。嘉靖三十二年（1553）进士。嘉靖三十四年，在福宁知州任上刻印州人明黄乾行撰《礼记日录》三十卷《图解》一卷，半叶十一行，行二十五字，白口，单鱼尾，四周双边。在每卷卷端书题次行下方，均题"闽福宁玉岩黄乾行著"。今北京大学图书馆、东北师范大学图书馆和苏州图书馆有存本。《四库全书存目丛书》经部第89册所收书即据此影印。据王重民先生《中国善本书提要》考

---

①〔清〕郝玉麟等：（乾隆）《福建通志》卷三二《名宦》，《景印文渊阁四库全书》第528册，第562页。

②〔清〕张宝琳、王棻等：（光绪）《永嘉县志》卷一四《名臣》，台北成文出版社1983年版，第1325页。

③〔明〕侯一麟：《龙门集》卷一七，上海社会科学出版社2006年版，第281—283页。

④〔明〕焦竑编：《焦太史编辑国朝献征录》卷九九，《续修四库全书》史部第530册，第611—613页。

证,本书为黄乾行据宋杨复所著《仪礼图》删节而成,黄氏亦间或加以考案。黄氏自记云:"《礼经六义》,篇皆宜有图以发明之,但杨信斋《图》已详悉,更不可加;所恨者此书少有,其板寡传,而学者未易得见尔。杨信斋福宁人,盖乡先贤也,嗣当锓梓,以与四方同志者共之云。"①

乾隆《福宁府志》卷一七《秩官志》载钟一元治绩云:"嘉靖三十三年知州,知盐商专利病民,力扼之,使不得纵,民免淡食之苦。复欧阳守河资田。州西郭无城,乃营筑西城,计六百余丈。甫竣而倭至,民德之,像而祀焉。"②嘉靖三十五年(1556)十二月,钟一元率福宁州官军迎击入侵的倭寇,不幸战死③。其著作有《水竹居集》四卷。

《礼记日录》著者黄乾行(1515—?),字叔阳,一字大同,号玉岩。与钟一元为同年进士,历官户部郎中、重庆知府,卒于官。此本被收入《浙江省出版志》,著录为嘉靖三十四年(1555)嘉兴钟一元刊本④,这显然又是误将刊刻者籍贯当作刊行地点了。

游　朴

游朴(1526—1599),字太初,号少涧,又作肖涧,别号柏谷畸人,福宁州柘洋(今福建柘荣县)人。万历二年(1574)进士,官至湖广布政司右参政。著作有《藏山集》十二卷、《诸夷考》三卷等。

万历二十年(1592),游朴曾刻印明欧大任撰《百越先贤志》四卷。《四库全书总目》卷五八著录称:"万历壬辰,其乡人游朴尝为锓板,岁久散佚,仅存抄本。"⑤邵氏《增订四库简明目录标注》卷六亦著录⑥。同年刊明李默《孤树裒谈》五卷,今南开大学图书馆有存本。行款为十一行二十一字,白口,四周双边。同年,又刻印游朴自著《诸夷考》三卷,今国家图书馆存。《续修四库全书》子部第1170册所收即据此影印。卷前有万历壬辰秋游朴序、凡例,九行十八字,白口,四周双边。

---

① 〔明〕黄乾行:《礼记日录·图解》,《四库全书存目丛书》经部第89册,第38页。
② 〔清〕李拔:(乾隆)《福宁府志》卷一七《秩官志》,台北成文出版社1967年版,第316页。
③ 〔清〕陈寿祺:(道光)《福建通志》卷二六七《明外纪》,台北华文书局1968年版,第5064页。
④ 浙江省出版志编纂委员会:《浙江省出版志》,浙江人民出版社2007年版,第152页。
⑤ 〔清〕永瑢等:《四库全书总目》卷五八,中华书局1965年版,第525页。
⑥ 〔清〕邵懿辰撰,邵章续录:《增订四库简明目录标注》卷六,上海古籍出版社1979年版,第261页。

游朴生平，见载于乾隆《福建通志》卷四八、《大清一统志》卷三三四，以及乾隆《福宁府志》卷二一。略云："游朴，字太初。万历甲戌进士，历刑部郎中。三主法司，无冤狱，迁湖广参政。分守承天，发巨豪李天荣不法事，论死，以是投劾归。性孝友，与弟诏白首同居。著《横山社草》《浙江谳书》《藏山集》行世。祀乡贤。"①

游朴曾到过建阳书坊，有《建阳收书》一诗云：

> 祖龙不到此溪头，绿帙青缃汗万牛。
> 谩道纷纷皆注我，且逢奇境一冥搜。②

钱士鳌

钱士鳌（1550—1599），字季梁，号石庵，钱塘人。万历十四年（1586）进士，万历二十五年（1597）官福宁知州。次年，在福宁州署编选并刻印宋苏轼的文集《苏长公集选》二十二卷《艾子杂说》一卷。卷首自序云："与长公相知半生，尚不能窥其藩篱，而世腐儒小生辄举一二论策为便举子，便以尽长公，公得无掩口胡卢而笑乎？因辑长公大小文几千篇，托友人何文叔校而刻之，俾世得由以窥苏长公之全，且谓长公之文有以进于举子之业也。"③此书今台北"国家"图书馆有藏本。行格为九行二十二字，四周单边，白口。

钱士鳌生平，见载于乾隆《福宁府志》卷一七《秩官志》，对其有"闳材硕望，吏治精明"的评价。在职二年，卒于任所。"百姓哀之，罢市三日，吊者不绝。槥还，哀送百里。像祀元妙观，竖碑西郊。"④按，此卷将其任年作万历二十二年，《秩官志》卷一五则作二十五年任，当以万历二十五年为是。其事迹，别载乾隆《浙江通志》卷一七八、乾隆《福建通志》卷三二。其著作有《钱麓屏遗集》十卷。

胡尔慥

胡尔慥（1573—1647），字孟修，号厚庵，浙江德清人。万历三十二年

①〔清〕李拔：(乾隆)《福宁府志》卷二一《人物志》，台北成文出版社 1967 年版，第 402 页。
②〔明〕游朴：《游朴诗文集·藏山集》卷一〇，福建人民出版社 2015 年版，第 388 页。
③〔明〕钱士鳌：《苏长公集选序》，刘尚荣：《苏轼著作版本论丛》，巴蜀书社 1988 年版，第 134—135 页。
④〔清〕李拔：(乾隆)《福宁府志》卷一七《秩官志》，台北成文出版社 1967 年版，第 319 页。

(1604)进士,次年(1605)官福宁知州,又次年委托闽县谢肇淛编纂《太姥山志》三卷。

　　谢肇淛"乃为掇拾传乘,而益以所睹记,哀为志略,付之梨枣"①。该书刻印于万历三十七年(1609),分为上、中、下三卷。原刊本今国家图书馆、南京大学图书馆等有存。胡氏序云:"余承乏长溪,始获一再登是山。……归而读是山旧志,寥落不称,为之慨叹。今春,余师谢司马偕二三同志俨然辱而临之。司马才高八斗,癖嗜五岳。登高作赋,发幽兴于名山;选胜抽词,剔闷灵于绝代。比归,而成山志者三卷,叙述烂然。……万历己酉岁秋菊月吉日,吴兴胡尔慥书。"②清康熙郭名远《重镌太姥山志序》云:"爰搜获旧本,乃前守胡公所镌。"③详参本书"郭名远"条。

　　光绪《重修安徽通志》卷一四五载:"胡尔慥,字孟修,德清人。万历间知太平府,浚河建关,节费代饷。"④

韩士元

　　韩士元(生卒年未详),字春卿,祖籍徽州休宁,居华亭(今上海松江)。万历八年(1580)任福宁州判,于次年在宁德据嘉靖闵文振刻本,重刊元韩信同撰《韩氏遗书》二卷,今闵氏所刻嘉靖本与万历间韩士元重刻本均不见于世。清沈德寿《抱经楼藏书志》卷三三所据以著录者,已是知圣教斋旧抄本。此本录韩序云:"始予署宁,值丁日谒乡贤祠,有古遗者,未识也。询之,或语予曰:'兹氏巨儒,有言熠熠,其学本经术,末文艺,师石堂陈先生,溯其源,考亭正派也。所著书富甚,佚弗传,仅仅遗书两卷,嘉靖乙未岁已刊行在庠,遭辛酉邑毁,板烬焉,其裔弗忍祖书湮灭也,方重梓之矣。'……万历辛巳孟夏之吉,从什郎判福宁州署宁德县事新安后学韩士元顿首拜书。"⑤

　　王重民《中国善本书提要》著录韩刊传抄本云:"原题'元宁德古遗韩信同存稿,明浮梁闵文振辑刊,署宁德县事新安韩士元重刊'。"⑥韩士元生

①〔明〕谢肇淛:《修太姥志引》,清康熙刊本《太姥山志》卷首,叶 3A。
②〔明〕胡尔慥:《太姥山志序》,《中华山水志丛刊》第 33 册、线装书局 2004 年版,第 104 页。
③〔清〕郭名远:《重镌太姥山志序》,清康熙刊本《太姥山志》卷首,叶 1A。
④〔清〕沈葆桢、何绍基等:(光绪)《重修安徽通志》卷一四五《职官志》,清光绪刻本,叶 10B。
⑤〔清〕沈德寿:《抱经楼藏书志》卷三三,《清人书目题跋丛刊》(5),中华书局 1990 年版,第 368 页。
⑥王重民:《中国善本书提要》,上海古籍出版社 1983 年版,第 538 页。

平，仅乾隆《福宁府志》卷一五《秩官志》"州判"中列其名，云："韩士元，贡生，休宁人。八年任。"①故韩氏所谓"署宁德县事"，指的是以福宁州判摄县事。而在官宁德之前，韩氏曾历官建安儒学教授。民国《建瓯县志》卷二九《循吏传》载："韩士元，字春卿，华亭人。岁贡，万历间任教授。秉性质朴，加意作人。诸生有贫不能婚葬者，助之。"②

洪启哲

洪启哲（生卒年未详），字子愚，又作一愚，号怀蓼，晋江人。万历二十五年（1597）举人，历福安教谕，平阳、饶平知县。其父洪猷，字文振，号积斋，著有《周易翼义》《四书约说》。此二书，由洪启哲刊刻于福安学舍。其父事迹，见载于《闽中理学渊源考》卷七三《司训洪积斋先生猷学派》。

洪猷门人史继偕所撰《洪先生周易翼义叙》云："余家世受《易》，先君子尝有撰次未就。稍长，获游积斋洪先生之门，而始有会也。先生束发穷经，老而愈笃，至晚年而后论说始定。又曰：'迩来士习好异，异说曹兴，不独与文庄、紫峰二先生刺谬浸寻，而操戈紫阳矣。二先生书皆已布之学宫，日为异论所蚀。'予尝求其书于里塾不得，以为恨。于是先生子孝廉子愚出其家藏，梓之福安黉舍，俾小子序而行之。先生之说行，即二先生之说行也。先生渊源于蔡、陈而宗朱子之义，故云翼义云。今录其派系载于篇。"③

清朱彝尊《经义考》云："史继偕曰：'积斋洪先生言《易》，无失朱子之义，故曰《翼义》。''翼义'即所以翼经也。先生子孝廉一愚君出其家藏晚年论定之书，梓之福安黉舍。学者得之，无异布帛菽粟矣。"④

《晋江县志》载洪启哲以"万历丁酉（1597）举人，授福安教谕。以其父猷所著《周易翼义》《四书约说》二书梓行学舍，训课多士"⑤。据光绪《福安县志》卷一八《名宦》载，洪启哲官福安教谕，始于万历三十五年（1607），后升任饶平知县⑥；万历四十五年（1617），任平阳知县。

洪启哲事迹，又载乾隆《泉州府志》卷四九《循绩》、李清馥《闽中理学渊

---

①〔清〕李拔：(乾隆)《福宁府志》卷一五《秩官志》，台北成文出版社 1967 年版，第 254 页。

②詹宣猷、蔡振坚等：(民国)《建瓯县志》卷二九《循吏传》，台北成文出版社 1967 年版，第 337 页。

③〔清〕李清馥：《闽中理学渊源考》卷七三，《景印文渊阁四库全书》第 460 册，第 704 页。

④〔清〕朱彝尊：《经义考》卷六八，《景印文渊阁四库全书》第 677 册，第 771 页。

⑤〔清〕周学曾：(道光)《晋江县志》卷四四《人物志》，福建人民出版社 1990 年版，第 1199—1200 页。

⑥〔清〕张景祁等：(光绪)《福安县志》卷一八《名宦》，上海书店出版社 2000 年版，第 590 页。

源考》卷七三。

闵文振·程世鹏

　　闵文振(生卒年未详),字道充,号兰庄,浮梁(今属江西)人。嘉靖十二年(1533)任宁德训导,于嘉靖十五年(1536)搜集、整理宋陈普撰《石堂先生遗集》二十二卷,次年由宁德知县程世鹏刻板于县学。此书有陈襄序,闵文振跋、程世鹏跋、蒋濂跋。行格为十行二十字,白口,四周单边,双鱼尾。目录后刻"宁德县知县揭阳程世鹏奉钦差整饬兵备分巡建宁道福建按察司金事王批发校刻,儒学训导新城潘鹑同校"。顾嗣立《元诗选》云:"明嘉靖间,宁德训导浮梁闵文振访于其家,采之诸载,订汇为二十二卷,曰《石堂先生遗集》,知县事揭阳程世鹏刊行于世。出石堂门者,如韩信同、杨琬、余载、黄裳辈,并以正学为时所宗云。"①在闵文振主修的《宁德县志》中有如下记载:"《石堂先生遗集》二十二卷,陈普著,闵文振搜编。刻板在学,江西饶州府亦有板刻。"②清郝玉麟等《福建通志》卷二九载:"程世鹏,揭阳人。嘉靖中永福教谕。矩度严饬,朔望与诸生讲习礼仪,悉令遵行,风俗以变。"③

　　嘉靖十七年(1538),闵文振又在宁德县学辑、刻元代宁德先贤韩信同所著《韩氏遗书》二卷。王重民先生《中国善本书提要》著录此书抄本云:"信同字伯循,从同邑陈普学,撰述甚富。至顺三年卒,年八十有一,事迹具见集末附载张以宁撰行状。信同卒后,著述散佚;嘉靖十七年闵文振知宁德,始访得其《大中论孟标注》残稿及诗文,编为二卷,刻于学宫。"④在闵文振主修的《宁德县志》中有如下记载:"《韩氏遗书》二卷,元儒韩信同著。上卷《四书标注》,下卷诗文。闵文振搜编,刻板在学。"⑤同年(1538),闵文振又刻州人明初蒋悌生撰《五经蠡测》六卷。《四库全书总目》卷三三著录云:"悌生字叔仁,福宁州人。洪武初,以明经官训导。是书乃其元季避兵蓝田谷中所作。嘉靖戊戌,浮梁闵文振纂修州志,始得稿于其裔孙宗雨,序而刻之。前有洪武庚戌悌生自序。凡《易》一卷、《书》一卷、《诗》三卷、《春秋》一

①〔清〕顾嗣立:《元诗选》三集卷二,《景印文渊阁四库全书》第1471册,第267页。
②〔明〕闵文振撰,林校生点校:(嘉靖)《宁德县志》卷四《文籍》,福建人民出版社2015年版,第250页。
③〔清〕郝玉麟等:(乾隆)《福建通志》卷二九《名宦》,《景印文渊阁四库全书》第528册,第459页。
④王重民:《中国善本书提要》集部,上海古籍出版社1983年版,第538页。
⑤〔明〕闵文振撰,林校生点校:(嘉靖)《宁德县志》卷四《文籍》,福建人民出版社2015年版,第249页。

卷。后有文振附记，曰'右五经，《诗》说独多，《易》《书》次之，《春秋》为少，《礼记》亡阙。今犹题曰《五经蠡测》，仍其旧也'云云。"①按，此本因主持刊刻者闵文振乃江西浮梁人，被今人误为江西刻本②。

据闵文振主修的《宁德县志》，闵文振在宁德县学刊刻的著作还有以下三种：

　　《宁川学志》六卷，闵文振纂修。刻板在学。

　　《学古斋集》二卷，司业周斌著。闵文振选编刊行。

　　《湘南剩稿》二卷，教谕陈珪著，闵文振辑。刻板在学。③

乾隆《宁德县志》卷三《秩官志》载："闵文振，号兰庄。浮梁人。由选贡嘉靖十二年任。学识渊涵，辞华宏邃。持身严谨，雅志作人。凡学校当举之事，为之不遗余力。改学门、学池，修县志学志。搜求先儒陈普、韩信同遗书，寿之梓。二书至今尚存（原注：陈书缺而不全）。又欲翻刻林骃、黄履翁《源流至论》，以升任去不果。离宁之日，摄囊馨悬。其有功德于宁庠，在教职中为最。祀名宦。"④乾隆《福建通志》卷三二所载闵文振事迹，乃据此节录。

闵文振编、刻的志书，有嘉靖十七年（1538）成书的《福宁州志》十二卷、《宁德县志》四卷，均见《天一阁见存书目》著录。其著作另有《异物汇苑》十八卷，《四库全书总目》著录称："明闵文振撰。文振字道充，浮梁人。其书分二十七部。杂采传记奇异之事，然亦多世所习见，无出人耳目之外者。"⑤又著《涉笔志》一卷，见于《千顷堂书目》卷一二著录。又著《游文小史》三卷，见《千顷堂书目》卷三一著录："号兰庄，浮梁人。辑古今寓言之文，盖毛颖传类，有本纪，有世家，有列传，始六朝迄明嘉靖人作。"⑥又著《兰庄文话》一卷《诗话》一卷，见《明史·艺文志》著录。

---

①〔清〕永瑢等：《四库全书总目》卷三三，中华书局1965年版，第273页。

②熊向东主编：《江西省出版志》，江西人民出版社1998年版，第19页。

③〔明〕闵文振撰，林校生点校：（嘉靖）《宁德县志》卷四《文籍》，福建人民出版社2015年版，第250—251页。

④〔清〕卢建其、张君宾：（乾隆）《宁德县志》卷三《秩官志》，厦门大学出版社2012年版，第328—329页。

⑤〔清〕永瑢等：《四库全书总目》卷一三八，中华书局1965年版，第1171页。

⑥〔明〕黄虞稷撰，瞿凤起、潘景郑整理：《千顷堂书目》卷三一，上海古籍出版社2001年版，第761页。

缪邦珏

缪邦珏（生卒年未详），字良玉，岁贡生，福安县人。万历二十六年（1598），刻印宋谢翱《晞发集》七卷《续录》一卷《附录》一卷，今南京图书馆、上海图书馆、福建省图书馆等有刻本珍藏。此刻本原有游朴序，略云："予友丁阳缪君，惧乡国之文献或湮灭而无述，手加校订，未及梓而逝。至今丙申岁，其嗣邦珏始募工付剞劂，以成父志，盖皆重民彝而尚友古人，有足嘉者。予与缪氏有世谊，而又雅慕皋羽之为人，因次其语而弁诸首，以寓景行之意云。"①

缪邦珏生平，分别见载于乾隆《福宁州志》卷二四《人物志》、光绪《福安县志》卷二二《孝义》，而以县志所载较为详整。县志载："（缪邦珏）性孝友，博学多文。与人交，不设城府，律躬绳尺。遇公事，辄毅然身任之。诚心亮节，耻言干谒事，人高其概。晚以诗酒自豪，雅慕盛唐音律。所著有《未成稿》《诗谈手钞》《叱吸杂集》，嗣其家学云。"②

史起钦

史起钦（生卒年未详），号敬所，鄞县人。万历十七年（1589）进士。万历十九年（1591）任福宁知州，"政修事举，文教作兴"③。乾隆《福宁府志》卷一七《秩官志》载："史起钦，号敬所，鄞县人。进士，万历十九年知州。年少敏达，州值火烬烬，疮痍甫定。起钦政尚宽仁，兴衰起废，公署、学校焕然一新。浚城河，置学田，建文昌阁。秩满，擢常州丞。民为立碑，附陆公祠。"④

万历二十一年（1593），史起钦修纂、刊刻《福宁州志》十卷，今国家图书馆、日本公文书馆有存本。十行二十一字，白口，左右双边，收入中国书店1992年版《稀见中国地方志汇刊》。万历二十三年（1595），他又编纂并刻印《太姥志》一卷。《四库全书总目》卷七六著录云："太姥山在福宁州境，传尧时有老母业采蓝，后得仙去，故以为名。中有钟离岩、一线天诸胜迹。起

---

① 〔明〕殷之辂等：（万历）《福宁州志》卷一四《艺文志》，《日本藏中国罕见地方志丛刊》，书目文献出版社1990年版，第374页。

② 〔清〕张景祁等：（光绪）《福安县志》卷二二《孝义》，上海书店出版社2000年版，第666页。

③ 〔明〕沈一贯：《重修明伦堂记》，（乾隆）《福宁府志》卷一三《学校志》，台北成文出版社1967年版，第200页。

④ 〔清〕李拔：（乾隆）《福宁府志》卷一七《秩官志》，台北成文出版社1967年版，第319页。

钦因创为此书,成于万历乙未。前列图,次列记序及题咏之作。然山以岩
壑寺宇为主,法当分门编载。起钦但为总绘一图,悉不加分别诠次,非体
例也。"①

许士经

许士经(生卒年、字号未详),广东南海人。正德八年(1513)举人,嘉靖
间官福宁州学学正。其刻书事迹,最早见载于《闽书》:"许士经,南海人。
嘉靖中任学正,待士有恩。礼辑杨龟山以来至朱子门人,刻曰《道南观感
录》,又刻《陆梭山家训》,颁示诸生。"②此后,清乾隆《福宁府志》卷一七《秩
官志》、乾隆《福建通志》卷三二《名宦》、民国《霞浦县志》卷二七《循吏列传》
所载与此略同。清阮元、陈昌齐等纂《广东通志》所载许士经生平的主要内
容虽据《福建通志》所述,但有一处补正,即载明许士经为"正德癸酉举
人"③。其时,与许氏为同僚的福宁同知赵廷松(字子俊),在其所著《赵廷
松集》中记载了发生在福宁的一件逸事,其中提到许士经官福宁州学,时在
嘉靖十三年(1534)④。此为许氏刊刻此二书的大致时间。

薛孔洵

薛孔洵(生卒年未详),字信夫,宁德县人。少习举子业,工文辞,学者
称企泉先生。万历三年(1575),刻印邑先贤宋陈普撰《石堂先生遗集》二十
二卷,今南京图书馆、重庆图书馆和国家图书馆有存本。有阮镳、薛孔洵序
和崔世召跋。阮序云:"先生倡道学于宋元之交,其身已隐,其书藏之名山
百余年。……嘉靖辛酉之变,全集化为秦灰。垂十余年,逸儒企泉薛孔洵
者蚤夜是惧,以石堂之书不行,则其道无传,从遐方得旧本,笔研穷年,缮写
成帙,考核训释,实殚精力。其子庠生梦兰祗成厥志,鬻田赡工重梓之。"⑤

①〔清〕永瑢等:《四库全书总目》卷七六,中华书局1965年版,第660页。
②〔明〕何乔远:《闽书》卷六六《文莅志》,福建人民出版社1994年版,第2册,第1929页。
③〔清〕阮元、陈昌齐等纂:(道光)《广东通志》卷二七八《列传》,商务印书馆1934年版,第4815页。
④明赵廷松《赵廷松集》卷一〇《列女》载:"顾氏,后所军余朱祚妻。祚贫多病,顾鬻妆资求医,祚
　死,顾年二十六,罄衣饰以具棺,或阒之,则疑其污,力却之,复鬻釜甑拖架以治葬,手自畚土以
　坟。母诱归宁,讽使改醮,顾亟还夫家,绝食七日死,时嘉靖六年也。同知赵廷松公哀而赗之,十
　三年,州学正许士经举其节,参政程旦建亭北街以旌之。"载线装书局2009年版,第515页。
⑤〔明〕阮镳:《重刻石堂先生遗集序》,《石堂先生遗集》卷首,万历三年(1575)薛孔洵刻本,叶1B—
　2A。

则此刻本刊行,实凝聚了薛孔洵、薛梦兰父子两代人的心血。

乾隆《宁德县志》卷七《人物志》载:"薛孔洵,字信夫,公应季子。克绍家传,学有心得。数奇不偶,处之泰如。性笃孝,父病痰瘘,竭力以事,数年如一日。捐资造赵公桥,刻石堂陈普文集,详加注释。著有《否泰集》,今无存。"①

张蔚然·郭鸣琳

张蔚然(生卒年未详),字维诚,一作维成,号青林,仁和(今浙江杭州)人。万历二十五年(1597)举人,历官平湖教谕、福安知县、汉阳通判等,著有《青林文集》《三百篇声谱》《西园诗麈》等。万历四十四年(1616),任福建长溪(福安)知县,万历四十六年刻印宋谢翱撰《晞发集》十卷。傅增湘《藏园群书题记》卷一五《万历本晞发集跋》云:"此本为徐兴公就缪(邦珏)氏本重为编定,而长溪令张蔚然刻之邑中者也。订为十卷,卷一至卷七诗,卷八记、序,卷九、卷十附录。半叶九行,行十八字。前有万历戊午张蔚然序,次吴仕训、徐㷛、陈鸣鹤、崔世召序,后有郭鸣琳跋。"②傅增湘著录的依据,应是据万历戊午孟春徐㷛序所称:"虎林张维诚先生来令福安,正皋羽所生之地,下车首征文献。郭君时锵乃取予所订《晞发集》以进,维诚先生复加考核,梓而传之。"③此刻本今上海图书馆、四川省图书馆、故宫博物院图书馆和国家图书馆等均有收藏,《中国古籍善本书目》著录作郭鸣琳刊本④。郭鸣琳本与张蔚然所刻实为同一刻本,并非本年另有一刻本。《宋集珍本丛刊》所收书即以此刻本为底本。

郭鸣琳(1567—1628),字时锵,号凤起,福安人。官至广西靖江王府长史。张蔚然刻本卷端题:"明邑令张蔚然、郡人徐㷛订,邑人郭鸣琳校。"《福宁府志》卷三七《杂志》载:"靖江王府长史郭鸣琳墓,在富罗坂。明按察使侯官曹学佺有《墓志铭》。"⑤所录曹学佺撰《靖藩长史长溪郭公墓志铭》其中有云:"郭公者,吾闽福安人。以恩贡而选为右长史,实行左史事也。公之行事,亦主于调停,以至诚恳恻感动人,其指与予合。而公之县父母师,为武林张维成。维成固佐万历丁酉岁(1597)畿闱所取士,说者以为衣钵

①〔清〕卢建其、张君宾纂:(乾隆)《宁德县志》卷七《人物志》,上海书店出版社2000年版,第810页。

②傅增湘:《藏园群书题记》卷一五,上海古籍出版社1989年版,第758页。

③〔明〕徐㷛:《新辑红雨楼题记》,上海古籍出版社2014年版,第136页。

④中国古籍善本书目编委会:《中国古籍善本书目》集部卷二四,上海古籍出版社1998年版,第405页。

⑤〔清〕李拔:(乾隆)《福宁府志》卷三七《杂志》,台北成文出版社1967年版,第566页。

相承云。……生平尤尊宋皋羽之为人，而力赞张公维成，为刻其集。"①末句将郭氏助张蔚然刊刻此集的作用表述得非常明白。

清光绪《福安县志》卷一八《名宦》载张蔚然事迹仅以下寥寥数字："张蔚然，仁和人。丁酉(1597)顺天解元，万历四十四年知县。有政绩，建三贤祠。"②所谓三贤祠，指建于明万历四十七年(1619)，祭祀薛令之、郑虎臣、谢翱三贤的祠堂。张蔚然在长溪事迹，董应举《长溪张侯德政碑记》有云："张公维诚令长溪三年，士民大欢，条其德政三十一事于石。"③要了解张蔚然在长溪的政绩，应详参董应举此记文。兹不赘。

二、清代

郭名远

郭名远(生卒年未详)，字鸿儒，号恭庵，辽东(今属辽宁)人。康熙二十年(1681)任福宁知州。康熙二十三年(1684)重刊明谢肇淛编纂之《太姥山志》三卷。九行十八字，白口，左右双边，单鱼尾。此本今厦门大学图书馆、南开大学图书馆等有存。卷首有其门人吴学《重镌太姥山志小引》："今春奉文图绘天下名山洞天，而兹山亦叨访及。又逢吾师郭公莅守是土，恐古迹湮没无传，公余取旧本校正而重梓之，将以达胜迹于宸聪，显仙踪于海内。……公讳名远，字鸿儒，别号恭庵，辽东人。康熙二十三年岁次甲子仲冬既望，长溪门人吴学谨识。"④

郭名远撰《重镌太姥山志序》云："岁辛酉，余奉简书，承乏长溪。祖道时，即有诧闽北名山如霍童、太姥者，在余封内，得为此山之长，亦一快事。……爰搜获旧本，乃前守胡公所镌，但多为蠹鱼残蚀，亥豕模糊，因召匠重梓。……康熙甲子孟冬谷旦，三韩郭名远鸿儒氏识。"⑤郭氏生平，乾隆《福宁府志》无传，卷一五《秩官志》在"知州"条下列其名曰："郭名远，官

①〔清〕李拔：(乾隆)《福宁府志》卷三七《杂志》，台北成文出版社1967年版，第566—567页。

②〔清〕张景祁等：(光绪)《福安县志》卷一八《名宦》，上海书店出版社2000年版，第590页。

③〔明〕董应举：《崇相集·记》，《四库禁毁书丛刊》集部第102册，第604页。

④〔清〕吴学：《重镌太姥山志小引》，清康熙刊本《太姥山志》卷首，叶2A—B。

⑤〔清〕郭名远：《重镌太姥山志序》，清康熙刊本《太姥山志》卷首，叶1A—B。

学生,辽东人。(康熙)二十年任。"①

三、在外地刻书的福宁州(府)人

陈褒·左序

陈褒(1488—1551),字邦进,号骊山,宁德人。嘉靖二年(1523)进士,官至御史。

左序(生卒年未详),字廷礼,亦宁德人。嘉靖十年(1531)乡贡,历官九江训导。嘉靖十六年(1537)刊刻陈褒撰《新刊礼记正蒙讲意》三十八卷,原刊本今南京图书馆和浙江大学图书馆各存一部。此本刊刻地点为江西按察司。闵文振主修的《宁德县志》著录此书云:"《礼记正蒙》三十八卷,御史陈褒著,训导左序校。刻板在江西按察司,建阳书坊亦有板刻。"②

据朱彝尊《经义考》,此书乃陈氏为诸生时所撰,后他出按江右,命薛应旂校刊③,故原本有薛应旂、徐阶二序。其时,正好邑人左序为九江府学训导,遂由其担任此刻本的校正和刊刻具体事宜,是为最初刻本。故通常此刻本,著录为左序刻本。此本,也是此书现存的唯一刻本。

清李清馥《闽中理学渊源考》载:"陈褒,字邦进,宁德人。嘉靖二年进士,选侍御史。……因乞终养十余年。起,复巡按江西。夏言为相,欲毁民居以益苑囿,书以讽之云:'费鹅湖之变,几至灭族。相公方缔欢鱼水,当造福子孙。'霍韬叹曰:'真御史也!'左迁韶州推官,复谪判泗州。……著《礼记正蒙》《骊山集》行世。"④事迹又载乾隆《福建通志》卷四八。

乾隆《宁德县志》卷七《人物志》载:"左序,嘉靖十年贡。字廷礼,浚子。官江西九江训导,升河南虞城都谕、临江府教授。有梗概,郡守欲屈之,遂告归。"⑤按,其父左浚,字希哲,号质庵。历官江西余干训导、惠州通判等。有子四,左序居其末。

---

①〔清〕李拔:(乾隆)《福宁府志》卷一五《秩官志》,台北成文出版社1967年版,第252页。

②〔明〕闵文振撰,林校生点校:(嘉靖)《宁德县志》卷四《文籍》,福建人民出版社2015年版,第249页。

③〔清〕朱彝尊:《经义考》卷一四五,《景印文渊阁四库全书》第679册,第65页。

④〔清〕李清馥:《闽中理学渊源考》卷九二,《景印文渊阁四库全书》第460册,第825页。

⑤〔清〕卢建其、张君宾纂:(乾隆)《宁德县志》卷七《人物志》,上海书店出版社2000年版,第778页。

主要参考文献

一、古籍目录、题跋

北京大学图书馆编：《北京大学图书馆藏李氏书目》，1956 年铅印本。

北京图书馆编：《北京图书馆古籍善本书目》，书目文献出版社 1987 年版。

北京图书馆编：《西谛书目》，文物出版社 1963 年版。

〔宋〕晁公武：《郡斋读书志》，《中国历代书目丛刊》第 1 辑，现代出版社 1987 年版。

〔清〕陈梦雷编纂：《古今图书集成》，中华书局、巴蜀书社 1985 年版。

〔宋〕陈振孙撰，徐小蛮、顾美华点校：《直斋书录解题》，上海古籍出版社 1987 年版。

邓邦述撰，金晓东整理：《寒瘦山房鬻存善本书目》，《中国历代书目题跋丛书》第 4 辑，上海古籍出版社 2014 年版。

邓邦述撰，金晓东整理：《群碧楼善本书录》，《中国历代书目题跋丛书》第 4 辑，上海古籍出版社 2014 年版。

〔清〕丁丙：《善本书室藏书志》，《续修四库全书》史部第 927 册，上海古籍出版社 2002 年版。

董康：《书舶庸谭》，贾贵荣辑：《日本藏汉籍善本书志书目集成》，北京图书馆出版社 2003 年版。

杜信孚编：《明代版刻综录》，江苏广陵古籍刻印社 1983 年版。

范邦瑾：《美国国会图书馆藏中文善本书续录》，上海古籍出版社 2011 年版。

方品光编：《福建版本资料汇编》，福建师范大学 1979 年铅印本。

傅璇琮总主编：《中国古代诗文名著提要·明清卷》，河北教育出版社 2009 年版。

傅增湘：《藏园群书经眼录》，中华书局 1983 年版。

傅增湘：《藏园群书题记》，上海古籍出版社 1989 年版。

〔清〕黄丕烈：《士礼居藏书题跋记》，书目文献出版社 1989 年版。

黄仁生：《日本现藏稀见元明文集考证与提要》，岳麓书社 2004 年版。

〔清〕黄虞稷撰，瞿凤起、潘景郑整理：《千顷堂书目》，上海古籍出版社 2001
　　年版。

〔清〕嵇璜等：《钦定续文献通考》，《景印文渊阁四库全书》史部第 626—638
　　册，台湾商务印书馆 1986 年版。

江苏省社科院明清小说研究中心、文学研究所编：《中国通俗小说总目提
　　要》，中国文联出版公司 1990 年版。

〔明〕焦竑：《国史经籍志》，《四库全书存目丛书》史部第 277 册，齐鲁书社
　　1992—1997 年版。

瞿冕良：《中国古籍版刻辞典》，齐鲁书社 1999 年版。

〔清〕瞿镛：《铁琴铜剑楼藏书目录》，《清人书目题跋丛刊》（3），中华书局
　　1990 年版。

柯愈春：《清人诗文集总目提要》，北京古籍出版社 2001 年版。

李一氓：《一氓题跋》，生活·读书·新知三联书店 1981 年版。

刘尚荣：《苏轼著作版本论丛》，巴蜀书社 1988 年版。

刘毓庆、张小敏编著：《日本藏先秦两汉文献研究汉籍书目》，三晋出版社
　　2012 年版。

〔清〕陆心源：《皕宋楼藏书志》，《清人书目题跋丛刊》（1），中华书局 1990
　　年版。

〔清〕陆心源：《仪顾堂题跋》，《续修四库全书》史部第 930 册，上海古籍出版
　　社 2002 年版。

罗振常著，周子美编：《善本书所见录》，商务印书馆 1958 年版。

骆兆平：《天一阁藏明代地方志考录》，宁波出版社 2012 年版。

雒竹筼遗稿：《元史艺文志辑本》，北京燕山出版社 1999 年版。

〔清〕缪荃孙等：《嘉业堂藏书志》，复旦大学出版社 1997 年版。

〔清〕莫友芝：《邵亭知见传本书目》，扫叶山房 1923 年石印本。

〔清〕莫友芝：《宋元旧本书经眼录》，《续修四库全书》史部第 926 册，上海古
　　籍出版社 2002 年版。

〔清〕莫友芝撰，傅增湘订补：《藏园订补邵亭知见传本书目》，中华书局
　　1993 年版。

〔清〕纳兰性德：《通志堂集》，上海古籍出版社 1979 年影印版。

〔清〕彭元瑞：《天禄琳琅书目后编》，《清人书目题跋丛刊》（10），中华书局 1995 年版。

〔清〕钱曾：《读书敏求记》，书目文献出版社 1984 年版。

屈万里：《普林斯顿大学葛思德图书馆东方图书馆中文善本书志》，《屈万里先生全集》（13），台湾联经出版事业公司 1984 年版。

〔清〕阮元：《四库未收书目提要》，扫叶山房 1923 年石印本。

〔清〕阮元：《揅经室集》，中华书局 1993 年版。

山西大学图书馆编：《山西大学图书馆线装书目录》，山西古籍出版社 2002 年版。

上海图书馆编：《上海图书馆善本书目》，1957 年铅印本。

上海图书馆编：《中国丛书综录》，上海古籍出版社 1982 年版。

〔清〕邵懿辰撰，邵章续录：《增订四库简明目录标注》，上海古籍出版社 1979 年版。

〔清〕沈德寿：《抱经楼藏书志》，《清人书目题跋丛刊》（5），中华书局 1990 年版。

沈津：《美国哈佛大学哈佛燕京图书馆中文善本书志》，上海辞书出版社 1999 年版。

沈津：《书城挹翠录》，上海社会科学院出版社 1996 年版。

司马朝军：《续修四库全书杂家类提要》，商务印书馆 2013 年版。

四川大学古籍整理研究所编：《现存宋人别集版本目录》，巴蜀书社 1990 年版。

孙殿起：《贩书偶记》，上海古籍出版社 1982 年版。

孙楷第：《中国通俗小说书目》，人民文学出版社 1982 年版。

万曼：《唐集叙录》，中华书局 1982 年版。

〔清〕王国维：《两浙古刊本考》，《王国维遗书》第 12 册，上海古籍书店 1983 年版。

〔清〕王国维撰，王亮整理：《传书堂藏书志》，上海古籍出版社 2014 年版。

王绍曾、杜泽逊编：《渔洋读书记》，青岛出版社 1991 年版。

王文进：《文禄堂访书记》，江苏广陵古籍刻印社 1985 年版。

王重民：《中国善本书提要》，上海古籍出版社 1983 年版。

王重民:《中国善本书提要补编》,书目文献出版社 1991 年版。

〔清〕翁方纲撰,吴格整理:《翁方纲纂四库提要稿》,上海科学技术文献出版社 2005 年版。

香港中文大学图书馆编:《香港中文大学图书馆古籍善本书录》,中文大学出版社 1999 年版。

〔明〕徐𤊹:《红雨楼序跋》,福建人民出版社 1993 年版。

续修四库全书总目提要编纂委员会编:《续修四库全书总目提要》,上海古籍出版社 2014 年版。

严绍璗编著:《日藏汉籍善本书录》,中华书局 2007 年版。

〔清〕杨绍和:《楹书隅录》,《清人书目题跋丛刊》(3),中华书局 1990 年版。

〔清〕杨守敬:《日本访书志》,辽宁教育出版社 2003 年版。

〔清〕叶昌炽:《滂喜斋藏书记》,《清人书目题跋丛刊》(3),中华书局 1990 年版。

〔清〕叶德辉:《书林清话》,中华书局 1957 年版。

〔清〕叶德辉:《郎园读书志》,台北明文书局 1990 年版。

〔清〕叶德辉等撰,湖南图书馆编:《湖南近现代藏书家题跋选》,岳麓书社 2011 年版。

〔清〕永瑢等:《四库全书总目》,中华书局 1965 年版。

〔清〕于敏中:《天禄琳琅书目》,《清人书目题跋丛刊》(10),中华书局 1995 年版。

〔清〕张金吾:《爱日精庐藏书志》,《清人书目题跋丛刊》(4),中华书局 1990 年版。

〔清〕张钧衡:《适园藏书志》,《海王邨古籍书目题跋丛刊》第 6 册,中国书店 2008 年版。

张舜徽:《清人文集别录》,中华书局 1963 年版。

张元济:《张元济全集》,商务印书馆 2009 年版。

张元济、潘宗周:《宝礼堂宋本书录》,江苏广陵古籍刻印社 1984 年版。

张元济著,顾廷龙编:《涉园序跋集录》,古典文学出版社 1957 年版。

赵斐云、王重民等编:《北京大学图书馆善本书录》,北京大学 1948 年铅印本。

〔宋〕赵希弁:《郡斋读书附志》,《中国历代书目丛刊》第 1 辑,现代出版社

　　1987 年版。

郑宝谦:《福建省旧方志综录》,福建人民出版社 2010 年版。

〔宋〕郑樵:《通志》,中华书局 1987 年版。

郑庆笃等:《杜集书目提要》,齐鲁书社 1986 年版。

郑振铎:《西谛书话》,生活·读书·新知三联书店 1983 年版。

中国古籍善本书目编委会:

　　《中国古籍善本书目》经部,上海古籍出版社 1989 年版。

　　《中国古籍善本书目》史部,上海古籍出版社 1993 年版。

　　《中国古籍善本书目》子部,上海古籍出版社 1996 年版。

　　《中国古籍善本书目》集部,上海古籍出版社 1998 年版。

中国古籍总目编纂委员会编:

　　《中国古籍总目》经部,中华书局、上海古籍出版社 2012 年版。

　　《中国古籍总目》史部,中华书局、上海古籍出版社 2009 年版。

　　《中国古籍总目》子部,中华书局、上海古籍出版社 2010 年版。

　　《中国古籍总目》集部,中华书局、上海古籍出版社 2012 年版。

中国科学院图书馆编:《中国科学院图书馆藏中文古籍善本书目》,科学出
　　版社 1994 年版。

中华再造善本工程编纂出版委员会:《中华再造善本总目提要·金元编》,
　　国家图书馆出版社 2013 年版。

中山大学图书馆编:《中山大学图书馆古籍善本书录》,1982 年铅印本。

〔清〕周中孚:《郑堂读书记》,《清人书目题跋丛刊》(8),中华书局 1993
　　年版。

〔清〕朱彝尊:《经义考》,《景印文渊阁四库全书》史部第 677—680 册,台湾
　　商务印书馆 1986 年版。

祝尚书:《宋人别集叙录》,中华书局 2004 年版。

二、史书、方志、宗谱

北京图书馆编:《北京图书馆藏家谱丛刊·闽粤(侨乡)卷》,北京图书馆出
　　版社 2003 年版。

〔清〕毕沅:《续资治通鉴》,中华书局 1979 年版。

〔清〕蔡占祥等:《庐峰蔡氏续修族谱》,民国五年(1916)印本。

曹刚等:(民国)《连江县志》,台北成文出版社 1967 年版。

〔明〕陈让等:(嘉靖)《邵武府志》,《天一阁藏明代方志选刊》第 30 册,上海
　　古籍书店 1964 年版。

〔清〕陈汝咸:(康熙)《漳浦县志》光绪续修本,上海书店出版社 2000 年版。

〔清〕陈寿祺:《东越儒林后传》,《丛书人物传记资料类编》第 8 册,北京图书
　　馆出版社 2006 年版。

〔清〕陈寿祺等:(道光)《福建通志》,台北华文书局 1968 年版。

陈一堃、邓光瀛等:(民国)《连城县志》,台北成文出版社 1975 年版。

〔清〕陈志仪等:(乾隆)《保昌县志》,《故宫珍本丛刊》,海南出版社 2001
　　年版。

〔清〕陈钟英、王咏霓等:(光绪)《黄岩县志》,台北成文出版社 1975 年版。

〔清〕陈黼等:(同治)《德化县志》,台北成文出版社 1970 年版。

〔清〕储大文等:(雍正)《山西通志》,《景印文渊阁四库全书》第 542—550
　　册,台湾商务印书馆 1986 年版。

董秉清等:(民国)《永泰县志》,台北成文出版社 1967 年版。

〔清〕董钦德等:(康熙)《会稽县志》,台北成文出版社 1983 年版。

〔清〕董天工:《武夷山志》,清道光己丑(1829)极峰罗良嵩尺木轩刊本。

〔清〕鄂尔泰、涂天相等:《钦定八旗通志》,《景印文渊阁四库全书》第 664—
　　671 册,台湾商务印书馆 1986 年版。

〔明〕冯继科、朱凌:(嘉靖)《建阳县志》,《天一阁藏明代方志选刊》第 31 册,
　　上海古籍书店 1962 年版。

〔清〕冯兰森等:(同治)《余干县志》,台北成文出版社 1975 年版。

〔清〕傅尔泰等:(乾隆)《延平府志》,台北成文出版社 1967 年版。

〔清〕高其倬、谢旻等:(雍正)《江西通志》,《景印文渊阁四库全书》第 513—
　　518 册,台湾商务印书馆 1986 年版。

龚延明等:《天一阁藏明代科举录选刊·登科录》,宁波出版社 2016 年版。

〔清〕谷应泰:《明史纪事本末》,《景印文渊阁四库全书》第 364 册,台湾商务
　　印书馆 1986 年版。

〔清〕郝玉麟等:(乾隆)《福建通志》,《景印文渊阁四库全书》第 527—530
　　册,台湾商务印书馆 1986 年版。

〔清〕郝玉麟等:(乾隆)《广东通志》,《景印文渊阁四库全书》第 562—564

册,台湾商务印书馆 1986 年版。

〔明〕何棐、李泛等:(嘉靖)《九江府志》,《天一阁藏明代方志选刊》第 36 册,
上海古籍书店 1962 年版。

〔明〕何乔远:《闽书》(第 1—5 册),福建人民出版社 1994—1996 年版。

〔清〕和珅等:《大清一统志》,《景印文渊阁四库全书》第 474—483 册,台湾
商务印书馆 1986 年版。

〔宋〕胡榘、罗濬等:《宝庆四明志》,《景印文渊阁四库全书》第 487 册,台湾
商务印书馆 1986 年版。

〔宋〕胡太初、赵与沐修纂:《临汀志》,福建人民出版社 1990 年版。

黄恺元、叶长青、邓光瀛等:(民国)《长汀县志》,上海书店出版社 2000
年版。

〔清〕黄任等:(乾隆)《泉州府志》,《中国地方志集成·福建府县志》第 22
辑,上海书店出版社 2000 年版。

〔明〕黄仕祯:(万历)《将乐县志》,福建人民出版社 2009 年版。

〔清〕黄恬等:(嘉庆)《新修浦城县志》,方志出版社 2005 年版。

〔清〕黄廷桂、张晋生等:(雍正)《四川通志》,《景印文渊阁四库全书》第
559—561 册,台湾商务印书馆 1986 年版。

〔清〕黄兴信等:《敕建潭溪书院黄氏宗谱》,清光绪元年印本。

〔清〕黄许桂等:(道光)《平和县志》,厦门大学出版社 2008 年版。

〔明〕黄仲昭:(弘治)《八闽通志》,书目文献出版社 1988 年版。

〔清〕嵇曾筠、沈翼机等:(乾隆)《浙江通志》,《景印文渊阁四库全书》第
519—526 册,台湾商务印书馆 1986 年版。

〔明〕焦竑编:《焦太史编辑国朝献征录》,《续修四库全书》史部第 525—531
册,上海古籍出版社 2002 年版。

〔清〕金鋐、郑开极等:(康熙)《福建通志》,《北京图书馆古籍珍本丛刊》第
34—35 册,书目文献出版社 1998 年版。

〔清〕雷铣、王棻等:(光绪)《青田县志》,台北成文出版社 1975 年版。

黎景曾等:(民国)《宁化县志》,厦门大学出版社 2009 年版。

〔清〕李拔:(乾隆)《福宁府志》,台北成文出版社 1967 年版。

〔清〕李登云、陈坤等:(光绪)《乐清县志》,台北成文出版社 1983 年版。

〔清〕李瀚章等:(光绪)《湖南通志》,岳麓书社 2009 年版。

〔清〕李桓:《国朝耆献类征初编》,《清代传记丛刊》综录类(7),台北明文书局 1985 年版。

李驹等:(民国)《长乐县志》,福建人民出版社 1994 年版。

〔清〕李清馥:《闽中理学渊源考》,《景印文渊阁四库全书》第 460 册,台湾商务印书馆 1986 年版。

〔清〕李汝为、潘树棠等:(光绪)《永康县志》,台北成文出版社 1970 年版。

〔清〕李世熊:(康熙)《宁化县志》,福建人民出版社 1989 年版。

〔清〕李卫等:(雍正)《畿辅通志》,《景印文渊阁四库全书》第 504—506 册,台湾商务印书馆 1986 年版。

〔明〕李文充:(嘉靖)《尤溪县志》,《天一阁藏明代方志选刊》第 33 册,上海古籍书店 1962 年版。

〔明〕李贤等:《明一统志》,《景印文渊阁四库全书》第 472—473 册,台湾商务印书馆 1986 年版。

〔宋〕李心传:《建炎以来系年要录》,中华书局 1956 年版。

〔清〕李元度:《国朝先正事略》,岳麓书社 2008 年版。

〔清〕李元度:《南岳志》,《海王邨古籍丛刊》,中国书店 1990 年版。

〔清〕李再灏、梁舆等:(道光)《建阳县志》,《福建师范大学图书馆藏稀见方志丛刊》第 16—18 册,北京图书馆出版社 2008 年版。

〔清〕李正芳、张葆森等:(咸丰)《邵武县志》,《福建师范大学图书馆藏稀见方志丛刊》第 24—25 册,北京图书馆出版社 2008 年版。

连城四堡:《孝思堂马氏大宗族谱》,孝思堂 1993 年排印本。

〔宋〕梁克家纂,陈叔侗校注:《三山志》,方志出版社 2003 年版。

〔宋〕梁克家纂:《淳熙三山志》,《宋元方志丛刊》第 8 册,中华书局 1990 年版。

林学增修,吴锡璜纂:(民国)《同安县志》,台北成文出版社 1967 年版。

〔明〕林有年等:(嘉靖)《安溪县志》,国际华文出版社 2002 年版。

〔清〕刘秉钧等:《建州刘氏三族忠贤传》,清光绪六年(1880)建阳刘氏活字印本。

刘超然、郑丰稔等:(民国)《崇安县新志》,上海书店出版社 2000 年版。

〔清〕刘国光等:(光绪)《长汀县志》,台北成文出版社 1967 年版。

〔清〕刘捷元主修:《云庄刘氏族谱》,光绪二十二年(1896)印本。

〔民国〕刘士元等修：《麻沙元利二房刘氏族谱》，民国三年（1914）活字印本。

〔清〕刘维新等修：《刘氏元利宗谱》，清光绪庚辰（1880）印本。

刘以臧、徐友梧等：（民国）《霞浦县志》，上海书店出版社 2000 年版。

刘云珪等：《贞房刘氏宗谱》，民国九年（1920）忠贤堂活字印本。

〔清〕卢建其、张君宾纂：（乾隆）《宁德县志》，上海书店出版社 2000 年版。

卢兴邦、洪清芳等：（民国）《尤溪县志》，上海书店出版社 2000 年版。

〔清〕鲁鼎梅、王必昌等：（乾隆）《德化县志》，清乾隆刊本。

〔清〕陆心源：《宋史翼》，中华书局 1991 年版。

〔明〕陆以载等：（万历）《福安县志》，《日本藏中国罕见地方志丛刊》，书目文
　献出版社 1990 年版。

〔明〕罗青霄、谢彬等：（万历）《漳州府志》，台北学生书局 1965 年版。

〔元〕马端临：《文献通考》，中华书局 1986 年版。

马和鸣、杜翰生等：（民国）《龙岩县志》，台北成文出版社 1967 年版。

〔明〕马性鲁：（正德）《顺昌邑志》，顺昌县志编委会 1985 年铅印本。

闵尔昌：《碑传集补》，《清代传记丛刊》综录类（5），台北明文书局 1985
　年版。

〔明〕闵文振撰，林校生点校：（嘉靖）《宁德县志》，福建人民出版社 2015
　年版。

欧阳英、陈衍：（民国）《闽侯县志》，台北成文出版社 1966 年版。

〔清〕潘拱辰：（康熙）《松溪县志》，台北成文出版社 1975 年版。

〔明〕潘颐龙、林㷆等：（万历）《福州府志》，《日本藏中国罕见地方志丛刊》，
　书目文献出版社 1990 年版。

〔清〕彭衍堂等：（道光）《龙岩州志》，台北成文出版社 1967 年版。

〔清〕祁德昌、陈兆麟：（光绪）《开州志》，台北成文出版社 1976 年版。

〔清〕乔有豫：（道光）《清流县志》，福建人民出版社 1992 年版。

〔清〕饶安鼎等：（乾隆）《福清县志》，上海书店出版社 2000 年版。

〔清〕阮元、陈昌齐等纂：（道光）《广东通志》，商务印书馆 1934 年版。

〔明〕商文昭等：（万历）《重修南安府志》，书目文献出版社 1990 年版。

〔清〕沈葆桢、何绍基等：（光绪）《重修安徽通志》，清光绪四年（1878）刻本。

〔明〕沈应文等：（万历）《新修余姚县志》，明万历刻本。

沈瑜庆、陈衍等：（民国）《福建通志》，1938 年刊本。

〔宋〕沈作宾、施宿:《嘉泰会稽志》,《宋元方志丛刊》第 7 册,中华书局 1990 年版。

四堡雾阁村邹氏:《敦本堂范阳邹氏族谱》,1996 年铅印本。

〔明〕宋濂等:《元史》,中华书局 1976 年版。

〔清〕宋如林等:(嘉庆)《松江府志》,上海书店出版社 2000 年版。

〔明〕苏民望等:(万历)《永安县志》,《日本藏中国罕见地方志丛刊》,书目文献出版社 1991 年版。

〔明〕田琯等:(万历)《新昌县志》,《天一阁藏明代方志选刊》第 19 册,上海古籍书店 1964 年版。

〔清〕童日鼎主编:《连城童氏族谱》,1950 年印本。

〔元〕脱脱:《宋史》,中华书局 1977 年版。

〔清〕汪大经、廖必琦等:(乾隆)《兴化府莆田县志》,民国十五年重印光绪五年潘文凤补刊本。

〔清〕汪森编:《粤西文载》,《景印文渊阁四库全书》第 1465—1467 册,台湾商务印书馆 1986 年版。

〔明〕王鏊:《姑苏志》,《景印文渊阁四库全书》第 493 册,台湾商务印书馆 1986 年版。

〔清〕王彬、徐用仪等:(光绪)《海盐县志》,台北成文出版社 1975 年版。

〔清〕王琛、徐兆丰等:(光绪)《重纂邵武府志》,上海书店出版社 2000 年版。

〔明〕王懋德等:(万历)《金华府志》,台湾学生书局 1986 年版。

〔清〕王其淦等:(光绪)《武进阳湖县志》,江苏古籍出版社 1991 年版。

〔明〕王应山著,林家钟、刘大治校注:《闽都记》,方志出版社 2002 年版。

〔清〕魏传喜等修:《巨鹿魏氏宗谱》,清光绪二十六年(1900)敦伦堂印本。

〔明〕魏时应:(万历)《建阳县志》,《日本藏中国罕见地方志丛刊》,书目文献出版社 1991 年版。

〔清〕文庆、李宗昉等:《钦定国子监志》,《北京古籍丛书》,北京古籍出版社 2000 年版。

〔清〕翁天祐、吕渭英、翁昭泰等:(光绪)《续修浦城县志》,台北成文出版社 1967 年版。

吴海清、张书简等:(民国)《建宁县志》,台北成文出版社 1967 年版。

吴栻、蔡建贤:(民国)《南平县志》,上海书店出版社 2000 年版。

〔明〕夏玉麟、汪佃：(嘉靖)《建宁府志》,《天一阁藏明代方志选刊》第 27—28 册,上海书店 1964 年版。

〔清〕萧炳文：《萧氏族谱》,清光绪元年(1875)活字印本。

〔明〕萧彦：《掖垣人鉴》,《四库全书存目丛书》史部第 259 册,齐鲁书社 1994—1997 年版。

〔元〕谢应芳：《思贤录》,《四库全书存目丛书》史部第 82 册,齐鲁书社 1994—1997 年版。

〔清〕辛竟可等：(乾隆)《古田县志》,台北成文出版社 1967 年版。

〔清〕熊日新等：《潭阳熊氏宗谱》,清光绪元年(1875)印本。

徐炳史、郑丰稔等：(民国)《云霄县志》,上海书店出版社 2000 年版。

〔清〕徐观海：(乾隆)《将乐县志》,厦门大学出版社 2009 年版。

〔明〕徐琏等：(正德)《袁州府志》,《天一阁藏明代方志选刊》第 37 册,上海古籍书店 1963 年版。

徐乃昌等：(民国)《南陵县志》,黄山书社 2007 年版。

〔清〕徐松：《宋会要辑稿》,中华书局 1957 年版。

〔清〕许瑶光、吴仰贤等：(光绪)《嘉兴府志》,台北成文出版社 1970 年版。

〔清〕许应鑅等：(光绪)《抚州府志》,台北成文出版社 1975 年版。

〔清〕薛绍元编：《台湾通志》,《台湾文献丛刊》第 130 种,台湾大通书局 1984 年版。

〔明〕阳思谦等：(万历)《重修泉州府志》,台北学生书局 1987 年版。

〔明〕杨国章、黄士绅：(万历)《惠安县续志》,福建人民出版社 2009 年版。

〔清〕杨廷望：(康熙)《衢州府志》,台北成文出版社 1974 年版。

〔清〕杨毓健、刘鸿略：《南溪书院志》,清同治九年(1870)重修本。

杨宗彩等：(民国)《闽清县志》,台北成文出版社 1967 年版。

〔明〕叶联芳等：(嘉靖)《重修沙县志》,福建人民出版社 2009 年版。

〔明〕叶良佩等：(嘉靖)《太平县志》,《天一阁藏明代方志选刊》第 17 册,上海古籍书店 1963 年版。

〔元〕佚名：《宋史全文》,《景印文渊阁四库全书》第 330—331 册,台湾商务印书馆 1986 年版。

〔明〕殷之辂等：(万历)《福宁州志》,《日本藏中国罕见地方志丛刊》,书目文献出版社 1990 年版。

〔清〕游绍伊修:《塽垅游氏宗谱》,清同治七年(1868)印本。

〔清〕于琨、陈玉璂:(康熙)《常州府志》,江苏古籍出版社 1991 年版。

〔清〕余观禄主修:《潭西书林余氏族谱》,清同治辛未(1871)印本。

余绍宋纂修:(民国)《龙游县志》,台北成文出版社 1970 年版。

〔明〕俞汝楫:《礼部志稿》,《景印文渊阁四库全书》第 597—598 册,台湾商务印书馆 1986 年版。

〔明〕喻政、林烃等:(万历)《福州府志》,明万历四十一年(1613)刊本。

〔明〕袁就祺:(万历)《黄岩县志》,《天一阁藏明代方志选刊》第 18 册,上海古籍书店 1963 年版。

〔明〕袁桷:《延祐四明志》,《景印文渊阁四库全书》第 491 册,台湾商务印书馆 1986 年版。

〔明〕岳和声等:《共学书院志》,赵所生等主编:《中国历代书院志》第 10 册,江苏教育出版社 1995 年版。

〔清〕曾曰瑛、李绂:(乾隆)《汀州府志》,方志出版社 2004 年版。

〔清〕詹宸等续修:《建峰詹氏宗谱》,清嘉庆印本。

〔清〕詹成等撰修:《浦城詹氏族谱》,清嘉庆三年(1798)木活字印本。

詹宣猷、蔡振坚等:(民国)《建瓯县志》,上海书店出版社 2000 年版。

〔清〕张宝琳、王棻等:(光绪)《永嘉县志》,台北成文出版社 1983 年版。

张汉、丘复等:(民国)《上杭县志》,上海书店出版社 2000 年版。

〔宋〕张淏:《会稽续志》,《景印文渊阁四库全书》第 486 册,台湾商务印书馆 1986 年版。

〔清〕张吉安等:(嘉庆)《余杭县志》,台北成文出版社 1970 年版。

〔清〕张景祁等:(光绪)《福安县志》,上海书店出版社 2000 年版。

〔清〕张楷等:(康熙)《安庆府志》,江苏古籍出版社 1998 年版。

〔清〕张懋建等:(乾隆)《长泰县志》,台北成文出版社 1975 年版。

〔清〕张琦等:(康熙)《建宁府志》,南平地区方志委 1994 年铅印本。

〔清〕张琦等:(康熙)《建宁府志》,上海书店出版社 2000 年版。

〔清〕张廷玉:《明史》,中华书局 1974 年版。

赵尔巽等:《清史稿》,中华书局 1977 年版。

〔清〕赵弘恩、黄之隽等:(乾隆)《江南通志》,《景印文渊阁四库全书》第 507—512 册,台湾商务印书馆 1986 年版。

〔宋〕赵汝愚编：《宋朝诸臣奏议》，上海古籍出版社 1999 年版。

〔清〕赵廷机等：（康熙）《寿宁县志》，台北成文出版社 1974 年版。

〔清〕郑立昌、郑志仁等：《郑氏宗谱》，清光绪二十四年（1898）三星堂活字
　　印本。

〔明〕郑庆云等：（嘉靖）《延平府志》，《天一阁藏明代方志选刊》第 29 册，上
　　海古籍书店 1961 年版。

〔清〕郑祖庚等：（光绪）《侯官县乡土志》，台北成文出版社 2001 年版。

〔清〕支恒春等：（光绪）《松阳县志》，台北成文出版社 1975 年版。

〔清〕周学曾等：（道光）《晋江县志》，福建人民出版社 1990 年版。

〔明〕周瑛、黄仲昭：《重刊兴化府志》，福建人民出版社 2007 年版。

〔明〕朱衡：《道南源委》，《丛书集成初编》第 3344—3345 册，商务印书馆
　　1935—1937 年版。

〔明〕朱衡：《道南源委录》，《续修四库全书》史部第 515 册，上海古籍出版社
　　2002 年版。

〔清〕朱桓元等修：《紫阳堂朱氏宗谱》，光绪二十一年（1895）重修本。

〔清〕朱夔、文国绣等：（康熙）《南平县志》，上海书店出版社 2000 年版。

〔明〕朱莹：《紫阳朱氏建安谱》，明万历刻本。

〔清〕诸自谷、程瑜等：（嘉庆）《义乌县志》，台北成文出版社 1970 年版。

〔宋〕祝穆编，祝洙补订：《方舆胜览》，上海古籍出版社 1991 年版。

〔清〕庄成、沈钟等：（乾隆）《安溪县志》，上海书店出版社 2000 年版。

邹文峻主编：《闽汀龙足乡邹氏族谱》，民国三十六年（1947）敦本堂活字
　　印本。

〔清〕邹序衢等修：《连城四堡龙足四修邹氏族谱》，宣统三年（1911）印本。

左树夔、刘敬等：（民国）《金门县志》，《台湾文献汇刊》第 5 辑第 2 册，九州
　　出版社、厦门大学出版社 2004 年版。

三、古代相关著述

〔明〕蔡清：《虚斋集》，《四库明人文集丛刊》，上海古籍出版社 1991 年版。

〔宋〕蔡元定等：《蔡氏九儒书》，《四库全书存目丛书》集部第 346 册，齐鲁书
　　社 1994—1997 年版。

〔明〕曹学佺：《石仓历代诗选》，《景印文渊阁四库全书》第 1387—1394 册，

台湾商务印书馆 1986 年版。

〔明〕曹学佺：《石仓文稿》，《续修四库全书》集部第 1367 册，上海古籍出版
　　社 2002 年版。

〔宋〕陈淳：《北溪先生大全文集》，《宋集珍本丛刊》第 70 册，线装书局 2004
　　年版。

〔宋〕陈宓：《复斋先生龙图陈公文集》，《续修四库全书》集部第 1319 册，上
　　海古籍出版社 2002 年版。

〔清〕陈寿祺：《左海文集》，《续修四库全书》集部第 1496 册，上海古籍出版
　　社 2002 年版。

〔清〕陈宗英：《惕园岁纪》，《北京图书馆藏珍本年谱丛刊》第 120 册，北京图
　　书馆出版社 1999 年版。

〔明〕程敏政：《新安文献志》，明弘治十年（1497）刊本。

〔明〕董其昌撰，严文儒、尹军主编：《董其昌全集》，上海书画出版社 2013
　　年版。

〔宋〕杜范：《清献集》，《景印文渊阁四库全书》第 1175 册，台湾商务印书馆
　　1986 年版。

〔清〕方中通：《陪集》，《清代诗文集汇编》第 133 册，上海古籍出版社 2010
　　年版。

〔清〕顾炎武：《日知录》，《景印文渊阁四库全书》第 858 册，台湾商务印书馆
　　1986 年版。

〔清〕郭柏苍：《补蕉山馆诗》，《清代诗文集汇编》第 662 册，上海古籍出版社
　　2010 年版。

〔清〕郭柏苍：《葭柎草堂集》，《清代诗文集汇编》第 662 册，上海古籍出版社
　　2010 年版。

〔清〕郭柏苍：《沁泉山馆诗》，《清代诗文集汇编》第 662 册，上海古籍出版社
　　2010 年版。

〔清〕郭柏苍：《全闽明诗传》，《全闽诗录》（第 2—4 册），福建人民出版社
　　2011 年版。

〔清〕郭柏苍：《竹间十日话》，海风出版社 2001 年版。

〔清〕郭柏荫：《天开图画楼文稿》，《侯官郭氏家集汇刊》，民国二十三年
　　（1934）侯官郭氏刻本。

〔宋〕韩元吉:《南涧甲乙稿》,《景印文渊阁四库全书》第 1165 册,台湾商务印书馆 1986 年版。

〔清〕杭世骏:《道古堂文集》,《清代诗文集汇编》第 282 种,上海古籍出版社 2010 年版。

〔明〕何乔新:《椒邱文集》,《景印文渊阁四库全书》第 1249 册,台湾商务印书馆 1986 年版。

〔宋〕洪迈:《容斋随笔》,上海古籍出版社 1978 年版。

〔宋〕黄榦:《勉斋先生黄文肃公文集》,《北京图书馆古籍珍本丛刊》第 90 册,书目文献出版社 1991 年版。

〔元〕黄溍:《金华黄先生文集》,《续修四库全书》集部第 1323 册,上海古籍出版社 2002 年版。

〔宋〕黄裳:《演山先生文集》,《宋集珍本丛刊》第 24—25 册,线装书局 2004 年版。

〔宋〕黄震:《黄氏日抄》,《景印文渊阁四库全书》第 707—708 册,台湾商务印书馆 1986 年版。

〔明〕黄仲昭:《未轩集》,《景印文渊阁四库全书》第 1254 册,台湾商务印书馆 1986 年版。

〔清〕黄宗羲原著,全祖望补修:《宋元学案》,中华书局 1986 年版。

〔明〕解缙:《文毅集》,《景印文渊阁四库全书》第 1236 册,台湾商务印书馆 1986 年版。

〔明〕解缙等:《永乐大典》,中华书局 1986 年版。

〔宋〕黎靖德编:《朱子语类》,中华书局 1986 年版。

〔清〕黎士弘:《托素斋文集》,《清代诗文集汇编》第 68 册,上海古籍出版社 2010 年版。

〔明〕李东阳:《李东阳集》,周寅宾、钱振民校点,岳麓书社 2008 年版。

〔宋〕李侗:《李延平先生文集》,《四库全书存目丛书》集部第 15 册,齐鲁书社 1994—1997 年版。

〔宋〕李纲:《李纲全集》,岳麓书社 2004 年版。

〔宋〕李弥逊:《筠溪集》,《景印文渊阁四库全书》第 1130 册,台湾商务印书馆 1986 年版。

李修生主编:《全元文》,凤凰出版社 2004 年版。

〔清〕厉鹗:《宋诗纪事》,上海古籍出版社 1983 年版。

〔清〕梁章钜撰,周寅宾、钱振民校点:《归田琐记》,中华书局 1997 年版。

〔明〕林弼:《林登州集》,《四库明人文集丛刊》,上海古籍出版社 1991 年版。

〔明〕林鸿:《鸣盛集》,《景印文渊阁四库全书》第 1231 册,台湾商务印书馆
　　1986 年版。

〔明〕林俊:《见素集》,《明别集丛刊》第 1 辑第 68 册,黄山书社 2013 年版。

〔明〕林㷉:《林学士集》,《四库全书存目丛书》集部第 115 册,齐鲁书社
　　1994—1997 年版。

〔清〕刘鸿翱:《绿野斋前后合集》,《清代诗文集汇编》第 528 册,上海古籍出
　　版社 2010 年版。

〔宋〕刘克庄:《后村先生大全集》,《宋集珍本丛刊》第 80—83 册,线装书局
　　2004 年版。

〔元〕刘埙:《隐居通议》,《景印文渊阁四库全书》第 866 册,台湾商务印书馆
　　1986 年版。

〔宋〕楼钥:《攻媿集》,《四部丛刊初编》集部第 241—245 册,商务印书馆
　　1936 年版。

〔元〕卢琦:《圭峰集》,《景印文渊阁四库全书》第 1259 册,台湾商务印书馆
　　1986 年版。

〔明〕卢维祯:《醒后集》,《四库全书存目丛书》集部第 149 册,齐鲁书社
　　1994—1997 年版。

〔清〕彭定求:《南畇文稿》,《清代诗文集汇编》第 167 册,上海古籍出版社
　　2010 年版。

〔清〕钱谦益:《列朝诗集小传》,上海古籍出版社 1983 年版。

〔清〕秦蕙田:《五礼通考》,《景印文渊阁四库全书》第 135—142 册,台湾商
　　务印书馆 1986 年版。

〔清〕丘复著,丘其宪、丘允明校注:《愿丰楼杂记》,黑龙江人民出版社 2009
　　年版。

〔元〕丘葵:《钓矶诗集》,《宋集珍本丛刊》第 90 册,北京线装书局 2004
　　年版。

〔清〕施鸿保撰,来新夏校点:《闽杂记》,福建人民出版社 1985 年版。

〔元〕宋褧:《燕石集》,《景印文渊阁四库全书》第 1212 册,台湾商务印书馆

1986 年版。

〔宋〕苏颂:《苏魏公文集》,中华书局 1988 年版。

〔清〕孙尔准:《泰云堂文集》,《清代诗文集汇编》第 497 册,上海古籍出版社 2010 年版。

〔清〕童能灵:《冠豸山堂文集》,《四库全书存目丛书》集部第 234 册,齐鲁书 社 1994—1997 年版。

〔宋〕汪藻:《浮溪集》,《丛书集成初编》第 1958—1961 册,商务印书馆 1935—1937 年版。

〔明〕王恭:《白云樵唱集》,《景印文渊阁四库全书》第 1231 册,台湾商务印 书馆 1986 年版。

〔清〕王懋竑撰,何忠礼点校:《朱熹年谱》,中华书局 1998 年版。

〔明〕王慎中:《遵岩集》,《景印文渊阁四库全书》第 1274 册,台湾商务印书 馆 1986 年版。

〔清〕王士禛:《池北偶谈》,中华书局 1982 年版。

〔清〕王士禛:《古夫于亭杂录》,中华书局 1988 年版。

〔清〕王士禛:《居易录》,《景印文渊阁四库全书》第 869 册,台湾商务印书馆 1986 年版。

〔明〕王世贞:《列朝盛事》,《指海丛书》第 3 集,道光二十二年(1842)刊本。

〔明〕王世贞:《弇山堂别集》,《景印文渊阁四库全书》第 409—410 册,台湾 商务印书馆 1986 年版。

〔明〕王世贞:《弇州续稿》,《景印文渊阁四库全书》第 1279—1281 册,台湾 商务印书馆 1986 年版。

〔明〕王守仁撰,吴光、钱明、董平等编校:《王阳明全集》,上海古籍出版社 1992 年版。

〔清〕王廷抡:《临汀考言》,《四库未收书辑刊》第 8 辑第 21 册,北京出版社 1997 年版。

〔明〕王廷相:《王廷相集》,中华书局 1989 年版。

〔明〕王祎:《王忠文集》,《四库明人文集丛刊》,上海古籍出版社 1991 年版。

〔宋〕卫泾:《后乐集》,《景印文渊阁四库全书》第 1169 册,台湾商务印书馆 1986 年版。

〔宋〕魏了翁:《鹤山集》,《景印文渊阁四库全书》第 1172—1173 册,台湾商务印书馆 1986 年版。

〔清〕魏宪:《诗持一集》,《四库禁毁书丛刊》集部第 38 册,北京出版社 1997
　　年版。

〔元〕吴海:《闻过斋集》,《景印文渊阁四库全书》第 1217 册,台湾商务印书
　　馆 1986 年版。

〔宋〕吴曾:《能改斋漫录》,上海古籍出版社 1979 年版。

〔清〕谢章铤撰,陈庆元等点校:《谢章铤集》,吉林文史出版社 2009 年版。

〔明〕谢肇淛:《滇略》,《景印文渊阁四库全书》第 494 册,台湾商务印书馆
　　1986 年版。

〔元〕熊禾:《熊勿轩先生文集》,《丛书集成初编》第 2407 册,商务印书馆
　　1935—1937 年版。

〔明〕徐𤊹:《笔精》,福建人民出版社 1997 年版。

〔明〕徐𤊹著,陈庆元、陈炜编:《鳌峰集》,广陵书社 2012 年版。

〔宋〕徐经孙:《矩山存稿》卷三,《景印文渊阁四库全书》第 1181 册,台湾商
　　务印书馆 1986 年版。

〔清〕徐康:《前尘梦影录》,《丛书集成初编》第 1562 册,商务印书馆 1935—
　　1937 年版。

〔清〕徐世昌:《晚晴簃诗汇》,中华书局 1990 年版。

〔清〕徐世昌等:《清儒学案》,中华书局 2008 年版。

〔明〕徐渭:《徐渭集》,中华书局 1983 年版。

〔明〕徐问:《读书札记》,《景印文渊阁四库全书》第 714 册,台湾商务印书馆
　　1986 年版。

〔宋〕徐元杰:《楳埜集》,《景印文渊阁四库全书》第 1181 册,台湾商务印书
　　馆 1986 年版。

〔清〕徐祚永:《闽游诗话》,福建人民出版社 2012 年版。

〔清〕杨澜:《临汀汇考》,清光绪四年(1878)刻本。

〔明〕杨荣:《杨文敏公集》,《明别集丛刊》第 1 辑第 29 册,黄山书社 2013
　　年版。

〔宋〕杨时:《龟山集》,《景印文渊阁四库全书》第 1125 册,台湾商务印书馆
　　1986 年版。

〔明〕杨士奇:《东里集续集》,《景印文渊阁四库全书》第 1238—1239 册,台

湾商务印书馆 1986 年版。

〔宋〕杨万里:《诚斋集》,《四部丛刊初编》集部第 252—257 册,商务印书馆
　　1936 年版。

〔宋〕叶适:《叶适集》,中华书局 1961 年版。

〔明〕叶向高:《苍霞草》,《四库禁毁书丛刊》集部第 124 册,北京出版社 1997
　　年版。

〔明〕叶向高:《苍霞续草》,《四库禁毁书丛刊》集部第 124—125 册,北京出
　　版社 1997 年版。

〔清〕余潜士:《余潜士全集》,厦门大学出版社 2011 年版。

〔明〕余象斗:《刻仰止子参定正传地理统一全书》,明崇祯刻本。

〔元〕虞集:《道园学古录》,《四部备要》集部,中华书局 1936 年版。

〔明〕袁宗道:《白苏斋类集》,上海古籍出版社 2007 年版。

曾枣庄、刘琳主编:《全宋文》,上海辞书出版社 2006 年版。

〔宋〕张栻:《南轩集》卷一〇,《朱子全书外编》第 4 册,华东师范大学出版社
　　2010 年版。

〔宋〕张守:《毗陵集》,《丛书集成初编》第 1972—1974 册,商务印书馆
　　1935—1937 年版。

〔明〕章懋:《枫山章先生文集》,《丛书集成初编》第 2143—2149 册,商务印
　　书馆 1935—1937 年版。

〔宋〕章颖:《斐然集》,《景印文渊阁四库全书》第 1137 册,台湾商务印书馆
　　1986 年版。

〔宋〕真德秀:《西山文集》,《景印文渊阁四库全书》第 1174 册,台湾商务印
　　书馆 1986 年版。

〔明〕郑大郁:《经国雄略》,明弘光建阳刻本。

〔清〕郑方坤编,陈节、刘大治点校:《全闽诗话》,福建人民出版社 2006
　　年版。

〔清〕郑杰等:《全闽诗录》,福建人民出版社 2011 年版。

〔宋〕郑侠:《西塘先生文集》,明万历三十七年(1609)叶向高刊本。

〔明〕郑岳:《山斋文集》,《景印文渊阁四库全书》第 1263 册,台湾商务印书
　　馆 1986 年版。

〔宋〕周必大:《文忠集》,《景印文渊阁四库全书》第 1147—1149 册,台湾商

　　务印书馆 1986 年版。

〔清〕周亮工：《闽小纪》，福建人民出版社 1985 年版。

〔明〕周瑛：《翠渠摘稿》，《景印文渊阁四库全书》第 1254 册，台湾商务印书
　　馆 1986 年版。

朱杰人等主编：《朱子全书》，上海古籍出版社、安徽教育出版社 2010 年版。

〔清〕左宗棠：《左宗棠全集》，上海书店 1986 年影印光绪十八年（1892）
　　刻本。

四、现代相关著述

陈文新：《明代科举与文学编年》，武汉大学出版社 2009 年版。

方彦寿：《建阳刻书史》，中国社会出版社 2003 年版。

黄荣春：《福州摩崖石刻》，福建美术出版社 1999 年版。

黄荣春编著：《福州市郊区文物志》，福建人民出版社 2009 年版。

黄荣春主编：《福州十邑摩崖石刻》，福建美术出版社 2008 年版。

林和等编：《鼓山题刻》，海风出版社 2002 年版。

吴幼雄等主编：《泉州史迹研究》，厦门大学出版社 1998 年版。

武夷山市地方志编纂委员会编著：《武夷山摩崖石刻》，大众文艺出版社
　　2007 年版。

许添源编：《清源山志》，中华书局 2004 年版。

五、雕版印刷研究

包树棠：《汀州艺文志》，方志出版社 2010 年版。

北京图书馆编：《中国版刻图录》，文物出版社 1961 年版。

崔建英辑，贾卫民、李晓亚整理：《明别集版本志》，中华书局 2005 年版。

〔日〕丹波元胤：《中国医籍考》，人民卫生出版社 1983 年版。

福建省地方志编纂委员会：《福建省志·出版志》，福建人民出版社 2008
年版。

傅惜华编：《中国古典文学版画选集》，上海人民美术出版社 1981 年版。

傅璇琮、许逸民等主编：《中国诗学大辞典》，浙江教育出版社 1999 年版。

顾志兴：《浙江出版史研究——中唐五代两宋时期》，浙江人民出版社 1991
年版。

河北省地方志编纂委员会:《河北省志·出版志》,河北人民出版社 1996年版。

黄裳:《清代版刻一隅》,齐鲁书社 1992 年版。

冀淑英等主编:《赵万里文集》,上海科学技术文献出版社、国家图书馆出版社 2012 年版。

江西省出版志编纂委员会:《江西省出版志》,江西人民出版社 1998 年版。

雷梦水:《古书经眼录》,齐鲁书社 1984 年版。

李灵年、杨忠主编:《清人别集总目》,安徽教育出版社 2000 年版。

李致忠:《昌平集》,上海古籍出版社 2012 年版。

李致忠:《宋版书叙录》,北京图书馆出版社 1994 年版。

吕友仁主编:《中州文献总录》,中州古籍出版社 2002 年版。

潘承弼、顾廷龙编:《明代版本图录初编》,上海开明书店 1941 年版。

〔日〕涩江全善、森立之:《经籍访古志》,贾荣贵辑:《日本藏汉籍善本书志书目集成》,北京图书馆出版社 2003 年版。

孙殿起:《贩书偶记》,上海古籍出版社 1982 年版。

王东、钟甦:《浙江印刷史》,杭州出版社 2013 年版。

王国强主编:《中原文化大典·著述典》,中州古籍出版社 2008 年版。

王瑞祥主编:《中国古医籍书目提要》,中医古籍出版社 2009 年版。

谢江飞:《四堡遗珍》,厦门大学出版社 2014 年版。

谢水顺、李珽:《福建古代刻书》,福建人民出版社 1997 年版。

张舜徽:《清人文集别录》,华中师范大学出版社 2004 年版。

张秀民:《张秀民印刷史论文集》,印刷工业出版社 1988 年版。

张秀民:《中国印刷史》,上海人民出版社 1989 年版。

张秀民著,韩琦增订:《中国印刷史》,浙江古籍出版社 2006 年版。

赵荣蔚:《唐五代别集叙录》,中国言实出版社 2009 年版。

浙江省出版志编纂委员会:《浙江省出版志》,浙江人民出版社 2007 年版。

后 记

笔者以"刻书家"冠题的文章,最早是刊发在《文献》杂志1987年第1期的《明代刻书家熊宗立考述》,为阐述单个刻书家的论文;其后,又先后有以"闽北若干位刻书家生平考略"为主题,阐述刻书家群体的几篇文章,在期刊上陆续发表。再其后,我沉下心来,不急于撰文发稿,而是把目光从闽北转向八闽,开始更加广泛地搜集资料。"日月忽其不淹兮,春与秋其代序",眨眼之间,三十多年过去了,日积月累,终于有了这部《福建历代刻书家考略》问世。

此书之问世,除了个人的努力外,社会各界人士的支持是必不可少的。在此,理当要对他们表达我的感激之情。

首先,我要感谢我国著名的古籍研究专家李致忠老师。十五年前,他曾为拙著《建阳刻书史》撰序,提携晚辈不遗余力。在本书即将付梓之时,又以八旬高龄拨冗赐序,对我一如既往地勉励有加。文中,他对出版家与刻书家的联系与区别阐述得非常到位,在理论上为本书增添了不少亮色。

其次,我要感谢福建省图书馆郑智明馆长、古籍特藏部许建平主任,龙岩客家族谱博物馆馆长严雅英,连城县文联主席杨永松、县图书馆馆长罗燕,连城四堡雕版印刷博物馆吴德祥,以及南平市建阳区方志委主任余庆明、区图书馆馆长吴建辉,建阳文史研究专家余贤伟、刘理保、刘通等。感谢他们在图书查阅、族谱检索、古代刻书村落实地考察等等方面,为我提供的多方帮助与支持。同时,我还要感谢福州理工学院,为我圆满完成课题,提供了充分条件和时间保证。

最后,我要感谢中华书局总编辑顾青、学术著作编辑室主任罗华彤等先生对我的支持。责任编辑王贵彬先生细心审理,态度认真严谨,眼光独到,大到对全书的结构编排,小到对具体史实的引用,辨细微于毫厘之间,纠正了作者原稿中不少的疏误错讹,在此谨表达对其由衷的敬意!

2018年11月25日
于福州理工学院